2012 업계지도

The Maps of Business Investment

이데일리 지음

Contents

IFRS회계 모르는 당신, 실적 시즌에는 눈 뜬 장님!

김 수 헌 이데일리 증권부장

| 직독직해 1 | 환율급변동 시기에 중요한
환율관련 손익 제대로 읽기 |

환차손(익) VS 환산손실(이익)

기업환경이 글로벌화되면서 환율이 기업의 실적에 미치는 영향이 매우 커지고 있다. 환율과 실적간의 관계를 제대로 이해하지 못한 채 기업을 분석하는 것은, 장님이 코끼리 다리를 만지고 코끼리에 대해 평하는 것과 마찬가지다. 아무 것도 알지 못하면 그나마 다행이다. 어설피 알고 있거나 잘못 알고 있는 회계지식으로 실적을 해석하는 바람에 큰 오류를 범하는 경우도 있다. 기업을 담당하는 기자들조차도 엉터리 실적 해설기사를 용감하게(?) 쏟아내, 투자자들을 오도하는 경우도 드물지 않다.

K-IFRS(한국채택국제회계기준)에서는 특히 환율의 영향을 주의 깊게 살펴봐야 한다. 기업마다 환율의 영향이 손익계산서에 반영되는 방식에 차이가 있다. 또 환율의 영향으로 손익이 확정되는 경우가 있고, 평가손익이 발생해 앞으로 환율변화에 따라 확정손익이 얼마든지 달라질 수 있는 경우도 있다. 그런데도 이를 정확하게 구별하지 않는 경우가 있어 주의가 필요하다.

환율과 실적을 이야기할 때 자주 언급되는 용어가 있다. '환차손(환차익)'과 '환산이익(환산손실)'이라는 것인데, 환율과 실적의 관계를 이해하기 위한 가장 기본적인 개념이다. 간단한 예를 통해 두 가지 개념부터 명확히 정리해보자.

　2011년 5월 1일 자동차 1대를 1달러(환율이 1달러 당 1000원)에 수출했다. 대금결제는 6월 20일이다. 자동차 1대를 거래처에 실어 보냈기 때문에 매출채권 1000원이 발생했다. 대금이 들어오는 6월 20일이 됐다. 자동차를 수출한 시점과 달리 환율이 1300원으로 변했다. 이날 들어온 1달러를 환전하면 1300원이 된다. 환율변화 때문에 앉아서 300원을 더 벌었다. 이러한 현상을 '외환차익' 또는 '환차익'이라고 하는데, 거래일과 대금납입일간의 환율차이로 발생한 수익이다. 환차익이 있으면 '환차손(외환차손)'도 있다. 대금납입일의 환율이 800원으로 변했다면 앉아서 200원을 손해 본다. 환차익은 손익계산서에 '수익'으로, 환차손은 '비용'으로 잡힌다. 수익에서 비용을 빼면 이익이 나오므로, 외환에서 발생한 손익은 '환차익(수익)－환차손(비용)'으로 계산해보면 알 수 있다.

　이제 외화환산이익(외화환산손실)을 살펴보자. 2011년 11월 1일 10달러를 빌려 외국에서 기계를 사왔다. 이날 환율이 1000원이니까 부채(차입금)를 1만 원으로 기록한다. 빌린 달러는 2012년 1월 20일에 갚을 예정이다. 2011년 12월 31일, 연말결산을 해야 할 때가 됐다. 결산일에 환율이 1300원이 됐다면, 기계값 부채는 어떻게 될까? 달러 빚으로는 10달러 그대로지만, 원화로 환산하면 환율이 변했기 때문에 결과적으로 빚은 1만 3000원으로 늘어난 셈이다. 늘어난 빚 3000원을 '외화환산손실'이라고 한다. 아직 상환시점이 되지 않아 외화부채로 있는 상태에서, 원화로 환산해 장부에 기록하다보니 이런 결과가 나왔다. 만약 결산일에 환율이 800원이 됐다면, 반대로 빚이 줄어들면서 외화환산이익이 2000원 발생한다. 환산이익은 '수익'이고, 환산손실은 '비용'이다.

　자동차 1대를 4월 5일 1달러(환율 1000원)에 수출했는데, 6월 30일 2분기 (4~6월) 결산을 할 때까지 대금이 들어오지 않아 1달러짜리 매출채권(원화 1000원) 형태로 보유하고 있다고 하자. 분기결산일 즉, 분기말환율이 1100원이 되면, 분기결산장부의 매출채권은 1100원이 된다. 이때 생겨난 100원은 환차익일까, 환산이익일까?

　아직 결제되지 않은 매출채권의 상태에서 원화로 환산해 본 것이기 때문에, 환산이익이 100원 발생했다고 보는 것이 맞다. 매출채권은 환율에 따라 원화환산가치가 계속 변한다. 그러다 결제일이 되면 그 날의 환율을 기준으로 환전을 했을 때, 환차익을 보든지 환차손을 보게 된다(미래에 들어올 달러를 특정 환율로 환전하기로 사전에 계약하는 선물환거래는 여기서는 일단 고려하지 않는다).

우리는 여기서 환차손익(환차손, 환차익)과 환산손익(환산이익, 환산손실)의 차이점을 알 수 있다. 환차손익은 실제로 외화대금의 결제가 이뤄지는 과정에서 발생하는 손익 즉, '실현된 손익'이다. 그러나 환산손익은 외화자산(외화매출채권이나 외화예금 등)이나 외화부채(외화차입금이나 외화선수금 등) 즉, 아직 결제되지 않았거나, 팔거나 갚지 않은 상태에서 원화로 바꿔 계산해 본 '미실현 손익'이다. 미실현 손익은 특정 시점에서 자산 또는 부채를 평가한 금액과 장부상 기재된 금액과의 차이로 생기는 손익(평가손익)이기 때문에 환율변화에 따라 계속 바뀌게 된다.

예를 들어 2011년 11월 20일 자동차를 10달러에 수출했다고 하자(환율이 1달러 당 1000원). 대금결제는 2012년 1월 20일 받기로 했다. 이날 환율을 적용하면 1만 원의 매출이 발생하고, 매출채권(외상매출금) 1만 원이 장부에 기록된다. 시간이 흘러 결산일(2011년 12월 31일)이 됐다. 이날 환율이 1100원이 됐다면 매출채권의 가치는 장부에 1만 1000원으로 기록된다. 늘어난 자산가치 1000원은 '외화환산이익'으로 잡혀 '수익'항목으로 손익계산서에 반영된다. 또 시간이 흘러 드디어 대금결제일인 2012년 1월 20일이 됐다. 이날 환율이 1250원이 됐다고 하자. 장부에 적혀 있는 매출채권의 가치는 1만 1000원, 결제회수된 매출채권의 가치는 1만 2500원으로 뛰었다. 차액 1500원은 이제 '외환차익(환차익)'이 된다. 이는 실현된 손익이다. 만약 대금결제일 환율이 1050원이 됐다면 장부상 매출채권은 1만 1000원인데 실제 대금이 들어와 회수한 매출채권은 1만 500원이므로, 500원의 '외환차손(환차손)'을 보게 된다.

이처럼 거래일과 결산일의 환율이 달라 '환산이익'이 났더라도 나중에 실제 대금결제일의 환율에 따라서 환차익으로 실현될 수도 있고, 환차손으로 실현될 수도 있다. 마찬가지로 환산손실이 발생해도 추후에 환차익으로 또는 환차손으로 최종확정될 수 있다. 그래서 환산손익과 환차손익을 명확하게 구별해줘야 한다.

환차손익과 환산손익을 통틀어 '환손익' 또는 '환 관련 손익'이라고 이야기한다. 환 관련 이익은 통틀어 '수익'으로 환 관련 손실은 통틀어 '비용'으로 보내고, '수익 – 비용=이익'으로 계산하면 외환거래에 따른 손익을 알 수 있다.

IFRS 회계에서 이러한 외환손익은 눈을 부릅뜨고 봐야 할 이유가 있다.

〈표1〉은 왼쪽이 한국회계기준(K-GAAP)에 따른 손익계산서, 오른쪽이 K-IFRS에 따른 손익계산서다(상당수 기업들이 예로든 현대모비스와 유사한 형태의 K-IFRS 손익계산서를 사용한다). K-GAAP에서는 외환 관련 이익(손실)이 영업외수익(비용) 항목에 포함돼 있다. 즉, 외환 관련 이익(손실)은 영업이익 산출에 영향을 주지 않는다.

이번에는 K-IFRS 손익계산서를 살펴보자. 환차익과 환산이익은 두 가지 항목에 반영된다. 한 가지는 영업이익단(영업이익 산출에 반영되는 항목 묶음)의 '기타 영업수익'이고, 다른 한 가지는 영업이익 아랫단의 '금융수익'이다.

표1 | 현대모비스의 손익계산서

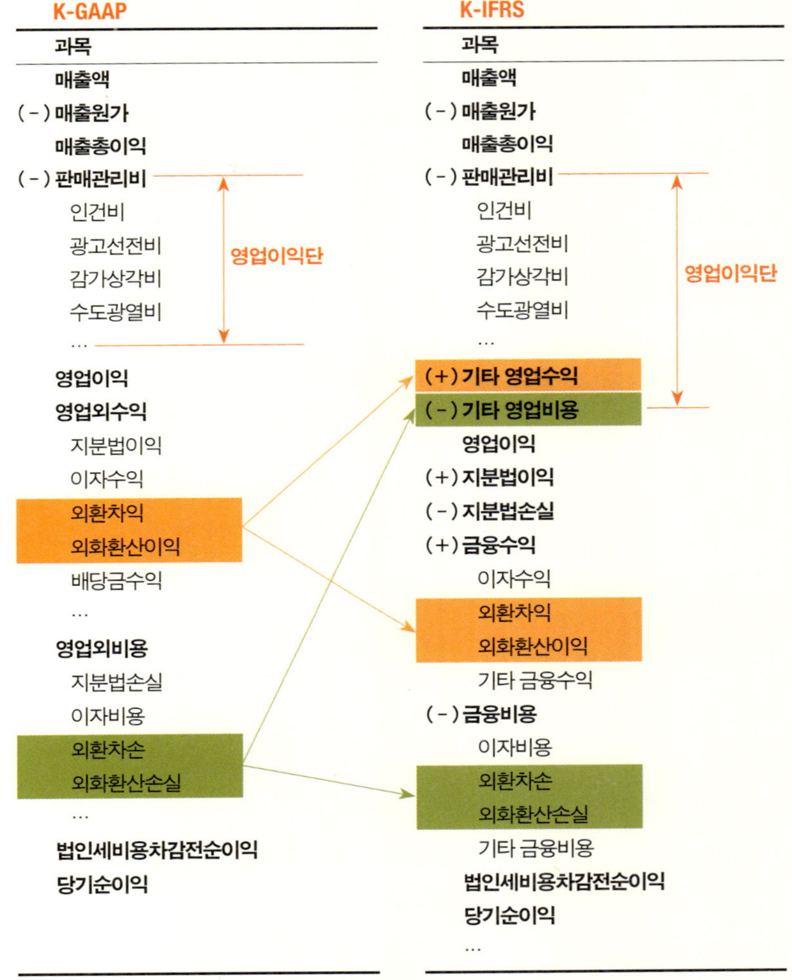

환차손과 환산손실 역시 마찬가지다. 영업이익단의 '기타 영업비용'과 영업이익 아랫단의 '금융비용'이라는 두 가지 항목에 나뉘어 들어가 있다.

우리가 여기서 알 수 있는 것은 현대모비스의 경우 환차손익과 환산손익이 K-GAAP에서는 영업이익에 영향을 주지 않았지만, K-IFRS에서는 영향을 준다는 점이다. 그리고 또 하나 K-IFRS 회계에서 외환손익의 일부는 영업이익에 영향을 주지만, 일부는 영업이익 아랫단의 금융수익(비용)에 반영돼 당기순이익에만 영향을 준다는 점이다. 현대모비스의 경우 상거래에서 발생한 외환손익은 영업이익단에, 금융거래(재무거래)에서 발생한 외환손익은 아랫단에 넣는다. 예컨대 수출거래에서 발생한 매출채권(외화자산)이나 미리 받은 물건 값인 선수금(외화부채) 같은 데서 발생한 외환손익은 '기타 영업수익(비용)'으로 반영하고(영업이익단), 외화차입금 같은 외화조달 금융거래에 따른 외환손익은 '금융수익(비용)'에 넣는다는 것이다(영업이익 아랫단).

〈표2〉를 보면 K-GAAP(2010년 1분기)에서는 매출액에서 매출원가를 빼 매출총이익(8조 4182억 원 − 6조 4446억 원 = 1조 9736억 원)을 구한다. 그리고 여기서 판매관리비를 빼 영업이익(1조 9736억 원 − 1조 2709억 원 = 7027억 원)을 산출한다. K-IFRS로 전환한 손익계산서는 매출총이익(8조 4153억 원 − 6조 4612억 원 = 1조 9541억 원)에서 판매관리비를 빼고 기타 영업수익과 비용을 더하고 빼서 영업이익(1조 9541억 원 − 1조 2568억 원 + 520억 원 = 7493억 원)을 산출했다. 기타 영업수익과 비용을 구성하는 항목에 외환손익이 들어 있다.

상당수 기업이 이와 유사하게 회계처리를 하지만 모든 기업이 다 그렇게

표2 | 현대모비스의 **K-GAAP** 대 **K-IFRS** 비교 : 별도 손익계산서(단위·십억 원)

	2010.1Q(K-GAAP)	2010.1Q(K-IFRS)
매출액	8,418.2	8,415.3
(−) 매출원가	6,444.6	6,461.2
매출총이익	1,973.6	1,954.1
(−) 판매관리비	1,270.9	1,256.8
(+) 기타 영업수익		100(+)
(−) 기타 영업비용		48(−)
영업이익	702.7	749.3
경상이익	1,3339.7	959.0
당기순이익	1,127.2	810.7

하는 것은 아니다. 예컨대 삼성전자나 대한항공 같은 회사는 외환손익이 아예 영업이익에 영향을 주지 않도록 영업이익 아랫단에서 처리한다. 반면 외환과 관련한 모든 손익은 종류를 불문하고 영업이익단에 넣어 영업이익 산출에 전적으로 반영하는 회사들도 있다.

아래는 2011년 5월 한 경제지에 실린 현대모비스의 재무제표 관련한 분석 기사 중 일부다. 환관련 손익 해석에서 상당한 오류가 발견된다.

○○ 신문	2011년 5월

(생략) 현대모비스는 올해 IFRS로 재무제표를 바꾸면서 영업외 수익의 외환차익(또는 차손)의 일부를 매출원가에 반영시켰다. 외환차익은 매출과 매입 거래 중 환율변화로 인해 발생하는 차이다. 기존의 영업외 수익 계정 밑에 있는 외화환산이익과 배당금 수익 등은 영업이익 아래의 금융수익 항목에 넣었다. 외화환산이익은 모비스가 투자 목적으로 보유한 금융자산 등의 환율변화로 인한 시세차익을 말한다. (생략)

과자 공장이 있다고 하자. 과자를 만들 때 들어가는 재료비(밀가루, 설탕, 우유 등)와 과자를 만드는 기계에 대한 감가상각비, 공장에서 일하는 사람들의 인건비, 공장 수도요금, 전기요금 같은 것들이 매출원가다. 과자를 만드는 과정에서 '직접' 작용한 모든 비용의 총합이라고 할 수 있다. 회계기간 동안 기록한 과자 매출에서 투입된 매출원가를 빼면 '매출총이익'이 나온다. K-GAAP에서는 매출총이익에서 판매관리비를 빼 영업이익을 산출했다.

판매관리비란 크게 봐서 인건비, 광고선전비, 접대비, 감가상각비, 수도광열비, 대손상각비 등으로 구성된다. 매출원가(제조원가)에 들어가는 인건비는 제품 생산에 참여하는 직원들 인건비이고, 판매관리비에 들어가는 인건비는 본사 재무팀이나 경영지원팀, 마케팅팀, 영업팀처럼 생산에 직접 참여하지 않은 부서의 인건비라고 보면 된다. 또 매출원가를 구성하는 감가상각비는 과자를 직접 만드는 생산설비의 감가상각비로 보면 되고, 판매관리비에 포함된 감가상각비는 본사 건물의 감가상각비 같은 것을 생각하면 맞다.

따라서 외환차익(차손) 같은 환율변동에 따른 수익과 비용은 본질적으로 '매출원가'가 될 수 없다. IFRS로 전환하면서 외환차익(또는 차손)의 일부를 매출원가에 반영시켰다는 이 기사의 설명은 틀렸다. 또 한 가지 이 기사에서 외화환산이익을 현대모비스가 투자목적으로 보유한 금융자산 등의 환율변화로 인한 시세차익이라고 설명한 부분 역시 잘못됐다.

○○신문　　　　　　　　　　　　　　　**○○○○년 ○○월 ○○일**

(생략) 기아차의 2011년 3분기 매출과 영업이익은 늘었다. 그러나 영업외 요인인 환차손이 이익을 갉아먹어 당기순이익이 큰 폭으로 줄었다.

　기아차의 올 3분기 판매량은 61만여 대로 지난해 3분기보다 19.3% 늘면서 매출액(9조 9900억 원)과 영업이익(8276억 원)도 각각 14.9%, 21.9% 증가했다. 반면 당기순이익은 6479억 원으로 8%나 줄었다. 전 분기와 비교해도 매출과 영업이익은 각각 13.7%와 19.8% 줄었지만 당기순이익은 무려 42.5%나 감소했다. 기아차 측은 외화부채 부문의 환차손 영향이 컸다고 말했다.

　증권가는 3분기 평균환율(1083원)보다 분기말 환율(1650원)이 오르며 외환손실이 1600억 원 정도 발생했다고 분석했다.

　수출기업들은 보통 환율이 오르면 그만큼 이익이 커진다. 하지만 분기 중 평균환율이 낮았는데 분기말인 9월에 환율이 갑자기 오르면서 환차손을 입은 것이다.

　기아차의 경우 지분 약 21%를 갖고 있는 현대제철의 실적악화로 지분법 이익이 크게 줄어든 점도 영향을 미쳤다. 현대제철 역시 환차손으로 적자를 냈다. (생략)

이 기사는 한 경제지가 2011년 3분기 기아자동차의 연결재무제표 실적을 설명한 내용이다. 환차손익과 환산손익을 제대로 구별하지 않았을 뿐만 아니라, 3분기 환손실의 원인을 파악하지 않고 기사를 쓰는 바람에 상당한 오류를 범한 경우다.

오류를 하나씩 짚어보자. 우선 기아차 3분기 실적을 좀 더 구체적으로, 정확하게 분석하자면 이렇다.

• 오류 1 > 기아차의 외화환산손실은 '판매보증충당금'에서 주로 발생했다. 자동차는 팔고 나서 이상이 생기면 무상수리를 해줘야 하는 경우가 있다. 그래서 자동차 회사는 예상되는 무상수리 비용을 미리 '판매보증충당금'이라는 항목으로 부채 처리해 놓는다. 해외 판매차량에 대한 판매보증충당금은 외화(달러)부채로 잡기 때문에 환율이 오르면 외화부채금액이 늘어나 환산손실이 발생한다. 2011년 3분기에 기아차는 이 같은 환산손실이 1600억 원 가량 났다.

• 오류 2 > 이 환산손실은 상거래에서 발생한 외화부채에서 연유했기 때문에 기아차의 경우 영업이익단의 '기타 영업손실'로 잡는다. 때문에 영업이익 산출에 영향을 미친다. '영업외요인'인 '환차손'이 이익을 갉아먹은 게 아니다.

- **오류 3 >** 기아차의 환산손실은 평가손실(미실현 손실)이기 때문에 4분기 환율변화에 따라 평가이익이 발생하거나 환입될 가능성도 크다.
- **오류 4 >** 기아차가 지분 21%를 보유하고 있는 현대제철이 당기순손실을 내면서 지분법손실로 기아차 당기순이익 산정에 영향을 미친 것은 맞지만, 현대제철 역시 외화환산손실로 적자를 냈다.

〈표3-1〉은 한국타이어의 2011년 3분기 실적 IR 프레젠테이션 자료의 일부분이다. 이 자료만 놓고 보면 영업외손익 항목에만 환차손익과 환산손익이 들어가 있다. 그래서 외환 관련 손익이 영업이익에는 영향을 주지 않는다고 착각하기 쉽다.

그러나 〈표3-2〉 한국타이어의 연결포괄손익계산서를 보면 영업이익단에 '기타 차익 및 차손'이라는 항목이 있다. 이 항목의 구성요소를 재무제표 주석에서 찾아가 보면(〈표3-3〉), 환차손익과 환산손익이 다 들어 있다. 다시 말해 외환손익이 영업이익에 영향을 준다는 것이다. 기업을 정확히 분석하

표3-1
한국타이어 연결 판매관리비 및 영업외손익(단위·억 원)

	2011. 3Q
판매관리비	**2,861**
인건비	389
감가비	73
운반비	349
선임	371
광고선전비	389
기타판관비	768
경상연구개발비	299
기타 영업 수익	-1,080
기타 영업 비용	1,303
영업외손익	**-662**
이자수입(지급이자)	-130
외환차손익	47
외화환산손익	-543
관계기업투자이익	38
기타	-74

표3-2
한국타이어 반기연결포괄손익계산서

과목
매출
매출원가
매출총이익
판매비
관리비
연구개발비
기타 차익 및 차손
기타수익
기타비용
영업이익
금융이익
금융원가
관계기업투자이익
관계기업투자처분이익
…

표3-3
반기연결재무제표에 대한 주석 : 기타 차익 및 차손

구분
매도가능금융자산처분손실
외환차익
외환차손
외화환산이익
외화환산손실
통화선도거래이익
통화선도거래손실
통화선도평가이익
통화선도평가손실
매출채권처분손실
유형자산처분이익
유형자산처분손실
보험차익
기타자산처분손실
합계

고 싶다면 미심쩍은 부분이 있을 때는 분기보고서나 반기보고서를 뒤져 재무제표의 주석까지 살피는 습관을 들이는 것이 좋다.

(생략) 반도체 후공정업체인 시그네틱스는 1998년 공장 증축을 위해 끌어들였던 외화부채 잔여분이 3분기 실적에 암초로 작용했다. (생략) 3분기 말 환율이 1179.50원으로 뛰면서 환차손이 29억 원 발생했고, 이 부분이 영업이익을 낮췄다.

시그네틱스 최고재무책임자는 "금 등 주요 원자재값 상승에도 매출 면에서 선전하며 영업이익률 10% 달성을 노렸지만 환율 때문에 장부상으로는 목표를 달성하지 못했다"고 말했다.

(생략) 키코로 위기에 몰렸던 제이브이엠 투자자는 선전한 영업이익과 달리 급감한 당기순이익에 놀랐다. (생략) 키코 해결을 위해 차입한 달러 환차손 때문이다.

제이브이엠 관계자는 "급등한 환율로 인해 환차손이 20억 원 발생했다"고 말했다. 키코 피해로 불어난 채무를 감당할 여지가 없었던 제이브이엠은 달러 기준으로 2010년 국내 은행에서 자금을 대출받았다. 이 달러 표시 대출잔액이 환차손을 발생시켜 순이익에 영향을 준 것이다. (생략) LG디스플레이도 환차손으로 올해 3분기 영업이익에서 1300억 원 장부상 손해를 봤다. 애플과 장기 계약을 맺으면서 받은 선수금 때문이다. (생략)

이 내용은 2011년 11월 한 경제지에 실린 기사의 일부다.

• **오류 1 >** 이 경제지는 환율급등에 따른 기업들의 실적피해를 다루면서 코스닥기업인 시그네틱스의 2011년 3분기 실적 사례를 들었다. 시그네틱스의 경우 외환거래와 관련한 모든 손익을 영업이익단에 반영하고 있다는 점은 잘 포착했다. 〈표4-1〉을 보면 '기타 수익'과 '기타 비용'이 영업이익 산출에 영향을 주게 돼 있다. 그래서 재무제표 주석을 살펴봤더니 〈표4-2〉처럼 '기타 수익'에는 외환 관련한 모든 이익이, '기타 비용'에는 외환 관련한 모든 손실이 망라돼 있다. 회사 관계자도 "환율 때문에 영업이익 목표치를 달성하지 못했다"고 말하고 있다.

그런데 이 회사가 입은 환율손실은 공장증축 때문에 빌렸던 외화차입금 가운데 아직 갚지 못하고 부채 상태로 남아 있는 부분에서 발생했다. 이것은 환차손이 아니라 외화환산손실로, 일종의 평가손실이다. 앞으로 환율변화에 따라 평가이익이 될 수도 있고, 결제 시점에서 환차익을 볼 수도 있다. 물론 환율급등 상태가 유지되면 평가손실이 지속되고 결제 시점에서 환차손을 볼 수도 있다. 그래서 환산손실은 '환산손실'이라고 정확하게 적어줘야 한다.

표4-1 | 시그네틱스 포괄손익계산서

매출액

매출원가

매출총이익

판매관리비

기타 수익

기타 비용

영업이익(손실)

금융수익

금융원가

…

표4-2 | 시그네틱스 재무제표 주석

기타수익

현금 및 현금성자산 외화환산이익

현금 및 현금성자산 외환차익

매출채권 및 기타 채권 외화환산이익

매출채권 및 기타 채권 외환차익

매입채무 및 기타 채무 외화환산이익

매입채무 및 기타 채무 외환차익

차입금 외화환산이익

차입금 외환차익

…

기타비용

현금 및 현금성자산 외화환산손실

현금 및 현금성자산 외환차손

매출채권 및 기타채권 외화환산손실

매출채권 및 기타채권 외환차손

매입채무 및 기타채무 외화환산손실

매입채무 및 기타채무 외환차손

차입금 외화환산손실

• **오류 2 >** 제이브이엠도 역시 같은 문제다. 외환에서 발생한 평가손실을 확정된 손실인 것처럼 환차손으로 표기하면 오해의 소지가 발생한다.

• **오류 3 >** 〈표5-1〉은 LG디스플레이의 2011년 3분기 실적 IR 프레젠테이션 자료의 일부다. LG디스플레이는 3분기에 4921억 원의 영업적자가 났는

표5-1 | **LG디스플레이 2011년 3분기 자체실적평가**(IR 프레젠테이션 자료 중에서)

Q3' 11 Issues

• **비 경상요인으로 인한 영업적자 증가**

발표영업이익 : -4921억 원

비경상항목 조정 영업이익 : -2558억 원

– 충당금 추가 설정

– 선수금 및 충당금 환산손실

향후 운영기조

• **철저한 유동성 관리**

• **체질 강화 및 제품 차별화 비중확대를 통한 수익성 개선**

데, 선수금 및 충당금 환산손실의 영향을 크게 받았다는 설명이다.

선수금은 애플에 제품을 공급해 주기로 하고 미리 받은 돈으로, 부채로 잡힌다. 제품 납품을 전제로 받은 돈이기 때문이다. 충당금은 소송충당금으로 보인다. 외국 회사와 소송이 붙었는데 소송에 질 경우 달러로 배상을 해야 하기 때문에 이에 대비해 미리 예상되는 배상금을 회계상 충당금 부채로 잡았다. 회사는 IR자료를 통해 이 같은 외화부채(선수금과 충당금)에서 발생한 환산손실이 2558억 원에 이른다고 설명했다. 앞의 신문기사는 LG디스플레이가 선수금 때문에 '환차손'을 입었다고 썼다. 그러나 IR자료처럼 영업적자의 주요인은 '환차손'이 아닌 '환산손실'로 적는 것이 정확하다. LG디스플레이는 환산손실이라는 평가손실이 났기 때문에 다가올 4분기에는 환율추세로 보건대 환산이익이 발생할 가능성이 높다.

LG디스플레이에 대한 아래의 증권사 애널리스트 리포트는 이를 잘 설명하고 있다.

표5-2 | **LG디스플레이 2011년 3분기에 대한 애널리스트 리포트 중 일부**

- LG디스플레이 영업적자 4920억 원은 LCD 업황부진 외에도 외화환산손실과 소송 충당금 설정 때문이다.

- 4분기는 영업적자폭이 3분기보다 크게 축소될 것으로 전망하며, 그 이유는 평균환율상승 효과와 기말환율 하락에 따른 외화환산이익 때문이다.

TIP　**선수금은 매출일까 부채일까?**

선수금에 대해 좀 더 명확히 짚고 넘어가자. 부채라는 건 다른 사람한테 갚아야 할 것이 생기는 상태를 말한다. 미래에 회사의 자산이 빠져나갈 가능성이 생기면 부채로 기록한다. A기업이 일주일 뒤에 있을 직원등산대회 간식용으로 붕어빵을 주문하면서 붕어빵 값 20만 원을 미리 지불하는 경우를 생각해보자. 제빵업체 붕어빵(주) 입장에서는 이런 경우 선수금을 받았다고 한다. 이 선수금은 붕어빵을 만들어줘야 할 의무가 붙어 있는 돈이다. 그래서 일단 부채로 기록하고 납품이 끝나면 부채는 지워버리고 매출로 바꿔 기록한다.

해운회사가 조선회사에 10달러짜리 배를 발주했는데, 배를 완성하는데 2년이 걸린다고 하자. 통상 해운회사는 배 값을 중간중간 3, 4차례에 나눠서 지급한다. 말하자면 배를 납품받기 전에 선수금을 주는 것이다. 조선회사는 일단 들어온 선수금을 부채로 처리한다. 그렇다고 해서 2년이나 지난 뒤 배를 완성해서 납품하는 시점이 돼서야 선수금을 부채 항목에서 지우고, 매출 발생으로 기록하는 것은 아니다. 조선회사는 배를 만들면서 중간중간 배의 제작진행정도에 따라서 적절하게 선수금을 매출로 인식한다.

조선회사가 해운회사로부터 1차 선수금으로 5달러를 받았다고 하자. 이제 5달러의 부채가 생겼다. 선수금을 받은 뒤 1차 결산기 때 배를 40%정도 완성했다면, 총 배값 10달러의 40%인 4달러 정도는 매출로 인식할 권리가 생긴다. 5달러 선수금 중 4달러는 부채에서 지우고 매출로 대체한다. 여전히 부채로 남아 있는 것은 1달러다. 완성기준 회계가 아니라 진행기준 회계를 하는 것이다. 진행기준으로 한다해도 수주를 많이 하면 많이 할수록 초기에는 재무제표에 부채가 좀 늘어나는 경우가 생길 수 있다.

〈표6〉 삼성중공업의 2011년 2분기 부채항목을 보면 부채 총계 11조 9360억 원 가운데 선수금이 5조 9130억 원이다. 차입금 1조 4580억 원보다 훨씬 많다. 배를 만들어 나가면서 진행기준회계에 따라 이 선수금은 점차 빼 나갈 것이고, 새로운 수주계약을 따내고 선수금을 받으면 부채는 또 늘어날 것이다.

표6 | **삼성중공업 2011년 2분기 재무상태표**
(IR 자료 중에서, 단위·억 원)

	2011. 2Q
자산 총계	164,770
현금 및 현금성 자산	14,490
매출 채권	44,630
선급금	14,990
파생상품 관련 자산	23,260
재고 자산	6,710
부채 총계	119,360
선수금	59,130
차입금	14,580
파생상품 관련 부채	23,190
자본 총계	45,410
자본금	11,540
보유 자사주	-6,610
부채와 자본 총계	164,770

환율이 기업실적에 미치는 영향력

표7-1 | **대한항공 요약 손익계산서**(연결, 단위·억 원)

	2011. 2Q	2011. 3Q
영업수익	29,444	33,192
영업비용	29.641	30,799
영업이익	-197	2,393
기타손익	1,531	-7,835
외화환산차손익	1,647	-7,712
…		
금융손익	-826	-1,740
순이자비용	-1,341	-1,347
지분법손익	541	147
…		
법인세차감전순이익	508	-7,035
당기순이익	337	-5,243

〈표7-1〉은 대한항공의 2011년 2분기와 3분기 K-IFRS 연결 손익계산서 중 일부다. 대한항공은 외환 관련 손익을 영업이익에 반영하지 않는다. 영업이

익 아랫단에 '기타손익'이라는 항목을 두고 여기에 외환 관련 손익을 집어 넣는다. 대한항공은 항공기 도입에 따른 외화부채가 많다. 항공유(油) 결제에도 달러를 써야 한다. 사업 성격 상 환율변화가 이익에 미치는 영향이 클 수밖에 없기 때문에 영업이익단에 외환손익을 반영하면 영업이익 자체가 매 분기마다 크게 흔들릴 수 있다. 그래서 영업이익 아랫단에 반영한다.

〈표7-1〉에서 보다시피 대한항공의 2011년 2분기 외화환산차손익은 1647억 원이다. '외환차익+외환환산이익'에서 '외환차손+외환환산손실'을 뺐더니 1647억 원이 됐다는 것이다. 그런데 2011년 3분기에는 이렇게 계산했더니 (−)7712억 원이 됐다. 2분기 영업이익은 197억 원 적자였지만 영업외손익의 외환손익이 (+)1647억 원으로 나왔고, 여기에 힘입어 당기순이익은 337억 원 흑자를 냈다. 그런데 3분기에는 영업이익이 2393억 원 흑자를 냈음에도 불구하고 외환손익이 (−)7712억 원을 기록하는 바람에 당기순이익은 결국 5243억 원의 적자를 냈다.

이처럼 환율이 대한항공 실적에 미치는 영향은 실로 막대하다. 〈표7-2〉은 대한항공의 금융부채 현황표다. 2011년 6월말 기준으로 달러부채는 60억 4000만 달러, 9월말 기준으로는 65억4000만 달러다. 달러부채에 적용하는 기말환율은 6월말(2분기말)은 1078.10원, 9월말은 1179.50원이다. 한 분기 만에 기말환율이 무려 101.4원 뛰었다. 달러부채를 60억 달러 정도로 잡아도 환율이 100원 상승하면 6000억 원의 환산손실을 입게 된다. 원화부채를 포함한 전체 금융부채 가운데 달러부채 비중이 59%(9월말 기준)에 달할 정도니, 환율이 실적에 미치는 영향은 절대적이다.

표7-2 | **대한항공 금융부채 현황**

통화별	2011년 9월 말		2011년 6월 말	
	금액	비중	금액	비중
USD	65.4억 달러	59.0%	60.4억 달러	56.3%
원화	4조2841억 원	32.8%	4조3602억 원	34.5%
JPY	664억 엔	7.8%	723억 엔	8.8%
EUR	0.32억 유로	0.4%	0.36억 유로	0.4%
계(USD 환산)	110.8억 달러	100%	107.3억 달러	100%

※ 2011년 9월말 적용환율($당) : 원화 1179.50
　2011년 6월말 적용환율($당) : 원화 1078.10

<table><tr><td>작독직해 2</td><td>'투자 초보'를 면하는 첫 번째 관문,
연결재무제표 읽기</td></tr></table>

**연결재무제표 VS
개별재무제표**

IFRS 회계에서는 연결재무제표가 주재무제표이고, 개별재무제표는 보조 재무제표라고 한다. K-GAAP은 그 반대였다. K-IFRS는 지분 50%가 넘거나 실질적인 지배력이 있는 자회사는 연결재무제표를 작성하라고 규정하고 있다. SK는 지분 30%대인 자회사를 실질 지배력이 있다고 보고 연결에 포함시켰고, 삼성전자는 지분 35% 이상인 삼성카드를 실질 지배력이 없다하여 연결에서 제외했다. 연결재무제표를 만들 때 모회사는 '지배회사', 자회사는 '종속회사'라고 부른다. 그럼 '연결'이란 무엇이고, '개별'이란 무엇일까.

삼성전자(주)는 미국법인인 Samsung America(주)의 지분 70%를 보유하고 있다. 두 회사는 연결재무제표 작성 대상이다. 삼성전자(주) 수원공장에서 TV 1대를 800원의 원가를 들여 만들어 Samsung America(주)에 1달러(환율 1000원 기준)에 판매했다고 생각해보자. 본사 장부에는 아래처럼 기록된다.

TV 매출 1000원 – TV 제조총비용 800원 = 200원 이익

이 미국법인이 수원공장으로부터 매입한 TV를 아직 못 팔고 있는 상태에서 결산기가 왔다. 삼성전자 본사 개별재무제표에는 위의 예처럼 미주법인에 제품을 팔고 이익을 냈다고 기록된다. 미주법인 개별재무제표는 본사로부터 1000원에 산 TV를 아직 못 팔았기 때문에 매출을 기록할 것이 없다. 단지 재고자산으로 TV 1대만 갖고 있다. 이런 상황을 연결재무제표로 작성하면 어떻게 될까.

'연결한다'는 것은 두 회사를 한 회사로 보라는 것이다. 삼성전자 본사(수원공장)와 Samsung America(주)를 한 회사로 본다면, 본사가 Samsung America(주)에 판매한 TV는 '판매'가 아니다. 즉, 매출로 잡을 수 없다. 수원공장 창고에 있는 TV를 미주법인 창고로 옮겨 놓았을 뿐이다. 해외법인이 국내에서 넘겨받은 제품을 아직 팔지 못한 상태라면, 결산을 할 때 '미실

현 이익'으로 지워야 한다. 과거 LG전자의 경우 국내 본사 개별재무제표 상
으로는 이익 규모가 컸는데, 해외법인들을 연결해서 재무제표를 작성하자
이익이 확 줄어들었던 적이 있다. 미실현 손익은 연결재무제표 작성 때 없
앤다. 연결에서 미주법인은 별개의 법인(회사)이 아니라 하나의 사업부 정
도 개념으로 보면 된다. 미주법인이 외부에 TV를 판매했을 때 비로소 매출
로서 의미를 갖는다.

　　미주법인이 만약 1300원에 이 TV를 외부에 팔았다면, 수원공장에서 800
원의 원가를 들여 만든 TV가 미주법인 창고로 이동해 와서 1300원에 팔린
셈이니까, 연결재무제표에는 다음과 같이 기록된다.

TV 매출 1300원 − TV 제조총비용 800원 = 500원 이익

　　미주법인이 한국에서 들여온 TV를 외부에 팔았을 경우를 개별재무제
표로 따로따로 보면 어떨까. 수원공장은 800원에 만들어서 1000원에 미주
법인에 팔아 200원 이익, 미주법인은 1000원에 들여와서 1300원에 팔아서
300원 이익이다. 수원공장과 미주법인 이익을 다 더하면 총 500원 이익이
다. 연결이익도 500원, 두 회사 개별이익 합산도 500원으로 동일하다.

　　A는 자동차 제조회사다. B는 자동차 판매회사다. A는 B의 지분을 50% 넘
게 보유하고 있다. K-IFRS상 연결대상이다. A가 B에 자동차를 1대 당 10만
원씩(1대 당 제조비용은 7만 원)해서 5대를 넘겼다. B는 10만 원에 받은 자동
차 5대를 12만 원씩에 팔려고 했지만, 3대 밖에 팔지 못했다. 이러한 내용을
개별재무제표로 결산을 해보자.

A 매출 50만 원(10만 원×5대) − 비용 35만 원(7만원×5대)
　　= 15만 원 이익
B 매출 36만 원(12만 원×3대) − 비용 30만 원(10만 원×3대)
　　= 6만 원 이익

　　손익계산을 할 때는 팔린 물건 즉, 매출이 일어난 물건에 대해서만 매출
과 매출원가 등 비용을 따진다. B가 손익계산을 하면서 매출을 36만 원으로
기록하고(3대를 판매), 자동차 5대를 가지고 왔으니 비용을 50만 원이라고

기록한다면 잘못된 것이다. 개별재무제표로 보면 A는 15만 원 이익, B는 6만원 이익이다. 같은 내용을 연결하면 어떻게 될까.

A와 B는 한 회사로 봐야 한다. 따라서 B는 A의 판매본부나 영업본부 정도가 된다. 이 경우는 공장에서 만든 자동차 5대(1대 당 제조비용 7만 원)를 판매본부가 가지고 가서 3대를 팔고(1대 당 12만 원에) 2대가 남아 있다는 이야기가 된다. 이때 매출, 제조총비용, 이익은 다음과 같다.

매출 _ 12만 원×3대 = 36만 원

제조총비용 _ 7만 원×3 대 = 21만 원

이익 _ 36만 원 – 21만 원 = 15만 원

연결이익(15만 원)이 개별재무제표로 A와 B의 이익을 합친 수치(21만 원)보다 적다. 여기서 발생하는 6만 원의 차액은, A가 B에게 준 자동차 5대 중 팔지 못한 2대 분에서 발생한 차이다. 연결을 하면 B가 팔지 못한 2대는 그냥 A의 재고자산이다.

이처럼 연결을 하면 지배회사와 종속회사간에 서로 지워야 할(상계처리) 것들이 매출관계 외에도 많다. 지배회사는 자기네 투자주식계정에다 종속회사 주식(지분)을 기록해 놓고 있다. 종속회사의 입장에서 보면 지배회사가 갖고 있는 지분은, 종속회사가 발행한 주식이다. 따라서 종속회사 입장에서는 자본계정에 기록해 놓고 있다. 지배회사와 종속회사를 연결시켜서 한 회사처럼 만들어버리면 지배회사의 투자주식계정과 종속회사의 자본계정도 상계해 제거해야 한다.

채권채무 같은 것도 마찬가지다. 지배회사에서 종속회사에다 물건을 외상으로 팔았다면 지배회사에는 매출채권, 종속회사에는 매입채무가 된다. 이런 것들을 다 상계해 제거한다. 두 회사 간의 빌려준 돈(대여금)과 빌린 돈(차입금), 받을 돈(미수금)과 줄 돈(미지급금)도 상계처리 해야 한다. 붕어빵 회사가 자회사인 꿀호떡 회사에다 땅이나 기계설비 같은 것을 팔았고 아직 대금결제가 안되고 있다면, 이것은 상거래 이외의 거래에서 발생한 채권 채무 관계이기 때문에 미수금(A 입장)과 미지급금(B 입장)으로 처리된다. 하지만 연결을 하면 서로 간 거래에서 발생한 미수금과 미지급금을 지워야 한다.

연결재무제표에는 맹점이 있다. 〈표8-1〉을 보자. 지배회사 포스코와 그 종속회사들이 나타나 있다. 철강부문의 종속회사로 포스코강판, 포스코특수강 등이 있다. 무역부문은 대우인터내셔널, 건설부문은 포스코건설과 대우엔지니어링, 기타부문은 포스코파워 등이 종속회사다.

표8-1 | **포스코 사업 개요**

＊ 회사 및 종속회사의 사업부문별 현황을 요약하면 아래와 같음.

구분	회사
철강부문	(주)포스코, 포스코강판(주), 포수코특수강(주)…
무역부문	(주)대우인터내셔널, America Corporation, POSCO Asia Co., Ltd.,…
건설부문	(주)포스코건설, 대우엔지니어링
기타부문	포스코파워(주) …

　　〈표8-2〉 포스코의 사업부문을 보면 철강, 무역, 건설, 기타부문으로 나뉘어져 있고 각 사업부문 실적이 적혀 있다. 〈표8-3〉은 포스코의 재고자산 현황이다. 건설부문 재고의 경우 아파트까지 포함돼 있을 가능성이 있다. 이처럼 사업성격이 판이하게 다른 회사들을 종속회사로 거느리고 있는 경우에 연결재무제표를 작성해놓고 보면, 지배회사 포스코의 본질적 사업인 철강업의 모습이 제대로 드러나지 않을 수 있다.

표8-2 | **포스코 사업부문 요약 재무제표**

사업부문	2011.1H		2010	
	매출액	영업이익(손실)	매출액	영업이익(손실)
철강부문	○○○	○○○	○○○	○○○
무역부문	○○○	○○○	○○○	○○○
건설부문	○○○	○○○	○○○	○○○
기타부문	○○○	○○○	○○○	○○○
합계	○○○	○○○	○○○	○○○

표8-3 | **포스코 재고자산 현황 등**

사업부문	2011. 1Q	
철강부문	제품	○○○
	상품	○○○
	…	
무역부문	제품	○○○
	상품	○○○
	…	
건설부문	제품	○○○
	상품	○○○
	건설재고자산	○○○
	…	
기타부문	제품	○○○
	상품	○○○
	…	
합계	제품	○○○
	…	

그래서 IFRS에서는 지배회사 자체의 개별재무제표를 반드시 공시하도록 하고 있다. 연결재무제표를 작성해야 하는 지배회사가 자기만의 개별재무제표를 따로 작성할 때 이를 IFRS에서는 '별도재무제표'라고 한다.

〈표8-4〉 2011년 상반기 포스코 매출을 보면 연결포괄손익계산서 매출(33조 2970억 원)은 글자 그대로 포스코의 종속회사들을 연결한 매출이고, 포괄손익계산서 매출(19조 1440억 원)은 연결하지 않고 포스코만의 개별재무제표(별도재무제표)로 작성한 매출이다. 재무제표를 어떤 기준으로 작성하느냐에 따라 매출에 많은 차이가 난다. 포스코처럼 사업성격이 다른 종속회사를 많이 거느리고 있는 기업을 분석할 때는 반드시 '별도재무제표'를 참조해야 한다.

표8-4 | **2011년 상반기 포스코 매출**

	연결포괄손익계산서	포괄손익계산서
매출액	33조 2970억 원	19조 1440억 원

K-GAAP와 K-IFRS 간에는 연결범위에 차이가 있다. K-GAAP은 '지분 30%를 초과보유하면서 최대주주이거나 또는 실질 지배력이 있는 경우' 연결하도록 했다. K-IFRS는 '지분 50%를 초과보유하거나 (50%가 안 되더라도)실질 지배력이 있는 경우' 연결하라고 규정하고 있다.

표9-1 | K-GAAP와 K-IFRS에서의 연결범위 차이

	연결범위
K-GAAP	• 의결권 주식의 30% 초과 최대주주 또는 실질 지배력이 있는 경우. • 자산 100억 원 미만의 기업, 특수목적회사(SPE) 등 제외(예외 인정).
K-IFRS	• 의결권 주식의 50% 초과 소유주주 또는 실질 지배력이 있는 경우. • 자산 100억 원 미만의 기업, 특수목적회사(SPE) 등 모든 종속회사 포함 (예외 없음).

K-IFRS에는 세 가지 종류의 재무제표가 있다.

표9-2 | K-GAAP와 K-IFRS의 재무제표 종류

개념		연결재무제표	별도재무제표	개별재무제표
		지배회사와 종속회사를 하나로 연결하여 작성한 재무제표	지배회사가 작성하는 회사 자체의 개별재무제표	연결재무제표를 작성하지 않는 개별회사의 재무제표
투자지분 평가	종속회사	연결재무제표 작성	원가법 또는 공정가치법	–
	관계회사	지분법		지분법

1. 연결재무제표

지배회사가 연결재무제표를 작성할 때 종속회사(지분 50% 초과)에 대해서는 하나로 묶어 연결을 시키고, 관계회사(지분 20% 이상 50% 이하)에 대해서는 지분법으로 평가한다.

LG전자는 2010년부터 K-IFRS를 조기도입했다. 2010년 1분기 분기보고서를 보면 지분 51%를 보유한 LG이노텍에 대해서는 종속회사로 보고 연결재무제표를 작성하고, 지분 38%를 보유한 LG디스플레이에 대해서는 관계회사로 보고 지분법을 적용하고 있다. K-GAAP를 적용할 때는 두 회사 모두 LG전자의 연결대상이었다. 그러나 K-IFRS 연결재무제표에서는 LG디스플레이는 연결대상에서 빠지고 지분법 적용 대상이 됐다.

지분법이란 쉽게 말해 A가 B의 지분 20% 이상 보유하면서 B의 영업 재무정책 등 경영의사 결정에 상당한 영향력을 행사할 경우, B의 당기순이익 중 지분율에 해당하는 만큼을 A의 당기순이익에도 반영해주는 회계처리를 말한다.

2010년 A가 B의 지분 30%를 20억 원에 매입했다. 이 지분을 A는 지분법적용투자주식으로 분류했다. 2010년 말 결산시 B의 당기순이익은 10억 원이다. 그러면 30%에 해당하는 3억 원을 A의 당기순이익에도 가산해 준다. 그리고 A가 보유한 B의 지분가치도 3억 원을 가산해 준다. A의 2010년 말 결산시 영업이익이 5억 원이라면, 영업외이익 중에서 지분법이익 3억 원을 반영해주면 A의 당기순이익은 8억 원이 된다(일단 편의상 세금은 고려하지 않았다). 그리고 A가 보유한 B의 지분가치(지분법적용투자주식)는 23억 원이 된다(20억 원+3억 원). 한 가지 지적하자면 연결재무제표 이익(영업이익, 순이익)에는 비지배주주 귀속이익이 포함돼 있으므로, 지배주주의 가치를 평가하기 위해서 연결재무제표를 사용할 때는 '지배주주 귀속이익'을 봐야 한다(순이익은 구분돼 있으나 영업이익은 구분 안 됨에 주의).

현대모비스의 경우 현대제철 지분을 21% 보유하고 있어 관계회사로 분류하고, 연결재무제표 작성시 지분법 회계처리를 한다. 현대차는 K-GAAP에서는 연결재무제표 작성시 기아차(지분 34% 보유)를 연결대상으로 했으나, K-IFRS 연결재무제표에서는 관계회사로 분류하고 지분법 회계처리를 하고 있다.

2. 별도재무제표(지배회사의 개별재무제표)

별도재무제표 작성의 필요성은 앞에서 언급했다. 별도재무제표를 작성할 때는 지분율 20% 이상의 투자주식에 대해서는 지분법이 아닌 '원가법' 또는 '공정가치법'을 적용한다. 그러니까 별도재무제표를 작성할 때는 자회사(종속회사, 관계회사) 지분율이 30%이건, 60%이건 간에 지분법은 적용되지 않는다.

만약 현대차가 기아차 지분 10주를 취득하면서 300원을 지불했다면, 현대차 장부에 매 결산기마다 기아차 지분가치를 최초 취득원가인 300원으로 기입하는 것을 원가법이라고 한다. 이와 달리 매 결산기마다 기아차 지분 10주에 대한 시장가격을 반영해 장부에 반영하는 것이 공정가치법이다. 공정가치란 공인된 시장가격 또는 시장으로 인정할 만큼 거래가 활성화 된 곳에서의 거래가격을 말한다. 원가법과 공정가치법 중 선택은 기업의 자율이다.

3. 개별재무제표

종속회사(지분 50% 초과)가 없어서 연결재무제표를 작성할 필요가 없는 회사는 K-GAAP에서처럼 지분 20% 이상인 회사에 대해서는 지분법으로 평가한다.

—

K-IFRS에서는 자산 100억 원 미만이거나 특수목적회사(SPE)일지라도 지분율 50%를 초과하면 연결 종속회사로 지정한다. 반면 K-GAAP에서는 자산이 100억 원이 안 되거나 특수목적회사일 경우 아예 연결대상으로 삼지 않았다.

〈표10〉의 LG전자 종속회사를 보면, LG전자의 해외종속회사 즉 해외법인들과 LG이노텍 등 85개사가 K-GAAP에서와 마찬가지로 연결대상 종속회사의 지위를 유지했다. 지분율이 50%가 안 되는 LG디스플레이와 그 자회사 등 20개사는 K-GAAP에서는 연결재무제표 작성 대상이었지만, K-IFRS에서는 제외됐다. 그러나 자산총액 100억 원 미만 기업 중 지분율 50% 초과법인 19개가 추가됐다. 결과적으로 연결대상 종속회사 수는 2009년 결산 K-GAAP 적용시 105개사에서 2010년 1분기 IFRS 적용시 104개사(105-20+19)로 변했다.

표10 │ LG전자 IFRS 연결 대상 종속회사
(**2009.12** K-GAAP 105개사→**2010.3** IFRS 104개사)

제외(20개)	• LG Display 및 LG Display의 자회사 등
유지(85개)	• LG전자 해외종속회사. • LG이노텍 등.
추가(19개)	• 자산총액 100억 원 미만이며 지분율 50% 초과 법인 등.

<table>
<tr><td>직독직해 3</td><td>K-IFRS 적용 후 바뀐
회계정책 꿰뚫기</td></tr>
</table>

'금융자산의 양도에 대한 회계처리' 어떻게 달라지나

많은 기업들이 K-IFRS를 적용하면서 회계정책을 바꿨다. 바뀐 회계정책 중 중요한 부분으로 '금융자산의 양도에 대한 회계처리'와 '영업권 회계처리'가 있다. 〈표11〉은 현대자동차의 주요 회계정책 변경내용 중 일부이고, 〈표12〉는 현대모비스의 회계정책 변경내용 중 일부다.

표11 | 현대자동차 K-IFRS 회계정책 변경내용

연결범위 변경	• 종속기업의 범위(50% 초과 및 실질 지배력 기준) 변경. (지분율 30% 초과 최대주주 연결범위 제외. 특수목적기업 포함)
금융자산의 양도	• 채권(D/A, L/C 거래 등) 양도 후 상환청구권이 있는 경우 양도거래가 아닌 차입거래로 인식.

표12 | 현대모비스의 주요 회계정책 변경내용

구분	K-GAAP	K-IFRS
금융자산의 양도	매출채권 등 금융자산을 금융기관에 양도시 회사가 금융자산에 대한 통제권을 이전한 것으로 보아 매각거래로 분류.	매출채권 등 금융자산을 금융기관에 양도시 양도한 금융자산의 소유에 따른 위험과 보상을 회사가 보유하고 있으면 차입거래로 분류.
영업권	사업결합으로 인하여 계상한 영업권(투자차액) 및 염가매수차익(부의 영업권)은 5~10년 동안 상각 또는 환입처리.	영업권(투자차액)의 경우 상각하지 않고 매 보고기간 말 또는 손상을 시사하는 징후가 있을 경우 손상검사를 수행하며, 부의 영업권(염가매수차익)은 사업결합시점에 당기손익으로 인식.

제분업체 밀가리(주)가 제빵업체 붕어빵(주)에 밀가루를 200만 원어치 납품하고 3개월짜리 어음(매출채권)을 받았다. 밀가리는 이 매출채권(어음)을 거래은행에 가지고가면 바로 현금화할 수 있다. 이때 은행은 180만 원을 당장 현금으로 주는 대신 3개월 먼저 현금화해 주는데 대한 이자분과 수수료 등의 명목으로 20만 원을 갖는다(어음할인). 은행은 3개월 뒤 붕어빵으로

부터 200만 원을 받으면 된다.

밀가리가 매출채권을 은행에 넘기고 할인받아 현금화 했다면, 이 거래를 어떻게 봐야 할까. 매출채권의 소유권이 완전히 은행으로 넘어갔다고 보고, 만약 붕어빵이 부도를 내 결제를 못하더라도 밀가리는 전혀 책임을 부담하지 않는 경우가 있을 수 있다. 이처럼 어음할인을 받으면 밀가리는 회계장부에서 매출채권 200만 원을 지워버린다. 대신 현금 180만 원이 들어왔고, 20만 원의 매출채권처분손실이 났다고 기록한다. 매출채권을 은행에 넘긴 행위가 '매각거래'로 인정된 것이다. K-GAAP에서는 이것이 인정됐다. 그런데 K-IFRS에서는 이런 회계처리(매각거래)를 인정하지 않는다.

K-IFRS에서는 200만 원짜리 매출채권을 은행에 담보로 제시하고 180만 원을 대출받는 '차입거래'로 처리토록 한다. 매출채권(어음) 발행회사인 붕어빵이 부도나는 경우 매출채권 상환책임은 담보대출을 받은 밀가리가 진다. 이런 경우 밀가리는 은행에서 180만 원을 받았다고 해서 매출채권을 장부에서 지우는 회계처리를 할 수 없다. 3개월 뒤 붕어빵이 문제없이 은행에 어음 결제를 했을 때 비로소 장부에 있던 매출채권 200만 원을 지우고 대출금(부채) 180만 원도 지우면서 20만 원은 이자비용으로 처리할 수 있다.

K-IFRS는 매출채권 같은 자산의 유동화를 '매각거래'로 인정하지 않고 '차입거래'로 보는 것이다. 그래서 매출채권을 금융회사로부터 할인받는 단계에서는 부분적으로 부채비율이 올라가는 효과가 발생할 수 있다. 〈표11〉과 〈표12〉에 나타난 금융자산의 양도 회계처리 변경 부분은 이런 이야기다.

<table>
<tr><td>

**'영업권 회계처리'
어떻게 달라지나**

</td><td>

〈표12〉를 보면 영업권에 대한 언급이 나온다. 기업을 M&A(인수합병) 할 때 인수합병 대상기업의 브랜드 가치나 영업력, 명성, 시장지배력 같은 것을 인정해 순자산가치보다 더 많은 돈을 주고 살 경우, 순자산가치를 넘어서는 이 웃돈을 '영업권'이라고 말한다. 순자산이란 자산에서 부채를 뺀 것으로, '자산=자본+부채'를 감안하면 자본(자기자본)이라는 말과도 같다.

어떤 회사나 특정사업부문을 인수합병할 때 장부에 적혀 있는 자산과 부채에 대한 가치 즉, 장부가치가 현재 시점에서의 실제가치와 차이가 많을 수 있다. 때문에 장부가격을 다시 재평가 해 자산규모와 부채규모를 정확하게 산정해 내고, '자산-부채=순자산가치'를 뽑아낸다.

(주)붕어빵이 (주)꿀호떡이라는 회사의 주식 50%를 사들여 인수합병한

</td></tr>
</table>

다고 하자. 꿀호떡의 장부상 순자산가치는 80만 원이다. 회사 총 발행주식의 절반인 50%를 인수할 계획이니, 순자산가치 80만 원의 절반인 40만 원을 주고 인수하면 딱 맞다. 그런데 60만 원을 주고 인수했다면 20만 원은 영업권이 발생한 것으로 봐야 한다. 꿀호떡 브랜드와 영업력을 인정해 20만 원을 더 쳐준 것으로 볼 수 있다.

또 이런 경우도 있다. (주)붕어빵이 (주)달고나 지분 40%를 인수하기로 했다. 달고나의 순자산가치는 200만 원이다. 지분 40%를 인수할 계획이니, 인수 가격이 순자산가치의 40%(200만 원 × 40% = 80만 원)를 넘어서면 영업권이 발생한다. 달고나는 증권시장에 상장돼 있는 회사며, 시가총액 규모가 300만 원이라고 가정하자. 시총이 300만 원이니까 지분 40%는 시가로 단순계산하면 120만 원이다. 적어도 120만 원은 줘야 이 회사 지분 40%를 사서 지배주주가 될 수 있는 것이다. 지분 40%를 120만 원을 주고 사면, 순자산가치의 40%인 80만 원을 40만 원 초과하는 셈이 된다. 그래서 40만 원의 영업권이 발생했다고 볼 수 있다(대개는 경영권을 인수할 정도의 지분을 사들일 경우에 '경영권 프리미엄'이라는 게 붙기 때문에 영업권은 더 늘어난다).

이런 영업권은 웃돈을 주고 인수했기 때문에 비용처럼 느껴진다. 그렇지만 기업회계에서는 영업권을 '무형자산'으로 분류한다. 자산이란 미래에 회사에 의미 있는 경제적 가치(수익 등)를 가져다 줄 것으로 기대되는 것을 말한다. 영업권은 앞으로 더 많은 수익을 창출해내는 역할을 할 것이기 때문에 기계나 설비 같은 유형자산이 아닌 무형자산으로 분류한다. 그래서 손익계산서에 집어넣어 한 번에 비용으로 털어내지는 않는다.

그러나 K-GAAP에서는 이 영업권을 마냥 자산으로 그대로 두지는 않았다. 20년 이내의 기간을 정해서 해마다 나눠 비용으로 털어내도록 했다. 20년 이내 비용상각처리를 하라는 것이다. 영업권이 200만 원 발생했는데, 10년 동안 비용을 상각하기로 했다고 하자. 무형자산(영업권)으로 200만 원을 잡아놓고 손익계산을 할 때 해마다 20만 원씩 비용으로 털어내 결국 10년 뒤 영업권 무형자산을 '0'으로 만드는 것이다. 이 같은 무형자산상각비는 영업이익단의 판매관리비에 들어가기 때문에 영업이익에 영향을 준다.

개발비 또한 무형자산에 속한다. (주)붕어빵은 2011년도에 새로운 붕어빵 형틀 개발 작업에 5000만 원의 개발비가 들어갔다. 이 해 붕어빵은 1억 원 어치가 팔렸다. 손익계산을 해보자. 수익(매출)은 1억 원, 비용(재료비, 인건비, 감가상각비 등)은 6000만 원, 기계 개발에 들어간 비용 5000만 원까지 반영하면 1000만 원 적자가 났다고 봐야할까?

그러나 개발비는 이렇게 비용으로 한 번에 털어내지 않는다. 새 기계는 오랫동안 훨씬 맛있는 붕어빵을 만들어 회사 수익 증대에 기여할 것이기 때문에 자산으로 분류한다. 다만 그렇더라도 어차피 개발에 돈이 지출된 것은 엄연한 사실이므로 5년이면 5년, 10년이면 10년 동안 기간을 정해놓고 해마다 손익계산서에 비용으로 분산처리한다. 개발비를 비용으로 처리하는 것 역시 손익계산서에 무형자산상각비로 반영된다.

다시 영업권으로 돌아가면, K-IFRS는 앞서 언급한 영업권을 비용상각하지 않는다고 규정하고 있다. 기업 입장에서는 M&A를 하게 되면 영업권 발생 가능성이 높고, 이 영업권을 해마다 비용으로 반영해야 되니 손익계산에 부담이 됐다. 그러나 이제는 재무상태표의 자산항목에다 얹어놓고 비용으로 상각하지 않아도 된다고 하니 손익부담을 좀 덜어낼 수 있다. 하지만 K-IFRS는 영업권을 비용상각하지 않는 대신 영업권으로서의 가치에 문제가 있다는 판단이 들면 재평가를 하도록 한다. 그래서 혹시 영업권 가치가 떨어졌다면 손상된 가치만큼을 한 번에 '손실비용처리'하라고 규정한다. 자칫 K-GAAP에서처럼 비용상각을 할 때보다도 더 큰 금액을 한 번에 비용처리해야 하는 경우가 올 수 있다는 점에서, 어찌 보면 기업 입장에서는 더 큰 부담이 될 수도 있다.

예를 들어 (주)붕어빵이 (주)꿀호떡의 브랜드가치를 인정해 영업권 100만 원을 들여 인수합병을 했다. 그런데 꿀호떡이 그동안 유통기한을 넘긴 밀가루를 사용해 왔었다는 사실이 폭로되고, 체인점 모집에 어려움을 겪는 등 연이은 악재로 꿀호떡의 브랜드가치가 크게 훼손됐다고 하자. 이런 경우 영업권 100만 원을 그대로 자산으로 유지할 수 없다. 30만 원쯤은 '영업권 손상차손'으로 처리하고 이를 손익계산에서 비용으로 처리해야 한다.

'부의 영업권(염가매수차익)'은 영업권과는 반대로 순자산가치보다 더 싸게 기업을 인수한 경우다. K-GAAP에서는 부의 영업권은 수익으로 환입처리토록 했다. 〈표12〉(29쪽)를 보면 현대모비스는 K-GAAP를 적용했을 때는 5~10년 동안 영업권은 비용으로 상각하고 부의 영업권은 환입처리를 해왔다. 그러나 K-IFRS를 적용하면서 영업권은 비용으로 상각하지 않되 영업권 손상검사를 수행해 손상이 있다고 판단되면 비용처리를 한다고 적고 있

다. 또 부의 영업권은 사업결합(인수)시점에 바로 당기이익으로 반영한다는
내용이 담겨 있다.

표13 | 현대모비스 한국회계기준(K-GAAP) 손익계산서 판매관리비 내역

(2010.1Q, IR자료 중에서, 단위·억 원)

구분	2009. 1Q	2010. 1Q	증감(%)
인건비	573	701	22.3
수출/운반비	398	510	28.1
지급수수료	403	316	-21.6
판매보증비	31	154	396.8
감가상각비외	175	463	164.6
경상개발비	275	567	106.2
기타	337	352	4.5
판관비계	2192	3063	39.7

〈표13〉을 보면 현대모비스는 2009년 1분기 판매관리비가 2192억 원이었
는데 2010년 1분기에 3063억 원으로, 39.7% 늘어났다. 판매관리비가 늘어
난 주요 원인 가운데 하나로 '합병 관련 영업권 상각에 따른 무형자산상각
비 증가'를 들고 있다. 현대모비스는 2009년 6월 내비게이션업체인 현대오
토넷을 인수합병 했다. 2009년도 현대모비스 연결감사보고서 재무제표 주
석의 '합병회계처리' 조항을 보면, 현대오토넷 합병 과정에서 6537억 원의
영업권이 발생했음을 알 수 있다.

웅진코웨이는 2009년 웅진쿠첸 비데 사업부를 흡수합병하는 과정에서
889억원의 영업권이 발생, 매 분기 결산때마다 20억 원 안팎의 영업권 상각
비용을 반영해왔다. 두산그룹 계열사들이 밥캣(Bobcat)을 인수하는 과정
에서 발생한 영업권은 무려 45억 달러에 달한다. 두산그룹은 이를 20년 동
안 비용상각처리키로 했다. 밥캣 지분이 가장 많은 두산인프라코어(72%)가
해마다 영업권 상각비용으로 손익계산서에 반영해야 하는 금액은 1900억
원에 달했다.

그런데 이런 영업권 상각비용 부담이 IFRS로 전환하면서 일단은 사라졌
다. 신한금융지주가 2011년 1분기 시장예상을 크게 뛰어넘는 순이익을 낸
이유는, 과거 조흥은행과 LG카드를 인수한 뒤 해마다 손익계산서에 반영해
왔던 영업권 상각비용(연 2500억 원 안팎)을 덜었기 때문으로 분석됐다. 🅑

금융·증권

01 · 증권업계

02 · 은행업계

03 · 보험업계

04 · 신용카드업계

05 · 저축은행업계

06 · 자산운용업계

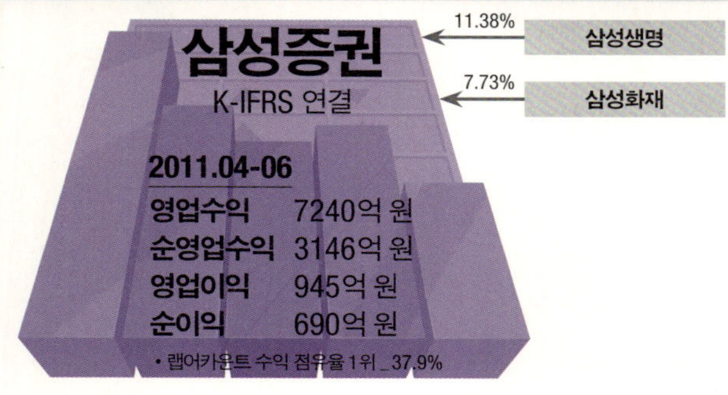

분기별 순영업수익 추이

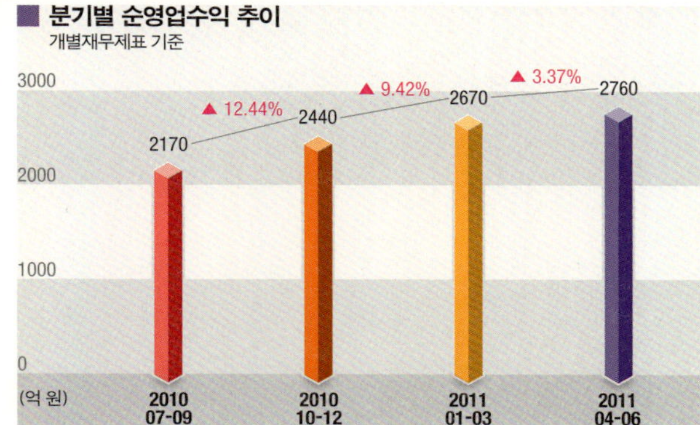

순영업수익 구성

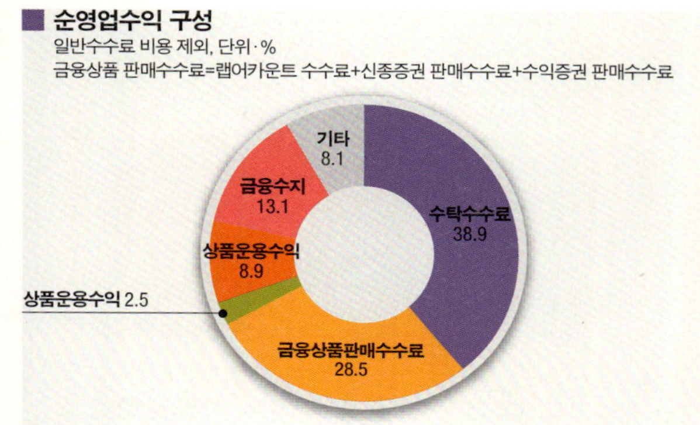

랩어카운트 잔고

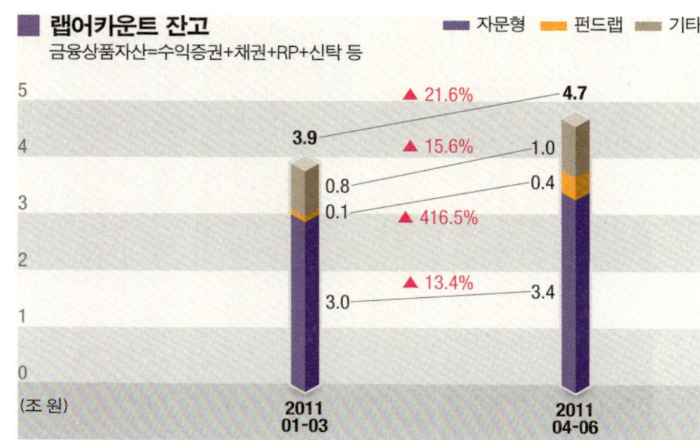

IB 수익 구성

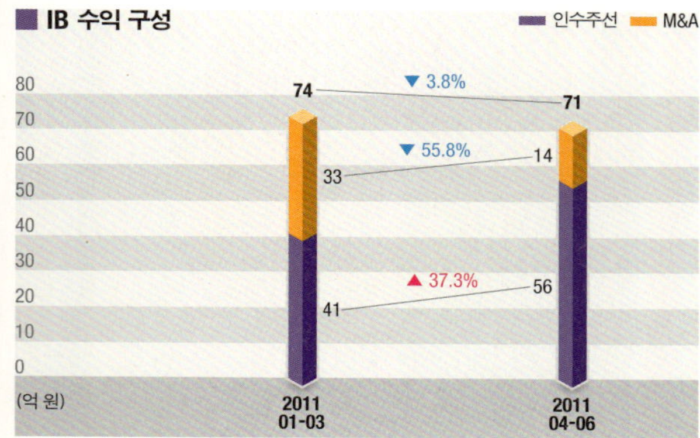

리테일 고객예탁자산

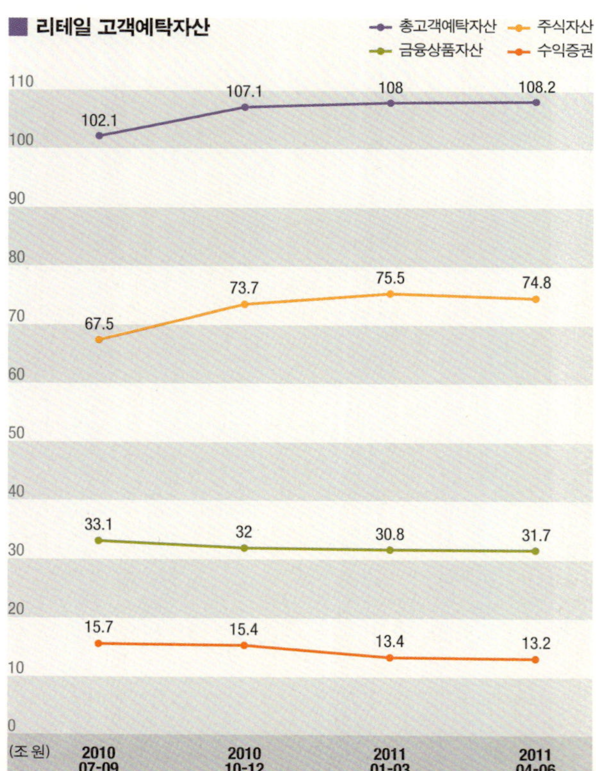

M&A 자문 규모

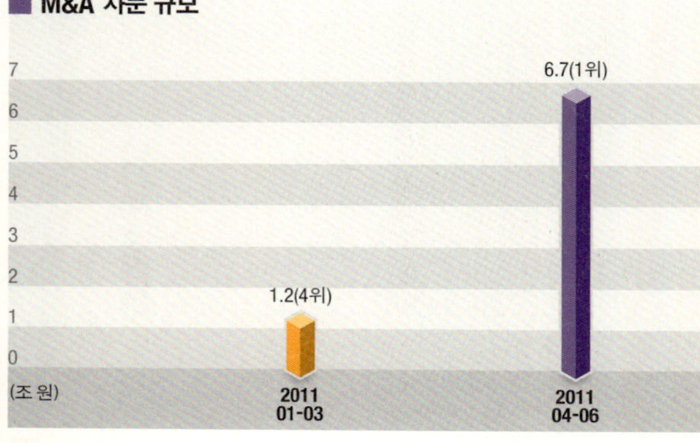

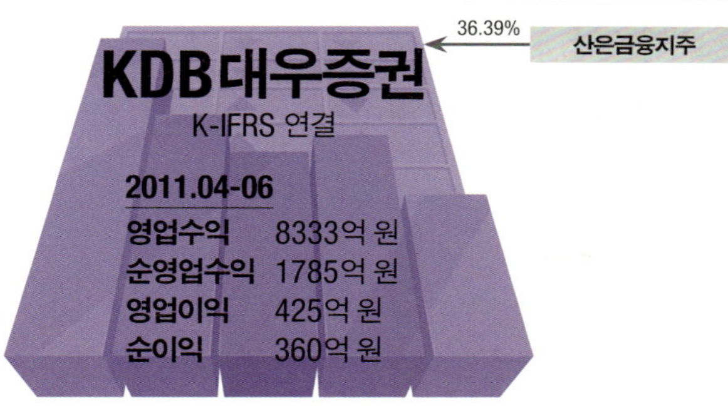

■ 분기별 순영업수익 추이
개별재무제표 기준

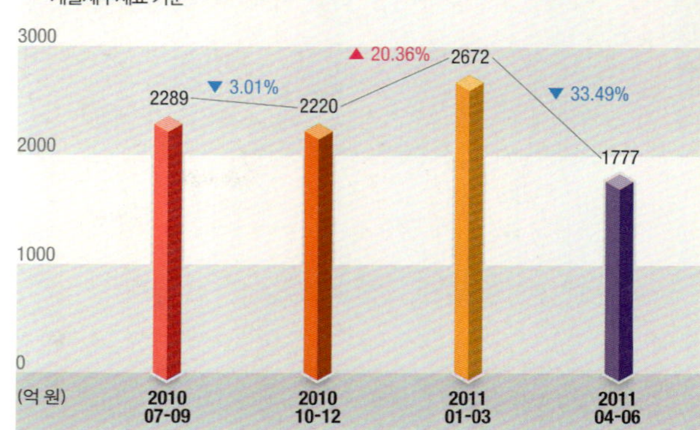

■ 영업손익 구성 비율
2011.01-06 영업손익 4449억 원 기준, 단위 · %

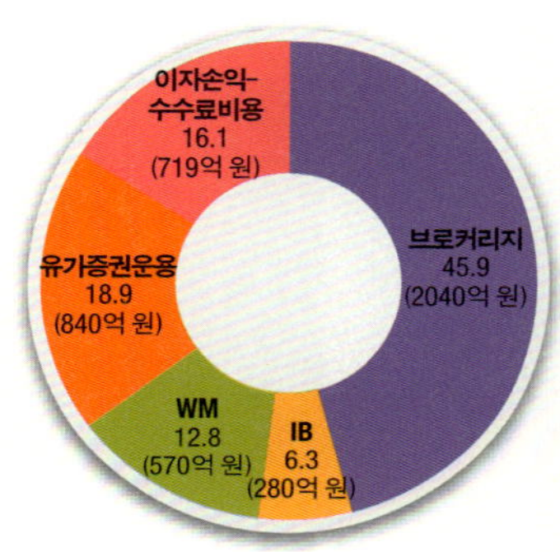

■ 브로커리지 점유율

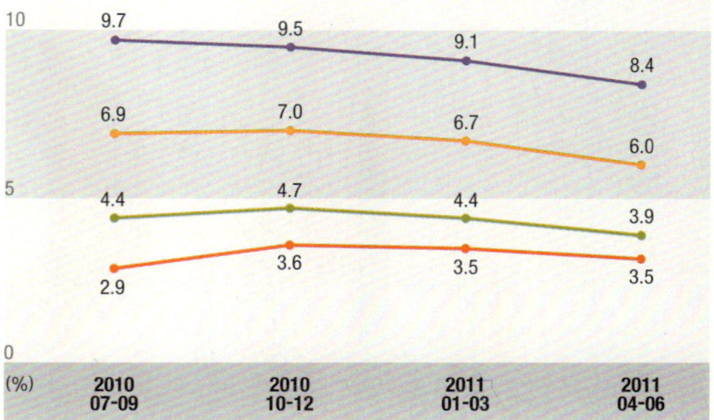

■ WM 잔고 및 수익, 잔고 구성 비중
WM 수익=수익증권+랩+신탁·연금+ELS·DLS 판매수수료

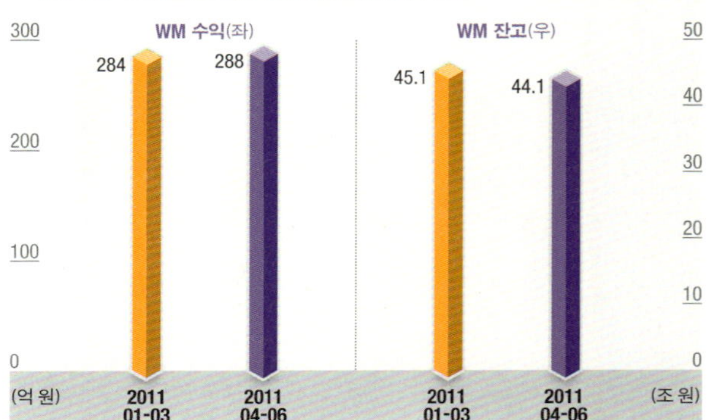

■ WM 잔고 구성 비중
2011.04-06 기준, 단위 · %

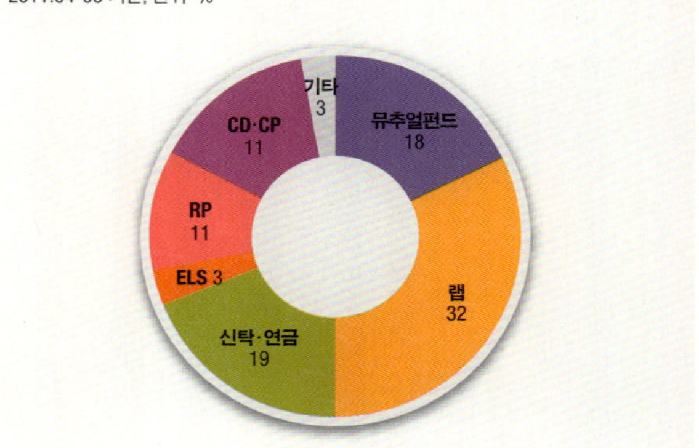

■ IB 수익

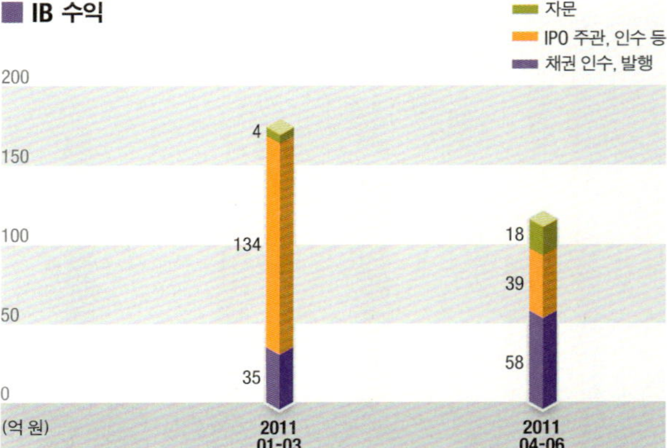

■ Sales & Trading 수익

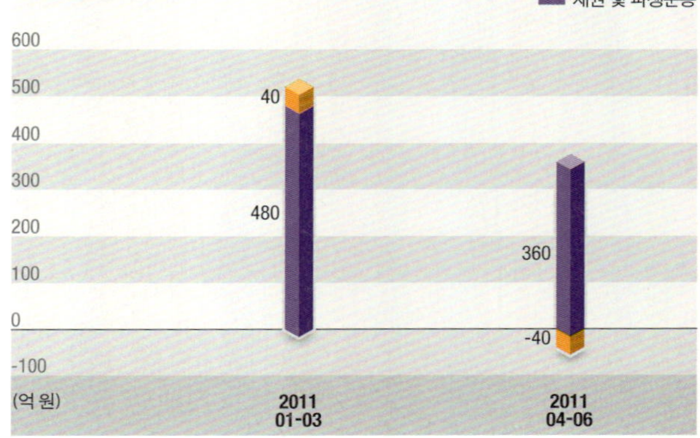

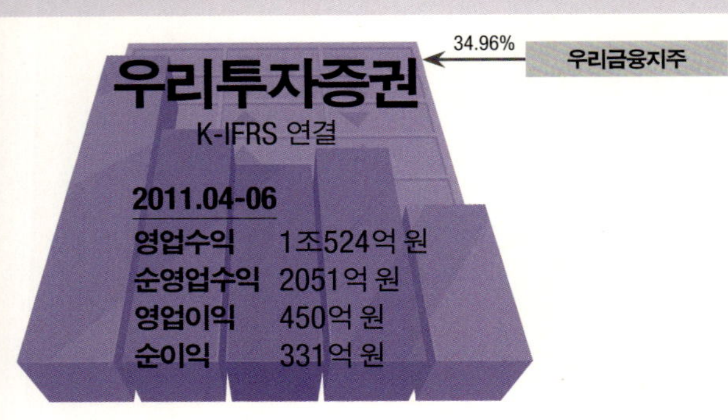

우리투자증권
K-IFRS 연결
2011.04-06
영업수익   1조524억 원
순영업수익 2051억 원
영업이익   450억 원
순이익   331억 원
34.96%
우리금융지주

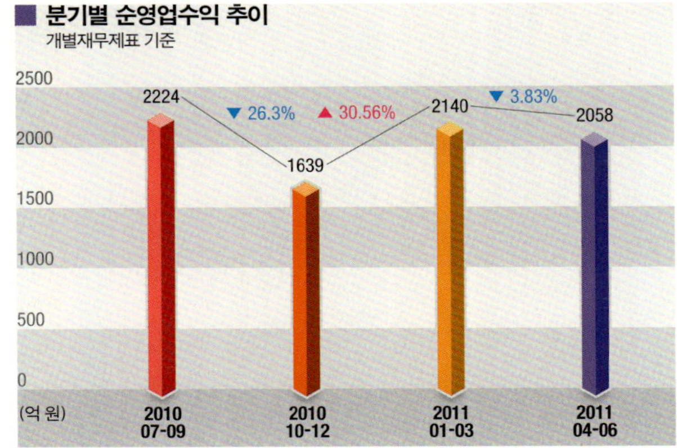

분기별 순영업수익 추이
개별재무제표 기준
2500
2000
1500
1000
500
0
2224
1639
2140
2058
▼ 26.3%
▲ 30.56%
▼ 3.83%
(억 원)
2010 07-09
2010 10-12
2011 01-03
2011 04-06

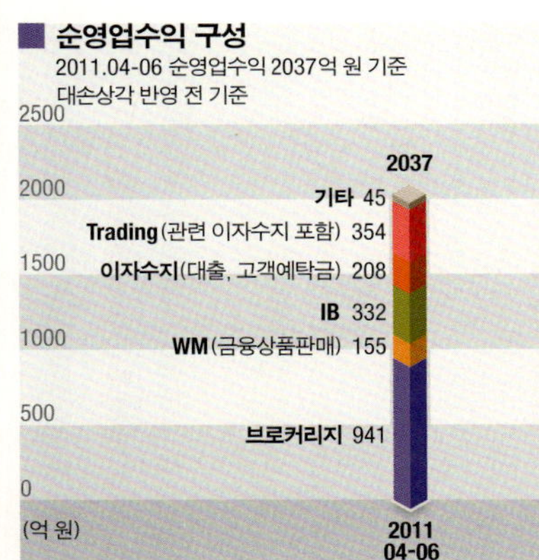

순영업수익 구성
2011.04-06 순영업수익 2037억 원 기준
대손상각 반영 전 기준
2500
2000
1500
1000
500
0
2037
기타 45
Trading (관련 이자수지 포함) 354
이자수지 (대출, 고객예탁금) 208
IB 332
WM (금융상품판매) 155
브로커리지 941
(억 원)
2011 04-06

순영업수익 구성 비중
2011.04-06 영업수익 2037억 원 기준
대손상각 반영 전 기준, 단위·%
Loan Business 등 12
브로커리지 46
WM, IB, Trading 42

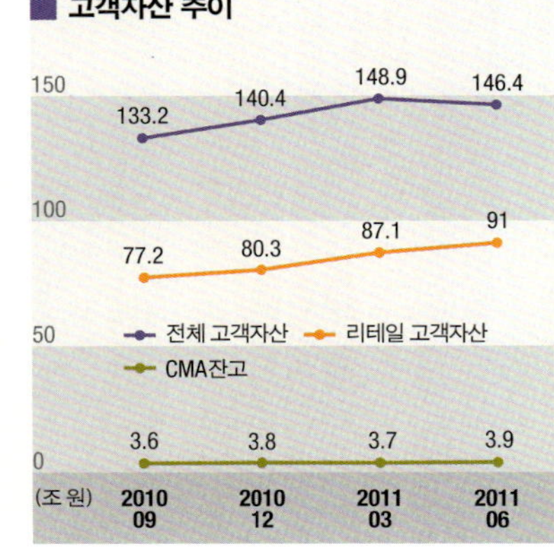

고객자산 추이
150
100
50
0
133.2
140.4
148.9
146.4
77.2
80.3
87.1
91
전체 고객자산
리테일 고객자산
CMA잔고
3.6
3.8
3.7
3.9
(조 원)
2010 09
2010 12
2011 03
2011 06

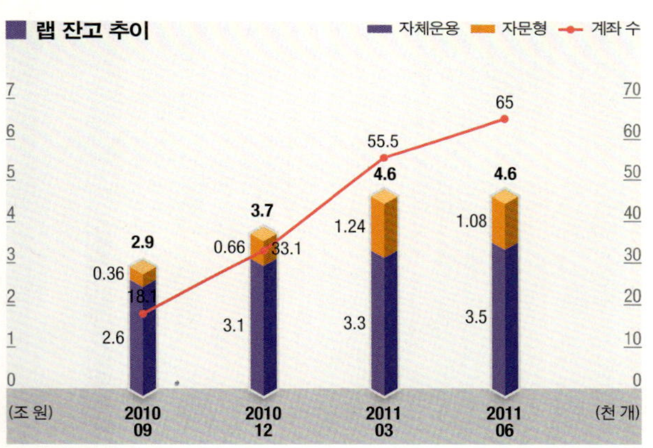

랩 잔고 추이
자체운용
자문형
계좌 수
7
6
5
4
3
2
1
0
70
60
50
40
30
20
10
0
2.9
3.7
4.6
4.6
65
55.5
33.1
18.2
0.36
0.66
1.24
1.08
2.6
3.1
3.3
3.5
(조 원)
2010 09
2010 12
2011 03
2011 06
(천 개)

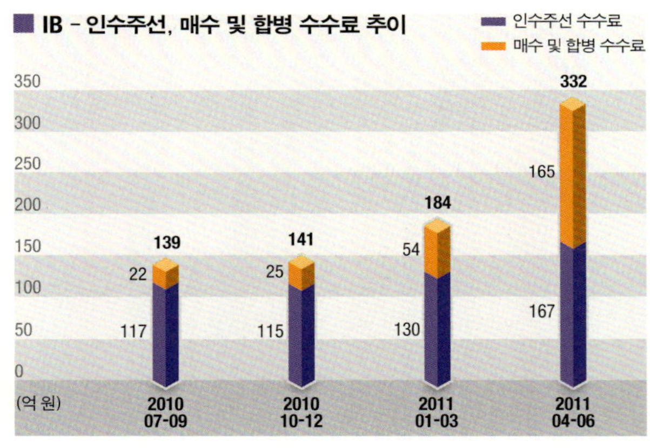

IB – 인수주선, 매수 및 합병 수수료 추이
인수주선 수수료
매수 및 합병 수수료
350
300
250
200
150
100
50
0
139
141
184
332
22
25
54
165
117
115
130
167
(억 원)
2010 07-09
2010 10-12
2011 01-03
2011 04-06

한국투자증권
K-IFRS 연결
2011.04-06
영업수익   6508억 원
순영업수익 2217억 원
영업이익   909억 원
순이익   713억 원
100%
한국투자금융지주

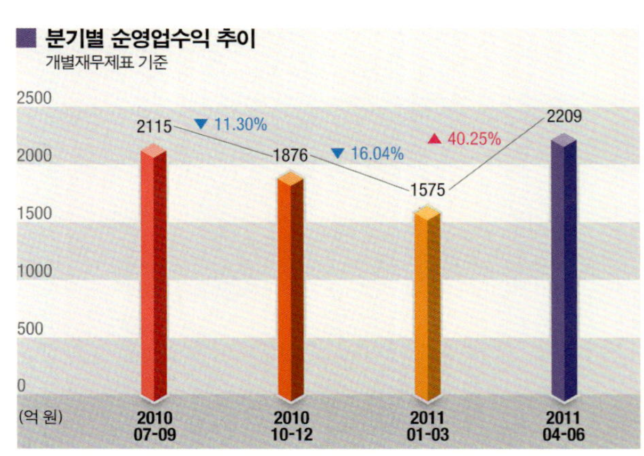

분기별 순영업수익 추이
개별재무제표 기준
2500
2000
1500
1000
500
0
2115
1876
1575
2209
▼ 11.30%
▼ 16.04%
▲ 40.25%
(억 원)
2010 07-09
2010 10-12
2011 01-03
2011 04-06

■ 순영업수익 구성 비중
2011.04-06 기준, 단위 · %

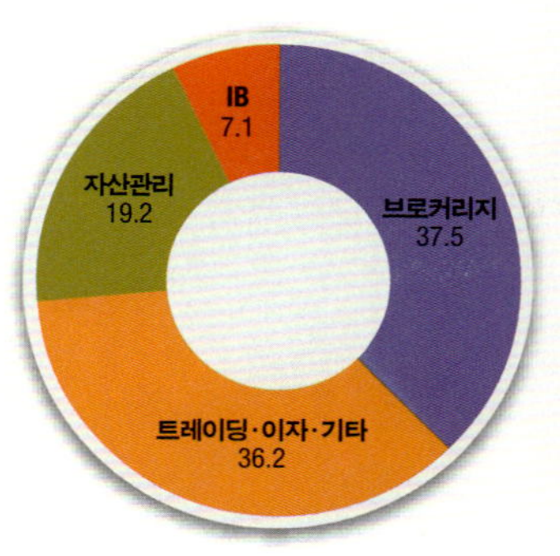

■ 브로커리지 점유율 추이

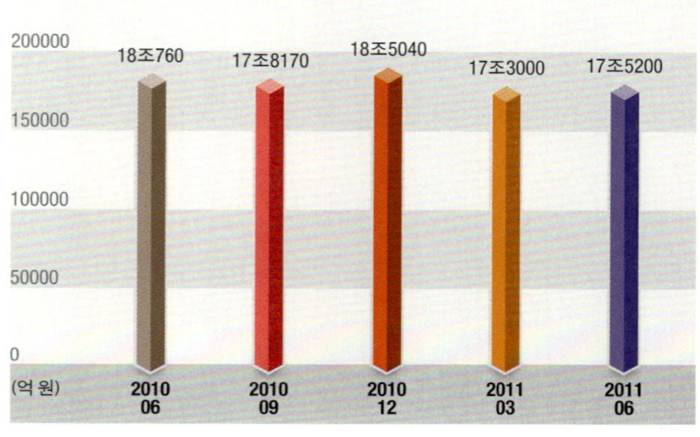

■ 자산관리부문 수익 추이

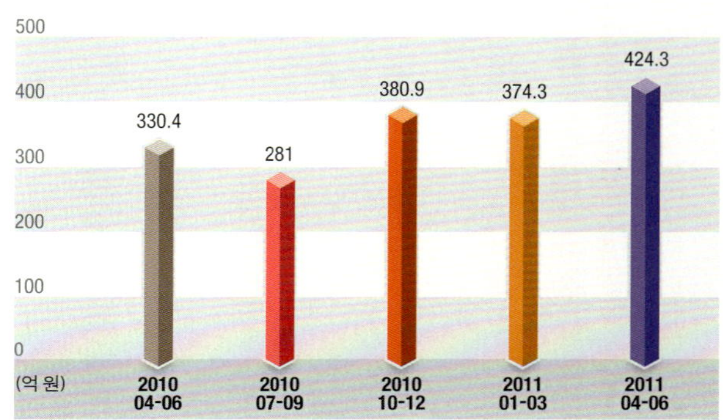

■ 리테일 고객 자산 추이(리테일 법인 포함)

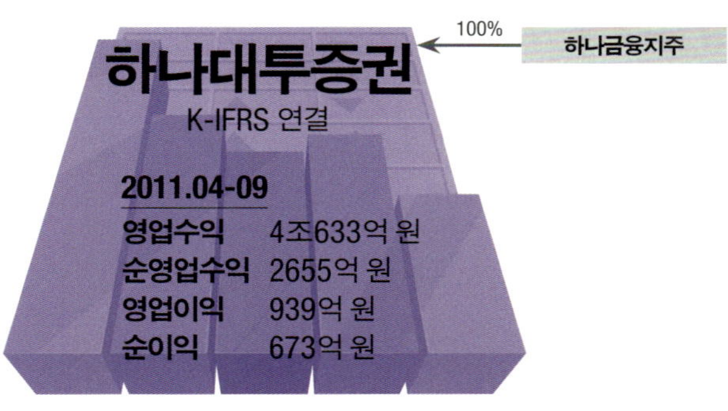

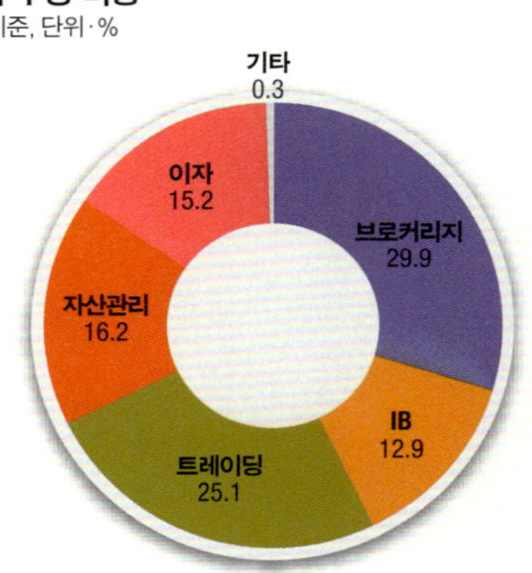

■ 분기별 순영업수익 추이
개별재무제표 기준

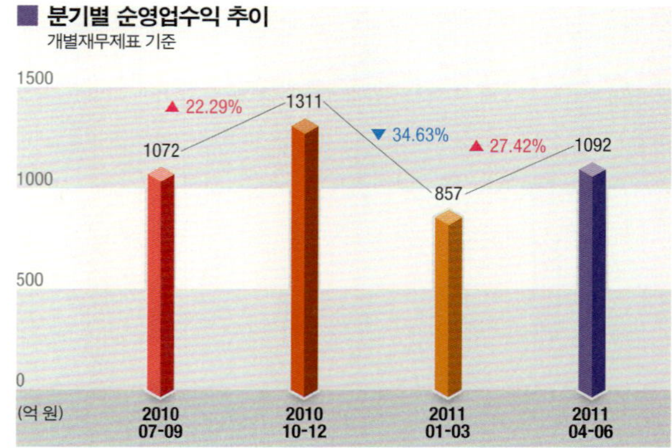

■ 순영업수익 구성 비중
2011.04-06 기준, 단위 · %

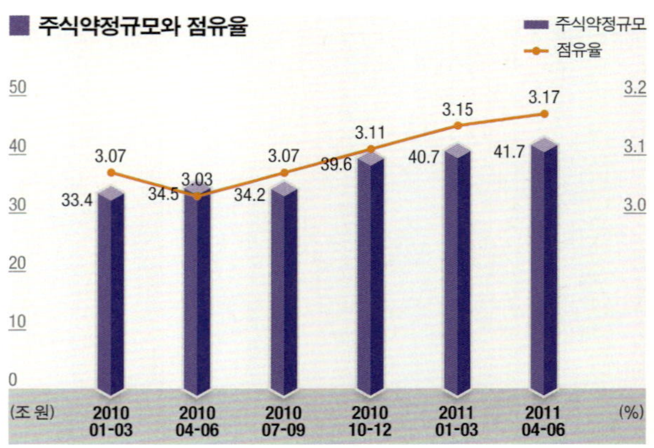

■ 주식약정규모와 점유율

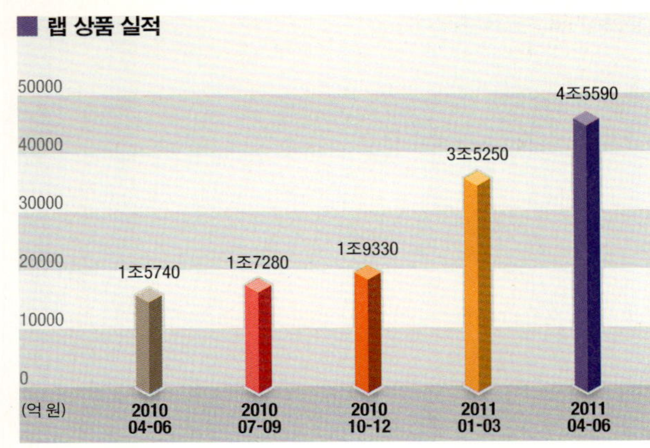
랩 상품 실적
50000
40000
30000
20000
10000
0
1조5740
1조7280
1조9330
3조5250
4조5590
(억 원)
2010 04-06
2010 07-09
2010 10-12
2011 01-03
2011 04-06

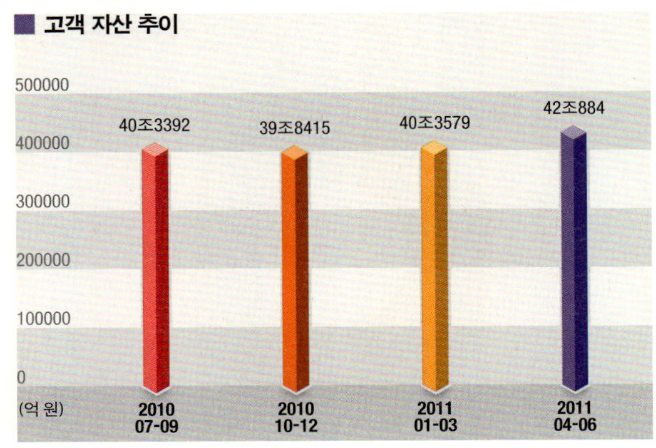
고객 자산 추이
500000
400000
300000
200000
100000
0
40조3392
39조8415
40조3579
42조884
(억 원)
2010 07-09
2010 10-12
2011 01-03
2011 04-06

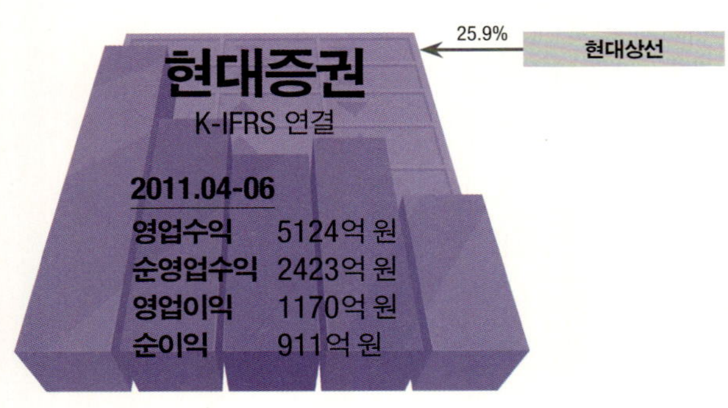
25.9%
현대상선
현대증권
K-IFRS 연결
2011.04-06
영업수익   5124억 원
순영업수익   2423억 원
영업이익   1170억 원
순이익   911억 원

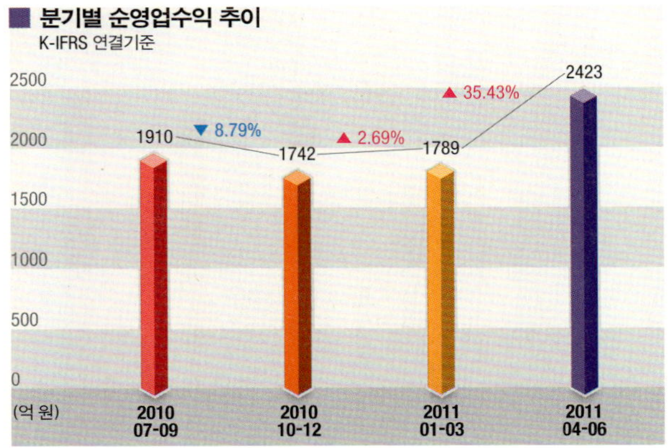
분기별 순영업수익 추이
K-IFRS 연결기준
2500
2000
1500
1000
500
0
1910
▼ 8.79%
1742
▲ 2.69%
1789
▲ 35.43%
2423
(억 원)
2010 07-09
2010 10-12
2011 01-03
2011 04-06

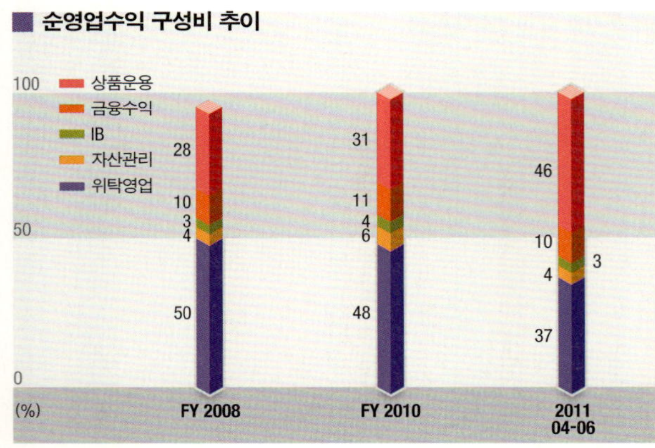
순영업수익 구성비 추이
100
50
0
상품운용
금융수익
IB
자산관리
위탁영업
28
10
3
4
50
31
11
4
6
48
46
10
4
3
37
(%)
FY 2008
FY 2010
2011 04-06

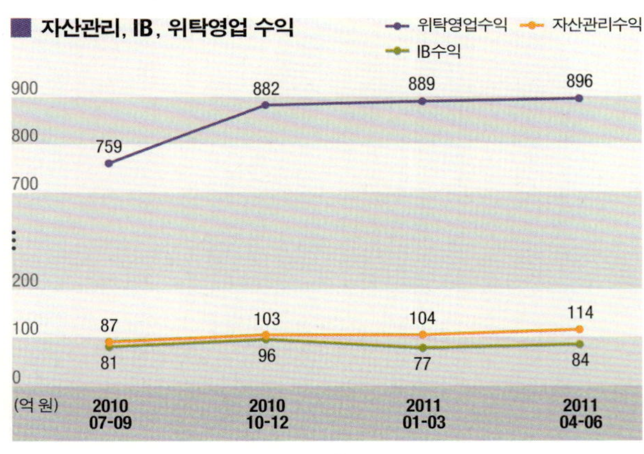
자산관리, IB, 위탁영업 수익
위탁영업수익   자산관리수익
IB수익
900
800
700
200
100
0
759
882
889
896
87
81
103
96
104
77
114
84
(억 원)
2010 07-09
2010 10-12
2011 01-03
2011 04-06

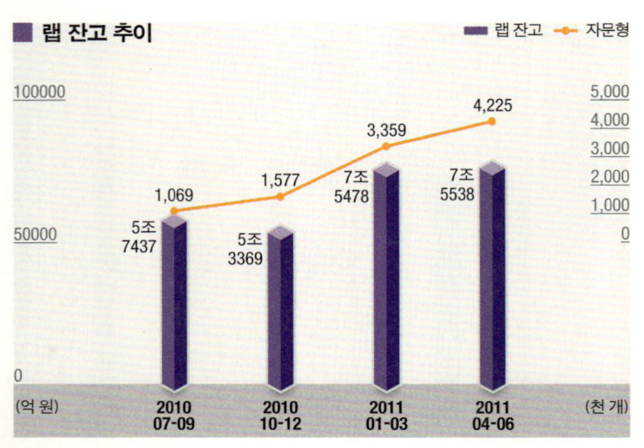
랩 잔고 추이
랩 잔고   자문형
100000
50000
0
5,000
4,000
3,000
2,000
1,000
0
1,069
1,577
3,359
4,225
5조 7437
5조 3369
7조 5478
7조 5538
(억 원)
2010 07-09
2010 10-12
2011 01-03
2011 04-06
(천 개)

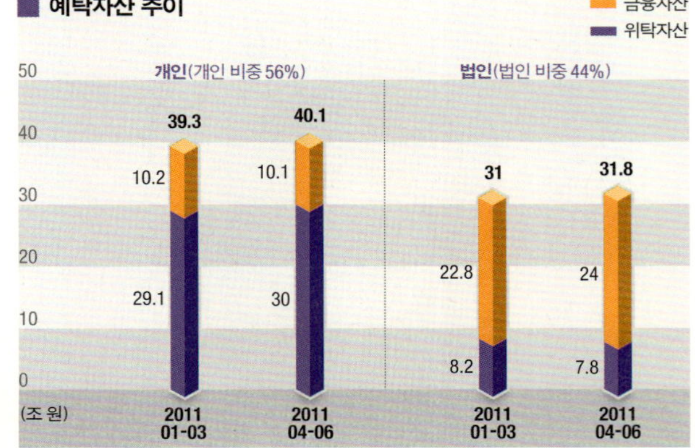
예탁자산 추이
금융자산
위탁자산
50
40
30
20
10
0
개인(개인 비중 56%)
법인(법인 비중 44%)
39.3
10.2
29.1
40.1
10.1
30
31
22.8
8.2
31.8
24
7.8
(조 원)
2011 01-03
2011 04-06
2011 01-03
2011 04-06

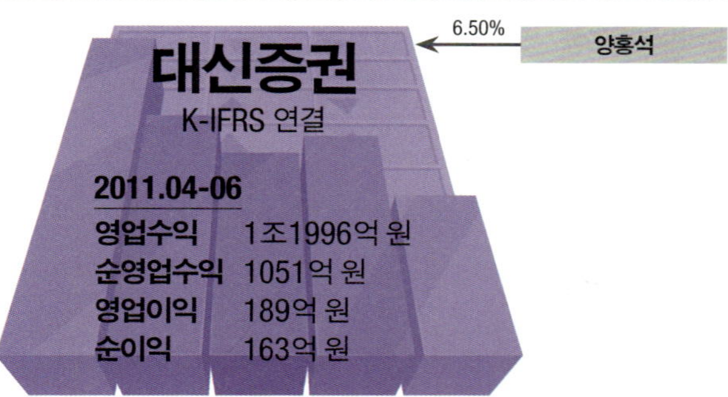

6.50%
양홍석
대신증권
K-IFRS 연결
2011.04-06
영업수익 1조1996억 원
순영업수익 1051억 원
영업이익 189억 원
순이익 163억 원

■ 분기별 순영업수익 추이
2010.07~2011.03 _ 한국회계기준 개별, 2010.04~06 _K-IFRS 개별
1500
1000
500
0
1178
▼ 2.54%
1148
▼ 7.40%
1063
▼ 2.44%
1037
(억 원)
2010 07-09
2010 10-12
2011 01-03
2011 04-06

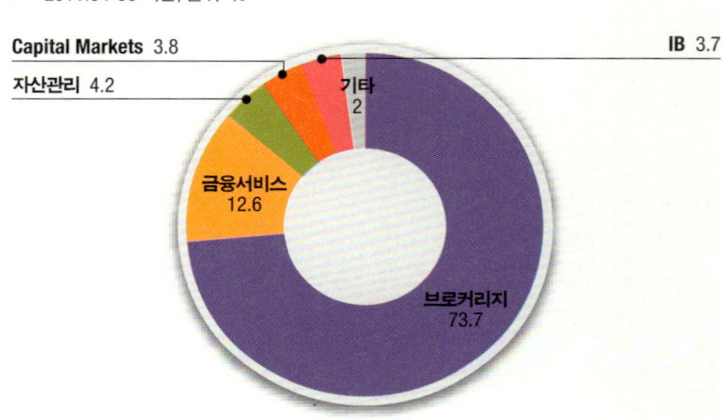

■ 순영업수익 구성 비중
2011.04-06 기준, 단위·%
Capital Markets 3.8
IB 3.7
자산관리 4.2
기타 2
금융서비스 12.6
브로커리지 73.7

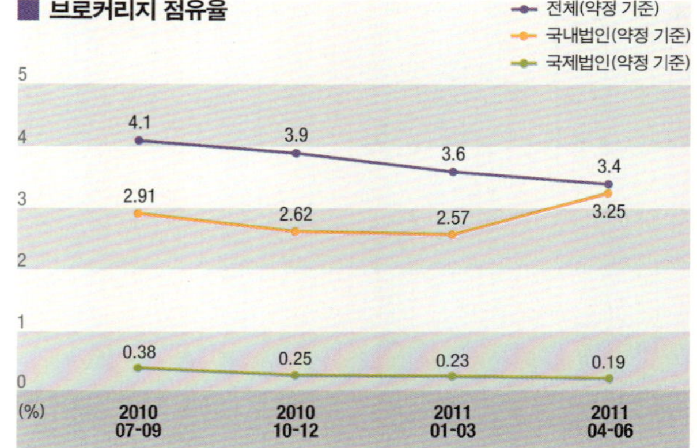

■ 브로커리지 점유율
전체(약정 기준)
국내법인(약정 기준)
국제법인(약정 기준)
5
4
3
2
1
0
4.1
3.9
3.6
3.4
2.91
2.62
2.57
3.25
0.38
0.25
0.23
0.19
(%)
2010 07-09
2010 10-12
2011 01-03
2011 04-06

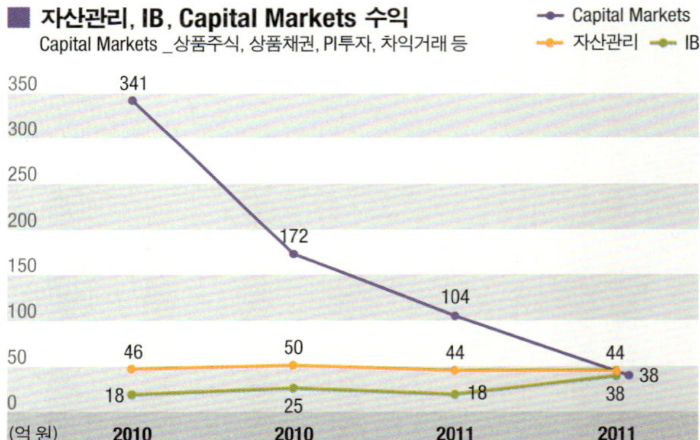

■ 자산관리, IB, Capital Markets 수익
Capital Markets _상품주식, 상품채권, PI투자, 차익거래 등
Capital Markets
자산관리
IB
350
300
250
200
150
100
50
0
341
172
104
44
46
50
44
44
18
25
18
38
38
(억 원)
2010 07-09
2010 10-12
2011 01-03
2011 04-06

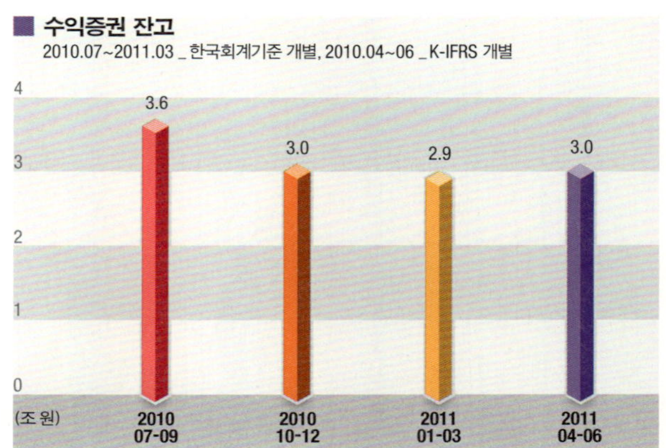

■ 수익증권 잔고
2010.07~2011.03 _ 한국회계기준 개별, 2010.04~06 _ K-IFRS 개별
4
3
2
1
0
3.6
3.0
2.9
3.0
(조 원)
2010 07-09
2010 10-12
2011 01-03
2011 04-06

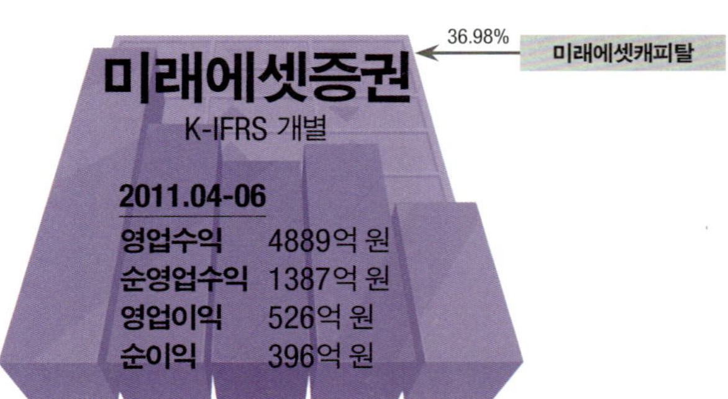

36.98%
미래에셋캐피탈
미래에셋증권
K-IFRS 개별
2011.04-06
영업수익 4889억 원
순영업수익 1387억 원
영업이익 526억 원
순이익 396억 원

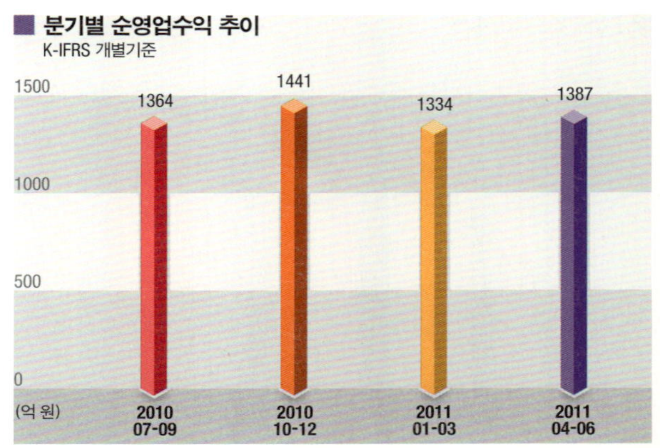

■ 분기별 순영업수익 추이
K-IFRS 개별기준
1500
1000
500
0
1364
1441
1334
1387
(억 원)
2010 07-09
2010 10-12
2011 01-03
2011 04-06

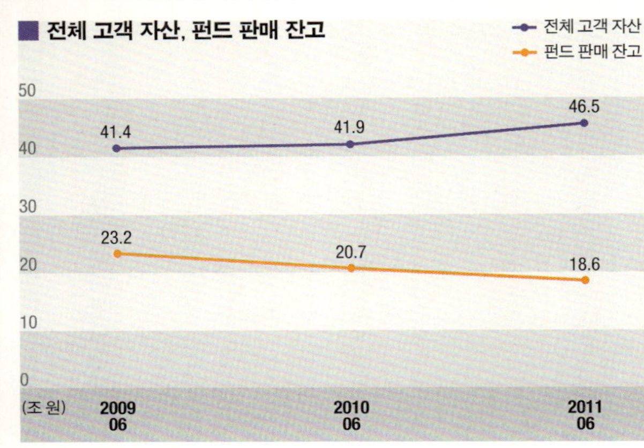

■ 전체 고객 자산, 펀드 판매 잔고
전체 고객 자산
펀드 판매 잔고
50
40
30
20
10
0
41.4
41.9
46.5
23.2
20.7
18.6
(조 원)
2009 06
2010 06
2011 06

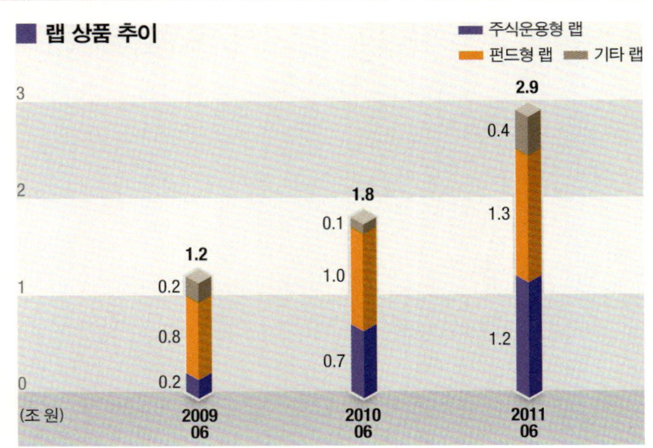

■ 랩 상품 추이
주식운용형 랩
펀드형 랩
기타 랩
3
2
1
0
1.2
1.8
2.9
0.2
0.8
0.2
0.1
1.0
0.7
0.4
1.3
1.2
(조 원)
2009 06
2010 06
2011 06

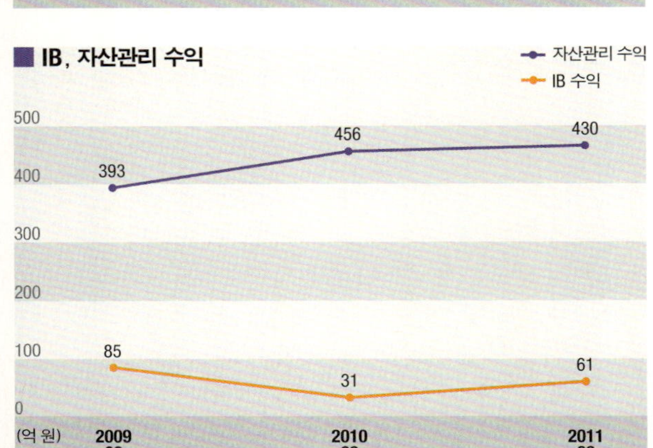

■ IB, 자산관리 수익
자산관리 수익
IB 수익
500
400
300
200
100
0
393
456
430
85
31
61
(억 원)
2009 06
2010 06
2011 06

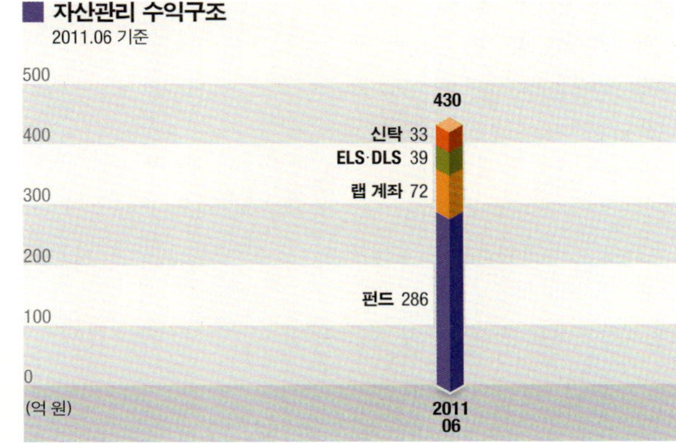

■ 자산관리 수익구조
2011.06 기준
500
400
300
200
100
0
430
신탁 33
ELS·DLS 39
랩 계좌 72
펀드 286
(억 원)
2011 06

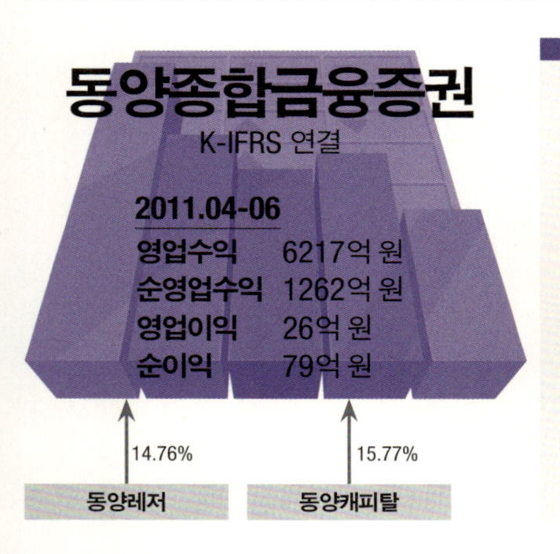

동양종합금융증권
K-IFRS 연결
2011.04-06
영업수익   6217억 원
순영업수익 1262억 원
영업이익   26억 원
순이익   79억 원
14.76%
15.77%
동양레저
동양캐피탈

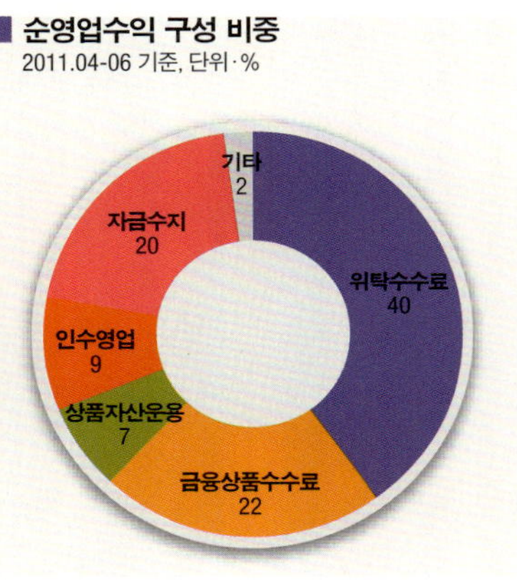

■ 순영업수익 구성 비중
2011.04-06 기준, 단위·%
기타 2
자금수지 20
인수영업 9
상품자산운용 7
금융상품수수료 22
위탁수수료 40

■ 분기별 순영업수익 추이
1500
1000
500
0
996
1518
1185
1262
▲ 52.40%
▼ 21.93%
▲ 6.49%
(억 원)
2010 07-09
2010 10-12
2011 01-03
2011 04-06

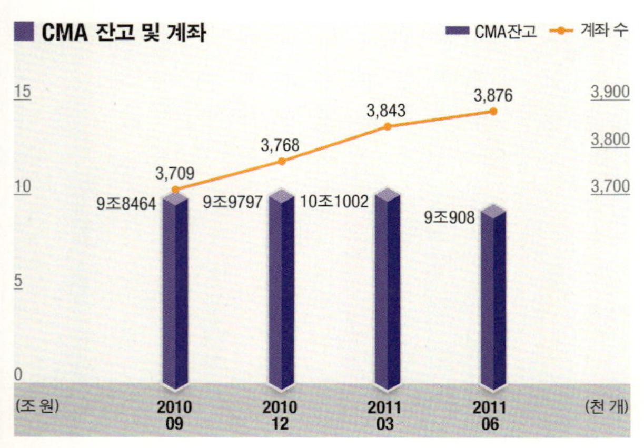

■ CMA 잔고 및 계좌
CMA잔고
계좌 수
15
10
5
0
3,900
3,800
3,700
3,709
3,768
3,843
3,876
9조8464
9조9797
10조1002
9조908
(조 원)
2010 09
2010 12
2011 03
2011 06
(천 개)

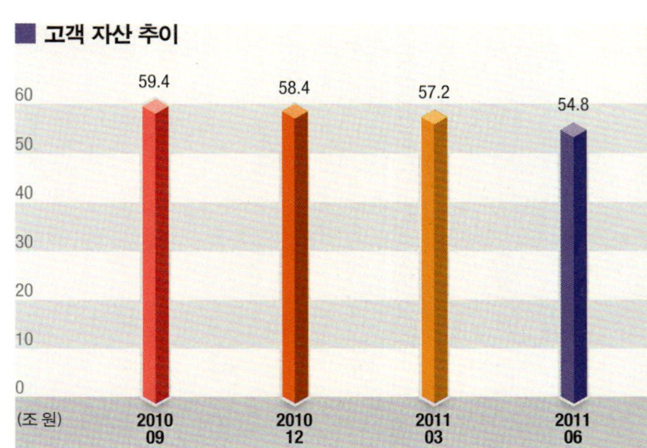

■ 고객 자산 추이
60
50
40
30
20
10
0
59.4
58.4
57.2
54.8
(조 원)
2010 09
2010 12
2011 03
2011 06

신한금융투자
K-IFRS 연결
2011.04-09
영업수익   1조3566억 원
순영업수익 2402억 원
영업이익   595억 원
순이익   497억 원
100%
신한금융지주

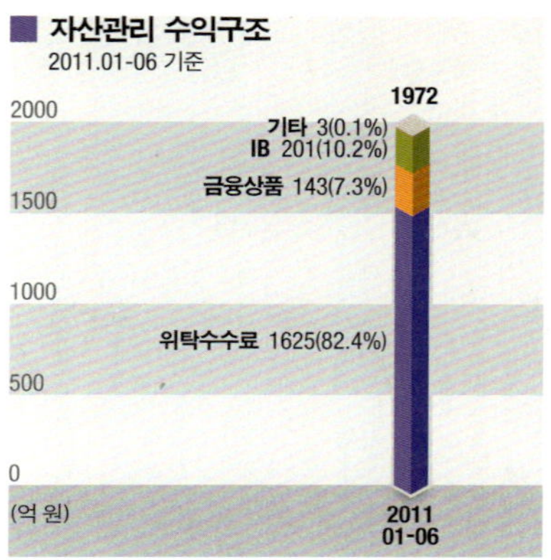

자산관리 수익구조
2011.01-06 기준
1972
기타 3(0.1%)
IB 201(10.2%)
금융상품 143(7.3%)
위탁수수료 1625(82.4%)
2000
1500
1000
500
0
(억 원)
2011
01-06

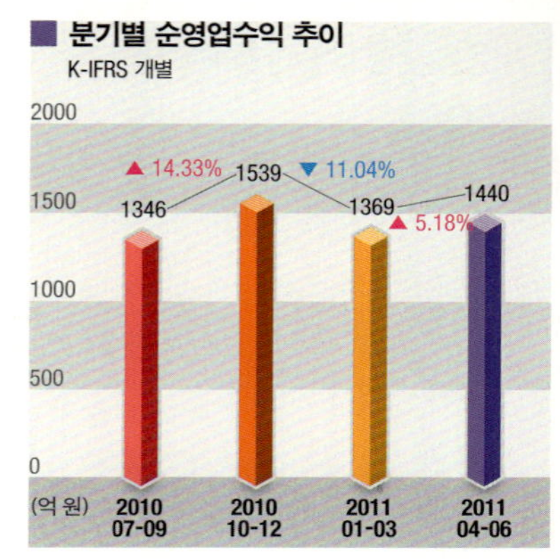

분기별 순영업수익 추이
K-IFRS 개별
2000
1500
1000
500
0
▲ 14.33%
1346
1539
▼ 11.04%
1369
▲ 5.18%
1440
(억 원)
2010 07-09
2010 10-12
2011 01-03
2011 04-06

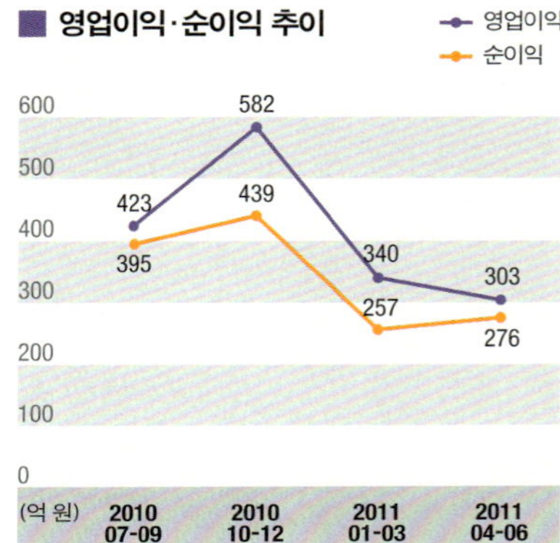

영업이익·순이익 추이
영업이익
순이익
600
500
400
300
200
100
0
423
582
340
303
395
439
257
276
(억 원)
2010 07-09
2010 10-12
2011 01-03
2011 04-06

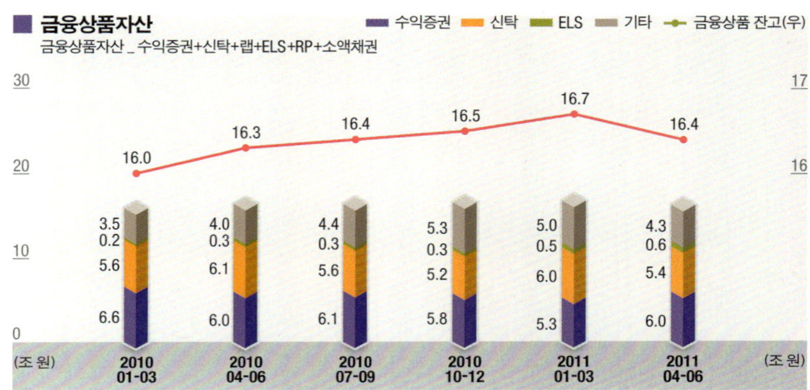

금융상품자산
금융상품자산 _ 수익증권+신탁+랩+ELS+RP+소액채권
수익증권 신탁 ELS 기타 금융상품 잔고(우)
30
20
10
0
16.0   16.3   16.4   16.5   16.7   16.4
17
16
3.5 0.2 5.6 6.6
4.0 0.3 6.1 6.0
4.4 0.3 5.6 6.1
5.3 0.3 5.2 5.8
5.0 0.5 6.0 5.3
4.3 0.6 5.4 6.0
(조 원)
2010 01-03
2010 04-06
2010 07-09
2010 10-12
2011 01-03
2011 04-06
(조 원)

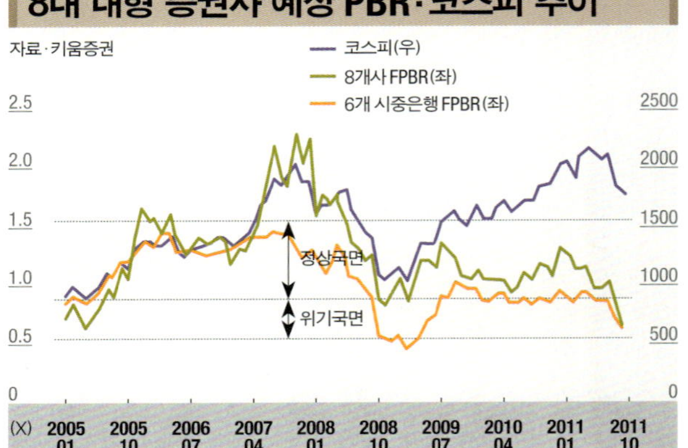

8대 대형 증권사 예상 PBR·코스피 추이
자료·키움증권
코스피(우)
8개사 FPBR(좌)
6개 시중은행 FPBR(좌)
2.5
2.0
1.5
1.0
0.5
0
2500
2000
1500
1000
500
정상국면
위기국면
(X)
2005 01
2005 10
2006 04
2007 04
2008 01
2008 10
2009 07
2010 04
2011 01
2011 10

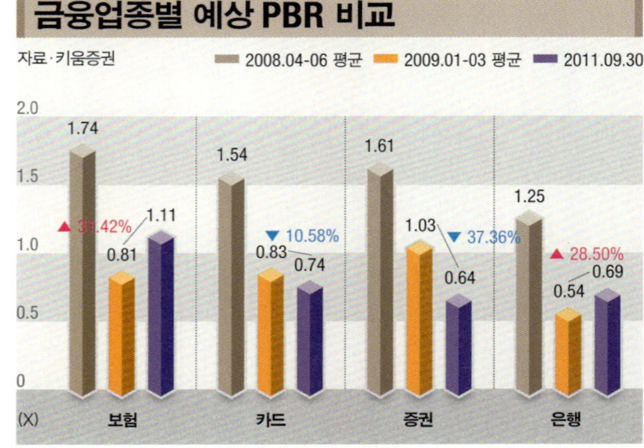

금융업종별 예상 PBR 비교
자료·키움증권
2008.04-06 평균   2009.01-03 평균   2011.09.30
2.0
1.5
1.0
0.5
0
1.74
▲ 35.42%
0.81
1.11
1.54
▼ 10.58%
0.83
0.74
1.61
1.03
▼ 37.36%
0.64
1.25
0.54
▲ 28.50%
0.69
(X)
보험   카드   증권   은행

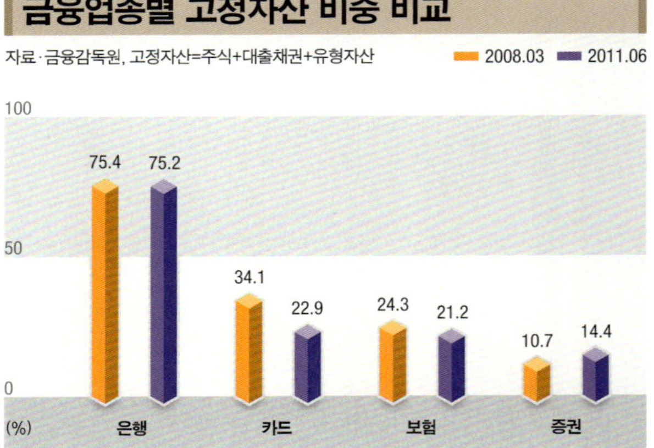

금융업종별 고정자산 비중 비교
자료·금융감독원, 고정자산=주식+대출채권+유형자산
2008.03   2011.06
100
50
0
75.4 75.2
34.1 22.9
24.3 21.2
10.7 14.4
(%)
은행   카드   보험   증권

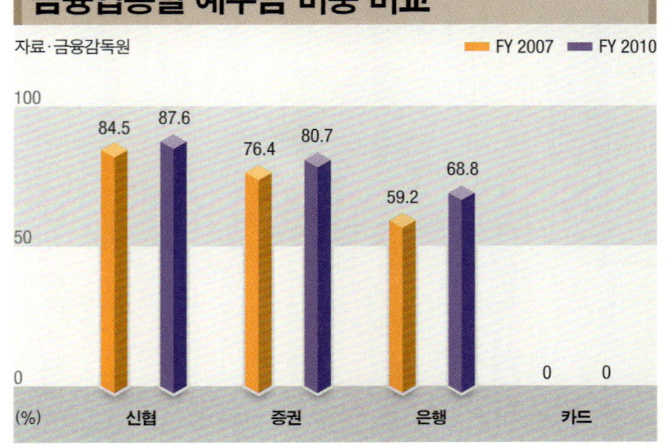

금융업종별 예수금 비중 비교
자료·금융감독원
FY 2007   FY 2010
100
50
0
84.5 87.6
76.4 80.7
59.2 68.8
0 0
(%)
신협   증권   은행   카드

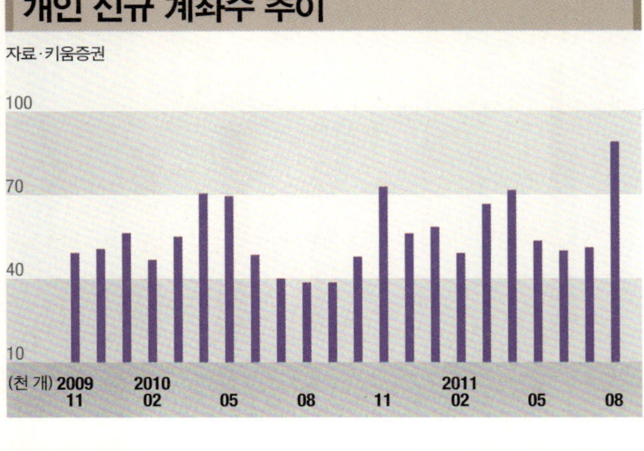

개인 신규 계좌수 추이

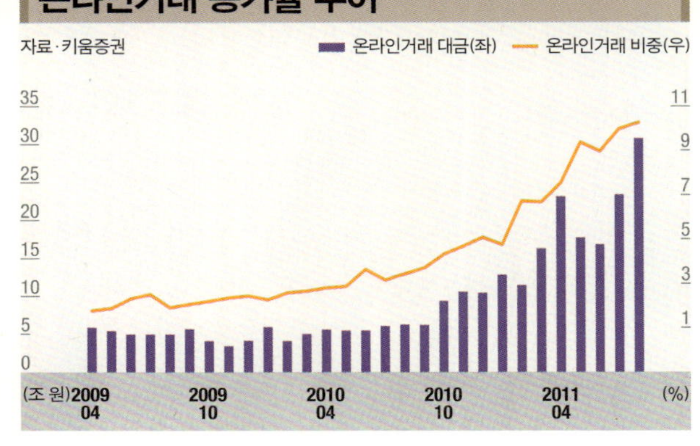

온라인거래 증가율 추이

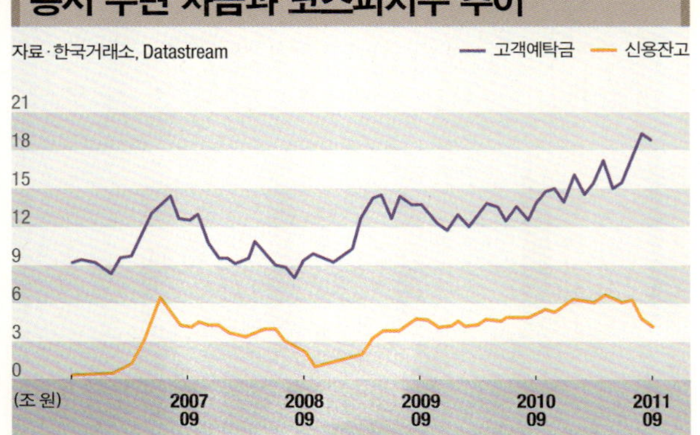

증시 주변 자금과 코스피지수 추이

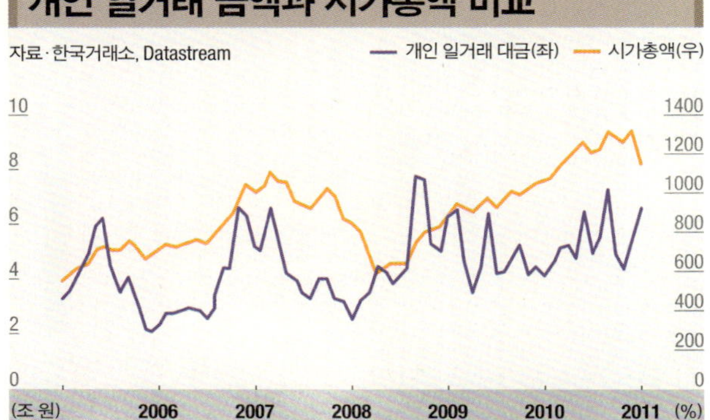

개인 일거래 금액과 시가총액 비교

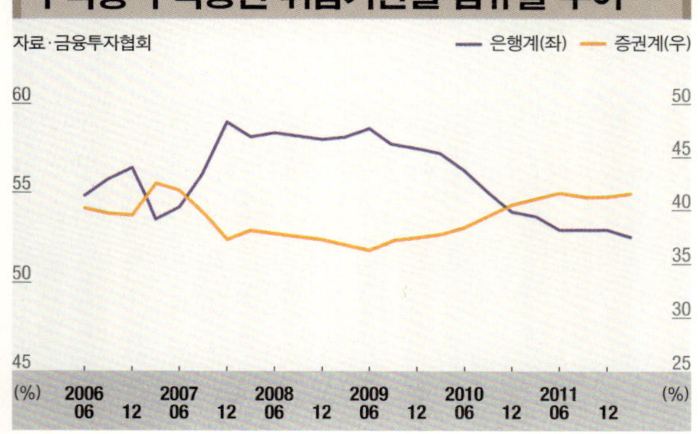

주식형 수익증권 취급기관별 점유율 추이

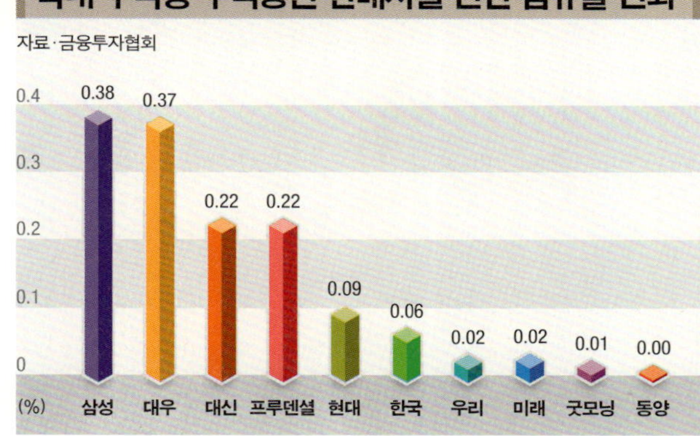

국내 주식형 수익증권 판매사별 연간 점유율 변화

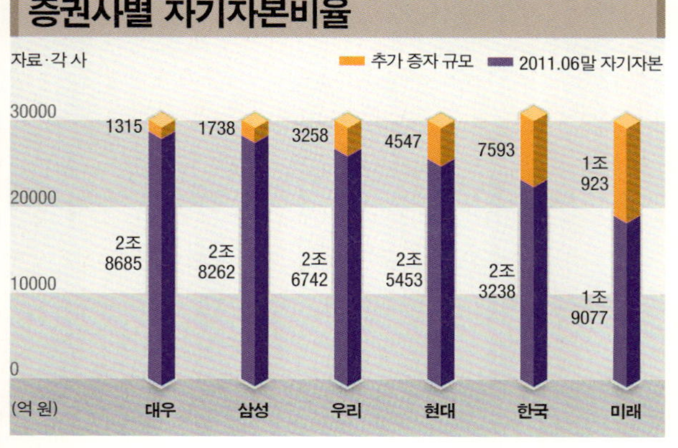

증권사별 자기자본비율

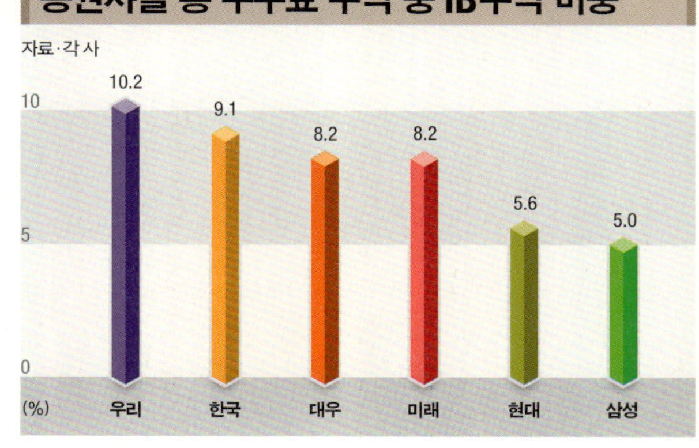

증권사별 총 수수료 수익 중 IB수익 비중

IB 자격을 취득하라!
증권사들 진검승부 라운드 돌입

2011년은 증권업계가 본격적인 변화를 시도한 한해였다. 글로벌 금융위기 이후 주식 중개(브로커리지)로 편향된 수익구조의 문제를 직접 체험한 증권사들은 체질 개선에 주력했다. 금융당국도 금융위기로 미뤄두었던 「자본시장통합법」(정식 명칭 「자본시장과 금융투자업에 관한 법률」) 개정안을 공개하면서 한국형 헤지펀드를 도입하기로 결정하는 등 증권사들에게 변화를 요구했다.

자기자본 3조 원의 사선을 넘어라

헤지펀드 도입의 궁극적인 목적은 대형 IB(Investment Bank) 육성이다. 브로커리지와 자산관리업 등 유사한 수익구조를 지닌 증권사만으로는 글로벌 금융 시장에서 살아남을 수 없다는 판단이 증권업계와 금융당국 모두의 공통된 의견임을 알 수 있다. 이전까지 국내에서 영업활동을 하는 62개의 증권사를 나누는 기준은 자기자본이었다. 절대평가가 아닌 상대평가를 통해 '8대 증권사' 또는 '10대 증권사'로 구분했다.

하지만 「자본시장통합법」 개정안이 시행되면 증권업계는 자기자본 3조 원을 기준으로 메이저와 마이너로 양분될 전망이다. 자기자본 3조 원은 종합금융투자업을 할 수 있는 최소 자격조건이다.

한국채택 국제회계기준(K-IFRS)으로 2011년 1분기(4~6월) 증권사별 자기자본은 삼성증권이 2조7861억 원으로 1위를 차지했고, 우리투자증권(2조6991억 원), 대우증권(2조6930억 원), 현대증권(2조5683억 원), 한국투자증권(2조2697억 원) 등의 순으로 집계됐다.

자기자본 상위 5대 증권사들도 자본 확충이 불가피해졌고 대우증권은 1조4000억 원에 달하는 유상증자를 결정했다. 이어 다른 증권사들도 유상증자 계획을 각각 밝혔다(우리투자증권 6000억 원, 삼성증권 4000억 원, 현대증권 5950억 원 규모).

대형 증권사들이 자기자본수익률(ROE) 하락이 우려되는 대규모 증자도 마다하지 않는 이유는 종합금융투자업, 즉 IB의 자격을 얻었을 때 주어지는 혜택이 그만큼 크기 때문이다. IB 자격을 얻으면 ▲프라임 브로커 ▲기업 신용 공여 ▲내부 주문 집행 등 크게 3가지 사업영역에 새롭게 진출할 수 있게 된다.

프라임 브로커는 헤지펀드의 설립부터 자금을 모으거나 자금의 대출, 증권 대여, 헤지펀드 재산의 관리 및 매매 체결과 청산, 결제, 보고 등 종합금융서비스를 제공하는 사업이다. 글로벌 IB들의 영업이익 20%가 프라임 브로커에서 나올 정도로 수익성이 크다.

기업 신용 공여도 매력적인 사업 모델로 꼽힌다. 단순하게 증권사가 기업의 자금 조달을 돕는 것 이상의 의미가 있다. 신생 기업을 발굴하고 성장 과정에서 컨설팅도 제공할 수 있다. 증시에 상장하는 것은 물론이고 인수·합병에도 관여할 수 있다. 결과적으로 기업의 탄생과 성장 과정을 함께 하면서 성공의 과실을 나누는 사업구조라 할 수 있다.

내부 주문 집행은 증권사가 비상장 주식을 사고팔 수 있는 거래 시스템을 마련하고, 직접 비상장 주식을 사는 거래 주체가 되는 것을 말한다.

험난한 여정에 오른 중·소형 증권사들, 위기가 곧 기회다!

한편, IB자격 요건과 거리가 먼 중·소형 증권사들은 대형 IB의 출현이 달갑지만은 않다. 기존 주식 중개(브로커리지)나 자산관리 사업만으로는 생존할 수 없는 시기가 다가오고 있기 때문이다. 따라서 중·소형 증권사들은 틈새시장 공략에 집중하고 있다.

자기자본이 2조 원에 못 미치는 미래에셋증권은 무리하게 자격요건을 맞추지 않는 대신 해외 해지펀드 운용사들과 손을 잡았다. 헤지펀드 전략을 사용하는 CTA(Commodity Trade Advisor)펀드 출시도 시장에서 좋은 반응을 얻고 있다. 하나대투증권은 증권사가 보유한 주식을 빌려주는 증권대차거래서비스에 역량을 집중한다는 방침이다. 신한금융투자는 금융그룹의 장점을 살려 종합자산관리서비스 시스템 기반을 마련하고 있다. 동양종금증권은 실적배당형 상품부터 퇴직연금, 방카슈랑스 상품까지 다양한 자산관리형 상품을 갖춰나간다는 전략이다.

앞으로 증권업계는 과거 반복됐던 수수료 경쟁이 아닌 실력을 앞세운 진검 승부가 펼쳐질 전망이다. 대형 IB 시장은 자기자본 3조 원 이상이라는 높은 진입 장벽을 고려하면 경쟁 심화가 재현될 가능성이 적다. 하지만 극소수의 고액 자산가와 전문 투자가를 대상으로 하는 만큼 이전과 차원이 다른 수준 높은 금융서비스를 제공하지 않으면 생존 경쟁에서 뒤처지고 만다. 중·소형 증권사들 역시 공들여 확보한 고객을 빼앗기지 않으려면 차별화된 서비스를 지속적으로 개발할 수밖에 없다. 바야흐로 증권사들 간에 피 말리는 전쟁의 팡파르가 울려 퍼지고 있는 것이다.🅱

● 수수료 인하 압박 등 정책 리스크 변수 고려
● 은행간 인수·합병(M&A) 어디까지 성사되나
● 우리금융 민영화 시나리오는 과연 실현가능할까

❶ 총자산(은행계정+신탁계정), ❷ 순이익, ❸ 순이자마진(NIM), ❹ 자기자본이익률(ROE), ❺ 총자산이익률(ROA), ❻ 고정이하부실여신(NPL)비율, 2011.3Q 기준, ROE·ROA 6월 말 기준

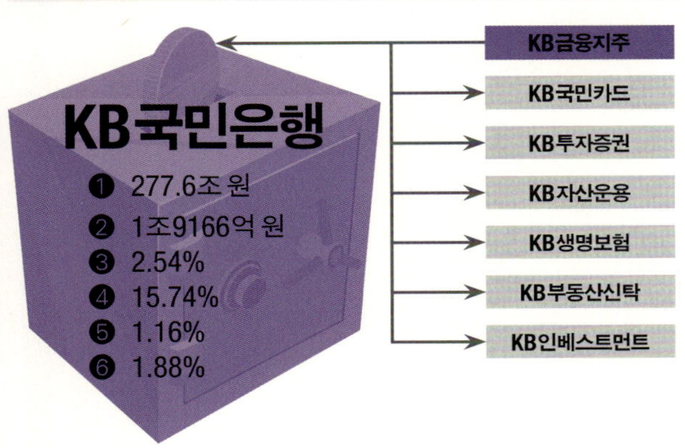

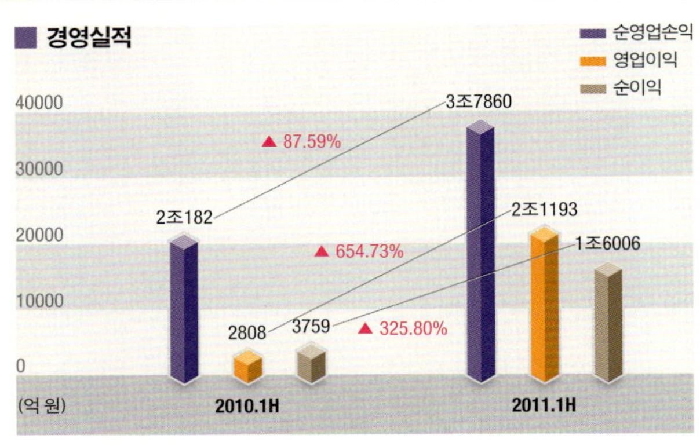

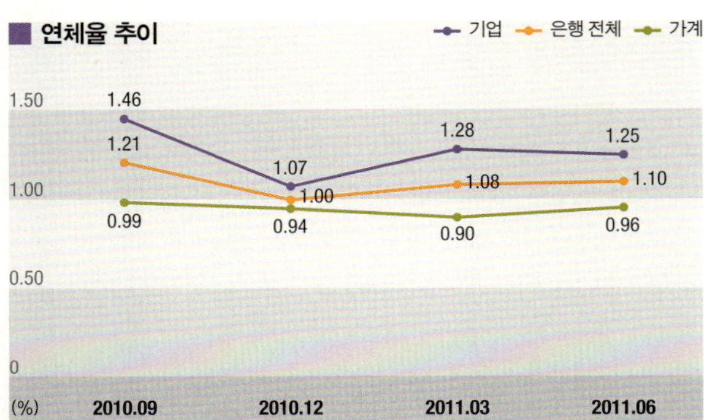

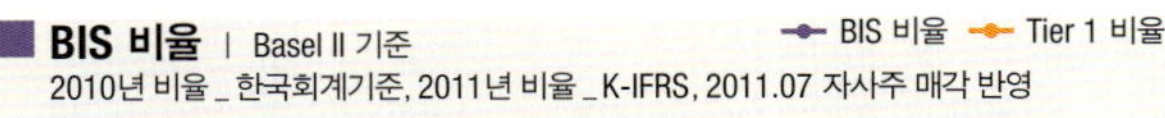
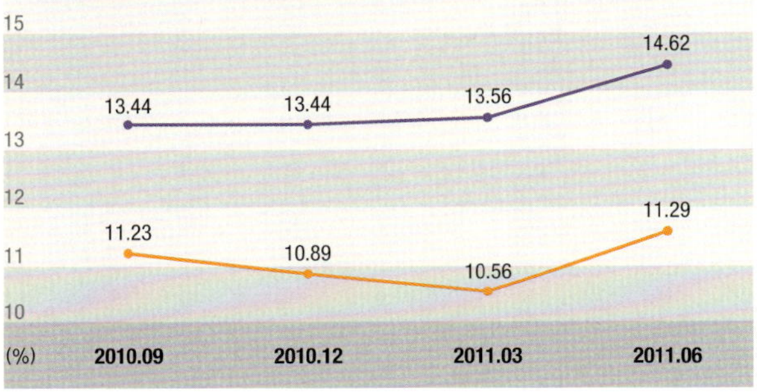

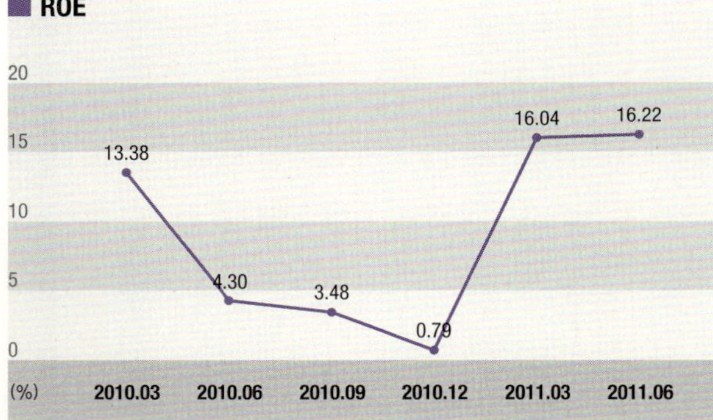

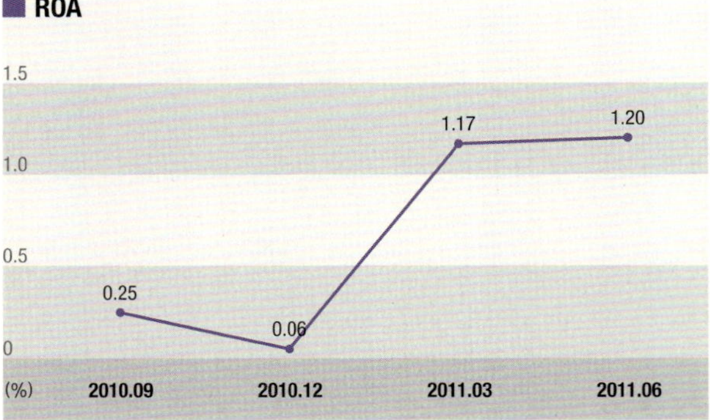

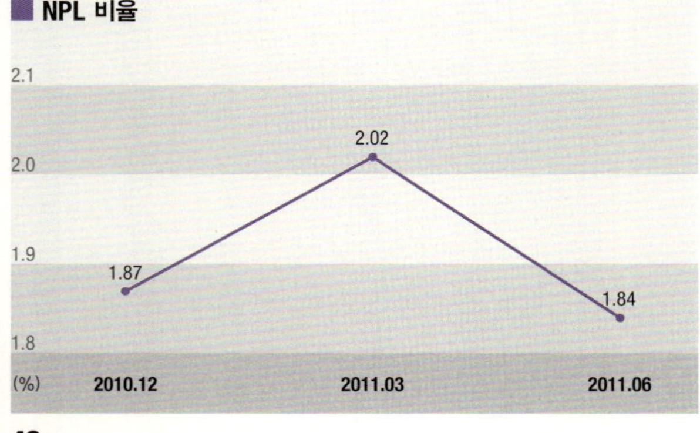

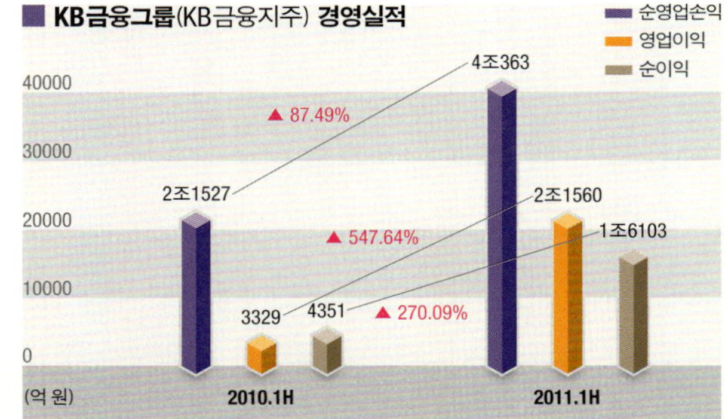

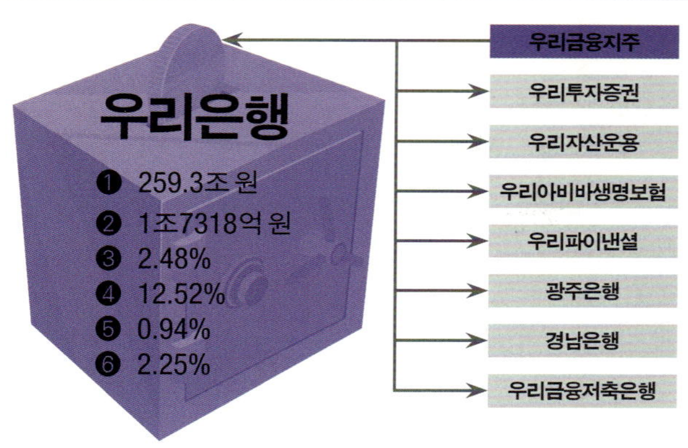

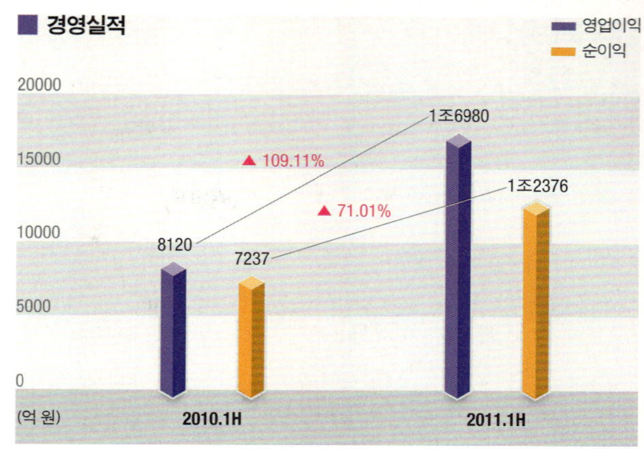

이자이익, 비이자이익 비중 추이

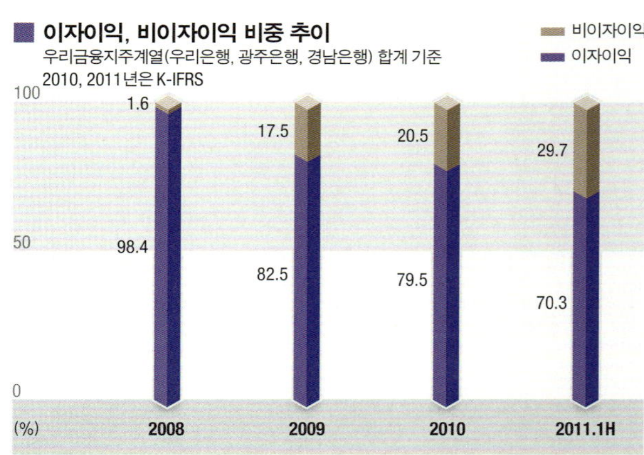

BIS 비율

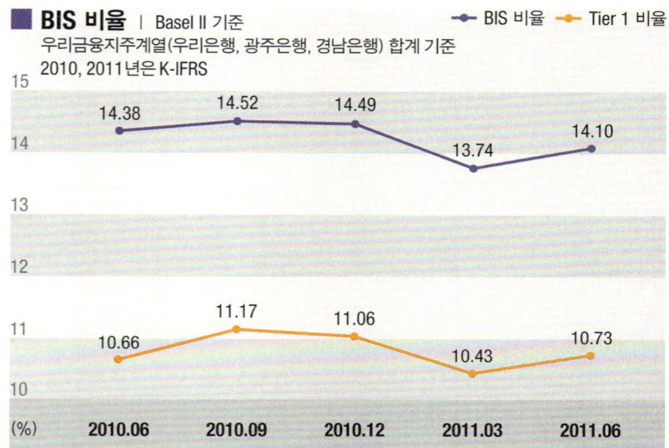

ROE

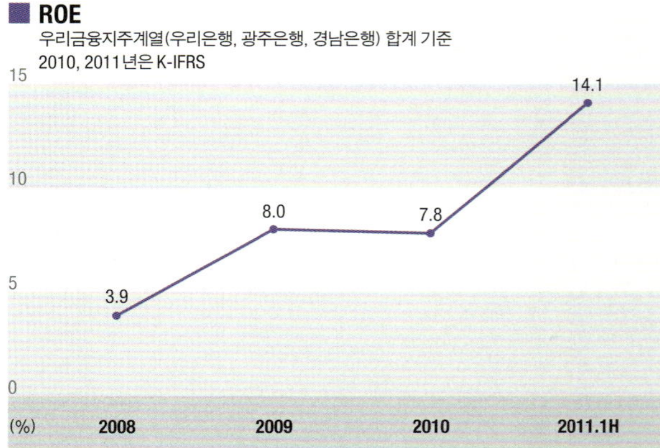

ROA

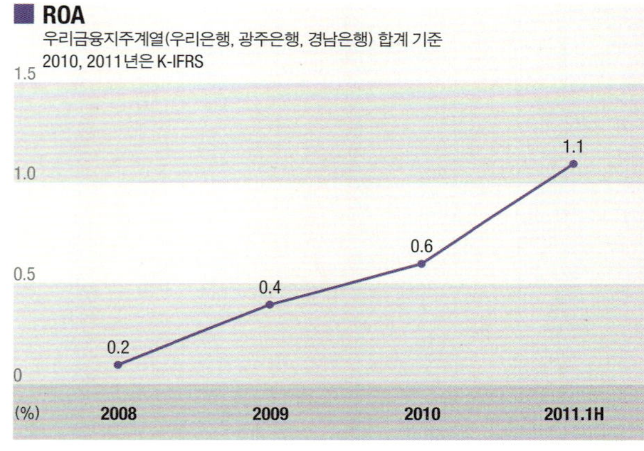

우리금융지주 경영실적

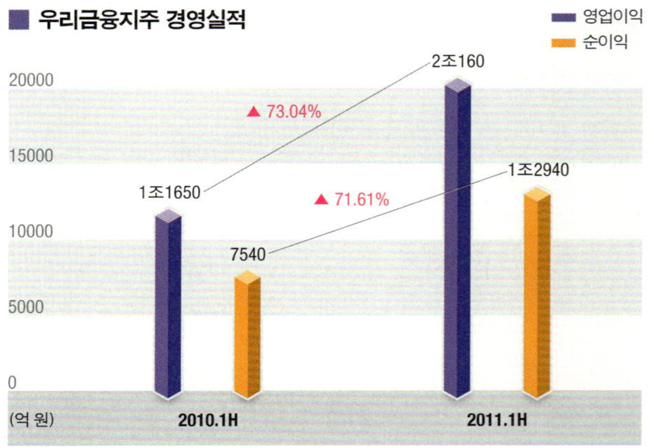

우리금융지주 자산규모 및 NIM 추이

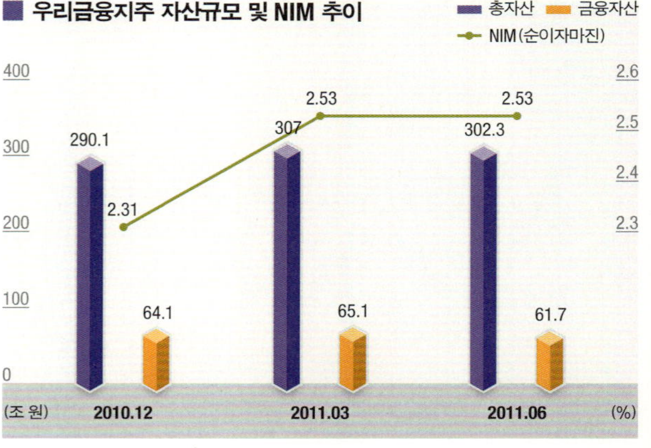

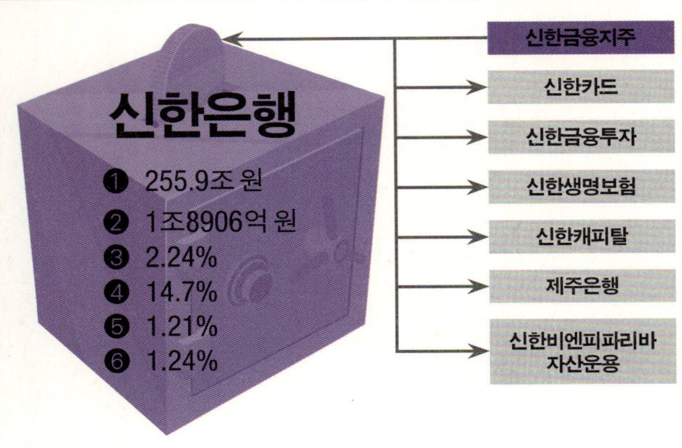

신한은행
❶ 255.9조 원
❷ 1조8906억 원
❸ 2.24%
❹ 14.7%
❺ 1.21%
❻ 1.24%
신한금융지주
신한카드
신한금융투자
신한생명보험
신한캐피탈
제주은행
신한비엔피파리바 자산운용

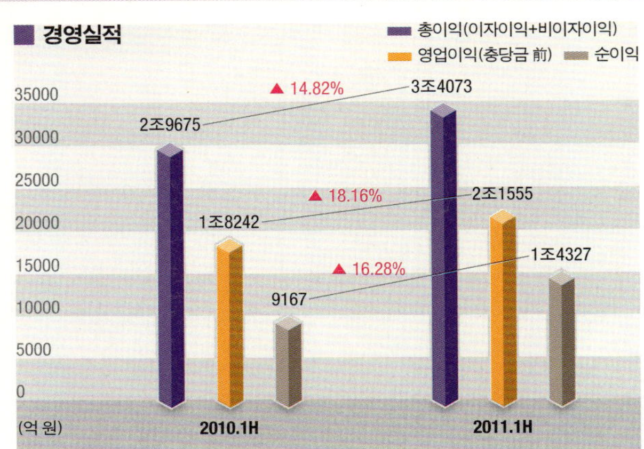

경영실적
총이익(이자이익+비이자이익)
영업이익(충당금 前)
순이익
35000
30000
25000
20000
15000
10000
5000
0
(억 원)
2조9675
▲ 14.82%
3조4073
1조8242
▲ 18.16%
2조1555
9167
▲ 16.28%
1조4327
2010.1H
2011.1H

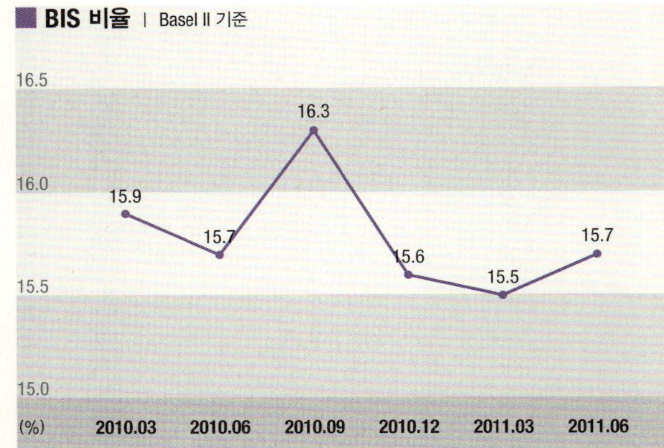

BIS 비율 | Basel II 기준
16.5
16.0
15.5
15.0
15.9
15.7
16.3
15.6
15.5
15.7
(%)
2010.03 2010.06 2010.09 2010.12 2011.03 2011.06

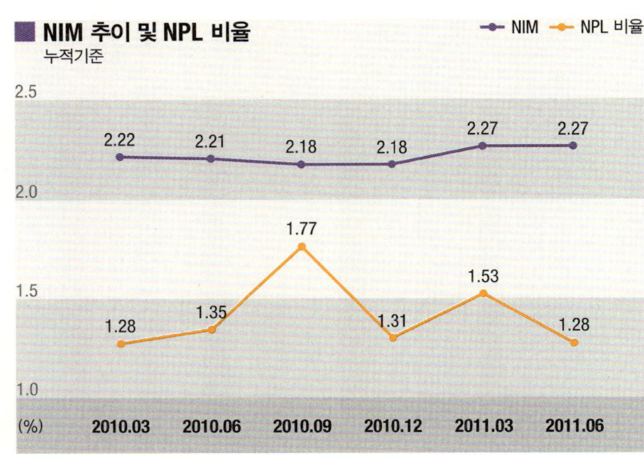

NIM 추이 및 NPL 비율
누적기준
NIM
NPL 비율
2.5
2.0
1.5
1.0
2.22 2.21 2.18 2.18 2.27 2.27
1.28 1.35 1.77 1.31 1.53 1.28
(%)
2010.03 2010.06 2010.09 2010.12 2011.03 2011.06

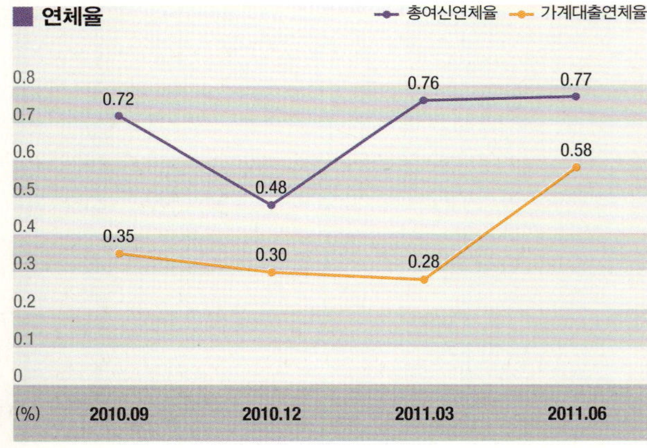

연체율
총여신연체율
가계대출연체율
0.8
0.7
0.6
0.5
0.4
0.3
0.2
0.1
0
0.72 0.48 0.76 0.77
0.35 0.30 0.28 0.58
(%)
2010.09 2010.12 2011.03 2011.06

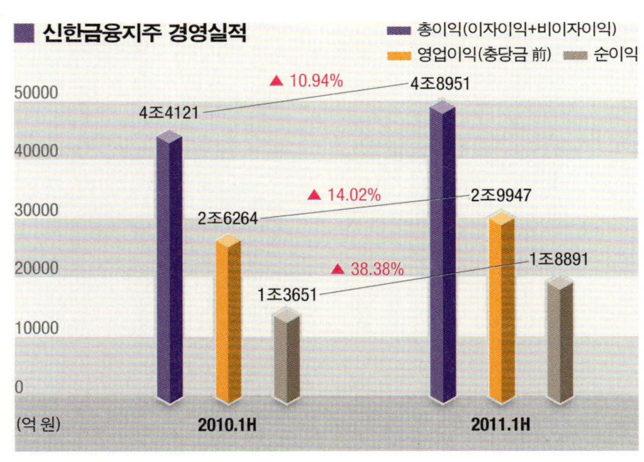

신한금융지주 경영실적
총이익(이자이익+비이자이익)
영업이익(충당금 前)
순이익
50000
40000
30000
20000
10000
0
4조4121
▲ 10.94%
4조8951
2조6264
▲ 14.02%
2조9947
1조3651
▲ 38.38%
1조8891
(억 원)
2010.1H
2011.1H

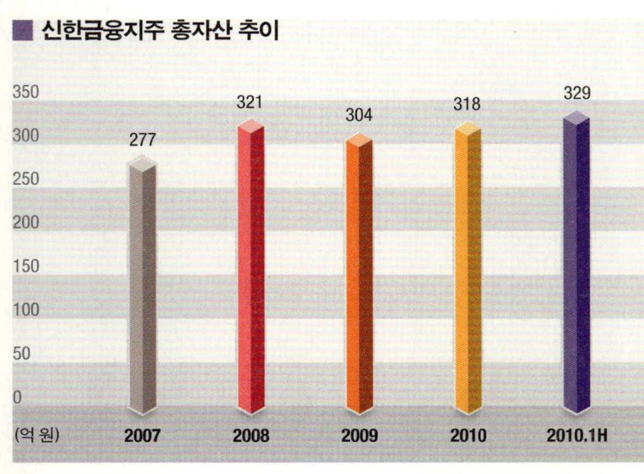

신한금융지주 총자산 추이
350
300
250
200
150
100
50
0
277 321 304 318 329
(억 원)
2007 2008 2009 2010 2010.1H

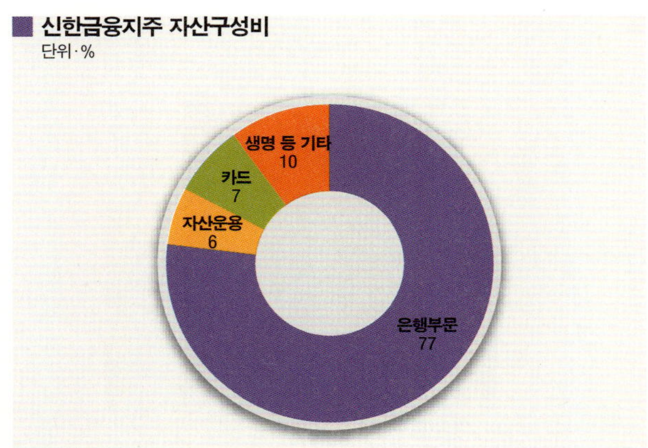

신한금융지주 자산구성비
단위·%
생명 등 기타 10
카드 7
자산운용 6
은행부문 77

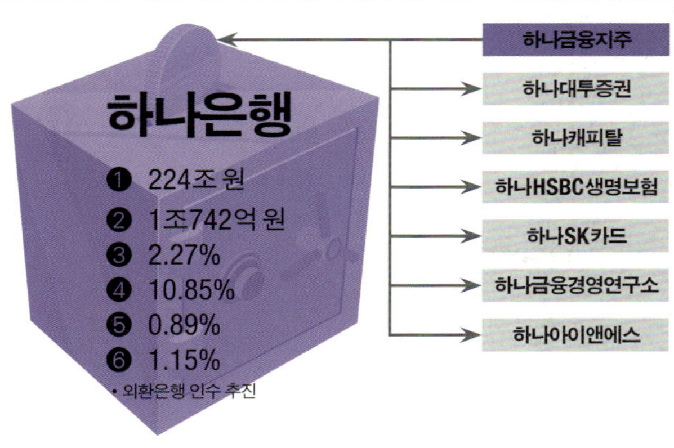
하나은행
❶ 224조 원
❷ 1조742억 원
❸ 2.27%
❹ 10.85%
❺ 0.89%
❻ 1.15%
• 외환은행 인수 추진
하나금융지주
하나대투증권
하나캐피탈
하나HSBC생명보험
하나SK카드
하나금융경영연구소
하나아이앤에스

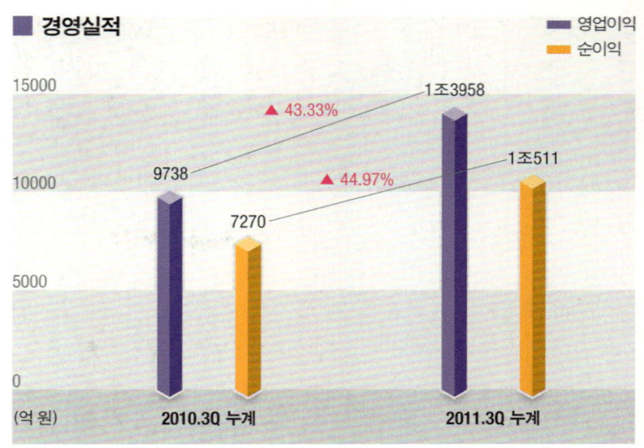
경영실적
영업이익
순이익
15000
10000
5000
0
1조3958
▲ 43.33%
9738
7270
▲ 44.97%
1조511
(억 원)
2010.3Q 누계
2011.3Q 누계

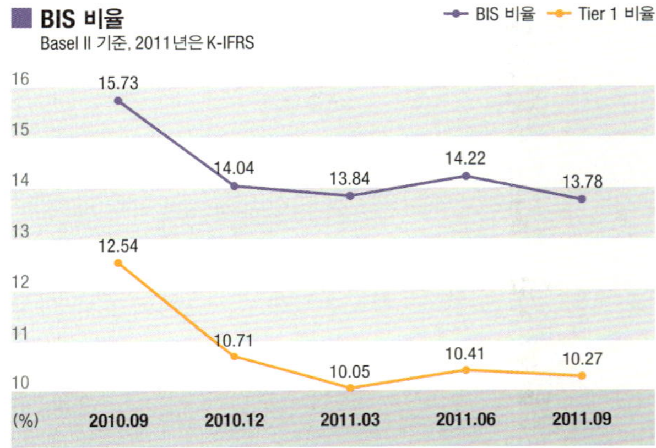
BIS 비율
Basel II 기준, 2011년은 K-IFRS
BIS 비율
Tier 1 비율
16
15
14
13
12
11
10
15.73
14.04
13.84
14.22
13.78
12.54
10.71
10.05
10.41
10.27
(%)
2010.09
2010.12
2011.03
2011.06
2011.09

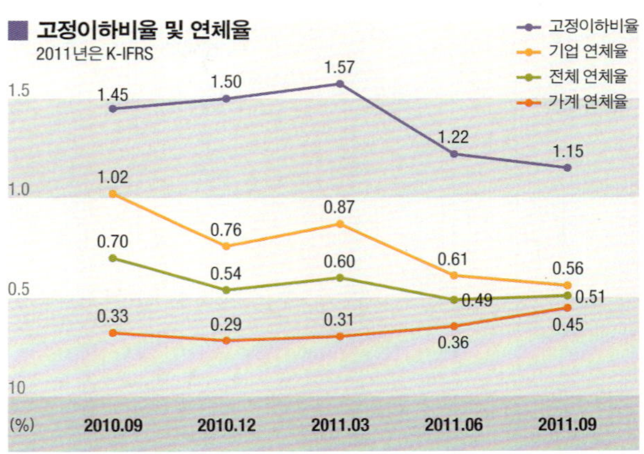
고정이하비율 및 연체율
2011년은 K-IFRS
고정이하비율
기업 연체율
전체 연체율
가계 연체율
1.5
1.0
0.5
10
1.45
1.50
1.57
1.22
1.15
1.02
0.76
0.87
0.61
0.56
0.70
0.54
0.60
0.49
0.51
0.33
0.29
0.31
0.36
0.45
(%)
2010.09
2010.12
2011.03
2011.06
2011.09

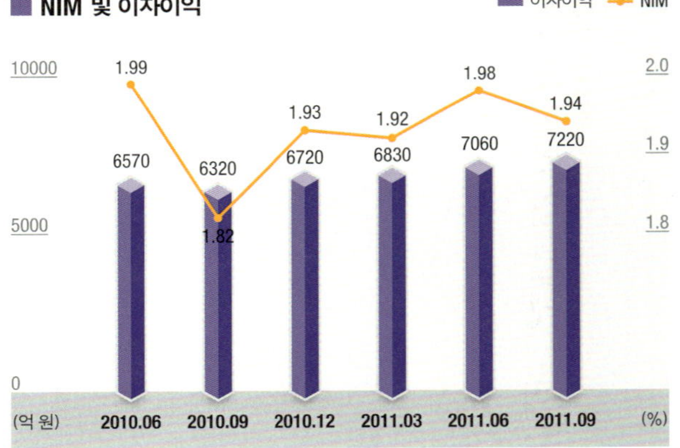
NIM 및 이자이익
이자이익
NIM
10000
5000
0
2.0
1.9
1.8
1.99
1.82
1.93
1.92
1.98
1.94
6570
6320
6720
6830
7060
7220
(억 원)
2010.06
2010.09
2010.12
2011.03
2011.06
2011.09
(%)

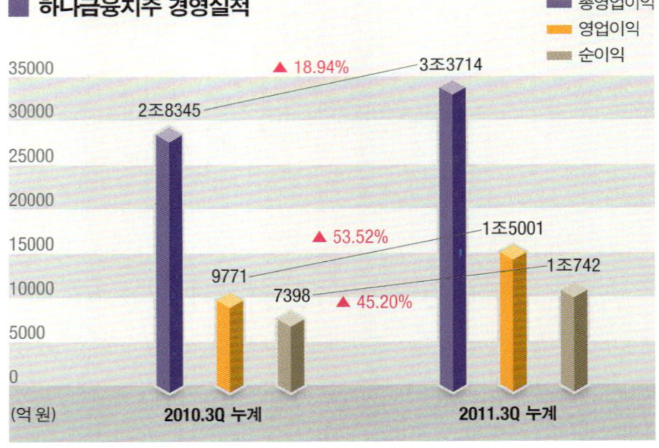
하나금융지주 경영실적
총영업이익
영업이익
순이익
35000
30000
25000
20000
15000
10000
5000
0
▲ 18.94%
3조3714
2조8345
▲ 53.52%
1조5001
9771
7398
▲ 45.20%
1조742
(억 원)
2010.3Q 누계
2011.3Q 누계

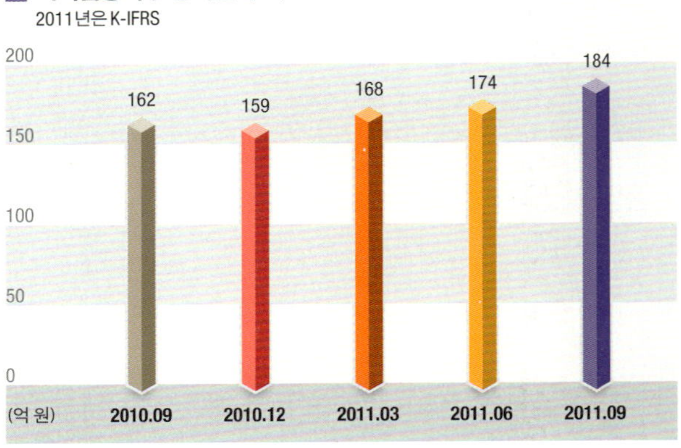
하나금융지주 총자산 추이
2011년은 K-IFRS
200
150
100
50
0
162
159
168
174
184
(억 원)
2010.09
2010.12
2011.03
2011.06
2011.09

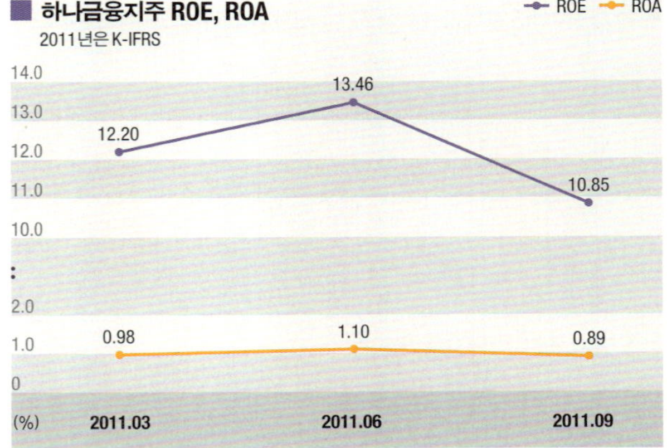
하나금융지주 ROE, ROA
2011년은 K-IFRS
ROE
ROA
14.0
13.0
12.0
11.0
10.0
2.0
1.0
12.20
13.46
10.85
0.98
1.10
0.89
(%)
2011.03
2011.06
2011.09

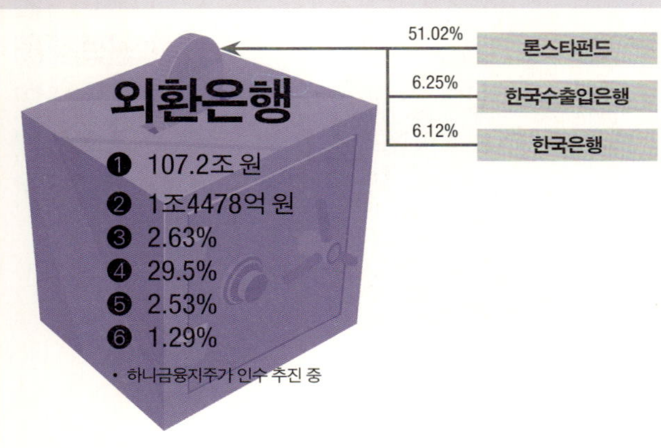

외환은행
51.02% 론스타펀드
6.25% 한국수출입은행
6.12% 한국은행
❶ 107.2조 원
❷ 1조4478억 원
❸ 2.63%
❹ 29.5%
❺ 2.53%
❻ 1.29%
• 하니금융지주가 인수 추진 중

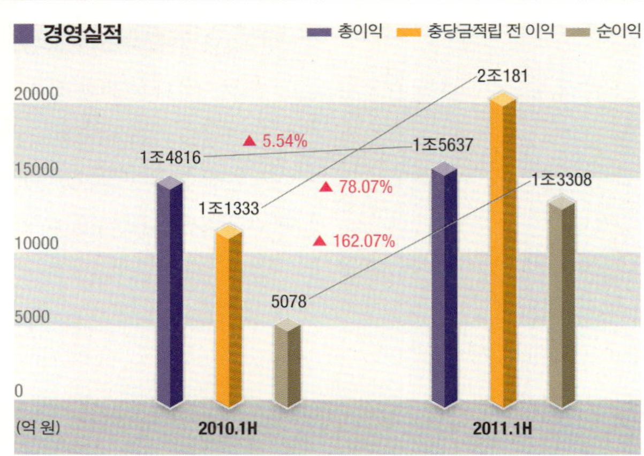

경영실적
총이익 충당금적립 전 이익 순이익
20000
15000
10000
5000
0
2조181
1조4816
1조1333
1조5637
1조3308
5078
▲ 5.54%
▲ 78.07%
▲ 162.07%
(억 원)
2010.1H
2011.1H

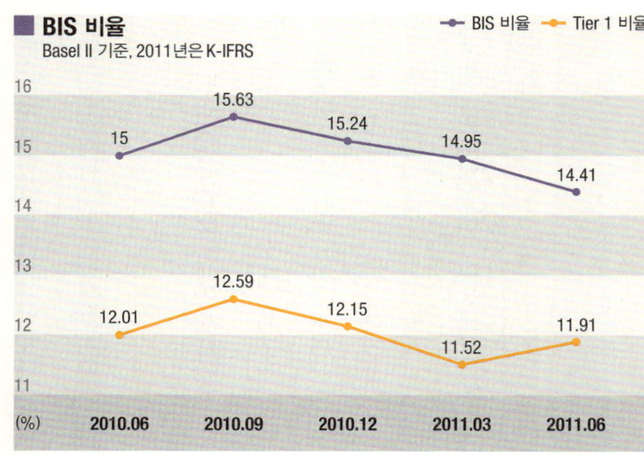

BIS 비율
Basel II 기준, 2011년은 K-IFRS
BIS 비율 Tier 1 비율
16
15
14
13
12
11
15.63
15
15.24
14.95
14.41
12.01
12.59
12.15
11.52
11.91
(%)
2010.06 2010.09 2010.12 2011.03 2011.06

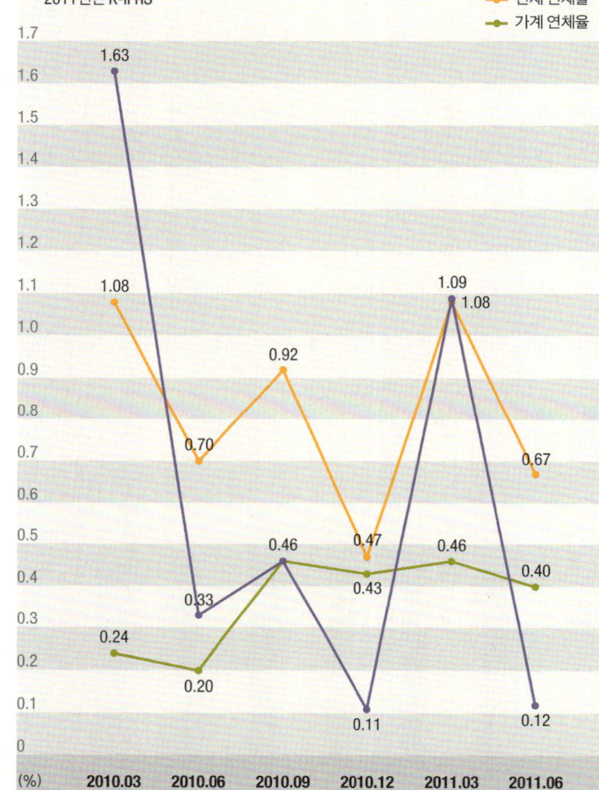

연체율
2011년은 K-IFRS
대기업 연체율 전체 연체율 가계 연체율
1.7
1.6
1.5
1.4
1.3
1.2
1.1
1.0
0.9
0.8
0.7
0.6
0.5
0.4
0.3
0.2
0.1
0
1.63
1.08
0.70
0.92
0.33
0.46
0.47
0.43
1.09
1.08
0.46
0.67
0.40
0.24
0.20
0.11
0.12
(%)
2010.03 2010.06 2010.09 2010.12 2011.03 2011.06

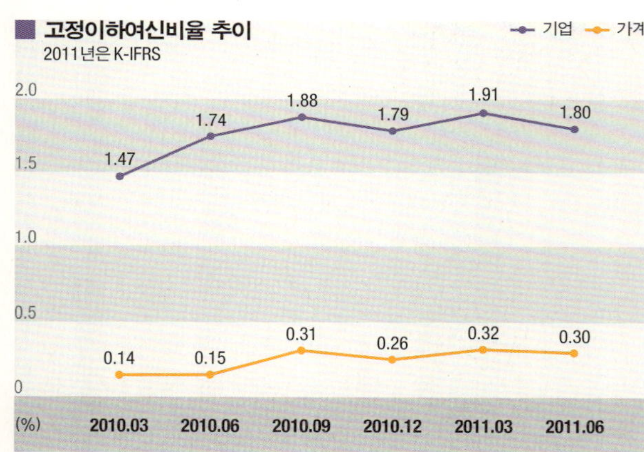

고정이하여신비율 추이
2011년은 K-IFRS
기업 가계
2.0
1.5
1.0
0.5
0
1.47
1.74
1.88
1.79
1.91
1.80
0.14
0.15
0.31
0.26
0.32
0.30
(%)
2010.03 2010.06 2010.09 2010.12 2011.03 2011.06

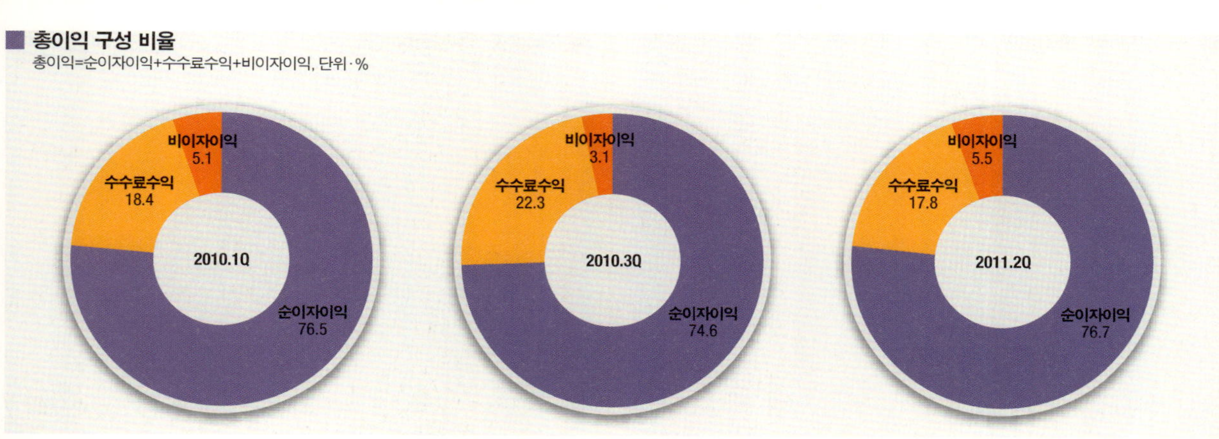

총이익 구성 비율
총이익=순이자이익+수수료수익+비이자이익, 단위·%
비이자이익 5.1
수수료수익 18.4
순이자이익 76.5
2010.1Q
비이자이익 3.1
수수료수익 22.3
순이자이익 74.6
2010.3Q
비이자이익 5.5
수수료수익 17.8
순이자이익 76.7
2011.2Q

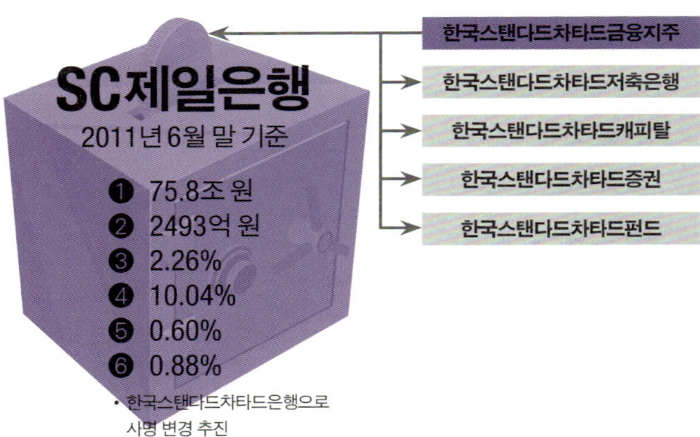

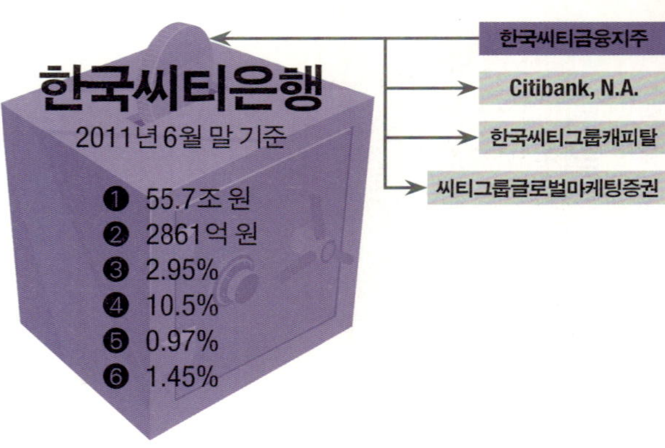

■ 경영실적

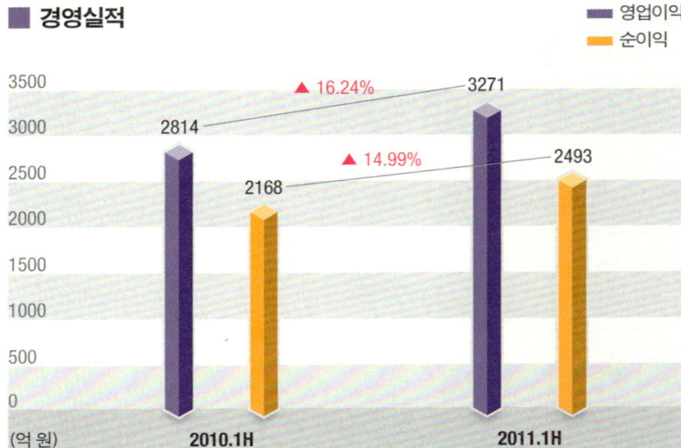

■ 경영실적

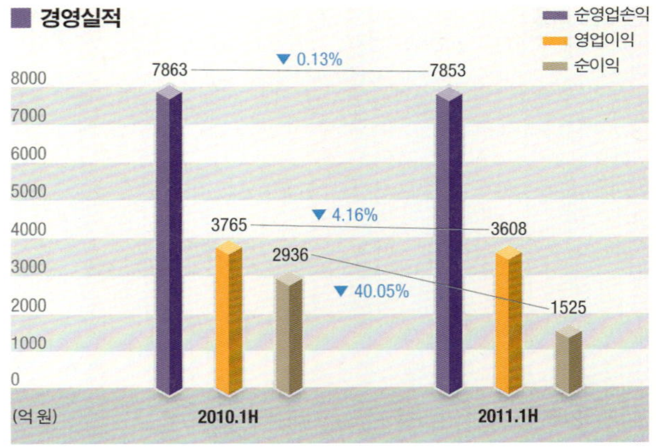

■ 고정이하여신비율 추이
2011년은 K-IFRS

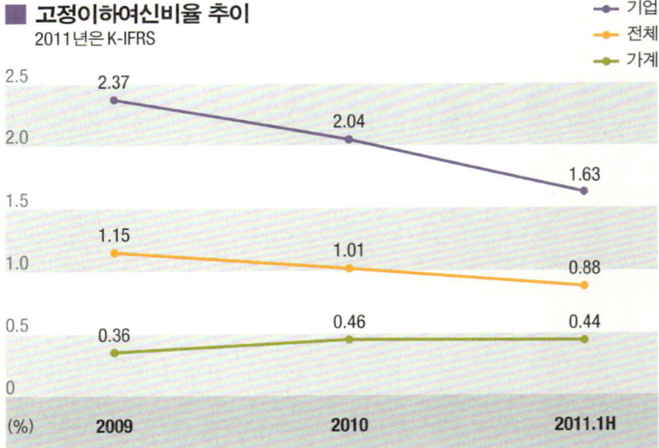

■ 고정이하여신비율 추이
2011년은 K-IFRS

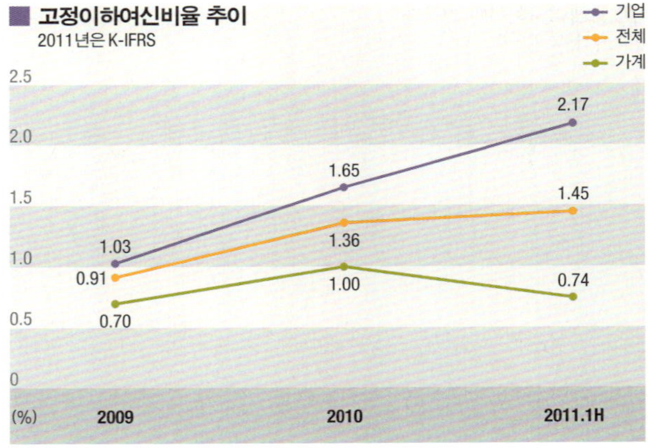

■ BIS 비율 및 연체율
BIS 비율은 Basel II 기준, 2011년은 K-IFRS

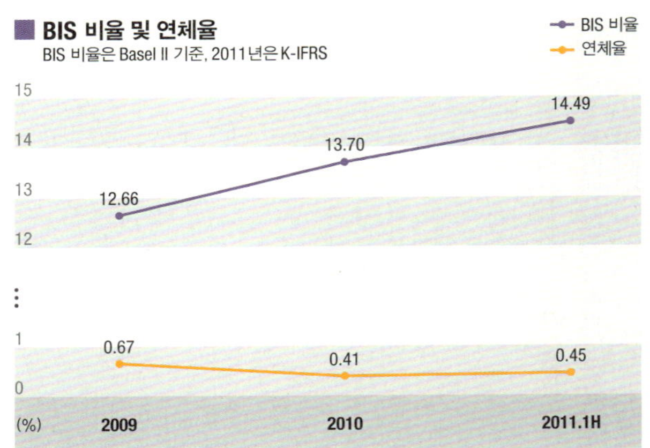

■ BIS 비율 및 연체율
2011년은 K-IFRS

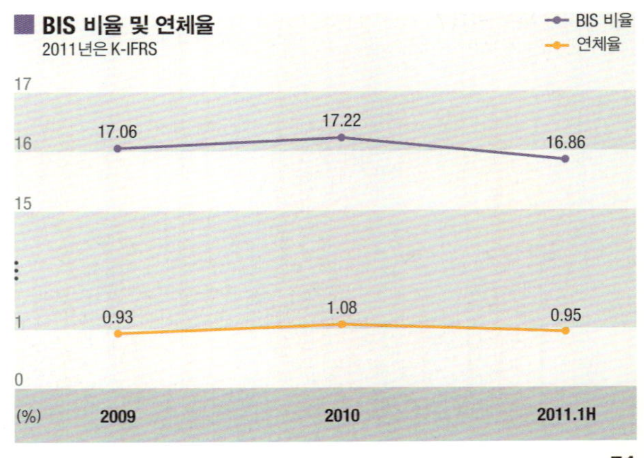

국내 4대 금융그룹 계열사별 당기순이익

■ KB금융지주 | 2011.1H 기준, 개별재무제표 기준
카드부문은 KB국민카드 분사(2011.03.02) 이후 실적

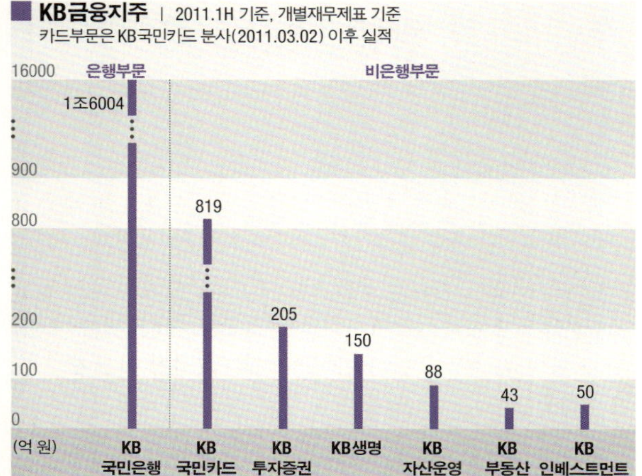

■ 우리금융지주
2011.1H 기준

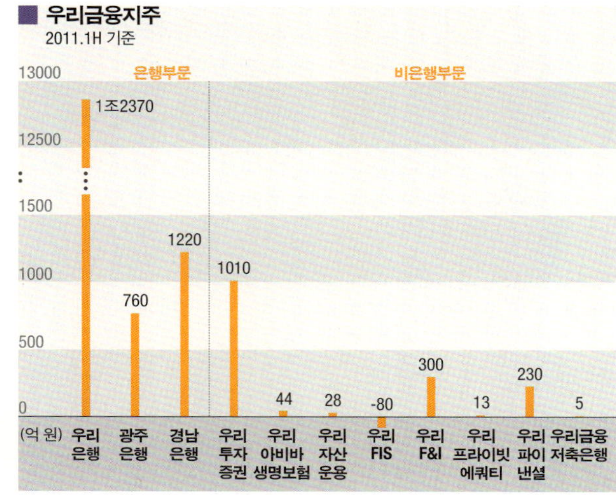

■ 신한금융지주
2011.1H 기준

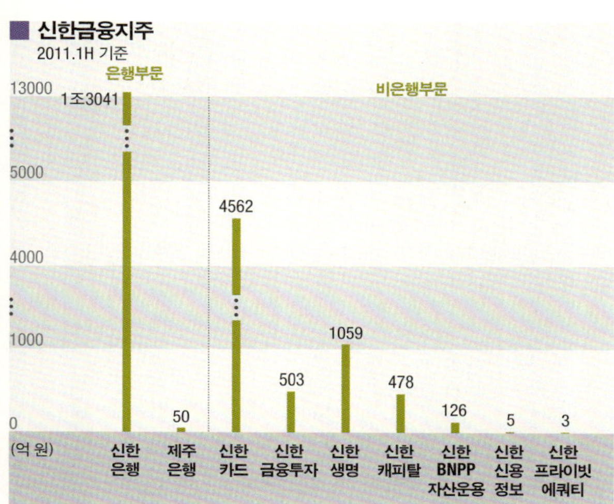

■ 하나금융지주
2011.1H 기준

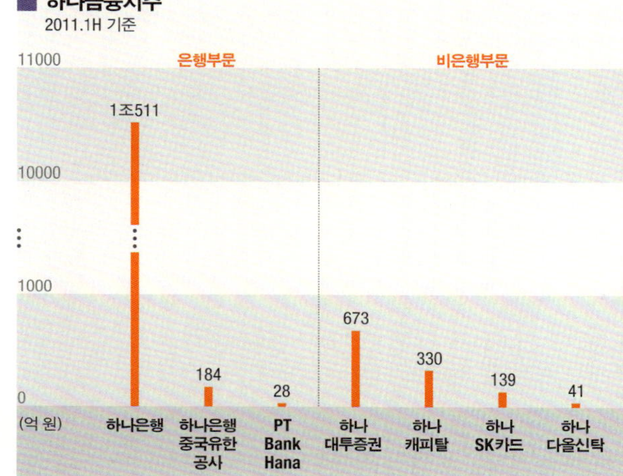

국내 시중은행 외화유동성 비율

자료·각 사

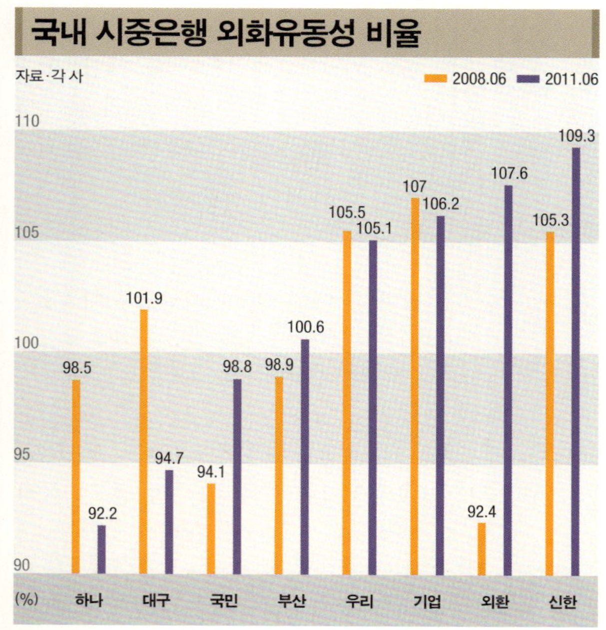

국가별 주요 은행 평균 Tier-1 비율

자료·6대 시중은행, 2011.2Q 기준

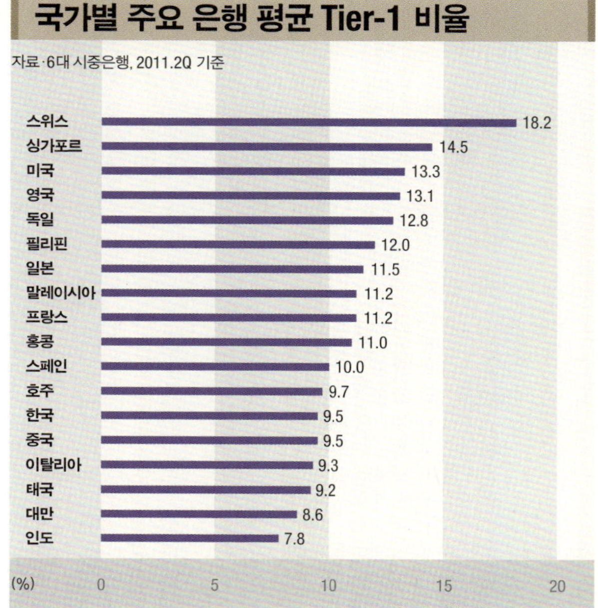

2011년 사상 최대 실적, 2012년 부메랑 위협!
유럽권 부실 은행 나비효과에 국내 은행들 노심초사

2011년은 은행들에게 최고의 한해였다. 글로벌 금융위기의 긴 터널을 벗어난 이후 대출 수요가 회복되면서 18개 은행들은 2011년 상반기에만 10조 원이 넘는 순이익을 냈다. 은행들의 실적 호조 덕분에 우리와 KB, 신한, 하나 등 4대 금융지주회사의 순이익은 5조6000억 원을 훌쩍 뛰어넘으면서 지난해 같은 기간보다 80% 이상 급증했다.

현대건설 지분 매각에 따른 이익이 2조4000억 원 가량 포함되긴 했지만 자산 규모가 커진 것은 물론 수익성 지표인 순이자마진(NIM)과 자기자본이익률(ROE)도 모두 양호했다. 2010년 대손충당금을 충분히 쌓은 데다 부동산PF 등의 부실을 대거 털어내면서 전반적인 자산 건전성도 개선됐다. 금융당국이 가계부채 종합대출에 따라 가계대출을 옥죄면서 한때 대출 중단사태가 빚어지기도 했지만, 이것마저 은행들에겐 오히려 약으로 작용했다. 무분별한 대출 경쟁을 자제하는 대신 대출금리를 인상하면서 수익성이 개선되는 효과를 누렸기 때문이다.

금융권 탐욕 비판 여론이 정책 리스크로 이어지나

하지만 사상 최대 실적은 오히려 은행들에게 부메랑으로 되돌아오고 있다. 우선 정책 리스크가 가장 직접적인 위협 요인으로 다가오고 있다. 금융당국은 은행들의 대출 경쟁이 심화되자 가계대출 증가율을 경상 경제성장률 이하로 관리한다는 방침에 따라 이미 가계부채 종합대책을 발표했다. 은행들의 대출 추이에 따라 필요할 경우 더 강력한 규제를 도입한다는 입장이어서 2012년에는 가계대출 증가세 둔화가 불가피할 전망이다. 가계대출 억제에 따른 가계부채의 연착륙 여부도 중요한 포인트다.

론스타의 외환은행 배당잔치에 따른 논란이 불거지면서 금융당국은 고배당에도 제동을 걸고 나섰다. 특히 금융당국은 세계 경제의 불확실성이 장기화될 것이란 이유를 내세워 대손충당금과 대손준비금 기준을 정비해 은행들의 내부유보를 최대한 늘리도록 유도한다는 방침이다. 이에 따라 당초 20조 원에 달할 것으로 추정되던 은행들의 2011년 순이익 규모는 15조 원 안팎에 그칠 전망이다.

이른바 '월가 점령시위'를 기점으로 금융권의 탐욕을 비판하는 목소리가 커지면서 여론 리스크도 증폭되고 있다. 특히 선진 금융기법과 거리가 먼 높은 예대마진과 수수료에 의존해 돈 잔치를 벌이고 있는 은행들의 영업 행태에 대한 비판의 목소리가 높다.

은행의 공공성을 강조하는 여론 리스크는 결국 정책 리스크로 이어질 수밖에 없다. 실제로 금융당국은 곧바로 자동화기기(ATM)를 비롯한 수수료 점검에 나섰다. 앞으로 금융당국이 은행권의 수수료 체계를 전반적으로 정비한다는 방침이어서 각종 수수료 인하 압박은 더욱 거세질 가능성이 높다. 이밖에도 사회공헌 활동에 대한 압박도 거세지고 있어 은행들의 부담이 만만치 않을 것으로 예상되고 있다.

굵직굵직한 업계 이슈들 즐비한 2012년

은행간 인수·합병(M&A)도 은행 산업의 구도를 근본적으로 바꿀 수 있는 변수로 작용할 전망이다. 하나금융이 외환은행 인수를 마무리하면 단숨에 KB금융과 우리금융, 신한금융 등과 함께 총자산 규모가 300조 원에 이르는 '빅4'로 도약하게 된다. 특히 하나금융과 외환은행은 중복점포가 많지 않은데다 소매금융과 기업금융의 조합이라는 점에서 기존 '빅3'를 강하게 압박하는 위협적인 존재로 자리매김할 전망이다. 하나금융이 외환은행 인수와 함께 공격적인 영업에 나설 경우 은행권에서 재차 외형경쟁이 불거질 수도 있다.

우리금융 민영화 역시 은행 산업 판도에 변화를 줄 수 있다. 2012년 말 대선을 앞두고 있는 만큼 실제로 민영화가 성사될 가능성은 크지 않지만 각종 시나리오가 난무하면서 은행권을 크게 뒤흔들 가능성은 충분하다.

산업은행과 2012년 3월 출범을 앞두고 있는 NH금융지주의 행보도 관심을 가지고 지켜볼 대목이다. 산업은행은 HSBC의 소매금융 부문 인수를 추진하는 등 소매금융 영업에 강력한 드라이브를 걸고 있고, NH금융지주의 경우 전국 1150여 개의 점포를 바탕으로 적극적인 M&A에 나설 가능성이 크다.

대외 변수도 눈여겨볼 필요가 있다. 유럽 재정위기와 미국의 경기침체 등 글로벌 거시경제 상황이 가장 큰 위협요인이다. 특히 유럽 재정위기가 탈출구를 찾지 못하고 계속 확산되면서 유럽 은행들의 부실이 심화될 경우 국내 은행들 역시 그 영향권에서 자유로울 수 없다. 리먼 브라더스 파산이라는 돌발변수에서 비롯된 글로벌 금융위기와는 달리 이번에는 세계 경제가 장기 불황에 빠질 수 있다는 분석도 만만치 않아 2011년 한해 모처럼 호황을 누린 은행업계에겐 2012년이야말로 한치 앞도 내다보기 어려운 안개정국이 될 전망이다.🅱

- 농협에서 분사하는 NH생명의 성장 추이
- 녹십자생명을 인수해 보험업계에 진출하는 현대차그룹
- 경영권까지 위협하는 교보생명의 지분 향방

생명보험 | ❶ 수입보험료, ❷ 총자산, ❸ 지급여력비율(RBC비율), 회계연도(FY) 2011.1Q(04-06월) 기준, 보험사는 3월 결산법인

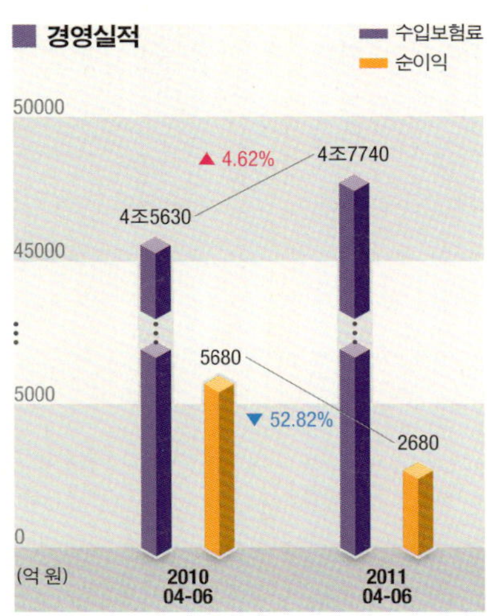

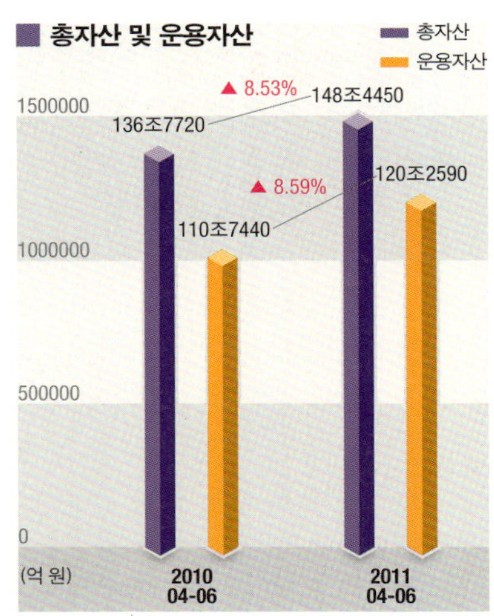

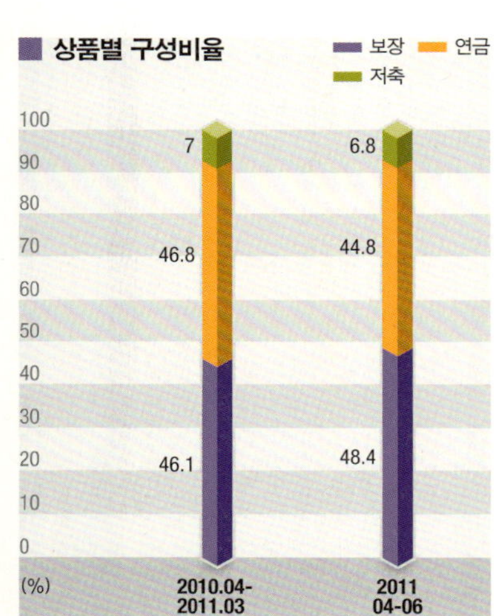

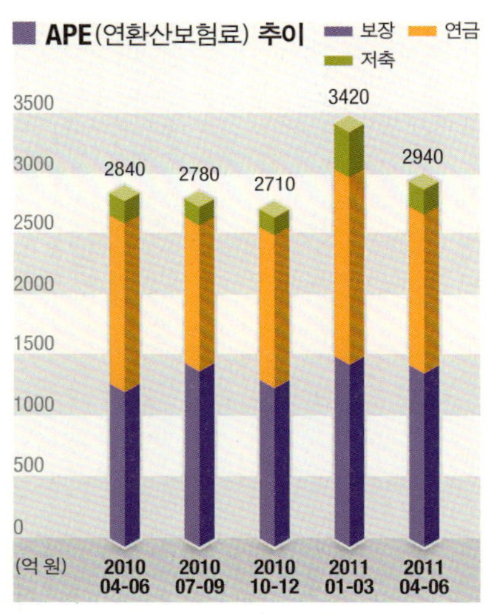

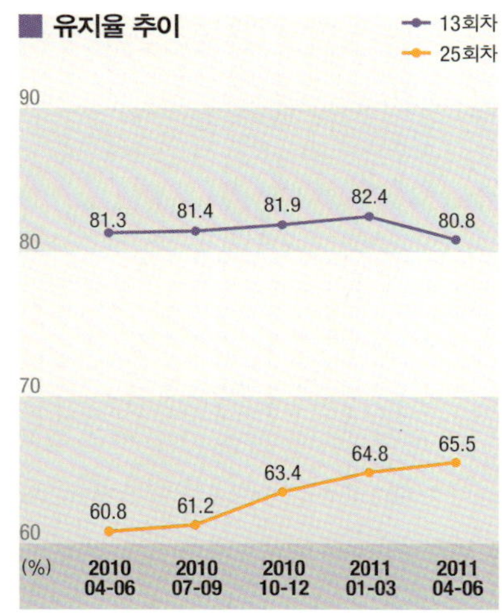

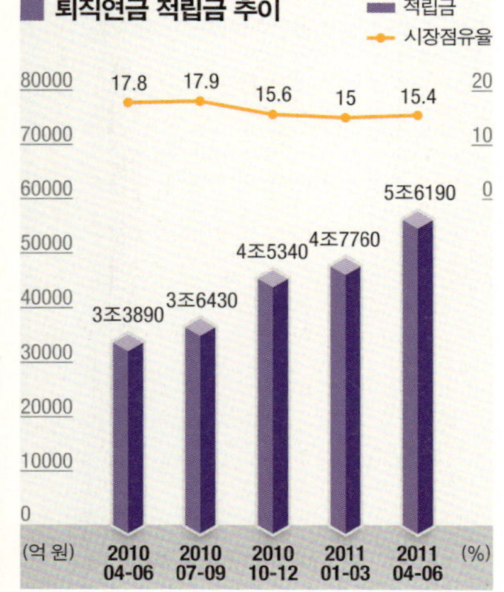

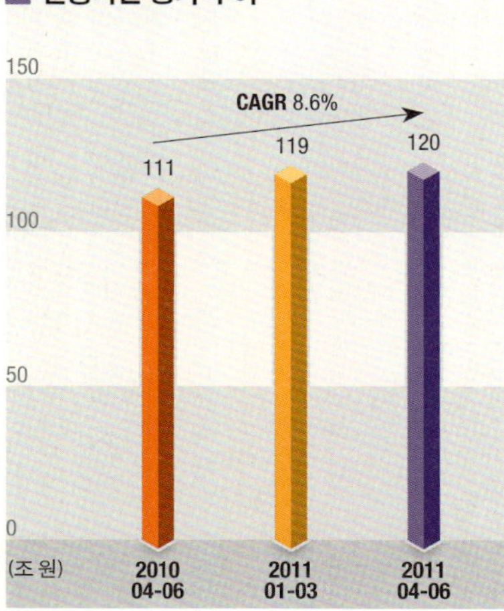

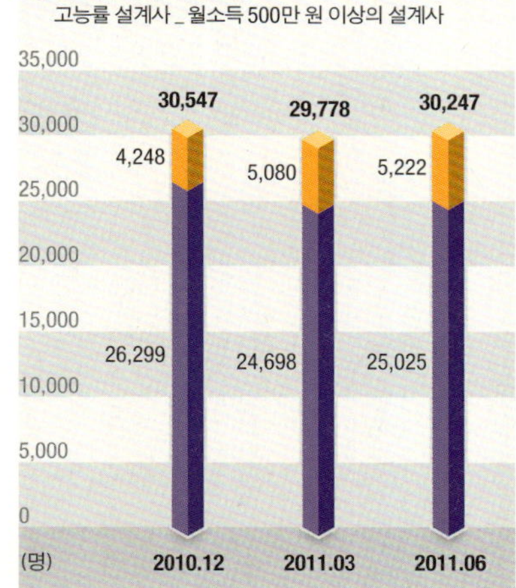

■ 경영실적

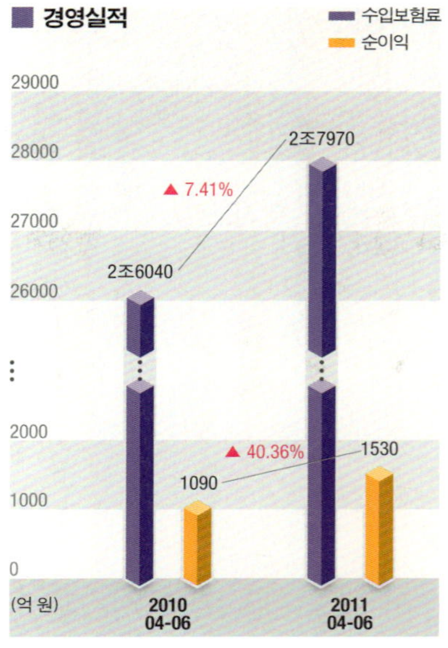

■ 총자산 및 운용자산

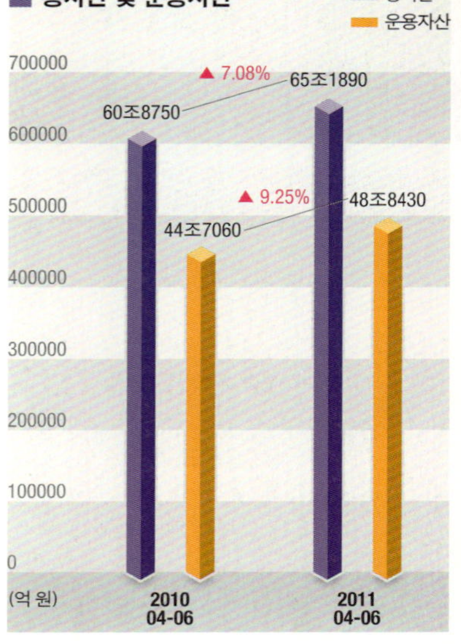

■ APE(연환산보험료) 추이

■ 상품별 APE 추이
괄호 안은 비중

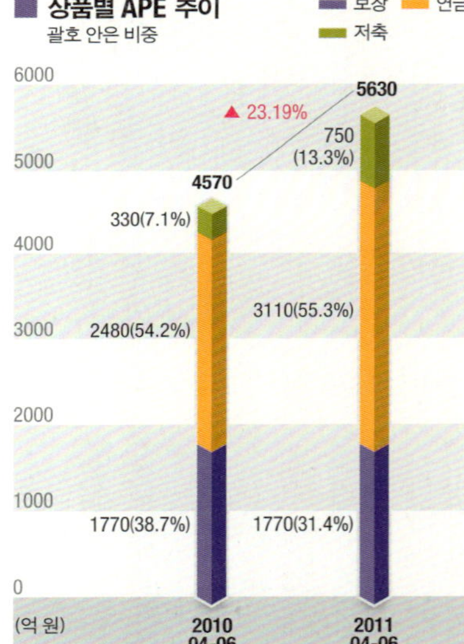

■ 지급여력비율(RBC) 추이

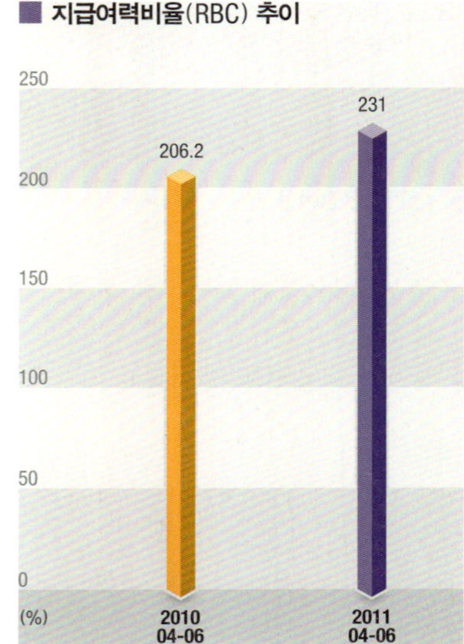

■ 유지율 추이

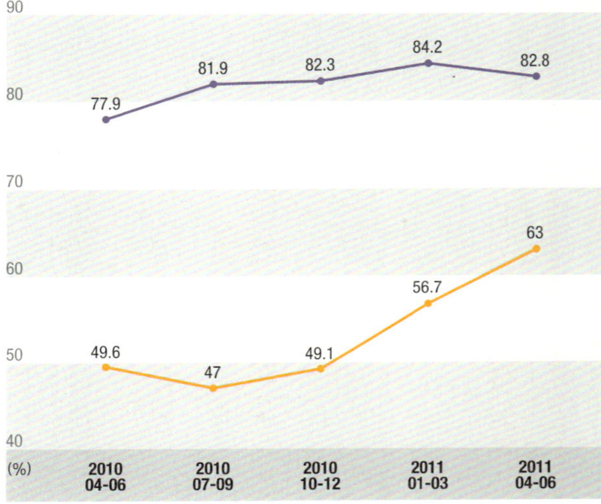

■ 등록 설계사 추이

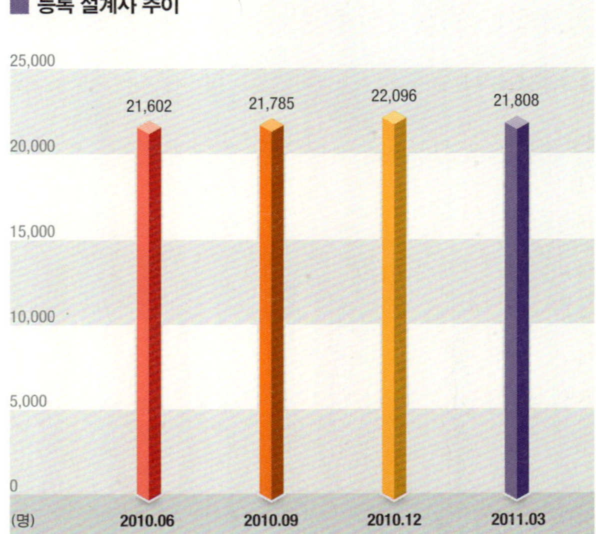

교보생명
K-IFRS
❶ 2조4514억 원
❷ 58조8911억 원
❸ 232.3%

경영실적
수입보험료
순이익
18000
17000
16000
3000
2000
1000
0
1조6873
▲ 3.08%
1조7393
2220
▲ 0.63%
2234
(억 원)
2010
04-06
2011
04-06

총자산
600000
500000
400000
300000
200000
100000
0
54조9567
▲ 7.15%
58조8911
(억 원)
2010
04-06
2011
04-06

지급여력비율 추이
250
200
150
100
50
0
242.17
224.72
232.34
(%)
2010.12
2011.03
2011.06

운용자산이익률 및 ROA (총자산수익률)
운용자산이익률
ROA
6
5
4
3
2
1
0
6.02
5.87
1.67
1.53
(%)
2010
04-06
2011
04-06

73% → 동양자산운용

동양생명
K-IFRS
❶ 9294억 원
❷ 13조1561억 원
❸ 224.9%
• 보고펀드와 동양그룹이 매각 추진 중

수입보험료 추이
10000
5000
0
7663
7950
1조319
1조61
9294
(억 원)
2010
04-06
2010
07-09
2010
10-12
2011
01-03
2011
04-06

총자산 및 운용자산 추이
총자산
운용자산
150000
100000
50000
0
11조3975
8조4854
11조8321
8조8609
12조3192
9조3943
12조8982
9조9245
13조1561
10조2282
(억 원)
2010
04-06
2010
07-09
2010
10-12
2011
01-03
2011
04-06

상품별 APE 추이
단체보험
퇴직관련보험
개인보험
3000
2000
1000
0
4
226
2142
4
423
2398
(억 원)
2010
04-06
2011
04-06

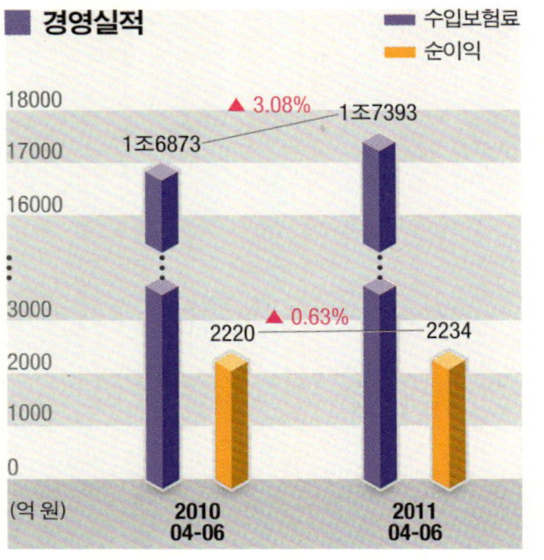

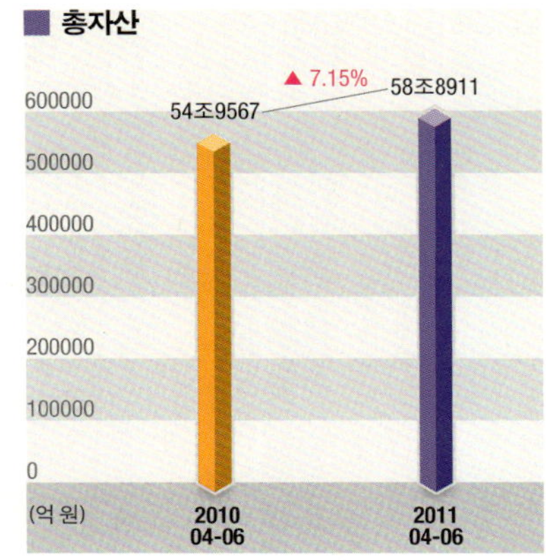

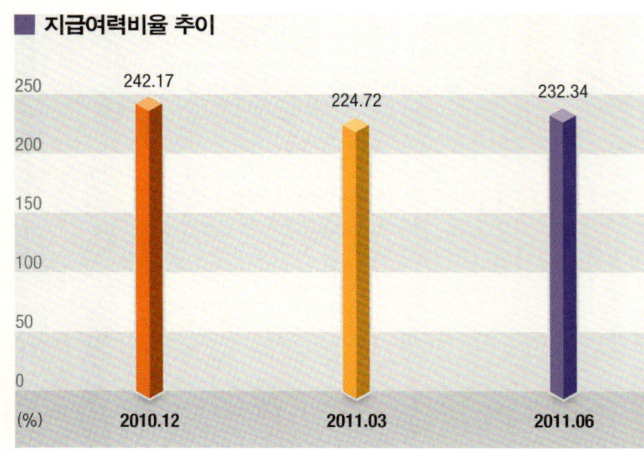

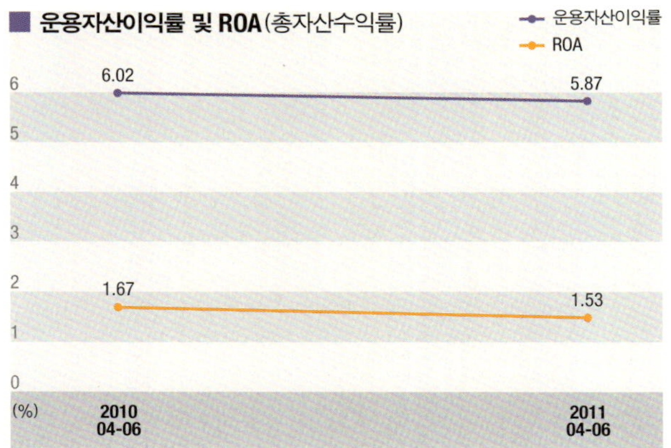

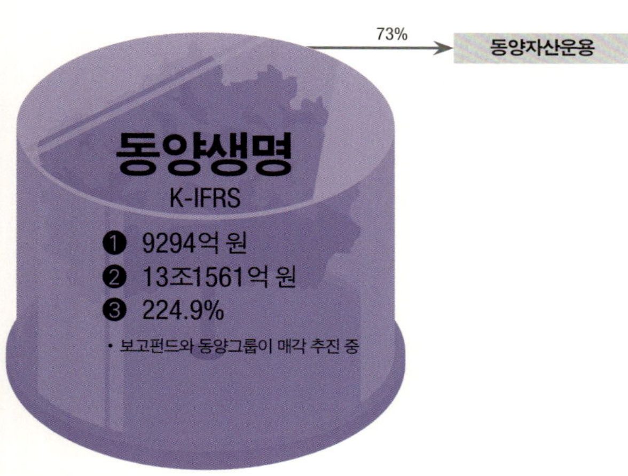

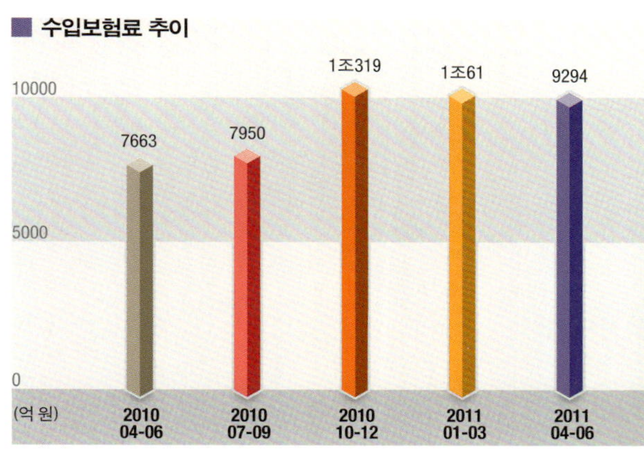

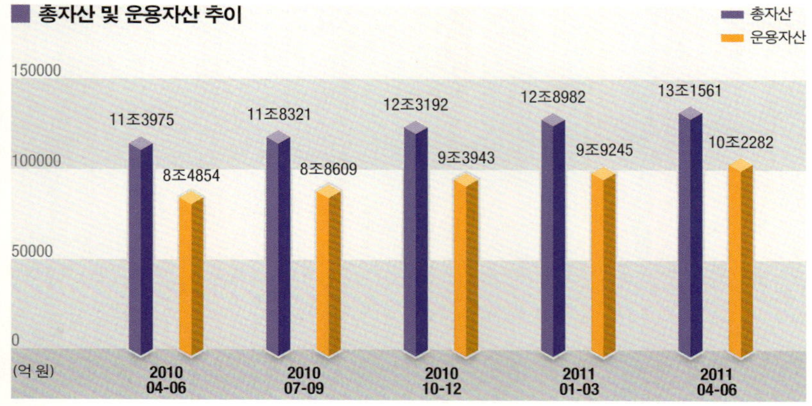

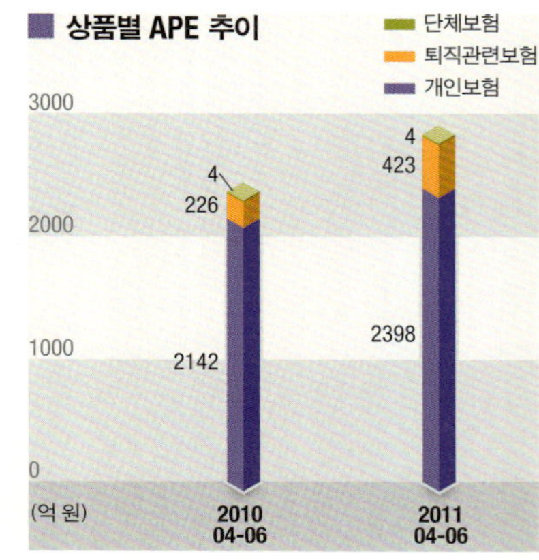

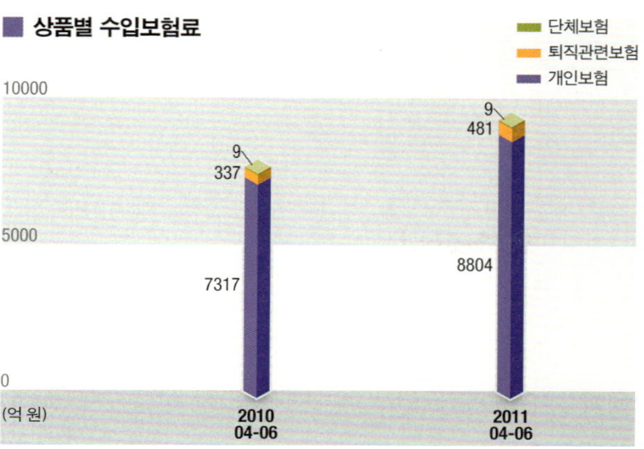

상품별 수입보험료
단체보험
퇴직관련보험
개인보험
10000
5000
0
9
481
9
337
7317
8804
2010
04-06
2011
04-06
(억 원)

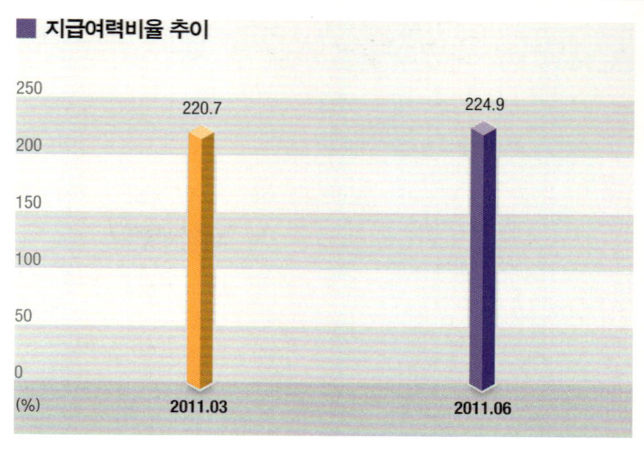

지급여력비율 추이
250
200
150
100
50
0
220.7
224.9
2011.03
2011.06
(%)

신한생명
K-IFRS
❶ 9576억 원
❷ 13조267억 원
❸ 325.8%

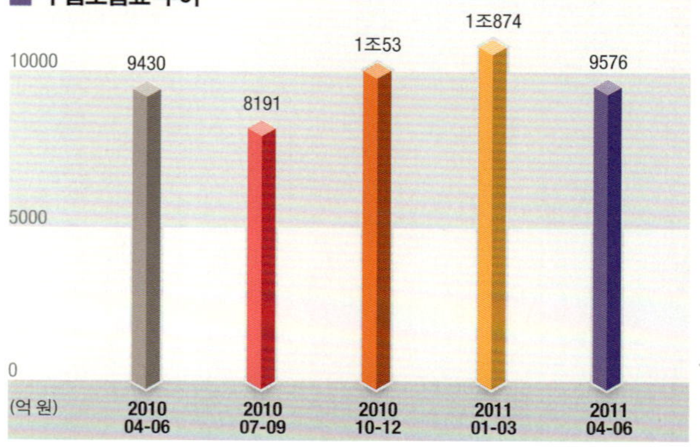

수입보험료 추이
10000
5000
0
9430
8191
1조53
1조874
9576
2010
04-06
2010
07-09
2010
10-12
2011
01-03
2011
04-06
(억 원)

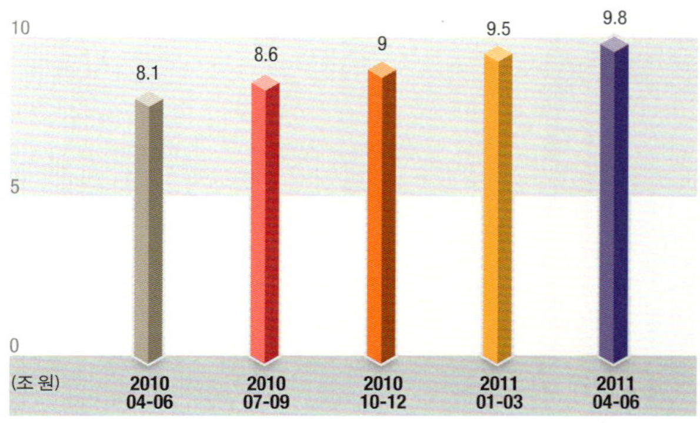

운용자산 추이
10
5
0
8.1
8.6
9
9.5
9.8
2010
04-06
2010
07-09
2010
10-12
2011
01-03
2011
04-06
(조 원)

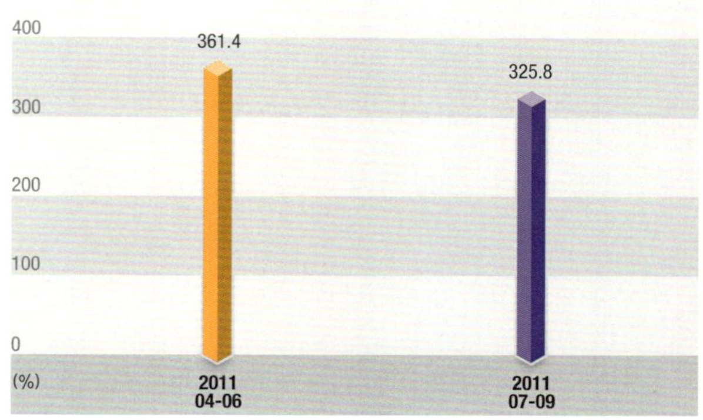

지급여력비율 추이
400
300
200
100
0
361.4
325.8
2011
04-06
2011
07-09
(%)

미래에셋생명
❶ 1조1437억 원
❷ 14조8936억 원
❸ 218.9%

흥국생명
❶ 8306억 원
❷ 11조7857억 원
❸ 172.3%

ING생명
❶ 8295억 원
❷ 20조5510억 원
❸ 444.2%

■ 경영실적

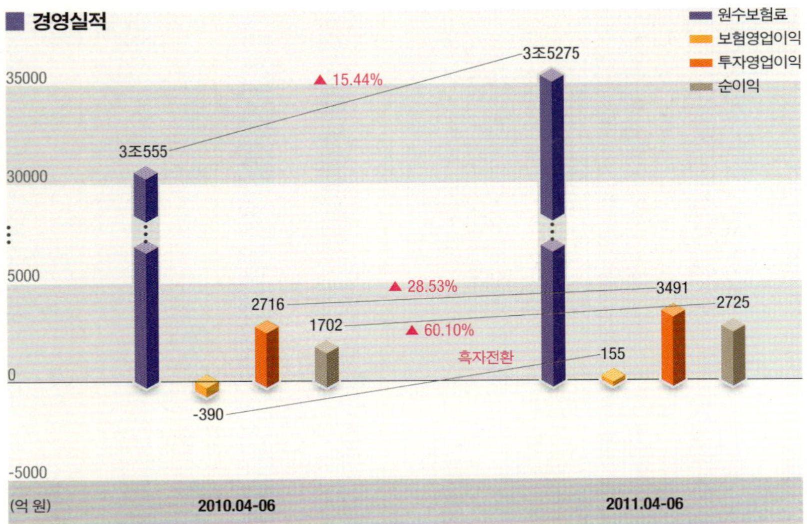

■ 보험영업 실적
장기보험 _ 상해·질병·연금·퇴직 보험 등

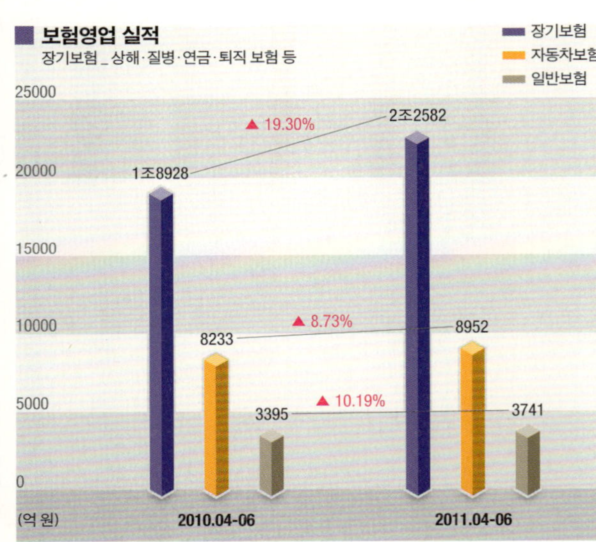

■ 총자산 및 운용자산

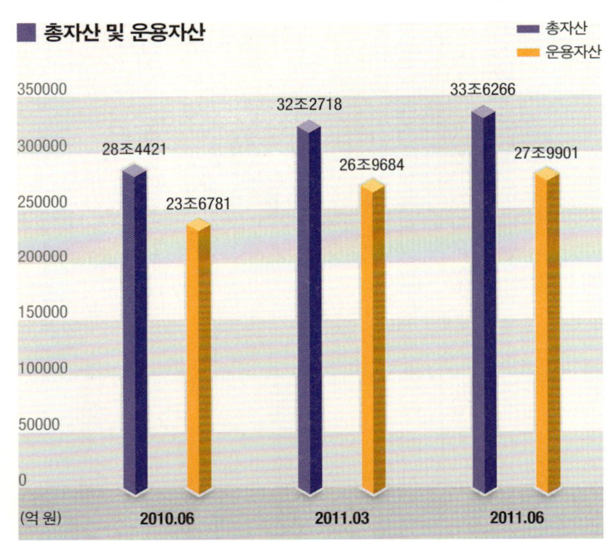

■ 손해율

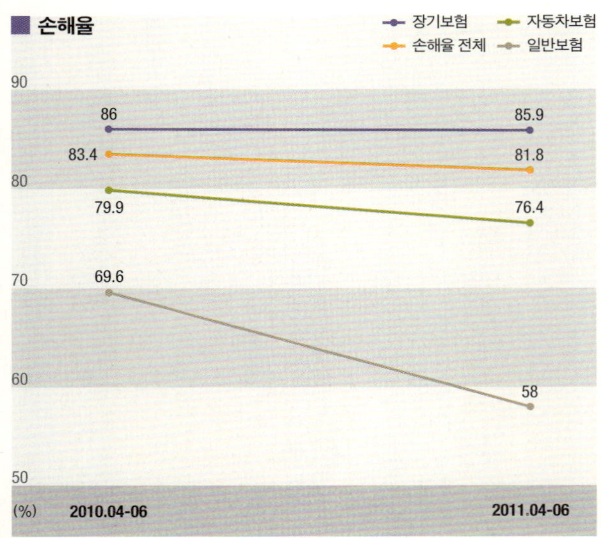

■ 투자영업이익률

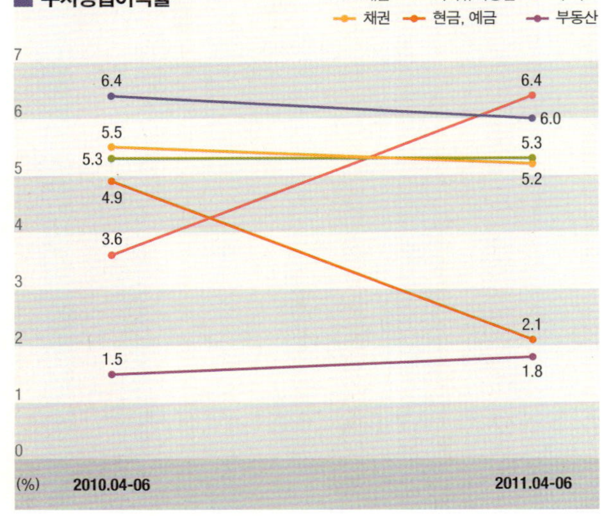

현대해상
❶ 2조1007억 원
❷ 14조3279억 원
❸ 196.4%

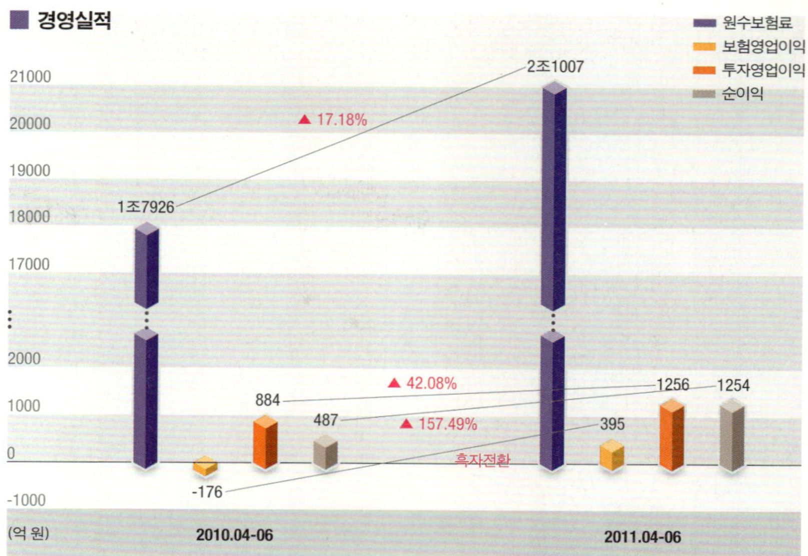

■ 경영실적
원수보험료
보험영업이익
투자영업이익
순이익
21000
20000
19000
18000
17000
2000
1000
0
-1000
1조7926
2조1007
▲ 17.18%
884
487
▲ 42.08%
-176
▲ 157.49%
흑자전환
395
1256
1254
(억 원)
2010.04-06
2011.04-06

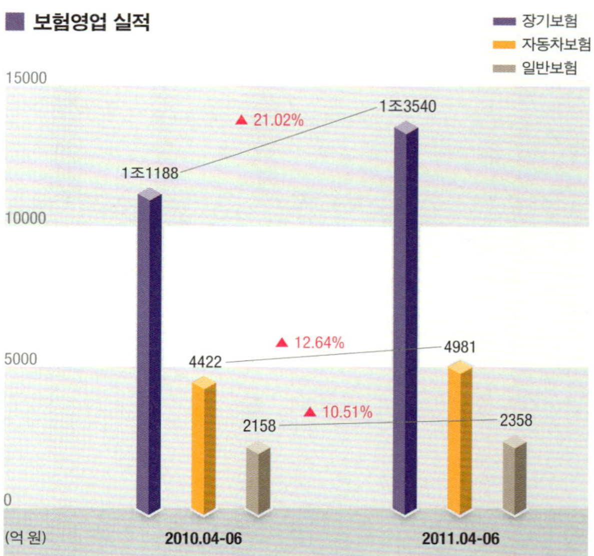

■ 보험영업 실적
장기보험
자동차보험
일반보험
15000
10000
5000
0
1조1188
1조3540
▲ 21.02%
4422
4981
▲ 12.64%
2158
2358
▲ 10.51%
(억 원)
2010.04-06
2011.04-06

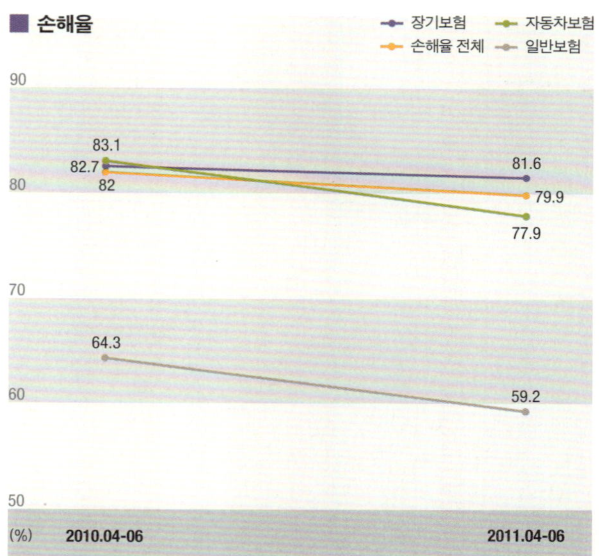

■ 손해율
장기보험
자동차보험
손해율 전체
일반보험
90
80
70
60
50
83.1
82.7
82
81.6
79.9
77.9
64.3
59.2
(%)
2010.04-06
2011.04-06

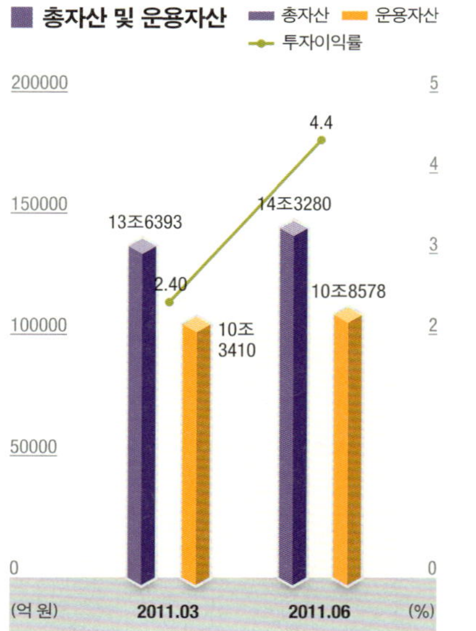

■ 총자산 및 운용자산
총자산
운용자산
투자이익률
200000
150000
100000
50000
0
13조6393
2.40
10조3410
14조3280
4.4
10조8578
5
4
3
2
0
(억 원)
2011.03
2011.06
(%)

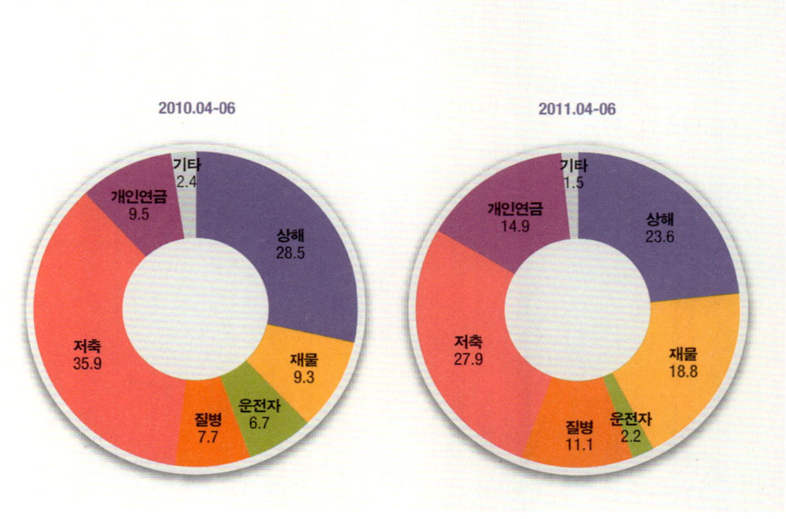

■ 장기보험 구성비
단위·%
2010.04-06
기타 2.4
개인연금 9.5
상해 28.5
재물 9.3
운전자 6.7
질병 7.7
저축 35.9
2011.04-06
기타 1.5
개인연금 14.9
상해 23.6
재물 18.8
운전자 2.2
질병 11.1
저축 27.9

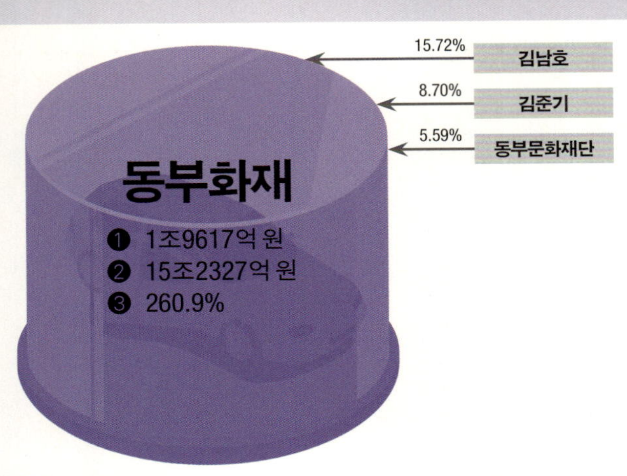

동부화재
15.72% 김남호
8.70% 김준기
5.59% 동부문화재단
❶ 1조9617억 원
❷ 15조2327억 원
❸ 260.9%

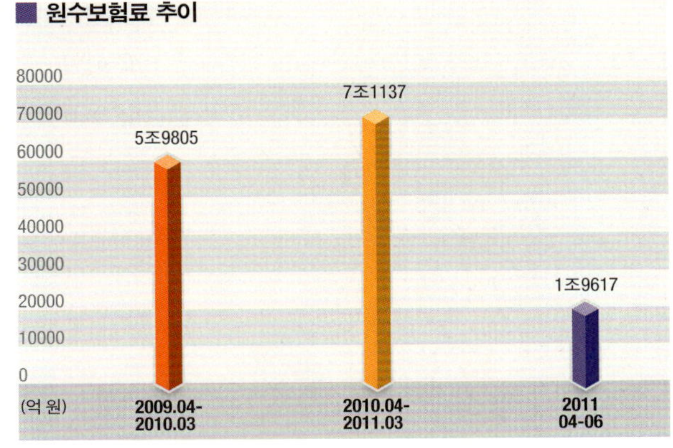

■ 원수보험료 추이
80000
70000
60000
50000
40000
30000
20000
10000
0
(억 원)
5조9805
7조1137
1조9617
2009.04-2010.03
2010.04-2011.03
2011 04-06

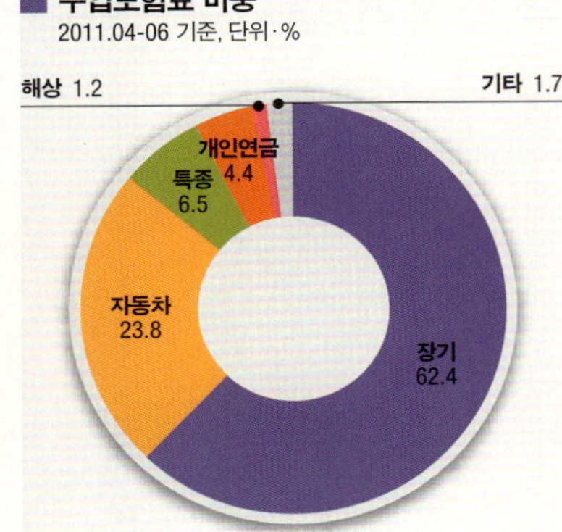

■ 수입보험료 비중
2011.04-06 기준, 단위·%
해상 1.2
기타 1.7
개인연금 4.4
특종 6.5
자동차 23.8
장기 62.4

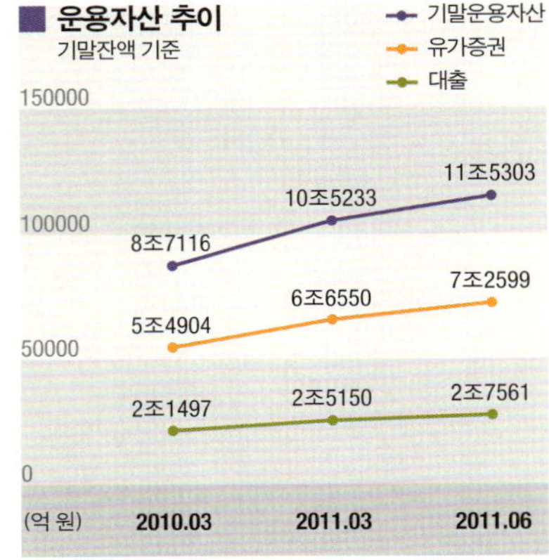

■ 운용자산 추이
기말잔액 기준
기말운용자산
유가증권
대출
150000
100000
50000
0
8조7116
10조5233
11조5303
5조4904
6조6550
7조2599
2조1497
2조5150
2조7561
(억 원)
2010.03
2011.03
2011.06

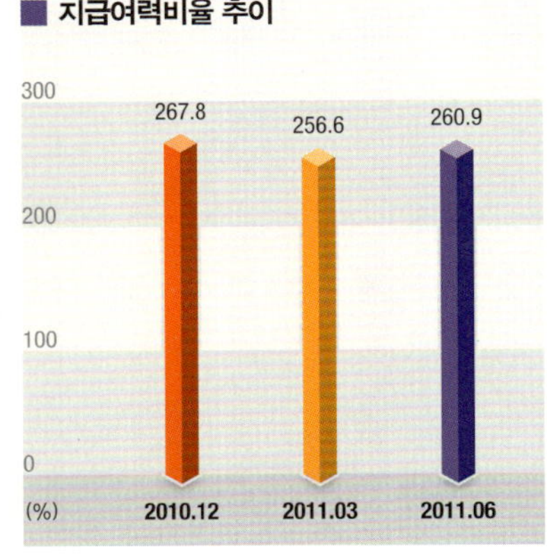

■ 지급여력비율 추이
300
200
100
0
267.8
256.6
260.9
(%)
2010.12
2011.03
2011.06

LIG손해보험
❶ 1조7990억 원
❷ 12조8159억 원
❸ 212%

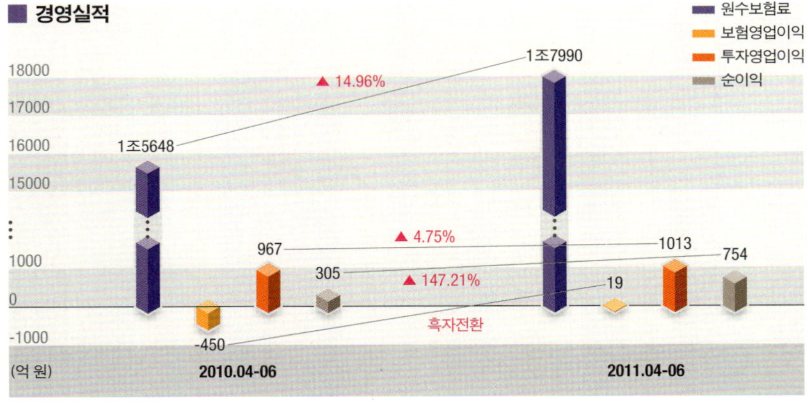

■ 경영실적
원수보험료
보험영업이익
투자영업이익
순이익
18000
17000
16000
15000
1000
0
-1000
1조5648
1조7990
▲ 14.96%
967
305
▲ 4.75%
▲ 147.21%
-450
흑자전환
1013
19
754
(억 원)
2010.04-06
2011.04-06

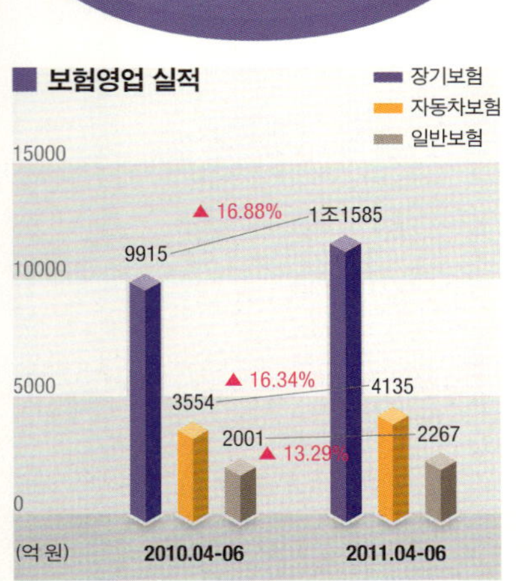

■ 보험영업 실적
장기보험
자동차보험
일반보험
15000
10000
5000
0
9915
▲ 16.88% 1조1585
3554
▲ 16.34% 4135
2001
▲ 13.29% 2267
(억 원)
2010.04-06
2011.04-06

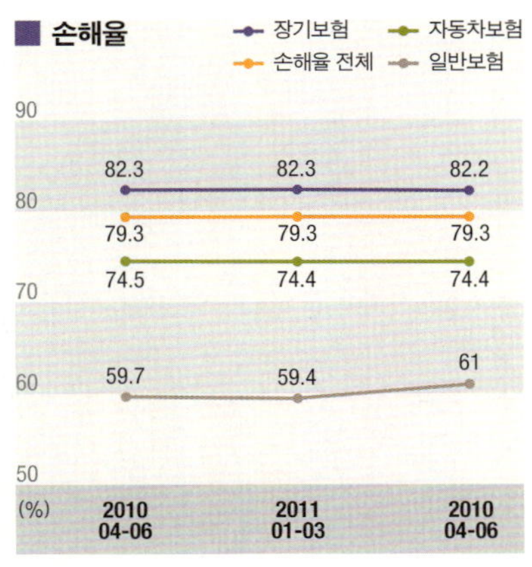

■ 손해율
장기보험
자동차보험
손해율 전체
일반보험
90
80
70
60
50
82.3 82.3 82.2
79.3 79.3 79.3
74.5 74.4 74.4
59.7 59.4 61
(%)
2010 04-06
2011 01-03
2010 04-06

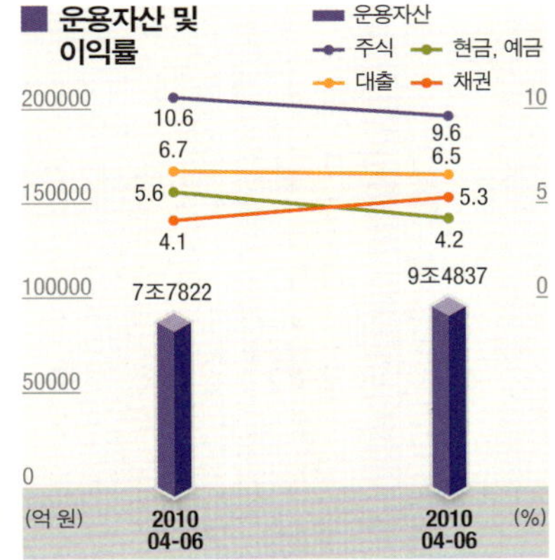

■ 운용자산 및 이익률
운용자산
주식
현금, 예금
대출
채권
200000
150000
100000
50000
0
10
5
0
10.6 9.6
6.7 6.5
5.6 5.3
4.1 4.2
7조7822
9조4837
(억 원)
2010 04-06
2010 04-06
(%)

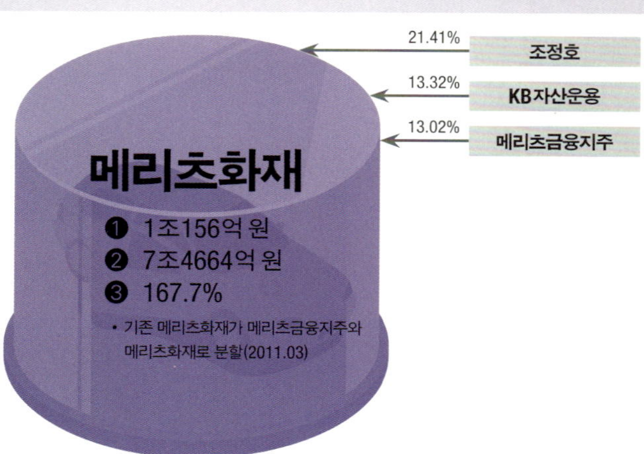

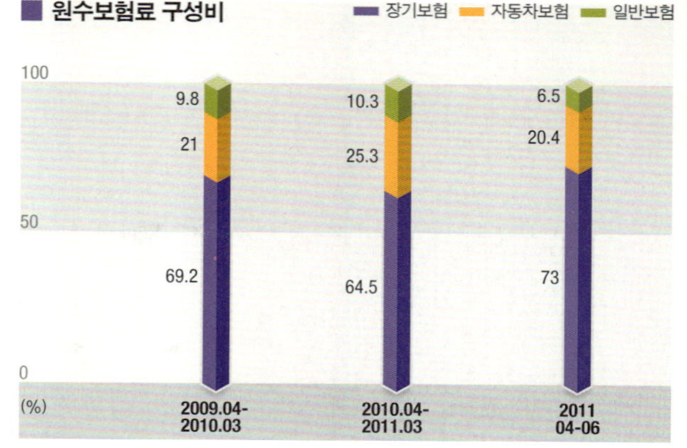

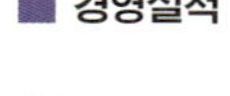

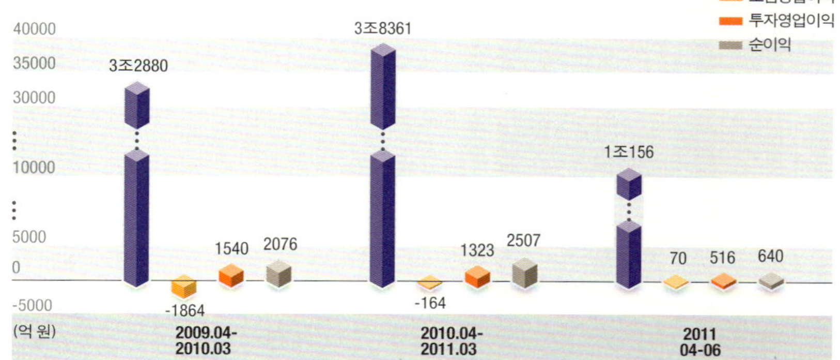

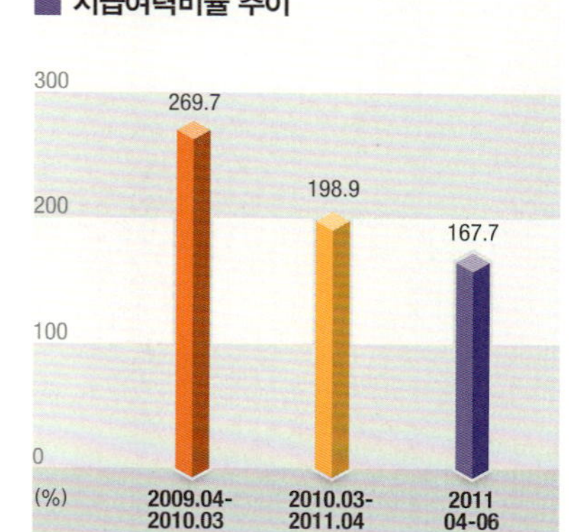

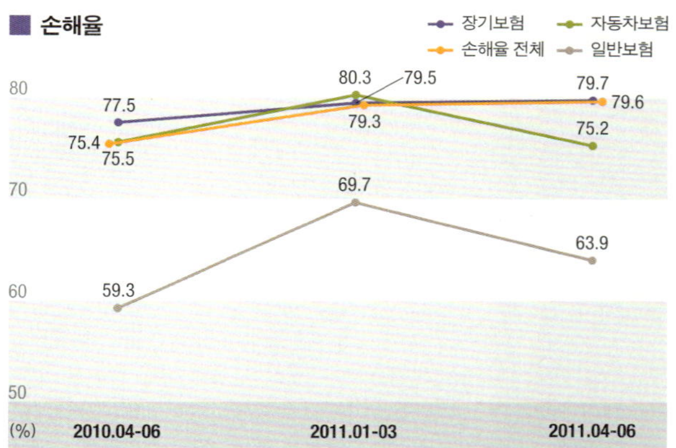

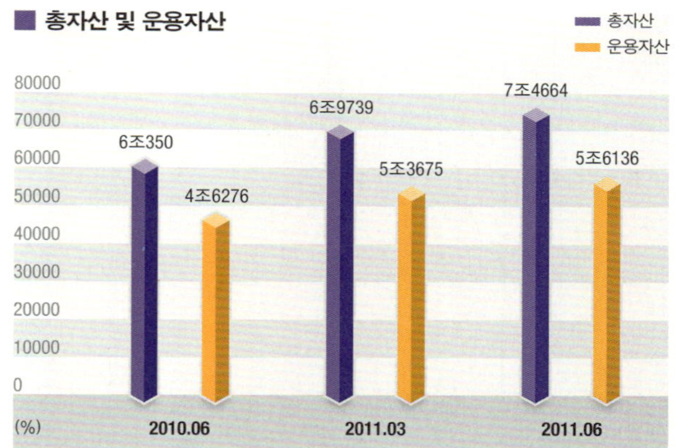

한화손해보험
❶ 8362억 원
❷ 5조4826억 원
❸ 156.9%

흥국화재
❶ 6261억 원
❷ 3조7204억 원
❸ 181.6%

롯데손해보험
❶ 4267억 원
❷ 3조864억 원
❸ 175%

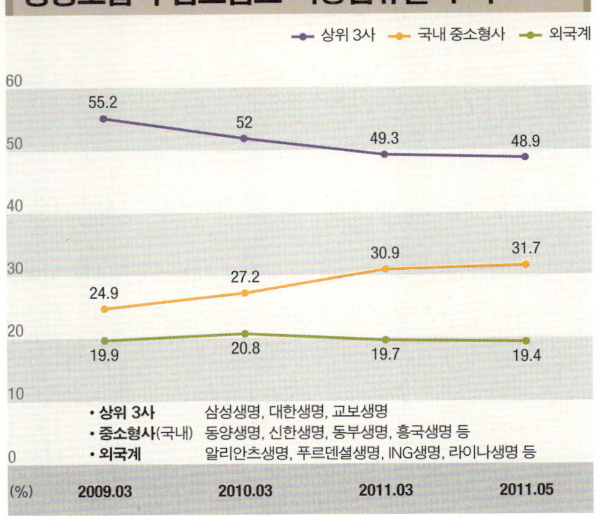

생명보험 수입보험료 시장점유율 추이

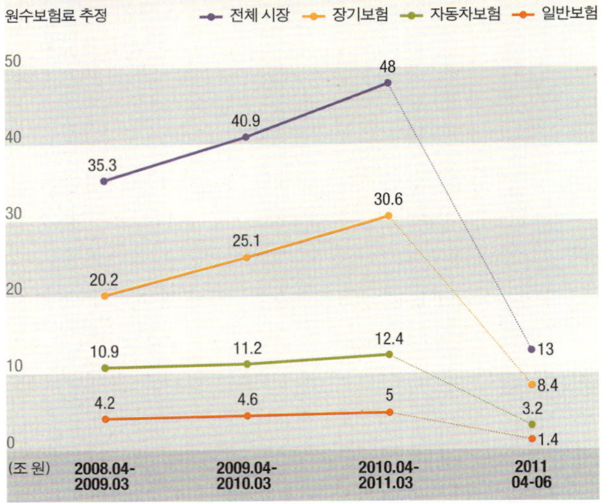

국내 손해보험 시장규모 추이

해약율 및 효력상실해약율 추이

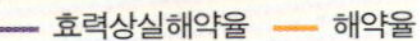

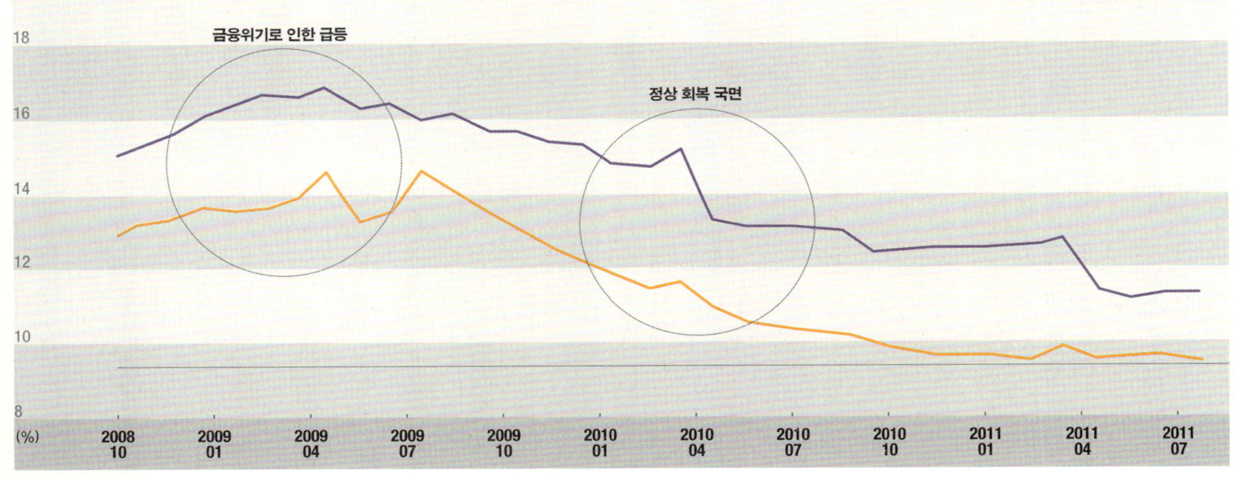

운용자산성장률, 장기경과보험료성장률 비교

손해보험사 시장점유율

2011.04-06 기준, 원수보험료 기준 추정, 단위·%

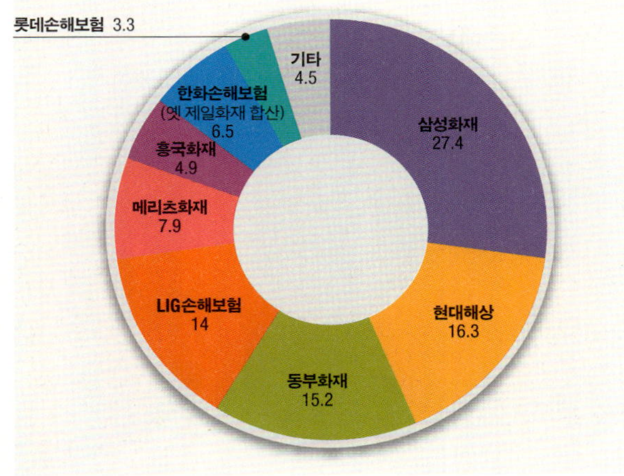

거대 인수·합병으로 업계재편 예고
매각 대상 업체들의 새로운 주인은 누가 될까?

2012년 보험업계는 농협과 현대차그룹이라는 거대한 두 공룡이 새로운 사업자로 진출하면서 시장재편이 예고되고 있다. 또한 4대 금융지주사들이 보험의 외형을 키우기 위해 인수·합병(M&A)에 관심을 갖고 있는 가운데 매물도 속속 나오고 있다. 자동차보험은 손해율 안정과 손해보험사들의 사상 최대 이익으로 보험료 인하 요구가 계속 이어져, 회계연도가 시작되는 4월에는 보험료가 인하될 가능성이 크다.

농협과 현대차그룹의 보험업 진출

2012년 3월은 농협에서 NH생명과 NH손해보험이 분사해 설립된다. NH생명은 자산 32조 원 규모로 설립과 동시에 삼성생명, 대한생명, 교보생명에 이어 업계 4위에 오르게 된다. 농협의 가장 큰 장점은 전국에 걸쳐 형성돼 있는 막강한 네트워크라 하겠다. 이 네트워크를 활용해 기존 농협 고객만 보험사로 끌어들여도 가파르게 성장할 수 있다. NH생명은 2020년까지 현재 32조 원의 총자산을 76조 원으로 확대시킨다는 방침이다. NH손해보험 또한 현재 9000억 원 수준의 총자산을 2020년까지 12조 원으로 끌어올릴 계획이다.

현대차그룹도 2011년 10월 녹십자생명을 인수해 생명보험 시장에 뛰어들었다. 녹십자생명은 국내 22개 생보사 가운데 18위 규모로, 시장점유율이 1%에 불과한 하위 업체다. 하지만 현대차그룹의 막강한 자본력과 비금융 계열사의 보험물건, 금융계열사들과의 시너지 효과 등을 고려했을 때 급성장이 점쳐진다.

보험사 M&A 현실화 되나

2010년부터 줄곧 시장에 매물로 나왔거나 매각설이 흘러나온 보험사는 에르고다음다이렉트와 ING생명, 교보생명, 동양생명, 그린손해보험 등이다. 2012년에는 이 보험사들의 매각설이 현실화 되는 지도 관심거리다.

온라인손해보험사인 에르고다음은 독일 에르고그룹이 2011년 5월 한국시장 철수를 결정했다. 농협과 프랑스AXA 그룹, 기업은행, 새마을금고 등이 관심을 보였지만 예상보다 많은 부실자산과 높은 매각대금으로 M&A가 성사되지 못했다.

ING생명도 아시아태평양사업부 매각을 추진하는 과정에서 비핵심 부문인 보험을 내다팔기로 했다는 소식으로 M&A설이 흘러나오고 있다.

교보생명의 지분 향방도 주목거리다. 2대 주주(24%)인 대우인터내셔널이 지분 매각 입장을 밝힌 가운데 9.93%의 지분을 가지고 있는 캠코도 지분 매각을 검토하고 있다. 교보생명 최대 주주인 신창재 회장은 40% 정도의 지분을 갖고 있지만 대우인터내셔널과 캠코, 해외 투자자 지분(18.44%)이 다른 곳에 넘어가면 경영권도 위협받을 수 있는 상황이다.

동양생명도 지주사인 동양메이저의 재무건전성 악화로 M&A설이 꾸준히 나오고 있으며, 그린손해보험도 적자를 거듭 내면서 재무건전성이 악화돼 이영두 회장이 경영권을 포함한 지분 매각을 검토하고 있는 상황이다.

매물로 나온 보험사의 인수 주체로는 신한·KB·우리·하나 등 4대 금융지주사가 꼽힌다. 금융지주사들은 은행에 비해 약한 보험 사업부문을 강화하기 위해 보험사 M&A에 대한 의지를 계속 밝혀왔다.

자동차보험료 인하될까

손해보험업계에서는 자동차보험료 인하 시기가 초미의 관심사다. 손보사들은 2010년 사상 최대 이익을 냈으며, 악화됐던 자동차보험 손해율도 안정을 찾아 보험료 인하 압박을 받아왔다. 손보사들은 2010년에 보험료를 두 차례 인상한 바 있다.

손보사들은 손해율이 전년에 비해 안정되긴 했지만 아직 손익분기점에 도달하지 못했고, 이익을 많이 냈지만 자동차보험 사업부문의 이익이 아니라며 보험료를 인하하지 않고 버텨왔다. 하지만 순이익과 손해율 안정화가 계속 이어진다면 손보사들의 새로운 회계연도가 시작되는 2012년 4월에는 보험료를 인하할 수 있을 것이라고 밝히고 있다.

이처럼 2012년 역시 2011년 못지않게 국내 보험업계에는 매우 중요한 이슈들이 기다리고 있다. 관련 종목 투자자라면 이러한 업계의 굵직한 이슈들이 주가에 어떠한 영향을 미치는지 반드시 연계해 보아야 할 것이다. 🅱

● 우리금융지주, 카드사 분사 추진
● 산업은행, 카드 사업 진출 선언
● 카드대출, 신용판매 주춤

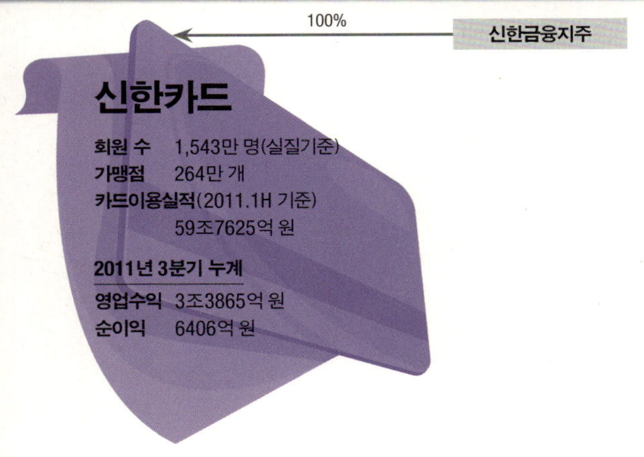

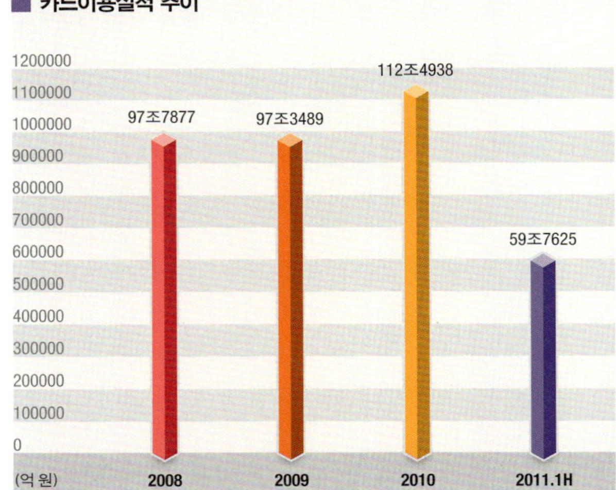

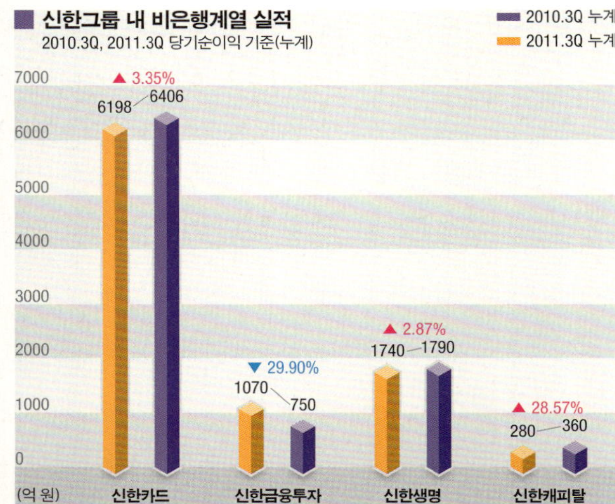

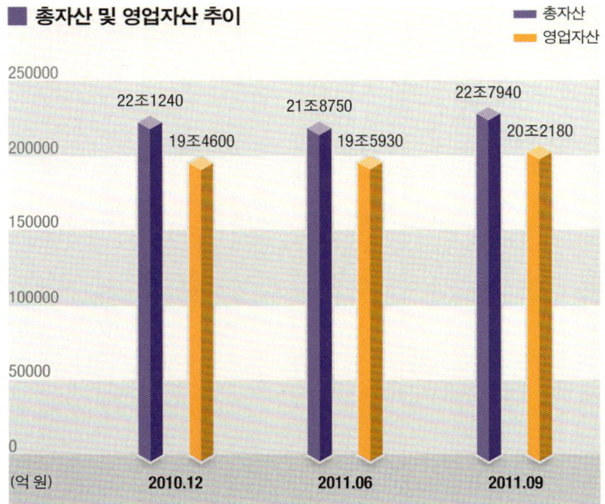

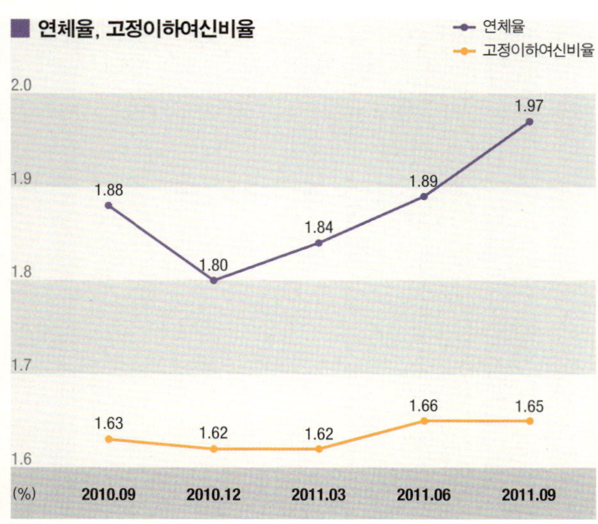

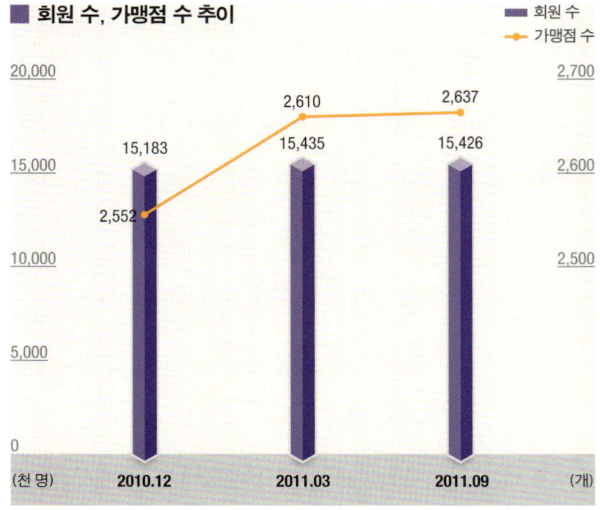

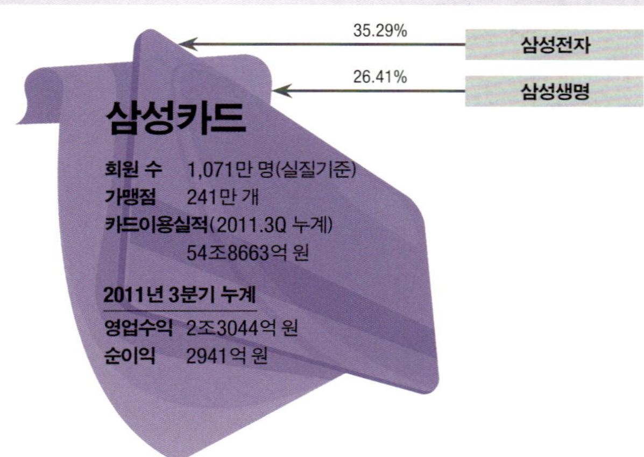

■ 신용판매, 현금서비스, 카드론 이용실적 추이

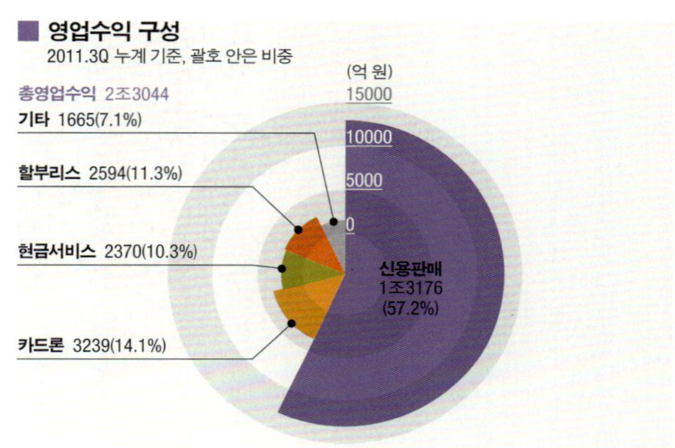

■ 1인당 카드이용실적

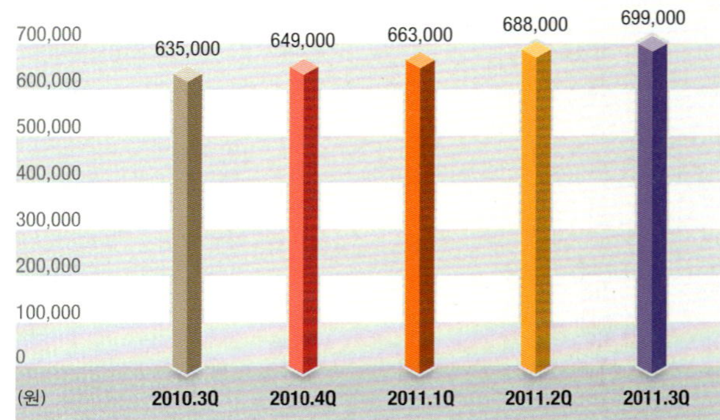

■ 영업수익 구성
2011.3Q 누계 기준, 괄호 안은 비중

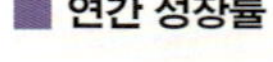
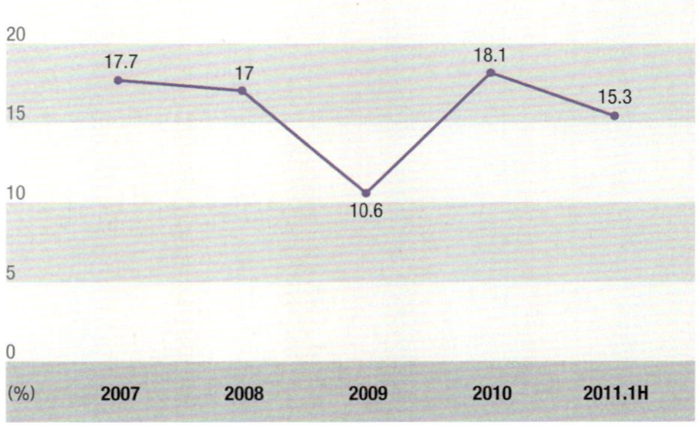

■ 연체율
일반상품채권 30일 이상 연체 기준

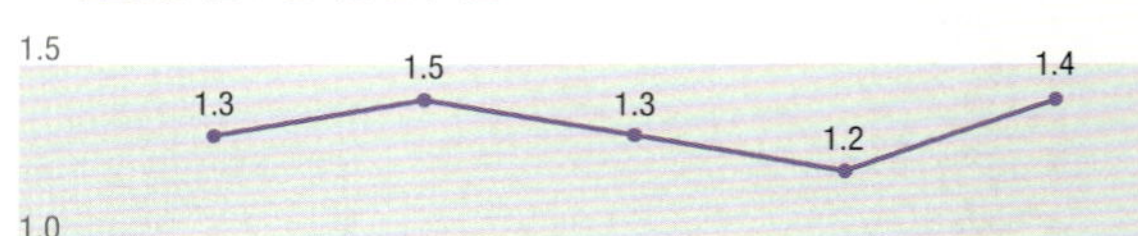

■ 연간 성장률

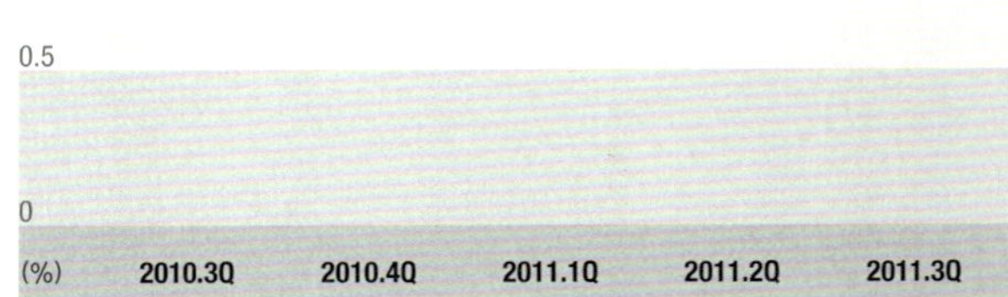

■ KB금융그룹 비은행계열사 당기순이익
2011.3Q 누계 기준, KB국민카드는 2011년 3월 분사 이후~9월 기준

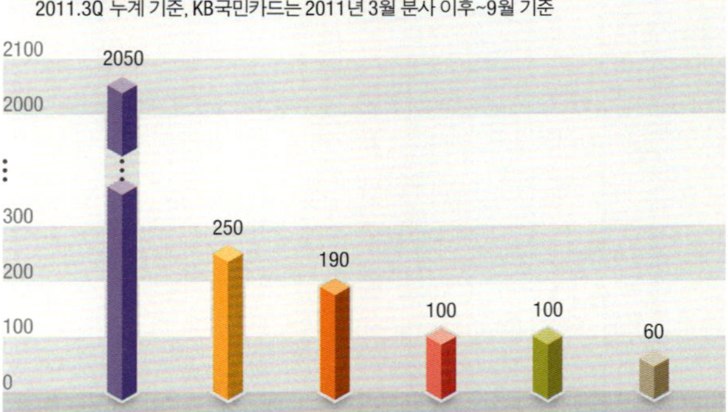

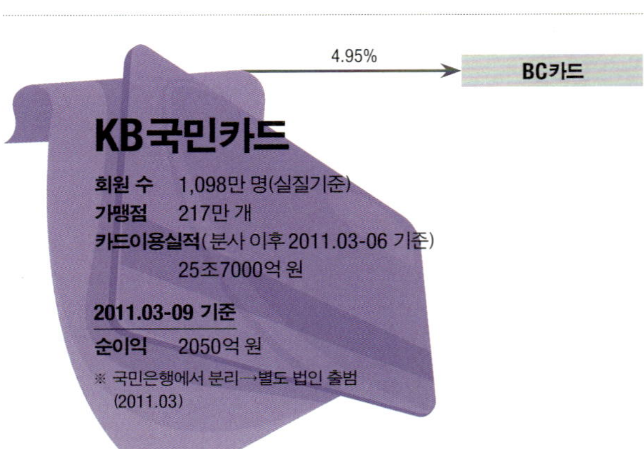

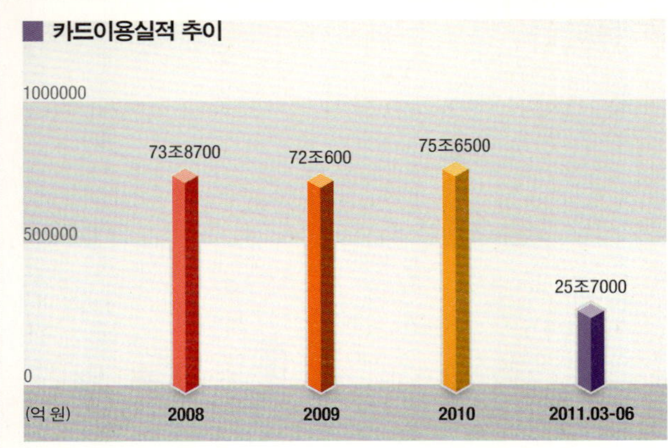

카드이용실적 추이
1000000
500000
0
(억 원)
73조8700
72조600
75조6500
25조7000
2008
2009
2010
2011.03-06

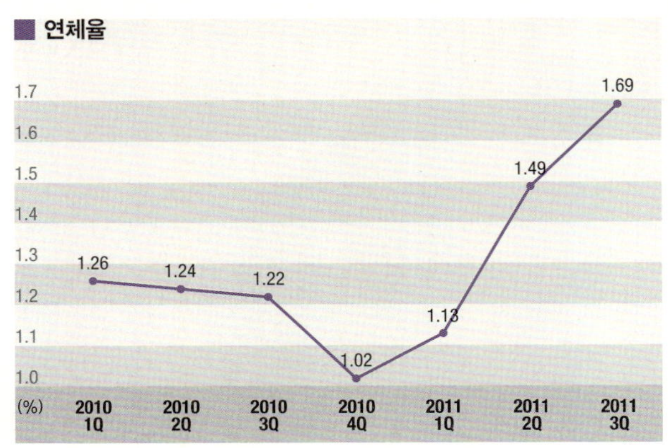

연체율
1.7
1.6
1.5
1.4
1.3
1.2
1.1
1.0
(%)
1.26
1.24
1.22
1.02
1.13
1.49
1.69
2010 1Q
2010 2Q
2010 3Q
2010 4Q
2011 1Q
2011 2Q
2011 3Q

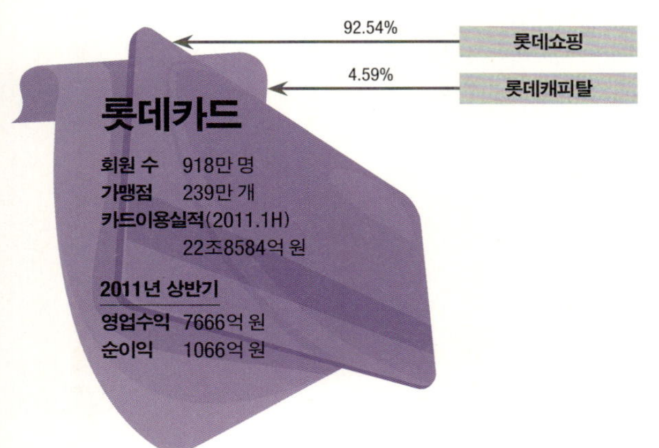

92.54%
롯데쇼핑
4.59%
롯데캐피탈
롯데카드
회원 수   918만 명
가맹점   239만 개
카드이용실적(2011.1H)
        22조8584억 원
2011년 상반기
영업수익 7666억 원
순이익   1066억 원

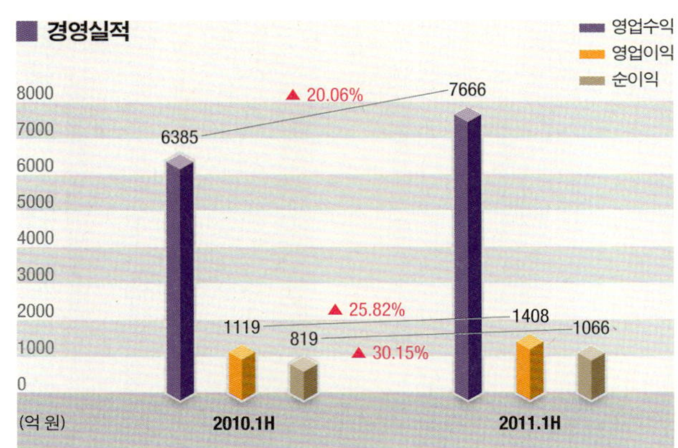

경영실적
영업수익
영업이익
순이익
8000
7000
6000
5000
4000
3000
2000
1000
0
▲ 20.06%
6385
7666
▲ 25.82%
1119
819
1408
1066
▲ 30.15%
(억 원)
2010.1H
2011.1H

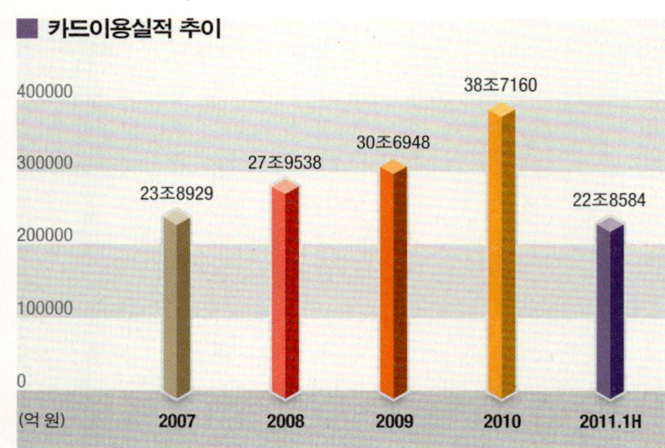

카드이용실적 추이
400000
300000
200000
100000
0
23조8929
27조9538
30조6948
38조7160
22조8584
(억 원)
2007
2008
2009
2010
2011.1H

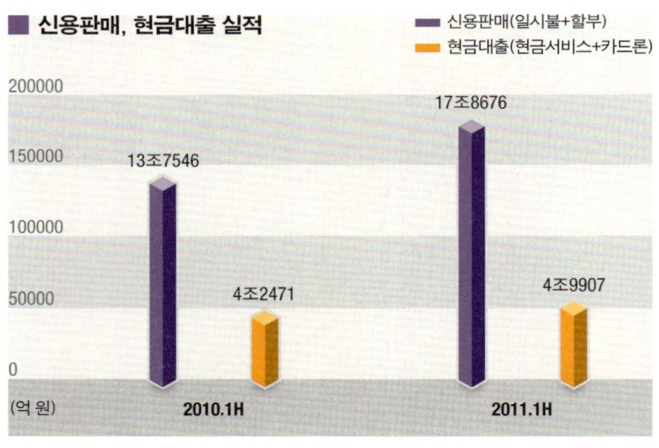

신용판매, 현금대출 실적
신용판매(일시불+할부)
현금대출(현금서비스+카드론)
200000
150000
100000
50000
0
13조7546
4조2471
17조8676
4조9907
(억 원)
2010.1H
2011.1H

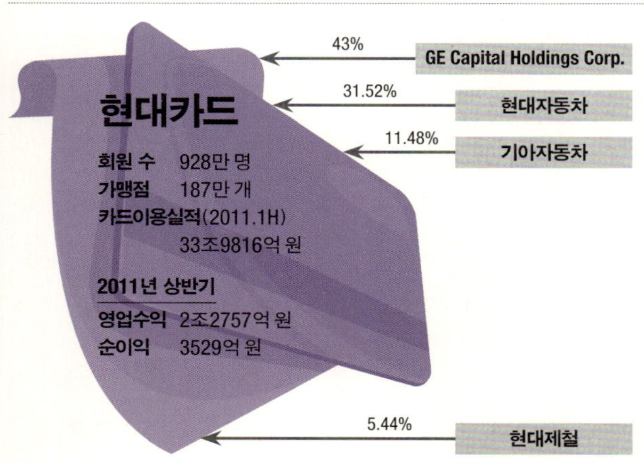

43%
GE Capital Holdings Corp.
31.52%
현대자동차
11.48%
기아자동차
현대카드
회원 수   928만 명
가맹점   187만 개
카드이용실적(2011.1H)
        33조9816억 원
2011년 상반기
영업수익 2조2757억 원
순이익   3529억 원
5.44%
현대제철

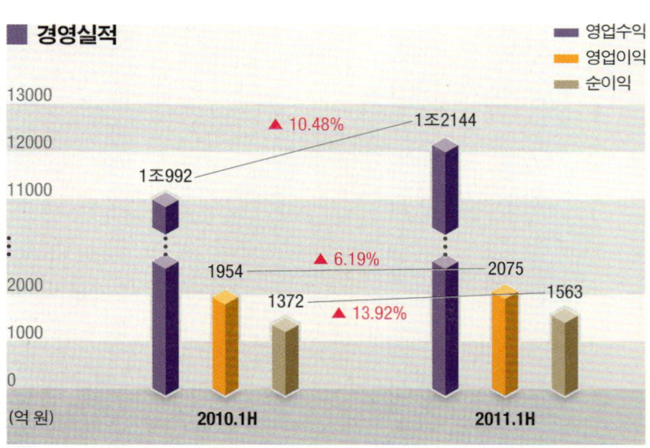

경영실적
영업수익
영업이익
순이익
13000
12000
11000
2000
1000
0
▲ 10.48%
1조992
1조2144
▲ 6.19%
1954
1372
2075
1563
▲ 13.92%
(억 원)
2010.1H
2011.1H

■ 카드이용실적 추이

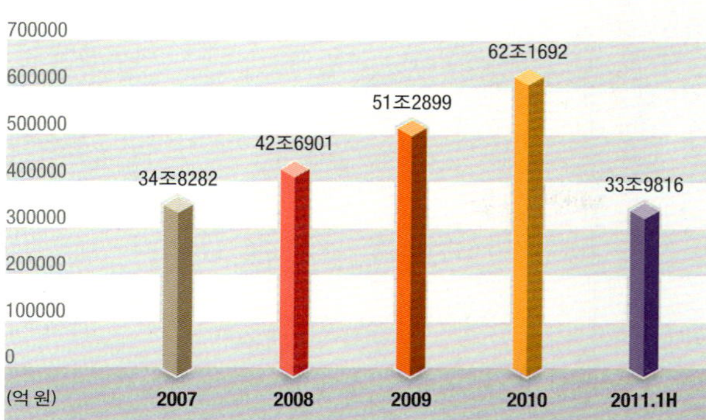

■ 연체율
30일 이상 기준

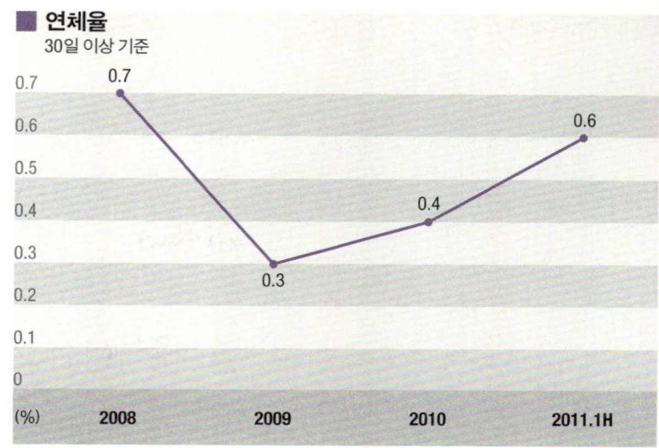

■ 시장점유율
전체 취급액(신용판매+카드론+현금서비스 등) 점유율

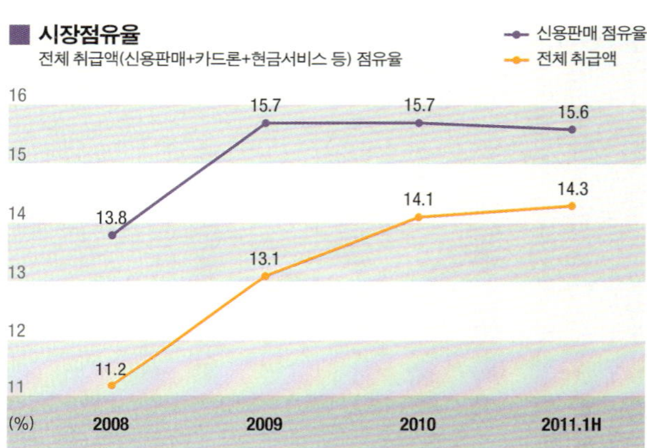

■ 수익 비교
2011.1H 한국채택국제회계기준 연결재무제표 기준
기타 영업수익 _ 투자금융자산평가 및 처분이익, 배당금 수익 포함

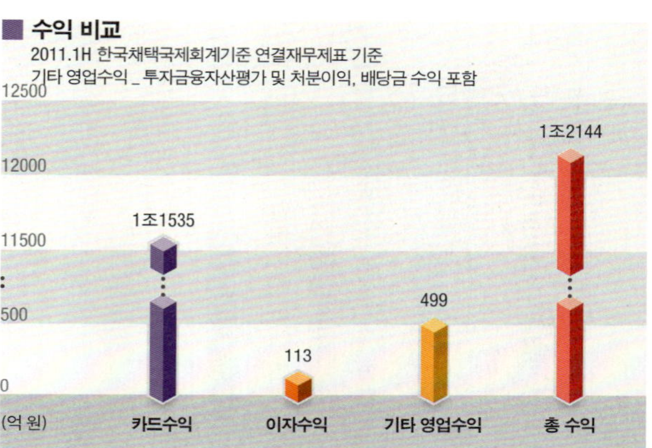

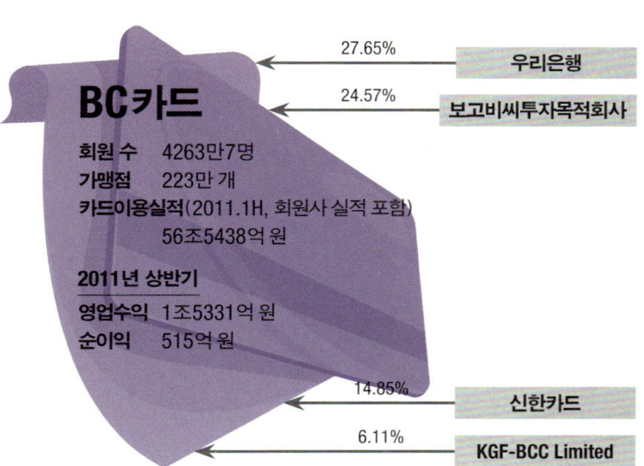

■ 경영실적

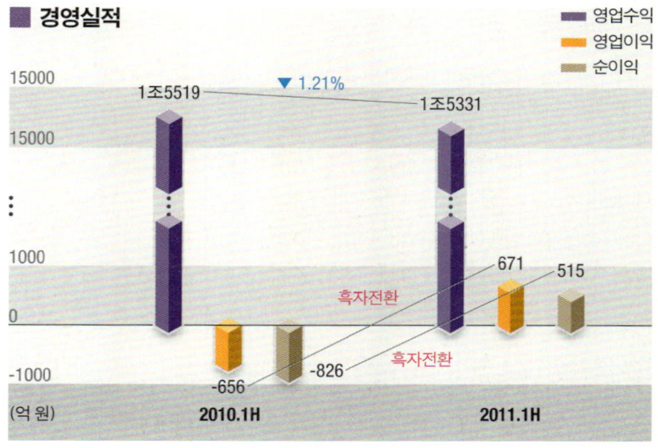

■ 카드이용실적 추이
회원사 실적 포함

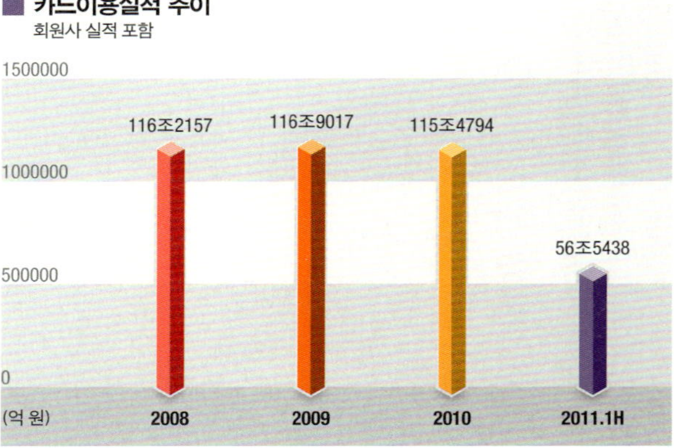

■ 취급업무별 경영실적

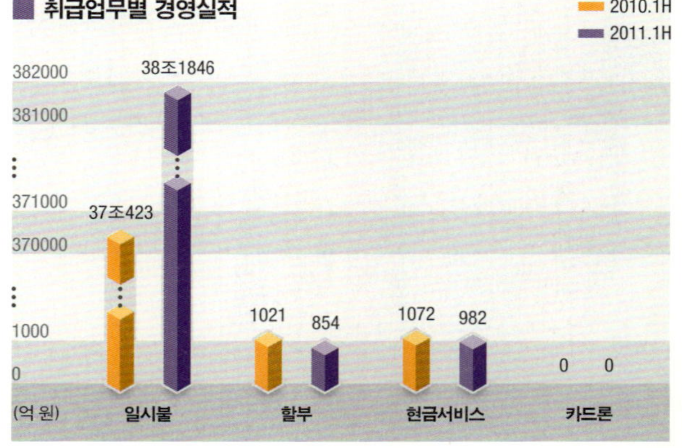

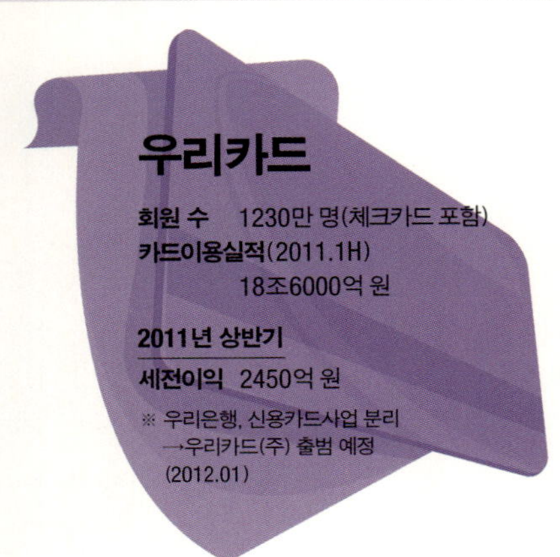

우리카드

회원 수   1230만 명(체크카드 포함)
카드이용실적(2011.1H)
　　18조6000억 원

2011년 상반기
세전이익   2450억 원

※ 우리은행, 신용카드사업 분리
　→우리카드(주) 출범 예정
　　(2012.01)

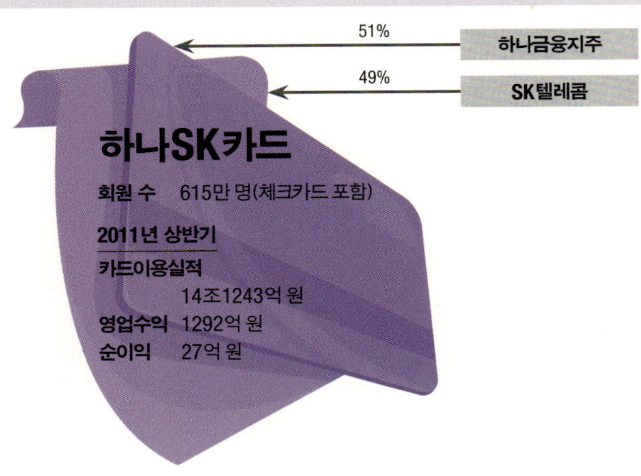

하나SK카드

회원 수   615만 명(체크카드 포함)

2011년 상반기
카드이용실적
　　14조1243억 원
영업수익   1292억 원
순이익   27억 원

■ 시장점유율 및 카드사용액

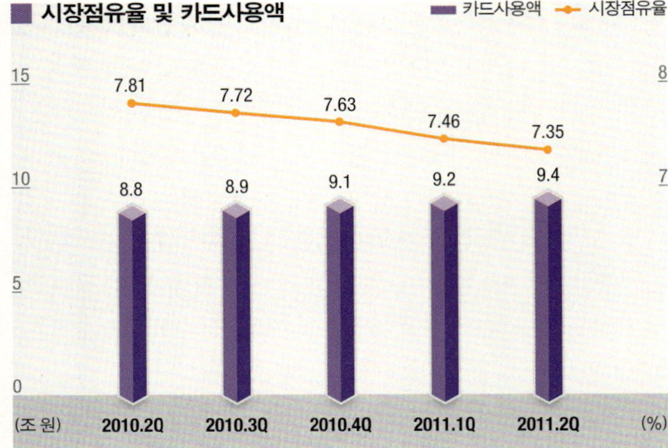

■ 경영실적

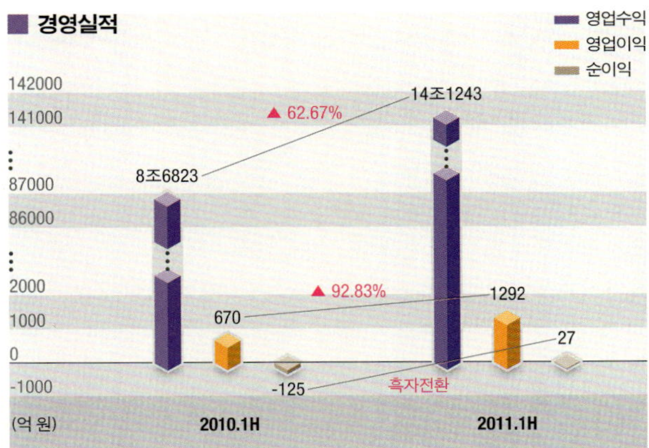

■ 신용카드 자산
괄호 안은 비중

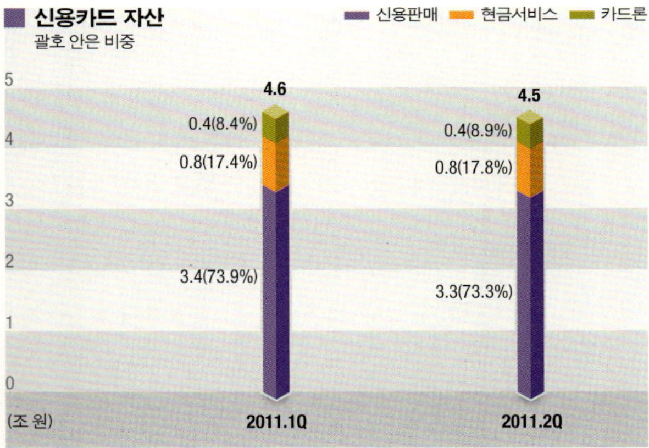

■ 당기순이익 추이

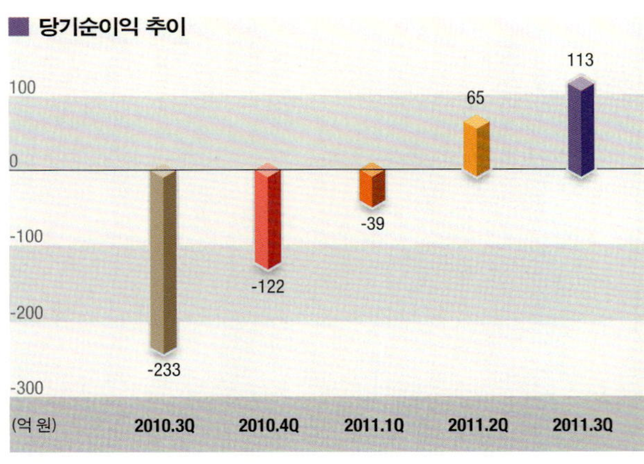

■ 카드회원 현황

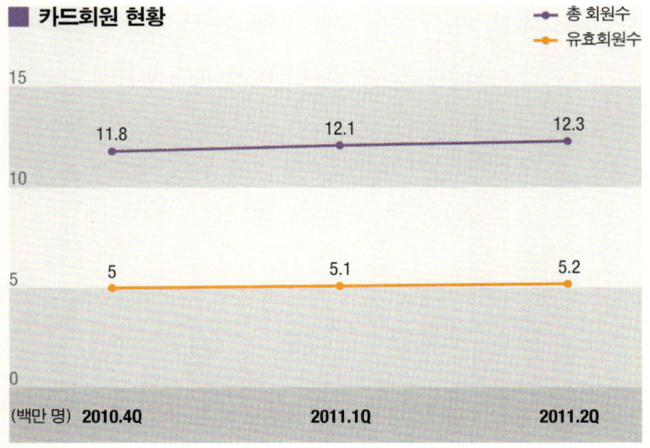

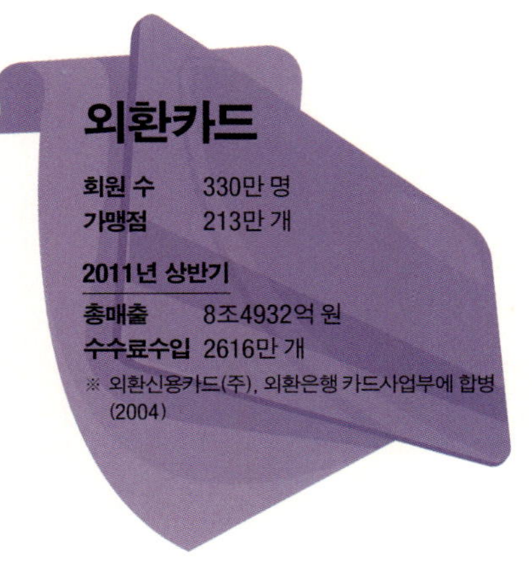

외환카드

회원 수   330만 명
가맹점   213만 개

2011년 상반기
총매출   8조4932억 원
수수료수입 2616만 개

※ 외환신용카드(주), 외환은행 카드사업부에 합병
　(2004)

2012년 대전환의 기로에 선 신용카드 업계
경쟁 과열과 수수료 인하 등 악재 우려

2012년 신용카드업계는 대전환의 기로에 서게 될 전망이다. 우선 주요 은행들이 잇달아 카드업 분사에 나서면서 무한경쟁의 춘추전국시대를 예고하고 있다. 거기에다 가맹점 수수료 논란 속에 신용카드는 줄이고 직불형 카드를 늘리는 방향으로 카드 정책의 기본 패러다임이 전환되고 있다. 경기에 민감한 신용카드업계의 특성상 여전히 불확실한 세계 경제 상황도 주요 리스크로 작용할 전망이다.

대형 금융지주사들, 카드사 분사 계획

2011년 신용카드업계의 성적표는 그다지 신통치 않았다. 정부가 가계부채 종합 대책의 일환으로 카드자산을 비롯한 각종 규제에 나선데 다 한국채택 국제회계기준(K-IFRS)이 적용되면서 대손충당금 부담도 크게 늘었다. 당연히 실적은 기대에 미치지 못했다. KB국민카드를 제외한 6개 전업카드사의 2011년 상반기 순이익은 7016억 원으로 전년 동기 대비 18.6%나 줄면서 2년 연속 감소 추세를 이어갔다.

문제는 신용카드 시장의 경쟁이 갈수록 치열해지고 있다는 점이다. 2010년 하반기 하나SK카드에 이어 2011년 상반기에는 KB국민카드가 분사했다. 우리금융지주도 2012년 상반기 우리카드 분사를 앞두고 있고, NH농협 역시 카드업 분사를 검토 중이다. 더군다나 민영화에 대비해 소매금융에 드라이브를 걸고 있는 산업은행도 카드 사업 진출을 공식적으로 천명한 상태다.

카드사가 늘면 생존경쟁이 격화되면서 공격적인 마케팅을 동반할 수밖에 없다. 실제로 KB국민카드는 분사 후 1000억 원에 가까운 회원 모집 비용을 쏟아 부었다. 그 결과 2011년 상반기 전체 카드 모집 비용은 3866억 원으로 2010년 같은 기간 1294억 원에 비해 200% 가까이 급증했다. 카드사태 직전인 2002년 연간 회원 모집 비용이 4777억 원이었음을 감안할 때 외형 경쟁은 이미 위험수위다. 2011년 상반기 마케팅 비용 역시 2조2375억 원에 달해 연간으로 따지면 4조 원을 훌쩍 뛰어넘을 것으로 예상되고 있다.

반면 카드사들이 수익을 창출할 수 있는 여건은 계속 악화되고 있다. 우선 금융당국이 카드자산과 신규 카드 발급, 마케팅 비용 등의 연간 증가율을 직접 관리하겠다고 나섰다. 그러면서 2010년 하반기 중 급증했던 카드대출과 신용판매는 이미 주춤하고 있다.

가맹점 수수료 인하, 직불형 카드 활성화 논란

최근 중소 가맹점의 요구로 시작된 수수료 논란은 엎친 데 덮친 격이다. 정치권은 물론 금융당국이 여기에 편승해 수수료 인하를 압박하면서 결국 카드사들이 일제히 가맹점 수수료를 내렸다. 하지만 2007년 8월 이후 다섯 차례나 가맹점 수수료를 내린 점을 감안할 때 수수료 압박은 앞으로도 계속 이어질 공산이 크다. 카드사들은 포인트와 할인혜택 축소 등으로 방어에 나서고 있지만 카드사간 경쟁을 감안할 때 무작정 축소하기도 어려운 실정이다.

이 와중에 금융당국은 신용카드의 비중은 줄이는 대신 직불형 카드를 활성화하는 방향으로 카드 정책을 전환하고 있다. 외상거래에 따른 신용위험과 가맹점 수수료 논란의 해법으로 직불형 카드를 지목하고, 소득공제 확대 등을 통해 기존에 10%에 불과한 직불형 카드의 비중을 대폭 높여나간다는 방침이다.

이 경우 신용카드업계의 근본적인 지각변동이 예상된다. 1999년 김대중정부 당시 내수진작과 세원 투명화를 위해 도입된 신용카드 장려 정책이 억제 정책으로 전환되는 것을 의미하기 때문이다. 직불형 카드의 경우 연회비가 없고 할부결제나 현금서비스가 불가능해 카드사로선 수익성 악화가 불가피하다. 은행을 끼지 않고 있는 전업계 카드사의 경우 은행 계좌를 이용하는데 따른 수수료도 별도로 물어야 한다.

따라서 기존에는 별반 차이가 없었던 카드사들의 비즈니스 모델에도 근본적인 변화가 요구된다. 직불형 카드 활성화라는 패러다임 변화에 맞춰 고객의 수요를 얼마나 잘 읽어내느냐가 향후 새로운 환경에서 카드사들의 성패를 좌우하는 중요한 변수가 될 전망이다.

최근 유럽 재정위기와 미국의 경기침체 우려 등으로 국내외 경제 상황이 여전히 불안하다는 점도 주목해야 할 변수다. 신용카드의 경우 경기가 좋지 않으면 곧바로 연체율 상승으로 이어지면서 실적에 타격을 준다. 특히 정부가 가계대출을 계속 옥죄이고 있어 저신용 다중 채무자를 중심으로 채무상환 능력이 악화되면서 대규모 부실로 이어지는 최악의 시나리오도 염두에 둘 필요가 있다. 🅑

- 살아남은 6개 저축은행들의 정상화 여부
- 퇴출 저축은행에 대한 인수·합병(M&A) 추이
- 저축은행에 대한 정부 금융당국의 먹을거리 마련 대책

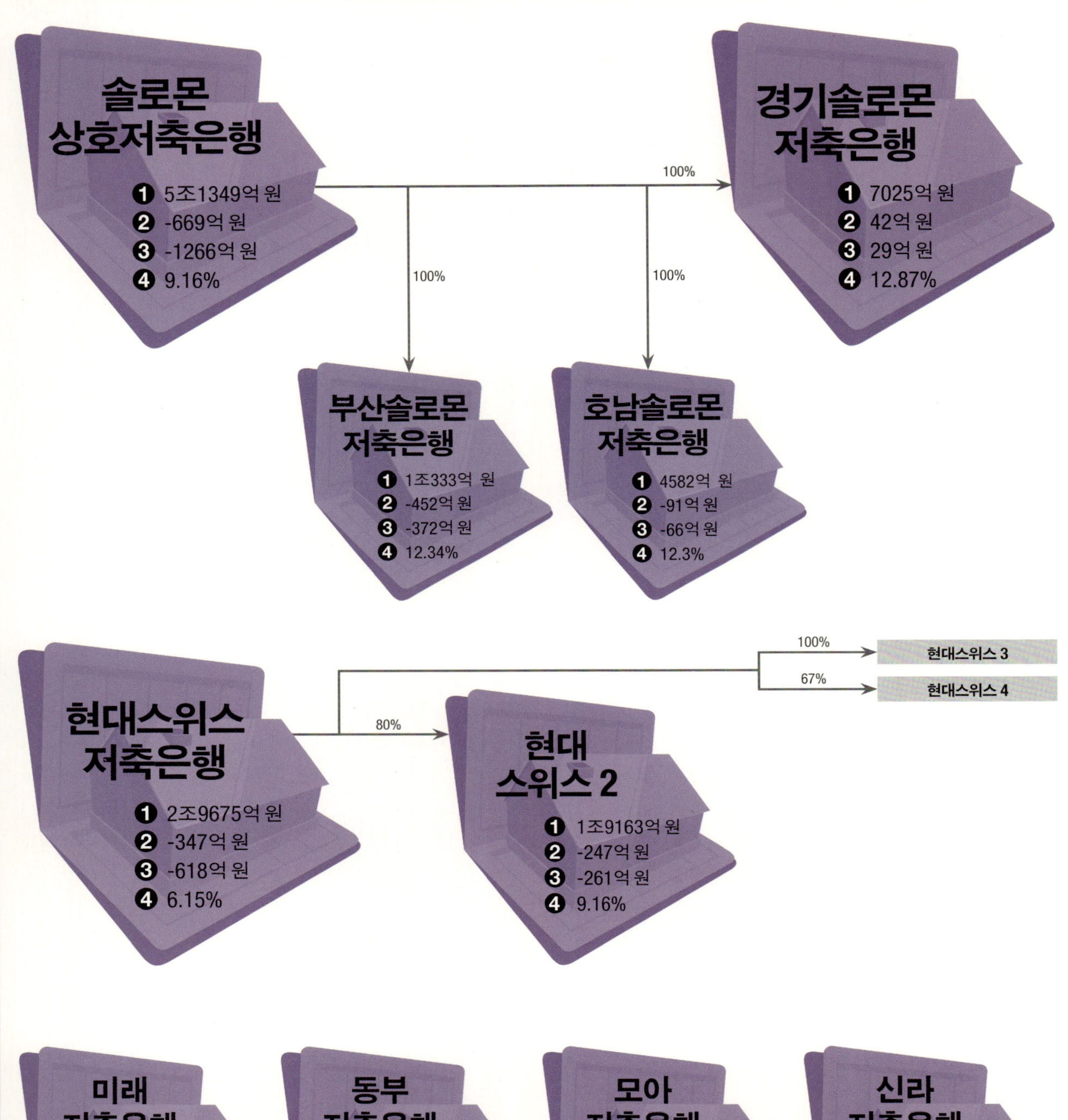

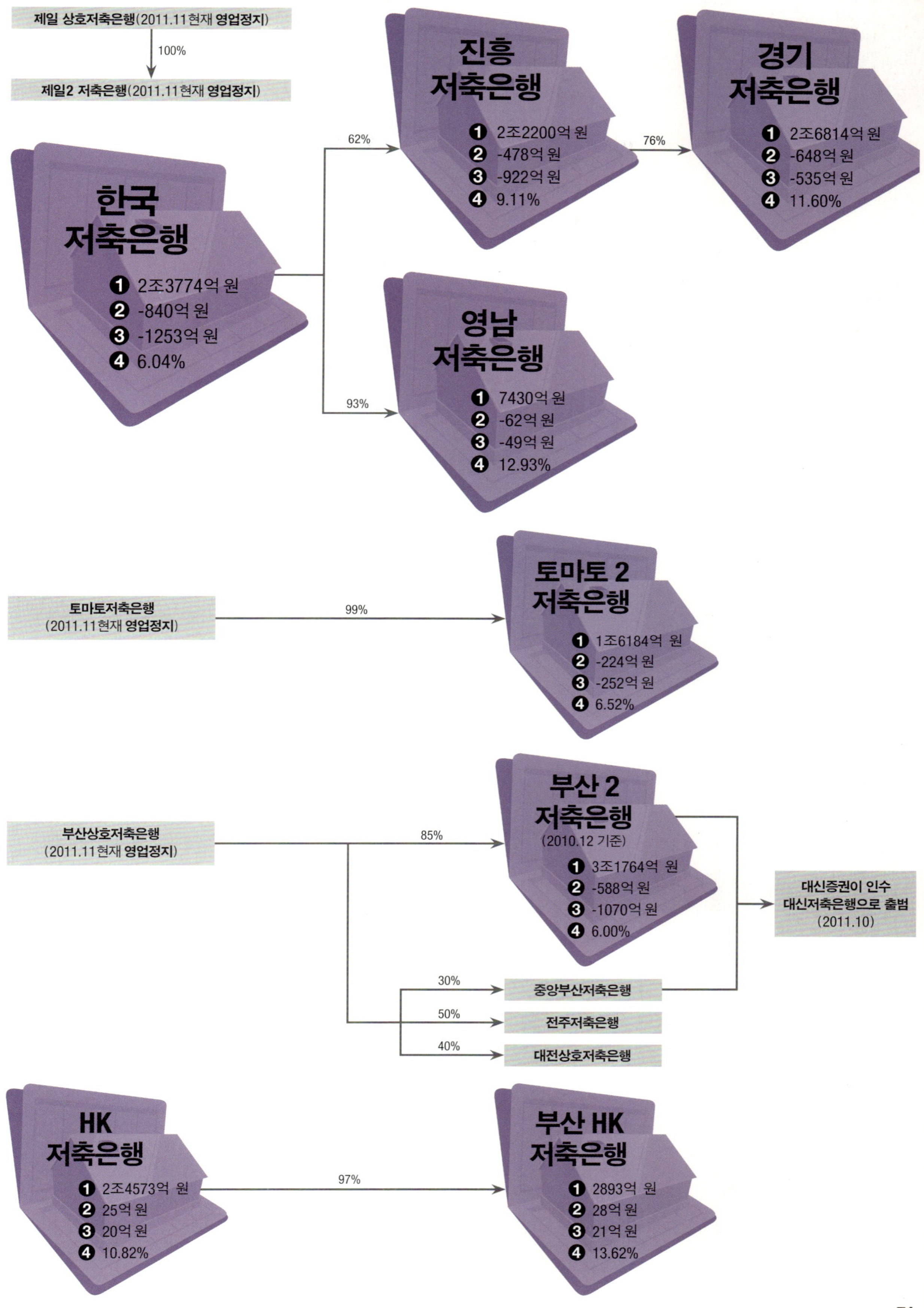

제일 상호저축은행(2011.11현재 영업정지)
100%
제일2 저축은행(2011.11현재 영업정지)

한국
저축은행
❶ 2조3774억 원
❷ -840억 원
❸ -1253억 원
❹ 6.04%

62%

진흥
저축은행
❶ 2조2200억 원
❷ -478억 원
❸ -922억 원
❹ 9.11%

76%

경기
저축은행
❶ 2조6814억 원
❷ -648억 원
❸ -535억 원
❹ 11.60%

93%

영남
저축은행
❶ 7430억 원
❷ -62억 원
❸ -49억 원
❹ 12.93%

토마토저축은행
(2011.11현재 영업정지)
99%

토마토 2
저축은행
❶ 1조6184억 원
❷ -224억 원
❸ -252억 원
❹ 6.52%

부산상호저축은행
(2011.11현재 영업정지)
85%

부산 2
저축은행
(2010.12 기준)
❶ 3조1764억 원
❷ -588억 원
❸ -1070억 원
❹ 6.00%

대신증권이 인수
대신저축은행으로 출범
(2011.10)

30%
중앙부산저축은행
50%
전주저축은행
40%
대전상호저축은행

HK
저축은행
❶ 2조4573억 원
❷ 25억 원
❸ 20억 원
❹ 10.82%

97%

부산 HK
저축은행
❶ 2893억 원
❷ 28억 원
❸ 21억 원
❹ 13.62%

자산순위 10대 저축은행 및 자산규모

2011년 6월 말, 단위·백만 원

순위	지역	은행명	금액
1	서울	솔로몬	5,134,857
2	서울	현대스위스	2,967,517
3	경기	경기	2,681,363
4	서울	HK	2,457,391
5	서울	한국	2,377,435
6	서울	진흥	2,220,013
7	제주	미래	2,110,597
8	서울	현대스위스 2	1,916,296
9	서울	동부	1,731,945
10	인천	모아	1,709,106

자산순위 10대 저축은행 BIS 비율 및 이용자수

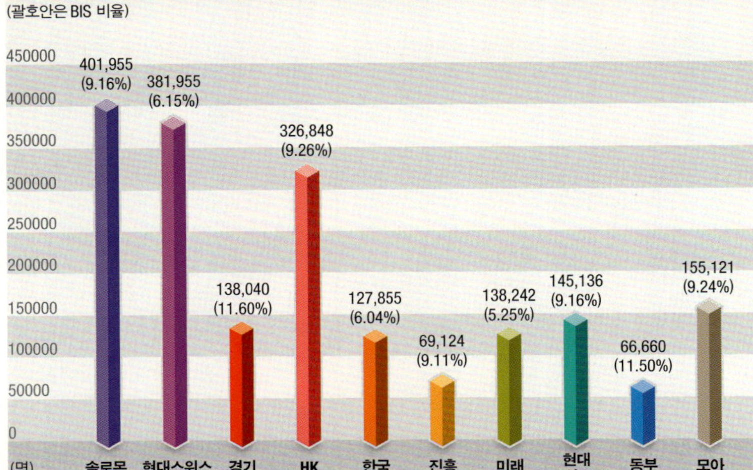

2011년 9월 영업정지 저축은행 BIS 비율

자료·금융위원회, 금융감독원, 단위·%

저축은행	2010년 6월 말	2011년 6월 말
토마토	9.45	-11.47
제일	8.22	-8.81
프라임	7.80	-4.14
제일 2	9.22	-0.63
에이스	8.51	-51.10
대영	9.01	-9.13
파랑새	6.81	-5.50

2011년 9월 영업정지된 7개 저축은행의 5000만 원 초과 예금자와 후순위채 투자자

자료·금융위원회, (괄호안 단위·억원)

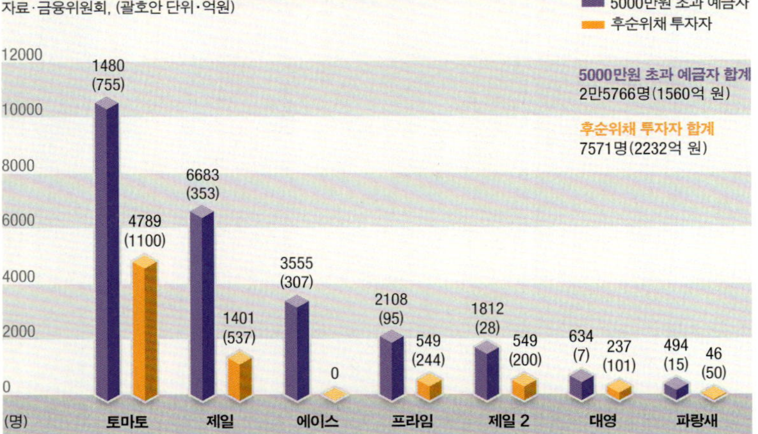

저축은행 인수의향서 제출 현황

2011.2H기준, 자료·각 금융기관

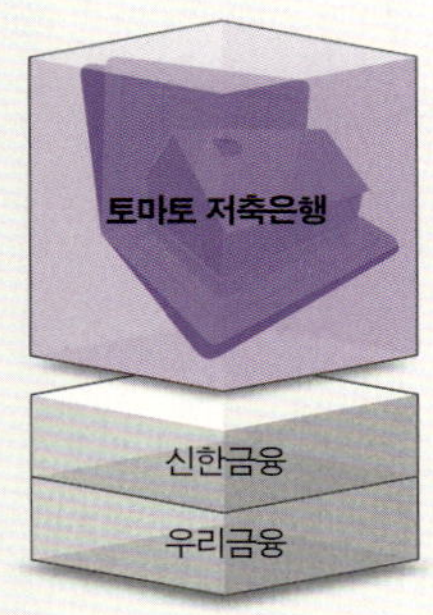

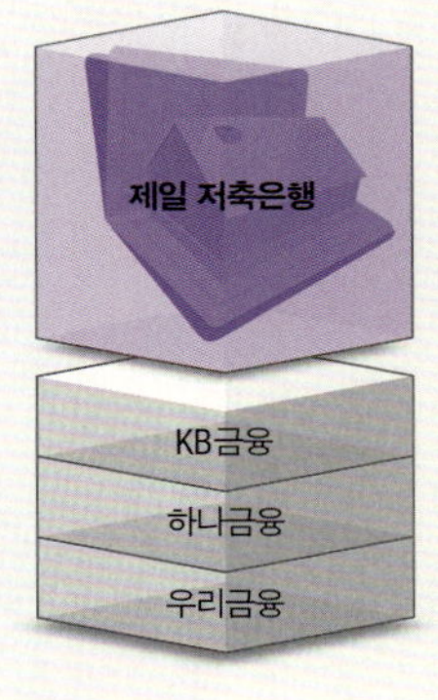

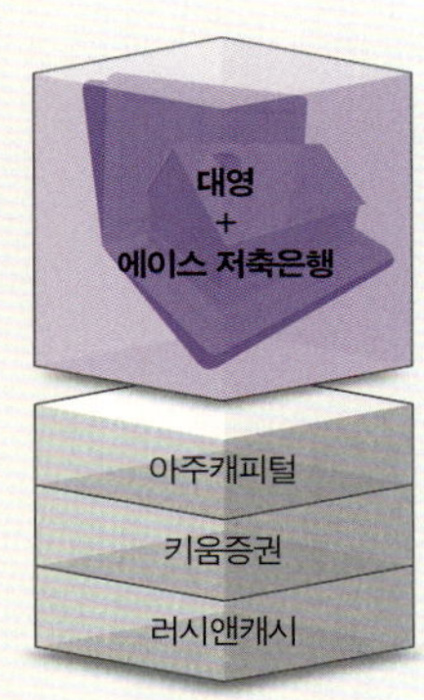

퇴출과 적자전환으로 이어진 사상 초유 위기 사태
뱅크런한 예금주를 어떻게 다시 모을 것인가

저축은행업계는 2011년 한해만 16개사가 퇴출되는 사상초유의 지각변동을 겪었다. 기존 부동의 1위 자리를 지켜오던 부산을 비롯해 토마토와 제일 등 빅5 저축은행 중 무려 3개사가 추풍낙엽처럼 떨어졌다. 그러다 보니 실적도 형편없었다. 자산 2조 원 이상 대형 저축은행 7개사 가운데 무려 6개사가 2010회계연도에 대규모 적자를 면치 못했다. 적자 규모도 적게는 500억 원, 많게는 1600억 원대에 달했다. 대형 저축은행의 적자 규모는 전체 저축은행 적자의 절반 이상을 차지했다.

살아남은 저축은행들도 갈 길이 험난하다

대형 저축은행들이 줄줄이 무너진 것은 외형 성장을 앞세워 공격적인 투자에 나선 영향이 크다. 다른 저축은행 인수에다 부동산 프로젝트 파이낸싱(PF) 투자로 급격히 몸집을 불리면서 지방은행으로 도약을 꿈꿨지만, 글로벌 금융위기로 부동산 시장이 흔들리자 모래성처럼 한 순간에 허물어지고 말았다. 중소형 저축은행들 역시 상황이 크게 다르진 않다. 대형 7개사를 제외한 나머지 89개 저축은행 중 41개사가 적자를 기록했고, 전체 적자규모는 1조1042억 원에 달했다. 33개 저축은행은 아예 자본잠식 상태였다.

2011년 대규모 구조조정에도 불구하고 저축은행의 위기는 여전히 현재진행형이다. 금융감독원의 일괄 경영진단을 통해 일단 시급한 부실을 도려내고, 유동성도 확충하면서 기초체력은 어느 정도 확보한 것으로 평가되고 있다. 그 동안 베일에 싸여있던 저축은행 경영상태에 대한 투명성도 크게 높아졌다. 하지만 살아남은 저축은행들 역시 여전히 난제가 많아 '갈 길이 멀다'는 게 전문가들의 분석이다.

1차적으로 처리를 미루고 있는 잠재부실이 가장 큰 관건이다. 우선 2011년 하반기부터 2012년 상반기까지 만기가 집중되는 후순위채부터 고민거리다. 저축은행 부실 사태의 여파로 만기 연장이 여의치 않을 경우 유동성에 어려움을 겪을 수 있다. 임시방편으로 자산관리공사(캠코)에 넘긴 부동산 프로젝트 파이낸싱 부실채권도 변수다. 2013년까지 2년간 시간을 벌긴 했지만 그때까지 사업장이 정상화되지 않으면 부실을 고스란히 떠안을 수밖에 없다. 저축은행의 상황을 감안해 유예된 한국채택 국제회계기준(IFRS)이 2016년부터 적용되면 부실인식 기준이 깐깐해지면서 저축은행 전체가 다시 기로에 놓일 수 있다.

서민금융기관으로의 탈바꿈 정책? 성장 모멘텀엔 악재

금감원의 일괄 경영진단 후 퇴출 과정에서 조건부로 간신히 살아남은 6개 저축은행들이 제대로 정상화에 성공할 수 있을지도 관건이다. 여기에는 대형 저축은행도 3개사나 포함돼 있어 정상화에 실패할 경우 파장이 적지 않을 것으로 보인다. 이들 저축은행들은 본사 사옥 매각을 비롯해 구체적인 자구방안을 마련하긴 했지만, 전반적인 경제 여건이 녹록치 않아 정상화 과정이 만만치 않다.

또 다른 과제는 갈수록 경쟁이 치열해지고 있는 서민금융 시장에서 부동산PF 등 고위험·고수익 투자에 기대지 않고 지속적인 먹을거리를 확보할 수 있느냐다. 정부는 할부금융업 허용과 여신전문출장소 설립기준 완화 등 새로운 먹을거리 방안을 내놨다. 하지만 현재 제 한 몸 추스르기도 어려운 저축은행들이 공격적으로 신규 사업에 나서긴 쉽지 않다는 점에서 당장 큰 도움이 되긴 어렵다는 게 업계의 반응이다.

저축은행에 대한 금융당국의 기본적인 시각도 달라지고 있다. 충분한 먹을거리 대책을 통해 대형화를 유도해야 한다는 생각보단 서민금융기관으로서 제 역할에 충실하도록 계속 몸집을 줄여나가야 한다는 입장이다. 그 경우 저축은행 대형화가 원천적으로 차단되면서 성장 모멘텀이 크게 약화될 수밖에 없어 말 그대로 해당 지역의 중소 서민금융기관에서 벗어나기 어렵게 된다.

퇴출 저축은행에 대한 인수·합병(M&A)도 업계의 지형도를 바꿀 수 있는 중요한 변수가 될 전망이다. 4대 금융지주회사와 증권사 등 탄탄한 금융그룹에 인수된 저축은행들의 경우 저렴한 조달금리 등 모기업의 경쟁력을 바탕으로 훨씬 좋은 조건에서 경쟁을 펼칠 수 있기 때문이다. 특히 기존 저축은행들이 여전히 부실의 늪에서 제대로 벗어나지 못하고 있는 가운데 유력 금융회사들이 속속 서민금융 시장에 진입하게 된다는 점에서 업계의 판도 변화가 불가피할 전망이다. **B**

미래에셋자산운용

전체수탁고	33조3120억 원
국내주식형 펀드	13조3988억 원

대표상품

미래에셋 글로벌 그레이트 컨슈머 펀드,
미래에셋 장기서장 리서치 펀드,
미래에셋 글로벌 다이나믹 채권형 펀드

삼성자산운용

전체 수탁고	33조571억 원
국내 주식형 펀드	8조5237억 원

대표 상품

삼성코리아 대표그룹 펀드,
삼성스마트 플랜 실버 펀드,
삼성그룹 밸류인덱스 펀드

KB자산운용

전체 수탁고	21조2170억 원
국내 주식형 펀드	5조3159억 원

대표 상품

KB밸류 포커스 펀드,
KB코리아 스타 펀드,
KB그로스 포커스 펀드

신한BNP 파리바자산운용

전체 수탁고	21조1844억 원
국내 주식형 펀드	2조4441억 원

대표 상품

신한BNPP TOPS 밸류 펀드,
신한BNPP 좋은 아침 희망 펀드,
신한BNPP 엄마사랑 어린이
적립식 펀드

한국투신운용

전체 수탁고	19조3485억 원
국내 주식형 펀드	10조1805억 원

대표 상품

한국투자 삼성그룹 적립식 펀드,
한국투자 네비게이터 펀드

한화자산운용

전체 수탁고	16조4642억 원
국내 주식형 펀드	2조3450억 원

대표 상품

한화스마트 인덱스 펀드,
한화코리아 레전드 펀드,
한화 연금전환 KM 펀드

하나UBS자산운용

전체 수탁고	14조3983억 원
국내 주식형 펀드	2조9943억 원

대표 상품

한화UBS 블루칩 바스켓 펀드
한화UBS 인 BEST 연금 펀드
한화UBS 배당 60 펀드

우리자산운용

국내 수탁고	13조3057억 원
국내 주식형 펀드	1조2508억 원

대표 상품

우리 프런티어 우량주 펀드
우리 KRX 100 인덱스 펀드
우리 코리아 블루오션 펀드

산은자산운용

전체 수탁고	12조9828억 원
국내 주식형 펀드	3209억 원

대표 상품

산은 2020 펀드
산은 세계 최강 국내기업 펀드
산은 차세대 FUN 인덱스 펀드

NH-CA자산운용

전체 수탁고	10조54억 원
국내 주식형 펀드	5076억 원

대표 상품

NH-CA 1.5배 레버리지 인덱스 펀드
NH-CA 프리미어 인덱스 펀드
NH-CA 아이사랑 적립식 펀드

돈맛을 보기 시작한 운용사들
2012년 새로운 강자들이 몰려온다

2011년 자산운용업계는 4개의 키워드로 정리해볼 수 있다. 랩어카운트의 홈런을 맞아 우울했던 2010년과는 달랐다. 월지급식 펀드가 뜨거운 인기를 끌었고, 지수 급락으로 3년 만에 운용사들이 돈맛을 봤다. 또 새로운 강자의 등장으로 업계에 지각변동이 일어났고, 헤지펀드라는 새로운 시장을 준비하고 있다.

우리나라도 일본을 비롯한 다른 선진국들과 같이 베이비부머(1955~1963년생)들의 은퇴 이후 삶에 대한 관심이 높아지면서 대부분의 운용사에서 월지급식 펀드가 앞 다퉈 출시됐다. 2011년 출시된 월지급식 펀드는 36개에 이를 정도다. 국내외 주식과 채권 등 다양한 자산에 투자하는 월지급식 펀드가 투자자들의 욕구를 만족시켰다. 설정금액도 8210억 원을 돌파했다. 운용사에서 월지급식 펀드가 돌풍을 몰고 오면서 증권사나 자문사도 월지급식 주가연계증권(ELS)과 랩어카운트 등을 내놓기도 했다.

'펀드 투자 = 구멍'이라는 생각이 바뀐 한해

월지급식 펀드의 인기가 말해주듯 2011년에는 국내 주식형 펀드로의 자금 유입이 거셌다. 물론 지난 2007년의 펀드 광풍은 아니었지만 2011년의 자금 유입은 고무적이다. 지난 2009년부터 2010년 12월까지 넉 달을 빼고 국내 주식형 펀드에서 돈이 빠져나간 반면, 2011년에는 석 달을 빼고 매달 돈이 들어왔다. 2010년 총 19조1700억 원이 순유출되며 펀드런을 보인 것과 달리 2011년(9월말 기준)에는 2조 원 가까이 순유입된 것이다. 특히 8월 국내 증시가 유럽의 재정위기와 미국의 경기 둔화 우려 등으로 급락세를 타면서 1600선까지 떨어지자 저가매수 기회를 노린 투자자들이 펀드로 몰렸다. 지난 2008년 1월(2조7600억 원) 이후 최대금액인 2조6000억 원이 국내 주식형 펀드 시장으로 유입됐다.

2008년 글로벌 금융위기 당시 투자한 펀드가 반 토막 나면서 '펀드=위험하다'라는 인식이 투자자들에게 자리 잡았던 것이 사실이다. 하지만 2010년 말 지수가 다시 2000포인트 고지를 회복한 뒤 2011년 들어 지수가 빠질 때마다 펀드로 자금이 유입됐다는 사실은 주식형 자산에 대한 투자자들의 인식이 과거와는 달라지고 있음을 엿볼 수 있는 부분이다. 제대로 알고 접근하는 투자자들이 순증하고 있다고 볼 수 있다.

치열해진 업체 간 순위 다툼

이 같은 시간을 보내는 동안 자산운용업계의 순위 다툼도 치열했다. 삼성자산운용과 KB자산운용의 약진이 눈에 띄었다. 특히 삼성자산운용은 미래에셋자산운용과 1위 자리를 놓고 엎치락뒤치락했다. 2011년에도 펀드런이 계속된 미래에셋자산운용은 2010년 9월 말부터 현재(2011년 10월 24일 기준)까지 7조 원이 이탈했다.

삼성자산운용의 수탁고가 33조 원을 넘어서고 미래에셋의 자금 유출이 계속된다면, 삼성자산운용이 1위를 굳건하게 지킬 것으로 보인다. 특히 2011년 말 도입 예정인 총관리자산(AUM) 기준으로는 삼성자산운용의 독보적인 1위가 예상된다. 이 기준으로 산정할 경우, 공모형 펀드뿐만 아니라 기관의 일임형 자산까지 합해 삼성생명 자금까지 70조 원에 이르는 삼성자산운용은 엄청난 차이로 2위와의 간격을 벌이게 된다. 또 새롭게 빅3에 진입한 KB자산운용도 눈부셨다. 1년 사이 수탁고가 두 배로 늘었기 때문이다.

합병을 통해 덩치를 불린 곳도 있다. 푸르덴셜자산운용과 합병한 한화자산운용은 AUM 기준으로 관리 자산이 22조 원 이상으로 늘어나 업계 5위로 올라서게 된다.

한편 상위 5개 운용사가 전체 순이익의 57.1%를 차지하면서 업계의 부익부빈익빈은 계속됐다. 2011년 1분기(4~6월) 기준으로 미래에셋자산운용이 194억 원으로 가장 높은 순이익을 냈고, KB자산운용(108억 원)과 한국투신운용(104억 원)이 뒤를 이었다. 신한BNP파리바자산운용과 삼성자산운용이 각각 4, 5위를 차지했다.

2011년 희망의 빛을 본 자산운용업계의 2012년 화두는 뭘까? 바로 헤지펀드다. 「자본시장통합법」 개정안이 통과되면서 10조 원 이상의 운용 규모를 갖춘 운용사는 헤지펀드를 운용할 수 있다. 14개 운용사가 조건을 만족하지만 11개 운용사가 1호 헤지펀드를 놓고 경쟁을 벌일 것으로 보인다. 하지만 연기금이나 기관, 개인자산가 등 시장규모가 얼마나 될 것인지, 시장이 정착되기까지 얼마만큼의 시간이 걸릴 지는 미지수라는 것이 업계의 목소리다. 🅱

CHAPTER 2

전자·통신·반도체

07 · **TV**·가전 업계

08 · 전기·전자부품·전선 업계

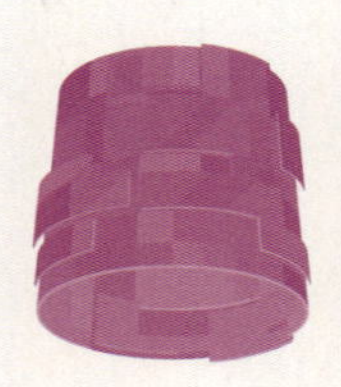

09 · 디스플레이업계

10 · 휴대폰업계

11 · 통신서비스업계

12 · **IT**서비스업계

13 · 반도체업계

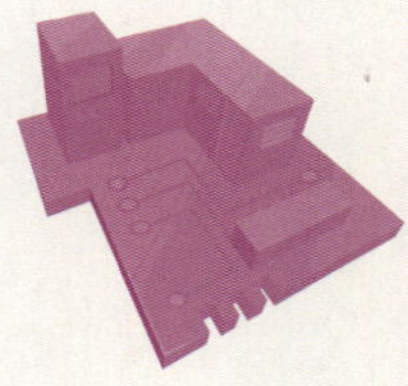

14 · 반도체 장비·재료 업계

- TV업계 진출한 구글의 생태계 더욱 견고해질 전망
- 애플의 스마트 TV 파급력 최대 규모 예상
- 삼성, LG 등 기존 맹주들 강한 도전 압력 우려

삼성전자 주요사업부문

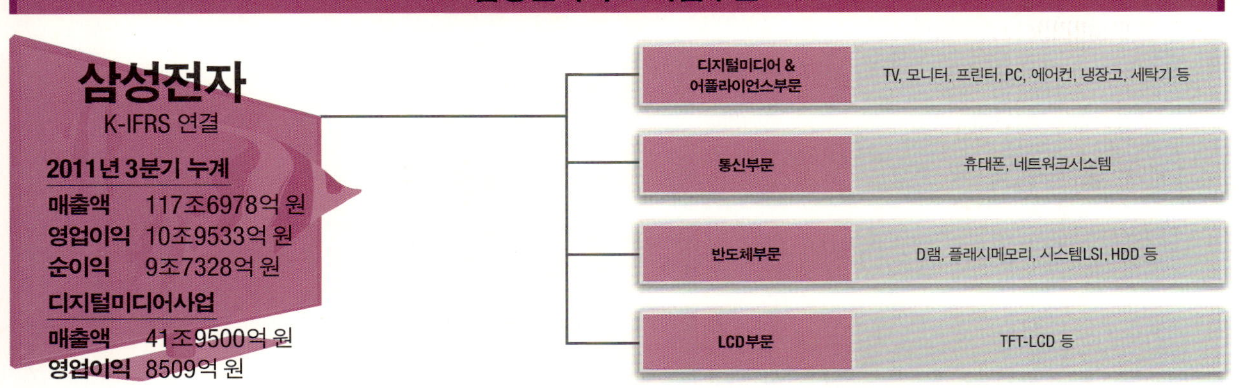

삼성전자 디지털미디어 & 어플라이언스 경영실적

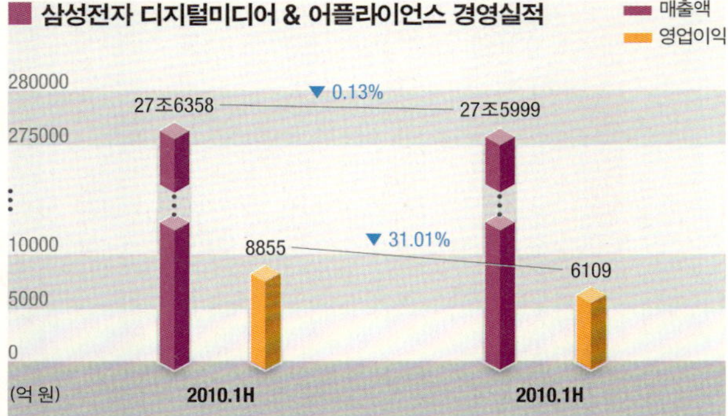

디지털미디어 & 어플라이언스 분기 연결실적

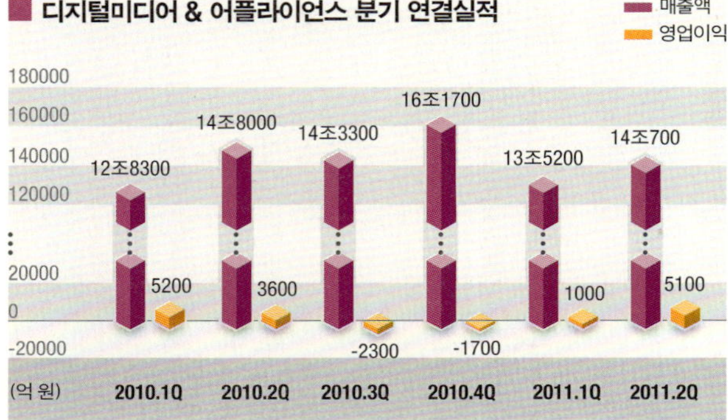

TV 출하량 추이

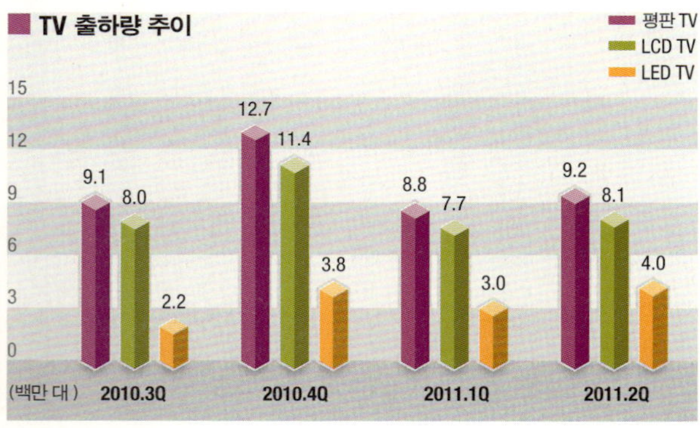

전사 매출 대비 디지털미디어 & 어플라이언스 비중, 생활가전 매출 추이

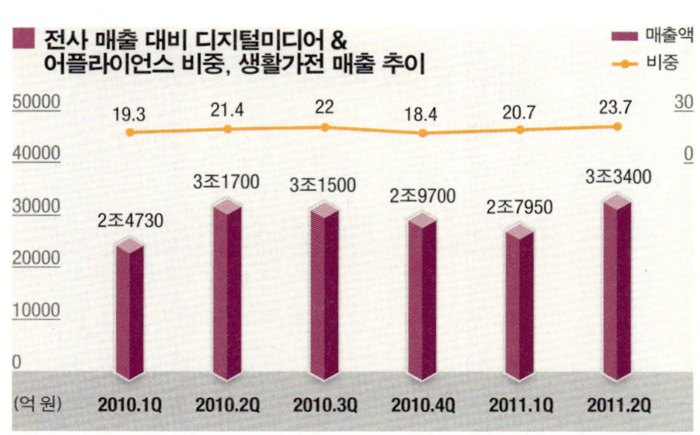

삼성전자 컬러 TV 세계시장 점유율 추이

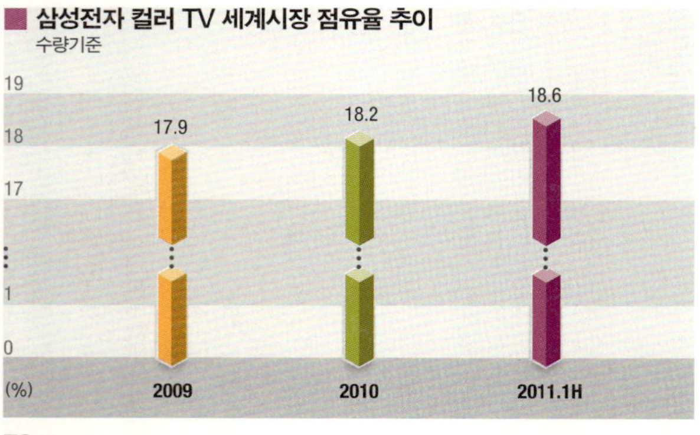

제품 판매 경로별 매출 비중

LG전자 주요사업부문

LG전자

K-IFRS 연결

2011년 3분기 누계

매출액	40조4423억 원
영업이익	2572억 원
순이익	-3212억 원

HE·HA사업

매출액	24조1939억 원
영업이익	5040억 원

※ 1조600억 원 유상증자 결정
→ 휴대폰, LED, 태양광 등 사업 강화
(2011.11)

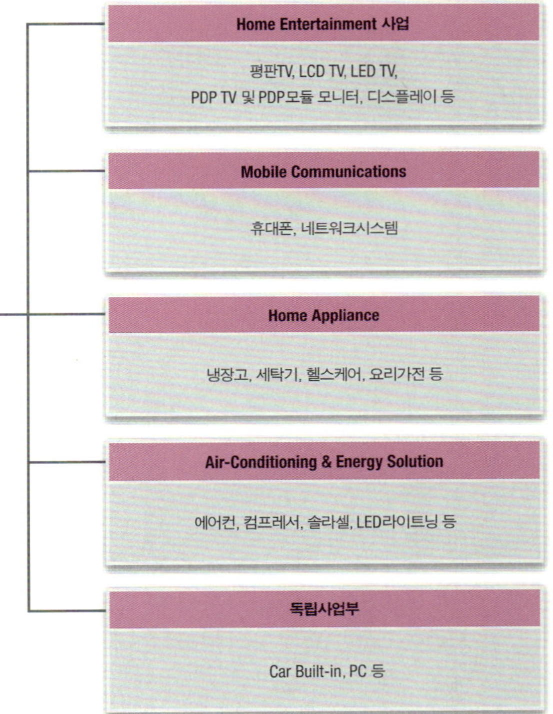

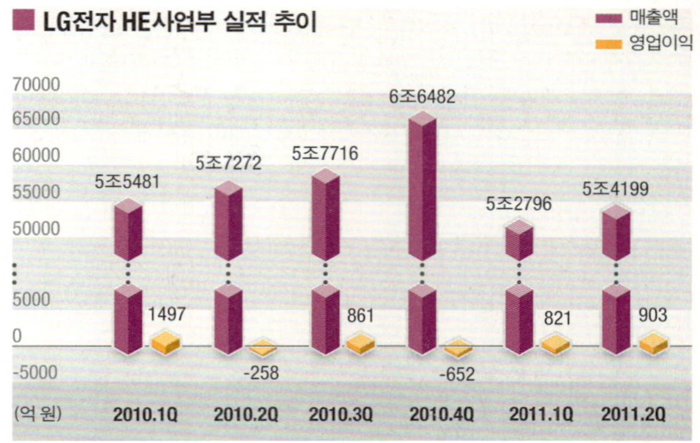

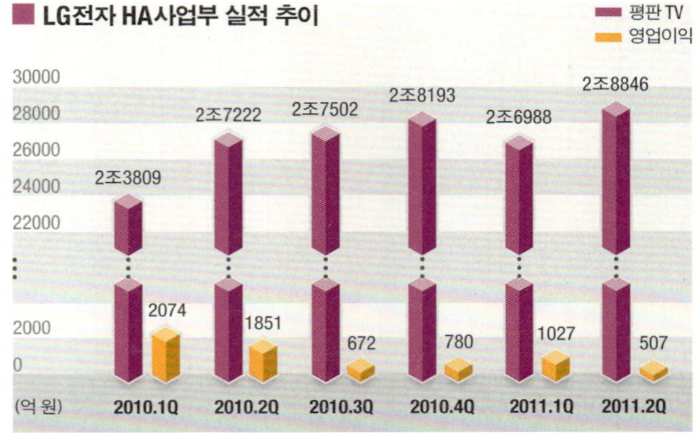

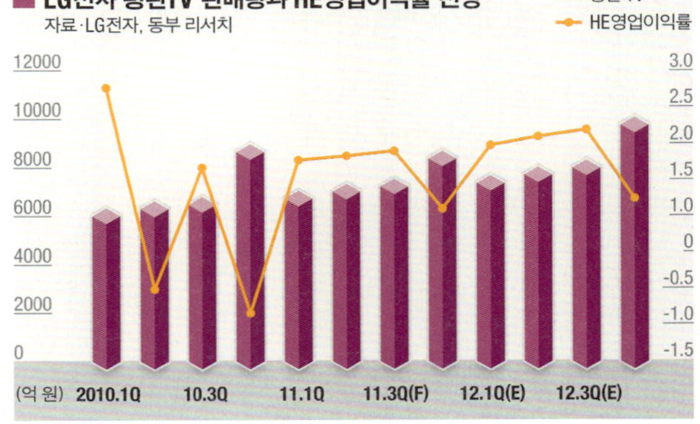

대우일렉트로닉스

K-IFRS 연결

2011년 01~05 누계

매출액	5250억 원
영업이익	1.6억 원
순이익	2억 원

2010년

매출액	1조2829억 원
영업이익	153억 원
순이익	-633억 원

대우일렉트로닉스 매각 추진 일지

1999. 08	대우전자 워크아웃 기업 지정
2002. 11	(주)대우일렉트로닉스 출범
2005. 10	채권단 매각 결의
2006. 04	매각공고, 인수의향서 접수
09	인도 비디오콘-리플우드 컨소시엄 우선협상대상자 선정
2007. 01	비디오콘과 MOU 파기
11	채권단 재매각 공고
2008. 02	모건스 스탠리PE 우선협상대상자 선정
08	모건스 스탠리PE 인수 포기
10	리플우드 컨소시엄(차순위대상자) 협상자 선정
2009. 01	리플우드 컨소시엄과 매각 협상 결렬
11	채권단 재매각 공고
2010. 04	엔텍합(이란계)우선 협상 대상자 선정
2011. 05	스웨텐 일렉트로룩스(차순위대상자) 협상자 선정
06	일렉트로룩스와 매각 협상 결렬

지분구조
단위·%

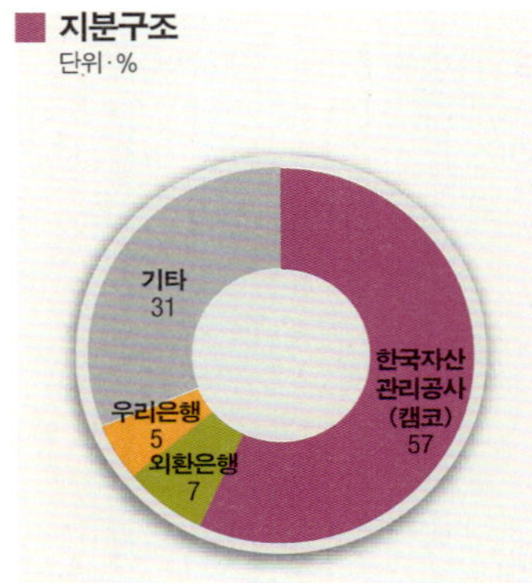

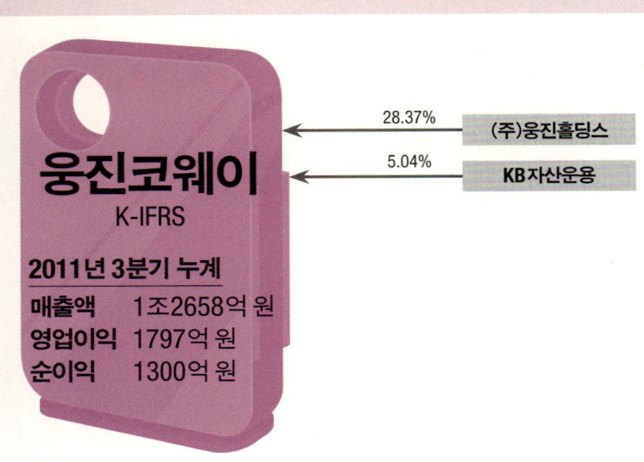

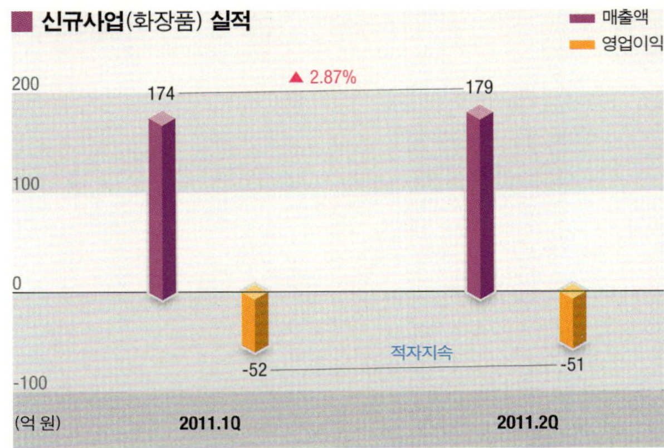

■ 사업부문별 매출 비중
단위·%

주요사업
정수기,
비데,
공기청정기,
연수기,
화장품 등

■ 매출 추이
2007~2009 한국회계기준, 2010~2011은 K-IFRS

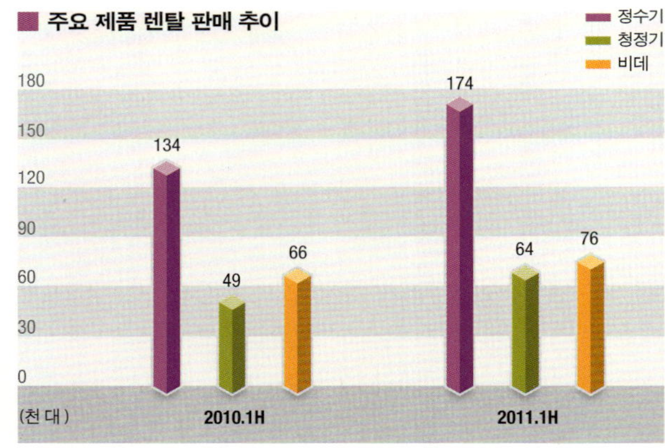

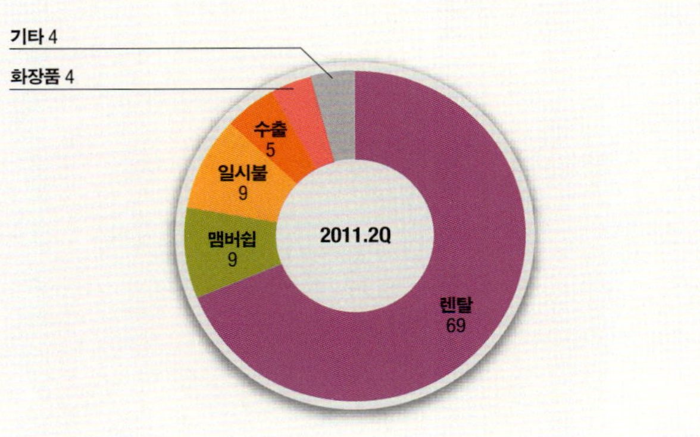

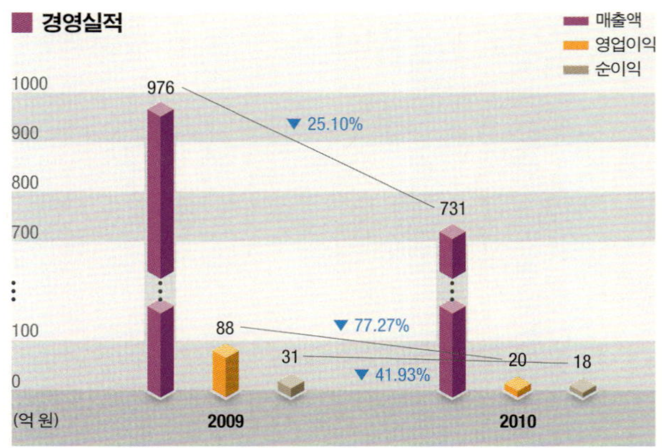

생활가전 글로벌 시장 전망

자료·AHAM, GFK, SEC 추정

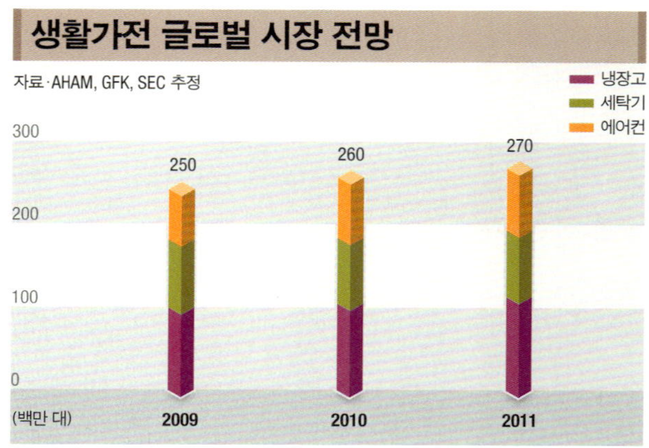

평판TV 글로벌 시장 전망

자료·Dispaly Search 2011.03

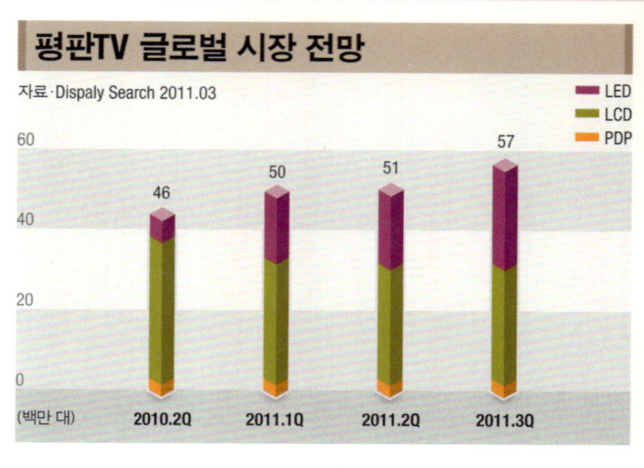

PC 글로벌 시장 전망

자료·Gartner, 동부 리서치

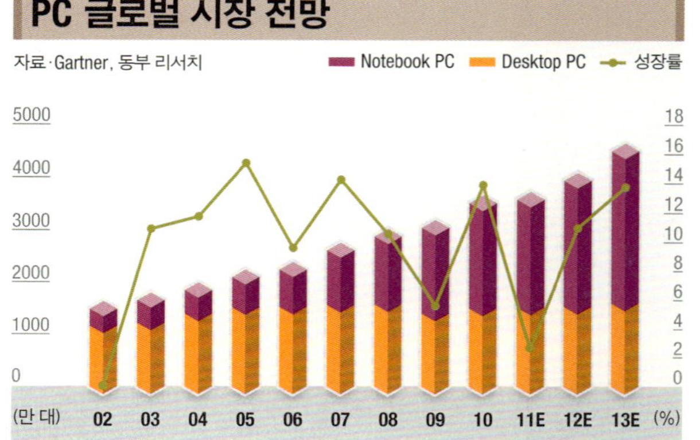

노트북 글로벌 시장 전망

자료·Gartner, 동부 리서치

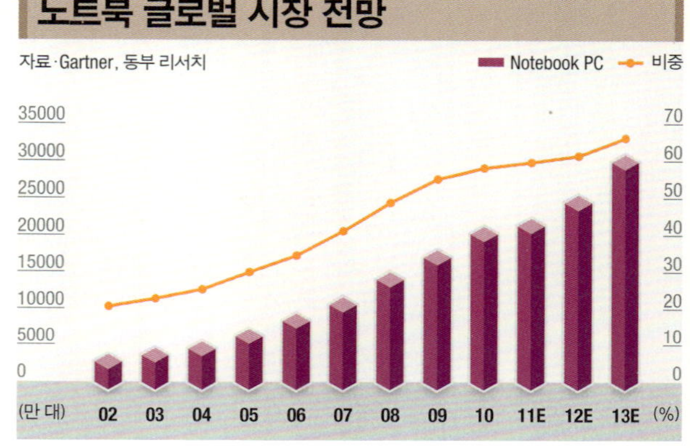

정수기 국내 시장점유율

2010 국내기준, 자료·갤럽, 단위·%

공기청정기 국내 시장점유율

2010 국내기준, 자료·갤럽, 단위·%

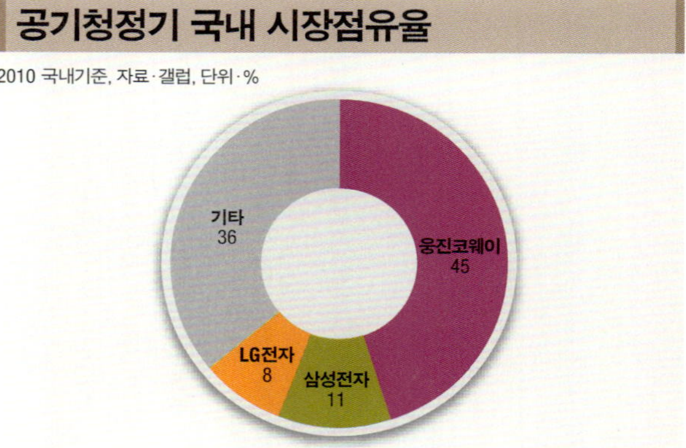

비데 국내 시장점유율

2010 국내기준, 자료·갤럽, 단위·%

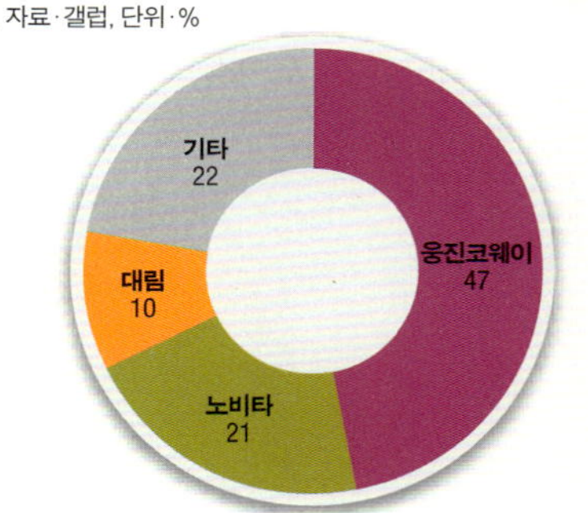

연수기 국내 시장점유율

2010 국내기준, 자료·갤럽, 단위·%

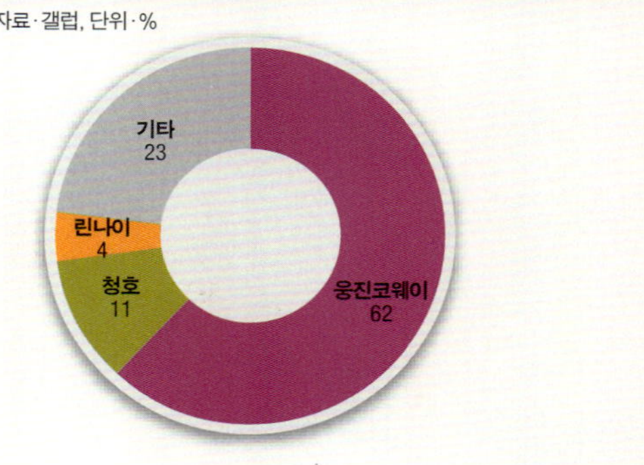

LCD TV 글로벌 시장 전망

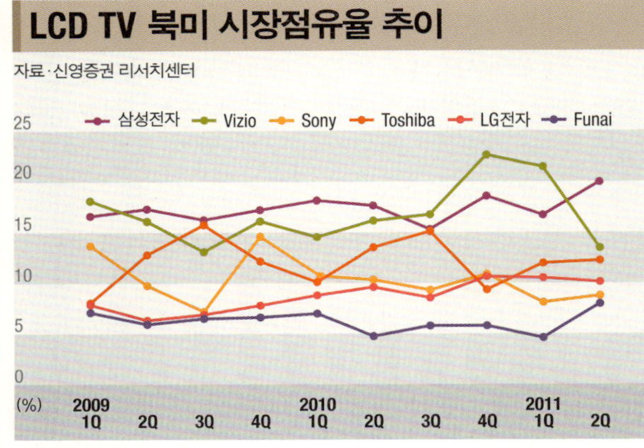

LED TV 시장 침투율 추이

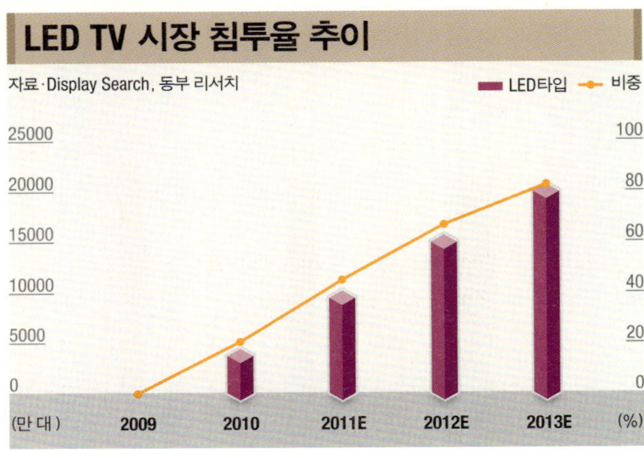

LCD TV 북미 시장점유율 추이

LCD TV 유럽 시장점유율 추이

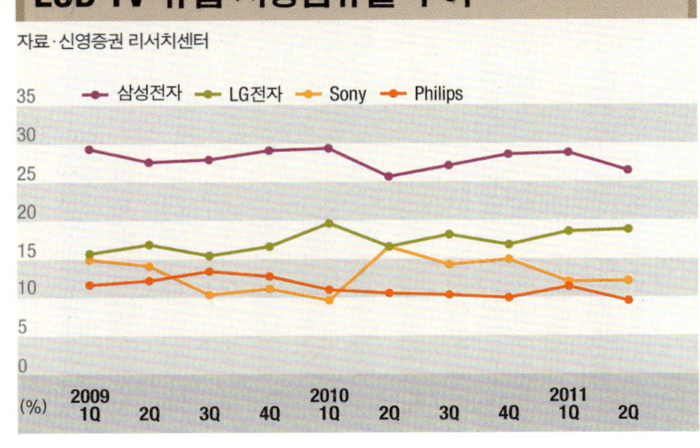

3D TV 글로벌 판매량 전망

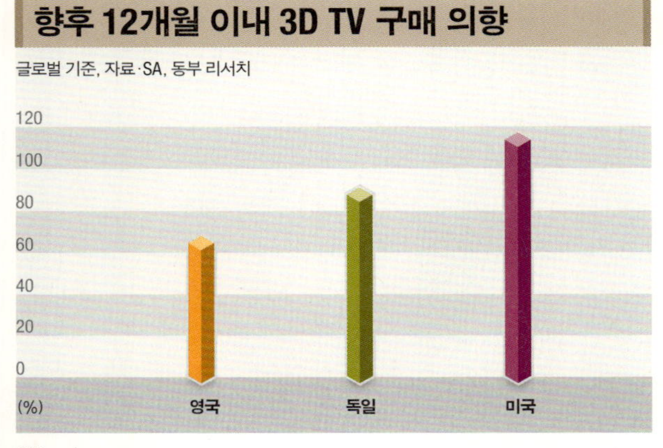

3D TV 글로벌 시장 침투율

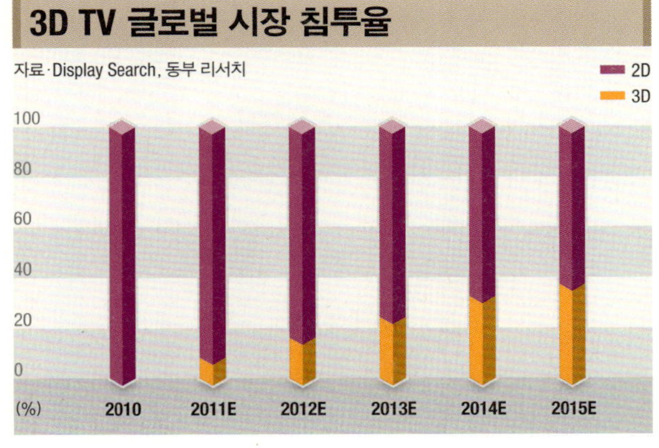

향후 12개월 이내 3D TV 구매 의향

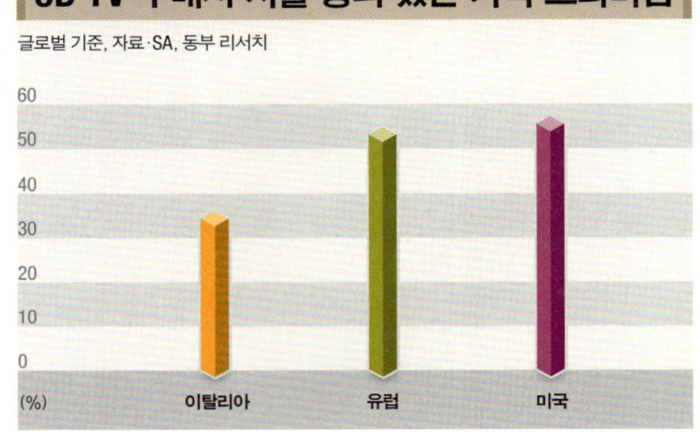

3D TV 구매시 지불 용의 있는 가격 프리미엄

'사과 폭탄'의 위력에 긴장하는 글로벌 TV 시장

2011년 TV업계 불황 불구, 삼성전자 독주

2011년 전 세계 TV 시장의 최대 화두는 '3D'도 '스마트'도 아니었다. 가장 도드라진 관심사이자 걱정거리는 '불황'이었다. 삼성전자, LG전자 등 수위 업체들은 3D, 스마트 등 이슈를 만들어 시장을 일으키려 했지만, 시장의 반응은 싸늘했다.

시장조사 업체 디스플레이서치는 2011년 전 세계 TV 시장 규모가 2010년과 같은 2억4800만 대 수준일 것으로 전망했다. 중국, 인도, 중남미 등 신흥 시장의 성장세가 이어지고 있는 만큼 프리미엄 제품의 수요처인 북미, 유럽 등 선진 시장은 크게 위축됐다는 얘기다.

디스플레이서치는 "북미, 유럽 등 선진국에서는 지속적인 경제위기로 소비자들의 구매심리가 크게 위축되고 있다"고 분석했다. 업계의 한 관계자는 "2009년 초 삼성전자가 내놓은 LED TV가 시장을 장악해 프리미엄 시장의 수요를 한번 갉았다"면서 "선진 시장의 교체 수요는 거의 없다고 보면 된다"고 분석했다. 그만큼 수익성은 하락 일로에 놓였다.

시장조사 업체 아이서플라이는 미국에서 팔리는 평판 TV의 평균 가격이 2011년 3월 1085달러까지 떨어졌으며, 이후 계속 1100달러대에 머물고 있다고 집계했다. 블랙프라이데이, 크리스마스 등 연말에는 '폭탄세일'도 예고돼 있다. TV업계는 출혈을 감수하면서 악성 재고를 털어내는데 총력을 기울이고 있는 것이다.

이런 가운데 업계 수위인 삼성전자는 여전한 경쟁력을 보여줬다. 전 세계 평판 TV 시장에서 6년 연속 1위를 달성할 것이 유력하다. 디스플레이서치에 따르면 삼성전자는 2011년 상반기 평판 TV 시장에서 2위 LG전자와 8%포인트 안팎의 격차를 보이며 1위를 고수했다. 1, 2분기 각각 22.2%, 22.6%의 점유율을 기록했다. 선진 시장에서는 더 강했다. 1, 2분기 북미에서는 각각 26.5%, 27.7%, 유럽에서는 각각 33.4%, 32.1%의 점유율을 올렸다.

그 뒤를 이어 LG전자, 소니, 파나소닉, 샤프, 도시바 등이 각축을 벌였다. 다만 최근 몇 년 사이 순위가 요동쳤던 휴대폰 시장과는 달리 지각변동은 없었다. 보통 길어야 2년 만에 바꾸는 휴대폰보다 교체 주기가 한참 길기 때문이다. 이 같은 추세는 한동안 이어질 것으로 전망된다.

2012년 드디어 애플 등장, 화두는 스마트 TV

3D와 스마트를 두고 벌어진 삼성전자와 LG전자의 논쟁도 2011년 관심사였다. 대중화까지는 아직 이르다는 시각이 일부 있었지만, 초기 논쟁은 소비자들의 관심을 끌기에 충분했다.

2011년 초 필름패턴 평광안경식(FPR) 3D를 내세운 LG전자가 셔터안경식 3D를 고수한 삼성전자를 자극하면서 이른바 'TV 전쟁'은 시작됐다. 이에 삼성전자는 스마트를 전면에 부각시키려 했다. 화두 경쟁으로 번진 두 회사의 싸움은 2011년 주요 IT 전시회에서 계속됐다.

다만 2012년부터는 주요 화두가 '스마트'로 옮겨갈 가능성이 크다. 현재 스마트 TV 시장을 일구고 있는 삼성전자 외에 애플이 등장하기 때문이다. 애플은 2012년 중으로 자체 클라우드서비스인 '아이클라우드'를 이용해 애플리케이션(앱)을 자유롭게 이용할 수 있는 '아이 TV'를 출시할 예정이다. 아이클라우드를 매개로 아이폰-아이패드-아이TV를 완벽하게 연결하겠다는 전략이다. 앱스토어에 있는 60만 개 이상의 앱과 더하면 시너지가 상당할 전망이다. 세계 TV 시장은 이른바 '사과 폭탄'의 엄청난 파장에 예의주시하고 있다.

모토로라를 인수한 구글도 변수다. 모토로라는 휴대폰 외에 셋톱박스 사업을 영위한 적이 있다. 이미 100만 대 이상의 제품을 판매한데다 각종 방송 관련 특허도 보유한 알짜배기다. 모토로라 셋톱박스에 구글 플랫폼을 연동시켜 스마트 TV까지 연착륙한다면 구글 생태계는 더 공고해지게 된다.

삼성전자, LG전자 등 기존의 '맹주'들은 "TV 시장은 휴대폰과 다를 것"이라면서 강경한 의지를 보이고 있다. 업계에서는 2012년부터 애플과 구글이 TV 시장의 잠재적인 경쟁자로 떠오르면서, TV의 기본 콘셉트 역시 '수동적으로 보는 것'에서 '능동적으로 즐기는 것'으로 변할 것으로 전망하고 있다. ⒝

08 전기·전자부품·전선 업계

- 삼성LED, 조명 전문 중견 업체 태원전기 지분 취득
- 삼성테크윈, 삼성탈레스 주식 50% 취득
- 대한전선, 보유자산 매각 등 사업 구조조정 가속화

전기·전자부품 업계 : 삼성계열

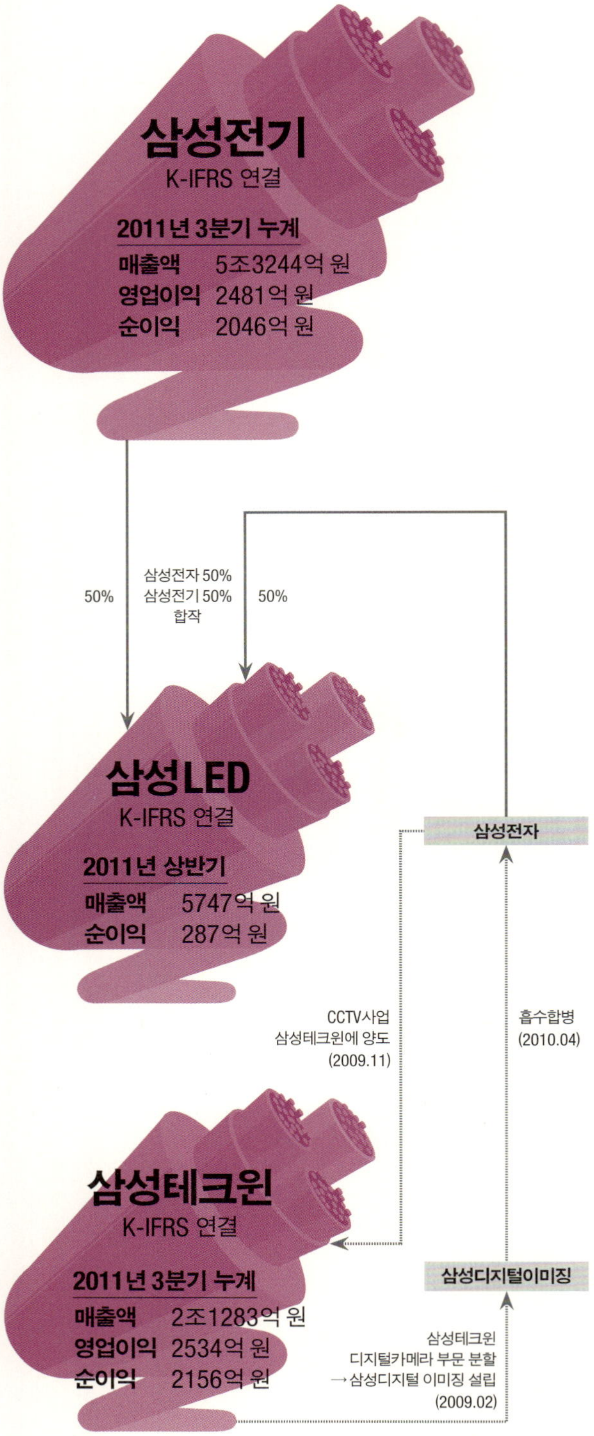

삼성전기
K-IFRS 연결
2011년 3분기 누계
매출액 5조3244억 원
영업이익 2481억 원
순이익 2046억 원
50%
삼성전자 50%
삼성전기 50%
합작
50%
삼성LED
K-IFRS 연결
2011년 상반기
매출액 5747억 원
순이익 287억 원
삼성전자
CCTV사업
삼성테크윈에 양도
(2009.11)
흡수합병
(2010.04)
삼성테크윈
K-IFRS 연결
2011년 3분기 누계
매출액 2조1283억 원
영업이익 2534억 원
순이익 2156억 원
삼성디지털이미징
삼성테크윈
디지털카메라 부문 분할
→삼성디지털 이미징 설립
(2009.02)

삼성전기 전방산업 비중
단위 · %

기타
4
PC
24
TV
37
휴대폰
35

삼성전기 경영실적

매출액
영업이익
순이익
40000
35000
30000
5000
0
(억 원)
3조5301
▼ 3.81%
3조3954
4303
3856
▼ 59.75%
▼ 58.35%
1792
1549
2010.1H
2011.1H

삼성전기 분기별 매출 추이

MLCC, 칩레지스터 등
파워모듈, 네트워크모듈 등
HDI, BGA 등
카메라모듈, 정밀모터 등
15000
12000
9000
6000
3000
0
(억 원)
1조3981
1773
(12.7%)
4400
(31.5%)
3512
(25.1%)
4296
(30.7%)
1조3993
2080
(14.8%)
3816
(27.3%)
3766
(26.9%)
4331
(31.0%)
2011.1Q
2011.2Q

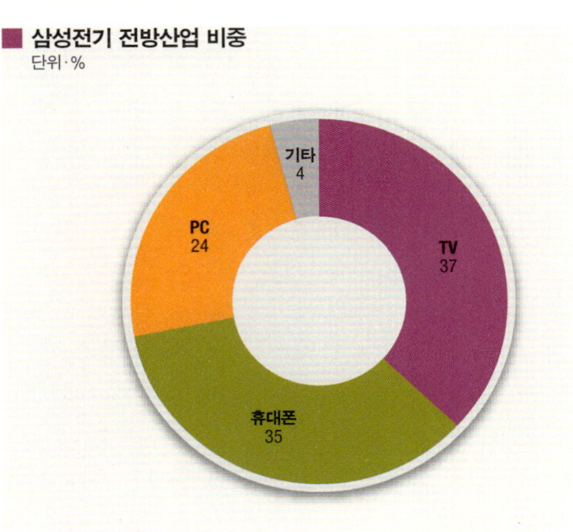

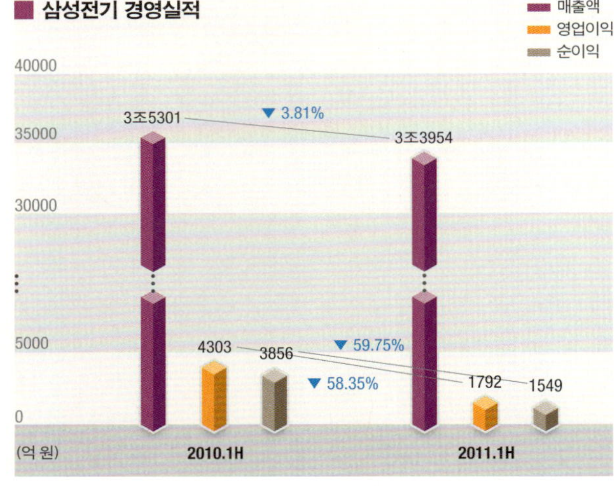

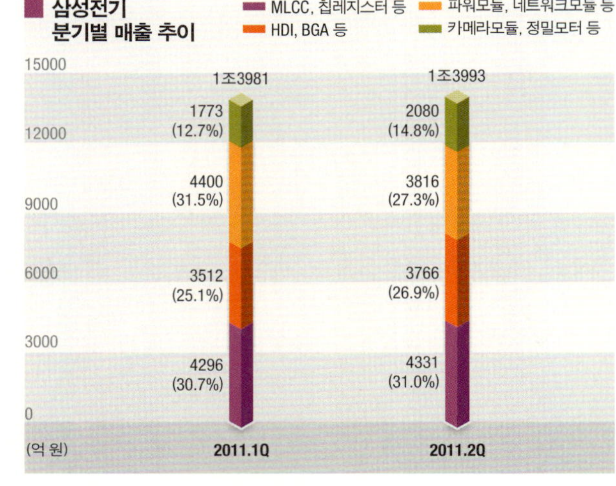

■ 삼성LED 경영실적 추이

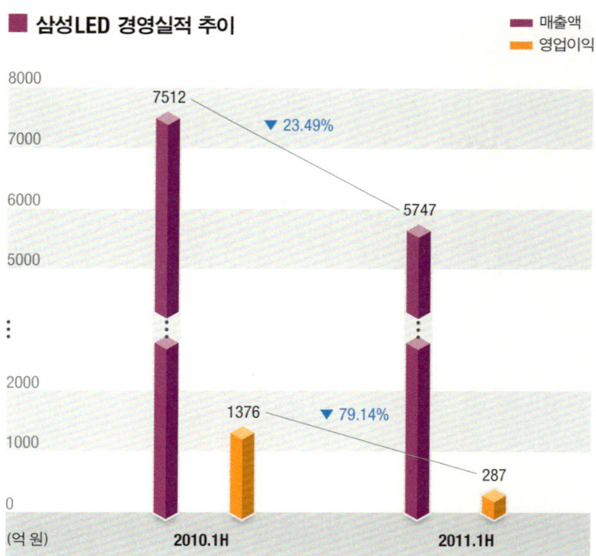

■ 삼성테크윈 경영실적

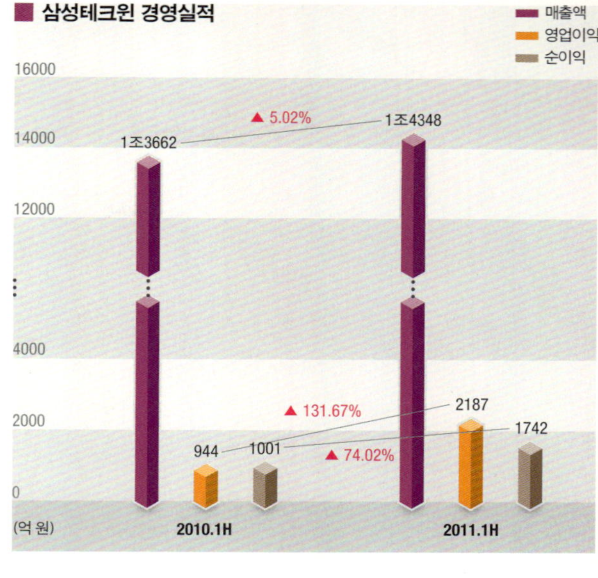

■ 삼성테크윈 전방산업 중 휴대폰·TV·PC 비중
단위·%

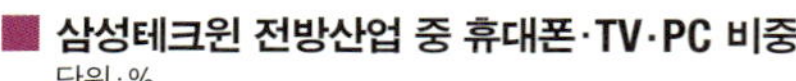

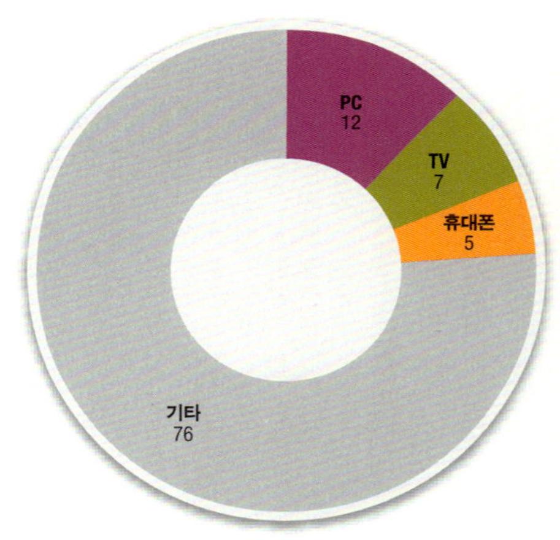

■ 삼성테크윈 주요 사업부문별 매출

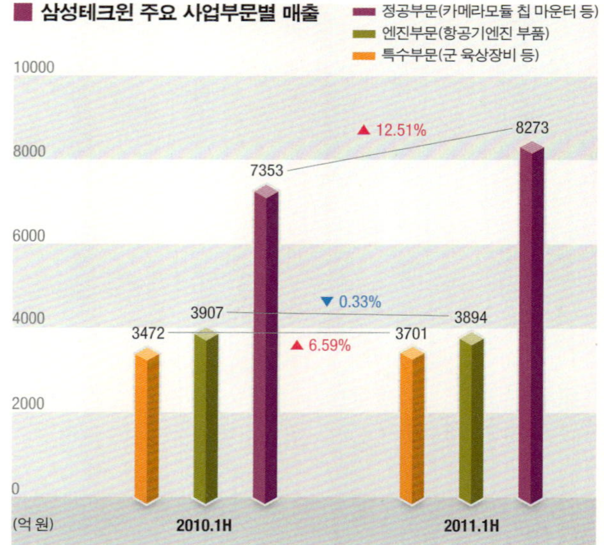

■ 삼성테크윈 사업부문 현황

구분		회사	주요 재화 및 용역	주요 고객	사업 내용
엔진부문	파워시스템사업부	삼성테크윈(주), 상해삼성기전설비무역유한공사	항공기엔진부품, 엔진조립, 정비 등	국방부, PW, GE	항공기엔진부품, 발전설비사업, 터보압축기 등의 생산 및 정비 등
특수부문	특수사업부	삼성테크윈(주)	신형자주포, 장갑차, 탄약운반차 등	국방부	군 육상장비 생산 등
정공부문	Security Solution 사업부	삼성테크윈(주), S.O.A, S.T.E, S.T.B. 천진삼성테크윈 광전자유한공사	CCTV, DVR, 실물화상기, RFID	일반	CCTV, DVR, NVR 실물화상기, RFID, 광응용 제품 생산 등
	MDS사업부	삼성테크윈(주), 천진삼성테크윈 광전자유한공사	리드프레임, 폰카메라모듈 등	일반, 삼성전자	리드프레임, COF, BOC, 폰카메라모듈 생산 등
	IMS사업부	삼성테크윈(주), T.E.C, 상해삼성기전설비무역유한공사	반도체장비 등	일반, 삼성전자	칩마운터 등 SMT장비 생산 등

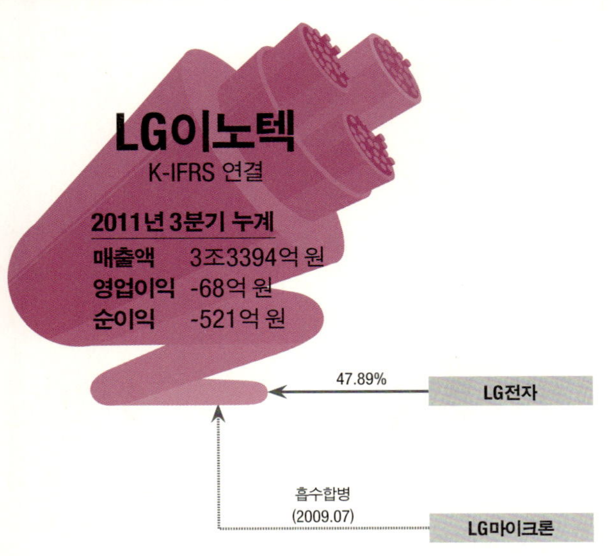

LG이노텍
K-IFRS 연결
2011년 3분기 누계
매출액   3조3394억 원
영업이익   -68억 원
순이익   -521억 원
47.89%
LG전자
흡수합병
(2009.07)
LG마이크론

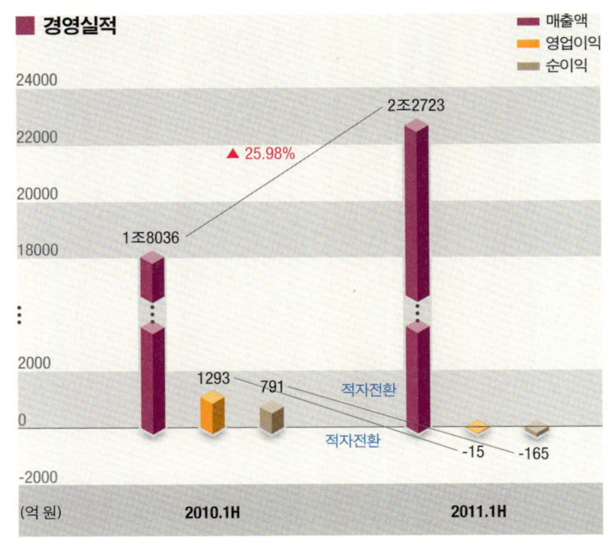

경영실적
매출액
영업이익
순이익
24000
22000
20000
18000
2000
0
-2000
2조2723
▲ 25.98%
1조8036
1293
791
적자전환
적자전환
-15
-165
(억 원)
2010.1H
2011.1H

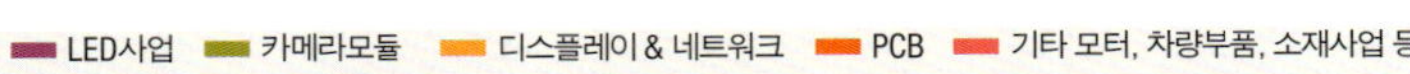

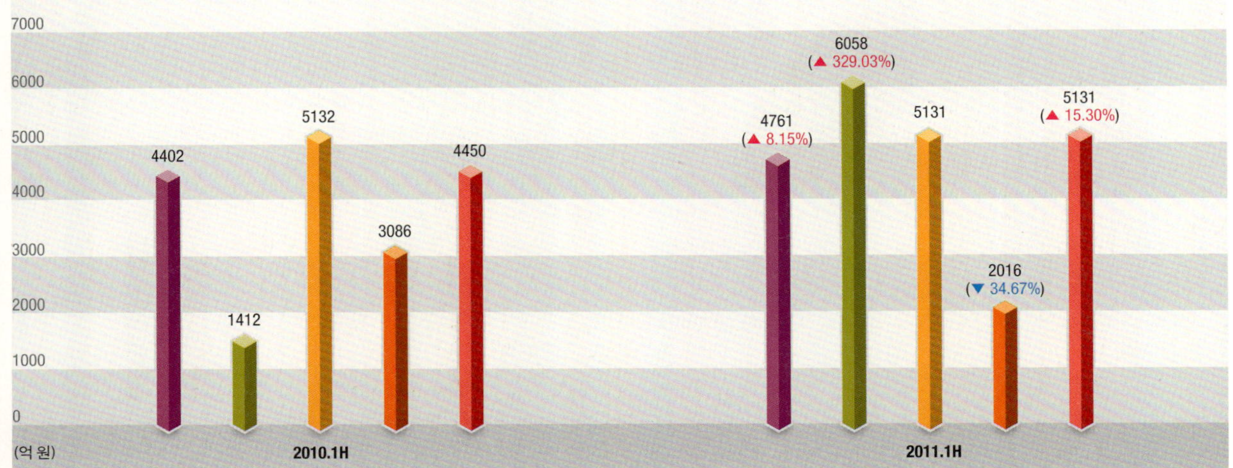

LG이노텍 주요 사업부문별 매출 추이
LED사업   카메라모듈   디스플레이 & 네트워크   PCB   기타 모터, 차량부품, 소재사업 등
7000
6000
5000
4000
3000
2000
1000
0
4402
1412
5132
3086
4450
4761
(▲ 8.15%)
6058
(▲ 329.03%)
5131
2016
(▼ 34.67%)
5131
(▲ 15.30%)
(억 원)
2010.1H
2011.1H

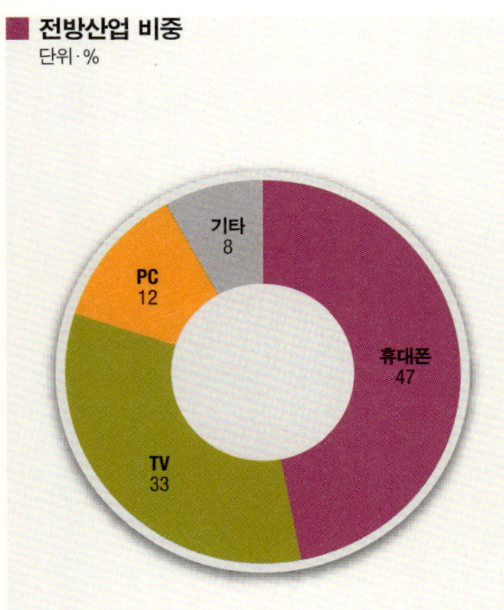

전방산업 비중
단위·%
기타
8
PC
12
TV
33
휴대폰
47

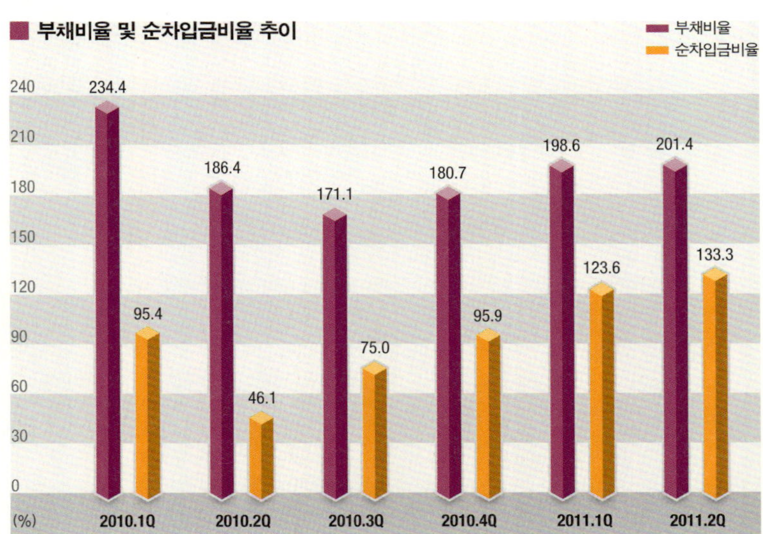

부채비율 및 순차입금비율 추이
부채비율
순차입금비율
240
210
180
150
120
90
60
30
0
234.4
95.4
186.4
46.1
171.1
75.0
180.7
95.9
198.6
123.6
201.4
133.3
(%)
2010.1Q
2010.2Q
2010.3Q
2010.4Q
2011.1Q
2011.2Q

LS전선

K-IFRS 연결

2011년 상반기

매출액 4조6215억 원
영업이익 714억 원
순이익 -267억 원

86.95%

(주)LS

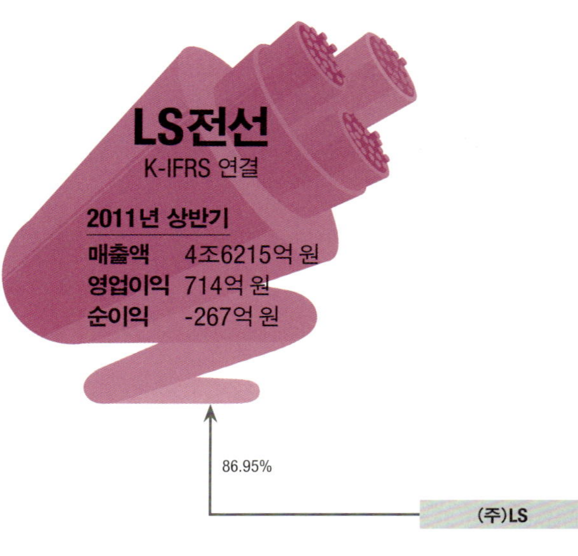

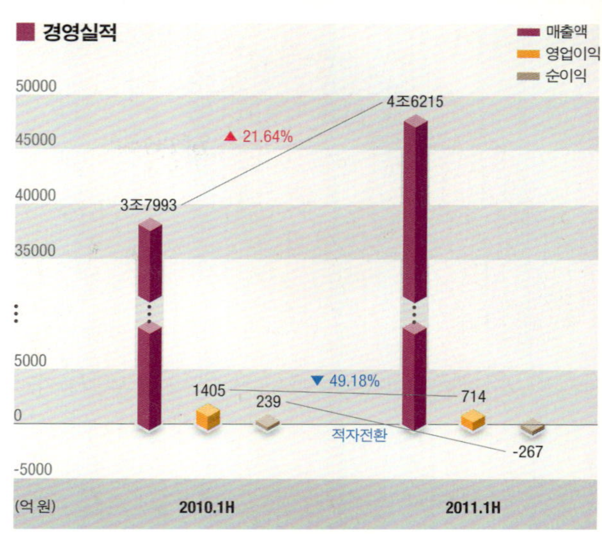

대한전선

K-IFRS 연결

2011년 상반기

매출액 1조5909억 원
영업이익 374억 원
순이익 -431억 원

※ 광통신사업부, (주)옵토매직에 양도

5.79% 설윤석
12.80% (주)티이씨리딩스

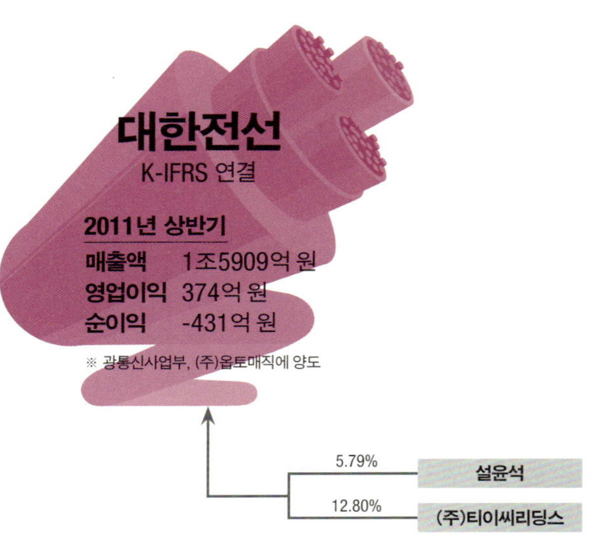

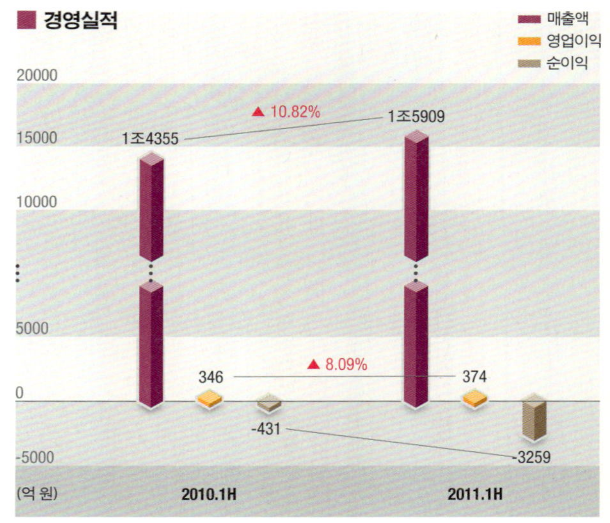

■ 순차입금비율

K-IFRS개별기준

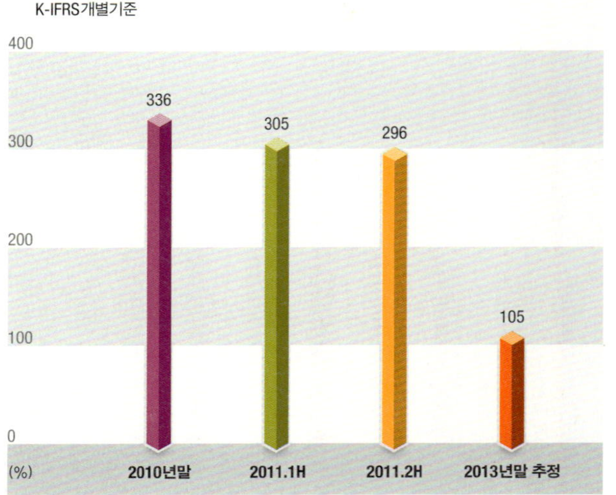

■ 매출 비중

단위·%

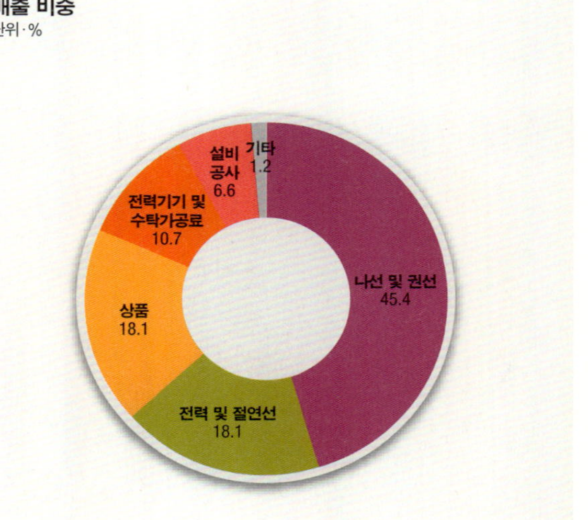

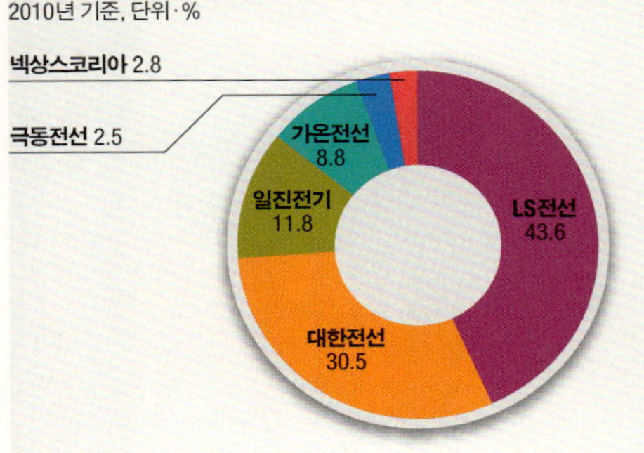

삼성전기·LG이노텍 순차입금비율

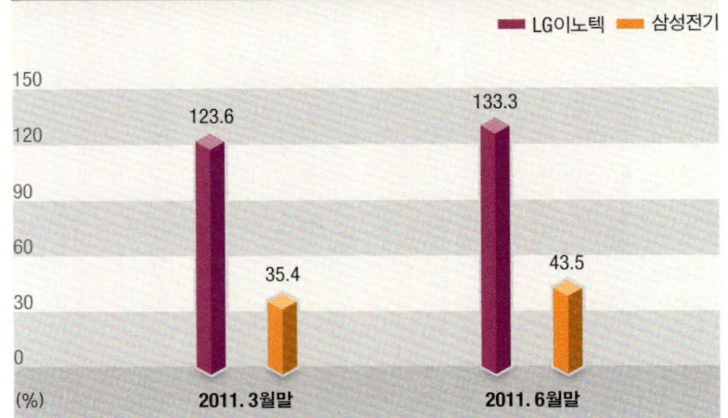

LED용도별 매출 비중

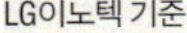

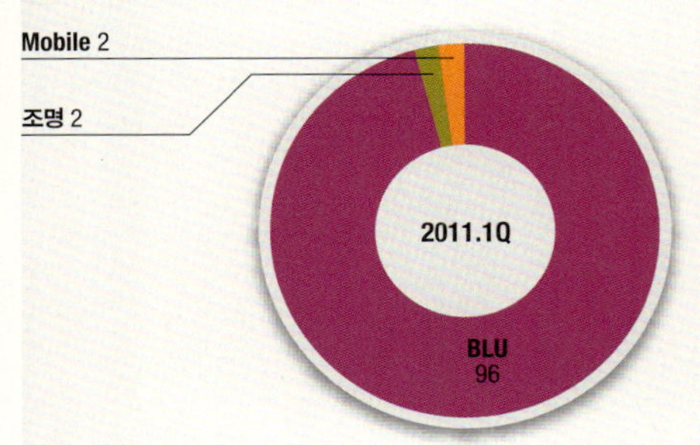

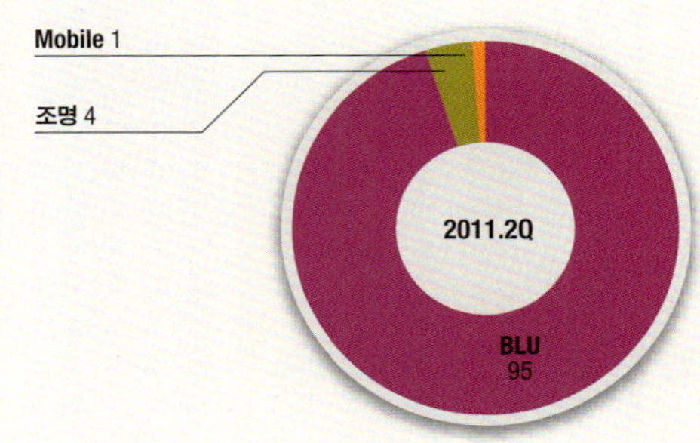

MLCC 세계시장 규모

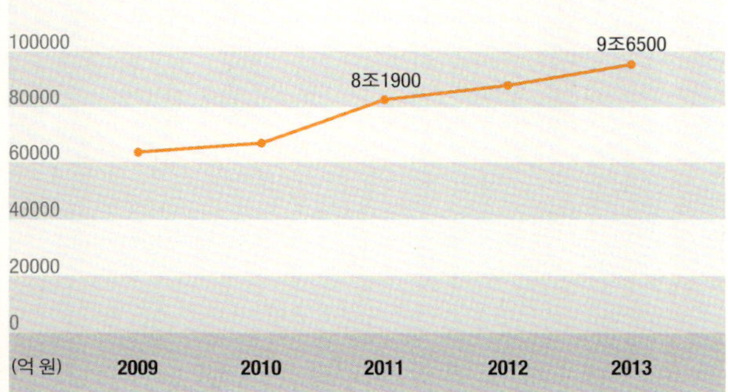

MLCC 세계시장 점유율

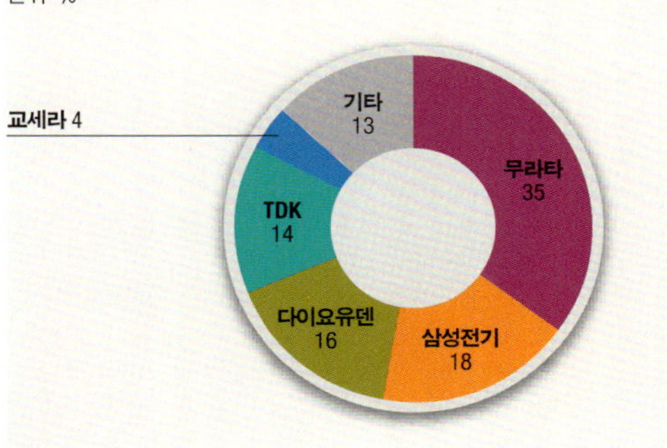

제품별 세계 전선수요 추이

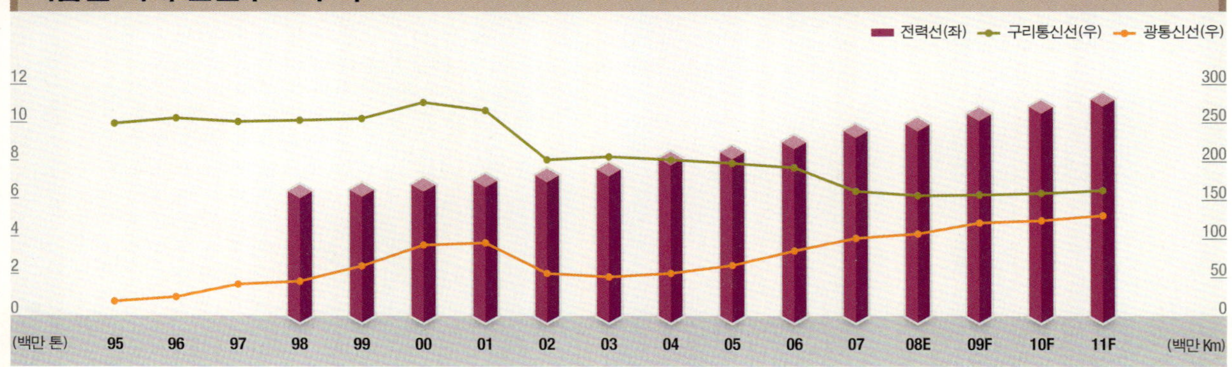

모바일기기 및 초고압 케이블 수요 급상승
전자부품, 전선 업체들 수혜 기대

삼성家 전자부품 3형제의 거센 바람몰이

전자부품 시장에는 삼성 계열 업체들이 전통의 강호로 군림한 지 오래다. 2011년에 이어 2012년 역시 이들의 행보에 많은 투자자들이 이목을 집중하고 있다.

맏형격인 삼성전기는 MLCC(적층 세라믹 콘덴서), 인쇄회로 기판, 카메라 모듈, 무선통신부품, 전원 공급 장치, IC 솔루션 등 전자 핵심 부품을 생산하고 있으며, 삼성전자를 비롯해 전 세계 유수의 IT 업체들을 거래선으로 삼고 있다. MLCC 등 주요 제품들은 선진사보다 앞선 기술력을 인정받으면서 시장지배력을 확대해 세계 5대 종합 부품 업체로 자리매김하고 있다. 삼성전기는 2010년 연결기준으로 매출액 6조9689억 원, 영업이익 7781억 원을 달성했다. 매출액은 2007년에 비해 불과 3년 만에 2배 규모로 늘어난 수치다.

그러나 2011년에는 전 세계 IT 수요 약세 탓에 판가 인하가 지속된 데다 원자재 가격도 올라 2010년만큼의 영업이익을 내지는 못했다. 삼성전기는 2011년에 1분기 921억 원, 2분기 871억 원, 3분기 689억 원을 기록했다.

삼성전기는 IT 산업을 견인할 스마트폰 등 모바일기기 시장에 소형 고용량 MLCC, 고밀도 기판, 고화소 카메라 모듈과 같은 고부가가치 제품을 적극 공략해 핵심 거래선에서의 점유율을 높여 나갈 계획이다. 또 전기자동차, 에너지, 바이오 등 미래 유망 산업 분야에 대한 연구 개발을 적극적으로 펼쳐 지속적인 성장 모멘텀을 확보해 나간다는 방침이다.

삼성LED는 LED TV 등을 비롯한 LED 채용 확대로 급속한 성장세를 거두고 있다. 2010년 2분기에 처음으로 분기 매출 4000억 원 고지를 돌파했다. TV 외에도 LED의 활용 범위가 조명과 자동차용 램프 등으로 확대되고 있어 삼성LED의 성장세는 더욱 빨라질 전망이다. 특히 LED 조명 사업의 경쟁력 강화를 위해 신속하게 대응하고 있는 바, 조명 전문 업체인 태원전기의 지분 15%를 취득해 장기적인 시너지 효과를 거두겠다는 전략이다.

삼성테크윈은 파워·특수 등 방산 산업과 시큐리티(CCTV 등) 사업을 주력으로 하고 있다. 2010년 7월에는 삼성탈레스 주식 50%를 2081억 원에 인수하기도 했다. 이는 시큐리티 솔루션 부문에 필수적인 열상카메라 영상 처리, 무선통신 및 RFID 보안시스템 등 기술을 확보해 경쟁력을 높이겠다는 복안에서 추진됐다. 특히 미래산업인 지능형 로봇 및 공기압축기, 가스압축기 등 에너지 장비 사업에 역량을 집중하고 있다. 삼성테크윈은 그 일환으로 2010년 4월부터 운영에 들어간 판교 R&D센터를 중·장기 제품 및 기술 로드맵을 세우는 헤드쿼터로 조성해 나간다는 방침이다.

한편, 삼성家 형제 업체들 사이에서 LG이노텍은 LED와 PCB(인쇄 회로 기판), 모터, 카메라 모듈, 차량부품, CIGS 박막태양전지, TV용 튜너, 파워 모듈 등 첨단 소재·부품 사업을 영위하고 있다. 특히 고출력 LED, 고화소 카메라 모듈, 반도체용 기판 등 고부가가치 사업을 확대하며 글로벌 경영 환경 악화 속에서도 2011년 매 분기별 매출 1조 원 이상을 기록해 글로벌 소재·부품 전문 기업으로서의 입지를 다지고 있다.

LG이노텍은 LED BLU(백 라이트 유닛)와 파워 모듈 등 이미 확보해놓은 핵심 기술력을 바탕으로 LED 조명 시장 확대에도 적극 나서고 있다. 2011년 5월 북미 조명 시장 공략을 시작으로 세계 유수의 조명 업체들과 거래 파트너십을 맺기 위해 전력을 쏟고 있다.

통신사업자 초고속 정보통신망 구축, 전선 업계 호조 기대

국내 전선 시장은 LS전선과 대한전선, 일진전기, 가온전선 등 대형 업체들을 중심으로 형성돼 있다. 이 가운데 초고압 케이블은 LS전선과 대한전선이, 광케이블은 LS전선과 대한전선, SEHF, 가온전선이 주도하고 있다.

전선 시장은 향후 전력 수요 증가에 따른 초고압 케이블 수요 성장과 더불어 통신사업자들에 의한 초고속 정보통신망 구축, 선박용 고무선 등 고부가가치 제품 매출이 늘어날 것으로 전망된다. 이에 따라 업계 리더인 LS전선은 초전도, 해저, 초고압 케이블 등 고부가가치 제품의 매출 증대에 역량을 집중하고 있다. 또한 미국과 인도에 전력 케이블 공장을 건설 중이며, 2012년부터 본격적으로 현지 매출을 올릴 수 있을 것으로 기대하고 있다.

LS전선과 함께 업계 쌍두마차로 군림하는 대한전선은 2011년에도 재무 개선과 사업 구조조정의 한 해를 보냈다. 무주리조트의 매각 등 보유자산의 매각을 진행한 한편, 단일 공장으로는 세계 최대 규모인 당진공장으로의 이전을 완료하고 준공을 앞두고 있다. 또 통신 사업 일체를 계열사인 옵토매직에 이전해 전력 케이블 중심으로 사업 구조를 재편하기도 했다. 재무약정 여부와 상관없이 대한전선은 2012년에도 지속적으로 재무 개선과 전선업 중심으로 핵심 역량을 모아가는 사업 구조조정을 이어갈 계획이다.

09 디스플레이업계

- PDP 사업 철수, LCD 공급 과잉 개선
- LG디스플레이, 중국 설비 투자 난관 봉착
- AMOLED, 가격 및 기술력 현실화 시기

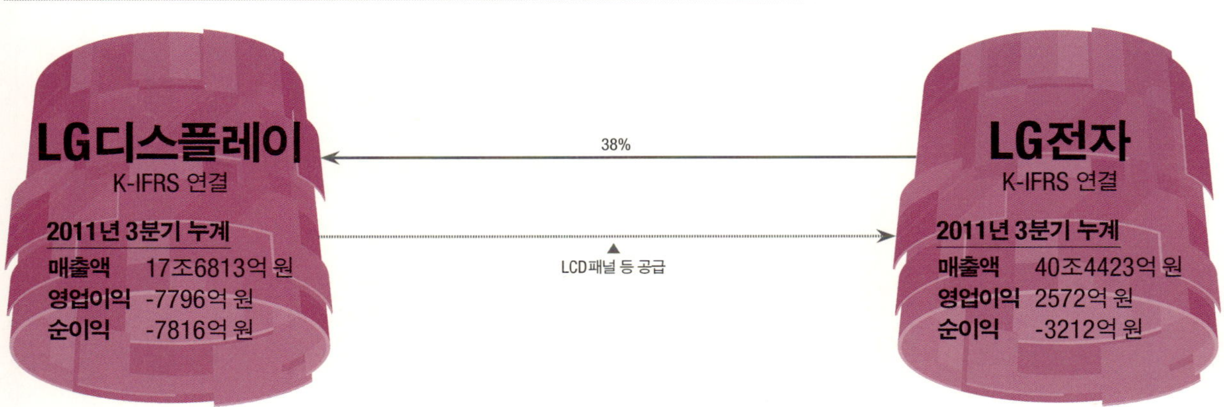

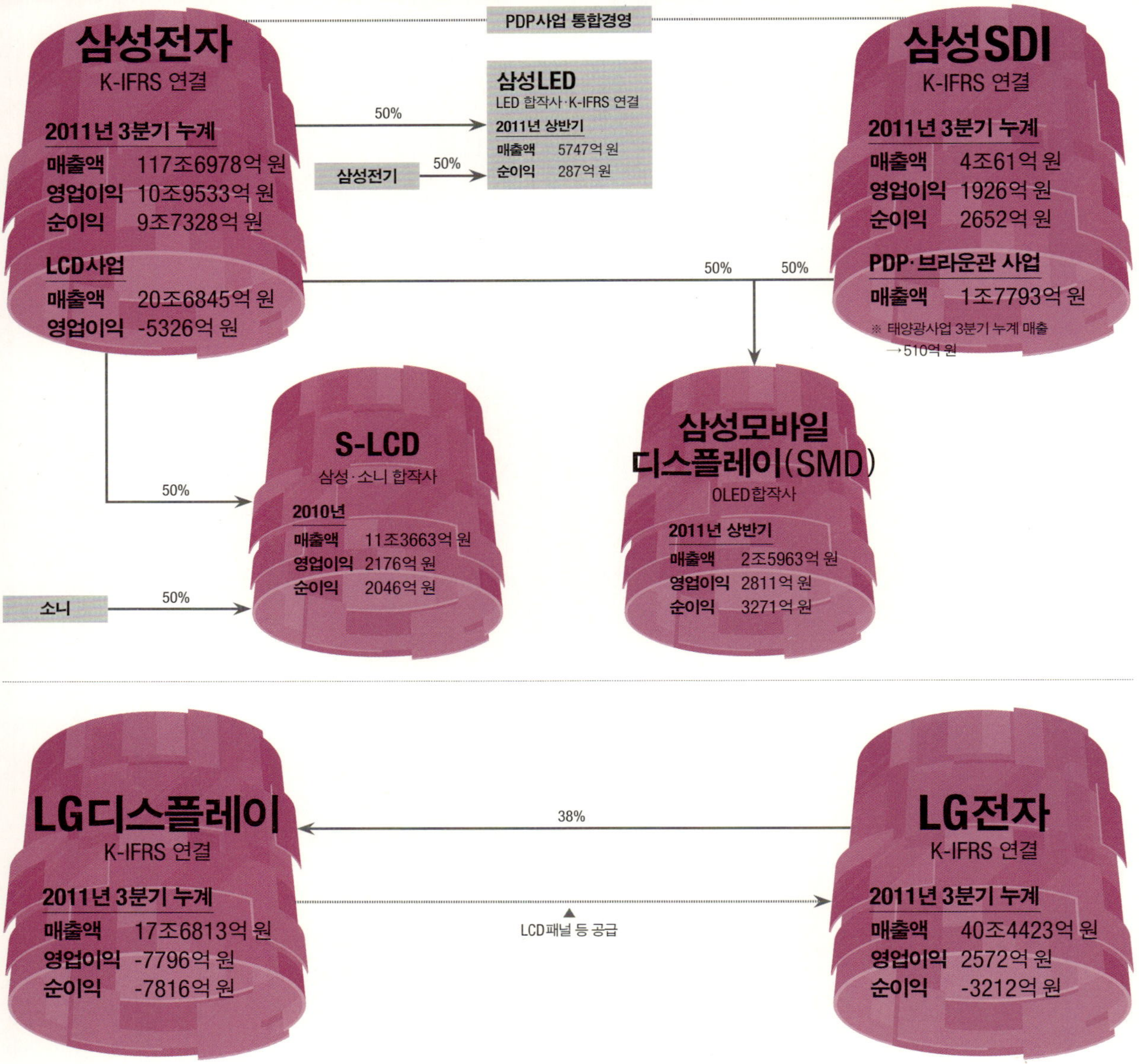

PDP사업 통합경영
삼성전자
K-IFRS 연결
2011년 3분기 누계
매출액 117조6978억 원
영업이익 10조9533억 원
순이익 9조7328억 원
LCD사업
매출액 20조6845억 원
영업이익 -5326억 원
50%
삼성LED
LED 합작사·K-IFRS 연결
2011년 상반기
매출액 5747억 원
순이익 287억 원
삼성전기
50%
삼성SDI
K-IFRS 연결
2011년 3분기 누계
매출액 4조61억 원
영업이익 1926억 원
순이익 2652억 원
PDP·브라운관 사업
매출액 1조7793억 원
※ 태양광사업 3분기 누계 매출 →510억 원
50%
50%
S-LCD
삼성·소니 합작사
2010년
매출액 11조3663억 원
영업이익 2176억 원
순이익 2046억 원
50%
소니
50%
삼성모바일 디스플레이(SMD)
OLED합작사
2011년 상반기
매출액 2조5963억 원
영업이익 2811억 원
순이익 3271억 원
LG디스플레이
K-IFRS 연결
2011년 3분기 누계
매출액 17조6813억 원
영업이익 -7796억 원
순이익 -7816억 원
38%
LCD패널 등 공급
LG전자
K-IFRS 연결
2011년 3분기 누계
매출액 40조4423억 원
영업이익 2572억 원
순이익 -3212억 원

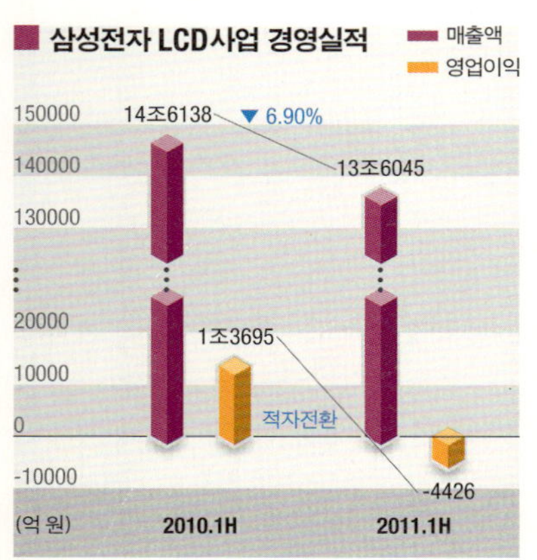

■ 삼성전자 LCD사업 경영실적

매출액
영업이익
150000
140000
130000
20000
10000
0
-10000
(억 원)
14조6138
▼ 6.90%
13조6045
1조3695
적자전환
-4426
2010.1H
2011.1H

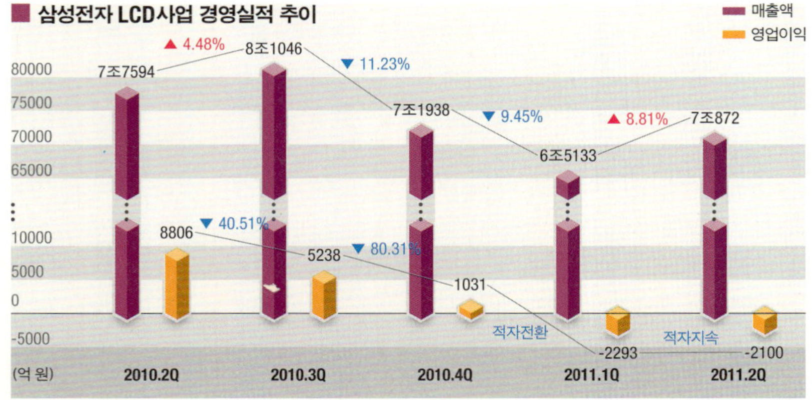

■ 삼성전자 LCD사업 경영실적 추이

매출액
영업이익
80000
75000
70000
65000
10000
5000
0
-5000
(억 원)
7조7594
▲ 4.48%
8조1046
▼ 11.23%
7조1938
▼ 9.45%
6조5133
▲ 8.81%
7조872
8806
▼ 40.51%
5238
▼ 80.31%
1031
적자전환
-2293
적자지속
-2100
2010.2Q
2010.3Q
2010.4Q
2011.1Q
2011.2Q

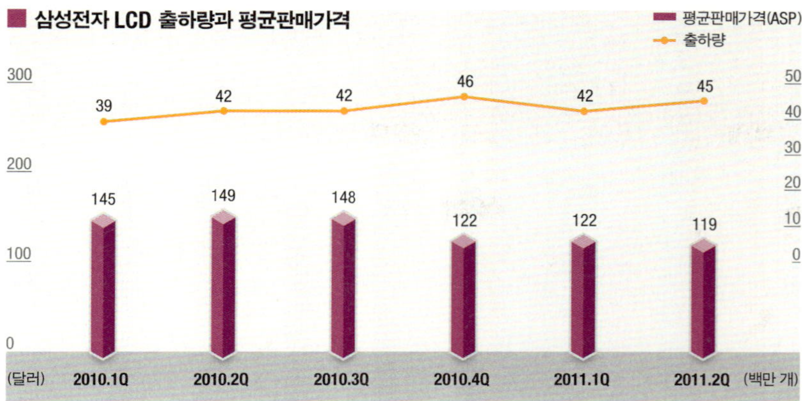

■ 삼성전자 LCD 출하량과 평균판매가격
평균판매가격(ASP)
출하량
39 42 42 46 42 45
145 149 148 122 122 119
(달러) 2010.1Q 2010.2Q 2010.3Q 2010.4Q 2011.1Q 2011.2Q (백만 개)

■ 삼성전자 디스플레이사업 애플 기여도
삼성전자 디스플레이 2011년 추정 매출
애플 기여분
28조4590
1조2720(기여도 4.5%)
(억 원) 2011(E)

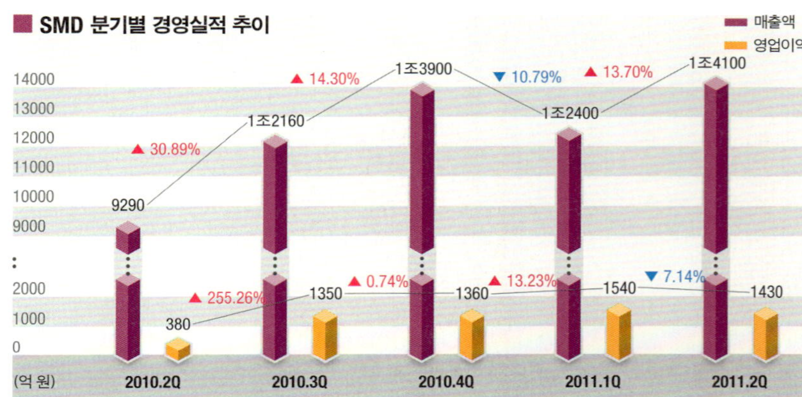

■ SMD 분기별 경영실적 추이
매출액
영업이익
▲ 30.89%
▲ 14.30%
▼ 10.79%
▲ 13.70%
1조3900 1조2400 1조4100
9290 1조2160
▲ 255.26% ▲ 0.74% ▲ 13.23% ▼ 7.14%
380 1350 1360 1540 1430
(억 원) 2010.2Q 2010.3Q 2010.4Q 2011.1Q 2011.2Q

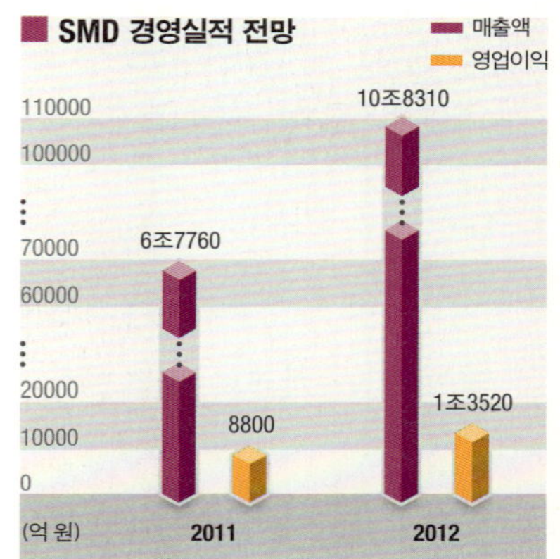

■ SMD 경영실적 전망
매출액
영업이익
10조8310
6조7760
8800 1조3520
(억 원) 2011 2012

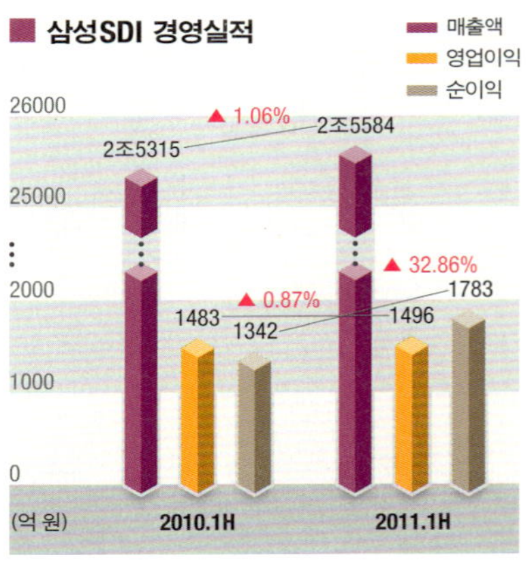

■ 삼성SDI 경영실적
매출액
영업이익
순이익
▲ 1.06%
2조5315 2조5584
▲ 0.87% ▲ 32.86%
1483 1342 1496 1783
(억 원) 2010.1H 2011.1H

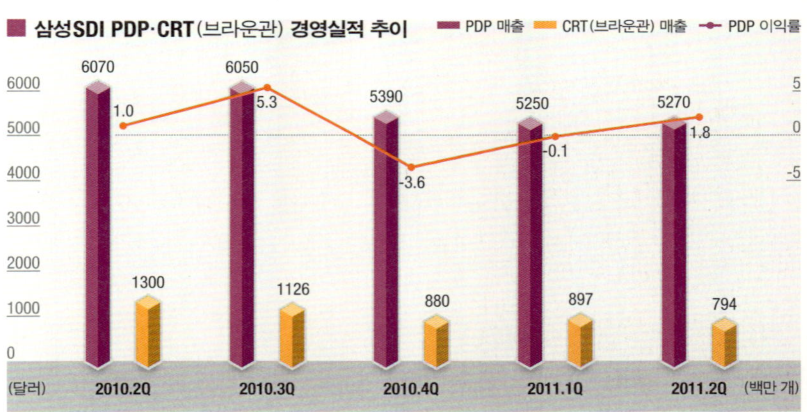

■ 삼성SDI PDP·CRT(브라운관) 경영실적 추이
PDP 매출
CRT(브라운관) 매출
PDP 이익률
6070 6050 5390 5250 5270
1.0 5.3 -3.6 -0.1 1.8
1300 1126 880 897 794
(달러) 2010.2Q 2010.3Q 2010.4Q 2011.1Q 2011.2Q (백만 개)

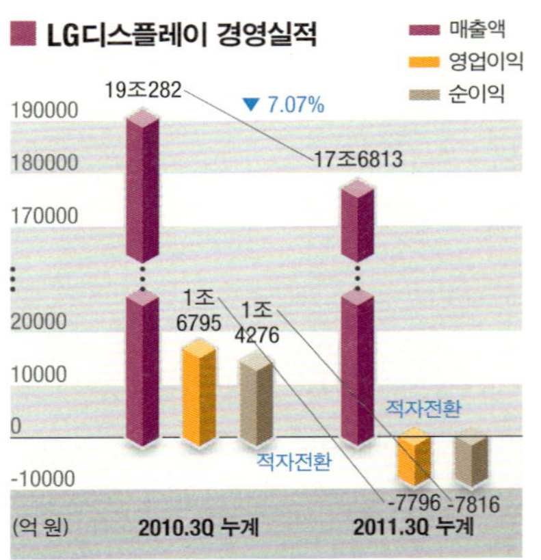

■ LG디스플레이 경영실적
매출액
영업이익
순이익
19조282 ▼ 7.07%
17조6813
1조6795 1조4276
적자전환
적자전환
-7796 -7816
(억 원) 2010.3Q 누계 2011.3Q 누계

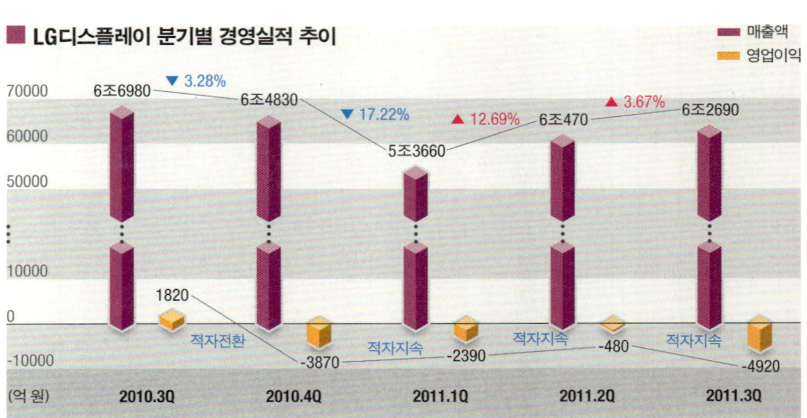

■ LG디스플레이 분기별 경영실적 추이
매출액
영업이익
6조6980 ▼ 3.28% 6조4830
▼ 17.22% ▲ 12.69% 6조470 ▲ 3.67% 6조2690
5조3660
1820
적자전환 -3870 적자지속 -2390 적자지속 -480 적자지속 -4920
(억 원) 2010.3Q 2010.4Q 2011.1Q 2011.2Q 2011.3Q

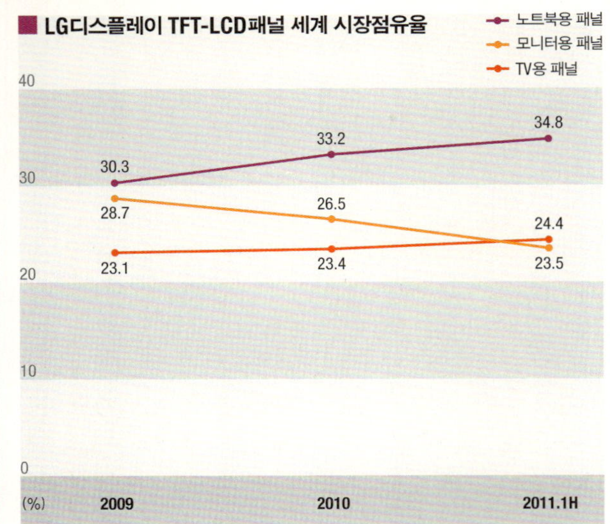

LG디스플레이 TFT-LCD패널 세계 시장점유율

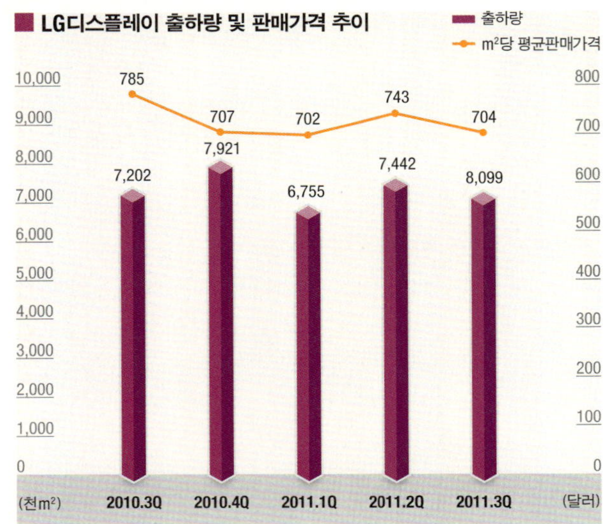

LG디스플레이 출하량 및 판매가격 추이

패널 수요 추이

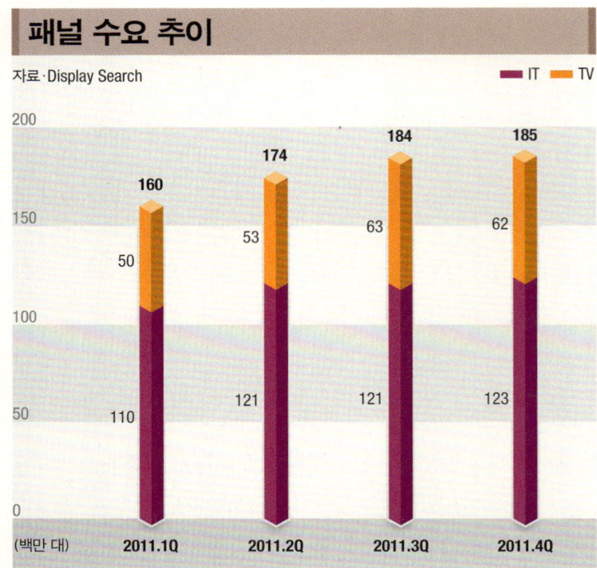

대형 패널 판매량

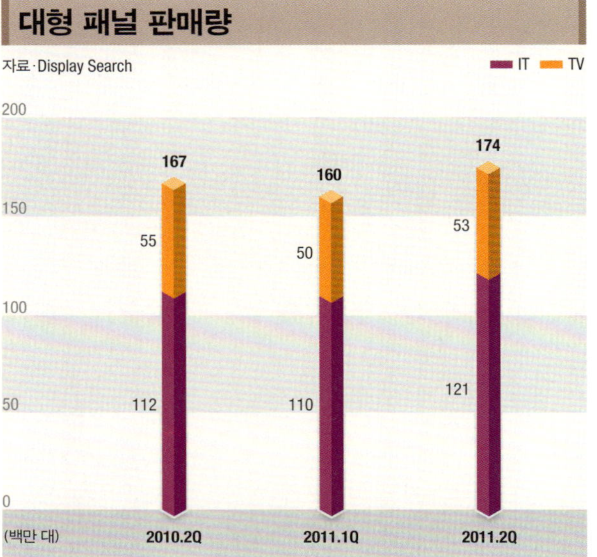

2011년 이후 중국 내 대형 LCD fab. 건설 계획

자료·Display Search, 삼성경제연구소
단위·천 장/월

	세대	양산시기	2011(E)	2012(E)
BOE	8G	2011.3Q	35	90
CEC Panda (Sharp)	8G	2011.3Q	47	83
China Star	8G	2011.4Q	15	105
삼성전자	7.5G→8G	2013.2Q		100
AUO-IVO	7.5G	2013.2Q		NA
LG디스플레이	8G	미정		120
CMI(Century)	8G	미정		NA

월별 LCD패널 가격 추이

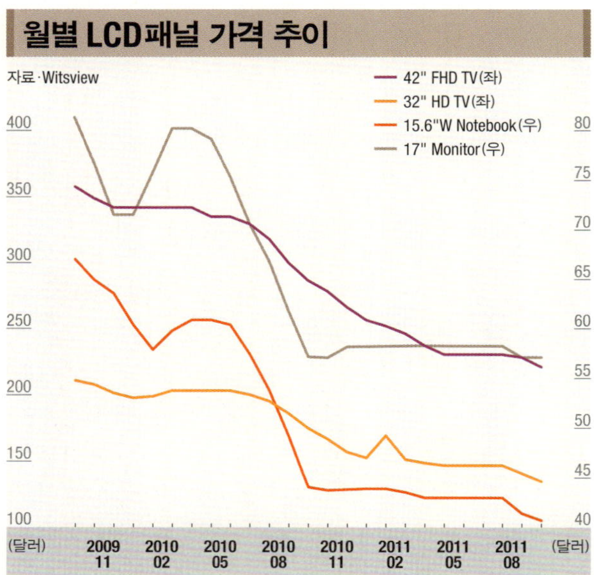

LCD와 PDP 홍수 재앙
치킨게임의 끝은 어디인가

2012년, '봄'은 반드시 온다

2011년 디스플레이업계는 '치킨게임'의 연속이었다. 한쪽이 먼저 그만둘 때까지 버텨야만 하는 피 말리는 생존 경쟁이 벌어진 것이다. 중국을 비롯해 너도나도 LCD를 공격적으로 만들면서 공급은 넘쳐났지만 수요는 따라오지 못했다. 미국과 유럽 등 선진국 시장이 특히 부진했다.

전 세계적으로 LCD의 공급 과잉은 25% 정도에 이른다. 공급 과잉 탓에 LCD 가격도 추락을 거듭했다. 대표적인 LCD 제품인 풀HD TV용 40~42인치 패널의 가격은 2011년 초만 해도 300달러 중반대였지만, 10월 말에는 200달러를 간신히 지키는 수준까지 떨어졌다.

가격 급락은 디스플레이업계를 강타했다. 대표적인 디스플레이 업체인 LG디스플레이는 2011년 3분기에만 5000억 원에 가까운 영업 적자를 기록했다. 급기야 LG디스플레이가 "추가적인 LCD 신규 투자를 하지 않겠다"고 선언할 정도다.

LG디스플레이는 어렵게 승인을 받은 중국 LCD 신규 투자 공장도 원점에서 재검토하기로 했다. 지금 같은 공급 과잉에서는 신규 투자를 도저히 할 수 없는 상황으로 판단했기 때문이다. 삼성전자도 중국 LCD 공장 기공식만 했을 뿐 구체적인 투자 판단을 내리지 못하고 있다.

하지만 중국정부는 삼성과 LG 측의 투자를 잔뜩 기대하고 있다. 중국 투자를 완전히 철회하면 앞으로 거대 시장인 중국에서의 비즈니스에 불이익을 받을 수 있다. LG디스플레이는 일부 국내 LCD 설비를 중국으로 이전하는 방안을 검토 중이다.

PDP는 상황이 더 안 좋다. 대형 TV 시장까지 LCD가 장악하면서 2010년 전 세계 PDP TV 판매는 1800만 대에 그쳤다. 이는 LCD TV의 10% 수준이다. PDP TV에 '올인' 전략을 펴던 일본 파나소닉이 결국 PDP 사업 철수를 결정했다. 일본 언론이 "파나소닉의 TV 사업은 빈사 상태의 중상"이라고 표현할 정도로 경쟁력을 잃었다. 파나소닉은 지난 2005년까지만 해도 전 세계 평면 TV 시장의 10%를 점유했지만, 2010년에는 점유율이 8%로 줄었다. 파나소닉 TV 사업은 지난 2008년부터 3년 연속 적자를 기록했다. PDP 패널을 만드는 LG전자와 삼성SDI도 신규 투자를 하지 않을 계획이다.

하지만 디스플레이업계의 치킨게임도 조금씩 끝이 보인다. 파나소닉의 PDP 사업 철수가 디스플레이업계 구조조정의 신호탄이 될 수 있기 때문이다. 삼성SDI, LG전자 등 국내 PDP 업체들도 결국 PDP 사업을 정리할 수밖에 없을 것으로 업계는 진단하고 있다.

LCD 투자가 정체되고 PDP가 철수하면 LCD의 공급 과잉 상태도 한층 개선될 수 있다. PDP TV 판매량은 LCD TV 판매량의 10% 수준이지만, TV 면적 기준으로 보면 PDP 비중이 더 크다. 전 세계 PDP TV 판매 면적은 1100만 m^2로, LCD TV의 판매 면적(6300만 m^2)의 17%에 달한다. PDP TV가 40인치 이상 대형에 집중돼 있기 때문이다.

만약 전 세계 PDP TV 라인이 모두 생산을 중단하게 되면, 이론적으로 LCD TV의 수요 면적은 17% 증가하게 된다. 현재 전 세계 LCD 공급 과잉률이 25%라는 점을 고려하면, PDP TV의 생산 중단으로 LCD 공급 과잉 상황이 일거에 해소될 수 있다.

전문가들은 2012년 2분기를 기점으로 디스플레이업계의 치킨게임이 끝나고, 수급 상황이 개선될 것으로 전망하고 있다.

차세대 디스플레이 'AMOLED'에 거는 기대

앞으로 디스플레이업계는 LCD를 넘어 차세대 디스플레이로 평가받는 능동형 유기 발광 다이오드(AMOLED)로 빠르게 대체될 전망이다. 삼성SDI가 AMOLED를 본격적으로 개발하고 채택하기 시작한 것은 지난 2007년부터다. 사실 2010년까지 디스플레이 시장에서 AMOLED는 전혀 두각을 나타내지 못했다.

하지만 2010년 하반기부터 스마트폰에 탑재되기 시작하면서 그 가능성을 인정받기 시작했다. 현재 AMOLED는 스마트폰 등 중소형 시장에 국한돼 있지만, 최근에는 스마트폰을 넘어 태블릿PC에도 AMOLED를 탑재하고 있다.

AMOLED는 LCD보다 색상이 화려하고 더 얇게 만들 수 있다는 장점이 있다. 무엇보다 응답 속도가 높아 LCD와 비교하면 잔상이 거의 없다. AMOLED를 차세대 디스플레이로 주목하는 이유다.

다만 비싼 가격은 넘어야할 산이다. AMOLED의 패널 가격은 LCD에 비해 2~3배 비싸다. 해상도를 더 높이고 수명을 늘려야하는 기술적 문제도 남아 있다. 하지만 AMOLED의 가격이 빠른 속도로 내려가고 있기 때문에 결국 디스플레이업계의 중심이 AMOLED로 이동할 가능성은 매우 커 보인다. **B**

세계 휴대폰 빅5 판매량 및 점유율

2011.1H 기준

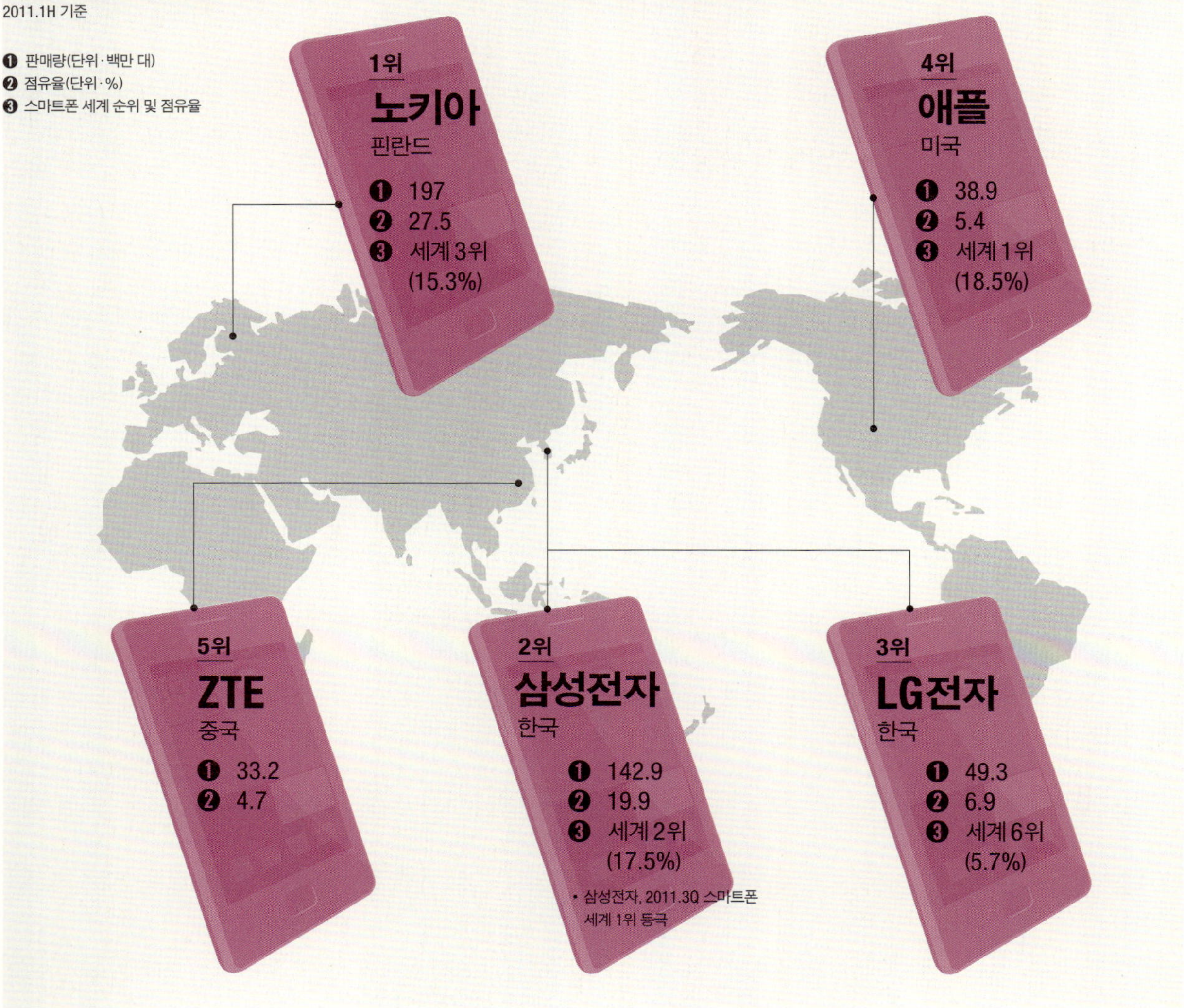

❶ 판매량(단위·백만 대)
❷ 점유율(단위·%)
❸ 스마트폰 세계 순위 및 점유율

1위
노키아
핀란드
❶ 197
❷ 27.5
❸ 세계 3위 (15.3%)

4위
애플
미국
❶ 38.9
❷ 5.4
❸ 세계 1위 (18.5%)

5위
ZTE
중국
❶ 33.2
❷ 4.7

2위
삼성전자
한국
❶ 142.9
❷ 19.9
❸ 세계 2위 (17.5%)
• 삼성전자, 2011.3Q 스마트폰 세계 1위 등극

3위
LG전자
한국
❶ 49.3
❷ 6.9
❸ 세계 6위 (5.7%)

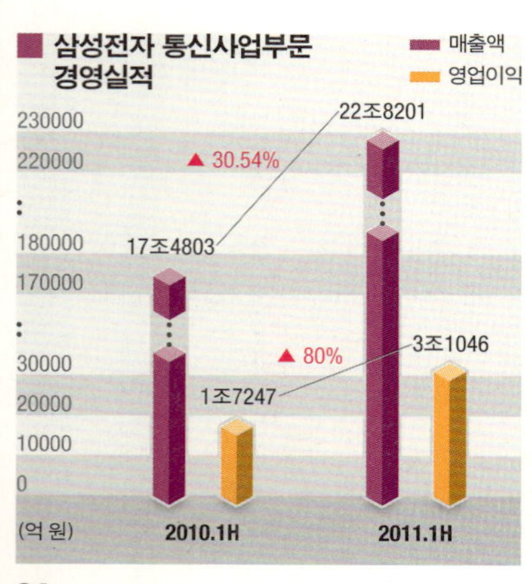

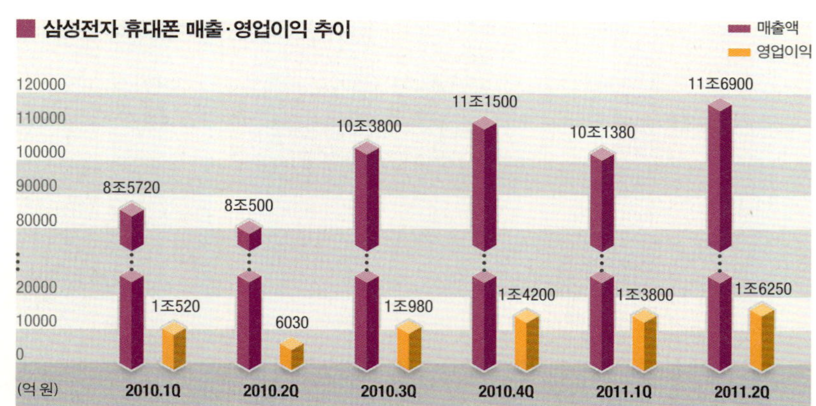

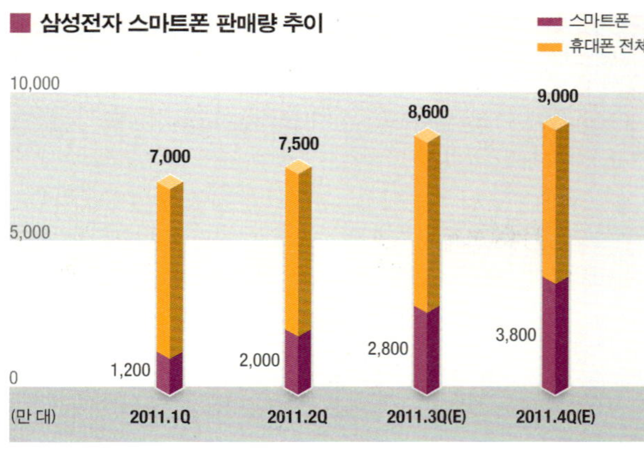

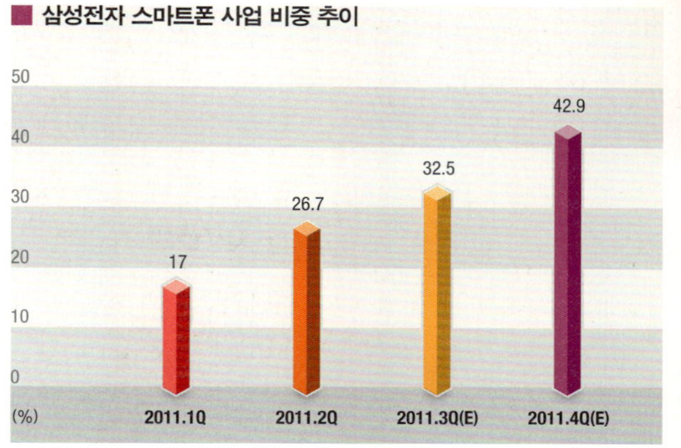

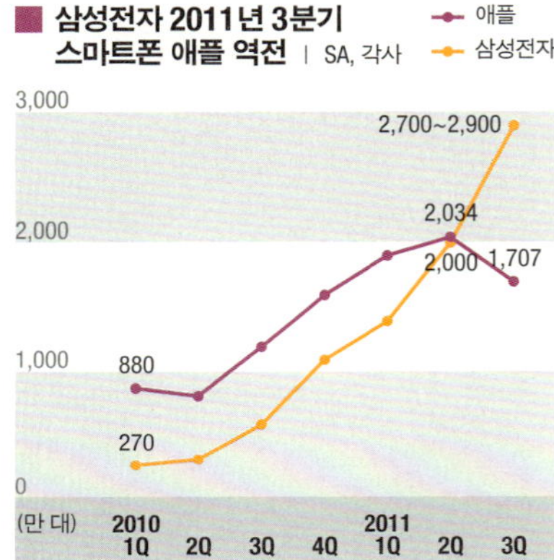

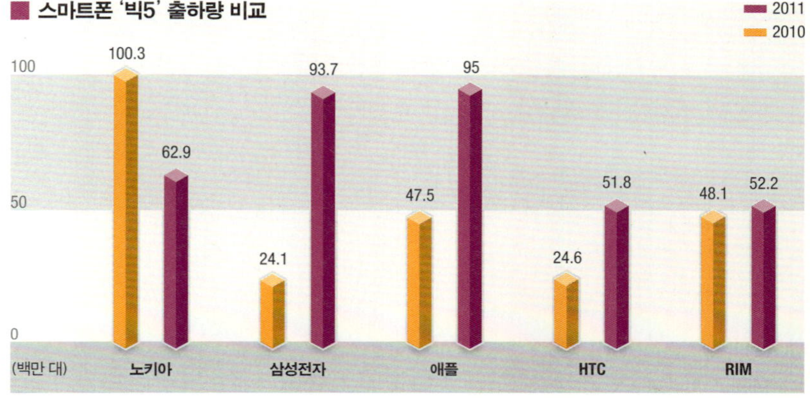

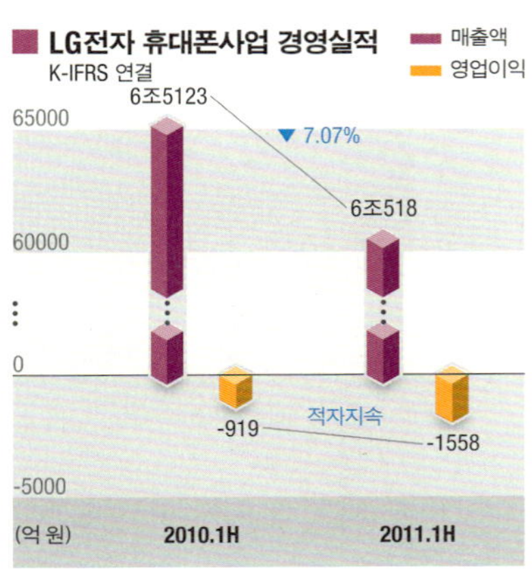

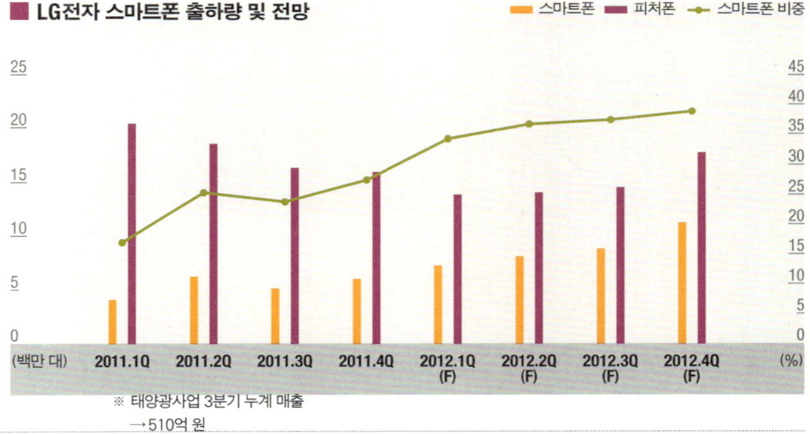

※ 태양광사업 3분기 누계 매출
→510억 원

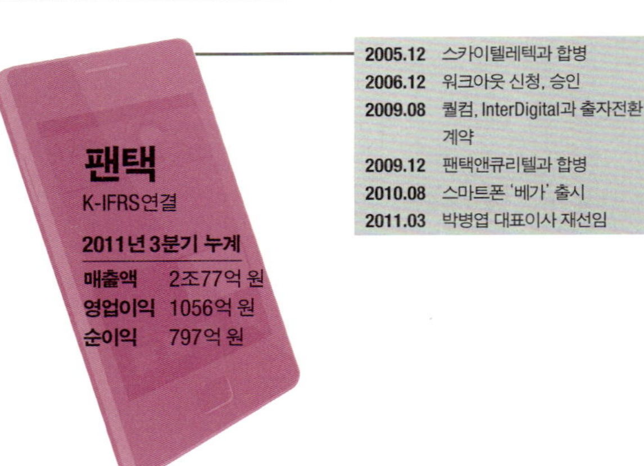

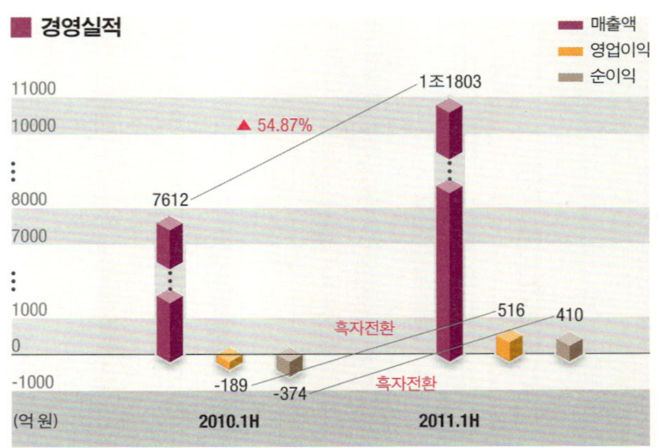

삼성 – 애플 특허소송 글로벌 현황

네덜란드
- **06.23** | 헤이그 지방법원
  갤럭시S, 갤럭시탭 10.1 등 판매금지 가처분 신청
- **08.24**
  법원, 갤럭시S 등 10월 14일부터 판매금지 결정
- **10.14**
  법원, 삼성의 아이폰 등 판매금지 신청 기각

영국
- **06.30** | 런던 지방법원
  아이폰, 아이패드 등 통신특허 침해소송
- **08.17, 23** | 서울 중앙지방법원
  갤럭시S, 갤럭시탭 10.1 등 특허소송

프랑스
- **06.30** | 파리 지방법원
  아이폰, 아이패드 등 통신특허 소송
- **09.12**
  아이폰4S 판매금지 가처분 신청

스페인
- **08.09** | 유럽상표디자인청
  아이패드 디자인특허 무효 신청

이탈리아
- **06.30** | 밀라노 지방법원
  아이폰, 아이패드 등 특허침해 소송
- **10.06**
  아이폰4S 판매금지 가처분 신청

독일
- **04.21** | 뒤셀도르프 지방법원
  아이폰, 아이패드 통신특허 침해소송
- **08.09** | 뒤셀도르프 지방법원
  갤럭시탭 10.1 판매금지 가처분 신청
- **09.09**
  법원, 갤럭시탭 10.1 판매금지 결정

호주
- **07.28** | 호주연방법원(시드니)
  갤럭시탭 10.1 판매금지 가처분 신청
- **10.13**
  법원, 갤럭시탭 10.1 판매금지 결정

한국
- **04.21** | 서울 중앙지방법원
  아이폰, 아이패드 통신특허 침해소송
- **06.17, 23** | 서울 중앙지방법원
  갤럭시S, 갤럭시탭 10.1 등 특허소송

일본
- **04.21** | 도쿄 중앙지방법원
  아이폰, 아이패드 통신특허 침해소송
- **08.17, 23** | 도쿄 중앙지방법원
  갤럭시S, 갤럭시탭 10.1 등 특허소송

미국
- **04.25** | 캘리포니아 북부 지방법원
  갤럭시S, 갤럭시탭 10.1 등 특허침해 소송
- **07.01** | 캘리포니아 북부 지방법원
  갤럭시S 등 판매금지 가처분 신청
- **07.05** | 미국국제무역위원회(워싱턴)
  갤럭시S, 갤럭시탭 10.1 등 수입금지 요청
- **06.28** | 미국국제무역위원회(워싱턴)
  중국산 아이폰, 아이패드 등 수입금지 요청
- **06.29** | 델라웨어 지방법원
  아이폰, 아이패드 통신특허 침해소송

삼성전자 → 애플
애플 → 삼성전자

세계 스마트폰 시장 주요 업체별 판매 현황

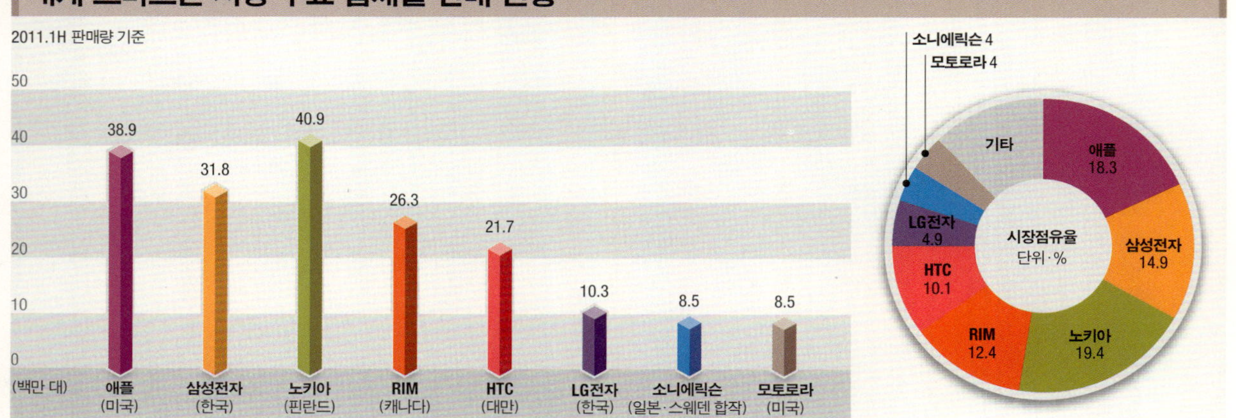

스마트폰에 일희일비 하는 휴대폰 시장
OS와 통신기술이 성패를 좌우한다!

노키아와 애플을 제친 삼성의 위력

2011년 휴대폰 시장의 최대 화두는 단연 '스마트폰'이다. 피처폰에 비해 수익성이 좋은 스마트폰에 강한 업체는 빠르게 업계 수위로 떠올랐고, 그렇지 못한 업체는 나락으로 떨어졌다. 전자는 삼성전자이고, 후자는 노키아와 LG전자다.

가장 주목할만한 업체는 삼성전자다. 2010년만 해도 삼성전자의 스마트폰 점유율은 8% 수준이었다. 대만 HTC와 함께 업계 4위였다. 하지만 2011년 어느덧 1위 자리를 탈환했다. 노키아, 애플, RIM 등 앞자리를 차지했던 기라성 같은 업체들을 모두 제쳤다. 2010년 2390만 대의 스마트폰 판매량 수준을 2011년 상반기에 이미 훌쩍 넘어섰다(3180만 대). 2800만 대 안팎의 판매량을 기록한 3분기에만 지난해 수준을 능가했다.

삼성전자는 '갤럭시S', '갤럭시S2' 등 확실한 플래그십 라인업을 빠르게 구축한 덕에 주도권을 잡을 수 있었다. 통신사업자에게 갤럭시 브랜드를 확실하게 각인시켰고, 이는 고스란히 소비자들에게 전달됐다. 스마트폰 초기 '옴니아'의 실패가 결국 삼성전자에게는 약이 된 셈이다.

반면 휴대폰의 '상징'과도 같았던 노키아의 추락은 스마트폰의 중요성을 여실히 일깨웠다. 2010년 상반기만 해도 노키아의 스마트폰 점유율은 40%에 육박했다. 아직 시장이 만개하지 않은 때였다. 하지만 애플 '아이폰' 출시 이후 너도나도 스마트폰에 뛰어들자 노키아는 추락하기 시작했다. 현재 점유율은 10% 중반대다. 전체 휴대폰 시장의 아성도 위협받을 지경이다. 2011년 3분기 1억660만 대의 휴대폰을 팔았는데, 9000만 대에 육박한 삼성전자에 추월당하기 직전이다.

LG전자의 부진도 스마트폰과 함께 했다. 2011년 상반기 스마트폰 판매량은 1030만 대 수준이다. 3분기에는 450만 대에 미치지 못했을 것으로 추정된다. 전 세계 6위권이다. '옵티머스 2X', '옵티머스 3D' 등을 플래그십 제품으로 내세웠지만, 모두 실패했다. 이에 전체 휴대폰도 영향을 받았다. 2010년 10%를 넘보던 점유율은 어느새 6%대로 곤두박질쳤다.

애플은 여전히 강한 모습을 보였다. 사실상 스마트폰의 원조답게 꾸준히 분기당 2000만 대 안팎의 판매량을 보이고 있다. 2011년 3분기 삼성전자에 수위 자리를 내줬지만, 아직은 애플이 한수 위라는 평가가 주류를 이룬다. iOS라는 운영체제(OS)에다 앱스토어를 중심으로 한 콘텐츠 생태계가 워낙 견고하기 때문이다. 다만 스티브 잡스라는 상징적인 구심점을 잃은 애플의 이미지가 소비자들에게 여전히 매력을 발산할지는 미지수다.

무섭게 밀고 올라오는 신흥 세력들도 주목해야 한다. ZTE, 화웨이 등 저가 스마트폰 공세를 펼치고 있는 중국 업체들이다. 이들은 200달러 이하의 제품을 대거 뿌리면서 노키아와 LG전자의 점유율을 갉아먹고 있다. 중국, 인도 등 인구 대국이 이들의 공략지점이다. 특히 ZTE는 전 세계 5위권의 휴대폰 업체로 떠올랐다.

이들은 삼성전자와 애플의 전략도 바꿔 놓았다. 프리미엄 전략을 고수하던 두 회사는 최근 보급형 제품을 쏟아내고 있다. 특히 수많은 마니아들을 거느리던 애플의 전략 수정은 향후 휴대폰 시장의 최대 변수가 될 전망이다.

2012년, LTE 시장이 변수

2012년 역시 화두는 스마트폰이 이어갈 것으로 보인다. 다만 최근 3세대에서 4세대로 빠르게 넘어가고 있는 통신기술이 변수가 될 전망이다. 최근 주요 업체들은 4세대 롱텀에볼루션(LTE) 스마트폰을 서서히 선보이고 있다. LTE는 기존 3세대와 비교해 최대 5배 빠른 획기적인 기술이다.

통신업계에서는 우리나라를 비롯해 북미, 일본 등 선진 시장에서 2012년 중으로 LTE 스마트폰이 빠르게 보급될 것으로 보고 있다. 상대적으로 다소 늦은 유럽도 2012년 말 혹은 2013년에는 LTE가 시장의 한 부분을 차지할 것으로 내다보고 있다.

OS를 두고 벌어질 업계 신경전도 관심거리다. 확고한 자체 OS를 보유한 애플을 제외하면, 대부분 휴대폰 업체들은 구글, 마이크로소프트 등 OS 업체에 의존해야 한다. 제조 업체가 자체 OS를 만들어 풍부한 생태계를 구축하기란 매우 어렵기 때문이다.

안드로이드를 보유한 구글이 '레이저' 이후 하락세인 모토로라를 인수하면서, 어떠한 방식으로 협력할지 유심히 지켜봐야 한다. PC 시장의 맹주로 군림했던 마이크로소프트가 얼마나 과거의 영광을 재현할지도 관심사다. 추락하는 노키아와 손을 잡은 점은 더욱 주목할 만하다. 두 회사가 낼 시너지는 업계에 큰 영향을 끼칠 전망이다. 🅱

KT
K-IFRS 연결
2011년 3분기 누계
매출액   15조6110억 원
영업이익 1조6697억 원
순이익   1조2316억 원
• KT+KTF 합병 (2009.6)
• 남아공 종합통신사업자(Telkom)
  지분 인수 추진(2011.11)

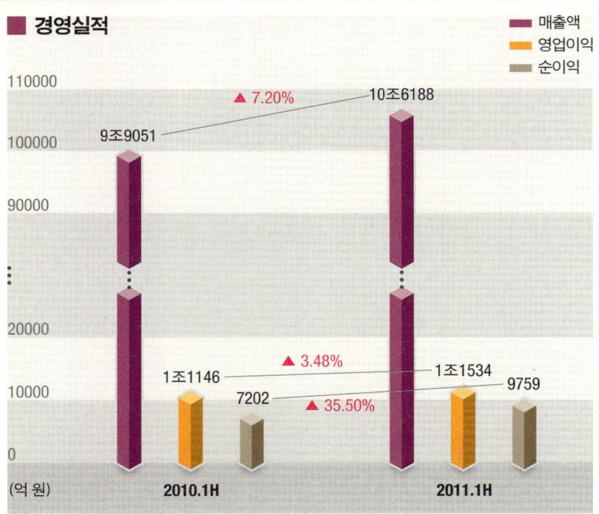
경영실적
매출액
영업이익
순이익
110000
100000
90000
20000
10000
0
(억 원)
9조9051
▲ 7.20%
10조6188
1조1146
7202
▲ 3.48%
1조1534
9759
▲ 35.50%
2010.1H
2011.1H

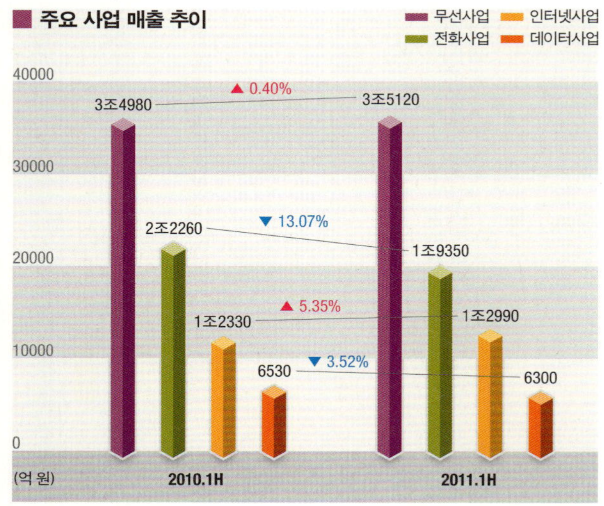
주요 사업 매출 추이
무선사업   인터넷사업
전화사업   데이터사업
40000
30000
20000
10000
0
(억 원)
3조4980
▲ 0.40%
3조5120
2조2260
▼ 13.07%
1조9350
1조2330
▲ 5.35%
1조2990
6530
▼ 3.52%
6300
2010.1H
2011.1H

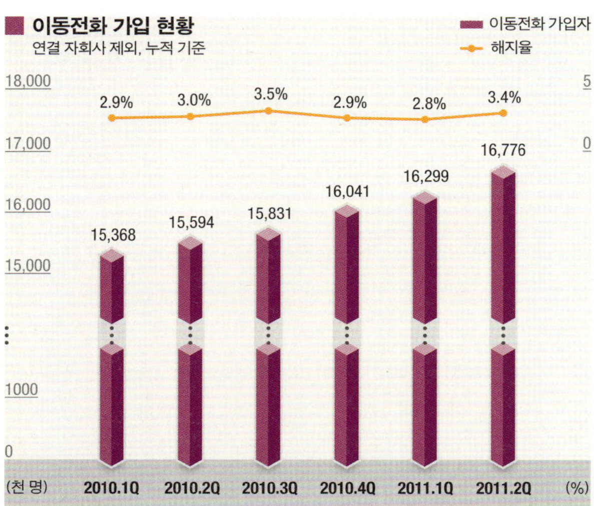
이동전화 가입 현황
이동전화 가입자
연결 자회사 제외, 누적 기준
해지율
18,000
17,000
16,000
15,000
1,000
0
(천 명)
2.9%   3.0%   3.5%   2.9%   2.8%   3.4%
15,368   15,594   15,831   16,041   16,299   16,776
2010.1Q   2010.2Q   2010.3Q   2010.4Q   2011.1Q   2011.2Q
(%)

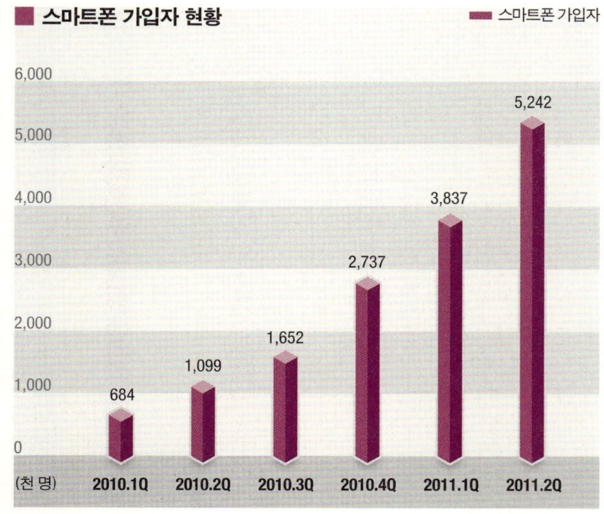
스마트폰 가입자 현황
스마트폰 가입자
6,000
5,000
4,000
3,000
2,000
1,000
0
684   1,099   1,652   2,737   3,837   5,242
(천 명)
2010.1Q   2010.2Q   2010.3Q   2010.4Q   2011.1Q   2011.2Q

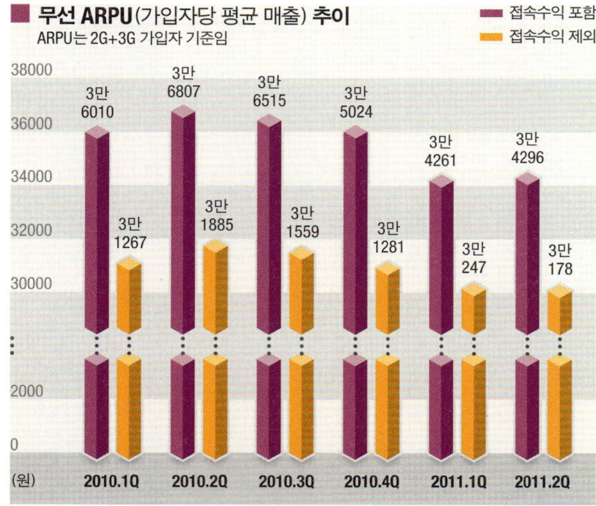
무선 ARPU (가입자당 평균 매출) 추이
접속수익 포함
ARPU는 2G+3G 가입자 기준임
접속수익 제외
38000
36000
34000
32000
30000
2000
0
(원)
3만6010   3만6807   3만6515   3만5024   3만4261   3만4296
3만1267   3만1885   3만1559   3만1281   3만247   3만178
2010.1Q   2010.2Q   2010.3Q   2010.4Q   2011.1Q   2011.2Q

2011.10 SK플래닛 물적분할
(SK텔레콤이 지분 100% 보유)

2011.11 하이닉스반도체 인수 추진 (3조4000억 원)

■ SK그룹 통신 계열 주요 사업 등 현황

사업부문	주요 회사	매출유형	품목	구체적 용도	주요 상표 등	매출비중
무선통신사업	SK텔레콤, 커머스플래닛(주), 피에스앤마케팅(주), 서비스에이스(주), 서비스탑(주), 네트웍오 앤 에스(주)	서비스	이동전화, 무선데이터, 정보통신사업 등	휴대폰	NATE, T store 등	83%
유선통신사업	SK브로드밴드(주), 브로드밴드D&M(주), 브로드밴드미디어(주), 브로드밴드CS(주), SK텔링크(주),	서비스	전화, 초고속인터넷, 데이터 및 통신망 임대 서비스	유선전화	B tv, 00700국제 전화 등	14%
기타	SK커뮤니케이션즈(주), (주)팍스넷, (주)로엔엔터테인먼트, SKT Americas,Inc., SK Telecom China Holdings Co.,Ltd	서비스	인터넷 포털서비스, 게임 제작	인터넷	Nate, Cyworld 등	3%

■ 경영실적

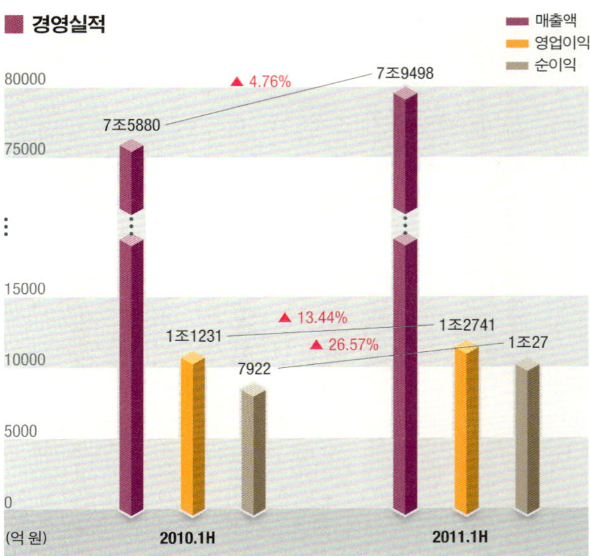

■ 주요 사업 매출 추이
IFRS별도기준

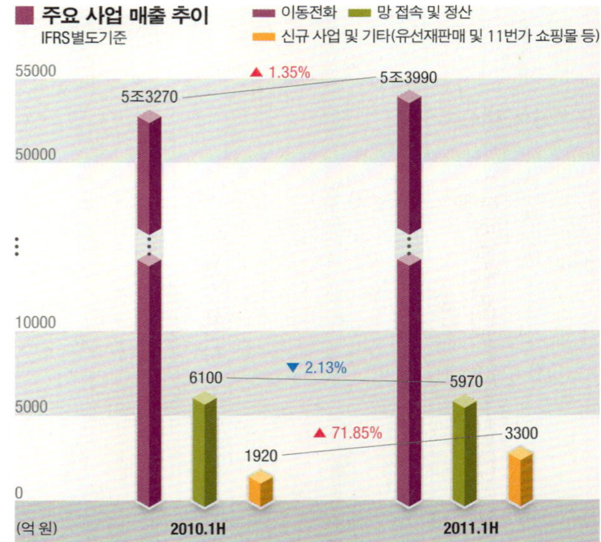

■ 가입자수 추이
누적기준

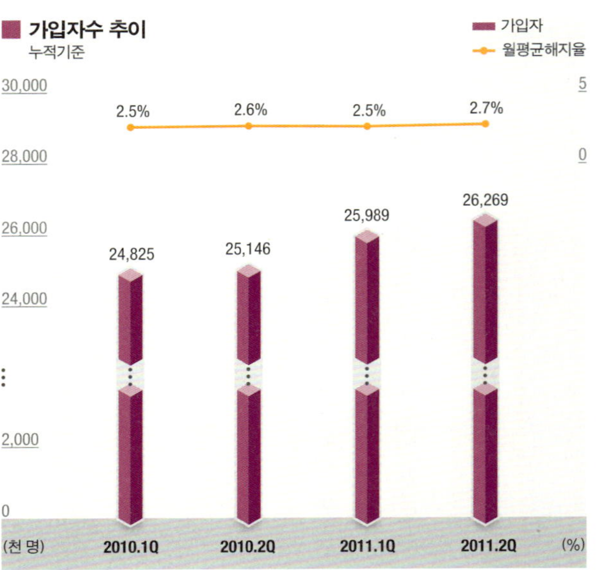

■ ARPU (가입자당 평균 매출) 추이

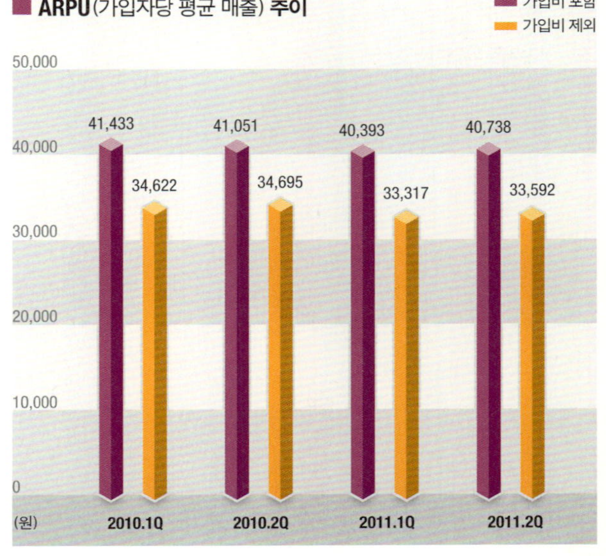

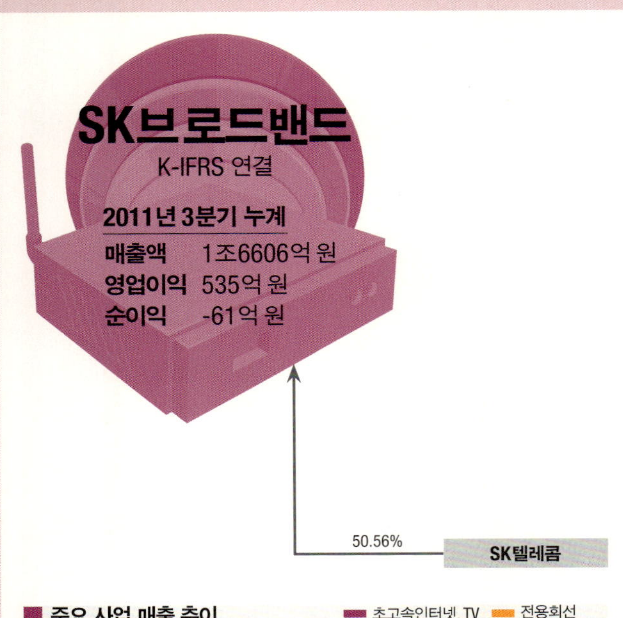

SK브로드밴드
K-IFRS 연결
2011년 3분기 누계
매출액   1조6606억 원
영업이익   535억 원
순이익   -61억 원
50.56%
SK텔레콤

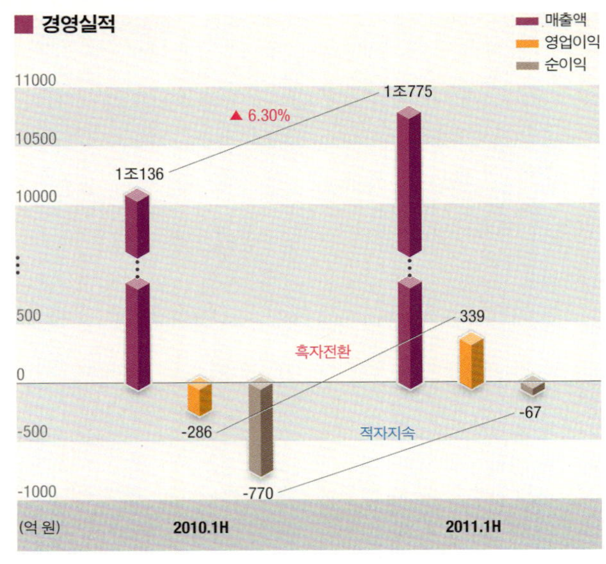

경영실적
매출액
영업이익
순이익
11000
10500
10000
500
0
-500
-1000
1조136
1조775
▲ 6.30%
흑자전환
적자지속
339
-286
-67
-770
(억 원)
2010.1H
2011.1H

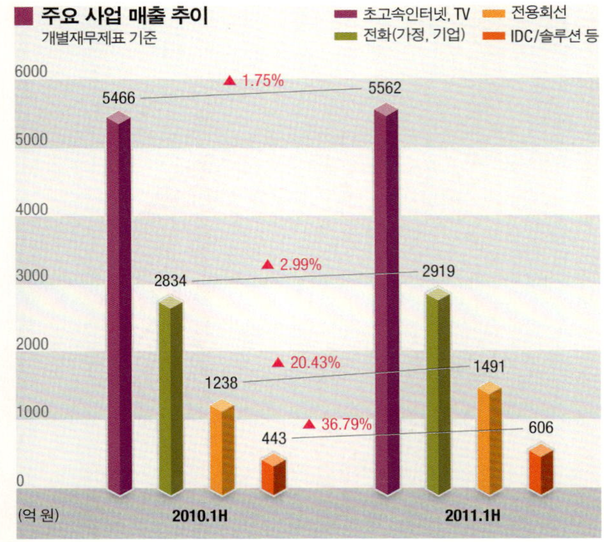

주요 사업 매출 추이
개별재무제표 기준
초고속인터넷, TV
전화(가정, 기업)
전용회선
IDC/솔루션 등
6000
5000
4000
3000
2000
1000
0
5466
▲ 1.75%
5562
2834
▲ 2.99%
2919
1238
▲ 20.43%
1491
443
▲ 36.79%
606
(억 원)
2010.1H
2011.1H

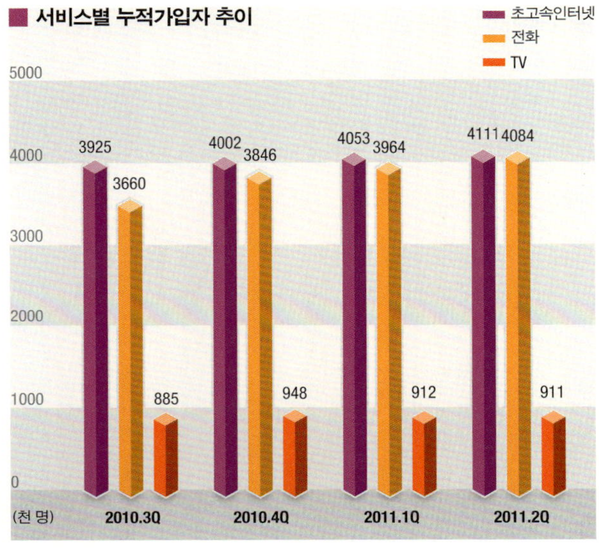

서비스별 누적가입자 추이
초고속인터넷
전화
TV
5000
4000
3000
2000
1000
0
3925
3660
885
4002
3846
948
4053
3964
912
4111
4084
911
(천 명)
2010.3Q
2010.4Q
2011.1Q
2011.2Q

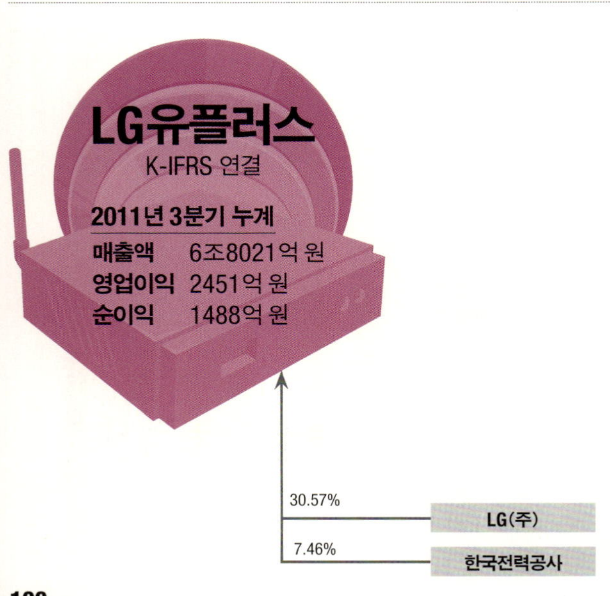

LG유플러스
K-IFRS 연결
2011년 3분기 누계
매출액   6조8021억 원
영업이익   2451억 원
순이익   1488억 원
30.57%
LG(주)
7.46%
한국전력공사

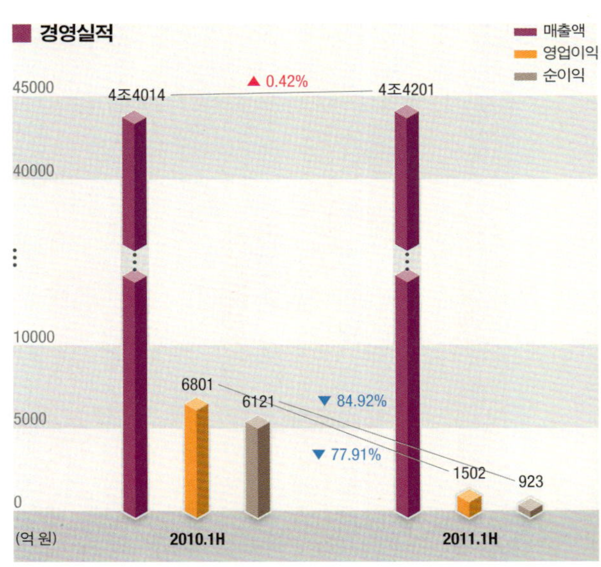

경영실적
매출액
영업이익
순이익
45000
40000
10000
5000
0
4조4014
▲ 0.42%
4조4201
6801
6121
▼ 84.92%
▼ 77.91%
1502
923
(억 원)
2010.1H
2011.1H

■ 주요 사업 매출 추이
연결자회사 실적 제외

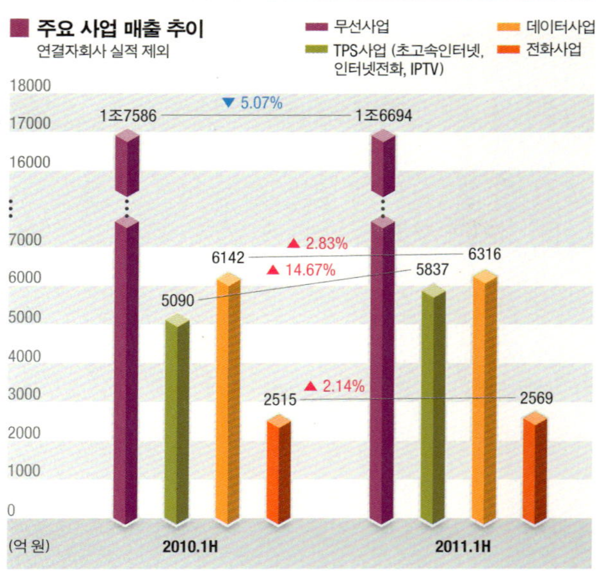

■ 무선 누적가입자 추이

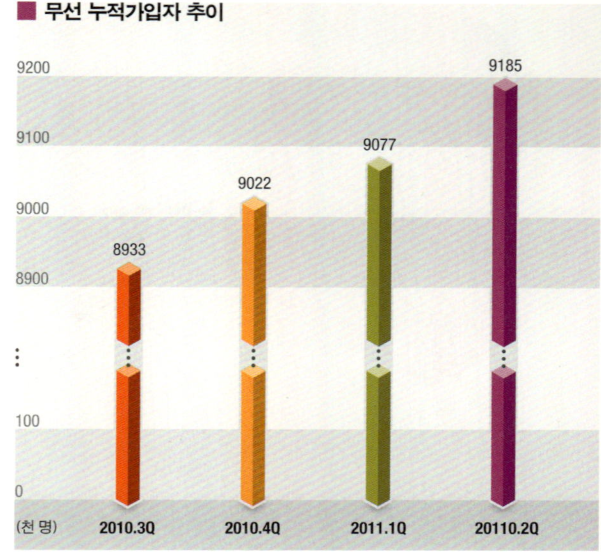

■ ARPU (가입자당 평균 매출) 추이

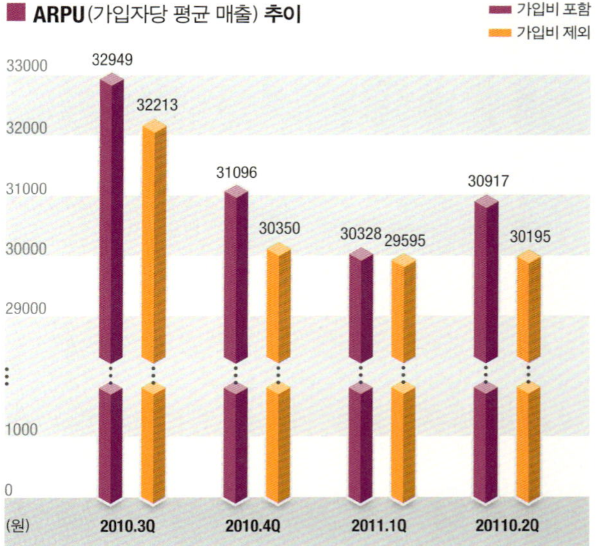

■ 매출 비중
단위·%

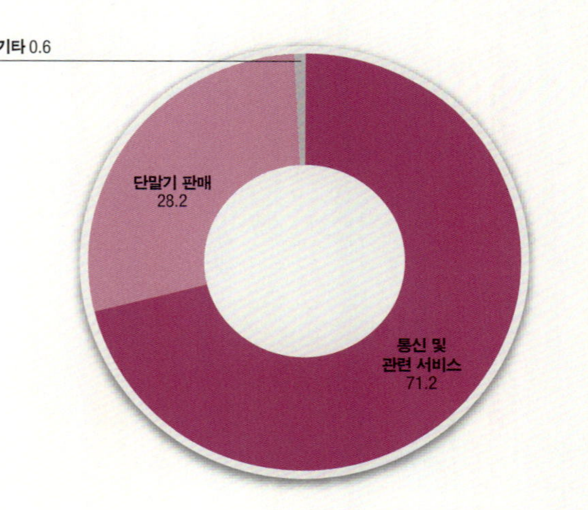

시장점유율

2011.1H 기준, 가입자수 기준, 단위·%

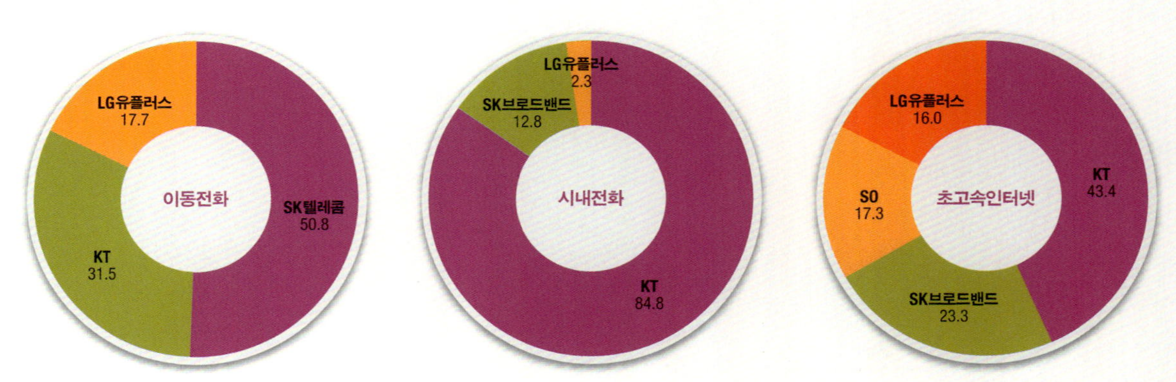

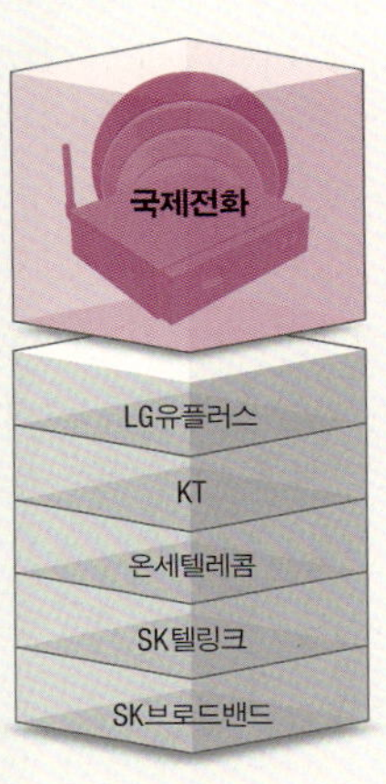

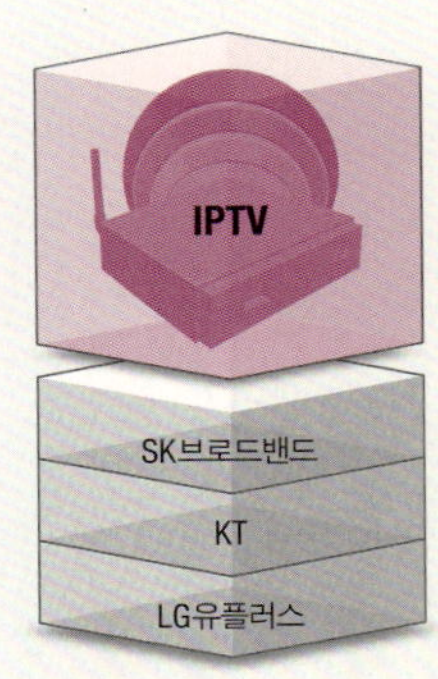

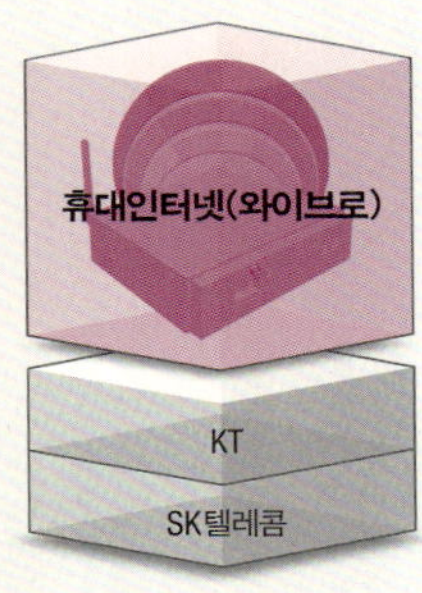

이동통신 3사 전체 가입자수

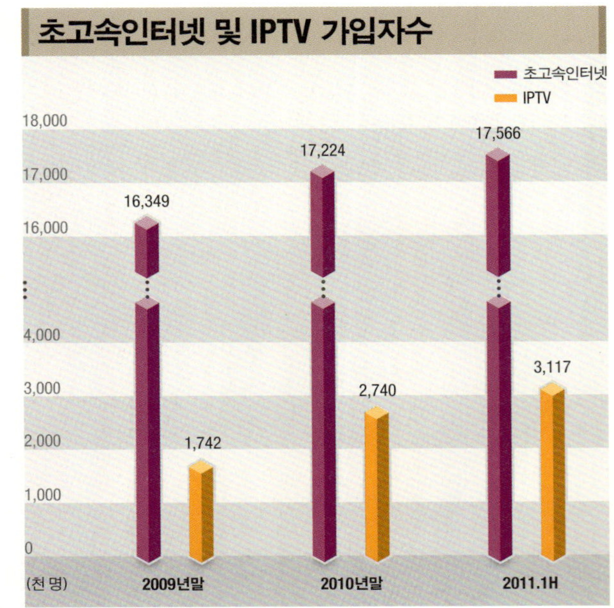

초고속인터넷 및 IPTV 가입자수

8년을 기다렸다
LTE를 주목하라

통신서비스업계가 긴긴 겨울잠 끝에 기지개를 켜고 있다. 2003년 상용화에 돌입했던 3세대(G) 이동통신서비스 WCDMA에 이어, 8년 만에 세대가 업그레이드 된 4세대(G) 롱텀에볼루션(Long Term Evolution, LTE) 서비스에 돌입했기 때문이다. 물론 SK텔레콤과 KT는 4세대에서 LTE와 경쟁관계인 와이브로(wibro) 서비스를 수 년 전 먼저 시작했다. 하지만 이는 와이브로 투자를 강요한 규제기관의 눈치로, LTE서비스 돌입 전 중간단계로 밖에 서비스 하지 않았다.

KT, SK텔레콤, LG유플러스 모두 LTE에 사활을 걸고 있는 모양새다. KT와 SK텔레콤은 WCDMA에 대한 투자비 회수가 완료됐다고 판단했고, LG유플러스는 주파수 문제로 자사만 못한 WCDMA서비스 부진을 만회하려 LTE에 집중하고 있다. 이에 따라 2012년은 포화 상태인 유무선 통신 시장 상황 속에서도 LTE서비스가 얼마만큼 구원투수 역할을 할 수 있을지 주목된다. 또 2012년은 총선과 대선이 있는 해여서, 정치권과 규제기관을 통한 추가적 통신요금 인하 압력이 예상되기도 한다. 방송통신위원회는 2011년 말 제4이동통신사업자를 선정해, 경쟁을 통한 요금 인하를 유도할 계획이다.

KT, 혁신 시도, 다만 CEO 부재 리스크 존재

KT의 시내전화 사업은 유무선 대체 심화와 인터넷전화(VoIP) 시장 활성화로, 또 초고속인터넷사업은 경쟁사의 공격적 마케팅과 저가 공세로 각각 어려운 환경에 처했다. 때문에 KT는 본질적인 구조 개선과 경영 혁신을 펼치고 있다. 3만 8000명에 달했던 인력을 3만2000명까지 줄였고, BC카드와 KT금호렌터카 인수 등을 통해 사업 다각화에 나서고 있다.

스마트폰 경쟁력은 애플의 아이폰 한국 내 단독판매 구조가 깨지면서, SK텔레콤에 다소 밀리는 분위기다. 하지만 3W(WCDMA Wibro WiFi) 네트워크에 기반한 무선통신시스템을 구축해 경쟁사와의 차별화를 꾀하고 있다. 또 경쟁사보다 다소 늦기는 했지만, 2011년 말부터 LTE 상용화에 돌입한다. 이를 토대로 KT는 유무선 통합 1위 자리를 고수할 가능성이 높다. 하지만 변수는 남아있다. 최고경영자(CEO) 리스크다. 현재 수장인 이석채 회장 임기는 2012년 초까지다. CEO 변경 여부에 따라 경영 방침 변화 가능성도 있어, 앞으로의 상황을 예의주시할 필요가 있다.

SK텔레콤, 깨지지 않는 무선 1위, 하이닉스 인수 변수

2012년 SK텔레콤의 이슈는 크게 3가지다. 새롭게 시작한 LTE서비스 활성화, 2011년 10월 분사시킨 SK플래닛 성장, 하이닉스반도체 인수 건이다. SK텔레콤은 무선서비스 1위 자리를 고수하고 있지만 성장은 정체상태다. 따라서 LTE서비스 활성화로 시장점유율 방어를 유지하는 한편, 분사와 인수를 통해 또 다른 성장 기반을 마련한다는 전략이다.

우선, 2012년 LTE 전국망을 구축한다. 2011년 11월 현재 LTE망은 서울·수도권 지역을 중심으로만 구축됐다. 이를 전국망으로 확대시켜 본격적인 LTE 마케팅에 나설 계획이다. 또 순수 네트워크 통신서비스와 다른 플랫폼서비스를 분사시킨 만큼, 여기서 빠른 시일 내 성공 사례를 만드는 것이 필요한 상황이다. 특히 SK텔레콤은 하이닉스반도체 인수를 통해 통신서비스와 반도체 사업 간 시너지 효과를 창출시킨다는 방침이다. 다만, SK플래닛의 성장 속도가 느려지고 하이닉스반도체 인수가 무산될 경우, 자칫 성장 동력을 잃을 수 있다는 분석도 제기된다.

LG유플러스, 가난의 대물림을 끊을 것인가

2011년 LG유플러스는 WCDMA용 주파수 부재로 인해 경쟁사 대비 스마트폰 대응이 늦었다. 스마트폰 제조사 입장에선 가입자 수가 상대적으로 적은 LG유플러스를 위해 별도 모델을 개발할 유인이 적다. 이에 따라 LG유플러스는 "가난의 대물림을 극복하자"는 CEO의 방침에 따라, LTE서비스에 올인하는 모습이다.

과거 KTF(2009년 KT와 합병)가 무선서비스 만년 2위를 탈피하고자 SK텔레콤보다 3세대 WCDMA 마케팅을 활발히 했다. 그 결과 초반 3세대 가입자를 SK텔레콤보다 더 많이 확보한 바 있다. LG유플러스도 LTE 시대를 맞아 비슷한 효과를 노리고 있다. LG유플러스는 2011년 LTE서비스 초반부터 망 커버리지를 서울·수도권뿐만 아니라 주요 대도시로 확대했다.

이 같은 공격적 경영은 LG유플러스에 대한 이미지 제고 효과는 물론, 영업이익 상승으로까지 이어질 수도 있다. 하지만 가입자 경쟁은 비슷한 네트워크 구축 속에서 경쟁력 있는 휴대폰 확보 및 마케팅 자금력 싸움인 만큼, 업계 순위가 뒤바뀔지는 미지수다. B

- 클라우드 컴퓨팅 시장 선점을 위한 경쟁 점입가경
- SKC&C, NFC 기반 모바일 결제 시장에서 급성장 기대
- LGCNS, ATM 관련 금융자동화 핵심 모듈 개발

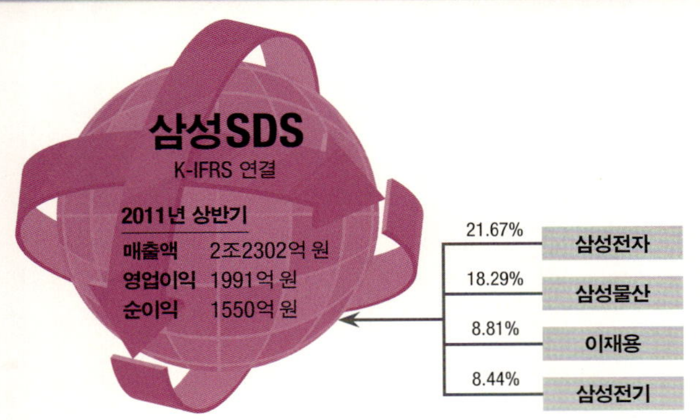

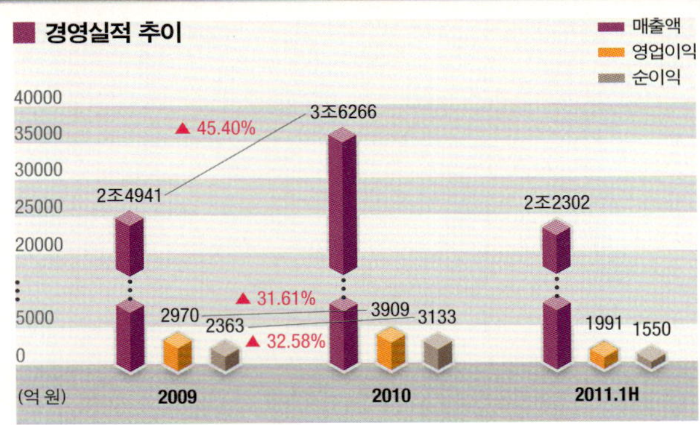

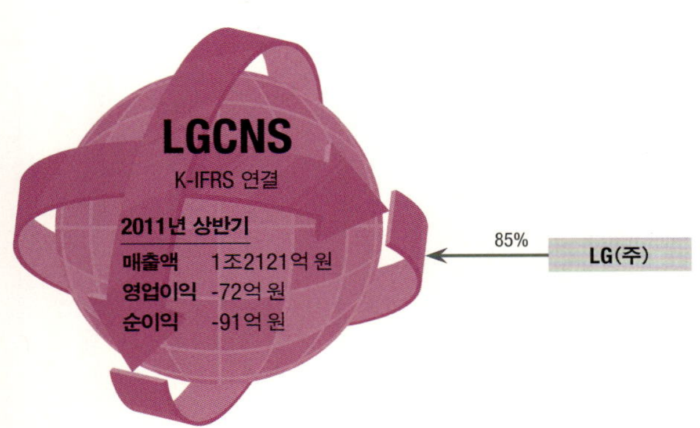

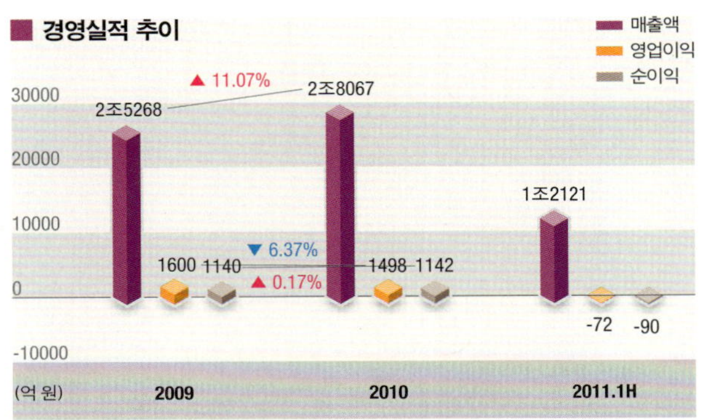

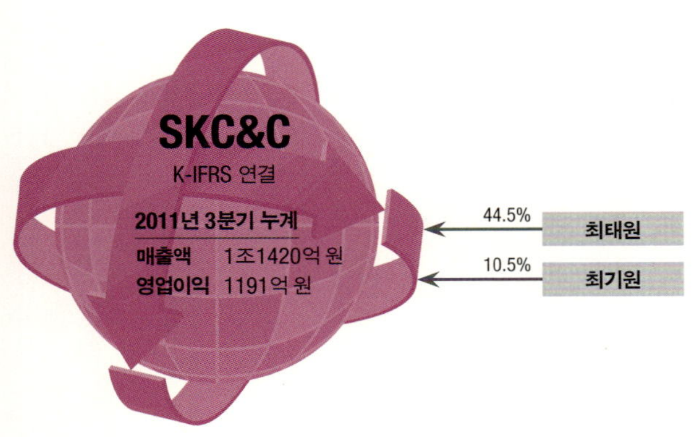

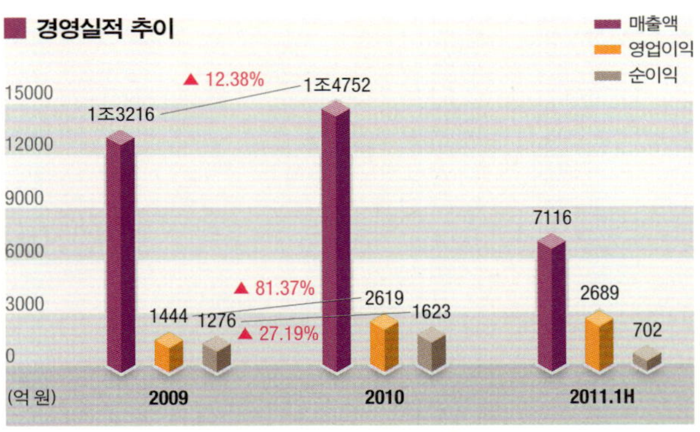

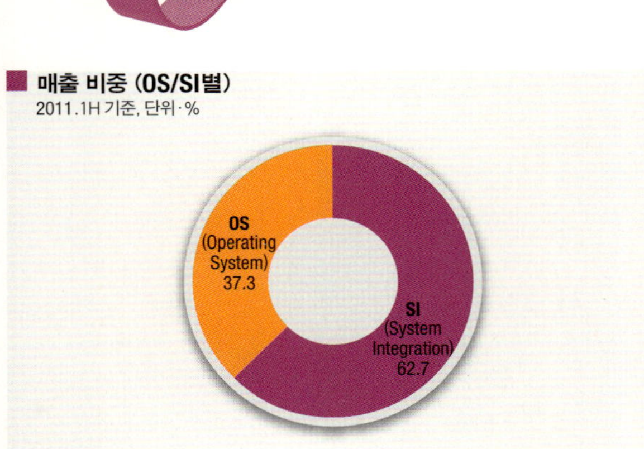

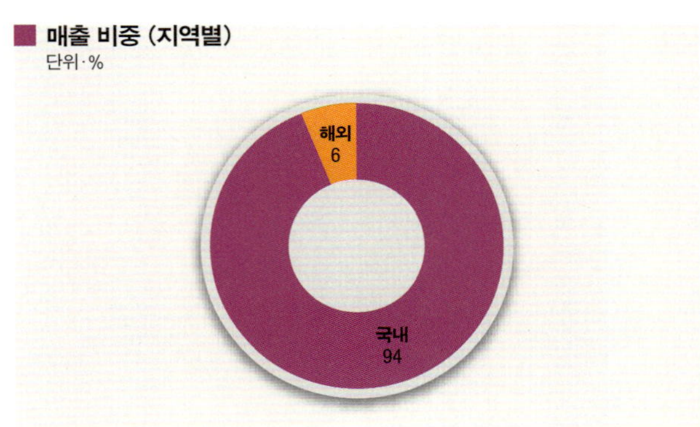

한국IBM
2010년
매출액   1조2250억 원
영업이익   1018억 원
순이익   988억 원

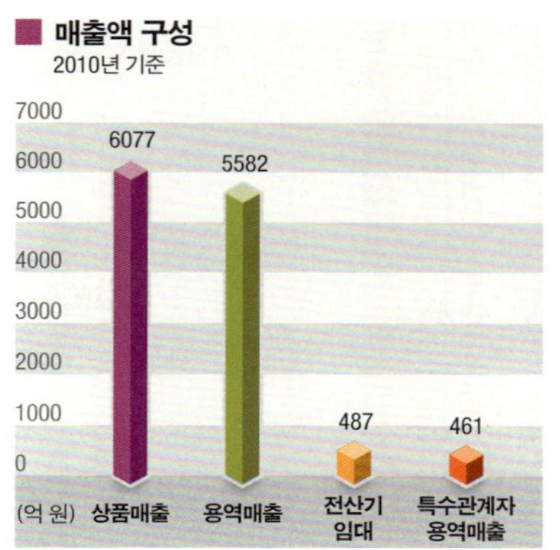

■ 매출액 구성
2010년 기준
6077
5582
487
461
(억 원)   상품매출   용역매출   전산기 임대   특수관계자 용역매출

한전KDN
2010년
매출액   4200억 원
영업이익   242억 원
순이익   279억 원

현대오토에버
옛 오토에버시스템즈
2010년
매출액   5631억 원
영업이익   344억 원
순이익   316억 원

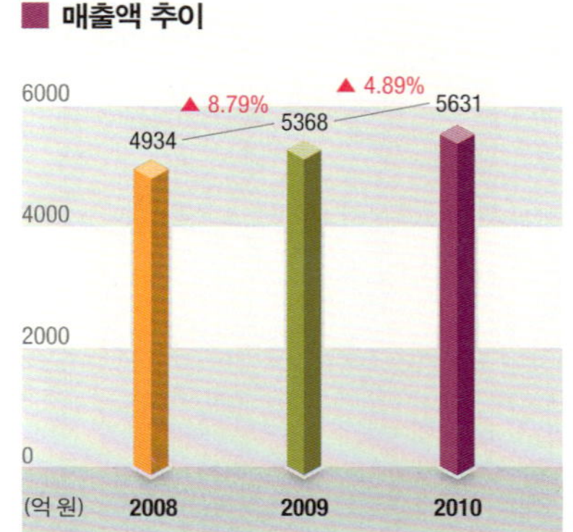

■ 매출액 추이
▲ 8.79%   ▲ 4.89%
4934   5368   5631
(억 원)   2008   2009   2010

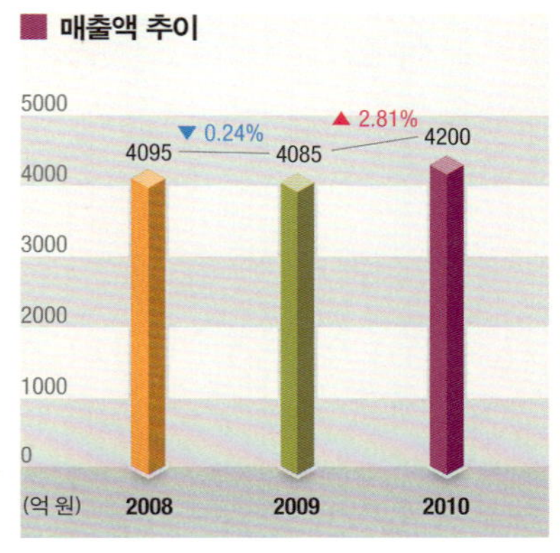

■ 매출액 추이
▼ 0.24%   ▲ 2.81%
4095   4085   4200
(억 원)   2008   2009   2010

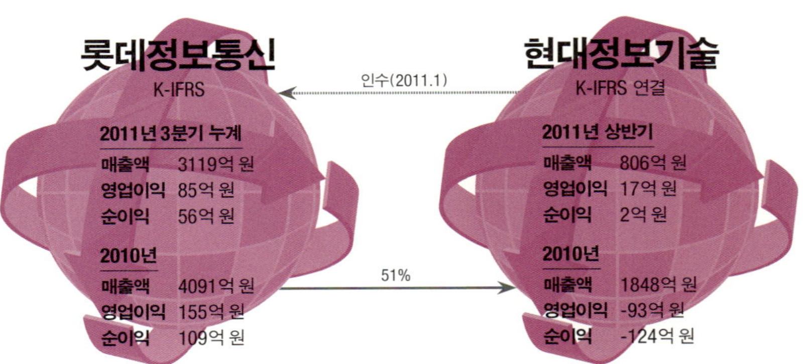

포스코아이씨티
K-IFRS
2011년 3분기 누계
매출액   6614억 원
영업이익   231억 원
순이익   186억 원
2010년
매출액   8289억 원
영업이익   240억 원
순이익   186억 원
※ 포스테이타+포스콘 합병(2010.1)

신세계I&C
K-IFRS
2011년 3분기 누계
매출액   2563억 원
영업이익   154억 원
순이익   130억 원
2010년
매출액   8289억 원
영업이익   240억 원
순이익   186억 원

■ 매출 비중
단위·%
통신·정비
8.96
상품
(전산서버)
12.55
시스템
(엔지니어링)
49.53
용역
(개발·운영)
28.96

롯데정보통신
K-IFRS
2011년 3분기 누계
매출액   3119억 원
영업이익   85억 원
순이익   56억 원
2010년
매출액   4091억 원
영업이익   155억 원
순이익   109억 원

인수(2011.1)
51%

현대정보기술
K-IFRS 연결
2011년 상반기
매출액   806억 원
영업이익   17억 원
순이익   2억 원
2010년
매출액   1848억 원
영업이익   -93억 원
순이익   -124억 원

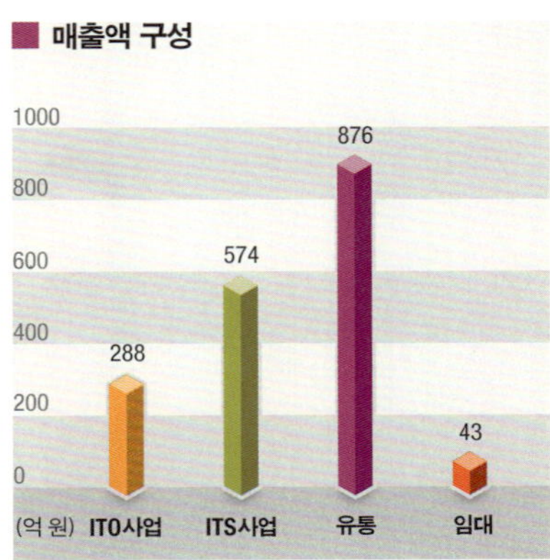

■ 매출액 구성
876
574
288
43
(억 원)   ITO사업   ITS사업   유통   임대

IT서비스 시장규모

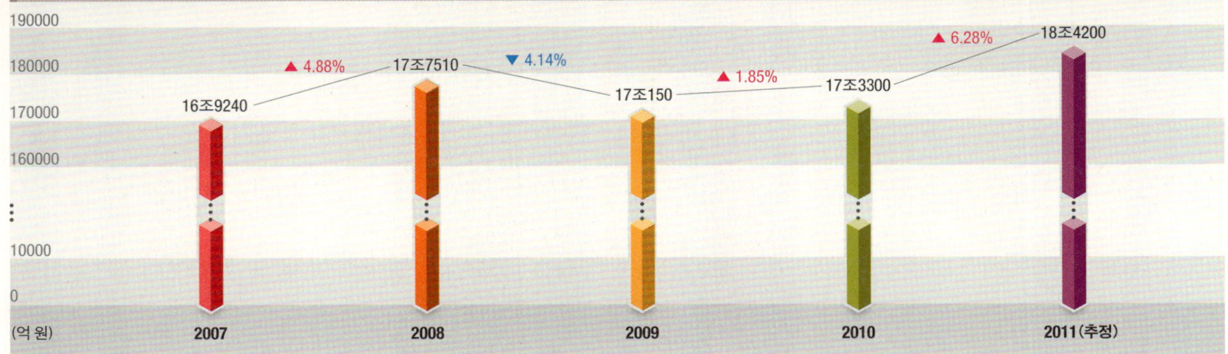

IT서비스 시장 매출 비중

2011년 기준, 단위·%

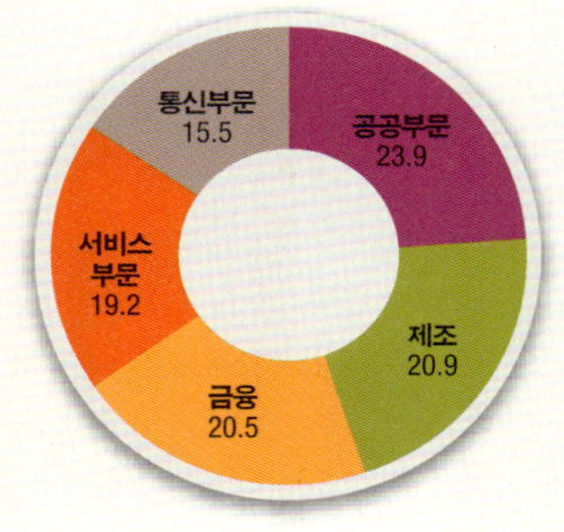

IT업계 해외수주

2011.1H

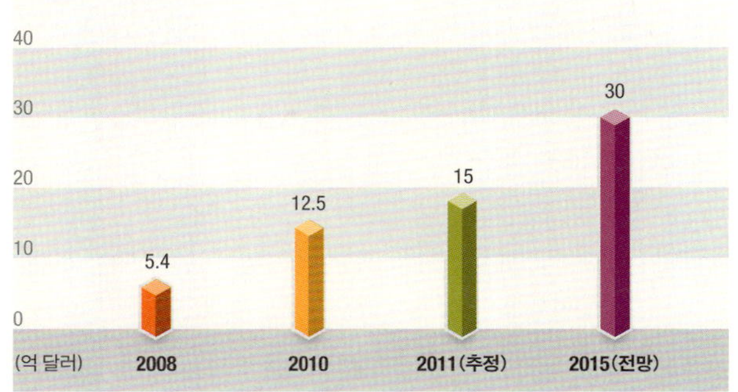

3대 IT서비스 업체 매출 비중

2011.1H 기준, 단위·%

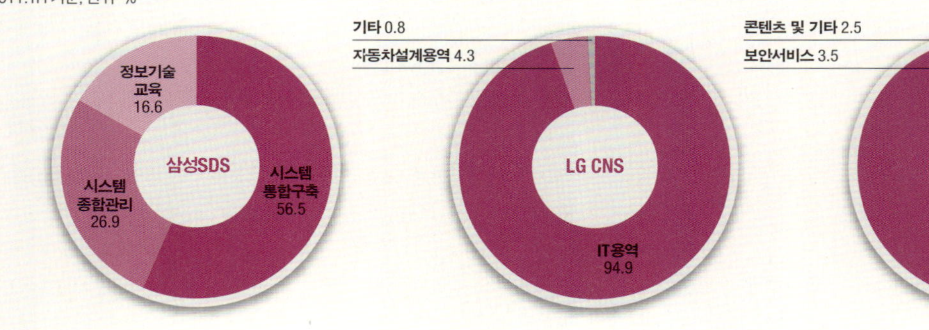

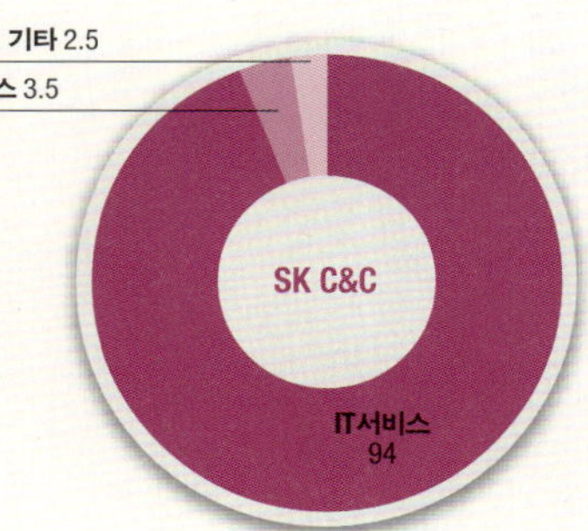

국내 IT서비스산업 분야별 주요 이슈

자료·KRG

금융	제조	통신·유통·서비스	공공·SoC·의료
• 제2금융권의 차세대시스템 구축 • 모바일 뱅킹, 모바일 오피스 추진 • 컴플라이언스-OTC 규제감독에 따른 모니터링 및 관제 수요 • PC보안 강화 및 모바일 금융 보안 수요 증대 • 전사 데이터 통합관리 및 대량 데이터 분석·활용	• 글로벌 IT통합 프로젝트 • 그린 IT • IT융합에 따른 임베디드 소프트웨어 주목 • 지속가능 경영을 위한 GRC • 모바일 컴퓨팅 구축	• 고객정보 일괄관리를 위한 CRM, BI 고도화 수요 • 모바일 비즈니스 솔루션 도입 활성화 • 보안 투자 강화 • ERP 등 기존 시스템 고도화 • 협업 환경 구축(화상회의, UC)	• 중앙행정기관의 정보화 예산 소폭 증가 • 모바일 전자정부 및 국토공간정보화, 국방인프라 개선 • U-헬스 시장 확대

공공부문 IT서비스 매출 감소 우려
신기술 무기로 해외시장 공략에 집중

국내는 좁다, 해외로 해외로

2011년 국내 IT서비스 전체 시장(소비자 시장 제외)은 2010년 대비 3.4% 성장한 16.1조 원 정도로 추산되고 있다. 2015년까지 3.3%의 성장으로 18조4천억 원대의 시장 형성이 예상된다. 2011년 IT서비스 시장에서는 공공(23.9%), 제조(20.9%), 금융(20.5%), 서비스(19.2%), 통신(15.5%) 순으로 비중을 차지한 것으로 보인다.

2011년 10월 정부가 상호출자제한기업집단 소속 대기업들을 정부 부처와 공기업, 지방자치단체 등이 발주하는 시스템 통합(System Integration, SI) 사업에서 배제하겠다고 발표하면서 공공부문에서의 IT서비스 대기업 매출이 감소할 것으로 전망된다.

IT서비스 산업은 최근 IT 기술 등의 발달로 클라우드 컴퓨팅(Cloud Computing) 및 모바일 등의 신규시장이 확대되고 있으며, 이를 선점하기 위한 업체간 경쟁이 본격화되고 있다. 또한 국내 IT서비스 업체들은 국내 사업 수행 경험을 바탕으로 해외 지역으로 사업 확대를 추진해 나가고 있어 향후 IT서비스 사업 성장이 더욱 속도를 낼 것으로 예상된다.

여전히 시장점유율 70%를 유지하는 '빅3' 업체

국내 IT서비스 시장은 삼성SDS, SKC&C, LGCNS 등 대형 IT서비스 업체가 기술 및 경험을 바탕으로 시장을 주도하고 있다. 국내 IT서비스업계의 시장점유율에 대한 정확한 통계 수치는 아직 나온 게 없으나, 상위 10개사를 비교할 경우 이들 상위 3개사의 영업수익 기준 점유율이 약 70% 수준인 것으로 추정된다.

삼성SDS는 2010년 국내 IT서비스 시장점유율 15.5%로, 업계 1위를 유지하고 있다. 삼성SDS는 이른바 '손에 들고 다니는 사무실'을 구현 중이다. 이 회사의 기업용 모바일 오피스 솔루션 '모바일 데스크'를 이용하는 기업은 2011년 11월 기준 삼성그룹, 빙그레, CJ, 하이트-진로, 코오롱 등 100개를 넘어섰다. 대형 병원에서 환자 진료를 효율적으로 할 수 있게 돕는 'EMR(전자 의료 정보 차트)' 기능을 추가하며 '움직이는 사무실'을 다양한 분야로 확장하고 있다.

한편, 삼성SDS는 모바일 사업을 해외로 확대하기 위해 2011년 4월 말에 연 3조 원 매출의 북유럽 최대 IT서비스 업체인 티에토(Tieto)와 전략적 사업 협력을 체결해, 유럽시장 진출의 초석을 다졌다.

SKC&C는 국내 '빅3' 가운데 유일한 상장업체다. 이 회사는 하드웨어 중심에서 정보 보안, 모바일 결제 등 다양한 솔루션 개발 업체로 도약하고 있다. 특히 100% 자회사 인포섹은 보안 관제와 보안 솔루션 사업에서 가시적인 성과를 보이기 시작했으며, 최근 정보 보안의 중요성이 부각되면서 큰 폭의 성장성을 보이고 있는 것으로 전문가들은 평가하고 있다.

SKC&C가 솔루션 사업에서 향후 경쟁력이 더욱 강화될 것으로 보는 이유는, 클라우딩 서비스를 위한 대규모 인프라를 이미 확보하고 있으며 시장이 확대되고 있는 모바일 관련한 다양한 솔루션을 보유하고 있기 때문이다. 이 회사는 NFC(근거리 무선통신) 기반의 모바일 결제 시장에서 향후 큰 폭의 성장이 가능할 것으로 기대된다. 이미 미국 결제 시장의 40%를 점유하고 있는 세계 최대 전자지불결제 업체인 FDC사와 북미 지역 모바일 결제 관련 계약을 체결하기도 했다.

증권시장 전문가들은 SKC&C가 북미 지역 모바일 결제 사업에서 2012년에 800~1000억 원의 매출을 올릴 것으로 내다보고 있다. 미국의 NFC칩 탑재 스마트폰 보급이 향후 빠르게 진행될 것으로 보인다는 점에서 북미 지역 모바일 결제 사업이 이 회사의 장기 성장 엔진이 될 것이라는 전망이다.

LGCNS는 2010년 7월 '스마트 기술 시대를 선도하는 기업'으로 도약을 선포했다. 당시 이 회사는 '비전 2020'을 발표하며 1000억 원이 넘는 과감한 연구개발(R&D) 투자를 선언했다. 스마트 교통, 스마트 그리드, 스마트 팩토리 등도 차세대 성장 사업으로 선정하면서, 핵심 중점 사업으로 모바일을 내세웠다. 그룹웨어, 기업 응용시스템 등을 모바일용으로 개발하고 유지·보수해 주는 기업 모바일 사업과, 모바일 사용자용 디지털 콘텐츠 사업, 모바일 특화 솔루션, 모바일 플랫폼 기반 서비스 등이 주 타깃이다. 최근에는 기업의 업무 환경을 모바일화하는 MEAP(모바일 전사 앱 플랫폼)를 탑재한 모바일 통합 솔루션을 출시하기도 했다.

반도체업계

● 삼성과 하이닉스, D램 글로벌 시장점유율 70% 달성
● 낸드플래시, 2012년 하반기 수급 안정화
● 대만 후발 업체들은 여전히 악전고투 지속

세계 반도체업계 종합 순위

2011.1H매출기준, (괄호 안은 2010년 순위)

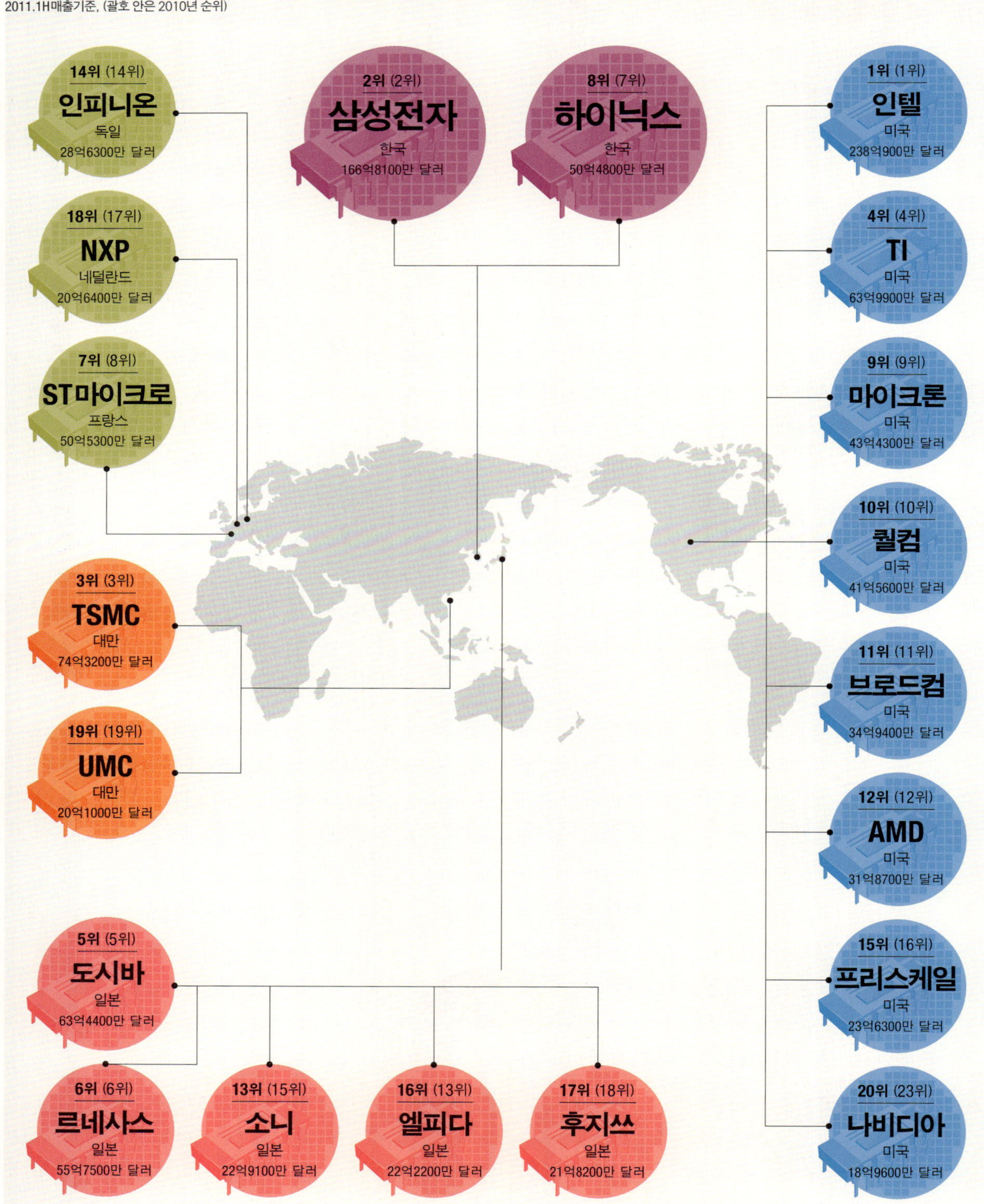

■ 점유율

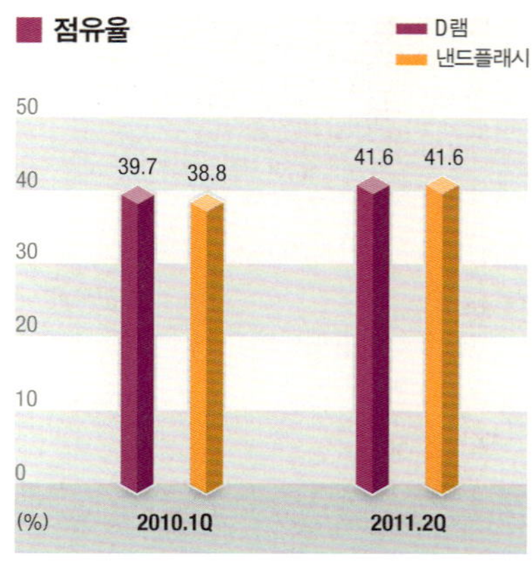

■ 반도체사업 경영실적

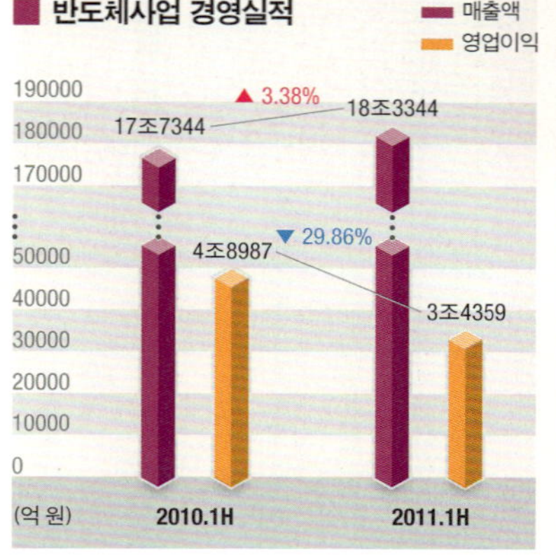

■ 반도체사업 분기별 경영실적

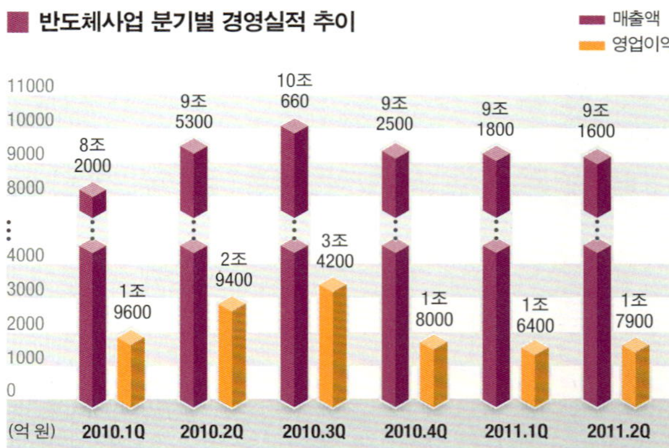

■ 메모리 매출 추이 및 시장점유율

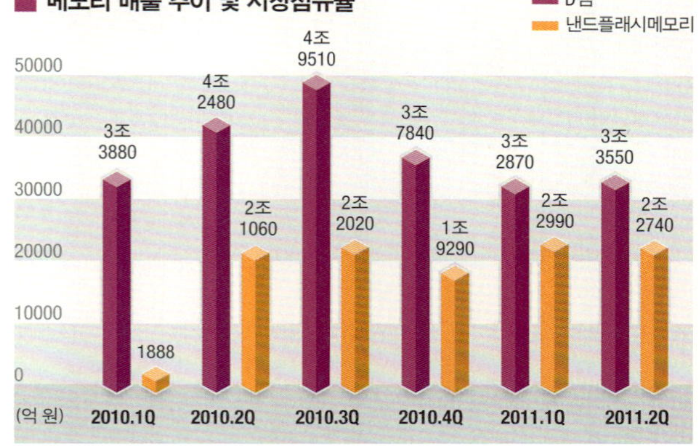

■ 2011년 3분기 전세계 유일한 흑자 D램 업체
영업이익 기준 추정, 자료·블룸버그 및 증권사

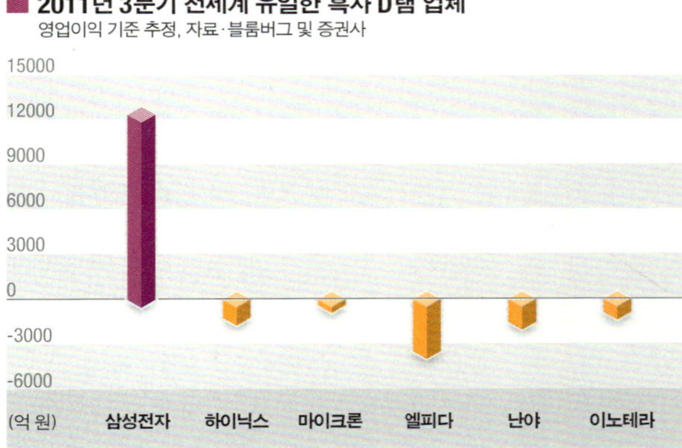

■ 2011년 D램 주요업체 마진비교
자료·신영증권

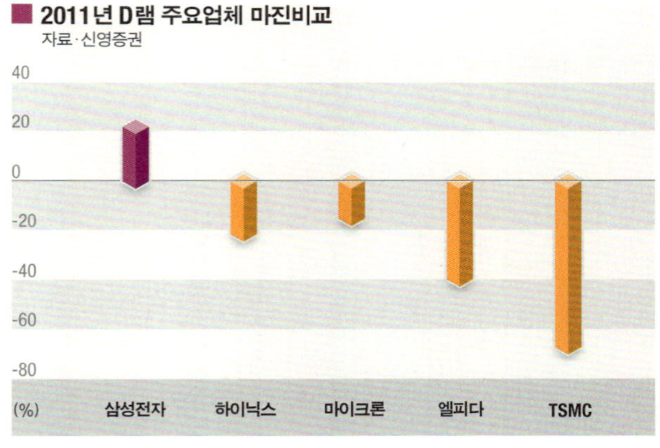

■ 매출 비중
2011.2Q기준, 단위·%

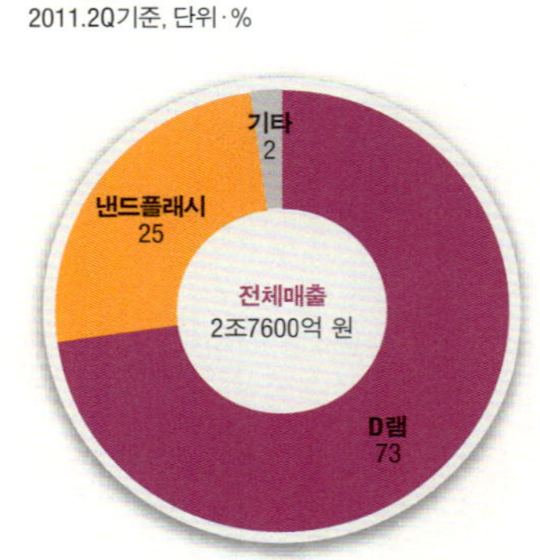

■ 반도체사업 경영실적

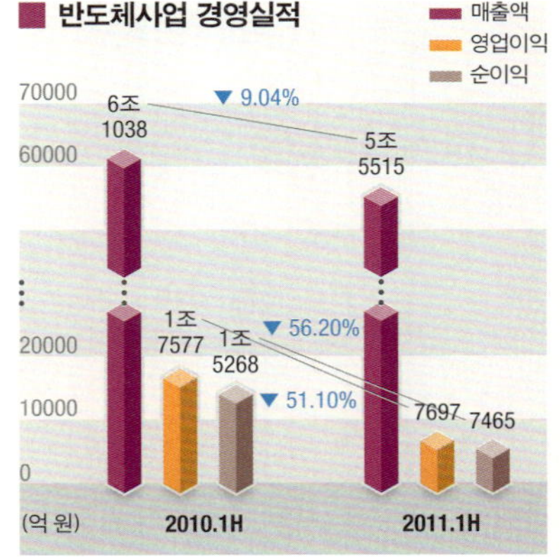

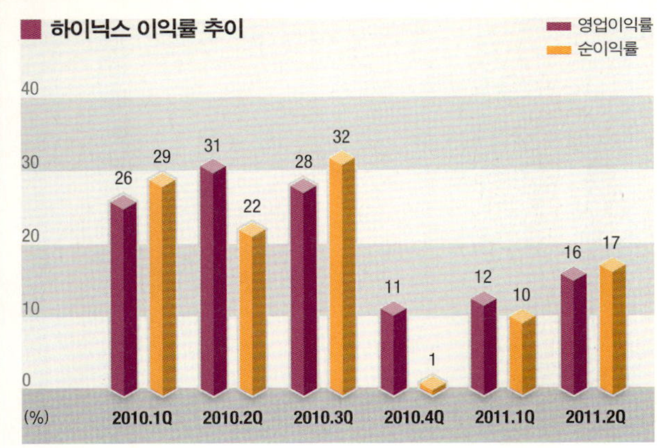

하이닉스 이익률 추이
영업이익률
순이익률
(%)
40
30
20
10
0
26 29
31 22
28 32
11 1
12 10
16 17
2010.1Q 2010.2Q 2010.3Q 2010.4Q 2011.1Q 2011.2Q

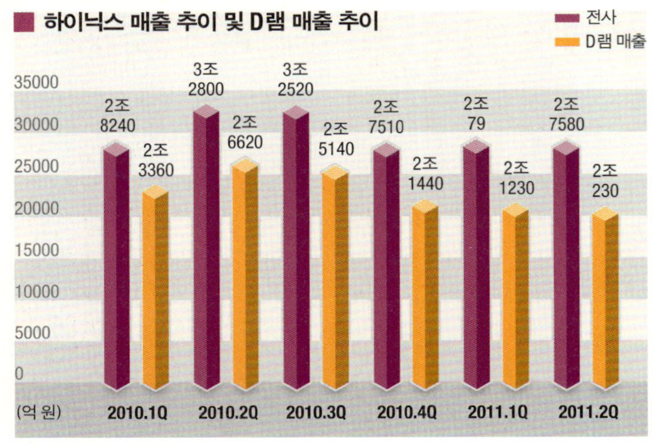

하이닉스 매출 추이 및 D램 매출 추이
전사
D램 매출
(억원)
35000
30000
25000
20000
15000
10000
5000
0
2조8240 2조3360
3조2800 2조6620
3조2520 2조5140
2조7510 2조1440
2조79 2조1230
2조7580 2조230
2010.1Q 2010.2Q 2010.3Q 2010.4Q 2011.1Q 2011.2Q

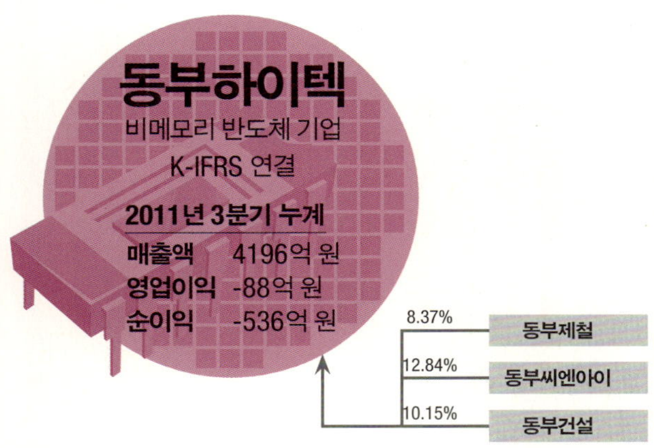

동부하이텍
비메모리 반도체 기업
K-IFRS 연결
2011년 3분기 누계
매출액   4196억 원
영업이익   -88억 원
순이익   -536억 원
8.37%   동부제철
12.84% 동부씨엔아이
10.15% 동부건설

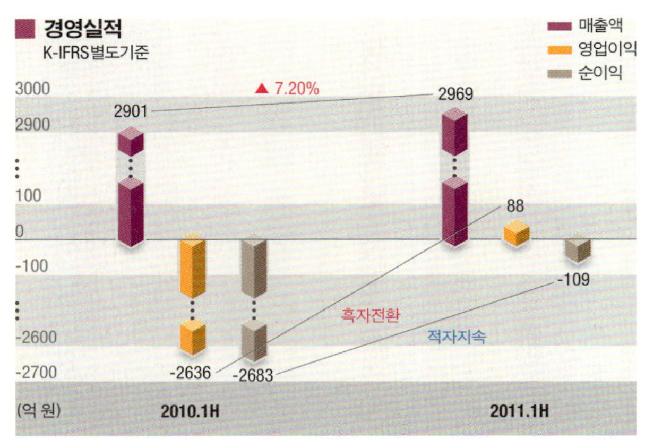

경영실적
K-IFRS별도기준
매출액
영업이익
순이익
(억원)
3000
2900
100
0
-100
-2600
-2700
2901
▲ 7.20%
2969
88
-109
흑자전환
적자지속
-2636 -2683
2010.1H   2011.1H

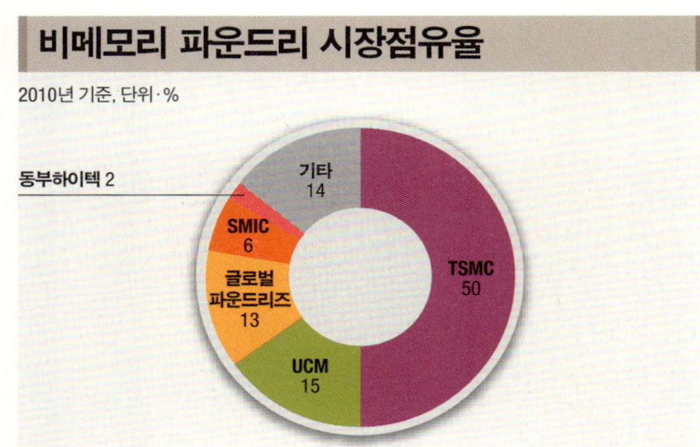

비메모리 파운드리 시장점유율
2010년 기준, 단위·%
동부하이텍 2
기타 14
SMIC 6
글로벌 파운드리즈 13
UCM 15
TSMC 50

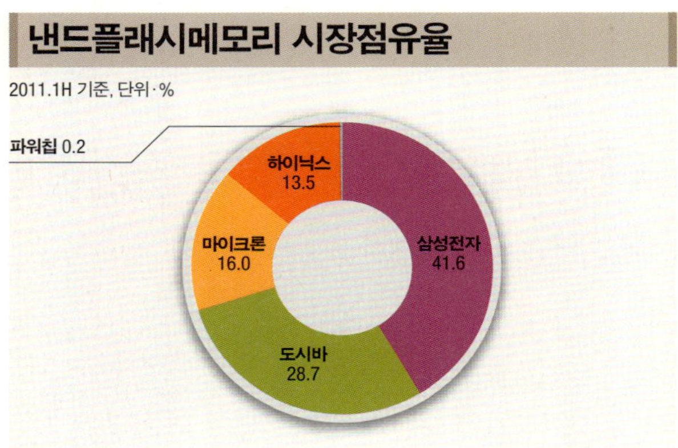

낸드플래시메모리 시장점유율
2011.1H 기준, 단위·%
파워칩 0.2
하이닉스 13.5
마이크론 16.0
삼성전자 41.6
도시바 28.7

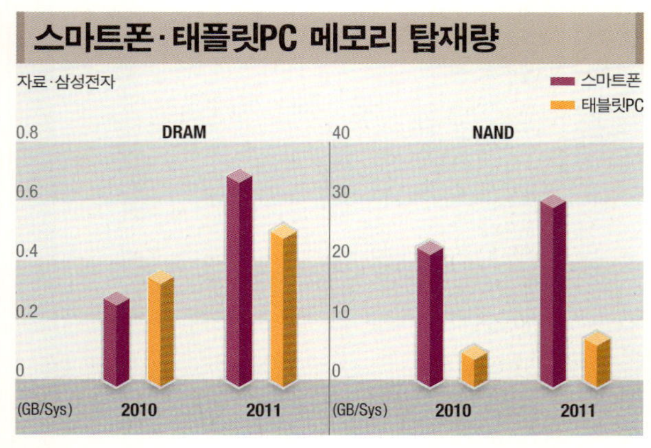

스마트폰·태플릿PC 메모리 탑재량
자료·삼성전자
스마트폰
태블릿PC
DRAM
0.8
0.6
0.4
0.2
0
NAND
40
30
20
10
0
(GB/Sys) 2010   2011
(GB/Sys) 2010   2011

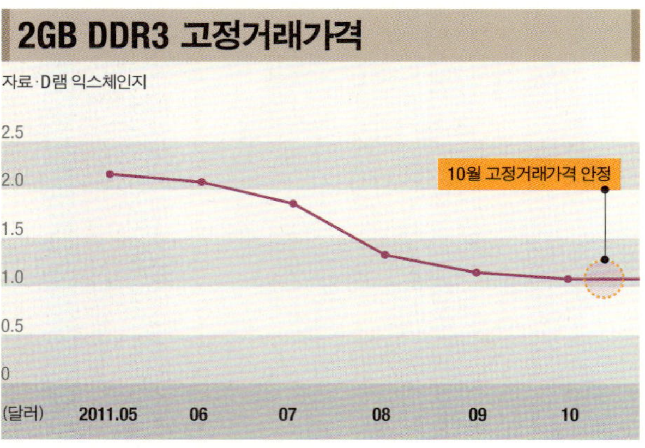

2GB DDR3 고정거래가격
자료·D램 익스체인지
2.5
2.0
1.5
1.0
0.5
0
10월 고정거래가격 안정
(달러) 2011.05 06 07 08 09 10

세계 메모리 반도체 시장규모 추이 및 전망

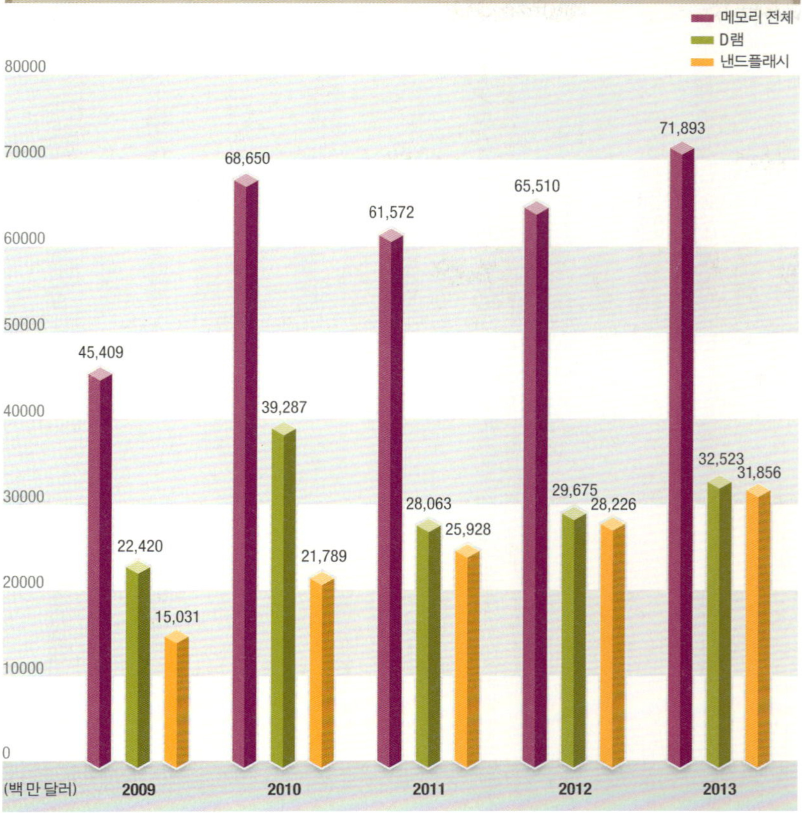

메모리 전체
D램
낸드플래시
80000
70000
60000
50000
40000
30000
20000
10000
0
(백 만 달러)
2009
45,409
22,420
15,031
2010
68,650
39,287
21,789
2011
61,572
28,063
25,928
2012
65,510
29,675
28,226
2013
71,893
32,523
31,856

D램 순위 및 점유율

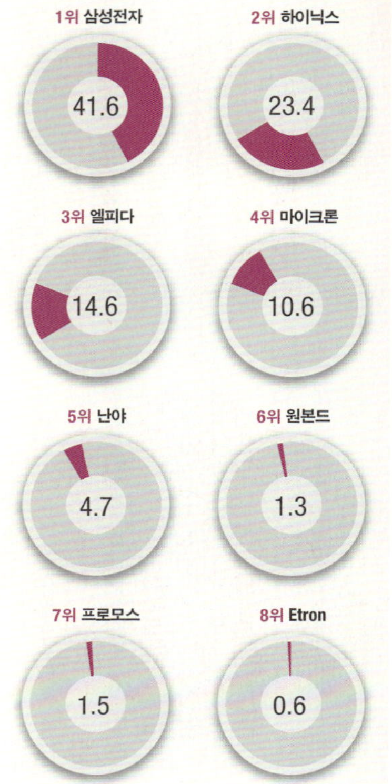

1위 삼성전자
41.6
2위 하이닉스
23.4
3위 엘피다
14.6
4위 마이크론
10.6
5위 난야
4.7
6위 윈본드
1.3
7위 프로모스
1.5
8위 Etron
0.6

반도체산업 페러다임 변화

1970~1980's
시스템·반도체 통합
수직계열화
System
Design
Wafer
Back-end
1980~1990's
시스템 분리
반도체 전문 업체
IDM 강화
System
Design
Wafer
Back-end
1990~2000's
분업화
팹리스·파운드리
분업화
System
Design
Wafer
Back-end
2010's~
시스템·설계 통합
통합설계 강화
특허 중시
System
Design
Wafer
Back-end

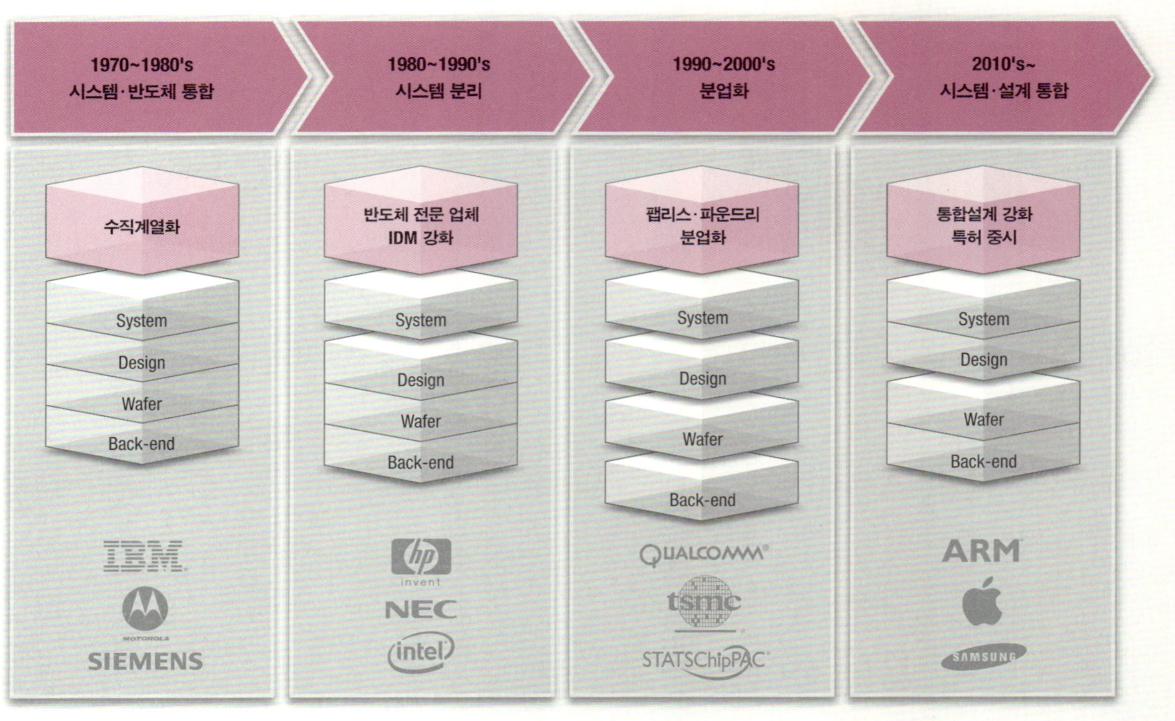

D램 산업 성장 추이

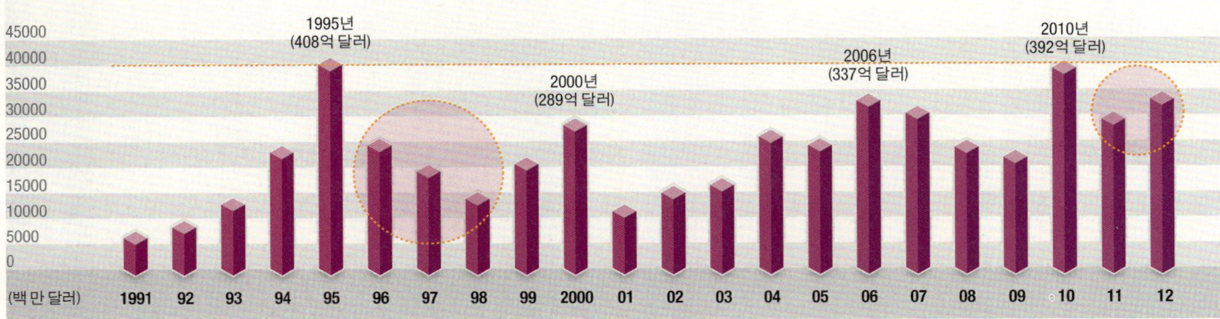

D램 월별 산출량 추이

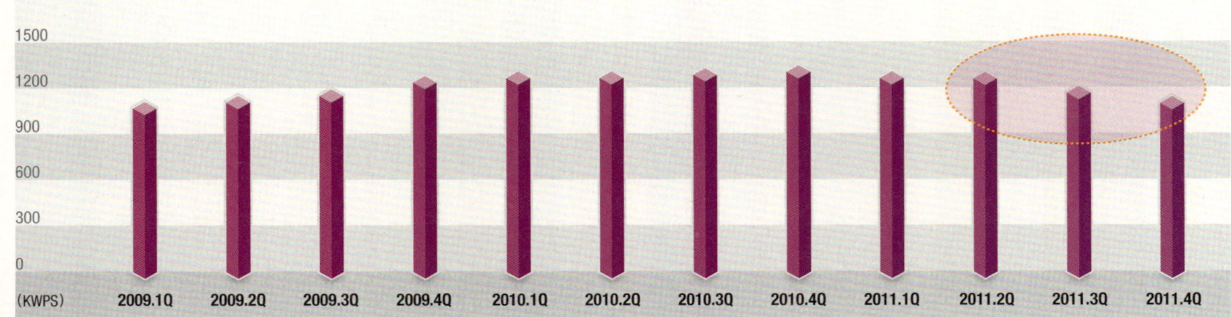

D램 산업 성장 딜레마 고리

이슈별 D램 가격 변화 (9.11테러)

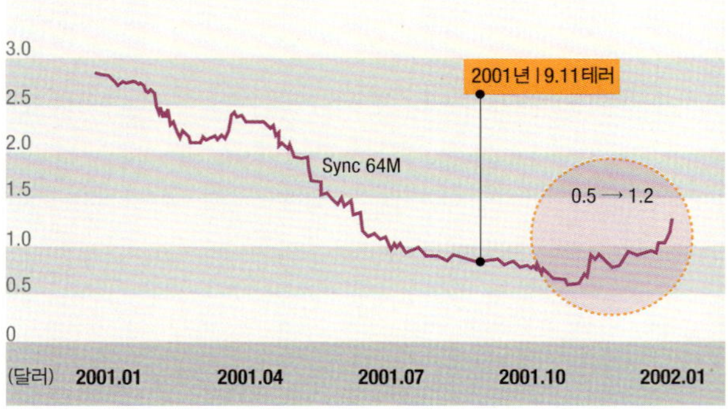

이슈별 D램 가격 변화 (리먼사태)

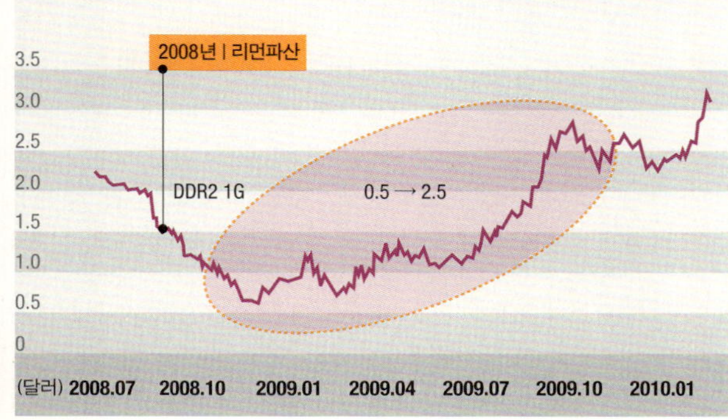

이슈별 D램 가격 변화 (유로위기)

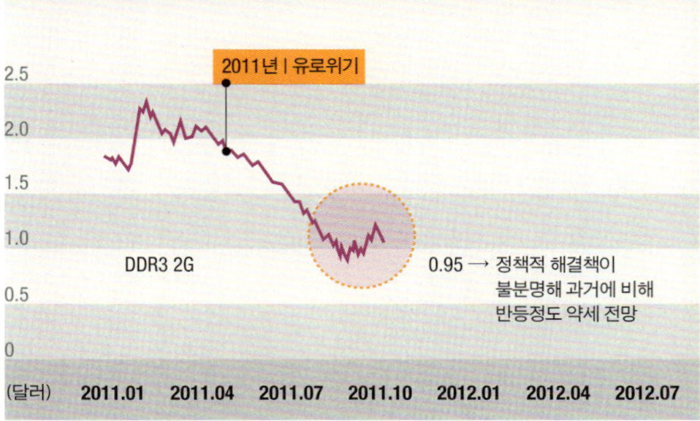

D램 가격 급락에 반도체 업체들 '추풍낙엽'
2012년 진정 국면 이어 재반등 기대

"반도체업계에 태풍이 온다"던 삼성 이건희 회장의 말처럼, 반도체 기업들은 2011년 거센 풍파 속에 힘겨운 한해를 보냈다. 세계 4위 D램 업체인 미국 마이크론은 2011년 4분기(6월 1일~8월 31일)에 600억 원 가까운 영업손실을 내며 적자로 돌아섰다. 하이닉스도 3분기에 2770억 원의 영업적자를 기록했다. 2011년 2분기까지 삼성전자와 함께 그나마 흑자 기조를 유지했던 2개 회사마저 무너진 것이다.

하지만 기술경쟁력에서 우위를 보이는 하이닉스와 D램 사업 비중을 줄인 마이크론의 적자 규모는 그나마 얼마 안 되는 편이었다. 막상 어닝 시즌 시작과 함께 발표된 반도체 기업들의 3분기 성적표는 너나 할 것 없이 모두 충격적이었다. 일본의 엘피다는 3분기 영업적자 6675억 원과 영업이익률 -70.3%를 기록했다.

대만 업체들의 상황은 더욱 심각하다. 파워칩은 2011년 3분기 2327억 원의 영업적자와 -71.6%의 영업이익률을 기록했으며, 난야의 3분기 영업이익률은 무려 -134.1%에 이른다. 이노테라 역시 3분기 영업적자 2590억 원과 영업이익률 -77.3%를 기록했다.

2011년 3분기 영업손실을 기록한 마이크론과 하이닉스의 실적을 두고 '선방했다'는 평가가 나오는 것도 이 때문이다. 하이닉스의 3분기 영업이익률은 -12%였다.

D램 가격, 이미 바닥 확인했다

이제 흑자 기조를 유지하는 반도체 업체는 삼성전자가 유일하다. 삼성전자는 반도체 부문에서 3분기 1조5000억 원 가까운 영업이익을 낼 것으로 추정된다. 지난 2분기 1조7900억 원에는 못 미치지만 경쟁사들을 압도하는 실적이다.

추풍낙엽처럼 떨어져 나가는 반도체 업체들의 실적 악화 배경은 가격 하락에 있다. 대만 반도체 가격 정보 사이트 'D램 익스체인지'에 따르면, D램 주력 제품인 1Gb DDR3 제품의 가격은 2011년 10월 0.5달러까지 하락했다. 웬만한 반도체 업체들의 생산원가 절반에도 못 미치는 수준이다.

DDR3 1Gb 제품의 가격은 2011년 6월 1달러 아래로 떨어진 이후 8월에는 0.52달러까지 폭락했다. 이후 한 달 반 동안 0.52달러로 제자리걸음을 하며 "바닥을 형성한 것 아니냐"는 기대감도 피어났지만, 이내 하락세를 띠며 0.5달러선마저 붕괴될 처지에 놓이고 말았다.

거침없이 떨어지는 D램 가격과 3분기 실적 부진이 맞물리면서 반도체 업체들의 감산 움직임은 더욱 속도를 낼 것으로 보인다. 난야와 파워칩이 이미 2011년 9월부터 감산에 들어간 가운데 이노테라, 엘피다 등이 추가로 감산 대열에 합류할 것이란 관측도 나오고 있다.

이에 따라 지난 2007년 주요 반도체 업체들의 대대적인 생산라인 증설로 시작된 '치킨게임'이 드디어 마무리 수순에 들어갔다는 분석이 나오고 있다. 치킨게임의 시작과 함께 시작된 공급 과잉, D램 가격 하락세도 서서히 진정 국면에 접어들 것이라는 관측이다.

안성호 한화증권 연구원은 "D램 가격은 2011년 4분기 이후 현재 가격 수준에서 횡보세를 지속할 것"이라며 "추가적인 가격 하락 가능성은 크지 않다"고 전망한다. 반도체업계 관계자들도 "후발 업체들의 감산과 투자 축소 등으로 D램 가격이 더 이상 크게 떨어지는 일은 없을 것"이라며 "D램 가격은 지금이 바닥"이라고 강조했다.

SK텔레콤, 하이닉스 우선협상대자로 확정

2012년에는 대만 후발 업체들의 사정이 더욱 악화될 것으로 보인다. 수익성 악화가 지속되면서 재무 리스크가 더욱 커질 이라는 게 업계 관측이다. 특히 이들 업체는 모바일 디바이스에 대한 제품 포트폴리오가 확보돼 있지 않아 단기간에 악순환 사이클을 벗어나기는 힘들 전망이다.

후발 업체들의 도태와 함께 한국 업체들의 시장지배력은 더 커질 것으로 보인다. 증권가에서는 한국 업체들의 D램 시장점유율이 70%를 넘어설 것이란 관측도 나온다.

낸드플래시의 경우, 2012년 상반기 각 업체들의 미세공정 비중 증가로 공급 과잉 현상이 나타날 것으로 보이지만, 하반기 들어서 서서히 수급이 안정될 전망이다. 모바일 디바이스의 성장세가 지속될 것인 데다, SSD(Solid State Device) 시장도 더 커질 것이기 때문이다.

한편, 2011년 11월 11일 SK텔레콤이 하이닉스반도체 인수 우선협상대상자로 최종 확정되면서, 향후 업계 변화가 불가피하다. SK텔레콤은 본입찰에서 단독으로 응찰했고, 채권단이 정한 최저매각기준가격(MRP) 이상의 가격을 입찰제안서에 써낸 것으로 알려졌다. SK텔레콤은 당초 시장에서 예상한 것보다 10% 내외의 경영권 프리미엄을 얹은 높은 가격을 제시한 것으로 보인다. 이제 전 세계 반도체 시장이 SK텔레콤을 예의주시하게 된 만큼 앞으로의 행보가 기대된다. B

- 글로벌 반도체 업체들, 가동률 축소
- 글로벌 반도체 가격 하락 폭 추이 주목
- 신재생에너지 산업에서의 반도체 수요 예의주시

※ 반도체 장비·재료 업체는 K-IFRS 별도 또는 개별 기준

에스에프에이

2011년 3분기 누계

매출액	4935억 원
영업이익	594억 원
순이익	508억 원

- 33.09% 디와이에셋
- 10.15% 삼성전자
- 7.03% 국민은행(한국투신)

■ 에스에프에이 사업부문

도입기
- OLED 전 공정(Front-end Process) 및 신공정장비 부문
- 신재생에너지 관련 장비 핵융합에너지, 태양광, 풍력장비 등
- 인쇄전자장비 등 Niche Market 개발부문

▼

성장기
- OLED사업부문
- Display용 전 공정(Front-end Process) 사업부문

▼

성숙기
- 자동화장비 사업부문
- 물류사업부문

■ 사업부문별 매출, 주요제품 및 고객사
자료·에스에프에이, 우리투자증권 리서치센터

물류시스템
2011년 상반기

매출	2218억 원
비중	65%
주요 제품	일반/클린 물류 및 반송설비
고객사	삼성전자, 삼성모바일 디스플레이, 이마트, 하나로마트 등

전용설비
2011년 상반기

매출	460억 원
비중	13%
주요 제품	디스플레이 전용/모듈설비
고객사	삼성전자 등

FGA
2011년 상반기

매출	660억 원
비중	19%
주요 제품	원판글라스 전용설비, 일반 자동화 설비
고객사	삼성코닝정밀소재, 포스코 등

전공정장비
2011년 상반기

매출	95억 원
비중	3%
주요 제품	PECVD, Sputter OLED 전공정 장비
고객사	삼성전자 등

심텍

2011년 3분기 누계

매출액	4466억 원
영업이익	456억 원
순이익	304억 원

- 27.43% 전세호
- 10.04% 이민주
- 6.88% 알리안츠자산운용

■ 매출 비중

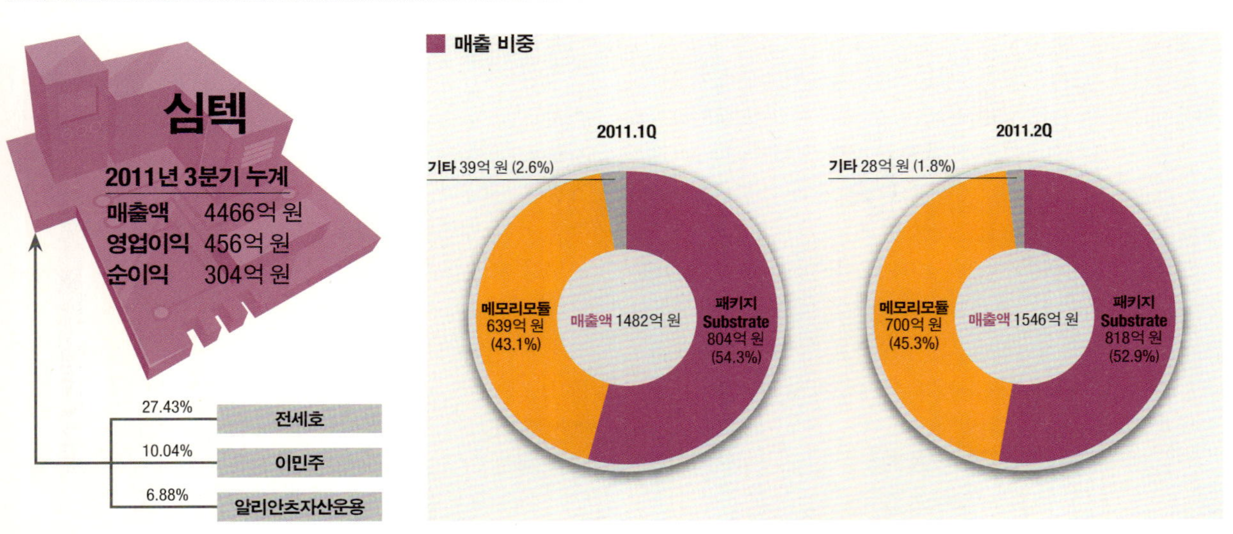

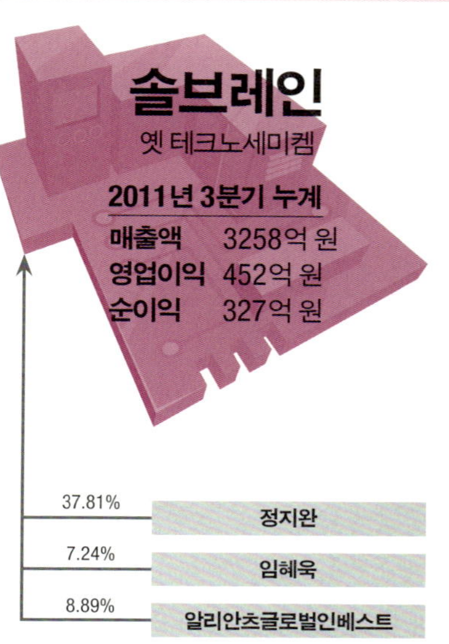

솔브레인
옛 테크노세미켐

2011년 3분기 누계
매출액	3258억 원
영업이익	452억 원
순이익	327억 원

37.81%	정지완
7.24%	임혜욱
8.89%	알리안츠글로벌인베스트

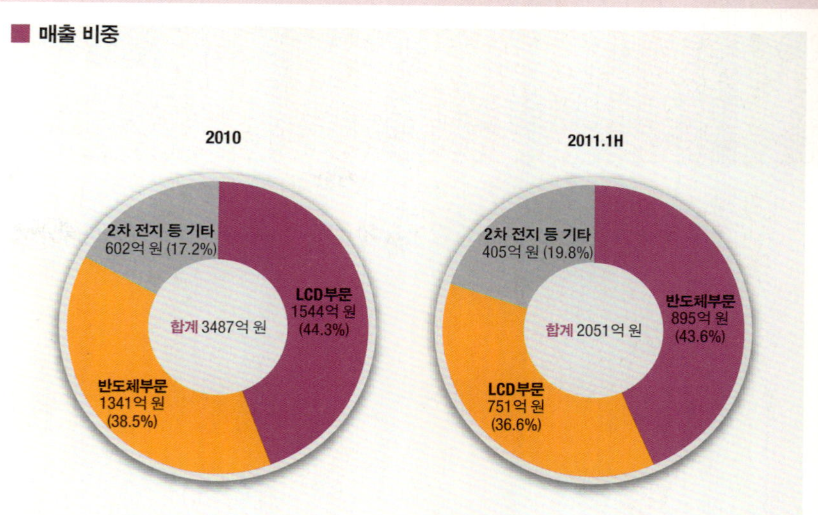

네패스

2011년 3분기 누계
매출액	1613억 원
영업이익	163억 원
순이익	100억 원

10.30%	알리안츠글로벌인베스트

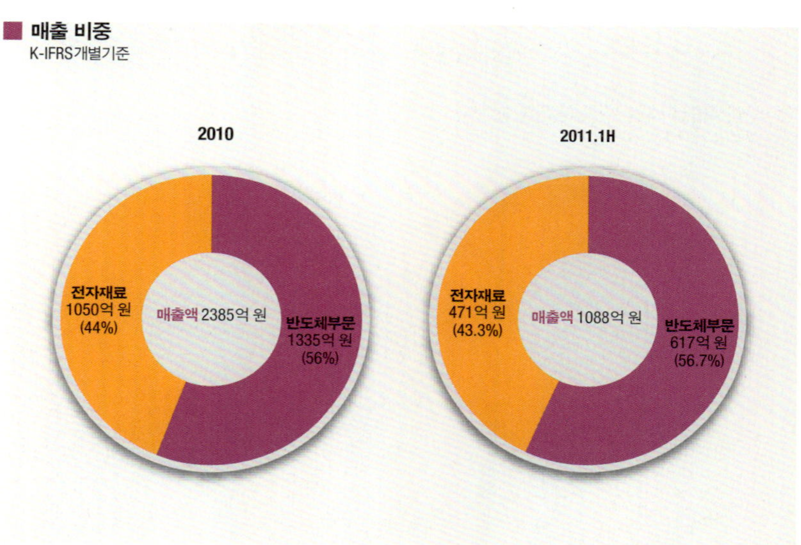

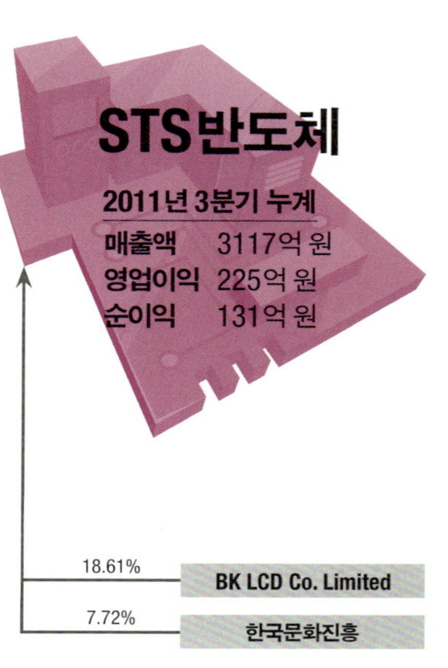

STS반도체

2011년 3분기 누계
매출액	3117억 원
영업이익	225억 원
순이익	131억 원

18.61%	BK LCD Co. Limited
7.72%	한국문화진흥

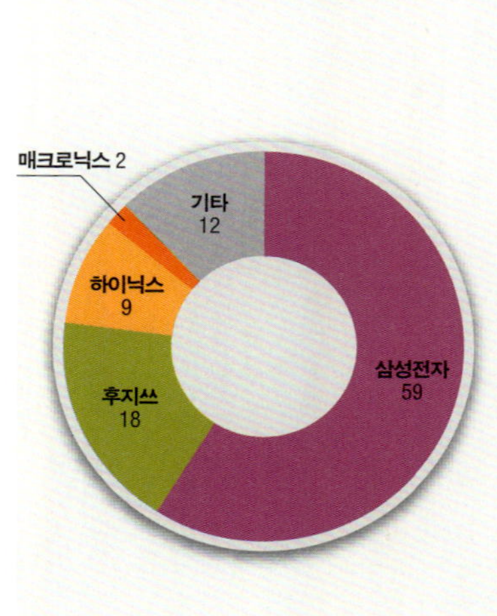

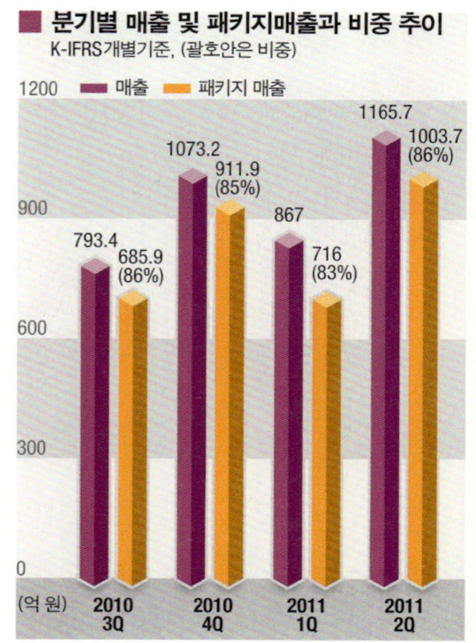

OCI머티리얼즈
2011년 3분기 누계
매출액   2234억 원
영업이익   744억 원
순이익   512억 원
49.10%
OCI(주)

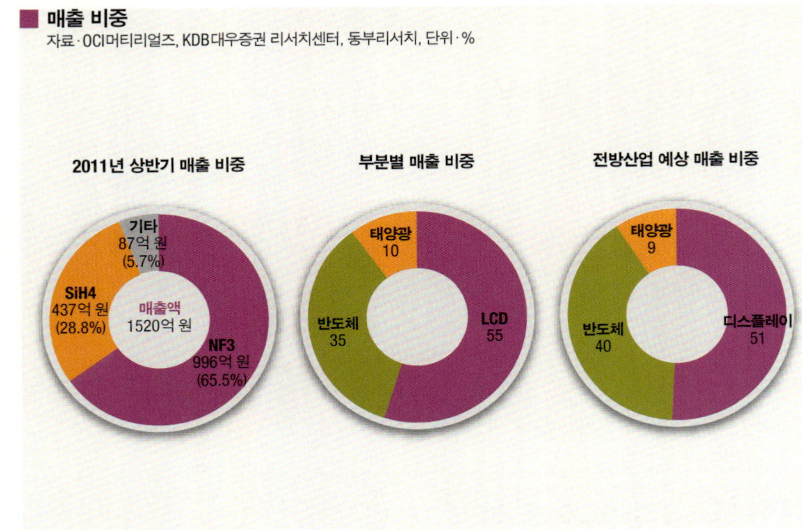

매출 비중
자료·OCI머티리얼즈, KDB대우증권 리서치센터, 동부리서치, 단위·%

2011년 상반기 매출 비중
기타
87억 원
(5.7%)
SiH4
437억 원
(28.8%)
매출액
1520억 원
NF3
996억 원
(65.5%)

부분별 매출 비중
태양광
10
반도체
35
LCD
55

전방산업 예상 매출 비중
태양광
9
반도체
40
디스플레이
51

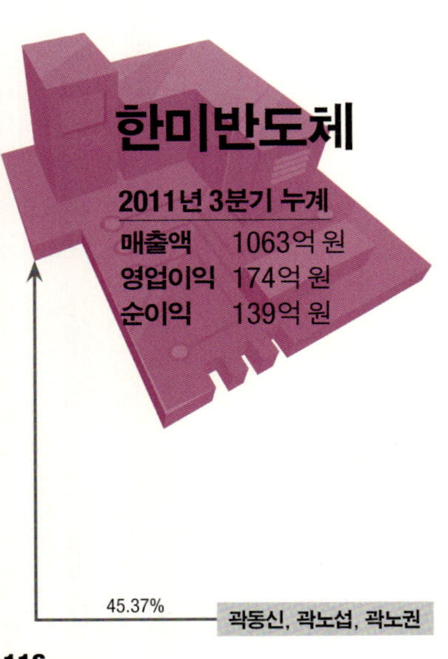

하나마이크론
2011년 3분기 누계
매출액   2218억 원
영업이익   161억 원
순이익   108억 원

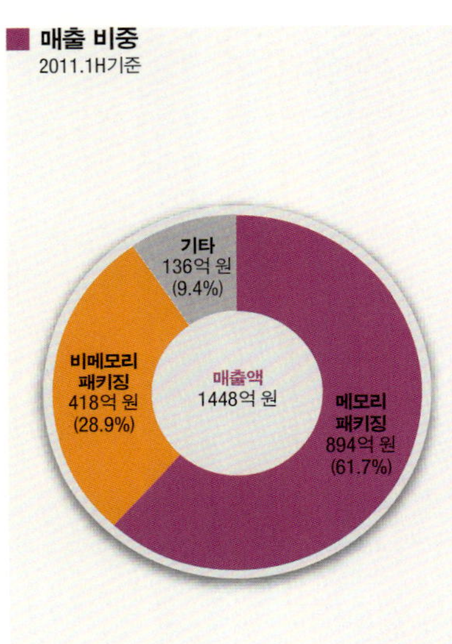

매출 비중
2011.1H기준

기타
136억 원
(9.4%)
비메모리
패키징
418억 원
(28.9%)
매출액
1448억 원
메모리
패키징
894억 원
(61.7%)

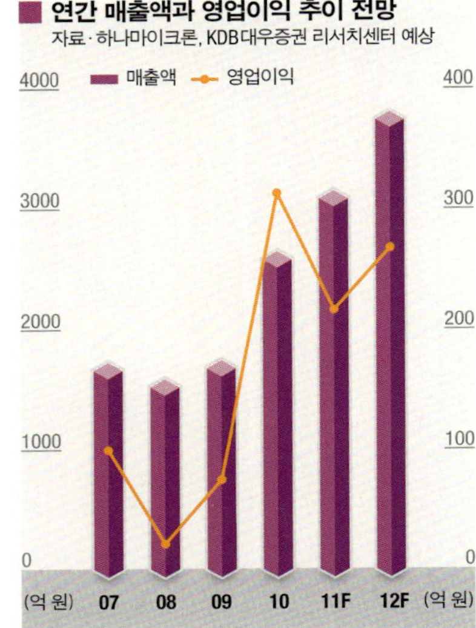

연간 매출액과 영업이익 추이 전망
자료·하나마이크론, KDB대우증권 리서치센터 예상
매출액   영업이익
4000   400
3000   300
2000   200
1000   100
0   0
(억 원)   07 08 09 10 11F 12F   (억 원)

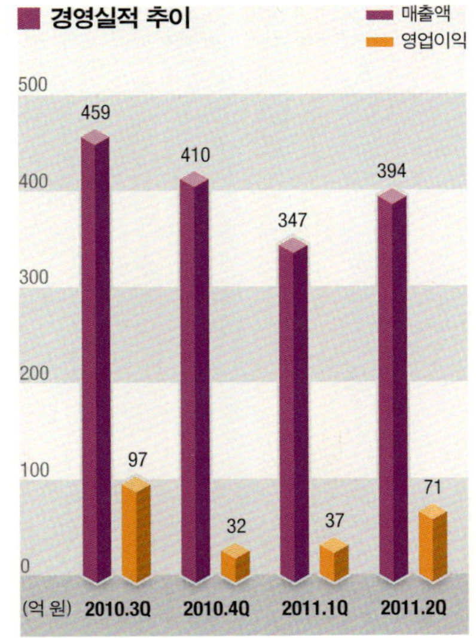

한미반도체
2011년 3분기 누계
매출액   1063억 원
영업이익   174억 원
순이익   139억 원
45.37%
곽동신, 곽노섭, 곽노권

경영실적 추이
매출액   영업이익
500
459
410
400
394
347
300
200
100
97
32   37   71
0
(억 원) 2010.3Q 2010.4Q 2011.1Q 2011.2Q

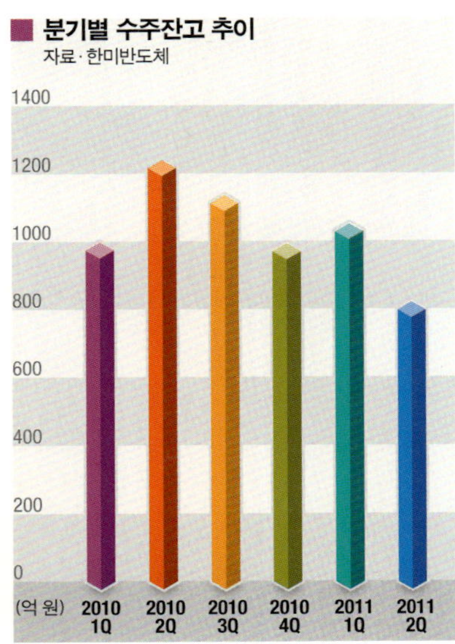

분기별 수주잔고 추이
자료·한미반도체
1400
1200
1000
800
600
400
200
0
(억 원) 2010 2010 2010 2010 2011 2011
        1Q   2Q   3Q   4Q   1Q   2Q

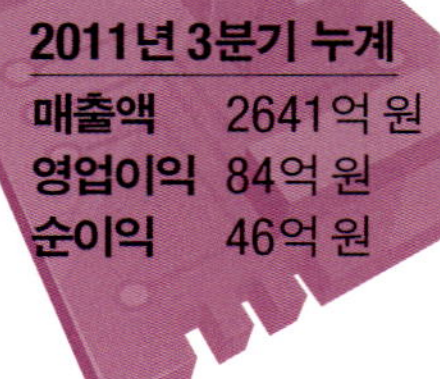

주성엔지니어링

2011년 3분기 누계

매출액 2641억 원
영업이익 84억 원
순이익 46억 원

주요 사업 분기별 매출 추이

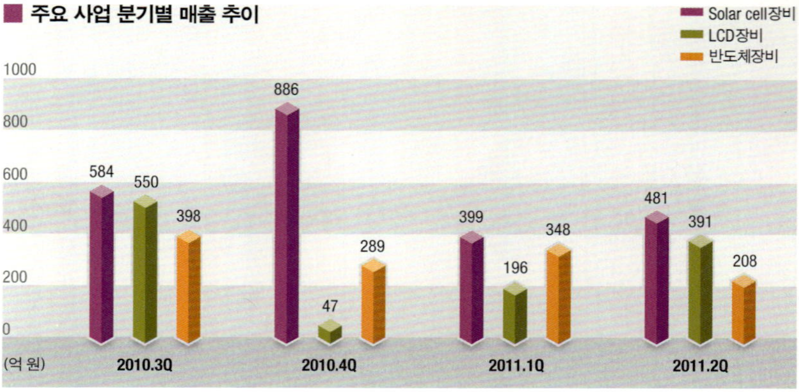

케이씨텍

2011년 3분기 누계

매출액 1556억 원
영업이익 177억 원
순이익 139억 원

매출 비중

단위·%

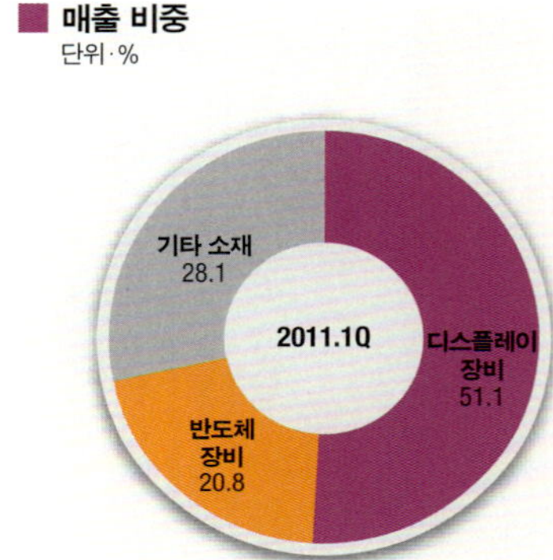

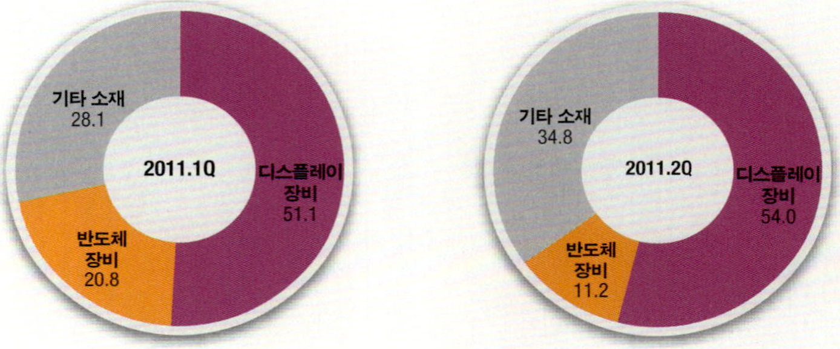

서울반도체

2011년 3분기 누계

매출액 5816억 원
영업이익 384억 원
순이익 455억 원

경영실적 추이

매출 비중 추이

단위·%

조명과 TV 실적 추이 비교

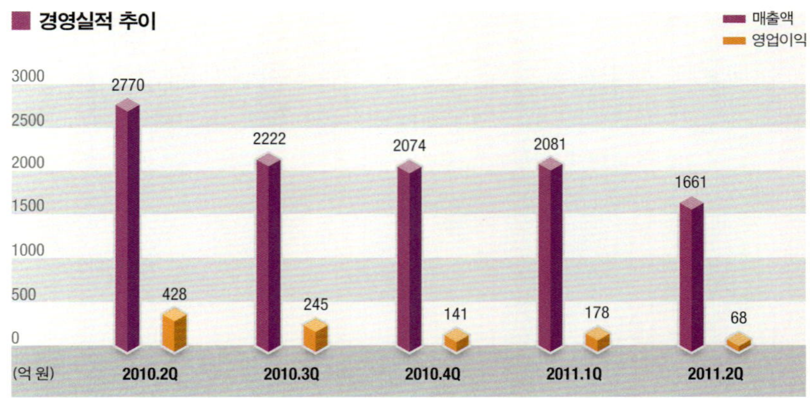

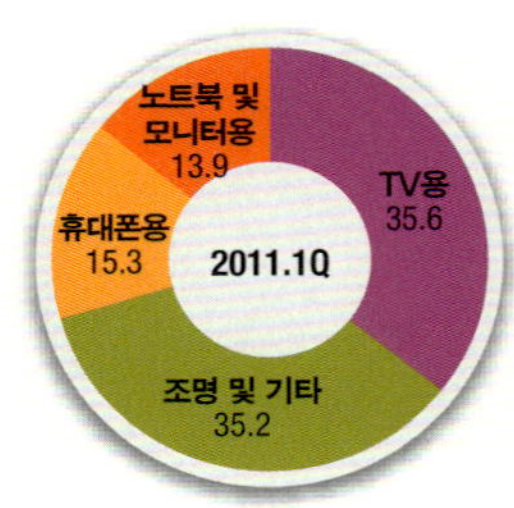

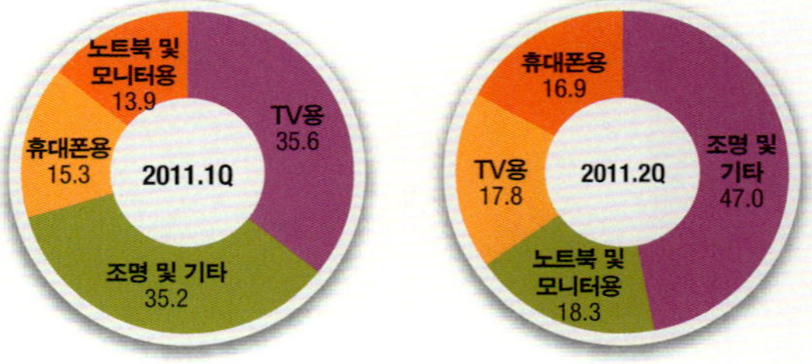

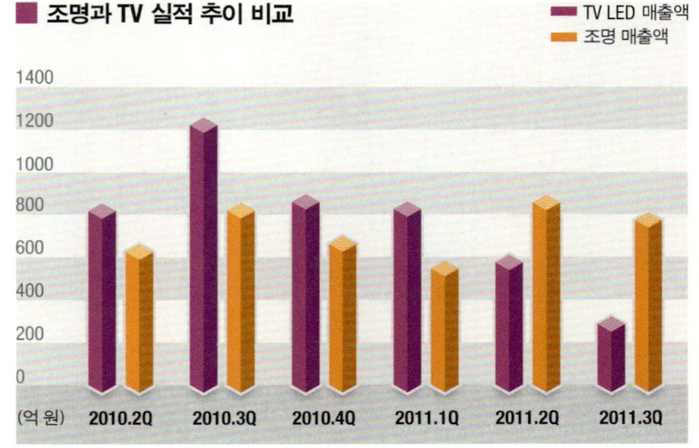

실트론

K-IFRS 연결

2011년 상반기
매출액   5653억 원
영업이익 700억 원
순이익   740억 원

엠케이이전자

2011년 3분기 누계
매출액   5404억 원
영업이익 111억 원
순이익   63억 원

동진쎄미켐

2011년 3분기 누계
매출액   3227억 원
영업이익 110억 원
순이익   -41억 원

세메스

2011년 3분기 누계
매출액   5338억 원
영업이익 687억 원
순이익   534억 원

한양이엔지

2011년 3분기 누계
매출액   2734억 원
영업이익 142억 원
순이익   93억 원

성도이엔지

2011년 3분기 누계
매출액   1095억 원
영업이익 85억 원
순이익   73억 원

휴먼텍코리아

2011년 3분기 누계
매출액   995억 원
영업이익 3.5억 원
순이익   4억 원

삼우이엠씨

2011년 3분기 누계
매출액   1245억 원
영업이익 54억 원
순이익   -25억 원

참엔지니어링

2011년 3분기 누계
매출액   1704억 원
영업이익 250억 원
순이익   195억 원

이오테크닉스

2011년 3분기 누계
매출액   1116억 원
영업이익 156억 원
순이익   144억 원

신성이엔지

2011년 3분기 누계
매출액   1515억 원
영업이익 106억 원
순이익   87억 원

미래산업

2011년 3분기 누계
매출액   610억 원
영업이익 32억 원
순이익   6억 원

메모리반도체 수요 회복 지연
2012년, 성장 둔화 조짐 감지

반도체 산업 패러다임 변화, 후발 업체들 고전

반도체 장비 시장은 반도체 경기와 밀접한 연관성을 갖는다. 이는 반도체 경기에 따른 선행투자 개념으로 나타나기 때문이다. 2010년 글로벌 반도체 시장은 경기 회복에 따른 전자 기기의 대기수요 충족 및 태블릿PC·스마트폰 등 모바일 디바이스의 폭발적 수요 증가에 힘입어 3000억 달러 규모로 성장했다. 반면 2011년은 가정용 PC 수요 및 평판 TV 수요 저하로 성장세가 다소 약화됐다.

전문 기관들은 2011년 반도체 시장규모를 전년 대비 5.4% 성장에 불과한 3140억 달러(2011년 11월 예측 기준)로 보고 있다. 실제로 2011년 상반기 반도체 매출은 1496억 달러로 전년 동기 대비 3.7% 성장(2010년 상반기 반도체 매출 1442억 달러)에 그쳤다.

이는 반도체 산업 패러다임이 PC에서 모바일로 급속히 이동하면서, 반도체 후발 업체들의 수익성이 지속적으로 악화됐기 때문이다. 반도체 생산 업체들의 재무 리스크가 커지면서 설비 투자 축소도 불가피해졌다. 이에 따라 반도체 장비 시장 성장성은 2011년 1분기를 정점으로 2012년에도 제한적일 전망이다.

우리투자증권이 분석한 '2012년도 반도체 장비 산업' 전망보고서에 따르면, 반도체 장비 시장의 성장 둔화가 나타날 근거는 다음 몇 가지로 요약된다. 첫째 메모리반도체의 수요 회복이 지연되는 가운데 글로벌 반도체 생산 업체들의 공격적인 생산 능력 확대 가능성이 낮다는 점, 둘째 반도체 생산 업체들이 추가 생산 시설 확충보다 기존 생산라인의 공정 개선을 통한 생산성 확보에 주력하고 있다는 점이다. 특히 2011년 4분기 현재 반도체 가격 하락 움직임은 제조원가 절감의 필요성을 높여줘, 추가 증설 보다는 공정 개선을 가속화 시킬 요인이 되고 있다. 이에 따라 국내 반도체 장비 업체들의 외형 성장 가능성은 축소될 것으로 보이는 가운데, 차별적 경쟁력을 보인 업체들만 성장 기조를 이어갈 전망이다.

삼성모바일디스플레이와의 협업 폭 넓히기 주력

에스에프에이는 반도체 및 OLED 장비, 신재생에너지 장비 등 제품 다각화를 통해 지속적인 성장동력을 확보할 것으로 기대된다. 특히 에스에프에이는 삼성그룹 내 핵심 장비 업체로서, OLED 산업의 고속 성장 수혜가 예상된다. 삼성모바일디스플레이는 소형 패널에서의 고해상도 대응을 위해 세부 공정 전환을 고려하고 있다. 이를 위해 국내외 주요 장비 업체와 연계해 개발 및 공정 적용을 추진 중인데, 에스에프에이가 삼성모바일디스플레이와 협업을 진행 중이기 때문에 공동개발 참여 가능성이 점쳐지고 있다.

솔브레인(옛 테크노세미켐)은 반도체 소재 기업에서 IT 소재 기업으로의 변신을 시도 중이다. 기존 반도체·LCD 뿐만 아니라 AMOLED·2차전지 등으로 보폭을 넓히고 있다. 한맥투자증권에 따르면, 솔브레인은 2012년 안정적인 성장세를 구현할 것으로 보인다. 반도체 부문은 미국 오스틴공장 및 16라인 가동에 따라 물량 상승이 나타나고, 디스플레이 부문은 삼성모바일디스플레이 A2라인의 본격 가동으로 호실적이 예상된다. 2012년 2분기부터 LCD 업황도 회복세를 보일 것으로 예측되는 바, 성장 가능성이 높게 점쳐진다.

이밖에도 STS반도체는 2011년 가동를 시작한 필리핀공장이 2012년부터 완전 가동 단계에 접어들어, 전년 대비 견조한 성장세를 이어갈 것으로 분석된다.

주성엔지니어링은 2011년 태양광 및 디스플레이 업황이 침체된 상황에서 단기적 턴어라운드 기대가 힘든 상황이다. 하지만 2012년 상반기에 모로코 태양광 프로젝트 등의 발주가 실적에 반영되면서 전년 대비 개선된 모습을 보일 것으로 기대된다.

OCI머티리얼즈는 2011년 3분기를 저점으로 점진적인 실적 회복세가 예상된다. 주요 LCD 고객사의 생산가동률이 2011년 3분기를 저점으로 호전되고 있기 때문이다. 또 2011년 10월 설비 완료된 증설라인은 연말 시운전을 거쳐 2012년부터 본격적인 생산에 돌입해, 실적 회복에 도움을 줄 전망이다. 🄑

화학·에너지

15 · 정유업계

16 · 석유화학업계

17 · 에너지업계

18 · 제약업계

19 · 화학섬유업계

- 정유 업체들, 석유가공품 수출 증대 효과 수혜 기대
- 유가 상승시 특히 S-Oil 성장세 주목
- SK이노베이션, 2차전지 등, 사업다각화

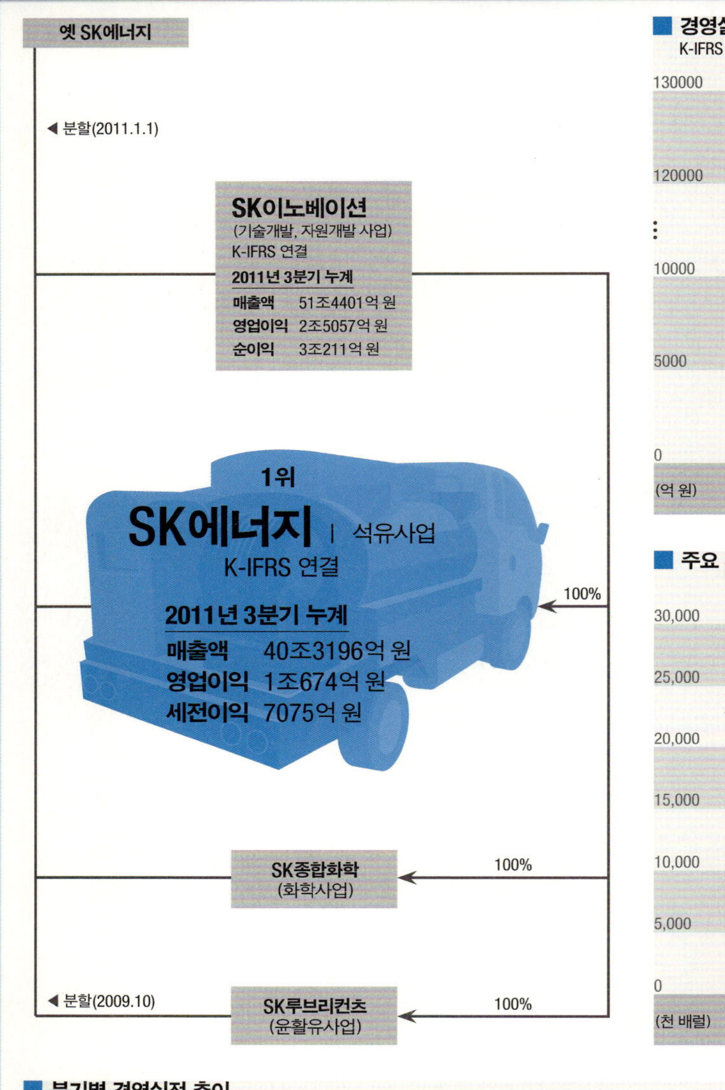

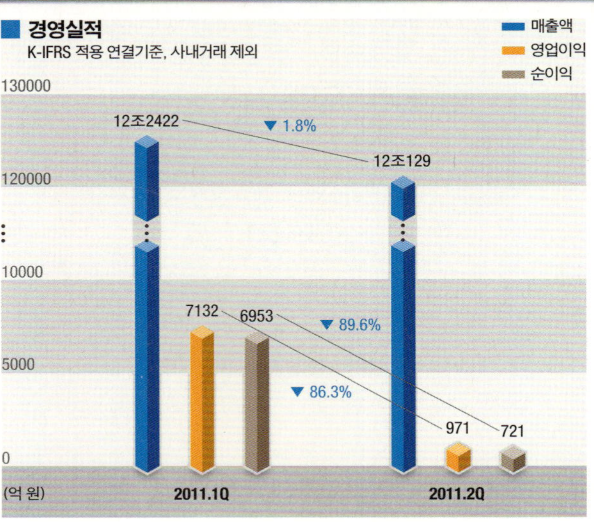

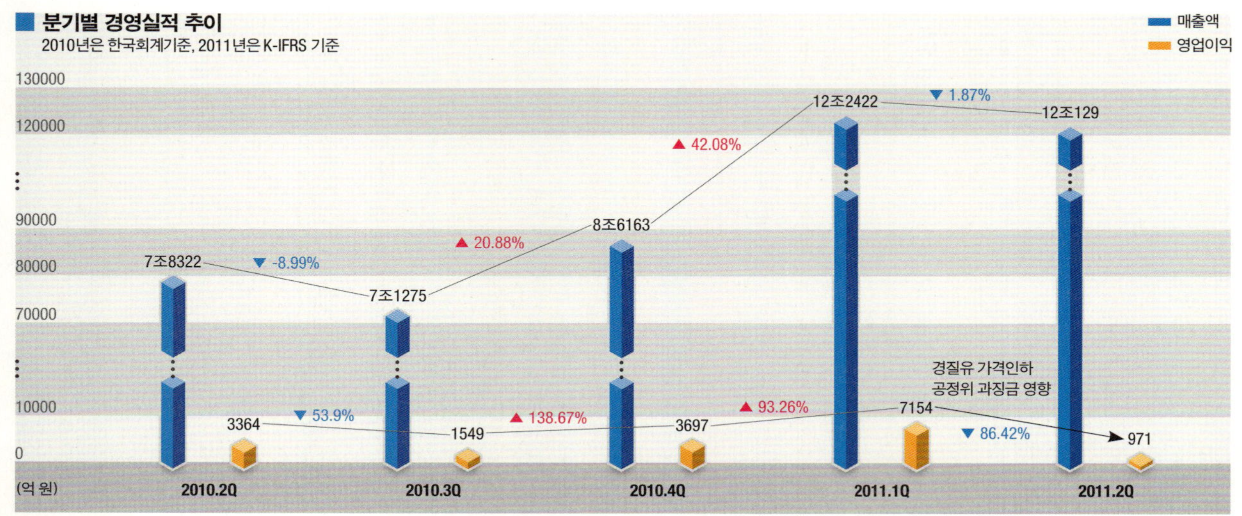

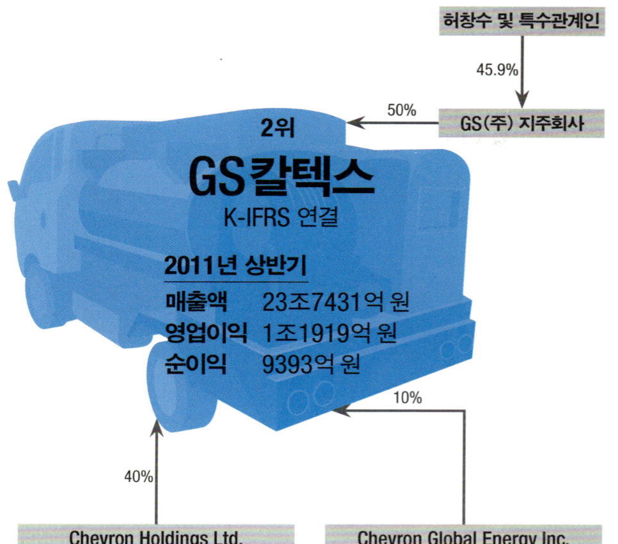

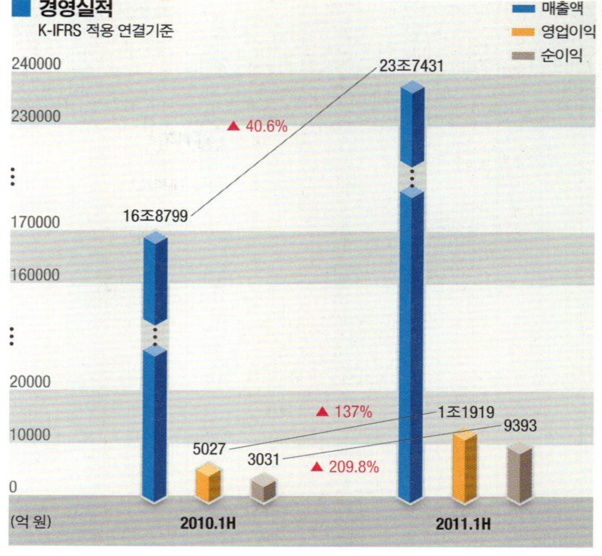
■ 경영실적
K-IFRS 적용 연결기준

■ 주요 사업 매출 추이
연결기준, 괄호 안은 전년 동기 대비 증감률

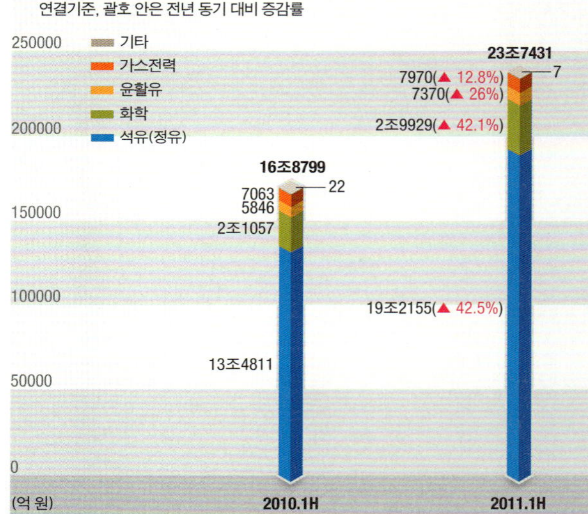

■ 주요 사업 영업이익 추이
연결기준, 괄호 안은 전년 동기 대비 증감률

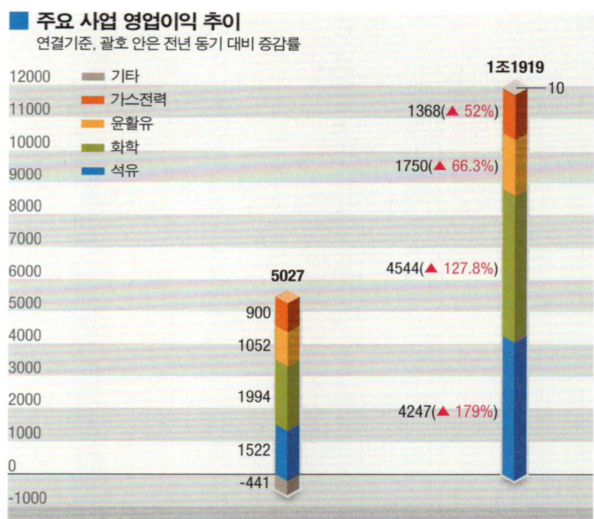

■ 국내 석유시장 점유율

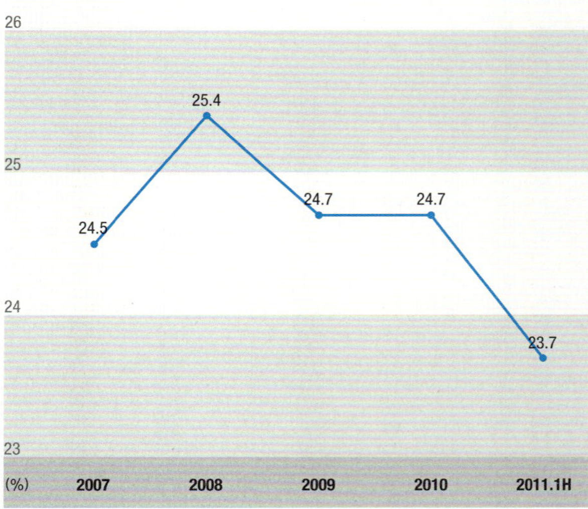

■ 정유 4사 고도화 비율

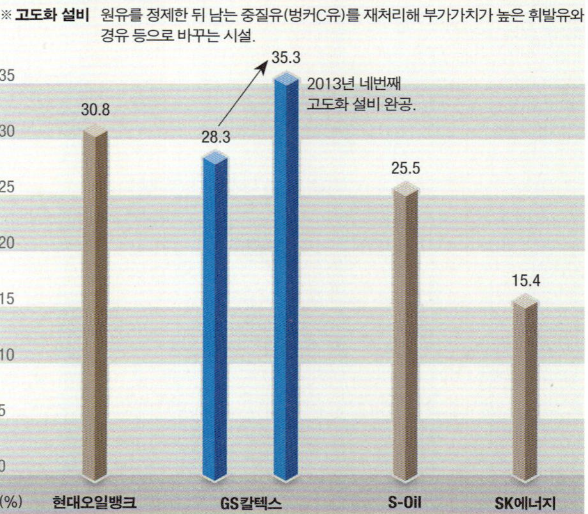

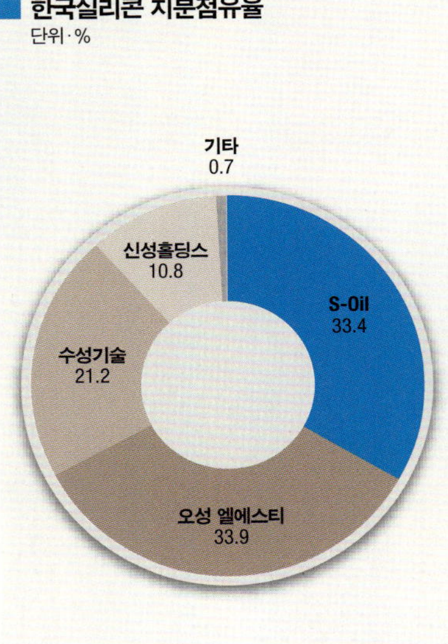

■ 한국실리콘 지분점유율
단위·%

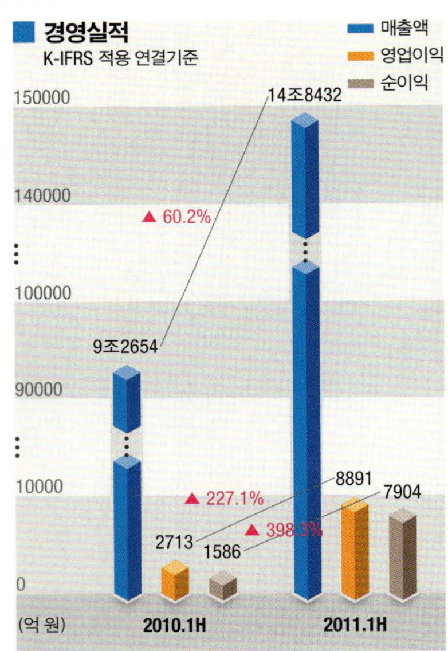

■ 경영실적
K-IFRS 적용 연결기준

■ 주요 사업 매출 추이
괄호 안은 전년 동기 대비 증감률

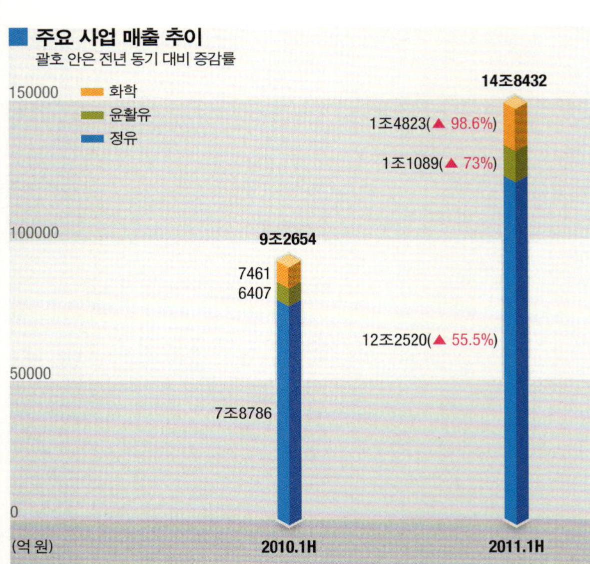

■ 주요 사업 영업이익 추이
괄호 안은 전년 동기 대비 증감률

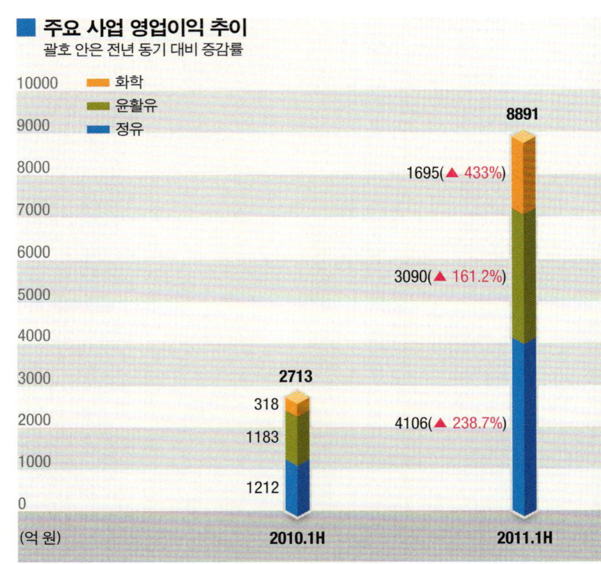

■ 주요 국가별 판매 물량
괄호 안은 비중

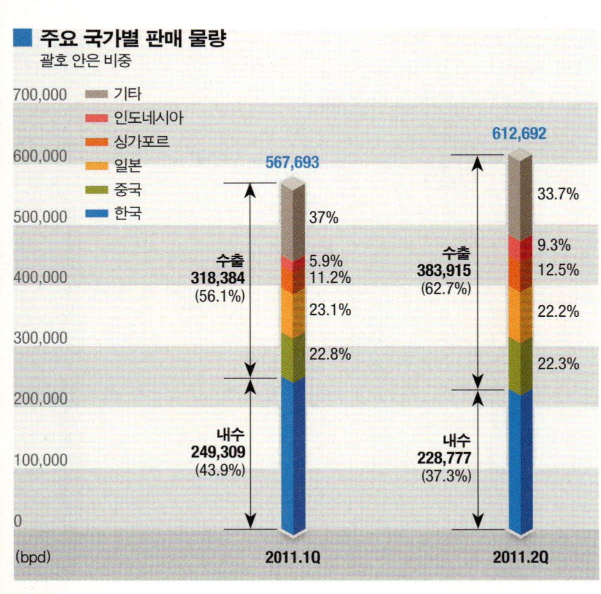

■ 제품별 판매 물량
괄호 안은 전년 동기 대비 증감률

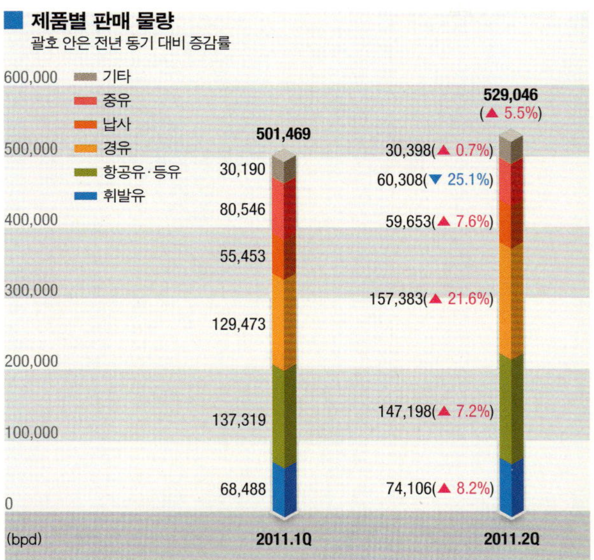

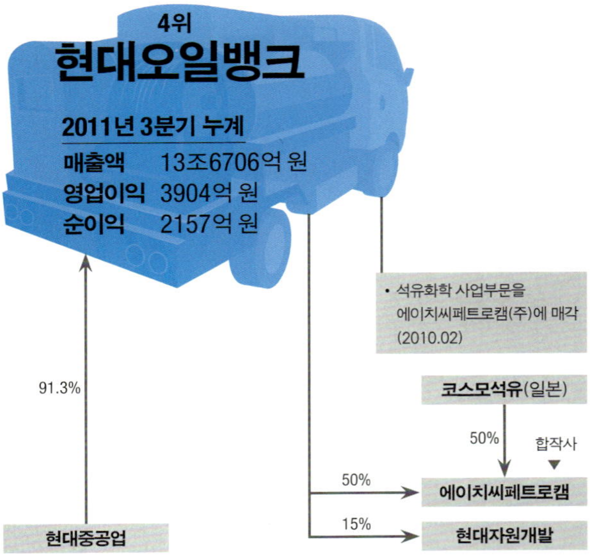

4위
현대오일뱅크
2011년 3분기 누계
매출액 13조6706억 원
영업이익 3904억 원
순이익 2157억 원
• 석유화학 사업부문을 에이치씨페트로캠(주)에 매각 (2010.02)
코스모석유(일본)
50%
합작사
91.3%
50%
에이치씨페트로캠
15%
현대자원개발
현대중공업

경영실적

매출액
영업이익
순이익
90000
80000
70000
60000
10000
0
(억 원)
8조6024
▲ 41.6%
6조744
3253
612
▼ 13.8%
▲ 301.1%
2455
2803
2010.1H
2011.1H

주요 생산품 비중 추이

휘발유
등유
경유
중질유
기타
2010
2011.1H
100
90
80
70
60
50
40
30
20
10
0
(%)
9
4
29
22
36
12
6
29
9
43
24
47
28
12
4
30
21
33
12
6
30
9
43
36
34
30
생산
내수판매
수출
생산
내수판매
수출

내수판매 비중

단위·%

2010
휘발유 13
등유 5
경유 30
벙커C유 10
나프타 28
LPG 5
기타 9
2011.1H
휘발유 13
등유 7
경유 31
벙커C유 9
나프타 28
LPG 4
기타 8

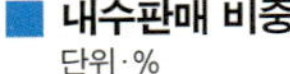

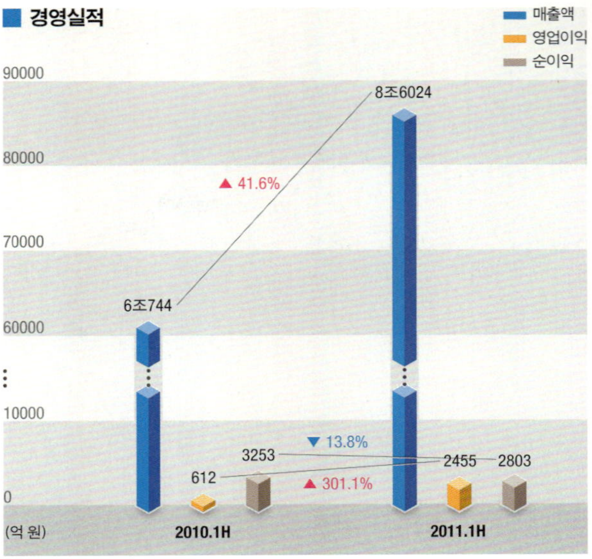

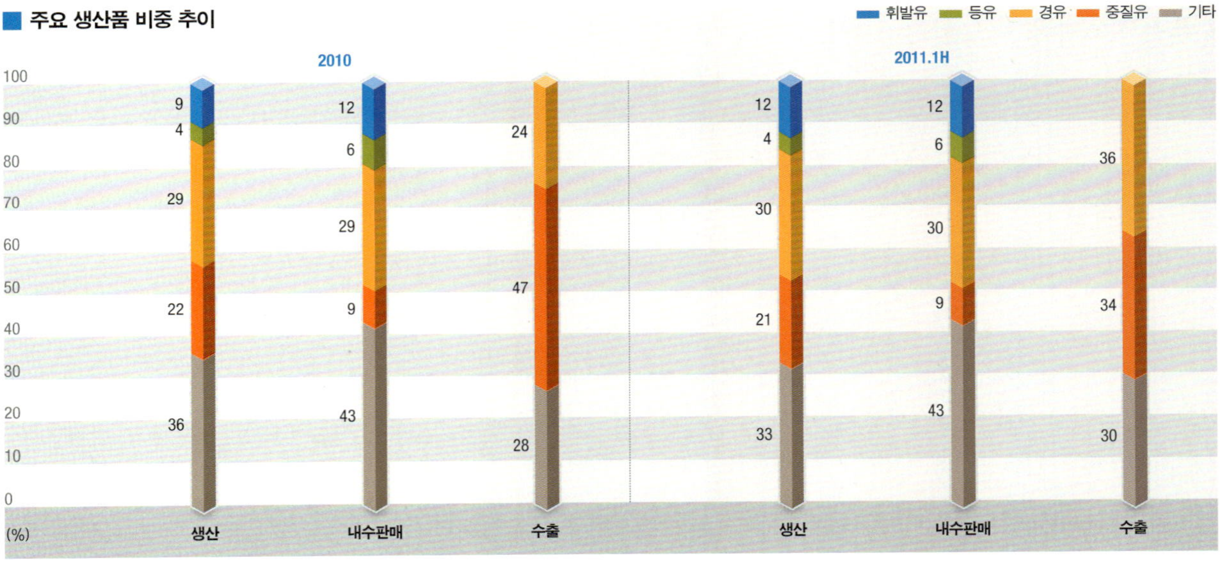

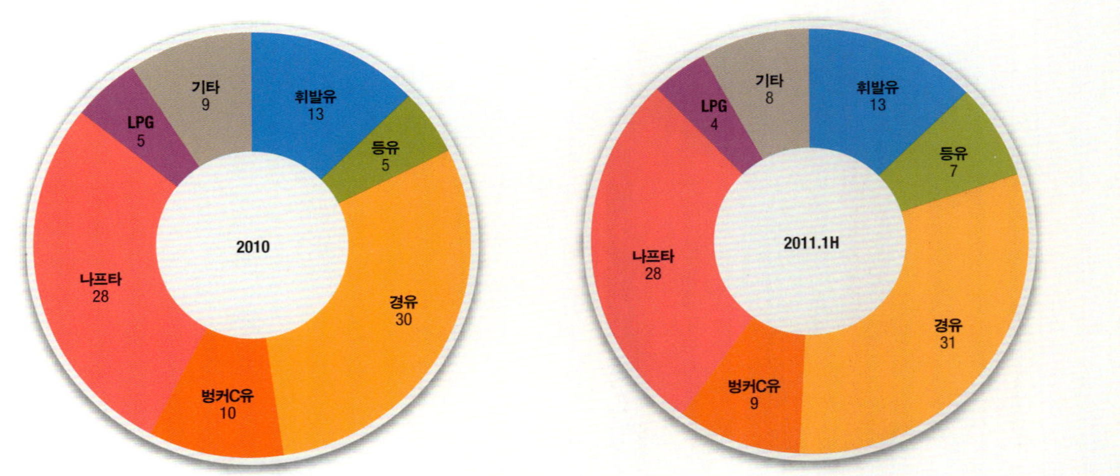

정유사별 주유소 현황

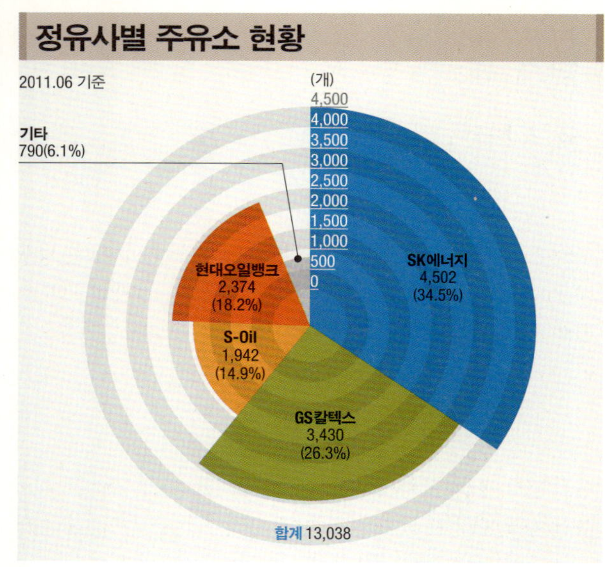

국내 석유시장 점유율

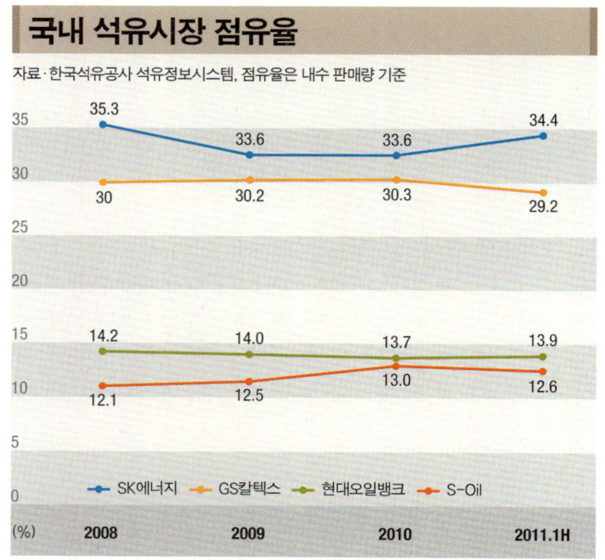

국내 석유제품 내수시장 점유율

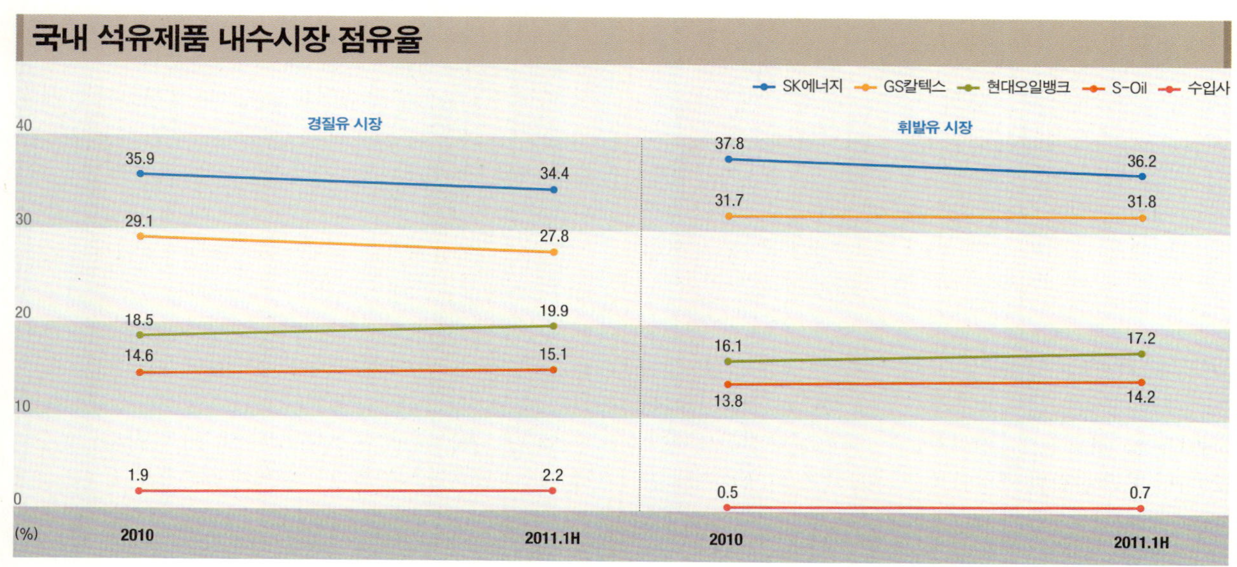

원유 도입량 추이

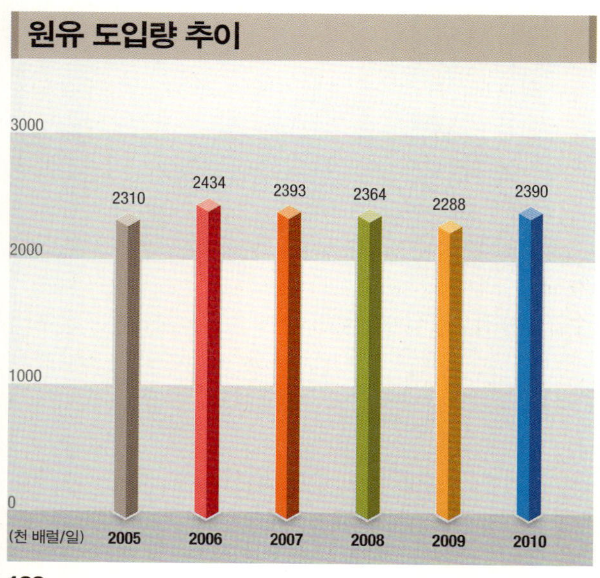

원유 정제마진 추이

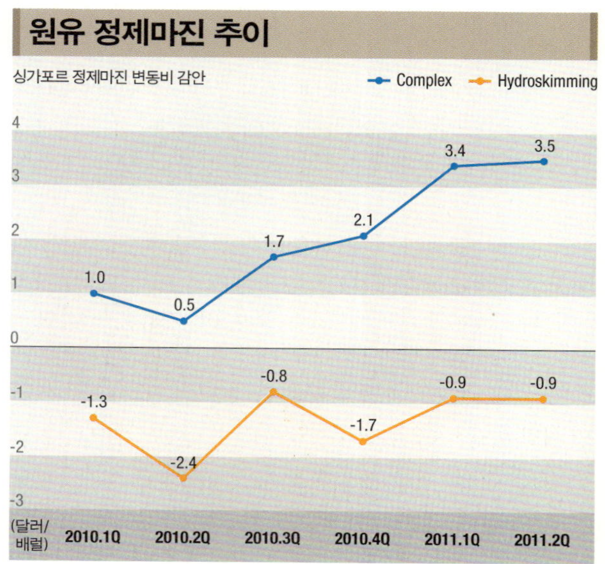

신흥 공업 국가들, 석유 수요 급증
2012년에도 잘 달린다

한국의 내로라하는 수출 상품으로는 반도체, 선박, 자동차 등이 꼽힌다. 그런데 흔히들 빼놓고 생각하는 수출품 한 가지가 더 있다. 바로 석유제품이다. 기름 한 방울 나지 않는 나라인 만큼 원유 자체는 외국에서 들여와야 한다. 그러나 한국은 뛰어난 가공 기술로 원유를 정제해 각종 석유제품을 만들어 수출하고 있다.

대표적인 국내 정유 업체로는 SK이노베이션, S-Oil, GS칼텍스, 현대오일뱅크 등이 있다. 관세청에 따르면 이들 4개 업체가 2011년 초부터 8월까지 수출한 휘발유, 경유, 윤활유 등 석유제품은 총 346억2300만 달러를 기록했다. 전통적인 수출 효자 품목인 반도체(334억2200만 달러), 철강(315억700만 달러), 자동차(260억1100만 달러) 등을 앞지르며 명실공히 1위 자리를 차지했다. 석유제품의 수출액은 지난해 같은 기간과 비교해 73.5% 늘어, 수출증가율로도 1위를 기록했다. 이는 정유 업체들이 내수시장 한계를 벗어나기 위해 노력해 온 덕분이다. 정유 업체들은 지난 2~3년간 해외시장 공략에 주력해 왔고 수출기업으로 거듭나고 있다.

2010년 하반기부터 턴어라운드, 2011년 실적 탄탄

국내 정유 산업은 2009년 암흑기를 지나 2010년 하반기부터 턴어라운드하고 있다. 2011년 정유사들의 실적 전망도 밝다. 2011년 한해 유럽발 재정위기 등 세계 경기 여건이 좋은 편은 아니었다. 경기가 둔화되면 석유제품에 대한 수요가 줄어들 수밖에 없다. 그러나 선진국의 빈자리를 중국, 인도와 같은 신흥국이 채워주면서 2011년 정유 업체들의 실적 향상에 커다란 보탬이 됐다.

SK이노베이션은 정유(SK에너지), 석유화학(SK종합화학), 윤활유(SK루브리컨츠) 등 각 사업부문을 지난해 물적 분할했다. SK에너지는 국내에서 가장 많은 직영점을 거느리며 소매시장 1위 자리를 지키고 있다. 또 인천공장 설비 합리화 부문에 대한 구체적인 계획을 내놓을 것으로 기대되는 등 각 사업부문의 성장 전략이 가시화되고 있다.

GS칼텍스는 2010년 제3 고도화 설비 가동을 시작했고, 2013년 제4 고도화 설비의 건설을 완료할 예정이다. 고도화 설비는 저부가가치 제품인 고유황 중유를 고부가가치 제품인 휘발유, 등·경유로 바꾸는 장치다. 2013년 설비가 완성되면 GS칼텍스는 국내 정유 업체 중 가장 많은 고도화 설비를 갖춘 업체로 자리매김할 전망이다.

S-Oil은 정유 3사 중에서 중간 유분이나 윤활기유, 방향족 제품 등 부가가치가 높고 경기 민감성이 큰 제품군의 비율이 가장 높은 기업이다. 유가 하락 리스크가 상대적으로 크지만, 유가가 오를 때 가장 큰 수혜를 입을 수 있다.

'유가', 정유업계의 가장 중요한 변수

유가는 정유업계의 가장 중요한 변수이자 펀더멘털이다. 석유제품에 대한 수요가 증가하면, 일반적으로 원유 대비 석유제품의 스프레드가 확대될 수 있고, 이는 유가 상승과 정유사들의 주가 상승으로 이어질 수 있다. 다시 말해 유가의 상승과 정유사들의 이익 증가가 동시에 이뤄진다는 설명이다. 이런 이유로 국내 정유업계는 유가의 영향을 덜 받기 위해 사업다각화에 힘을 쏟고 있다. 원유 정제시설 관련 사업에서 범위를 넓히기도 하고, 아예 새로운 사업 영역으로도 진출하고 있다.

SK이노베이션은 원유 정제와 석유화학 공정에서 쌓은 기술로 2차전지 분리막이나 전자재료 분야로 눈길을 돌리고 있다. 가스전 자원개발 분야에서도 앞장서고 있다. S-Oil은 최근 대규모 투자를 마무리했다. 2011년 4월 온산공장 확장으로 석유정제 밸류체인에서 가능한 모든 투자를 집행했다.

2011년 시작된 호황은 2012년까지 이어질 것으로 기대된다. 신흥시장의 석유제품 수요 증가세가 무서울 정도로 빠르게 성장하고 있기 때문이다. 중국과 중동을 비롯해 인도, 브라질 등과 같은 신흥 공업 국가들의 수요가 가파르게 늘어나면서 지난 2000년부터 2010년까지 신흥 공업 국가들의 석유 소비는 무려 1400만B/D(배럴/일) 가량 증가했다. 여기에 합성섬유의 원료인 파라자일렌(PX)과 자동차, 산업용 윤활유의 원료인 윤활기유 시황이 좋다는 점도 긍정적이다.

경기 둔화에 대한 우려가 여전하다는 점이 부담스럽지만, 전문가들은 2008년 금융위기 때보다 달라진 상황에 주목할 것을 조언하고 있다. 2008~2009년 당시에는 절대적인 수요가 줄어드는 상황에서 신규 정체 설비 가동이 많아지는 등 수급상의 불균형이 발생했었다. 그러나 2012년에는 신규 석유 공장 가동 규모가 100만B/D 수준으로, 우려할 정도로 그리 많지 않을 전망이다. 🅱

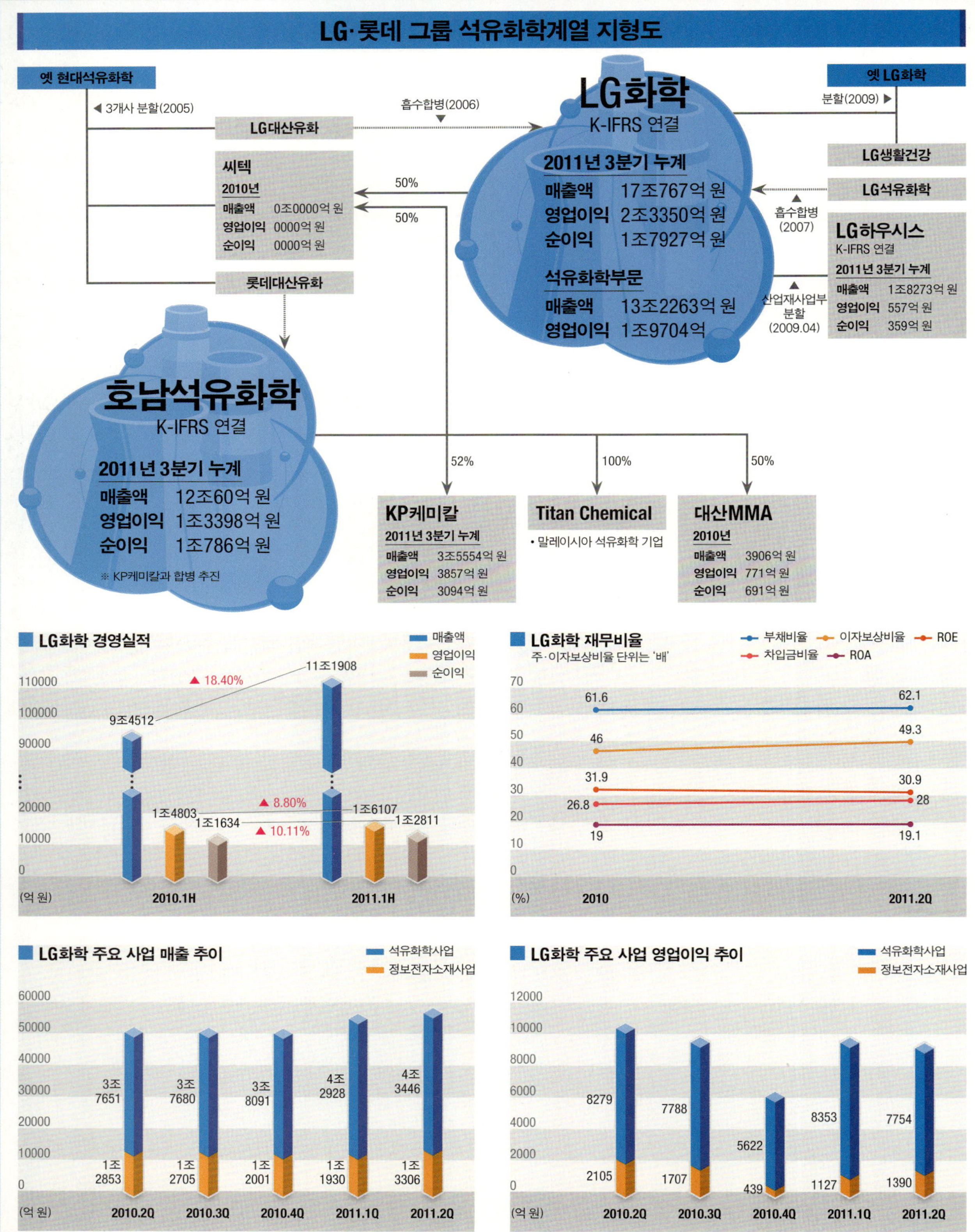

LG·롯데 그룹 석유화학계열 지형도

옛 현대석유화학
◀ 3개사 분할(2005)
LG대산유화
흡수합병(2006)

씨텍
2010년
매출액   0조0000억 원
영업이익 0000억 원
순이익   0000억 원

롯데대산유화

LG화학
K-IFRS 연결

2011년 3분기 누계
매출액   17조767억 원
영업이익 2조3350억 원
순이익   1조7927억 원

석유화학부문
매출액   13조2263억 원
영업이익 1조9704억

옛 LG화학
분할(2009) ▶

LG생활건강
LG석유화학
흡수합병(2007)

LG하우시스
K-IFRS 연결
2011년 3분기 누계
매출액   1조8273억 원
영업이익 557억 원
순이익   359억 원

산업재사업부 분할(2009.04)

50%
50%

호남석유화학
K-IFRS 연결

2011년 3분기 누계
매출액   12조60억 원
영업이익 1조3398억 원
순이익   1조786억 원

※ KP케미칼과 합병 추진

52%
100%
50%

KP케미칼
2011년 3분기 누계
매출액   3조5554억 원
영업이익 3857억 원
순이익   3094억 원

Titan Chemical
• 말레이시아 석유화학 기업

대산MMA
2010년
매출액   3906억 원
영업이익 771억 원
순이익   691억 원

LG화학 경영실적
매출액 영업이익 순이익
110000
100000
90000
11조1908
9조4512
▲ 18.40%
20000
1조4803 1조1634
▲ 8.80%
1조6107 1조2811
▲ 10.11%
10000
0
(억 원) 2010.1H 2011.1H

LG화학 재무비율
주·이자보상비율 단위는 '배'
부채비율 이자보상비율 ROE 차입금비율 ROA
70
61.6 62.1
60
50
46 49.3
40
31.9 30.9
30
26.8 28
20
19 19.1
10
0
(%) 2010 2011.2Q

LG화학 주요 사업 매출 추이
석유화학사업 정보전자소재사업
60000
50000
40000
30000
3조7651 3조7680 3조8091 4조2928 4조3446
20000
10000
1조2853 1조2705 1조2001 1조1930 1조3306
0
(억 원) 2010.2Q 2010.3Q 2010.4Q 2011.1Q 2011.2Q

LG화학 주요 사업 영업이익 추이
석유화학사업 정보전자소재사업
12000
10000
8279 7788 5622 8353 7754
8000
6000
4000
2000
2105 1707 439 1127 1390
0
(억 원) 2010.2Q 2010.3Q 2010.4Q 2011.1Q 2011.2Q

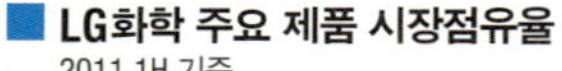

LG화학 주요 제품 시장점유율

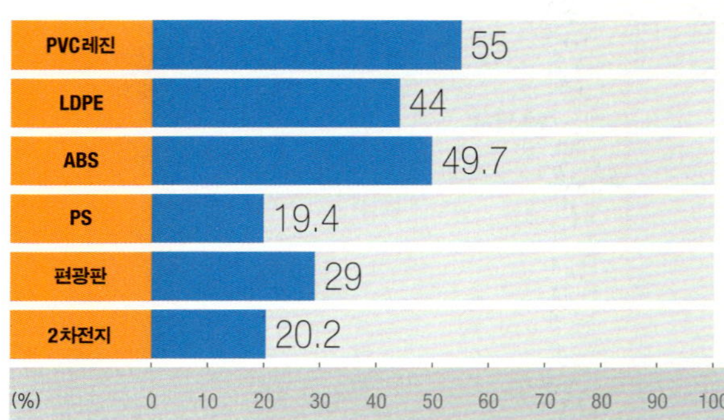

호남석유화학 경영실적

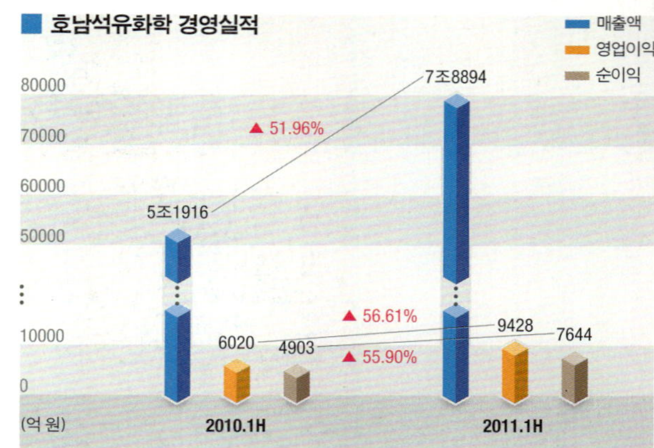

호남석유화학 경영실적 추이

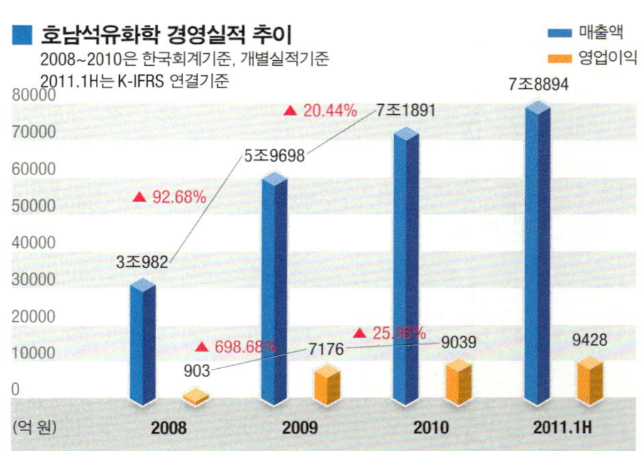

호남석유화학 생산 능력

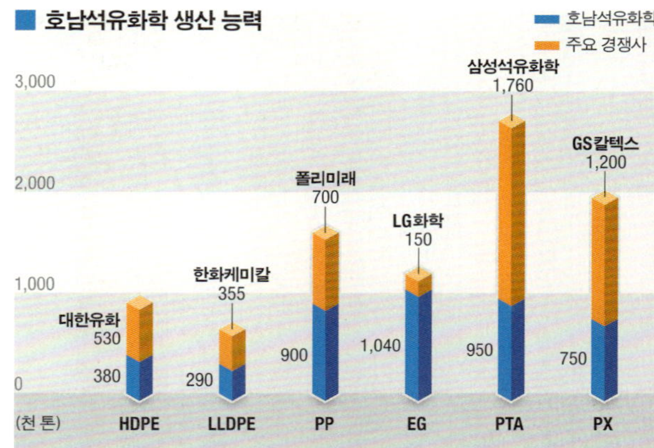

LG하우시스 경영실적

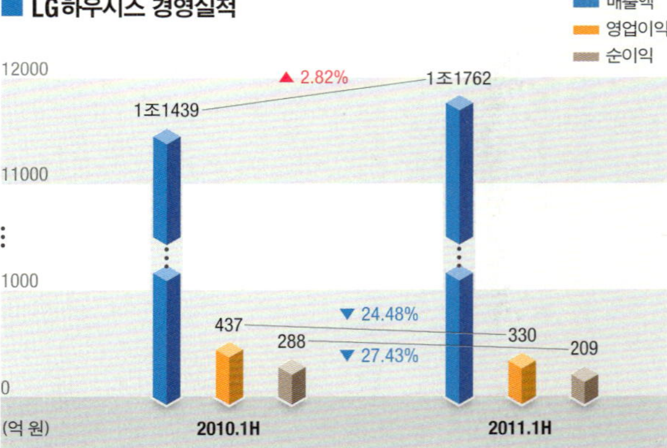

LG하우시스 주요 사업 경영실적 추이

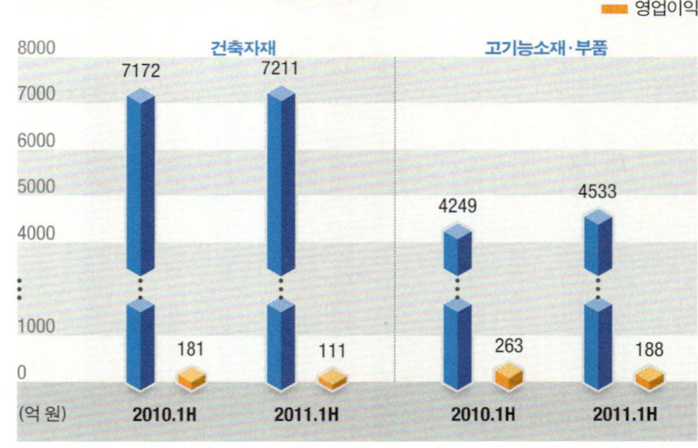

KP케미칼 경영실적

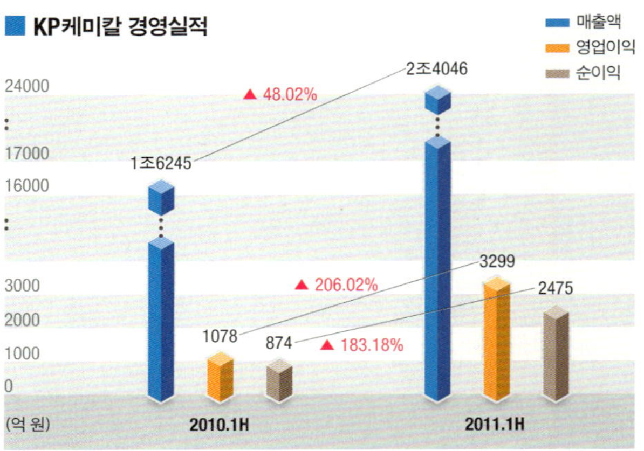

KP케미칼 경영실적 추이 | 2011은 K-IFRS 연결기준

SK그룹 석유화학계열 지형도

■ SK종합화학 분기별 실적 추이
2010년은 한국회계기준, 2011년은 K-IFRS 연결기준

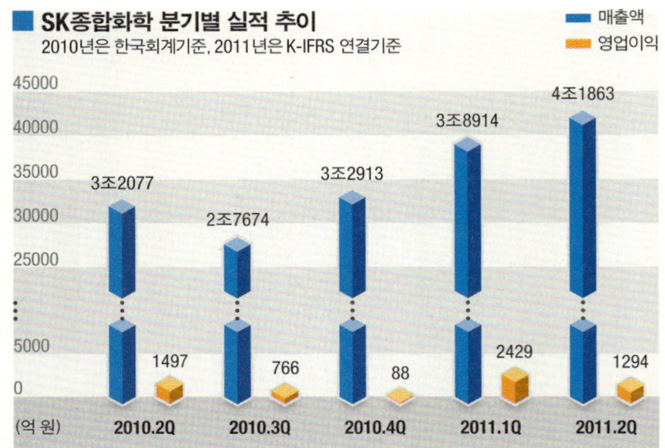

■ SK이노베이션 석유개발사업 경영실적 추이
2010년은 한국회계기준, 2011년은 K-IFRS 연결기준

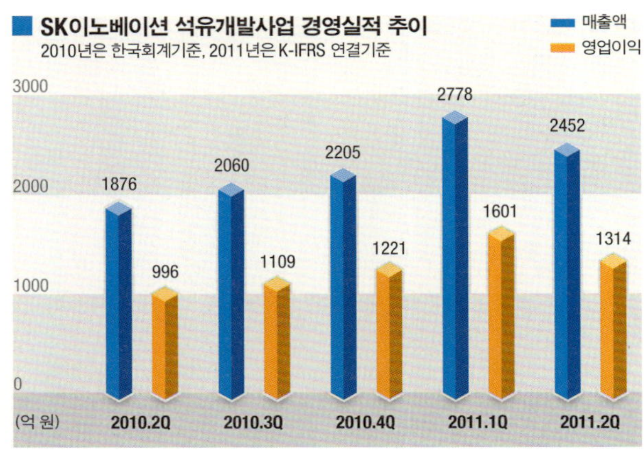

■ SK루브리컨츠 분기별 실적 추이
2010년은 한국회계기준, 2011년은 K-IFRS 연결기준

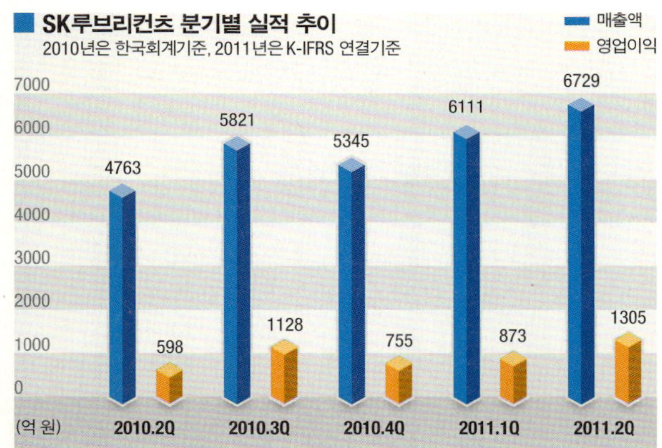

■ SK케미칼 주요 사업 경영실적

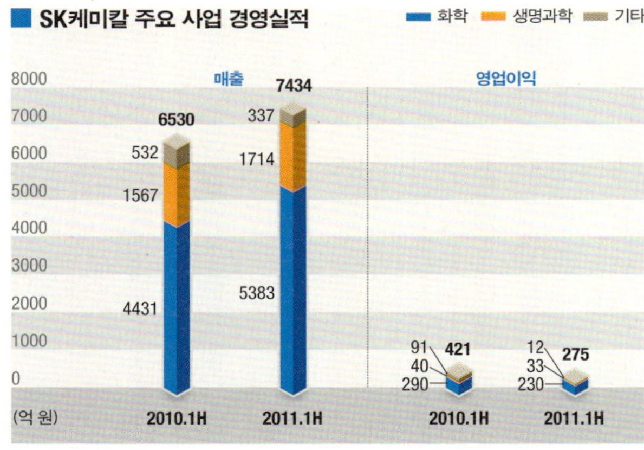

■ SKC 경영실적

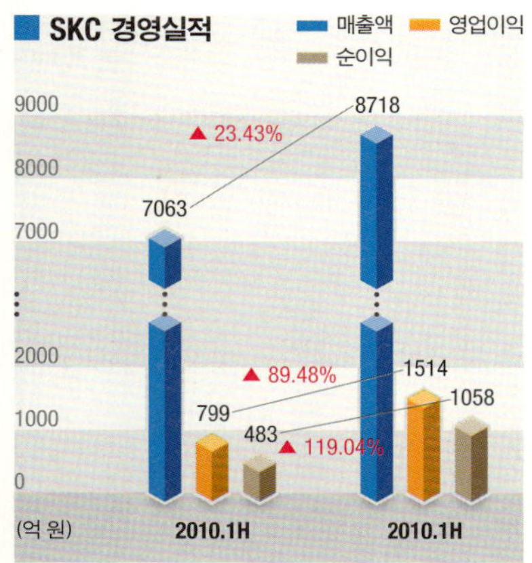

■ SKC 주요 사업 경영실적
K-IFRS 별도 재무제표 기준, 괄호 안은 영업이익률

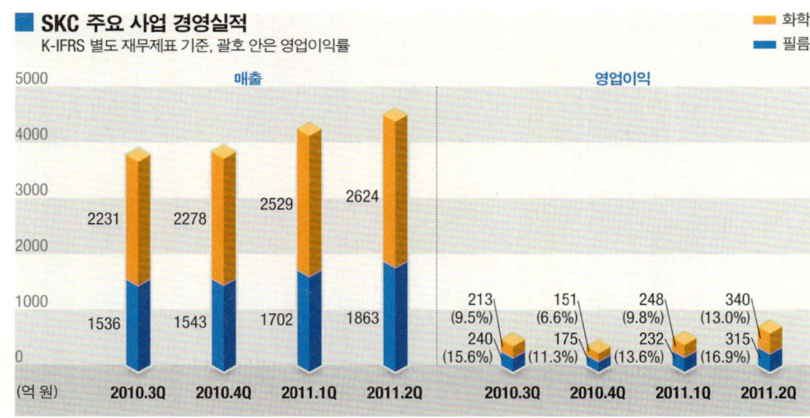

한화그룹 석유화학계열 지형도

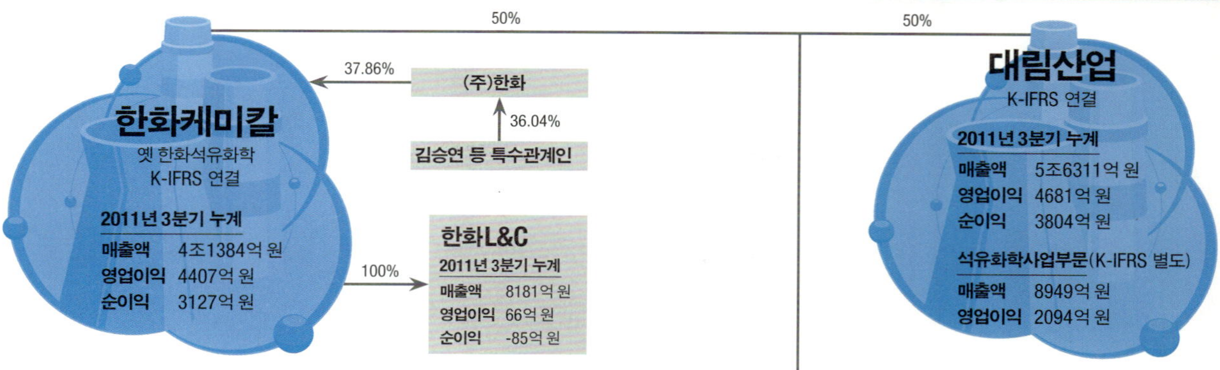

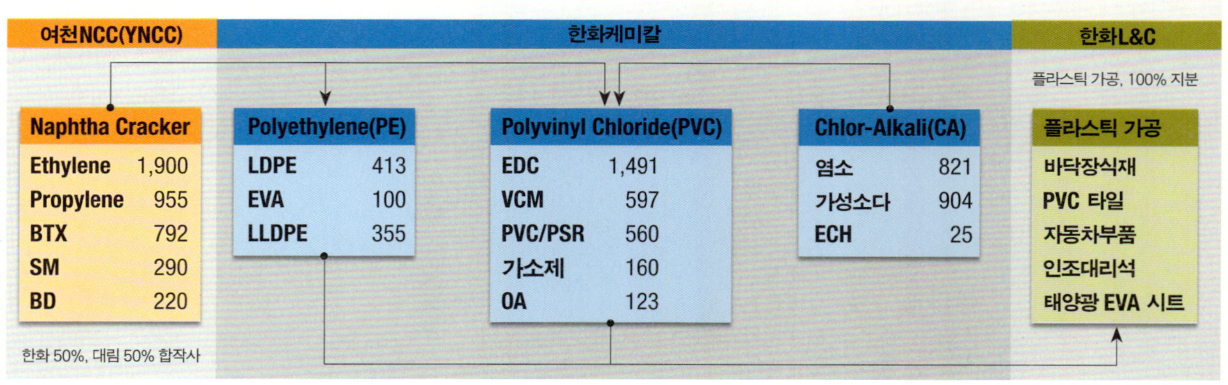

■ 한화케미칼 경영실적

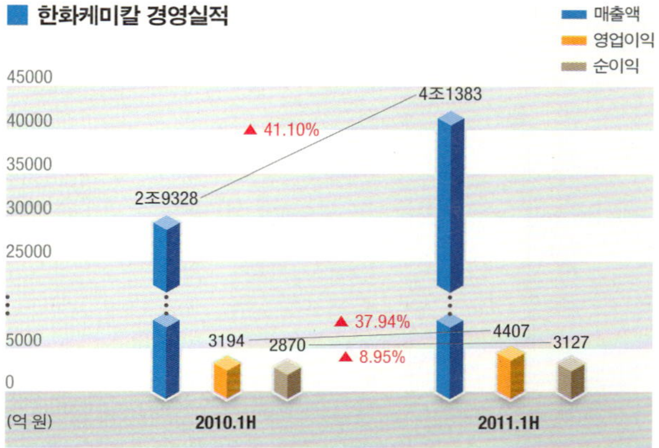

■ 한화 석유화학사업 수직계열도 | 20011.05 기준, 단위·천 톤/연

여천NCC(YNCC)		한화케미칼		한화L&C
				플라스틱 가공, 100% 지분
Naphtha Cracker	**Polyethylene(PE)**	**Polyvinyl Chloride(PVC)**	**Chlor-Alkali(CA)**	**플라스틱 가공**
Ethylene 1,900	LDPE 413	EDC 1,491	염소 821	바닥장식재
Propylene 955	EVA 100	VCM 597	가성소다 904	PVC 타일
BTX 792	LLDPE 355	PVC/PSR 560	ECH 25	자동차부품
SM 290		가소제 160		인조대리석
BD 220		OA 123		태양광 EVA 시트

한화 50%, 대림 50% 합작사

■ 대림산업 경영실적

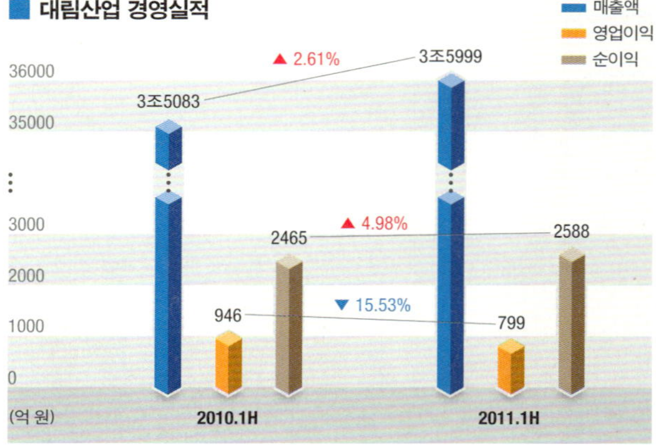

■ 대림산업 매출 구성 추이

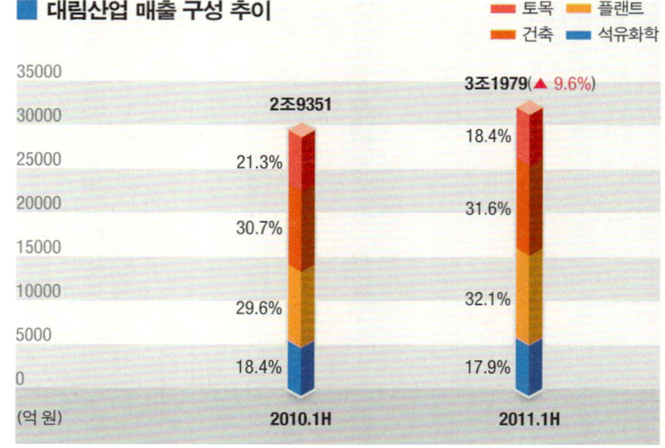

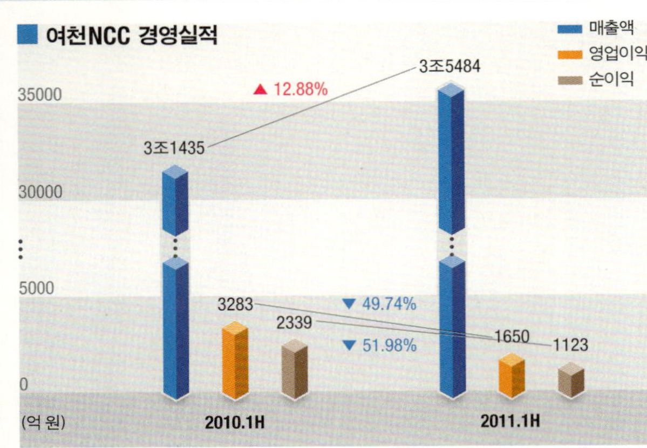

■ 여천NCC 경영실적
매출액
영업이익
순이익
35000
30000
5000
0
3조1435
3조5484
▲ 12.88%
▼ 49.74%
3283
2339
▼ 51.98%
1650
1123
(억 원)
2010.1H
2011.1H

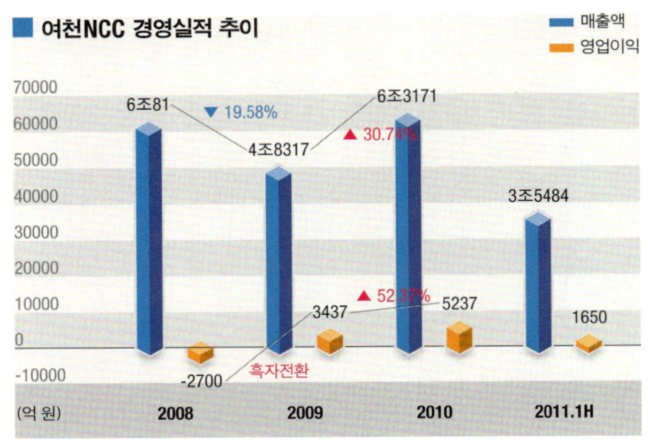

■ 여천NCC 경영실적 추이
매출액
영업이익
70000
60000
50000
40000
30000
20000
10000
0
-10000
6조81
▼ 19.58%
4조8317
6조3171
▲ 30.74%
3조5484
3437
-2700
흑자전환
▲ 52.37%
5237
1650
(억 원)
2008
2009
2010
2011.1H

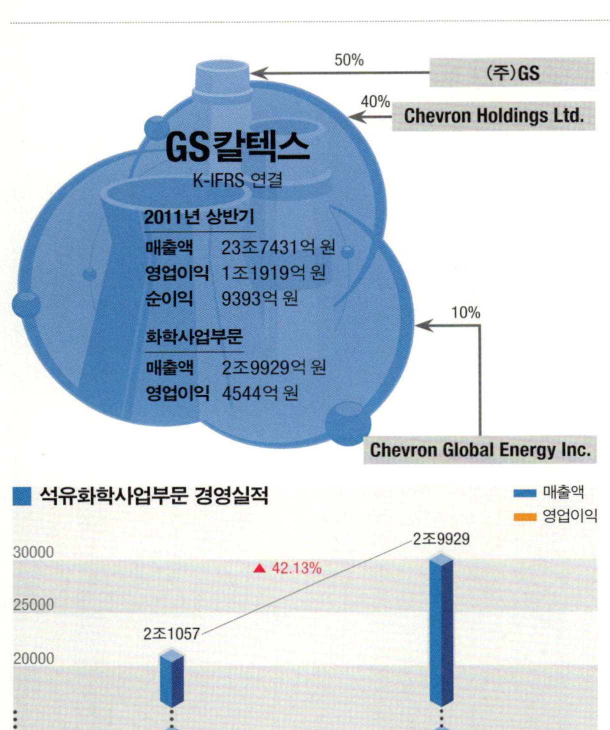

50%
(주)GS
40%
Chevron Holdings Ltd.
GS칼텍스
K-IFRS 연결
2011년 상반기
매출액   23조7431억 원
영업이익 1조1919억 원
순이익   9393억 원
화학사업부문
매출액   2조9929억 원
영업이익 4544억 원
10%
Chevron Global Energy Inc.

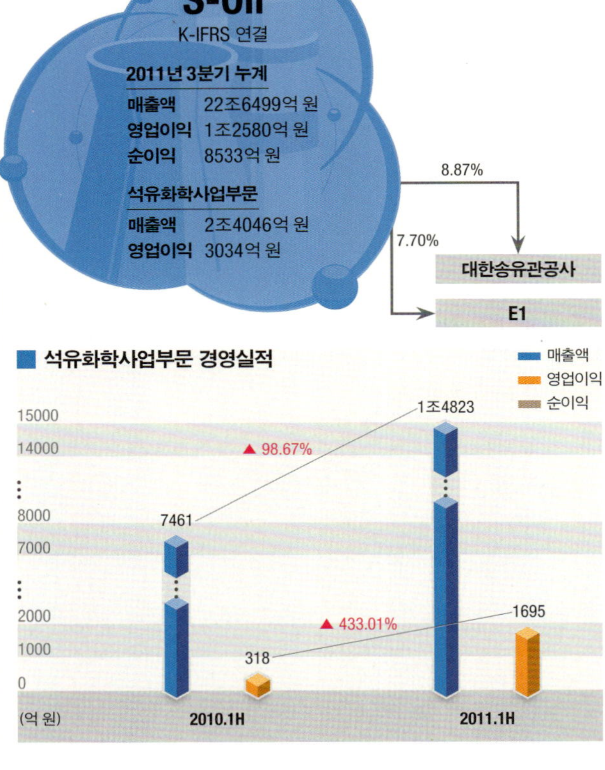

35%
AOC
28.41%
한진에너지
S-Oil
K-IFRS 연결
2011년 3분기 누계
매출액   22조6499억 원
영업이익 1조2580억 원
순이익   8533억 원
석유화학사업부문
매출액   2조4046억 원
영업이익 3034억 원
8.87%
7.70%
대한송유관공사
E1

■ 석유화학사업부문 경영실적
매출액
영업이익
30000
25000
20000
5000
0
2조1057
2조9929
▲ 42.13%
1994
▲ 127.88%
4544
(억 원)
2010.1H
2011.1H

■ 석유화학사업부문 경영실적
매출액
영업이익
순이익
15000
14000
8000
7000
2000
1000
0
7461
1조4823
▲ 98.67%
318
▲ 433.01%
1695
(억 원)
2010.1H
2011.1H

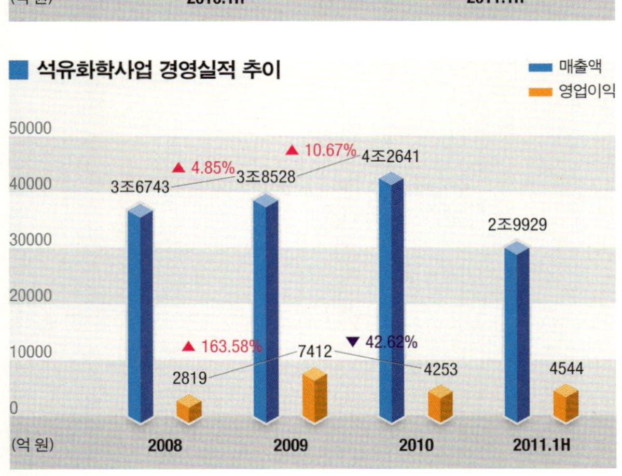

■ 석유화학사업 경영실적 추이
매출액
영업이익
50000
40000
30000
20000
10000
0
3조6743
▲ 4.85%
3조8528
▲ 10.67%
4조2641
2조9929
2819
▲ 163.58%
7412
▼ 42.62%
4253
4544
(억 원)
2008
2009
2010
2011.1H

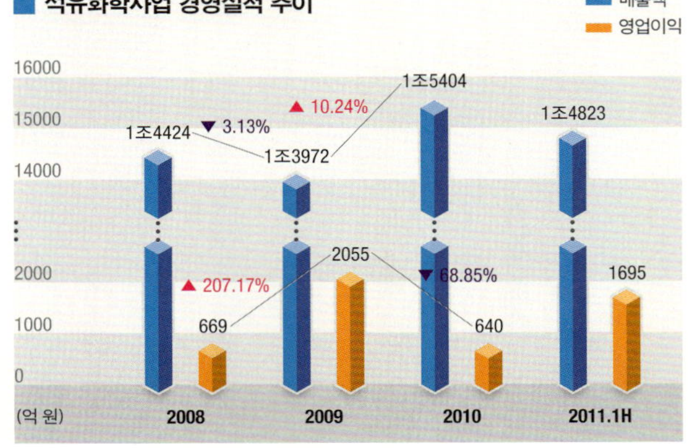

■ 석유화학사업 경영실적 추이
매출액
영업이익
16000
15000
14000
2000
1000
0
1조4424
▼ 3.13%
1조3972
▲ 10.24%
1조5404
1조4823
669
▲ 207.17%
2055
▼ 68.85%
640
1695
(억 원)
2008
2009
2010
2011.1H

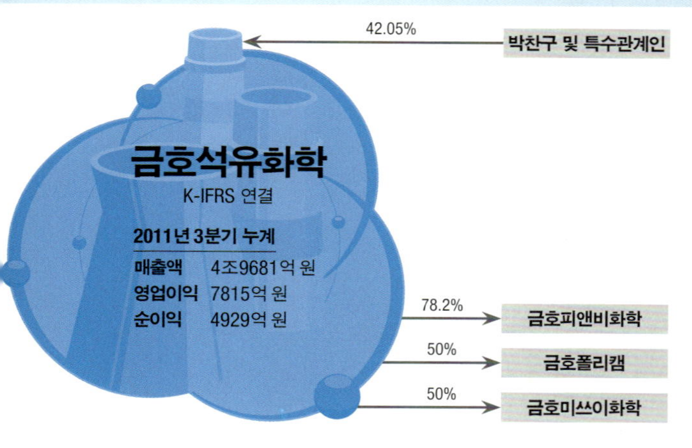

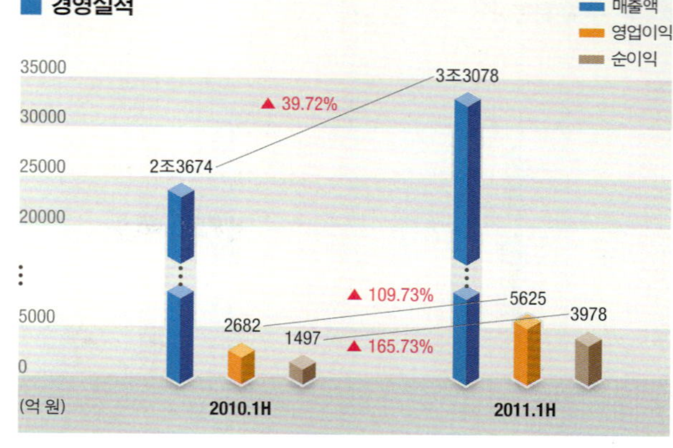

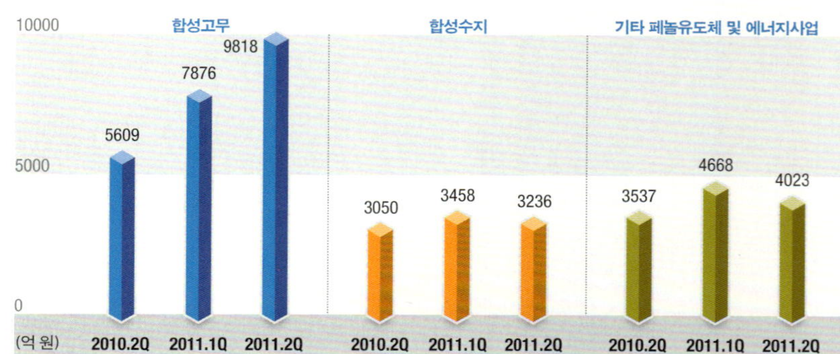

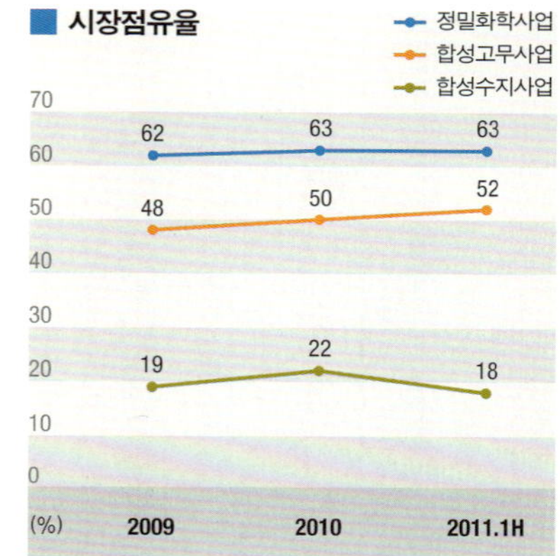

삼성그룹 석유화학계열 지형도

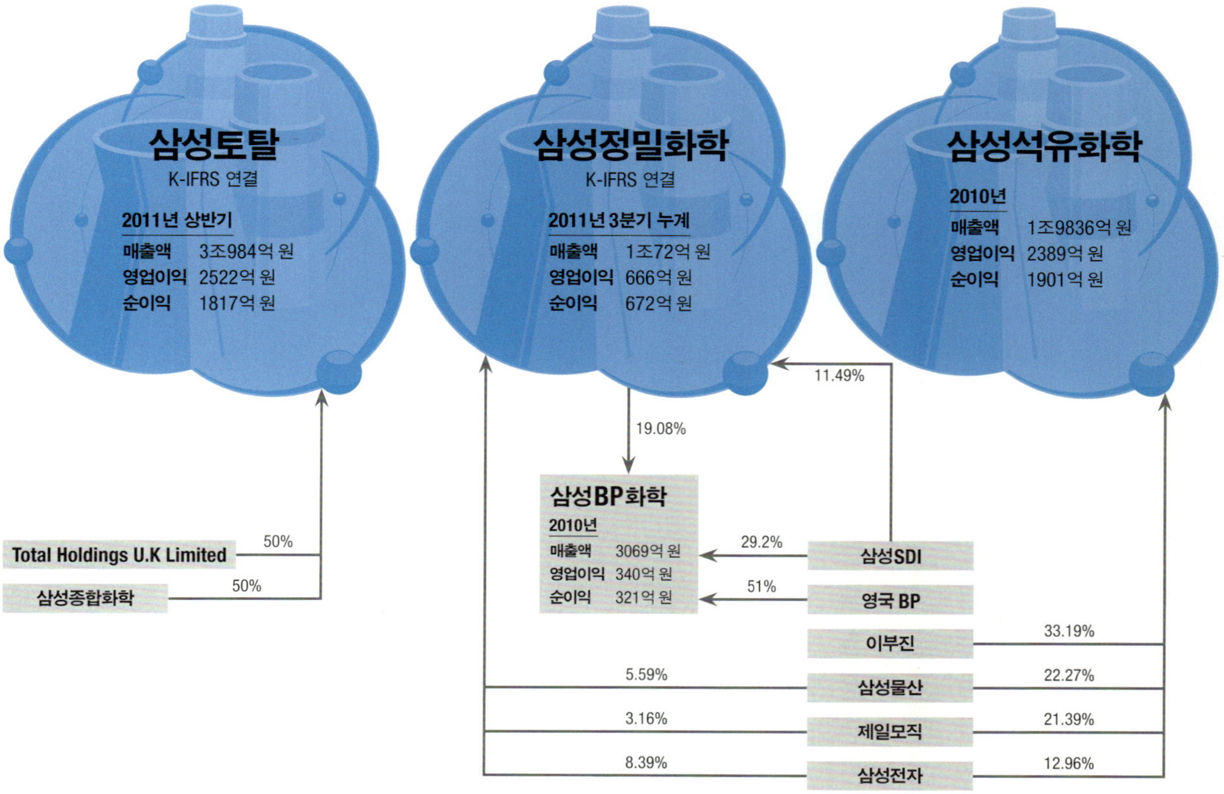

삼성토탈
K-IFRS 연결

2011년 상반기
매출액   3조984억 원
영업이익   2522억 원
순이익   1817억 원

삼성정밀화학
K-IFRS 연결

2011년 3분기 누계
매출액   1조72억 원
영업이익   666억 원
순이익   672억 원

삼성석유화학

2010년
매출액   1조9836억 원
영업이익   2389억 원
순이익   1901억 원

11.49%

19.08%

삼성BP화학
2010년
매출액   3069억 원
영업이익   340억 원
순이익   321억 원

Total Holdings U.K Limited   50%
삼성종합화학   50%

29.2%   삼성SDI
51%   영국 BP
이부진   33.19%
5.59%   삼성물산   22.27%
3.16%   제일모직   21.39%
8.39%   삼성전자   12.96%

133

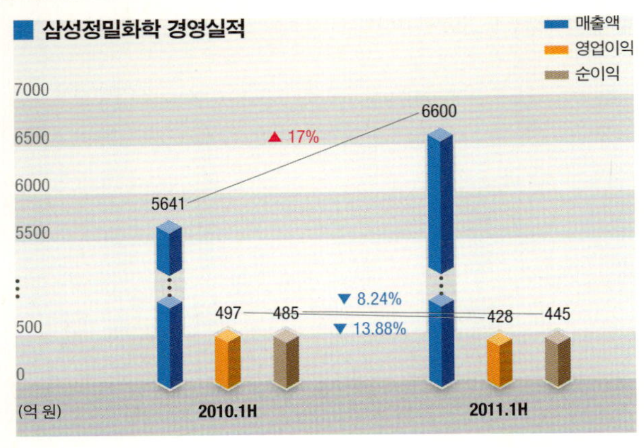

삼성정밀화학 경영실적
매출액
영업이익
순이익
7000
6500
6600
6000
5641
▲ 17%
5500
497 485 ▼ 8.24%
428 445
▼ 13.88%
500
(억 원)
2010.1H
2011.1H

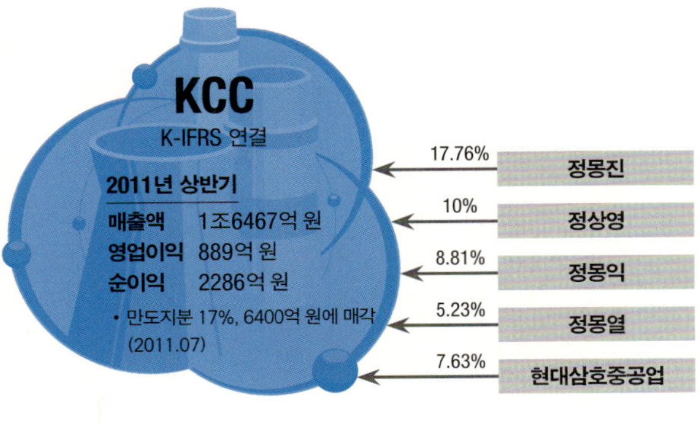

KCC
K-IFRS 연결
2011년 상반기
매출액   1조6467억 원
영업이익 889억 원
순이익   2286억 원
· 만도지분 17%, 6400억 원에 매각
  (2011.07)
17.76%   정몽진
10%   정상영
8.81%   정몽익
5.23%   정몽열
7.63%   현대삼호중공업

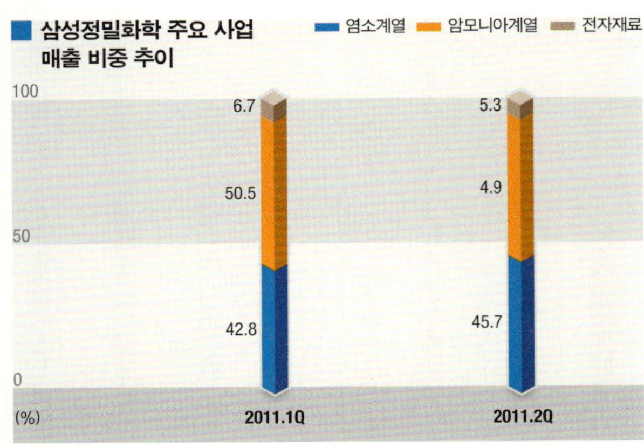

삼성정밀화학 주요 사업 매출 비중 추이
염소계열   암모니아계열   전자재료
100
6.7   5.3
50.5   4.9
50
42.8   45.7
0
(%)
2011.1Q   2011.2Q

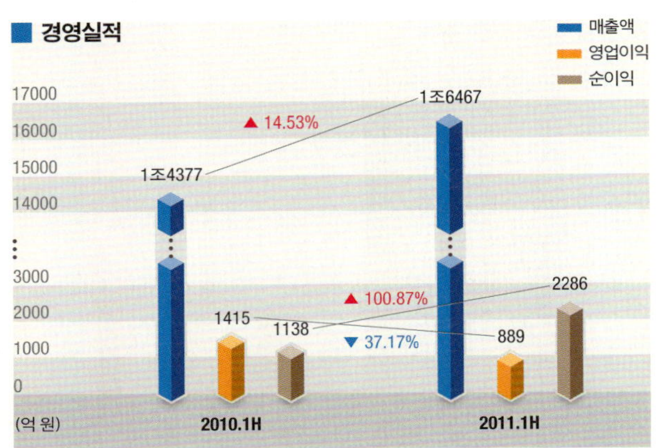

경영실적
매출액
영업이익
순이익
17000   1조6467
16000   ▲ 14.53%
15000
14000   1조4377
3000
2000   2286
1000 1415 1138 ▲ 100.87%
       ▼ 37.17%   889
0
(억 원)
2010.1H   2011.1H

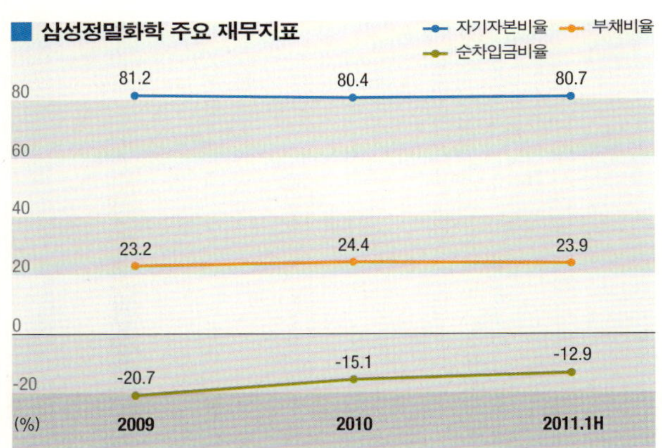

삼성정밀화학 주요 재무지표
자기자본비율   부채비율   순차입금비율
80   81.2   80.4   80.7
60
40
23.2   24.4   23.9
20
0
-20.7   -15.1   -12.9
-20
(%)
2009   2010   2011.1H

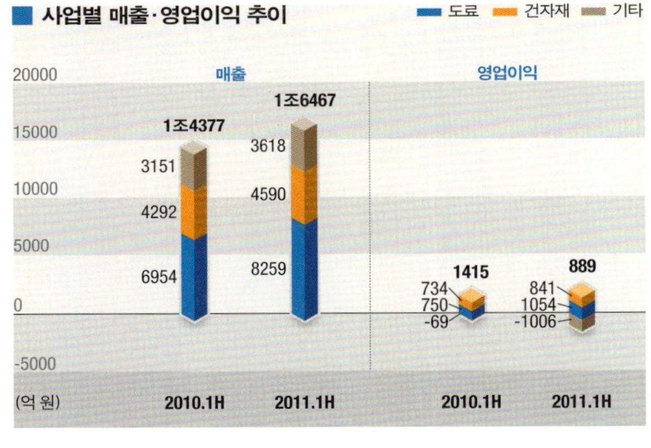

사업별 매출·영업이익 추이
도로   건자재   기타
매출   영업이익
20000
15000 1조4377 1조6467
       3151   3618
       4292   4590
10000
5000   6954   8259
       734 1415 841 889
0   750   1054
       -69   -1006
-5000
(억 원)
2010.1H 2011.1H 2010.1H 2011.1H

OCI
K-IFRS 연결
2011년 3분기 누계
매출액   3조4157억 원
영업이익 1조261억 원
순이익   7991억 원

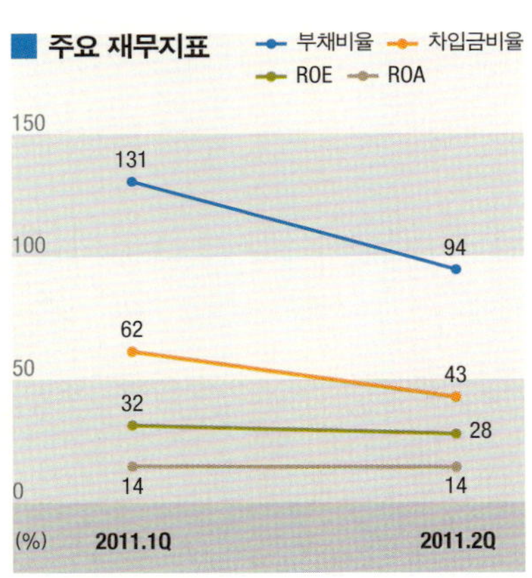

주요 재무지표
부채비율   차입금비율   ROE   ROA
150
131
100   94
62   43
50
32   28
14   14
0
(%)
2011.1Q   2011.2Q

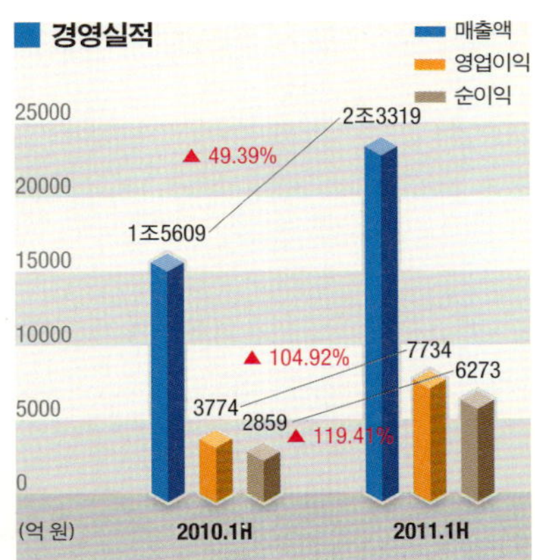

경영실적
매출액
영업이익
순이익
25000
2조3319
20000 ▲ 49.39%
15000 1조5609
10000
3774 2859 ▲ 104.92% 7734 6273
5000   ▲ 119.41%
0
(억 원)
2010.1H   2011.1H

■ 사업부문별 매출 추이

■ 사업부문별 영업이익 추이

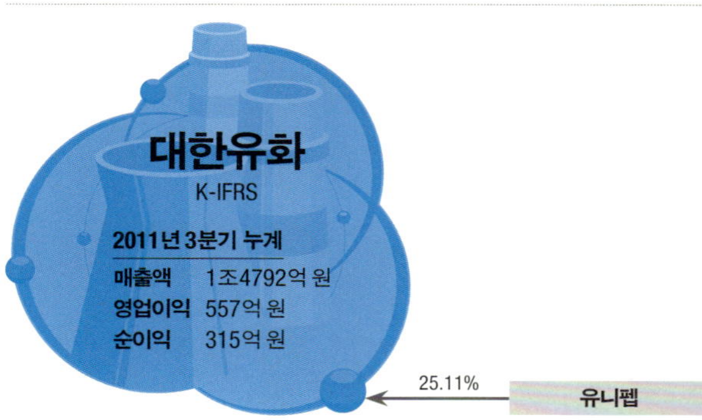

■ 경영실적

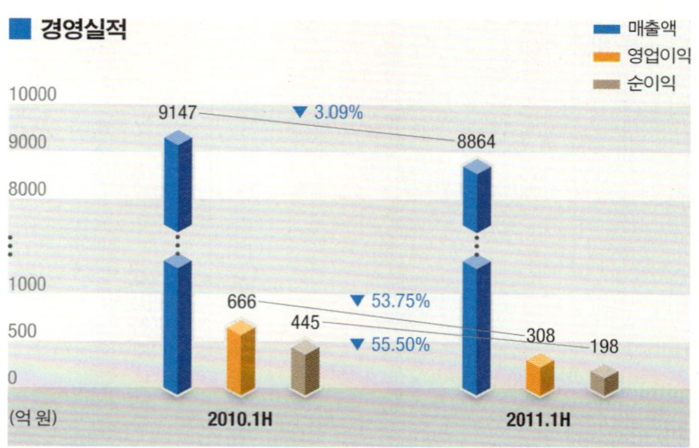

폴리실리콘 수요·공급 전망

자료·OCI

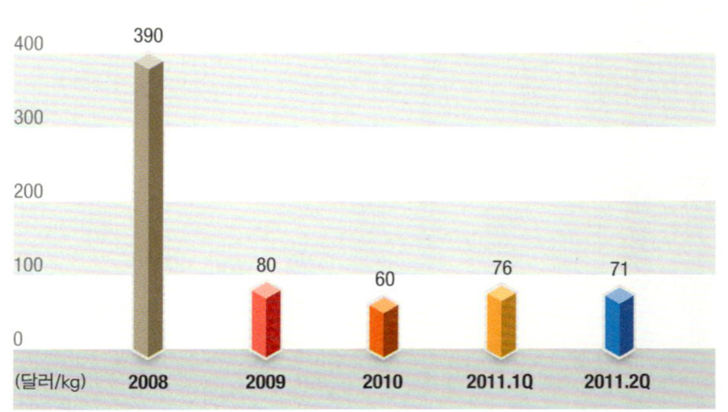

폴리실리콘 현물시장 가격

PET수지 시장점유율

단위·%

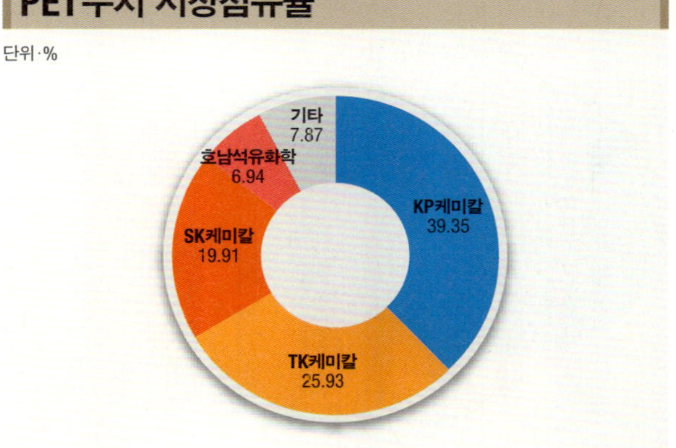

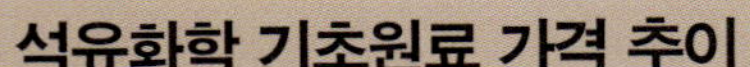

석유화학 기초원료 가격 추이

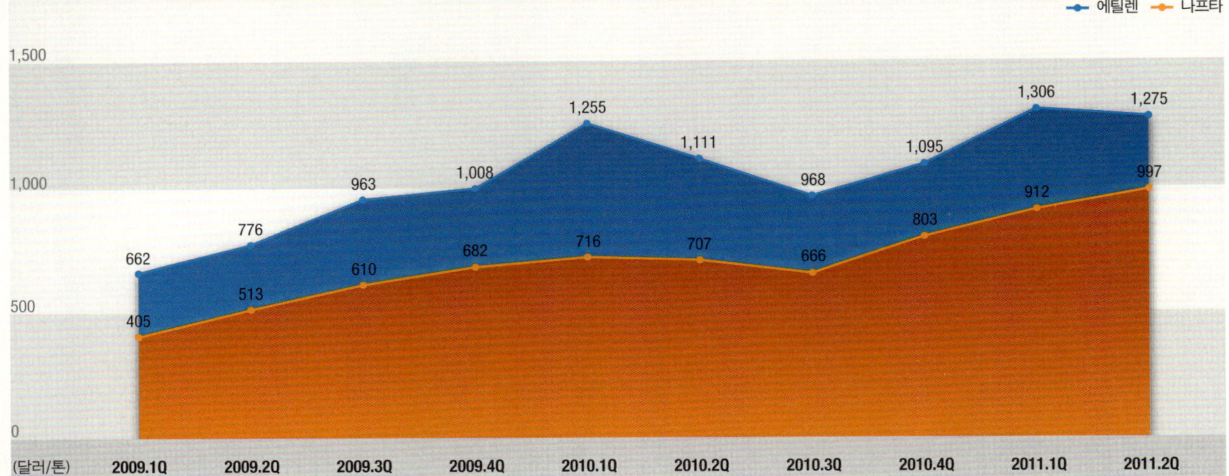

에틸렌 내수 수요량 비중 추이와 전망

자료·ICIS, CMAI, METI

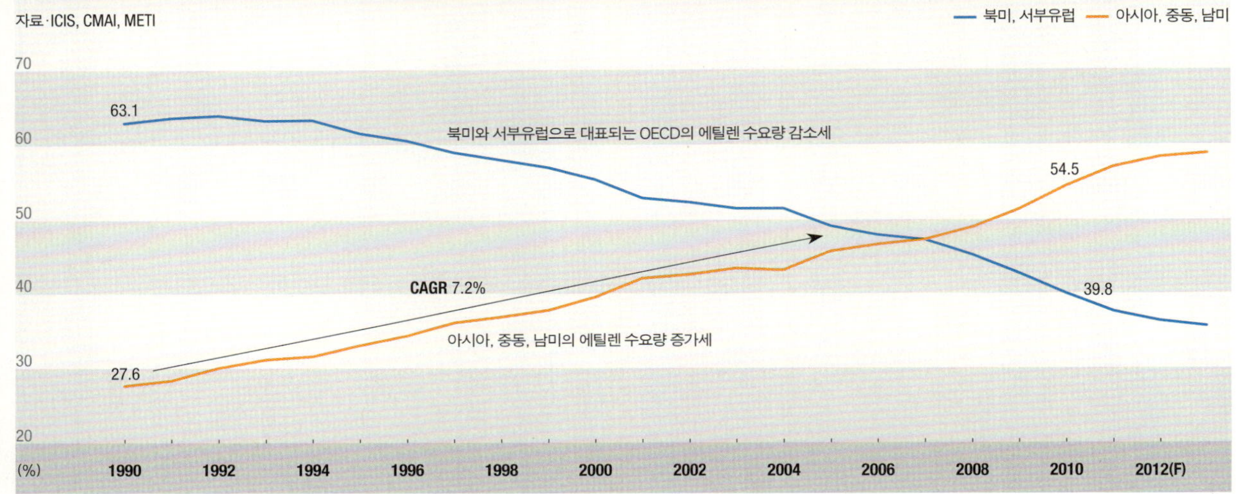

에틸렌 신규 증설량과 PE Spread 글로벌 추이

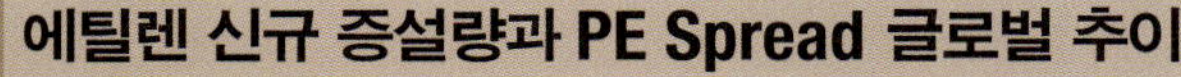

자료·CEIC, KOTIS, Datastream, Bloomberg

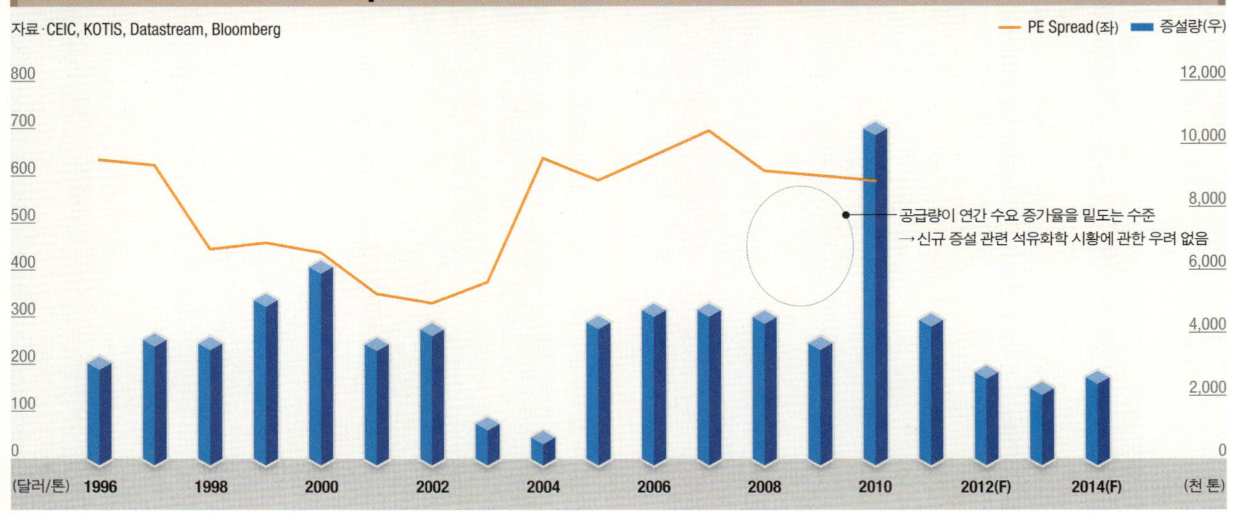

글로벌 수요 회복이 관건
중국정부의 긴축 정책과 유로존 위기 해결에 촉각

지난해 국내 주식 시장의 상승을 주도했던 업종 중 하나로 석유화학업종이 있다. 대표적인 기업으로는 LG화학, 호남석유화학, 한화케미칼, KCC, 금호석유케미칼, 한화, 케이피케미칼, OCI, 코오롱인더스트리, SK종합화학 등이 있다. 2008년 금융위기에도 불구하고 중국의 강력한 경기 부양 조치와 신흥 공업 국가들의 수요 증가, 전방 산업인 IT와 자동차 산업의 수요 급증으로 호황을 누렸다.

빈 수레가 요란했던 2011년

올해도 이런 분위기가 이어질 것이라는 기대가 컸다. 2010년과 달리 눈에 띄는 신규 설비 가동이 없었던 데다 세계 경기 회복이 지속될 것이라는 장밋빛 전망이 많았기 때문이다. 지난해 석유화학 산업은 에틸렌 기준 900만 톤이 넘는 대규모 증설에도 승승장구했다. 더구나 지난 2011년 3월에 발생한 대지진으로 일본 업체들의 석유화학 생산능력이 대폭 줄어들면서 이런 전망에 더욱 힘을 실어줬다. 그러나 실제로는 그렇지 못했다. 2011년 내내 주요 제품의 가격이 하향 곡선을 그리고 있고, 업황도 눈에 띄게 둔화되고 있다.

업황이 안 좋아진 가장 큰 이유는 글로벌 경기가 예상보다 더디게 회복되고 있다는 점이다. 경기에 민감한 석유화학업종에는 치명적이다. 여기에 중국이 강력한 긴축 정책을 펼치면서 화학제품에 대한 수요가 급감했다.

제품군별 시황은 차별화되고 있다. 폴리에틸렌(PE), 폴리프로필렌(PP) 등의 합성수지와 폴리염화비닐(PVC), 아크릴로니트릴부타디엔스티렌(ABS) 등 기능성 합성수지는 줄곧 부진한 흐름을 보이고 있다. 합성고무 계열 가격도 2011년 9월 이후 내리막길을 걷고 있다. 반면 파라자일렌(PX), 에틸렌글리콜(EG), 카프로락탐 등 화학섬유원료 계열의 마진은 양호한 편이다.

2012년 세계 경제는 선진국의 경기침체 우려에도 불구하고 신흥국들이 6% 이상 성장하면서 3%대 성장률을 유지할 전망이다. 특히 중국은 2012년에도 9% 내외의 고성장을 유지할 것으로 기대된다. 이에 석유화학 산업의 전방 산업인 IT, 자동차, 건설 인프라 등의 필수 소비재 수요는 비교적 괜찮을 것으로 예상된다. 중국과 인도 등 신흥국들의 고성장 속에 석유화학 제품에 대한 수요 성장도 지속될 것으로 보인다.

2012년 역시 증설이 제한될 가능성이 크다는 점도 긍정적이다. 2012년에 예정된 에틸렌 증설은 200만 톤 수준이며, 2011년 설비 완공 이후 본격 가동에 따른 물량까지 고려하면 350만 톤 내외로 예상된다. 이는 세계 에틸렌 총 생산 능력을 기준으로 2.4%에 해당하는 규모다. 증설 물량 기준으로 지난 2009년 이후 가장 작은 폭의 증설이다.

그러나 유가가 배럴당 100달러 이상으로 높은 상황에서 중동, 북미의 천연가스 기반 저원가 설비 업체들과 경쟁해야 한다는 점은 부담이다. 또 중국의 긴축 정책에 대한 시장 수요 증가율이 정체되고 있다는 점도 악재다.

관건은 수요가 얼마나 회복될 수 있는 지다. 1차적으로는 중국의 긴축 완화 여부에 달렸고, 유로존과 미국의 상황 변화도 예의주시할 필요가 있다.

새로운 성장동력 찾은 기업에 관심

어려운 업황 속에서도 선전하고 있는 일부 석유화학 업체들에 관심을 가져볼 만하다. 석유화학 업체들은 지속적으로 성장을 모색해왔으며, 최근 괄목할 만한 성과를 거두고 있다. 먼저 기존 석유화학 분야에서 세계화를 통해 성장하고 있는 기업으로 호남석유가 있다. 호남석유는 말레이시아의 석유화학 업체 타이탄을 비롯해, 파키스탄, 영국 등의 현지 생산업체를 직접 인수했다. LG화학과 한화케미칼도 각각 카자흐스탄과 사우디아라비아 등 업체들과의 연계를 통해 빠르게 글로벌화에 나서고 있다. 금호그룹 해체 이후 혹독한 구조조정을 거친 금호석유는 2012년 하반기부터 주력 제품 증설에 나설 예정이다.

신사업 관련 투자를 늘리고 있는 업체들도 눈여겨볼 필요가 있다. 석유화학 업체들의 투자는 신재생에너지 분야에 집중돼 있다. LG화학은 전기차용 배터리, LCD 유리기판 등 신사업 개척에 앞장서고 있다. 전기차용 배터리는 최근 성과가 가시화되고 있다. LG화학은 전기차용 배터리 사업에서 2011년 매출액 목표치인 3000억 원을 무난히 달성할 것으로 기대된다. 🅱

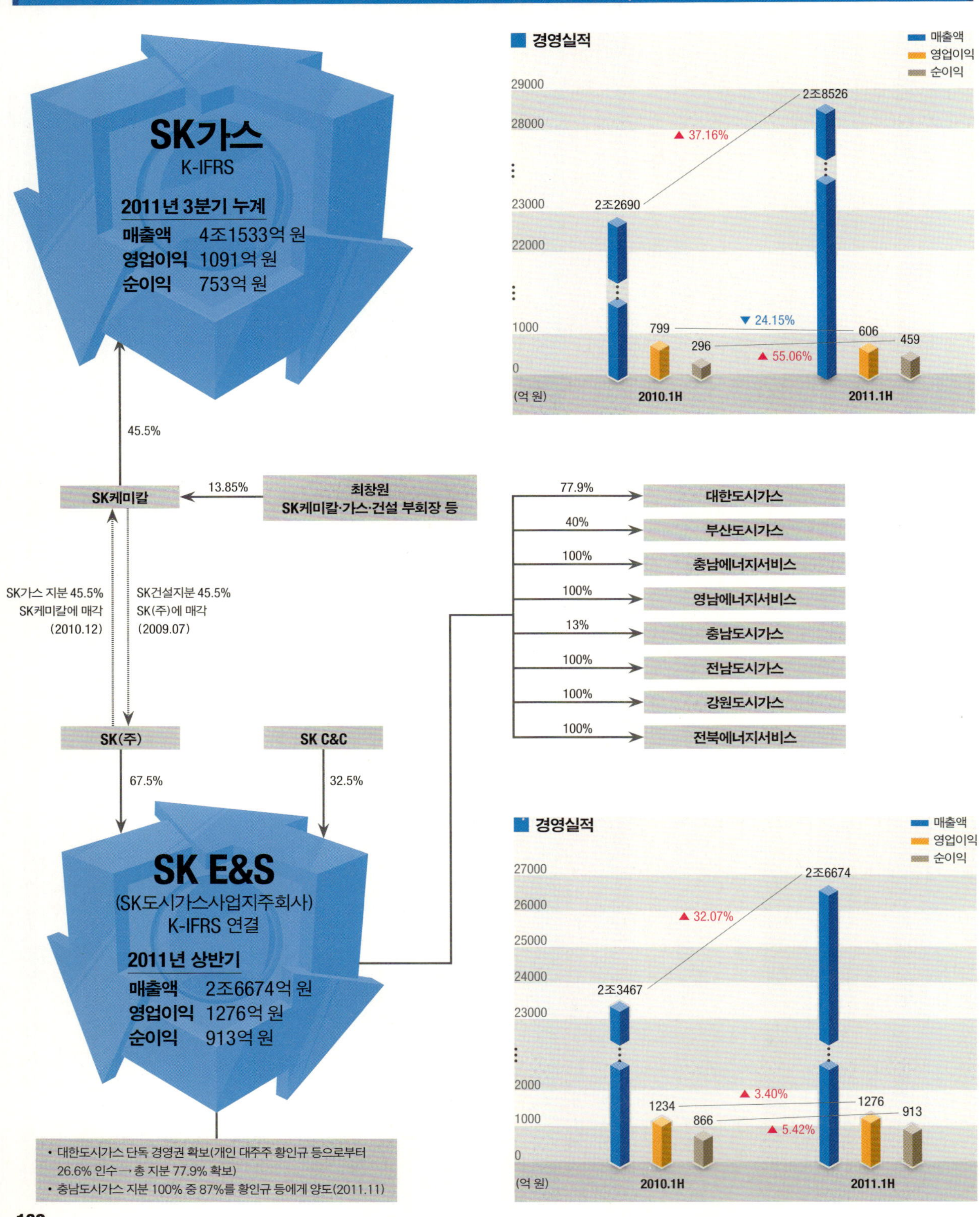
SK그룹 에너지사업 계열

SK가스
K-IFRS
2011년 3분기 누계
매출액   4조1533억 원
영업이익 1091억 원
순이익   753억 원

45.5%

SK케미칼
13.85%
최창원
SK케미칼·가스·건설 부회장 등

SK가스 지분 45.5%
SK케미칼에 매각
(2010.12)

SK건설지분 45.5%
SK(주)에 매각
(2009.07)

SK(주)
67.5%

SK C&C
32.5%

SK E&S
(SK도시가스사업지주회사)
K-IFRS 연결
2011년 상반기
매출액   2조6674억 원
영업이익 1276억 원
순이익   913억 원

77.9%   대한도시가스
40%   부산도시가스
100%   충남에너지서비스
100%   영남에너지서비스
13%   충남도시가스
100%   전남도시가스
100%   강원도시가스
100%   전북에너지서비스

• 대한도시가스 단독 경영권 확보(개인 대주주 황인규 등으로부터
  26.6% 인수→총 지분 77.9% 확보)
• 충남도시가스 지분 100% 중 87%를 황인규 등에게 양도(2011.11)

경영실적
매출액
영업이익
순이익
29000
28000
23000
22000
1000
0
2조8526
▲ 37.16%
2조2690
799
296
▼ 24.15%
606
459
▲ 55.06%
(억 원)
2010.1H   2011.1H

경영실적
매출액
영업이익
순이익
27000
26000
25000
24000
23000
2000
1000
0
2조6674
▲ 32.07%
2조3467
1234
866
▲ 3.40%
1276
913
▲ 5.42%
(억 원)
2010.1H   2011.1H

대성그룹 에너지사업 계열

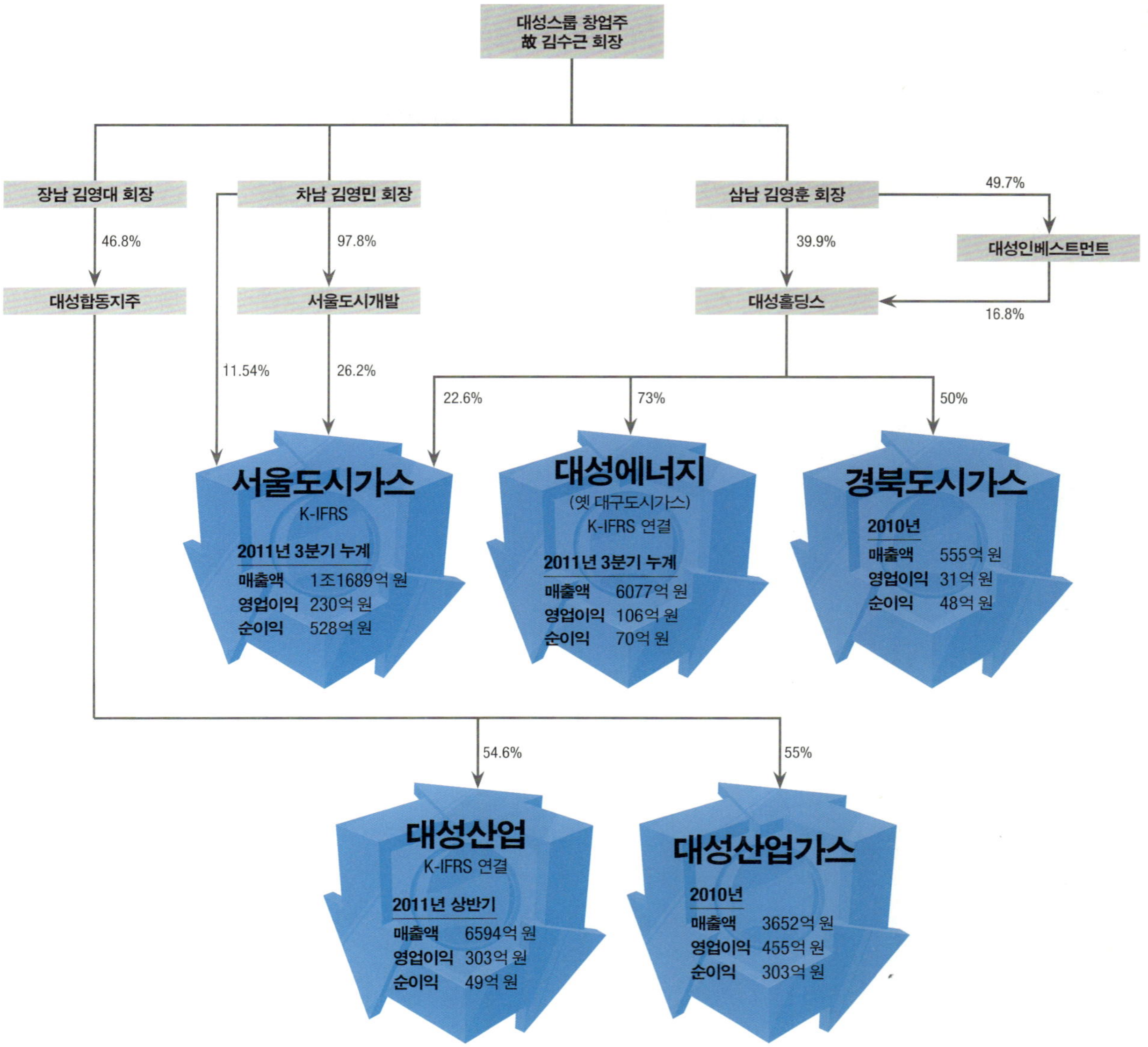

대성스룹 창업주
故 김수근 회장

장남 김영대 회장 — 46.8% → 대성합동지주

차남 김영민 회장 — 97.8% → 서울도시개발

삼남 김영훈 회장 — 49.7% → 대성인베스트먼트

삼남 김영훈 회장 — 39.9% → 대성홀딩스

대성인베스트먼트 — 16.8% → 대성홀딩스

11.54%
26.2%
22.6%
73%
50%

서울도시가스
K-IFRS

2011년 3분기 누계

매출액	1조1689억 원
영업이익	230억 원
순이익	528억 원

대성에너지
(옛 대구도시가스)
K-IFRS 연결

2011년 3분기 누계

매출액	6077억 원
영업이익	106억 원
순이익	70억 원

경북도시가스

2010년

매출액	555억 원
영업이익	31억 원
순이익	48억 원

54.6%
55%

대성산업
K-IFRS 연결

2011년 상반기

매출액	6594억 원
영업이익	303억 원
순이익	49억 원

대성산업가스

2010년

매출액	3652억 원
영업이익	455억 원
순이익	303억 원

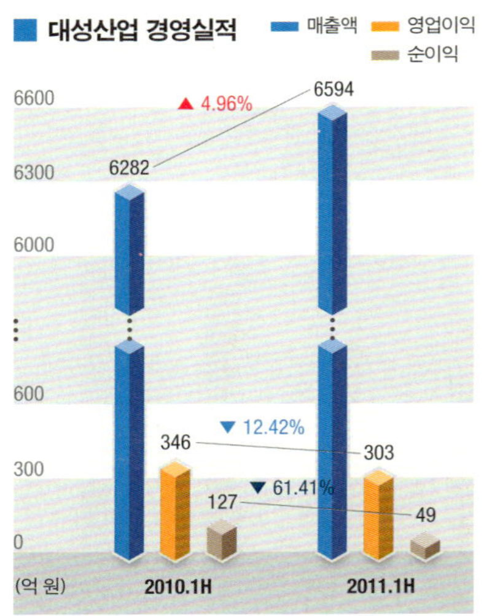

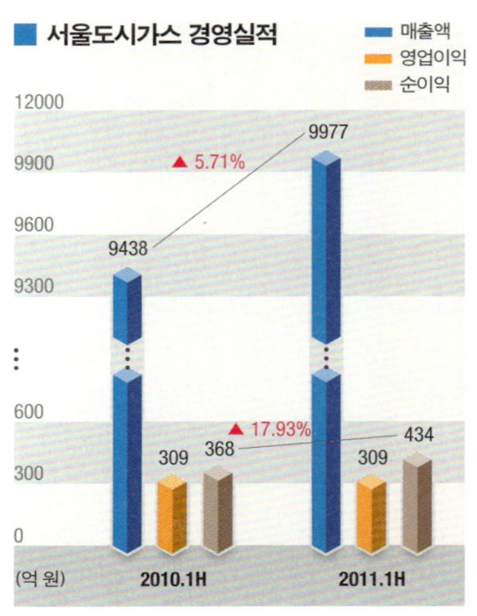

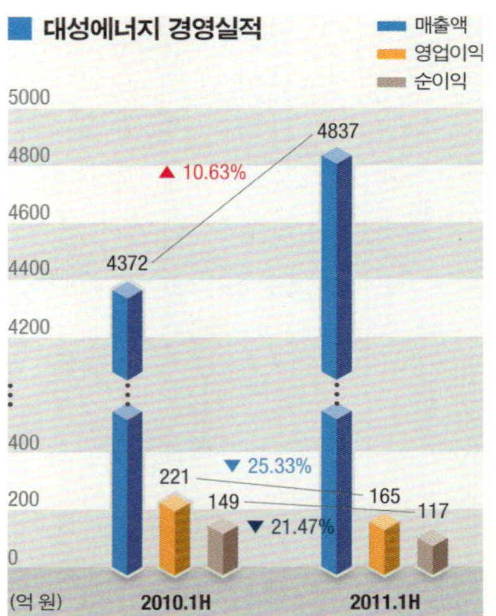

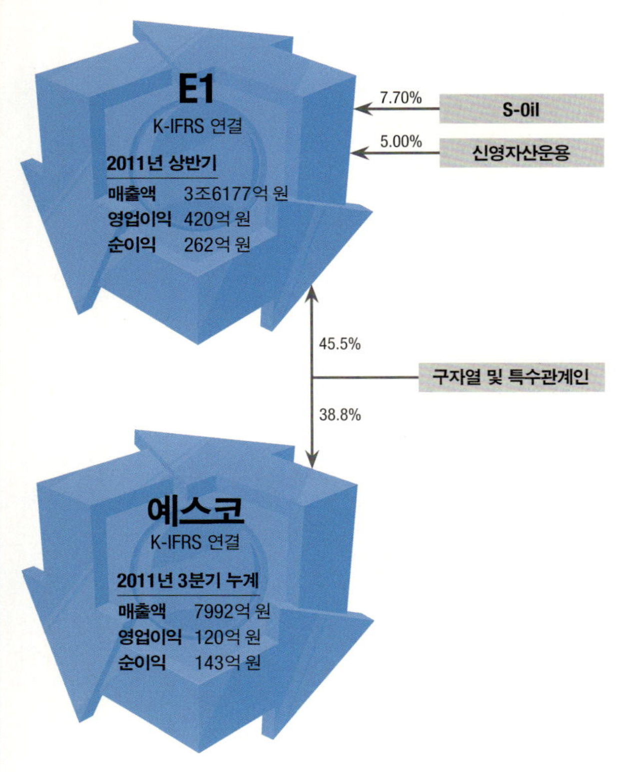

E1
K-IFRS 연결
2011년 상반기
매출액   3조6177억 원
영업이익   420억 원
순이익   262억 원
7.70%   S-Oil
5.00%   신영자산운용
45.5%
38.8%
구자열 및 특수관계인
예스코
K-IFRS 연결
2011년 3분기 누계
매출액   7992억 원
영업이익   120억 원
순이익   143억 원

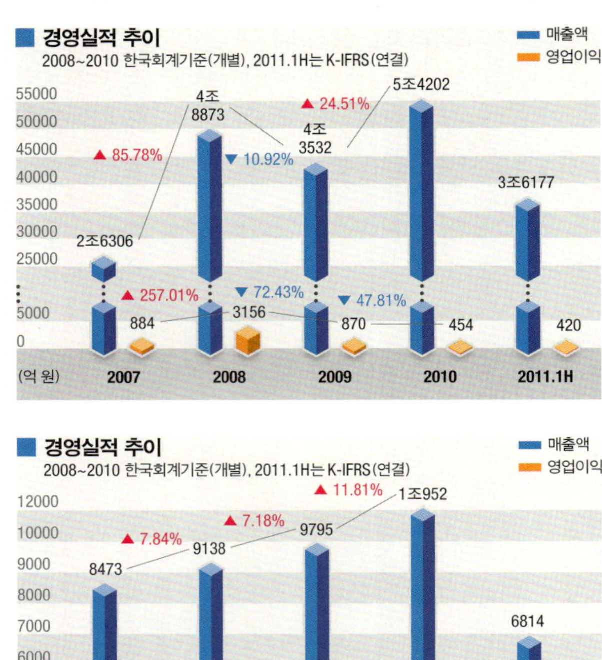

경영실적 추이
2008~2010 한국회계기준(개별), 2011.1H는 K-IFRS(연결)
매출액
영업이익
2조6306
▲ 85.78%
4조8873
▼ 10.92%
4조3532
▲ 24.51%
5조4202
3조6177
▲ 257.01%
▼ 72.43%
▼ 47.81%
884
3156
870
454
420
55000 50000 45000 40000 35000 30000 25000 5000 0
(억 원)
2007   2008   2009   2010   2011.1H

경영실적 추이
2008~2010 한국회계기준(개별), 2011.1H는 K-IFRS(연결)
매출액
영업이익
8473
▲ 7.84%
9138
▲ 7.18%
9795
▲ 11.81%
1조952
6814
▼ 15.18%
▲ 0.77%
▲ 6.56%
303
257
259
276
176
12000 11000 10000 9000 8000 7000 6000 1000 0
(억 원)
2007   2008   2009   2010   2011.1H

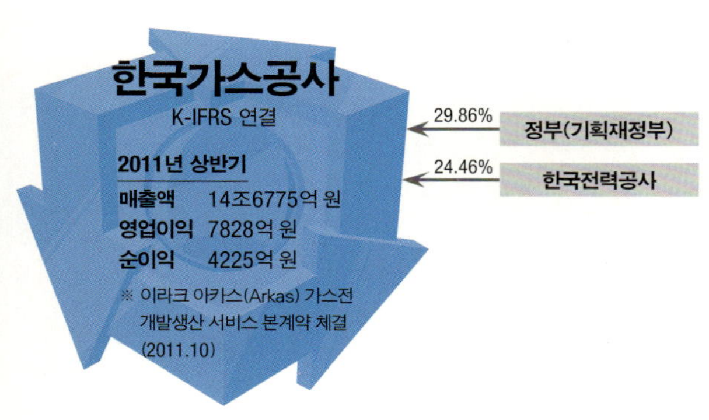

한국가스공사
K-IFRS 연결
2011년 상반기
매출액   14조6775억 원
영업이익   7828억 원
순이익   4225억 원
29.86%   정부(기획재정부)
24.46%   한국전력공사
※ 이라크 아카스(Arkas) 가스전
개발생산 서비스 본계약 체결
(2011.10)

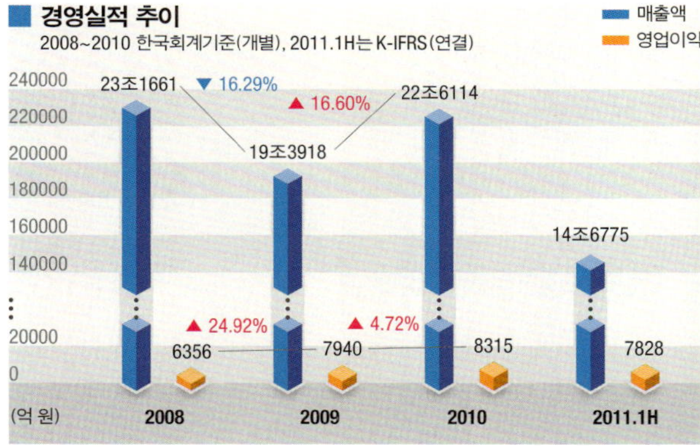

경영실적 추이
2008~2010 한국회계기준(개별), 2011.1H는 K-IFRS(연결)
매출액
영업이익
23조1661
▼ 16.29%
19조3918
▲ 16.60%
22조6114
14조6775
▲ 24.92%
▲ 4.72%
6356
7940
8315
7828
240000 220000 200000 180000 160000 140000 20000 0
(억 원)
2008   2009   2010   2011.1H

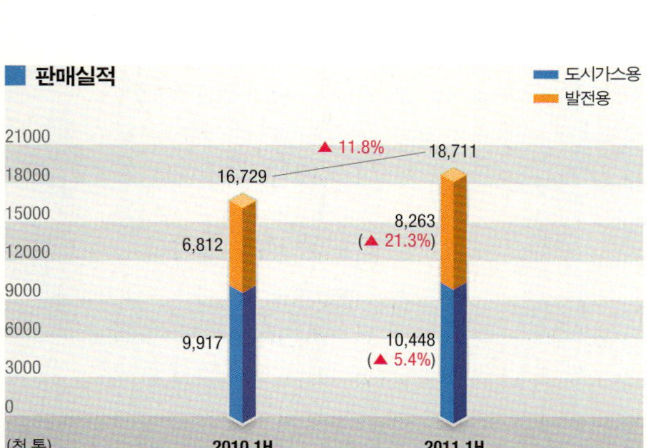

판매실적
도시가스용
발전용
▲ 11.8%
16,729
18,711
6,812
8,263
(▲ 21.3%)
9,917
10,448
(▲ 5.4%)
21000 18000 15000 12000 9000 6000 3000 0
(천 톤)
2010.1H   2011.1H

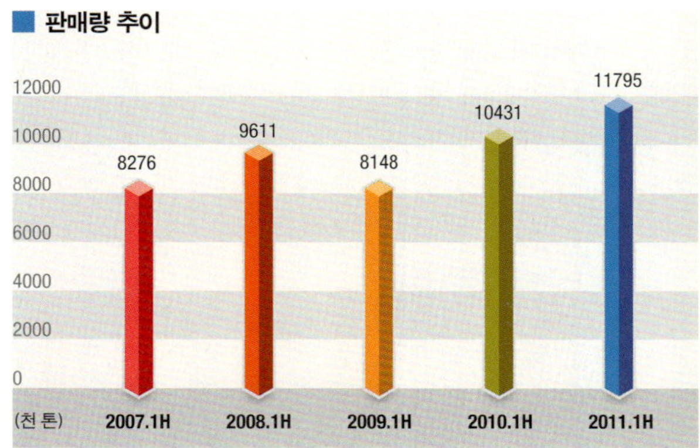

판매량 추이
8276
9611
8148
10431
11795
12000 10000 8000 6000 4000 2000 0
(천 톤)
2007.1H   2008.1H   2009.1H   2010.1H   2011.1H

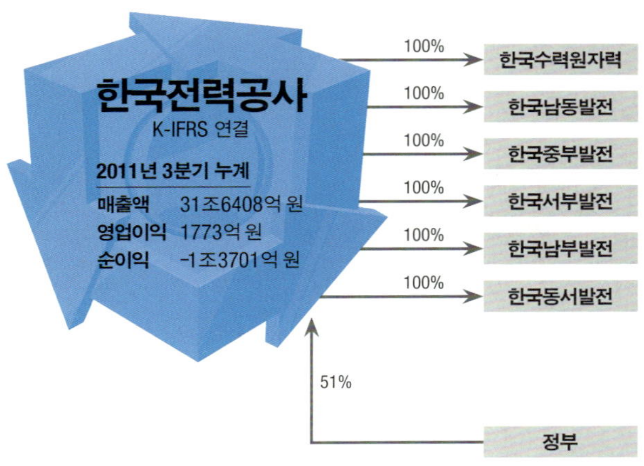

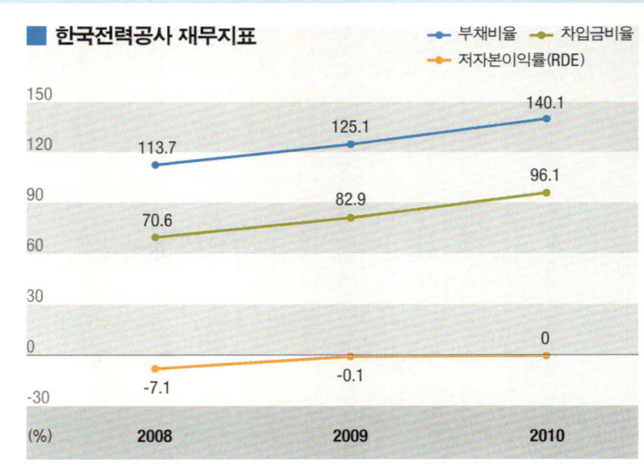

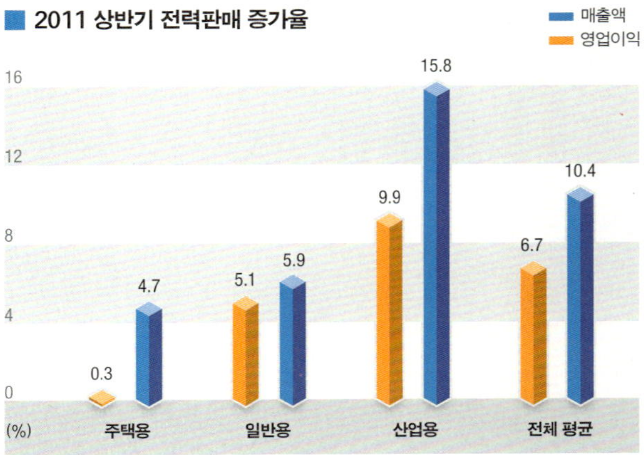

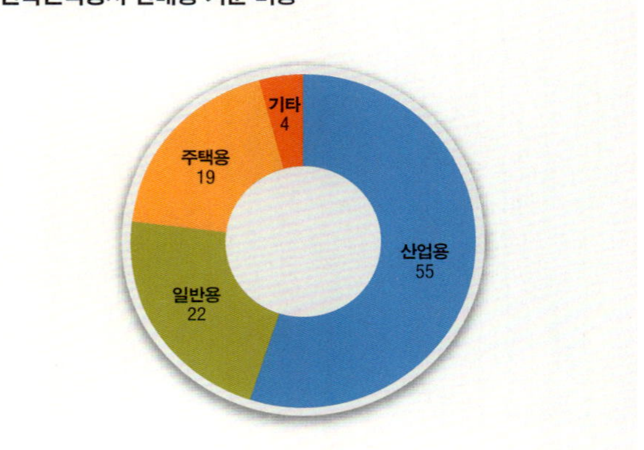

한국석유공사

2010년
매출액   2조5337억 원
영업이익   6594억 원
순이익   2114억 원

2009년
매출액   1조8001억 원
영업이익   5621억 원
순이익   4223억 원

삼천리

K-IFRS 연결

2011년 3분기 누계
매출액   2조787억 원
영업이익   659억 원
순이익   501억 원

2010년
매출액   2조6384억 원
영업이익   457억 원
순이익   755억 원

경동도시가스

K-IFRS

2011년 3분기 누계
매출액   1조2524억 원
영업이익   441억 원
순이익   394억 원

2010년
매출액   1조2891억 원
영업이익   481억 원
순이익   397억 원

인천도시가스

K-IFRS

2011년 3분기 누계
매출액   4410억 원
영업이익   94억 원
순이익   61억 원

2010년
매출액   3328억 원
영업이익   106억 원
순이익   79억 원

대한도시가스

K-IFRS

2011년 3분기 누계
매출액   9854억 원
영업이익   284억 원
순이익   250억 원

2010년
매출액   1조3122억 원
영업이익   382억 원
순이익   376억 원

부산도시가스

K-IFRS

2011년 3분기 누계
매출액   7534억 원
영업이익   385억 원
순이익   307억 원

2010년
매출액   9504억 원
영업이익   437억 원
순이익   283억 원

LPG 시장점유율

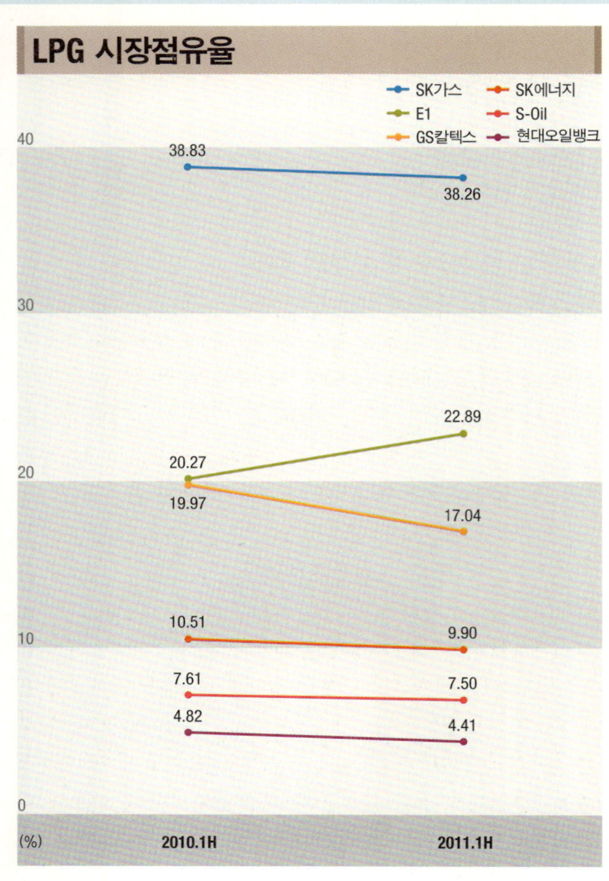

도시가스 시장점유율

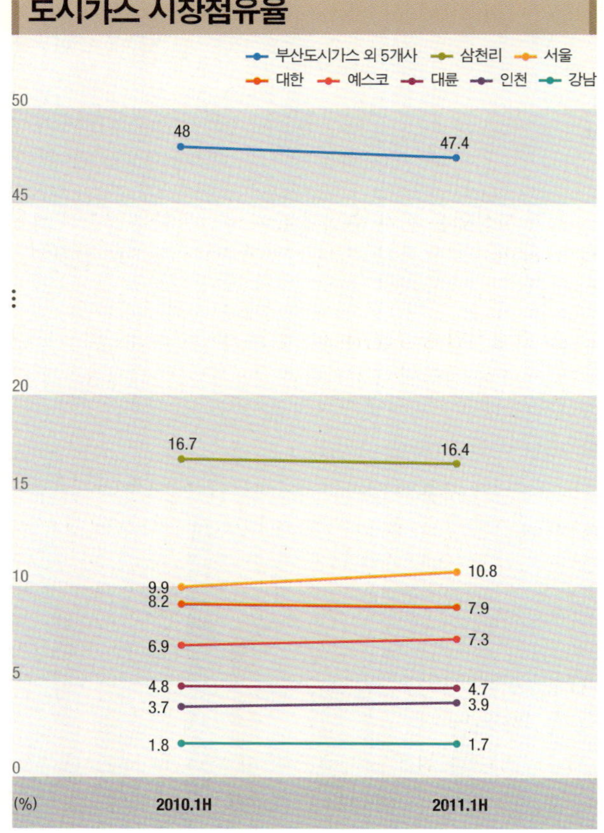

한국가스공사 해외사업 현황

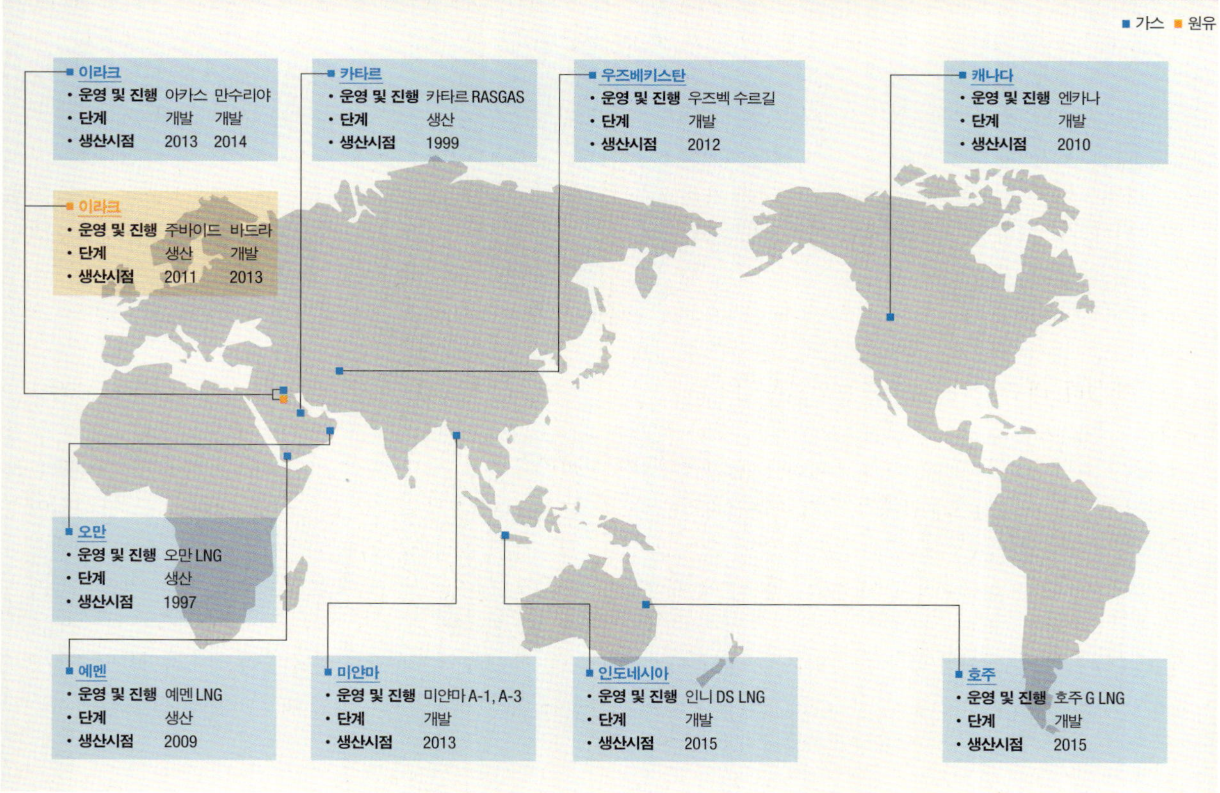

국내 LNG 시장 꾸준한 성장 기대
해외 가스 개발 사업 성과 주목

도시가스 산업은 전기, 수도와 같이 국민생활에 필요한 기초적인 에너지를 공급하는 사업이다. 막대한 설비 투자를 필요로 하기 때문에 불필요한 경쟁과 공급 설비의 중복 투자 방지 및 안정적인 공급을 위해 일정한 지역을 공급권역으로 허가함으로써, 지역별로 허가받은 단일회사가 도시가스를 판매하고 있다.

1986년 10월 말부터 국내에 도입되기 시작한 LNG(액화천연가스)는 그 사용의 편리성, 안정성, 청정성 등으로 인해 소비가 매년 크게 증가하고 있으며, 정부의 청정연료 사용 의무화 대상 지역 및 대상 시설의 지속적인 확충으로 앞으로도 꾸준한 성장이 예상된다.

지역별로 허가받은 단일회사가 도시가스를
독점 판매하는 구조

2011년 5월 말 현재 전국에 34개의 도시가스 사업자가 있으며, 2010년 말 기준으로 전국 도시가스 총 공급량은 1억 2331만m³다.

수도권과 중남부권을 관할하는 대부분의 도시가스 업체는 LNG를 공급하고 있으며, 일부 지역의 도시가스 업체에서 LPG를 공급하고 있긴 하지만 장기적으로 LNG로 전환될 예정이다. LPG는 국내 총 1차 에너지 수요의 약 3~4%를 차지하고 있으며 2011년 상반기 기준 용도별 수요는 수송용(50.5%), 가정상업용(20.2%), 도시가스/열조용(7.0%), 석유화학용(13%), 산업용(8.8%) 및 기타(0.5%)의 비중으로 구성되어 있다.

전국 도시가스 지역별 공급 현황을 살펴보면, 전국 LNG 권역을 30개사가 관할하고 있다. 서울지역에는 대한·예스코·서울·강남·대륜 도시가스 등 5개 업체가, 경기지역은 삼천리·예스코·대한·서울·인천·대륜 도시가스 등 6개 업체가 포진해 있다. 대구경북을 포함한 영남권을 살펴보면, 먼저 대구지역은 대구도시가스 1개 업체가, 부산지역도 부산도시가스 1개 업체가 공급을 주도하고 있다. 인천지역은 삼천리와 인천 도시가스 등 2개 업체가, 그리고 대전지역은 충남도시가스 1개 업체가 공급을 맡고 있다. 이밖에 각 도마다 적게는 1개에서 많게는 4개의 도시가스 업체가 LNG를 공급·판매하고 있다.

한편, LPG 권역은 4개사가 공급 중에 있다. 강원은 참빛영동도시가스와 참빛도시가스 등 2개사가, 경북은 경북도시가스가, 제주는 제주도시가스가 각각 맡고 있다.

한국가스공사, 러시아와 오만 등에서
천연가스 공동 사업 추진

우리나라의 천연가스 산업은 도매와 소매 부문으로 이원화되어 있으며, 도매부문은 한국가스공사가, 소매부문은 지역별 도시가스 회사가 사업을 담당하고 있다. 도매사업자인 한국가스공사가 운영하는 주배관을 통해서 일반도시가스사와 대량 수요처인 한전발전자회사 및 민자발전사에 천연가스를 공급하고, 소매사업자인 각 도시가스회사는 공급받은 천연가스를 권역별로 운영하는 배관을 통해서 소비자에게 공급하고 있다.

현재 천연가스 도매 사업은 한국가스공사의 독점 사업이며, 자가소비용 LNG의 경우 현행법상 일정한 설비 요건을 충족하면 직도입이 가능하도록 되어 있다. 이에 따라 일부 발전사업자나 대량 수요처에서 직도입을 하고 있거나 추진 중에 있다. 또한 정부에서 2008년 발표한 가스 산업 선진화 계획이 실행될 경우, 천연가스 발전용 물량에 대해서는 점진적으로 시장경쟁이 이루어질 것으로 보인다.

도매사업자인 한국가스공사는 러시아와 오만 등에서 천연가스 공동 사업을 추진하고 있다. 한국가스공사는 2009년 6월 러시아와 천연가스 공급에 관한 공동연구 협약서를 체결하고 도입 방법에 대한 경제적·기술적 공동 연구에 착수했다. 2010년 4월 공동 연구를 완료한 뒤 현재 3개 방안(PNG, LNG, CNG) 중 최적 도입 방안을 확정하고, 가스 도입 로드맵 수립을 위해 최종 의견을 조율 중인 것으로 알려져 있다. 한국가스공사는 러시아 동부지역 가스 산업 개발 종합 계획인 '동부가스프로그램' 등 러시아정부의 정책 추진에 신축적으로 대응해 가며 개발 초기 단계인 동시베리아 및 극동 지역의 천연가스 자원 개발 사업 참여도 적극 추진할 예정이다.

아울러 한국가스공사는 중동의 오만정부와도 2008년 지분율 50:50의 합작투자회사(KOMAN ENERGY FZCO)를 설립해 세계 LNG 현물 시장에 직접 참여함은 물론, 오만 또는 제3국에 저장 설비를 건설 운영할 계획이다. 이 사업이 본 궤도에 오를 경우 국제 LNG 현물 시장에 직접 참여해 필요시 확보한 LNG를 국내에 선공급함으로써 국내 수급 안정에 기여하게 된다. 또 도입 원가 절감에 기여하는 한편 현물 거래를 통한 수익 창출도 기대된다. 해외에 저비용의 저장탱크를 건설할 경우 투자비 절감 효과도 예상된다. ⓑ

● 정부당국 규제 정책 실행 완화 여부
● 일반의약품 슈퍼마켓 판매 허가 확대에 따른 효과
● 전 세계적으로 급성장하는 바이오의약품 시장 주목

동아제약
K-IFRS

2011년 3분기 누계

매출액	6766억 원
영업이익	884억 원
순이익	627억 원

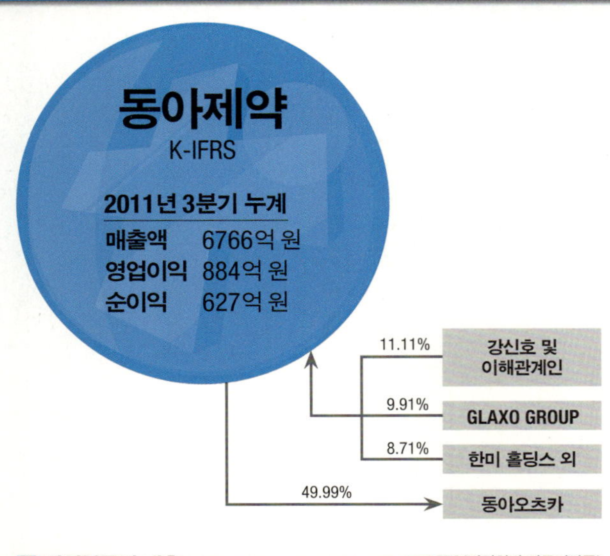

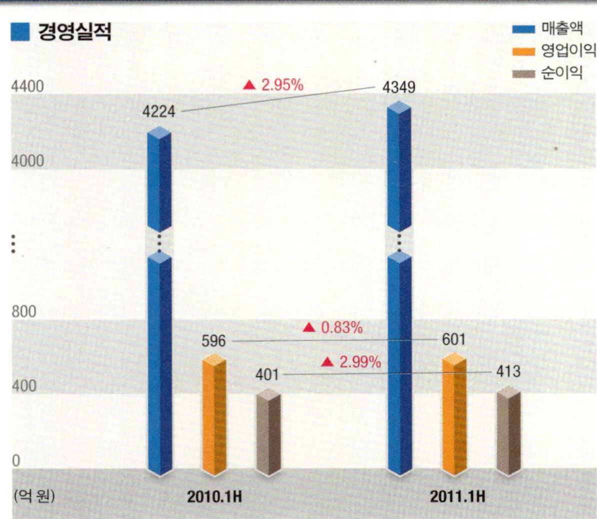

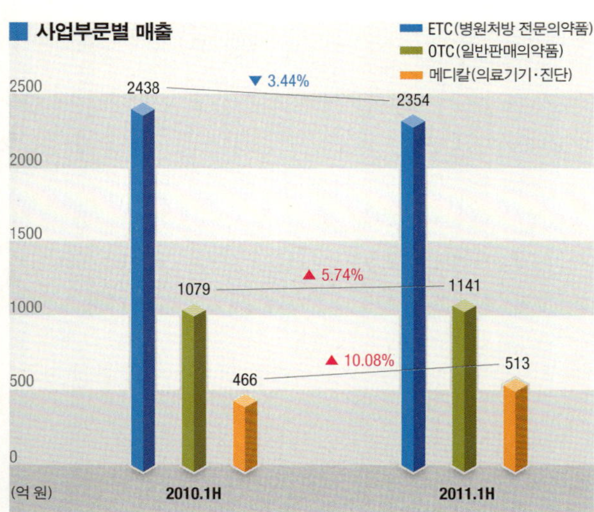

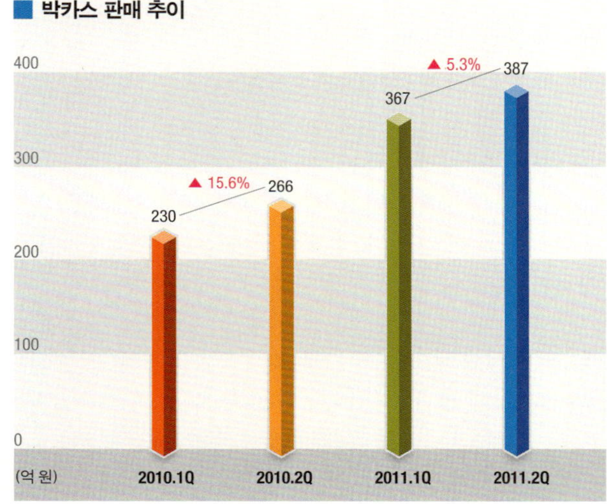

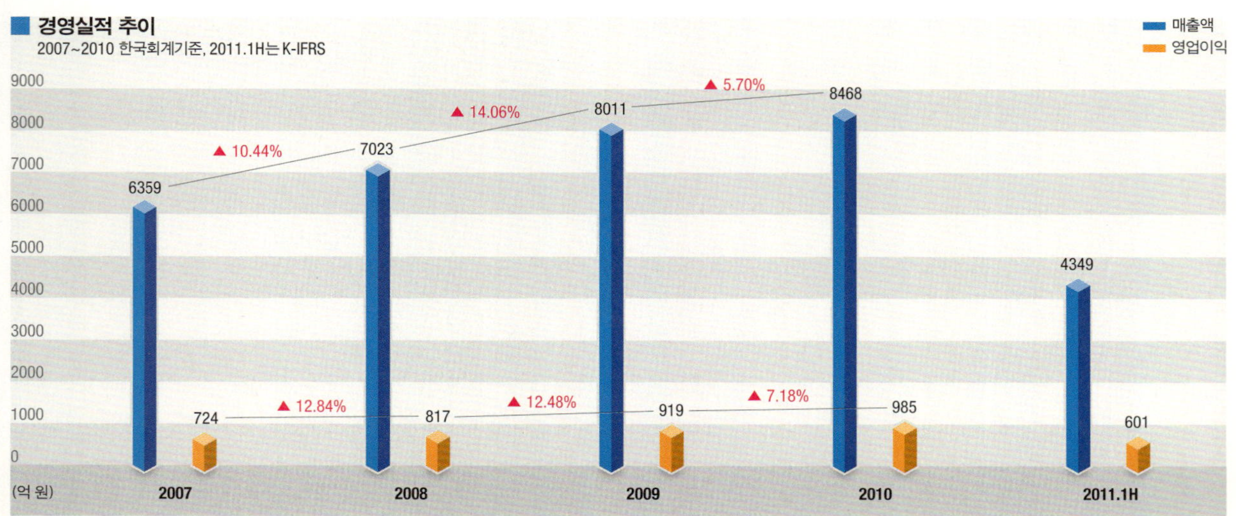

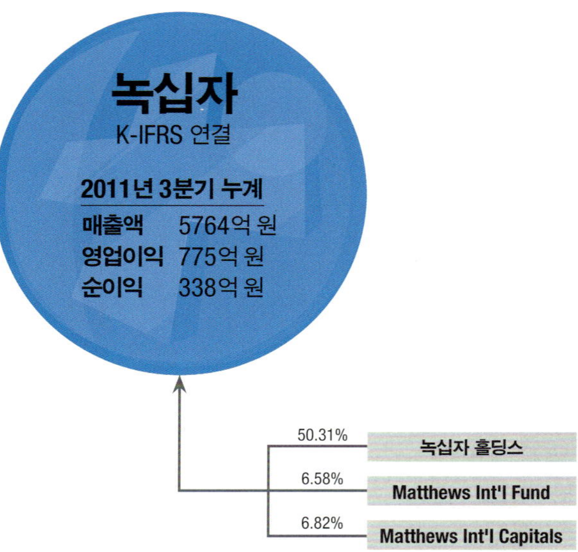

■ 경영실적

■ 매출 비중
단위·%

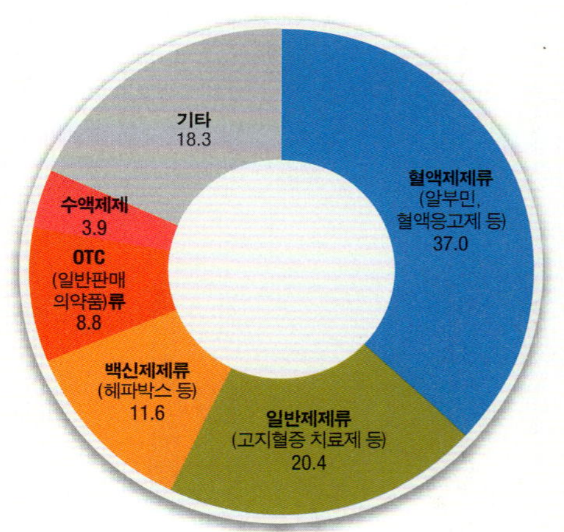

■ 해외 사업 계획
자료·녹십자

연도	주요 이벤트
2011	1. 독감백신 WHO PQ통과/남미 수출
	2. 면역글로블린(IVIG) 동남아 수출, 그린진-F(혈우병) 중국 임상 완료
	3. 북미 혈액제제 회사 M&A 가능성
2012	1. 그린진-F(혈우병) 및 독감백신 중국 출시
	2. 헌터증후군 슈퍼바이오시밀러 국내 출시
	3. 태국 혈액제제 Plant 수출 매출 가시화
2013	1. 헤파빅진(간질환) 중국 출시
	2. IVIG 미국 FDA 허가
2014	1. IVIG 미 ASD사 수출 개시
	2. 그린진-F 미국 FDA 허가
2015	1. 그린진-F 미 ASD사 수출 개시
	2. GC China(홀딩스 자회사) 홍콩 IPO

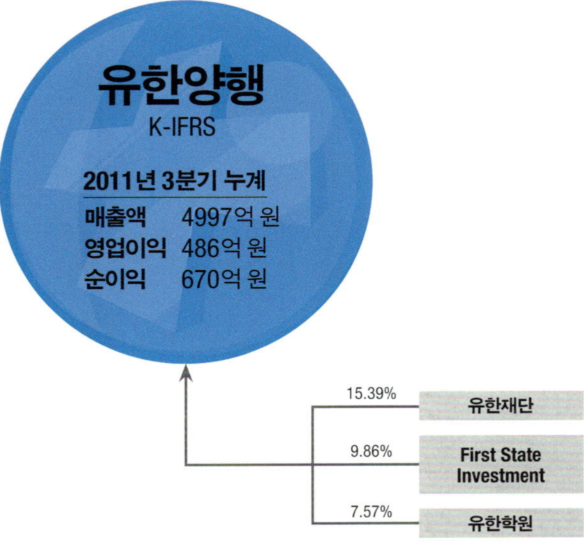

■ 경영실적

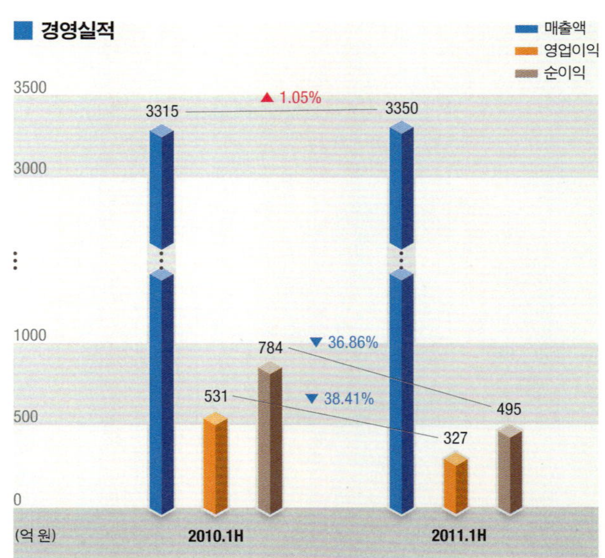

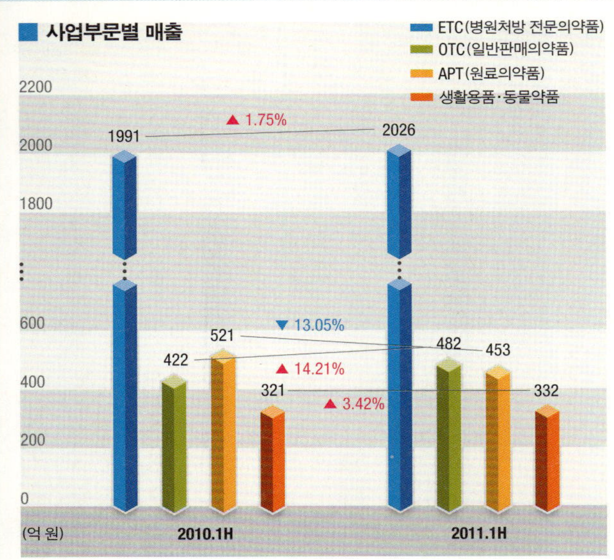

사업부문별 매출
ETC(병원처방 전문의약품)
OTC(일반판매의약품)
APT(원료의약품)
생활용품·동물약품
▲ 1.75%
1991
2026
▼ 13.05%
521
422
482
453
▲ 14.21%
321
▲ 3.42%
332
2200
2000
1800
600
400
200
0
(억 원)
2010.1H
2011.1H

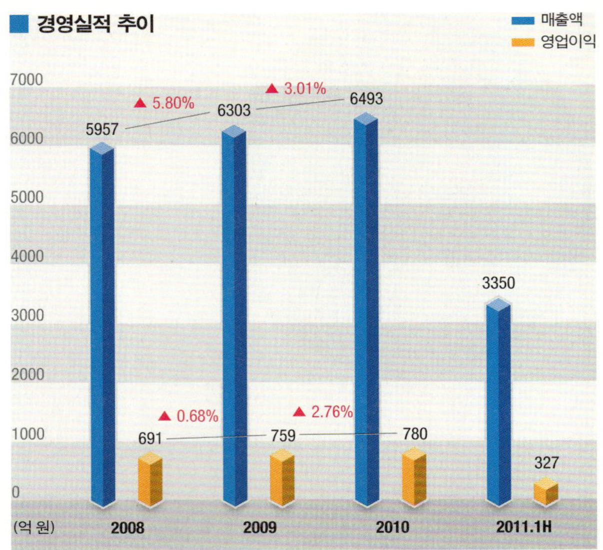

경영실적 추이
매출액
영업이익
▲ 5.80%
▲ 3.01%
5957
6303
6493
3350
▲ 0.68%
▲ 2.76%
691
759
780
327
7000
6000
5000
4000
3000
2000
1000
0
(억 원)
2008
2009
2010
2011.1H

한미약품
K-IFRS
2011년 3분기 누계
매출액   3838억 원
영업이익   119억 원
순이익   13억 원
※ 기존 한미약품은 지주회사인
   한미홀딩스와 사업자회사인
   한미약품으로 분할(2010.07)

• 임상시험 승인 현황(2010.06 기준)
  – 2008년 11건
  – 2009년 10건
  – 2010년 8건
• 북경한미약품 매출액
  2006년 2억 위안 → 2010년 4.7억 위안

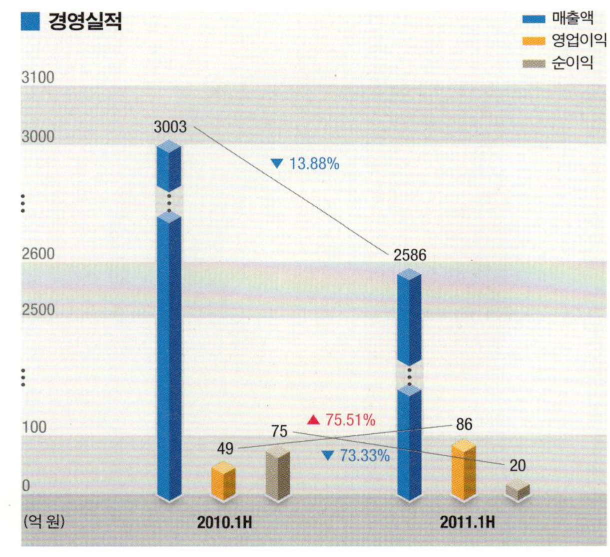

경영실적
매출액
영업이익
순이익
▼ 13.88%
3003
2586
▲ 75.51%
49
75
86
▼ 73.33%
20
3100
3000
2600
2500
100
0
(억 원)
2010.1H
2011.1H

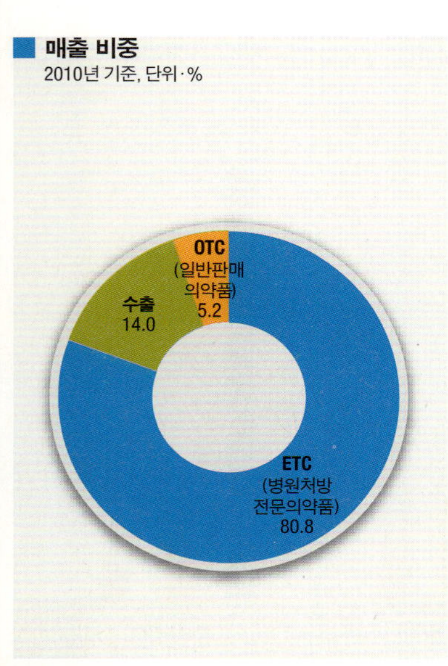

매출 비중
2010년 기준, 단위·%
OTC
(일반판매
의약품)
5.2
수출
14.0
ETC
(병원처방
전문의약품)
80.8

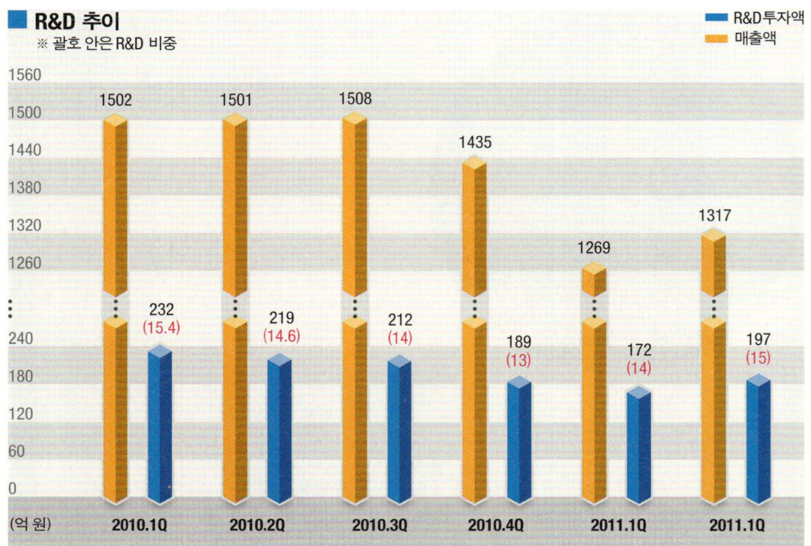

R&D 추이
※ 괄호 안은 R&D 비중
R&D투자액
매출액
1560
1500
1440
1380
1320
1260
240
180
120
60
0
1502
1501
1508
1435
1269
1317
232
(15.4)
219
(14.6)
212
(14)
189
(13)
172
(14)
197
(15)
(억 원)
2010.1Q
2010.2Q
2010.3Q
2010.4Q
2011.1Q
2011.1Q

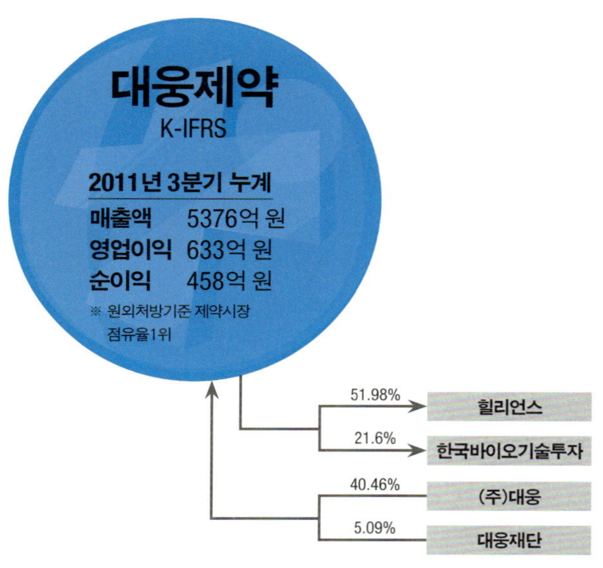

■ 경영실적

■ 제약 상위 업체 원외처방 조제액 현황
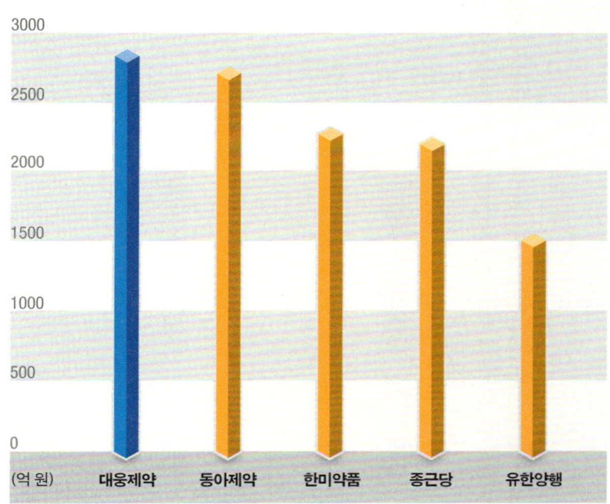

■ R&D 투자 추이 및 비중
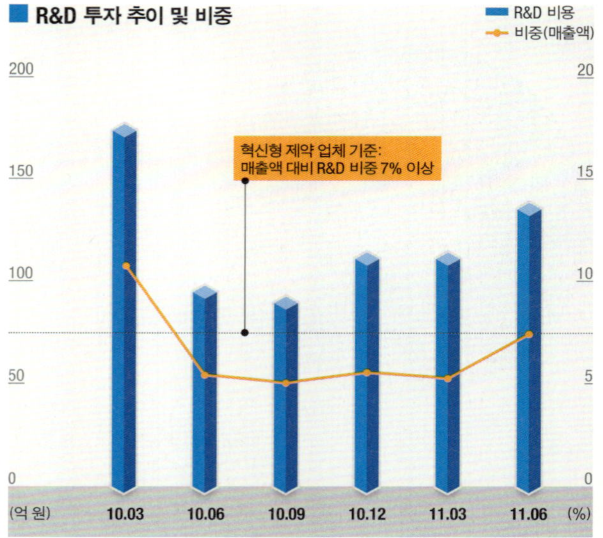

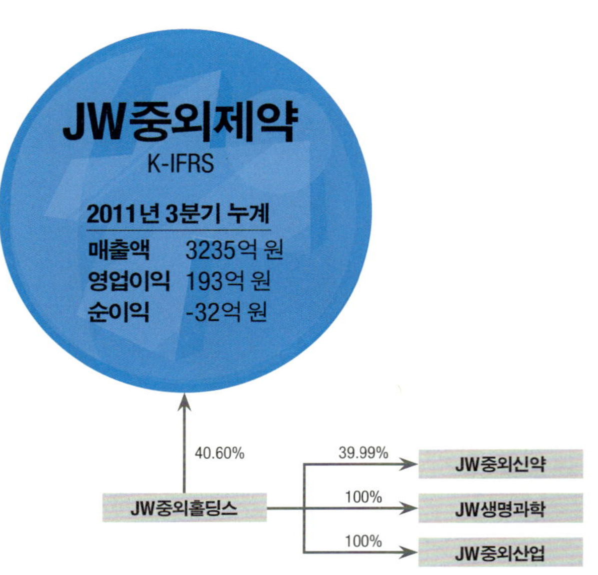

■ 경영실적
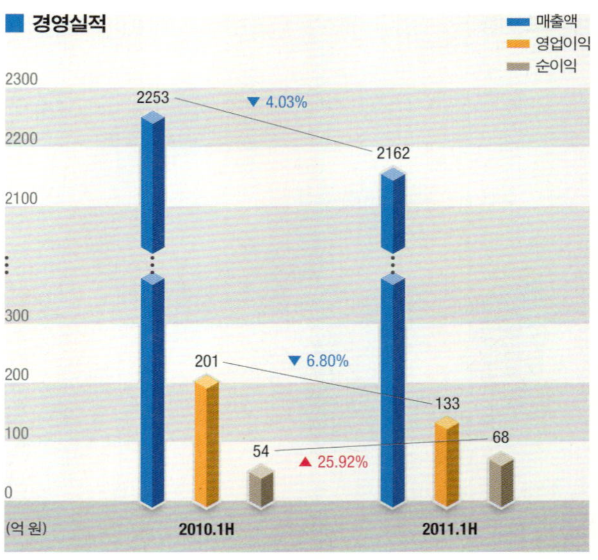

국내 제약시장 규모

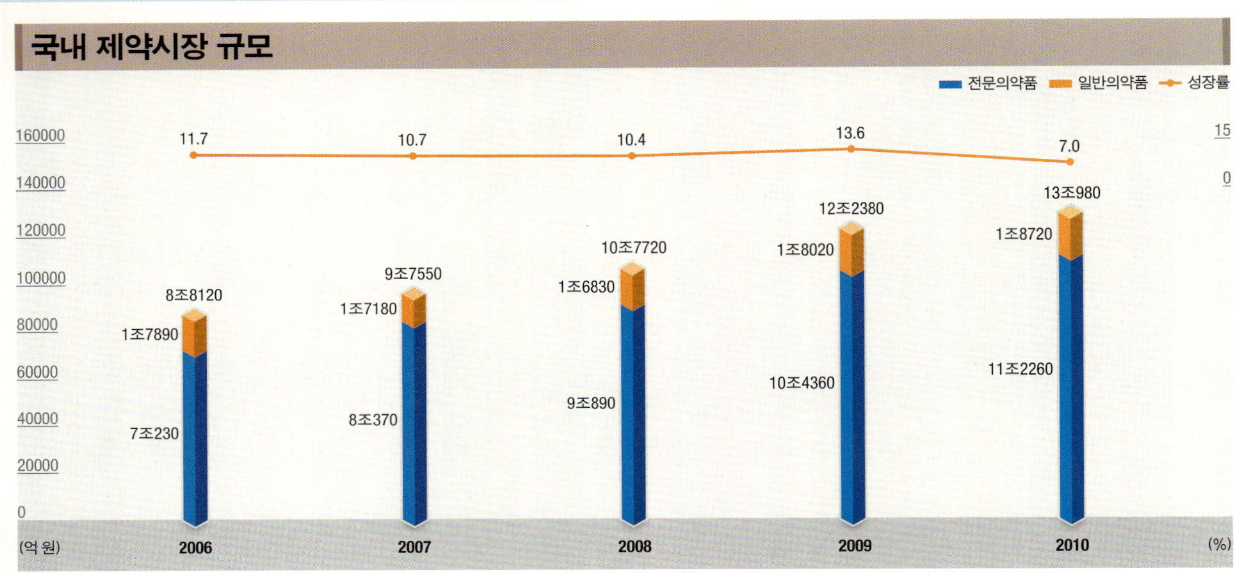
전문의약품
일반의약품
성장률
160000
140000
120000
100000
80000
60000
40000
20000
0
15
0
11.7
10.7
10.4
13.6
7.0
8조8120
1조7890
7조230
9조7550
1조7180
8조370
10조7720
1조6830
9조890
12조2380
1조8020
10조4360
13조980
1조8720
11조2260
(억 원)
2006
2007
2008
2009
2010
(%)

의약품 연도별 생산실적

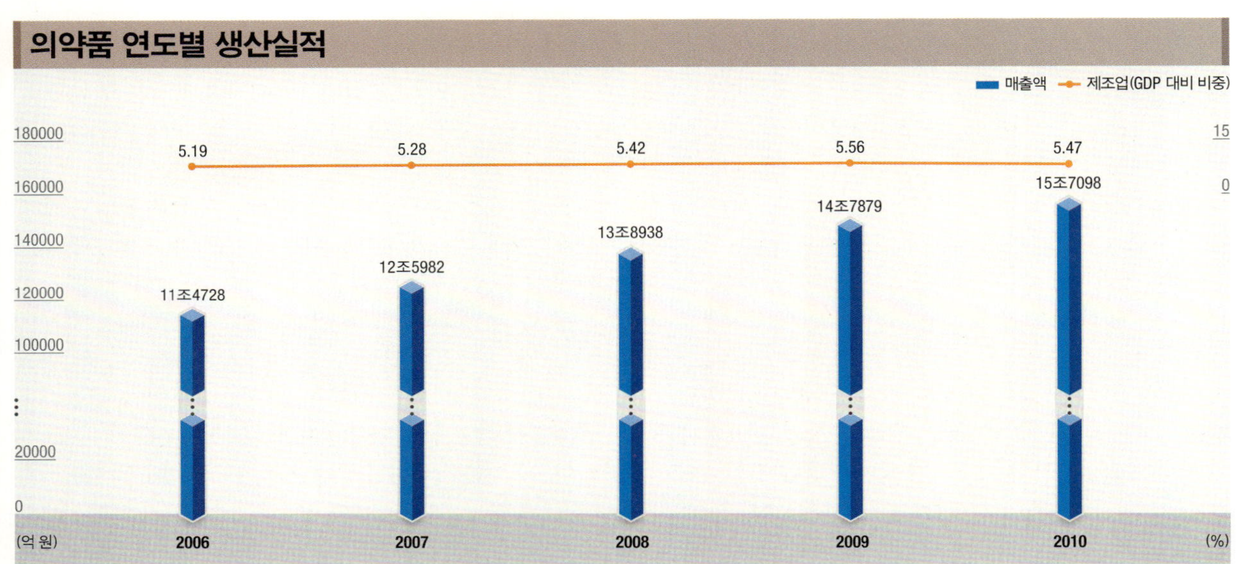
매출액
제조업(GDP 대비 비중)
180000
160000
140000
120000
100000
20000
0
15
0
5.19
5.28
5.42
5.56
5.47
11조4728
12조5982
13조8938
14조7879
15조7098
(억 원)
2006
2007
2008
2009
2010
(%)

일반의약품 대 전문의약품 비중 추이

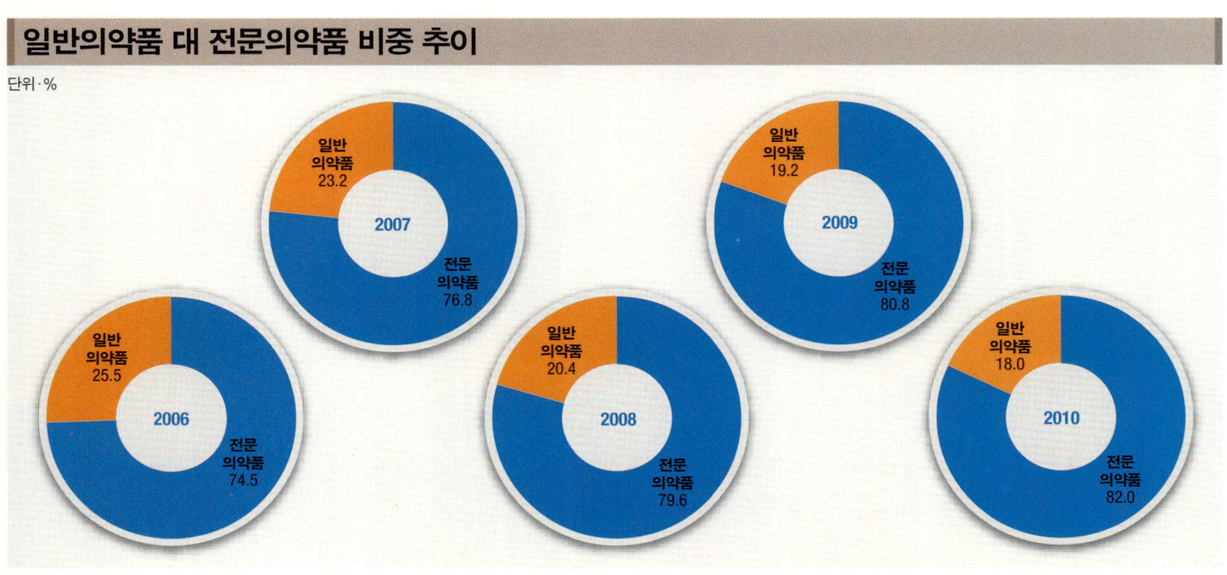
단위·%
일반
의약품
23.2
2007
전문
의약품
76.8
일반
의약품
19.2
2009
전문
의약품
80.8
일반
의약품
25.5
2006
전문
의약품
74.5
일반
의약품
20.4
2008
전문
의약품
79.6
일반
의약품
18.0
2010
전문
의약품
82.0

침체의 늪에서 헤어나지 못하는 제약 시장
바이오의약품 시장에서 활로 모색

제약 산업은 국민 건강과 직결되는 사업이라는 점에서 시장의 진입과 퇴출을 정부가 모두 통제한다. 모든 의약품은 식품의약품안전청의 안전성·유효성 평가를 통과해야만 시장 진출이 가능하다. 보건복지부는 의약품의 건강보험약가 등재부터 유통과 판매까지 엄격하게 관리한다.

국내 제약 산업은 100년의 역사를 자랑하지만 아직 영세성을 면치 못하고 있다. 국내 의약품 시장규모는 13조 원이며 세계시장의 1.3%에 불과하다. 식약청으로부터 GMP(우수의약품제조·품질관리기준)를 인증받은 제조시설을 갖춘 업체도 242개 밖에 되지 않는다. 국내 제약사들이 개발한 신약은 17개에 불과한데, 이 가운데 미국 식품의약청(FDA)의 허가를 받은 제품은 LG생명과학의 '팩티브'가 유일하다. 국산 신약 중에서도 100억 원의 매출을 올리는 제품은 동아제약의 발기부전치료제 '자이데나' 뿐이다. 국내 제약사들은 대부분 수입의약품이나 복제약으로 수익을 거두고 있는 실정이다. 아직 연 매출 1조 원을 돌파한 제약사는 없다.

리베이트 규제와 약가인하에 울고 있는 제약업계

2011년 제약업계는 집단 실적 부진에 빠졌다. 지난 2000년 의약분업 이후 고공비행을 해왔지만 최근 들어 정부 규제의 강화로 정체를 보이고 있다. 2007년부터 공정거래위원회는 매년 제약사들의 불법 리베이트 행위를 적발해, 수백억 원대의 과징금을 부과했고, 이에 발맞춰 보건복지부는 리베이트 근절을 위한 각종 정책을 쏟아냈다. 지난 2011년 4월에는 의약품 리베이트만을 조사하는 '의약품 리베이트 전담수사반'이 출범했다. 또 앞선 2010년 11월부터 리베이트를 받는 의·약사를 처벌하는 '리베이트 쌍벌제'가 시행되면서 제약사들의 영업 활동은 크게 위축됐다. 정부는 처방을 대가로 한 판촉 비용을 불법 리베이트로 규정하고 있다.

하지만 국내 제약사들의 매출에서 가장 많은 부분을 차지하는 복제약의 경우, 약효보다는 영업력에 따라 매출이 좌우된다. 영업 활동에 손발이 묶이면서 제약사들이 큰 타격을 입고 있는 것이다.

최근에는 약가인하 정책이 가장 큰 이슈다. 정부는 건강보험 재정을 절감하고 약값 거품을 제거하기 위해 다양한 약가인하 정책을 시도하고 있다. 약효를 따져 약가를 재산정하는 '기등재약목록정비', 요양기관이 약을 싸게 구매하면 차익의 일부를 인센티브로 제공하고 약값을 깎는 '시장형실거래가

제' 등이 2010년부터 시행중이다. 여기에 2012년 1월 시행을 목표로 전체 건강보험 적용을 받고 있는 의약품의 약가를 17% 깎는 고강도 약가인하 정책을 추진 중이다.

이에 대해 제약사들은 강하게 반발하고 있다. 제약사들은 "다양한 약가인하 정책으로 3조 원의 매출 손실이 예상되며 구조조정도 불가피하다"며 법적대응을 예고하고 있다.

새로운 먹을거리를 찾아 나선 제약사들

더디지만 신약 분야에서 성과가 나타나고 있다. 2011년 초 보령제약의 고혈압약 '카나브정'이 발매된 데 이어 신풍제약의 말라리아치료제 '피라맥스정'과 JW중외제약의 발기부전치료제 '제피드정'이 2011년 8월 허가를 받았다. 녹십자, 동아제약, 안국약품은 2011년 들어 천연물신약을 새롭게 허가받고 시장을 두드리고 있다.

제약사들은 바이오의약품 시장에도 눈독을 들이고 있다. 셀트리온이 바이오시밀러 분야에서 가장 빠른 행보를 보이고 있는 가운데, 녹십자, LG생명과학도 백신, 바이오시밀러, 바이오베터 제품의 개발에 뛰어든 상태다. 한미약품, 한올바이오파마는 다양한 분야에서 바이오베터 제품을 개발하고 있다. 동아제약은 최근 인천 송도에 바이오시밀러 제품 개발을 위한 바이오 산업 단지를 조성키로 결정했다.

일반의약품의 슈퍼마켓 판매 허가도 제약사들에게 희소식이다. 정부는 국민들의 의약품 접근성 제고를 위해 일반약 슈퍼마켓 판매를 추진하고 있다. 2011년 7월 박카스를 비롯해 일반의약품 48개를 슈퍼마켓에서 판매가능한 의약외품으로 전환했고, 제약사들도 속속 슈퍼마켓에서 판매할 새로운 제품을 내놓고 있다. 감기약, 해열진통제 등을 슈퍼마켓에서 판매토록 하는 「약사법」 개정안이 국회에서 통과되면 의약품 판매처의 증가로 제약사들의 수익성 개선에도 도움이 될 전망이다.

- 효성의 스판덱스 분야, 경기 회복시 높은 성장세 기대
- 웅진케미칼, 고부가가치 제품 매출 비중 증가
- 폴리에스터 원사 부문, 글로벌 수요 원활

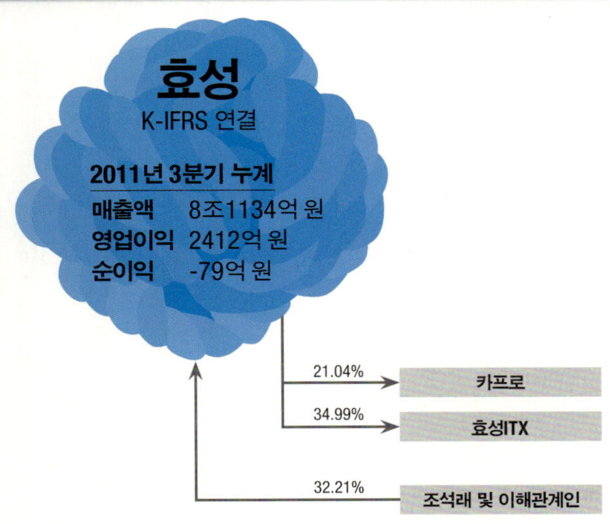

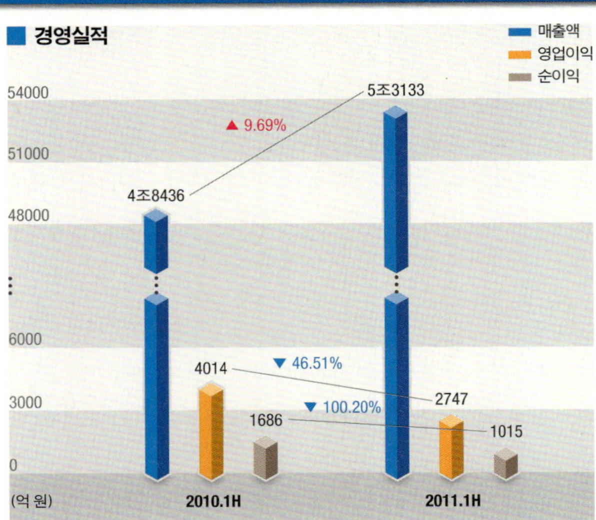

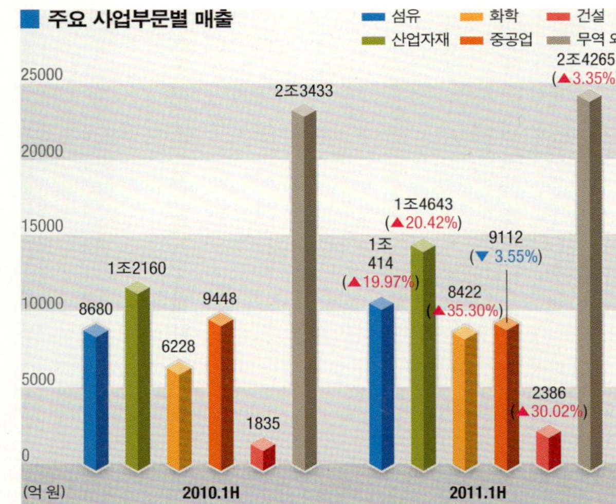

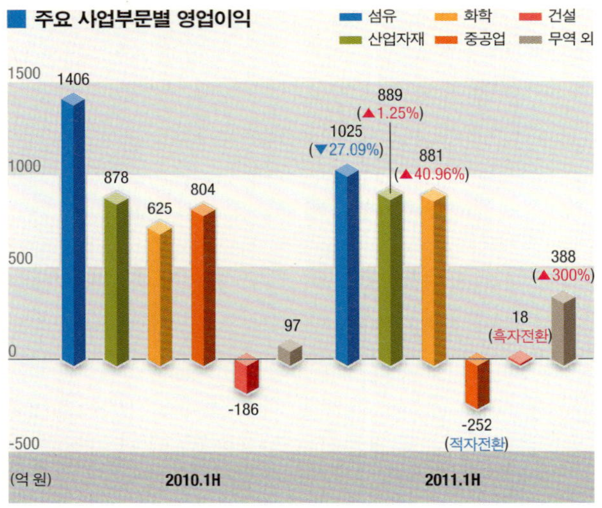

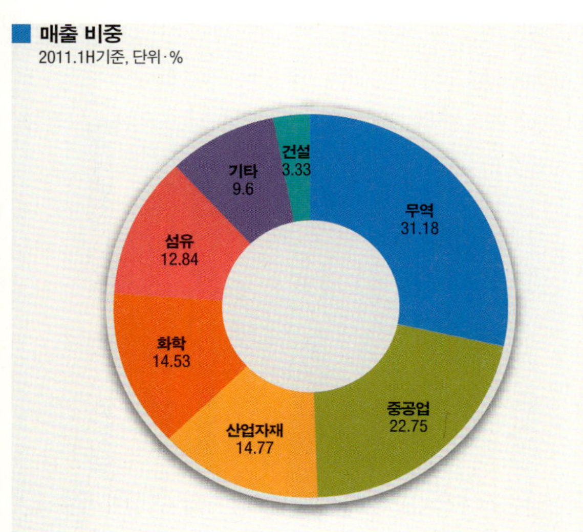

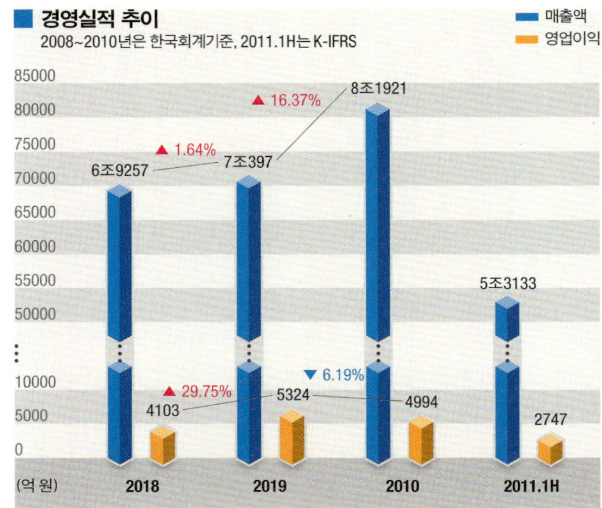

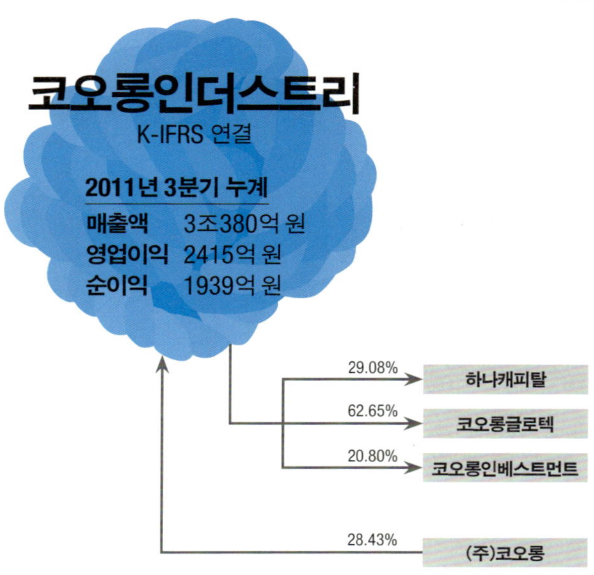
코오롱인더스트리
K-IFRS 연결
2011년 3분기 누계
매출액   3조380억 원
영업이익   2415억 원
순이익   1939억 원
29.08%   하나캐피탈
62.65%   코오롱글로텍
20.80%   코오롱인베스트먼트
28.43%   (주)코오롱

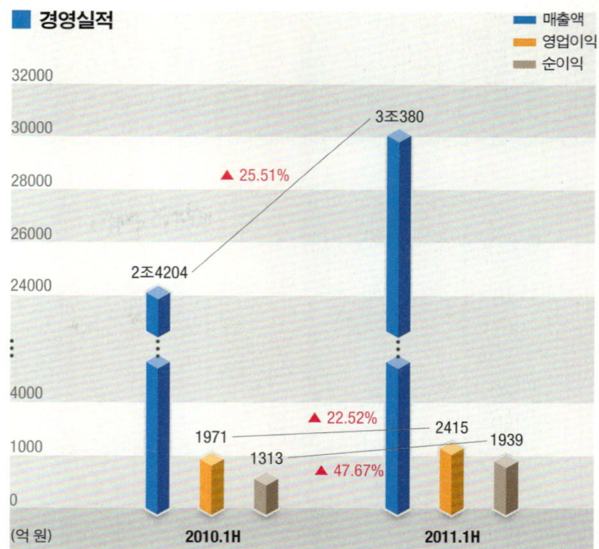
■ 경영실적
매출액
영업이익
순이익
32000
30000
28000
26000
24000
3조380
▲ 25.51%
2조4204
4000
1000
0
1971
▲ 22.52%   2415
1313   1939
▲ 47.67%
(억 원)
2010.1H   2011.1H

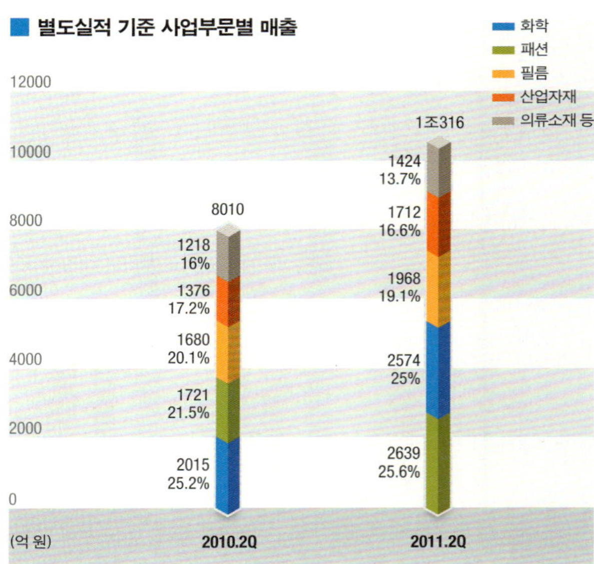
■ 별도실적 기준 사업부문별 매출
화학
패션
필름
산업자재
의류소재 등
12000
10000
8000
6000
4000
2000
0
1조316
1424 13.7%
1712 16.6%
1968 19.1%
2574 25%
2639 25.6%
8010
1218 16%
1376 17.2%
1680 20.1%
1721 21.5%
2015 25.2%
(억 원)
2010.2Q   2011.2Q

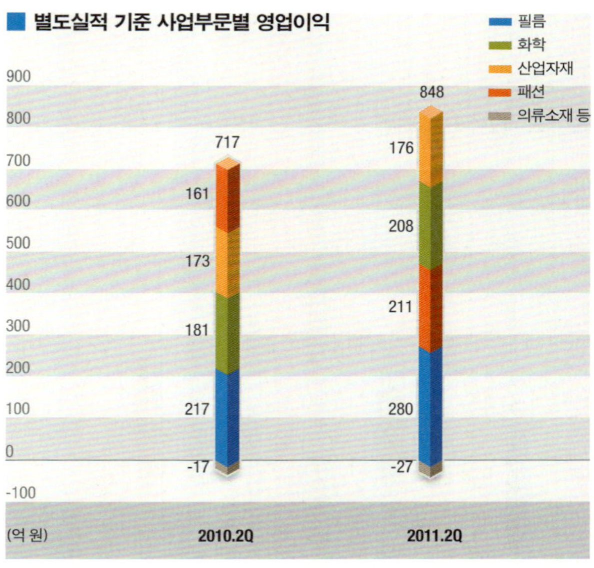
■ 별도실적 기준 사업부문별 영업이익
필름
화학
산업자재
패션
의류소재 등
900
800
700
600
500
400
300
200
100
0
-100
717
161
173
181
217
-17
848
176
208
211
280
-27
(억 원)
2010.2Q   2011.2Q

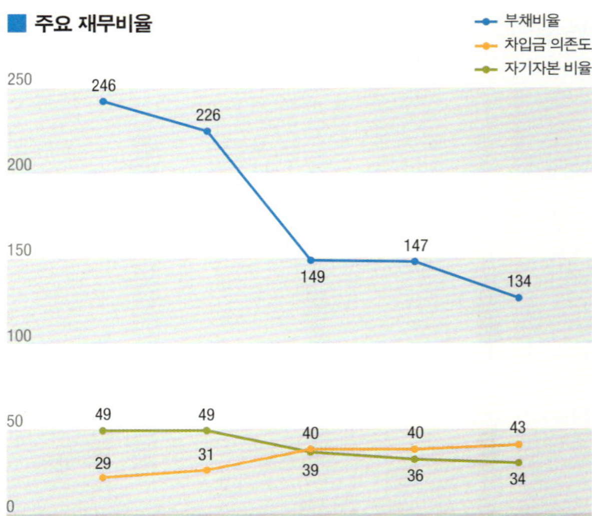
■ 주요 재무비율
부채비율
차입금 의존도
자기자본 비율
250
200
150
100
246
226
149
147
134
50
0
49   49
40   40   43
29   31   39   36   34
(%)
2010.2Q 2010.3Q 2010.4Q 2011.1Q 2011.2Q

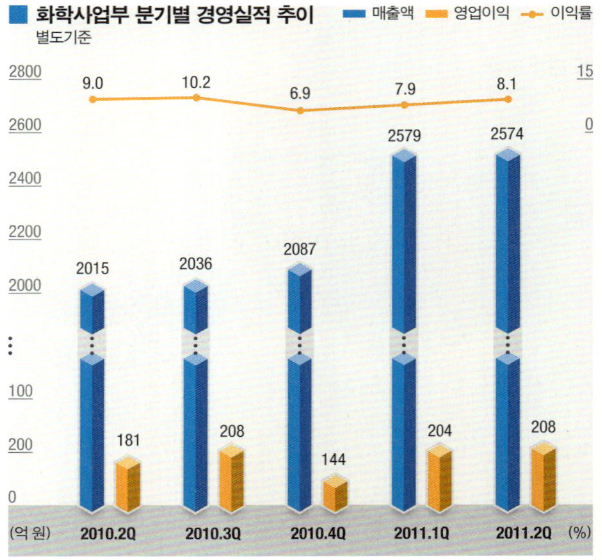
■ 화학사업부 분기별 경영실적 추이
매출액   영업이익   이익률
별도기준
2800
2600
2400
2200
2000
100
200
15
9.0   10.2   6.9   7.9   8.1
0
2579   2574
2015   2036   2087
181   208   144   204   208
(억 원) 2010.2Q 2010.3Q 2010.4Q 2011.1Q 2011.2Q (%)

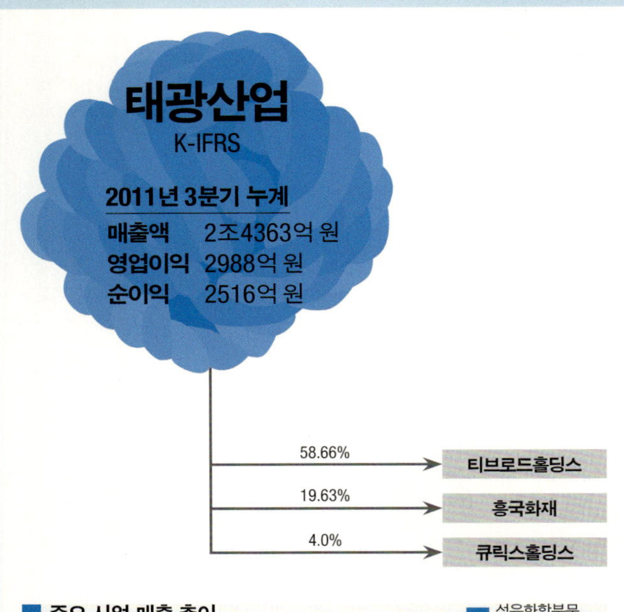

태광산업
K-IFRS
2011년 3분기 누계
매출액   2조4363억 원
영업이익 2988억 원
순이익   2516억 원
58.66%
티브로드홀딩스
19.63%
흥국화재
4.0%
큐릭스홀딩스

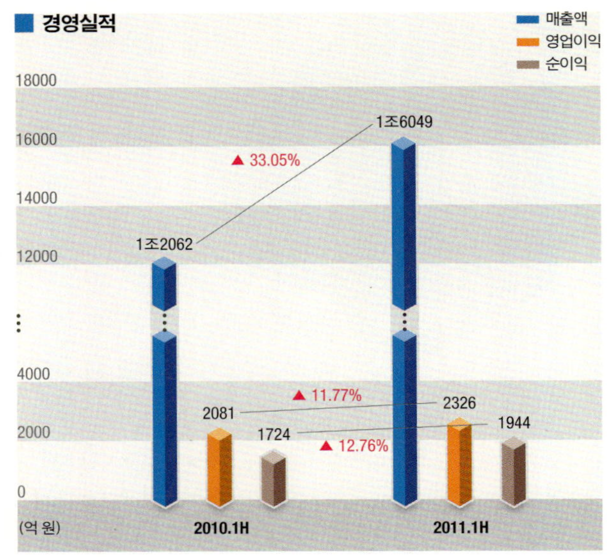

경영실적
매출액
영업이익
순이익
18000
16000
14000
12000
4000
2000
0
1조2062
1조6049
▲ 33.05%
2081
1724
▲ 11.77%
▲ 12.76%
2326
1944
(억 원)
2010.1H
2011.1H

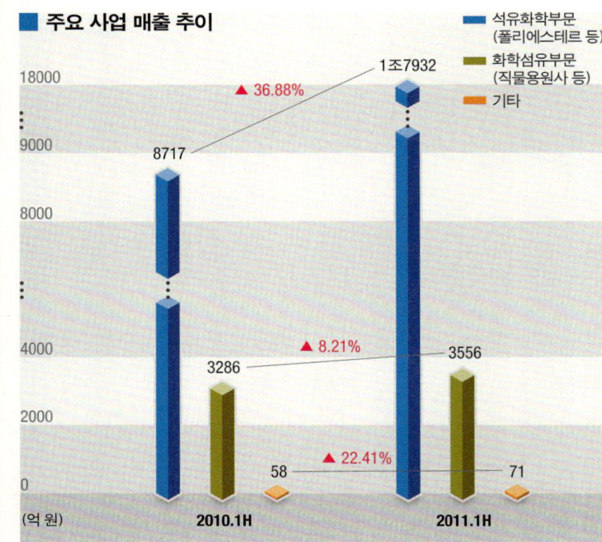

주요 사업 매출 추이
석유화학부문
(폴리에스테르 등)
화학섬유부문
(직물용원사 등)
기타
18000
9000
8000
4000
2000
0
8717
1조7932
▲ 36.88%
3286
3556
▲ 8.21%
58
71
▲ 22.41%
(억 원)
2010.1H
2011.1H

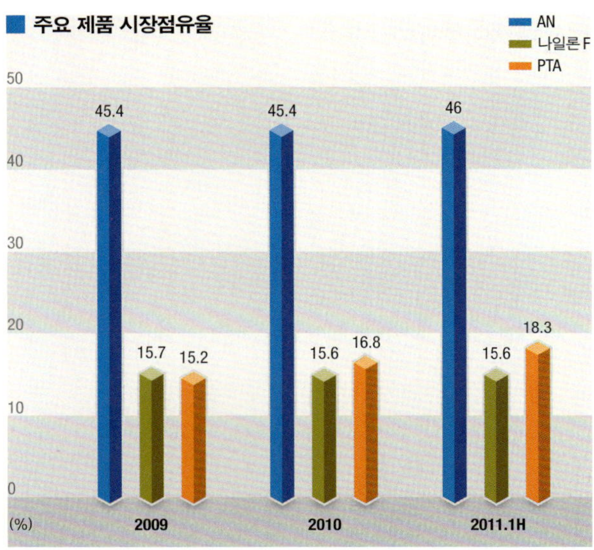

주요 제품 시장점유율
AN
나일론 F
PTA
50
40
30
20
10
0
45.4
45.4
46
15.7
15.2
15.6
16.8
15.6
18.3
(%)
2009
2010
2011.1H

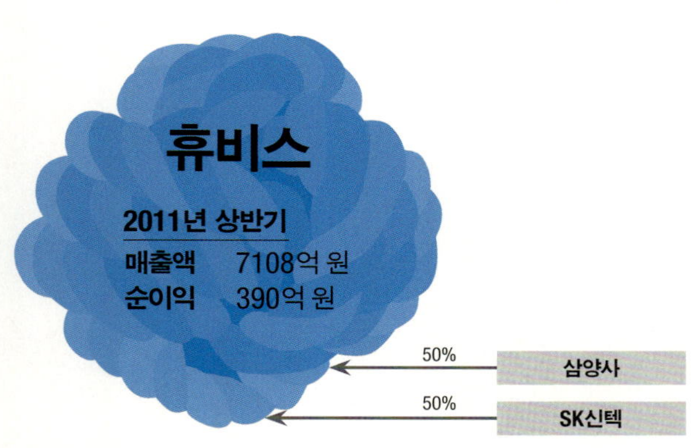

휴비스
2011년 상반기
매출액   7108억 원
순이익   390억 원
50%
삼양사
50%
SK신텍

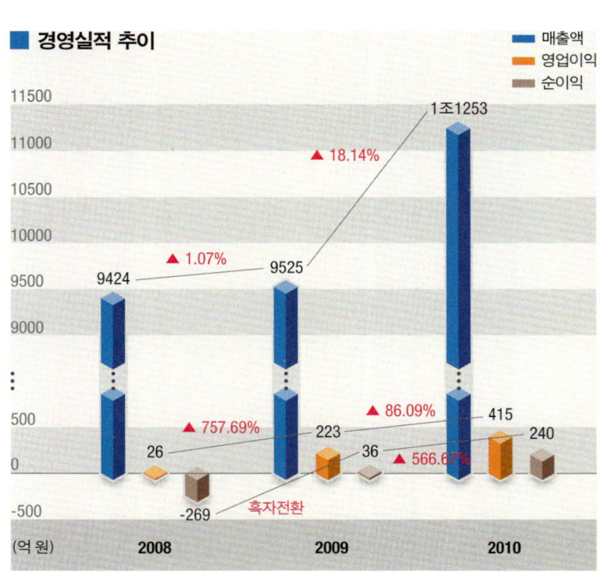

경영실적 추이
매출액
영업이익
순이익
11500
11000
10500
10000
9500
9000
500
0
-500
9424
9525
1조1253
▲ 1.07%
▲ 18.14%
26
223
415
▲ 757.69%
▲ 86.09%
36
240
▲ 566.67%
-269
흑자전환
(억 원)
2008
2009
2010

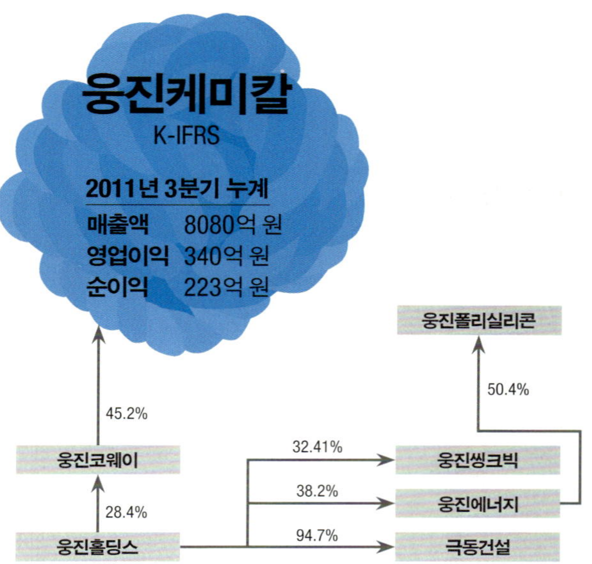

주요 사업 매출 비중
단위·%

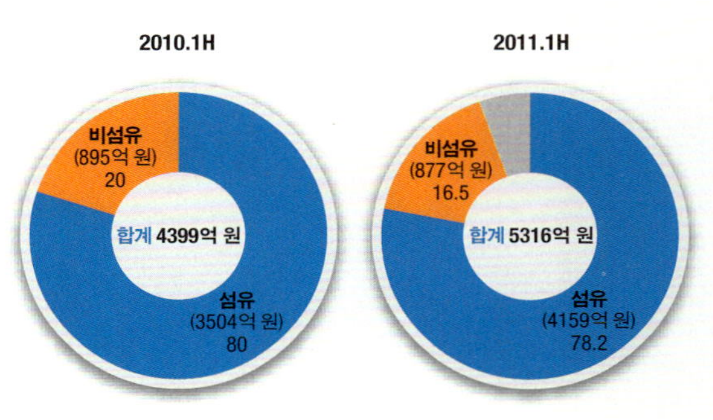

■ 웅진케미칼 경영실적

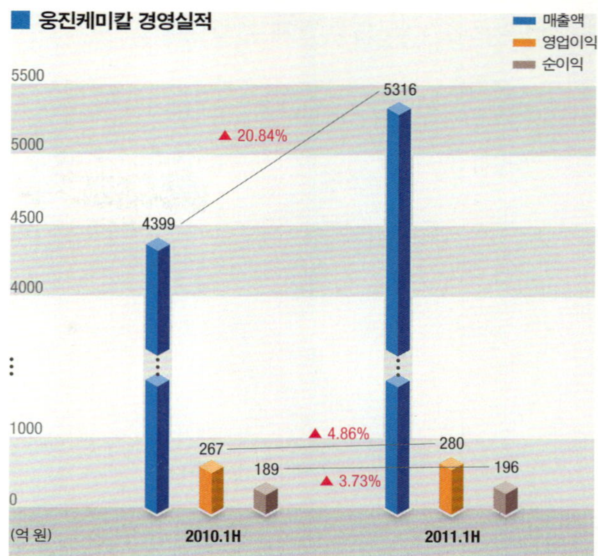

■ 웅진홀딩스 경영실적

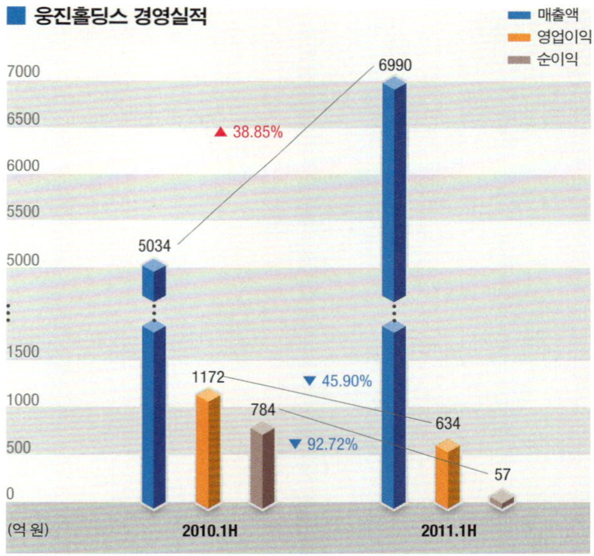

■ 웅진폴리실리콘 경영실적

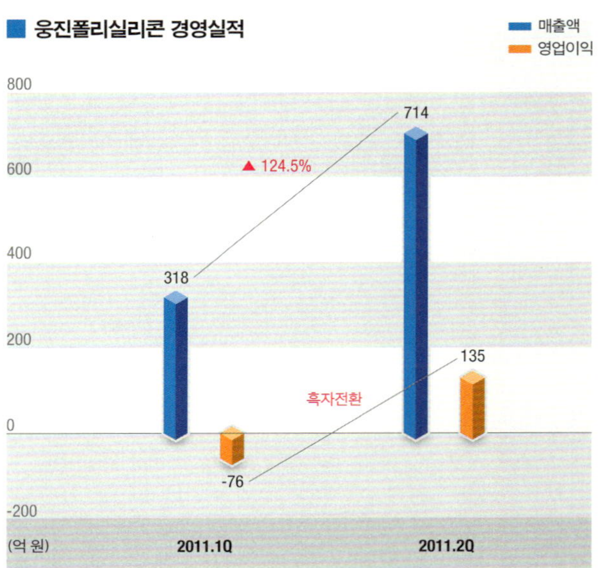

■ 웅진폴리실리콘 가동률

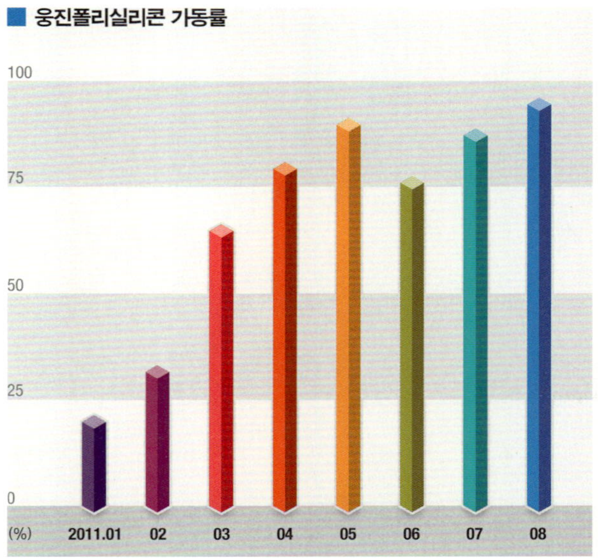

폴리에스터 단섬유(PSF) 시장점유율

단위·%

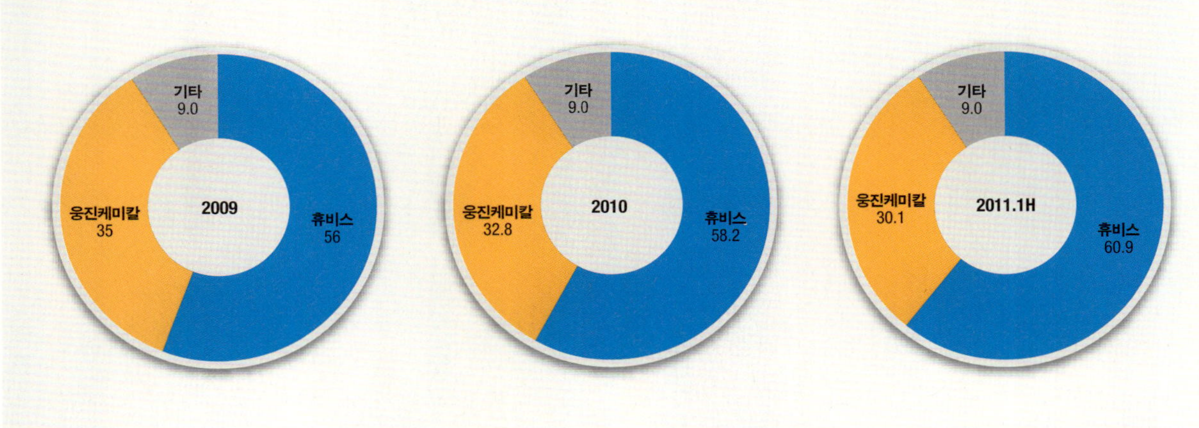

폴리에스터 장섬유(PF) 시장점유율

단위·%

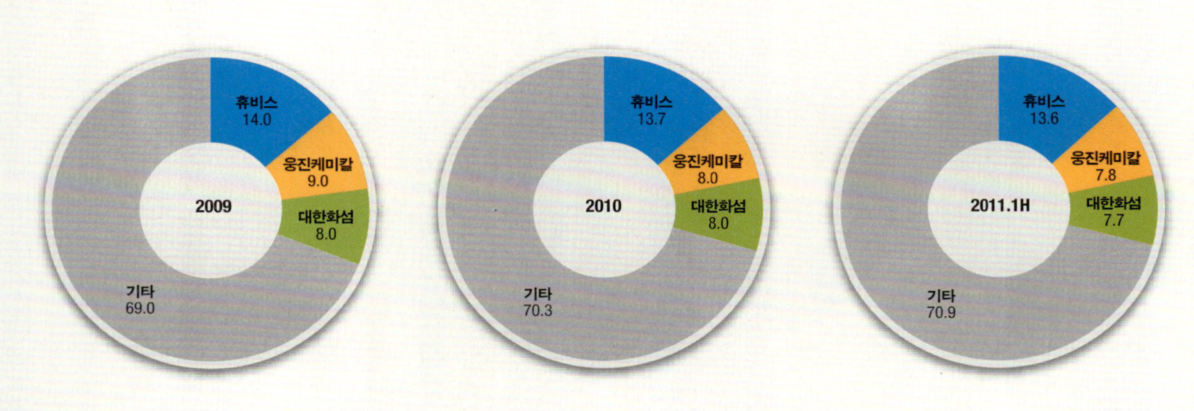

세계 폴리에스터 생산량 추이

자료·한국화섬협회, 삼성경제연구소, ※( )는 중국 폴리에스터 생산량 실적 및 전망치임

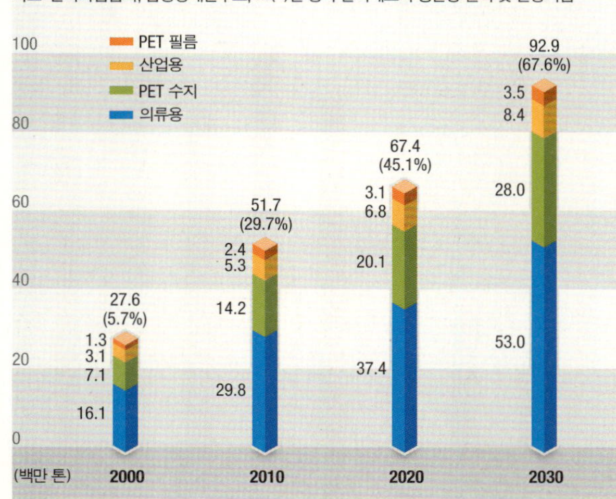

면화 연평균 가격 추이

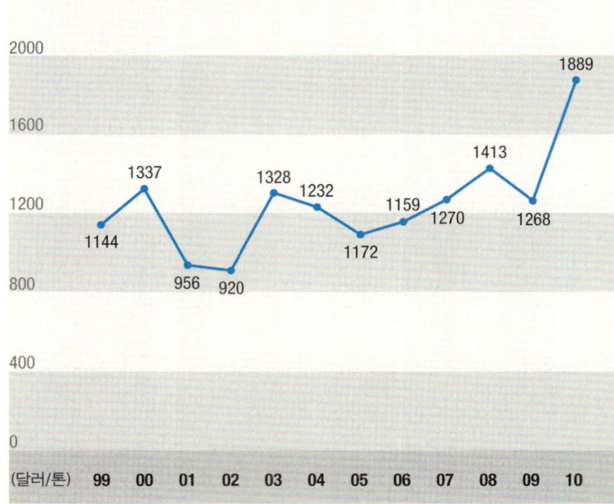

시황 회복세 바람 타고 수익성 개선
중국 화섬 설비 증설은 우려 대목

화학섬유업계는 2010년 이후 시황 회복세를 바탕으로 수익성이 개선되고 있다. 화학섬유 내 주요 비중을 차지하는 폴리에스터 원사 부문은 생산 설비 축소 등 업계 내 구조조정이 상당부분 마무리되면서 2009년부터 점진적인 수급 개선이 이루어져 왔다. 2011년에 들어와서는 원유 및 PX 강세가 원료 가격 상승을 주도하고 있으며, 면화 가격의 최고가 경신, 중국 화섬 수요의 확대 등으로 수요가 원활해 성장세를 유지했다. 그러나 2분기부터는 원료 가격 하락으로 인해 주문 지연 등 수요가 원활하지 않아 1분기 대비 성장세가 다소 둔화됐다.

2011년 하반기에는 미국과 유럽을 중심으로 경제의 불확실성이 증가하고 있다는 점이 화섬업계에 영향을 미치고 있다. 중국 내 화섬업계 전반에 걸친 대규모 증설이 지속되고 있는 점 역시 앞으로 국내 화섬업계에 부담이 될 전망이다.

2011년 상반기 기준 한국의 섬유 수출 누계는 80억 달러로, 전년 동기 대비 24.2%(14억 달러)가 증가했다. 주요 품목의 현황을 전년 대비로 보면 면사(+57.8%), 화섬사(+19.7%), 면직물(+30.13%), 의류(+17.8%) 등이 증가했다.

반면, 2011년 상반기 기준 섬유 수입은 전년동기 대비 34.1% 증가한 59억 달러를 기록했다. 품목별로는 면사(+40.7%), 모직물(+80.5%), 섬유원료(+24.3%) 등의 수입이 증가했다.

저가 경쟁국들의 등장으로 저가 시장 성장성 둔화 조짐

화섬업계의 대표적인 기업으로는 효성, 코오롱인더스트리, 태광산업, 휴비스, 웅진케미칼 등이 있다. 이 가운데 효성과 코오롱은 사업 분야가 다양해, 화섬의 비중 자체는 그리 높지 않다.

효성의 섬유부문 주력 제품인 스판덱스는 섬유 반도체로 불릴 정도로 높은 부가가치를 자랑하는 품목이다. 수영복, 스타킹, 여성 속옷 등 신축을 요구하는 의류에 사용되며 지속적인 탄력 유지 등을 위해 높은 기술이 필요해, 진입장벽이 높은 산업으로 평가된다.

효성의 스판덱스는 세계시장 점유율이 20%에 이른다. 스판덱스 공장은 한국(2.6만톤/연) 이외에 중국(4.6만톤/연), 베트남(1.5만톤/연), 터키(1.5만톤/연), 브라질(1.5만톤/연) 등 세계 각국에 자리 잡고 있다. 스판덱스는 현재는 수익성이 다소 둔화돼 있으나 중장기적 관점에서 세계 경기 회복시 높은 수익성을 보일 것으로 증권가는 전망하고 있다.

코오롱을 비롯한 국내 원단업계는 저가 경쟁국들의 등장으로 저가 시장 성장성은 둔화된 상태이나, 아웃도어 부문 등 고마진 특수제품 시장은 지속적으로 성장하고 있다. 향후 기능성 제품의 확대 및 특수복 등 차별화된 시장이 확대될 것으로 보인다.

한-EU FTA에 따른 수혜 예상 업체는?

태광산업은 화섬부문의 나일론 사업이 주력이다. 카프로락탐을 기초 원료로 사용해 원사를 제조·판매하는 중간 산업이다. 주요 수출국은 중국 및 동남아시아 지역이며, 국내 나일론 산업은 대만 및 중국과의 가격 경쟁에 따라 범용품은 그 경쟁력을 상실하면서 고부가가치 제품 중심으로 전환하고 있는 추세다.

웅진케미칼은 섬유 사업과 비섬유 사업(필터사업 등)을 보유한 전문 화학소재 기업이다. 폴리에스터 원면(PSF: 단섬유), 원사(PF: 장섬유)를 중심으로 한 섬유 사업을 기반으로 차별화된 고부가가치 섬유 소재 생산에 주력하고 있으며, 지속적인 수익 향상을 추진하고 있다.

아울러 웅진케미칼은 연 30만 톤 규모의 생산능력을 보유한 폴리에스터 국내 2위 생산 업체이기도 하다. 파이버(Fiber) 사업 중 산업용 제품 비중이 80%로 의류용 제품 대비 가격 경쟁력이 우수하며, 원가 변동에 따른 안정적인 수익 유지가 가능하다. 2011년 하반기 화섬 업황 개선과 매출 비중이 수출에 집중되어 있다는 점에서 한-EU FTA 효과에 따른 수혜가 예상된다.

또한 웅진케미칼은 세계 RO 필터 시장점유율 4위로 국내 독보적인 1위를 차지하고 있다. 폴리에스터 섬유 원재료인 TPA와 EG 가격이 지난 2010년 이후 상승을 지속함에 따라, 2011년 1분기에 고점을 기록하면서 고전이 예상됐었다. 그러나 웅진케미칼 섬유 사업은 부가가치가 높은 산업용 제품 비중이 70%에 달해 원가 상승을 곧바로 판매 가격 상승으로 전가시킬 수 있었다. 이는 곧 매출 증가와 이익의 개선으로 이어졌다.

휴비스는 SK케미칼과 삼양사가 현물출자한 회사다. 두 회사가 각각 지분의 50%를 보유하고 있다. 이 회사는 2012년 상장을 준비 중이다. 휴비스의 주력 제품은 폴리에스터 단섬유와 장섬유 및 폴리에스터 칩이다. 이 가운데 단섬유의 매출 비중이 50% 정도다. 휴비스는 폴리에스터 분야에서 국내 시장점유율 1위를 점유하고 있다.

자동차·운송

20 · 자동차업계

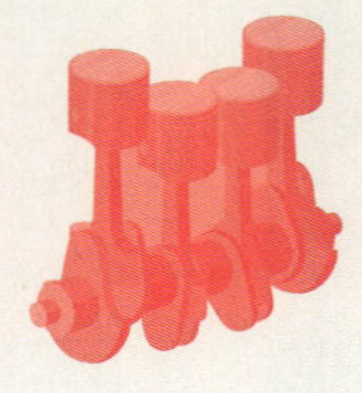

21 · 차부품·타이어 업계

22 · 수입차업계

23 · 해운업계

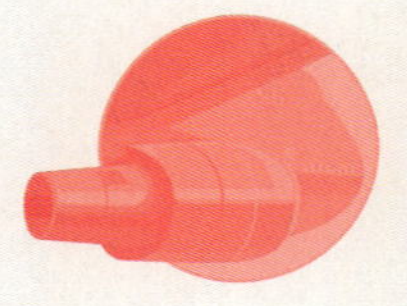

24 · 항공업계

25 · 택배업계

20 | 자동차업계

- 현대·기아차, 소형차 위주로 아시아 브랜드 중 1위 기염
- 쌍용차의 '코란도C', 중국시장 론칭 성공 여부
- 한·미 FTA가 국내 자동차 산업에 미칠 영향

현대·기아차 글로벌 현지 판매 추이

자료·현대자동차, 대형상용 선적 포함, CKD 현지 판매 제외

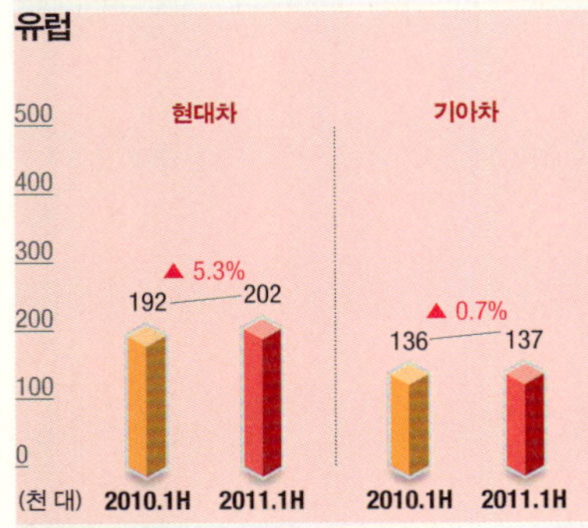

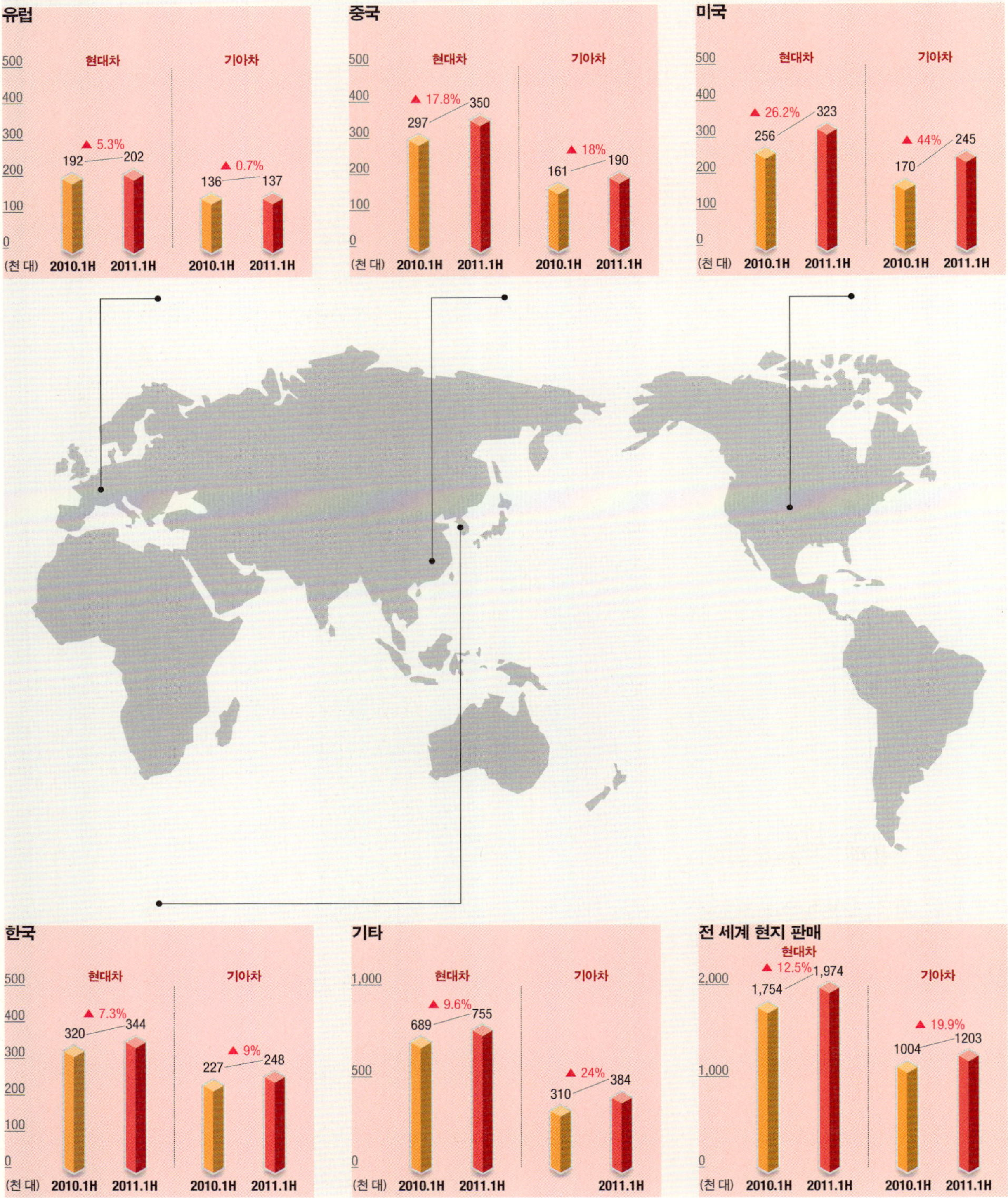

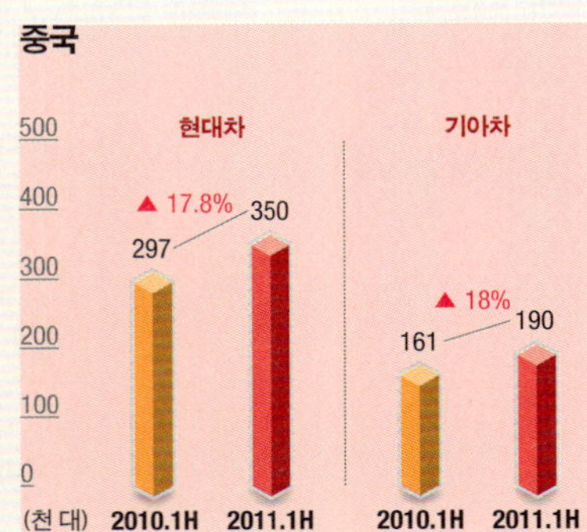

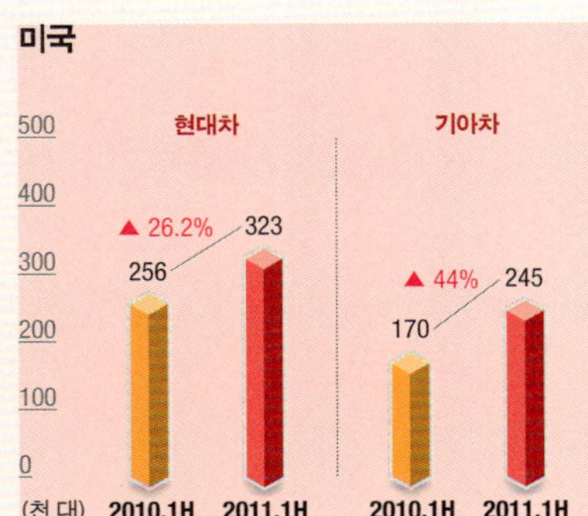

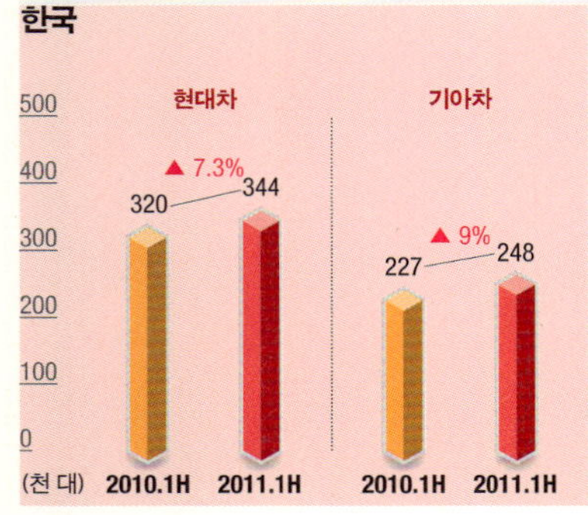

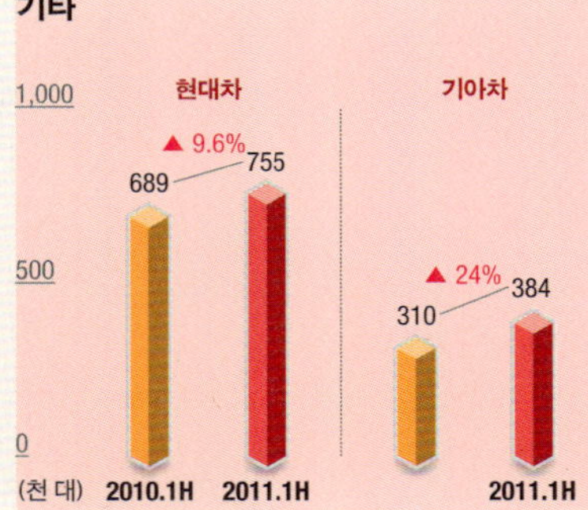

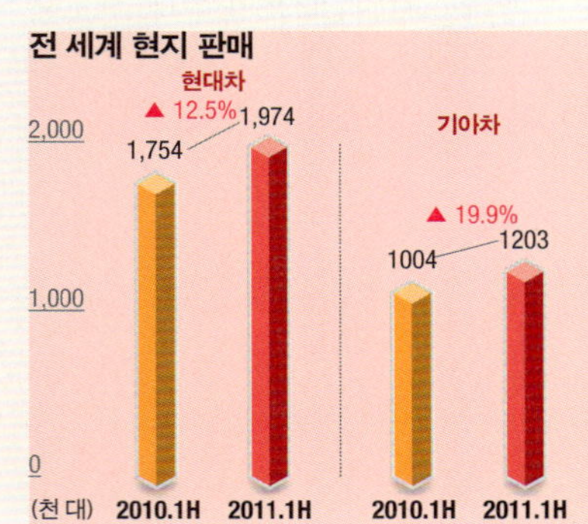

현대·기아자동차그룹 계열사 지분관계도

현대자동차

2011년 3분기 누계

총판매　294만9914대
- 내수　51만228대
- 수출(국내생산)　84만745대
- 해외 생산 판매　159만8941대

K-IFRS 연결

매출액　57조2790억 원
영업이익　5조9490억 원
순이익　6조1020억 원

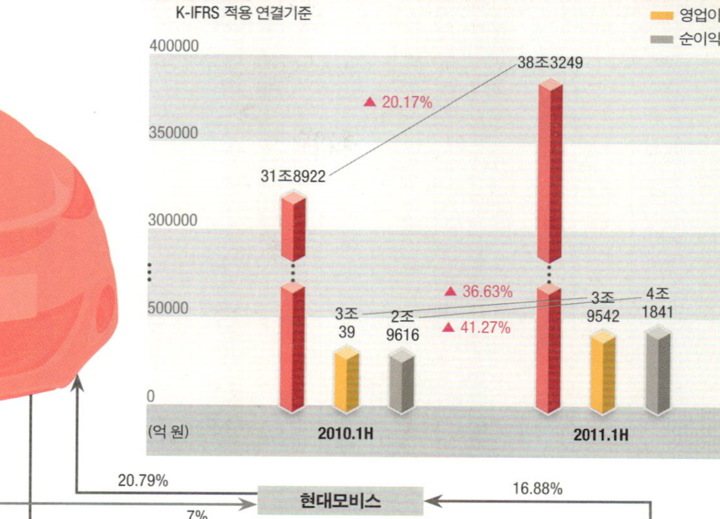

지분율(좌)	계열사	지분율(우)
20.79%	현대모비스	16.88%
7%		
31.52%	현대카드	11.48%
39.46%	현대위아	39.33%
26.29%	HMC투자증권	3.68%
57.64%	현대로템	
12.6%	현대제철	21.39%
20.93%	현대건설	5.23%
26.13%	현대하이스코	13.91%
35.1% / 10%	현대엠코	20%
37.6%	현대파워텍	37.6%
42.27%	현대다이모스	45.37%
29.9%	오토에버시스템즈	20%
56.5%	현대캐피탈	

정몽구 및 특수관계인

33.5%　5.2%　1.8%

기아자동차

2011년 3분기 누계

총판매　185만3250대
- 내수　36만6592대
- 수출(국내생산)　79만2539대
- 해외 생산 판매　69만4119대

K-IFRS 연결

매출액　32조2283억 원
영업이익　2조6994억 원
순이익　2조7289억 원

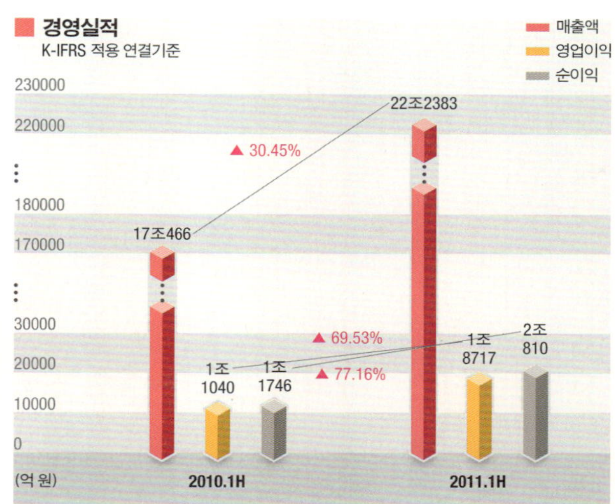

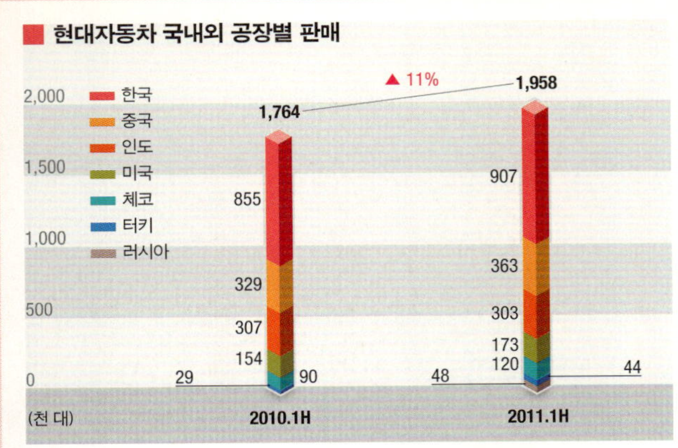

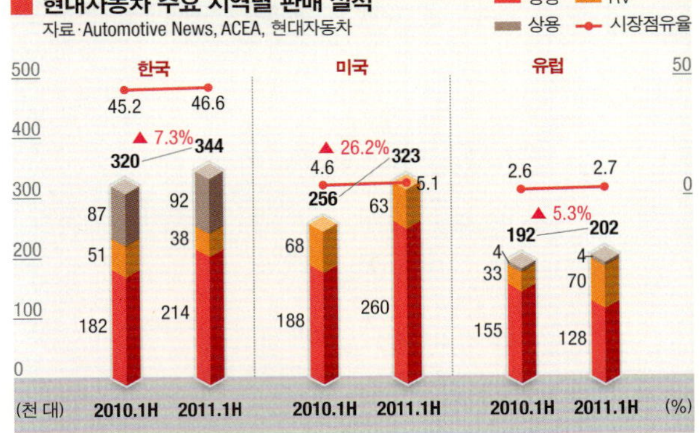

현대자동차 해외공장 매출 추이

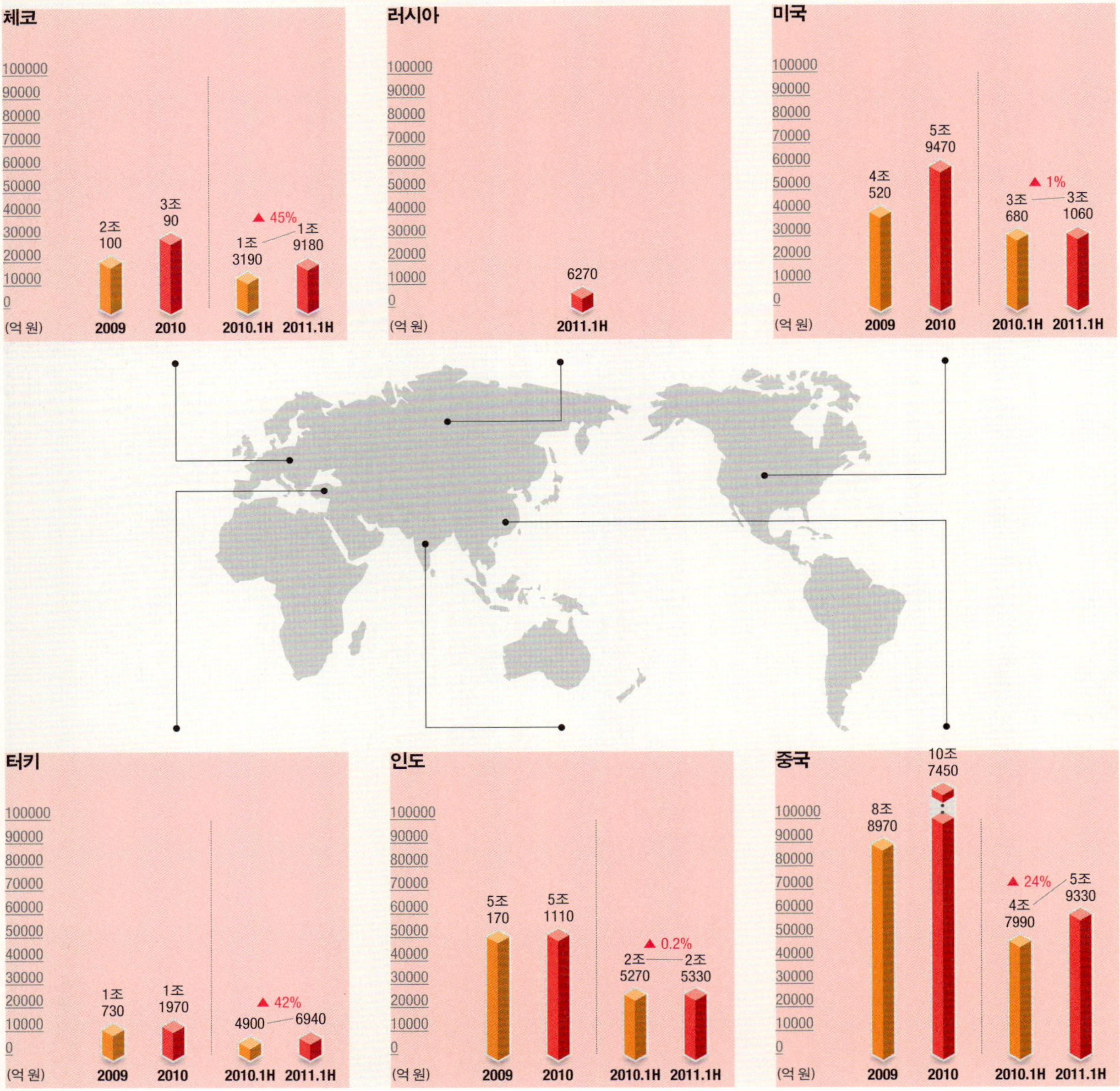

체코

러시아

미국

터키

인도

중국

■ 기아자동차 국내외 지역별 매출 비중

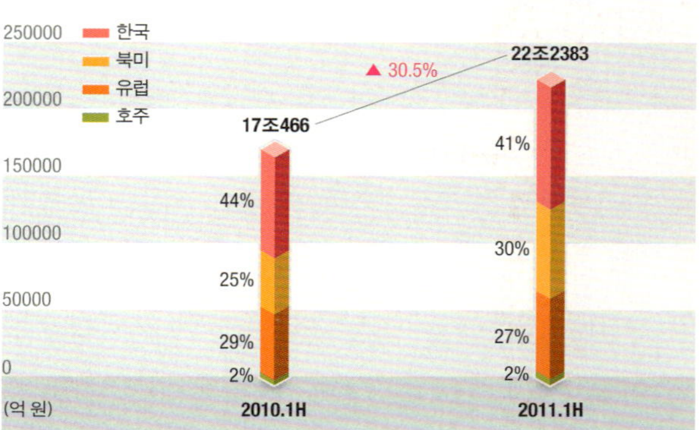

■ 기아자동차 국내외 공장출고 판매실적
괄호 안은 전년 동기 대비 증감률

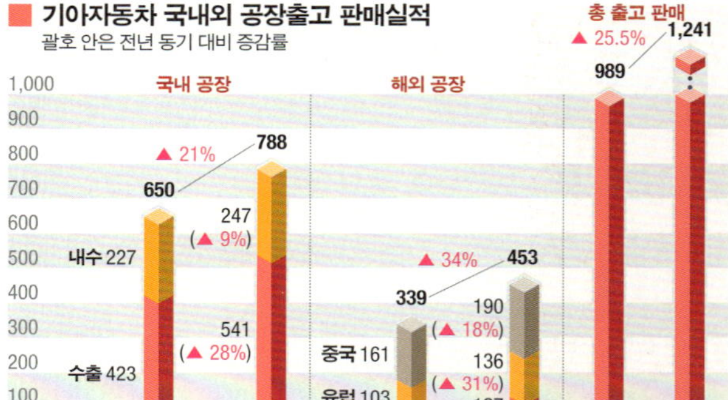

■ 기아자동차 미국시장 월 판매와 점유율 추이
괄호 안은 전년 동기 대비 증감률

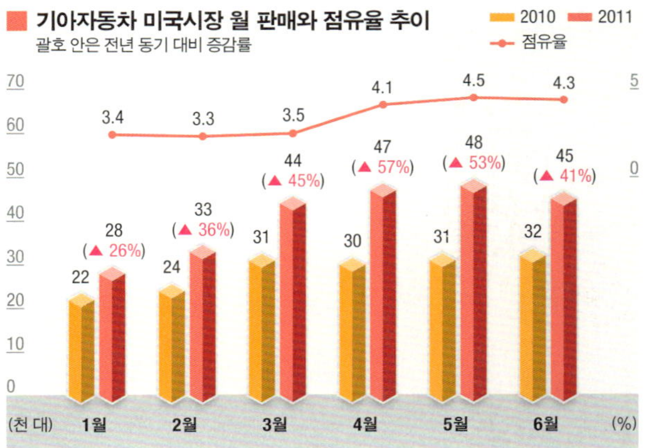

한국GM

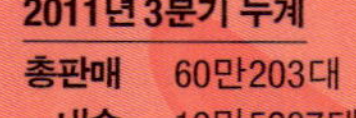

2011년 3분기 누계		
총판매	60만203대	
·내수	10만5237대	
·수출	49만4966대	
2010		
매출액	13조9618억 원	
영업이익	2755억 원	
순이익	5856억 원	

2011.01 쉐보레(CHEVROLET) 브랜드 도입 발표.
2011.02 쉐보레 스파크, 크루즈 출시.
2011.03 'GM대우'에서 '한국GM'으로 사명 변경, 쉐보레 브랜드 전면 도입. 아베오, 카마로, 올란도 출시.
2011.05 쉐보레 캡티바 출시

■ 경영실적 추이

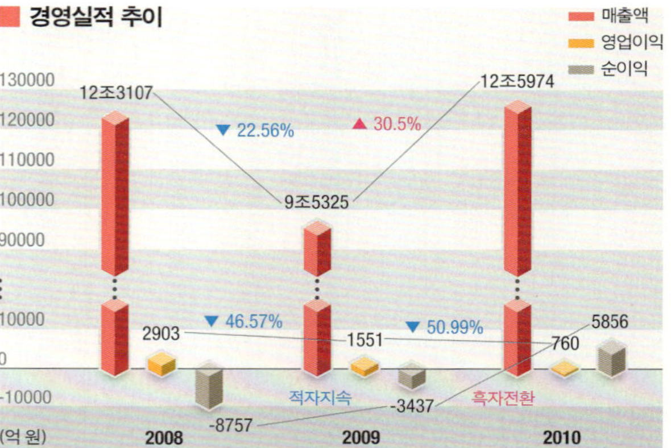

■ 판매대수 추이

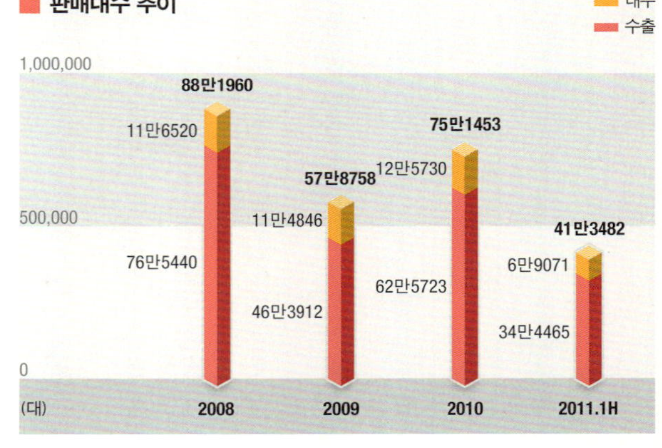

대우버스

2010	
매출액	4015억 원
영업이익	-177억 원
순이익	62억 원

- **글로벌 현지 공장** 중국(상해, 계림), 코스타리카, 카자흐스탄, 베트남, 대만, 파키스탄
- **해외 판매망** 60개 국, 58개 대리점 (아시아 18, 중동 13, 아프리카 12, 러시아 4, 남미 13)

타타대우상용차

2010.04~2011.03	
매출액	7267억 원
영업이익	179억 원
순이익	161억 원

2004.03 '대우상용차'에서 '타타대우상용차'로 공식 출범.(타타모터스 100% 지분 인수)
2010.07 '타타대우상용차판매(주)' 출범

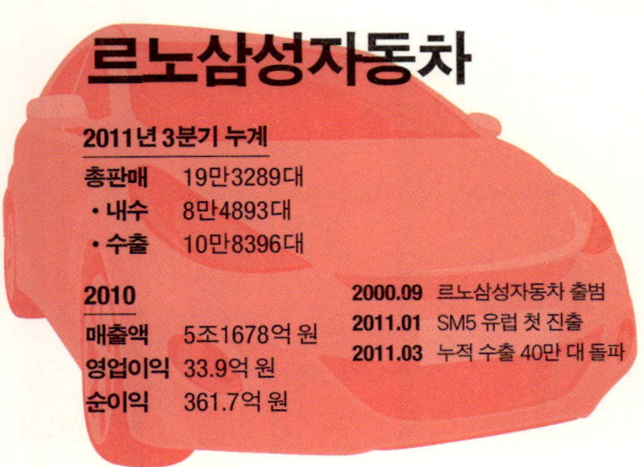

■ 판매대수 추이

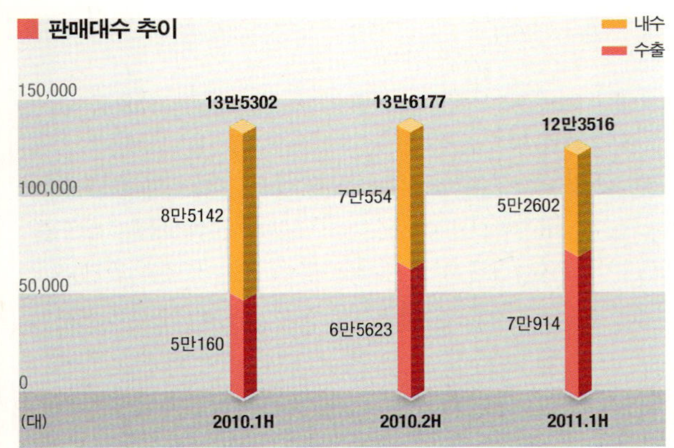

■ 경영실적

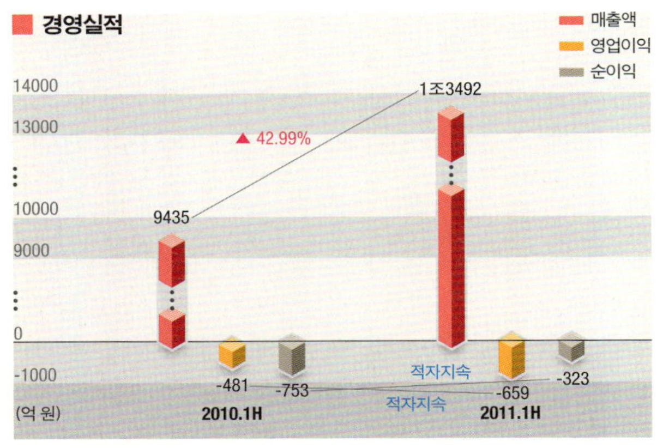

■ 상반기 월별 판매 추이

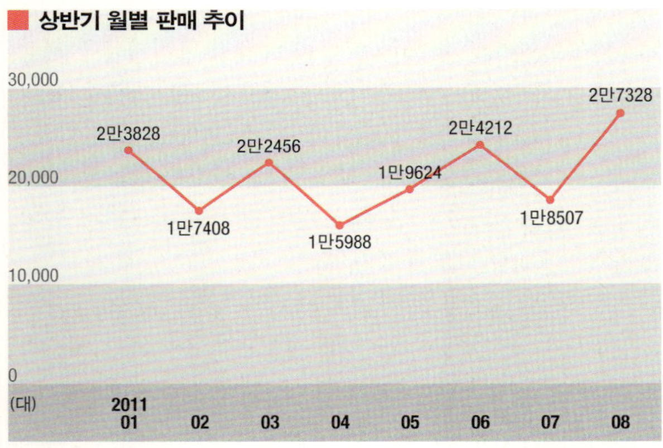

■ 판매대수 추이

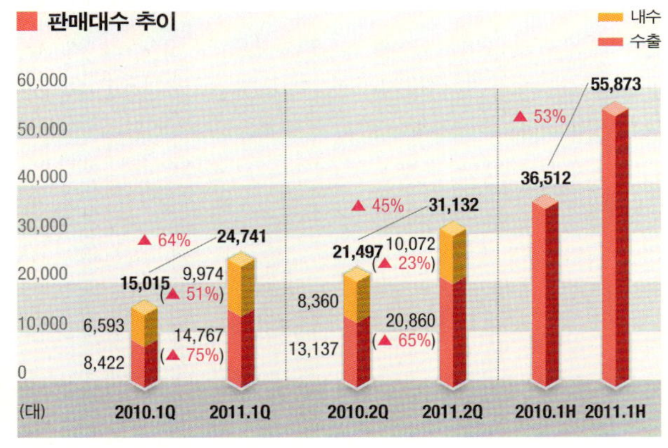

자동차 내수시장 점유율

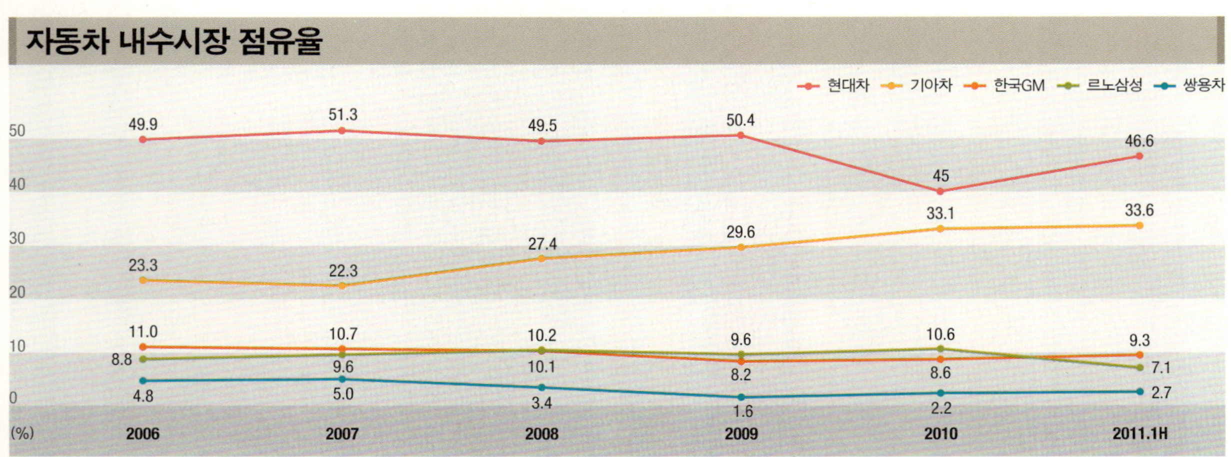

고전하는 글로벌 브랜드들
성장 질주하는 국내 메이커들

늘 한가위만 같아라

옛 조상들은 한가위를 풍요롭고 넉넉함의 대명사로 사용했다. 그만큼 한가위는 먹을 것도 많고 마음도 푸근해지는 때이기도 했다. 최근 국내 자동차업계도 아마 같은 마음일 듯하다. 요즘처럼 국내 자동차업계가 풍족하고 넉넉했던 적은 없지 않았을까 싶다.

최근 전 세계 자동차업계가 우리나라를 주목하고 있다. 글로벌 금융위기로 자동차 수요가 감소하고 있음에도 불구하고, 한국의 자동차 산업은 지칠 줄 모르고 질주 중이기 때문이다. 게다가 일본이라는 경쟁자가 지진으로 주춤하는 사이, 한국 자동차 메이커들은 글로벌 톱 수준의 위력을 과시하고 있다.

한국의 자동차 산업이 이처럼 각광 받는 이유는 무엇보다도 뛰어난 품질 덕이다. 아울러 세계인의 눈을 사로잡는 디자인까지, 이제 한국산 자동차는 더 이상 '깡통차'가 아니게 됐다.

현대·기아차로 대표되는 한국 자동차업계는 2011년 초 '질적 도약'을 선언했다. 그동안 한국차라는 이유만으로 좋은 품질에도 불구하고, 저평가를 받아왔던 것에서 탈피해 '제값' 받기에 나선 것이다. 하지만 품질이 담보되지 않으면 제값은 어림도 없는 일이다.

미국과 중국, 유럽 시장 등에서 그동안 쌓아왔던 노하우를 바탕으로 소비자들의 입맛에 맞는 고품질의 제품을 본격적으로 선보이기 시작하자, 글로벌 자동차업계는 한국차에 대한 고정 관념을 버리기 시작했다. 폭스바겐 회장이 직접 현대차에 앉아보고는 자사의 개발 담당자들에게 호통을 쳤던 일화는 한국의 자동차 산업 수준이 얼마나 높아졌는지를 가늠해볼 수 있는 좋은 예다.

사실 지금의 한국 자동차업계의 위상을 끌어올린 데에는 현대차와 기아차의 역할이 크다. '한국차=현대·기아차'로 인식될 만큼 글로벌 자동차 시장의 소비자들은 현대·기아차에 열광하고 있다. 중국시장에서는 이미 국내시장보다 더 많은 차량을 판매했다. 그토록 애를 먹였던 미국시장에서도 현대차와 기아차는 일본의 도요타를 제칠 만큼 크게 성장했다. 유럽에서는 소형차 위주로 아시아 자동차 메이커 중 판매 1위를 달성했고 러시아시장에서도 인기몰이 중이다. 인도나 브라질 등 이머징 국가에서도 현대·기아차의 돌풍은 거세다. 이제 전 세계 어느 곳에서나 현대·기아차를 만나볼 수 있을 만큼 글로벌 자동차 메이커로 우뚝 선 것이다.

국내 자동차 메이커들 모두 목표 판매치를 넘어서다

이런 성장세를 반영이나 하듯, 현대차는 2011년 들어 지난 10월까지 글로벌 시장에서 전년 대비 10.7% 증가한 330만 7769대를 판매했다. 기아차도 지난해 같은 기간보다 21.9% 늘어난 206만6620대를 판매했다. 현대차는 2011년 400만 대, 기아차는 250만 대 판매를 목표로 하고 있다. 이런 추세라면 목표 달성이 무난할 듯싶다.

현대·기아차 이외에도 한국GM, 르노삼성, 쌍용차 등의 활약도 눈부시다. 우선 한국GM의 경우, 2011년부터 기존의 GM대우에서 '대우'라는 상표를 포기하고 '쉐보레'를 도입했다. 글로벌 자동차 시장에서 인지도가 높은 쉐보레 브랜드를 앞세워 국내시장은 물론 해외시장에서도 인정을 받겠다는 의도다. 실제로 사명도 '한국GM'으로 바꾸면서 심기일전한 결과, 2011년 들어 지난 10월까지 한국GM은 전년 동기 대비 8.8% 증가한 66만9850대를 판매했다. 아울러 쉐보레 브랜드의 다양한 차종을 국내에 선보이면서 점유율 확대를 모색하고 있다.

르노삼성의 경우도 SM시리즈를 앞세워 마니아층을 형성하면서 지속적으로 시장 확대에 나서고 있다. '뉴 SM5'의 인기에 이어 '뉴 SM7'으로 돌풍을 이어가겠다는 계산이다. 여기에 르노-닛산 그룹의 일원으로서 수출에도 박차를 가하고 있다. 지난 10월까지 수출은 전년 동기 대비 37.9% 늘어난 12만1304대를 기록했다.

쌍용차에게 2011년은 부활의 한 해였다. 법정관리의 아픔을 딛고 인도 마힌드라그룹을 새 주인으로 맞이하면서 본격적인 성장을 하는 모습이다. 특히 야심작 '코란도C'를 앞세워 내수시장은 물론 글로벌 판매망을 구축해 세계시장으로 뻗어나갈 채비를 하고 있다. 특히 중남미, 러시아 등 신흥 시장에서 인기를 끌고 있는데다 중국시장에도 조만간 코란도C를 선보일 예정이다. **B**

- 해외고객사 비율 국내 1위 업체인 만도의 글로벌 시장 도약
- 한국타이어, 중국시장 승용차 타이어 점유율 1위 기록
- 모기업의 위기로부터 벗어나려는 금호타이어의 행보

차부품업계

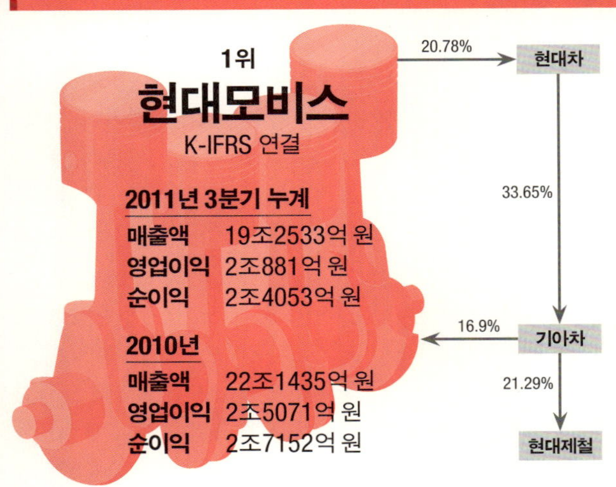

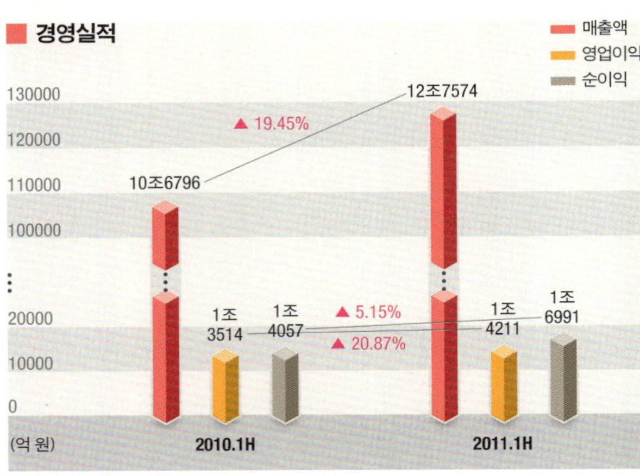

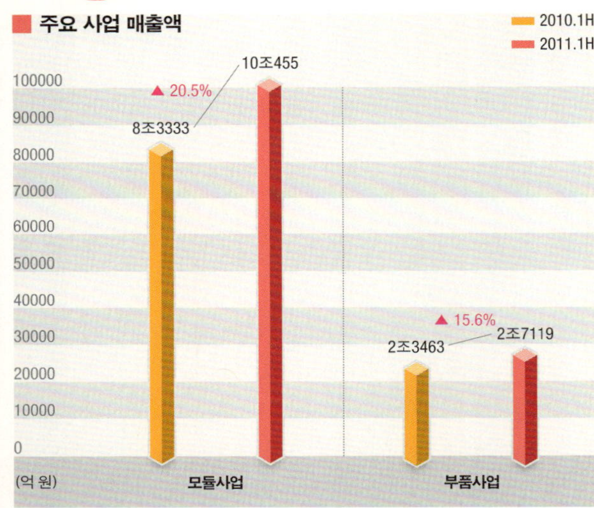

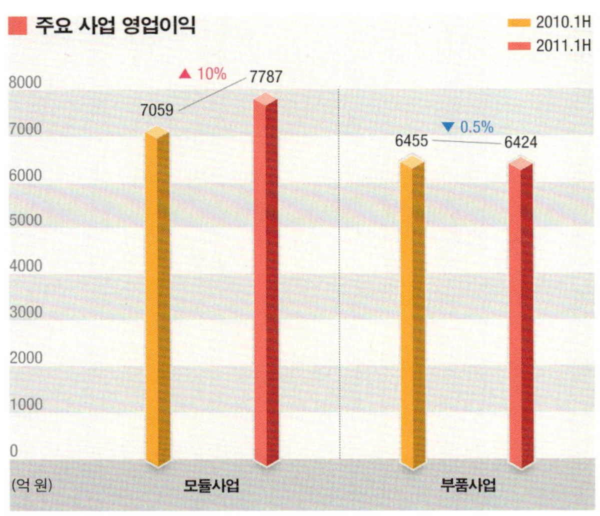

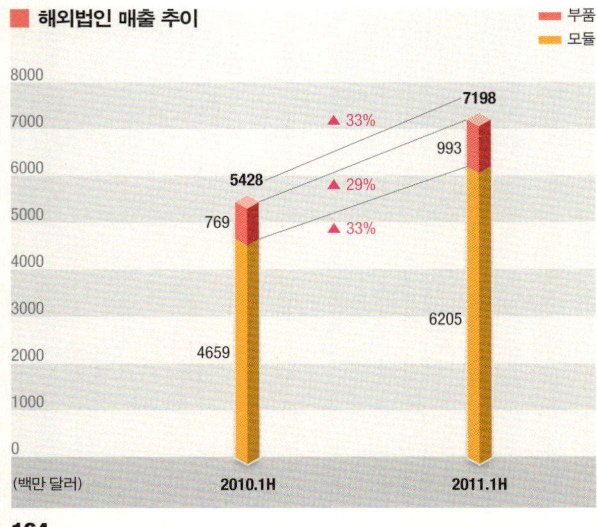

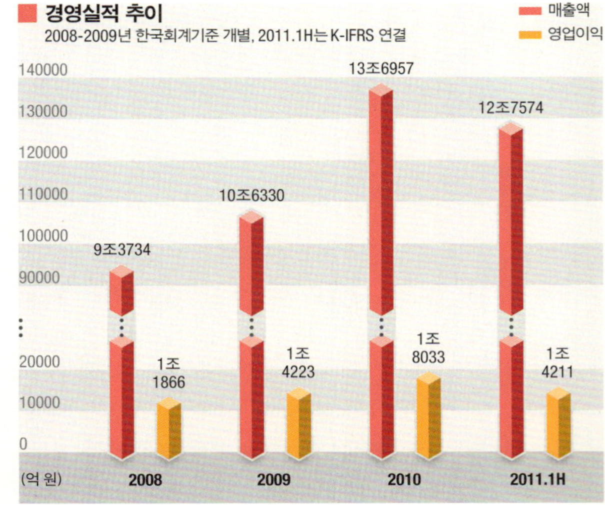

현대모비스 해외법인 실적

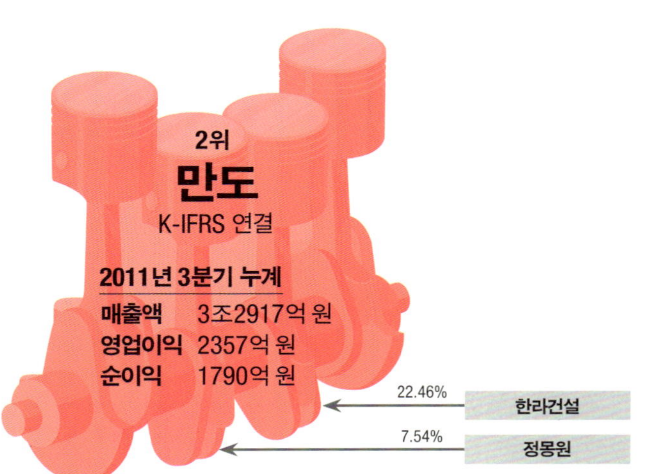

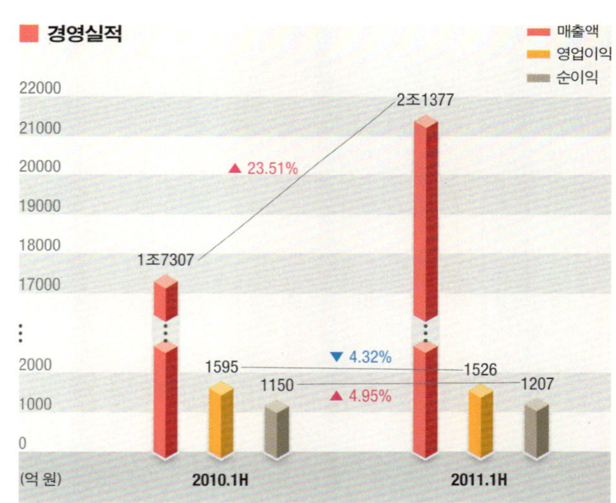

2위

만도

K-IFRS 연결

2011년 3분기 누계

매출액	3조2917억 원
영업이익	2357억 원
순이익	1790억 원

22.46% → 한라건설

7.54% → 정몽원

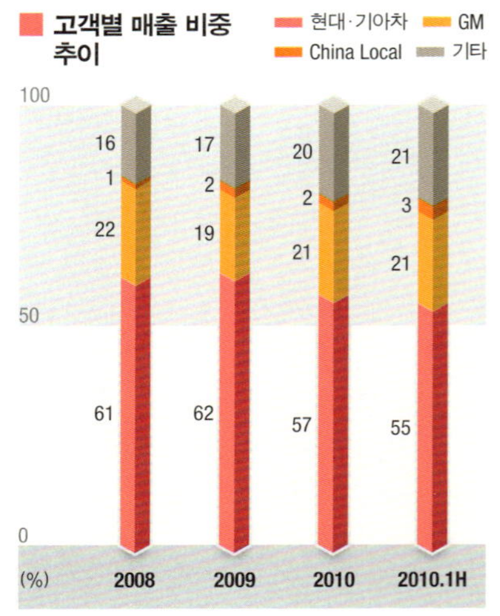

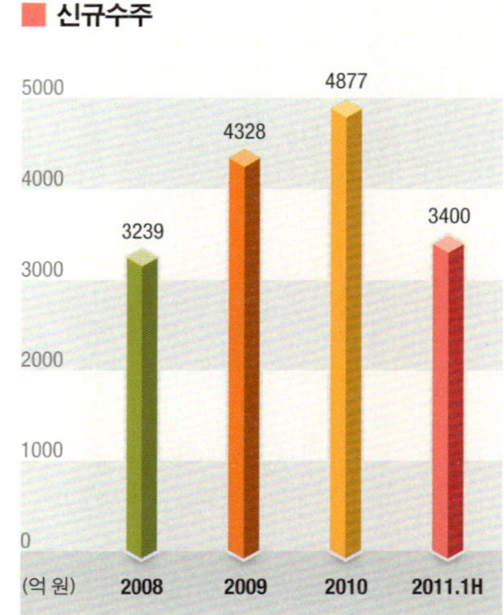

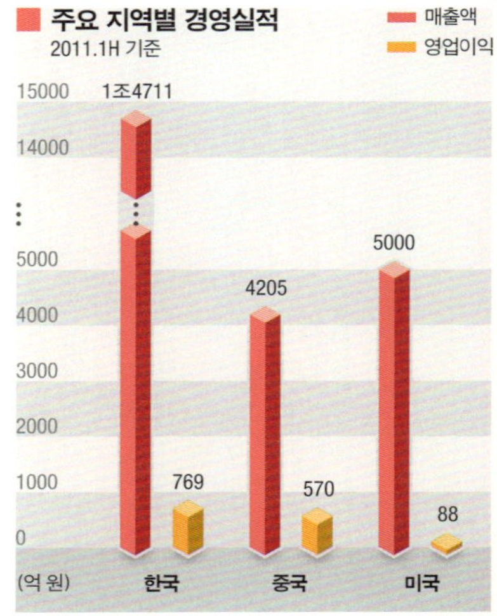

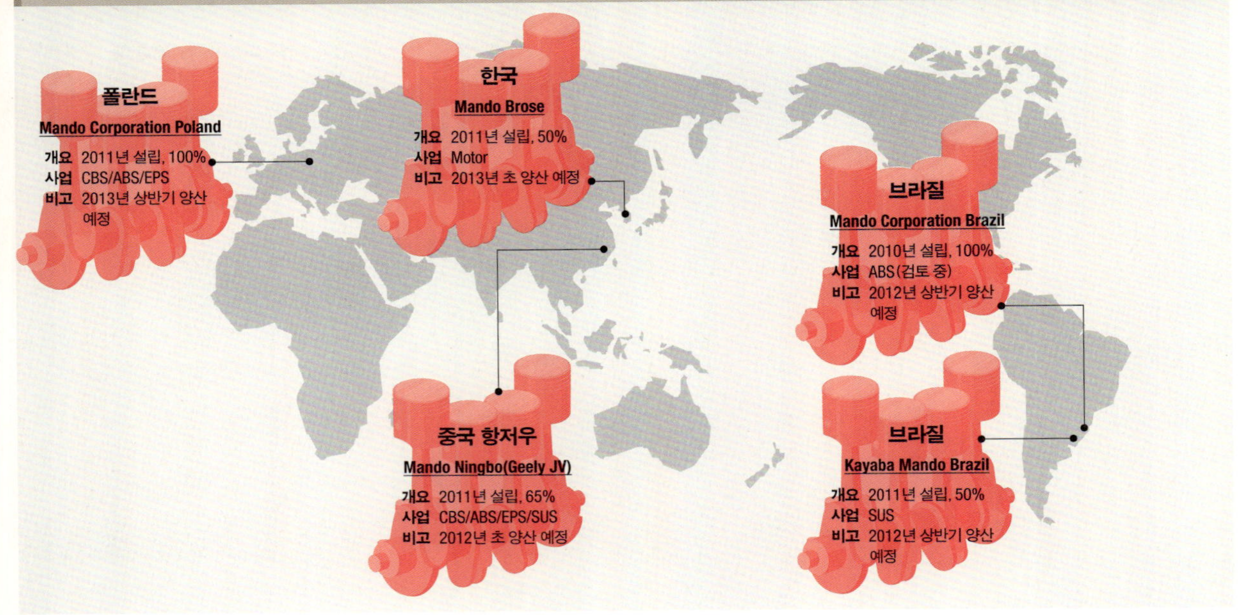
폴란드
Mando Corporation Poland
개요 2011년 설립, 100%
사업 CBS/ABS/EPS
비고 2013년 상반기 양산
예정

한국
Mando Brose
개요 2011년 설립, 50%
사업 Motor
비고 2013년 초 양산 예정

브라질
Mando Corporation Brazil
개요 2010년 설립, 100%
사업 ABS(검토 중)
비고 2012년 상반기 양산
예정

중국 항저우
Mando Ningbo(Geely JV)
개요 2011년 설립, 65%
사업 CBS/ABS/EPS/SUS
비고 2012년 초 양산 예정

브라질
Kayaba Mando Brazil
개요 2011년 설립, 50%
사업 SUS
비고 2012년 상반기 양산
예정

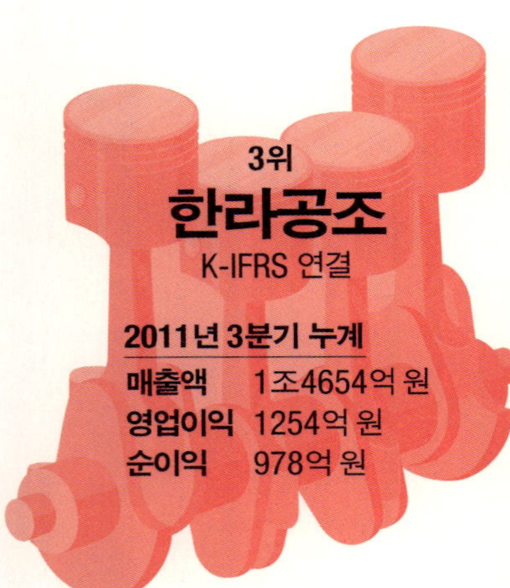
3위
한라공조
K-IFRS 연결

2011년 3분기 누계
매출액   1조4654억 원
영업이익 1254억 원
순이익   978억 원

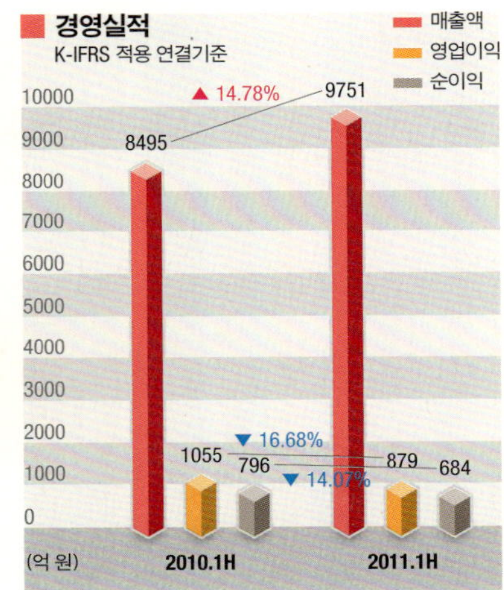
경영실적
K-IFRS 적용 연결기준
매출액
영업이익
순이익
10000
9000
8000
7000
6000
5000
4000
3000
2000
1000
0
▲ 14.78%
9751
8495
1055
796
▼ 16.68%
879
684
▼ 14.07%
(억 원)
2010.1H
2011.1H

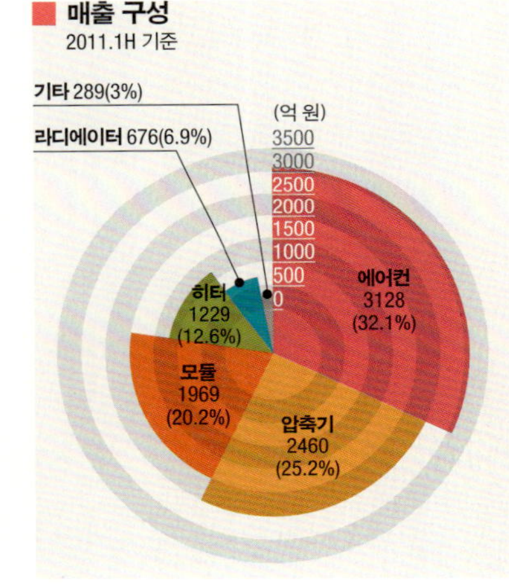
매출 구성
2011.1H 기준
기타 289(3%)
라디에이터 676(6.9%)
(억 원)
3500
3000
2500
2000
1500
1000
500
0
히터
1229
(12.6%)
모듈
1969
(20.2%)
에어컨
3128
(32.1%)
압축기
2460
(25.2%)

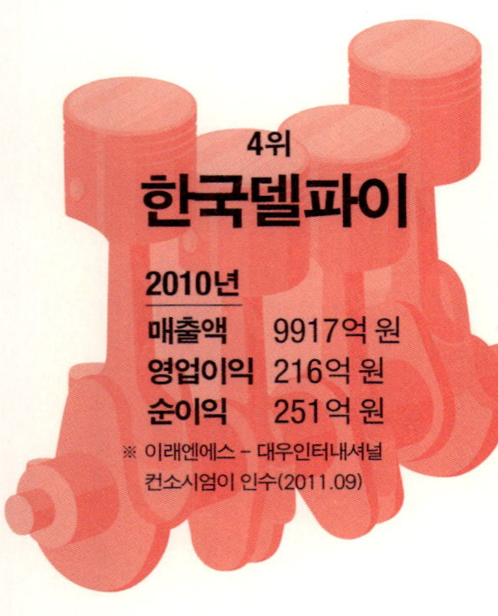
4위
한국델파이

2010년
매출액   9917억 원
영업이익 216억 원
순이익   251억 원
※ 이래엔에스 – 대우인터내셔널
컨소시엄이 인수(2011.09)

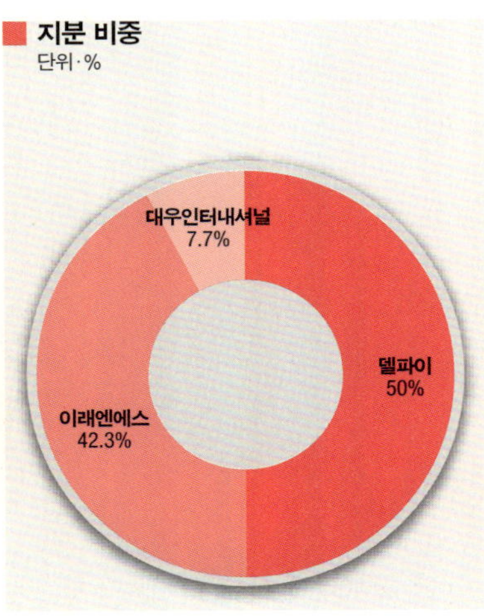
지분 비중
단위·%
대우인터내셔널
7.7%
델파이
50%
이래엔에스
42.3%

5위
두원공조

2010년
매출액   4329억 원
영업이익 46억 원
순이익   93억 원

■ 경영실적
K-IFRS 적용 연결기준

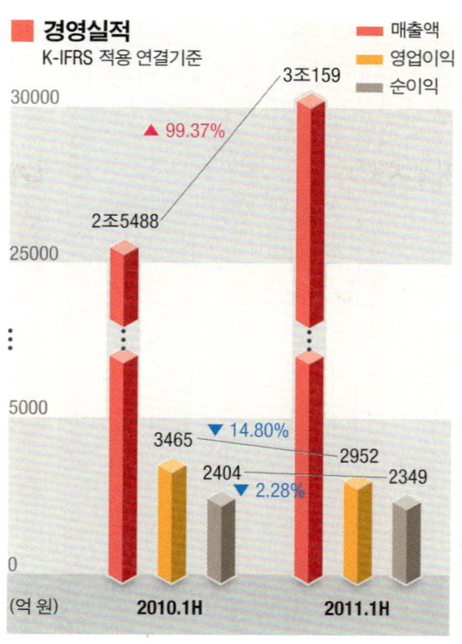

■ 고성능타이어(UHPT) 매출 및 생산개수 변화

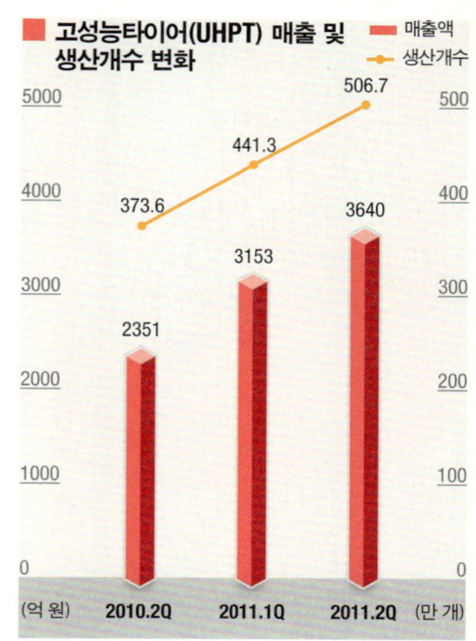

■ 매출액 변동 추이
글로벌과 한국은 K-IFRS 기준, 중국과 헝가리는 해당국 회계기준

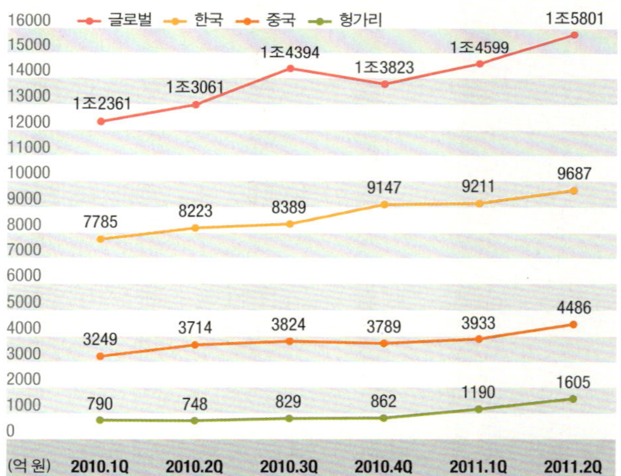

■ 영업이익 변동 추이
글로벌과 한국은 K-IFRS 기준, 중국과 헝가리는 해당국 회계기준

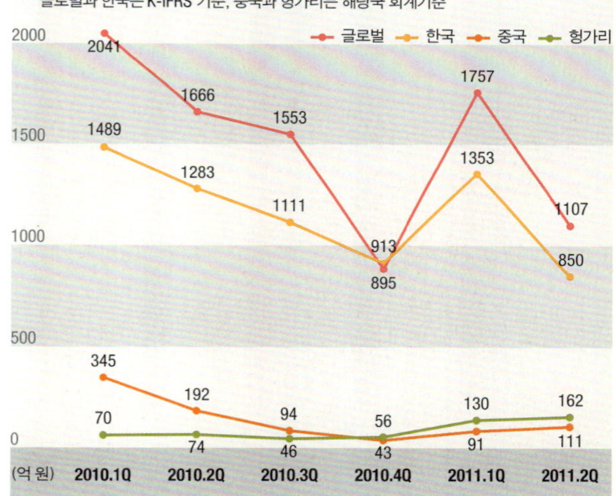

■ 영업이익률 변동 추이
글로벌과 한국은 K-IFRS 기준, 중국과 헝가리는 해당국 회계 기준

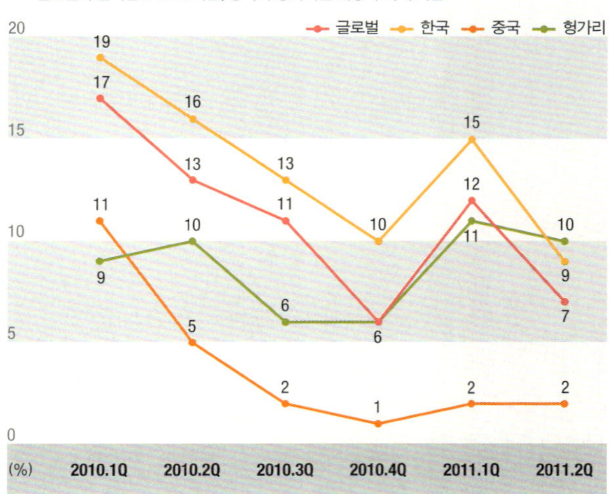

■ 글로벌 지역별 매출 비중
단위·%, 억 원

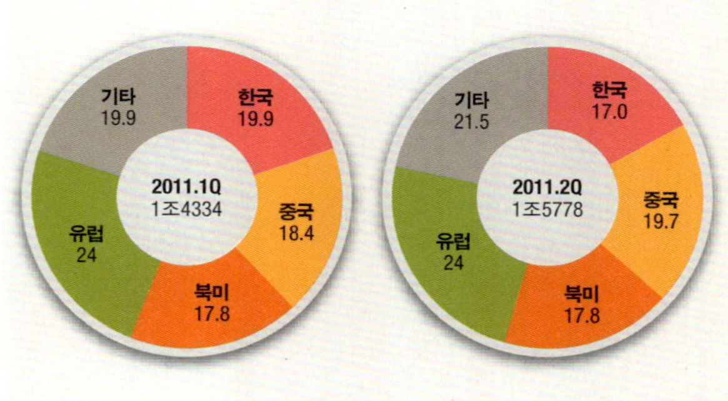

넥센타이어
K-IFRS 연결
2011년 3분기 누계
매출액   1조288억 원
영업이익 980억 원
※ 미쉐린과 합작 검토 중

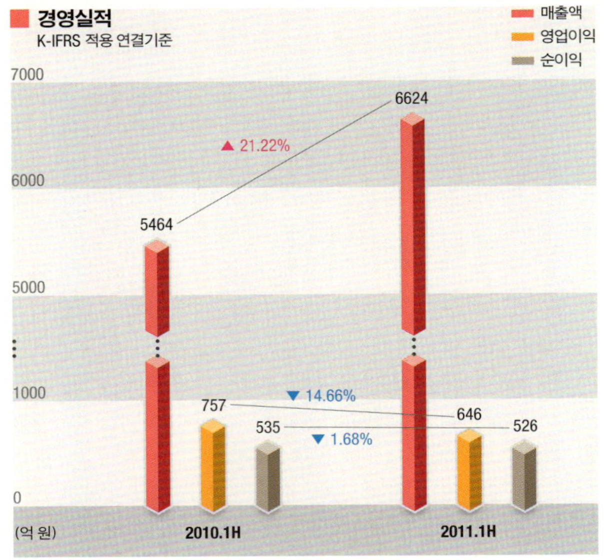

■ 경영실적
K-IFRS 적용 연결기준
매출액
영업이익
순이익
7000
6000
5000
1000
0
▲ 21.22%
6624
5464
757
535
646
526
▼ 14.66%
▼ 1.68%
(억 원)
2010.1H
2011.1H

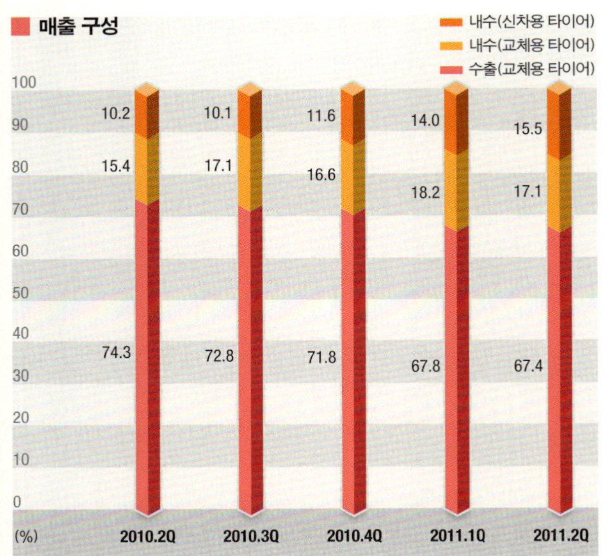

■ 매출 구성
내수(신차용 타이어)
내수(교체용 타이어)
수출(교체용 타이어)
100
90
80
70
60
50
40
30
20
10
0
10.2   10.1   11.6   14.0   15.5
15.4   17.1   16.6   18.2   17.1
74.3   72.8   71.8   67.8   67.4
(%)
2010.2Q   2010.3Q   2010.4Q   2011.1Q   2011.2Q

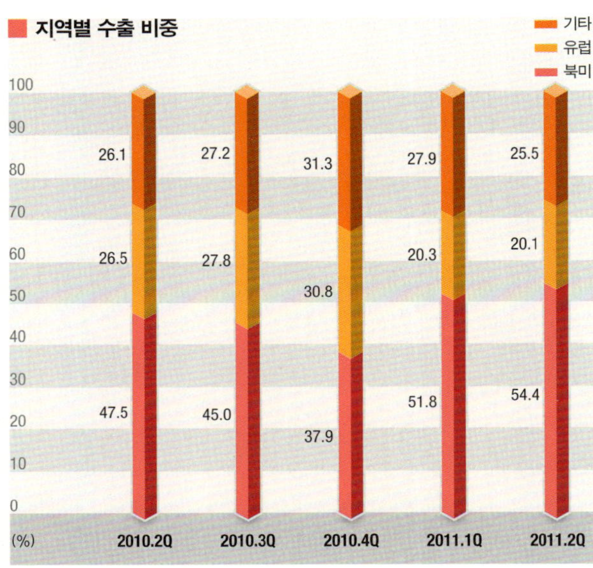

■ 지역별 수출 비중
기타
유럽
북미
100
90
80
70
60
50
40
30
20
10
0
26.1   27.2   31.3   27.9   25.5
26.5   27.8   30.8   20.3   20.1
47.5   45.0   37.9   51.8   54.4
(%)
2010.2Q   2010.3Q   2010.4Q   2011.1Q   2011.2Q

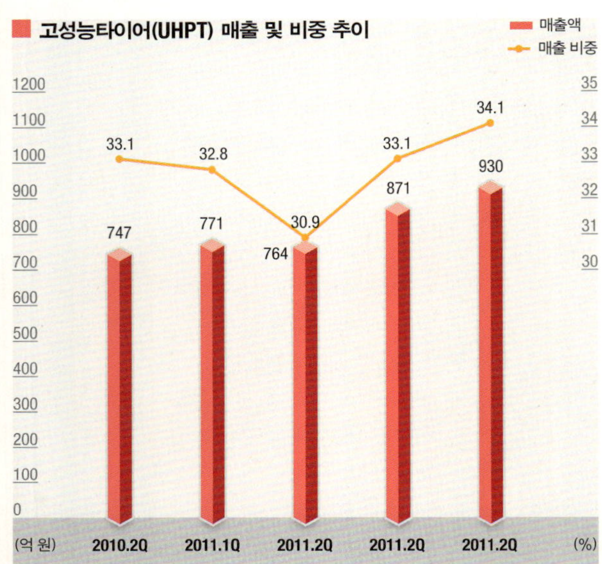

■ 고성능타이어(UHPT) 매출 및 비중 추이
매출액
매출 비중
1200   35
1100   34
1000   33
900   32
800   31
700   30
600
500
400
300
200
100
0
33.1   32.8   30.9   33.1   34.1
747   771   764   871   930
(억 원)   2010.2Q   2011.1Q   2011.2Q   2011.2Q   2011.2Q   (%)

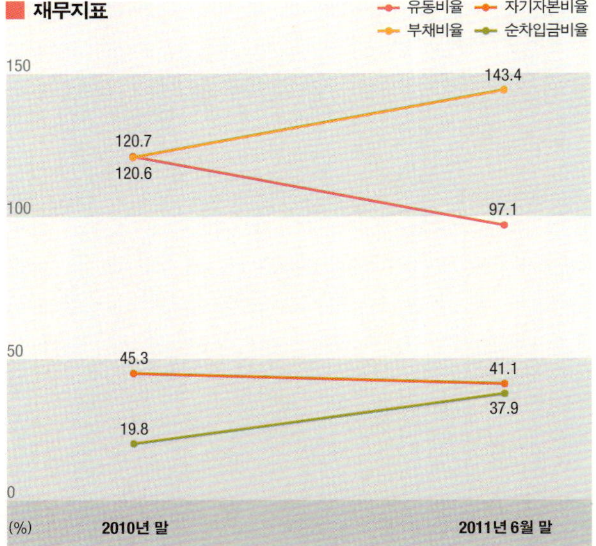

■ 재무지표
유동비율   자기자본비율
부채비율   순차입금비율
150
100
120.7   143.4
120.6   97.1
50
45.3   41.1
19.8   37.9
(%)   2010년 말   2011년 6월 말

■ 중국법인 매출

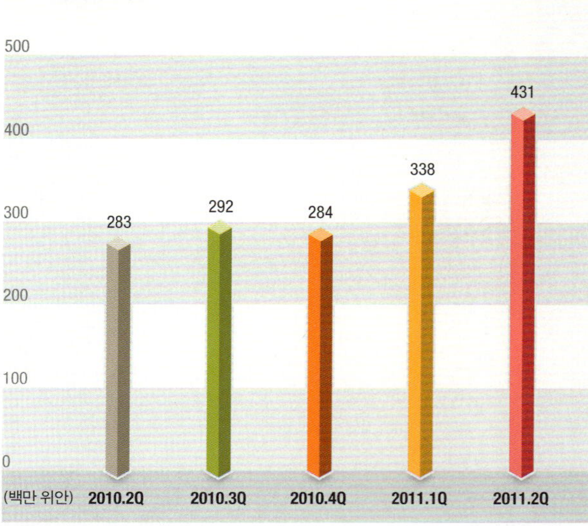

■ 제품별 매출 비중
2011.1H 기준, 단위·%

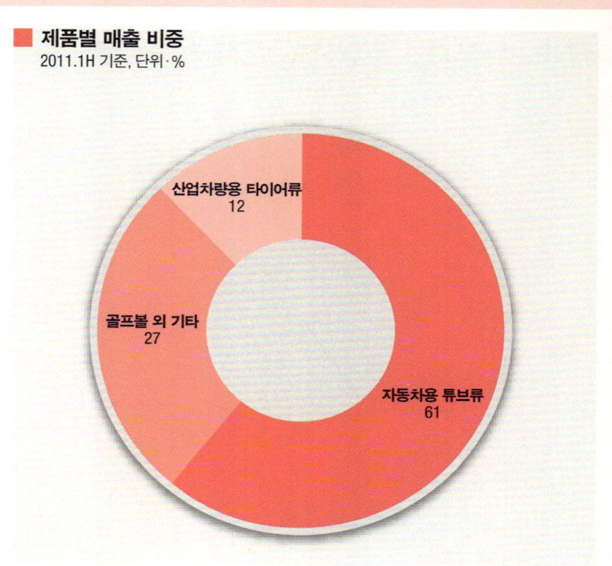

금호타이어
K-IFRS 연결

2011년 상반기

매출액	1조8217억 원
영업이익	9236억 원
순이익	-63억 원

■ 경영실적
K-IFRS 적용 연결기준

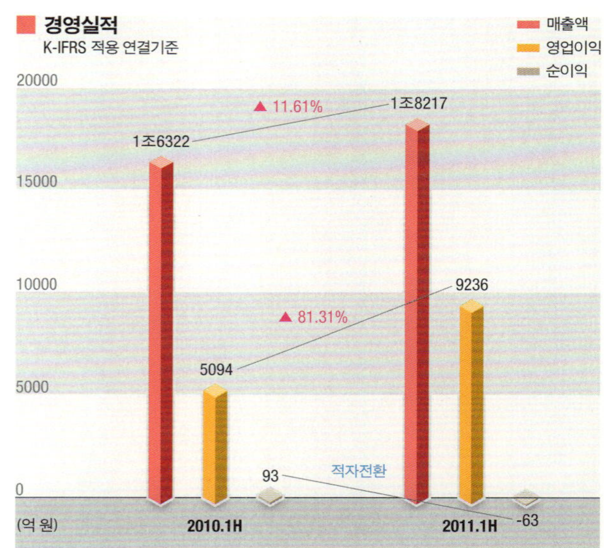

■ 글로벌 지역별 매출
2011.1H 기준

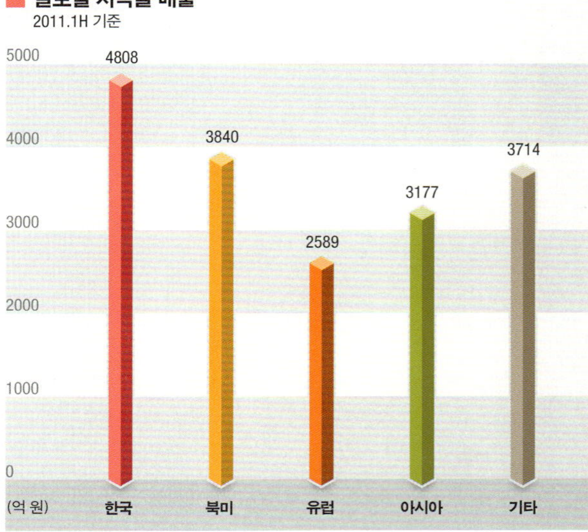

■ 경영실적 추이

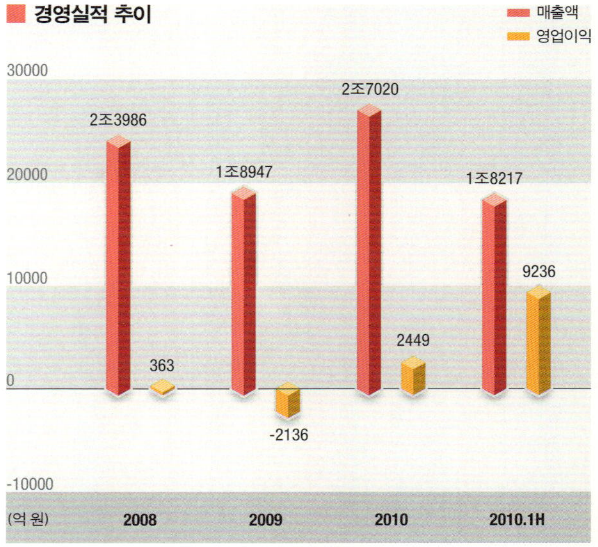

현대·기아차 계열 차부품업체 현황

자료·각사, 한국자동차공업협동조합

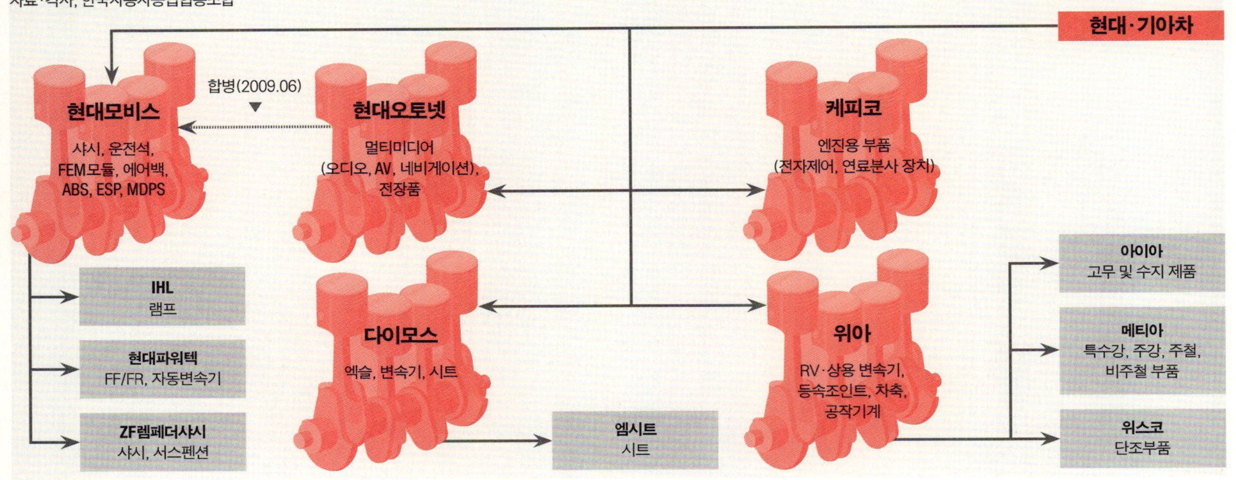

글로벌 차부품업체와 국내 차부품업체의 R&D 비용 비교

자료·각사, 2011.1H 기준

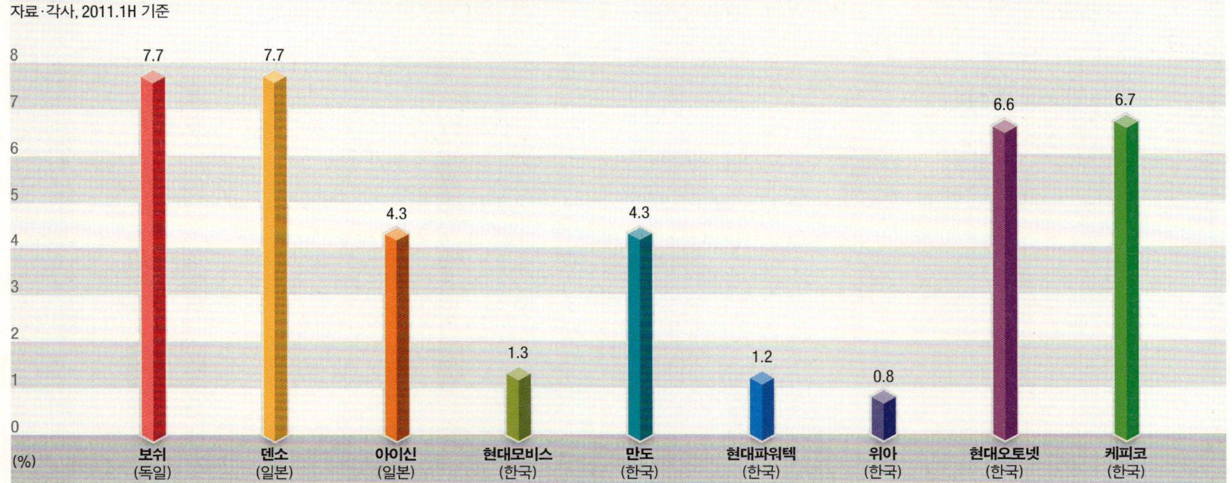

글로벌 차부품업체 순위

자료·Automotive News, 2010년 기준

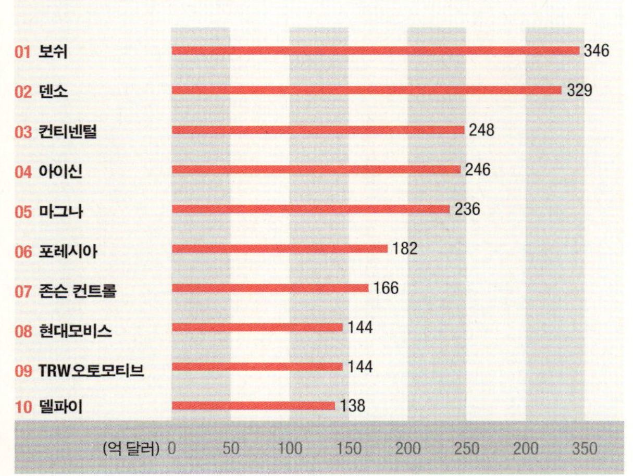

글로벌 타이어업체 순위

자료·Tire Business, 2010년 기준, 단위·억 달러

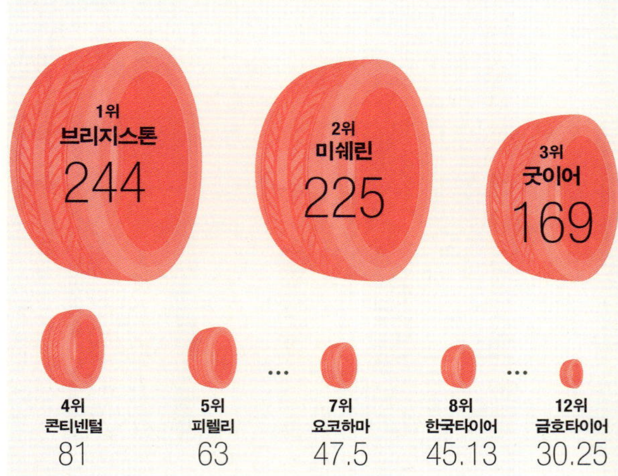

한국산 자동차를 글로벌 리더로 만든 일등공신
2012년에도 성장세는 계속된다

글로벌 시장에서도 당당히 품질로 승부하는
국내 차부품 업체들

선거철이 다가오면 항상 후보자들에게만 스포트라이트가 집중된다. 아무래도 세간의 관심은 주인공에게 쏠리기 마련이다. 하지만 선거가 끝나면 솔솔 뒷이야기들이 나오기 시작한다. 그 뒷이야기의 주인공은 소위 '킹 메이커'(King Maker)들이다. 후보자를 당선자로 이끈 사람. 자신은 비록 관심을 받지는 못하지만 실제로 후보자의 모든 것을 제어해준 사람. 우리는 그런 사람들을 두고 '킹 메이커'라고 부른다.

최근 우리 자동차 산업이 전 세계에서 각광을 받고 있다. 과거 해외시장에서 '깡통차'라는 조롱을 받았던 한국산 자동차들이 말이다. 하지만 이젠 그런 조롱에 복수라도 하려는 듯 성장세가 눈부시다. 글로벌 금융위기로 우리의 자랑거리였던 IT 산업이 침체기를 겪고 있는 때여서인지 자동차 산업의 질주는 더욱 눈에 띈다.

그렇다면 무엇이 한국의 자동차 산업을 세계적인 수준으로 끌어 올렸을까. 바로 한국의 자동차 부품 산업이다. 글로벌 자동차 시장 소비자들의 구미에 맞는 자동차를 개발하기 위해서는 품질이 최우선되어야 한다. 자동차는 총 2만여 개의 부품으로 이뤄진 정밀기계다. 따라서 부품의 품질이 곧 자동차의 품질을 결정한다.

세계 자동차 시장을 호령하는 한국의 자동차 뒤에는 이처럼 품질로 뒷받침해주는 자동차 부품 업체들이 있다. 한국의 자동차 부품 업체들이야 말로 한국산 자동차를 글로벌 시장에서 인정받게 해 준 숨은 공신, 즉 '킹 메이커'인 셈이다.

한국 자동차 부품 산업의 맏형은 단연 현대모비스다. 현대모비스는 현대·기아차향 친환경 자동차 핵심 부품들을 독점 공급하고 있다. 따라서 현대·기아차의 성장은 곧 현대모비스의 성장이 된다. 현대모비스는 최근 현대·기아차에만 의존하던 것에서 탈피해, 글로벌 자동차 부품 업체로의 도약을 준비하고 있다. 벤츠, 폭스바겐, BMW 등 글로벌 자동차 업체들에게 핵심 부품을 직접 납품하는 등 글로벌 부품 업체로의 위상을 높여가고 있다. 아울러 일본 대지진으로 글로벌 자동차 업체들이 기존 일본 부품에서 값싸고 품질좋은 한국 부품으로 눈을 돌리면서 그 수혜를 톡톡히 보고 있다.

현대모비스의 목표는 2015년까지 해외 OE 매출 비중을 전체 매출의 30%로 확대하는 것으로, 이로써 완성차 계열사와 차별화된 성장률을 시현할 수 있을 것으로 예상된다.

현대모비스와 함께 대표적인 자동차 부품 업체로는 만도를 꼽을 수 있다. 만도는 자동차의 전장부품을 생산 납품하는 업체로, 판매 제품은 현대차그룹 내 50~80%, GM그룹 내 10~25%를 점유하고 있다. 만도 역시 현대모비스와 마찬가지로 글로벌 부품 업체로의 도약을 준비 중이다.

실제로 만도의 해외고객사는 GM, PSA(푸조-시트로엥), 폭스바겐, BMW 등 20개 업체로 국내 부품 업체 중 가장 많다. 최근에는 일본의 닛산과 신규 수주 계약을 체결하는 등 수익성이 높은 판매처가 다각화됐다.

현대위아도 완성차 업체의 판매 증가에 따라 자동차 부품 사업 실적이 빠르게 향상되고 있다. 소형차용 엔진을 비롯해 현대모비스와 함께 현대·기아차를 스타로 만들어 준 주인공이기도 하다.

이밖에도 한라공조, 평화정공, 화신 등도 한국 자동차 산업을 빛나게 하는 '킹 메이커'의 반열에 오를만한 업체들이다.

국내 타이어 업체들의 선전도 눈부셔

자동차 부품 업체들 외에 타이어 업체들도 빼놓을 수 없다. 특히 글로벌 순위 7위에 랭크돼있는 한국타이어의 선전은 눈여겨볼 만하다. 비록 2011년 들어 원자재 가격 상승으로 수익성이 많이 저하됐지만, 최근 원자재 가격이 안정되면서 한국타이어는 재도약을 준비 중이다. 세계 자동차 업체들의 각축전이 벌어지고 있는 중국시장에서 승용차용 타이어로 시장점유율 1위를 기록할 만큼 품질 면에서 자신이 있다. 최근에는 넘쳐나는 수요에 대응하기 위해 인도네시아와 중국에 잇따라 공장을 준공하는 등 볼륨 확대에 나서고 있다.

모기업의 위기로 주춤했던 금호타이어도 최근 다시 신발끈을 동여매고 있다. 글로벌 타이어업계 순위 12위를 기록할 만큼 금호타이어도 품질 면에서 상당한 경쟁력을 가지고 있다. 비록 아직 모기업 리스크에서 자유롭지 않은 상황이지만, 오래전부터 차근차근 진행해온 글로벌화 작업이 조금씩 결실을 보이고 있는 것이다.

후발주자이지만 무섭게 성장하고 있는 넥센타이어도 주목할 만하다. 자동차 판매 증가로 실적 성장세가 꾸준히 유지되고 있다. 중국 공장도 2010년 흑자 전환에 성공한 이후 매분기 흑자를 내고 있어 2011년 사상 최대 매출이 기정사실화 되고 있다. **B**

● 국내 수입차 시장 '독일 함박웃음, 미국·일본 울상'
● EU, 미국 등과의 FTA에 따른 호재 예상

메르세데스 벤츠코리아

2010년
매출액   1조1264억 원
영업이익 312억 원
순이익   235억 원

BMW코리아

2010년
매출액   1조945억 원
영업이익 1419억 원
순이익   480억 원

아우디 폭스바겐코리아

2010년
매출액   7932억 원
영업이익 390억 원
순이익   250억 원

한국토요타자동차

3월 결산법인

2010.04~2011.03
매출액   4233억 원
영업이익 -130억 원
순이익   -98억 원

한국닛산

3월 결산법인

2010.04~2011.03
매출액   2471억 원
영업이익 -213억 원
순이익   -282억 원

혼다코리아

3월 결산법인

2010.04~2011.03
매출액   1993억 원
영업이익 -41억 원
순이익   -76억 원

한불모터스

2010년
매출액   791억 원
영업이익 117억 원
순이익   64억 원

볼보자동차코리아

2010년
매출액   769억 원
영업이익 97억 원
순이익   8억 원

수입차 업체별 실적 추이 비교

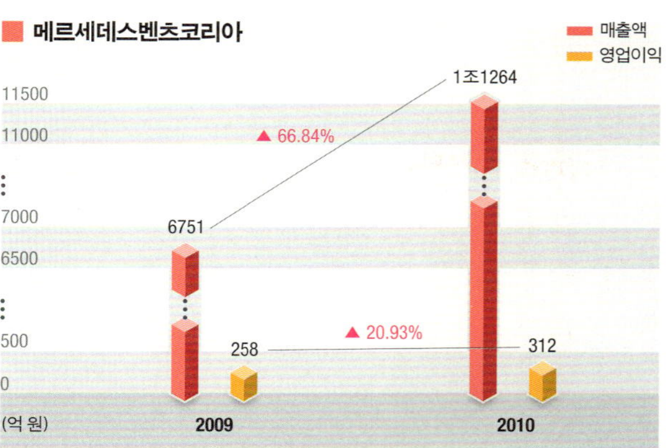

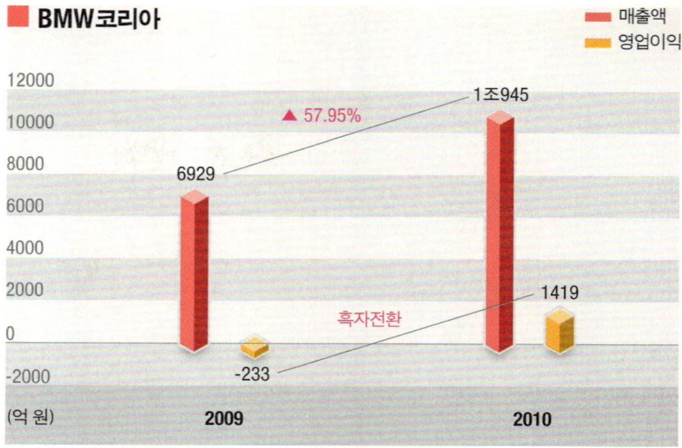

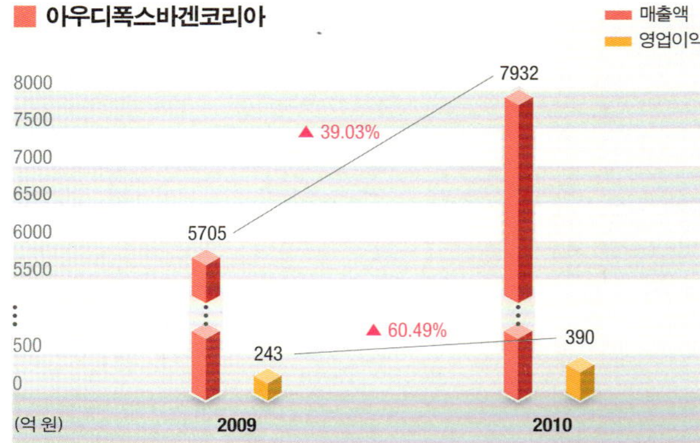

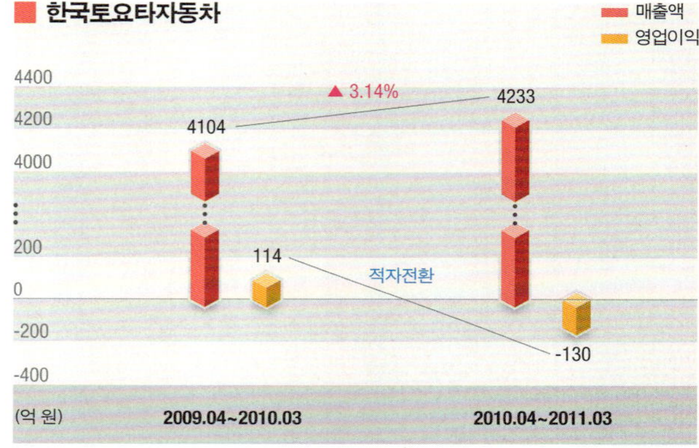

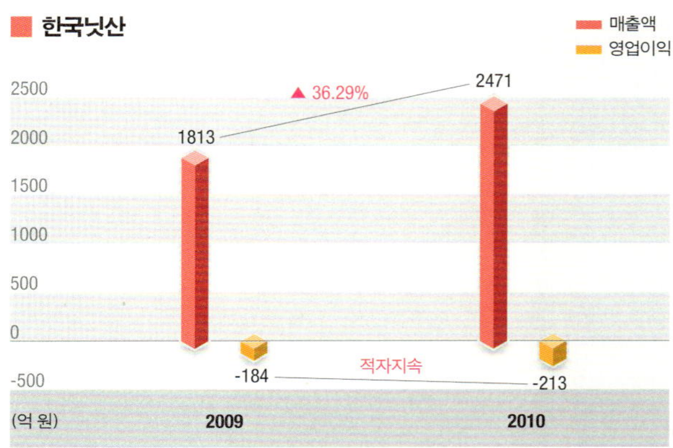

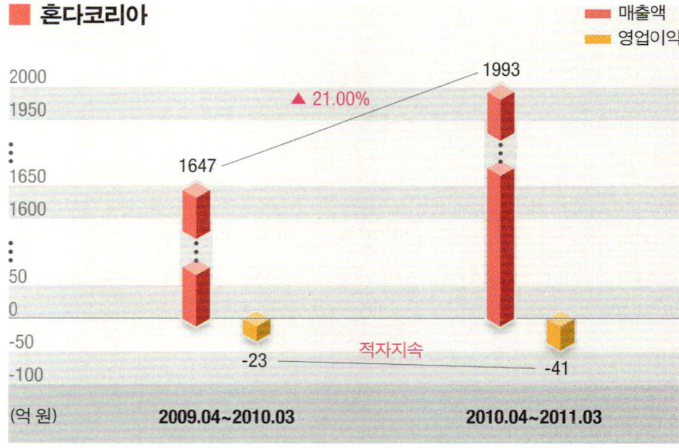

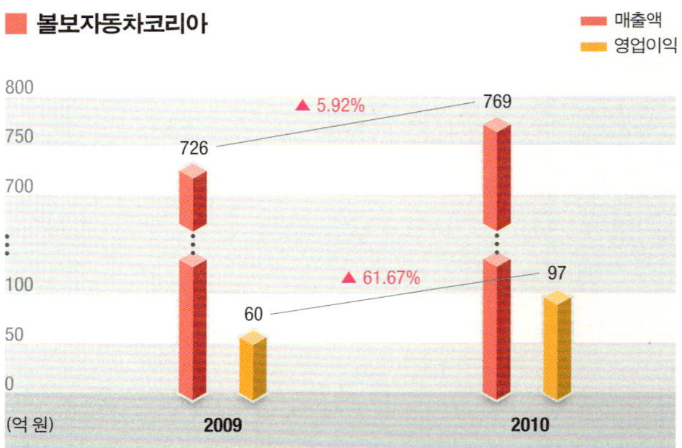

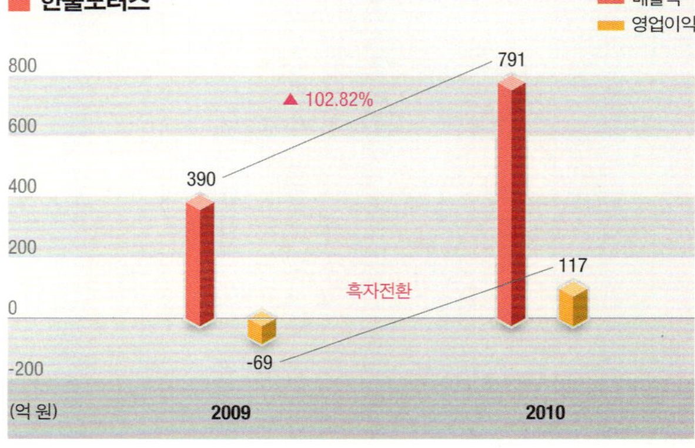

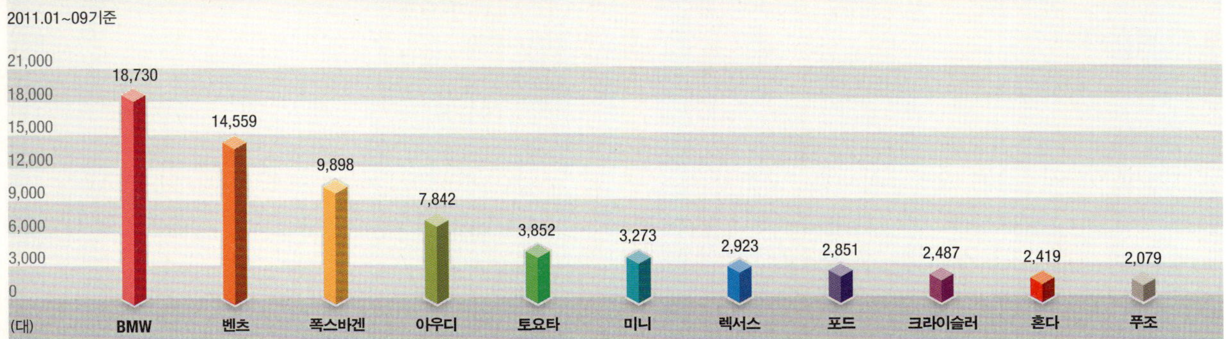

수입차 주요 브랜드 신규 등록 현황
2011.01~09기준
21,000
18,000
15,000
12,000
9,000
6,000
3,000
0
(대)
18,730 BMW
14,559 벤츠
9,898 폭스바겐
7,842 아우디
3,852 토요타
3,273 미니
2,923 렉서스
2,851 포드
2,487 크라이슬러
2,419 혼다
2,079 푸조

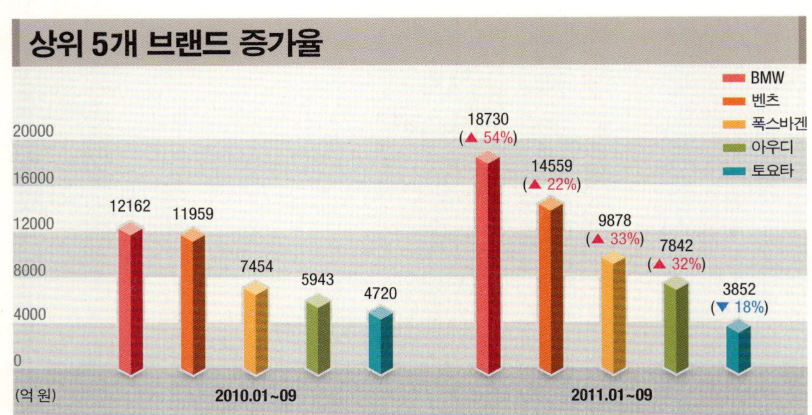

상위 5개 브랜드 증가율
BMW
벤츠
폭스바겐
아우디
토요타
20000
16000
12000
8000
4000
0
(억 원)
12162
11959
7454
5943
4720
2010.01~09
18730 (▲ 54%)
14559 (▲ 22%)
9878 (▲ 33%)
7842 (▲ 32%)
3852 (▼ 18%)
2011.01~09

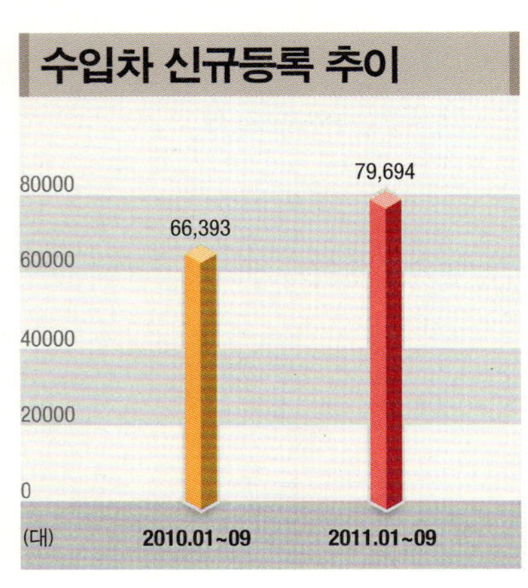

수입차 신규등록 추이
80000
60000
40000
20000
0
(대)
66,393
2010.01~09
79,694
2011.01~09

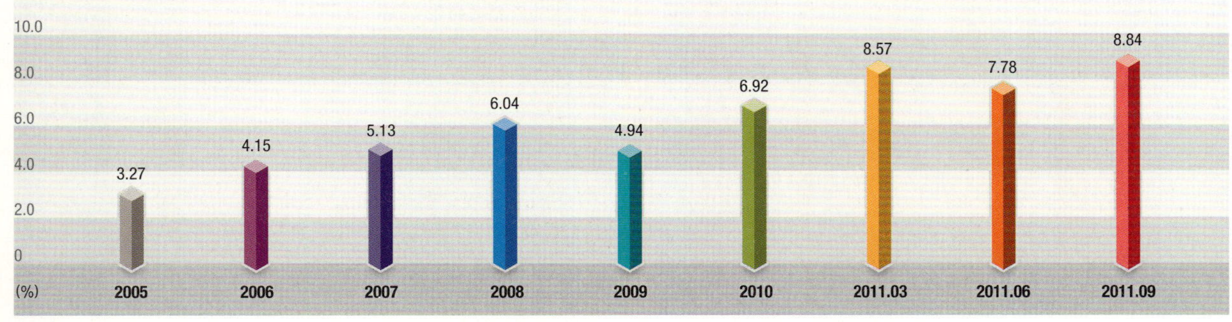

수입차 점유율 추이
10.0
8.0
6.0
4.0
2.0
0
(%)
3.27 2005
4.15 2006
5.13 2007
6.04 2008
4.94 2009
6.92 2010
8.57 2011.03
7.78 2011.06
8.84 2011.09

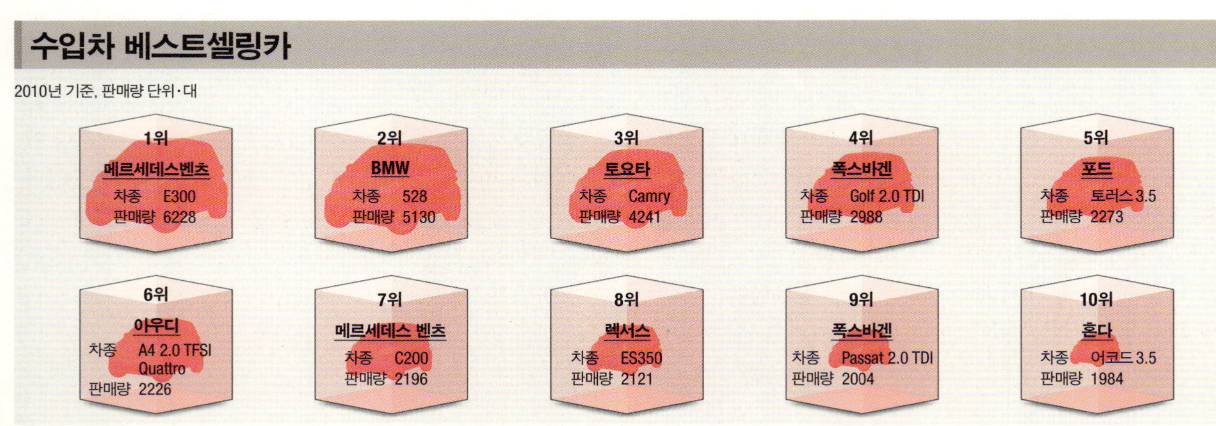

수입차 베스트셀링카
2010년 기준, 판매량 단위·대
1위 메르세데스벤츠 차종 E300 판매량 6228
2위 BMW 차종 528 판매량 5130
3위 토요타 차종 Camry 판매량 4241
4위 폭스바겐 차종 Golf 2.0 TDI 판매량 2988
5위 포드 차종 토러스 3.5 판매량 2273
6위 아우디 차종 A4 2.0 TFSI Quattro 판매량 2226
7위 메르세데스 벤츠 차종 C200 판매량 2196
8위 렉서스 차종 ES350 판매량 2121
9위 폭스바겐 차종 Passat 2.0 TDI 판매량 2004
10위 혼다 차종 어코드 3.5 판매량 1984

수입차 판매 국내 연간 10만 대 시장
아시아 신흥 블루칩으로 고성장

2011년 9월 말까지 수입차 판매 누계가 8만 대에 육박하는 등 수입차 판매 '연간 10만 대 클럽' 가입을 눈앞에 두고 있다. 수입차에 대한 인식이 기존 '특별한 사람만 탄다'에서 이젠 '누구나 탈 수 있다'로 변하고 있는 것이다.

'동네차'로 불릴만큼 대중화에 성공

이젠 수입차가 '동네차'란 말이 나올 정도로 진입 문턱이 낮아졌다. 국산차와의 가격 격차가 10%대로 줄어든 수입차는 럭셔리의 상징이 아닌 국산 자동차 메이커들의 경쟁자로 떠올랐다.

수입차가 소비자와 괴리감을 확 낮춘 데는 저렴한 가격대의 엔트리급 모델을 대거 국내로 들여온 전략이 주효했다. 경쟁력 있는 가격의 수입차들이 등장하면서 '수입차는 비싸다'는 고정관념까지 사라지기 시작했고, 국산차의 가격 인상 역시 수입차 구매를 부추기고 있다.

'원조 박스카'라 불리는 큐브는 국산차와 수입차간 가격 경계를 허문 대표적인 예다. 큐브의 국내 판매 가격은 1.8S 모델이 2190만 원, 1.8SL 모델이 2490만 원(부가세 포함)이다. 1.8S모델의 경우 수입차 최저가에 해당된다. 현대차 아반떼 최고급형 모델(1990만 원)과 비교해보면 불과 200만 원 차이가 날 뿐이다.

이런 흐름을 반영하듯 수입차 전체 판매에서 2000cc급 이하 비중이 해마다 확대되고 있다. 지난 2007년 20% 초반에 머물렀던 2000cc급 차량은 2010년 30% 초반으로 확대됐다. 2011년 들어서도 상반기까지 판매된 수입차 중 43.6%가 2000cc급인 것으로 집계됐다.

이제 수입차는 국산차 중형차 시장도 슬금슬금 넘보기 시작했다. 2011년 들어 프리미엄급 세단으로 분류되는 BMW 뉴 5시리즈 등 5000만~7000만 원대 판매가 전년보다 70% 이상 증가한 것 역시 이를 방증한다.

최근 한·유럽연합(EU) 자유무역협정(FTA)에 이어 한·미 FTA 비준을 앞두고 있는 것도 수입차 점유율 확대에 호재로 작용했다. 특히 한·EU FTA는 수입차 가격 인하로 이어졌다. 2011년 6월 출시한 신형 C클래스의 판매 가격을 평균 70만 원 인하했고, 앞서 볼보코리아는 C30 모델을 50만 원, S80 모델을 80만 원 내렸다. 볼보는 이와 함께 유럽에서 들어오는 부품뿐만 아니라 관세 인하 적용이 되지 않는 유럽 이외 지역의 부품 가격도 2.5~3.5% 인하하기도 했다.

한국시장을 주목하기 시작한 세계 자동차 업계

"아시아 딜러 여러분, 아우디의 야심작 뉴A6 보러 한국으로 오세요."

한국 수입차 시장은 국내 소비자들의 관심뿐만 아니라 아시아시장의 허브로 떠오르고 있다. 한국시장은 규모로 보면 세계 10위권에 지나지 않지만 수입차의 가파른 성장세에 힘입어 프리미엄 자동차 회사들이 한국시장을 주목하고 있는 것이다.

아우디코리아는 2011년 8월 아시아 8개국의 고객과 기자, 영업사원 등 1660여 명을 한국으로 초청해 신차인 '뉴A6'의 시승회를 열었다. 글로벌 수입차 브랜드의 국제적인 대규모 시승 행사가 중국이 아닌 아시아 지역에서 열리는 건 이번이 처음이다.

지금까지 대부분의 시승 행사는 경치가 좋은 스페인 남부나 독일 남부, 미국 캘리포니아 등에서 열려왔던 것을 감안하면, 국제 사회에서 한국 수입차 시장의 달라진 위상을 체감할 수 있다.

국내 수입차 시장 판매 1위인 BMW코리아도 2011년 4월 서울 사무소에서 아시아 지역 대표 회의를 개최했다. 아시아 지역 대표 회의를 일본과 중국이 아닌 한국에서 개최한 것은 처음이다. 폭스바겐코리아 역시 2011년 7월 중국을 제외한 아태지역 사장단 회의를 한국에서 열었다.

2011년 국내 수입차 시장에서 독일차의 질주는 계속됐다. 2010년 수입차 시장에서 나란히 1·2위를 기록한 BMW코리아와 메르세데스벤츠코리아는 한국시장 진출 후 처음으로 매출 1조 원을 돌파했다. 매출 부문 1위는 메르세데스-벤츠코리아가, 영업이익 부문은 BMW코리아가 각각 차지한 것이다. 이는 점유율에서 보다 확연히 나타났다. 2011년 상반기 기준 유럽차의 점유율은 75.7%로 전년 동기 대비 65.4%보다 10% 가까이 상승했다.

반면, 중저가를 무기로 국내시장을 두드렸던 토요타와 혼다 등 일본 브랜드들은 2006년에는 35%까지 기록했으나 엔고 여파와 리콜 사태 등으로 인한 이미지 추락이 맞물리면서 2011년 상반기에 16.7%까지 급락했다. 미국 업체들 역시 2003년 한 때 16%까지 차지했으나 2011년 상반기에는 절반으로 줄어든 7.6%를 기록했다. **B**

- 해운 업체들, 지배구조 문제 재점화 우려
- 선박금융 도입 현실화 여부
- 유상증자와 회사채 발행 추이

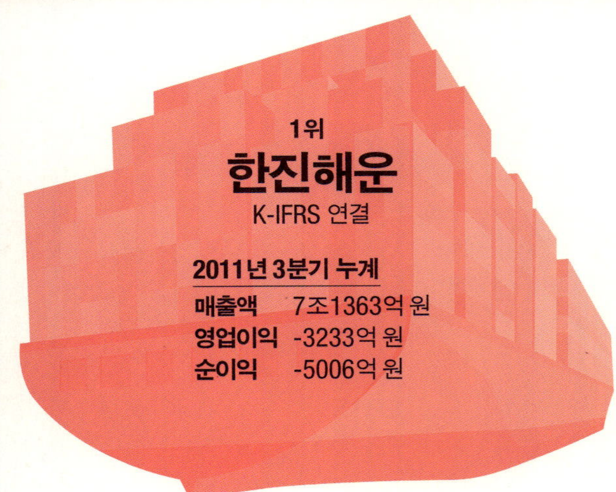

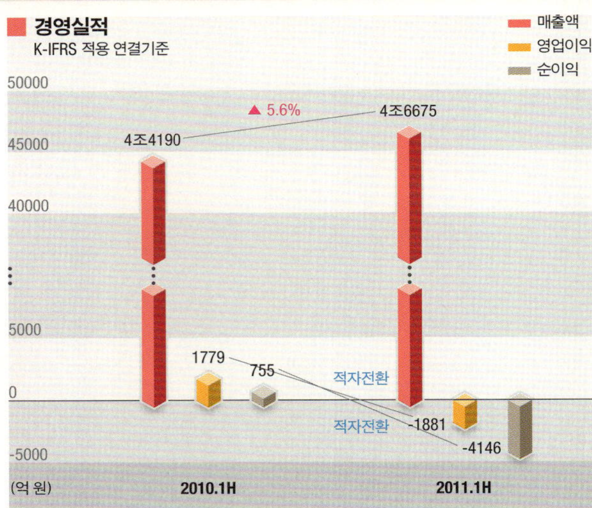

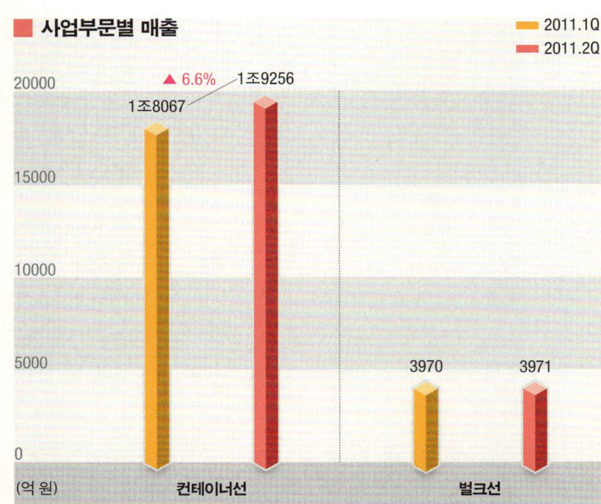

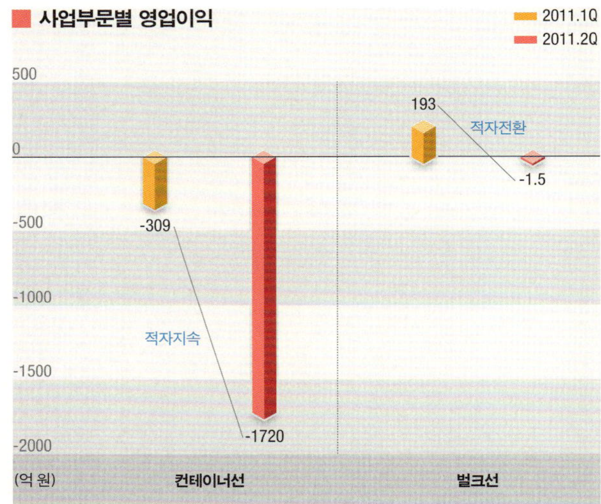

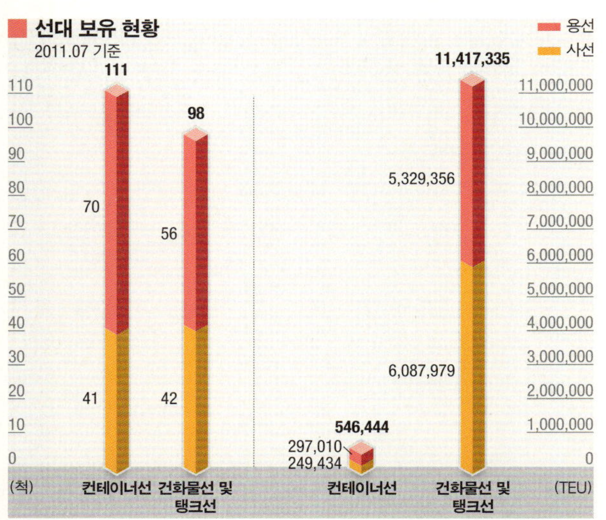

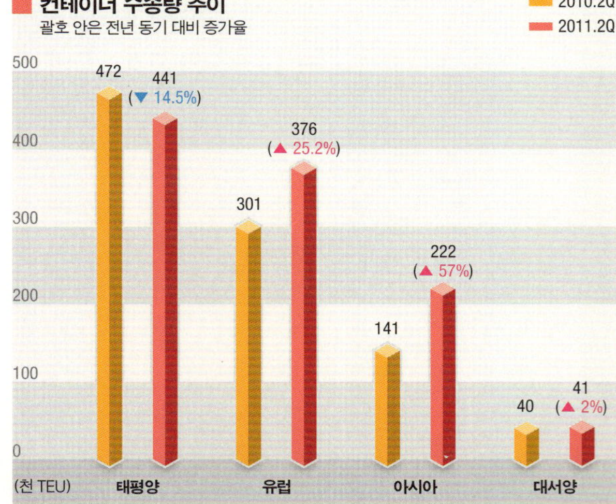

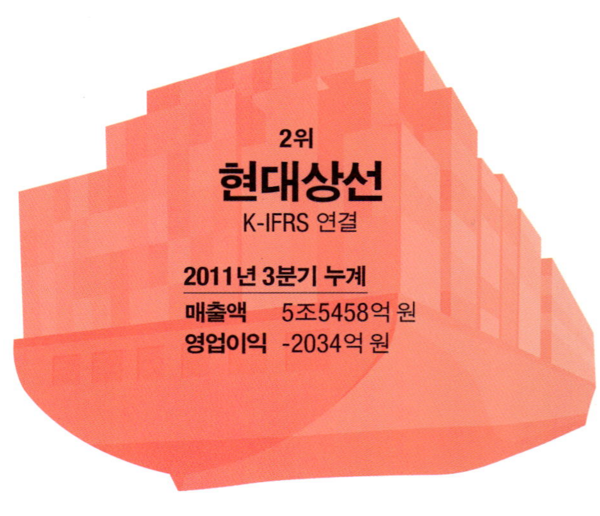

2위
현대상선
K-IFRS 연결
2011년 3분기 누계
매출액   5조5458억 원
영업이익 -2034억 원

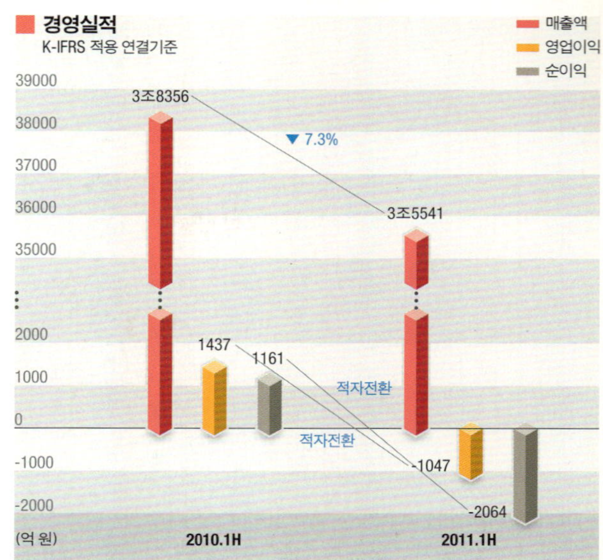

경영실적
K-IFRS 적용 연결기준
매출액
영업이익
순이익
39000
38000
37000
36000
35000
2000
1000
0
-1000
-2000
(억 원)
3조8356
▼ 7.3%
3조5541
1437
1161
적자전환
적자전환
-1047
-2064
2010.1H
2011.1H

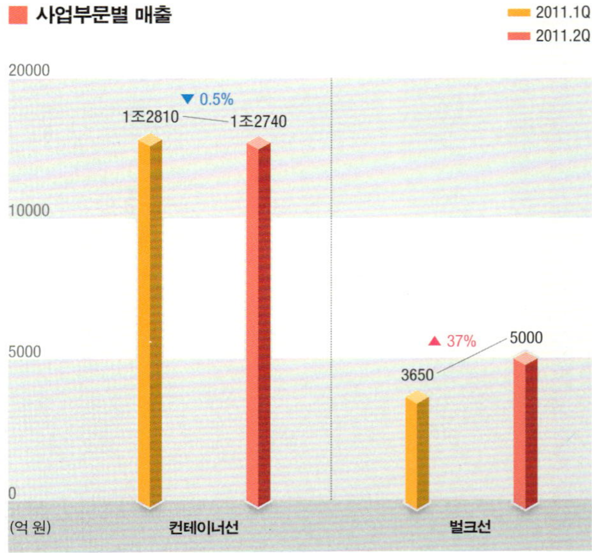

사업부문별 매출
2011.1Q
2011.2Q
20000
10000
5000
0
(억 원)
1조2810
▼ 0.5%
1조2740
▲ 37%
5000
3650
컨테이너선
벌크선

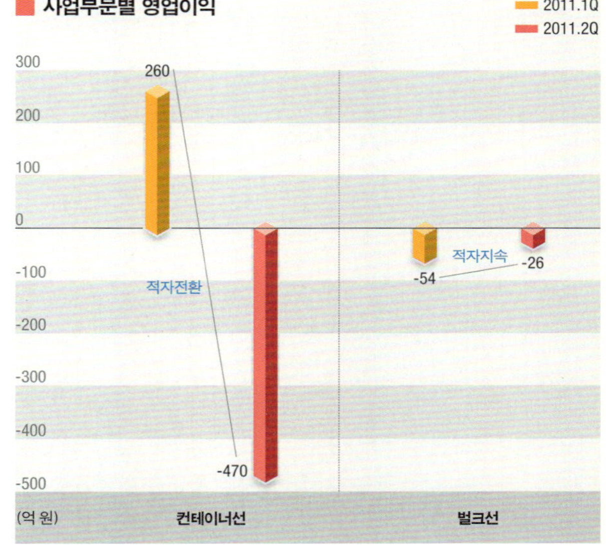

사업부문별 영업이익
2011.1Q
2011.2Q
300
260
200
100
0
-100
-200
-300
-400
-500
(억 원)
적자전환
적자지속
-54
-26
-470
컨테이너선
벌크선

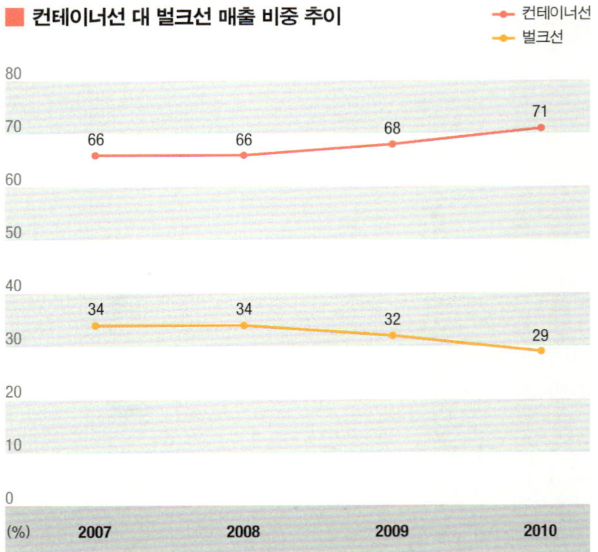

컨테이너선 대 벌크선 매출 비중 추이
컨테이너선
벌크선
80
70
60
50
40
30
20
10
0
(%)
66
66
68
71
34
34
32
29
2007
2008
2009
2010

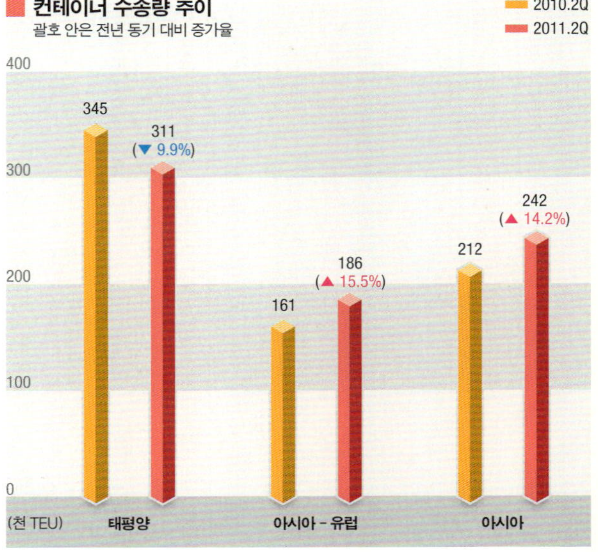

컨테이너 수송량 추이
괄호 안은 전년 동기 대비 증가율
2010.2Q
2011.2Q
400
300
200
100
0
(천 TEU)
345
311
(▼ 9.9%)
161
186
(▲ 15.5%)
212
242
(▲ 14.2%)
태평양
아시아 - 유럽
아시아

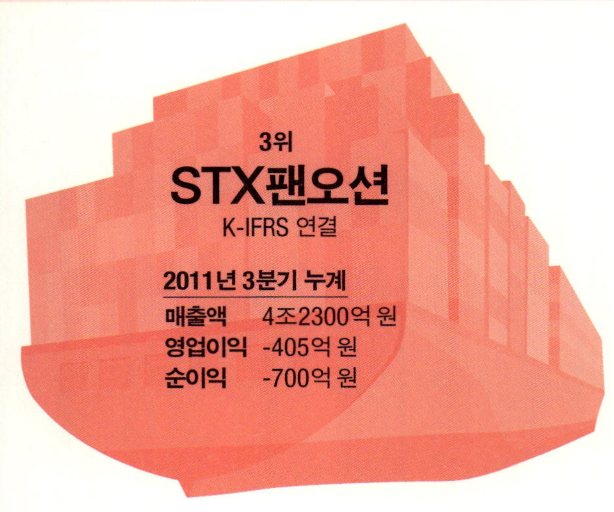

3위
STX팬오션
K-IFRS 연결
2011년 3분기 누계
매출액   4조2300억 원
영업이익   -405억 원
순이익   -700억 원

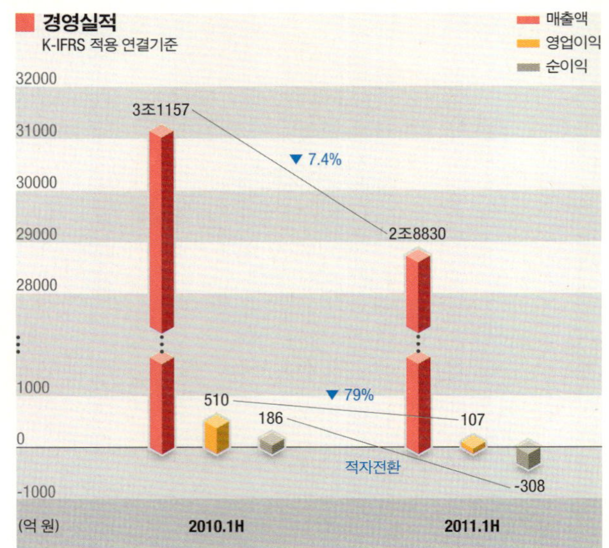

경영실적
K-IFRS 적용 연결기준
매출액
영업이익
순이익
32000
31000
30000
29000
28000
1000
0
-1000
3조1157
▼ 7.4%
2조8830
510
186
107
▼ 79%
적자전환
-308
(억 원)
2010.1H
2011.1H

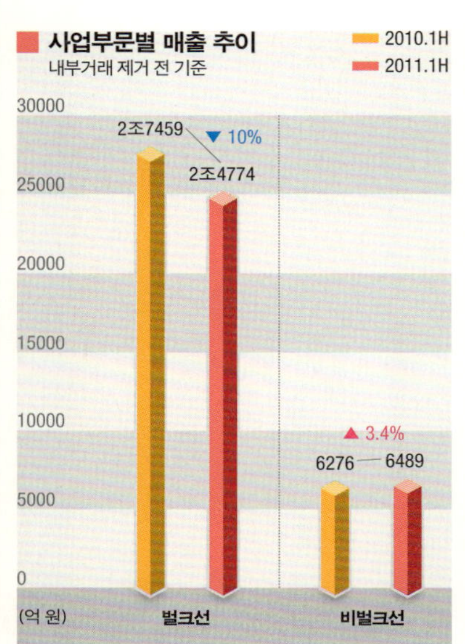

사업부문별 매출 추이
내부거래 제거 전 기준
2010.1H
2011.1H
30000
25000
20000
15000
10000
5000
0
2조7459
▼ 10%
2조4774
▲ 3.4%
6276   6489
(억 원)
벌크선
비벌크선

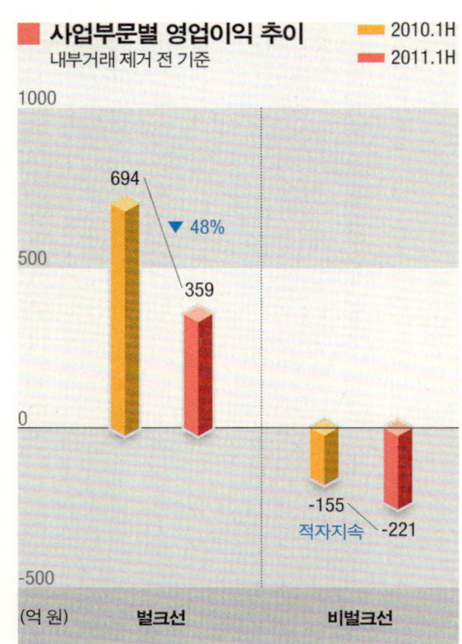

사업부문별 영업이익 추이
내부거래 제거 전 기준
2010.1H
2011.1H
1000
500
0
-500
694
▼ 48%
359
-155
적자지속
-221
(억 원)
벌크선
비벌크선

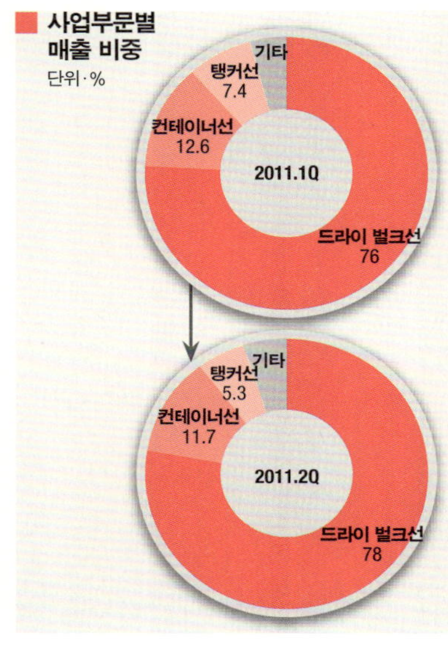

사업부문별
매출 비중
단위·%
기타
탱커선
7.4
컨테이너선
12.6
2011.1Q
드라이 벌크선
76
기타
탱커선
5.3
컨테이너선
11.7
2011.2Q
드라이 벌크선
78

4위
SK해운
K-IFRS 연결
2011년 상반기
매출액   1조2134억 원
영업이익   292억 원
순이익   65억 원

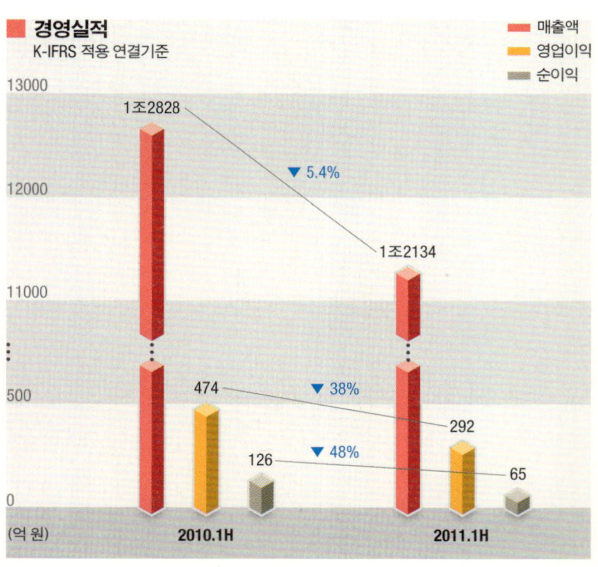

경영실적
K-IFRS 적용 연결기준
매출액
영업이익
순이익
13000
12000
11000
500
0
1조2828
▼ 5.4%
1조2134
474
▼ 38%
292
126
▼ 48%
65
(억 원)
2010.1H
2011.1H

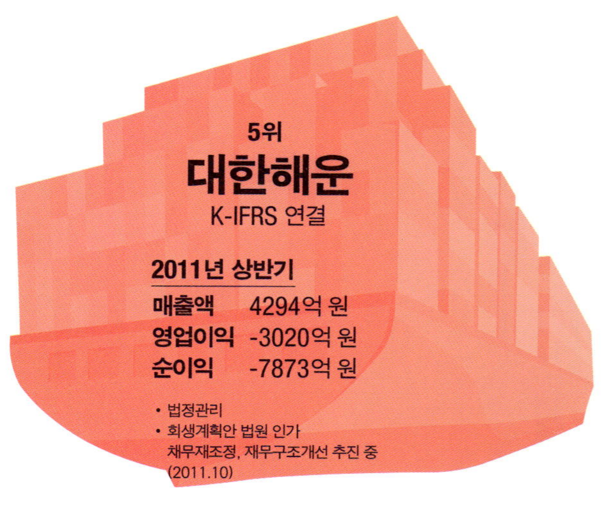

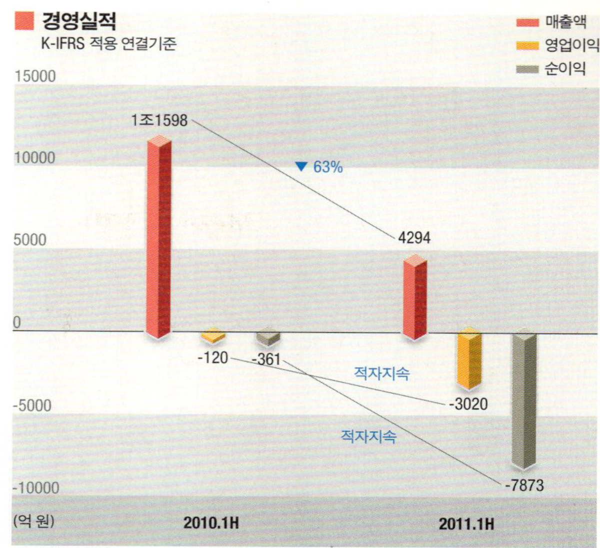

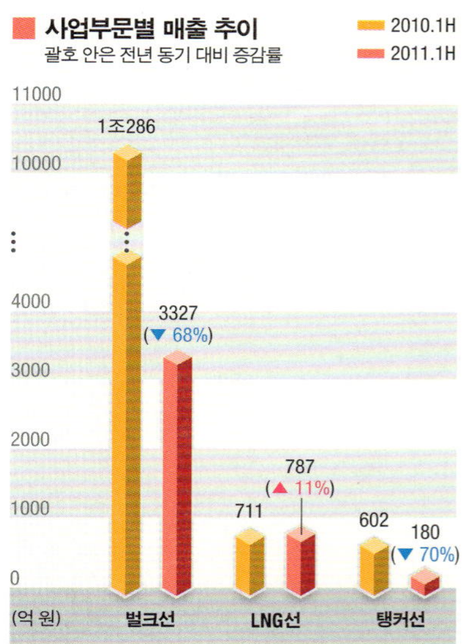

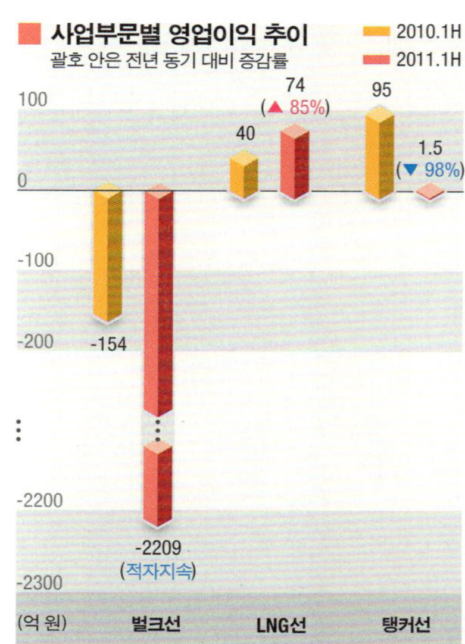

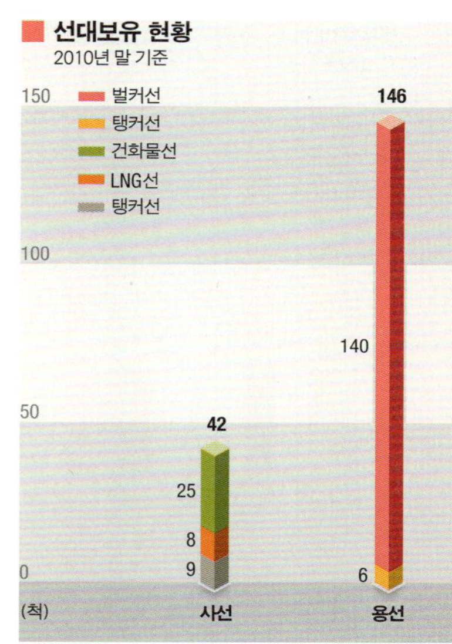

선종별 세계 선복량 현황

자료·Clarkson Shipping Review Database, 주·100G/T 이상 선박 대상, 2011년 기준

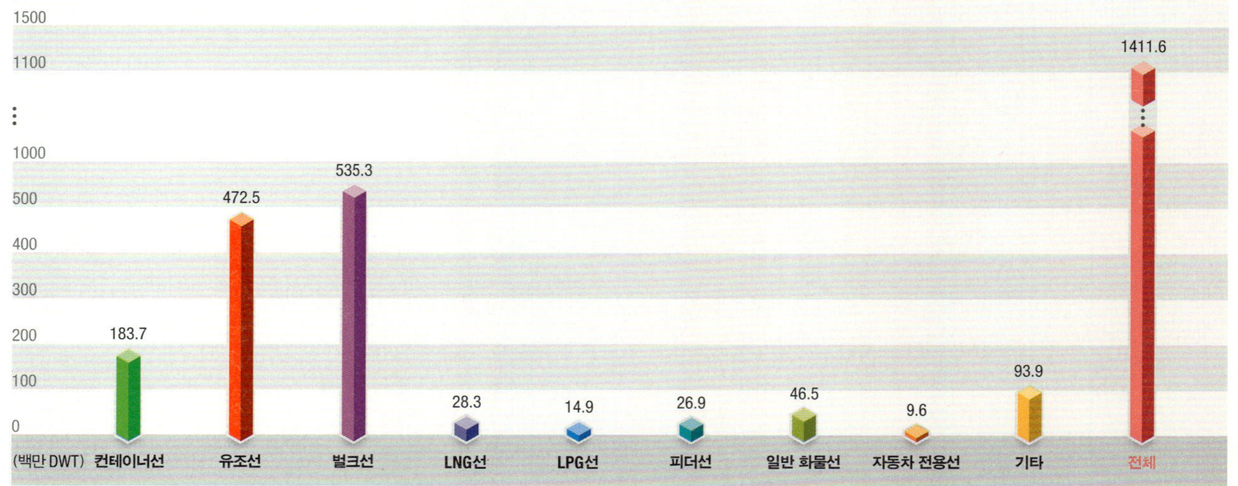

세계 해상 물동량 현황

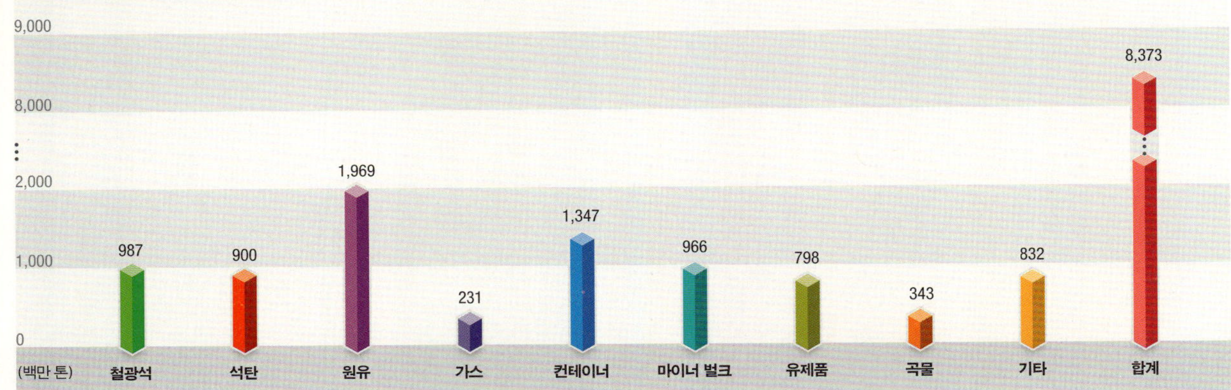

자료·Clarkson Shipping Review Database, 2010년 기준

한국 품목별 해상 물동량 현황

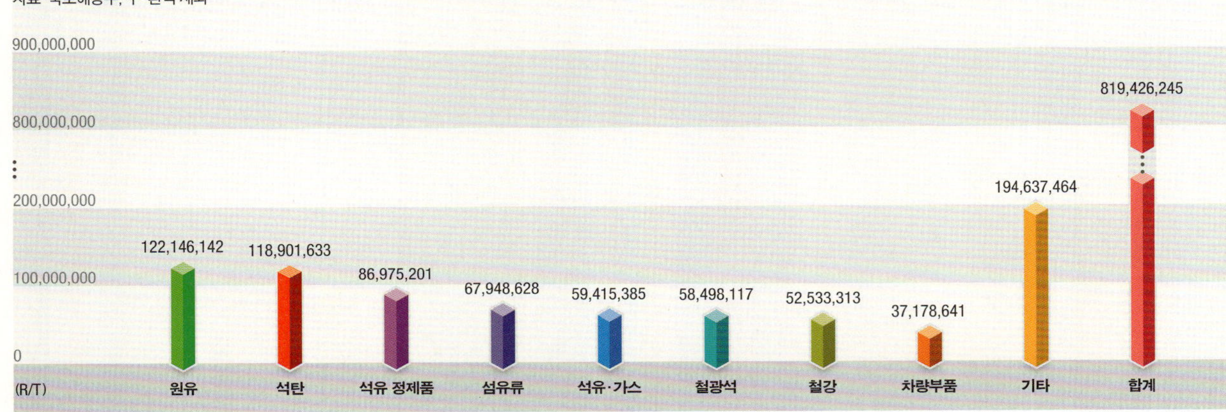

자료·국토해양부, 주·환적 제외

세계 컨테이너사 운항 선복량 순위

자료·AXS-Alphainer, 2010.06 기준

세계 벌크선사 운항 선복량 순위

자료·Clarkson Shipping Review Database, 주·용선 제외, 2010년 기준

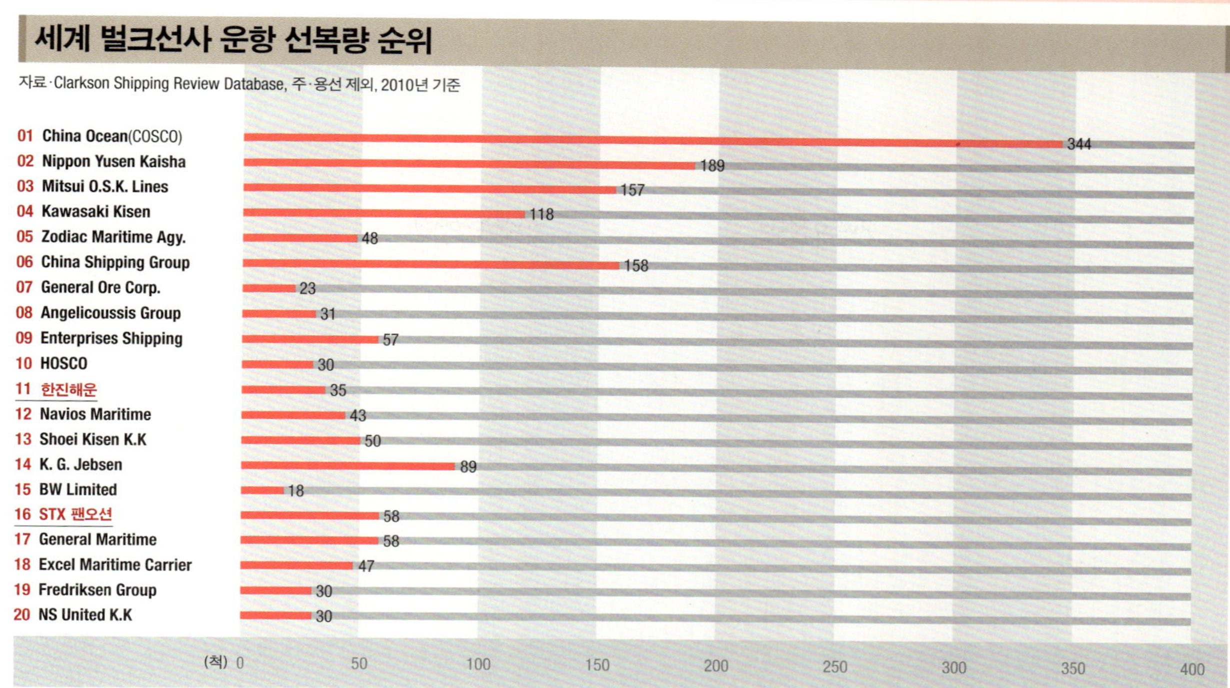

세계 신조선 현황

자료·Clarkson Shipping Review Database, 2010년 기준

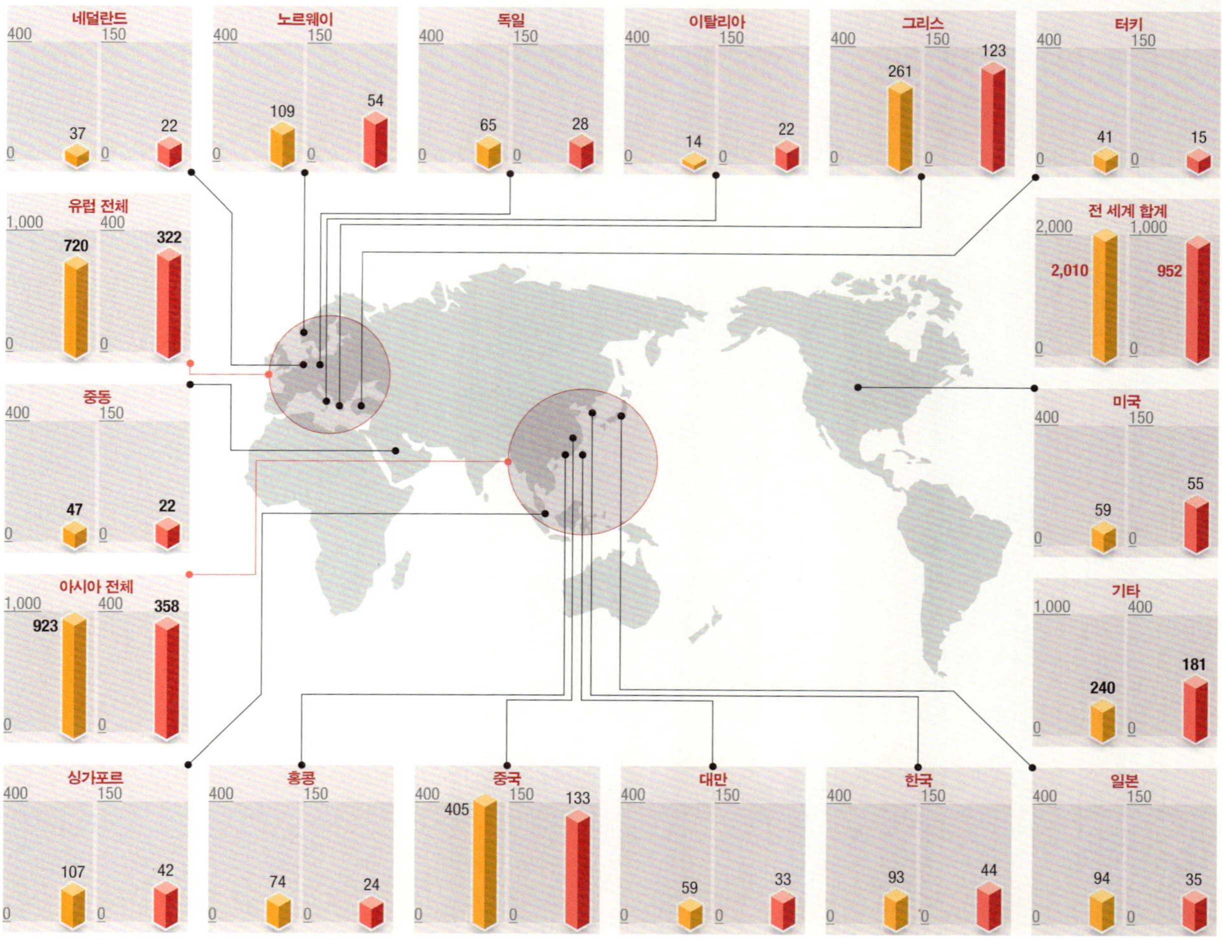

발주량(척)　발주액(억 달러)

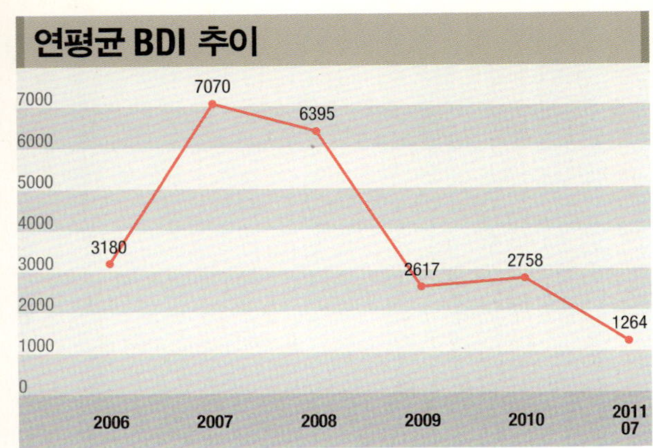

연평균 BDI 추이

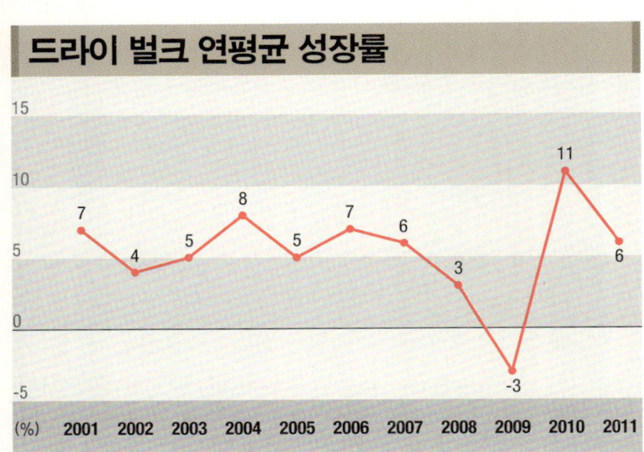

드라이 벌크 연평균 성장률

한국 수출입 컨테이너 물동량 현황

자료·국토해양부, 2010년 기준

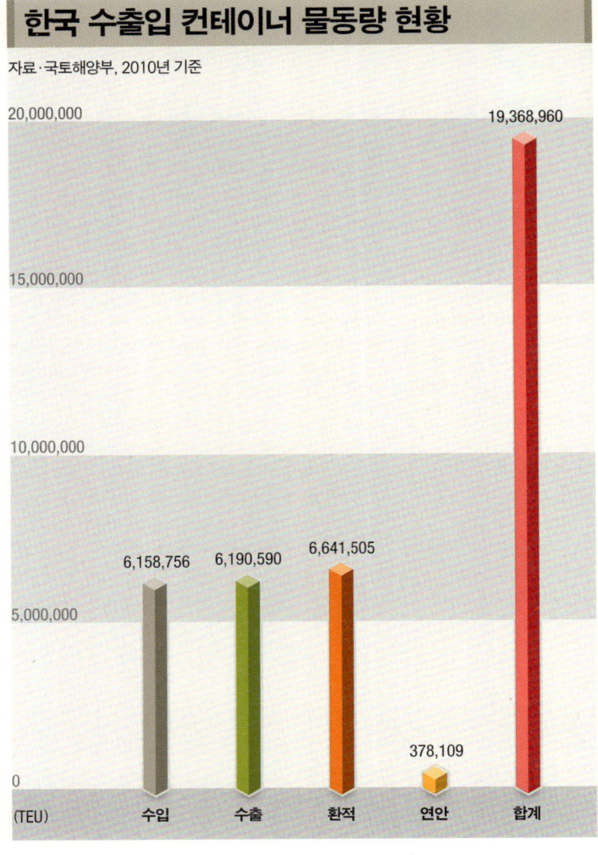

한국 항만별 수출입 컨테이너 물동량 현황

자료·국토해양부, 괄호 안은 전년 대비 증감률, 단위·천 TEU

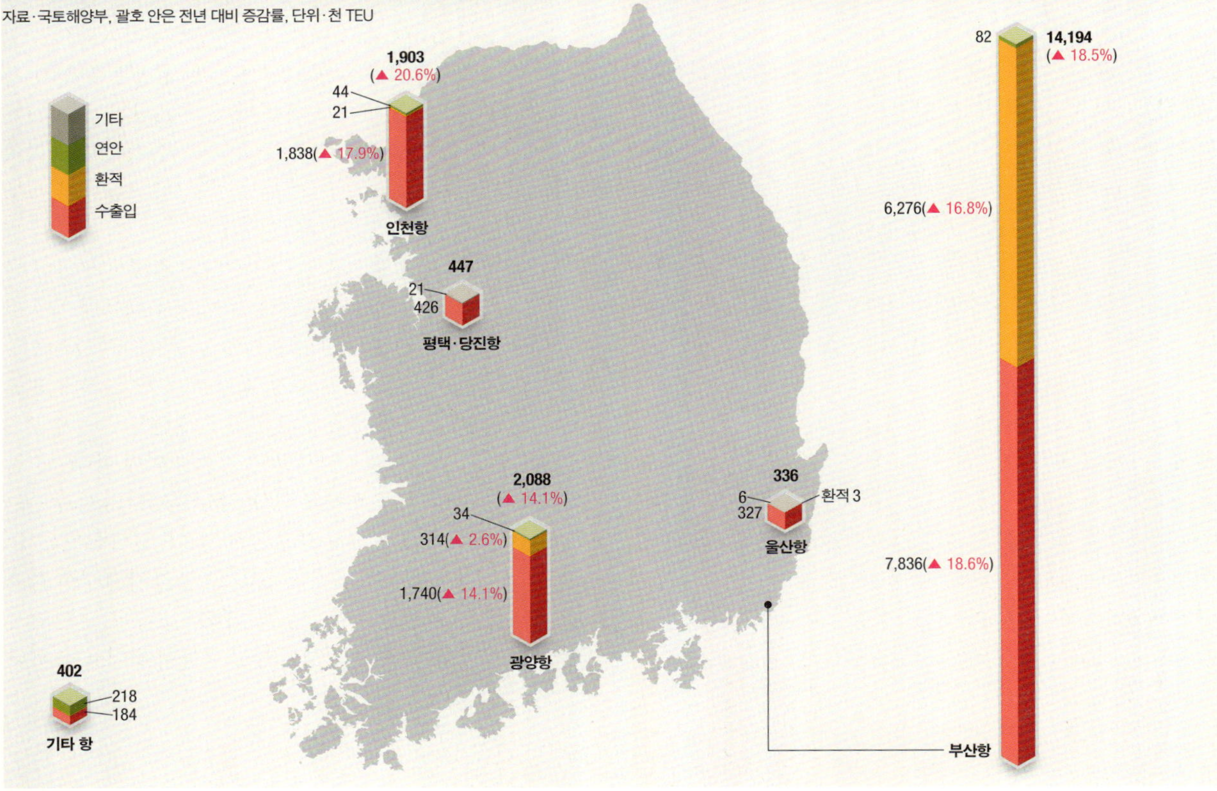

2012년 화두는 'Survival!' 업황 부진 징후 뚜렷하다

국내 해운업계의 2012년 이슈는 공교롭게도 '어떻게 한해를 버티느냐' 이다. 그만큼 사정이 좋지 못하다. 국내 1위, 세계 10위 컨테이너 선사 한진해운은 2011년 상반기에만 1880억 원의 영업적자를 기록했다. 원래는 성수기로 분류되는 3분기에도 적자폭이 1500억 원을 상회할 것으로 전망된다. 비수기인 4분기는 당연히 더 좋지 못할 것이란 분석이다.

문제는 앞으로의 업황이 더 악화될 소지가 있다는 점이다. 이는 고유가가 지속되는 상황에서 미국과 유럽 경기가 동반으로 부진에 빠졌기 때문이다. 유럽노선과 북미노선 감축도 잇따르고 있다. 해운업계 관계자들에 따르면, 2011년 한 해 동안 손해보고 일하는 출혈 운항이 지속됐다.

상황이 이러하다보니 "더 이상은 버틸 수 없다"는 공감대가 업계 전반에 형성되고 있다. 해운사들은 2012년 초 운임 인상을 시도할 계획이다. 어느 정도 운임 폭을 올리느냐에 따라 해운사들의 버티기 전략도 바뀔 것으로 보인다.

또 해운사들은 불황기를 견디기 위한 자금 확보에 총력을 기울이고 있다. 한진해운은 부산 감천터미널 부지를 매각하고 계열사 한진에너지 지분을 처분한 데 이어 3000억 원대 유상증자를 실시했다. 회사채 발행도 잇따르고 있다. 현대상선, STX팬오션 등도 마찬가지다. 결국 자금 조달에 대한 시장의 불안감이 끊이지 않게 되었다. 이 탓에 STX그룹은 "당분간 대형 M&A는 없다"고 공표하기도 했다.

소형 해운사는 더 큰 위기에 봉착할 것으로 보인다. 2011년 한 해 동안 존폐 위기에 내몰린 주요 해운사만 해도 여럿이다. 전통의 대한해운과 이민주씨가 투자했던 양해해운, 잇따른 해적 피랍으로 고난을 겪은 삼호해운 등 다수가 여기에 해당된다. 이보다 더 규모가 작은 해운사는 이미 거의 대부분 자취를 감췄다. 이러한 추세는 2012년에도 계속될 전망이다.

대량화주가 직접 해운업 진출?

해운업계에서 주목하는 외부 변수는 대량화주가 직접 해운업에 뛰어드는지 여부다. 포스코의 자회사 대우인터내셔널이 대우로지스틱스에 투자하며 이 같은 논란이 재점화 됐다. 포스코는 매년 물류비로만 2조7000억 원을 집행하는 대량화주로 유명하다. 해운업계의 불안감이 클 수밖에 없다.

포스코 외에도 현대차그룹이 글로비스로의 비중을 높이고 있고 한국전력 등이 자체적으로 물류를 해결하려는 움직임을 보이고 있다. 선주협회는 2011년 9월 이 같은 추세를 위

기로 받아들이고 입장문을 발표하기도 했다.

또 하나 주목하는 외부 변수는 선박금융 도입 여부다. 해운사들은 해운업이 불황일 때 금융권이 지나친 빚 독촉으로 해운사의 투자를 막는다고 항변한다. 위기가 닥치면 선박 값이 저렴해지는만큼 선대를 확충할 수 있는 좋은 기회가 되는데, 금융권이 이를 막아 제때 투자할 수 없다는 논리다. 전문화된 선박금융을 도입해달라는 요구가 2012년 더욱 강해질 것으로 보인다.

"짐도 없는데 배만 크면 뭐 하나" 볼멘소리

당초 해운 업황은 2011년 양호할 것이라고 예상됐다. 2010년 컨테이너 업황은 사상 최대 수준이었다. 한 해만에 고꾸라질 것이라곤 생각지 못했던 것이다. 이 때문에 2011년 초만 해도 초대형 선박을 인도하는 것이 대세였다. 세계 1위 머스크는 1만6000TEU급 선박 10척을 발주한데 이어 1만8000TEU급 선박 20척을 주문했다. 현대상선도 대우조선해양에 1만3100TEU급 컨테이너선 5척을 발주했다.

하지만 2012년은 다를 전망이다. 업황이 나쁠 때 공격적으로 발주했다간 역풍을 맞을 수 있기 때문이다. "짐도 없는데 배만 크면 뭐 하나"라는 볼멘소리가 여기저기서 나오고 있는 것이다. 한진해운은 2012년에는 선박 발주를 하지 않을 것이란 입장을 명확히 하기도 했다. 현대상선 등도 크게 다르지 않다. 2012년에는 부채 관리에 역점을 두겠다는 것이 해운사들 입장이다. 해운업계에서는 이러한 불황이 적어도 2013년까지 이어질 것으로 보고 있다.

해운업이 글로벌 경기의 지표가 된다는 점에서 부담이 클 수밖에 없는 상황이다. 이로 인해 각 해운사 내부적으론 지배구조 문제가 다시 부각될 수도 있다. 불황일 때는 주요 주주간 불협화음이 나오는 경우가 많기 때문이다. 국내 대표 해운사 한진해운은 최은영 회장 외에도 대한항공 측이 많은 지분을 갖고 있고, 현대상선은 현정은 회장 외에 현대중공업이 주요 주주로 있다. 프랑스 선사 CMA CGM의 대주주는 터키의 일디림으로 20% 지분을 갖고 있다. 일디림은 CMA 측에 "더 이상 선박을 발주하지 말라"고 강하게 요구한 상태다. 이에 CMA 경영진은 불만을 표출하고 있다. 취약한 한국 해운사 또한 지배주주와 경영을 놓고 갈등이 벌어질 수 있다는 게 업계의 분위기다. **B**

- 외채와 고가의 항공기 리스료 등으로 환율에 일희일비
- 매물로 나온 저가항공사 티웨이항공의 새 주인은?
- 대형 항공사들의 단거리 노선 시장 전략 예의주시

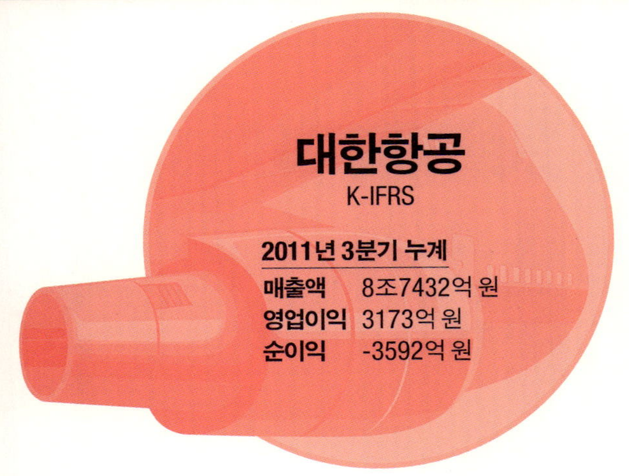

경영실적
K-IFRS 적용 연결기준

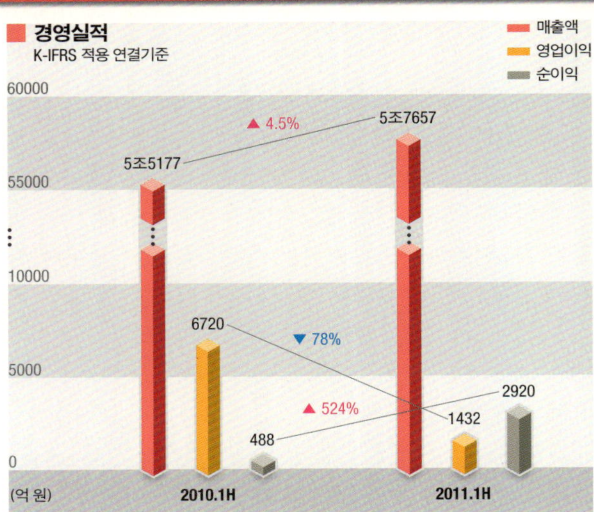

사업별 매출 구성
2011.2Q 기준, 단위·%

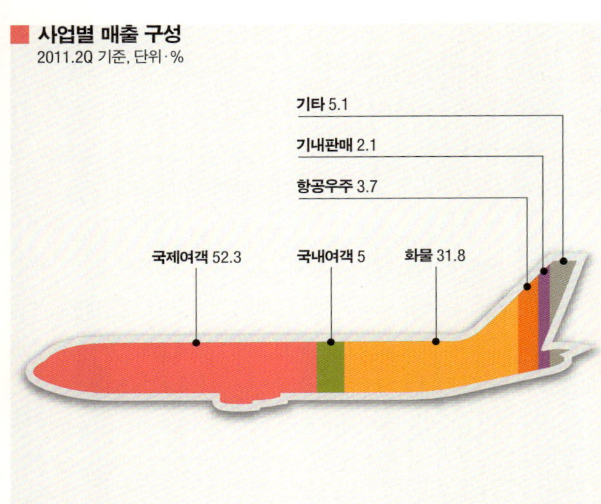

여객부문 노선별 매출 구성
2011.2Q 기준, 단위·%

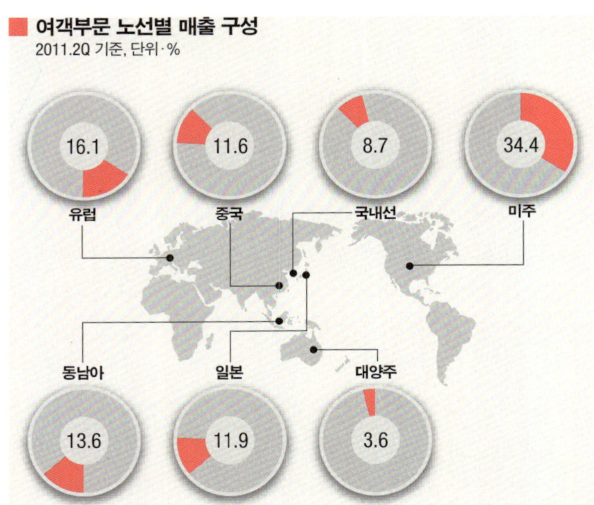

원화·외화부채
2011.06 기준, 단위·%

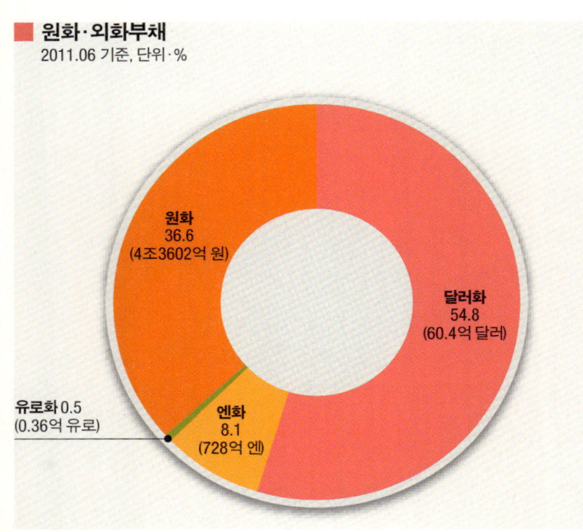

외화환산손익 추이

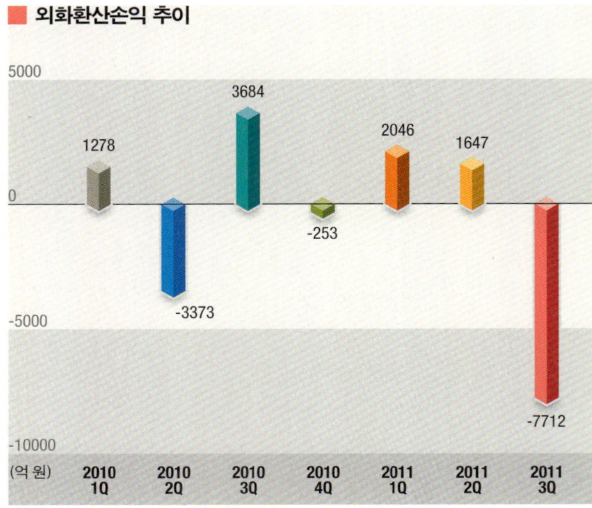

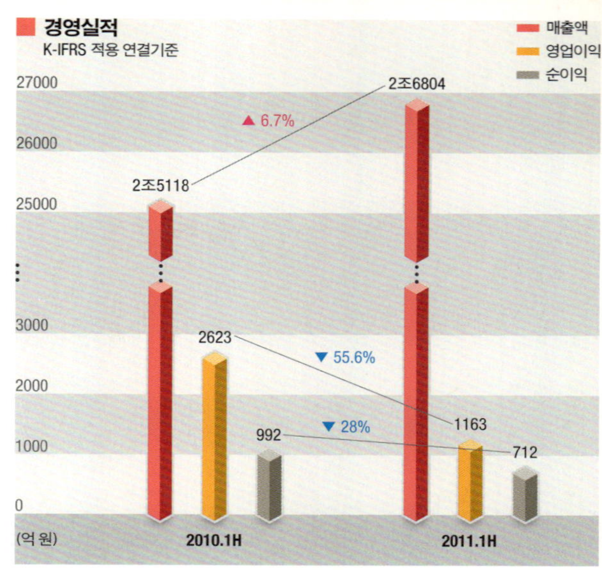

■ 경영실적
K-IFRS 적용 연결기준

■ 사업별 매출 구성
2011.2Q 기준, 단위·%

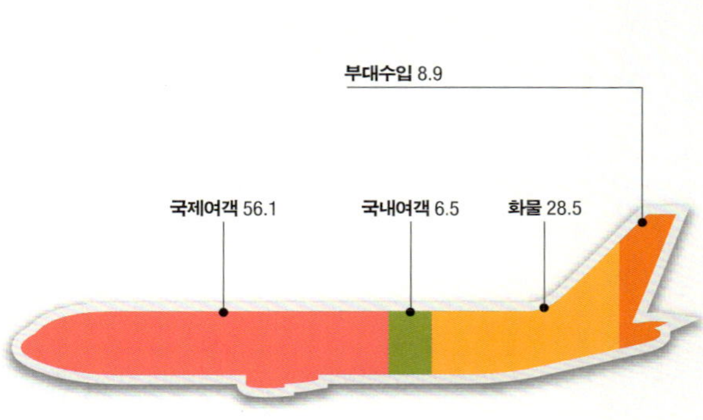

■ 여객부문 노선별 매출 구성
2011.2Q 기준, 단위·%

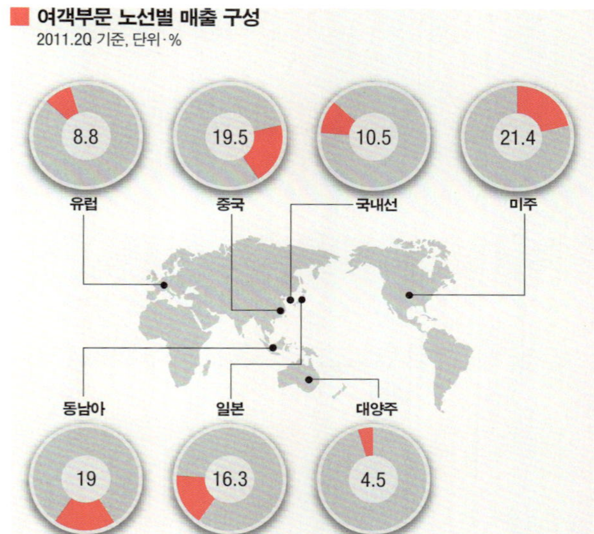

■ 외화 차입금 추이

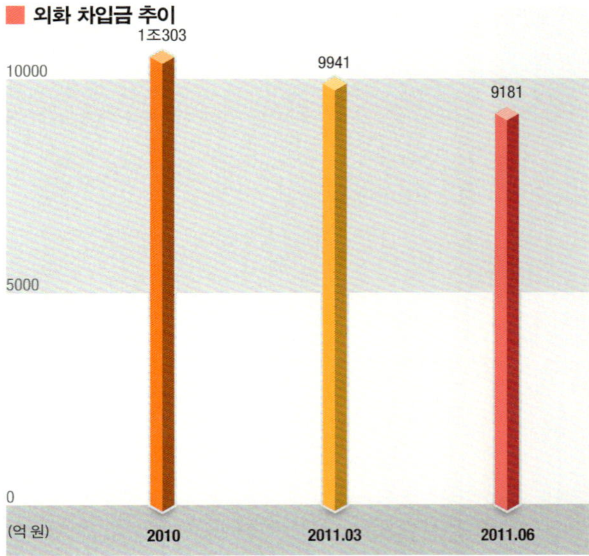

■ 외화환산손익 추이

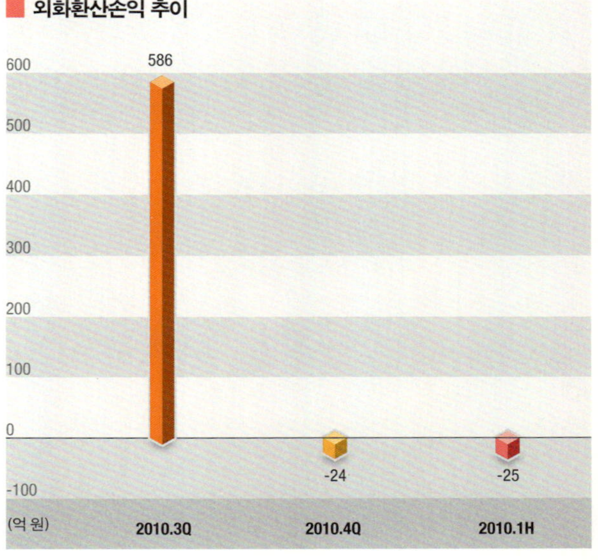

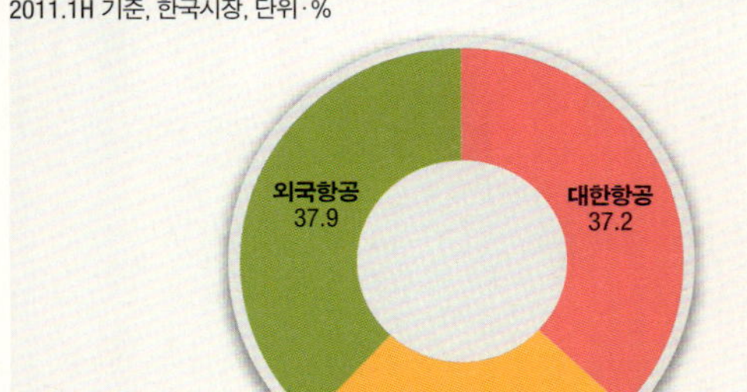

국제여객 수송점유율

2011.1H 기준, 한국시장, 단위·%

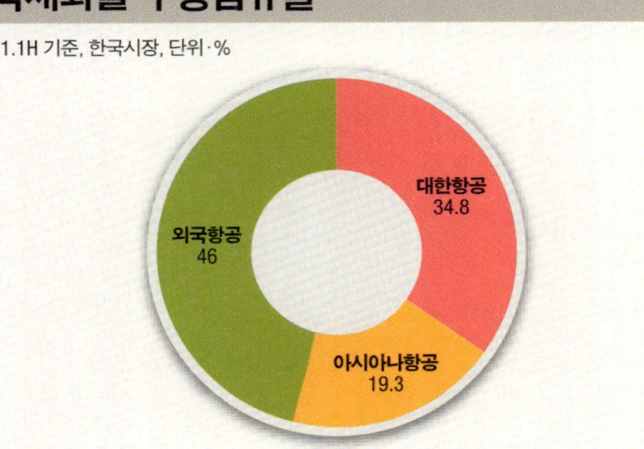

국제화물 수송점유율

2011.1H 기준, 한국시장, 단위·%

대한항공, 아시아나 항공기 보유 현황

대한항공

기종	보유현황(2011.06 기준)	하반기 도입 계획
A380	1	4
A330	23	-
A300	8	-
B747	18	-
B777	30	1
B737	32	4
여객기 합계	112	9
B747F	24	2
화물기 합계	24	2
전체 합계	136	11

※ 진에어 및 Uzbekistan Airways 임대 항공기 제외

아시아나항공

기종	2010	2011.06	증감
A320-200	11	11	0
A321-100	2	2	0
A321-200	13	15	2
A330-300	9	10	1
B737-400	2	2	0
B767-300	7	7	0
B777-200ER	11	11	0
B747-Pax	2	2	0
B747-Com	2	2	0
여객기 합계	59	62	3
B767-Frt	1	1	0
B747-Frt	9	9	0
화물기 합계	10	10	0
전체 합계	69	72	3

글로벌 항공 여객 수요 전망

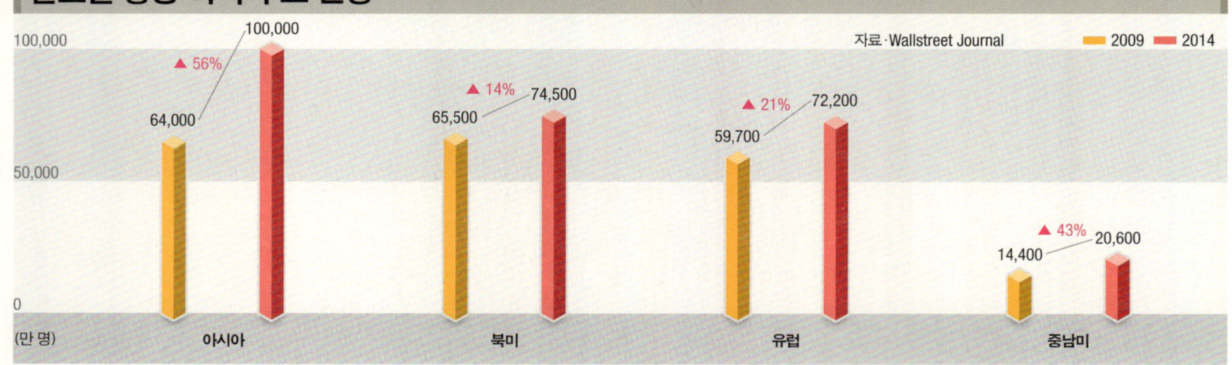

최신 기종 도입으로 성장세 기대
고유가, 환율은 고민거리

2012년 항공업계는 신형 항공기 도입에 집중하는 한 해가 될 전망이다. 전 세계 이산화탄소 배출량 중 항공기가 내뿜는 양은 대략 2% 정도다. 온실가스 감축이란 트렌드에 부합하기 위해서라도 최신형 항공기 도입이 필수가 되고 있다.

2011년에 A380기 5대를 들여온 대한항공은 2012년에는 총 14대의 항공기를 인도받을 예정이다. 2018년까지는 총 68대의 항공기를 들여올 계획이다. 아시아나항공은 2011년(3대)보다 7대 많은 10대의 항공기를 도입할 계획이다. 기종도 A321-200, A330-300, B777과 B747 등 최신형 기종이 대부분이다. 저가항공사 제주항공과 에어부산도 각각 2대를 도입키로 했다.

항공업계 관계자에 따르면, 2011년 들어 승객들이 신형 항공기를 선호하는 현상이 뚜렷해지고 있다. 당초 A380 도입에 부정적이던 아시아나항공이 입장을 바꾼 것도 그 이유다. 대한항공은 '드림라이너'라고 불리는 B787를 10대 주문해 놓고 있다. 최신형 항공기에는 여러 색상의 빛을 내는 LED 조명, 최신형 오디오·비디오 시스템이 장착돼 있어 승객들의 편의성이 그만큼 높아질 전망이다.

장사는 잘 되지만 문제는 고유가와 부채 부담

항공사들이 잇따라 최신형 항공기를 들여오는 건 기본적으로 영업에 대한 자신감이 있기 때문이다. 일본 대지진으로 무너졌던 일본노선도 2011년 10월 기준 탑승률이 80%대를 회복됐을 정도로 성장세가 가파르다. 항공여행 수요는 앞으로도 꾸준히 늘어날 것으로 전망된다. 중국정부는 오는 2029년까지 동북아 항공 시장 성장률이 7%에 달할 것이라고 추산했다.

다만, 문제는 고유가다. 유류할증료라는 제도가 있긴 하지만 유가 상승분을 가격에 모두 반영하는 것은 불가능하다. 유류비가 전체 비용에서 차지하는 비중은 50% 정도다. 각 항공사들은 선물 결제 등으로 유류비 절감을 꾀하지만 녹록치 않다. 장거리 노선을 중심으로 노선 감축 등이 일어날 가능성이 있다. 항공업계 전문가들은 2012년에도 2011년 수준의 유가가 유지된다면 장거리 노선은 마진이 남지 않을 것이라고 추정한다.

대한항공은 2011년 유가(WTI 기준)를 85달러로 예상했다. 하지만 WTI는 불황에도 불구하고 평균 100달러를 오르내리는 상태다.

한편, 부채 관리는 재무적으로 항공사들에 큰 숙제가 될 전망이다. 대한항공, 아시아나항공 모두 금융권으로부터 재무구조 개선 약정 등의 굴레를 짊어진 상황이다. 신형 항공기 도입이란 전략과 부채 관리는 상충될 수밖에 없다.

대한항공의 경우 달러로 갖고 있는 외화부채만 65억 달러에 달한다. 이 수치에는 2011년 도입한 A380 항공기 5대 가격이 포함돼 있지 않다. A380은 대당 4000억 원에 육박한다. 결국 400%대인 대한항공 부채율은 2012년 더욱 높아질 수밖에 없다. 65억 달러의 부채 때문에 급등락했던 2011년 9~10월의 상황이 반복될 수도 있다. 65억 달러를 기준으로 달러-원 환율이 10원 오르면 대한항공의 부채는 640억 원 늘어나는 셈이다.

반대로 대부분의 항공기를 리스하는 아시아나항공, 제주항공 등은 상대적으로 부담이 덜할 것으로 파악된다. 물론 환율이 2011년 말처럼 급등한다면 리스료를 달러로 즉시 결제해야 하는 만큼 단기적인 리스크는 커진다.

저가항공사의 약진, 어디까지

저가항공사는 다시 한 번 시장에서의 존재 의미를 놓고 시험대에 오를 전망이다. 2010년, 2011년 성장 이유는 항공 수요가 많았던 데다 제주여행 시장이 급증했던 영향이 컸다. 단거리 국제노선을 어떻게 뚫느냐에 따라 향후 전망이 엇갈릴 것으로 보인다.

2012년부터는 대형 항공사의 견제가 더욱 심해질 전망이다. 국제유가가 고공비행한다는 전제 하에 대형 항공사들이 수익성 높은 단거리 노선에서 저가항공사들이 활개를 치도록 놔두지 않을 것이기 때문이다.

토마토저축은행이 투자했던 티웨이항공은 2011년 말 현재 매물로 나온 상태다. 이처럼 존재 가치를 입증하지 못하면 추가적으로 항공사들이 M&A 시장에 나올 수 있다. 전문가들은 저가항공사들이 틈새시장을 공략하려면 대형사의 80%선인 운임을 더욱 낮춰야 한다고 조언한다. ᴮ

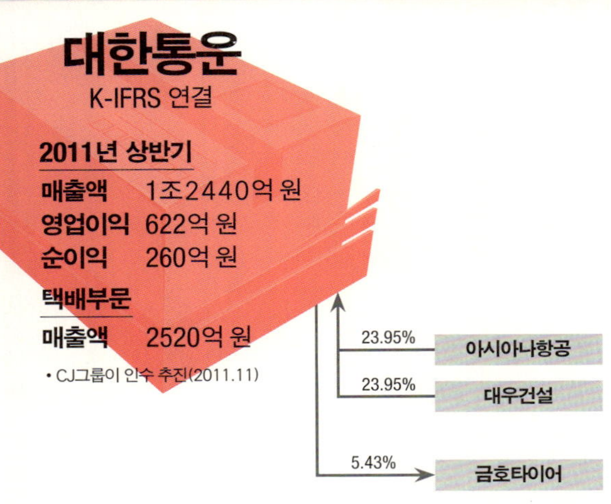
대한통운
K-IFRS 연결
2011년 상반기
매출액   1조2440억 원
영업이익   622억 원
순이익   260억 원
택배부문
매출액   2520억 원
• CJ그룹이 인수 추진(2011.11)
23.95%   아시아나항공
23.95%   대우건설
5.43%   금호타이어

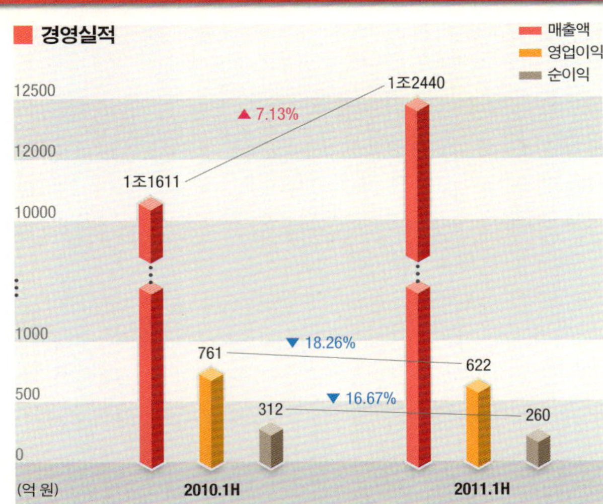
경영실적
매출액
영업이익
순이익
12500
12000
10000
1000
500
0
1조1611
▲ 7.13%
1조2440
761
▼ 18.26%
622
312
▼ 16.67%
260
(억 원)
2010.1H   2011.1H

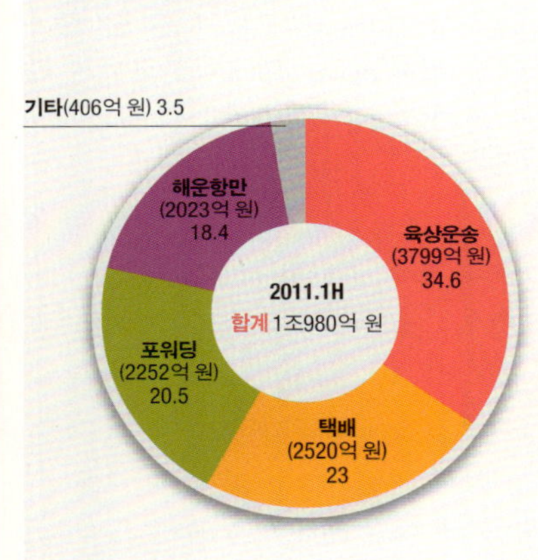
■ 주요 사업 매출 및 비중
2011.1H K-IFRS별도기준, 단위·%
기타(406억 원) 3.5
해운항만
(2023억 원)
18.4
육상운송
(3799억 원)
34.6
2011.1H
합계 1조980억 원
포워딩
(2252억 원)
20.5
택배
(2520억 원)
23

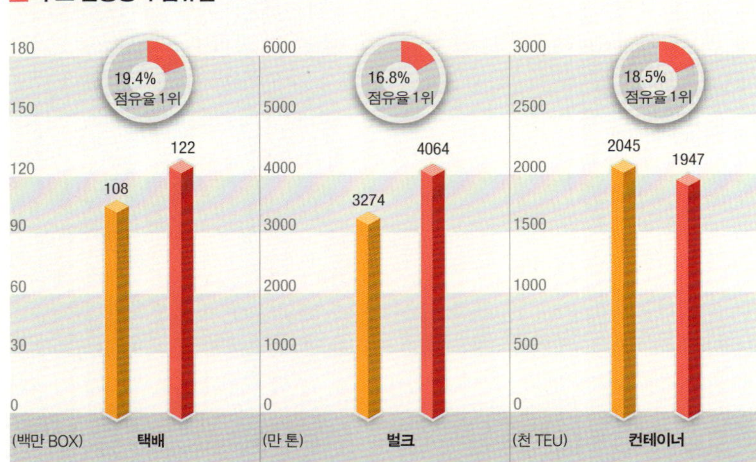
■ 주요 물동량과 점유율
180
150
120
90
60
30
0
19.4%
점유율 1위
108
122
(백만 BOX)   택배
6000
5000
4000
3000
2000
1000
0
16.8%
점유율 1위
3274
4064
(만 톤)   벌크
3000
2500
2000
1500
1000
500
0
18.5%
점유율 1위
2045
1947
(천 TEU)   컨테이너

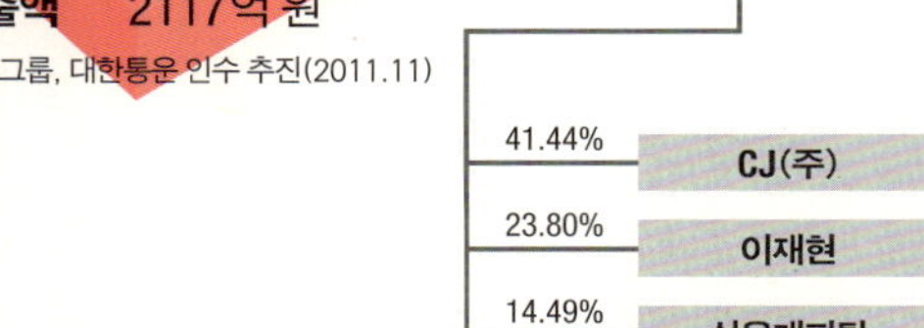
CJ GLS
K-IFRS 연결
2011년 상반기
매출액   7155억 원
영업이익   159억 원
순이익   65억 원
택배부문
매출액   2117억 원
• CJ그룹, 대한통운 인수 추진(2011.11)
41.44%   CJ(주)
23.80%   이재현
14.49%   산은캐피탈

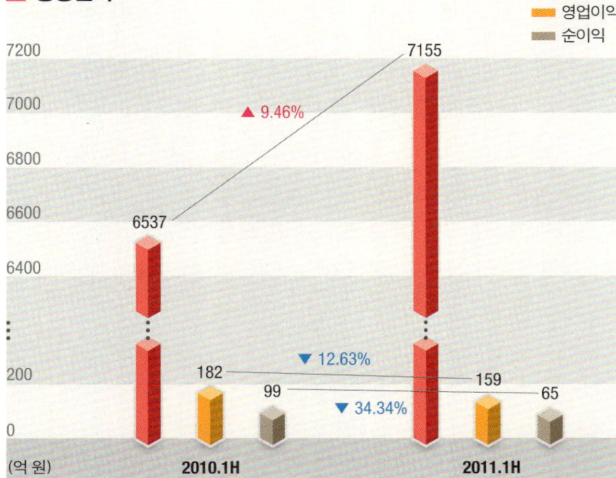
경영실적
매출액
영업이익
순이익
7200
7000
6800
6600
6400
6400
200
0
7155
▲ 9.46%
6537
182
▼ 12.63%
159
99
▼ 34.34%
65
(억 원)
2010.1H   2011.1H

■ 매출 비중
2011.1H기준, 단위·%

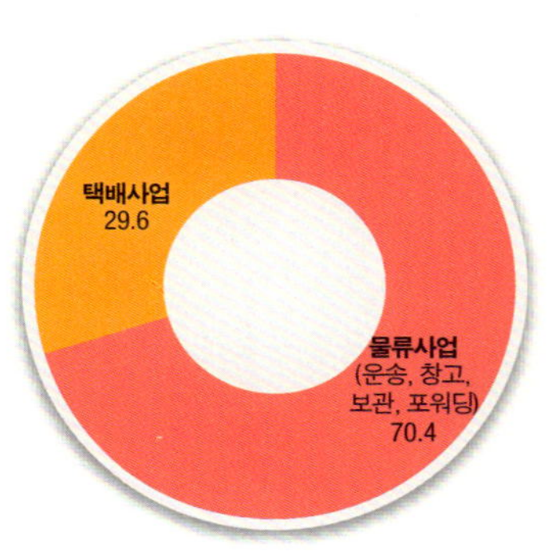

■ 택배 매출 추이

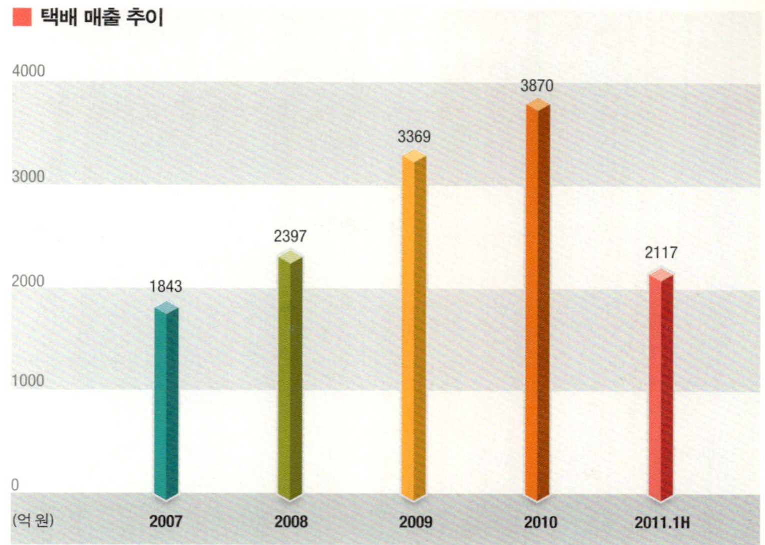

한진
K-IFRS 연결

2011년 상반기

매출액	6841억 원
영업이익	183억 원
순이익	-16억 원
택배부문	
매출액	1769억 원

6.21%	신영자산운용
17.96%	정석기업
6.87%	조양호

■ 경영실적

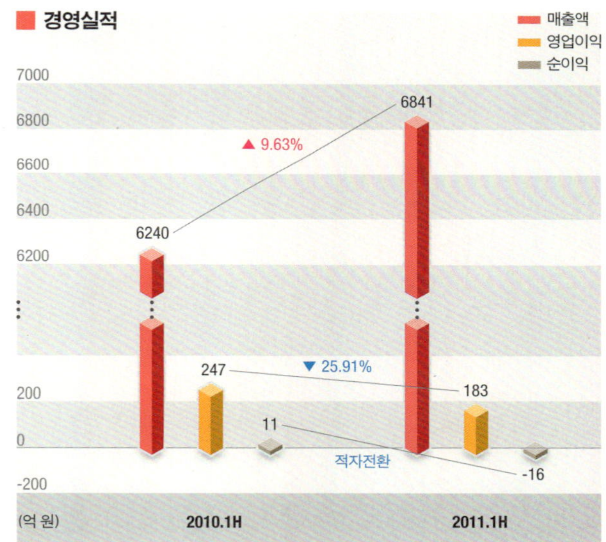

■ 주요 사업 매출 및 비중
K-IFRS별도기준, 단위·%

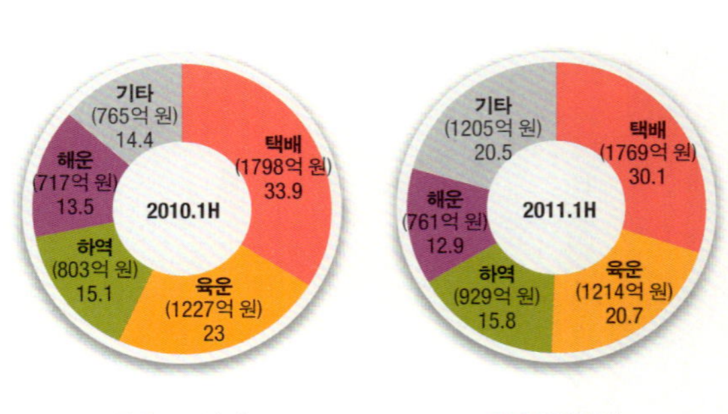

합계 5310억 원   합계 5878억 원

■ 택배 매출 추이와 비중

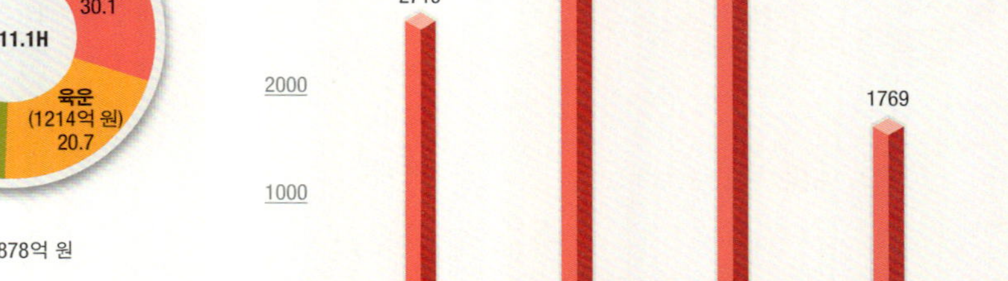

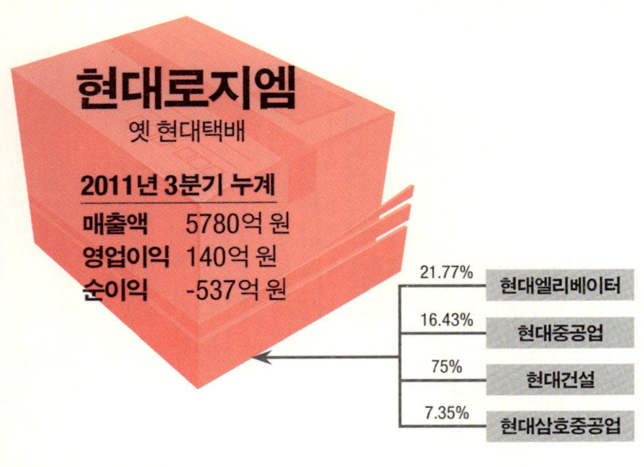

현대로지엠
옛 현대택배
2011년 3분기 누계
매출액   5780억 원
영업이익   140억 원
순이익   -537억 원
21.77%   현대엘리베이터
16.43%   현대중공업
75%   현대건설
7.35%   현대삼호중공업

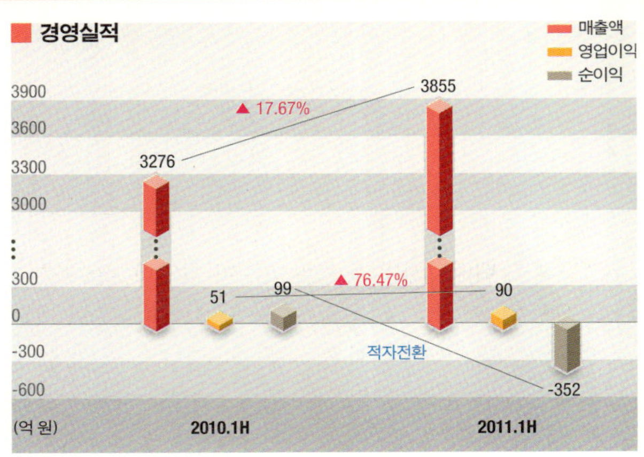

경영실적
매출액
영업이익
순이익
3900
3600
3300
3000
300
0
-300
-600
3276
3855
▲ 17.67%
51
99
▲ 76.47%
90
-352
적자전환
(억 원)
2010.1H
2011.1H

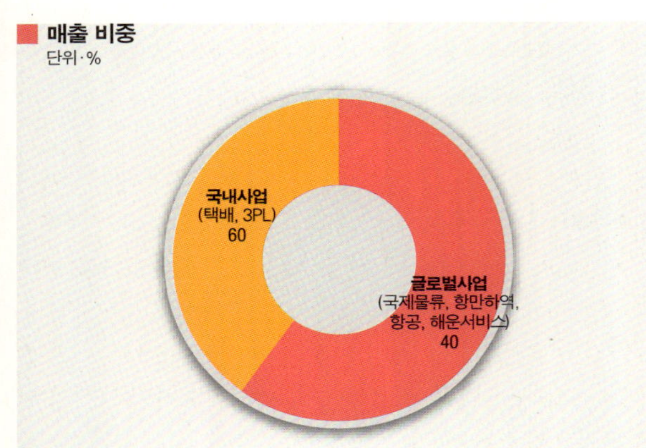

매출 비중
단위·%
국내사업
(택배, 3PL)
60
글로벌사업
(국제물류, 항만하역,
항공, 해운서비스)
40

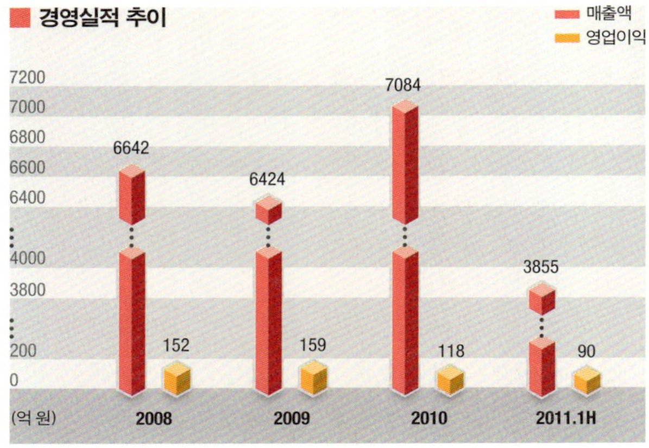

경영실적 추이
매출액
영업이익
7200
7000
6800
6600
6400
6200
4000
3800
200
0
6642
6424
7084
3855
152
159
118
90
(억 원)
2008
2009
2010
2011.1H

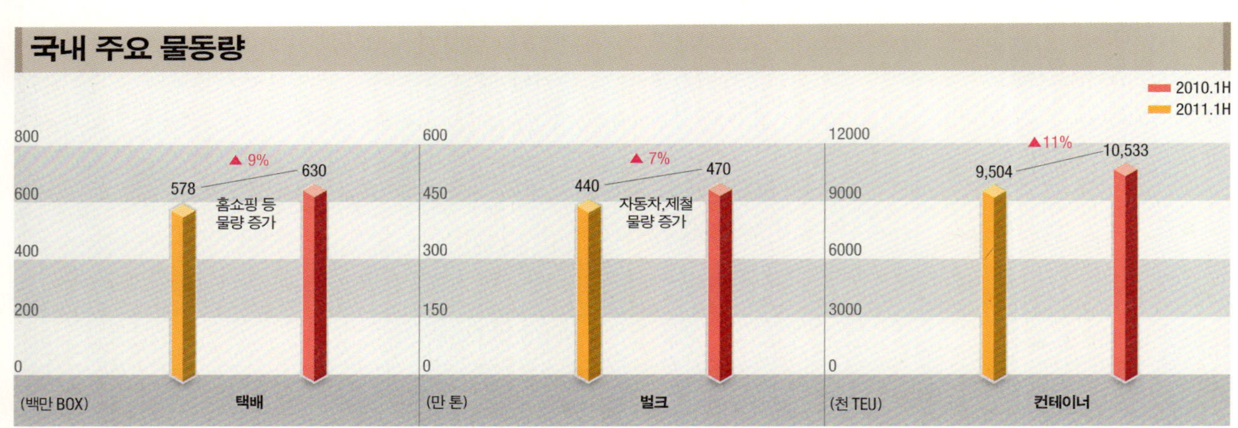

국내 주요 물동량
2010.1H
2011.1H
800
600
400
200
0
578
630
▲ 9%
홈쇼핑 등
물량 증가
(백만 BOX)
택배
600
450
300
150
0
440
470
▲ 7%
자동차,제철
물량 증가
(만 톤)
벌크
12000
9000
6000
3000
0
9,504
10,533
▲ 11%
(천 TEU)
컨테이너

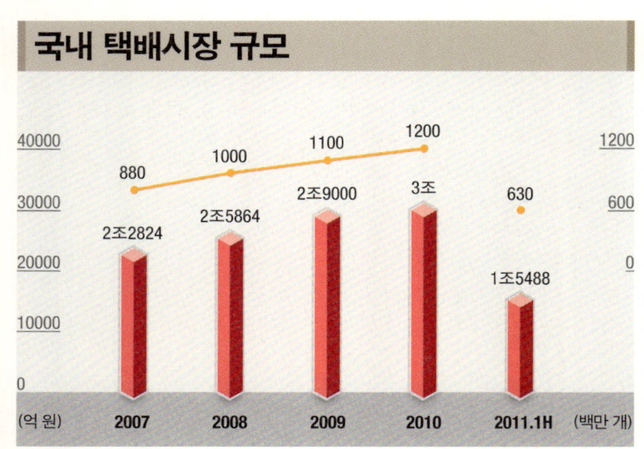

국내 택배시장 규모
40000
30000
20000
10000
0
880
1000
1100
1200
630
2조2824
2조5864
2조9000
3조
1조5488
1200
600
0
(억 원)
2007
2008
2009
2010
2011.1H
(백만 개)

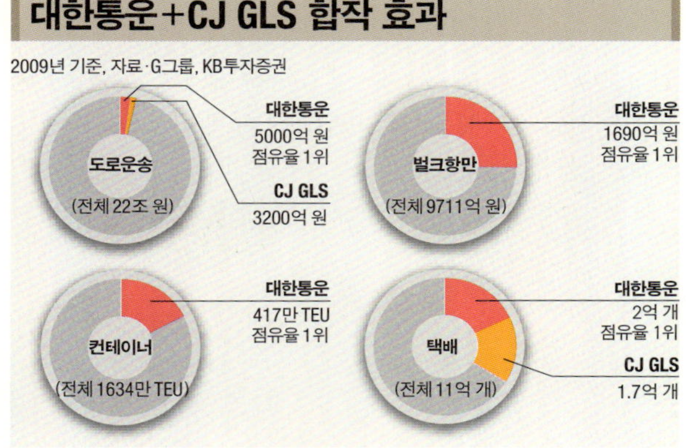

대한통운＋CJ GLS 합작 효과
2009년 기준, 자료·G그룹, KB투자증권
도로운송
(전체 22조 원)
대한통운
5000억 원
점유율 1위
CJ GLS
3200억 원
벌크항만
(전체 9711억 원)
대한통운
1690억 원
점유율 1위
컨테이너
(전체 1634만 TEU)
대한통운
417만 TEU
점유율 1위
택배
(전체 11억 개)
대한통운
2억 개
점유율 1위
CJ GLS
1.7억 개

4조 원대 규모를 내다보는 매머드 시장
양적 팽창보다는 내실 기여에 초점

2011년에도 택배업계의 성장은 멈추지 않았다. 온라인 시장의 꾸준한 성장과 함께 매년 양적 성장을 지속하고 있는 국내 택배 시장은 2011년에는 전년 대비 약 8% 성장한 3조 2000억 원을 달성할 것으로 예상된다. 2000년 택배 시장규모가 6000억 원이었던 것을 고려하면 불과 10여 년 사이에 시장이 다섯 배 이상 커진 것이다.

택배단가 하락으로 수익성에 빨간불

유럽 재정위기로 소비자들이 지갑을 좀처럼 열고 있지 않은 상황에도 택배업계가 성장을 지속하고 있는 것은 무점포 판매의 광범위한 보급과 성장 덕분이다. 무점포 판매는 통신판매, 다단계 판매, 홈쇼핑, 온라인 쇼핑을 총칭한다.

경기침체 우려가 커질수록 외출을 자제하고 필요한 제품을 집안에서 사들이는 소비자가 늘고 있다. 또한, 지방자치단체를 비롯한 지역 단체들이 지방 특산물의 판매 확대와 유통단계 축소를 위해 택배를 이용하는 사례가 증가하고 있다.

이에 따라 당분간 택배 시장의 성장이 이어질 것으로 예상되는 바, 2014년에는 4조 원 시장을 형성할 것으로 관측된다. 하지만 양적인 성장에도 택배 업체들은 출혈 경쟁에 따른 부작용에 시달리고 있다. 현대경제연구원에 따르면 2009년 기준 택배 업체의 평균 영업이익률은 3.46%로 서비스업 전체 평균 영업이익률인 4.03%보다 저조하다.

후발 주자인 우체국택배는 2006년부터 본격적으로 영업 확대 전략의 하나로 택배단가 인하를 추진했다. 대한통운, 현대로지엠, CJ GLS, 한진 등도 '울며 겨자 먹기'로 출혈 경쟁에 동참하면서 상자당 택배단가가 2003년 3280원에서 2010년 2500원선으로 내려왔다.

택배단가 하락으로 택배 업체 수익성이 지속적으로 악화되고 있는 상황이 도래하면서 2011년 택배업계는 택배단가의 현실화를 추구하고 나섰다. 택배업계 상위권 업체는 단가 인하보다 양질의 서비스 제공에 주력하고 있다. 실제로 대한통운은 기존 정액제 방식의 수입배분 체계에서 정률제 방식으로 전환하고 있다.

서비스 다양화에 나선 택배 업체들

택배 업체들은 단가 현실화와 함께 양질의 서비스를 제공하기 위해 힘쓰고 있다. 80년이 넘는 업력을 자랑하는 대한통운은 전국 각지에 수십여 개의 직영 거점과 1만여 개소에 달하는 취급점을 구축했다. 또 항공기를 이용해 전국 어디든 5시간 이내에 배송할 수 있는 '항공택배5'와 전국 1만여 개 편의점에서 24시간 접수 가능한 편의점 택배, 공휴일에도 이용할 수 있는 '365택배' 등을 선보이고 있다.

CJ GLS는 스마트폰으로 택배 예약 접수와 배송 상황 조회, 택배 예상요금 등의 정보를 확인할 수 있는 애플리케이션을 개발했다.

현대로지엠도 스마트폰을 활용해 고객에게 정확한 집배송 예정 시간과 실시간 화물 정보 등을 제공하고 있다.

한진은 업계 최초로 시간 지정 택배인 '플러스 택배'를 출시했다. '플러스 택배'는 고객이 집하 요청을 하면 고객이 원하는 시간대에 방문하는 서비스다.

택배업계의 단가 현실화와 함께 2011년 한해 가장 큰 이슈는 CJ그룹의 대한통운 인수다. CJ GLS와 대한통운은 각각 2010년 물동량 기준 15%, 19%의 시장점유율을 기록하고 있다. CJ그룹이 대한통운을 인수하면 시장점유율이 34%에 육박한다. 메이저 택배 업체의 탄생은 택배업계 구조조정의 신호탄이 될 것으로 관측된다. 중소형 택배 업체들이 상위 업체들과 경쟁에서 도태되면 택배단가 현실화 움직임은 더욱 빠르게 진행될 가능성이 크다.

2011년 도입될 것으로 기대를 모았던 「택배법」은 2012년으로 미뤄졌다. 「택배법」 제정 움직임은 현행 「화물자동차운수사업법」이 택배 산업 현실을 제대로 반영하지 못한다는 문제의식에서 시작했다. 택배업계는 「택배법」이 통과되면 택배업이 허가제로 바뀌면서 진입장벽이 높아질 것으로 기대하고 있다. 더욱이 2005년 이후 택배 차량을 늘리지 못하면서 발생했던 편법적인 차량 운행 관행 등이 사라질 것으로 내다보고 있다. **B**

건설·기계·중공업

건설·기계·중공업

26 · 건설업계

27 · 건설자재·가구 업계

28 · 조선업계

29 · 기계·중장비·플랜트 업계

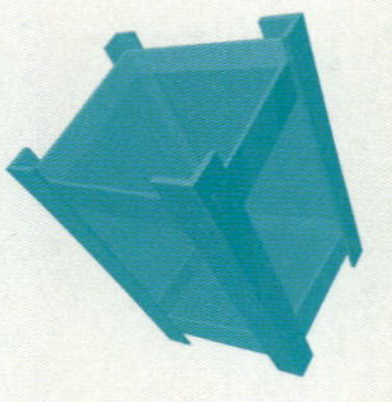

30 · 철강업계

31 · 비철금속업계

● 리비아 재건 시장에서 국내 건설사들의 수주
● 평창 동계 올림픽 관련 공공 부문 프로젝트
● 지방 아파트 분양 열기 수도권으로 확산 여부

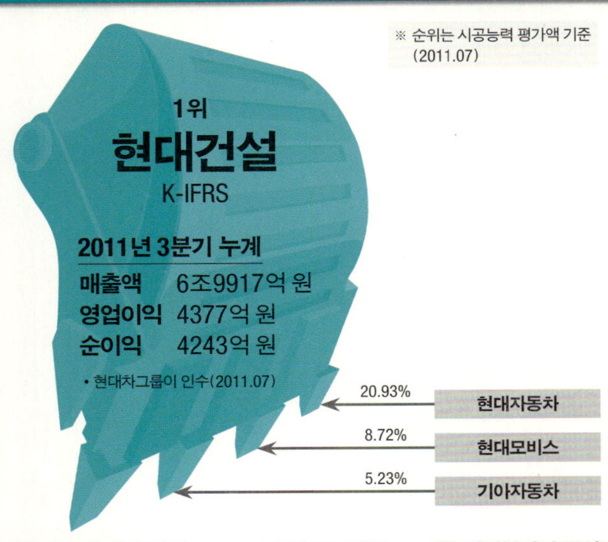

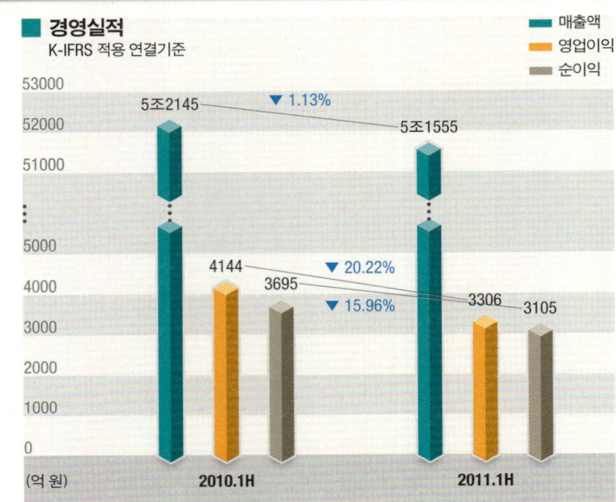

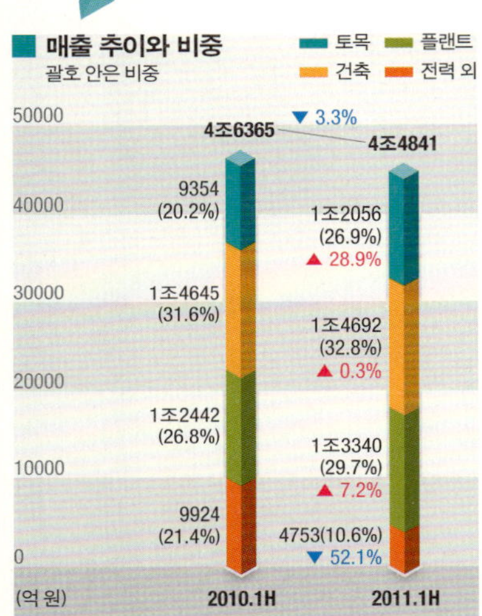

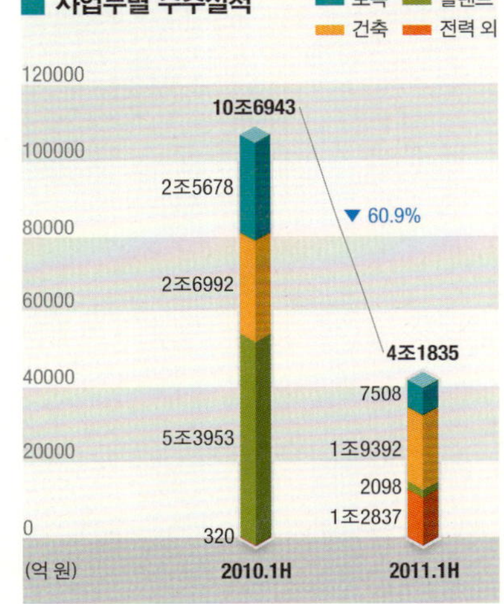

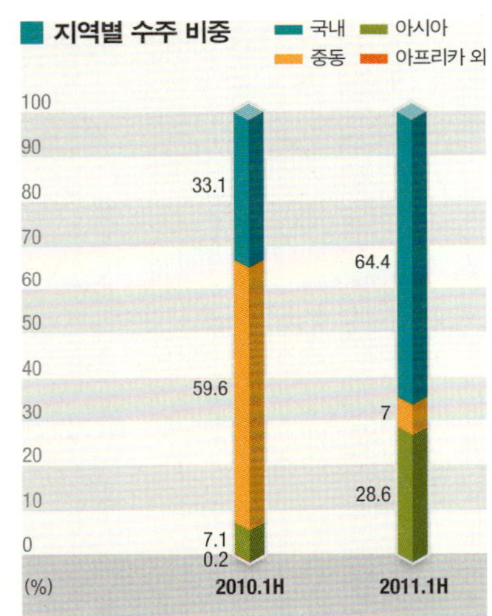

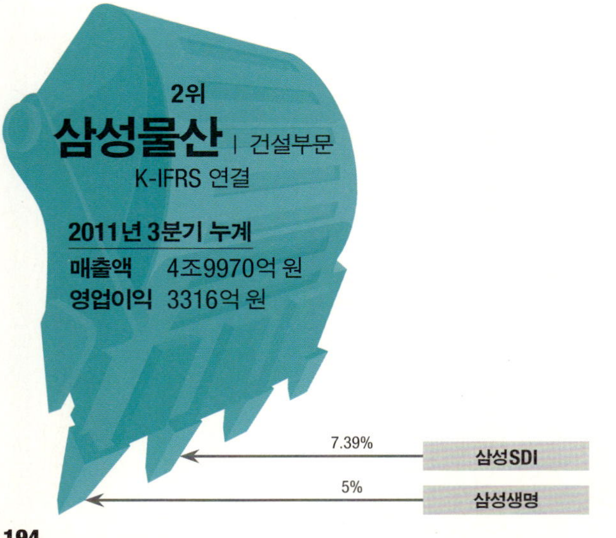

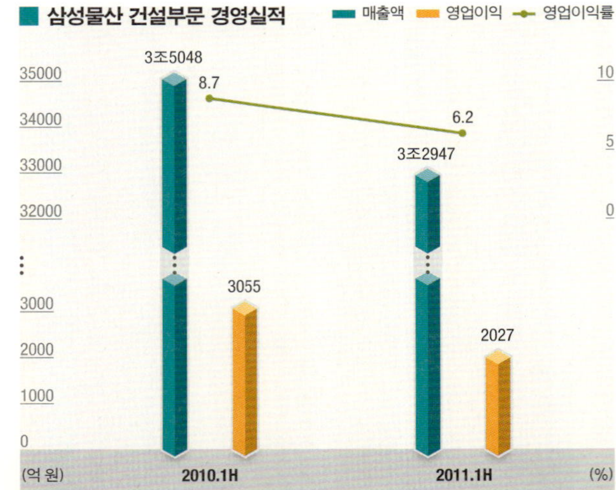

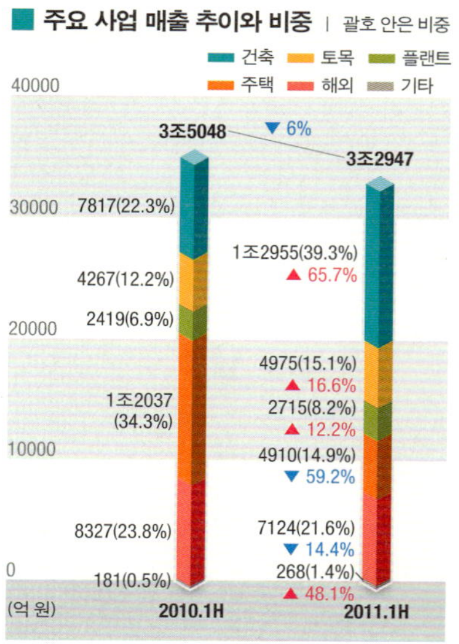
■ 주요 사업 매출 추이와 비중 | 괄호 안은 비중
건축 토목 플랜트
주택 해외 기타
40000
3조5048 ▼ 6%
3조2947
30000
7817(22.3%)
1조2955(39.3%)
▲ 65.7%
4267(12.2%)
2419(6.9%)
4975(15.1%)
▲ 16.6%
20000
2715(8.2%)
▲ 12.2%
1조2037
(34.3%)
4910(14.9%)
▼ 59.2%
10000
8327(23.8%)
7124(21.6%)
▼ 14.4%
181(0.5%)
268(1.4%)
▲ 48.1%
0
(억 원) 2010.1H 2011.1H

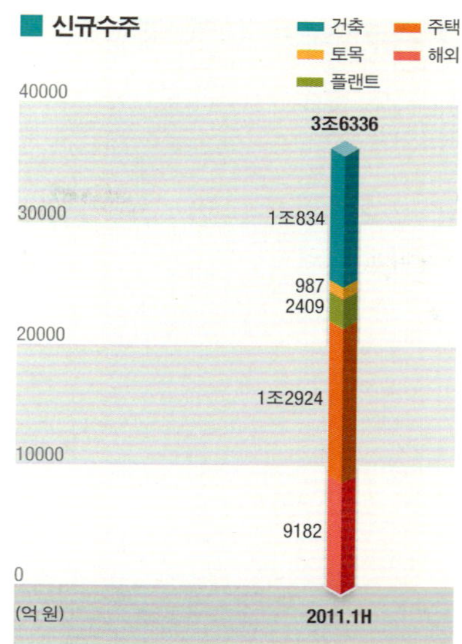
■ 신규수주
건축 주택
토목 해외
플랜트
40000
3조6336
30000
1조834
987
2409
20000
1조2924
10000
9182
0
(억 원) 2011.1H

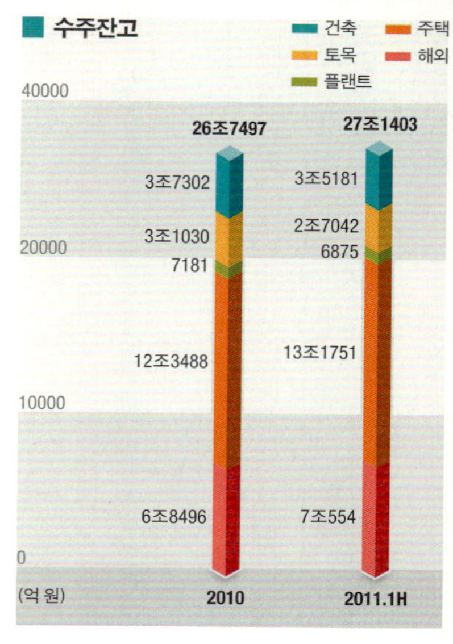
■ 수주잔고
건축 주택
토목 해외
플랜트
40000
26조7497 27조1403
3조7302 3조5181
3조1030 2조7042
7181 6875
20000
12조3488 13조1751
10000
6조8496 7조554
0
(억 원) 2010 2011.1H

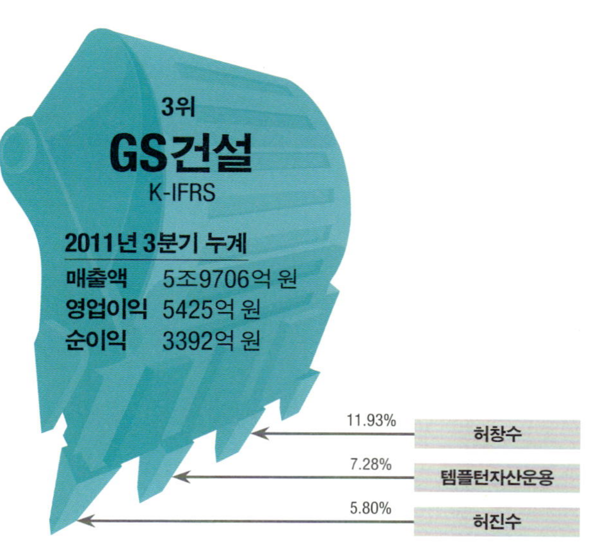
3위
GS건설
K-IFRS
2011년 3분기 누계
매출액 5조9706억 원
영업이익 5425억 원
순이익 3392억 원
11.93% 허창수
7.28% 템플턴자산운용
5.80% 허진수

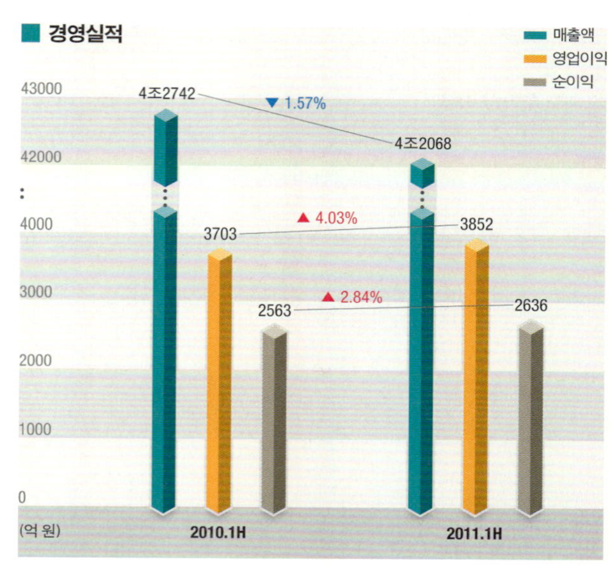
■ 경영실적
매출액
영업이익
순이익
43000
4조2742 ▼ 1.57%
4조2068
42000
4000
3703 ▲ 4.03% 3852
3000
2563 ▲ 2.84% 2636
2000
1000
0
(억 원) 2010.1H 2011.1H

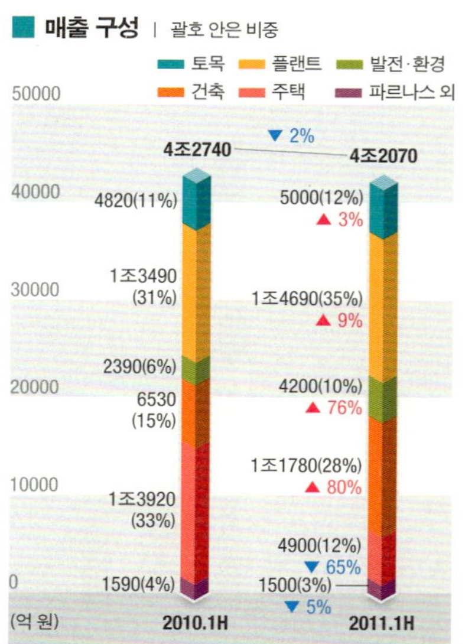
■ 매출 구성 | 괄호 안은 비중
토목 플랜트 발전·환경
건축 주택 파르나스 외
50000
4조2740 ▼ 2% 4조2070
4820(11%)
5000(12%)
▲ 3%
40000
1조3490
(31%)
1조4690(35%)
▲ 9%
2390(6%)
30000
6530
(15%)
4200(10%)
▲ 76%
20000
1조1780(28%)
▲ 80%
1조3920
(33%)
10000
4900(12%)
▼ 65%
1590(4%)
1500(3%)
▼ 5%
0
(억 원) 2010.1H 2011.1H

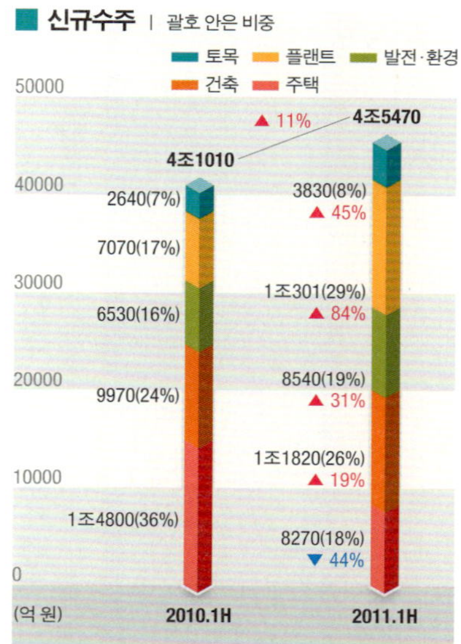
■ 신규수주 | 괄호 안은 비중
토목 플랜트 발전·환경
건축 주택
50000
▲ 11% 4조5470
4조1010
2640(7%)
3830(8%)
▲ 45%
40000
7070(17%)
1조301(29%)
▲ 84%
30000
6530(16%)
8540(19%)
▲ 31%
20000
9970(24%)
1조1820(26%)
▲ 19%
10000
1조4800(36%)
8270(18%)
▼ 44%
0
(억 원) 2010.1H 2011.1H

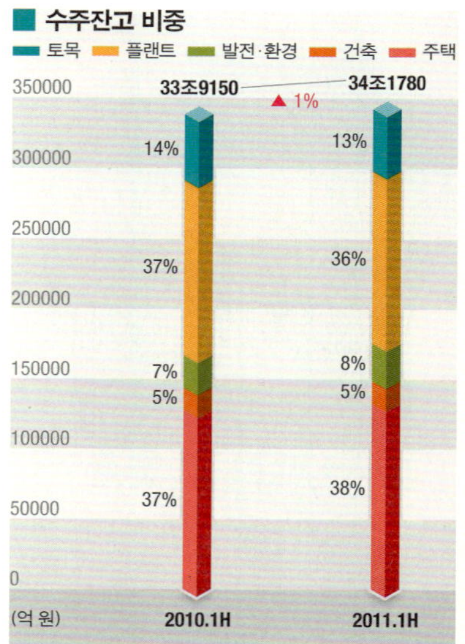
■ 수주잔고 비중
토목 플랜트 발전·환경 건축 주택
350000
33조9150 ▲ 1% 34조1780
14% 13%
300000
250000
37% 36%
200000
150000
7% 8%
5% 5%
100000
50000
37% 38%
0
(억 원) 2010.1H 2011.1H

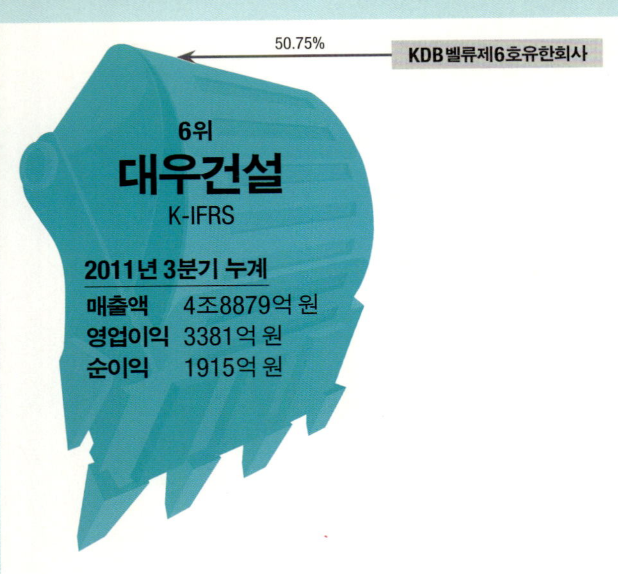

50.75%
KDB벨류제6호유한회사
6위
대우건설
K-IFRS
2011년 3분기 누계
매출액   4조8879억 원
영업이익 3381억 원
순이익   1915억 원

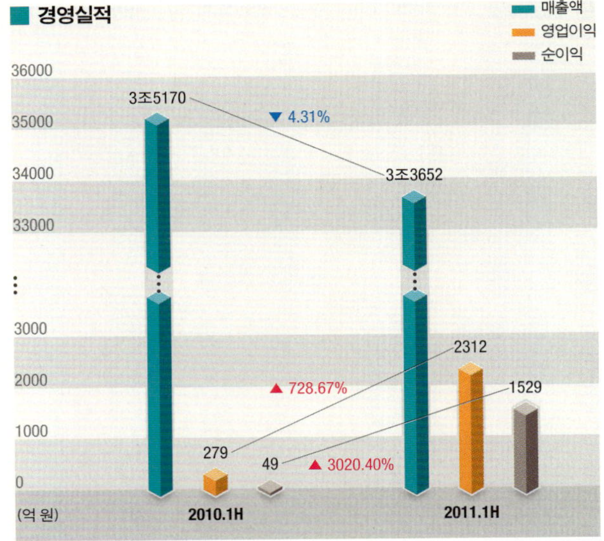

■ 경영실적
매출액
영업이익
순이익
36000
35000
34000
33000
3000
2000
1000
0
3조5170
▼ 4.31%
3조3652
2312
▲ 728.67%
1529
279
49
▲ 3020.40%
(억 원)
2010.1H
2011.1H

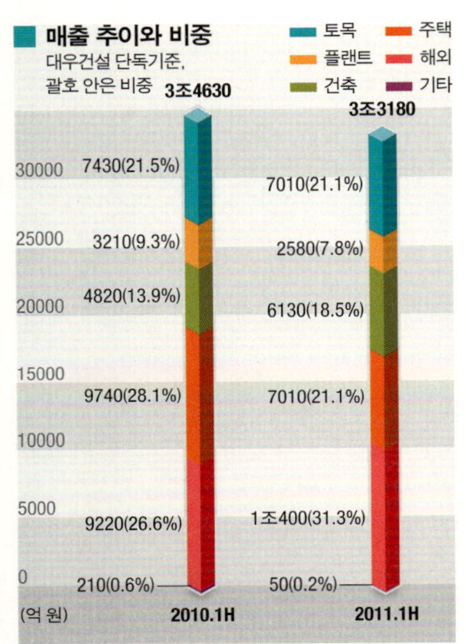

■ 매출 추이와 비중
대우건설 단독기준,
괄호 안은 비중
토목 주택
플랜트 해외
건축 기타
3조4630
3조3180
7430(21.5%)
7010(21.1%)
3210(9.3%)
2580(7.8%)
4820(13.9%)
6130(18.5%)
9740(28.1%)
7010(21.1%)
9220(26.6%)
1조400(31.3%)
210(0.6%)
50(0.2%)
(억 원)
2010.1H
2011.1H

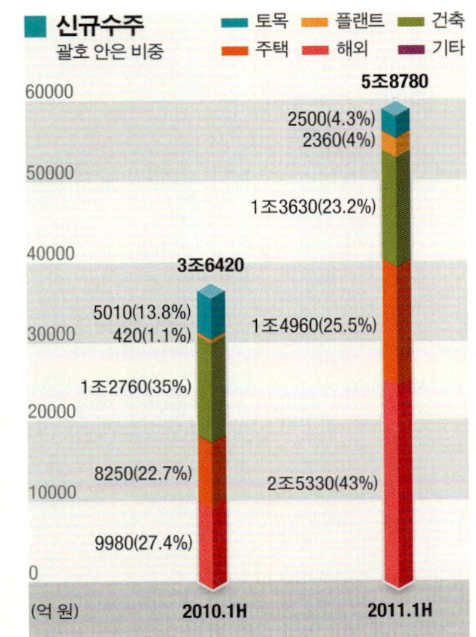

■ 신규수주
괄호 안은 비중
토목 플랜트 건축
주택 해외 기타
5조8780
2500(4.3%)
2360(4%)
1조3630(23.2%)
3조6420
5010(13.8%)
420(1.1%)
1조4960(25.5%)
1조2760(35%)
8250(22.7%)
2조5330(43%)
9980(27.4%)
(억 원)
2010.1H
2011.1H

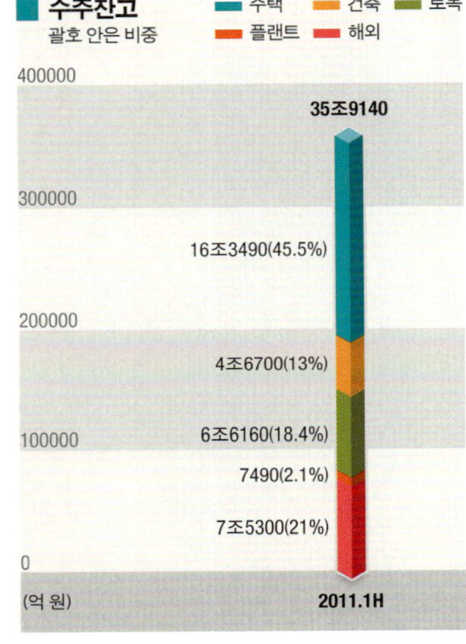

■ 수주잔고
괄호 안은 비중
주택 건축 토목
플랜트 해외
35조9140
16조3490(45.5%)
4조6700(13%)
6조6160(18.4%)
7490(2.1%)
7조5300(21%)
(억 원)
2011.1H

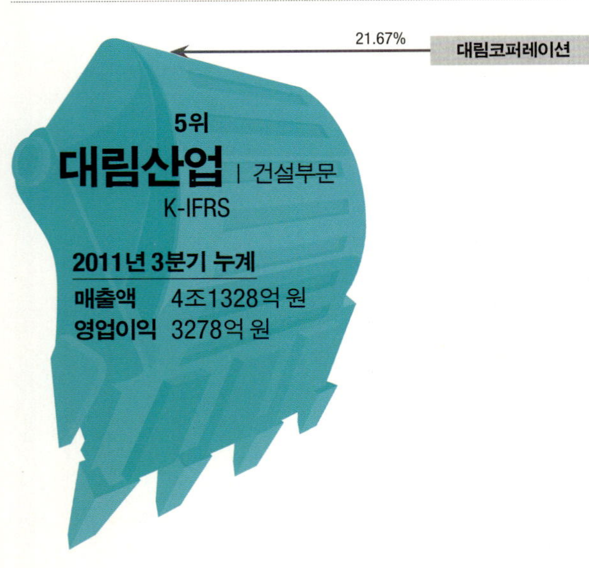

21.67%
대림코퍼레이션
5위
대림산업 | 건설부문
K-IFRS
2011년 3분기 누계
매출액   4조1328억 원
영업이익 3278억 원

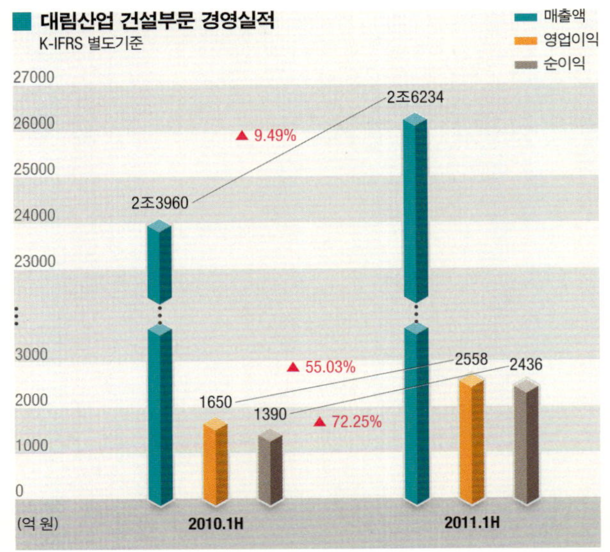

■ 대림산업 건설부문 경영실적
K-IFRS 별도기준
매출액
영업이익
순이익
27000
26000
25000
24000
23000
3000
2000
1000
0
2조6234
▲ 9.49%
2조3960
2558
2436
1650
1390
▲ 55.03%
▲ 72.25%
(억 원)
2010.1H
2011.1H

■ 신규수주
K-IFRS 별도기준, 괄호 안은 비중

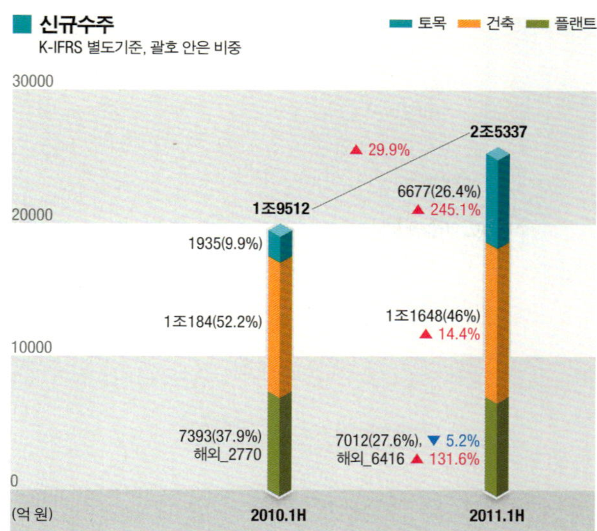

■ 건설부문과 석유화학부문 매출 비중 추이

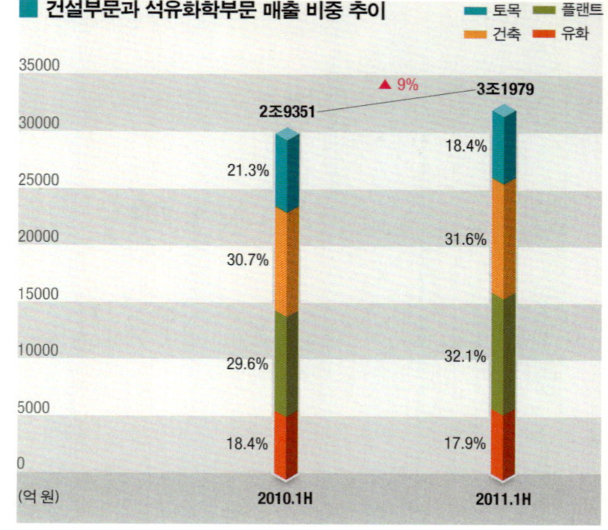

■ 경영실적

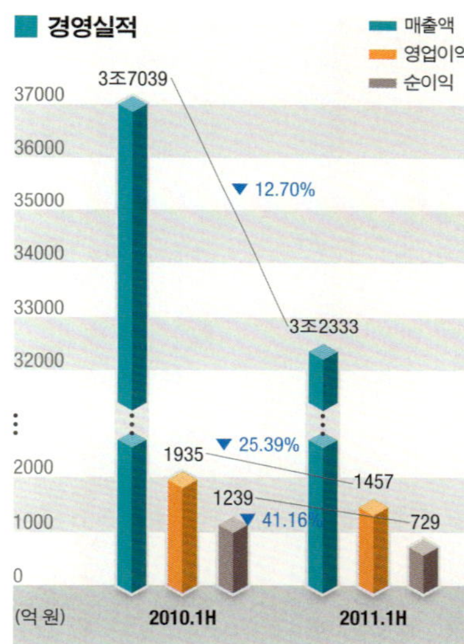

■ 주요 사업 매출과 비중 추이
괄호 안은 비중

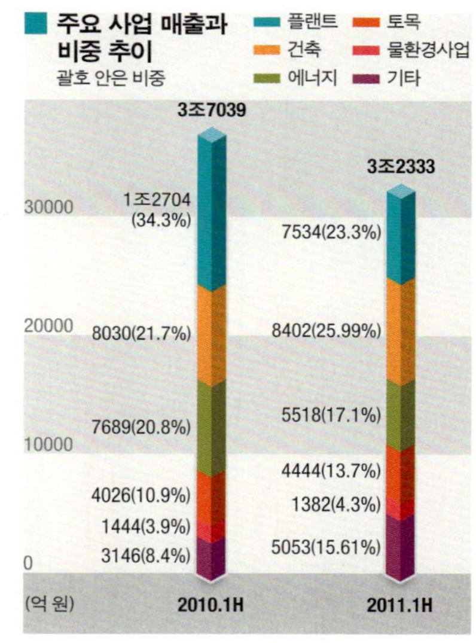

■ 경영실적

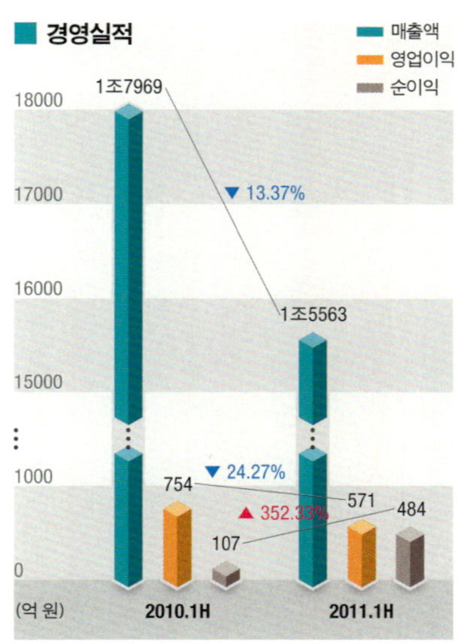

■ 매출 비중
괄호 안은 비중

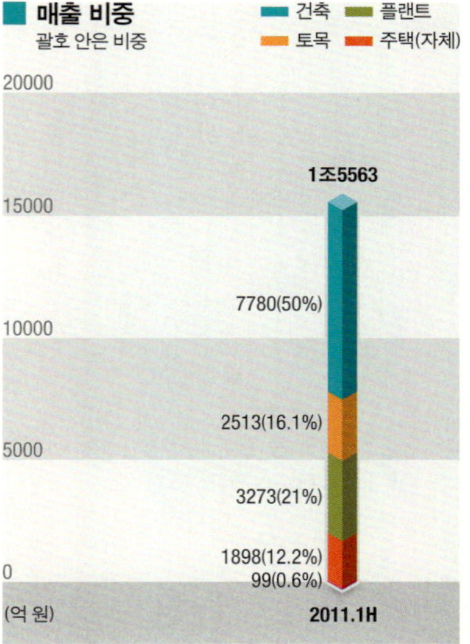

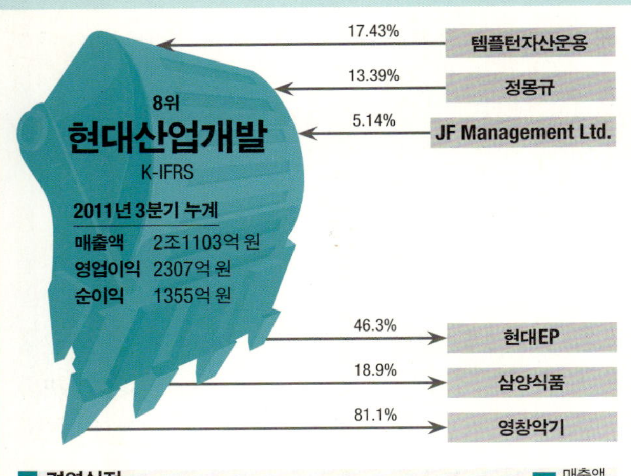

17.43%
템플턴자산운용
13.39%
정몽규
5.14%
JF Management Ltd.
8위
현대산업개발
K-IFRS
2011년 3분기 누계
매출액 2조1103억 원
영업이익 2307억 원
순이익 1355억 원
46.3%
현대EP
18.9%
삼양식품
81.1%
영창악기

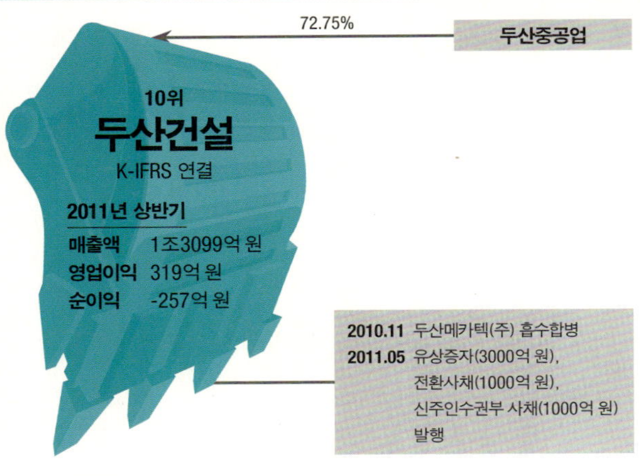

72.75%
두산중공업
10위
두산건설
K-IFRS 연결
2011년 상반기
매출액 1조3099억 원
영업이익 319억 원
순이익 -257억 원
2010.11 두산메카텍(주) 흡수합병
2011.05 유상증자(3000억 원),
전환사채(1000억 원),
신주인수권부 사채(1000억 원)
발행

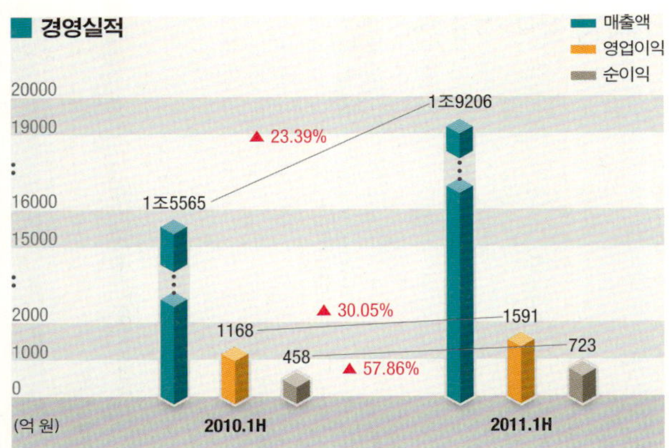

■ 경영실적
매출액
영업이익
순이익
(억 원)
20000
19000
16000
15000
2000
1000
0
1조5565
1조9206
▲ 23.39%
1168
458
▲ 30.05%
1591
723
▲ 57.86%
2010.1H
2011.1H

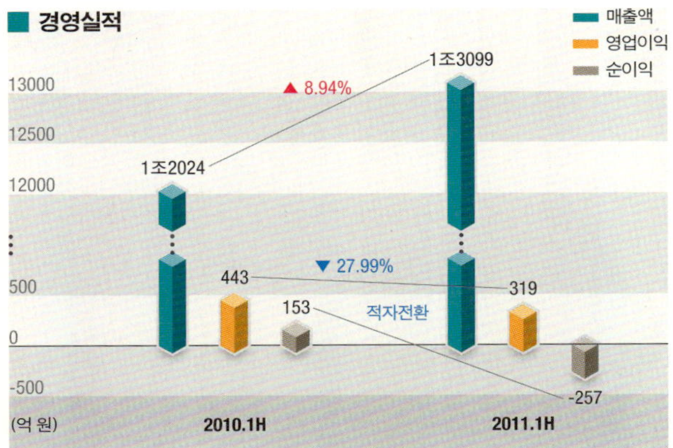

■ 경영실적
매출액
영업이익
순이익
(억 원)
13000
12500
12000
500
0
-500
1조2024
1조3099
▲ 8.94%
443
153
▼ 27.99%
적자전환
319
-257
2010.1H
2011.1H

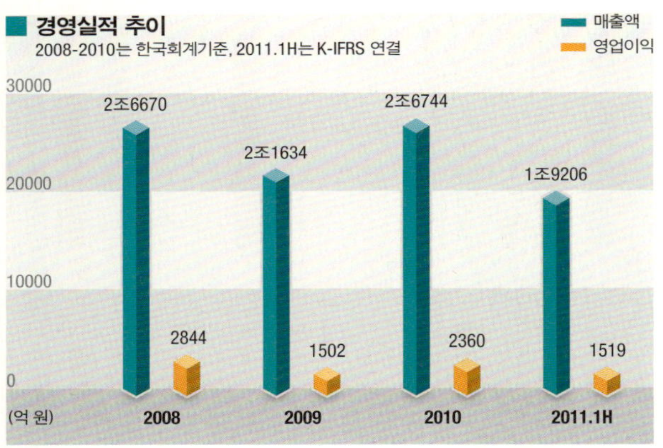

■ 경영실적 추이
2008-2010는 한국회계기준, 2011.1H는 K-IFRS 연결
매출액
영업이익
(억 원)
30000
20000
10000
0
2조6670
2844
2008
2조1634
1502
2009
2조6744
2360
2010
1조9206
1519
2011.1H

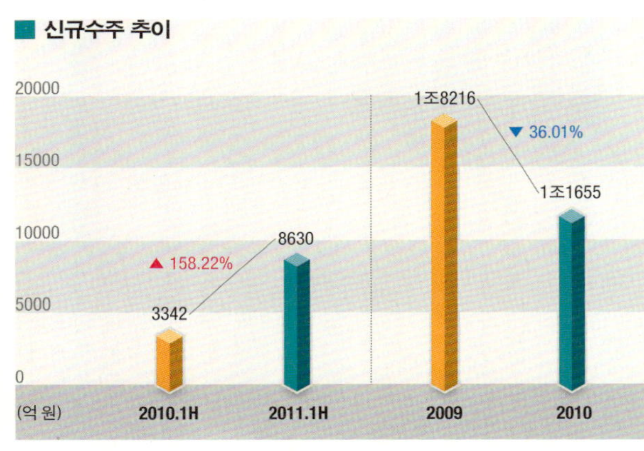

■ 신규수주 추이
매출액
(억 원)
20000
15000
10000
5000
0
▲ 158.22%
3342
8630
2010.1H
2011.1H
1조8216
▼ 36.01%
1조1655
2009
2010

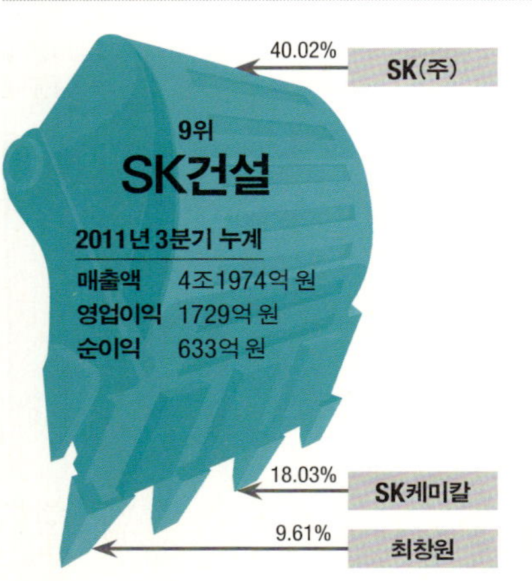

40.02%
SK(주)
9위
SK건설
2011년 3분기 누계
매출액 4조1974억 원
영업이익 1729억 원
순이익 633억 원
18.03%
SK케미칼
9.61%
최창원

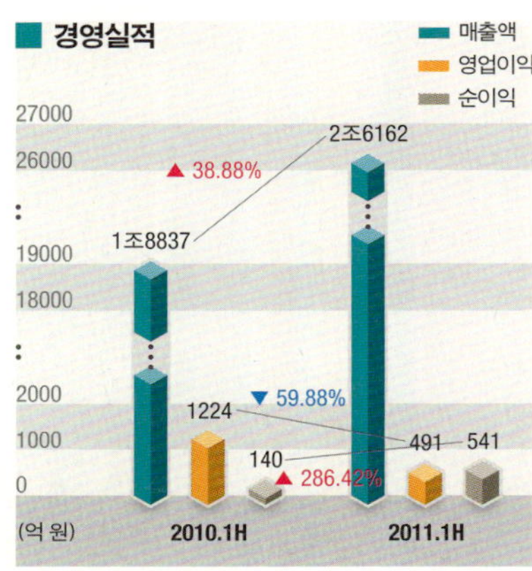

■ 경영실적
매출액
영업이익
순이익
(억 원)
27000
26000
19000
18000
2000
1000
0
1조8837
2조6162
▲ 38.88%
1224
140
▼ 59.88%
▲ 286.42%
491
541
2010.1H
2011.1H

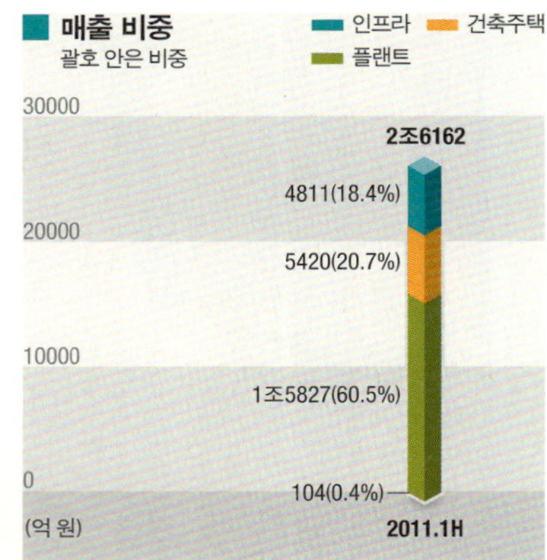

■ 매출 비중
괄호 안은 비중
인프라
건축주택
플랜트
(억 원)
30000
20000
10000
2조6162
4811(18.4%)
5420(20.7%)
1조5827(60.5%)
104(0.4%)
2011.1H

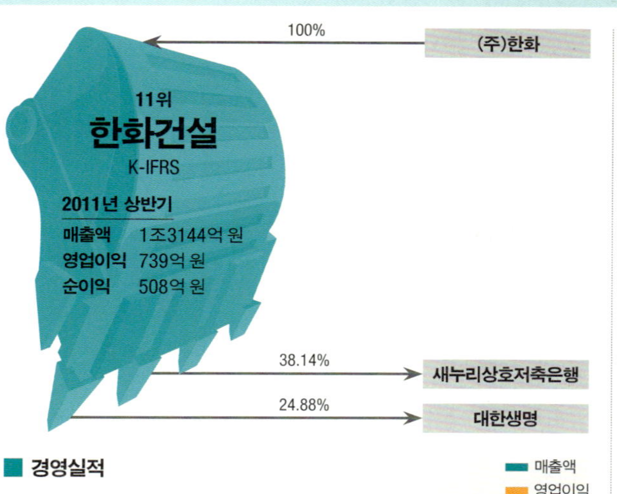
100%
(주)한화
11위
한화건설
K-IFRS
2011년 상반기
매출액   1조3144억 원
영업이익   739억 원
순이익   508억 원
38.14%
새누리상호저축은행
24.88%
대한생명

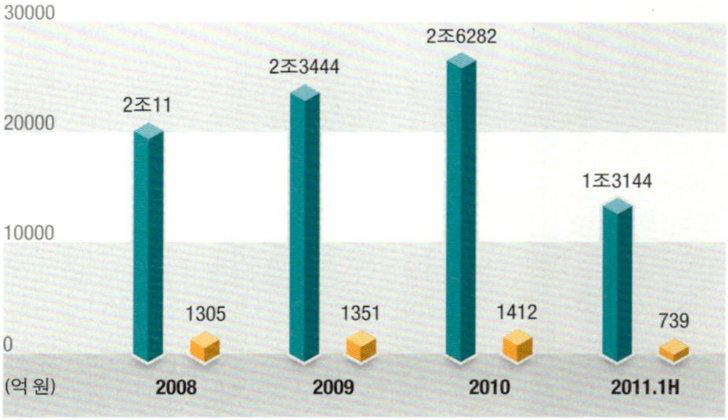

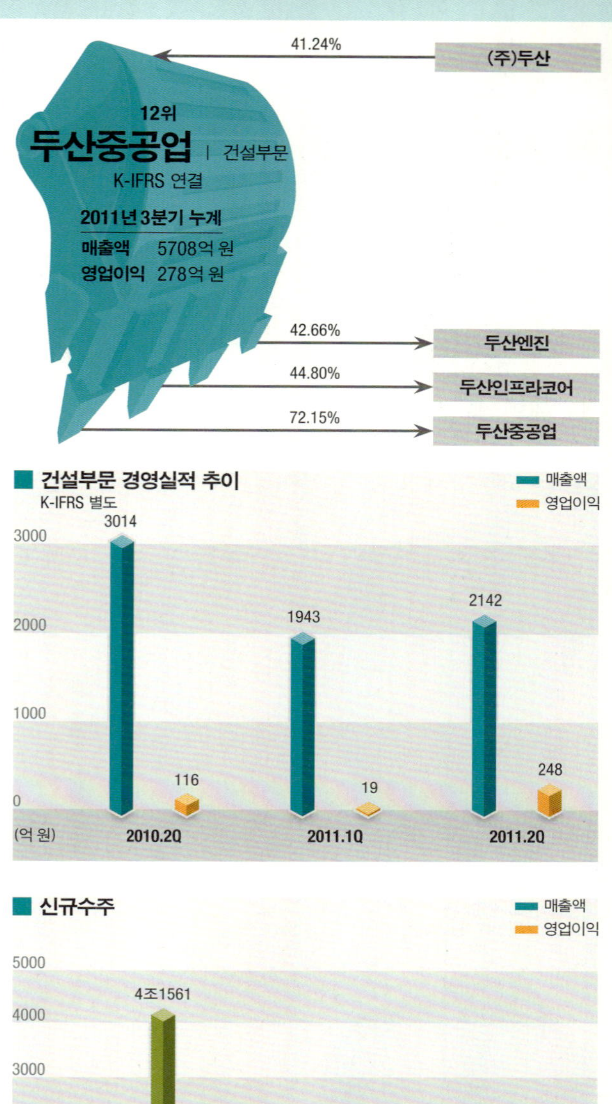
41.24%
(주)두산
12위
두산중공업 | 건설부문
K-IFRS 연결
2011년 3분기 누계
매출액   5708억 원
영업이익   278억 원
42.66%
두산엔진
44.80%
두산인프라코어
72.15%
두산중공업

■ 경영실적
■ 매출액
■ 영업이익
■ 순이익
14000
13000
12000
1000
0
1조2839
▲ 2.37%
1조3144
628
449
▲ 17.67%
739
508
▲ 13.14%
(억 원)
2010.1H
2011.1H

■ 건설부문 경영실적 추이
K-IFRS 별도
■ 매출액
■ 영업이익
3000
2000
1000
0
3014
1943
2142
116
19
248
(억 원)
2010.2Q
2011.1Q
2011.2Q

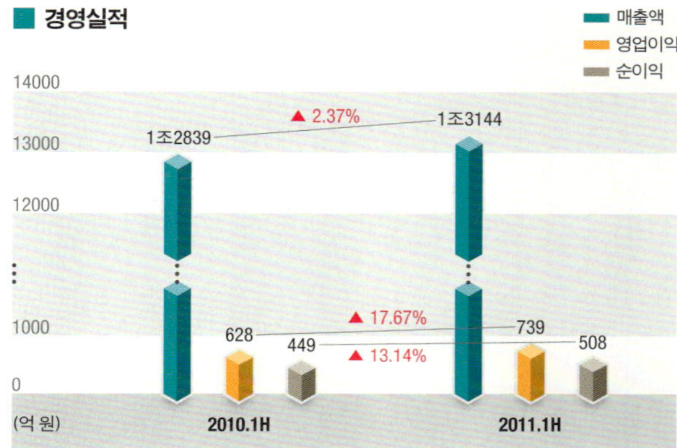
■ 경영실적 추이
2008-2010는 한국회계기준, 2011.1H는 K-IFRS 적용
■ 매출액
■ 영업이익
30000
20000
10000
0
2조11
2조3444
2조6282
1조3144
1305
1351
1412
739
(억 원)
2008
2009
2010
2011.1H

■ 신규수주
■ 매출액
■ 영업이익
5000
4000
3000
2000
1000
0
4조1561
8511
7593
(억 원)
2010.2Q
2011.1Q
2011.2Q

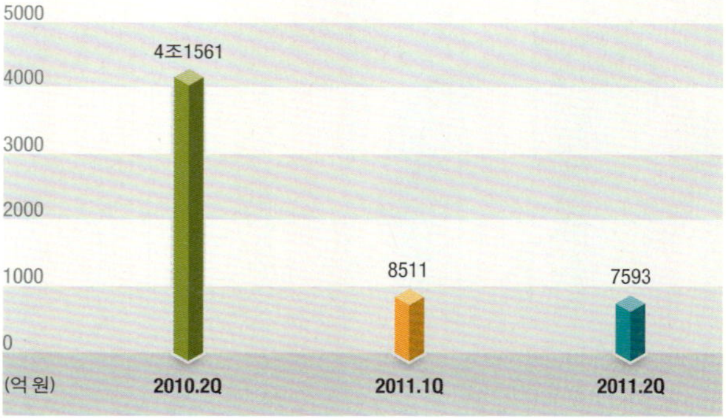

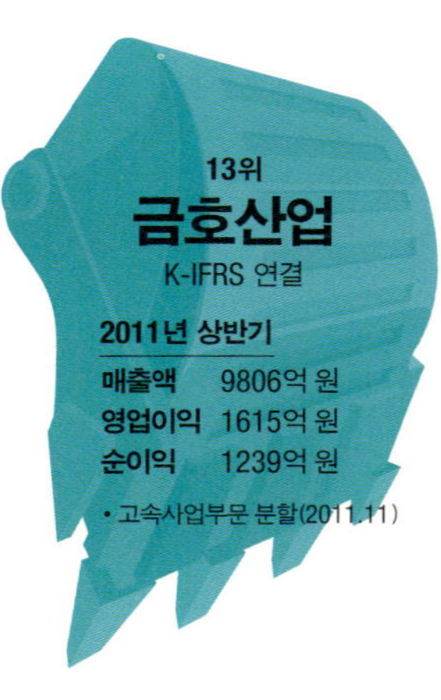
13위
금호산업
K-IFRS 연결
2011년 상반기
매출액   9806억 원
영업이익   1615억 원
순이익   1239억 원
• 고속사업부문 분할(2011.11)

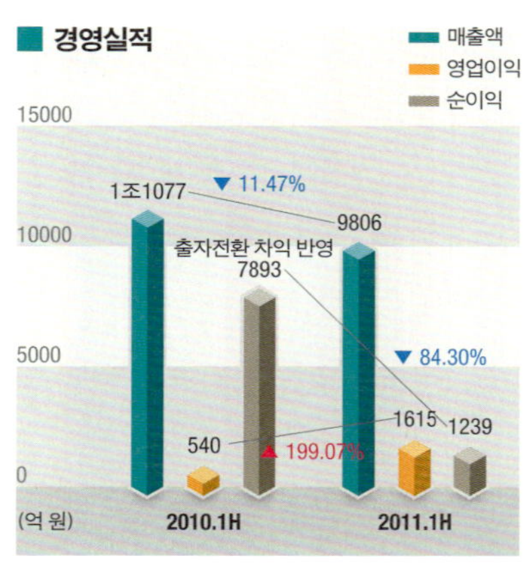
■ 경영실적
■ 매출액
■ 영업이익
■ 순이익
15000
10000
5000
0
1조1077
▼ 11.47%
9806
출자전환 차익 반영
7893
540
▲ 199.07%
1615
▼ 84.30%
1239
(억 원)
2010.1H
2011.1H

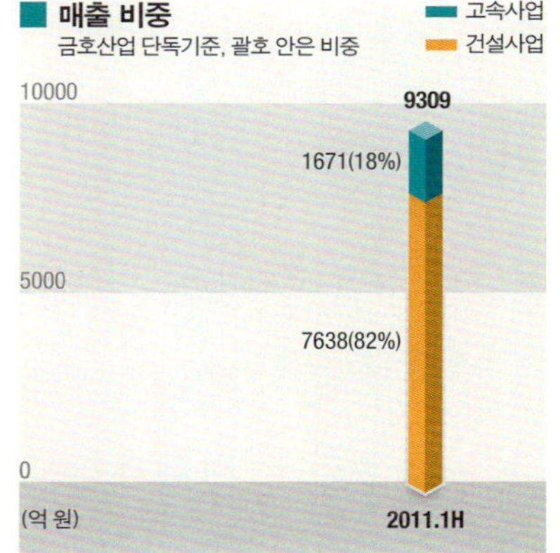
■ 매출 비중
금호산업 단독기준, 괄호 안은 비중
■ 고속사업
■ 건설사업
10000
5000
0
9309
1671(18%)
7638(82%)
(억 원)
2011.1H

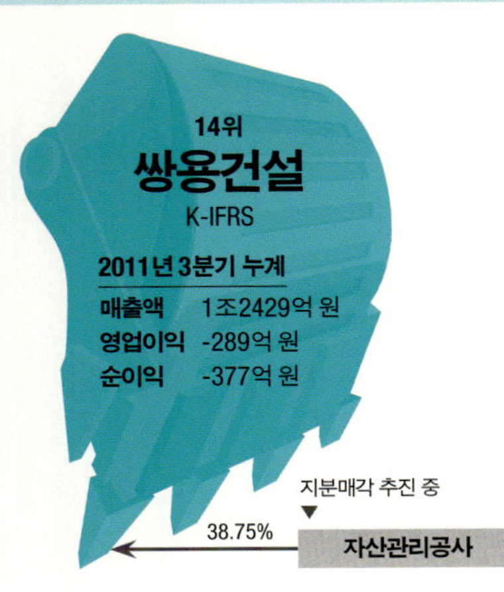

14위
쌍용건설
K-IFRS
2011년 3분기 누계
매출액   1조2429억 원
영업이익   -289억 원
순이익   -377억 원
지분매각 추진 중
38.75%
자산관리공사

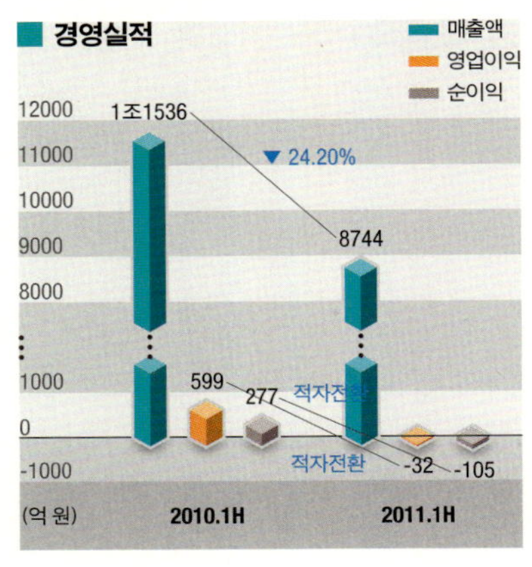

경영실적
매출액
영업이익
순이익
12000
11000
10000
9000
8000
1000
0
-1000
1조1536
▼ 24.20%
8744
599
277
적자전환
적자전환
-32
-105
(억 원)
2010.1H
2011.1H

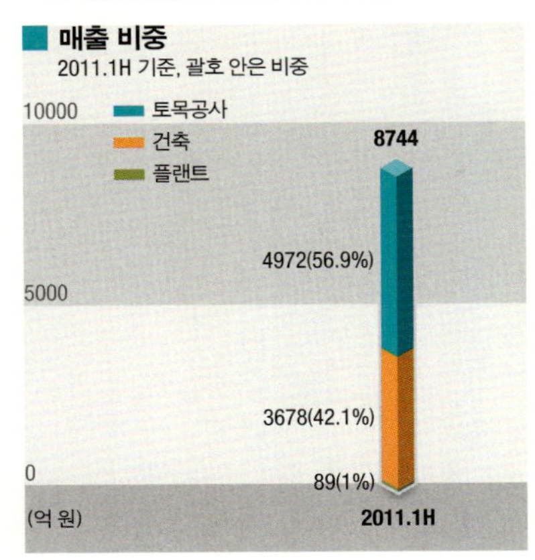

매출 비중
2011.1H 기준, 괄호 안은 비중
토목공사
건축
플랜트
10000
5000
0
8744
4972(56.9%)
3678(42.1%)
89(1%)
(억 원)
2011.1H

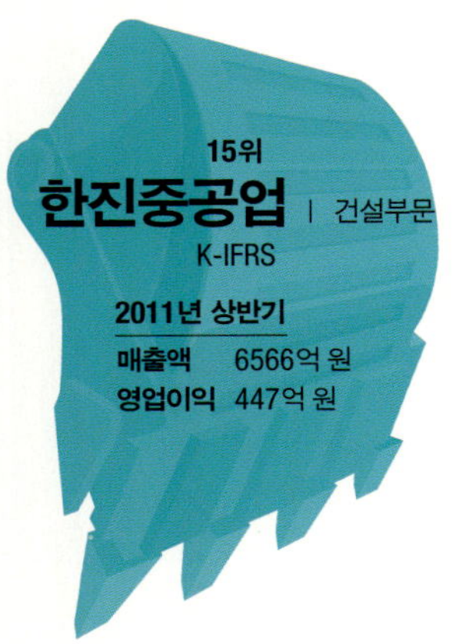

15위
한진중공업 | 건설부문
K-IFRS
2011년 상반기
매출액   6566억 원
영업이익   447억 원

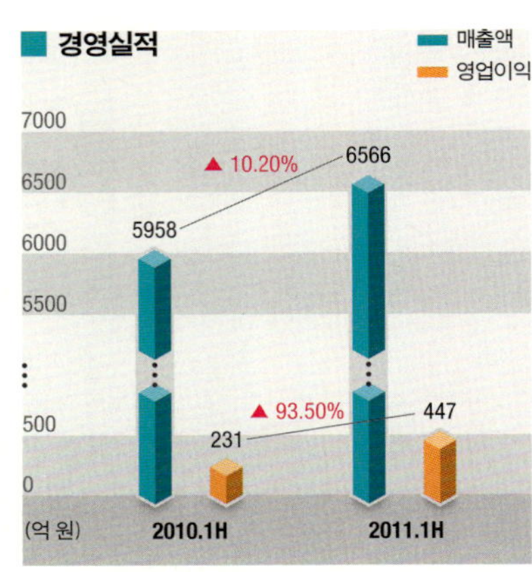

경영실적
매출액
영업이익
7000
6500
6000
5500
500
0
5958
▲ 10.20%
6566
231
▲ 93.50%
447
(억 원)
2010.1H
2011.1H

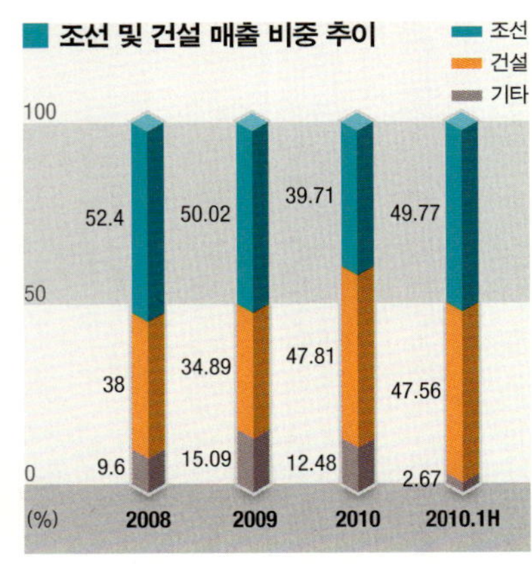

조선 및 건설 매출 비중 추이
조선
건설
기타
100
50
0
52.4
50.02
39.71
49.77
38
34.89
47.81
47.56
9.6
15.09
12.48
2.67
(%)
2008
2009
2010
2010.1H

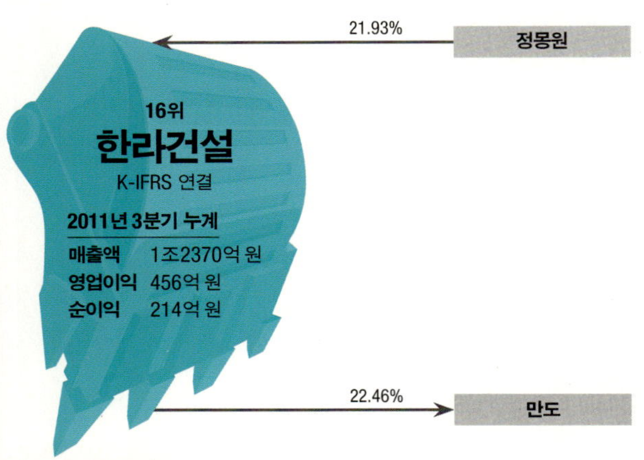

21.93%
정몽원
16위
한라건설
K-IFRS 연결
2011년 3분기 누계
매출액   1조2370억 원
영업이익   456억 원
순이익   214억 원
22.46%
만도

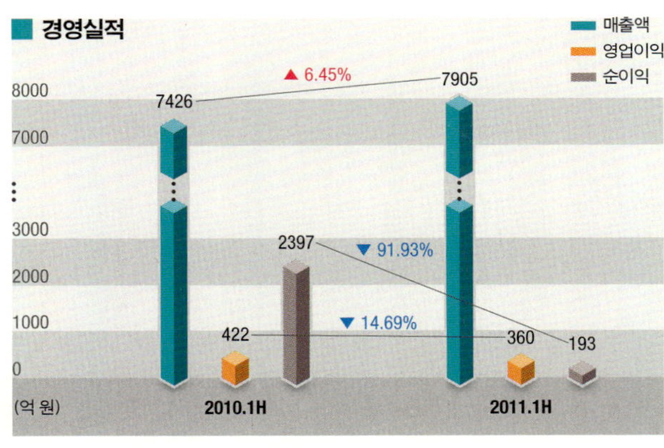

경영실적
매출액
영업이익
순이익
8000
7000
3000
2000
1000
0
7426
▲ 6.45%
7905
2397
▼ 91.93%
422
▼ 14.69%
360
193
(억 원)
2010.1H
2011.1H

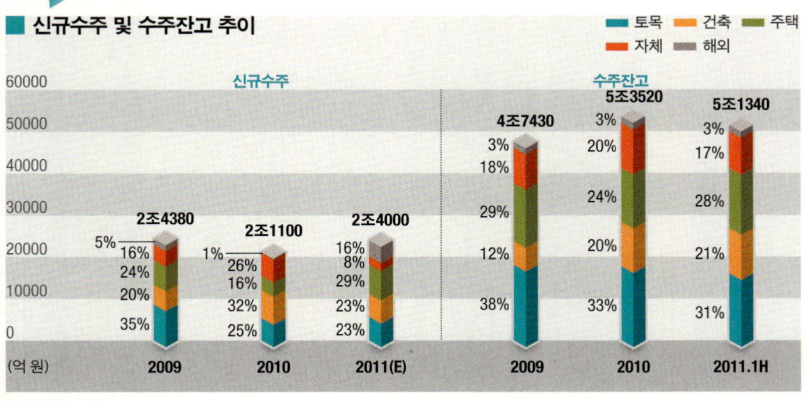

신규수주 및 수주잔고 추이
토목   건축   주택
자체   해외
60000
50000
40000
30000
20000
10000
0
신규수주
수주잔고
2조4380
5%
16%
24%
20%
35%
2조1100
1%
26%
16%
32%
25%
2조4000
16%
8%
29%
23%
23%
4조7430
3%
18%
29%
12%
38%
5조3520
3%
20%
24%
20%
33%
5조1340
3%
17%
28%
21%
31%
(억 원)
2009
2010
2011(E)
2009
2010
2011.1H

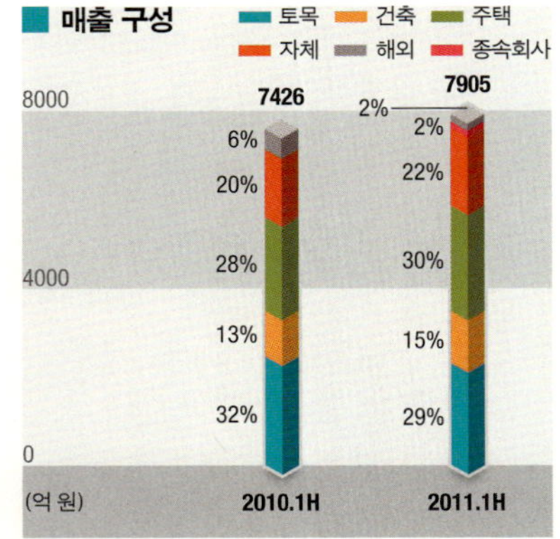

매출 구성
토목   건축   주택
자체   해외   종속회사
8000
4000
0
7426
2%
6%
20%
28%
13%
32%
7905
2%
2%
22%
30%
15%
29%
(억 원)
2010.1H
2011.1H

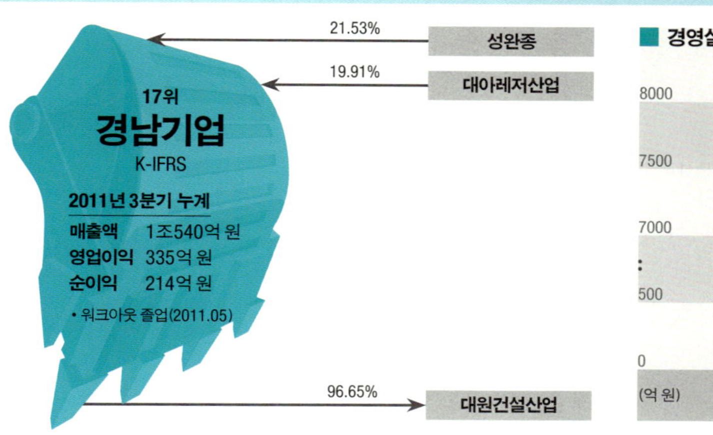

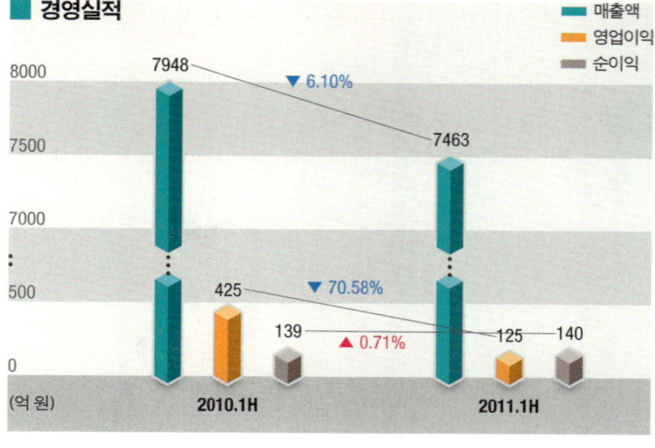

■ 경남기업 해외자원개발 투자 지도 및 지분율

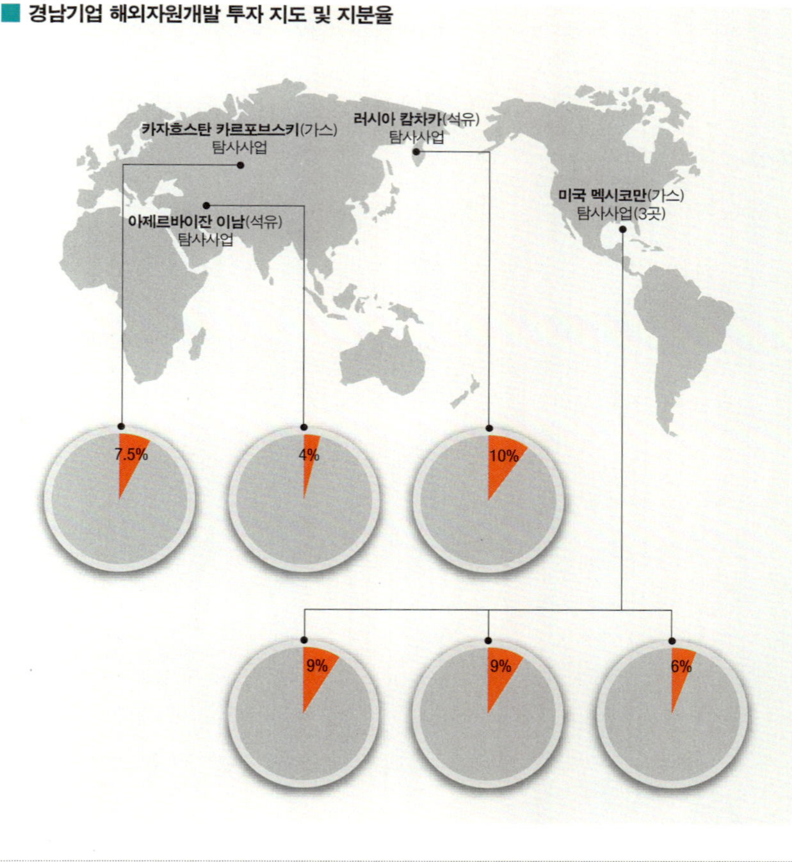

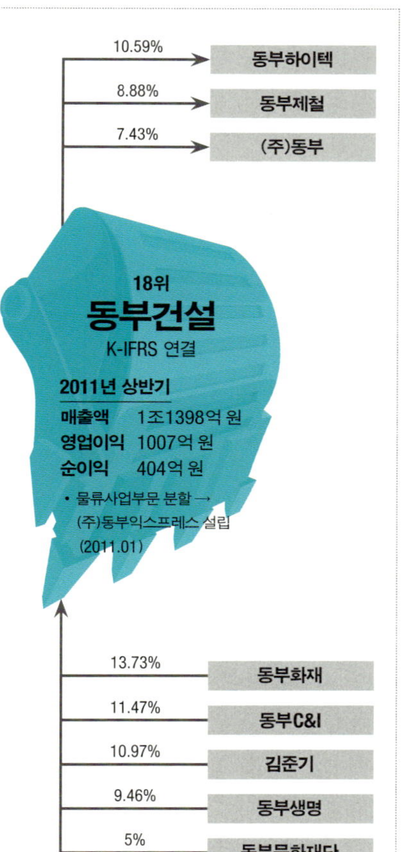

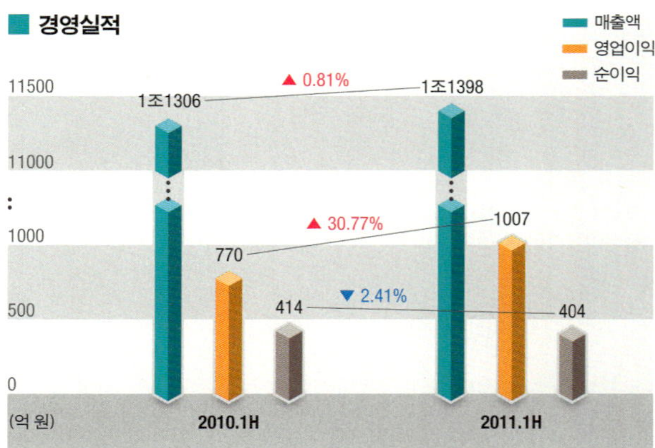

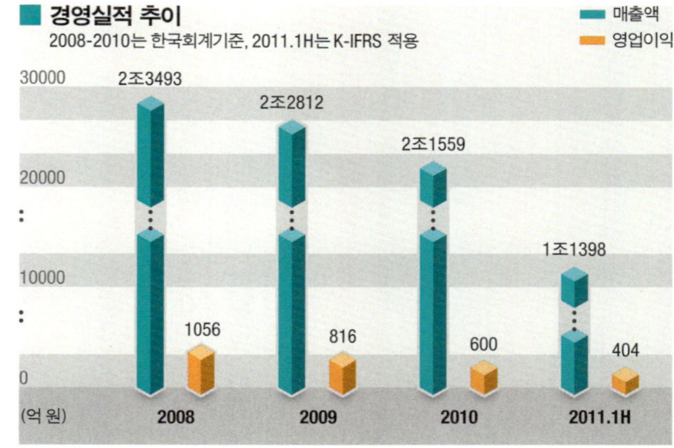

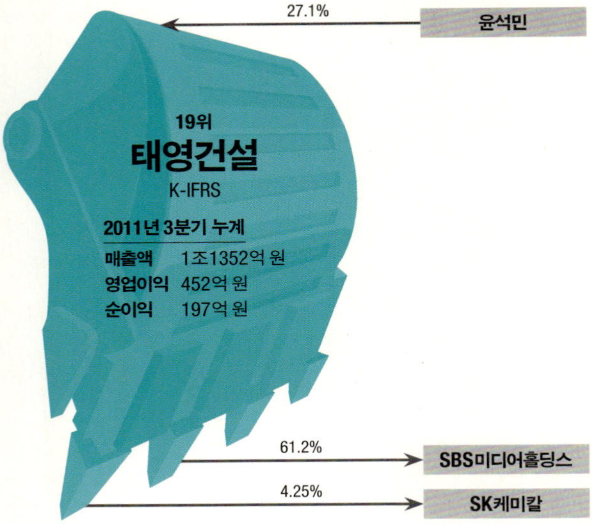

■ 경영실적

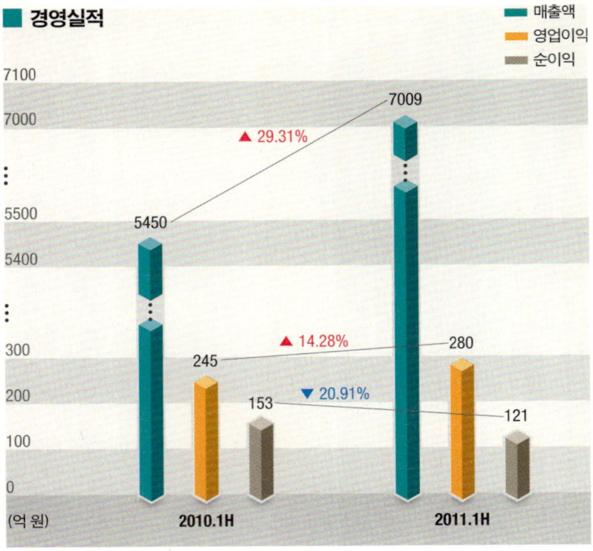

■ 신규수주

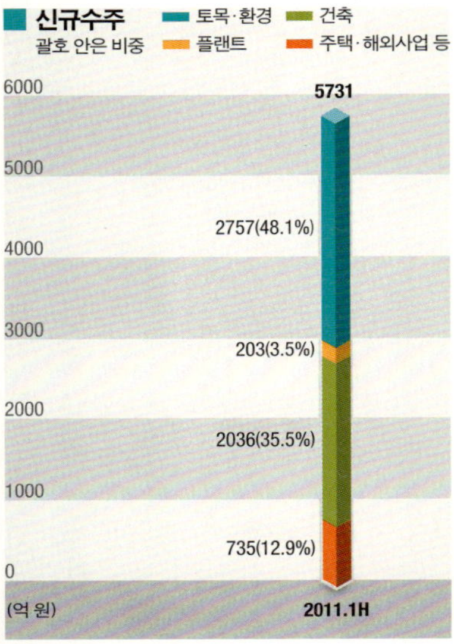

■ 수주잔고 추이

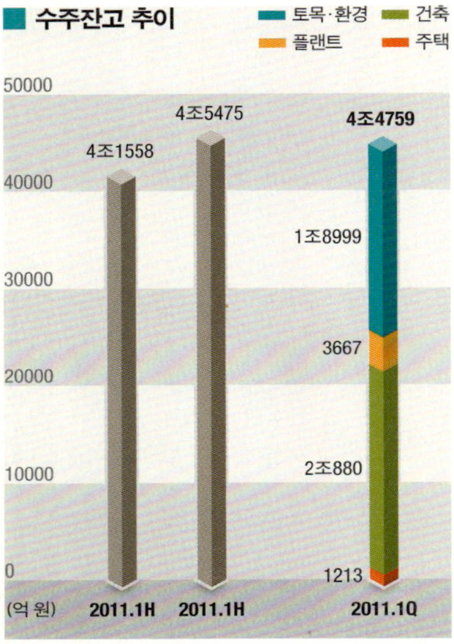

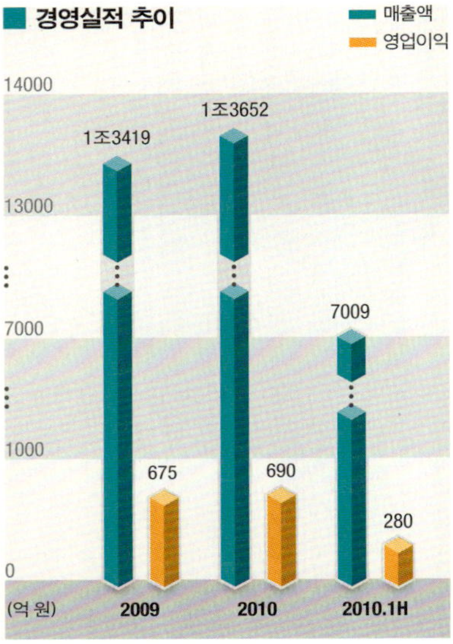

■ 경영실적 추이

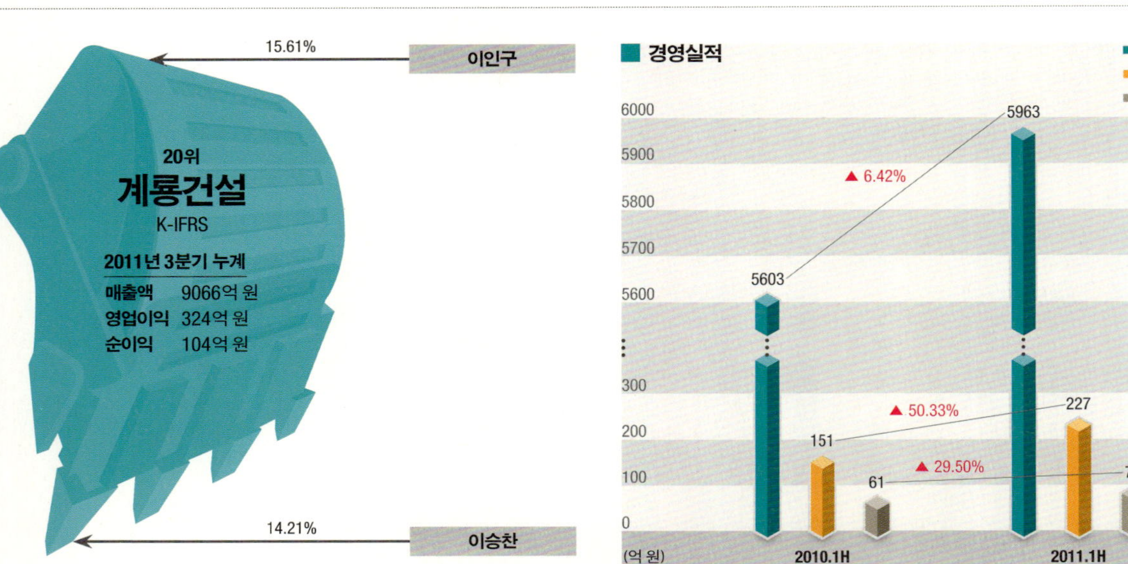

■ 주요 사업 매출 및 비중 추이
괄호 안은 비중

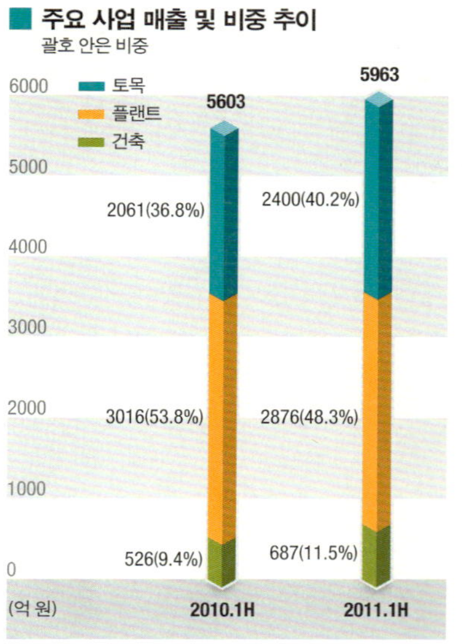

■ 신규수주
괄호 안은 비중

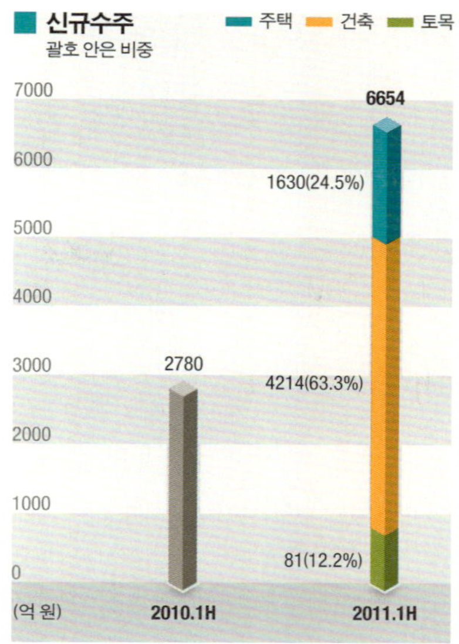

■ 수주잔고
괄호 안은 비중

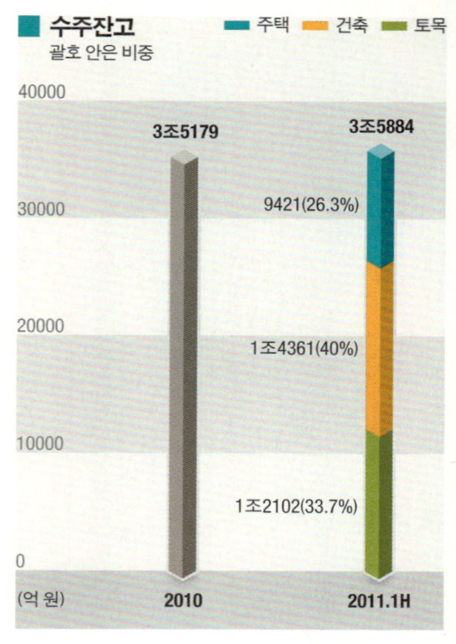

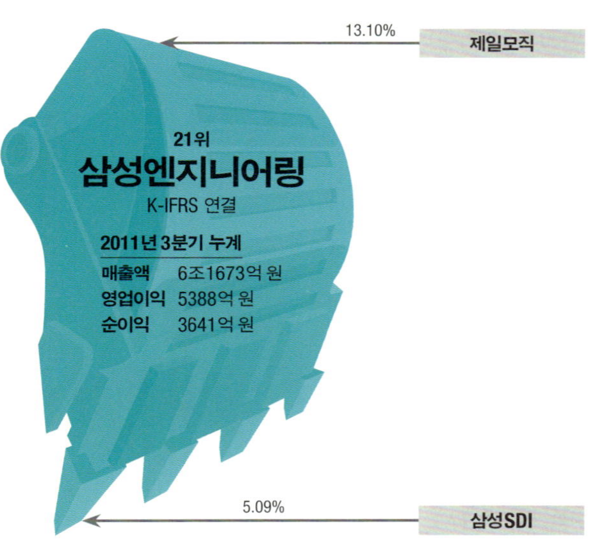

■ 경영실적

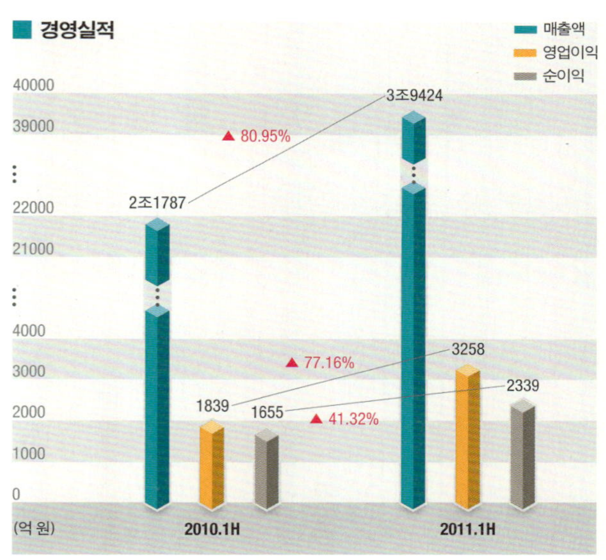

■ 신규수주
괄호 안은 비중

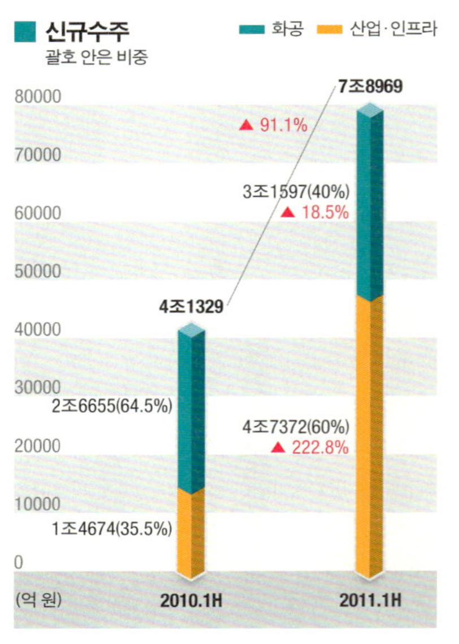

■ 수주잔고

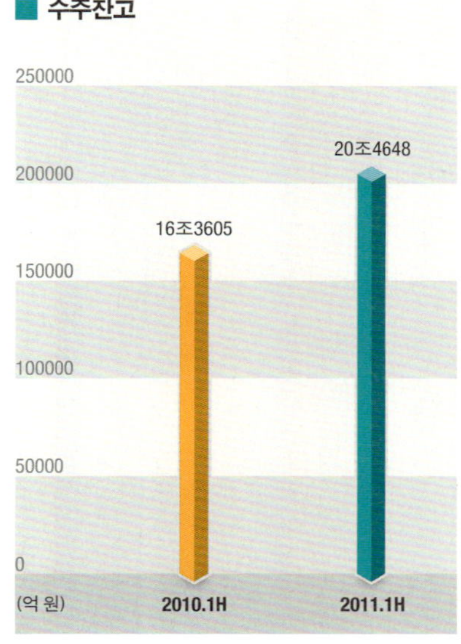

■ 국내외 매출 비중
단위·%

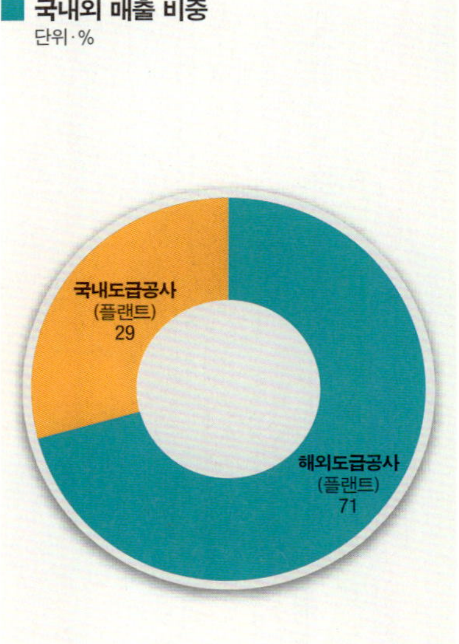

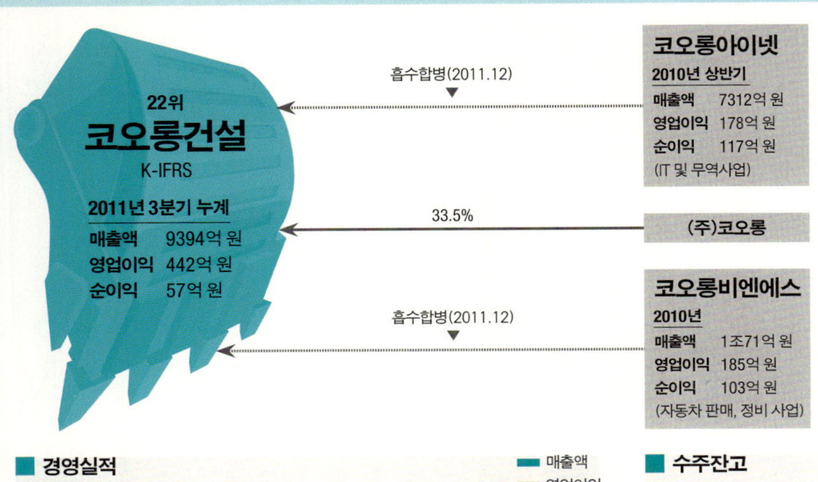
흡수합병(2011.12)
22위
코오롱건설
K-IFRS
2011년 3분기 누계
매출액 9394억 원
영업이익 442억 원
순이익 57억 원
33.5%
코오롱아이넷
2010년 상반기
매출액 7312억 원
영업이익 178억 원
순이익 117억 원
(IT 및 무역사업)
(주)코오롱
흡수합병(2011.12)
코오롱비엔에스
2010년
매출액 1조71억 원
영업이익 185억 원
순이익 103억 원
(자동차 판매, 정비 사업)

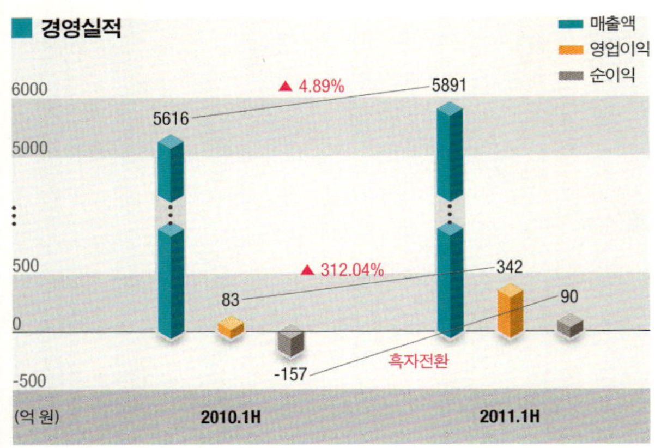
경영실적
매출액
영업이익
순이익
6000
5000
500
0
-500
(억 원)
5616
▲ 4.89%
5891
83
▲ 312.04%
342
90
-157
흑자전환
2010.1H
2011.1H

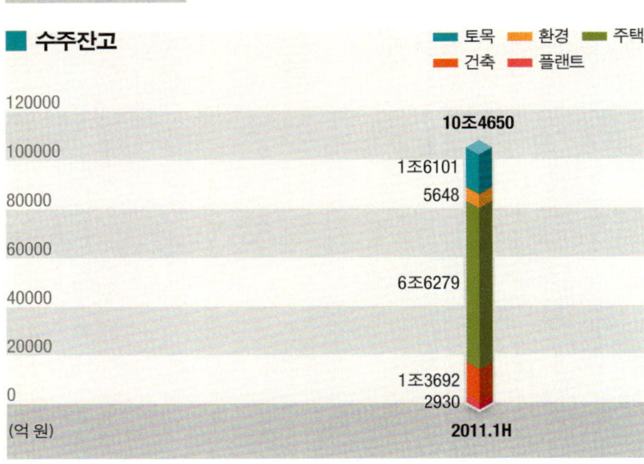
수주잔고
토목 환경 주택
건축 플랜트
120000
100000
80000
60000
40000
20000
0
(억 원)
10조4650
1조6101
5648
6조6279
1조3692
2930
2011.1H

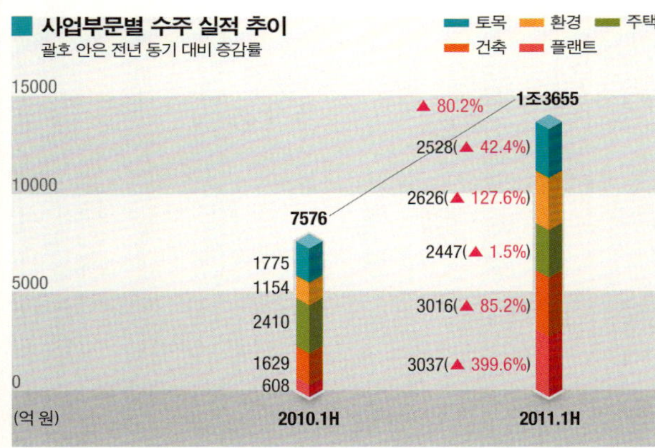
사업부문별 수주 실적 추이
괄호 안은 전년 동기 대비 증감률
토목 환경 주택
건축 플랜트
15000
10000
5000
0
(억 원)
▲ 80.2% 1조3655
7576
2528(▲ 42.4%)
1775
2626(▲ 127.6%)
1154
2447(▲ 1.5%)
2410
3016(▲ 85.2%)
1629
3037(▲ 399.6%)
608
2010.1H
2011.1H

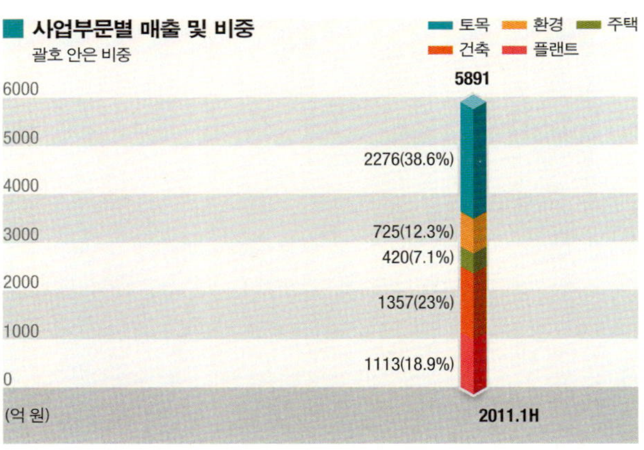
사업부문별 매출 및 비중
괄호 안은 비중
토목 환경 주택
건축 플랜트
6000
5000
4000
3000
2000
1000
0
(억 원)
5891
2276(38.6%)
725(12.3%)
420(7.1%)
1357(23%)
1113(18.9%)
2011.1H

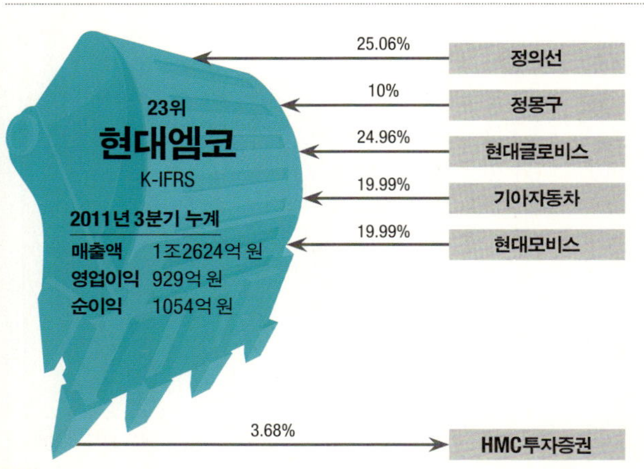
25.06% 정의선
10% 정몽구
23위
현대엠코
K-IFRS
24.96% 현대글로비스
19.99% 기아자동차
19.99% 현대모비스
2011년 3분기 누계
매출액 1조2624억 원
영업이익 929억 원
순이익 1054억 원
3.68% HMC투자증권

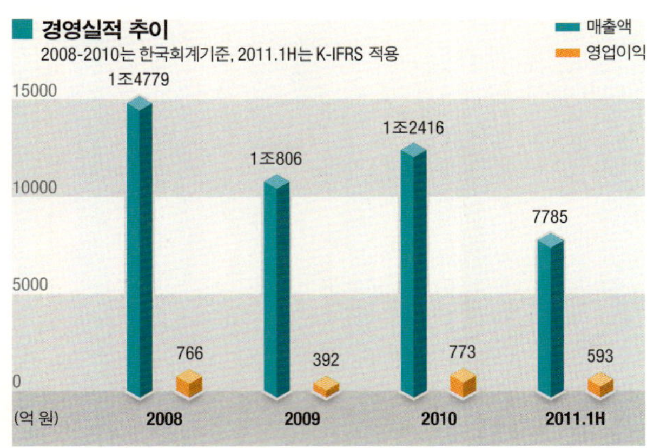
경영실적 추이
2008-2010는 한국회계기준, 2011.1H는 K-IFRS 적용
매출액
영업이익
15000
10000
5000
0
(억 원)
1조4779
1조806
1조2416
7785
766
392
773
593
2008
2009
2010
2011.1H

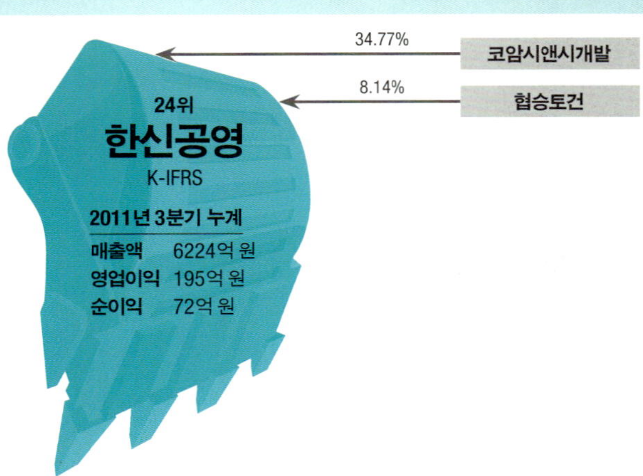

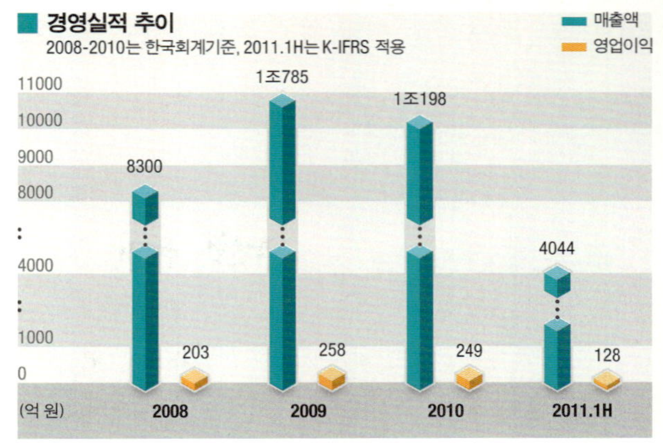

중동건설 시장규모

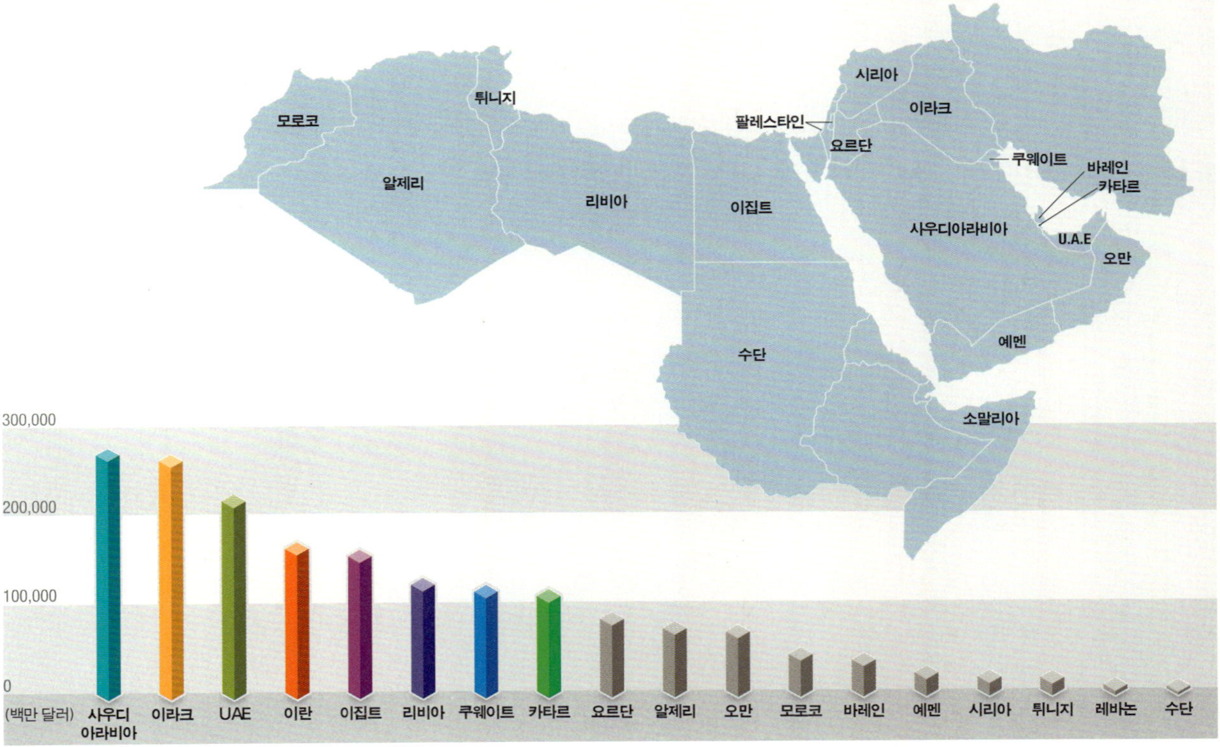

석유화학 플랜트 설비 규모

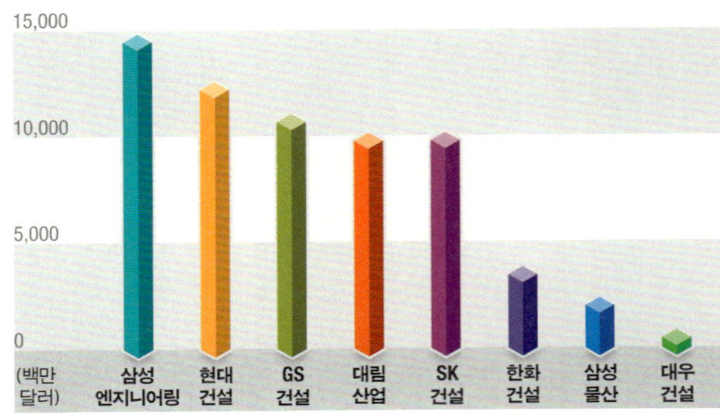

정유시설 설비 규모

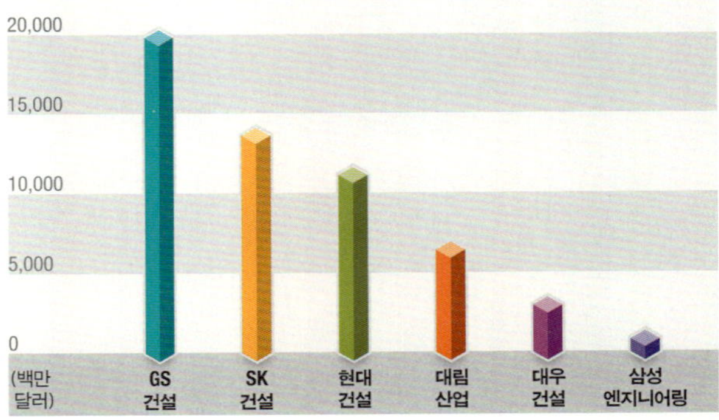

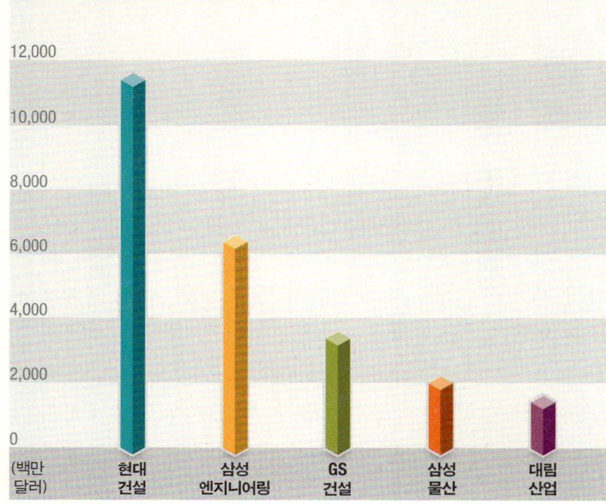

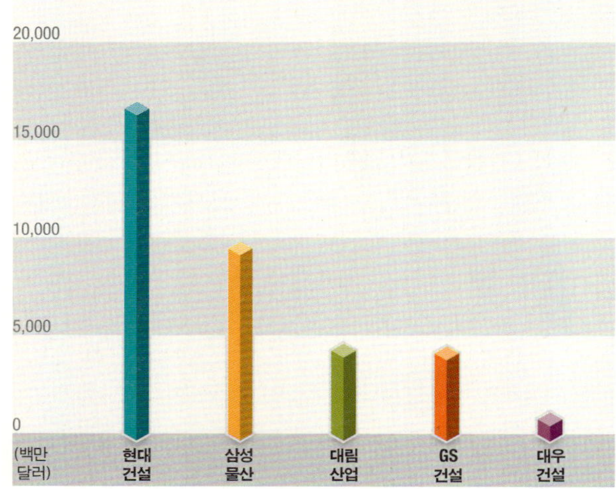

주요 건설업체 PF 잔고 및 지급보증 추이

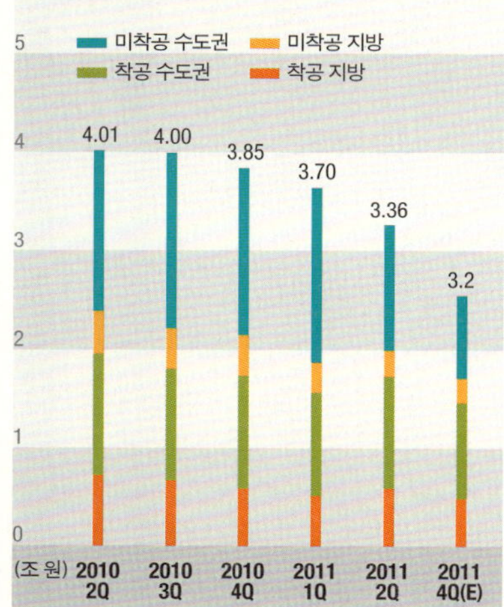

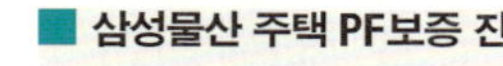

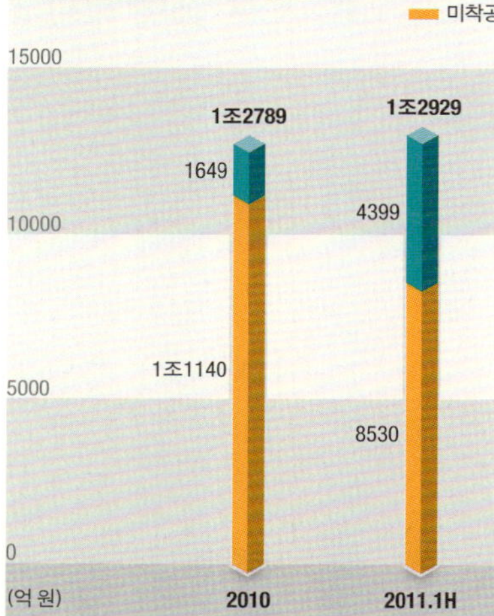

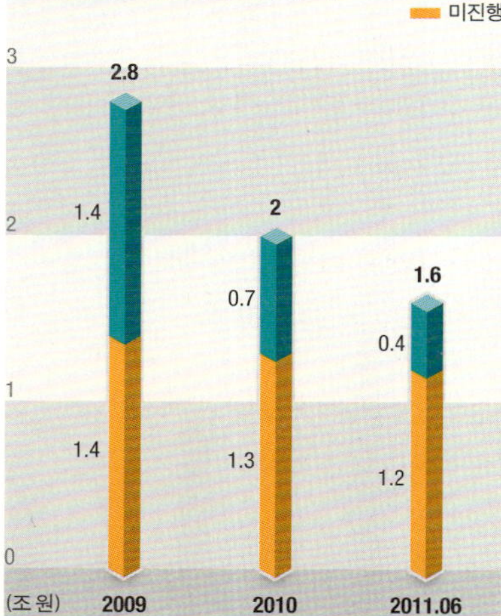

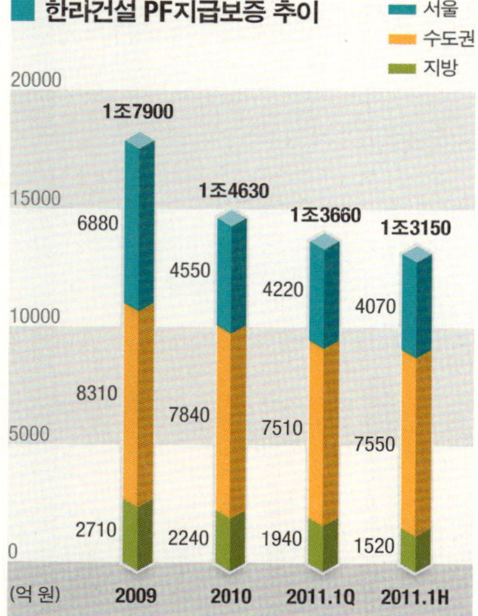

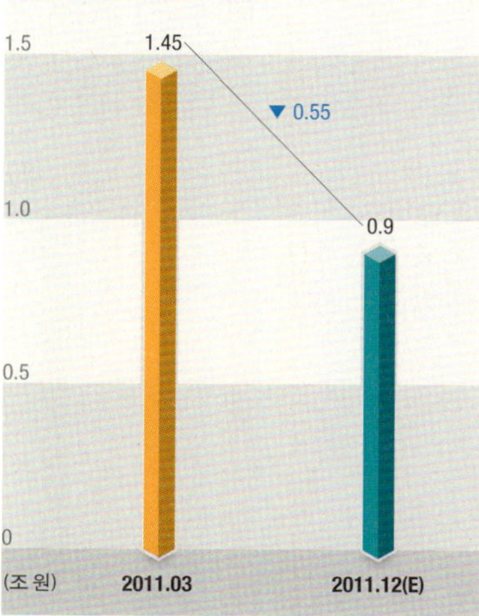

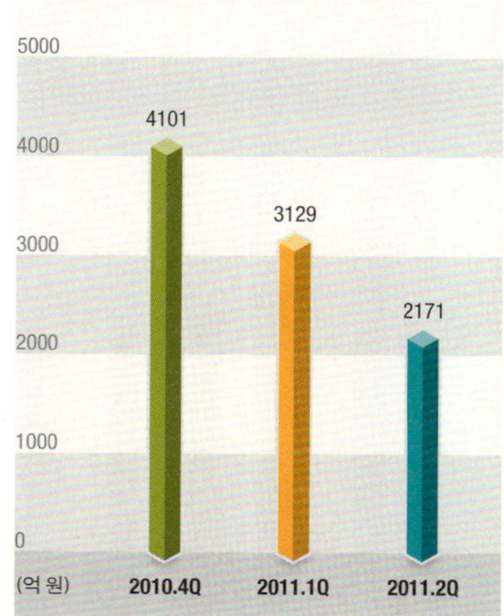

진흙더미에 비치는 서광
대형 업체들 해외 건설로 회복세 기대

2011년은 건설업계가 진흙더미에서 빠져나오려고 몸부림 친 한 해라고 할 수 있다. 건설 산업이 내리막길이라는 것은 어제오늘 일이 아니다. 2011년에도 부동산 경기는 차갑기만 했고 회복 기미는 여전히 보이지 않는다.

2011년 상반기 건설업 생산액은 29조 원가량으로 GDP 내 비중이 5.0%로 내려앉았다. 2005년 6.9%를 기록한 것과 비교하면 건설업이 그만큼 위축되고 있음을 알 수 있다. 무엇보다 국내 100대 건설사 중 30개 이상 업체가 워크아웃이나 법정관리에 들어가 있다는 점이 건설 산업의 현주소를 극명하게 보여준다. 이제 건설 산업의 구조조정은 상시적으로 이뤄질 것이란 게 중론이다. 2011년 10월에는 중견 건설 업체 범양건영이 법정관리를 신청하기도 했다.

국내 주택 시장은 여전히 먹구름

건설업계는 무엇보다도 먹을거리가 없다는 게 가장 큰 고민이다. 주택 매수세가 얼어붙어 있는 상황에서 가계대출 위험도가 커지고 세계 경제위기까지 겹쳐 찬물을 끼얹고 있다.

하지만 2011년 하반기로 접어들면서 건설 산업에도 서광이 비치는 분위기다. 2011년 7~8월경 건설 수주액이 64조 8700억 원으로 전년 동기 대비 1% 가량 증가세로 돌아선 것이다. 비록 수치로는 미미하지만 업계에서는 상당히 의미 있는 일이라고 평가한다.

특히 공공 부문에서 도로와 교량 등이 많이 발주됐으며, 민간은 플랜트, 기계, 주거와 비주거용 건축이 모두 호조를 보였다. 주거용 건축의 경우 재개발과 재건축은 부진한 양상을 이어가고 있으나 세종시와 인천 송도 등에서 대규모 신규 주택 공급이 이뤄졌다. 전반적인 주택 경기의 회복은 보이지 않으나 지역별 개발 이슈가 온기를 불어넣고 있는 것이다.

2012년에 민간 부문이 회복세를 이어갈 것이란 전망도 나온다. 사회간접자본(SOC) 예산 감축과 4대강 사업 완료로 공공 발주는 줄어들겠지만, 민간의 경우 지방 아파트 분양 열기가 수도권으로 확산될 것이란 예상이다. 공공 부문에서도 평창 동계 올림픽 개최로 인한 인프라 공사 발주를 기대해볼만 하다.

대형 건설사와 중소 업체 간 양극화 심화

대형 건설사와 중소 업체 간 양극화는 더욱 심화되는 분위기다. 대형 건설사들은 국내시장의 부진을 해외 건설 시장에서 만회하는 등 다각화 구조를 갖춘 반면, 중소 업체들은 국내 주택 경기에 사활이 걸려있기 때문이다. 지난 9월 건설기업 경기실사지수(CBSI)를 보면 대형 업체는 100.0을 기록해 5개월 만에 기준선을 회복했다. 하지만 중견 업체 지수는 73.1, 중소 업체는 불과 43.9에 그쳤다.

대형 업체들의 선전은 실적으로 증명됐다. 2011년 3분기 GS건설은 영업이익이 1800억 원으로 전년 동기 대비 60%나 증가했고, 대우건설도 1048억 원의 영업이익으로 흑자 전환에 성공했다. 현대차그룹으로 주인이 바뀐 현대건설도 업계 맏형다운 면모를 이어가고 있으나 수주에서는 기대에 못 미치는 모습이다.

해외 건설 부문에서는 삼성물산(건설)이, 공공 부문에서는 GS건설이 가장 많은 수주를 거두고 있으며 현대건설은 각각 2위에 그치고 있다. 재개발과 재건축 분야에서만 현대건설이 가장 많은 수주를 거뒀다.

건설업계의 최대 관심거리는 리비아 재건 시장이다. 그동안 리비아 건설 시장은 한국과 중국, 터키 등 3국이 점유해왔다. 재건 시장규모가 1200억 달러에 달한다는 점을 감안하면 산술적으로 400억 달러 가량을 가져올 수도 있다.

하지만 영국 등 유럽 전승국들이 있기 때문에 장담할 수 없는 상황이다. 우리 정부도 이 같은 점을 감안해 관련 부처들이 망라된 수주 지원 조직과 전략을 마련할 계획이다. 제2의 중동 붐을 기대해볼만 하다. **B**

- 시멘트업계, 레미콘업계와의 가격 싸움 지속
- 폐열 발전 설비로 온실가스 감축 효과
- 대규모 공사 감소와 부동산 경기침체의 암운 여전

건설자재

쌍용양회
K-IFRS연결

2011년 상반기

매출액	8381억 원
영업이익	17억 원
순이익	290억 원

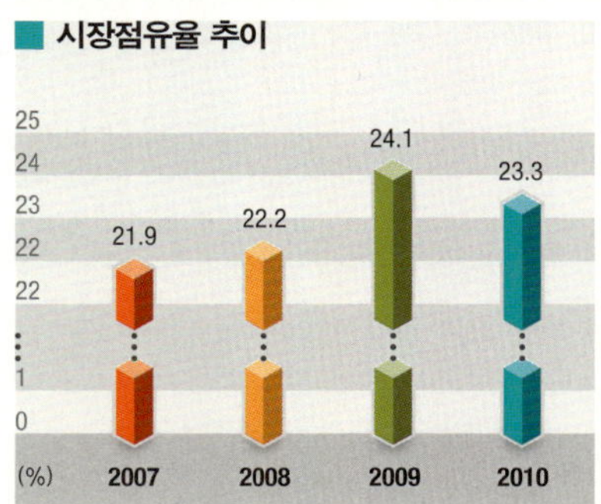

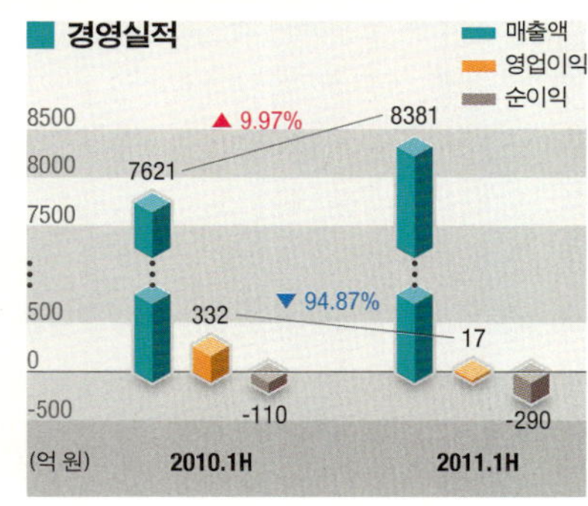

동양
K-IFRS

2011년 3분기 누계

매출액	5906억 원
영업이익	423억 원
순이익	28억 원

- 동양메이저, 한일합섬 인수한 뒤 흡수합병(2007~2008). 동양메이저, 동양매직 흡수합병 뒤 사명 (주)동양으로 변경 (2011.09)

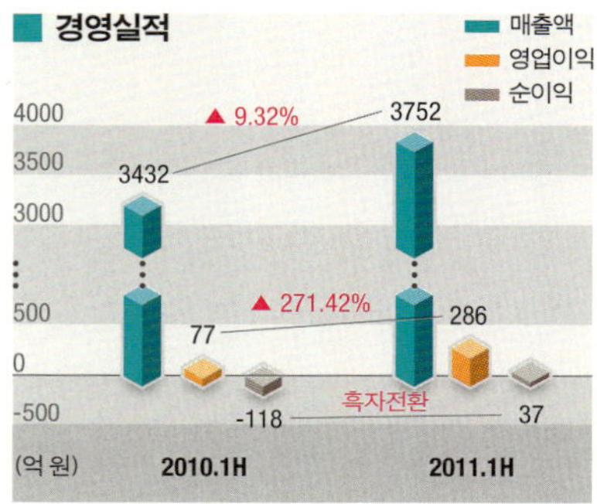

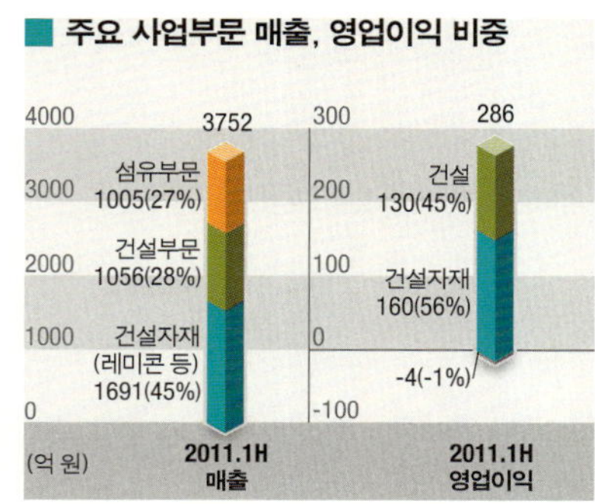

유진기업
K-IFRS 연결

2011년 상반기

매출액	3483억 원
영업이익	256억 원
순이익	193억 원

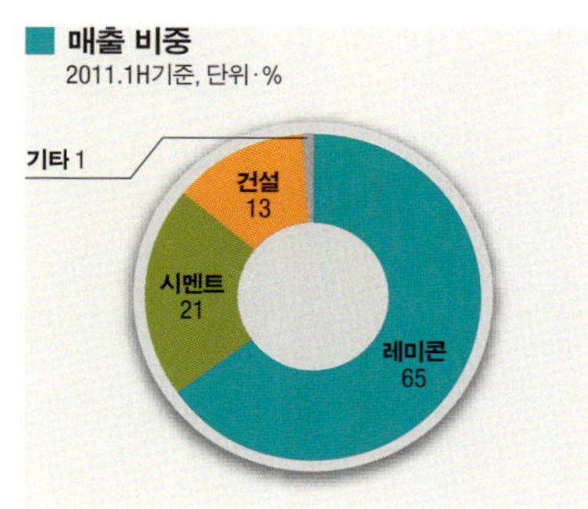

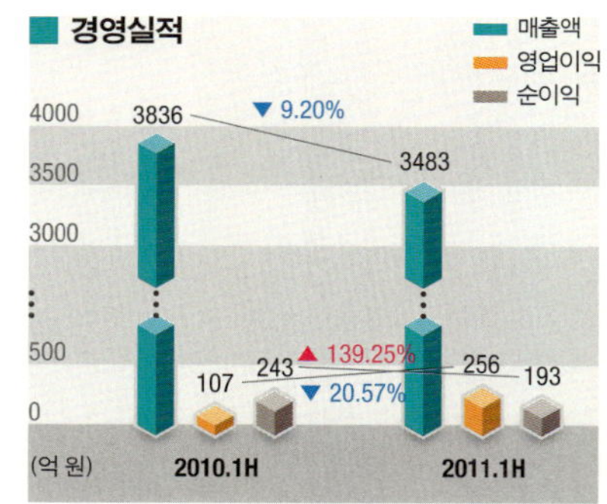

한일시멘트
K-IFRS

2011년 3분기 누계

매출액	4935억 원
영업이익	113억 원
순이익	-14억 원

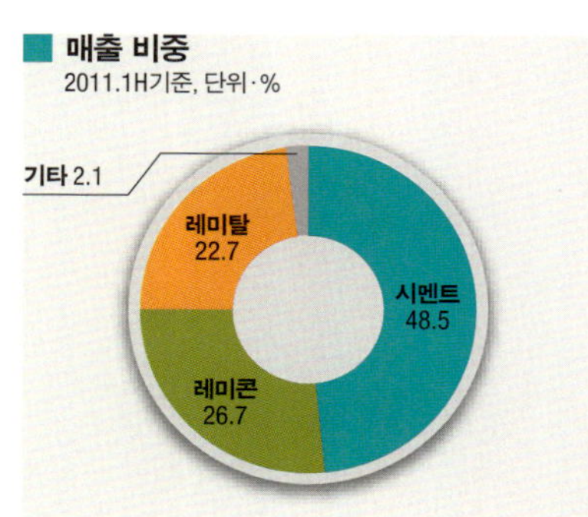

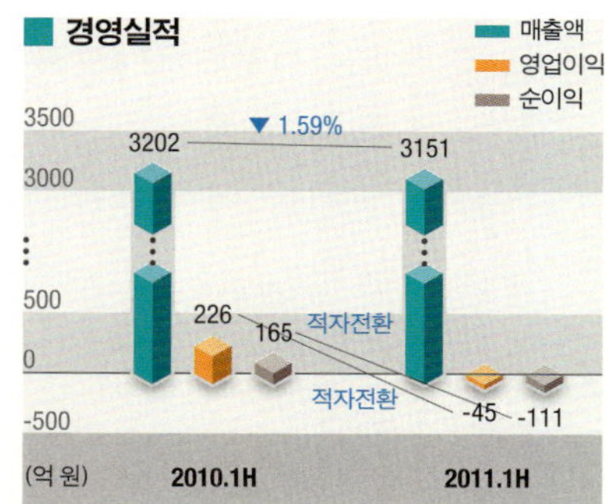

삼표
2010년
매출액   6480억 원
영업이익   737억 원
순이익   450억 원

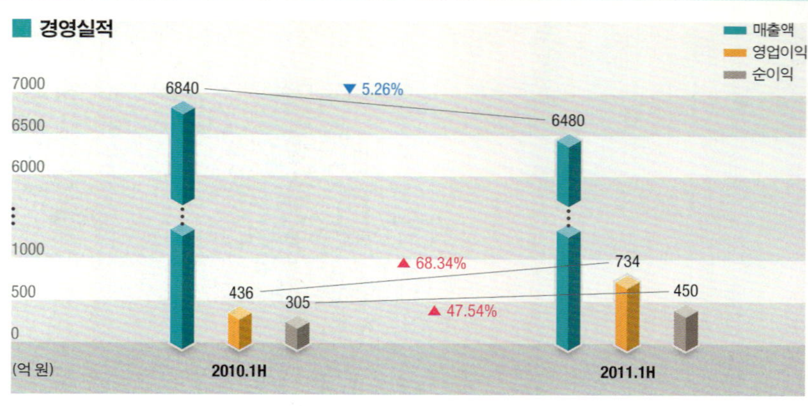
경영실적
매출액
영업이익
순이익
7000
6500
6000
1000
500
0
6840
▼ 5.26%
6480
▲ 68.34%
734
436
305
450
▲ 47.54%
(억 원)
2010.1H
2011.1H

아주산업
2011년 3분기 누계
매출액   2138억 원
영업이익   128억 원
순이익   3억 원

매출 비중
2011.1H기준, 단위·%
기타
16
파일
12
레미콘
67

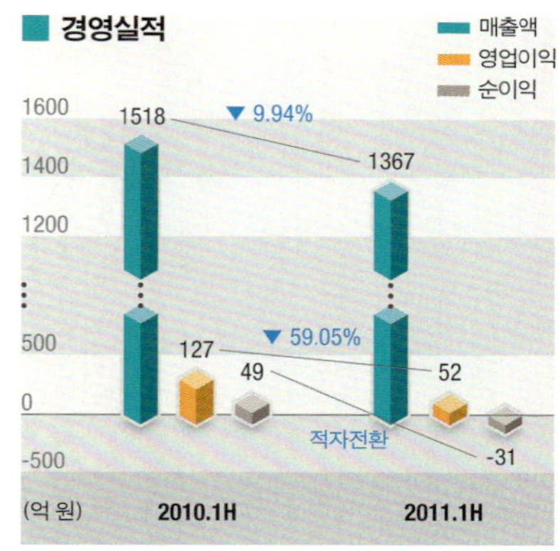
경영실적
매출액
영업이익
순이익
1600
1400
1200
500
0
-500
1518
▼ 9.94%
1367
127
49
▼ 59.05%
52
-31
적자전환
(억 원)
2010.1H
2011.1H

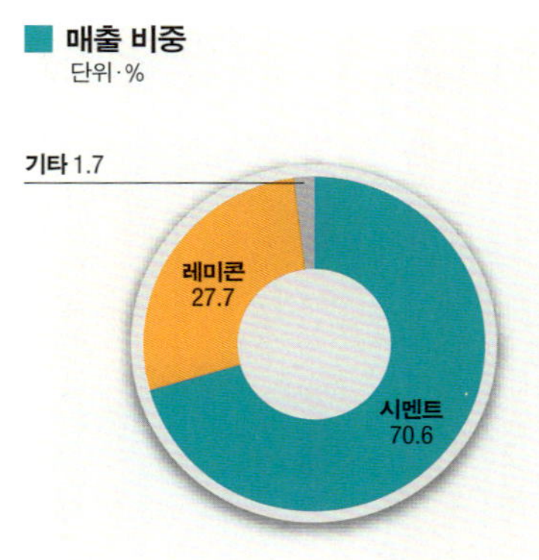
성신양회
K-IFRS
2011년 3분기 누계
매출액   3431억 원
영업이익   -217억 원
순이익   -572억 원

매출 비중
단위·%
기타 1.7
레미콘
27.7
시멘트
70.6

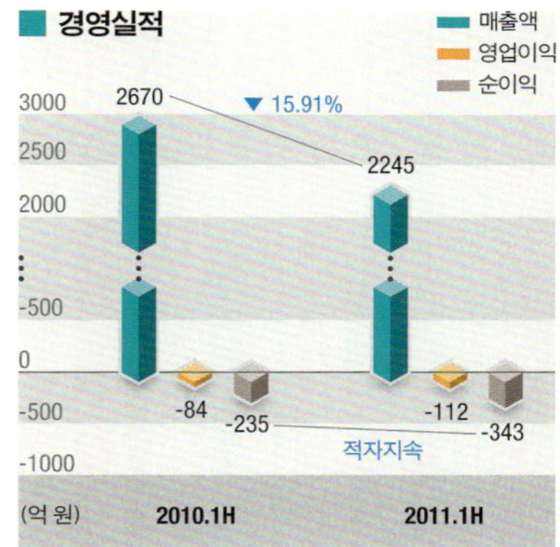
경영실적
매출액
영업이익
순이익
3000
2500
2000
-500
0
-500
-1000
2670
▼ 15.91%
2245
-84
-235
-112
-343
적자지속
(억 원)
2010.1H
2011.1H

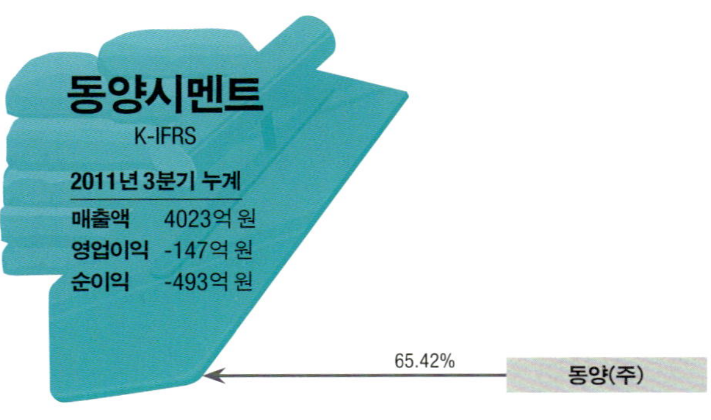
동양시멘트
K-IFRS
2011년 3분기 누계
매출액   4023억 원
영업이익   -147억 원
순이익   -493억 원
65.42%
동양(주)

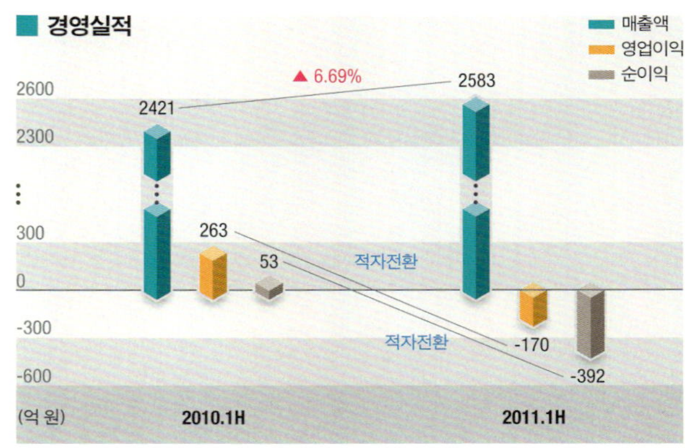
경영실적
매출액
영업이익
순이익
2600
2300
300
0
-300
-600
2421
▲ 6.69%
2583
263
53
적자전환
적자전환
-170
-392
(억 원)
2010.1H
2011.1H

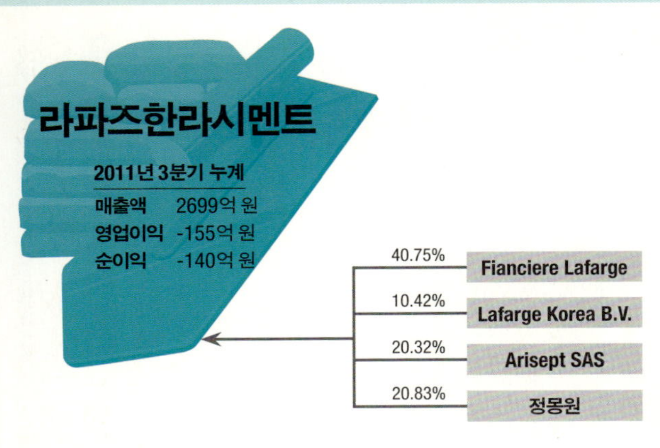

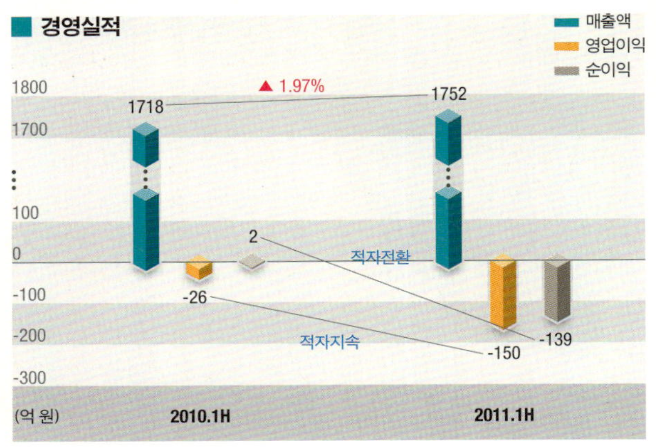

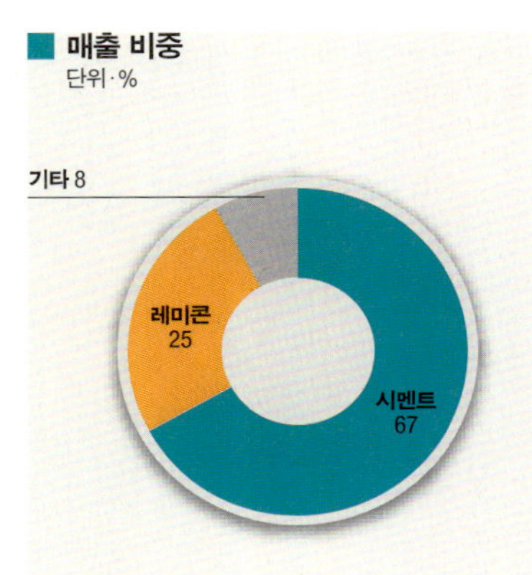

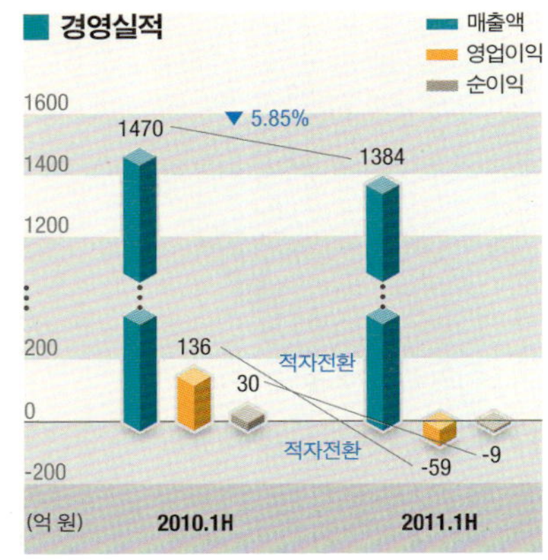

시멘트 내수시장 규모 추이

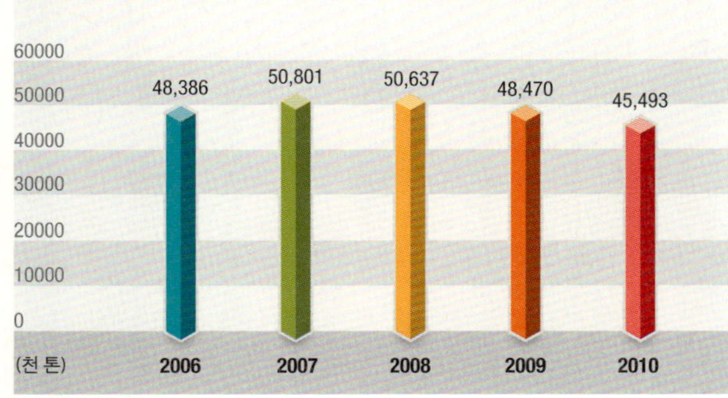

전국 레미콘 출하 실적

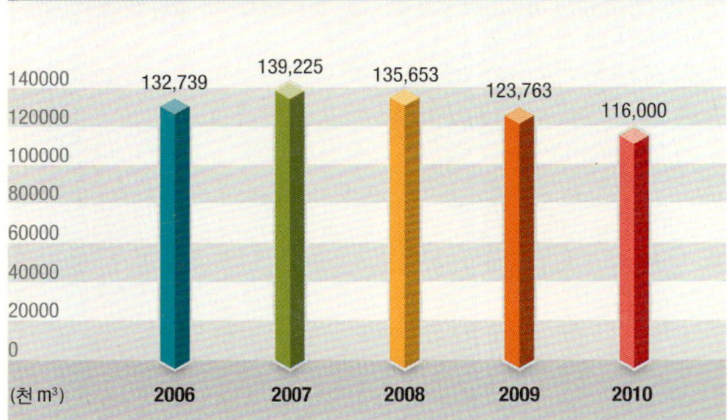

시멘트시장 점유율

2010년 기준

레미콘 수도권시장 점유율

2010년 출하량 기준

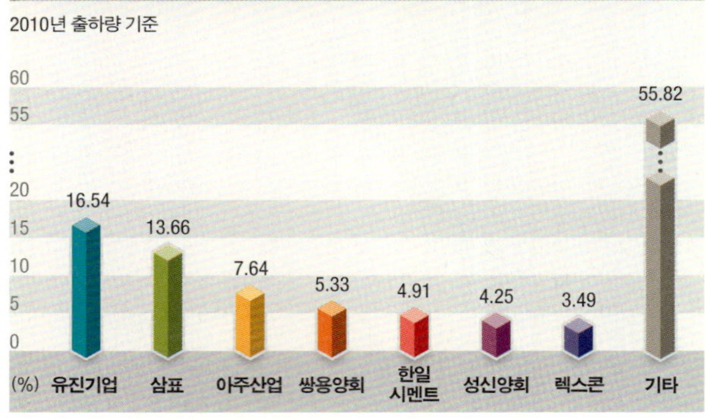

가구업계

한샘
K-IFRS

2011년 3분기 누계

매출액	4901억 원
영업이익	354억 원
세전이익	368억 원

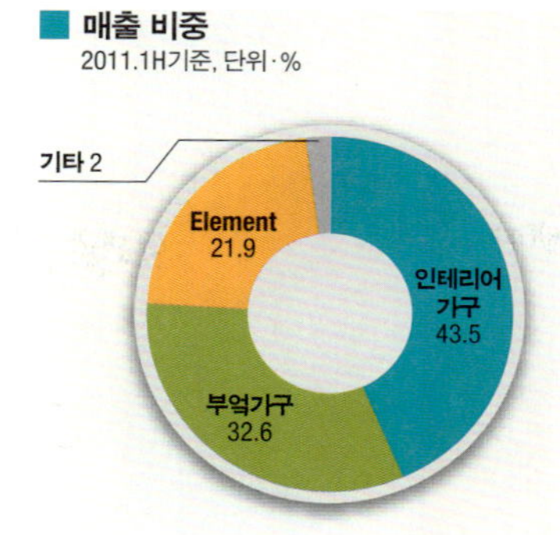

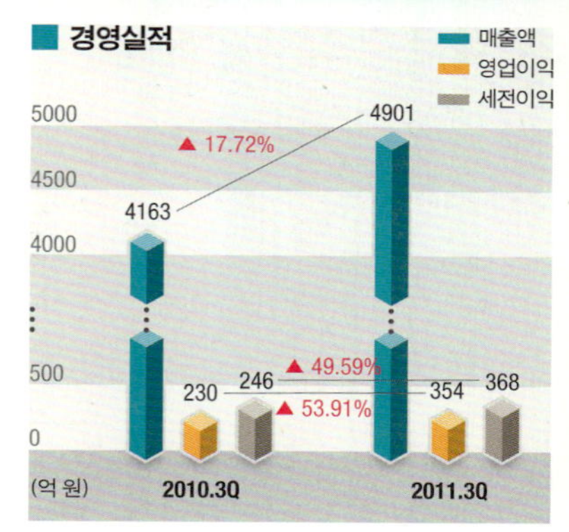

리바트
K-IFRS 연결

2011년 3분기 누계

매출액	3578억 원
영업이익	77억 원
순이익	60억 원

- 현대그린푸드(현대백화점 계열사)가 지분율 23.07% 취득해 최대주주로 경영권 확보(2011.11)

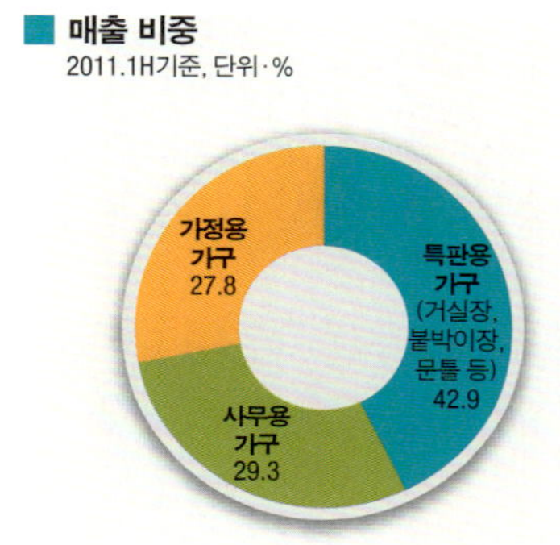

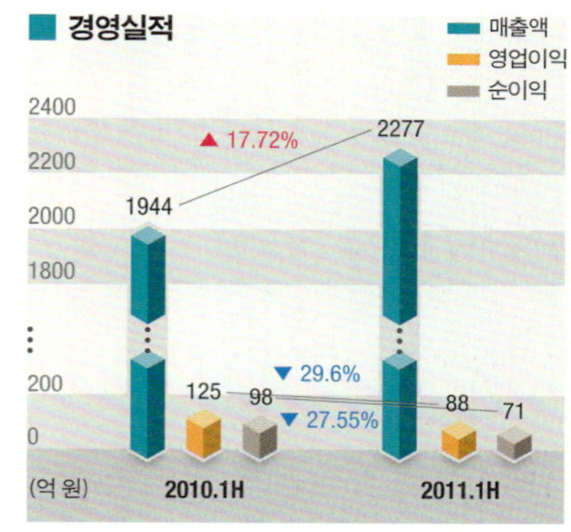

퍼시스
K-IFRS

2011년 3분기 누계

매출액	2032억 원
영업이익	282억 원
순이익	266억 원

- 사무용가구, 교육용가구 사업 분할 → (주)팀스 출범 (2010.02)

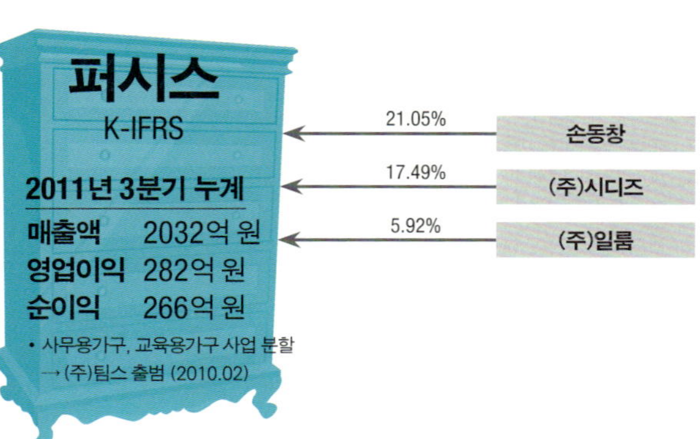

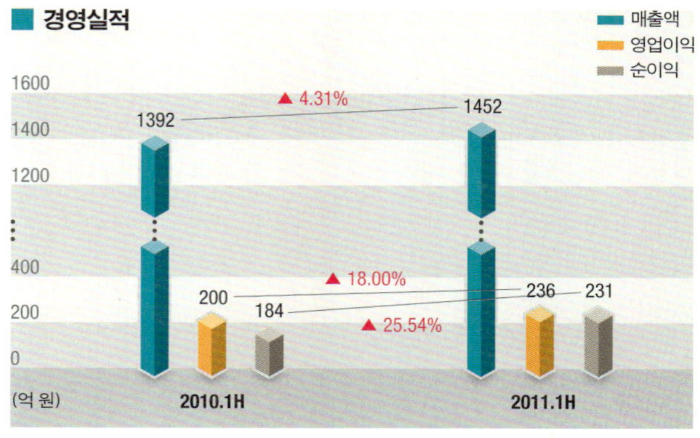

에이스침대
K-IFRS

2011년 3분기 누계

매출액	1376억 원
영업이익	93억 원
순이익	83억 원

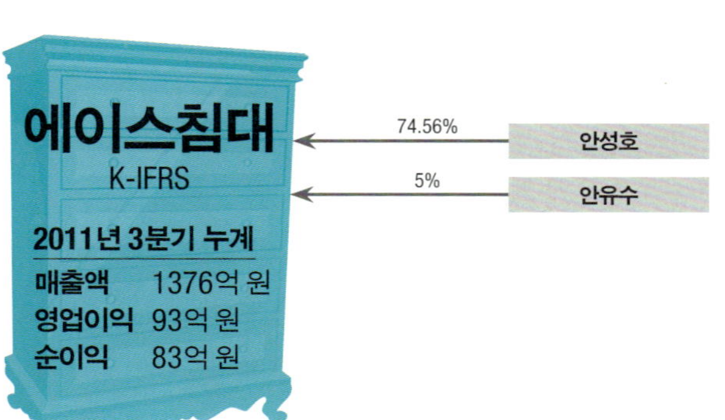

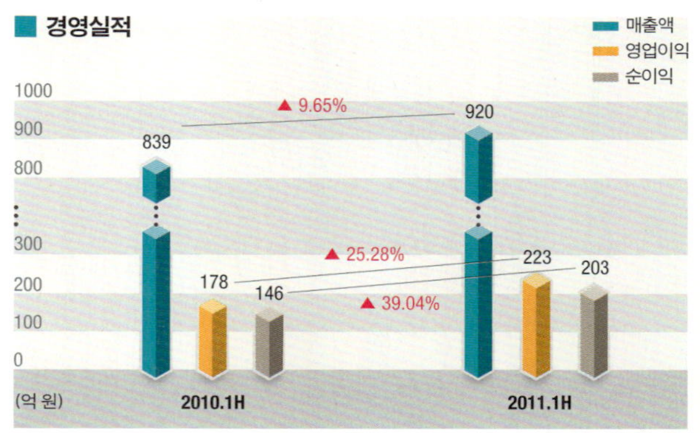

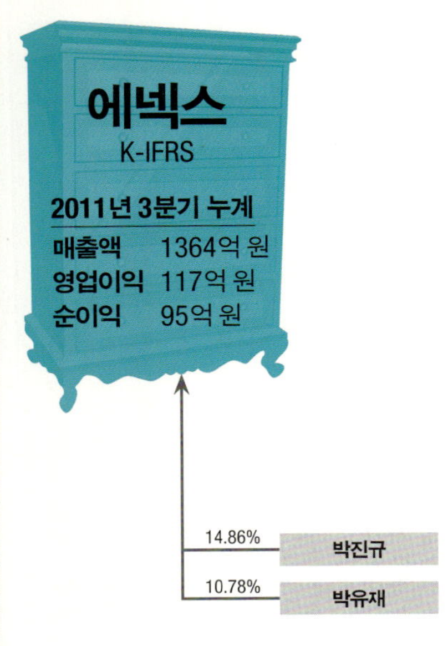

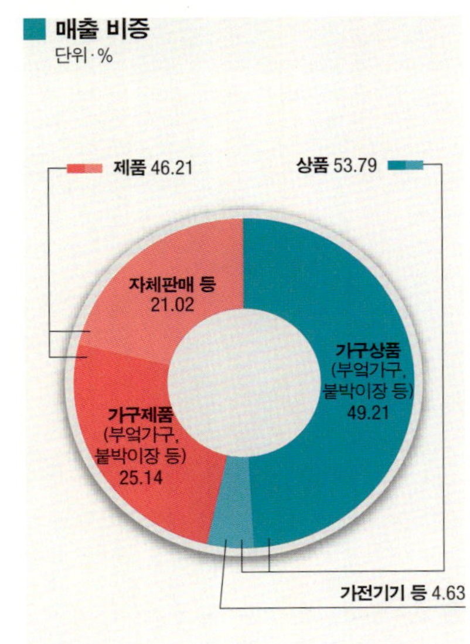

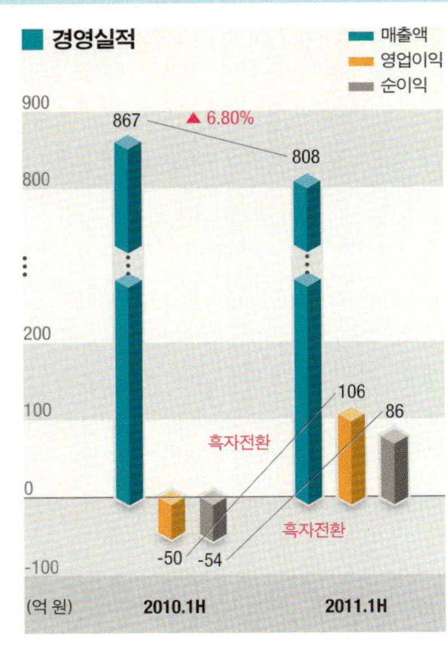

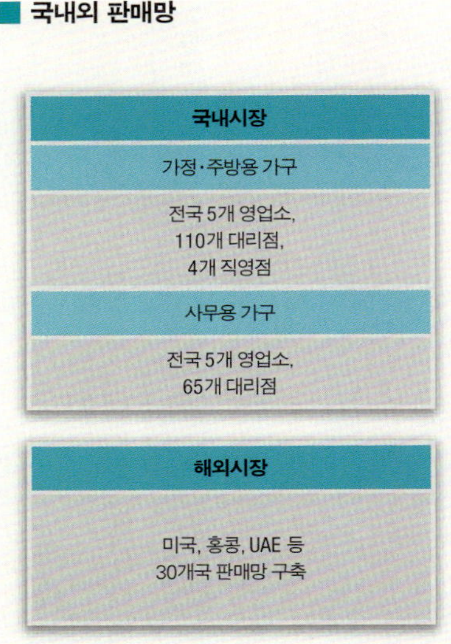

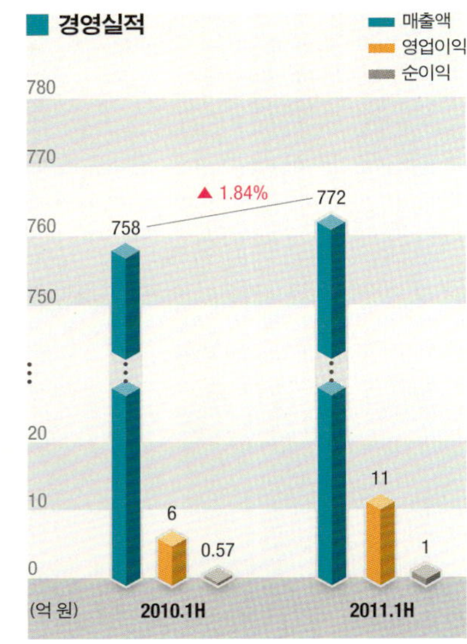

국내 침대시장 점유율

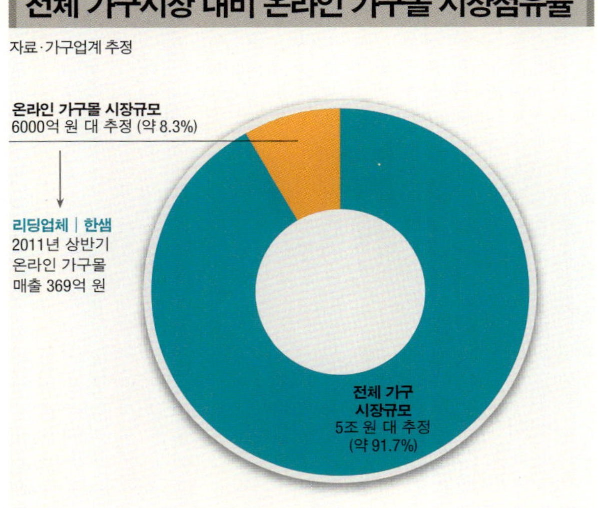

전체 가구시장 대비 온라인 가구몰 시장점유율

가격 인상에 웃고 긴 장마에 울다
해외시장 개척과 그린 키워드로 변신 모색

2012년 국내 시멘트업계는 변신을 모색하고 있다. 변신은 선택사항이 아니라 생존을 위한 필수조건이다. 시멘트는 건설 자재이므로 건설경기 침체의 직격탄을 맞고 있다. 2011년 1~9월 누적 시멘트 내수 판매량은 전년 동기보다 3% 가량 줄었다.

이 같은 시멘트업계의 부진은 불가피한 측면이 있다. 더 이상 도로 등 대규모 토목공사가 많지 않고 주택보급률은 100%를 넘어섰다. 다른 나라를 보더라도 개발이 어느 수준에 이르면 시멘트 수요는 감소할 수밖에 없다.

유연탄 가격 상승, 업계 시름

게다가 시멘트 생산 과정에서 필수적으로 필요한 유연탄 가격 상승도 업계의 시름을 더한다. 현대시멘트의 경우 단양공장 가동을 중단하고 영월공장만 가동하고 있다. 2000년대 중반 업계의 경쟁 심화로 시멘트 가격이 떨어진 것 역시 발목을 잡았다. 팔아도 이윤은커녕 손해만 늘어난다는 게 업계의 하소연이다. 2011년 1분기 쌍용양회를 비롯한 주요 7개 시멘트 업체들의 손실액은 모두 1800억 원에 달했다.

이에 따라 시멘트업계는 2011년 상반기 레미콘업계와의 진통을 겪은 끝에 톤당 5만2000원에서 6만7000원으로 인상하는데 성공했다. 이 과정에서 일부 시멘트 업체들은 레미콘업계에 공급을 중단하는 등 파행을 빚기도 했다.

힘들게 가격을 올리자 이번에는 하늘이 괴롭혔다. 여름철 유난히 많은 비가 오래 내리면서 2011년 7월의 경우 내수 시멘트 공급량이 전년 동월 대비 19%나 감소한 것이다. 엎친데 덮친 격이다.

동남아, 아프리카, 중남미 시장 노크

결국 시멘트업계는 불황을 타계하기 위한 활로를 해외에서 찾을 수밖에 없다. 과거 우리나라처럼 개발 단계 초입에 있는 나라는 그만큼 시멘트 수요가 풍부하기 때문이다.

국내 시멘트업계의 2011년 상반기 수출 규모는 211만2000톤으로 전년 동기에 비해 82만8000톤이나 크게 늘었다. 하반기에도 수출량은 계속 늘어나는 추세다.

쌍용양회의 경우 상반기 수출량이 2010년보다 40% 이상 크게 늘었는데, 방글라데시의 시멘트 공장 증설로 동남아시아 지역의 공급을 대폭 확대했다. 동양시멘트 역시 아프리카와 중남미 등지로 수출 시장을 확대하고 있다. 라파즈한라시멘트도 아프리카 등지에 대한 수출량을 늘리고 있다.

당장 '발등의 불'은 이산화탄소 감축이다. 시멘트 산업은 유연탄을 많이 사용하기 때문에 대표적인 굴뚝산업으로 불려왔는데, 2012년부터는 정부가 이산화탄소 배출 감축을 의무화하기 때문이다. 쌍용양회는 12만6000톤, 동양시멘트는 8만 톤의 탄소 배출을 줄여야 한다.

이에 대해 업계는 발 빠르게 움직이고 있다. 석회석을 가열할 때 나오는 고온의 배기가스로 증기 터빈을 돌려 전기를 생산하는 폐열발전이 핵심이다. 한일시멘트의 경우 2011년 6월부터 폐열발전소를 가동하면서 월 10억 원 안팎의 전기요금 절감 효과를 거두고 있다. 아울러 연간 20억 원의 탄소배출권을 확보해 수 년 내 투자비를 회수할 수 있다는 계산이다. 업계에서 가장 먼저 폐열 발전 설비를 도입한 동양시멘트는 연간 온실가스 5만 톤을 감축하고 있다.

석회석에 열을 가하는 에너지원도 유연탄에서 폐타이어와 폐합성수지 등 폐기물을 보조 연료로 쓰는 비중이 높아지고 있다.

이러한 그린 트렌드 열풍이 시멘트업계의 새로운 사업 영역이 될지, 아니면 발목을 잡는 족쇄가 될지는 앞으로 더 두고 볼 일이다. **B**

- 국내 조선사들, 글로벌 해양플랜트 시장에서 절대적 우위
- 해양플랜트 시장선가 회복 도래 시기

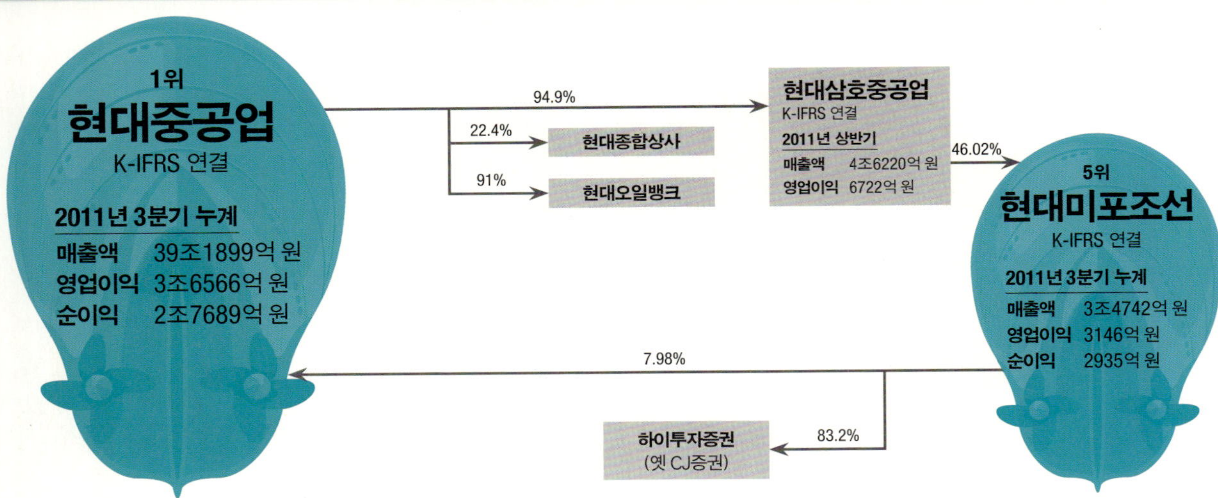

현대중공업

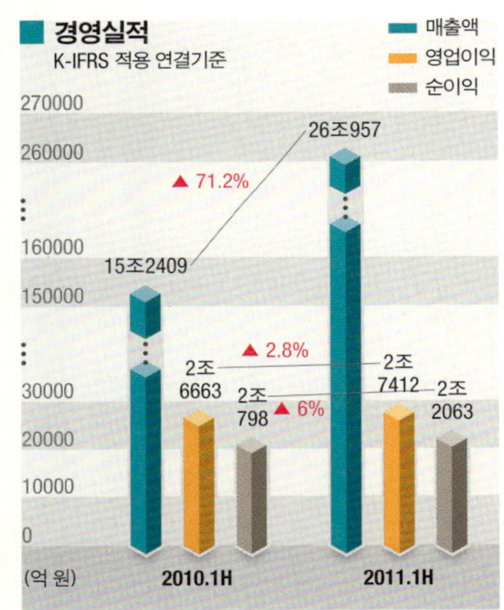

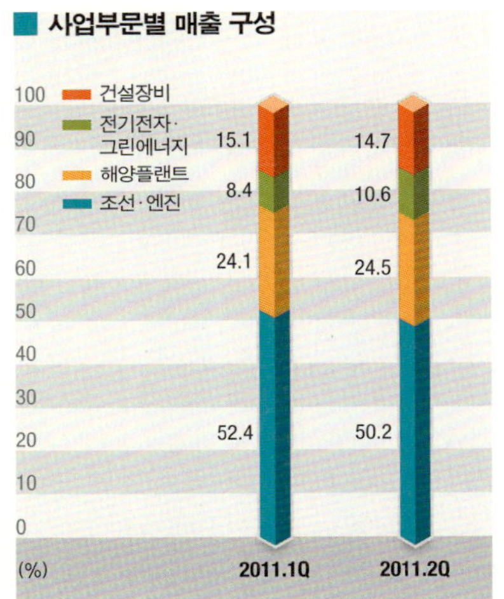

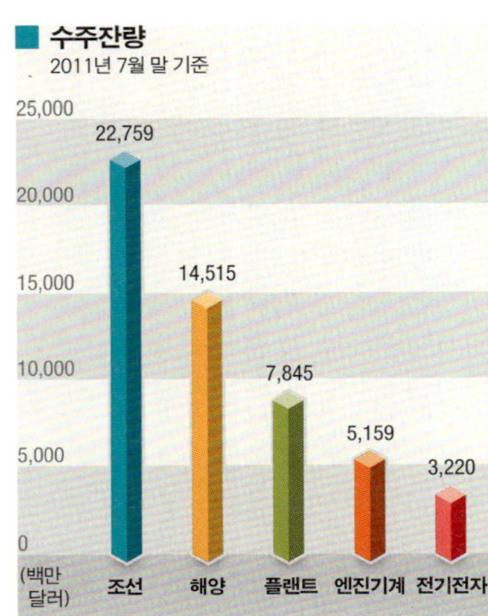

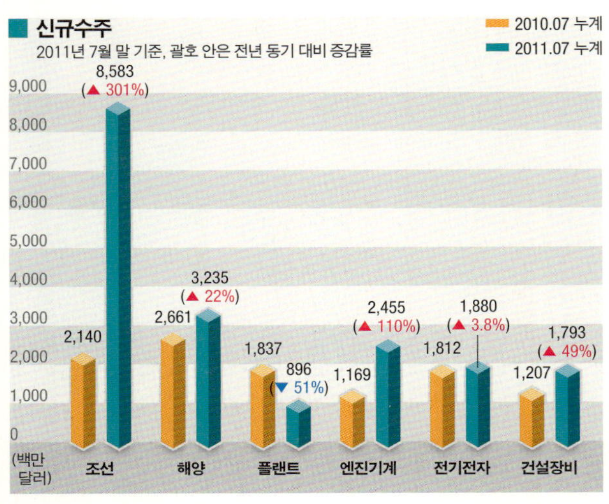

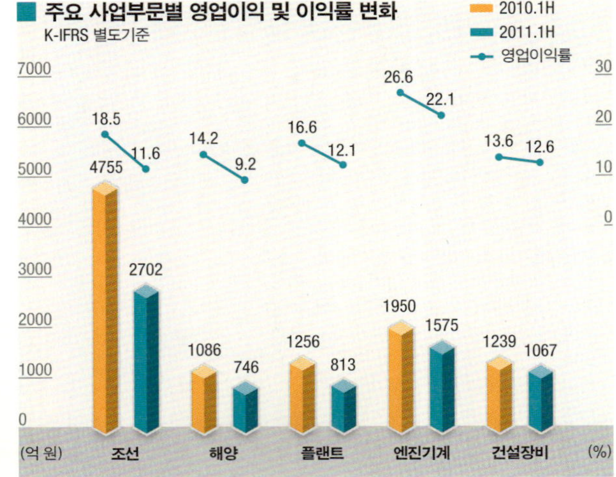

현대미포조선

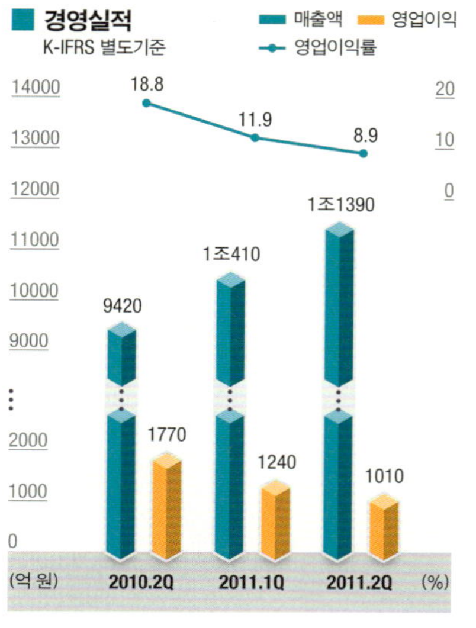

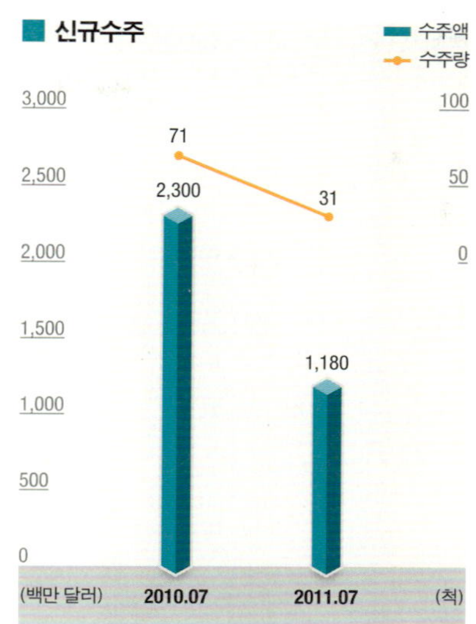

현대삼호중공업

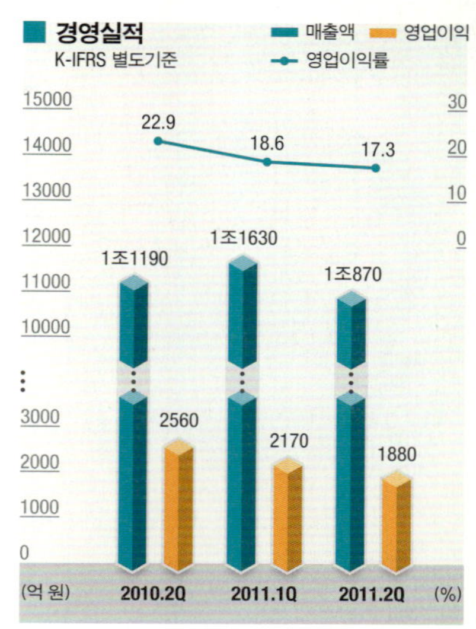

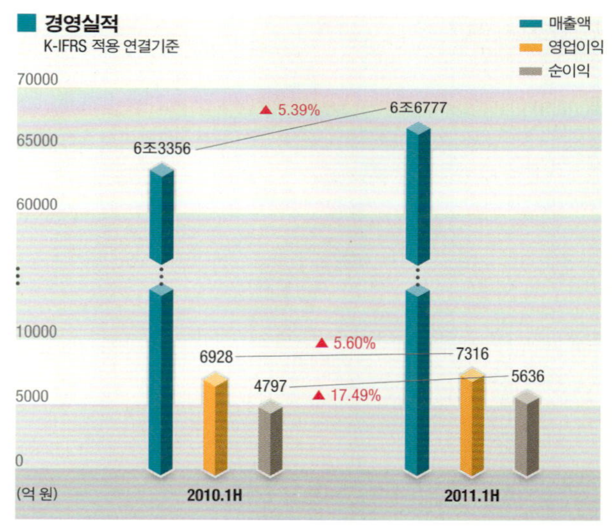

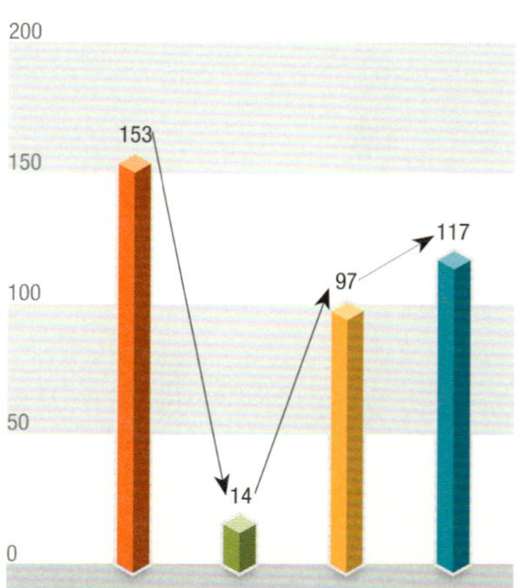

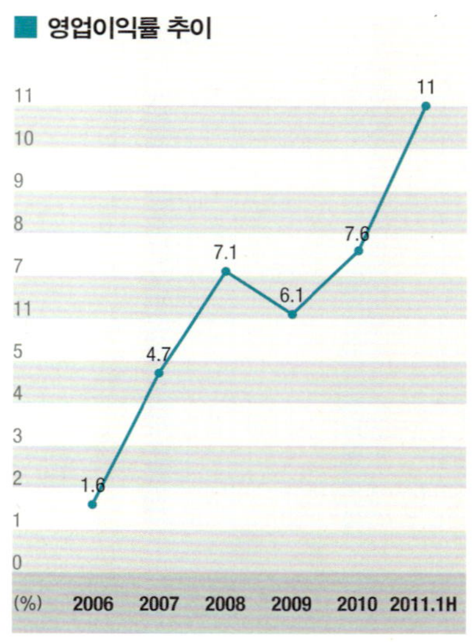

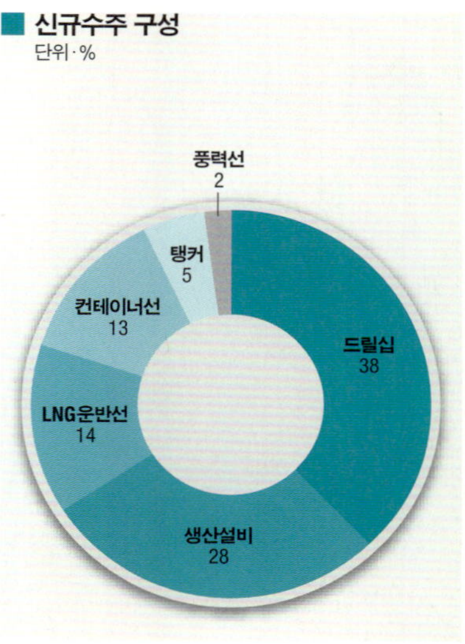

215

3위
대우조선해양
K-IFRS

2011년 3분기 누계
매출액   9조686억 원
영업이익   9535억 원
순이익   6769억 원

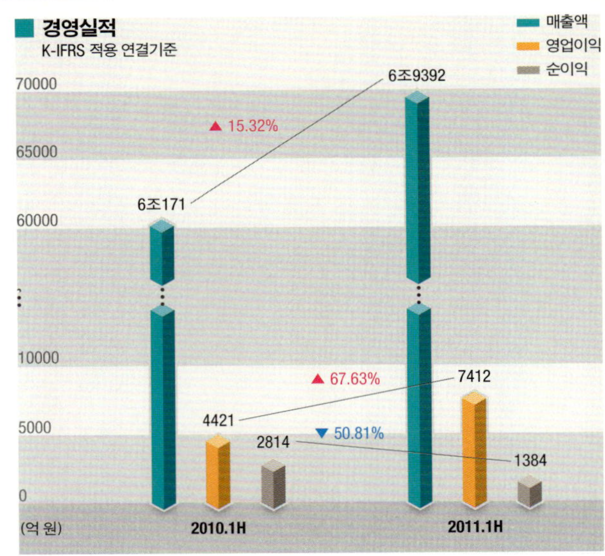

■ 경영실적
K-IFRS 적용 연결기준
매출액
영업이익
순이익
70000
65000
60000
10000
5000
0
6조171
6조9392
▲ 15.32%
4421
2814
▲ 67.63%
▼ 50.81%
7412
1384
(억 원)
2010.1H
2011.1H

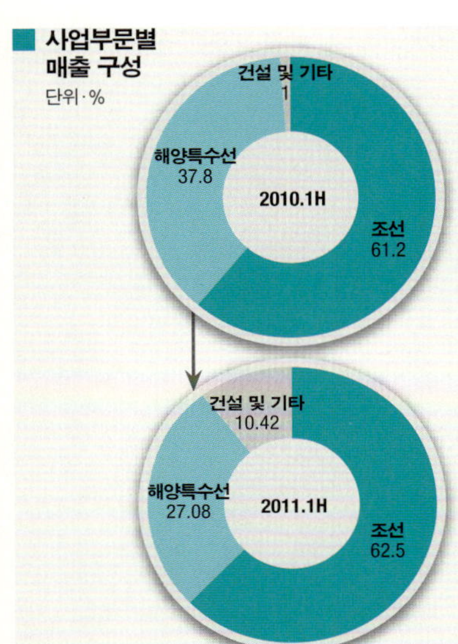

■ 사업부문별 매출 구성
단위 · %
건설 및 기타 1
해양특수선 37.8
2010.1H
조선 61.2
건설 및 기타 10.42
해양특수선 27.08
2011.1H
조선 62.5

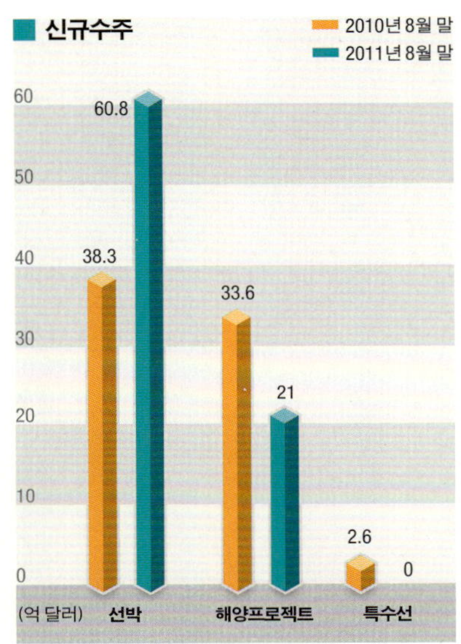

■ 신규수주
2010년 8월 말
2011년 8월 말
60
50
40
30
20
10
0
60.8
38.3
33.6
21
2.6
0
(억 달러)   선박   해양프로젝트   특수선

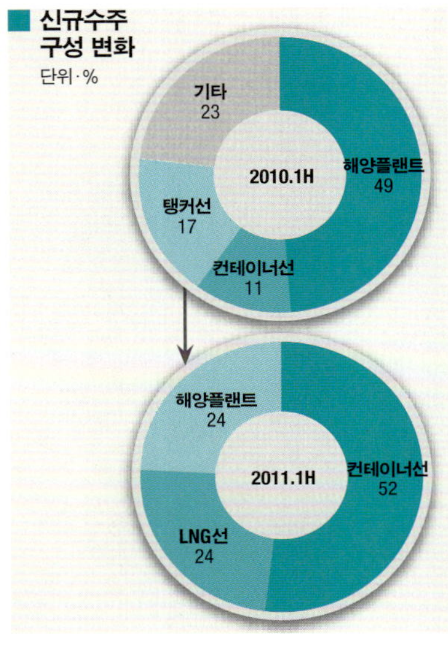

■ 신규수주 구성 변화
단위 · %
기타 23
탱커선 17
컨테이너선 11
2010.1H
해양플랜트 49
해양플랜트 24
LNG선 24
2011.1H
컨테이너선 52

4위
STX조선해양
K-IFRS 연결

2011년 3분기 누계
매출액   5조768억 원
영업이익   2403억 원
순이익   1574억 원

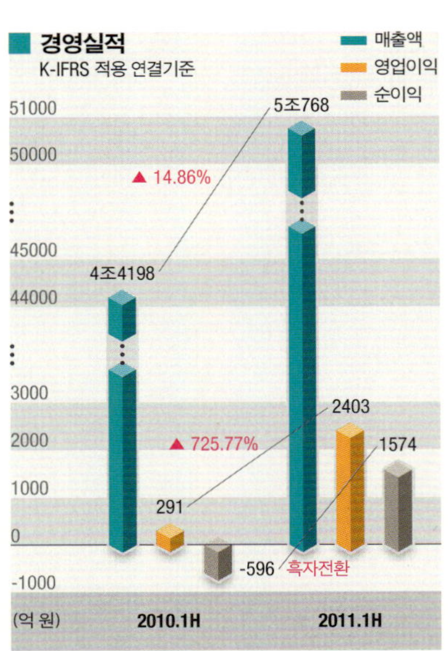

■ 경영실적
K-IFRS 적용 연결기준
매출액
영업이익
순이익
51000
50000
45000
44000
3000
2000
1000
0
-1000
4조4198
5조768
▲ 14.86%
291
-596
2403
1574
▲ 725.77%
흑자전환
(억 원)
2010.1H
2011.1H

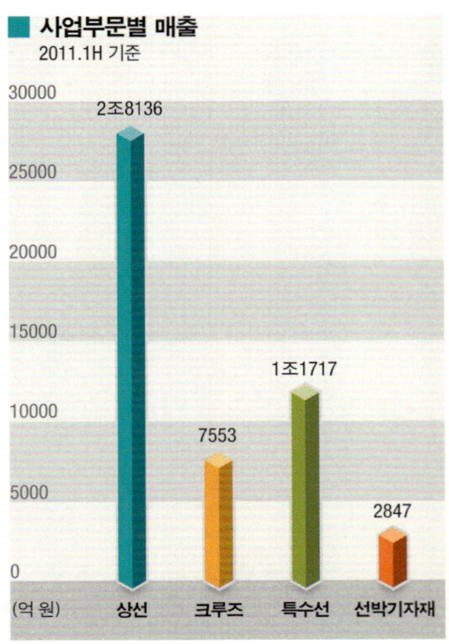

■ 사업부문별 매출
2011.1H 기준
30000
25000
20000
15000
10000
5000
0
2조8136
7553
1조1717
2847
(억 원)   상선   크루즈   특수선   선박기자재

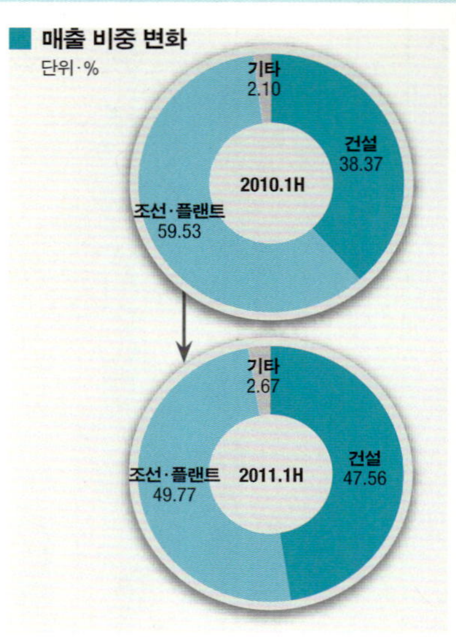

한국 조선 수주량 및 점유율

2011.2Q 기준, 괄호 안은 점유율

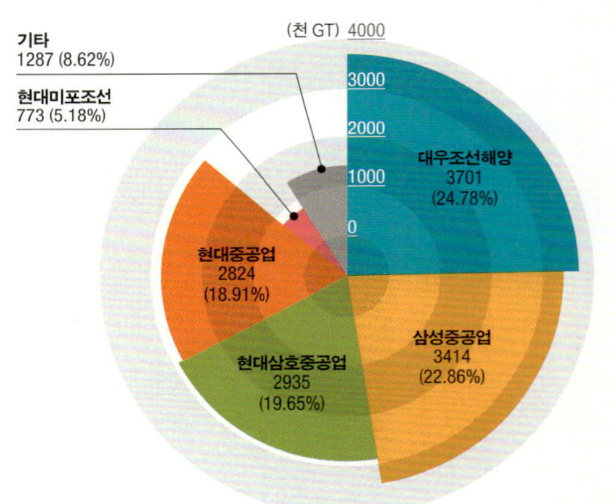

2011년 국가별 수주

자료·Clarkson, 괄호 안은 점유율

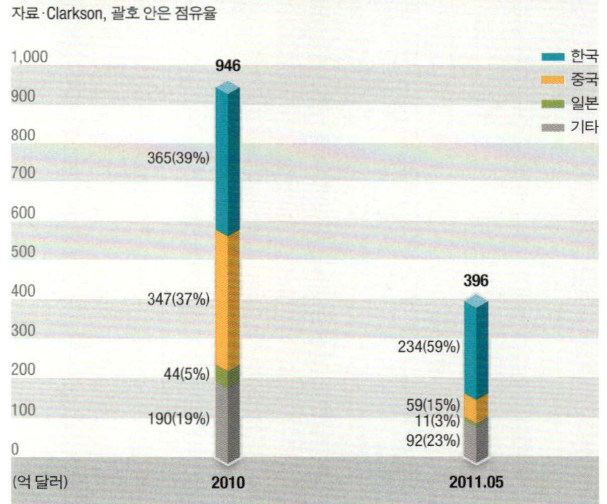

세계 신조 수요

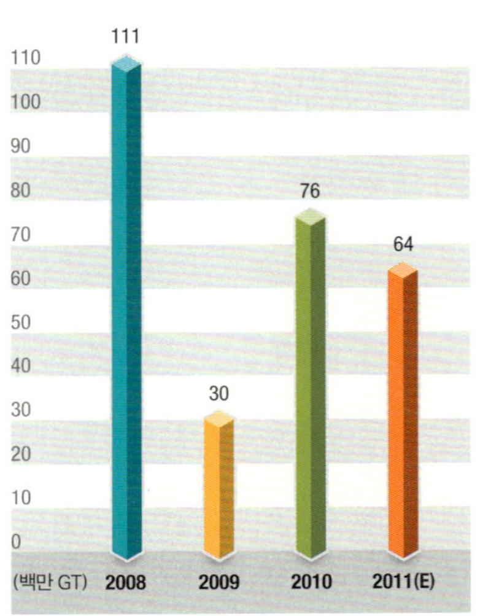

세계 시장점유율

단위·%

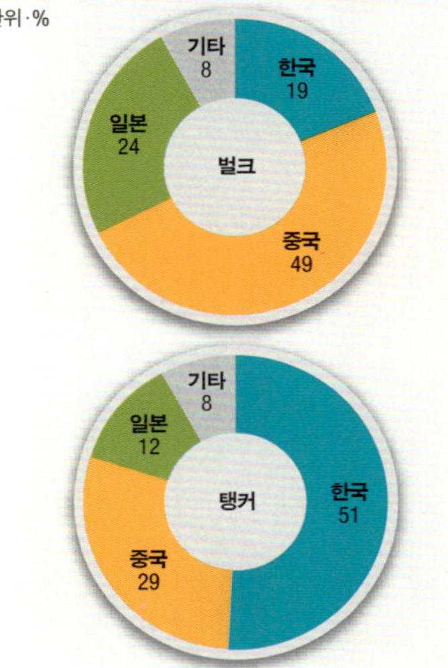

LNG FPSO 발주 전망

자료·삼성중공업

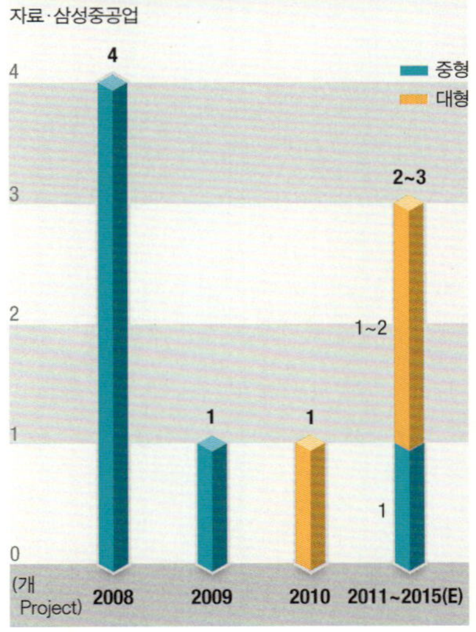

국내 조선3사 해양부문 신규수주액,
해양 수주비중 추이

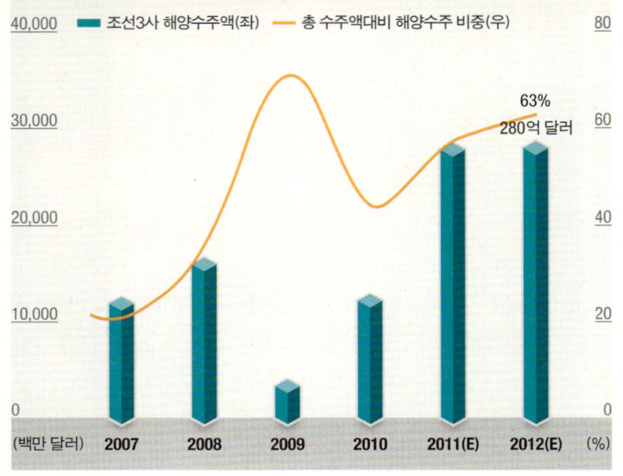
조선3사 해양수주액(좌)
총 수주액대비 해양수주 비중(우)
40,000
30,000
20,000
10,000
0
63%
280억 달러
80
60
40
20
0
(백만 달러) 2007 2008 2009 2010 2011(E) 2012(E) (%)

선박금융 상위 10대 은행별 선박 관련
총 여신 규모

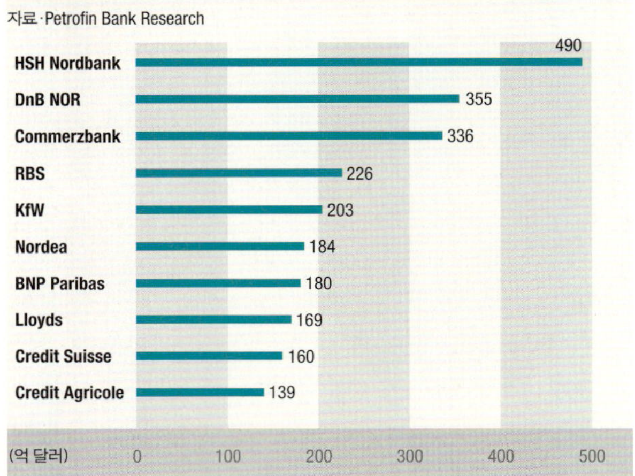
자료·Petrofin Bank Research
HSH Nordbank 490
DnB NOR 355
Commerzbank 336
RBS 226
KfW 203
Nordea 184
BNP Paribas 180
Lloyds 169
Credit Suisse 160
Credit Agricole 139
(억 달러) 0 100 200 300 400 500

연도별 신규 발주 금액, 신조선 척당
발주선가 추이

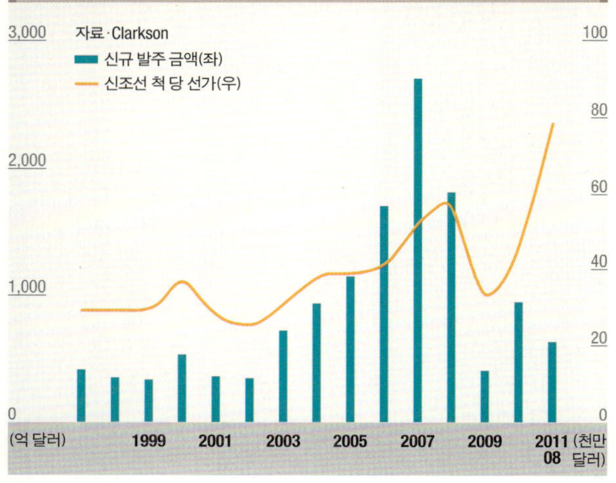
자료·Clarkson
신규 발주 금액(좌)
신조선 척 당 선가(우)
3,000
2,000
1,000
0
100
80
60
40
20
0
(억 달러) 1999 2001 2003 2005 2007 2009 2011(천만 08 달러)

연도별 한중일 수주액, 수주점유율 추이

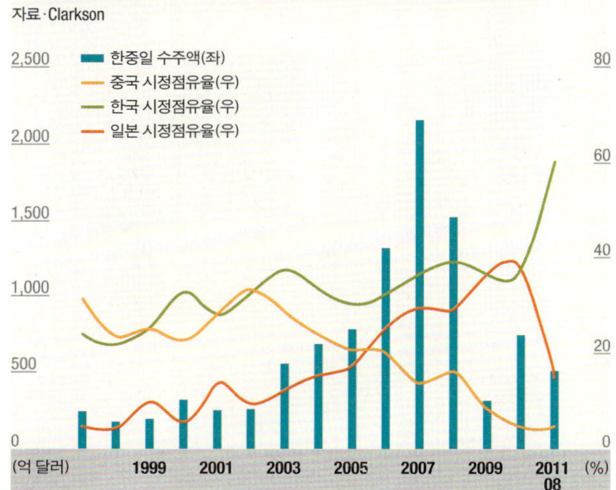
자료·Clarkson
한중일 수주액(좌)
중국 시정점유율(우)
한국 시정점유율(우)
일본 시정점유율(우)
2,500
2,000
1,500
1,000
500
0
80
60
40
20
0
(억 달러) 1999 2001 2003 2005 2007 2009 2011 08 (%)

전 세계 신조 발주량, 총 건조량 추이 및 전망

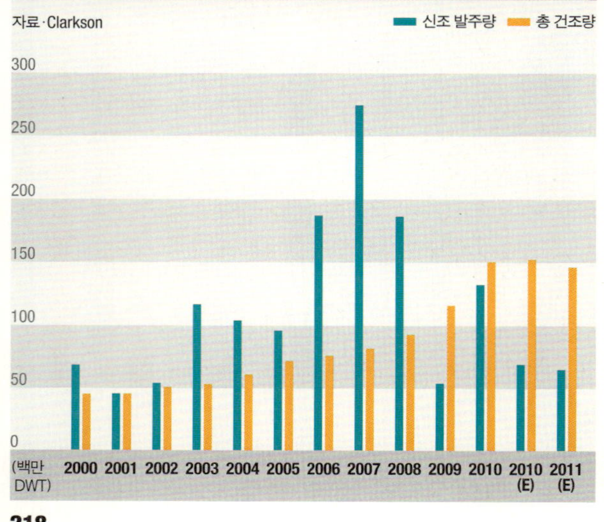
자료·Clarkson
신조 발주량
총 건조량
300
250
200
150
100
50
0
(백만 DWT) 2000 2001 2002 2003 2004 2005 2006 2007 2008 2009 2010 (E) 2011 (E)

전 세계 신규발주금액, 한국 수주금액,
시장점유율 추이 및 전망

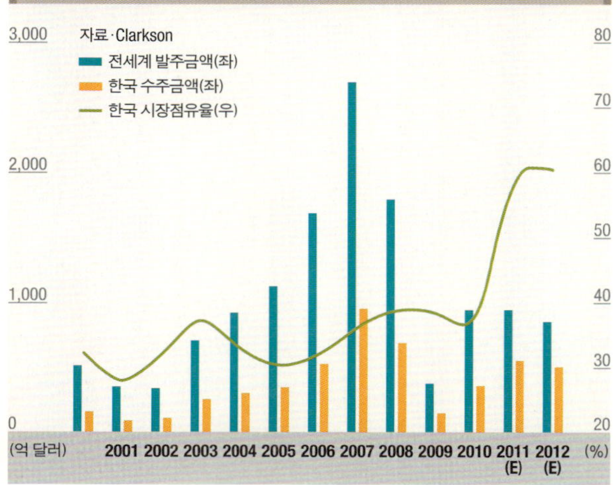
자료·Clarkson
전세계 발주금액(좌)
한국 수주금액(좌)
한국 시장점유율(우)
3,000
2,000
1,000
0
80
70
60
50
40
30
20
(억 달러) 2001 2002 2003 2004 2005 2006 2007 2008 2009 2010 2011 (E) 2012 (E) (%)

경쟁력과 기술력에서 세계 최고
경제위기 등 대외 악재가 변수

국내 조선업계를 대표하는 '빅3'인 현대중공업, 삼성중공업, 대우조선해양은 세계시장에서도 선두 그룹을 형성하고 있다. 이들 업체는 조선업 호황기의 수주 물량을 바탕으로 2009년까지 높은 성장세를 이어갔다. 그러나 2008년 하반기에 터진 글로벌 금융위기로 인해 수주 실적이 저하되면서 성장세가 다소 정체된 모습을 보이기도 했다. 다만 2010년 이후 대형 컨테이너선, LNG선, 해양플랜트 등 고부가가치 선종의 수주가 크게 증가하면서 이들 빅3의 실적은 다시 안정세를 찾아가고 있다.

이들 업체의 실적 안정은 수주량으로 확인됐다. 2011년 1~8월 수주량은 1140만CGT로 2010년 연간 수주량인 1280만CGT에 근접했다. 특히 수주액은 377억7000만 달러로 2010년 전체 수주액인 351억1000만달러를 이미 초과했다.

반면, 글로벌 조선 업체들의 수주 실적은 9360만CGT까지 떨어지더니, 미국 금융위기와 유럽 재정위기를 거치면서 2010년에는 3860만CGT까지 내려앉았다. 2011년 1~8월 수주 실적은 2120만CGT로 전년 동기 대비 소폭 감소한 수준이다.

국내 조선사들, 고부가가치 선박 건조에서 강점

국내 조선 업체들의 수주가 견조한 모습을 보이고 있는 것은 대형 컨테이너선, LNG선, 해양플랜트 등 고부가가치 선종 위주의 수주가 집중됐기 때문이다. LNG선은 진입장벽이 높은 대표적인 선종이다. 안전에 대한 요구가 높아 기술력과 경험이 축적돼야 한다. 2008년부터 2011년 9월까지 LNG선 인도 실적은 현대중공업, 삼성중공업, 대우조선해양이 글로벌 대비 약 70%를 차지했다. 또 컨테이너선의 경우 8000TEU급 이상 인도 실적은 국내 업체들의 점유율이 60%를 넘어서고 있다.

특히 해양플랜트 시장에서 국내 조선 업체들의 경쟁력은 점점 높아지고 있다. 삼성중공업이 강점을 갖고 있는 드릴십의 경우, 2000년부터 2011년 상반기까지 국내 3사의 시장점유율은 90%에 달한다.

국내 7대 조선사들은 대부분 세계시장에서 선두 그룹에 속해 있다. 현대중공업그룹 계열사인 현대삼호중공업과 현대미포조선은 세계 5위 수준이다. 현대삼호중공업은 대형 선박에, 현대미포조선은 중형 선박에 각각 특화돼 있다. 이들 업체는 현대중공업그룹이 다양한 선종을 건조할 수 있도록 시너지 효과를 내 주고 있다. 그룹 내 조선 3사의 세계 시장점유율은 11%에 이른다.

STX조선해양은 세계 4위 조선사다. 중형 벌크선, 탱커선, 컨테이너선 등에 특화해 성장해 오다 최근에는 LNG선, 대형 컨테이너선 등 고부가가치화를 추구하고 있다. 2009년부터는 해양플랜트 사업도 활발히 진행하고 있다. STX의 성장은 인수·합병(M&A)과 함께 진행됐다. 이 결과 재무 부담이 높은 상황이며, 회사 측은 STX유럽의 STX OVS 지분 매각을 추진하고 있다.

한진중공업은 컨테이너선 건조에 특화된 조선사다. 그러나 컨테이너선의 대형화로 2000년대 중반 이후 수주 실적이 부진해지자 필리핀에 수빅조선소를 설립해 건조역량 확보와 선종 다변화에 나섰다. 이 과정에서 직원 해고를 둘러싼 문제로 한 동안 잡음이 끊이지 않았다.

저가선에 강한 중국과 경쟁력 차별화

국내 조선 업체들의 경쟁력은 세계 최고 수준이지만, 순위는 중국에 이어 2위로 밀린 상태다. 중국은 2010년 신규 수주, 인도, 수주잔고 기준 모두 한국을 추월하며 세계 1위에 올랐다.

그러나 국내 조선업계는 크게 긴장하지 않는 분위기다. 중국은 저가선인 벌크선과 탱커선 수주가 주를 이루고 있고, 국내 업체들이 경쟁력을 갖고 있는 대형 컨테이너선, LNG선, 해양플랜트 등에는 본격 진출하지 못하고 있기 때문이다. 실제로 고부가가치선 시장의 회복세가 빠르게 진행됐던 2011년 중국 업체들의 수주 실적은 한국에 비해 저조한 것으로 파악된다.

현재 조선 산업은 회복세를 나타내고 있지만 지난 2007년 업황이 정점에 달했던 때에 비하면 여전히 위축된 상태다. 선가 회복이 지연되고 있는 것이 가장 큰 문제다. 벌크선, 탱커선, 컨테이너선, LNG선의 선가는 글로벌 금융위기 이후 하락세를 보여왔다. 다만 2010년 이후에는 다소 회복되거나 하락세가 주춤해졌다. 🅱

- 금융위기 이후 3년간 지연된 선진국 설비 투자 재개
- 중국 긴축 완화 기대감 상승
- 유럽과 미국 등 선진국 수주 증가 기대

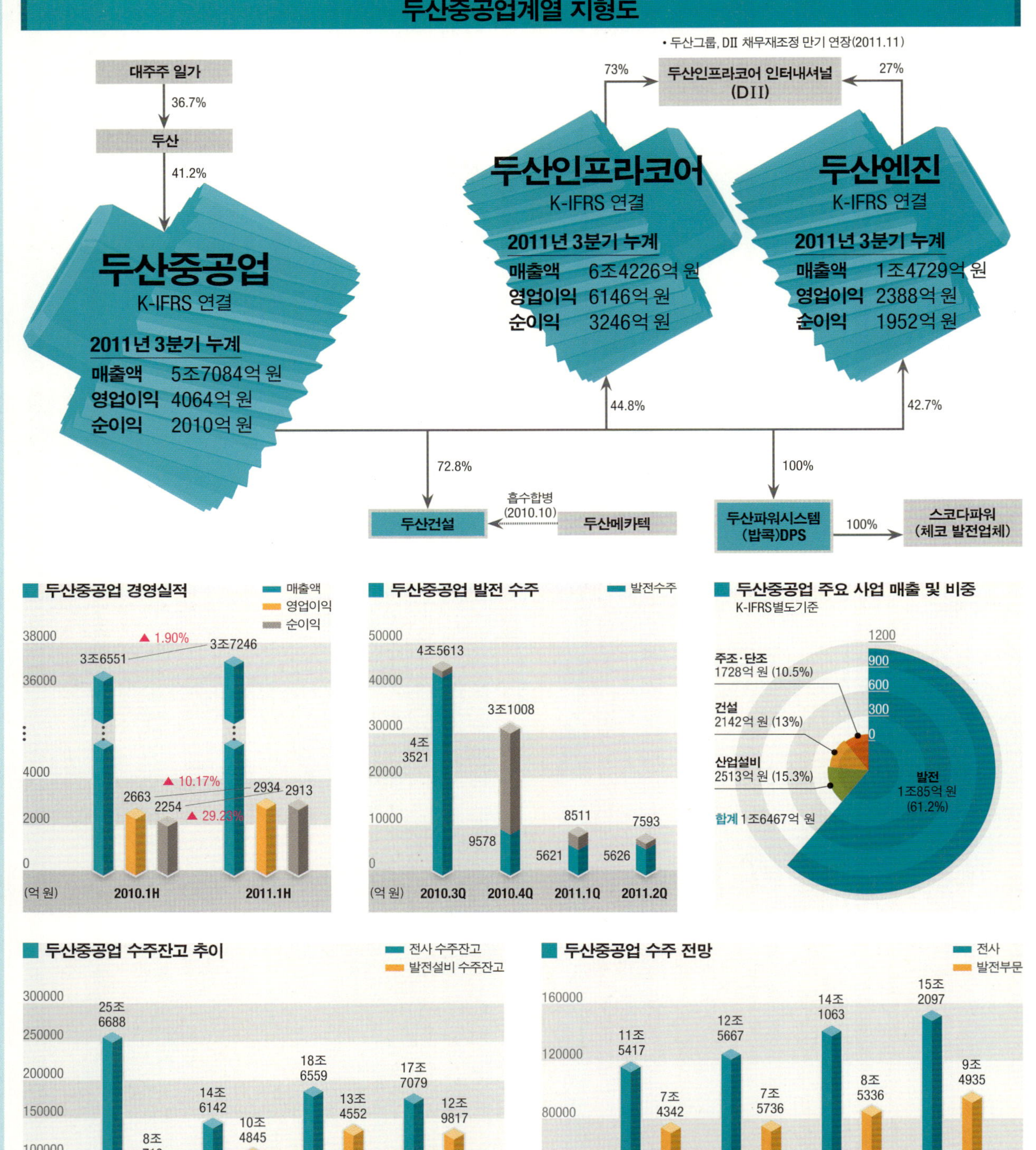

■ 두산인프라코어 경영실적

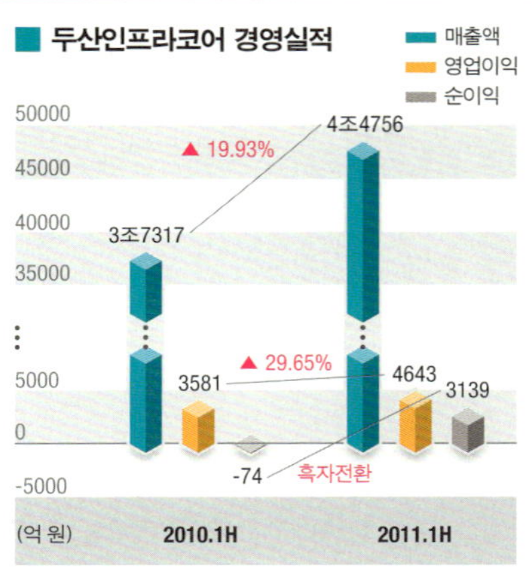

■ 두산인프라코어 주요 사업 매출 및 비중
K-IFRS연결기준

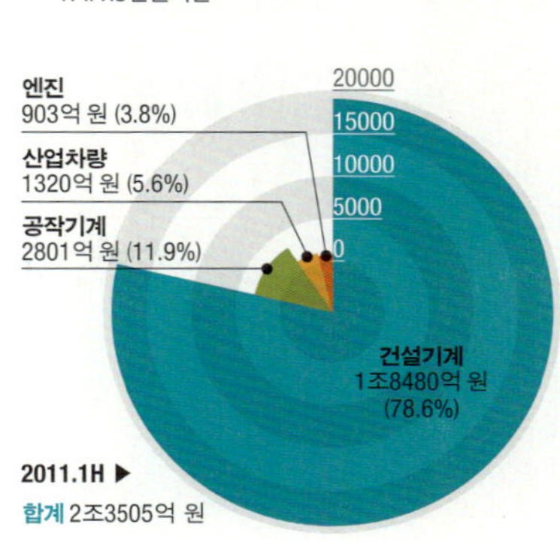

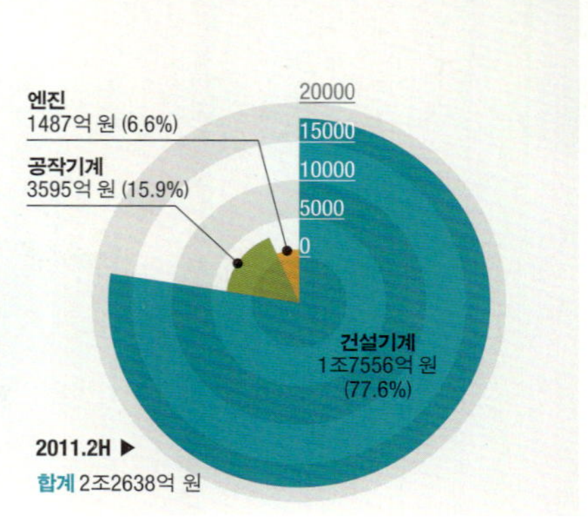

■ 두산인프라코어 건설기계부문 중국시장 점유율
Wholesale기준

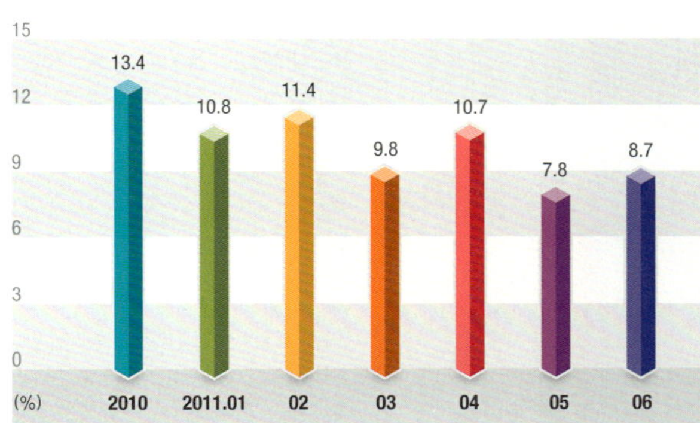

■ 두산인프라코어 건설기계부문 중국판매 추이

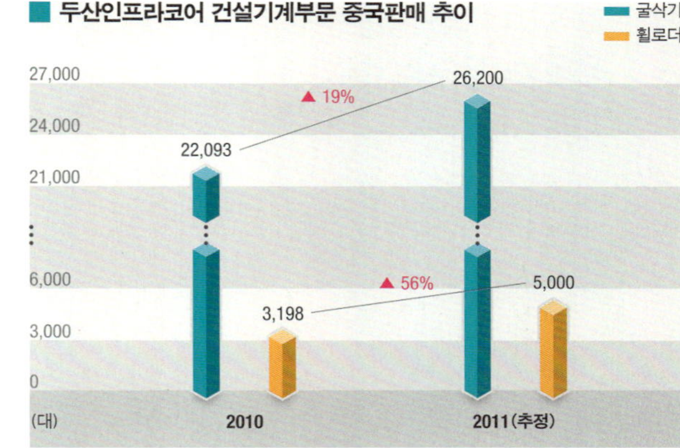

■ 두산인프라코어 인터내셔널(DII) 매출 추이

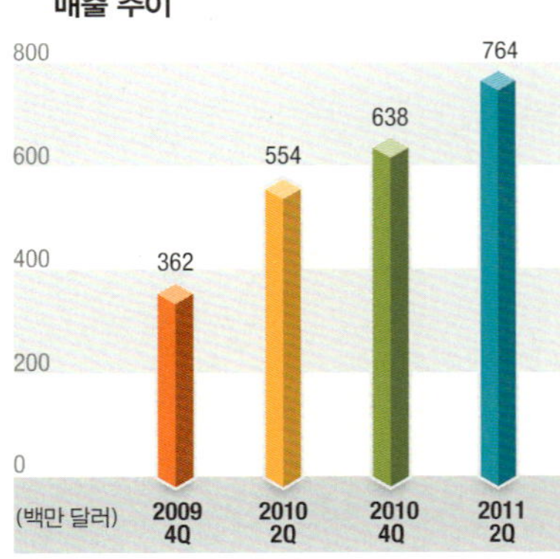

■ 두산인프라코어 건설장비 시장점유율 추이

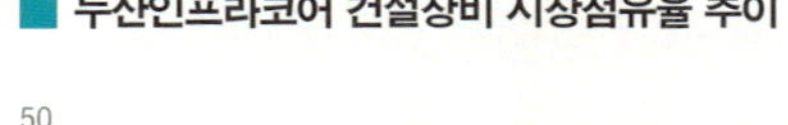
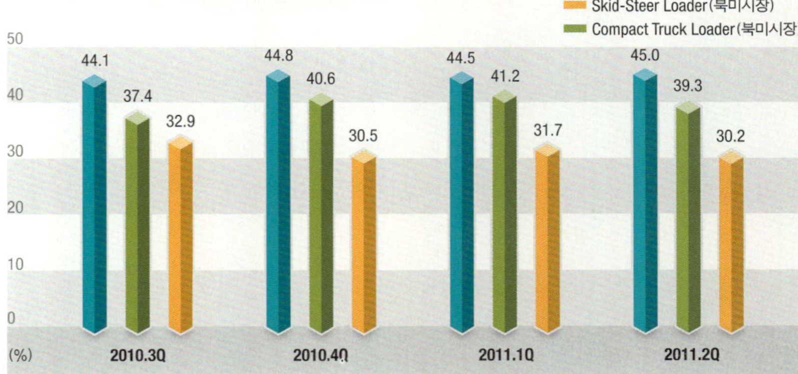

■ 두산엔진 경영실적

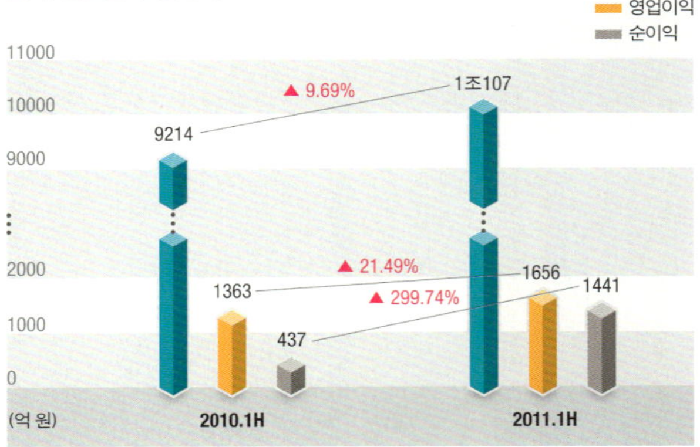

■ 두산엔진 수주잔고 거래선별 비중
2011년 6월 말 기준, 단위·%

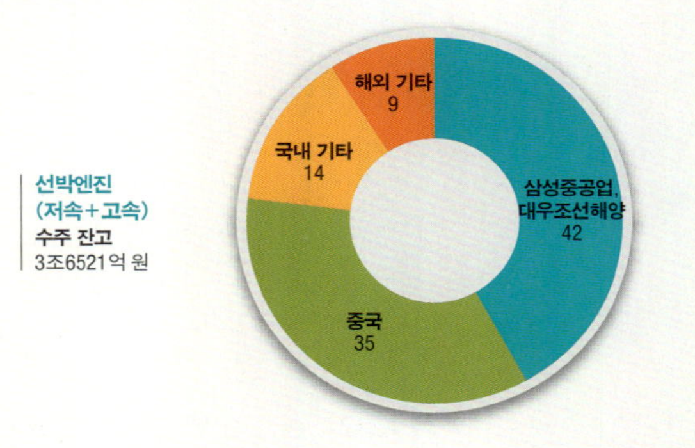

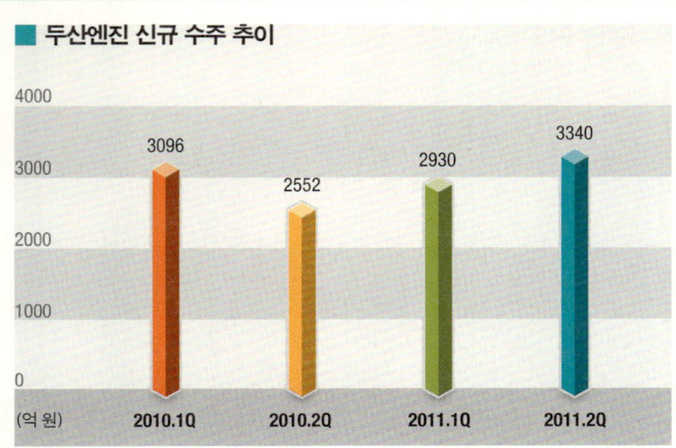

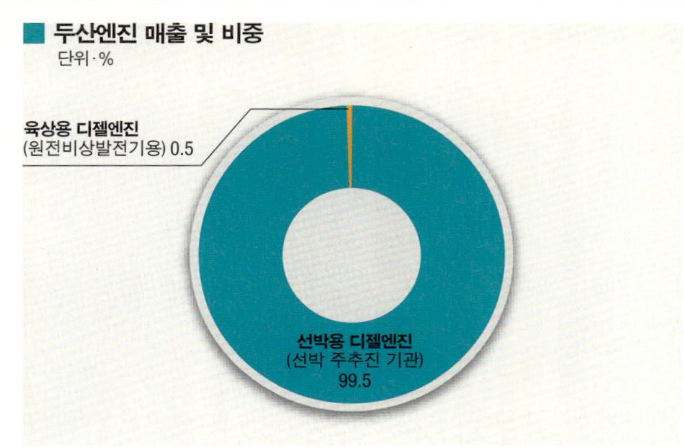

GS건설 | 플랜트부문
K-IFRS

2011년 3분기 누계

| 매출액 | 2조1510억 원 |
| 매출총이익 | 3230억 원 |

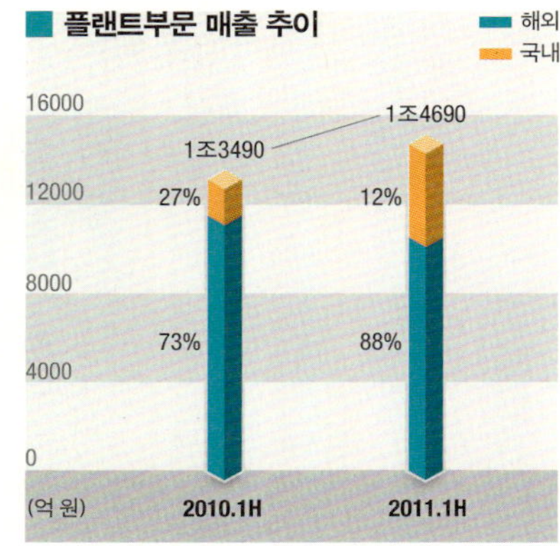

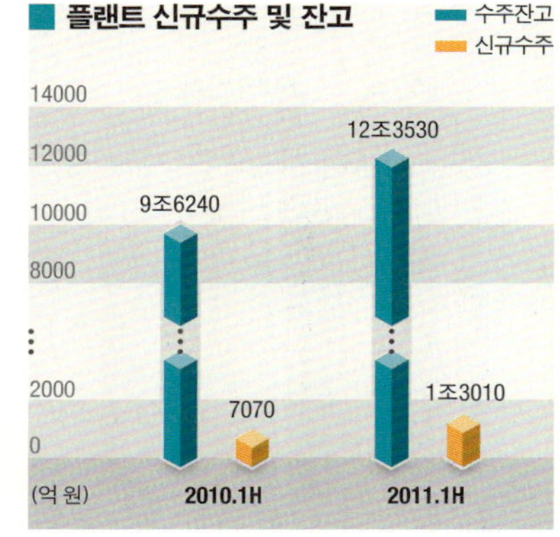

현대중공업
플랜트·엔진기계·건설장비부문

2011년 3분기 누계

| 매출액 | 7조866억 원 |

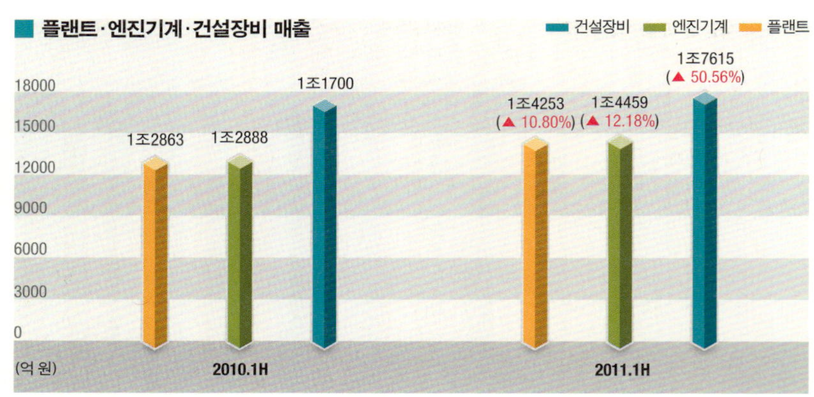

삼성엔지니어링
K-IFRS 연결

2011년 3분기 누계

매출액	6조1673억 원
영업이익	5388억 원
순이익	3641억 원

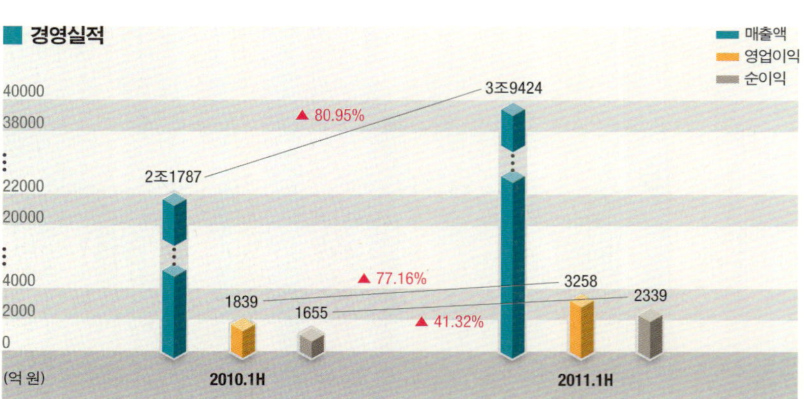

■ 신규수주

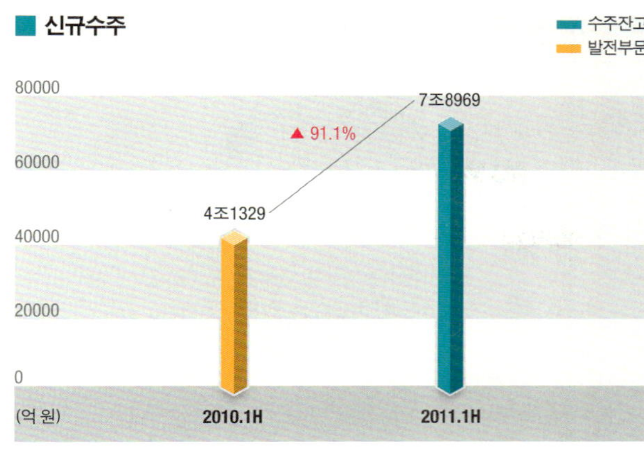

■ 사업부문별 매출
※ I&I·Industrial and Infrastructure

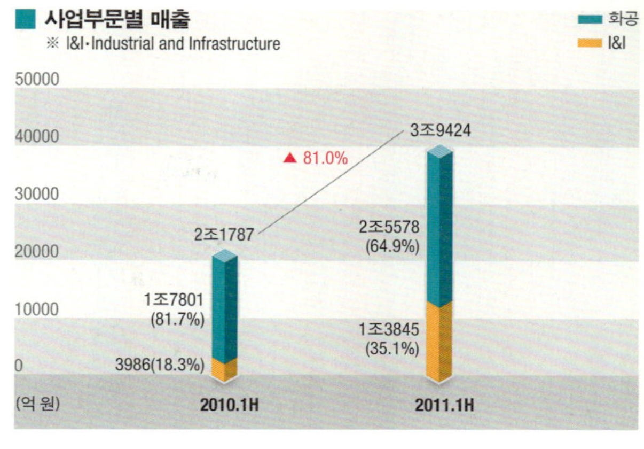

■ 경영실적

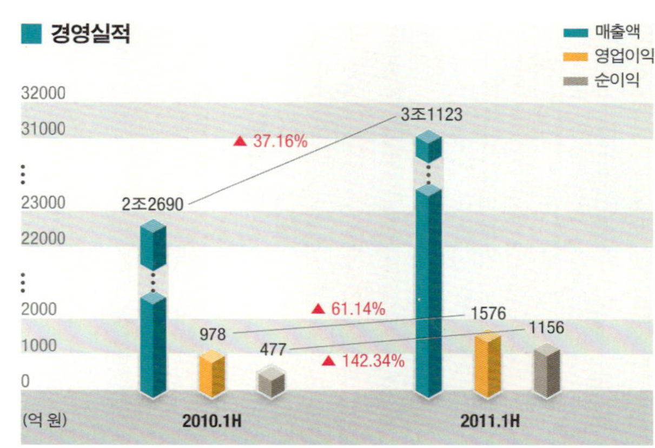

■ 주요 사업별 매출·영업이익

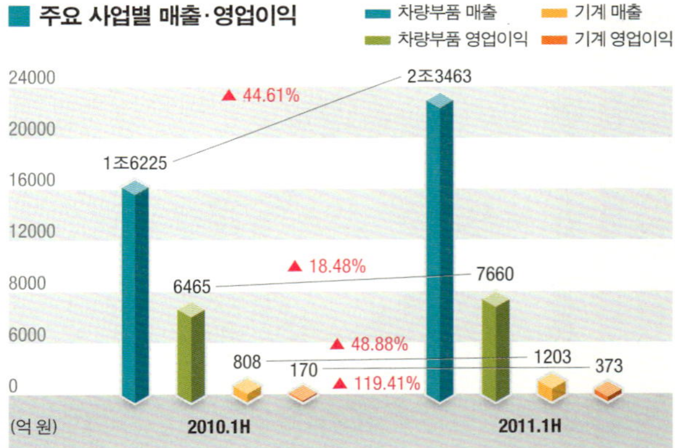

■ 공작기계 판매대수 추이

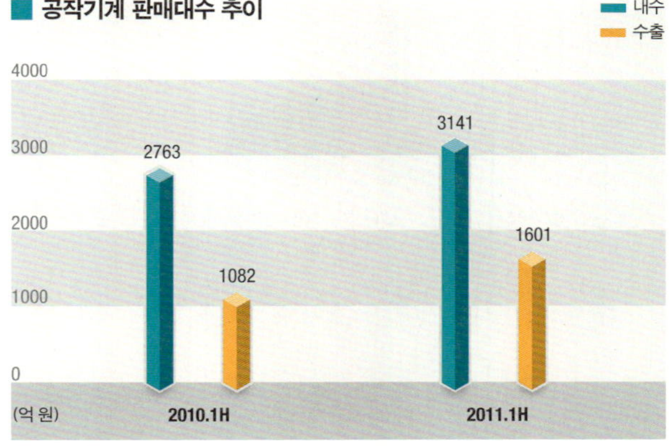

■ 자동차부품 시장점유율
2011기준, 단위·%

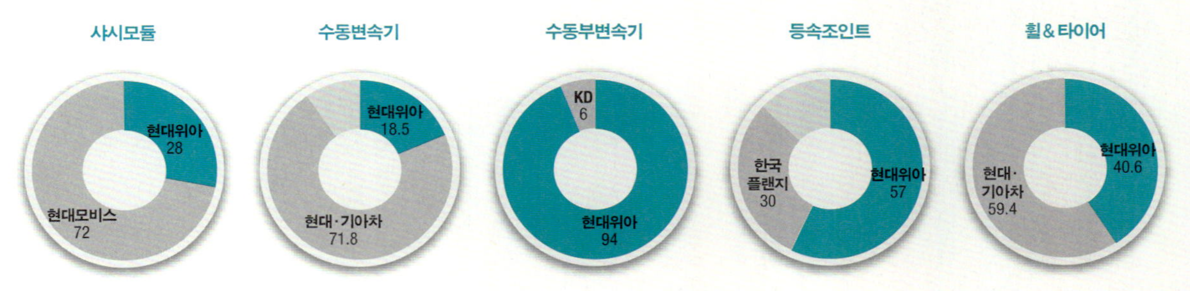

화천기계
K-IFRS

2011년 3분기 누계

매출액	2261억 원
영업이익	170억 원
순이익	133억 원

• 공작기계 국내 3위(시장점유율 20%)

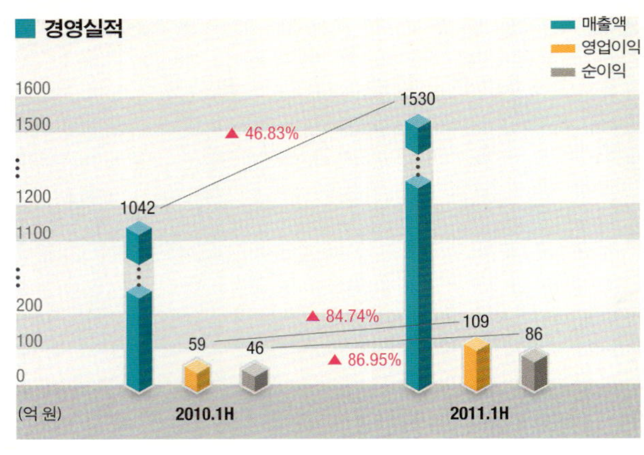

S&T중공업
K-IFRS 연결

2011년 3분기 누계

매출액	5052억 원
영업이익	473억 원
순이익	378억 원

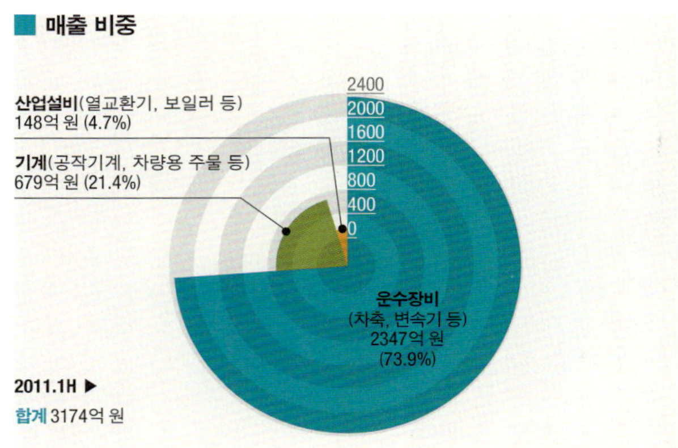

프레스 시장점유율

단위·%

2010.1H

- 현대위아 20.9
- 현대로템 28.5
- 심팩 50.6

2011.1H

- 현대로템 24.4
- 현대위아 32.3
- 심팩 43.3

공작기계 시장점유율

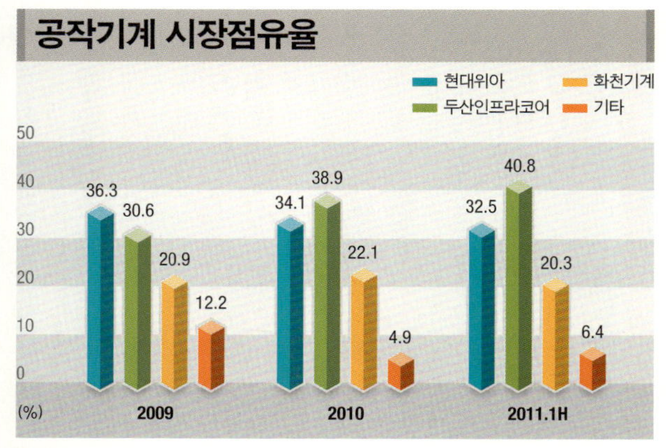

세계 건설기계 시장규모 전망

자료·한국건설기계공업협회, 단위·억 달러, %

구분	세계생산	한국생산	점유율
2001	81,000	1,541	1.9
2004	87,000	3,154	3.6
2006	122,000	5,497	4.5
2010	156,000	11,660	7.5
2015(F)	252,000	23,000	9.1
GAGR(01~15)	8.4	21.3	

중국정부 긴축 기조 악영향
신흥 개발도상국 시장으로 전환 모색

세계 톱 클래스인 한국산 기계를 아는가

기계 산업에 대한 우리의 관심은 그리 크지 않다. 자동차나 조선처럼 덩치가 크지도 않을뿐더러 도드라지는 산업 형태도 아니기 때문이다. 아마도 한국산 기계의 세계 시장점유율이 '9위'라는 사실을 아는 사람도 그리 많지 않을 것이다. 국내 업체들의 기계 산업 관련 기술은 이미 세계적인 수준으로 평가받고 있다. 현대중공업과 두산인프라코어 등 건설장비 업체의 경우, 중국 등 해외시장에서 그 입지를 탄탄히 하고 있다. 공작기계 분야에서도 국내 기업들은 특유의 섬세함과 정밀함을 내세워 글로벌 업체들과 어깨를 나란히 하고 있다.

그러나 아직 숙제도 많다. 지난 90년대까지만 해도 한국의 기계 산업은 적자를 면치 못하던 취약 산업이었지만 대기업들을 중심으로 선전해오면서, 지난 2004년 이후 매년 흑자폭을 늘려가고 있다. 그럼에도 불구하고 완성품 부문에 투자가 집중돼 기계 산업의 근간인 부품·소재 산업 부문은 대부분 독일과 일본 등에 의존하고 있는 실정이다. 즉, 핵심부품 기술이 취약하다보니 한국산 기계는 가격경쟁력과 품질력을 두루 갖췄음에도, 독일이나 일본 제품보다 뒤쳐진다는 평가를 받는 것이다.

2011년 공작기계의 경우, 비록 수주는 상반기 대비 둔화됐지만 시장의 구조적 성장은 여전히 유효했다는 것이 전문가들의 의견이다. 공작기계 수요는 국내 완성차 및 부품 업체들의 해외 증설 지속과 2008년 금융위기 이후 3년간 지연된 선진국 설비 투자가 재개될 것이라는 전망에 기대를 걸고 있다. 또 이머징 마켓의 임금 상승에 따른 기계화 수요 증가도 수혜 요인으로 꼽힌다.

건설기계의 경우, 중국의 긴축 기조가 이어지고 있지만 견고한 동남아 건설 수요와 바닥에 가까워진 미국 건설 수요로 수급 상황이 개선될 전망이다. 현재 재정적 여력을 바탕으로 동남아 국가의 사회간접자본(SOC) 투자가 증가하고 있고 경기 둔화시 내수 부양을 위한 선진국 건설 투자가 늘어날 것을 고려하건대 전망이 밝다.

2012년 실적 호조세 기대되는 국내 업체들

한국을 대표하는 건설기계장비 업체로 현대중공업과 두산인프라코어를 꼽을 수 있다. 흔히 현대중공업은 조선 업체로 알고 있지만, 현대중공업이 영위하는 굴삭기 등 건설 중장비 분야도 상당한 경쟁력을 가지고 있다. 특히 최근 대형 조선 업체들이 비조선 분야를 육성하면서 현대중공업의 건설기계장비 분야도 이런 혜택을 입을 것으로 기대된다. 전문가들은 현대중공업 건설기계 부문의 실적이 2011년 4분기부터 개선될 것으로 보고 있다. 일반적으로 4분기는 성수기로 진입하는 시기이기도 하다.

또 최근 중국 긴축 완화 기대감이 높아지고 있어 2012년에는 좀 더 나은 실적이 기대된다. 아울러 남미, 인도 등 신흥 개발도상국들의 건설장비 수요가 꾸준히 증가하고 있기 때문에 장기적으로 중국향 매출 비중은 계속 감소할 것으로 예상된다.

두산인프라코어의 경우, 중국정부의 긴축 기조에 따른 피해를 가장 많이 본 기업이다. 지난해까지만 해도 중국 굴삭기 판매 1위를 달렸지만, 2011년에는 중국정부의 기조 변화로 침체를 보였다. 실제로 두산인프라코어의 2011년 3분기 건설기계 부문 실적은 중국 매출 감소로 매출액과 영업이익이 각각 전기 대비 20%씩 하락했다. 하지만 전문가들은 2011년 4분기부터는 본격적으로 회복할 수 있을 것으로 내다보고 있다. 현재 수주 잔고의 증가와 중국 굴삭기 신모델에 대한 기대감, 제품 라인업 강화 등이 긍정적인 시각을 유지하는 이유다.

공작기계 부문에서는 역시 두산인프라코어와 현대위아 등이 대표적인 업체로 꼽힌다. 두산인프라코어의 공작기계 사업은 건설기계와 달리 호조를 보이고 있다. 자동차를 중심으로 한 전방 산업에 힘입은 데다, 유럽과 미국 등 선진국으로부터의 수주도 증가하고 있다. 향후 경기 둔화에 따른 우려감이 아직 존재하지만 월 1000대 수준의 수주를 기록함에 따라 실적 호조세를 이어갈 것으로 보인다.

현대위아도 공작기계 부문 실적이 계속 좋아질 것으로 예상된다. 현대위아의 기계 사업은 2010년 이후 흑자전환을 하며 수익성이 좋아지고 있고, 공작기계 수주 잔고는 연초 4개월분에서 2분기부터 6개월분 수준으로 늘어난 상태다. 현대위아의 기계부문 수주는 현대차 신흥시장과 파워트레인 생산 능력 증설, 선진 메이커의 설비 투자 회복, 신흥시장의 자동화 설비 구축 필요성에 따라 앞으로도 계속 증가할 것으로 전망된다. **B**

- 저가 중국산 제품의 국내 유입에 따른 타격 심화
- 열연 중심에서 냉연으로 사업 구조 변화
- 원재료 가격 급등 추이와 원료 자급률 정도

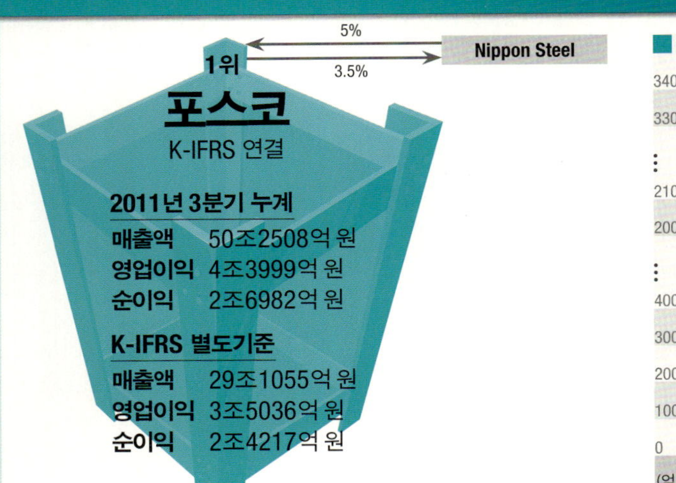

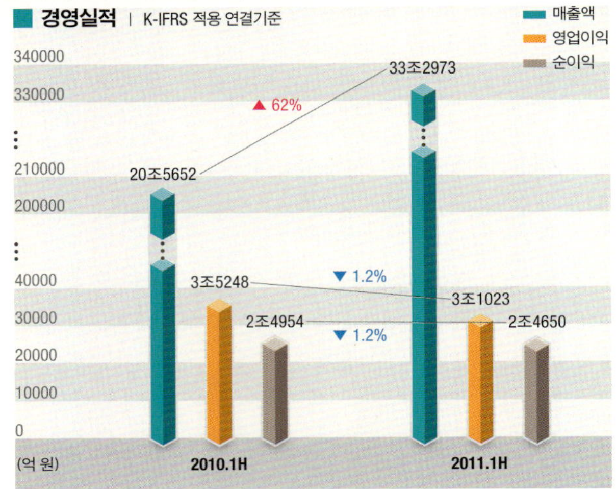

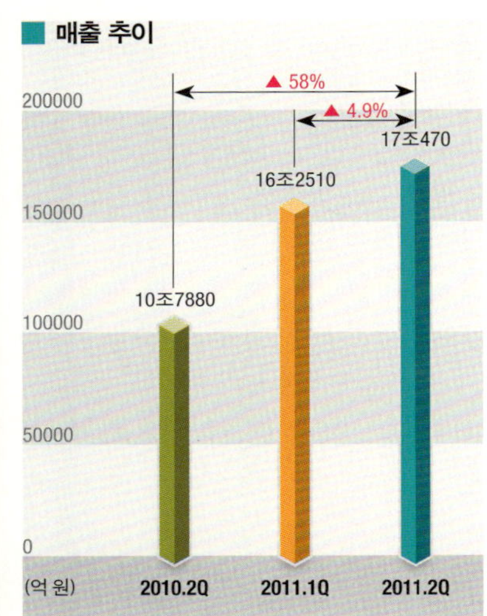

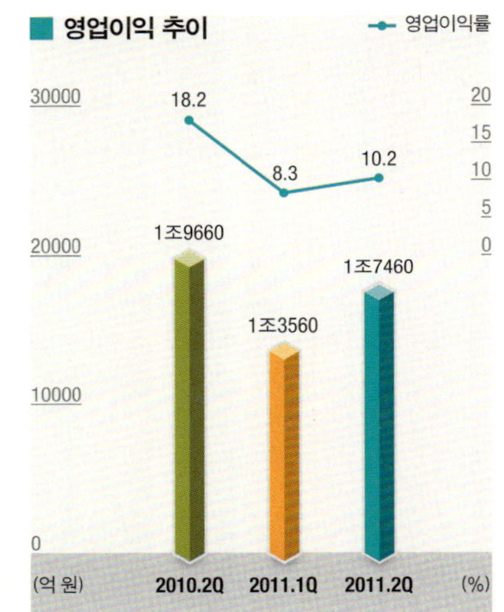

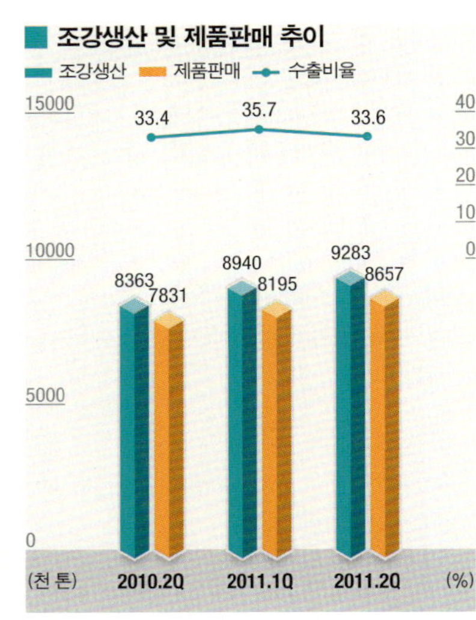

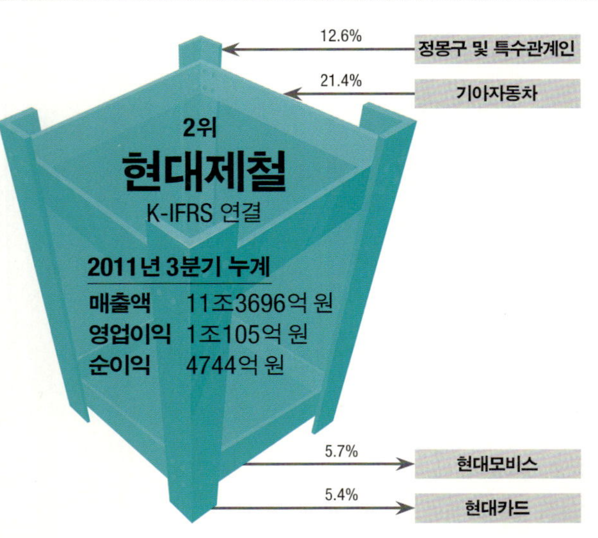

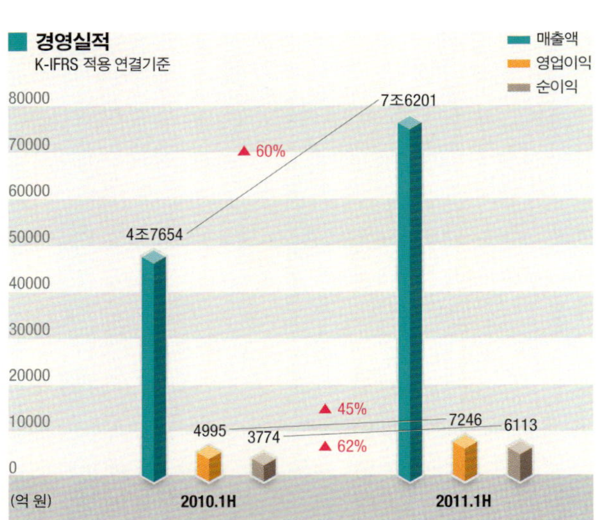

생산량 및 판매량
생산량 · 판매량 · 수출비중

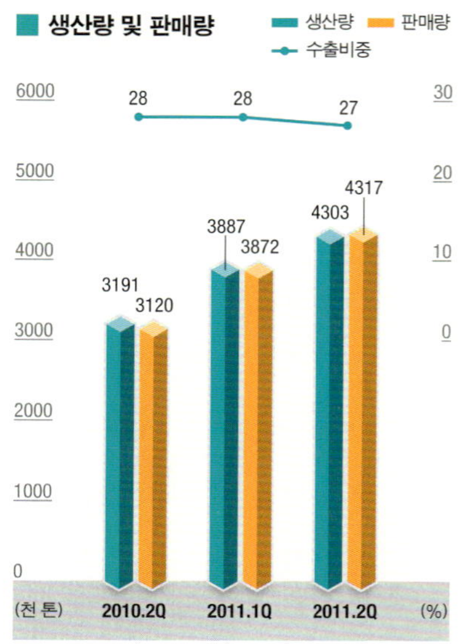

재무 상황
부채비율 · 유동비율 · 순차입금비율

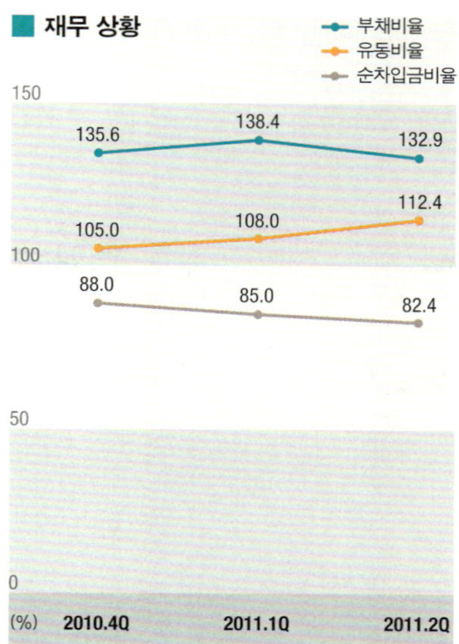

주요 제품 시장점유율 추이

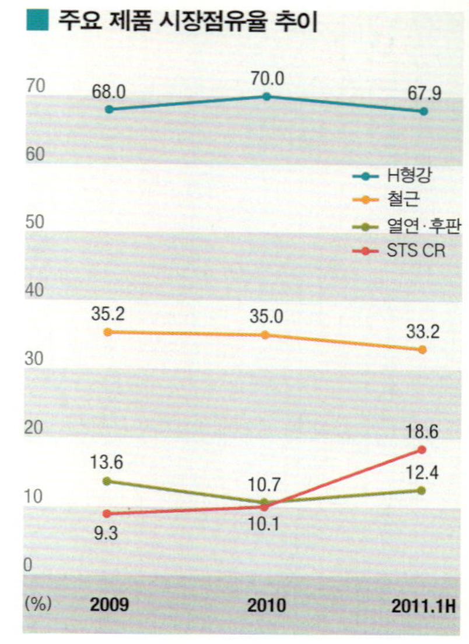

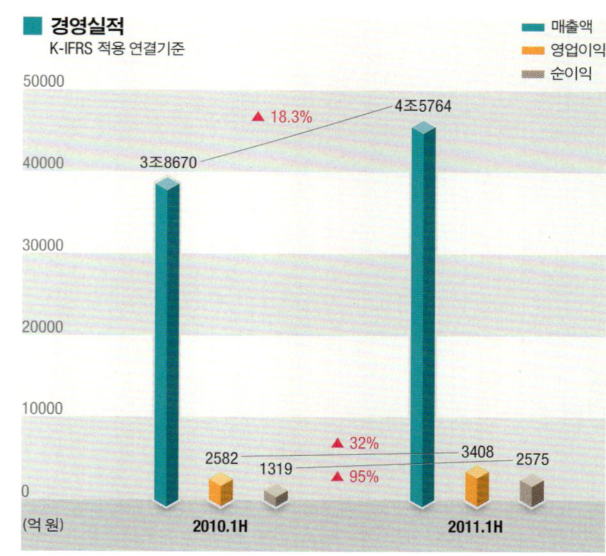

경영실적
K-IFRS 적용 연결기준
매출액 · 영업이익 · 순이익

3위

동국제강
K-IFRS 연결

2011년 상반기

매출액   4조5764억 원
영업이익 3408억 원
순이익   2575억 원

- 브라질 빠생 산업단지 내 제철소 건설.
- 인천 신규 압연공장 건설 중.

생산량 및 판매량
생산량 · 판매량

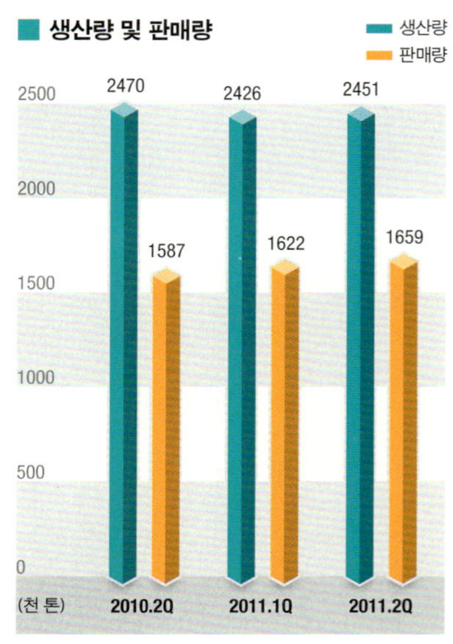

매출액·영업이익 추이
K-IFRS 별도기준
매출액 · 영업이익

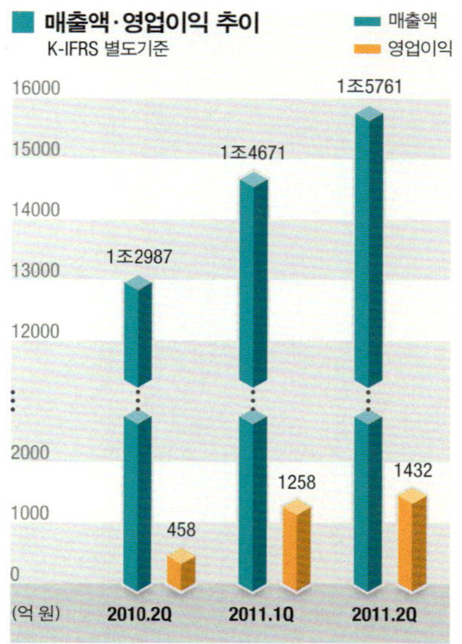

재무 안정성 지표
K-IFRS 별도기준
부채비율 · 순차입금비율

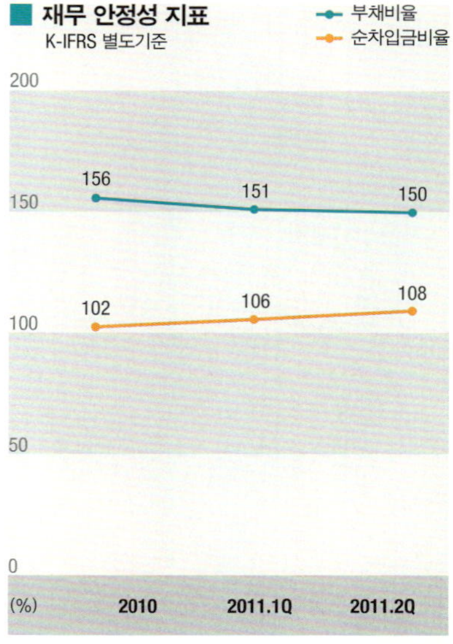

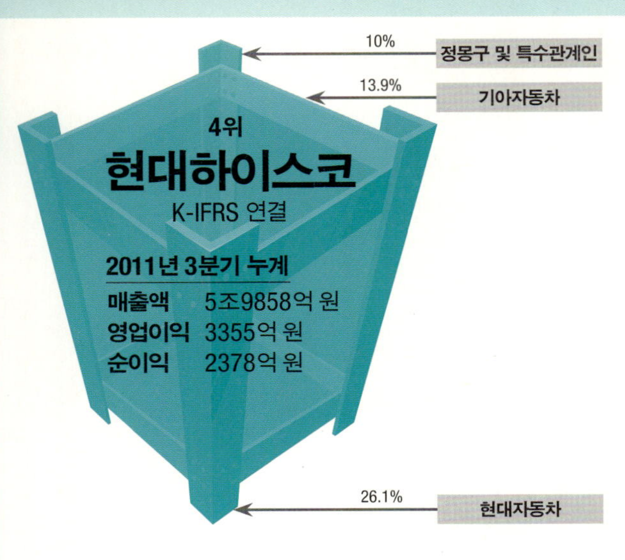

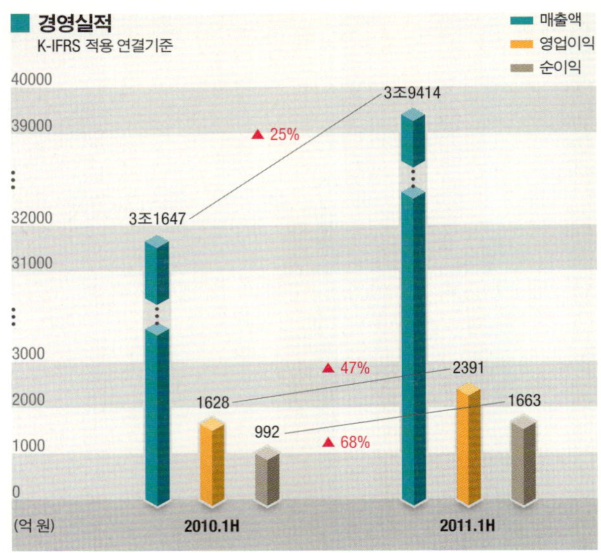

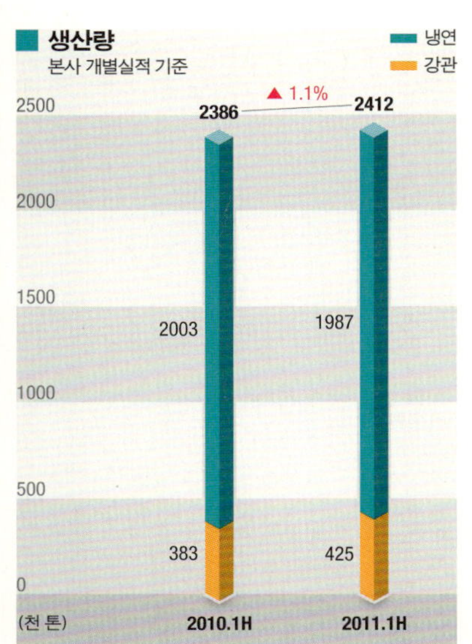

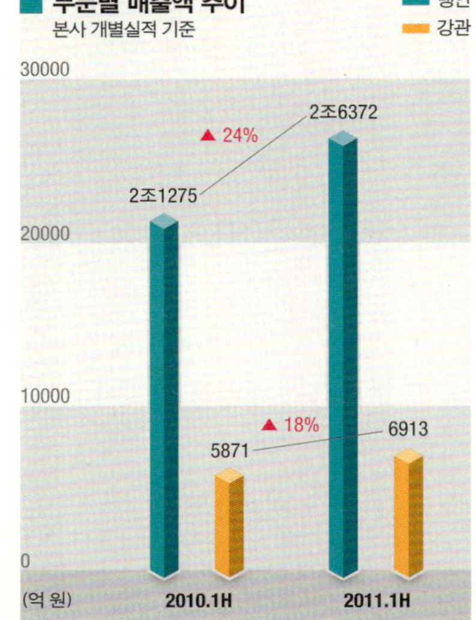

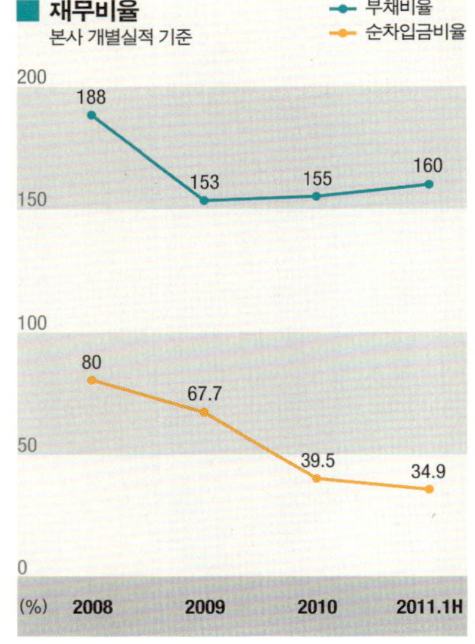

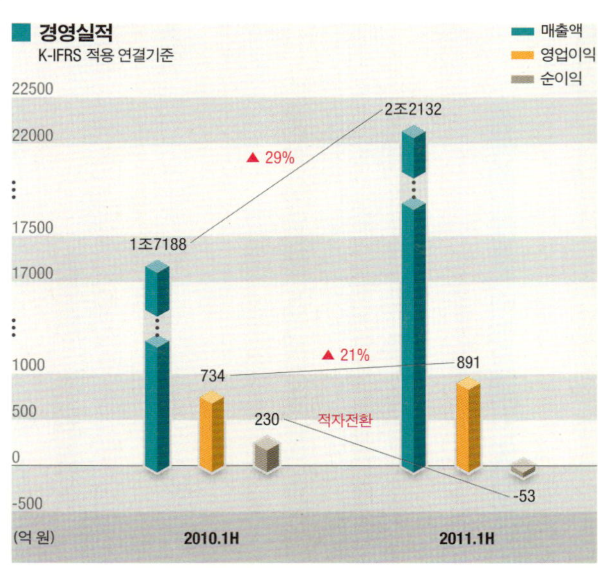

5위
동부제철
K-IFRS 연결

2011년 상반기

매출액 2조2132억 원
영업이익 891억 원
순이익 -54억 원

- 선재 사업부문 분사, 동부특수강(주)출범 (2011.01)

철강산업 원료 현물가격 추이

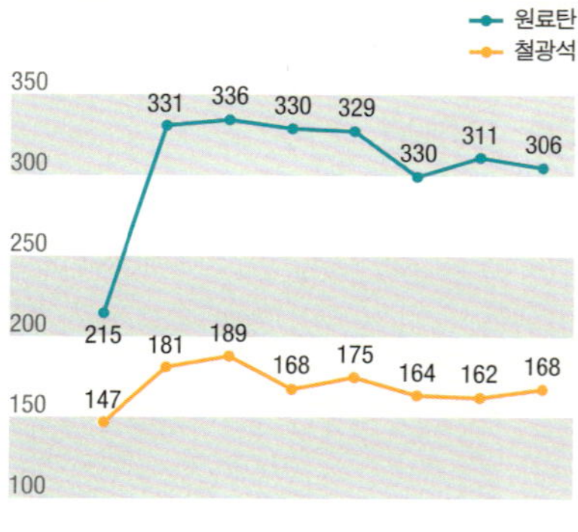

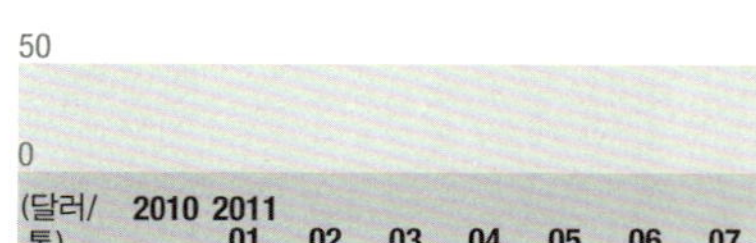

포스코 스테인리스 스틸 사업 강화 전략

세계 철강 수요 전망

자료·WSD, 2011.06 기준

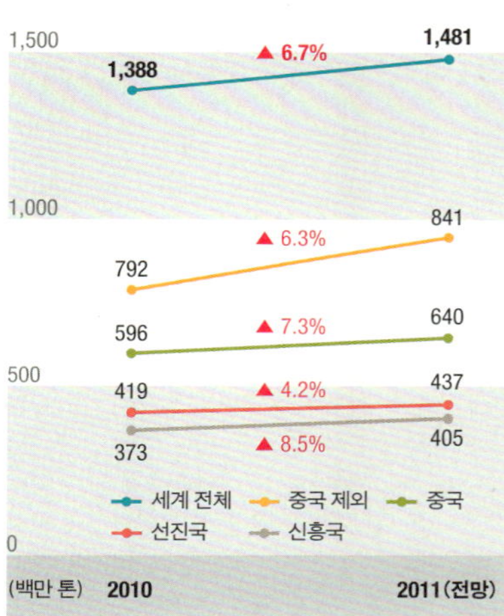

현대제철 3기 생산체제 개요도

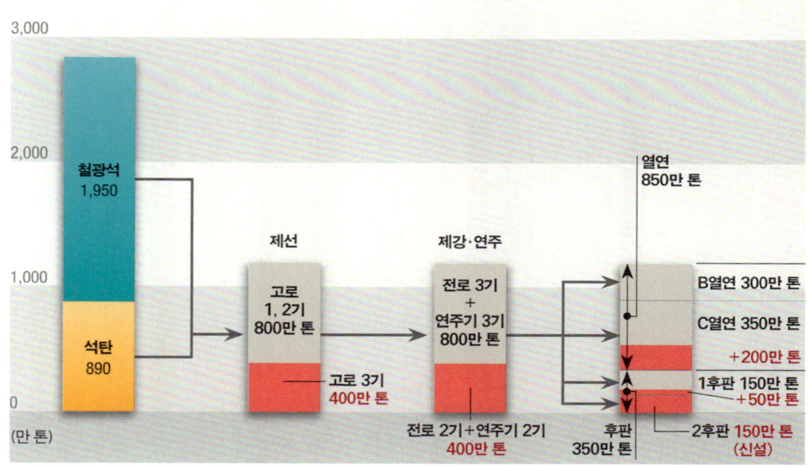

한국 철강산업 글로벌 조강 생산 점유율

자료·WorldSteel, 괄호 안은 점유율

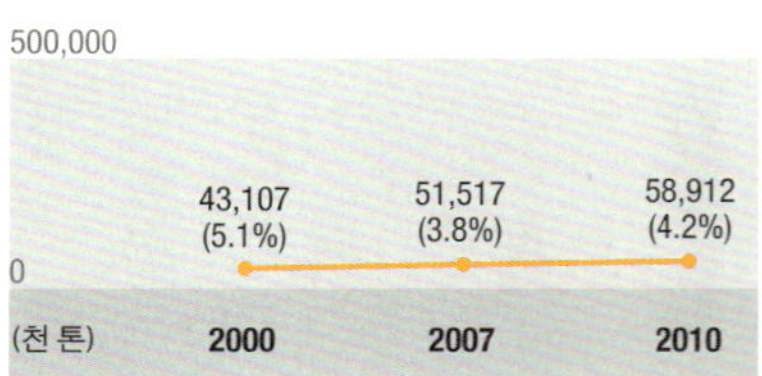

동국제강 브라질 제철소 건설 개요

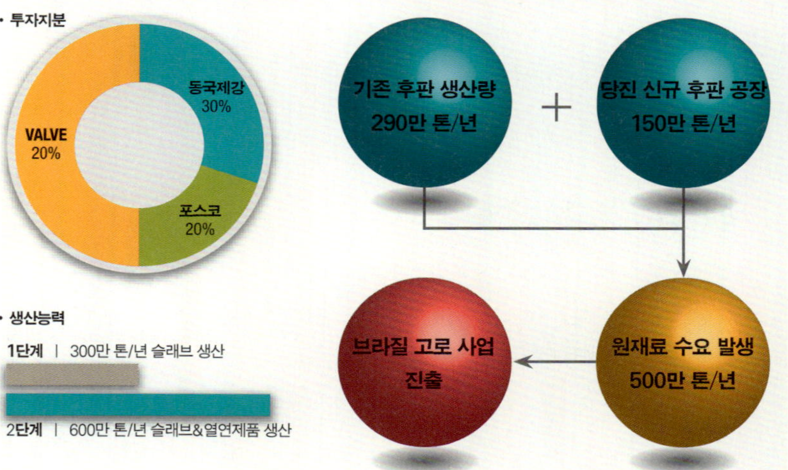

철강 수출입 동향

자료·철강협회, 괄호 안은 전년 동기 대비 증감률

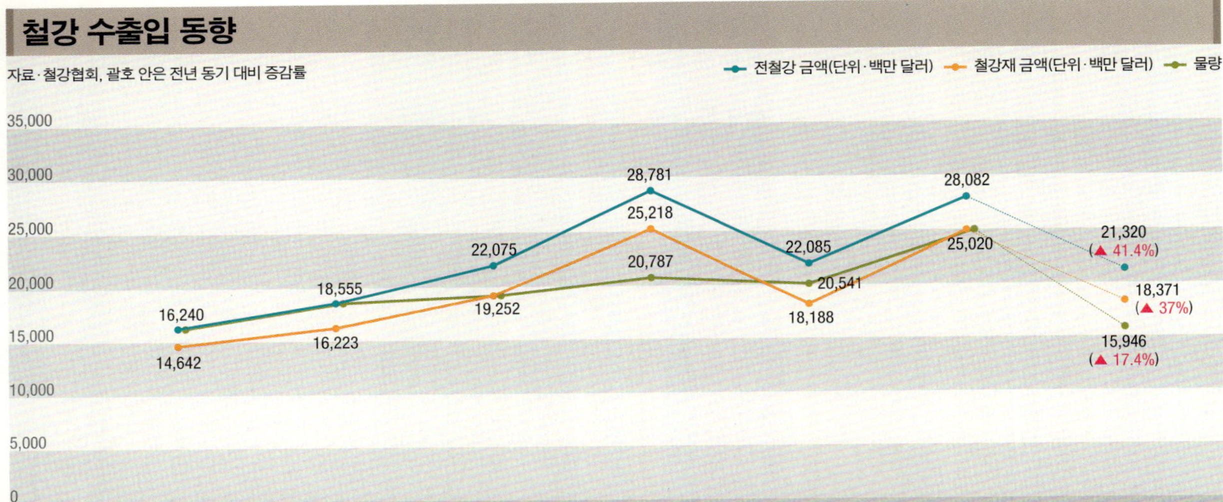

국내 조강 생산량 추이

자료·철강협회, 괄호 안은 전년 동기 대비 증감률

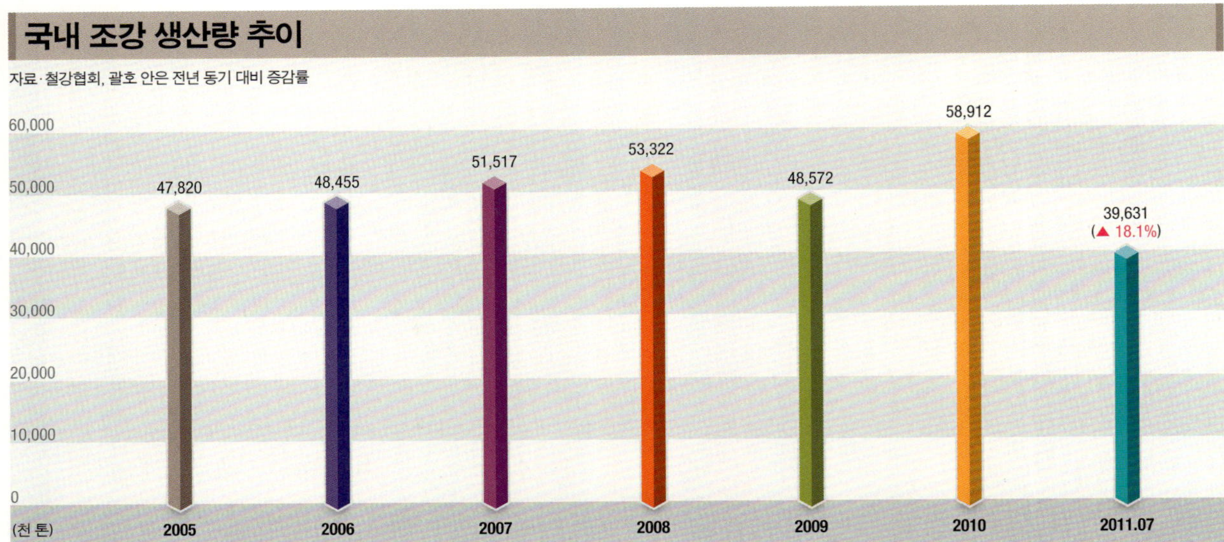

종류별 철강 생산량 현황

자료·철강협회, 2011.07 누계 기준, 괄호 안은 전년 동기 대비 증감률

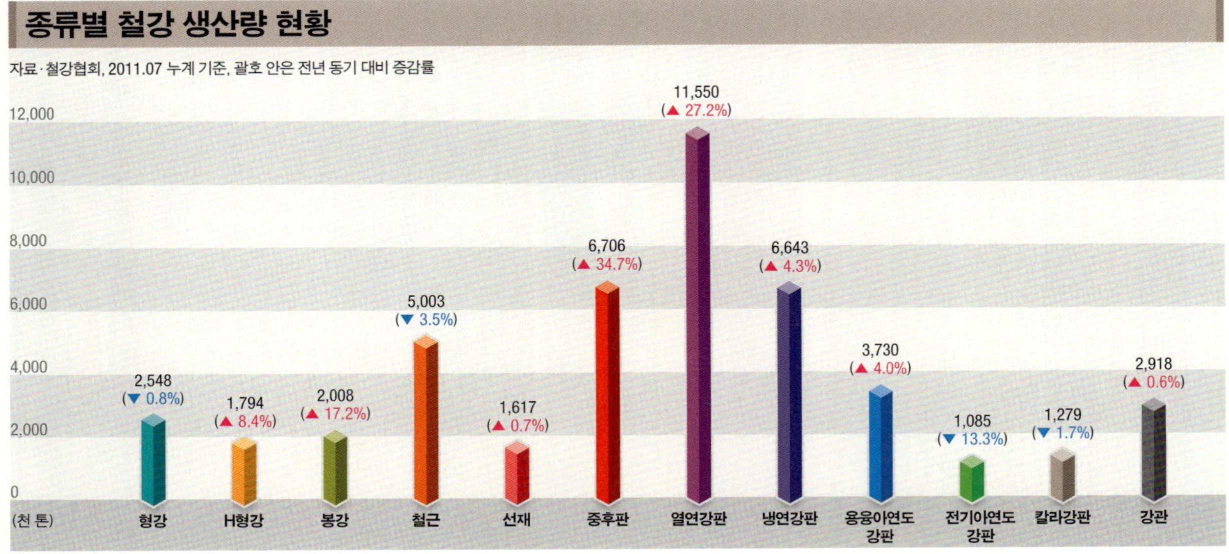

내수 산업이라는 한계 타개
세계 전역에 공장 건립

국내 업체들, 조강생산량 늘리는 추세

철강 산업은 크게 두 종류로 나뉜다. 고로를 이용하는 일관제철업과 전기로를 사용하는 제강업이다. 포스코가 대표적인 고로 업체이고, 동국제강, 동부제철 등은 전기로 업체다. 이밖에 특수강, 냉연, 도금강판, 강관, 합금철 등을 영위하는 다양한 업체들이 있지만 규모는 상대적으로 크지 않다.

일관체철업은 포스코가 상당 기간 동안 독점 시장을 형성했지만 지난 2009년 말부터 현대제철이 고로 시장에 뛰어든 상태다. 여기에 동국제강이 발레, 포스코와 함께 브라질에 일관제철소를 지을 예정이다.

규모 면에서는 포스코가 여전히 가장 크다. 포스코는 포항제철소와 광양제철소에서 총 2800만 톤 규모의 조강생산력을 갖추고 있다. 현대제철은 840만 톤 규모이며, 오는 2013년 9월에는 여기에 400만 톤이 추가될 전망이다. 동국제강이 짓고 있는 브라질 제철소는 연산 300만 톤 규모다.

국내 철강 업체들의 투자 확대로 인해 우리나라의 조강생산량은 계속해서 증가하고 있다. 세계 조강생산에서 차지하는 비중은 2011년 상반기 기준 4.5% 정도다. 세계 조강생산량은 2011년 5월 월간 기준 사상 최고치에 도달했다. 금융위기 이전 수준을 회복한 것은 물론이고 앞으로 신흥국의 고성장에 발맞춰 계속해서 늘어날 것으로 관측된다.

전기로 제강 업체로는 현대제철, 동국제강, 한국철강, YK스틸, 대한제강, 환영철강, 한국제강 등이 있다. 전기로를 사용해 특수강을 생산하는 업체로는 세아베스틸, 포스코특수강 등이 있다.

원재료 가격 급등으로 수익성에 경고등

고로 업체와 전기로 업체 모두 원재료 가격 변동에 민감하다. 2011년에는 일관제철의 원료가 되는 철광석 가격이 급등해 포스코를 비롯한 고로 업체들이 어려움을 겪었다. 원재료 가격이 급등했는데도 물가 안정 정책과 경기침체로 인해 쉽게 제품 가격을 올릴 수 없었기 때문이다. 전기로에 들어가는 스크랩 가격은 저급품이 하락세를 보인 반면, 고급품은 상승세를 지속했다. 이러한 추세는 2012년에도 당분간 이어질 전망이다.

특히 중국의 과잉 생산 유지로 인해 저가의 중국산 제품이 국내에 대거 유입되고 있는 점은 국내 철강업계에 이중고다. 값싼 제품이 많아지면서 자연스럽게 할인 경쟁이 발생했다.

중국의 조강생산량은 전 세계 생산량의 약 45%여서 글로벌 수급 및 가격에 직접적인 영향을 미친다. 중국은 2015년까지 상위 10개사의 생산량 비중을 60% 이상으로 높이는 방식으로 공급 과잉을 해소한다는 전략이다.

철강업계가 가장 주목하고 있는 것은 글로벌 경기 회복 시점이다. 경기는 조선업, 건설업 등에 영향을 주기 때문에 후판, 철근 등의 시황과 직결된다. 업계에서는 유럽 재정위기 장기화 등으로 인해 2012년에도 경영 불확실성이 지속될 것으로 우려하고 있다. 2011년 말 현재 포스코, 현대제철 등 주요 철강 업체들은 투자를 축소하는 등 비상경영 체제에 돌입해 있다.

또 다른 화두는 냉연제품 비율을 높이는 것이다. 현재 세계 스테인리스 판재류 수요는 냉연이 80%, 열연이 20%를 각각 점유하고 있다. 포스코는 이 같은 글로벌 수요에 발맞춰 열연 중심의 사업구조를 점차 냉연 중심으로 바꿔 나간다는 전략이다. 태국의 타이녹스 인수와 터키 스테인리스 냉연공장 착공이 대표적인 사례다.

원료 자급률 향상도 이슈다. 원재료 가격 변동으로 인한 부침을 최소화하기 위한 것이다. 포스코는 스테인리스 부문의 원가경쟁력을 강화하기 위해 니켈, 크롬 등 스테인리스 원료 자급률을 높이고 있다.

철강 산업이 내수산업이라는 고정관념도 깨지고 있다. 포스코는 2011년 10월 터키 이스탄불 인근의 이즈미트 산업공단에 스테인리스 냉연공장을 착공했다. 중동과 유럽 시장의 교두보를 마련하는 것이다. 동국제강은 브라질에 남미시장 공략을 위한 일관제철소 건설에 나섰다. **B**

- 고려아연, 연 제련량 급증, 영업이익도 큰 폭 상승
- 노벨리스코리아 코스닥 시장 진입 여부
- 유로존 재정위기가 국제 전기동 가격 변동 폭에 큰 영향

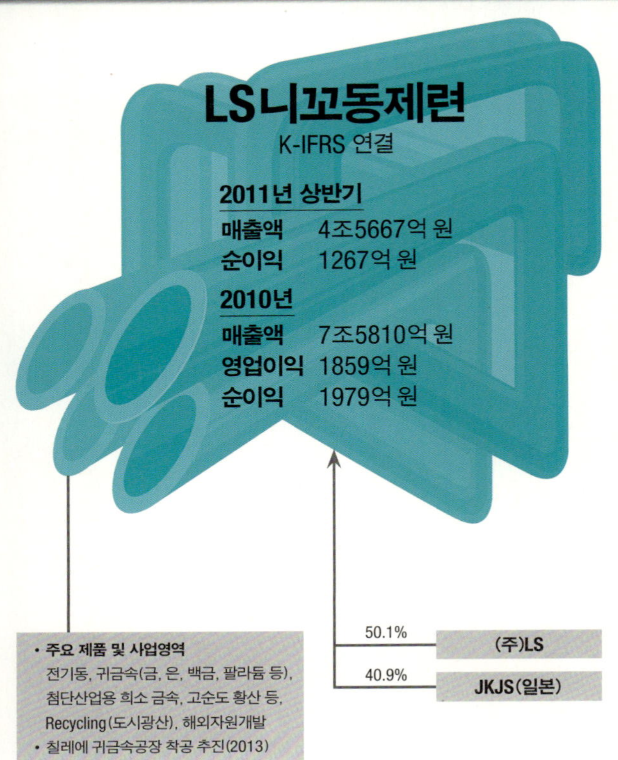

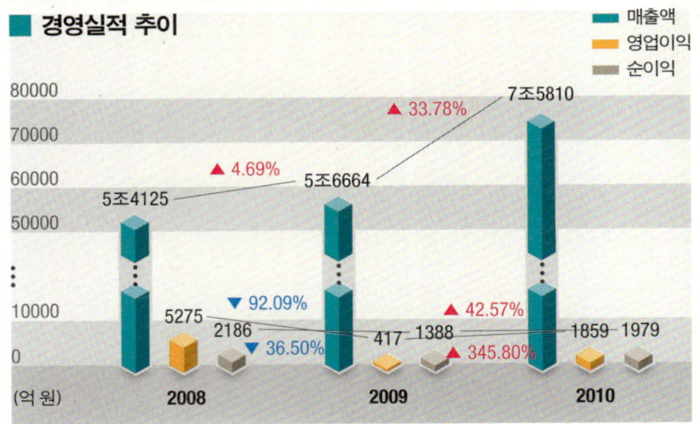

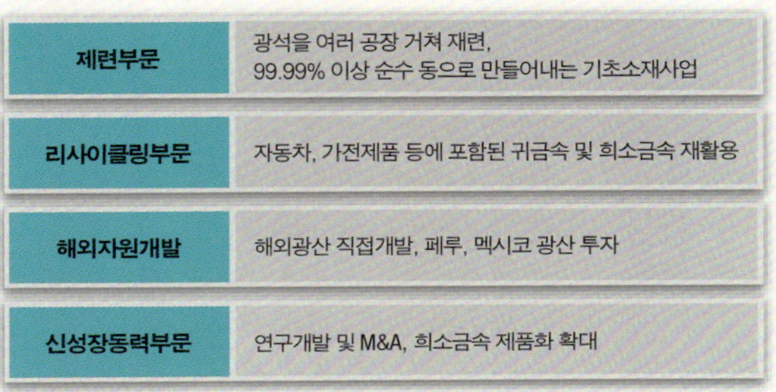

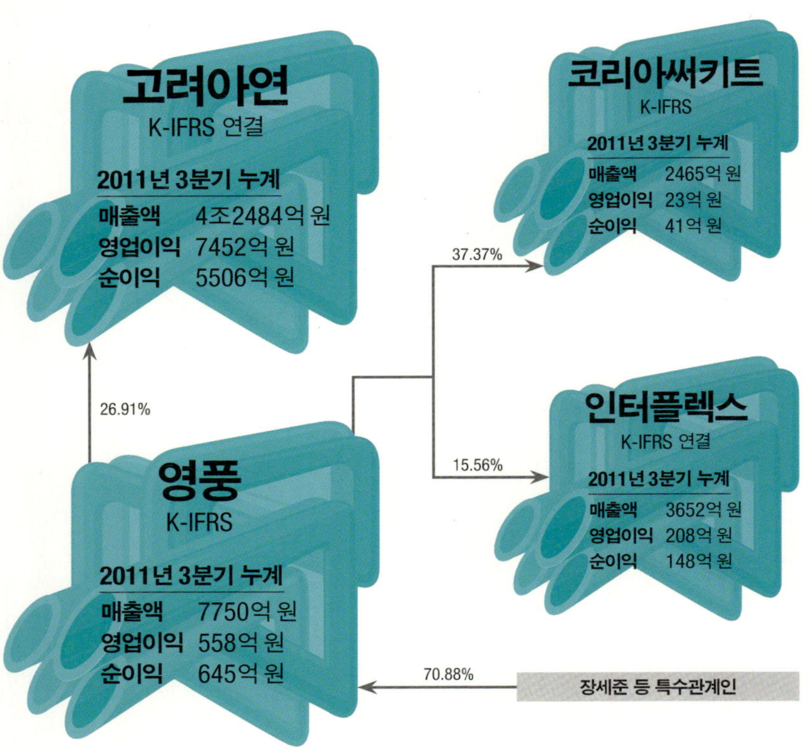

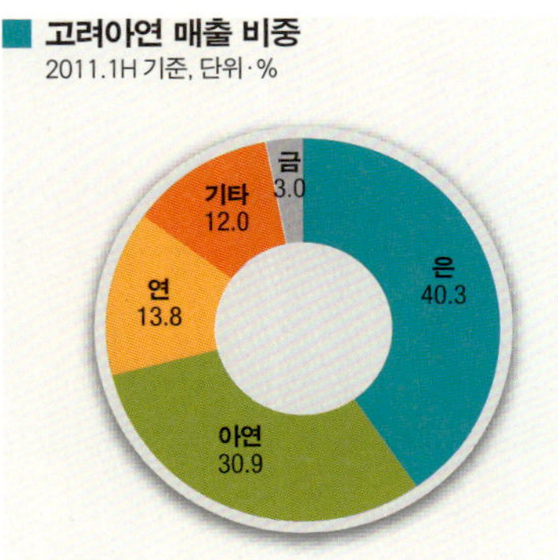

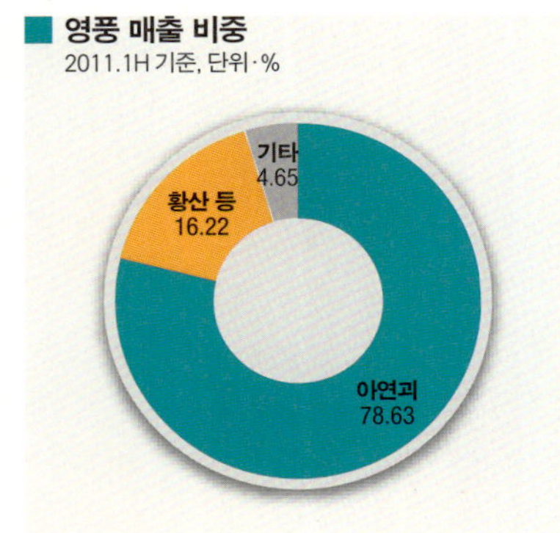

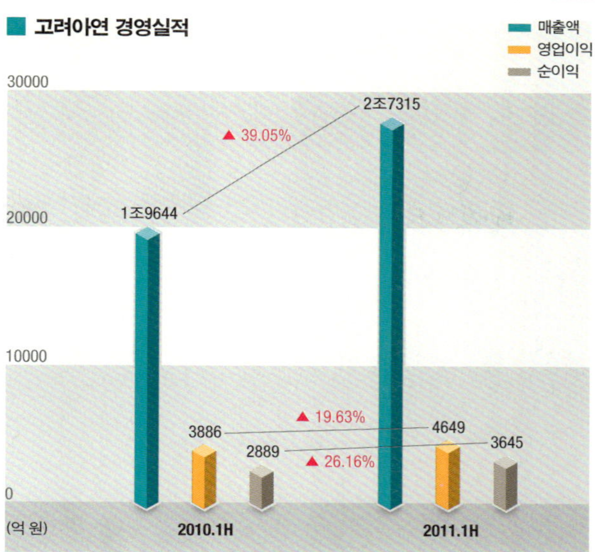
고려아연 경영실적
매출액
영업이익
순이익
30000
20000
10000
0
2조7315
▲ 39.05%
1조9644
3886
▲ 19.63%
4649
2889
▲ 26.16%
3645
(억 원)
2010.1H
2011.1H

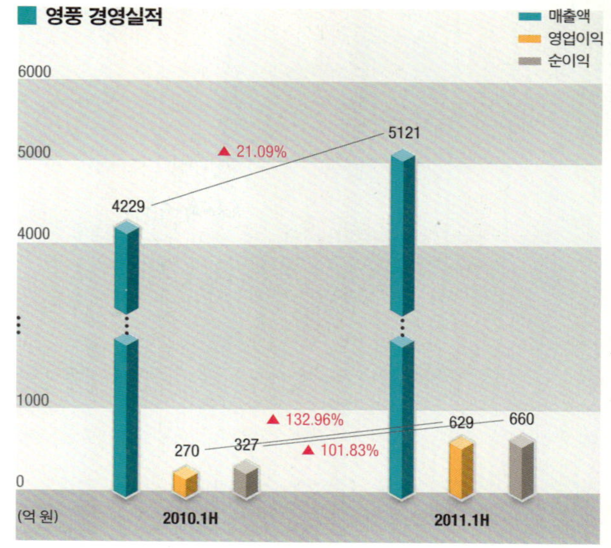
영풍 경영실적
매출액
영업이익
순이익
6000
5000
4000
1000
0
5121
▲ 21.09%
4229
270
327
▲ 132.96%
▲ 101.83%
629
660
(억 원)
2010.1H
2011.1H

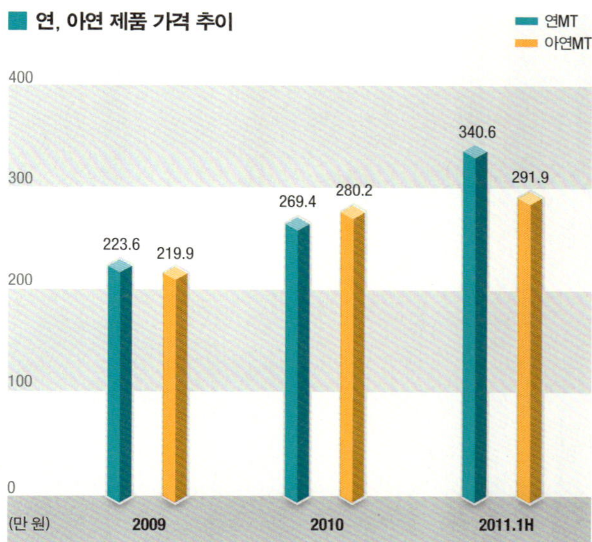
연, 아연 제품 가격 추이
연MT
아연MT
400
300
200
100
0
223.6
219.9
269.4
280.2
340.6
291.9
(만 원)
2009
2010
2011.1H

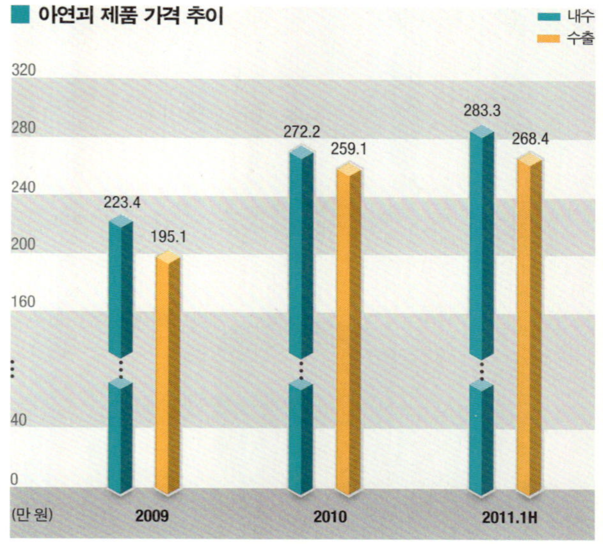
아연괴 제품 가격 추이
내수
수출
320
280
240
200
160
40
0
223.4
195.1
272.2
259.1
283.3
268.4
(만 원)
2009
2010
2011.1H

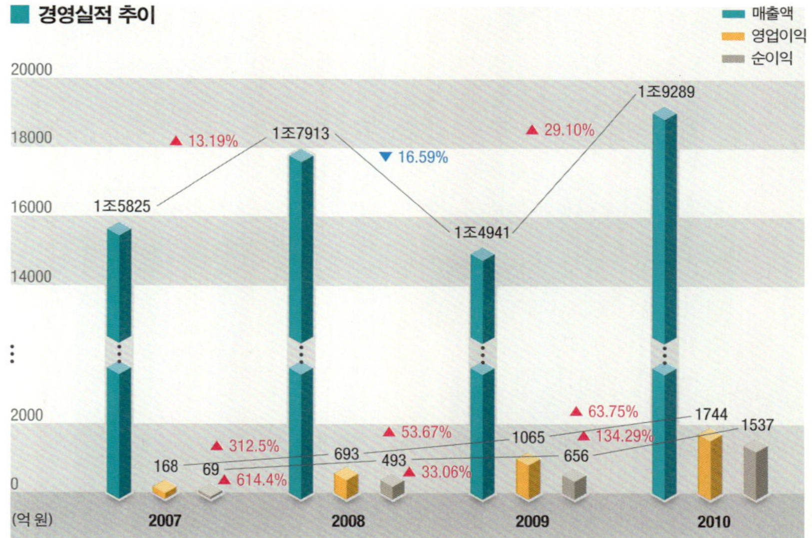
노벨리스코리아
2010년
매출액   1조9289억 원
영업이익 1744억 원
순이익   1537억 원
• 세계 최대 압연, 알루미늄생산 업체

경영실적 추이
매출액
영업이익
순이익
20000
18000
16000
14000
2000
0
▲ 13.19%
1조7913
▼ 16.59%
1조5825
1조4941
1조9289
168
69
▲ 312.5%
▲ 614.4%
693
493
▲ 53.67%
▲ 33.06%
1065
656
▲ 63.75%
▲ 134.29%
1744
1537
▲ 29.10%
(억 원)
2007
2008
2009
2010

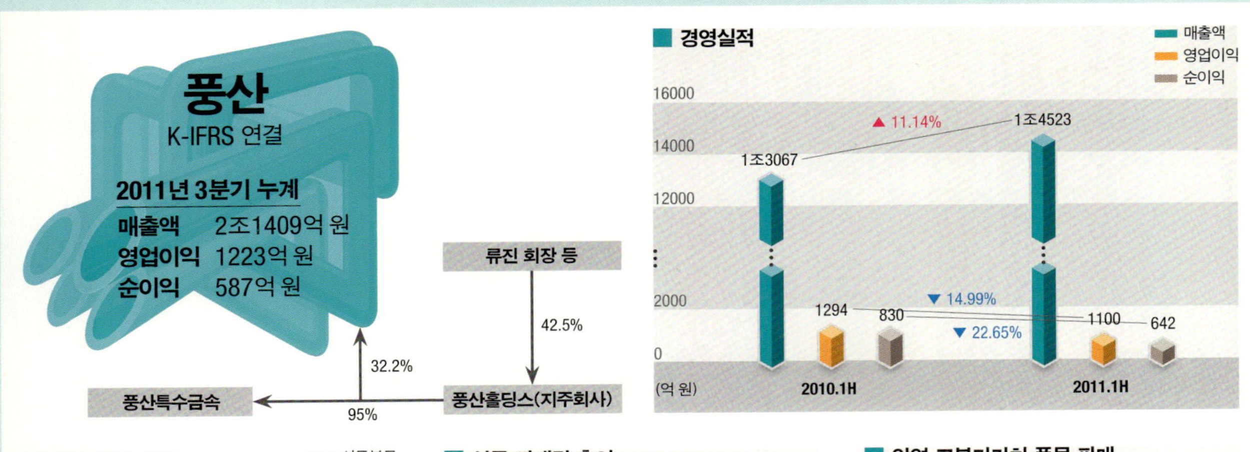
풍산
K-IFRS 연결
2011년 3분기 누계
매출액   2조1409억 원
영업이익   1223억 원
순이익   587억 원
류진 회장 등
42.5%
32.2%
풍산특수금속
95%
풍산홀딩스(지주회사)
경영실적
매출액
영업이익
순이익
16000
14000
12000
▲ 11.14%
1조3067
1조4523
▼ 14.99%
1294   830
▼ 22.65%
1100   642
0
(억 원)   2010.1H   2011.1H

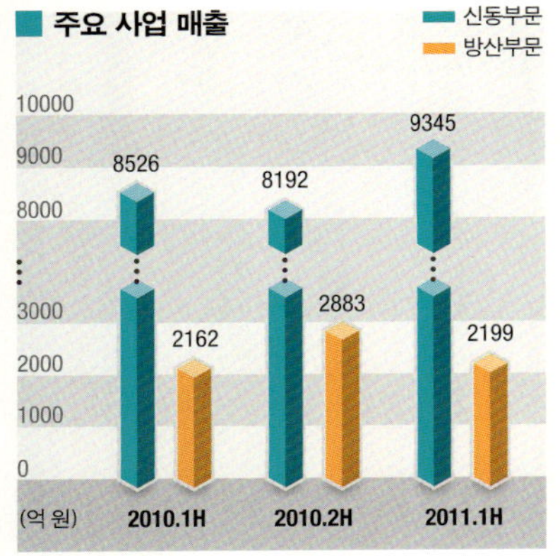
주요 사업 매출
신동부문
방산부문
10000
9000
8000
8526
8192
9345
3000
2162
2883
2199
1000
0
(억 원)   2010.1H   2010.2H   2011.1H

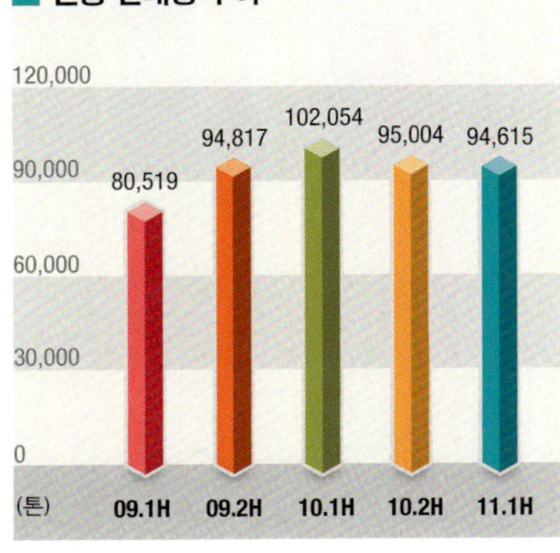
신동 판매량 추이
120,000
90,000
80,519
94,817
102,054
95,004
94,615
60,000
30,000
0
(톤)   09.1H   09.2H   10.1H   10.2H   11.1H

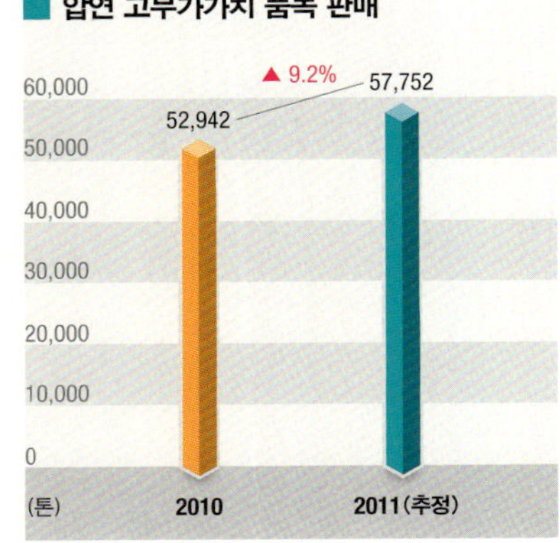
압연 고부가가치 품목 판매
60,000
▲ 9.2%   57,752
52,942
50,000
40,000
30,000
20,000
10,000
0
(톤)   2010   2011(추정)

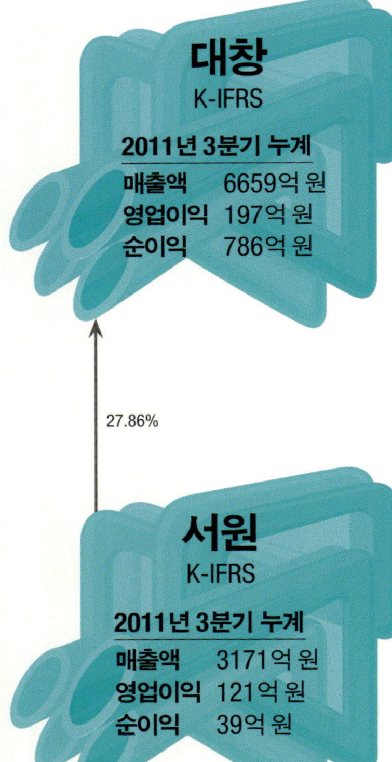
대창
K-IFRS
2011년 3분기 누계
매출액   6659억 원
영업이익   197억 원
순이익   786억 원

27.86%

서원
K-IFRS
2011년 3분기 누계
매출액   3171억 원
영업이익   121억 원
순이익   39억 원

경영실적 추이
매출액
영업이익
8000
7915
6000
5465
5046
4689
4000
2000
413   390   179
0
-144
-2000
(억 원)   2008   2009   2010   2011.1H

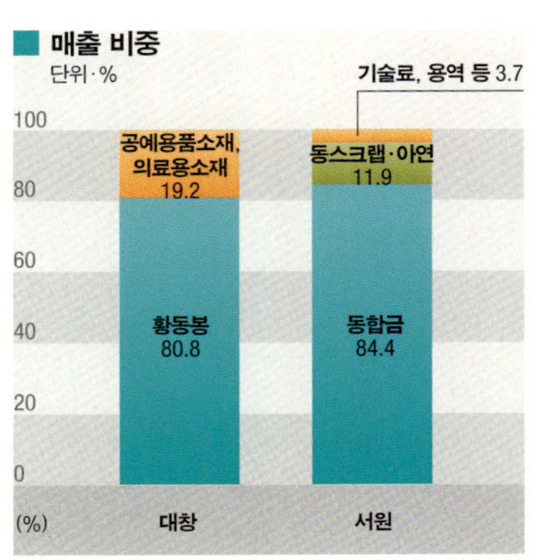
매출 비중
단위 · %
기술료, 용역 등 3.7
100
공예용품소재,
의료용소재
19.2
동스크랩·아연
11.9
80
60
40
황동봉
80.8
동합금
84.4
20
0
(%)   대창   서원

롯데알미늄
K-IFRS
2011년 3분기 누계
매출액   7699억 원
영업이익   207억 원
순이익   85억 원
흡수합병
(2009.3)
롯데기공

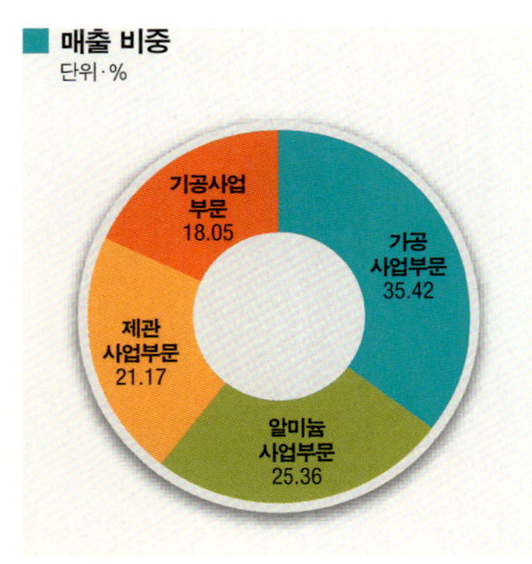
매출 비중
단위 · %
기공사업
부문
18.05
가공
사업부문
35.42
제관
사업부문
21.17
알미늄
사업부문
25.36

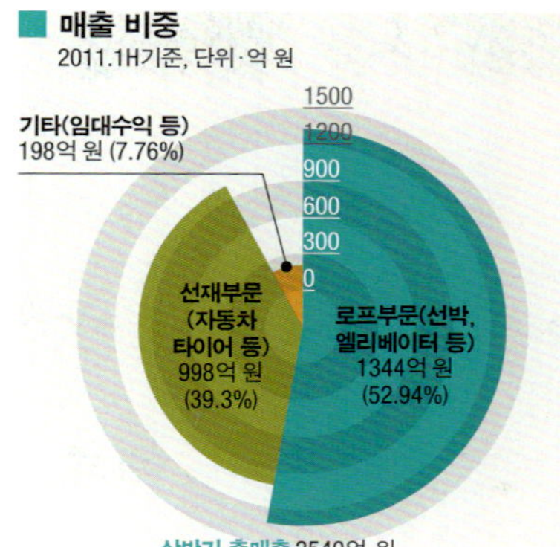

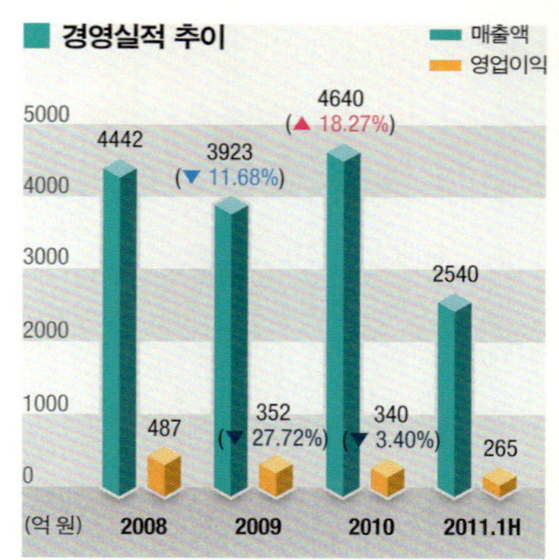

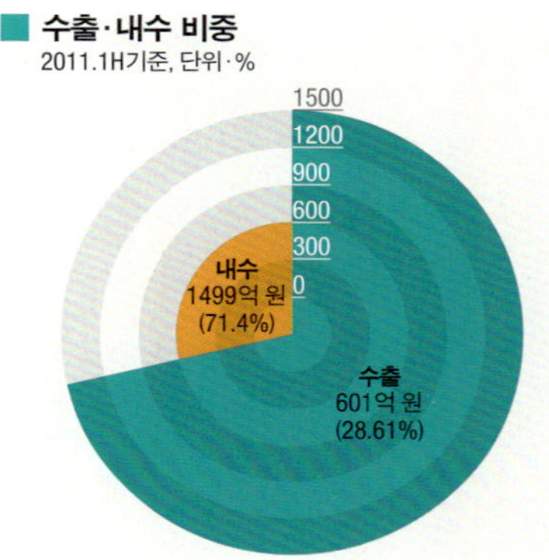

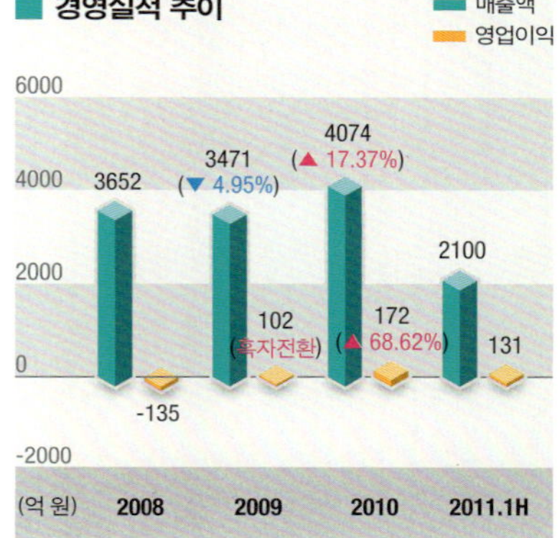

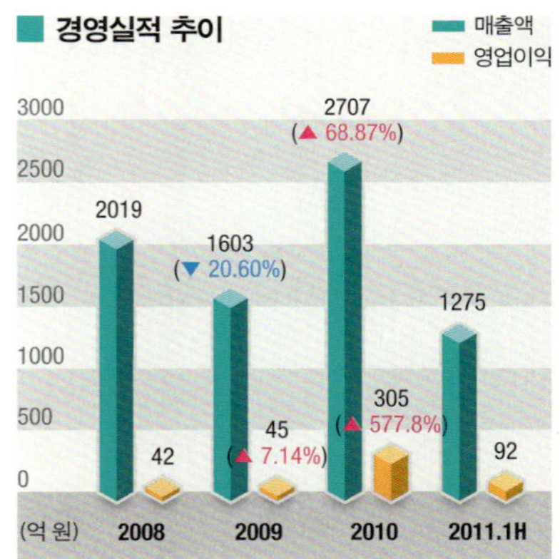

현대알루미늄

2010년
매출액 788억 원
영업이익 34억 원
순이익 8억 원

동양강철
K-IFRS

2011년 3분기 누계
매출액 1876억 원
영업이익 93억 원
순이익 21억 원

흡수합병(2011.12)

90.69%

LME지수와 장기추세선

자료·bloomberg, 주·LME _ 런던금속거래소

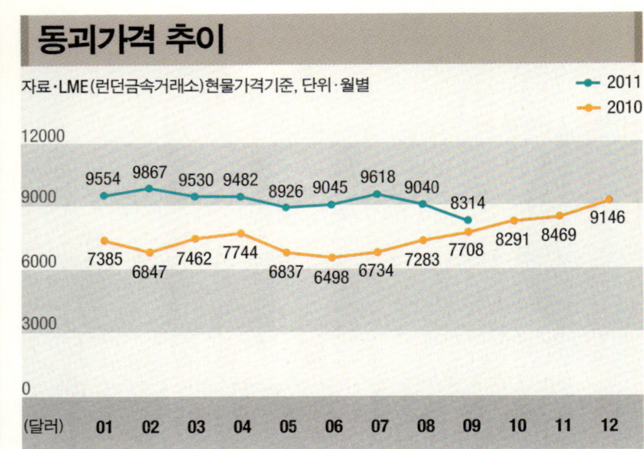

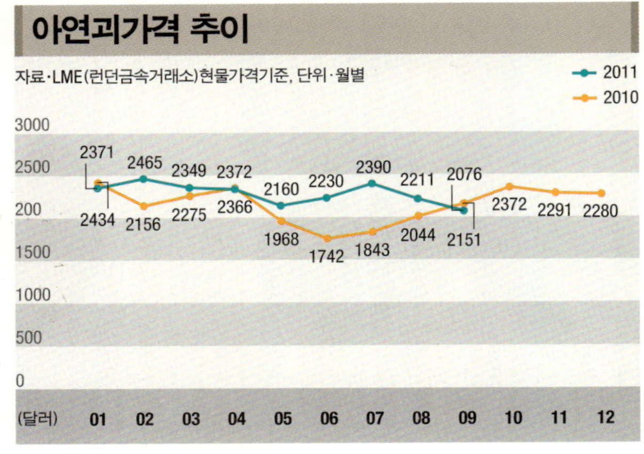

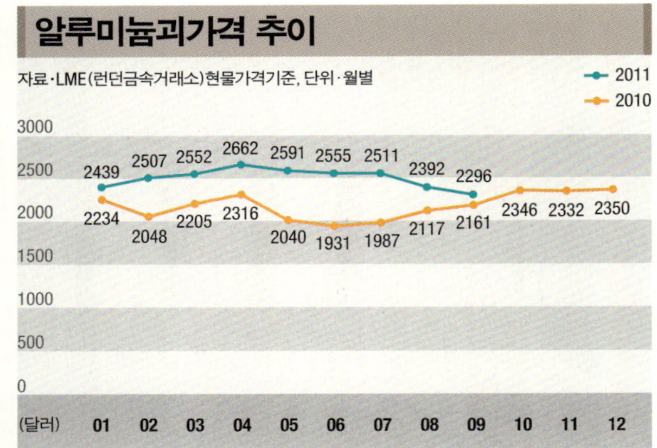

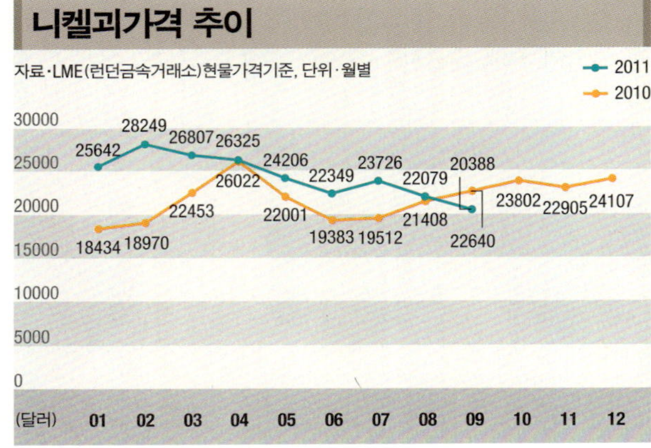

금가격과 미국달러지수

자료·bloomberg

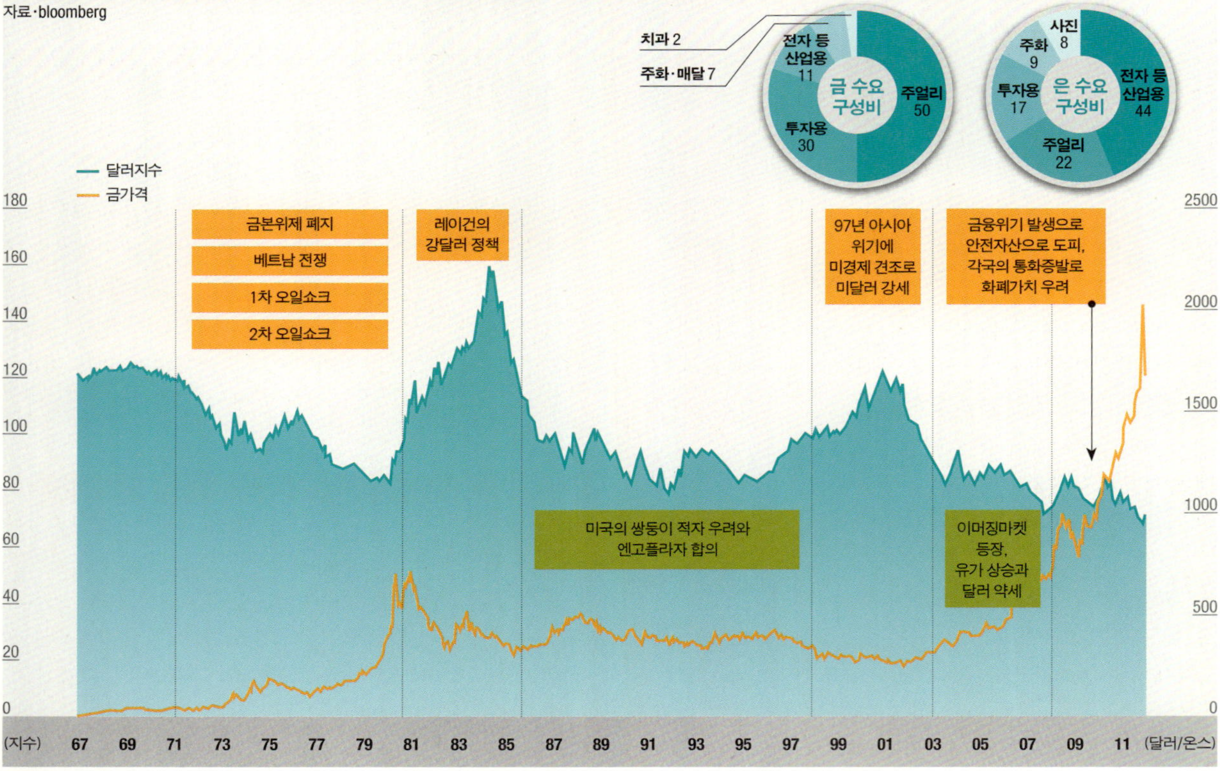

유럽 재정위기 등 세계 경기에 민감하게 반응
비철금속 부산물 金·銀 매출 비중 쑥쑥

아연(亞鉛), 연(鉛), 동(銅) 등을 만들어 내는 비철금속 산업은 철강, 자동차, 가전, 전기, 건설 산업 등의 중요한 기초 소재 산업이다. 비철금속 산업은 철강업과 함께 대표적인 국가 기간산업으로 최근 원자재를 중심으로 그 중요성이 더욱 커지고 있다.

따라서 경제가 성장할수록 그 수요도 증가하는바, 글로벌 시장 상황과 연동되기 때문에 투기적 수요 등 금속 수급 상황 이외에 세계 금융시장 환경 변화에도 영향을 받는 편이다. 최근 그리스 디폴트 문제와 미국의 경기침체 우려 등에 따라 세계 금융시장의 변동성이 커지면서 비철금속 가격이 출렁이고 있다.

금과 은 가격 고공행진

대표적인 비철금속 업체로는 LS니꼬동제련, 고려아연, 영풍, 풍산, 노벨리스코리아, 롯데알미늄, 대창, 고려제강, 조일알미늄, 동양강철 등의 업체를 들 수 있다.

고려아연의 국내 시장점유율은 50% 수준이다. 고려아연의 1대 주주인 영풍의 시장점유율은 30%에 이른다. 2011년 3분기 고려아연은 2632억 원의 영업이익을 기록해, 전문가들의 예상을 크게 웃돌았다. 연 제련량이 전 분기보다 26%나 크게 늘었기 때문이다. 금과 은 가격이 고공행진을 하는 가운데 연 제련량을 늘려 부산물인 금과 은 생산량을 크게 늘렸기 때문으로 분석된다. 제련사는 외부 변수에 따라 이익 규모가 수동적으로 결정되는데, 고려아연은 다른 제련사와 달리 생산량 조정을 통해 능동적인 이익 창출이 가능했다는 것이 증권가의 분석이다.

지난 2007년 말 고려아연의 생산제품 중 아연과 연의 매출 비중은 각각 54.3%, 18.6%로 약 73%를 기록했다. 그 당시 금과 은의 매출 비중은 각각 1.97%, 13.84%에 불과했다. 그러나 해가 갈수록 아연과 연(납)의 매출 비중은 줄고, 귀금속 비중은 빠르게 늘어나 결국 역전됐다. 2011년 3분기 아연과 연의 매출 비중은 각각 22.4%, 15.5%를 기록했다. 반면 금은 4.5%, 은은 46.1%를 기록하며 귀금속 비중이 50%를 웃돌았다.

풍산은 비철금속 소재(동 및 동합금 판/대, 관, 봉/선, 소전 등)와 방산제품(탄약)을 만드는 회사다. 2011년 상반기에는 유로존 재정위기, 일본 강진, 신흥 개발 국가들의 투자 감소, 중동발 리스크 등 글로벌 경기의 불확실성 등에 따른 수요 감소로 어려움을 겪었지만, 국제 원자재 가격의 상승에 따른 제품가격 반영, 고부가가치 제품 위주 판매 전략 등으로 매출액은 소폭 증가했다.

풍산은 2011년 3분기에는 연결기준 영업이익 123억 원을 기록해, 시장 전망을 크게 밑도는 성과를 나타냈다. 국제 전기동 가격 하락으로 제품 판매 단가가 크게 낮아졌기 때문이다. 방산부문의 매출도 좋지 않았다. 앞으로 풍산의 실적은 국제 전기동 가격 흐름에 달려 있다고 전문가들은 내다보고 있다. 유로존의 재정위기가 국제 전기동 가격 변동 폭에 큰 영향을 줄 전망이다. 그러나 지난 2008년 글로벌 금융위기 때처럼 국제 금융시장 불안으로 비철가격이 떨어진다고 해도 오랫동안 하락하기보다는 급락 후 재상승할 것으로 전문가들은 예상하고 있다.

국제 전기동 시세 하락 추세

LS니꼬동제련은 전기동, 금, 은, 황산 등을 제조하는데, LG그룹이 51.1%, 일본계 회사인 KJS가 49.9%의 지분을 보유하고 있다.

노벨리스코리아는 세계 최대 알루미늄 압연 업체인 노벨리스의 자회사지만, 대한전선과 그 특수관계인의 지분도 31%에 이르는 회사다. 노벨리스코리아는 2011년 10월 코스닥시장 진출을 위해 상장 심사를 신청해놓은 상태다. 2010년에 코스피시장 상장을 위해 심사를 청구했지만 재심판정을 받은 뒤 1년 만에 코스닥시장으로 방향을 틀었다.

영풍은 자회사로 고려아연(26.9%)과 인터플렉스(15.6%), 코리아써키트(37.4%) 등을 보유하고 있다. 이들 자회사로부터 받는 지분법이익이 2011년 상반기 기준 회사의 매출액 대비 22% 수준으로 높은 편이다. 지속적인 제련 관련 설비 투자와 신규 사업, M&A 등이 기대된다고 증권가 전문가들은 평가하고 있다. 영풍은 장기적으로 고려아연과 같은 설비를 갖춰 고려아연처럼 귀금속 등 다양한 부산물을 생산해 높은 수익을 창출할 것으로 기대된다.

대창은 동합금 계열 비철금속 전문 제조 업체다. 주생산품은 황동봉이다. 2011년 1분기 들어 톤당 9000달러에 육박하던 국제 전기동 시세가 3분기 이후 6000달러대까지 떨어져 회사의 수익성이 하락했다. 수요처들의 재고 보유 감소 전략에 따른 제품 공급량 감소 등 악재가 있으나, 성장 동력으로 추진하고 있는 미국 등 해외 수출 증가 전략이 먹혀들 경우 중장기적인 성과가 기대된다. Ⓑ

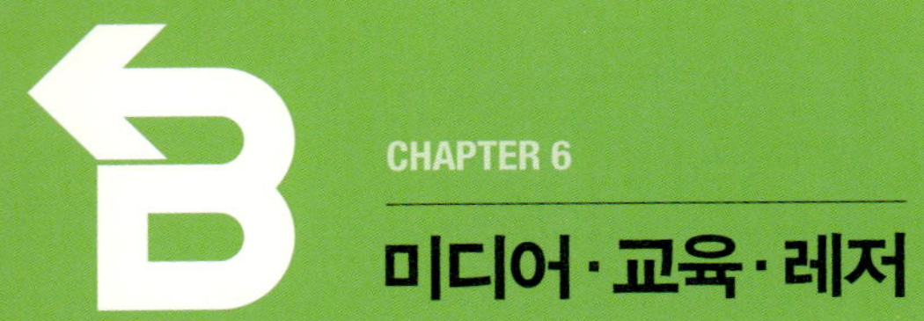

미디어·교육·레저

32 · 광고업계

33 · 인터넷포털업계

34 · 게임업계

35 · 영화·엔터테인먼트 업계

36 · 여행·호텔 업계

37 · 교육업계

- 제일기획 vs. 이노션의 선두권 경쟁 점입가경
- 민영 미디어렙 도입 시기
- 런던 올림픽 등 대형 스포츠 행사 특수 기대

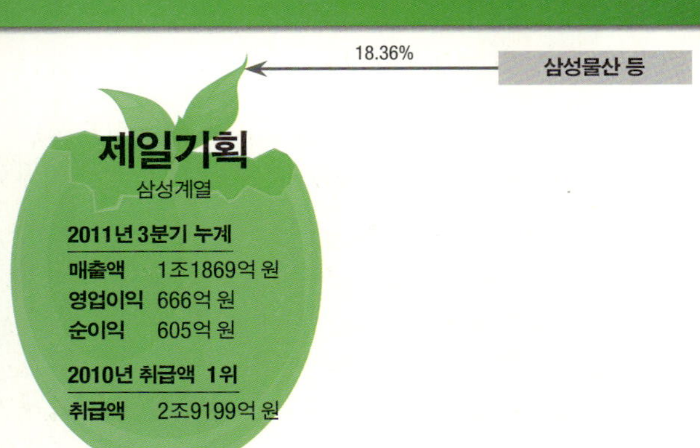

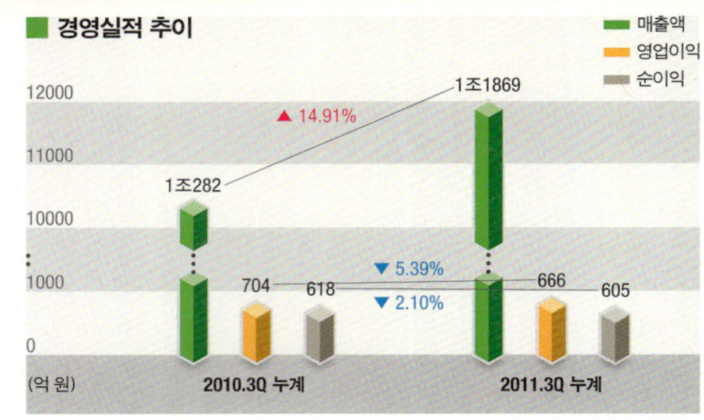

광고주 현황
삼성 관계사 제외

• 정보통신	KT, KTF, NHN
• 금융	신한금융지주
• 식품	배스킨라빈스, 빙그레, 던킨도너츠, 오비맥주
• 가정용품	웅진코웨이, 귀뚜라미보일러
• 제약	보령제약, Wyeth
• 출판	대교
• 그룹·기업 광고	GM, 웅진, 오리온
• 관공서	한국관광공사

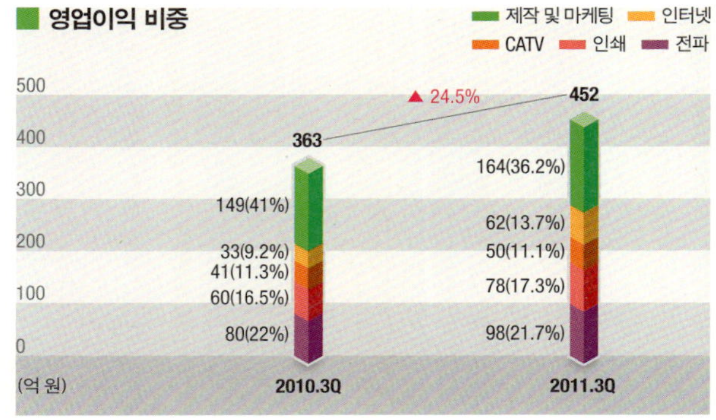

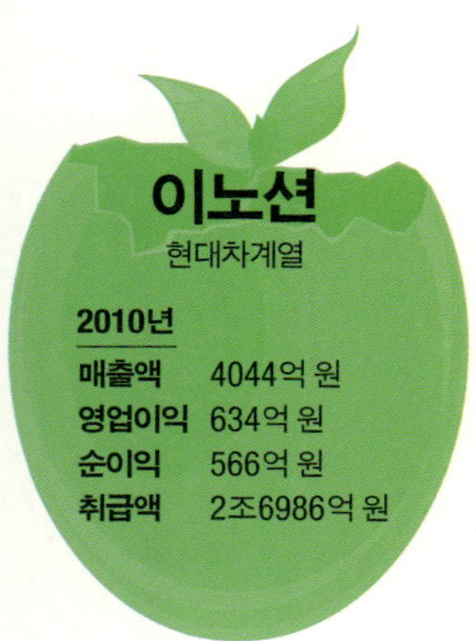

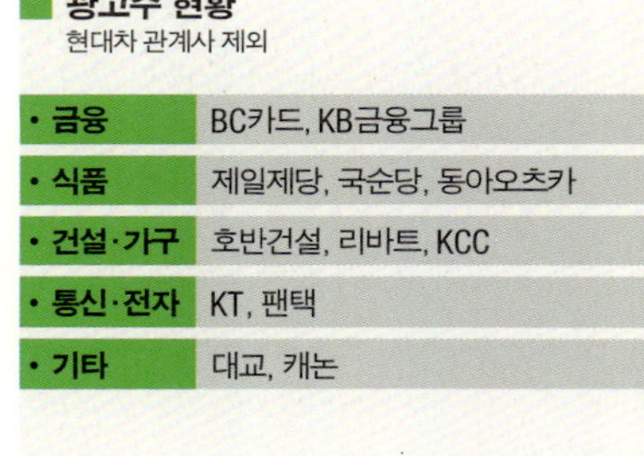

• 금융	BC카드, KB금융그룹
• 식품	제일제당, 국순당, 동아오츠카
• 건설·가구	호반건설, 리바트, KCC
• 통신·전자	KT, 팬택
• 기타	대교, 캐논

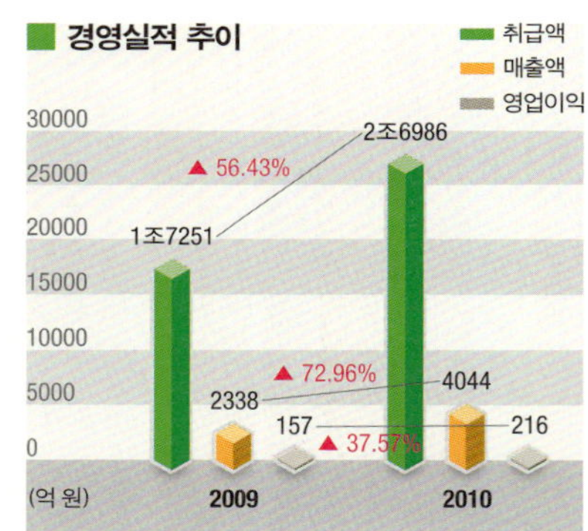

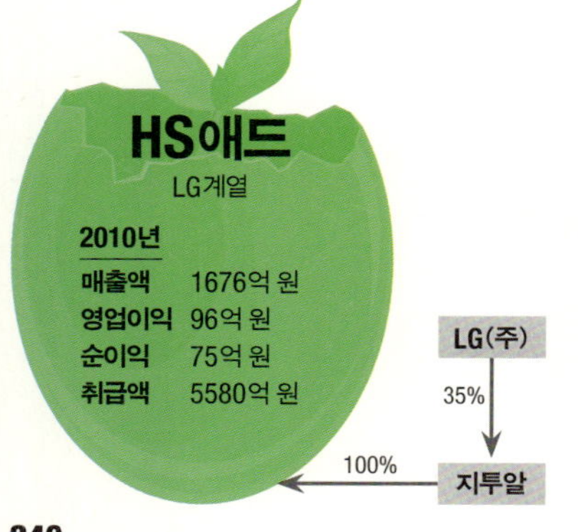

광고주 현황
LG 관계사 제외

• 식품	진로, 동원, 대농
• 금융	교보생명, 우리투자증권, 신한카드, 신협
• 자동차·항공·조선	메르세데스벤츠, GM코리아, 대한항공, 한진중공업, STX
• 기타	천재교육, 쇼박스, 곤지암리조트 etc.

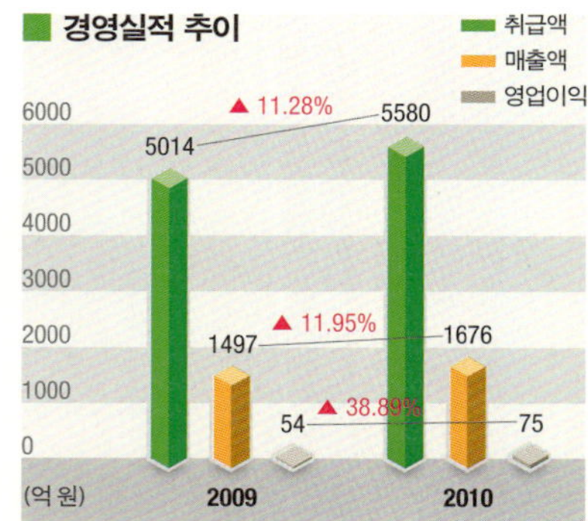

대흥기획

롯데계열

2011년 상반기

매출액	1399억 원
영업이익	63억 원

2010년

취급액	4950억 원

■ 광고주 현황
롯데 관계사 제외

- **식품** 펩시콜라, 해태음료, T.G.I.Friday
- **금융** 그린화재, 동부화재, 새마을금고, AIG생명
- **건설·화학·기계**
  넥센타이어, 대림산업, 벽산건설, SH공사, 동양제철화학
- **교육·출판·엔터테인먼트**
  고려대학교, 교원, 월트디즈니, 좋은책신사고, 공문교육연구원

■ 경영실적 추이

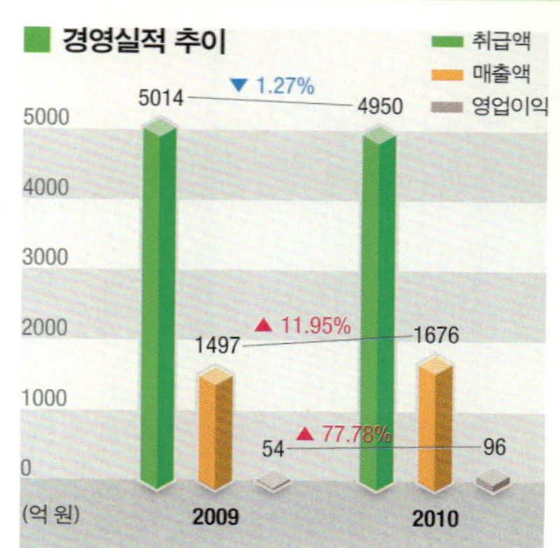

SK마케팅앤컴퍼니

SK계열

2010년

매출액	4153억 원
영업이익	107억 원
순이익	177억 원
취급액	3808억 원

■ 사업영역

- **OK캐쉬백 서비스**
  제휴가맹점 적립, 상품 쿠폰 적립, 신용카드 적립
- **통합 로열티 마케팅**
  금융사 통합 마일리지 제휴, T캐쉬백 서비스
- **로열티 마케팅 플랫폼 기반 서비스**
  멤버쉽 서비스 '마이 프리미엄'

■ 경영실적 추이

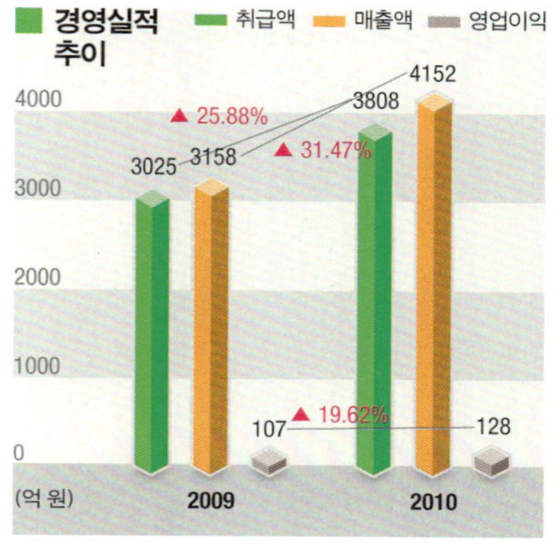

TBWA코리아

외국계

2010년

매출액	902억 원
영업이익	76억 원
순이익	61억 원
취급액	2768억 원

■ 경영실적 추이

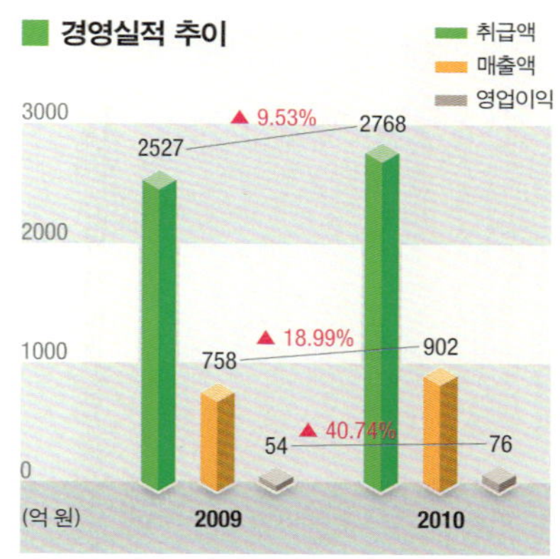

웰콤퍼블리시스 월드와이드

외국계

2010년

매출액	306억 원
영업이익	33억 원
순이익	45억 원
취급액	1830억 원

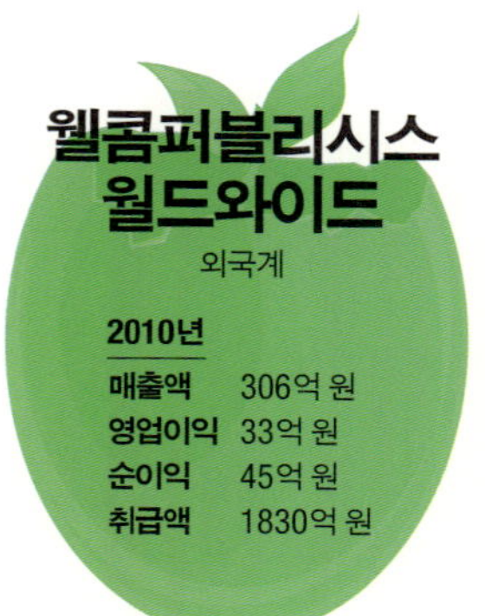

엘베스트

2010년

매출액	696억 원
영업이익	32억 원
순이익	32억 원
취급액	1837억 원

■ 경영실적 추이

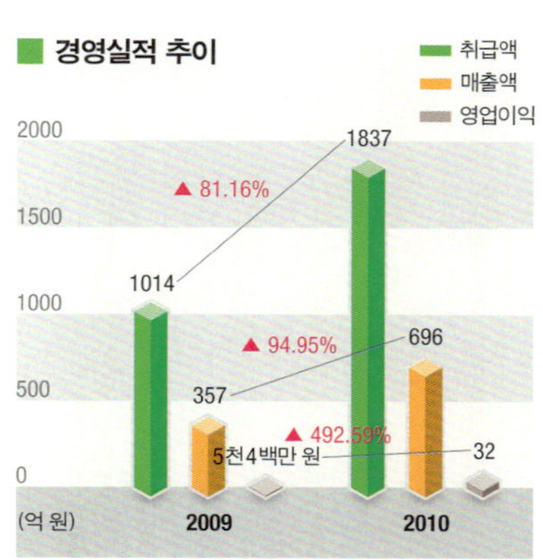

■ 경영실적 추이

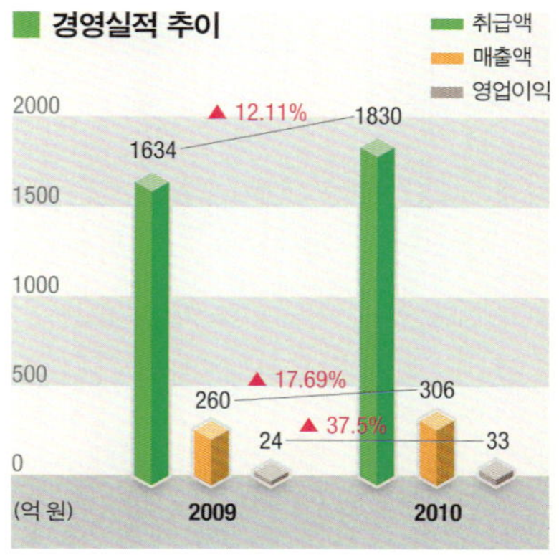

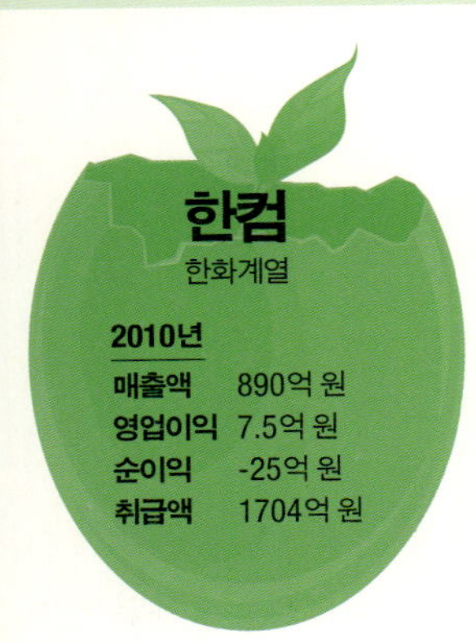

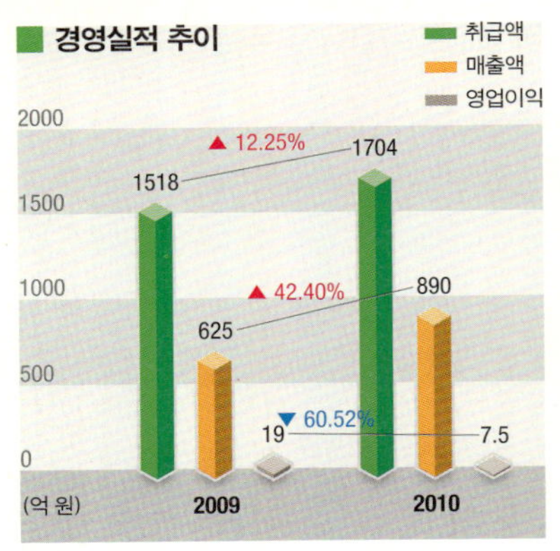

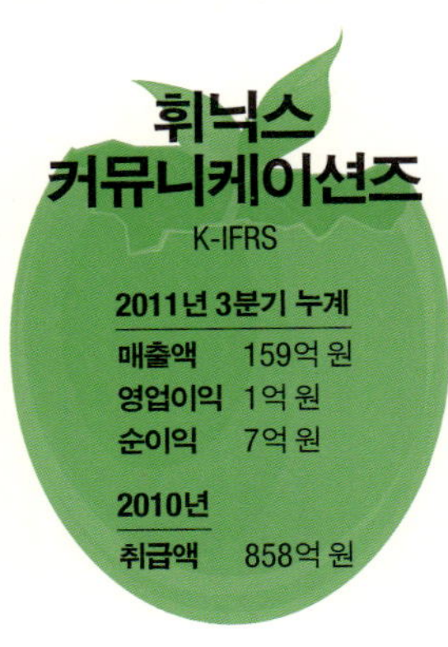

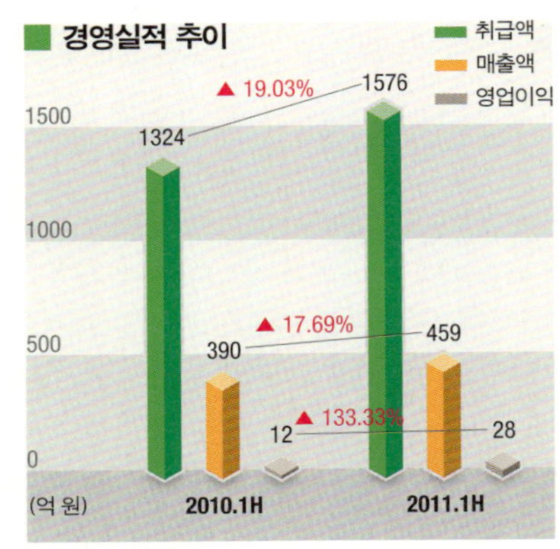

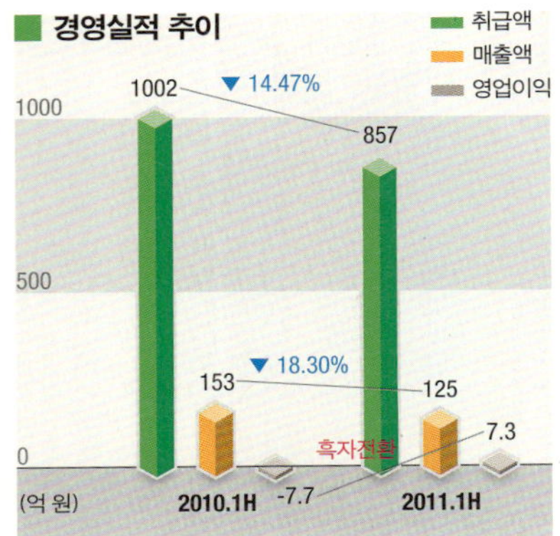

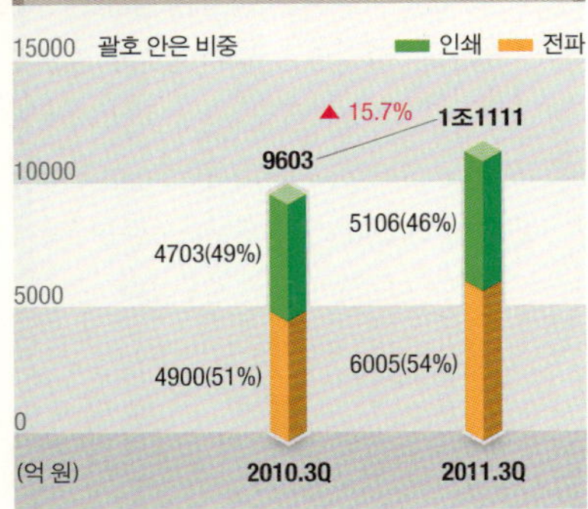

국내 광고시장 인쇄·전파 부문 비교

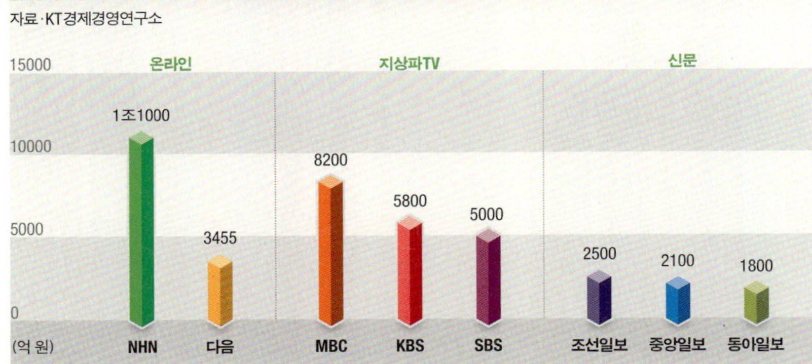

국내 미디어 업체별 광고 매출액 비교

자료·KT경제경영연구소

국내 4매체 광고비 분석

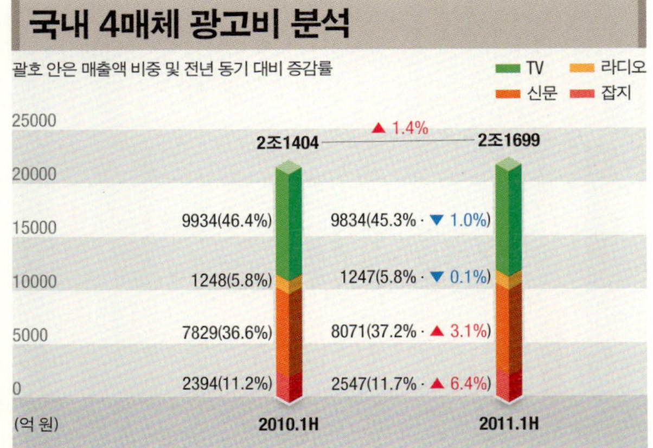

주요 광고 업체 취급액 추이

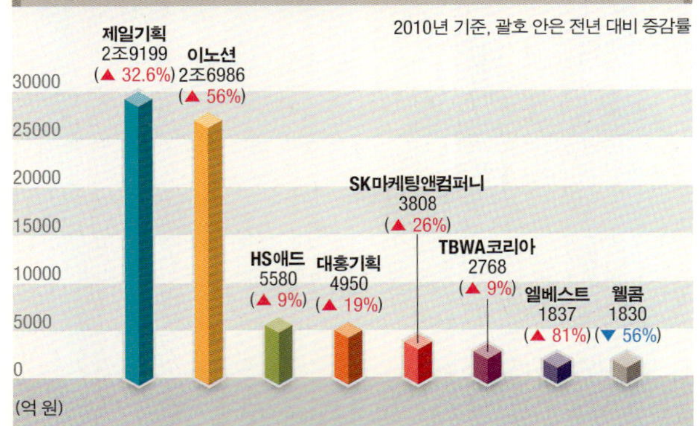

2011년, 4매체 광고 시장 소폭 증가
2012년, 종편 채널 및 스마트 TV 등 수혜 기대

2011년 광고업계는 어려운 대외 환경 속에서 마이너스 성장하지 않았다는 점에 만족해야 했다. 대형 스포츠 행사 부재와 중국 경제의 성장 둔화, 유럽의 재정위기 등은 광고업계의 위축 요인으로 작용할 수 있다. 하지만 기업들이 소비자들의 닫힌 지갑을 열기 위해 판매 촉진형 마케팅에 집중하면서 2011년 상반기 국내 4매체(TV·라디오·신문·잡지) 광고 시장은 지난해 같은 기간보다 1.4% 증가한 2조1699억 원을 기록했다.

매체별 광고비를 분석해 보면 TV와 라디오 광고 시장규모는 소폭 축소됐지만 신문과 잡지 광고는 각각 3.1%, 6.4% 증가했다. 광고업계는 상반기 동향을 반영해 2011년 총 광고 시장규모가 전년 대비 1.5%~3.5% 증가한 8조5700억~8조7500억 원 규모에 달할 것으로 추정했다.

그룹 내 광고대행사 몰아주기 여전

광고업계는 2011년 시장 성장을 확신했다. 정부 정책이 광고 시장 성장에 초점을 맞추고 있었기 때문이다. 정부는 2015년까지 광고 시장을 13조8000억 원으로 확대한다는 계획을 추진하고 있다. 지난해 국내 광고비가 8조4500억 원이었던 것을 고려하면 5년 안에 시장규모를 5조 원 이상 성장시키겠다는 계획이다.

정부는 광고 시장 확대를 위해 민영 미디어렙(방송광고 판매 대행사) 도입, 방송광고 금지품목에 대한 규제 완화, 지상파 TV의 광고총량제, 중간 광고 도입 등의 계획을 세웠다. 민영 미디어렙 도입은 헌법재판소가 한국방송공사의 독점적 방송광고 판매 대행체제가 헌법에 어긋난다는 판결을 내린 이후 꾸준히 필요성이 제기됐다. 업계는 민영 미디어렙을 도입하면 광고 판매가 효율적으로 이뤄지면서 국내 총광고비 증가율이 도입되기 전보다 0.5~1%포인트 확대될 것으로 기대했다. 하지만 민영 미디어렙 법안 통과는 늦춰졌고 관련 효과는 나타나지 않았다.

지난해와 비교했을 때 큰 변화가 없었던 광고업계지만 국내 1~2위 재벌가 딸들의 경쟁으로 이목을 끌고 있는 제일기획과 이노션의 업계 1위 다툼은 점점 더 치열하게 전개되고 있다. 제일기획이 지난 1973년 설립 이후 줄곧 1위 자리를 지키고 있으나 현대기아차그룹의 전폭적인 지원을 받고 있는 이노션이 제일기획의 턱밑까지 추격했다. 이노션 취급고는 지난 2008년 8422억 원에서 2010년 2조6985억 원으로 성장

했다. 2009년 제일기획과 4000억 원 이상 차이 나던 취급고가 1년 만에 다시 2000억 원대로 좁혀졌다.

삼성과 현대기아차그룹 계열의 광고 대행사가 1위 다툼을 치열하게 벌이고 있는 가운데 광고업계 내에서도 계열사 일감 몰아주기 현상에 비판의 목소리가 커지고 있다. LG계열 HS애드, 롯데계열 대홍기획, SK계열 SK마케팅앤컴퍼니, 두산계열 오리콤, 보광계열 휘닉스커뮤니케이션 등 대부분 광고 취급고 상위 대행사가 그룹 계열사이기 때문이다. 여전히 그룹 계열 광고대행사가 국내 광고 물량의 70~80% 가량을 차지하고 있는 가운데 광고 시장의 변화는 상위권 광고대행사로 물량 집중 현상이 더욱 심화시킬 것으로 보인다.

통합 마케팅 커뮤니케이션 서비스 등
새로운 비즈니스 모델 도입

2012년 국내 광고 시장은 종합편성 채널 개국과 인터넷, 모바일, 스마트 TV 등 뉴미디어 시장 확대로 9조6152억 원에 달할 전망이다. 이는 2011년 시장 추정치보다 9% 이상 성장한 것을 고려한 규모다.

종편 사업자의 시장 진입과 광고업계 규제 완화 등은 황금시간대 광고단가 인상을 비롯한 경쟁을 심화시킬 수 있다. 경쟁이 치열해지면 광고기획·제작·대행 능력을 확보한 대형 광고대행사를 사업 파트너로 찾을 가능성이 크다. 더욱이 단가 인상에도 충분한 지출 능력이 있는 대형 광고주를 많이 확보한 대행사의 시장 지배력 강화도 예상할 수 있다.

실제로 제일기획은 광고주의 요구와 필요에 따라 통합 마케팅 커뮤니케이션 서비스를 제공하고 있다. 모든 마케팅 분야에 걸친 차별화된 광고 전략을 광고주에게 제공하면서 경쟁우위를 확보하겠다는 전략이다.

또한 2012년은 런던 올림픽과 브라질 월드컵 예선 등 대형 스포츠 행사가 열리기 때문에 국내뿐만 아니라 해외 마케팅 부문 매출 증가도 기대된다. 🅱

33 | 인터넷포털업계

● 카카오톡의 성장세는 언제까지 이어지나
● 3위 업체 SK컴즈, 2012년에 시험대 오른다
● 인터넷포털업계와 통신업계의 전쟁, 최후의 승자는?

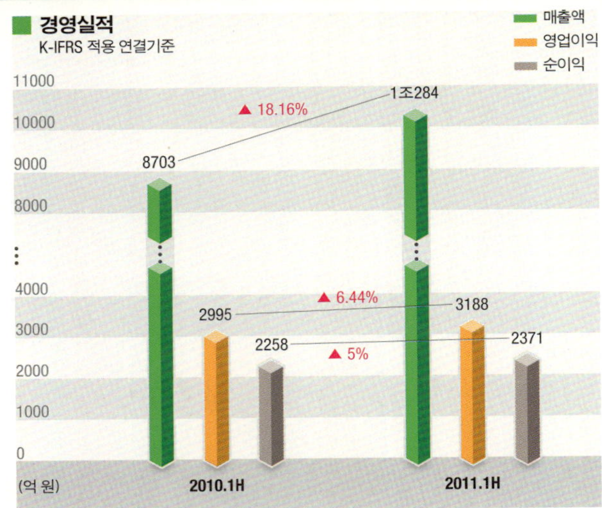

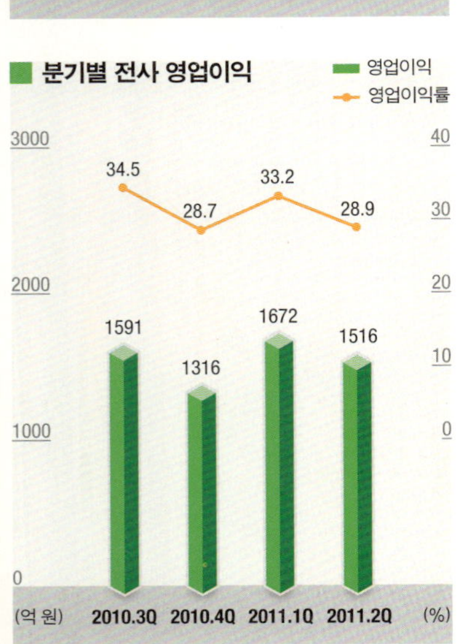

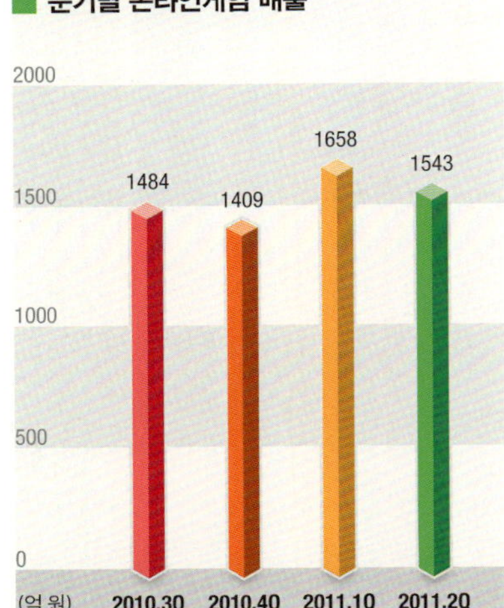

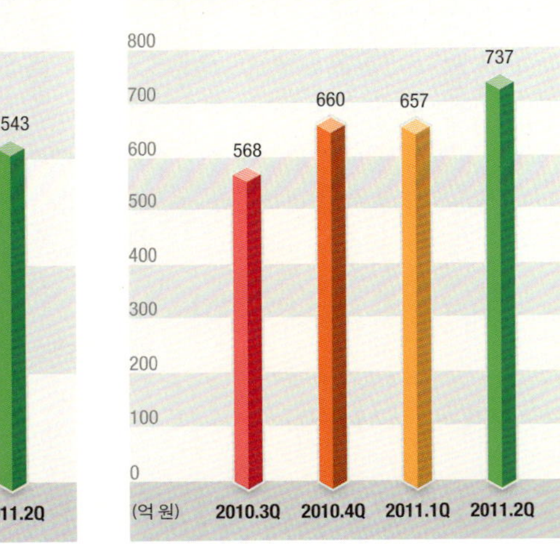

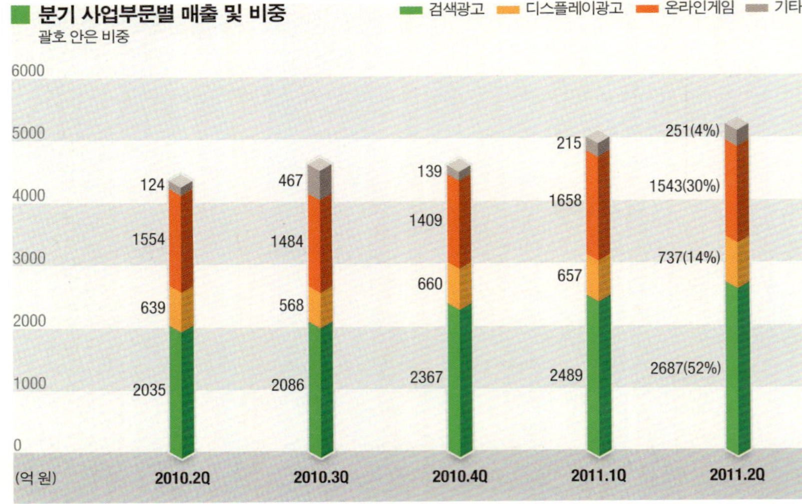

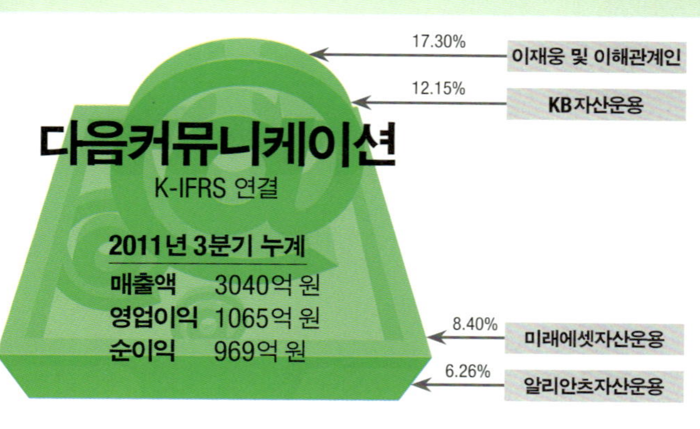

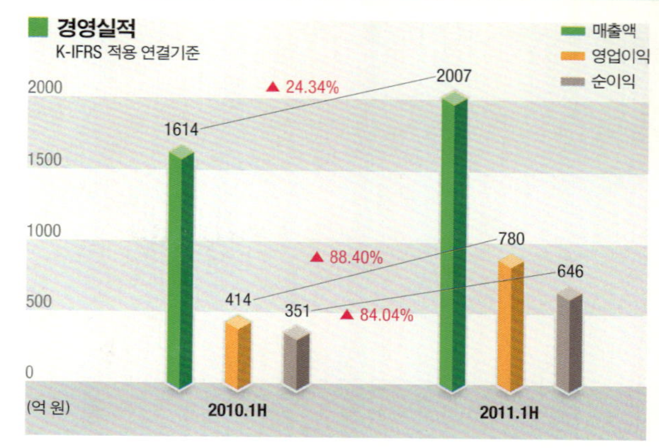

사업별, 분기 매출액 추이

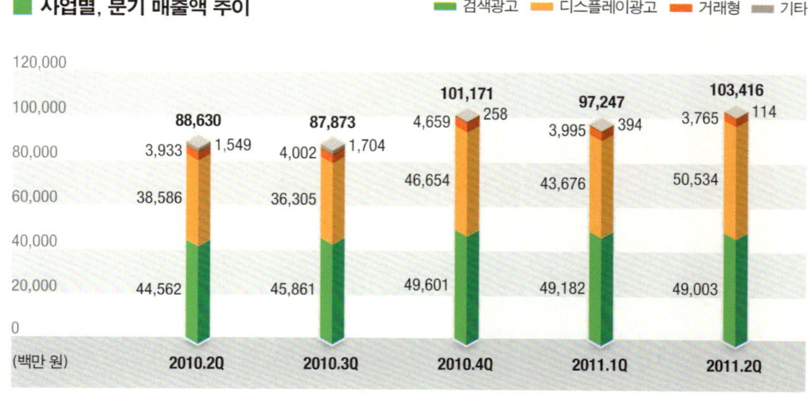

매출액 구성

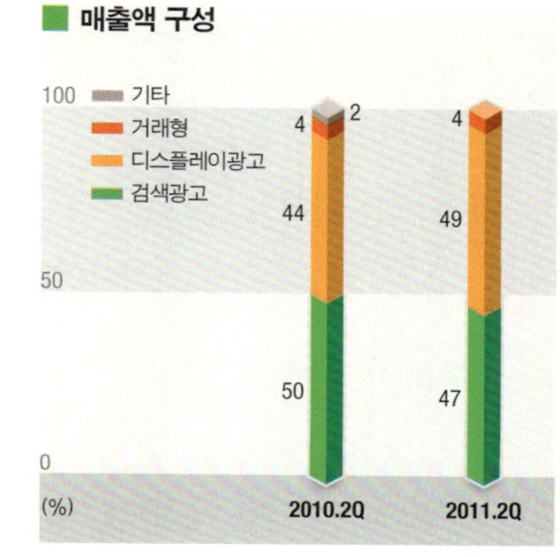

SK커뮤니케이션즈

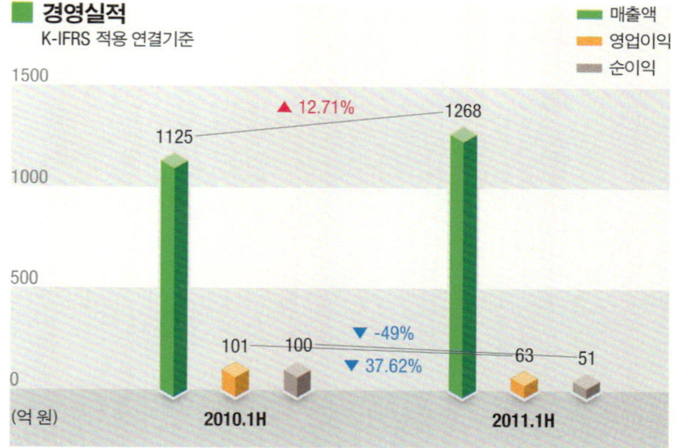

분기별 매출액 추이

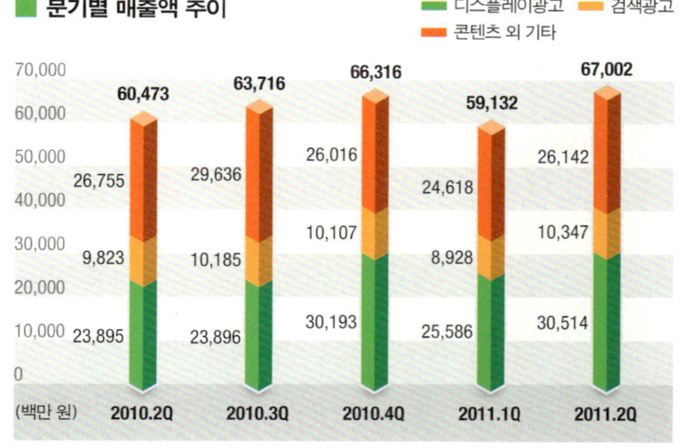

매출액 구성

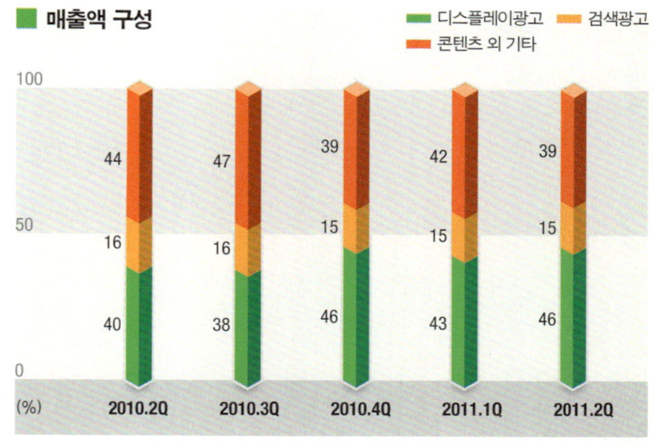

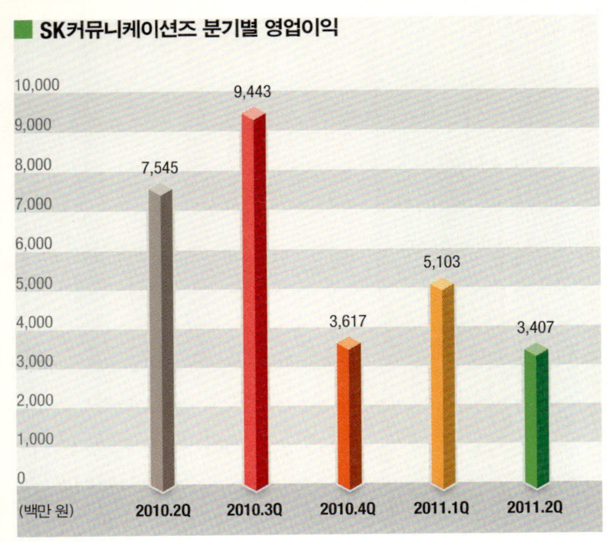

SK커뮤니케이션즈 분기별 영업이익
10,000
9,000
8,000
7,000
6,000
5,000
4,000
3,000
2,000
1,000
0
7,545
9,443
3,617
5,103
3,407
(백만 원)
2010.2Q
2010.3Q
2010.4Q
2011.1Q
2011.2Q

KT하이텔
K-IFRS
2011년 3분기 누계
매출액   880억 원
영업이익   -102억 원
순이익   -100억 원
2010년
매출액   1501억 원
영업이익   -101억 원
순이익   -91억 원
85.94%
(주)KT

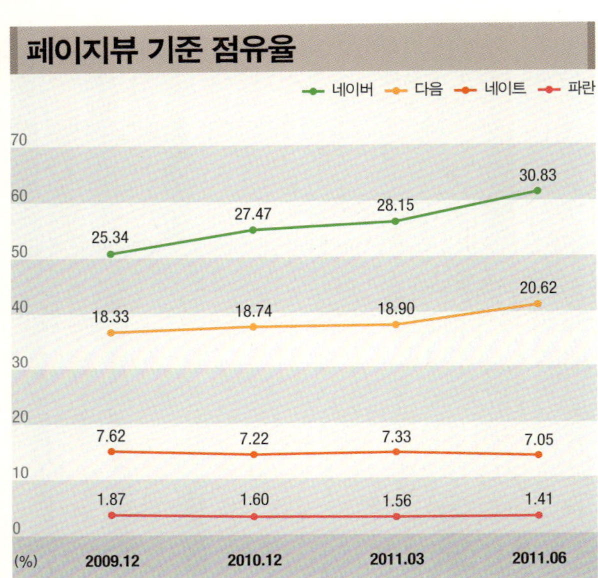

페이지뷰 기준 점유율
네이버   다음   네이트   파란
70
60
50
40
30
20
10
0
25.34
27.47
28.15
30.83
18.33
18.74
18.90
20.62
7.62
7.22
7.33
7.05
1.87
1.60
1.56
1.41
(%)
2009.12
2010.12
2011.03
2011.06

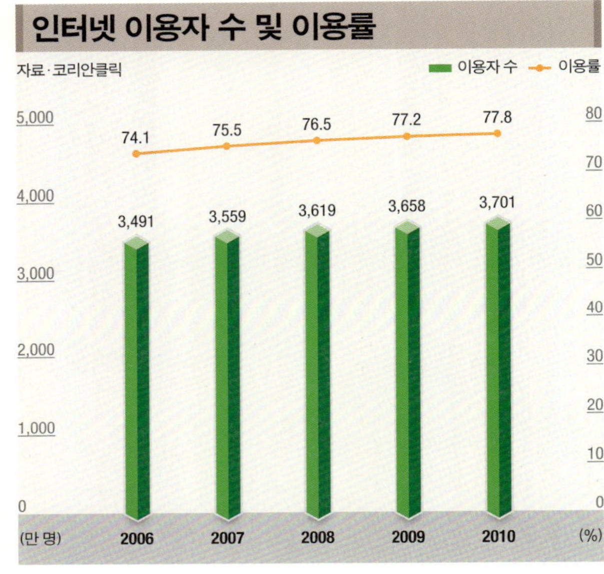

인터넷 이용자 수 및 이용률
자료·코리안클릭
이용자 수   이용률
5,000
4,000
3,000
2,000
1,000
0
80
70
60
50
40
30
20
10
0
74.1
75.5
76.5
77.2
77.8
3,491
3,559
3,619
3,658
3,701
(만 명)
2006
2007
2008
2009
2010
(%)

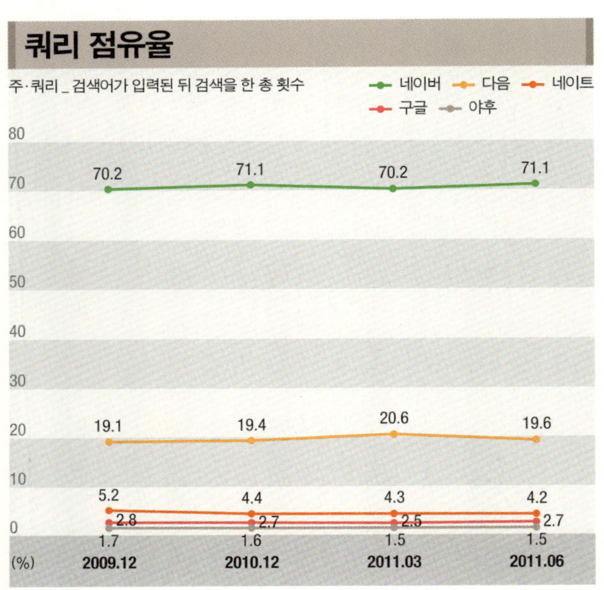

쿼리 점유율
주·쿼리 _ 검색어가 입력된 뒤 검색을 한 총 횟수
네이버   다음   네이트
구글   야후
80
70
60
50
40
30
20
10
0
70.2
71.1
70.2
71.1
19.1
19.4
20.6
19.6
5.2
4.4
4.3
4.2
2.8
2.7
2.5
2.7
1.7
1.6
1.5
1.5
(%)
2009.12
2010.12
2011.03
2011.06

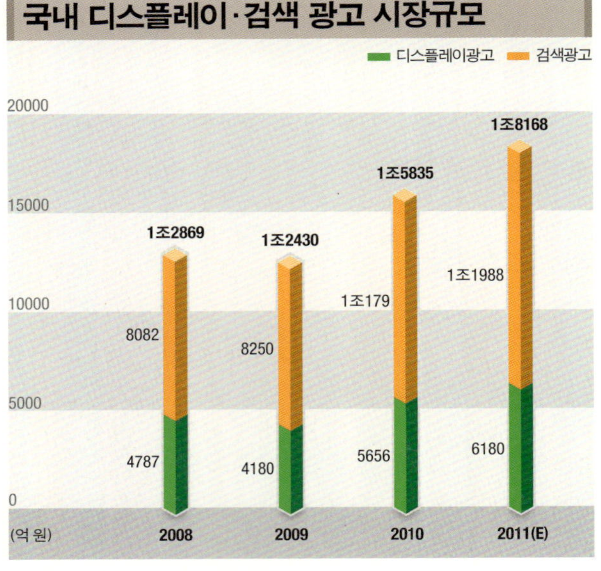

국내 디스플레이·검색 광고 시장규모
디스플레이광고   검색광고
20000
15000
10000
5000
0
1조2869
8082
4787
1조2430
8250
4180
1조5835
1조179
5656
1조8168
1조1988
6180
(억 원)
2008
2009
2010
2011(E)

외부 업계로부터의 공격 심화
콘텐츠와 기술력으로 극복

모바일 메신저에 웃고 울다

2011년 인터넷포털업계는 모바일 시장 공략을 확대하며 2012년 주요 이슈로 손꼽히는 망 중립성에 대한 대비를 하느라 바쁜 시간을 보냈다. 지난 2009년부터 이어진 스마트폰 열풍은 NHN과 다음커뮤니케이션, SK커뮤니케이션즈(이하 'SK컴즈') 등 대표 포털 업체들이 모든 전략을 모바일에 집중하도록 만들었다.

특히 모바일 메신저 시장의 승기를 신생 업체인 '카카오톡'에 빼앗긴 포털 3사는, 모바일 메신저 시장에서 3000만 명의 사용자를 확보한 카카오톡을 넘기 위한 다양한 전략을 펼쳤다. 카카오톡은 무료로 문자메시지를 주고받을 수 있는 메신저 애플리케이션으로, 시장을 선점하며 빠르게 사용자를 확대했다. 특히 일본 법인까지 세우며 해외시장 공략에도 적극 나서고 있다.

포털 3사 가운데 그나마 모바일 메신저 시장에서 성과를 낸 곳은 다음이다. 다음은 가장 발 빠르게 모바일 메신저 '마이 피플'을 출시했으며, 카카오톡보다 앞서 무료 음성 통화 기능을 넣어 1500만 가입자를 확보하면서 체면을 차렸다.

네이버는 뒤늦게 카카오톡 대항마로 '네이버톡'을 출시했으나 큰 성과를 내지 못했다. 블로그와 메일 등 다양한 서비스를 넣으려던 네이버의 정책은 사용자들로부터 외면을 당했고, 네이버는 네이버톡 대신 카카오톡과 닮은 새로운 메신저 '라인'을 내세워 시장에 재도전하고 있다.

SK컴즈는 PC 메신저 시장에서는 네이트온으로 1위를 차지했지만 모바일 메신저 시장 대응에는 늦은 행보를 보였다. 뒤늦게 모바일 메신저인 '네이트온톡'을 선보였지만 역시 큰 성과를 내지는 못하고 있다.

해킹사건으로 '1강 2중' 구도 흔들

2011년 인터넷포털업계를 뒤흔든 또 다른 이슈로 '네이트 해킹 사건'을 들 수 있다. 무려 3500만 명의 암호화된 주민등록번호와 휴대폰 번호, 이메일 주소 및 ID가 고스란히 유출됐다. 네이트 해킹 사건으로 인터넷포털업계에서는 개인 정보 보호에 대한 중요성이 다시 부각됐으며, 주민등록번호 수집 여부에 대한 찬반 논쟁도 펼쳐졌다.

특히 해킹 피해 사이트인 네이트와 싸이월드를 운영하는 SK컴즈는 해킹 후폭풍으로 어려운 시간을 보내야했다. 지난 2010년 10%까지 끌어올렸던 검색 점유율이 3%까지 하락했

으며, 글로벌 플랫폼을 만들어 해외 진출에 나서겠다는 계획도 차질을 빚었다. 또한 2011년 3분기에는 영업적자를 기록하는 아픔을 겪기도 했다.

이 때문에 업계에서는 네이버가 시장의 60% 이상을 점유하고, 다음과 SK컴즈가 10%를 차지하는 1강 2중 구도가 흔들릴 것이라는 전망이 나오기도 했다. SK컴즈는 하반기 점유율을 5%로 회복하고 글로벌 플랫폼을 오픈해 해외시장 공략에 나섰지만 가시적인 성과는 2012년 이후에나 확인할 수 있을 전망이다.

망 중립성에 사업의 미래가 달렸다

인터넷포털업계는 2012년 '망 중립성'이 최대 화두가 될 전망이다. 망 중립성은 말 그대로 '망을 오가는 서비스나 콘텐츠가 차별화되지 않아야 한다'는 의미로, 이 원칙을 두고 통신업계와 인터넷포털업계가 대립하고 있는 상황이다.

망 중립성은 다음의 마이 피플 등 무료로 인터넷 전화를 사용할 수 있는 서비스가 등장하자 통신사들이 요금제에 따라 무료 인터넷 전화를 막으면서 이슈가 됐다. 통신사들은 "망 부하를 유발하는 서비스나 콘텐츠는 합리적으로 제어할 수 있어야 한다"는 의견을 내놓고 있다.

이에 인터넷포털업계는 통신사가 망을 무기로 망 중립성 원칙을 훼손하고 있다고 주장한다. 따라서 실정법으로 망 중립성 원칙을 세워야 한다는 주장을 펴고 있는바, '오픈 인터넷 협의회'를 구성해 공동 대응에 나서고 있다. 망 중립성 원칙이 실정법으로 강제되지 않는다면 통신사들이 무료 통화나 무료 메신저처럼 앞으로 인터넷포털업계의 차세대 사업을 막을 가능성이 높기 때문이다.

특히 미래사업이 대부분 모바일에 집중돼 있는 만큼 인터넷포털업계는 망 중립성 원칙 성립을 2012년 최대 과제 중 하나로 꼽아 반드시 실현시킨다는 방침이다. 🅱

- 넥슨, 일본 증시 노크
- 네오위즈게임즈의 '크로스파이어', 중국시장 1위 기염
- 엔씨소프트 주가, 6개월만에 더블 스코어 급등

엔씨소프트
K-IFRS

24.79% → 김택진
6.23% → FID INTL DISCOVERY FUND

2011년 3분기 누계

매출액	3912억 원
영업이익	1686억 원
순이익	1497억 원

경영실적
매출액 / 영업이익 / 순이익

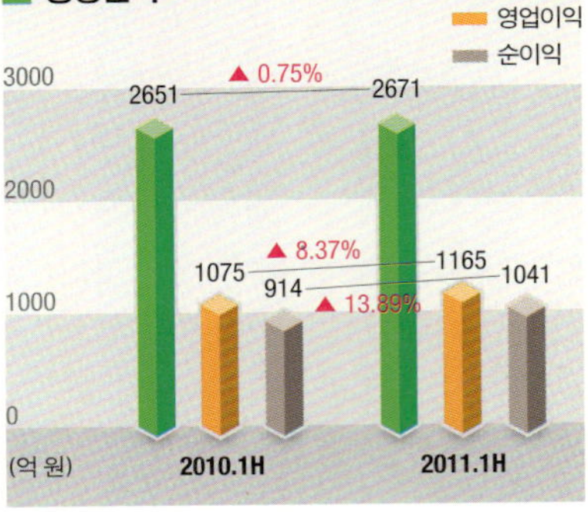

	2010.1H	2011.1H
매출액	2651	2671 (▲ 0.75%)
영업이익	1075	1165 (▲ 8.37%)
순이익	914	1041 (▲ 13.89%)

(억 원)

매출 구성
2011.1Q: **126,931**

- 로열티 25,620
- 기타 2,975
- AION 47,294
- 리니지2 15,899
- 리니지1 35,143

(백만 원)

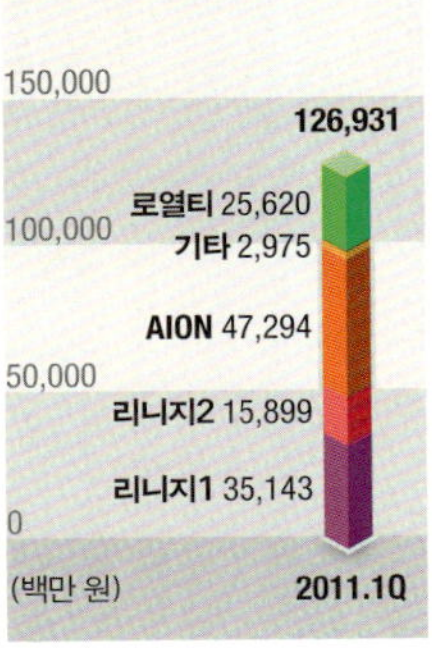

매출·영업이익 추이
매출액 / 영업이익

	2010.2Q	2010.3Q	2010.4Q	2011.1Q	2011.2Q
매출액	168,304	157,012	160,415	155,492	166,815
영업이익	29,549	49,377	27,713	40,716	43,497

(백만 원)

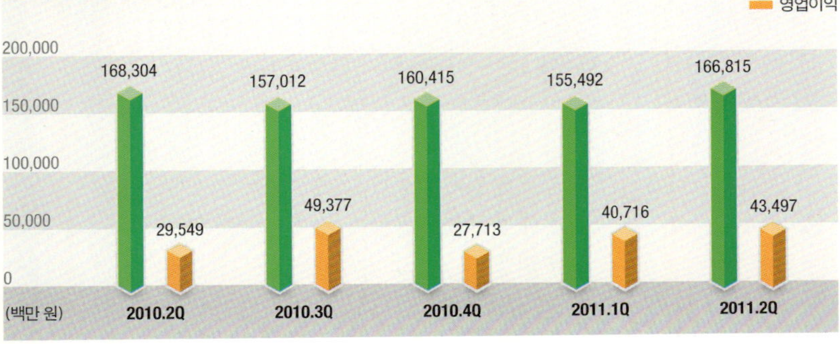

로열티 매출 추이

2010 2Q	2010 3Q	2010 4Q	2011 1Q	2011 2Q
23,913	24,922	24,445	24,762	25,620

(백만 원)

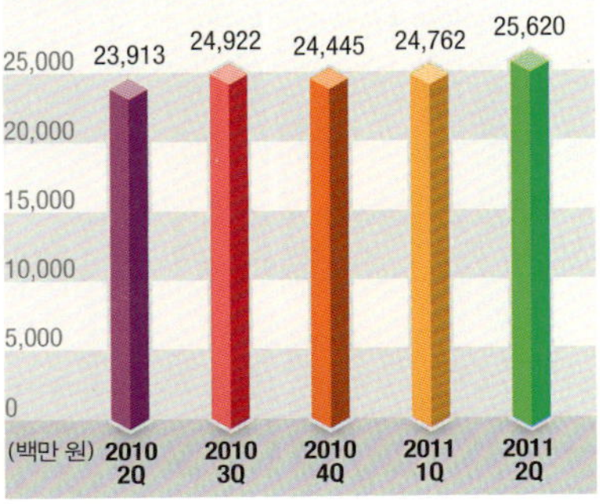

한게임
NHN 게임포털

2011년 3분기 누계

매출액	4765억 원

- 일본 테라 론칭과 국내 채널링 매출 상승 효과

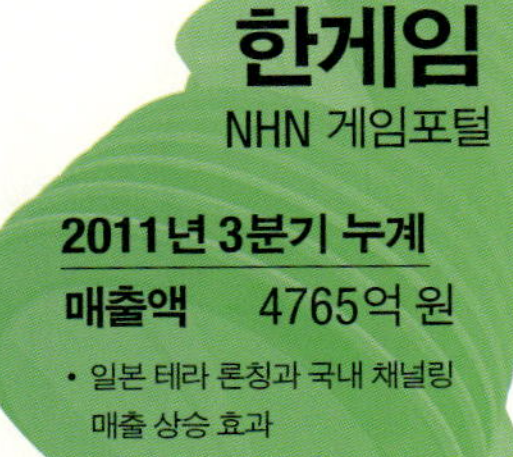

분기별 온라인게임 매출 추이

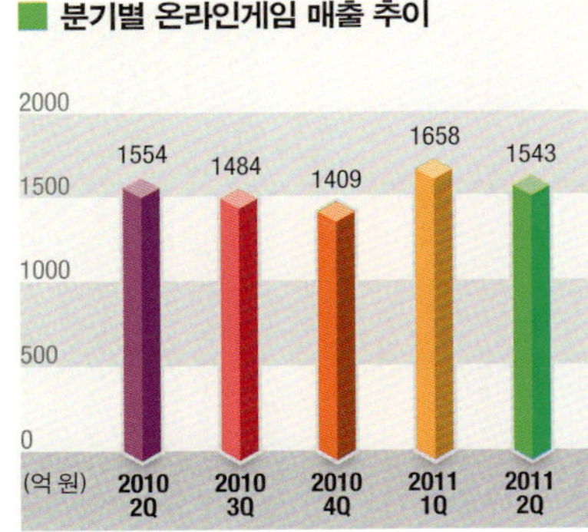

2010 2Q	2010 3Q	2010 4Q	2011 1Q	2011 2Q
1554	1484	1409	1658	1543

(억 원)

게임 매출 비중 | 괄호 안은 비중

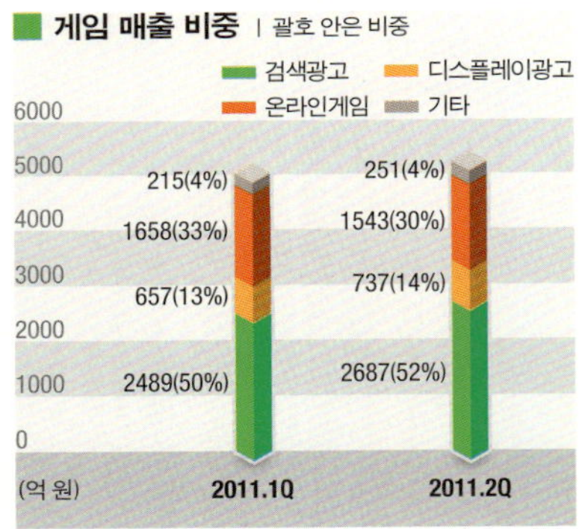

검색광고 / 디스플레이광고 / 온라인게임 / 기타

	2011.1Q	2011.2Q
기타	215(4%)	251(4%)
온라인게임	1658(33%)	1543(30%)
디스플레이광고	657(13%)	737(14%)
검색광고	2489(50%)	2687(52%)

(억 원)

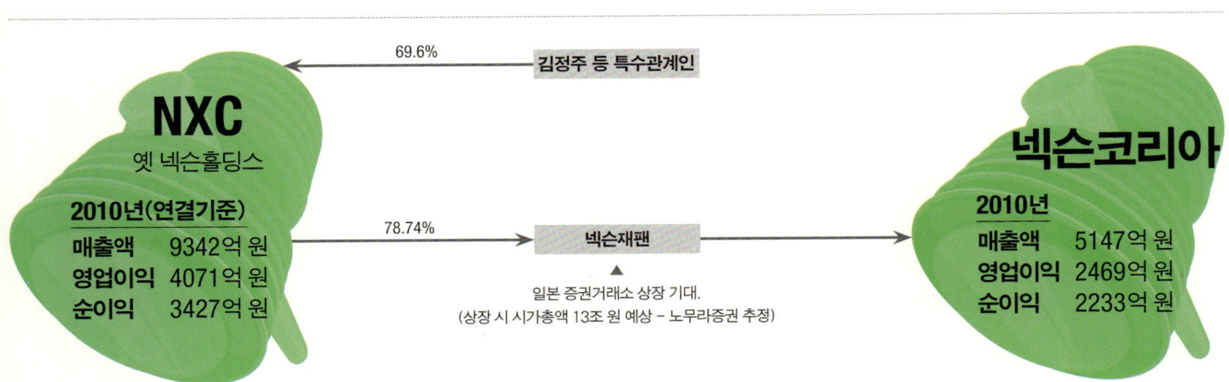

NXC
옛 넥슨홀딩스

69.6% → 김정주 등 특수관계인

2010년 (연결기준)

매출액	9342억 원
영업이익	4071억 원
순이익	3427억 원

78.74% → 넥슨재팬

일본 증권거래소 상장 기대.
(상장 시 시가총액 13조 원 예상 – 노무라증권 추정)

넥슨코리아

2010년

매출액	5147억 원
영업이익	2469억 원
순이익	2233억 원

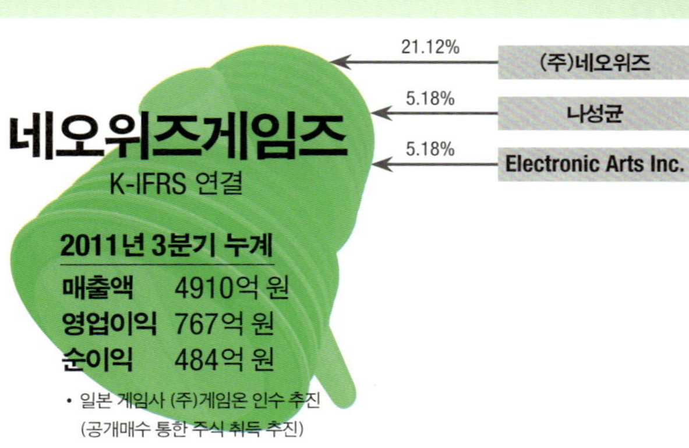

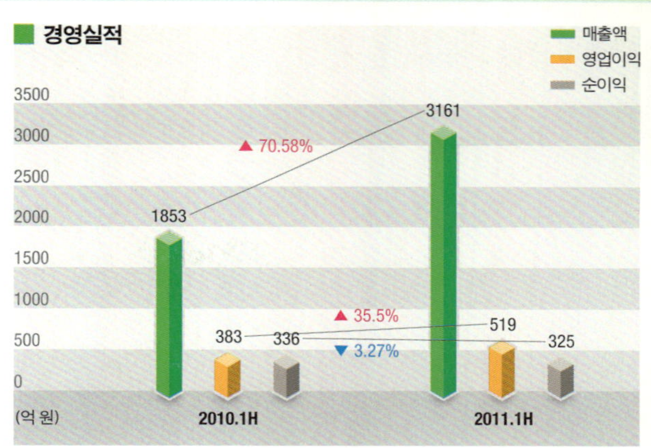

CJ E&M | 게임사업부문
K-IFRS 연결

2011년 3분기 누계
매출액   1976억 원
영업이익 238억 원

• 게임 ARPU (가입자당 월평균 매출)
2만 9937원(2011.2Q 기준)
• 2011.03
CJ미디어+온미디어+CJ인터넷+
CJ엔터테인먼트+엠넷미디어
=CJ E&M

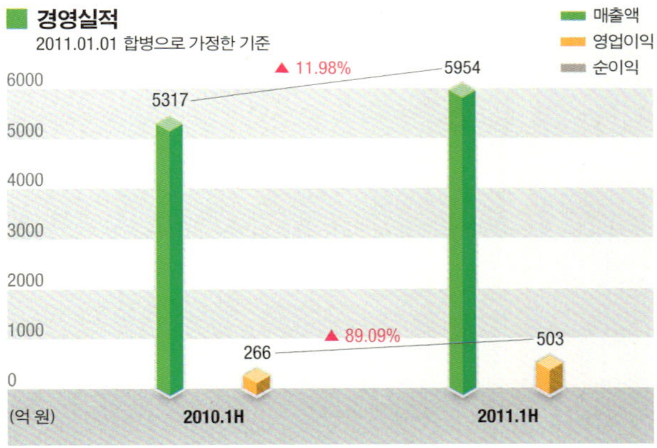

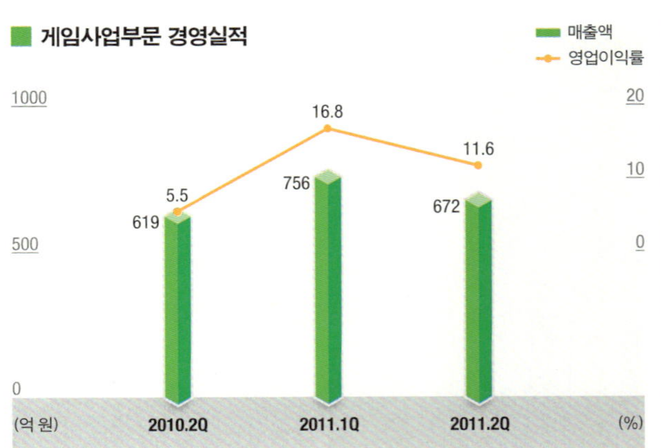

위메이드
엔터테인먼트
K-IFRS 연결

2011년 3분기 누계
매출액   860억 원
영업이익 113억 원
순이익   192억 원

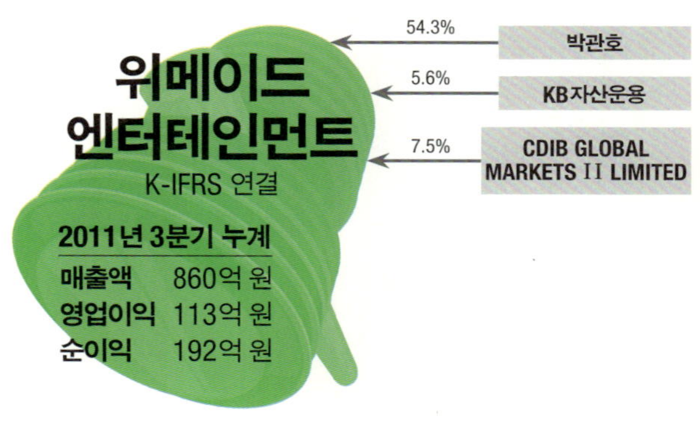

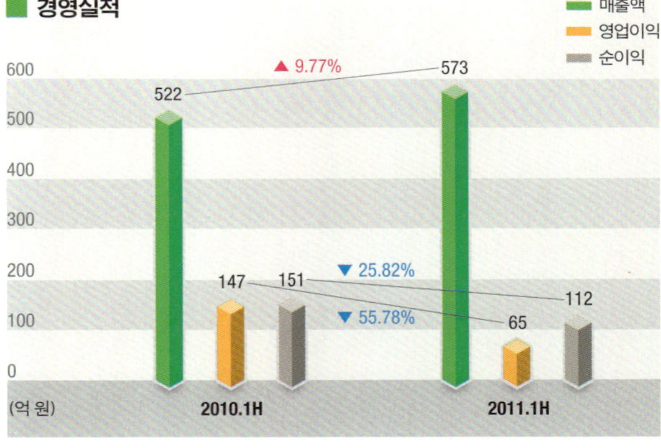

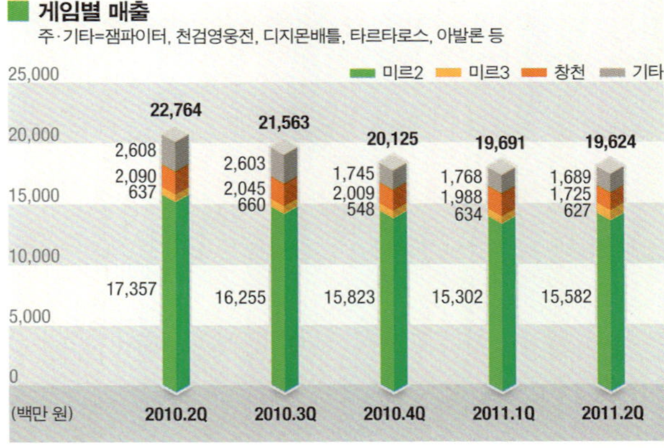

국내 주요 게임시장 현황

온라인게임 밸류에이션 매트릭스

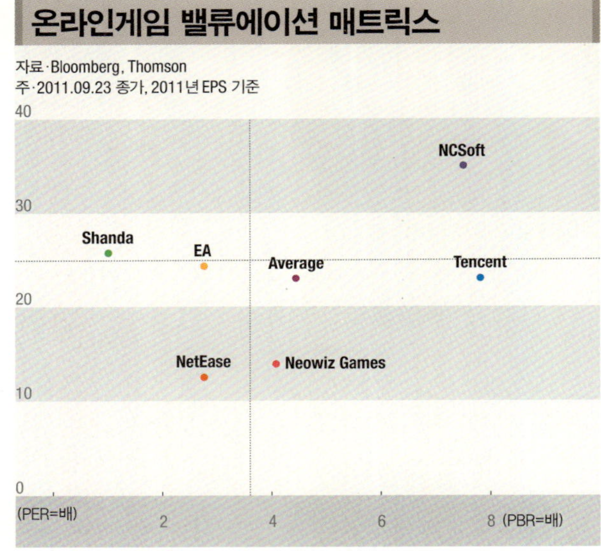
자료·Bloomberg, Thomson
주·2011.09.23 종가, 2011년 EPS 기준

5대 게임 업체 시장점유율

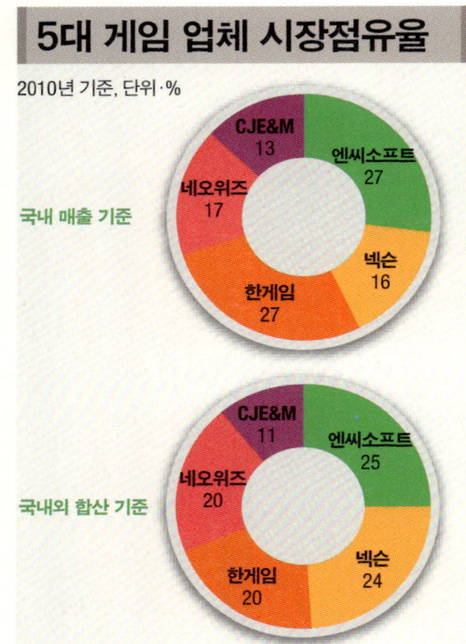

세계 게임시장 규모 및 성장률

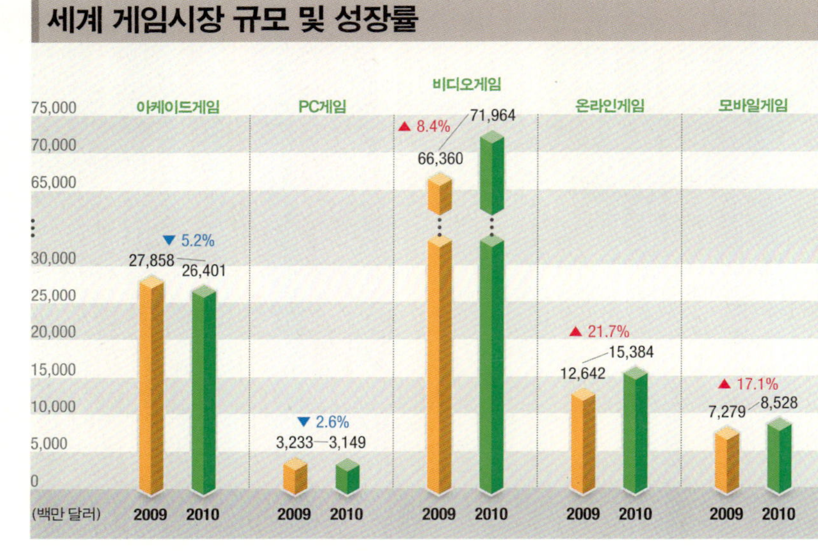

온라인게임 평균 제품 수명

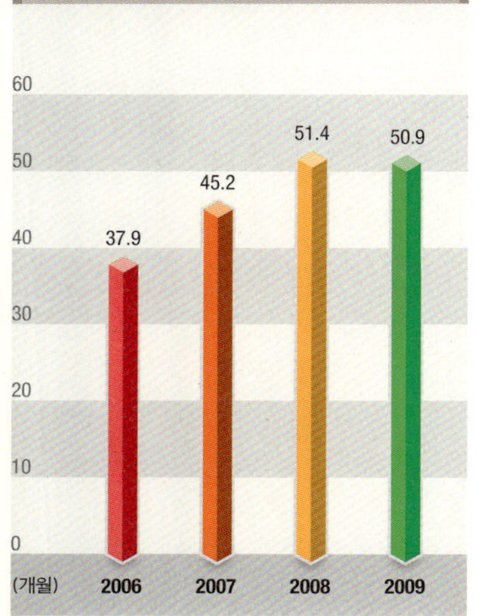

중국 온라인게임 시장 성장률

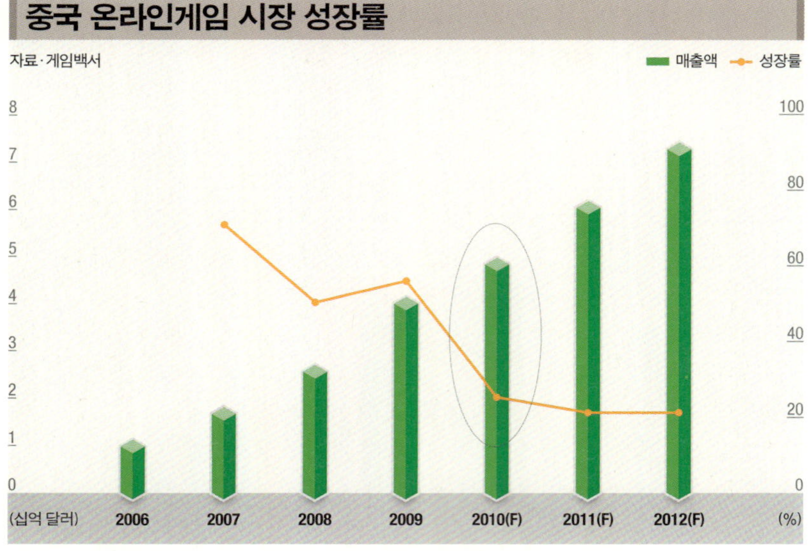
자료·게임백서

게임 시장의 리더 '3N'의
거침없는 성장은 계속된다

3N, 게임시장을 이끌다

2011년 온라인게임업계는 이른바 '쓰리엔(3N)'으로 불리는 넥슨과 엔씨소프트, 네오위즈게임즈가 게임업계 전체를 뒤흔들었다고 해도 과언이 아니다. 지난 2010년 연 매출 9342억 원을 기록하며 연 매출 1조 원 문턱을 넘지 못했던 넥슨은 2011년에는 연 매출 1조 원 달성을 확신하고 있다. 기존 게임들이 대형 업데이트를 진행함으로써 사용자를 확대해 나갔기 때문이다. 게임 '메이플스토리'의 경우 동시접속자수 62만 명을 넘어서며 온라인게임업계에 새 기록을 쓰기도 했다. 또한 넥슨의 주요 게임인 '던전앤파이터'는 중국에서 무려 260만 명의 동시접속자수를 기록하며 넥슨 해외 매출의 일등 공신으로 자리 잡았다. 게다가 넥슨의 M&A를 통한 몸집 불리기도 계속될 전망이다. 넥슨은 2012년 상반기 스포츠게임 업체인 JCE의 최대 주주로 올라설 예정이다.

이와 함께 넥슨은 이르면 2011년 말 일본 도쿄 증시에 상장할 전망이다. 노무라증권에 따르면 넥슨의 일본 상장 후 시가총액은 13조 원에 이른다.

네오위즈게임즈는 2011년 가장 무섭게 성장한 게임 업체 중 하나로 꼽힌다. 네오위즈게임즈는 해외에서 벌어들인 수익을 바탕으로 업계 전통의 강호인 엔씨소프트의 2위 자리를 위협하고 있다. 네오위즈게임즈는 2011년 상반기 해외 매출이 지난 2010년 전체 해외 매출과 맞먹는다. 2011년 상반기 국내 매출 역시 전년 동기 대비 연 매출과 비슷하다. 네오위즈게임즈가 이처럼 무서운 속도로 성장할 수 있는 것은 중국 온라인게임 1위를 차지하고 있는 '크로스파이어' 덕분이다. 이 게임은 중국에서 동시접속자수 300만 명을 기록하고 있다. 덕분에 네오위즈게임즈는 3분기에만 해외 매출이 1000억 원을 넘어서기도 했다.

네오위즈게임즈는 그동안 약점으로 지적된 '개발력 부재' 위험도 털어냈다. 자체 개발 게임이 없으면 개발사와 계약에 따라 주요 게임의 확보 여부가 판가름나기 때문에 매출과 수익이 안정적이지 않다. 그러나 네오위즈게임즈는 2011년 자체 게임 개발에 투자하면서 게임 개발에 주력함으로써, 총싸움게임과 다중접속역할수행게임(MMORPG) 등 새로운 게임을 출시했다.

2011년 엔씨소프트는 신작 '블레이드 & 소울'의 시범테스트만을 진행했지만 그것만으로도 게임의 영향력을 확인하기에는 충분했다. '블레이드 & 소울'이 국내뿐 아니라 해외에서도 좋은 성적을 거둘 것으로 전망되자 엔씨소프트의 주가가 크게 뛰었다. 2011년 3월 20만 원 초반이었던 엔씨소프트 주가는 하반기 37만 원대까지 올랐다. 이와 함께 엔씨소프트는 2011년 프로야구단 창단에 나서면서 기업 이미지 상승 효과도 누렸다.

한편 그동안 3N사와 함께 게임업계 '빅5'로 불린 NHN 한게임과 CJ E&M 게임부문은 잇따른 신작 게임 흥행 실패 등으로 어려운 한 해를 보냈다. NHN 한게임은 2011년 초반 '테라'로 성장하는 듯 했으나 테라의 인기가 시들해지면서 새로운 수익원을 찾기에 바쁜 상황이다. CJ E&M은 인기 총싸움게임인 '서든어택'을 넥슨과 공동으로 서비스하면서 넥슨에 밀리는 모습을 보였다. '총싸움게임의 명가' 타이틀도 위태로워졌을 정도이다. 이 때문에 CJ E&M은 해외 유명 게임을 국내에 서비스하는 방식으로 재기를 노리고 있다.

스포츠게임에 사활

2011년에 게임 업체들이 가장 관심을 가진 게임 분야는 스포츠게임이다. 프로야구 관중이 600만 명을 돌파하며 스포츠에 대한 사람들의 인기가 높아졌고, 그 열기가 온라인게임으로 이어졌기 때문이다.

이 때문에 주요 게임사들은 스포츠게임을 확보하기 위해 사활을 걸었다. 넥슨은 JCE의 지분을 인수하며 JCE의 스포츠게임과 개발력을 확보했고, 엔씨소프트 역시 야구 관리게임을 갖고 있는 엔트리브소프트의 인수를 추진하고 있다. NHN은 엔트리브소프트 인수에 실패하자 일본의 유명 비디오게임을 온라인으로 개발하기로 했다. CJ E&M은 자회사를 통해 차기 축구게임을 개발하고 있다.

게임업계는 개발하는 시간이 오래 걸리지 않고, 높은 수익을 낼 수 있는 스포츠게임을 2012년에도 더 확대할 계획이다. 특히 2012년에는 런던올림픽이 열리기 때문에 스포츠게임의 확산에 좋은 재료가 될 전망이다. 스포츠게임의 명가로 불리는 네오위즈게임즈의 경우 스포츠게임이 차지하는 매출 비중이 60%에 가까울 정도다. 다른 게임 업체들도 스포츠게임에 대한 개발과 프로모션을 확대해 나갈 전망이다. 🅱

■ 매출 비중
단위·%

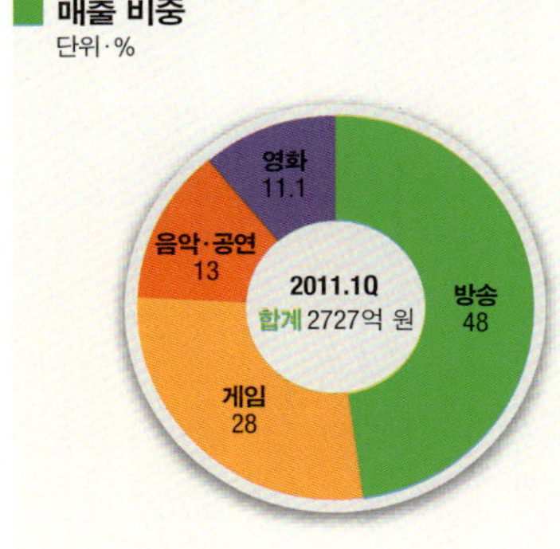

■ 방송사업부문 경영실적

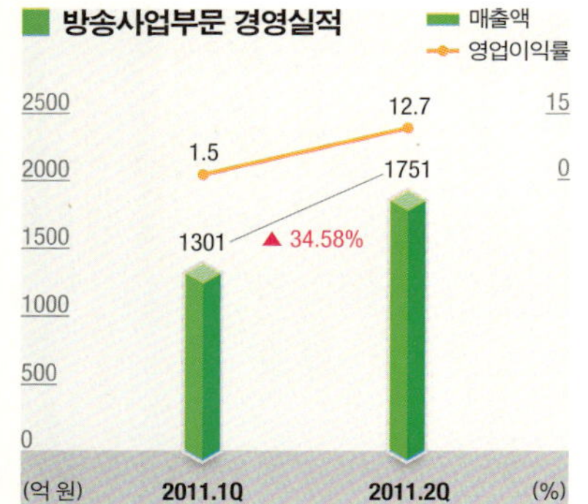

■ 영화사업부문 경영실적

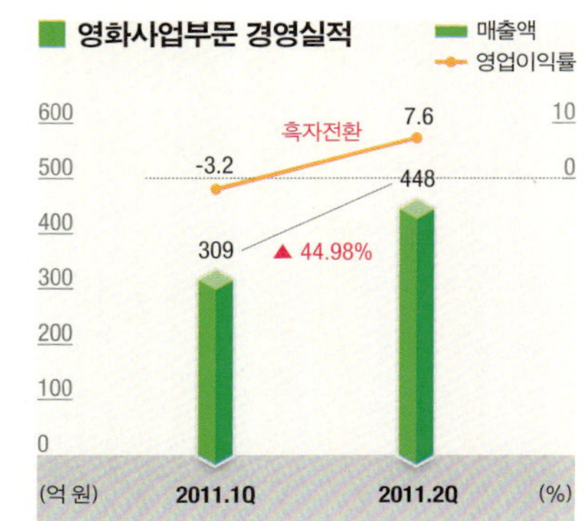

■ tv N 광고매출 실적

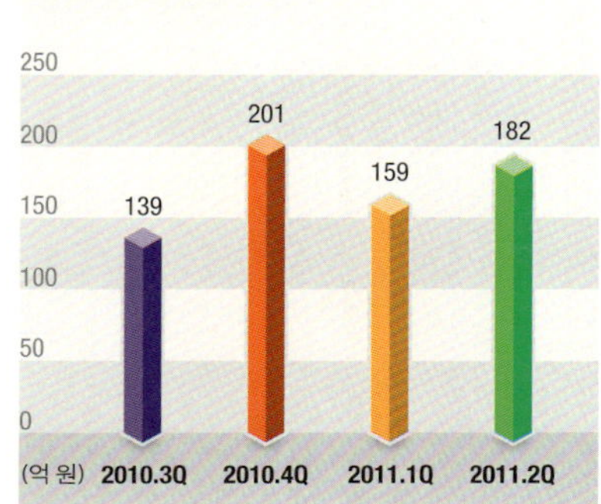

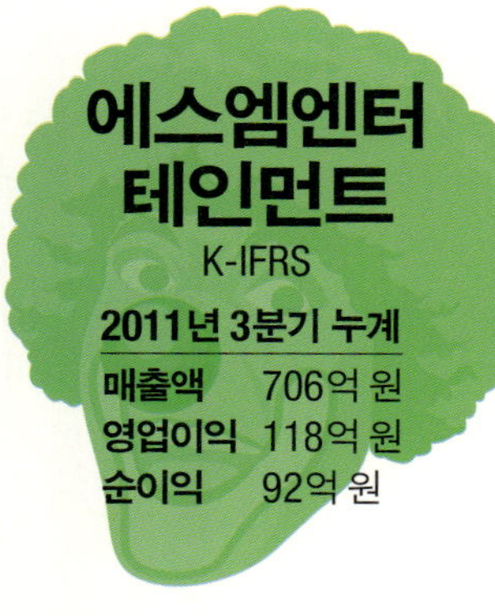

■ 경영실적

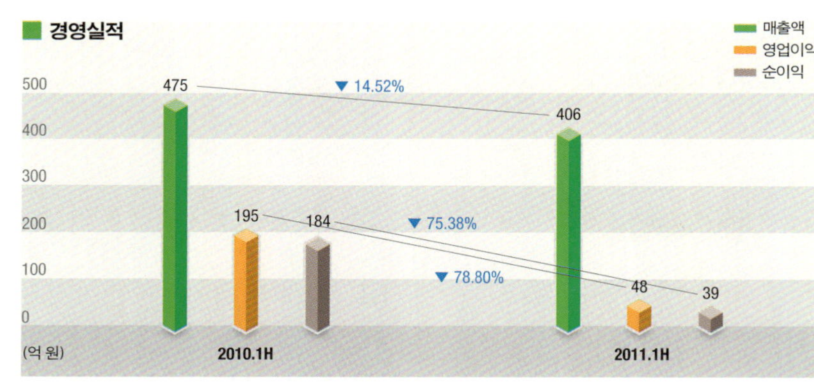

■ 해외 매출 추이 및 비중

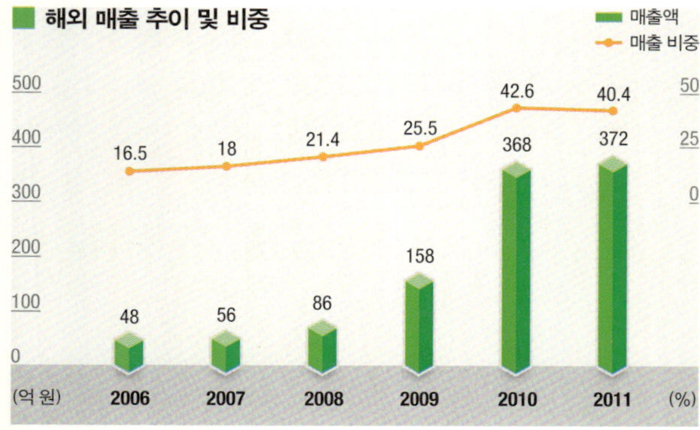

■ 해외로열티 매출 추이
자료·한국투자증권, 에스엠엔터테인먼트

CJ CGV
K-IFRS

2011년 3분기 누계
매출액	4134억 원
영업이익	658억 원
순이익	399억 원

YG엔터테인먼트
K-IFRS 연결

2011년 상반기
매출액	447억 원
영업이익	96억 원
순이익	72억 원

• 코스닥시장 상장(2011.11)
최대주주 양현석

JYP엔터테인먼트
K-IFRS 연결(6월 결산 법인)

2010.07-2011.06
매출액	102억 원
영업이익	4.5억 원
순이익	2.5억 원

로엔엔터테인먼트
K-IFRS

2011년 3분기 누계
매출액	1204억 원
영업이익	209억 원
순이익	165억 원

IHQ
K-IFRS

2011년 3분기 누계
매출액	312억 원
영업이익	7677만 원
순이익	-5억 원

팬엔터테인먼트
K-IFRS

2011년 3분기 누계
매출액	273억 원
영업이익	3.6억 원
순이익	4.4억 원

초록뱀미디어
K-IFRS

2011년 3분기 누계
매출액	57억 원
영업이익	-7억 원
순이익	-9억 원

예당컴퍼니
K-IFRS

2011년 3분기 누계
매출액	37억 원
영업이익	3.6억 원
순이익	-5.6억 원

키이스트
K-IFRS

2011년 3분기 누계
매출액	180억 원
영업이익	14억 원
순이익	8억 원

미디어플렉스
K-IFRS

2011년 3분기 누계
매출액	338억 원
영업이익	-79억 원
순이익	-74억 원

대원미디어
K-IFRS

2011년 3분기 누계
매출액	344억 원
영업이익	-6억 원
순이익	4억 원

삼화네트웍스
K-IFRS

2011년 3분기 누계
매출액	172억 원
영업이익	21억 원
순이익	-12억 원

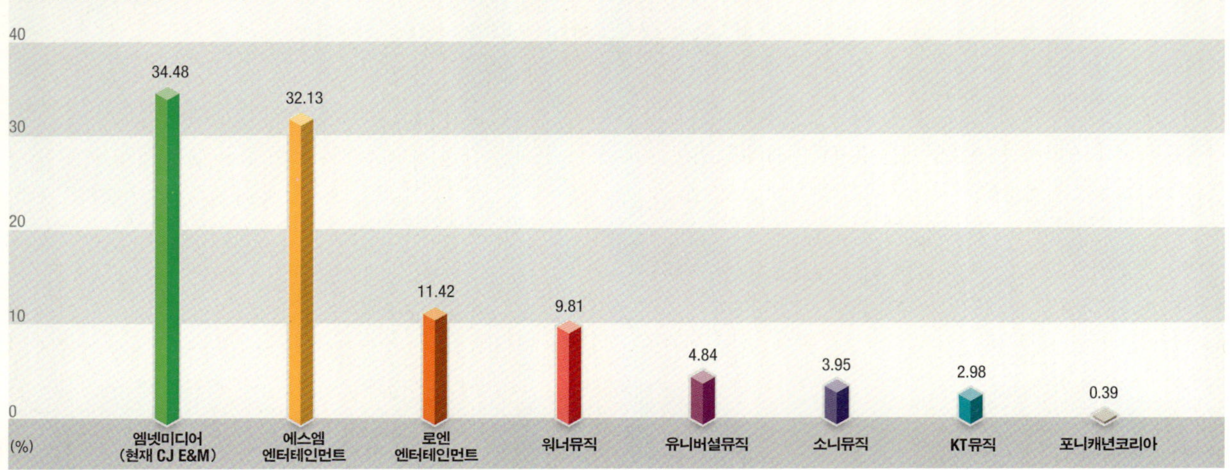

가요음반시장 점유율

디지털 음원의 수익구조

자료·한국투자증권

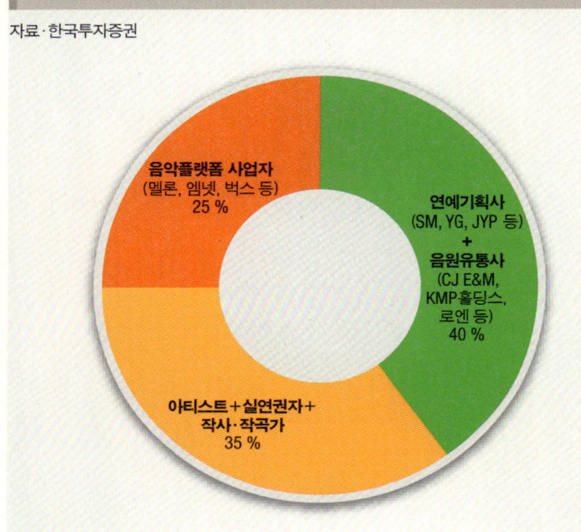

영화관람객 수 추이와 CJ CGV 점유율

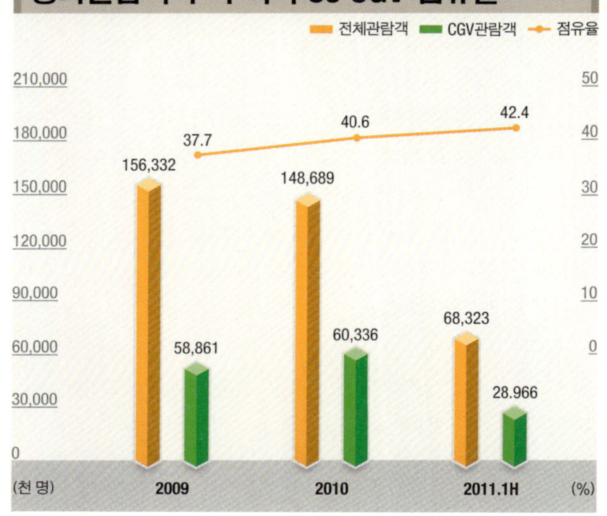

2011년 상반기 전체 영화 배급사별 시장점유율

전국기준/누적, (괄호 안은 배급편수)

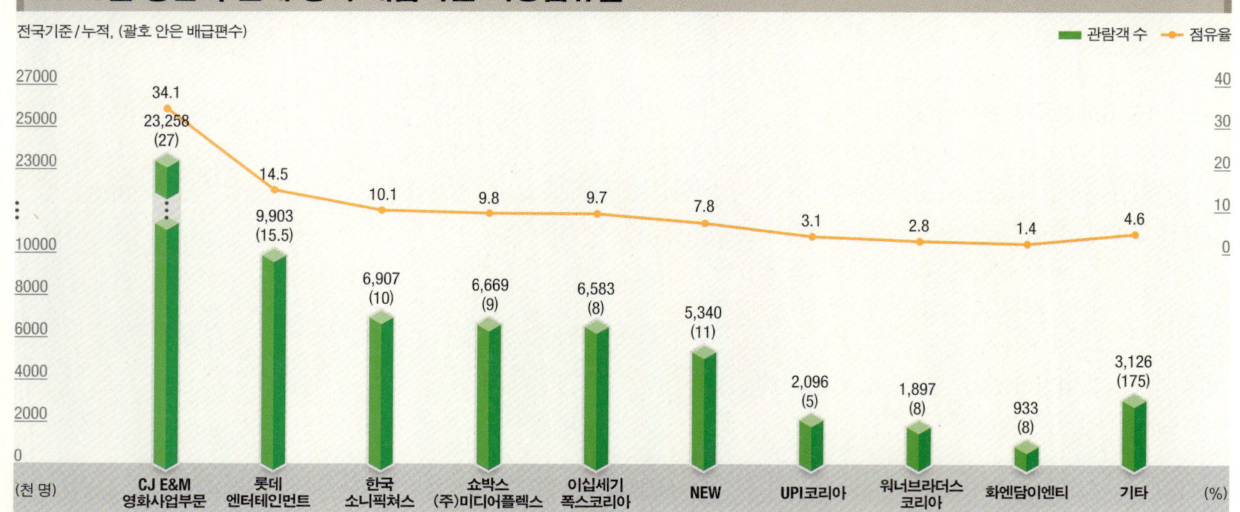

종편이 미칠 방송계에서의 엔터테인먼트 위상
대형 연예기획사들의 상장 이후 행보 예의주시

2011년 국내 엔터테인먼트업계는 K-POP(케이팝) 열풍과 더불어 부흥기를 맞았다. 에스엠엔터테인먼트, YG엔터테인먼트, JYP엔터테인먼트 등을 필두로 국내 아이돌 스타들이 전 세계적으로 국내 케이팝을 히트시켰다. 신한류 바람이 일어나며 국내 엔터테인먼트업계 전체적으로도 덩치가 부쩍 커졌다.

케이팝 열풍으로 해외 진출 확대 가속화

아이돌 스타의 해외 진출은 보아에서 본격화되기 시작해 소녀시대가 꽃을 피웠다. 보아가 일본 진출에 성공한 이후 동방신기가 아시아 지역에서 큰 인기를 얻었고, 2010년부터는 소녀시대와 샤이니가, 2011년부터 슈퍼주니어가 일본에서 활동을 시작했다.

케이팝이 인기를 더해가자 SM Town 합동 콘서트와 같은 대형 무대가 가능해져 일본뿐만 아니라 유럽에서도 한국 아이돌 문화의 인기를 확인하며 성공리에 마쳤다. 향후 남미 등에서도 콘서트를 개최할 계획으로, 케이팝을 앞세운 국내 대형 엔터테인먼트사들의 해외 진출은 지속 확대될 전망이다.

에스엠은 케이팝을 통한 신한류 바람을 몰고 온 장본인이다. 보아, 동방신기, 소녀시대 등 아이돌 스타의 해외 진출을 잇따라 성공시키며 신한류 시대를 열었다. 에스엠은 이미 일본에서 성공한 보아, 동방신기 등을 기반으로 확고한 팬층을 보유하고 있다. 또한 SM Town 등 합동 공연을 통해 신규 아티스트의 일본 진출을 보다 효과적으로 추진하고 있다. 소녀시대가 일본에 진출한 후 기대감을 높이고 있고 2011년 10월 말 정규 앨범이 발매되면서 2011년, 2012년 음반 판매량이 각각 145만 장, 90만 장에 이를 것으로 예상된다. 2011년과 2012년 에스엠의 일본 로열티 수익은 전년 대비 각각 24.3%, 157.6% 증가할 전망이다.

YG엔터테인먼트는 2012년 1분기 2NE1, 2분기 빅뱅을 비롯해 각자 유닛 활동과 신규 그룹의 활동이 예정돼 있어, 지속적인 성장이 기대된다. 또 일본의 대표 엔터테인먼트 기업인 AVEX와 합작하여 설립한 YGEX를 통해 일본시장에서 인지도를 빠르게 높여나가고 있다. 한때 지드래곤 대마초 사건으로 상장 일정에 차질을 빚는 등 돌발악재를 맞이했지만, 이와 관련된 문제점과 위험 요소들을 솔직하게 털어놔 오히려 불안감을 해소시켰다는 분석이다.

JYP엔터테인먼트도 2PM, 미스에이 등 소속 가수들의 아시아 공연과 관련 사업을 진행하며 한류 열풍의 한 축을 담당해, 그 세를 점차 확장해 나가고 있다. 원더걸스 컴백을 앞두고 해외에서의 활약 기대감에 주가가 크게 오르기도 했다.

콘텐츠의 가치가 부각되는 시장 환경

최근 급변하고 있는 콘텐츠 시장도 엔터테인먼트 업계에 긍정적이다. 스마트폰, 태블릿PC 등을 중심으로 한 디지털 음원 시장의 성장이 예상되기 때문이다. 음악 감상은 모바일기기에서 가장 많이 이용하는 서비스 중 하나다. 따라서 스마트기기가 확산되고 무선 인터넷 환경이 개선되면 스트리밍으로 직접 음악을 듣기 편해지고 SNS, 유튜브를 통한 노출이 늘어나면서 디지털 음원 수요가 증가할 것으로 보인다. 이런 환경 개선으로 합법적인 디지털 음원 유통이 확대될 전망이다. 종합 편성 채널 진입에 따른 인기 아티스트에 대한 수요 증가도 긍정적이다.

따라서 세계적인 한류 열풍과 더불어 스마트기기 이용 증대를 통한 플랫폼 다양화, LTE 및 클라우딩 서비스 등으로 콘텐츠에 대한 접근성이 확산되면서 콘텐츠 보유 업체들의 성장성이 가시화되고 있다. 이에 따라 콘텐츠 제작 능력이 높은 업체와 콘텐츠 유통권을 확보한 기업들에 대한 관심이 필요한 시점이다. 엔터테인먼트 업종 내에서는 한류의 핵심인 에스엠과 같은 대형 연예기획사들이 더욱 주목받는 이유다.

콘텐츠 중심의 시장 환경 변화로 2012년 역시 대형 기획사를 중심으로 한 수혜가 예상되고 있다. 무엇보다 플랫폼과 디바이스의 다양화로 콘텐츠 수요가 확대될 것이고, 아시아를 중심으로 확산된 한류 문화에 프리미엄이 지속될 것이며, 디지털 미디어 확산으로 SNS가 활성화될 것이기 때문이다.

특히, 2011년 12월 종편PP 진입으로 아티스트에 대한 수요가 더욱 확대될 전망이다. IPTV, 온라인, 모바일 등 플랫폼 다양화와 MD 등 부가 사업에 따른 OSMU(One Source Multi Use)도 핵심 키워드로 자리 잡을 것으로 보인다. 🅱

- 해마다 성장하는 중국 특수
- 해외보다는 국내 여행 수익 증가 기대
- 서울 시내 비즈니스 호텔 사업 확대

여행업계

하나투어
K-IFRS

2011년 3분기 누계
매출액	1772억 원
영업이익	205억 원
순이익	164억 원
패키지 송객실적(1-9월)	105만7000명

모두투어
K-IFRS 연결

2011년 3분기 누계
매출액	960억 원
영업이익	162억 원
순이익	133억 원
패키지 송객실적(1-9월)	63만5400명

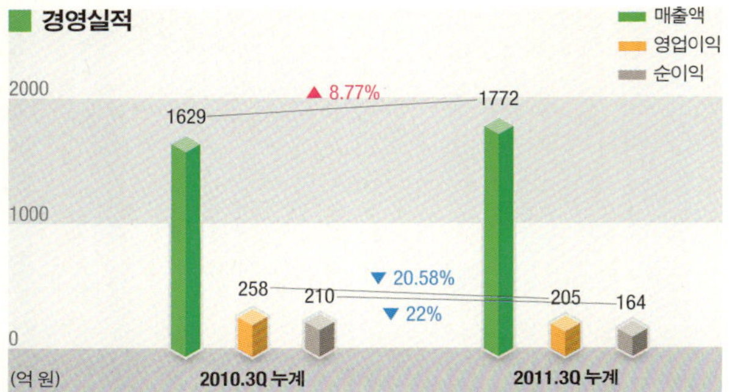

경영실적 (하나투어)

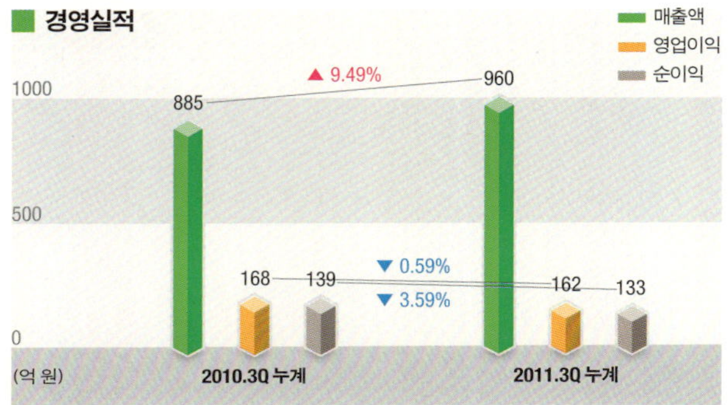

경영실적 (모두투어)

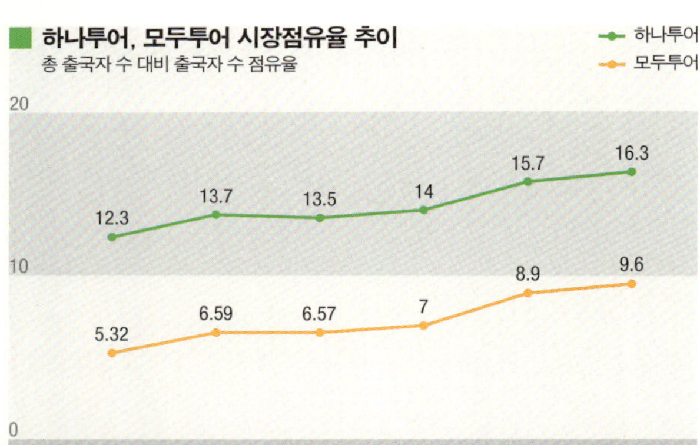

롯데관광개발
K-IFRS

2011년 3분기 누계
매출액	342억 원
영업이익	-58억 원
순이익	-82억 원

자유투어
K-IFRS

2011년 3분기 누계
매출액	203억 원
영업이익	7억 원
순이익	18억 원

온라인투어
2010.04~2011.03
매출액	203억 원
영업이익	-16억 원
순이익	2.5억 원
송객실적(2011.01-08)	12만476명

비티앤아이
K-IFRS 연결

2011년 상반기
매출액	113억 원
영업이익	9.4억 원
순이익	9.9억 원
송객실적(2011.01-08)	6465명

참좋은레져
K-IFRS 연결

2011년 3분기 누계
매출액	320억 원
영업이익	21억 원
순이익	17억 원
송객실적(2011.01-08)	9만7200명

한진관광
2010년
매출액	262억 원
영업이익	14억 원
순이익	30억 원
송객실적(2011.01-08)	8만4415명

세중
K-IFRS 연결

2011년 상반기
매출액	418억 원
영업이익	60억 원
순이익	42억 원
송객실적(2011.01-08)	2만9039명

롯데호텔
K-IFRS 연결

2011년 상반기
매출액　1조3655억 원
영업이익　1190억 원
순이익　1983억 원

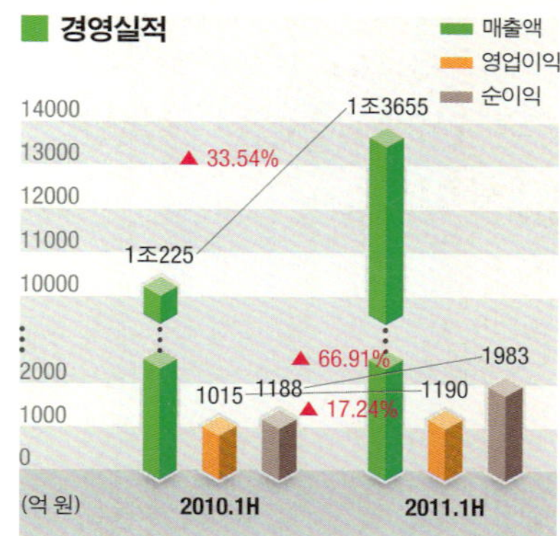

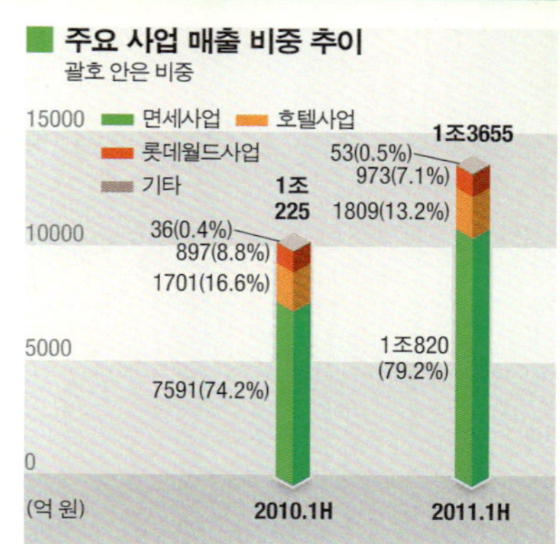

호텔신라
K-IFRS

2011년 3분기 누계
매출액　1조2533억 원
영업이익　603억 원
순이익　339억 원

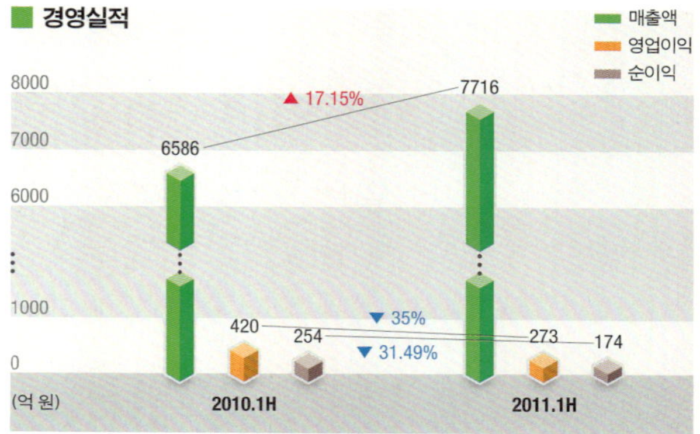

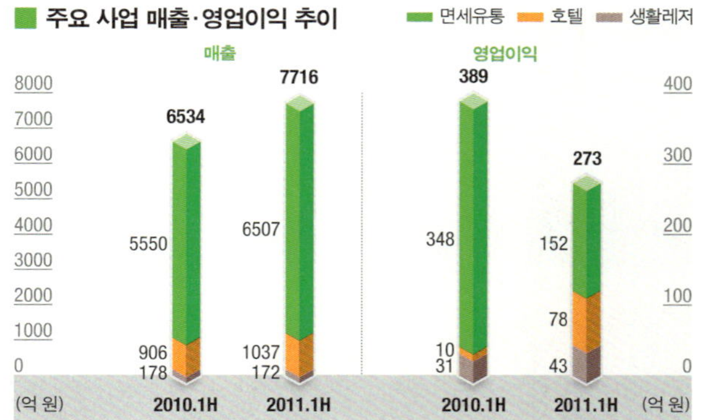

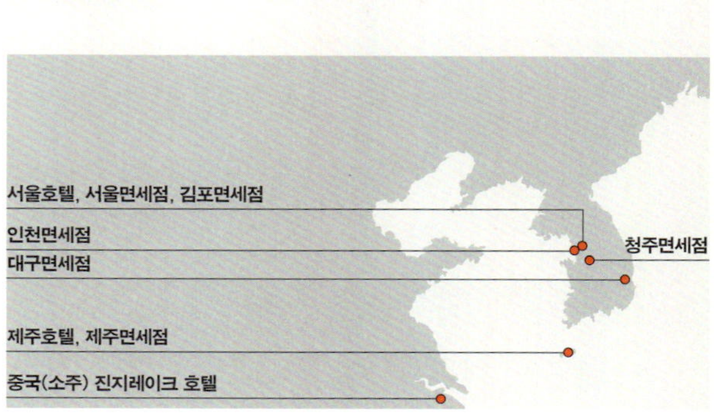

워커힐
SK네트웍스 호텔사업부문

2011년 3분기 누계
매출액　2823억 원
영업이익　91억 원

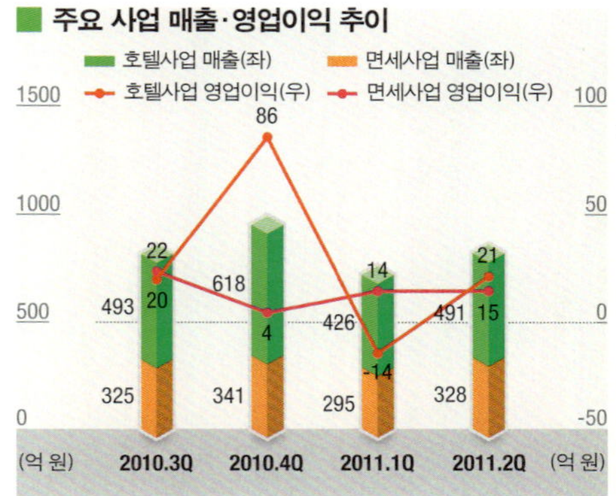

호텔 시장점유율

면세점 시장점유율

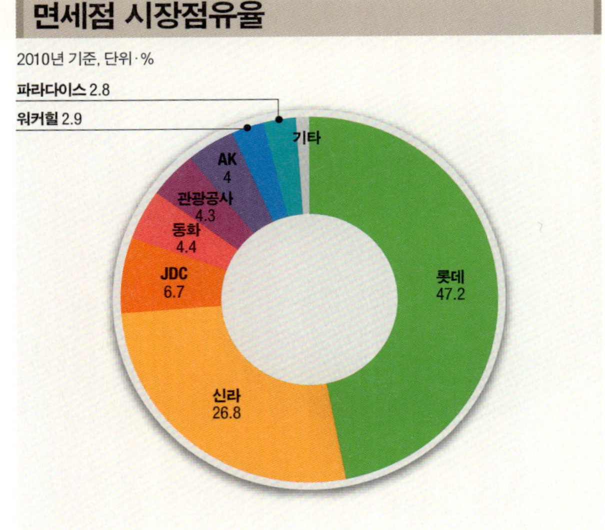

국내 면세점 시장규모 추이

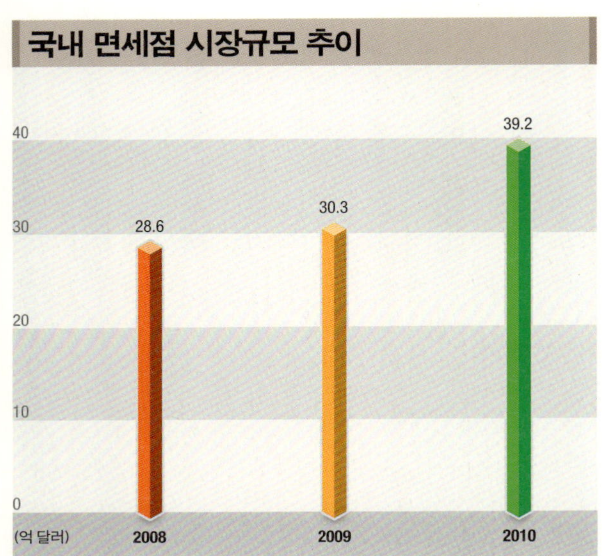

전국 특1급 호텔 증가 추이

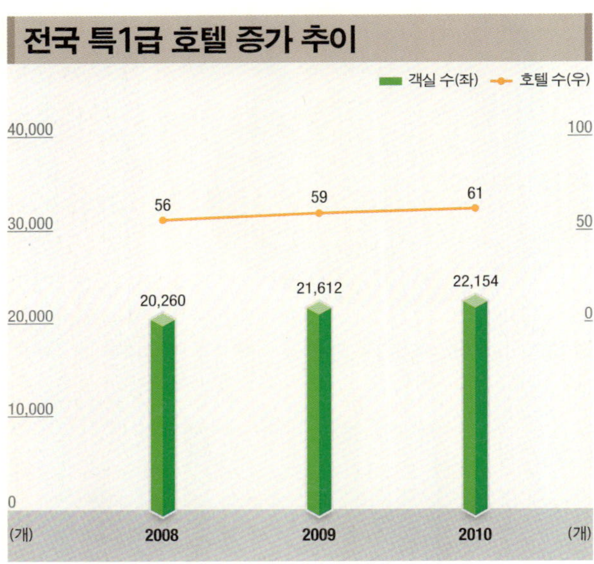

인구대비 총 출국자 비중 추이

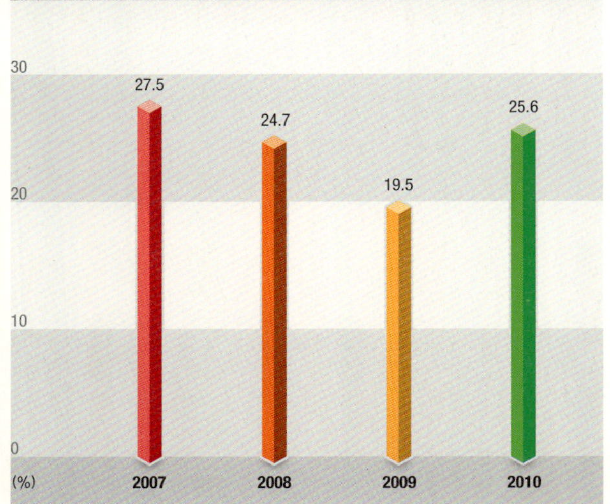

연도별 총 출국자 수 추이

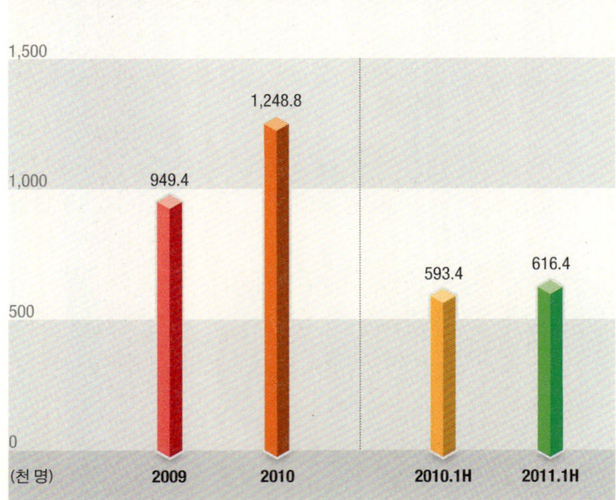

여행, 암울했던 2011년을 뒤로 하고
이익 모멘텀이 긍정적인 2012년 기지개

대외적 악재로 시름했던 여행업계, 2012년 회복 기대

여행업계의 2011년은 쉽지 않았다. 2010년의 호조세를 2011년에도 이어가는 듯 했지만 일본의 대지진과 세계 경제위기 우려감 등으로 환율이 급등하면서 여행업계에 구름이 드리웠다.

2011년에는 전년에 비해 휴일이 많아 여행업계의 고성장이 기대됐던 것이 사실이다. 하지만 3월 일본 센다이 지역에서 일어난 대지진으로 실적이 고꾸라졌다. 특히 일본 지진의 영향으로 원자력 발전소가 폭발하면서 방사능 우려가 급속하게 퍼졌다. 급기야 일본 지진을 기점으로 일본 지역으로의 여행객이 급감했고, 하나투어와 모두투어의 2011년 2분기 실적이 무너졌다.

하나투어와 모두투어는 당시 일본 지역을 동남아시아 지역 수요로 흡수할 수 있다는 전망을 내놓기도 했지만 기대와는 달랐다. 하나투어의 2분기 영업이익은 2010년보다 85% 떨어졌다. 일본 지진 이후 여름 휴가철 성수기 모멘텀이 기대됐지만 8월 초부터 커진 유럽발 재정위기에 대한 우려감으로 환율이 급변동세를 나타내며 여건이 악화됐다.

일본 관광 수요 역시 회복이 더뎠다. 3분기 하나투어의 패키지 송출객수는 2010년보다 3.4% 늘었지만 영업이익이 30% 가까이 급감했다. 마찬가지로 모두투어도 2011년 2분기 영업이익이 전년 대비 54% 급감한 뒤 3분기 회복세를 기대했지만 2010년 3분기보다 영업이익이 10% 감소했다. 2011년 4분기 실적 회복을 기대하던 중 태국의 홍수로 방콕이 침수되는 등 악재가 발생하기도 했다.

하지만 2012년에는 여행업계의 반전을 기대해 볼 여건들이 조성되고 있다. 저가항공사들이 계속해서 노선을 추가하고 있어 저가항공권 좌석 확보가 이전보다 쉬워진 것이다. 대한항공의 A380기 도입과 외항사들의 국제선 취항이 늘어나고 있다는 점도 긍정적이다. 또 항공권의 발권수수료 폐지로 하나투어나 모두투어 등 브랜드 인지도가 높은 여행사 이용이 계속해서 증가할 것이란 전망도 나오고 있다.

공항 내 입점한 해외 명품 면세점 사업의 명암

국내 호텔업계의 유일한 상장사인 호텔신라가 2011년 추석을 기점으로 인천공항 면세점에 루이비통을 개점했다. 전 세계 면세점 중 최초로 루이비통을 유치했다는 이유로 이목을 끌면서 당초 추석 이후 개점하려던 계획을 변경해 추석 연휴와 함께 문을 연 것이다. 면세점을 유치할 수 있었던 가장 큰 이유는 중국과 일본의 관광객 및 환승객들 때문이다. 게다가 국내 출국자까지 가세하면서 아시아의 주요 명품 고객을 만날 수 있는 지리적인 요건을 충분히 살린 것이다.

호텔신라는 2012년에 최대 실적이 예상되고 있다. 신한금융투자는 호텔신라의 매출액이 2012년에 16% 증가하면서 2조 원에 이를 것으로 봤다. 앞서 설명한 인천공항 루이비통과 김포공항 면세점 개장, 제주 면세점 호황의 수혜를 톡톡히 누릴 전망이다. 특히 신라면세점의 내국인 비중은 낮아지면서 중국과 일본 관광객이 급속도로 증가할 것이라는 관측이다. 다만 2011년 임대료 협상을 벌였지만 인하하는데 실패해, 사업장 이용이 가장 큰 비용 부담으로 남아있다.

우리투자증권은 임대료 인하 실패가 이익 모멘텀을 훼손했다는 평가를 내리기도 했다. 한편에서는 루이비통 때문에 추가적으로 임대료가 오를 수 있다는 부정적인 전망도 시장에서는 나오고 있다. 김포공항 개점과 루이비통 유치 등이 긍정적인 것은 분명하지만 뒤이은 구찌와 샤넬 등의 매장 철수 결정은 부담이라는 평가다. 실제로 이로 인해 주가가 하락하는 등 부정적인 결과를 가져오기도 했다.

한편 2012년에는 호텔업이 더욱 확장된다. 신세계건설이 공사를 수주한 서울 시내 비즈니스호텔 운영을 검토하고 있다. 2012년 말까지 4~5개 호텔을 운영하고 이후 점차 확대해 나간다는 계획이다. 1개 호텔에서 5억~6억 원의 매출 발생이 기대되고 있다.

아울러 호텔신라는 사업다각화 측면에서 화장품 사업까지 영역을 넓히고 있다. 2011년 9월에는 마카오 베네시안 호텔 내 쇼핑몰에 화장품 편집 매장을 내기도 했다. 이 사업 역시 중국 지역 내에서 계속 확대해 나갈 계획을 갖고 있다. 🅱

- 메가스터디의 해외시장 성공 여부
- 유·아동 인구 감소에 대한 새로운 돌파구는?

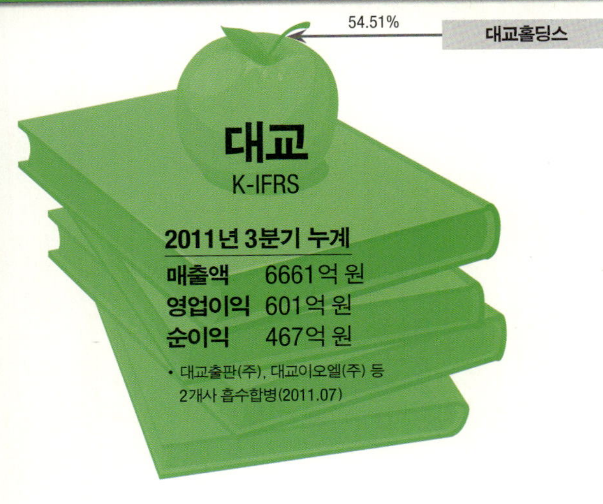

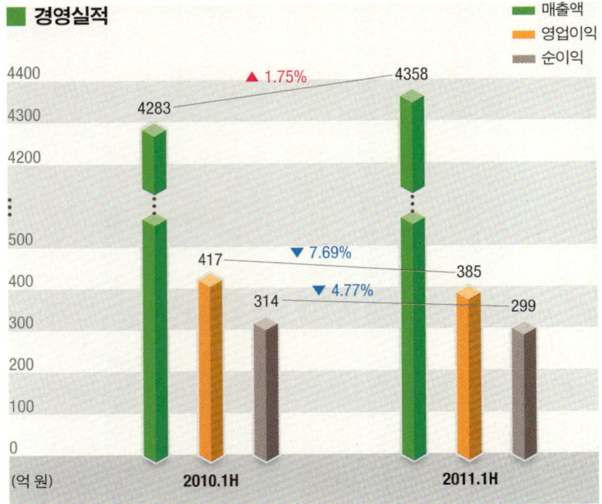

주요 사업 매출 및 비중, 영업이익
2011.1H 기준, 괄호 안은 비중

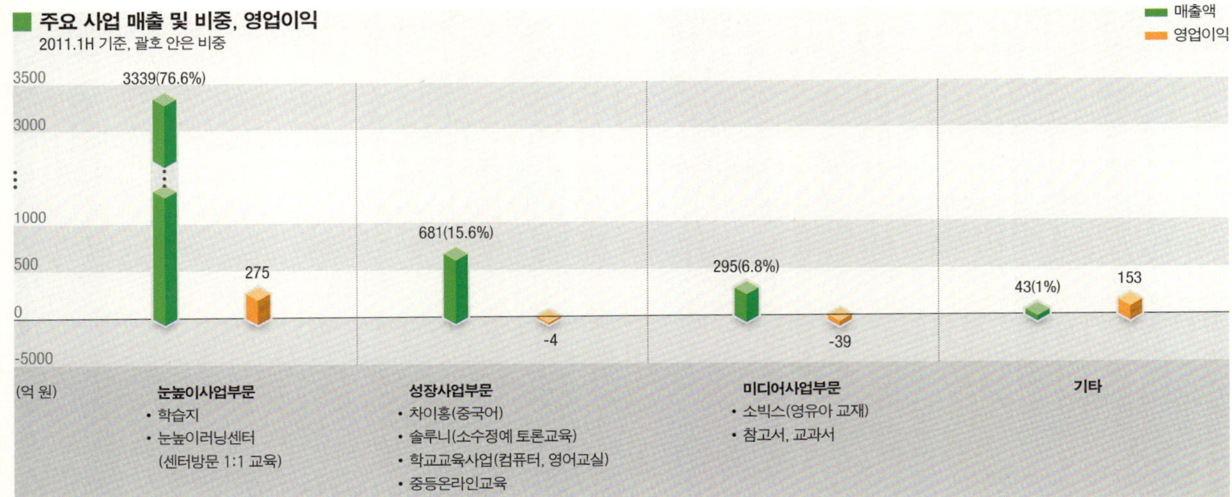

눈높이 채널 현황
2011.1Q 기준

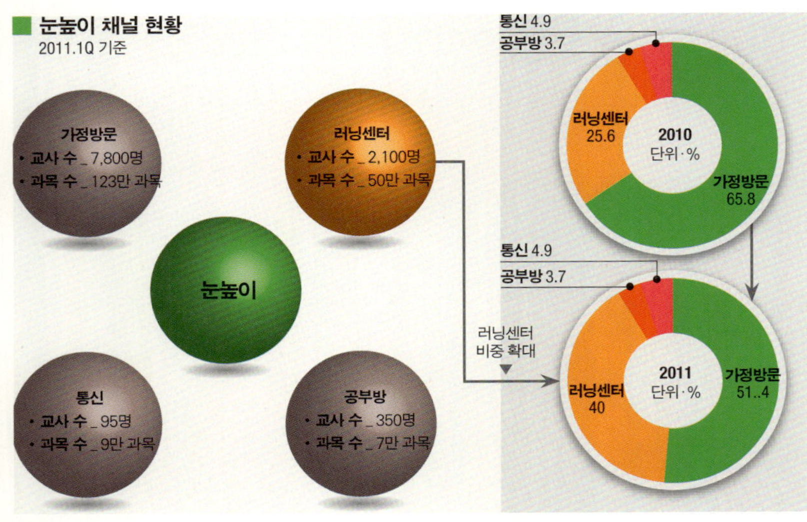

러닝센터 개설 추이

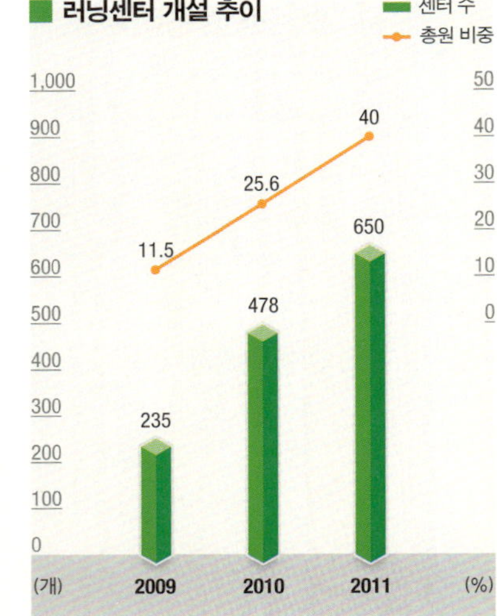

73.93%
윤석금
5.37%
웅진홀딩스
웅진씽크빅
K-IFRS
2011년 3분기 누계
매출액   5745억 원
영업이익   347억 원
순이익   227억 원
2011.04 (주)에듀왕 합병
2011.06 영어 콘텐츠업체 컴퍼스미디어 인수

■ 경영실적
■ 매출액
■ 영업이익
■ 순이익
4000
3900
3800
500
400
300
200
100
0
4014
▼ 4.58%
3830
415
▼ 43.61%
308
▼ 50.32%
234
153
(억 원)
2010.1H
2011.1H

■ 주요 사업 매출·영업이익

2500
2000
1500
1000
500
0
2132
▼ 6.98%
1983
236
▼ 19.91%
189
1292
▼ 5.41%
1222
139
▼ 2.94%
98
333
▲ 6.90%
356
34
34
126
▲ 18.25%
149
7
8
(억 원)
2010.1H   2011.1H   2010.1H   2011.1H   2010.1H   2011.1H   2010.1H   2011.1H
교육문화사업부문   미래교육사업부문   단행본사업부문   영어사업부문
• 학습지   • 전집   • 국제화센터(영어마을)
• 씽크U   • 공부방사업(웅진홈스쿨)   • PLUS영어학원
• 씽크빅학습센터(1:1교육)   • 온라인영어교육

■ 씽크빅학습센터
괄호 안은 과목 수
■ 매출액
● 센터 수
500   200
400   100
300   0
200
100
0
150
200
348(130,000)
117(42,000)
(억 원)   2011(E)   2012(E)   (개)

■ 씽크U 회원 수·학습센터 수
■ 회원 수(좌)
● 센터 수(우)
10   80
9   70
8   60
7   50
6   40
5   30
4   20
3   10
2   0
1
0
76
8.8
4.7
5.1
7
(만 명)   2010.4Q   2011.1Q   2011.2Q   (개)

■ 홈스쿨 매출·회원 수
■ 매출액
● 회원 수
10000   60,000
9000   50,000
8000   40,000
7000   30,000
6000   20,000
5000
4000   10,000
3000   0
2000
1000
0
42,376
53,564
56,915
8783
8339
6049
(백만 원)   2010.4Q   2011.1Q   2011.2Q   (명)

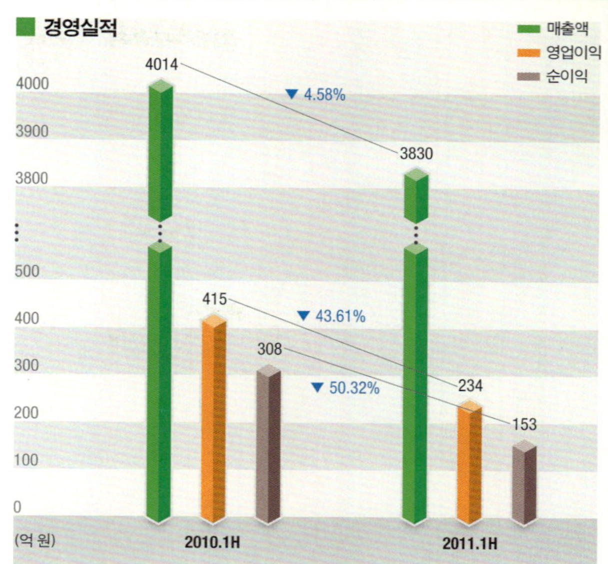

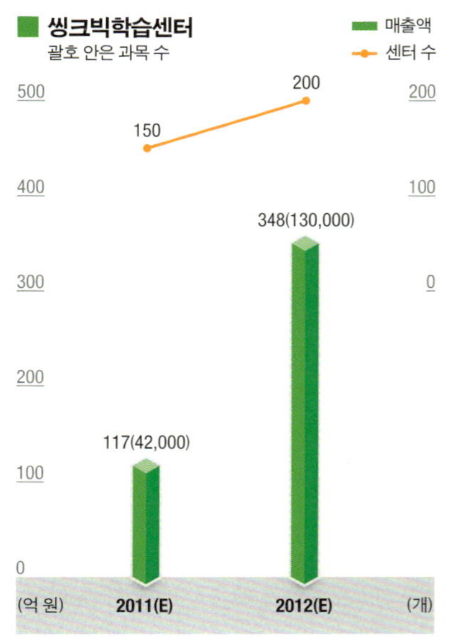

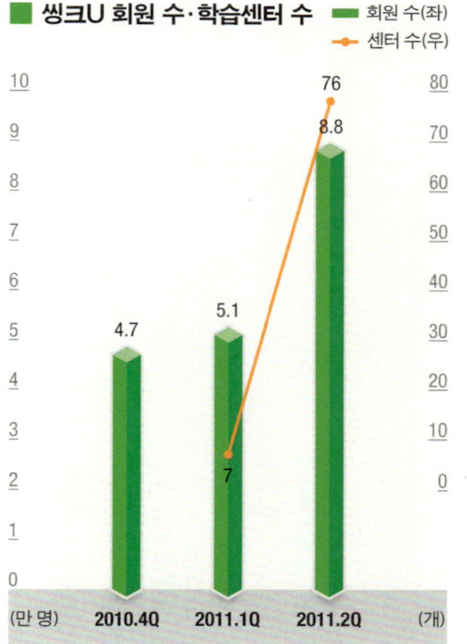

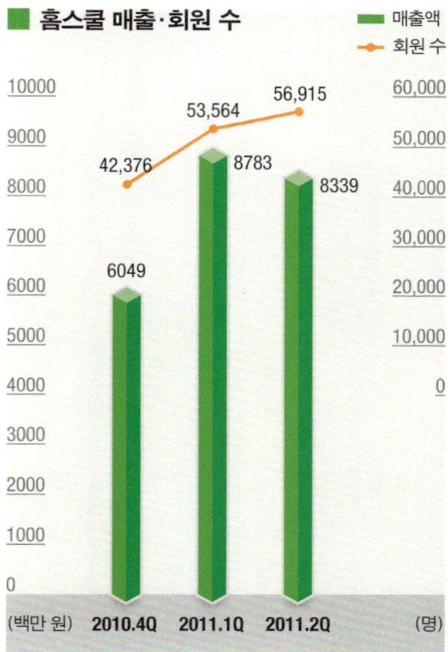

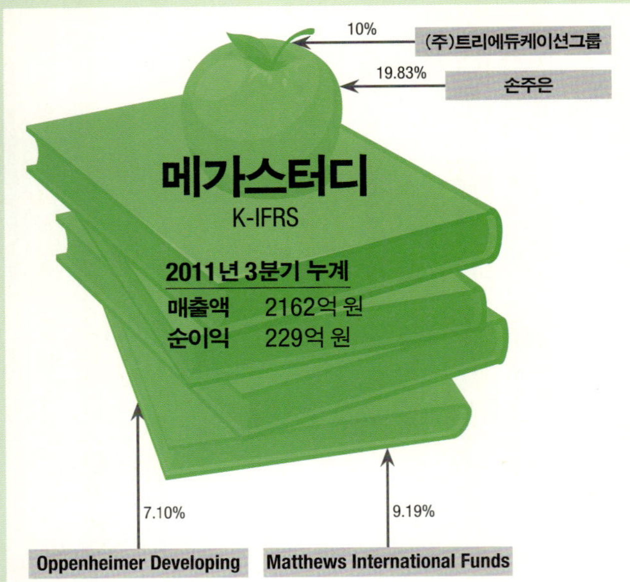
10%
(주)트리에듀케이션그룹
19.83%
손주은
메가스터디
K-IFRS
2011년 3분기 누계
매출액   2162억 원
순이익   229억 원
7.10%
9.19%
Oppenheimer Developing
Matthews International Funds

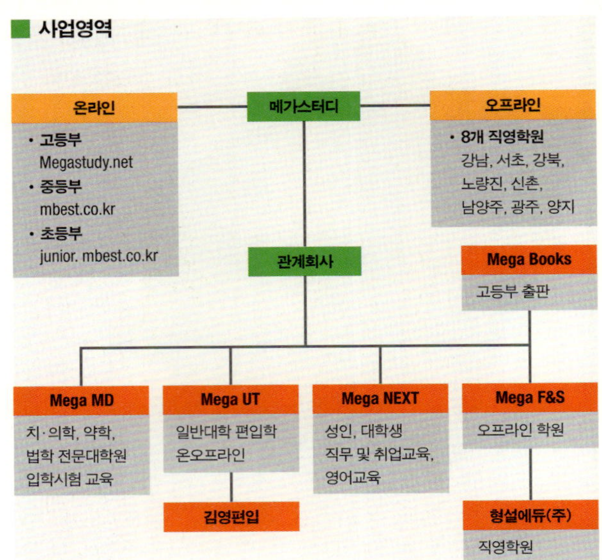
사업영역
온라인
메가스터디
오프라인
• 고등부
Megastudy.net
• 중등부
mbest.co.kr
• 초등부
junior. mbest.co.kr
• 8개 직영학원
강남, 서초, 강북,
노량진, 신촌,
남양주, 광주, 양지
관계회사
Mega Books
고등부 출판
Mega MD
치·의학, 약학,
법학 전문대학원
입학시험 교육
Mega UT
일반대학 편입학
온오프라인
Mega NEXT
성인, 대학생
직무 및 취업교육,
영어교육
Mega F&S
오프라인 학원
김영편입
형설에듀(주)
직영학원

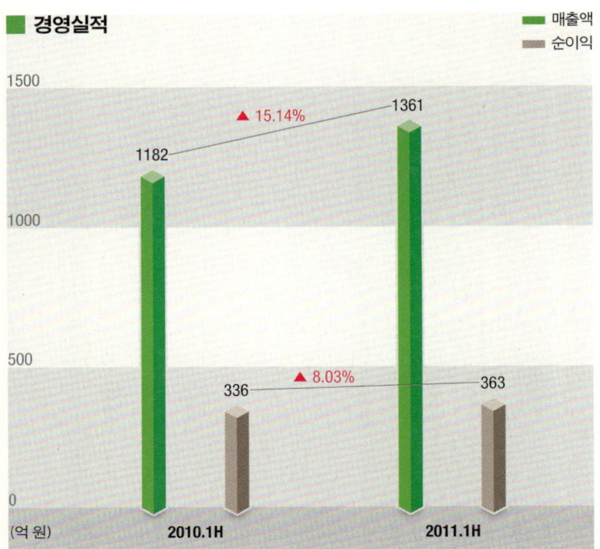
경영실적
매출액
순이익
1500
1000
500
0
1182
▲ 15.14%
1361
336
▲ 8.03%
363
(억 원)
2010.1H
2011.1H

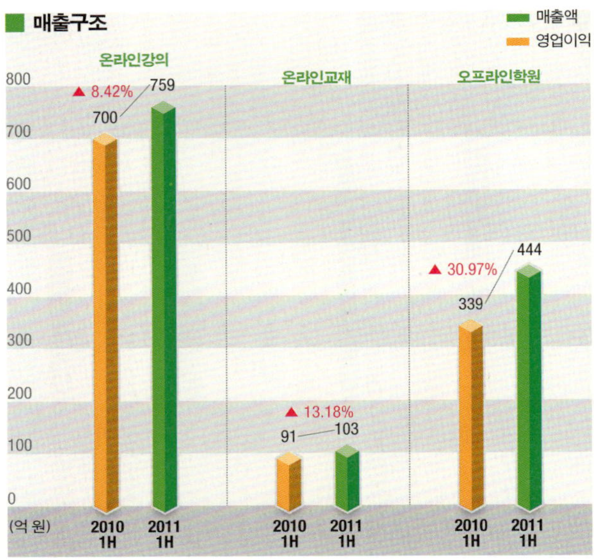
매출구조
매출액
영업이익
800
700
600
500
400
300
200
100
0
온라인강의
▲ 8.42%
700
759
온라인교재
▲ 13.18%
91
103
오프라인학원
▲ 30.97%
339
444
(억 원)
2010
1H
2011
1H
2010
1H
2011
1H
2010
1H
2011
1H

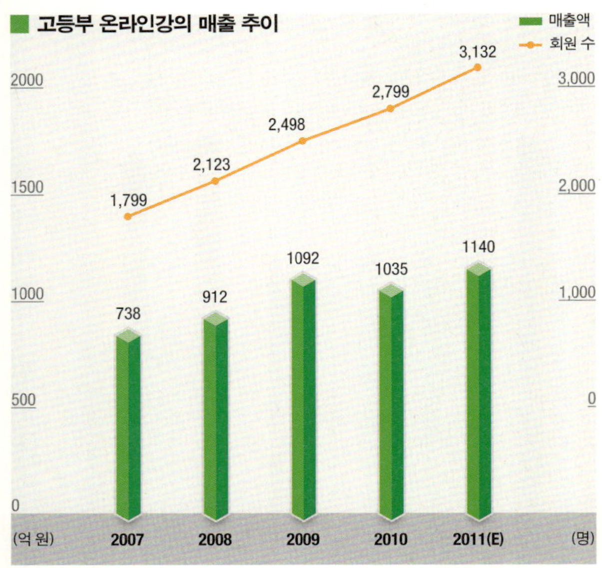
고등부 온라인강의 매출 추이
매출액
회원 수
2000
1500
1000
500
0
1,799
2,123
2,498
2,799
3,132
738
912
1092
1035
1140
3,000
2,000
1,000
0
(억 원)
2007
2008
2009
2010
2011(E)
(명)

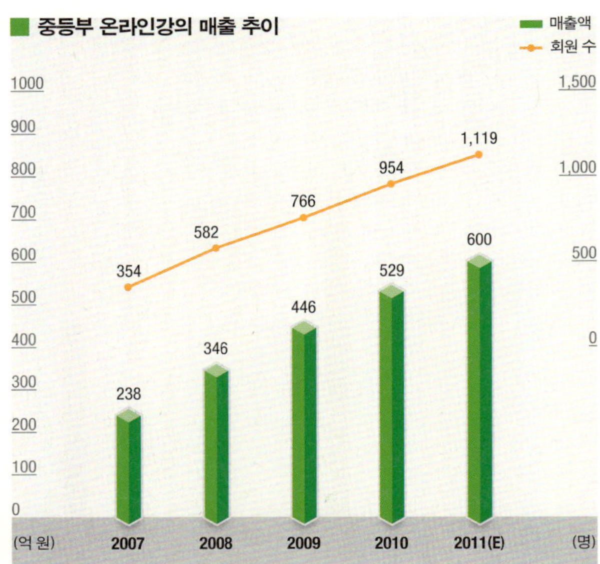
중등부 온라인강의 매출 추이
매출액
회원 수
1000
900
800
700
600
500
400
300
200
100
0
354
582
766
954
1,119
238
346
446
529
600
1,500
1,000
500
0
(억 원)
2007
2008
2009
2010
2011(E)
(명)

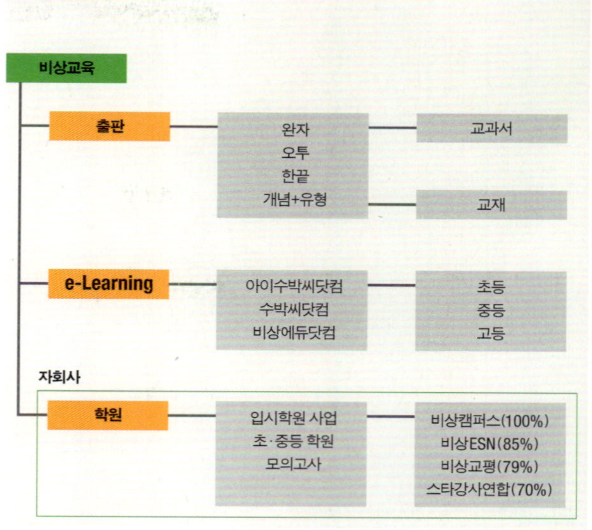

경영실적

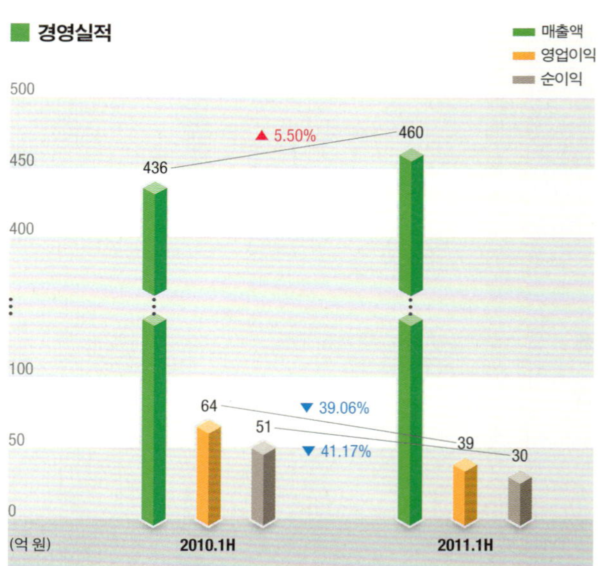

주요 사업부문 실적

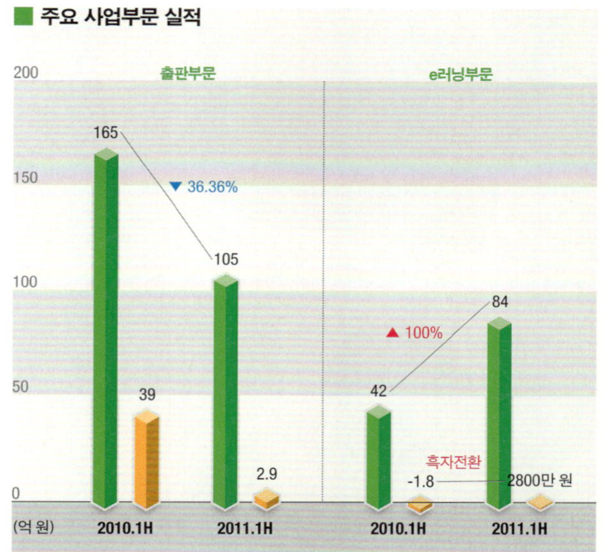

각 부문 1, 2위를 차지하고 있는 교과서 채택률

2010년 기준, 자료·비상교육, 대우증권 리서치센터

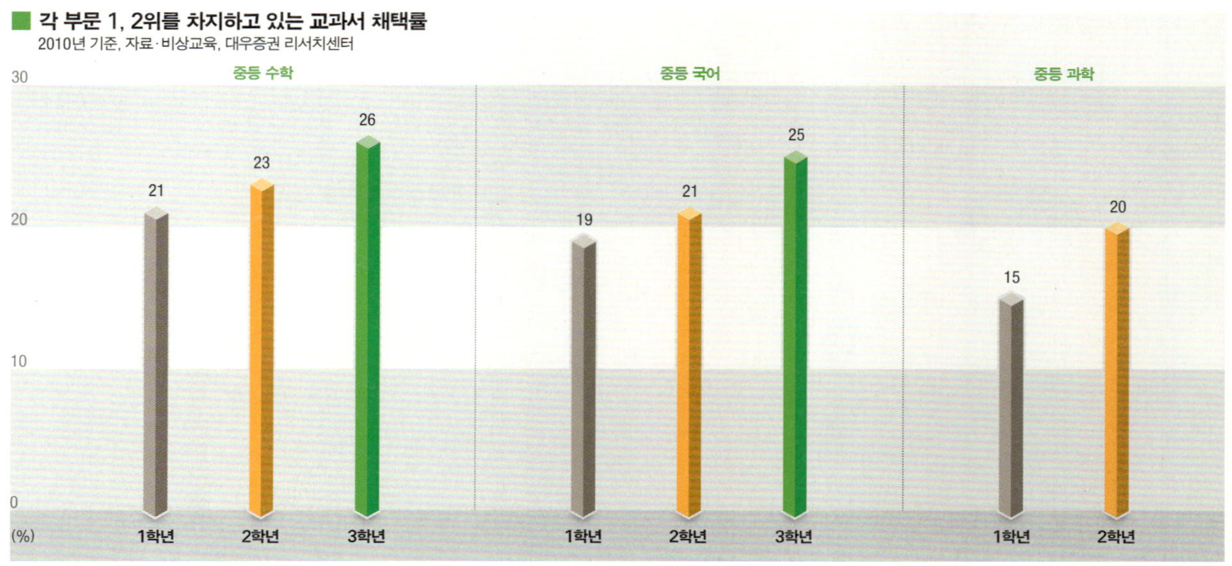

청담러닝
K-IFRS
2011년 3분기 누계
매출액   726억 원
영업이익   87억 원
순이익   71억 원
2010년
매출액   985억 원
영업이익   52억 원
순이익   6.5억 원

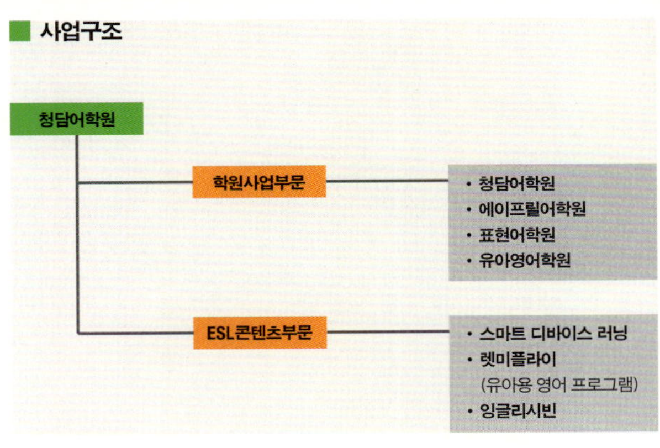
사업구조
청담어학원
학원사업부문
• 청담어학원
• 에이프릴어학원
• 표현어학원
• 유아영어학원
ESL콘텐츠부문
• 스마트 디바이스 러닝
• 렘미플라이
(유아용 영어 프로그램)
• 잉글리시빈

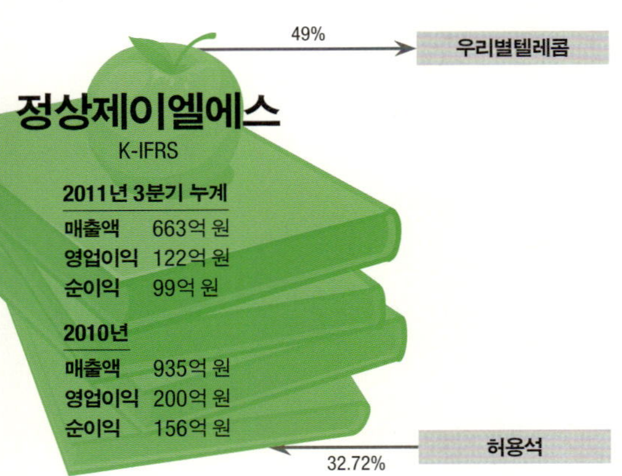
49%
우리별텔레콤
정상제이엘에스
K-IFRS
2011년 3분기 누계
매출액   663억 원
영업이익   122억 원
순이익   99억 원
2010년
매출액   935억 원
영업이익   200억 원
순이익   156억 원
허용석
32.72%

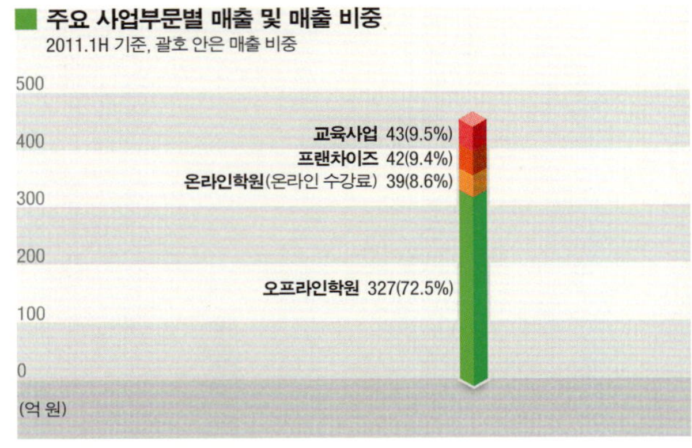
주요 사업부문별 매출 및 매출 비중
2011.1H 기준, 괄호 안은 매출 비중
500
400
300
200
100
(억 원)
교육사업 43(9.5%)
프랜차이즈 42(9.4%)
온라인학원(온라인 수강료) 39(8.6%)
오프라인학원 327(72.5%)

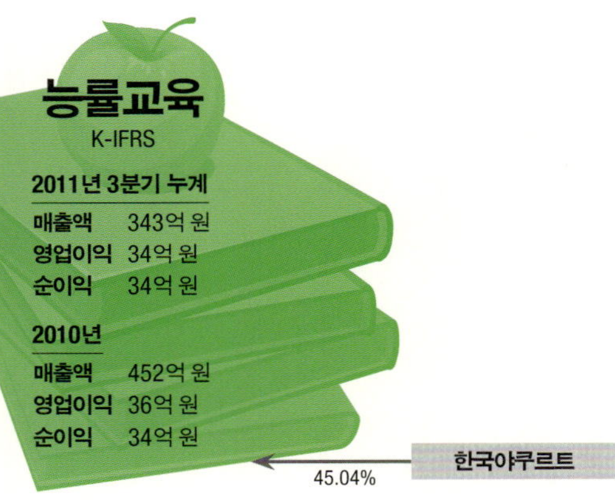
능률교육
K-IFRS
2011년 3분기 누계
매출액   343억 원
영업이익   34억 원
순이익   34억 원
2010년
매출액   452억 원
영업이익   36억 원
순이익   34억 원
한국야쿠르트
45.04%

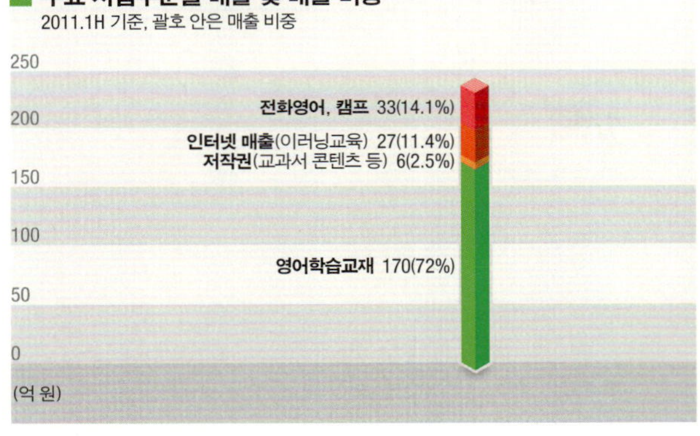
주요 사업부문별 매출 및 매출 비중
2011.1H 기준, 괄호 안은 매출 비중
250
200
150
100
50
(억 원)
전화영어, 캠프 33(14.1%)
인터넷 매출(이러닝교육) 27(11.4%)
저작권(교과서 콘텐츠 등) 6(2.5%)
영어학습교재 170(72%)

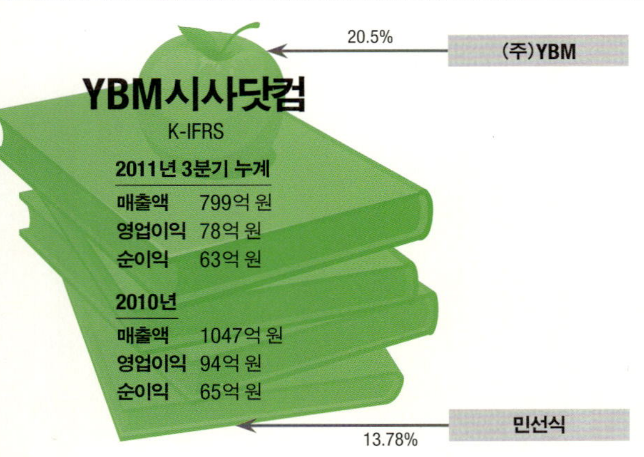
20.5%
(주)YBM
YBM시사닷컴
K-IFRS
2011년 3분기 누계
매출액   799억 원
영업이익   78억 원
순이익   63억 원
2010년
매출액   1047억 원
영업이익   94억 원
순이익   65억 원
민선식
13.78%

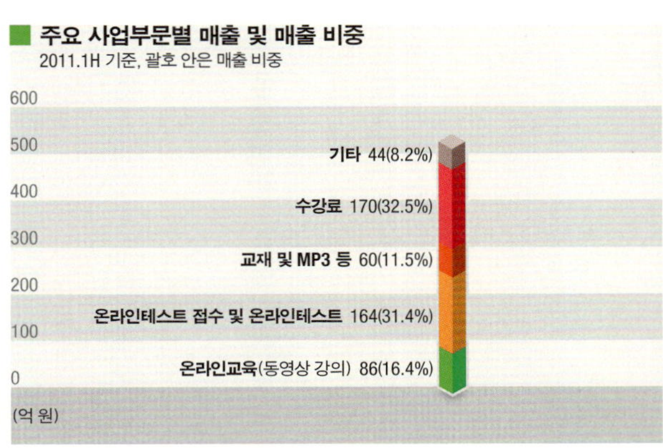
주요 사업부문별 매출 및 매출 비중
2011.1H 기준, 괄호 안은 매출 비중
600
500
400
300
200
100
(억 원)
기타 44(8.2%)
수강료 170(32.5%)
교재 및 MP3 등 60(11.5%)
온라인테스트 접수 및 온라인테스트 164(31.4%)
온라인교육(동영상 강의) 86(16.4%)

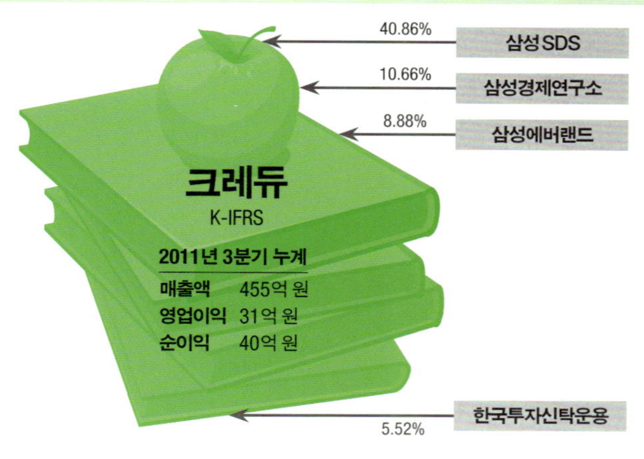

40.86% 삼성SDS
10.66% 삼성경제연구소
8.88% 삼성에버랜드
크레듀
K-IFRS
2011년 3분기 누계
매출액   455억 원
영업이익   31억 원
순이익   40억 원
5.52% 한국투자신탁운용

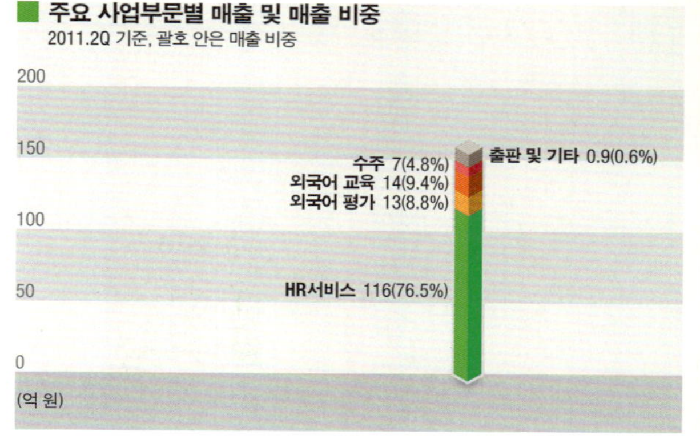

■ 주요 사업부문별 매출 및 매출 비중
2011.2Q 기준, 괄호 안은 매출 비중
200
150
100
50
0
수주 7(4.8%)   출판 및 기타 0.9(0.6%)
외국어 교육 14(9.4%)
외국어 평가 13(8.8%)
HR서비스 116(76.5%)
(억 원)

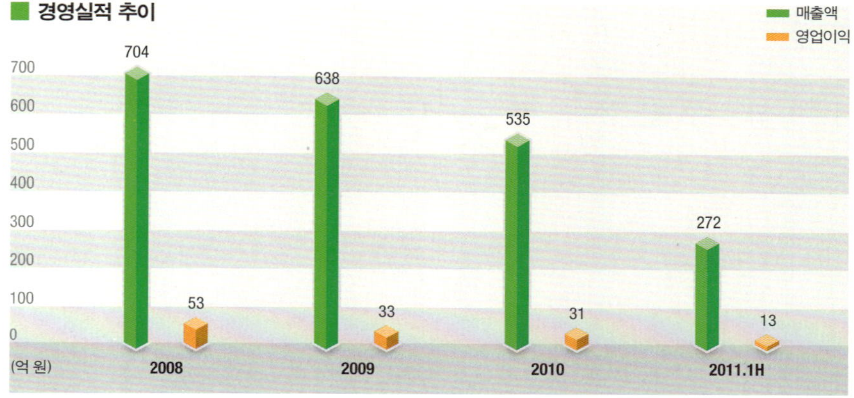

■ 사업 내용
· HR서비스
이러닝서비스, 직무교육, 금융자격과정, Blended Learning 등
· 외국어 평가 및 교육
OPIc 평가, 영어연수 등
· 수주
LMS, LCMS, 저작도구
· 출판 및 기타
교재 등 출판

■ 경영실적 추이
■ 매출액 ■ 영업이익
700
600
500
400
300
200
100
704   638   535   272
53   33   31   13
(억 원) 2008   2009   2010   2011.1H

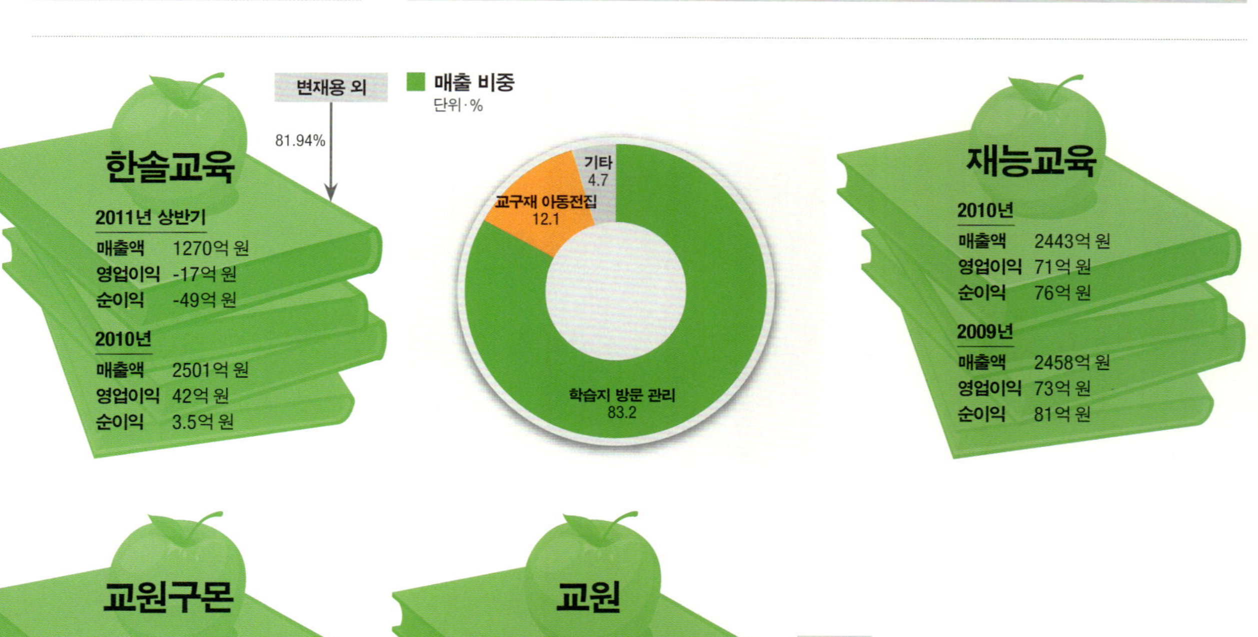

변재용 외
■ 매출 비중
단위 · %
81.94%
한솔교육
2011년 상반기
매출액   1270억 원
영업이익   -17억 원
순이익   -49억 원
2010년
매출액   2501억 원
영업이익   42억 원
순이익   3.5억 원

기타 4.7
교구재 아동전집 12.1
학습지 방문 관리 83.2

재능교육
2010년
매출액   2443억 원
영업이익   71억 원
순이익   76억 원
2009년
매출액   2458억 원
영업이익   73억 원
순이익   81억 원

교원구몬
2010년
매출액   6812억 원
영업이익   955억 원
순이익   890억 원
2009년
매출액   6762억 원
영업이익   996억 원
순이익   970억 원

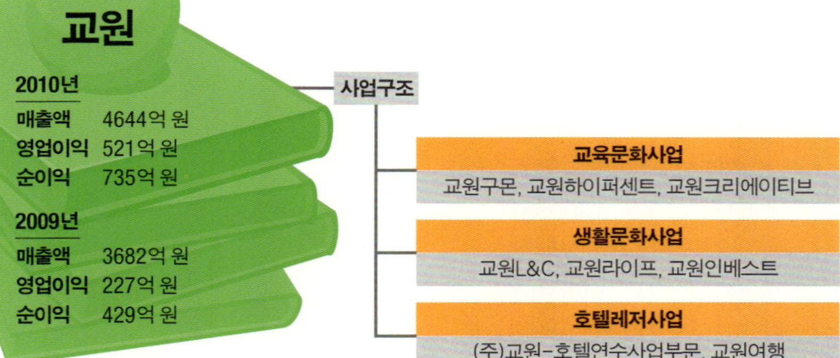

교원
2010년
매출액   4644억 원
영업이익   521억 원
순이익   735억 원
2009년
매출액   3682억 원
영업이익   227억 원
순이익   429억 원

사업구조
교육문화사업
교원구몬, 교원하이퍼센트, 교원크리에이티브
생활문화사업
교원L&C, 교원라이프, 교원인베스트
호텔레저사업
(주)교원-호텔연수사업부문, 교원여행

국내 사교육 시장규모

자료·Bain & Company

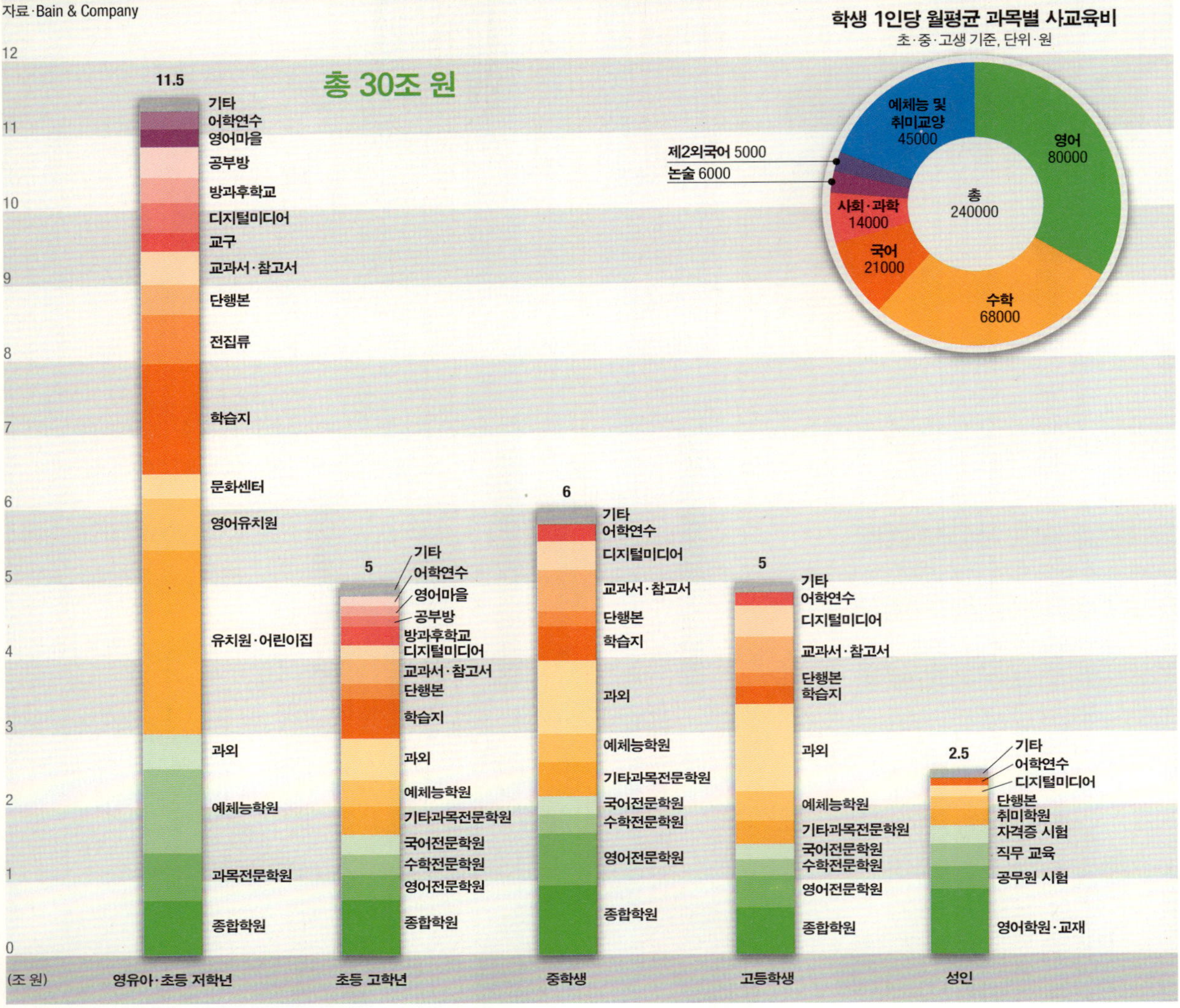

총 30조 원
12
11
10
9
8
7
6
5
4
3
2
1
0
(조 원)
11.5
기타
어학연수
영어마을
공부방
방과후학교
디지털미디어
교구
교과서·참고서
단행본
전집류
학습지
문화센터
영어유치원
유치원·어린이집
과외
예체능학원
과목전문학원
종합학원
영유아·초등 저학년
5
기타
어학연수
영어마을
공부방
방과후학교
디지털미디어
교과서·참고서
단행본
학습지
과외
예체능학원
기타과목전문학원
국어전문학원
수학전문학원
영어전문학원
종합학원
초등 고학년
6
기타
어학연수
디지털미디어
교과서·참고서
단행본
학습지
과외
예체능학원
기타과목전문학원
국어전문학원
수학전문학원
영어전문학원
종합학원
중학생
5
기타
어학연수
디지털미디어
교과서·참고서
단행본
학습지
과외
예체능학원
기타과목전문학원
국어전문학원
수학전문학원
영어전문학원
종합학원
고등학생
2.5
기타
어학연수
디지털미디어
단행본
취미학원
자격증 시험
직무 교육
공무원 시험
영어학원·교재
성인
학생 1인당 월평균 과목별 사교육비
초·중·고생 기준, 단위·원
예체능 및 취미교양 45000
영어 80000
제2외국어 5000
논술 6000
사회·과학 14000
총 240000
국어 21000
수학 68000

형태별 사교육 시장규모

15
10
5
0
(조 원)
14.3
4.6
2.7
1.6
2.2
1.3
6.3
학원
학습지
온라인
방과후학교
교육출판
공부방
기타

과목별 사교육 참여율

초등
중등
70
60
50
40
30
20
10
0
(%)
43.5
37.9
62.4
64.3
60.8
65.4
24.6
34.9
국어
영어
수학
사회·과학

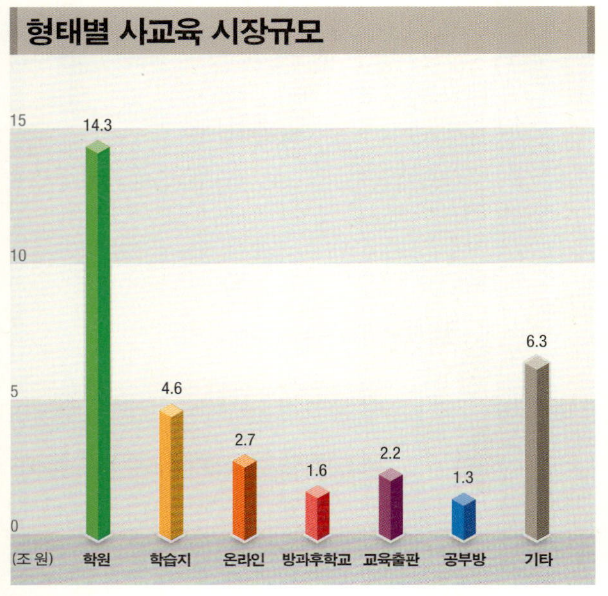

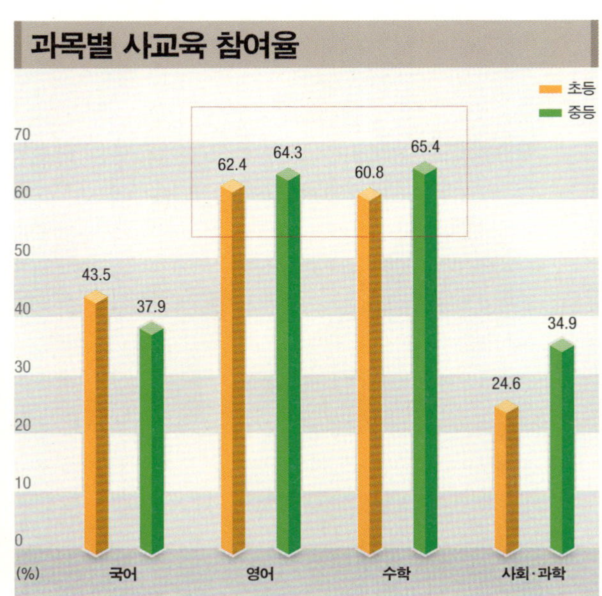

스마트 테크놀로지가 교육 시장 이끈다
뜨거운 감자 '온라인 이러닝 사업'

웅진이냐, 대교냐?
온라인 교육 콘텐츠 시장의 최종 승자는 누구?

2011년은 교육업계에 있어서 변화를 시도하는 한해였다. 급속도로 진화해가고 있는 IT 환경에 발맞춰 교육업계도 스마트러닝 교육 콘텐츠를 만들어가며 달라지고 있다. 이러한 변화의 시도는 유아와 초등 학습 시장에서 더욱 뚜렷하게 나타나고 있다. 기본적으로 매출의 상당 부분이 오프라인 방문학습 시장에 기대고 있는 웅진씽크빅과 대교가 대표적이다.

웅진씽크빅의 경우 단순히 오프라인 학습지가 아닌 온라인 강의와 결합한 씽크유(U)의 회원 수가 급속도로 증가하고 있다. 2년의 개발 기간을 통해 만들어진 씽크U는 학습지 콘텐츠를 모두 디지털화 했다. 초기 일부 과목에만 적용됐지만 계속해서 학습 과목을 늘려가며 좋은 반응을 얻고 있다. 학습센터 역시 기존 학습지 시장에서 돌아선 회원들을 끌어모으는데 중요한 역할을 하고 있다. 이 센터에서는 각종 스마트기기나 컴퓨터를 이용해 좀 더 다양한 방식으로 학습을 유도한다. 웅진씽크빅은 학습센터를 200여 개까지 늘리겠다는 계획이다.

아울러 웅진씽크빅은 KT와의 협력개발로 우수한 단행본과 전집을 E-북이나 애플리케이션(앱)으로 변환하는 작업에도 심혈을 기울이고 있다. 아직 시장이 여물지는 않았지만 선점하겠다는 의지가 강하다. 2010년 12월에 개발된 아이폰용 앱 '잉글리시 리스타트 베이직'은 출시 1주일 만에 1만 건 이상 판매돼 최다 판매 앱을 기록하기도 했다.

대교 역시 발 빠르게 움직이고 있다. 대교도 유·아동 인구 감소로 학습지 시장이 정체되자 고민이 많다. 이에 따라 자연스럽게 스마트러닝 시대를 대비한 러닝센터를 구축하고 나섰다. 2011년 상반기 기준으로 러닝센터는 500여 개 정도다. 특히 기존 눈높이학습 회원의 5분의 1 가량이 러닝센터 회원으로 전환됐다는 점은 긍정적이다. 이곳 역시 태블릿PC와 같은 스마트기기를 통해 다양한 학습 콘텐츠를 만나볼 수 있는 곳이다. 대교는 스마트러닝 작업을 위해 SK텔레콤과 손을 잡았다.

여전히 뜨거운 대학입시와 영어교육 시장

초·중등 영어학습 시장의 강자 청담러닝 역시 스마트러닝 부문 강화를 위해 SK텔레콤과 양해각서(MOU)를 체결했다. 이후 탄생한 것이 태블릿을 기반으로 하는 스마트 교육 플랫폼 'T스마트러닝'이다. 개개인에 최적화된 학습 서비스를 제공한다는 점과 SK텔레콤의 이동통신망을 활용해 언제 어디서나 학습 멘토와 커뮤니티를 통해 양방향 학습이 가능하다는 점이 특징이다. 또 점차 자기 주도 학습을 완성할 수 있도록 이끌어 준다는 것도 학부모와 학생들에게 매력적인 부분이다.

청담러닝은 SK텔레콤과 함께 인도네시아 영어교육 시장에도 진출했다. 인도네시아 최대 유·무선 통신 사업자인 텔콤과 손잡고 인도네시아 성인을 대상으로 하는 유·무선 연동 영어교육 서비스 'CELS(Connected English Learning Service)'를 현지에서 선보였다. 청담러닝은 인도네시아를 시작으로 점차 여러 동남아시아 국가의 영어교육 시장에도 진출하겠다는 뜻을 나타냈다.

초등과 중등, 고등 학습 시장을 넘나드는 비상교육도 E-러닝에 적극적이다. 특히 중등 교육사이트인 '수박씨닷컴'의 매출 성장세는 놀랍다. 2011년 상반기에만 수박씨닷컴을 통한 매출이 40% 증가했다. 다만 사업 초기 단계이기 때문에 각종 투자 비용이 집중돼 매출 성장세만큼 영업이익은 따라오지 못했다.

메가스터디의 경우 해외 진출에 집중하며 사업 확장을 해나가고 있다. 홍콩에 외자법인인 메가스터디차이나를 세웠고 상하이에는 상해스다교육과기유한공사를 설립했다. 중국 자회사의 법적인 절차는 모두 마무리됐고 재무적 투자자들 사이의 협의 후 최종 법인 설립도 완료됐다. 그밖에 자회사인 메가엠디(의·치학 전문대학원 입시)의 실적 호조세가 이어지고 있고 메가북스, 메가F&S(기숙학원 급식서비스), 아이비김영(감영편입학원) 등의 자회사 편입도 매출 증대를 가져올 것으로 보인다. 특히 성인 편입학원 시장으로의 사업 영역 다각화는 교육 정책으로 위축되는 대학입시 시장에 대한 돌파구가 될 것으로 보인다. 🅱

CHAPTER 7

생활

38 · 음식료품업계

39 · 제과·라면 업계

40 · 주류업계

41 · 패션업계

42 · 화장품업계

43 · 생활용품업계

44 · 제지업계

- 계속되는 물가 단속 정책에 어떻게 맞설 것인가
- 끊임없이 오르는 국제곡물가격에 대한 해법
- 트렌드를 이끌 신제품의 주인공은 누가 될 것인가

식료품업계

CJ제일제당
K-IFRS 연결

2011년 3분기 누계

매출액   4조948억 원
영업이익 3733억 원
순이익   1825억 원

식품부문

매출액   2조8167억 원
매출이익 7075억 원

- CJ그룹, 대한통운 인수 추진(2011.11)

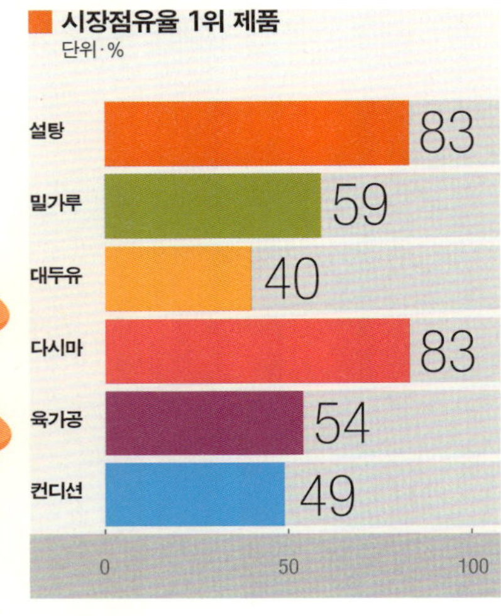

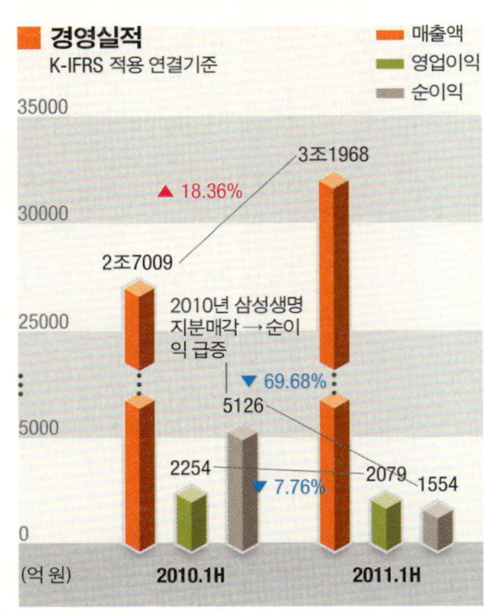

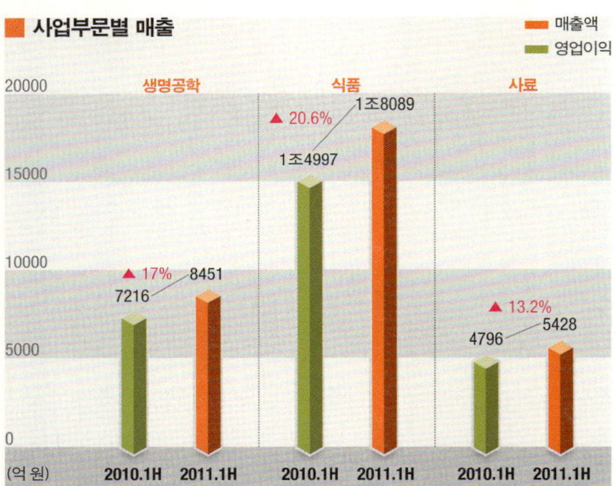

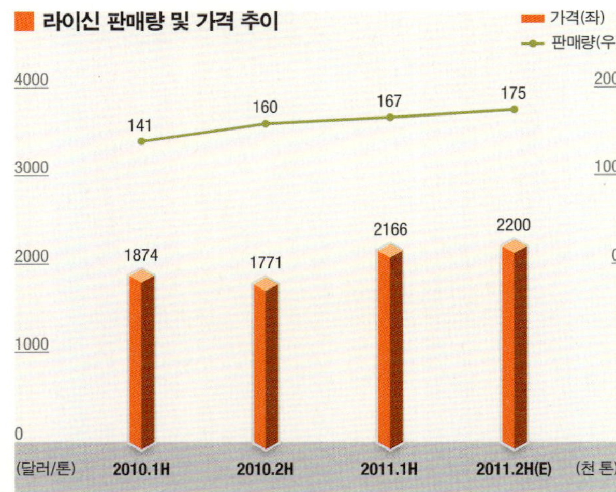

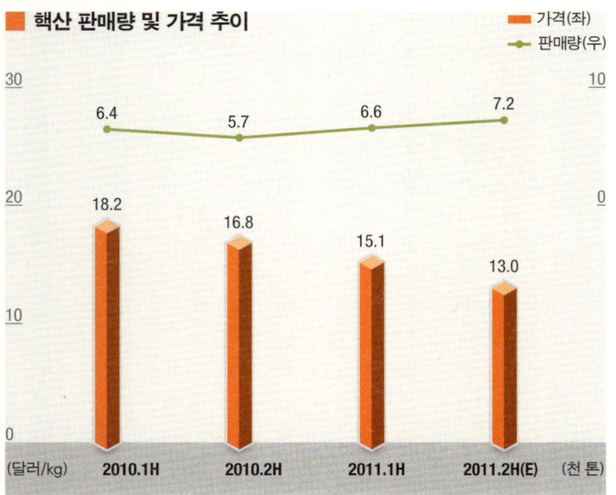

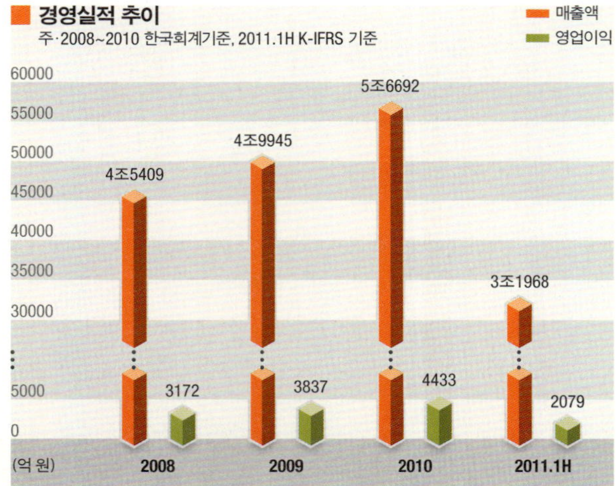

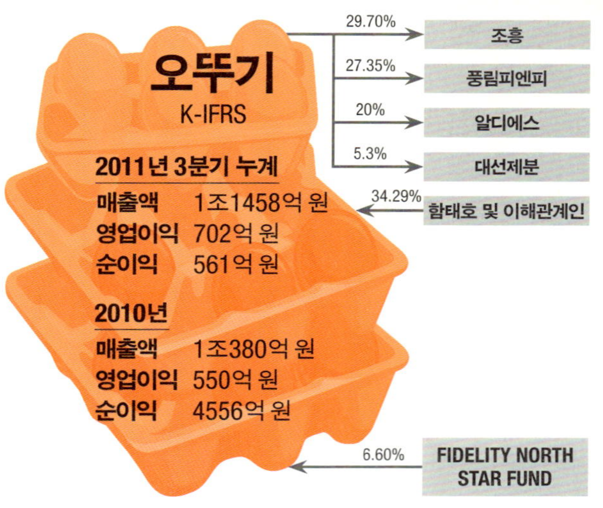

경영실적

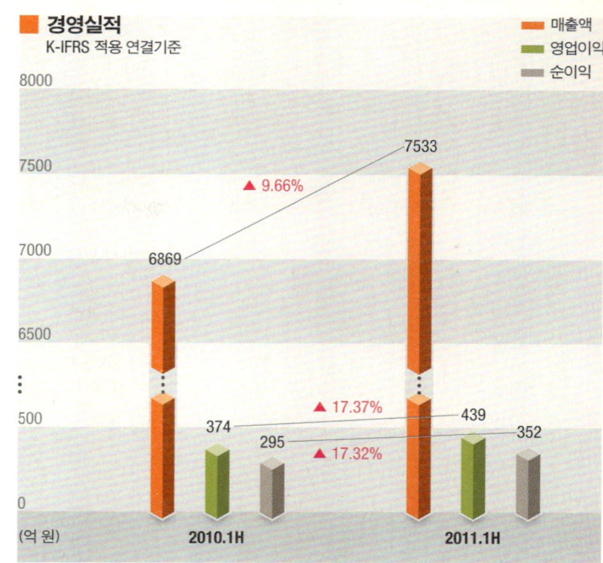

매출 비중

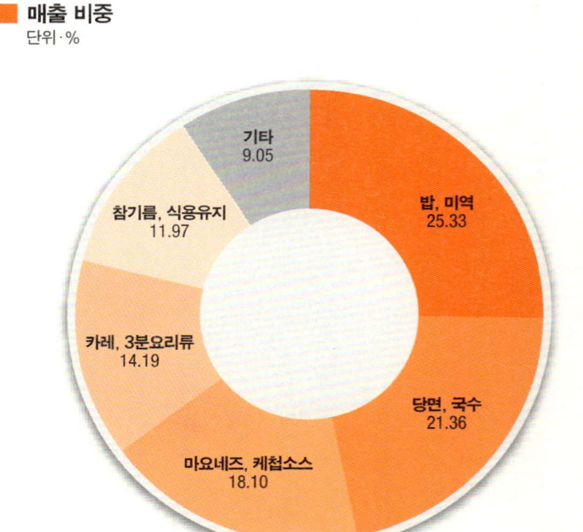

시장점유율

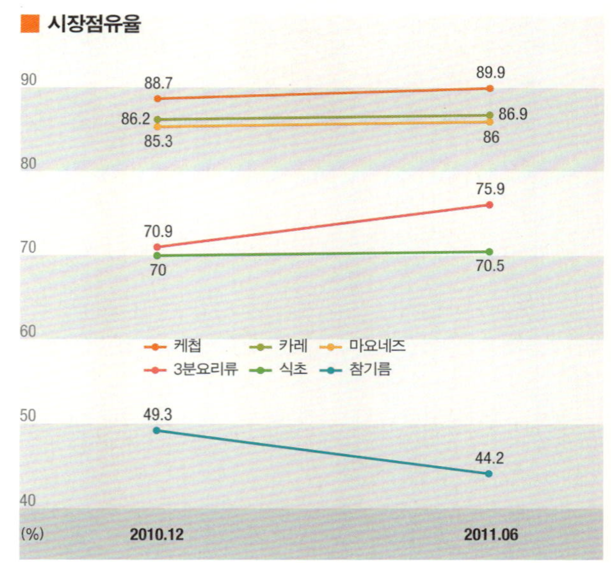

경영실적 추이

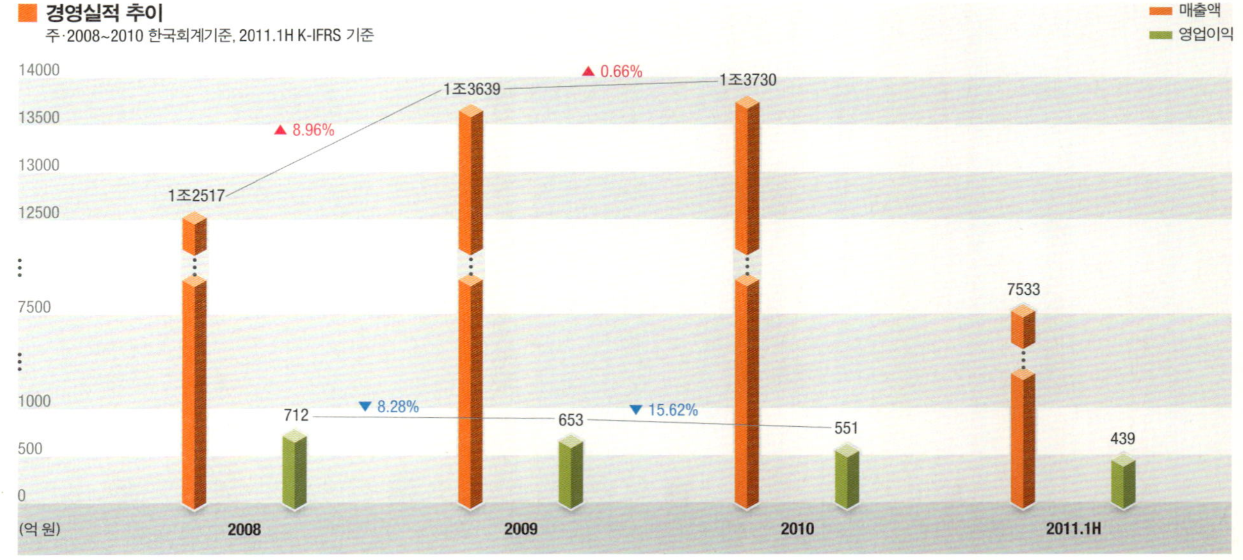

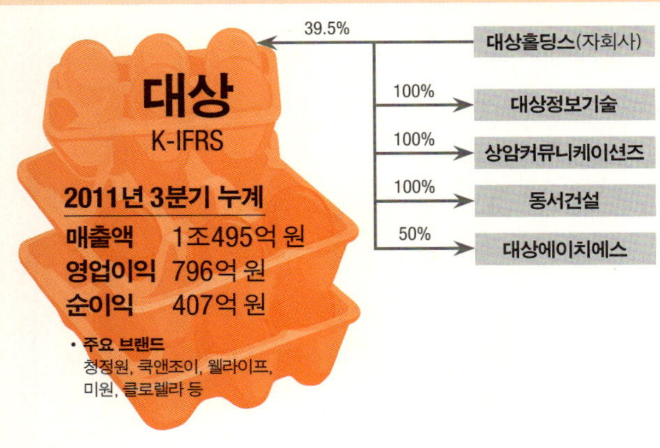

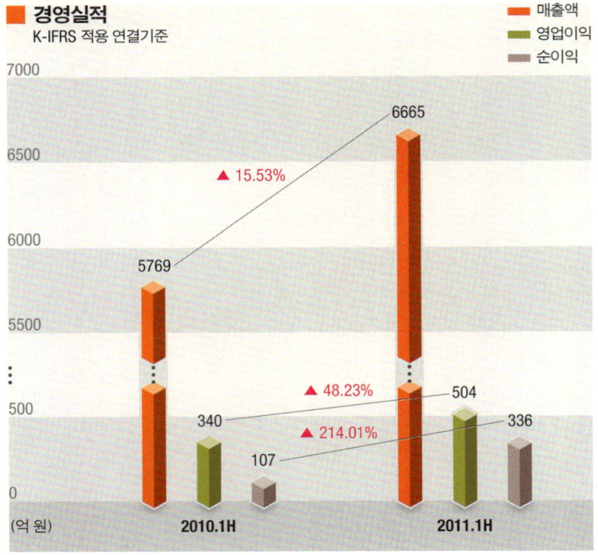

주요 사업 매출 추이

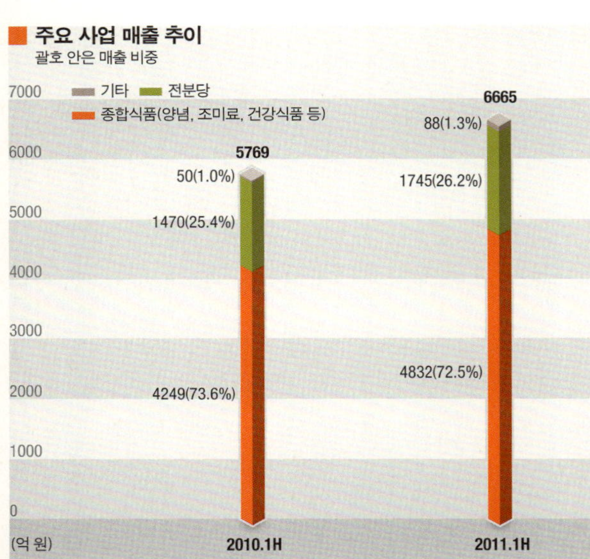

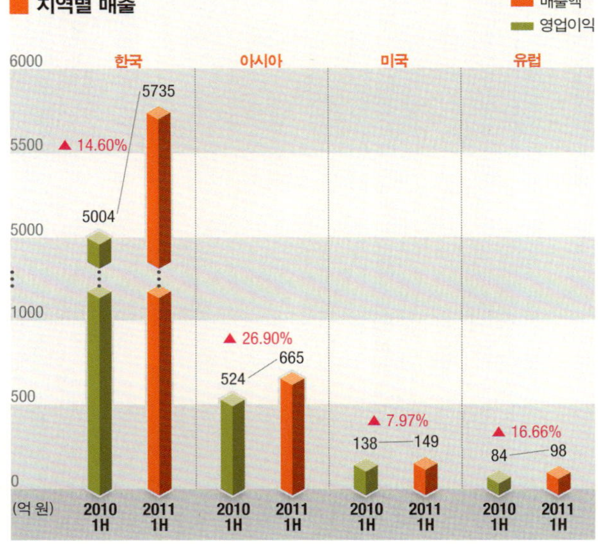

경영실적 추이

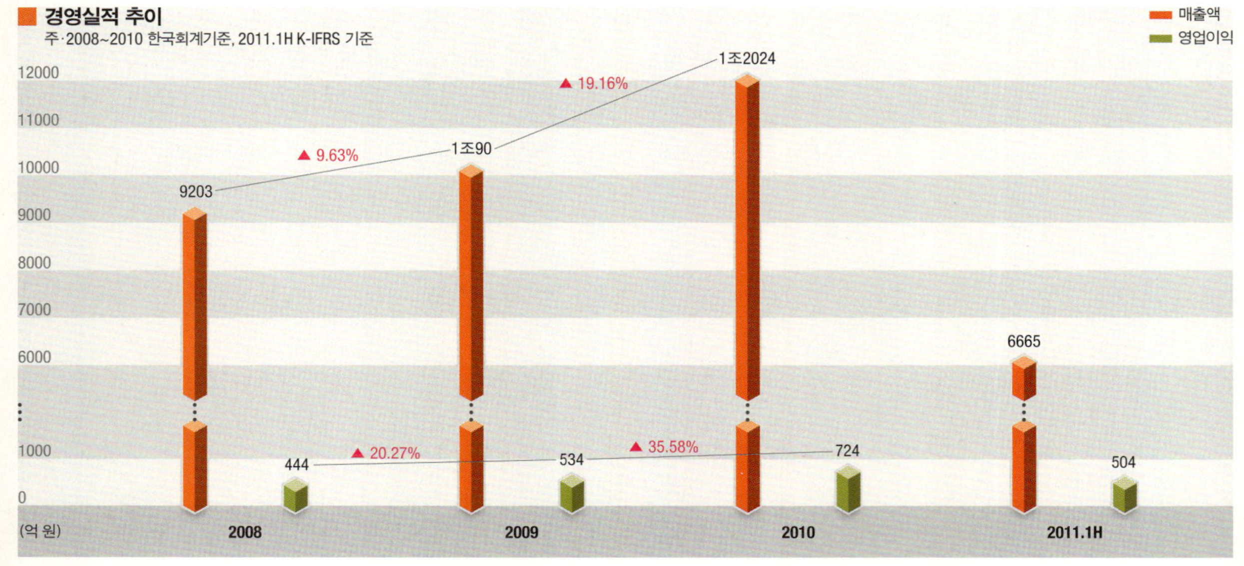

풀무원식품
K-IFRS 연결

2011년 3분기 누계
매출액 4268억 원
영업이익 72억 원
순이익 14억 원

■ **경영실적**
K-IFRS 적용 연결기준

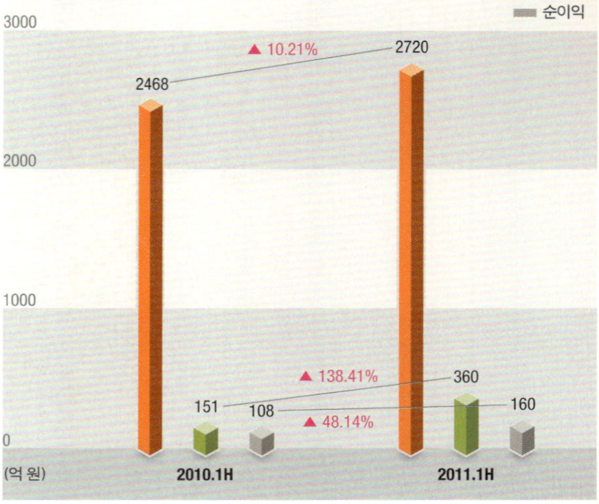

■ **주요 제품 매출과 비중**
2011.1H 기준, 괄호 안은 매출 비중

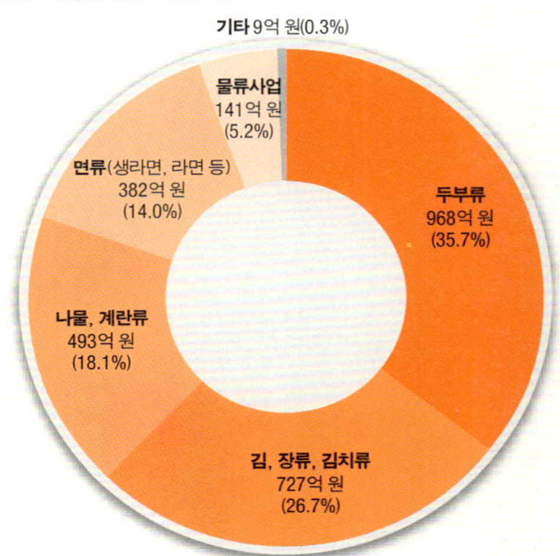

■ **시장점유율**
2011.1H 기준, 단위·%

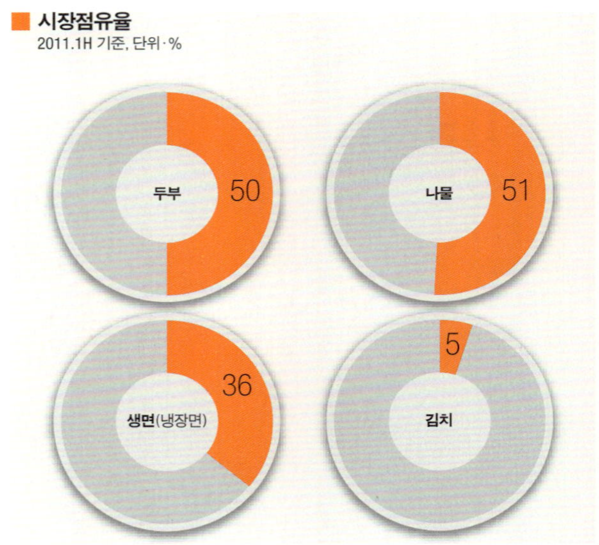

풀무원홀딩스
K-IFRS 연결

2011년 3분기 누계
매출액 1조218억 원
영업이익 264억 원
순이익 99억 원

■ **경영실적**
K-IFRS 적용 연결기준

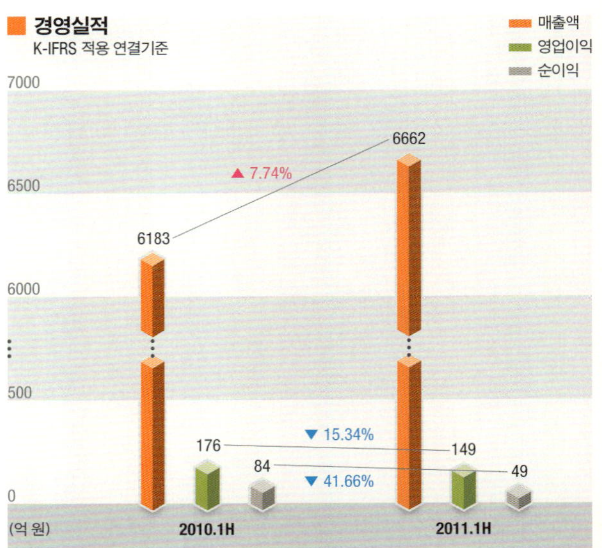

사조오양

K-IFRS

2011년 3분기 누계

매출액	948억 원
영업이익	106억 원
순이익	88억 원

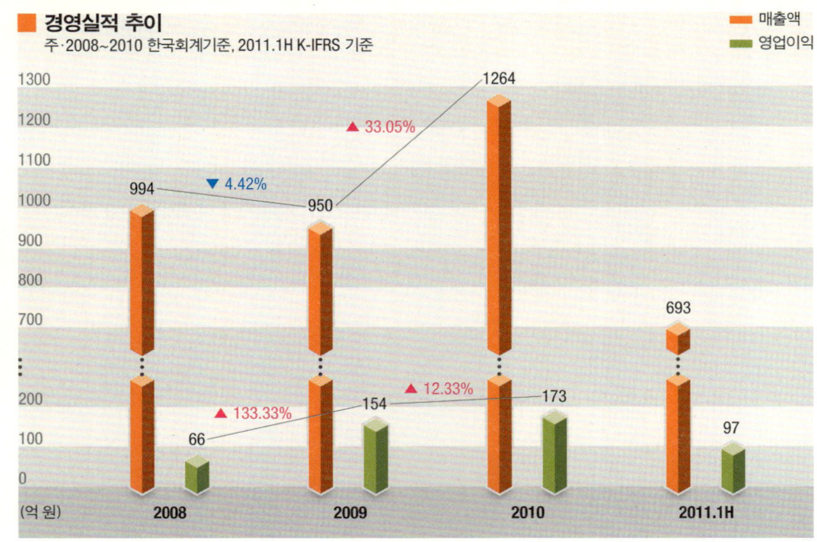

사조산업

K-IFRS

2011년 3분기 누계

매출액	2936억 원
영업이익	182억 원
순이익	81억 원

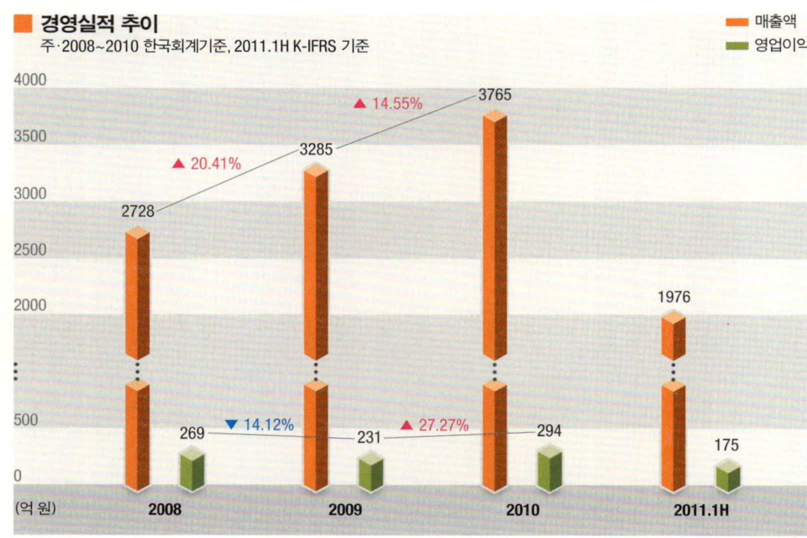

동원 F&B

K-IFRS

2011년 3분기 누계

매출액	8762억 원
영업이익	475억 원
순이익	353억 원

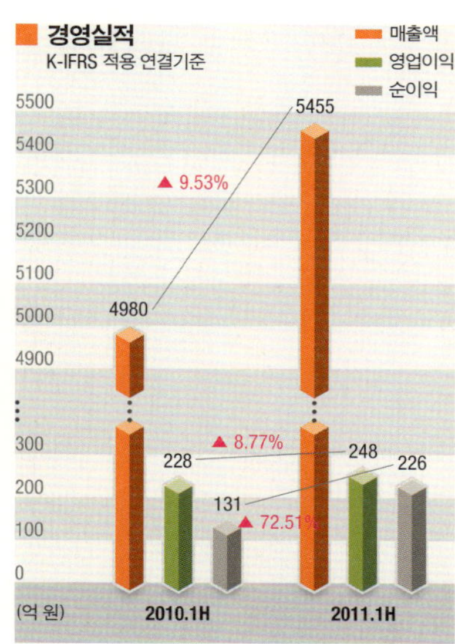

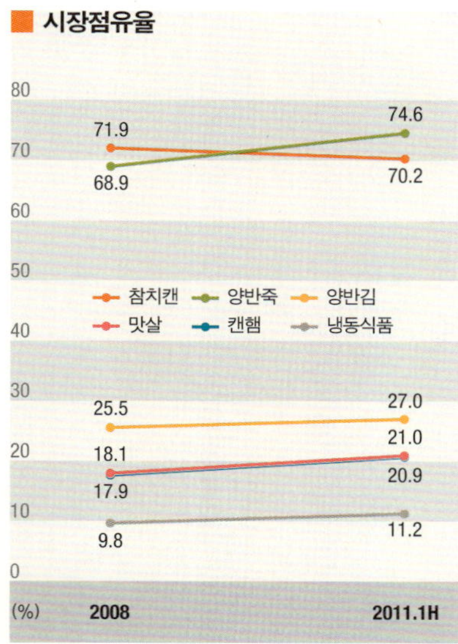

롯데칠성음료
K-IFRS 연결

2011년 3분기 누계
- 매출액　　1조300억 원
- 영업이익　1016억 원
- 순이익　　577억 원

흡수합병
(2011.10.11)

롯데주류BG
소주 '처음처럼'

2011년 상반기
- 매출액　　2115억 원
- 순이익　　182억 원

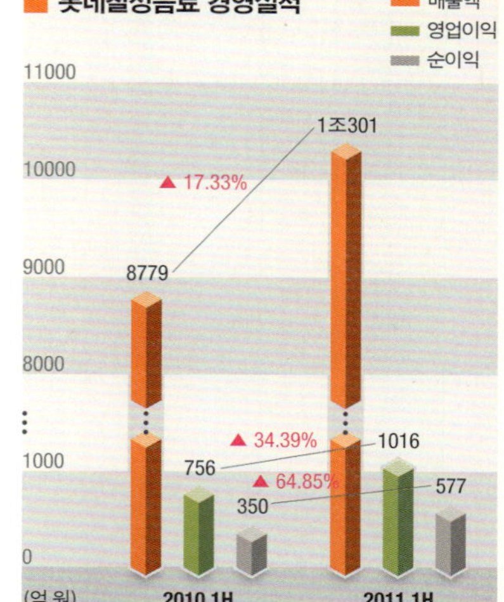

롯데주류BG 매출 비중
단위 · %

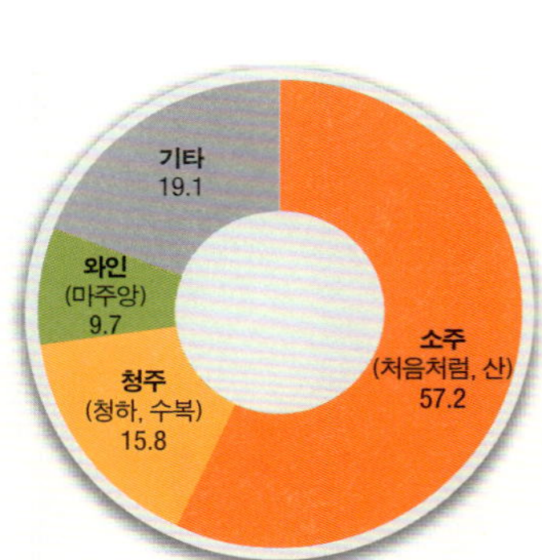

롯데칠성음료 주요 제품 매출과 비중
괄호 안은 매출 비중

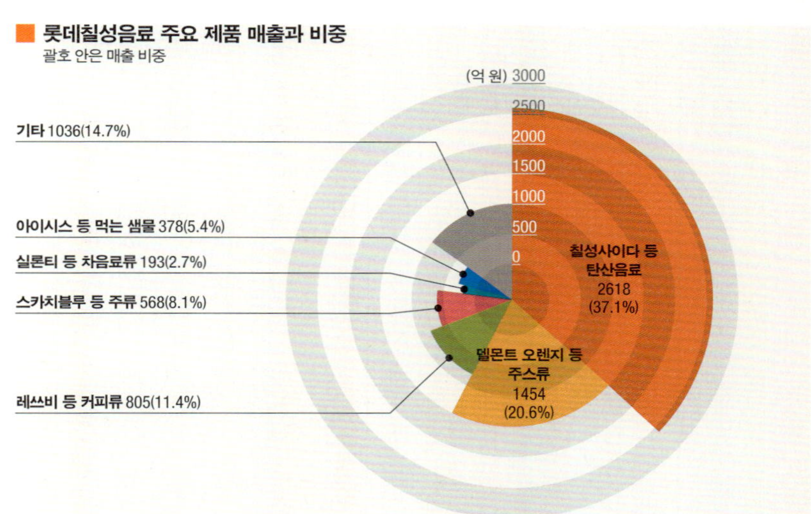

코카콜라음료
K-IFRS 연결

2010년
- 매출액　　7005억 원
- 영업이익　715억 원
- 순이익　　550억 원

경영실적 추이

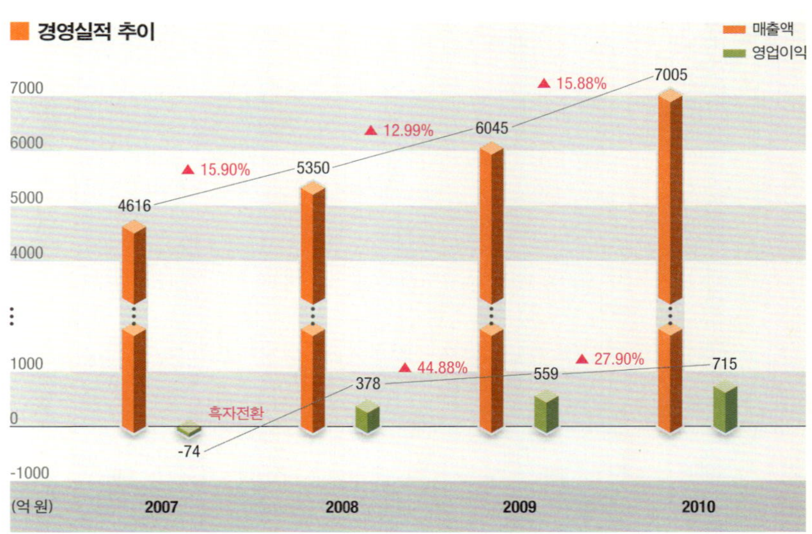

5.65%
First Eagle Global Fund
22.27%
봉원식 및 이해관계인
남양유업
K-IFRS
2011년 3분기 누계
매출액   8804억 원
영업이익 372억 원
순이익   365억 원

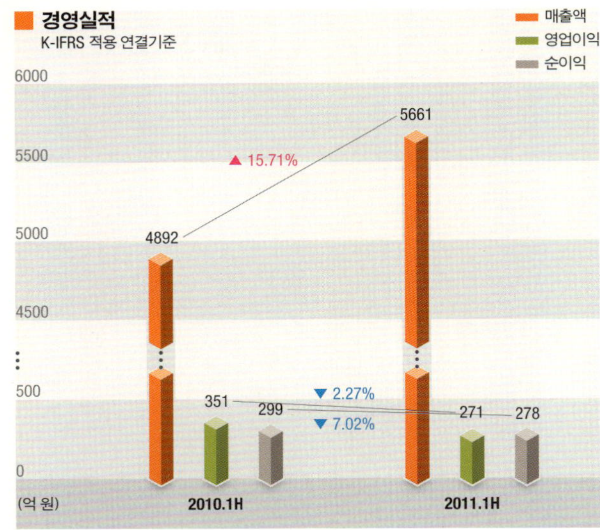
경영실적
K-IFRS 적용 연결기준
매출액
영업이익
순이익
6000
5661
5500
▲ 15.71%
5000
4892
4500
500
351   299   ▼ 2.27%   271   278
▼ 7.02%
0
(억 원)   2010.1H   2011.1H

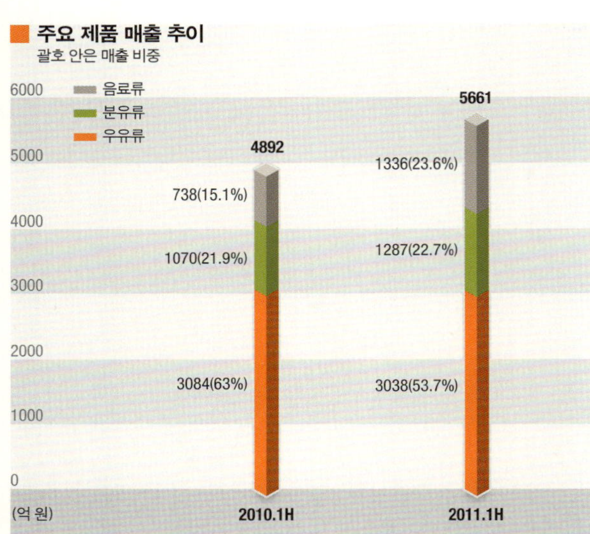
주요 제품 매출 추이
괄호 안은 매출 비중
음료류
분유류
우유류
6000
5661
5000   4892
1336(23.6%)
738(15.1%)
4000
1070(21.9%)   1287(22.7%)
3000
2000
3084(63%)   3038(53.7%)
1000
0
(억 원)   2010.1H   2011.1H

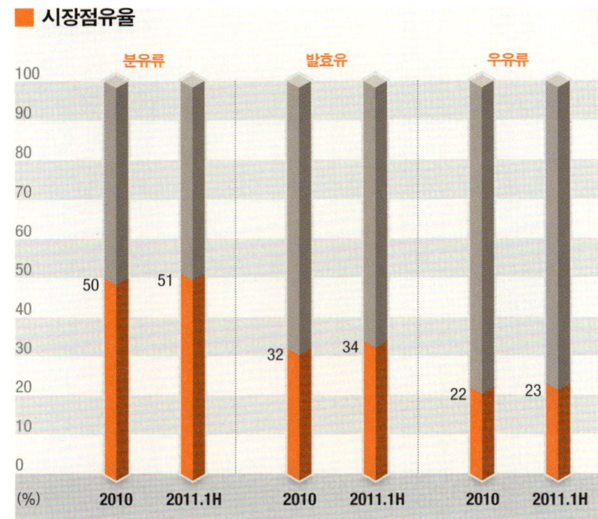
시장점유율
분유류   발효유   우유류
100
90
80
70
60
50   50   51
40
30   32   34
20   22   23
10
0
(%)   2010   2011.1H   2010   2011.1H   2010   2011.1H

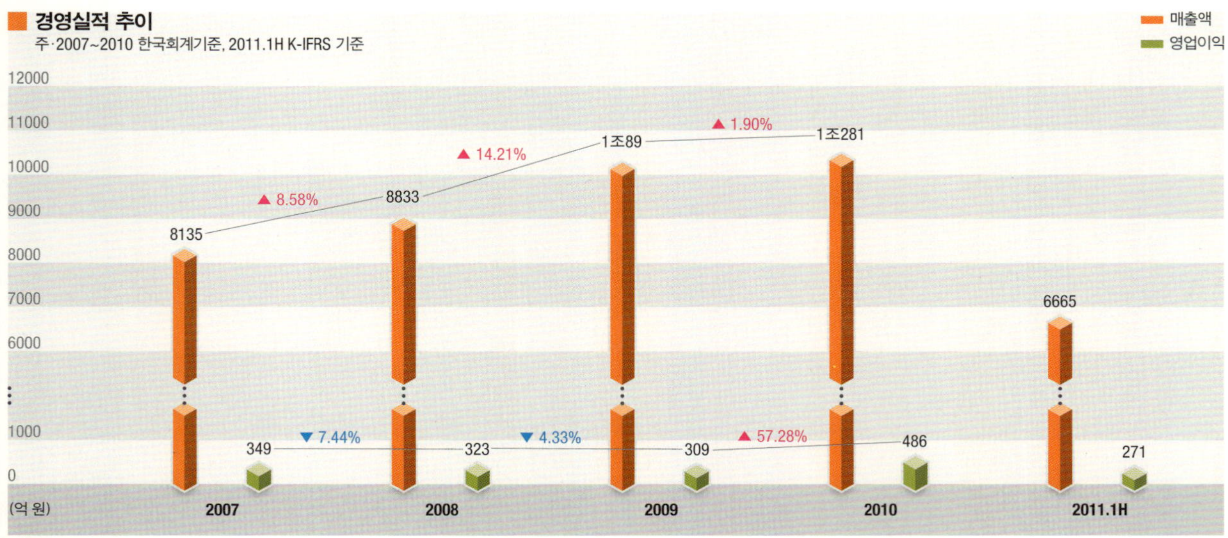
경영실적 추이
주·2007~2010 한국회계기준, 2011.1H K-IFRS 기준
매출액
영업이익
12000
11000
1조281
10000   ▲ 1.90%
1조89
9000   ▲ 14.21%
8833
8000   8135
▲ 8.58%
7000
6665
6000
1000
349   ▼ 7.44%   323   ▼ 4.33%   309   ▲ 57.28%   486   271
0
(억 원)   2007   2008   2009   2010   2011.1H

41.78%
김정완 및 이해관계인
매일유업
K-IFRS
2011년 3분기 누계
매출액 7011억 원
영업이익 100억 원
순이익 3억 원

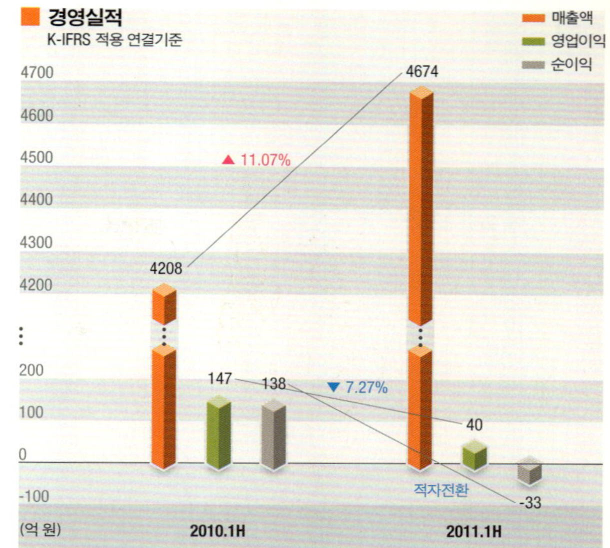

■ 경영실적
K-IFRS 적용 연결기준
매출액
영업이익
순이익
4700
4600
4500
4400
4300
4200
200
100
0
-100
▲ 11.07%
4674
4208
147
138
▼ 7.27%
40
적자전환
-33
(억 원)
2010.1H
2011.1H

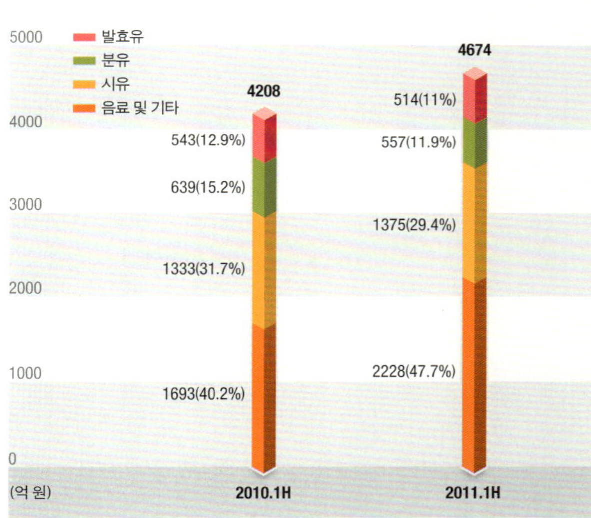

■ 주요 제품 매출 추이
발효유
분유
시유
음료 및 기타
5000
4000
3000
2000
1000
0
4208
4674
514(11%)
543(12.9%)
557(11.9%)
639(15.2%)
1375(29.4%)
1333(31.7%)
2228(47.7%)
1693(40.2%)
(억 원)
2010.1H
2011.1H

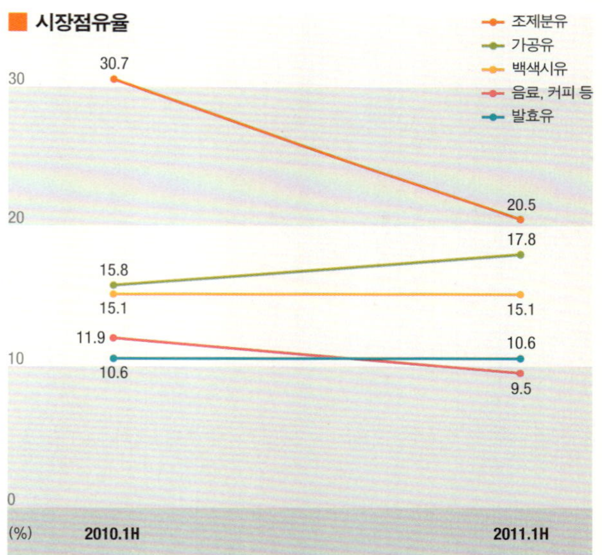

■ 시장점유율
조제분유
가공유
백색시유
음료, 커피 등
발효유
30.7
30
20.5
20
17.8
15.8
15.1
15.1
11.9
10.6
10
10.6
9.5
0
(%)
2010.1H
2011.1H

■ 경영실적 추이
주·2007~2010 한국회계기준, 2011.1H K-IFRS 기준
매출액
영업이익
9000
8000
7000
6000
5000
4000
1000
0
▲ 9%
9095
▲ 12.04%
8344
▲ 8.11%
7447
6888
4674
255
▼ 3.09%
176
▲ 53.97%
271
▼ 29.52%
191
40
(억 원)
2007
2008
2009
2010
2011.1H

한국야쿠르트

2010년
매출액   1조1425억 원
영업이익 713억 원
순이익   631억 원

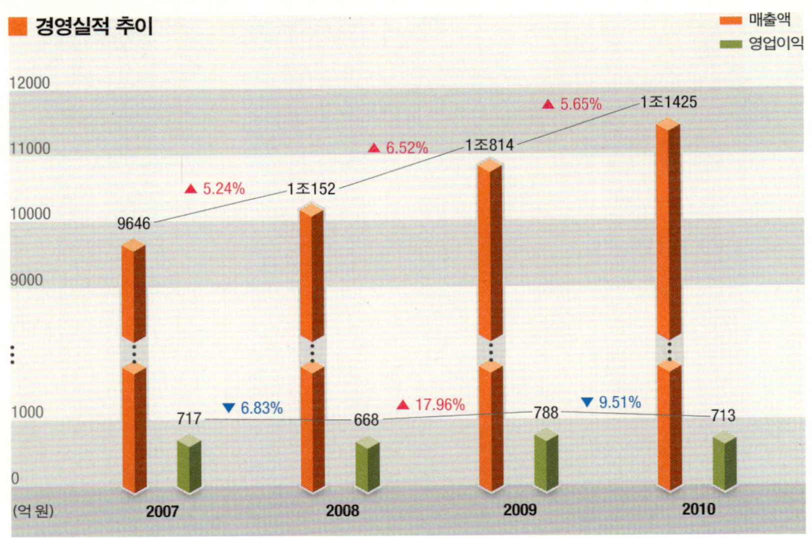

■ 경영실적 추이
■ 매출액
■ 영업이익

12000
11000
10000
9000
1000
0

9646
▲ 5.24%
1조152
▲ 6.52%
1조814
▲ 5.65%
1조1425

717   ▼ 6.83%   668   ▲ 17.96%   788   ▼ 9.51%   713

(억 원)   2007   2008   2009   2010

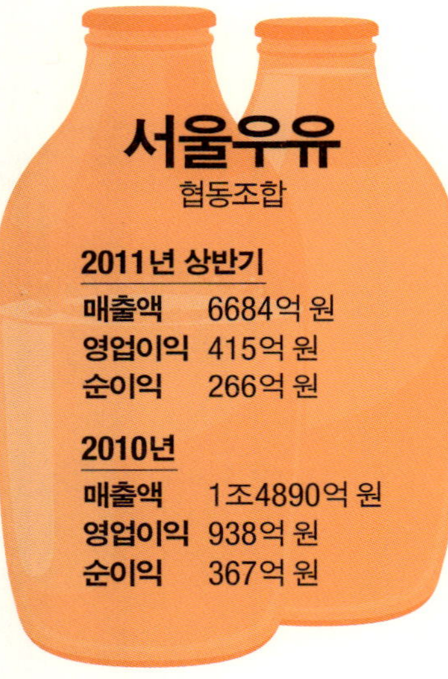

서울우유
협동조합

2011년 상반기
매출액   6684억 원
영업이익 415억 원
순이익   266억 원

2010년
매출액   1조4890억 원
영업이익 938억 원
순이익   367억 원

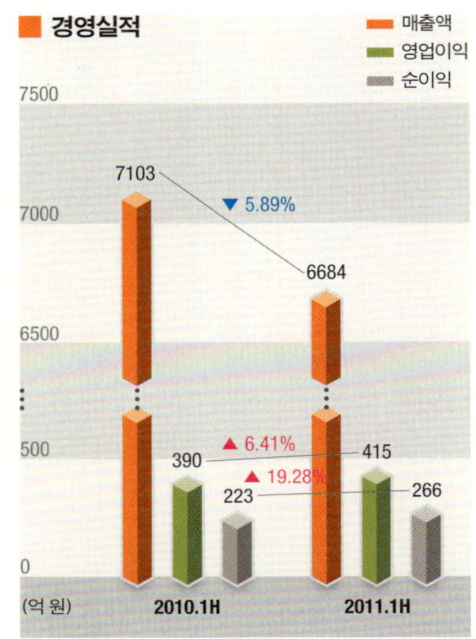

■ 경영실적
■ 매출액
■ 영업이익
■ 순이익

7500
7000
6500
500
0

7103   ▼ 5.89%   6684
390   ▲ 6.41%   415
223   ▲ 19.28%   266

(억 원)   2010.1H   2011.1H

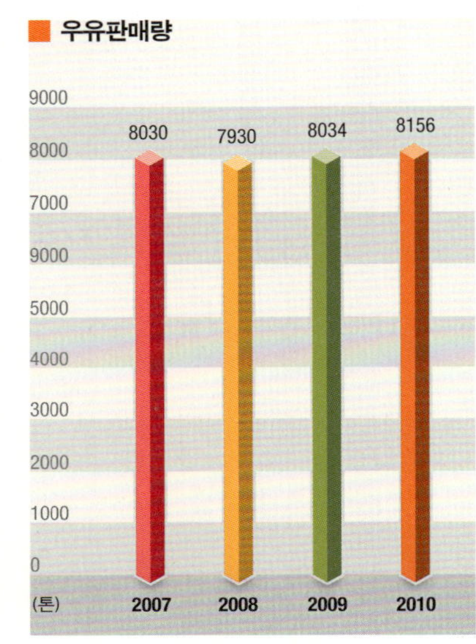

■ 우유판매량

9000
8000
7000
6000
5000
4000
3000
2000
1000
0

8030   7930   8034   8156

(톤)   2007   2008   2009   2010

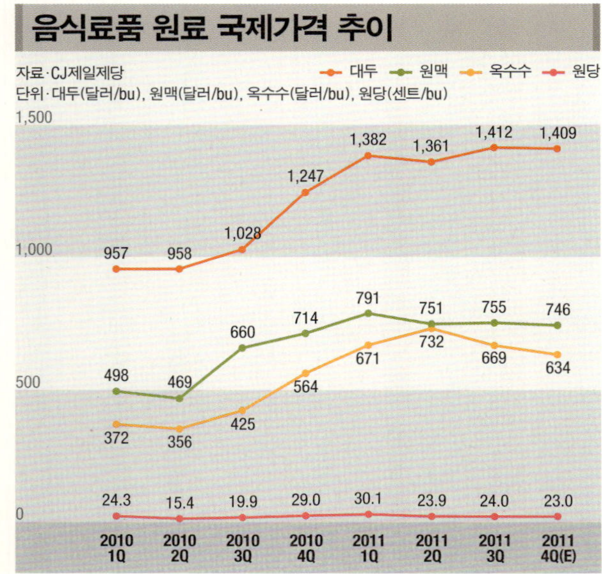

음식료품 원료 국제가격 추이

자료·CJ제일제당
단위·대두(달러/bu), 원맥(달러/bu), 옥수수(달러/bu), 원당(센트/bu)

● 대두   ● 원맥   ● 옥수수   ● 원당

1,500
1,000
500
0

957   958   1,028   1,247   1,382   1,361   1,412   1,409
498   469   660   714   791   751   755   746
372   356   425   564   671   732   669   634
24.3   15.4   19.9   29.0   30.1   23.9   24.0   23.0

2010 1Q   2010 2Q   2010 3Q   2010 4Q   2011 1Q   2011 2Q   2011 3Q   2011 4Q(E)

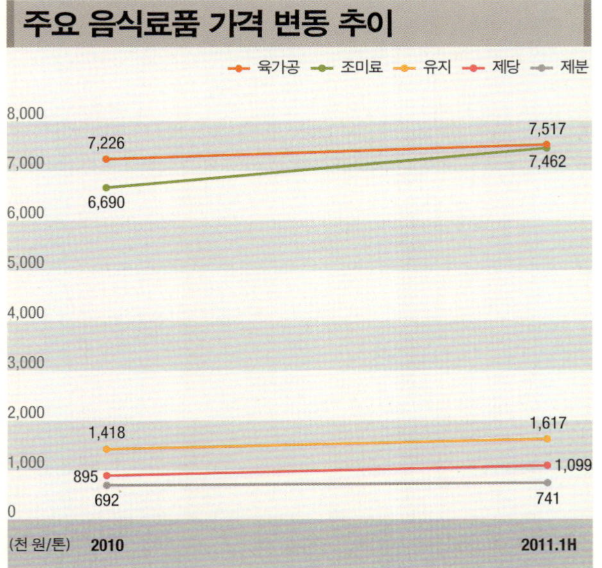

주요 음식료품 가격 변동 추이

● 육가공   ● 조미료   ● 유지   ● 제당   ● 제분

8,000
7,000
6,000
5,000
4,000
3,000
2,000
1,000
0

7,226   7,517
6,690   7,462
1,418   1,617
895   1,099
692   741

(천 원/톤)   2010   2011.1H

정체기에 들어선 국내 식품 소비량
중국의 허기진 배를 채우러 나선 국내 업체들

2011년 음식료품업계는 그 어느 때보다 힘든 시기를 보냈다. 2010년 하반기부터 이어진 기상이변에 의한 작황 부진으로 국제곡물가격이 천정부지로 오르며 물가상승 압력을 부채질했다. 또한 공정거래위원회가 '물가 단속'이란 명목 하에 두유 업체를 시작으로 부과된 과징금이 식품업계와 우유업계까지 확대되면서 최악의 시기를 맞았다. 공정거래위원회는 가격 담합을 제제한다는 이유로 음식료품업계의 가격 인상 움직임에 쐐기를 박았고, 이에 해당 업체들은 정부의 눈치를 살피느라 난항을 겪었다. 결국 정부의 가격 압박에 따른 시장 왜곡 현상이 심화되면서 국내 대다수 음식료품 업체들은 이중고를 겪어야만 했다.

성장을 이끄는 핵심 키워드들

하지만 이러한 악조건 속에서도 음식료품업계는, ▲타깃의 세분화 ▲컨버전스 마케팅 확산 ▲수퍼 프리미엄 제품의 등장 ▲아시아 시장 공략 러시 등으로 성장을 이어갔다. CJ경영연구소가 발간한 「2011년 국내 식품산업 전망」 보고서에 따르면, "국내 식품산업은 2010년 46조8000억 원 수준에서 2011년에는 4.3% 성장해 48조8000억 원 규모가 될 것"이라고 내다봤다. 실제 식품 소비량 자체는 정체된 상황이지만, 제품 프리미엄화에 따라 가격이 오르면서 시장규모가 오히려 커진 것이다.

특히 2010년에는 신선 농산물 가격이 크게 상승하면서 2009년 대비 5.5% 성장한 32만 원 수준이었으나, 2011년에는 신선 농산물의 가격 안정으로 증가율이 소폭 둔화되면서 전년 대비 2.1% 성장한 33만 원으로 조정됐다.

2010년 5조6692억 원의 매출을 기록한 CJ제일제당은 바이오 사업의 성장세에 힘입어 꾸준한 실적을 거뒀다. 특히 관계사인 CJ GLS와 함께 대한통운까지 인수하면서 글로벌 식품 기업으로의 도약을 한걸음 앞당겼다. 이밖에 오뚜기, 대상, 동원F&B 등 1조 원 매출이 넘는 대형 식품 업체들은 주력 사업을 강화하면서 위기 극복에 총력을 기울였다.

글로벌 식품 업체들의 아시아 시장 진출도 증가했다. 네슬레는 20여 년 전 중국에 진출한 이후, 최근 동남아시아 지역에 대대적인 투자를 단행하면서 입지 다지기에 나서는 한편, 신규 사업으로 시장을 넓혀가고 있다.

음식료품업계는 2012년에도 해외 진출을 가속화하면서 새로운 먹을거리를 향한 치열한 경쟁을 할 것으로 보인다.

급성장한 에너지 음료 시장과 마이너스를 벗어난 주스 시장

음료 시장 역시 비타민 워터의 성장과 핫식스, 레브불과 같은 에너지 음료 시장이 새롭게 형성되면서 6~7%의 성장이 예상되고 있다. 2011년 약 4조5000억 원 규모의 음료 시장을 놓고 롯데칠성음료(39%), 코카콜라(20%), 해태음료(8%), 동아오츠카(5~6%), 웅진식품(4~5%) 등이 각축을 벌이고 있다.

2011년 음료 시장의 주요 이슈로는 비타민 워터 시장규모가 350억 원에서 600억 원으로 성장했으며 제로 탄산 시장이 활성화되면서 사이다 음료까지 확대되기도 했다.

또한, 커피 시장은 인스턴트 원료 소재에서 원두까지 등장하면서 경쟁 심화에 따른 지속적인 증가세를 이어가고 있다. 주스 시장은 7년 연속 마이너스에서 플러스로 돌아서면서 3%의 신장이 예상된다.

2012년에는 에너지 음료의 경쟁이 심화되면서 각 업체마다 활발한 마케팅으로 시장이 더욱 가열될 전망이다. 또한, 커피믹스 시장 확대, 비타민 워터 선점 경쟁 및 용량 차별화를 통한 주스 시장 성장도 지속될 전망이다.

한편, 우유업계에 있어서는 이슈와 사건이 끊이지 않은 한해였다. 2011년 6월 치즈가격 담합으로 과징금이 부과된 데다 9월 낙농가들의 원유 가격 인상에 발목이 잡히며 어려움이 더욱 가중됐다. 11월부터 우유 가격 인상으로 다소 숨통이 트였지만 물류비와 인건비 등 다른 외적 요소를 가격 인상에 반영하지 못해 2012년에도 어려움은 계속 이어질 전망이다. 특히 우유 시장의 마진율이 더욱 낮아지면서 신사업에 대한 성공 여부가 기업의 성패를 가늠할 것으로 보인다.

2010년 말 커피믹스 시장에 뛰어든 남양유업은 2011년 약 15%의 시장점유율을 차지하며 꾸준한 성장을 지속하고 있다. 1조2000원 규모의 커피믹스 시장에서 약 30%의 시장점유율을 목표로 하는 남양유업은 2012년 커피 사업에 모든 역량을 집중한다는 계획이다.

2011년 분유 안전성 논란과 이물질 사건으로 혹독한 한해를 보낸 매일유업은 돌아선 소비자들의 마음을 어떻게 다시 되돌릴 수 있을지가 관건이다.

이처럼 우유업계를 비롯한 음식료품업계 전반을 돌아보고 내다보건대, 해당 업체들이 해결해야 할 당면과제들이 만만치 않음을 느끼게 된다. 2012년 역시 음식료품업계에게는 녹록치 않은 한해가 될 전망이다. 🅑

건과시장

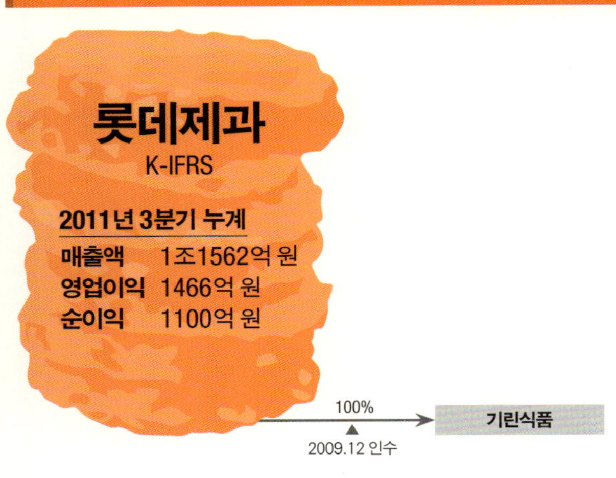

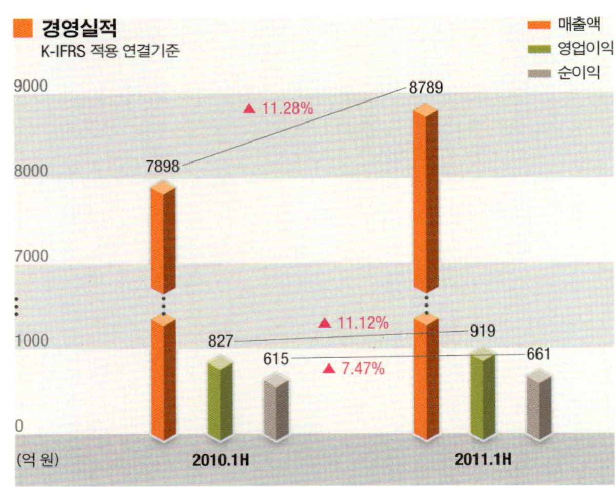

기린식품 매출 추이

주요 제품 매출 추이
외부회사 제조상품은 기타에 포함, 롯데제과 단독 기준

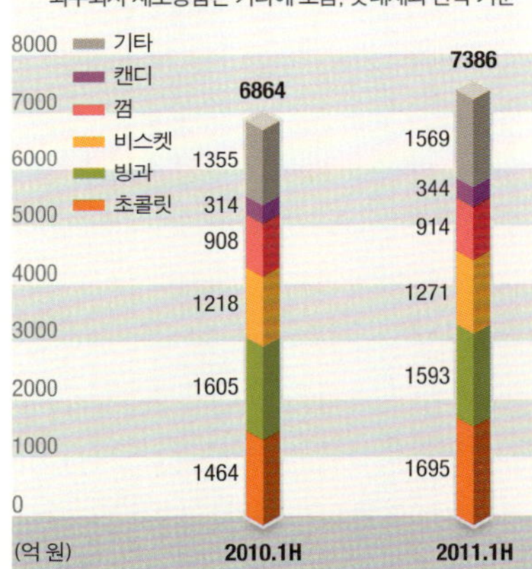

매출 비중
제품, 상품 모두 포함, 2011.1H 기준, 단위·%

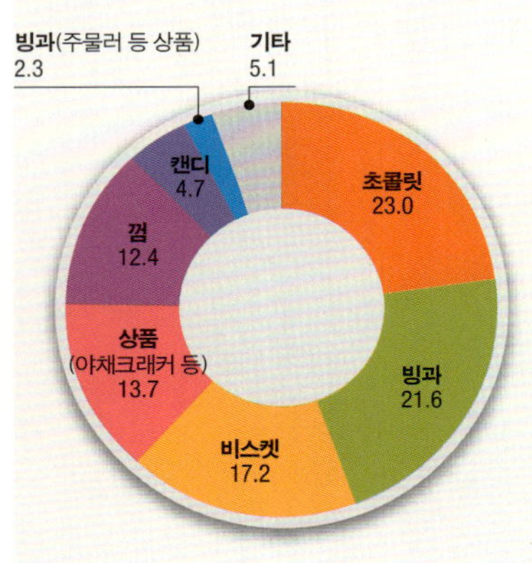

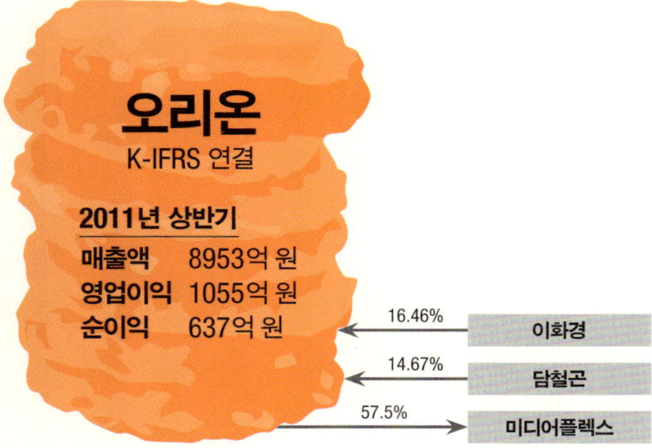

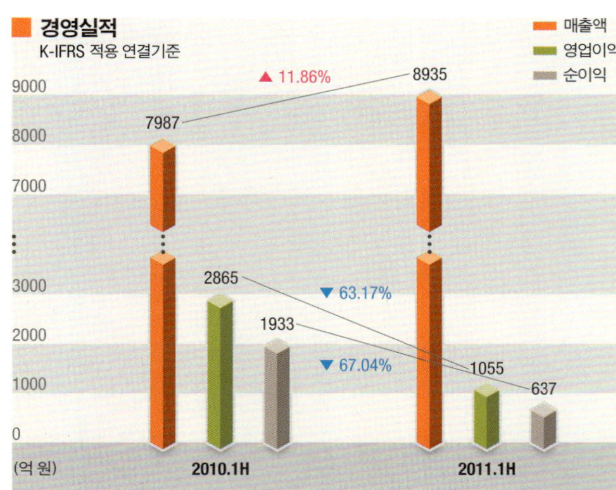

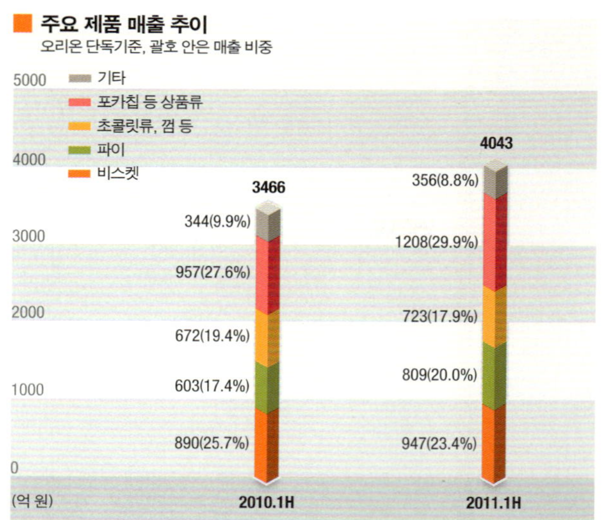

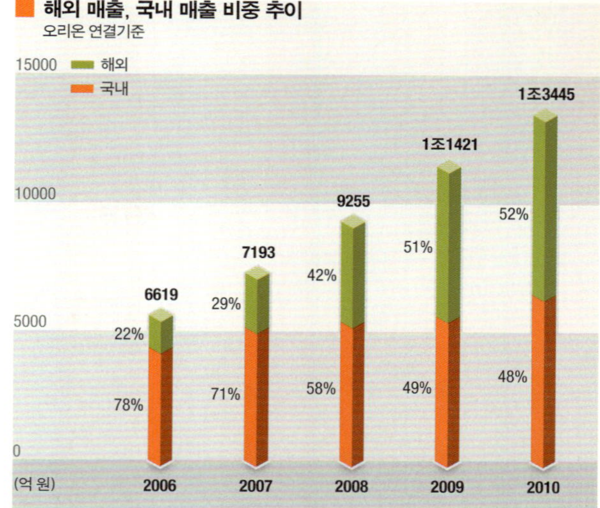

오리온 해외 사업 매출 추이

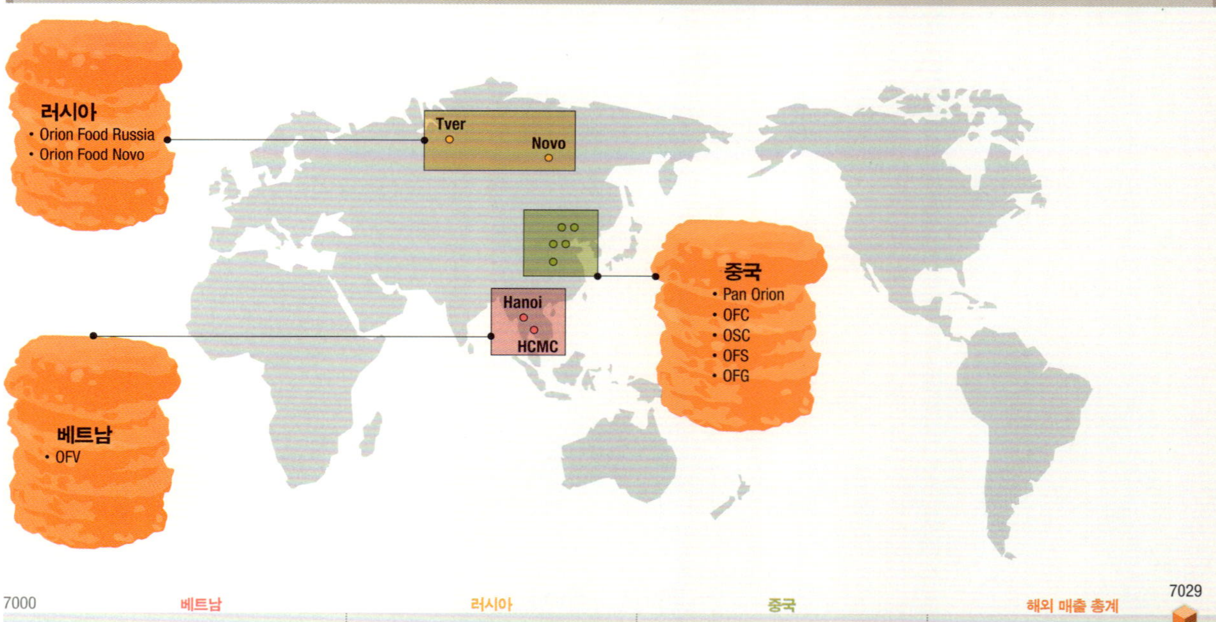

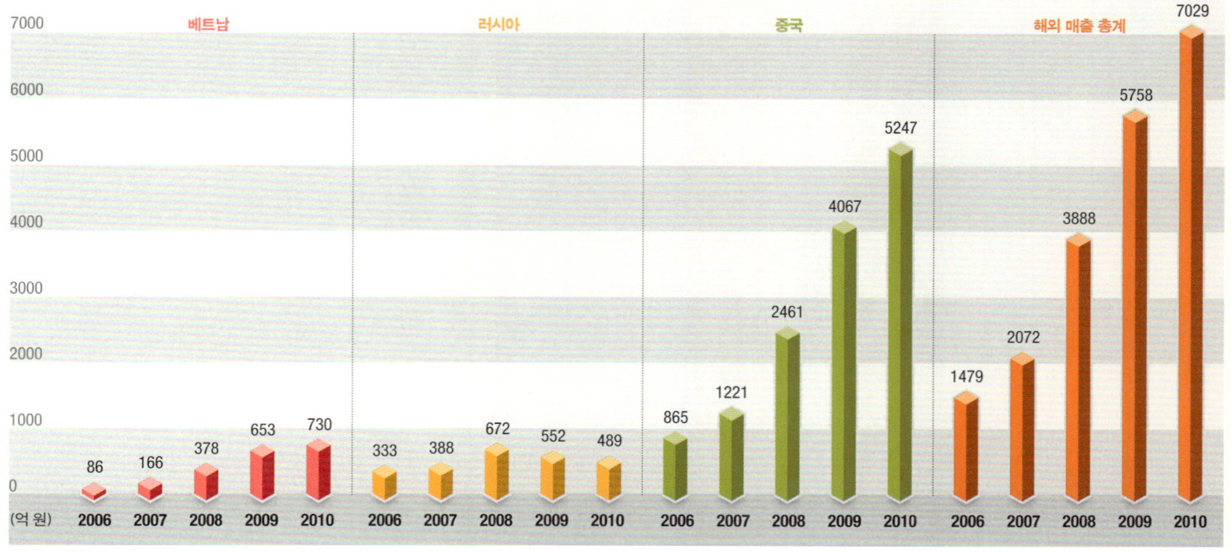

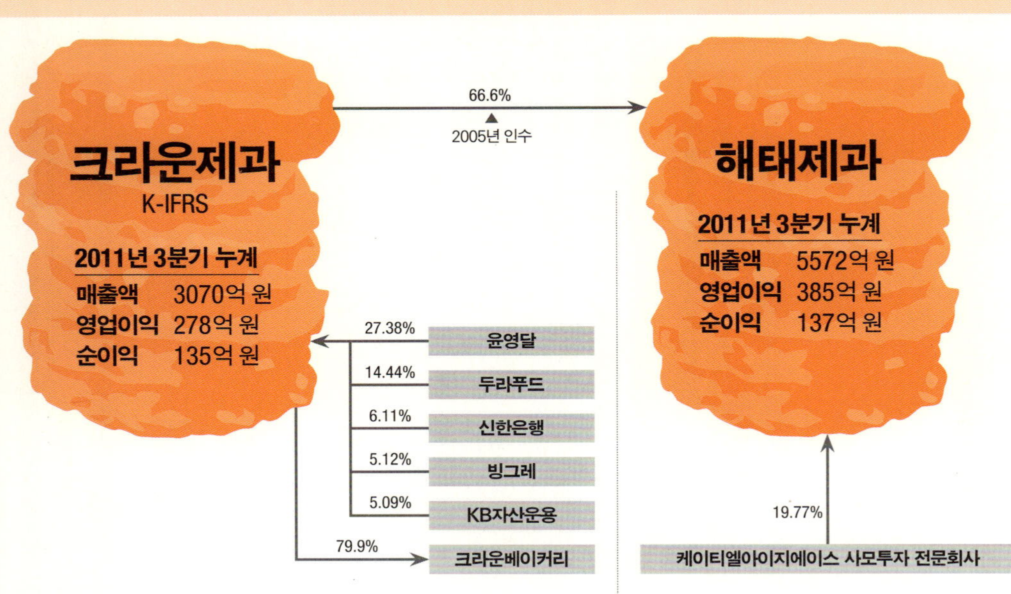
66.6%
▲
2005년 인수
크라운제과
K-IFRS
2011년 3분기 누계
매출액 3070억 원
영업이익 278억 원
순이익 135억 원
해태제과
2011년 3분기 누계
매출액 5572억 원
영업이익 385억 원
순이익 137억 원
27.38% 윤영달
14.44% 두라푸드
6.11% 신한은행
5.12% 빙그레
5.09% KB자산운용
79.9% 크라운베이커리
19.77%
케이티엘아이지에이스 사모투자 전문회사

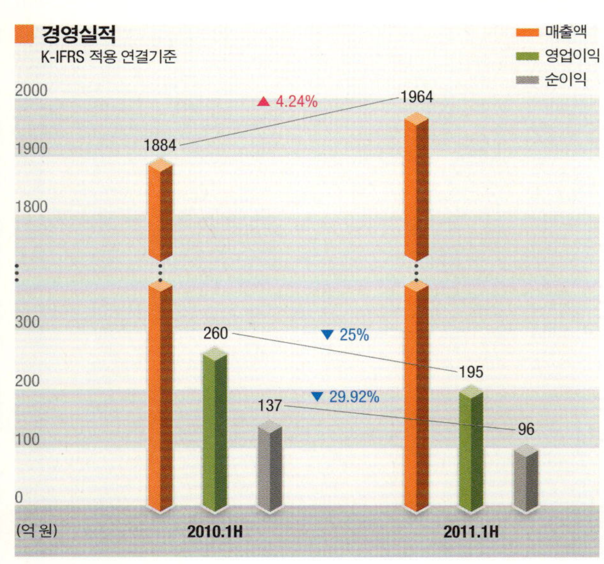
■ 경영실적
K-IFRS 적용 연결기준
■ 매출액
■ 영업이익
■ 순이익
2000
1900
1800
300
200
100
0
1884
1964
▲ 4.24%
260
▼ 25%
195
137
▼ 29.92%
96
(억 원)
2010.1H
2011.1H

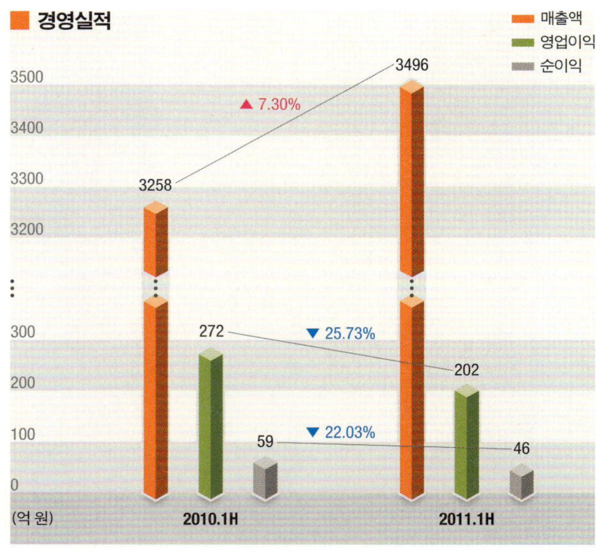
■ 경영실적
■ 매출액
■ 영업이익
■ 순이익
3500
3400
3300
3200
300
200
100
0
3258
3496
▲ 7.30%
272
▼ 25.73%
202
59
▼ 22.03%
46
(억 원)
2010.1H
2011.1H

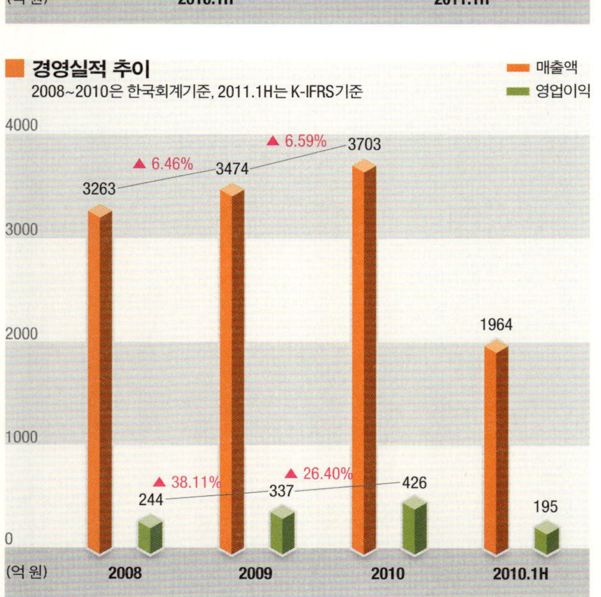
■ 경영실적 추이
2008~2010은 한국회계기준, 2011.1H는 K-IFRS기준
■ 매출액
■ 영업이익
4000
3000
2000
1000
0
3263
▲ 6.46%
3474
▲ 6.59%
3703
1964
244
▲ 38.11%
337
▲ 26.40%
426
195
(억 원)
2008
2009
2010
2010.1H

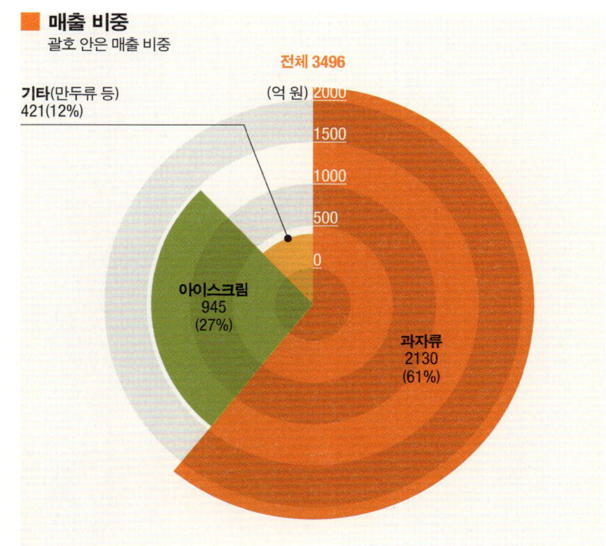
■ 매출 비중
괄호 안은 매출 비중
전체 3496
기타(만두류 등)
421(12%)
(억 원)
2000
1500
1000
500
0
아이스크림
945
(27%)
과자류
2130
(61%)

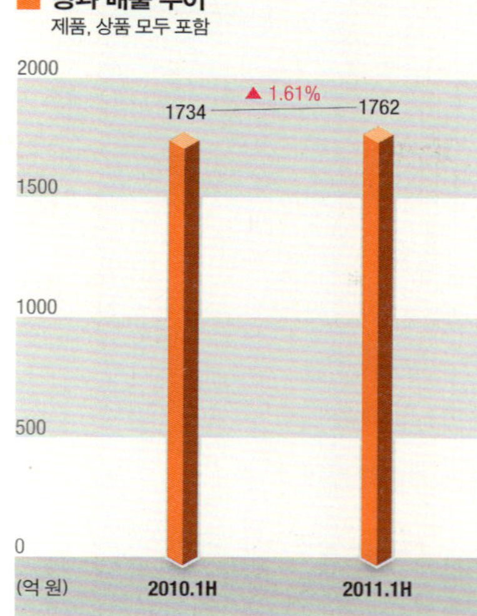

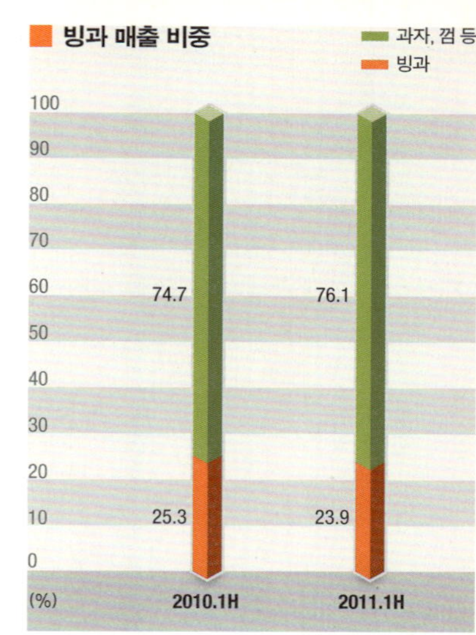

롯데제과
K-IFRS

2011년 3분기 누계

매출액	1조1562억 원
영업이익	1466억 원
순이익	1100억 원

빙과부문(2011년 상반기)

매출액	1762억 원

빙그레

2011년 3분기 누계

매출액	5801억 원
영업이익	520억 원
순이익	431억 원

빙과부문

매출액	2725억 원

37.06% 김호연

5.12% 크라운제과

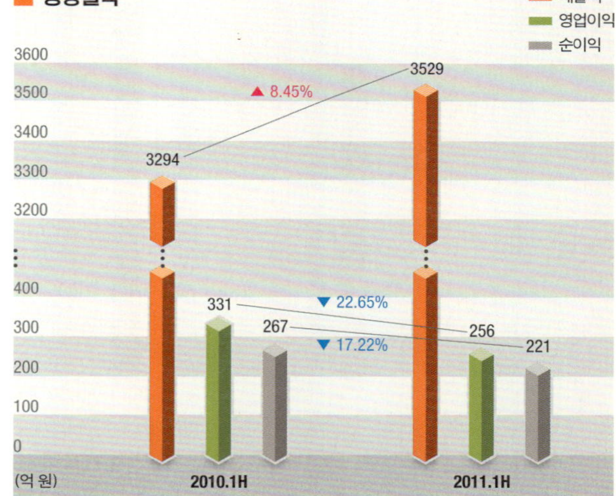

주요 제품 경쟁업체

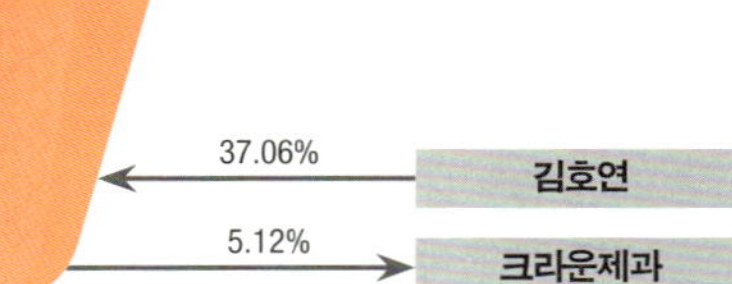

매출 추이

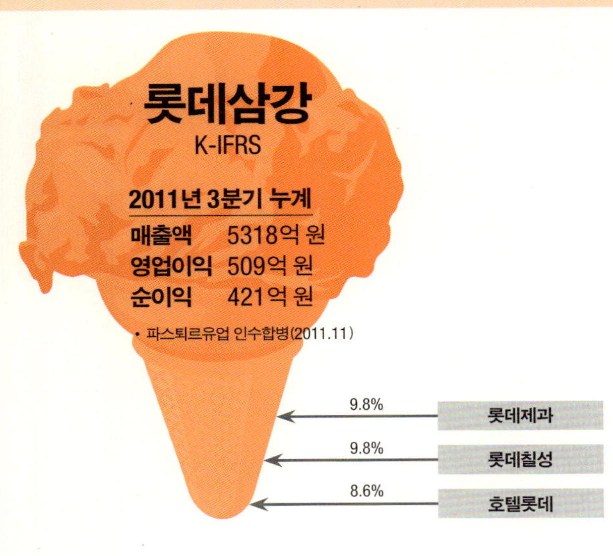

롯데삼강
K-IFRS

2011년 3분기 누계
매출액   5318억 원
영업이익 509억 원
순이익   421억 원
• 파스퇴르유업 인수합병(2011.11)

9.8%   롯데제과
9.8%   롯데칠성
8.6%   호텔롯데

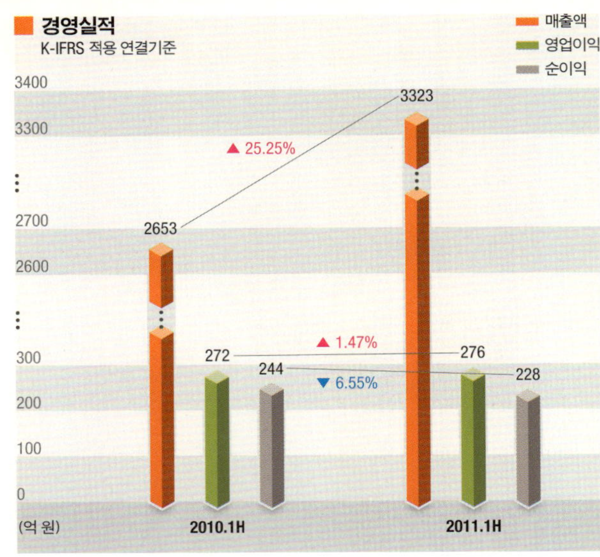

경영실적
K-IFRS 적용 연결기준
매출액
영업이익
순이익
3400
3300
3000
2700
2600
300
200
100
0
(억 원)
2653
▲ 25.25%
3323
272
244
▲ 1.47%
▼ 6.55%
276
228
2010.1H
2011.1H

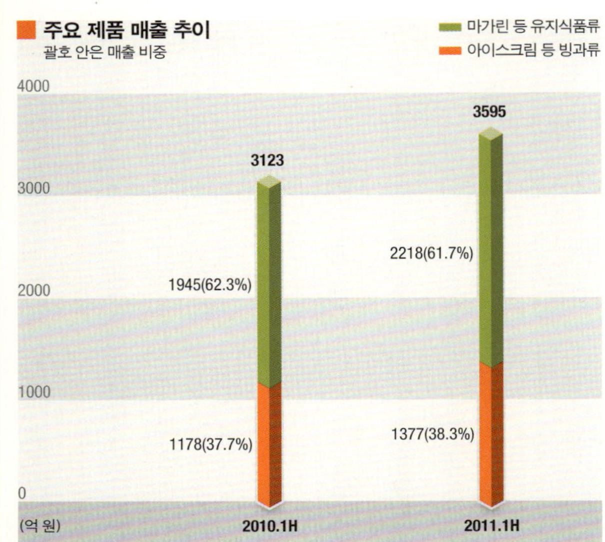

주요 제품 매출 추이
괄호 안은 매출 비중
마가린 등 유지식품류
아이스크림 등 빙과류
4000
3000
2000
1000
0
(억 원)
3123
3595
1945(62.3%)
2218(61.7%)
1178(37.7%)
1377(38.3%)
2010.1H
2011.1H

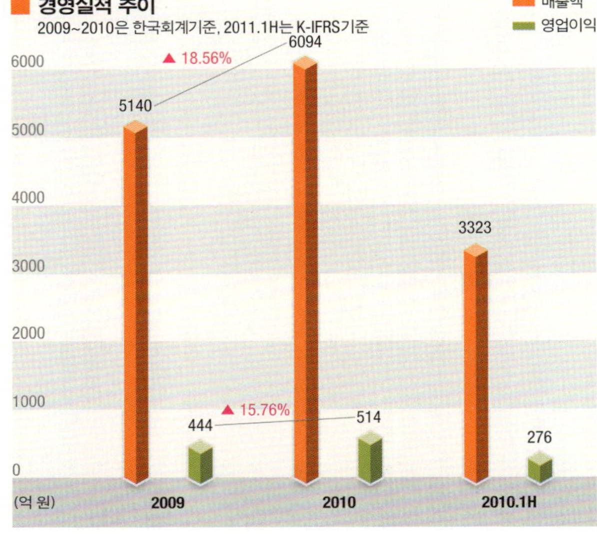

경영실적 추이
2009~2010은 한국회계기준, 2011.1H는 K-IFRS기준
매출액
영업이익
6000
5000
4000
3000
2000
1000
0
(억 원)
5140
▲ 18.56%
6094
3323
444
▲ 15.76%
514
276
2009
2010
2010.1H

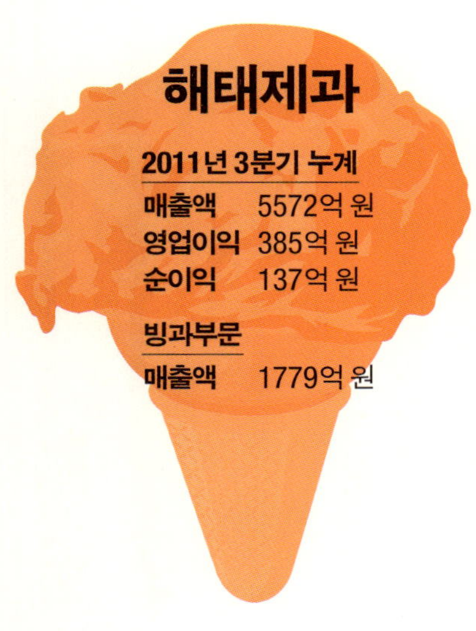

해태제과

2011년 3분기 누계
매출액   5572억 원
영업이익 385억 원
순이익   137억 원

빙과부문
매출액   1779억 원

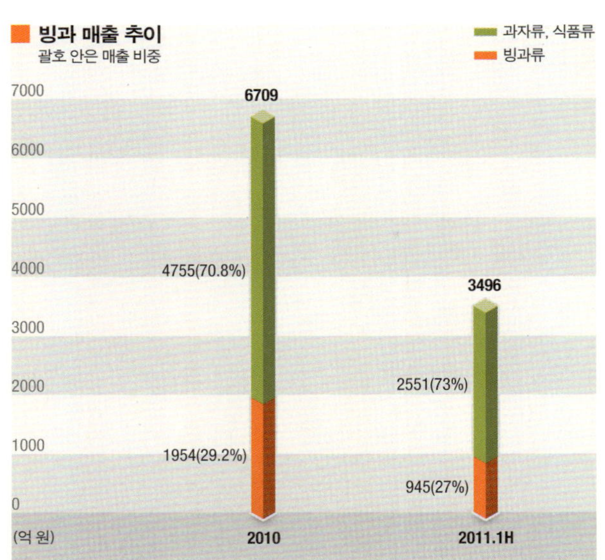

빙과 매출 추이
괄호 안은 매출 비중
과자류, 식품류
빙과류
7000
6000
5000
4000
3000
2000
1000
0
(억 원)
6709
3496
4755(70.8%)
2551(73%)
1954(29.2%)
945(27%)
2010
2011.1H

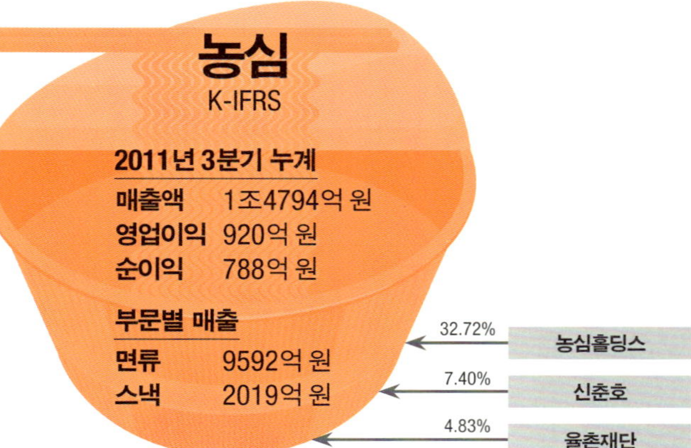
농심
K-IFRS
2011년 3분기 누계
매출액   1조4794억 원
영업이익 920억 원
순이익   788억 원
부문별 매출
면류   9592억 원
스낵   2019억 원
32.72% 농심홀딩스
7.40%   신춘호
4.83%   율촌재단

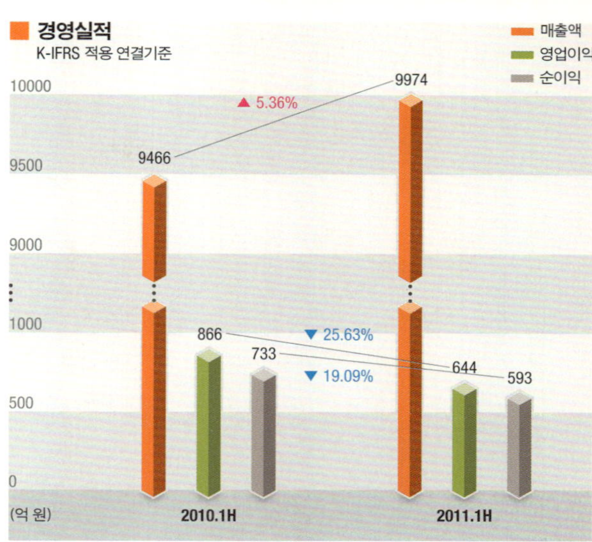
■ 경영실적
K-IFRS 적용 연결기준
매출액
영업이익
순이익
10000
9500
9000
1000
500
0
9466
9974
▲ 5.36%
866
733
▼ 25.63%
▼ 19.09%
644
593
(억 원)
2010.1H   2011.1H

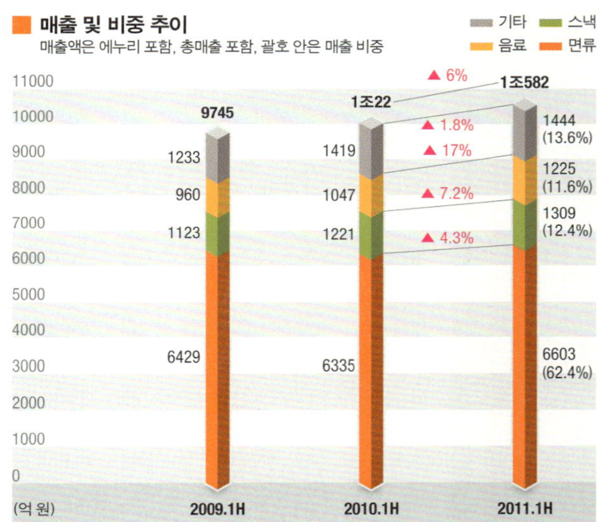
■ 매출 및 비중 추이
매출액은 에누리 포함, 총매출 포함, 괄호 안은 매출 비중
기타 스낵 음료 면류
11000
10000
9000
8000
7000
6000
5000
4000
3000
2000
1000
0
9745
1조22
1조582
▲ 6%
1233   1419   1444 (13.6%)
▲ 1.8%
960   1047   1225 (11.6%)
▲ 17%
1123   1221   1309 (12.4%)
▲ 7.2%
6429   6335   6603 (62.4%)
▲ 4.3%
(억 원)
2009.1H   2010.1H   2011.1H

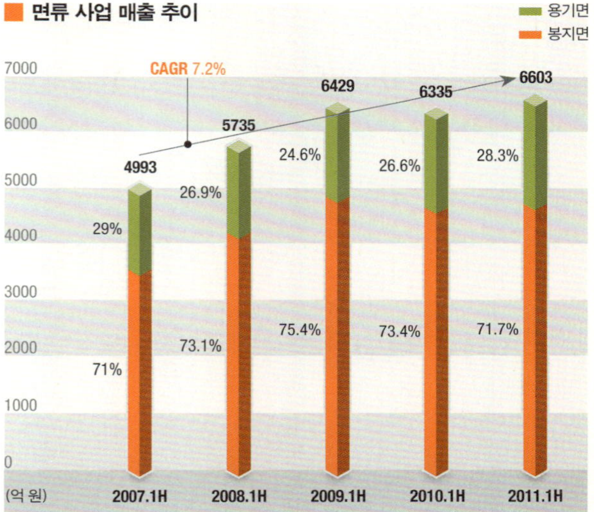
■ 면류 사업 매출 추이
용기면 봉지면
7000
6000
5000
4000
3000
2000
1000
0
CAGR 7.2%
4993   5735   6429   6335   6603
29%   26.9%   24.6%   26.6%   28.3%
71%   73.1%   75.4%   73.4%   71.7%
(억 원)
2007.1H 2008.1H 2009.1H 2010.1H 2011.1H

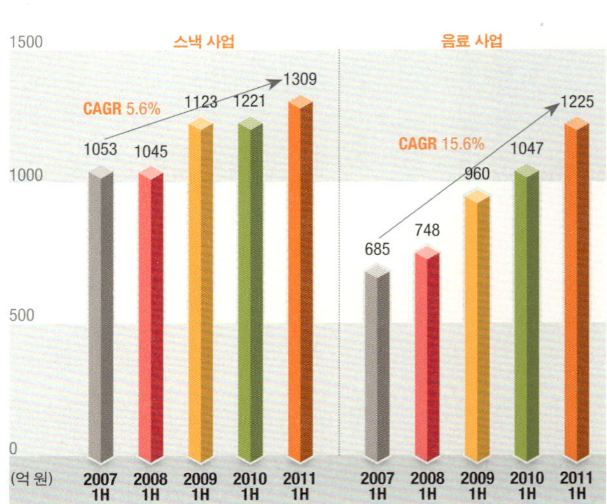
■ 스낵·음료 사업 매출 추이
스낵 사업
음료 사업
1500
1000
500
0
CAGR 5.6%
1053 1045 1123 1221 1309
CAGR 15.6%
685 748 960 1047 1225
(억 원)
2007 1H 2008 1H 2009 1H 2010 1H 2011 1H
2007 1H 2008 1H 2009 1H 2010 1H 2011 1H

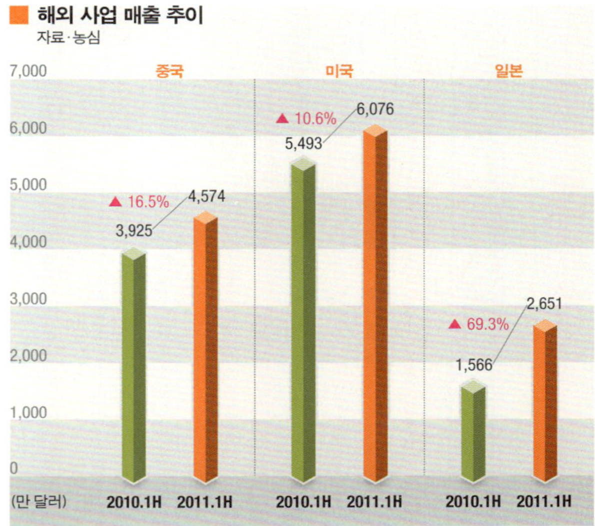
■ 해외 사업 매출 추이
자료·농심
중국   미국   일본
7,000
6,000
5,000
4,000
3,000
2,000
1,000
0
▲ 16.5%
3,925 4,574
▲ 10.6%
5,493 6,076
▲ 69.3%
1,566 2,651
(만 달러)
2010.1H 2011.1H 2010.1H 2011.1H 2010.1H 2011.1H

농심 시장점유율 추이
AC닐슨 자료 기준
라면류 스낵류
69.5 70.6 71.1
35.0 33.6 32.8
(%) 2009.1H 2010.1H 2011.1H

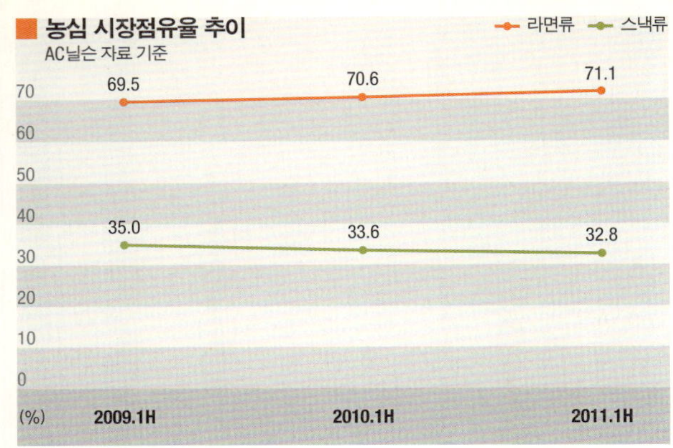

농심 경영실적 추이
2008~2010은 한국회계기준, 2011.1H는 K-IFRS기준
매출액 영업이익
▲ 10.13% ▲ 2.68%
1조6758 1조8456 1조8952 9974
▲ 3.85% ▲ 1.99%
1012 1051 1072 644
(억 원) 2008 2009 2010 2011.1H

35.20% 삼양농수산
삼양식품
K-IFRS
2011년 3분기 누계
매출액 2010억 원
영업이익 68억 원
순이익 27억 원
면류 매출
매출액 1703억 원
18.90% 현대산업개발
5.04% 전인성

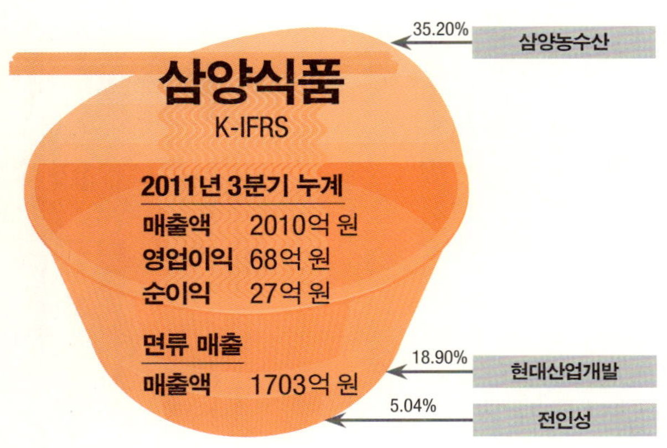

경영실적
K-IFRS 적용 연결기준
매출액 영업이익 순이익
1399 ▼ 3% 1357
95 ▼ 40% 57
58 ▼ 62.06% 22
(억 원) 2010.1H 2011.1H

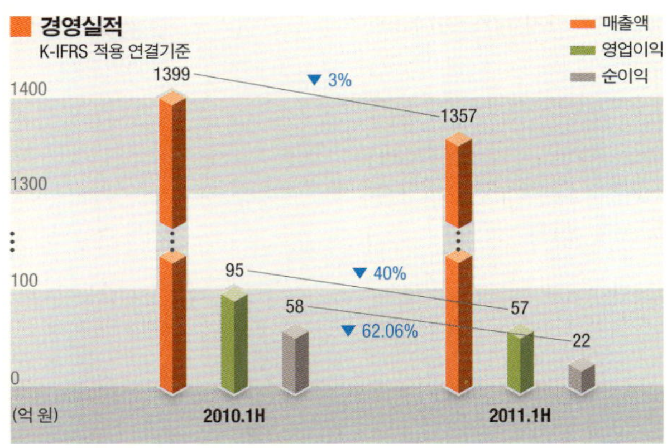

주요 제품 매출 추이
괄호 안은 매출 비중
기타 스낵 라면
1399 1357
128(9.5%) 117(8.6%)
68(4.8%) 66(4.9%)
1203(85.7%) 1174(86.5%)
(억 원) 2010.1H 2011.1H

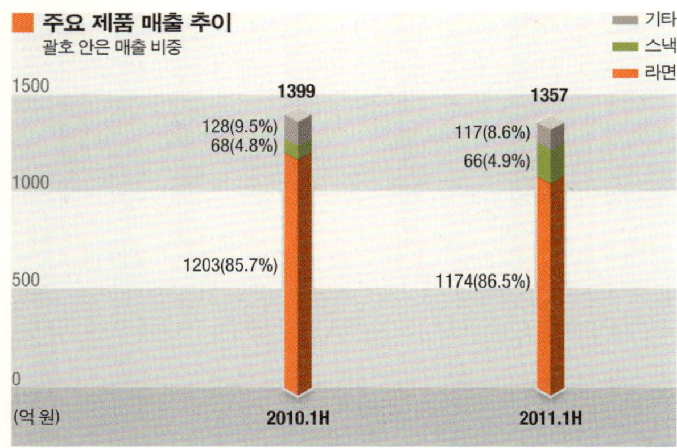

경영실적 추이
2008~2010은 한국회계기준, 2011.1H는 K-IFRS기준
매출액 영업이익
2794 ▲ 6.83% 2985 ▼ 8.40% 2734 1357
253 ▼ 0.39% 252 ▼ 53.96% 116 57
(억 원) 2008 2009 2010 2011.1H

오뚜기
K-IFRS
2011년 3분기 누계
매출액 1조1458억 원
영업이익 702억 원
순이익 561억 원
면류 매출
매출액 2462억 원
65.66% 함태호, 함영준 등

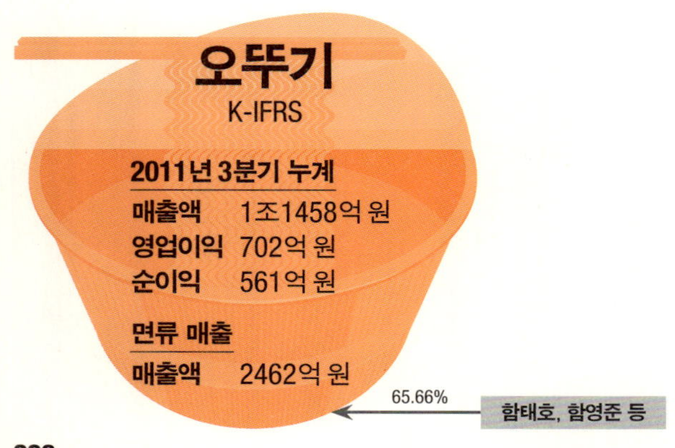

면류 매출 추이
괄호 안은 매출 비중
당면, 국수 등 면류
6299 6801 6869 7533
1523 1586 1555 1609
(24.2%) (23.3%) (22.6%) (21.4%)
(억 원) 2008.1H 2009.1H 2010.1H 2011.1H

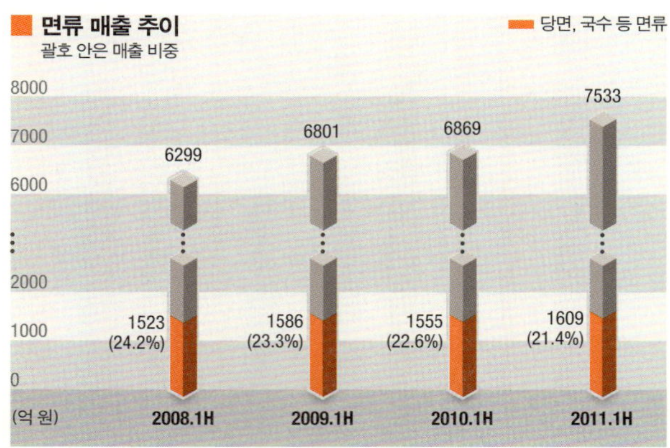

강한 도전에 직면한 1위 업체들
새로운 돌파구는 과연 무엇인가?

제대로 반영되지 못한 제과 시장 가격 인상률

2011년 제과업계는 원재료 가격 인상과 공정거래위원회 직권조사 등의 압력으로 인해 어려움을 겪었다. 상반기 소폭의 가격 인상에도 원재료 가격 상승과 물류비, 인건비 등 외부적인 인상 요인보다 가격 인상률은 미미한 수준이었다.

제과업계 1위인 롯데제과는 2011년 국내시장 1조5000억 원, 해외시장 6000억 원 매출을 무난히 달성할 것으로 보인다. 제과 시장에서 약 40%의 시장점유율(상위 4개사 기준)로 1위를 기록 중인 롯데제과는 해마다 6% 안팎의 매출 성장세를 기록하고 있다. 롯데제과는 껌(70%), 초콜릿(65%), 캔디(40%) 등 스낵(20%)을 제외한 대부분의 제과 부문에서 35% 이상의 점유율을 기록 중이다. 프리미엄 제품 출시를 통한 소비자층 확대와 제품 가격 상승이 롯데제과의 지속적인 성장을 이끈 것으로 분석됐다.

2012년에는 롯데제과의 해외시장 공략이 더욱 가속화될 전망이다. 현재 중국, 베트남, 인도, 러시아, 파키스탄 등에 진출한 롯데제과는 전체 매출 비중의 약 28%를 해외에서 올리고 있다. 2018년까지는 해외 매출 비중을 60%까지 끌어올린다는 계획이다.

크라운-해태제과는 2011년 제과업계의 최대 관심 기업으로 떠올랐다. 크라운제과와 해태제과의 통합 시너지가 5년여 만에 가시화되고 있기 때문이다. 2012년에는 해태제과의 재상장 가능성도 제기되고 있다.

크라운제과의 해태제과 인수에 참여했던 군인공제회는 해태제과의 3년 내 상장을 인수 참여 조건으로 내걸었다. 하지만 2009년 군인공제회에 인수대금을 상환함으로써 상장 의무가 없어졌다. 이 상환으로 발생한 부채는 2009년 KT-LIG에이스 사모펀드로부터 537억 원을 투자받아 메웠다. KT-LIG에이스 역시 투자 조건으로 2012년 9월까지 재상장을 내걸었다. 일부에서는 재상장 성공에 대해 부정적인 시각을 내놓고 있지만 그 성패와 무관하게 2012년 제과업계의 가장 뜨거운 이슈가 될 전망이다.

그동안 제과, 영화, 엔터테인먼트, 외식 사업을 영위해온 오리온은 제과를 제외한 엔터테인먼트와 외식 사업에서 꾸준히 몸집을 줄여왔다. 반면 제과 사업은 중국과 러시아, 베트남을 중심으로 사세 확장에 주력하고 있다. 1993년에 진출한 중국에서는 현지생산 체제를 구축해 베이징과 상하이, 광저우에서 4개 생산 시설을 가동 중이다. 베트남에는 현재 호치민과 하노이 2곳에 현지 생산 시설을 운영하고 있다. 중국과 베트남 등지에서 오리온 초코파이는 '국민과자'로 불릴 만큼 인기몰이 중이다. 이 밖에도 전 세계 약 60여 개국에 제품을 수출하면서 발을 넓혀가고 있다.

신제품들의 거센 도전에 직면한 1등 브랜드

2011년은 라면업계에게도 원가 부담과 정부의 가격 인하 압박 속에서 진퇴양난에 처했던 한 해였다. 2010년에는 라면 시장에 전운(戰雲)이 감돌면서 1위 브랜드인 '신라면'을 보유한 농심의 입지가 위협받기도 했다. 1위 브랜드 농심 '신라면'은 여전히 시장에서 막강한 영향력을 행사하고 있지만, 2011년 상반기에 출시한 '신라면 블랙'이 가격 논란 등을 겪으며 힘든 시기를 보냈다. 결국 출시 넉 달 만에 전격 생산을 중단한 '신라면 블랙'은 현재 해외시장에서 재판매를 시작하고 있지만 이 또한 성공 여부를 논할 수 없는 단계다.

아울러 국제곡물가격 상승으로 라면의 주원료인 밀가루 가격이 상승하고 있지만 이를 제품 가격에 반영하지 못해 어려움을 겪고 있다. 농심의 2011년 2분기 실적은 전년 대비 영업이익이 둔화했다. 영업이익 둔화는 제품의 가격 전가 지연으로 원가 부담이 크게 증가해 매출원가율이 전년 대비 2% 포인트 상승한 데 기인한다.

아울러 돼지뼈와 해물로 육수를 낸 '나가사끼짬뽕'을 앞세운 삼양식품의 도전은 거세다. 2011년 상반기 롯데그룹이 M&A를 적극적으로 검토하겠다고 밝히자 삼양식품이 가장 가능성 큰 인수 대상이라는 평가를 받았다. 삼양식품의 2010년 매출은 2733억 원으로 2009년 2985억 원에 비해 250억 원 정도가 줄었다. 또 영업이익은 140억 원 가량이 줄었다. 그러나 2011년 7월 선보인 '나가사끼짬뽕'이 8월 들어 300만 개가 팔려 20억 원 매출을 기록하면서 라면원조의 힘을 발휘하고 있다. 현재 라면 시장은 농심이 약 70%, 삼양식품이 12.4%, 오뚜기가 10%, 한국야쿠르트가 6%의 점유율을 차지하고 있다.

이밖에도 한국야쿠르트의 '팔도 꼬꼬면'은 닭고기 국물로 소비자들의 입맛을 사로잡는 데 성공하며 인기몰이 중이다. 꼬꼬면은 2011년 8월 초 출시 이후 한 달 만에 900만 개, 63억 원의 매출을 달성했다. 한국야쿠르트는 2012년 초까지 꼬꼬면 공급을 현재의 두 배 수준인 2000만 개로 늘릴 계획이다. 꼬꼬면의 성장세는 라면 업계 1위인 농심에게 있어서 가장 강력한 위협 요인으로 작용할 전망이다. 🅱

- 하이트와 진로의 합병 시너지 효과
- 무학소주, 서울·수도권 시장 입성 여부
- 관세청과 디아지오코리아의 4천억 원 세금 공방

소주·맥주 시장

진로 경영실적

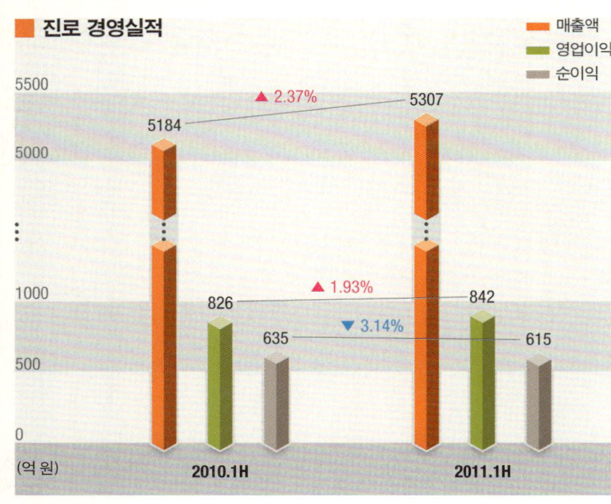

진로소주 생산실적

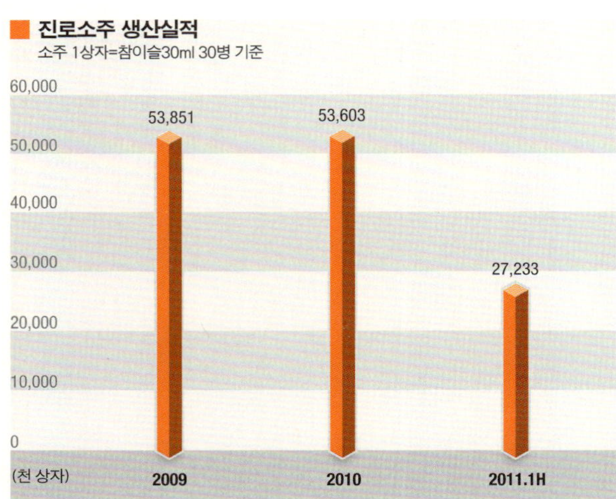

하이트맥주 경영실적

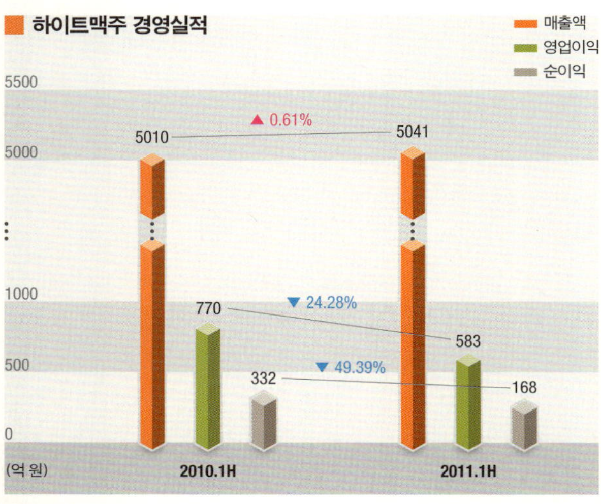

하이트맥주 생산실적

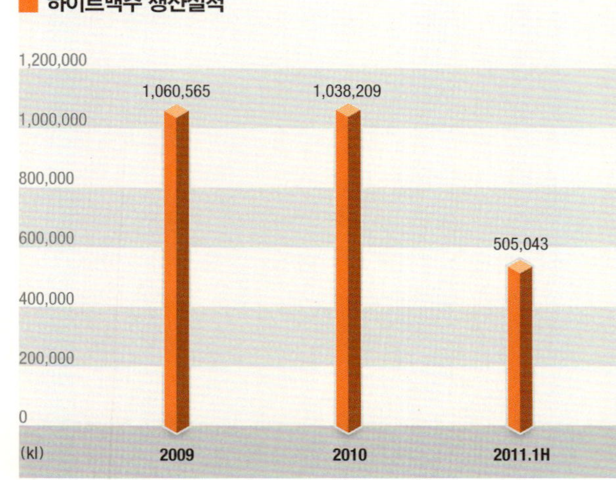

위스키 시장

주요 업체와 판매량

2011.01~07기준, 1 Box=700ml 12병

대표 위스키 판매량

2011.01~07기준

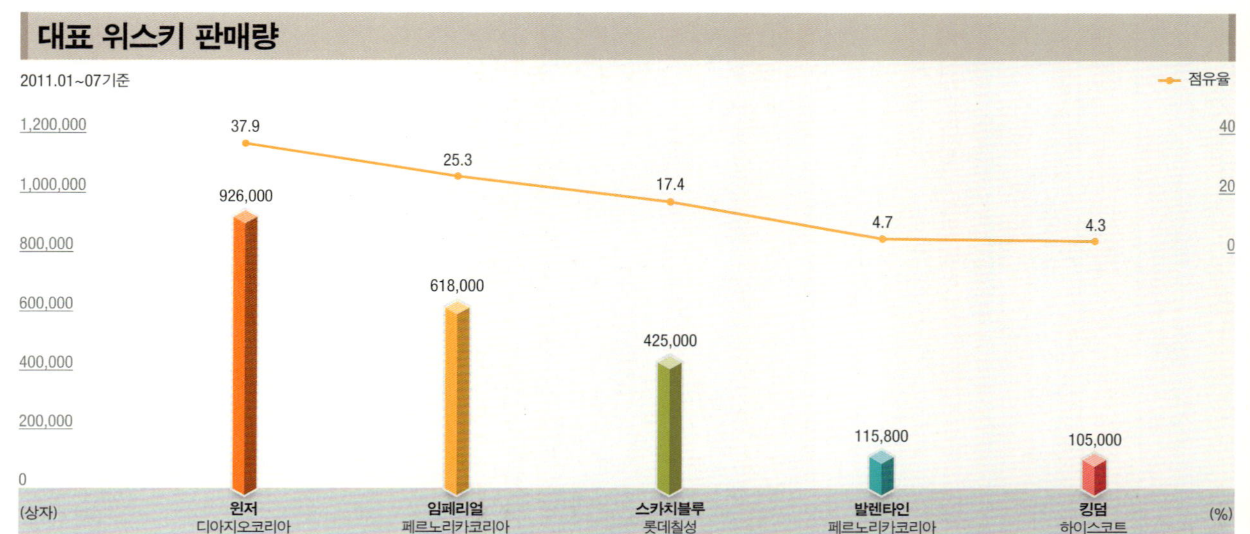

국순당
2011년 3분기 누계
매출액   959억 원
영업이익   54억 원
순이익   53억 원
36.59%   배중호
7.16%   한상은

경영실적
매출액
영업이익
순이익
1000
900
800
700
200
100
0
959
768
▲ 24.86%
136 137 ▼ 60.29%
▼ 61.31%
54 53
(억 원)
2010.3Q 누계
2011.3Q 누계

매출 비중 변화
단위 · %

2009.1H
백세주 78.8
막걸리 등 10.8
차례주 4.41
기타 5

2010.1H
막걸리 등 56.3
백세주 34.5
명작 3.2
기타 5.7

2011.1H
막걸리 등 51.4
백세주 26.3
담금 세상 4.4
기타 17.9

배상면주가
2010년
매출액   175억 원
영업이익 -28억 원
순이익   -29억 원

경영실적 추이
매출액
영업이익
300
250
200
150
100
50
0
-50
-100
271
202
178
175
47
39
0.4
-27
(억 원)
2007 2008 2009 2010

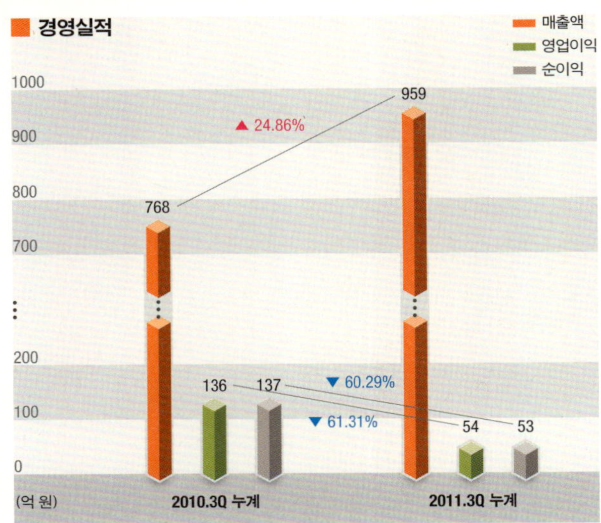

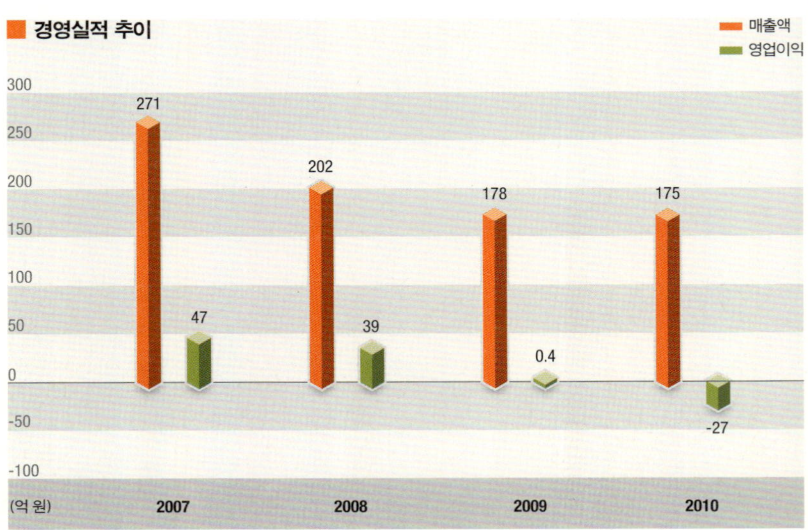

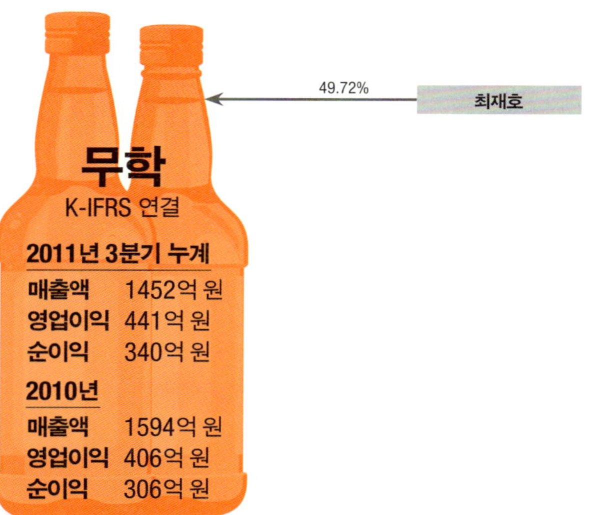
무학
K-IFRS 연결
49.72%
최재호
2011년 3분기 누계
매출액 1452억 원
영업이익 441억 원
순이익 340억 원
2010년
매출액 1594억 원
영업이익 406억 원
순이익 306억 원

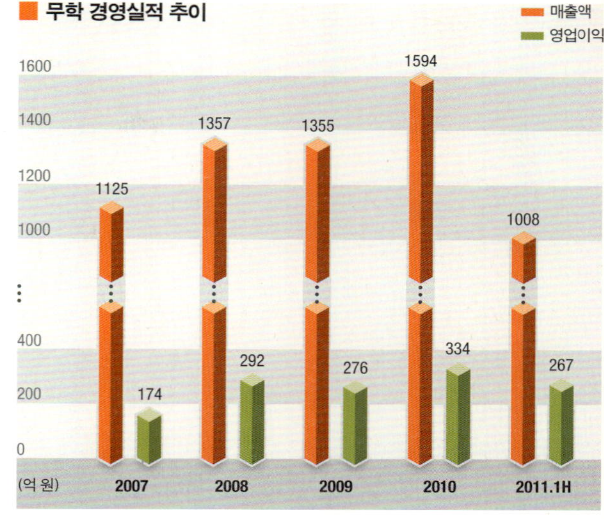
무학 경영실적 추이
매출액
영업이익
1600
1400
1200
1000
400
200
0
1125
1357
1355
1594
1008
174
292
276
334
267
(억 원)
2007
2008
2009
2010
2011.1H

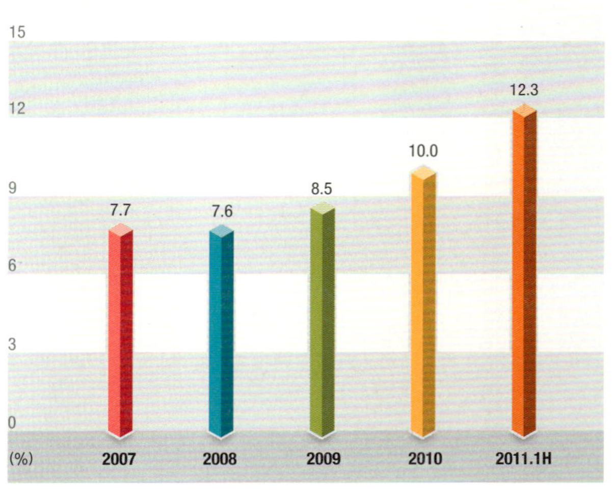
무학 소주시장 점유율
15
12
9
6
3
0
7.7
7.6
8.5
10.0
12.3
(%)
2007
2008
2009
2010
2011.1H

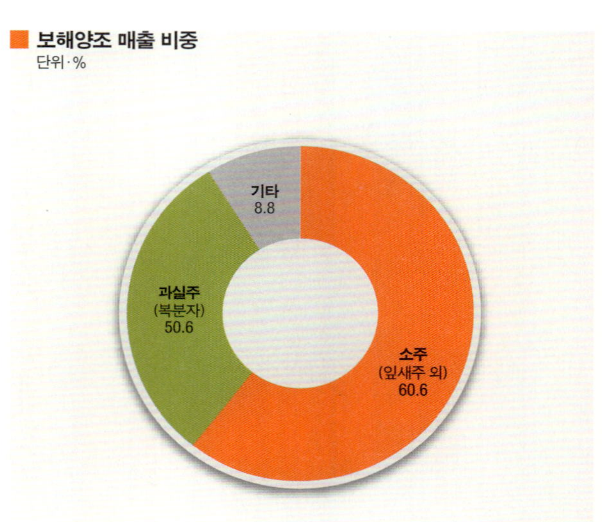
보해양조 매출 비중
단위·%
기타
8.8
과실주
(복분자)
50.6
소주
(잎새주 외)
60.6

보해양조
K-IFRS 연결
32.76%
임건우 및 이해관계인
33.16%
보해상호저축은행
2011년 3분기 누계
매출액 976억 원
영업이익 -446억 원
순이익 -503억 원
2010년
매출액 1257억 원
영업이익 46억 원
순이익 -264억 원
• 자사주 69만 7380주(15.88%)
  공개매각 추진

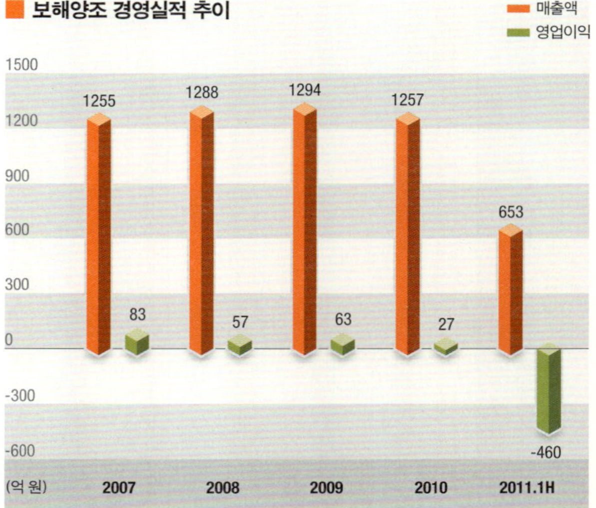
보해양조 경영실적 추이
매출액
영업이익
1500
1200
900
600
300
-300
-600
1255
1288
1294
1257
653
83
57
63
27
-460
(억 원)
2007
2008
2009
2010
2011.1H

연도별 주종별 국내 소비량

국내 제조장 출고량 기준, 자료·한국주류산업협회 연도별 출고실적, 단위·㎘

구분	소주	맥주	위스키	합계
2007	1,194,200	1,714,718	10,973	2,919,891
2008	1,253,538	1,772,800	6,908	3,033,246
2009	1,175,773	1,715,168	4,265	2,895,206
2010	1,178,808	1,725,037	3,177	2,907,022
2011. 04 누계	395,448	511,028	706	907,182

연도별 주종별 국내 소비액

면세부분을 제외한 출고 기준, 자료·한국주류산업협회 연도별 출고실적, 단위·억 원

구분	소주	맥주	위스키	합계
2007	26,855	33,141	5,233	65,228
2008	28,812	35,574	3,322	67,708
2009	28,569	35,990	2,099	66,658
2010	28,712	37,298	1,770	67,780
2011. 04 누계	9,624	11,100	431	21,155

소주 시장점유율 추이

자료·한국주류산업협회 연도별 출고실적, 단위·%

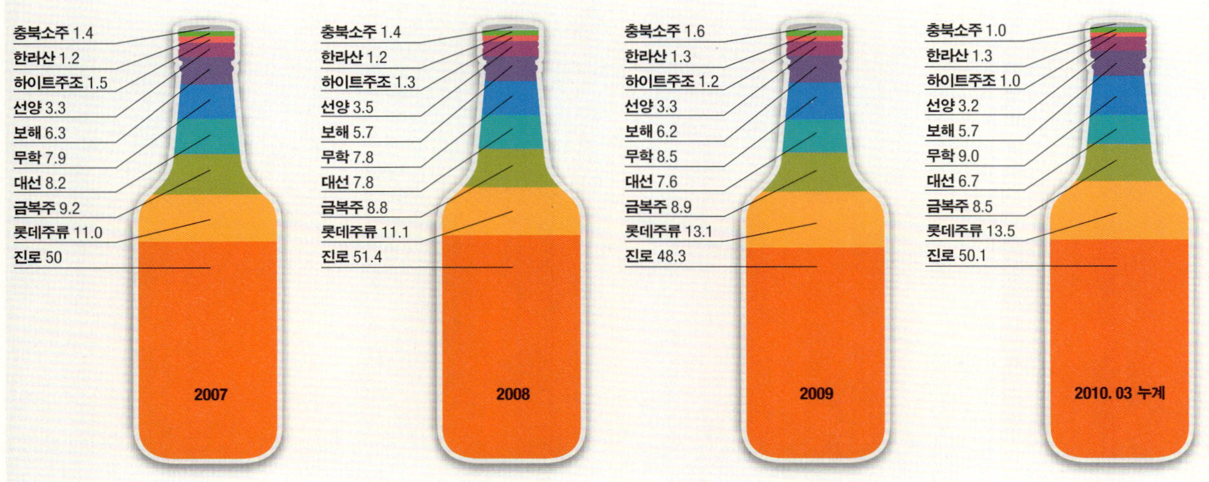

맥주 시장점유율 추이

자료·대한주류공업협회

수입맥주 점유율 추이

20101H~2011.1H기준

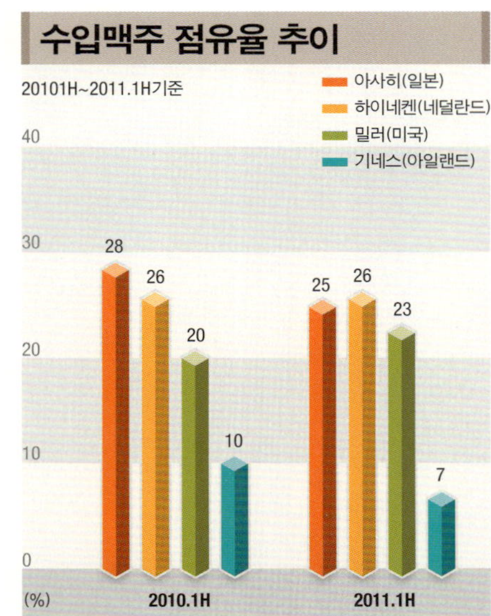

2011년 휘청거렸던 주류 시장
2012년 상승과 하락의 변곡점에 서다

2011년 주류 시장은 '시련'과 '개혁'의 변화가 공존한 한해였다. 소비심리 위축에 따라 어려움을 호소하는 기업이 늘어났고, 각 주종별 성적은 상이한 결과를 나타냈다. 원재료 가격 상승으로 위스키 시장은 매출 부진의 직격탄을 맞았고 불황에 강하다는 소주는 2010년 대비 소폭 성장하며 그나마 체면을 유지했다. 막걸리의 성장세도 주춤했고, 수입맥주 시장은 변화하는 소비자들의 니즈에 편승해 상승세를 타면서 희비가 엇갈렸다.

물가 안정을 위해 시장에 개입한 정부의 압력은 주류 업체를 더욱 어렵게 만들었다. 2011년 2월 공정거래위원회의 과징금 부과로 시작된 소주 업체들에 대한 옥죄기는 전체 주류 시장을 추위에 떨게 했다. 진로, 무학, 보해, 금복주 등 11개 소주 업체가 소주 가격을 올리는 과정 중 담합한 혐의를 물어 272억 원의 과징금을 부과했다. 업계는 불복해 행정소송을 냈고, 결국 법적 공방까지 가면서 업체들이 판정승을 거뒀다.

국내 위스키 시장, 갈수록 난항… 탈출구는 어디에?

업계의 최대 관심사인 관세청과 디아지오코리아의 관세 공방은 위스키 시장을 뜨겁게 달구었다. 약 4000억 원에 이르는 '세금 분쟁'에서 디아지오가 패할 경우 치명적인 타격과 함께 시장 판도까지 변화를 줄 수 있기 때문이다. 디아지오는 회사의 모든 역량을 동원해 관세 탈루 혐의를 해명하고 있지만 관세청의 대응도 녹록지 않다. 경쟁 업체인 페르노리카코리아도 실적 부진을 이유로 2011년 8월 사장이 전격 경질되면서 국내 1, 2위 위스키 업체의 수난은 계속 이어졌다.

특히 경기 불황으로 소비심리가 위축되면서 위스키 시장은 2010년 대비 10% 가까이 판매량이 떨어지는 총체적인 위기를 맞았다. 경영 상황이 악화된 수석밀레니엄의 매각도 2011년 업계를 달군 뉴스 중 하나다. 강신호 동아제약 회장의 둘째 아들 강문석 부회장이 이끈 수석밀레니엄이 부산 대경T&G 업체에 매각되면서 토종 위스키 '골든블루'의 새로운 도전이 시작됐다. 골든블루로 사명을 변경한 수석밀레니엄은 3년 내에 업계 3위 브랜드로 도약한다는 비전을 제시했다.

오비맥주의 大추격전, 지역 소주 업체들의 활약

그동안 만년 2위였던 오비맥주가 2011년 상반기 하이트맥주와의 시장점유율 격차를 2%포인트대로 좁히면서 손에 땀을 쥐게 했다. 주류산업협회가 발표한 2011년 1월~7월 회사별 누적 출고량(수출포함) 자료에 따르면 하이트맥주는 7월 말까지 5569만 상자를 팔아 51.1%의 점유율을 기록하며 5190만 상자를 판매한 오비맥주를 근소한 차이로 따돌렸다. 업계 전문가들은 오비맥주가 과거의 영광을 다시 재현할 수 있을지 예의주시하고 있다.

그러나 하이트맥주의 대응도 만만치 않았다. 2011년 4월 하이트맥주 대표에 오른 김인규 사장이 직접 영업과 마케팅을 총괄하며 조직을 재정비하면서 1위 수성에 사활을 걸고 있다. 최후 배수진을 친 김인규 사장은 2012년 서울·수도권 지역에 대한 마케팅 공세를 강화해 맥주 시장점유율을 50% 중반대로 재진입시킨다는 각오다.

한편, 소주업계의 이슈들도 볼만하다. 2011년 3월 롯데주류가 충북 지역 소주 회사인 '충북소주'를 350억 원에 인수하면서 서울 및 수도권, 강원, 충북 지역을 아우르는 기반을 갖추게 됐다. 롯데주류(15%)와 충북소주(2%)의 시장점유율을 합치면 17%대에 근접해 '소주 전국화'의 발판을 마련하게 된다.

2011년 8월 저축은행 사태로 유동성 위기를 겪던 보해양조가 주정(에탄올) 제조 회사인 창해에탄올에 인수됐다. 창해에탄올은 보해양조 임건우 전 회장의 동생인 임성우 회장이 운영하는 회사라 동생이 형의 기업을 인수하는 모양새가 됐다.

경남 마산의 지역소주인 무학의 성장세도 놀라웠다. 2011년 소주 시장 최고 히어로는 무학이라고 해도 과언이 아니다. 무학은 안방인 경남에서 확고한 시장점유율을 지키면서 부산과 대전까지 확대하며 공격적인 마케팅을 전개해 경북의 대표소주인 금복주를 누르고 3위에 올라섰다. 2012년은 서울·수도권 입성을 위해 기반 구축이 한창이다.

소주 시장 1위 업체인 진로 또한 시장점유율 방어에 나서며 2012년은 '진로-롯데칠성-무학'의 경쟁이 더욱 치열해질 전망이다. 업계 전문가들은 "2012년 주류 시장은 하이트와 진로의 합병(2011년 9월) 시너지가 어떻게 발휘하느냐에 따라 시장의 판도 변화에도 영향을 미칠 것"이라고 전망했다. 2011년 10월 롯데주류를 합병한 롯데칠성음료도 맥주 시장 진출과 함께 조직 재정비를 통해 제2의 도약을 노리고 있다. 다만, 롯데칠성음료와 롯데주류의 합병 시너지는 당분간 기대하기 어렵다는 게 전문가들의 중론이다. 🅱

- 2012년, 경기 및 소비 심리 회복 파란불
- SK네트웍스, 한섬 인수 성사 여부
- 국내 SPA 브랜드 성장 규모 추이

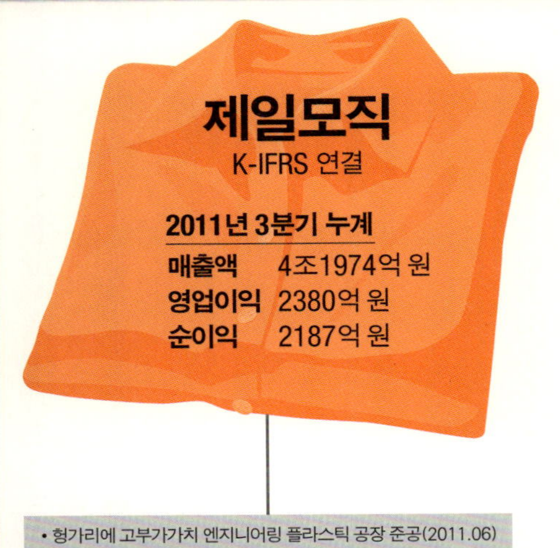

- 헝가리에 고부가가치 엔지니어링 플라스틱 공장 준공(2011.06)
- 편광필름 제조 자회사인 에이스디지텍 합병(2011.06)

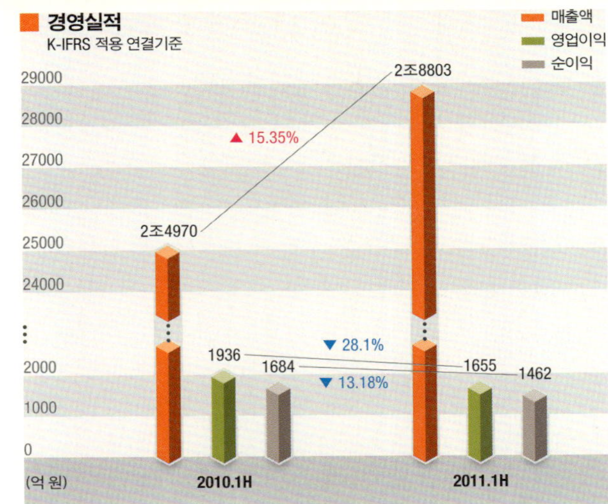

■ 주요 사업 매출

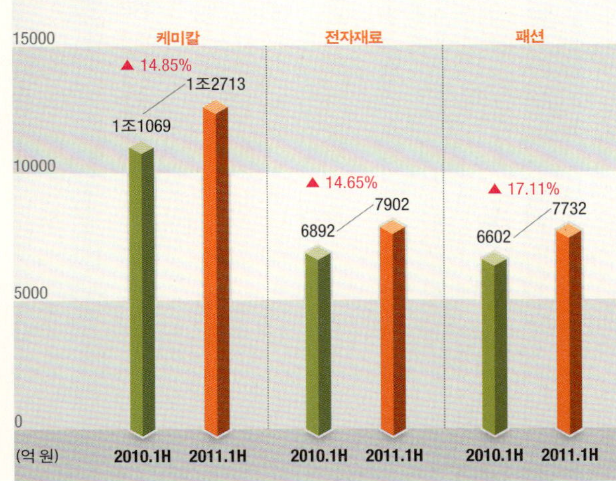

■ 주요 사업 영업이익

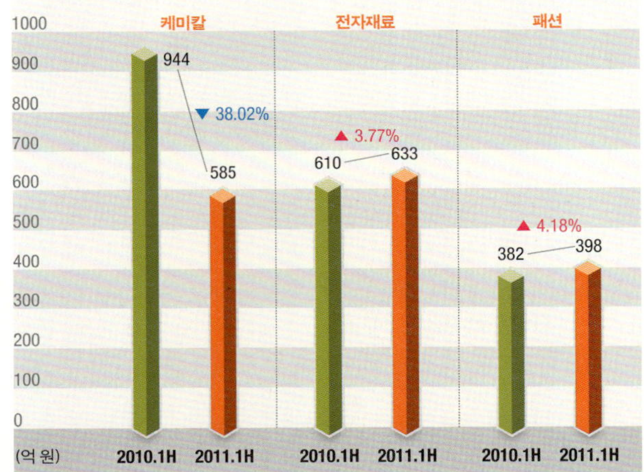

■ 매출 비중

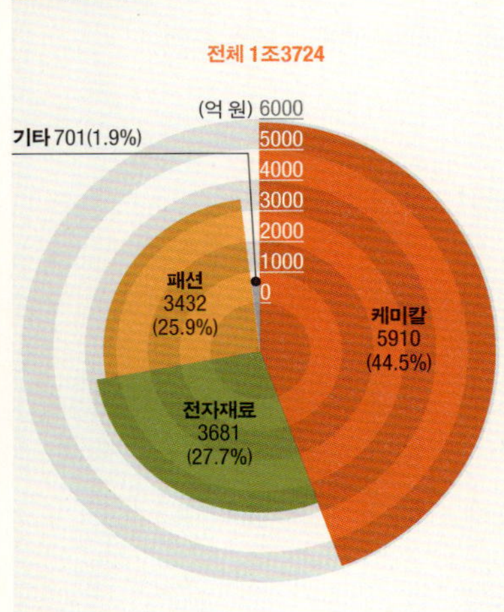

■ 의류별 매출 비중

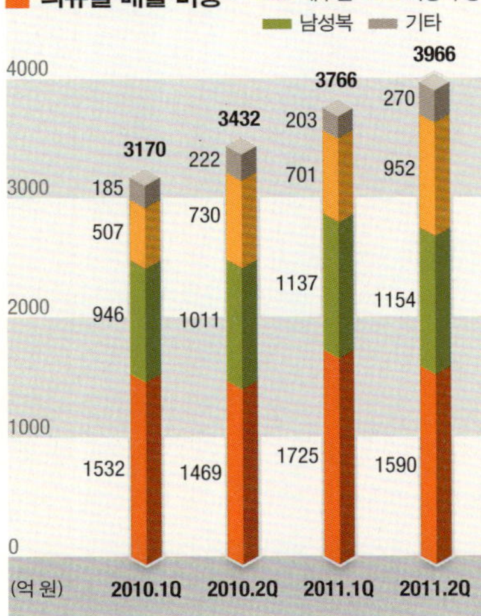

■ 재무비율

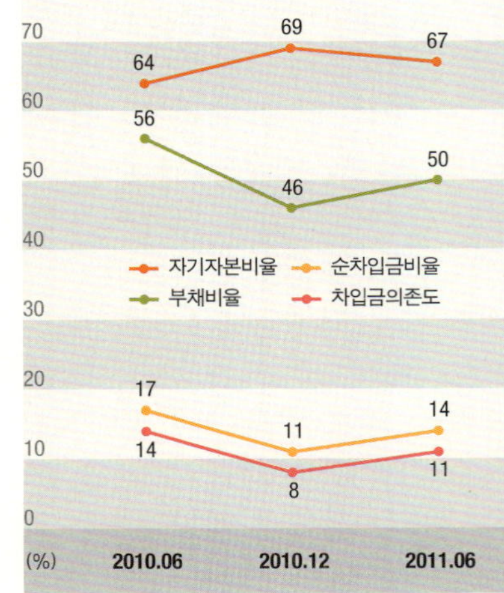

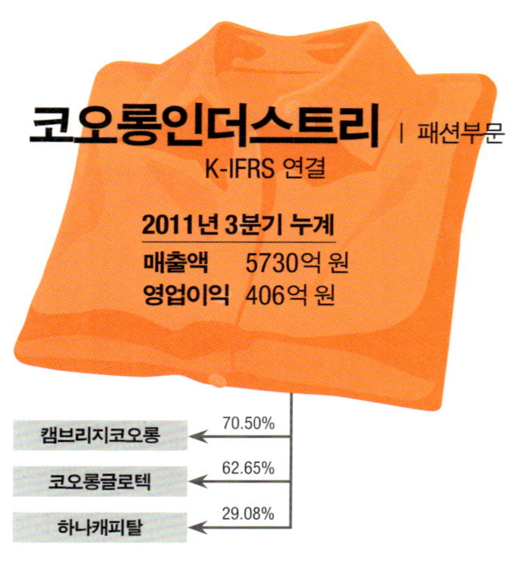

코오롱인더스트리 | 패션부문
K-IFRS 연결
2011년 3분기 누계
매출액 5730억 원
영업이익 406억 원
캠브리지코오롱 70.50%
코오롱글로텍 62.65%
하나캐피탈 29.08%

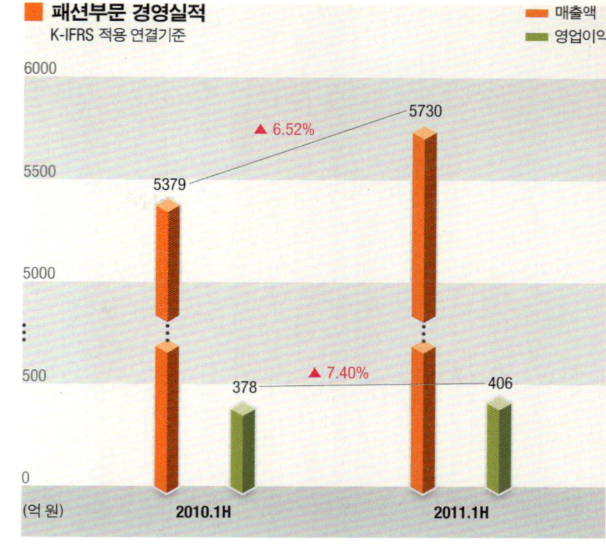

패션부문 경영실적
K-IFRS 적용 연결기준
매출액
영업이익
6000
5500
5000
500
0
(억 원)
5379
▲ 6.52%
5730
378
▲ 7.40%
406
2010.1H
2011.1H

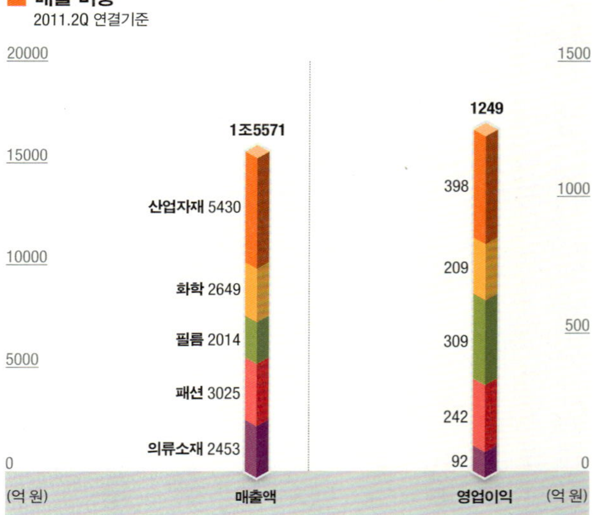

매출 비중
2011.2Q 연결기준
20000
15000
10000
5000
0
(억 원)
1조5571
산업자재 5430
화학 2649
필름 2014
패션 3025
의류소재 2453
매출액
1500
1000
500
0
1249
398
209
309
242
92
영업이익 (억 원)

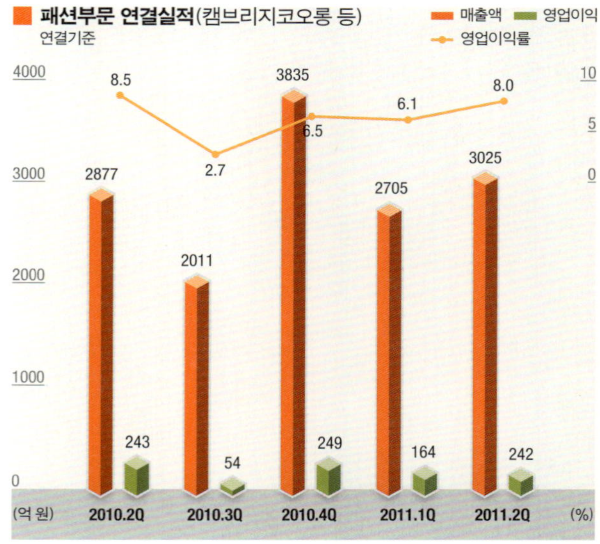

패션부문 연결실적(캠브리지코오롱 등)
연결기준
매출액 영업이익
영업이익률
4000
3000
2000
1000
0
(억 원)
10
5
0
(%)
8.5
2.7
6.5
6.1
8.0
2877
243
2011
54
3835
249
2705
164
3025
242
2010.2Q
2010.3Q
2010.4Q
2011.1Q
2011.2Q

LG패션
K-IFRS
2011년 3분기 누계
매출액 9594억 원
영업이익 913억 원
순이익 696억 원
구본걸 및 이해관계인 32.5%

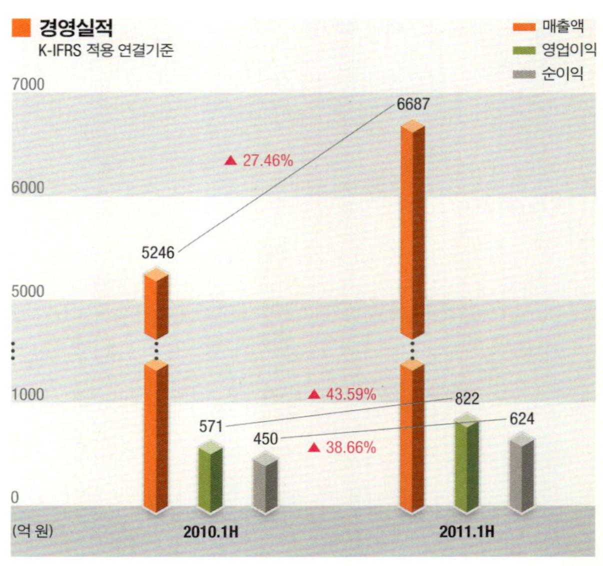

경영실적
K-IFRS 적용 연결기준
매출액
영업이익
순이익
7000
6000
5000
1000
0
(억 원)
6687
▲ 27.46%
5246
571
▲ 43.59%
450
▲ 38.66%
822
624
2010.1H
2011.1H

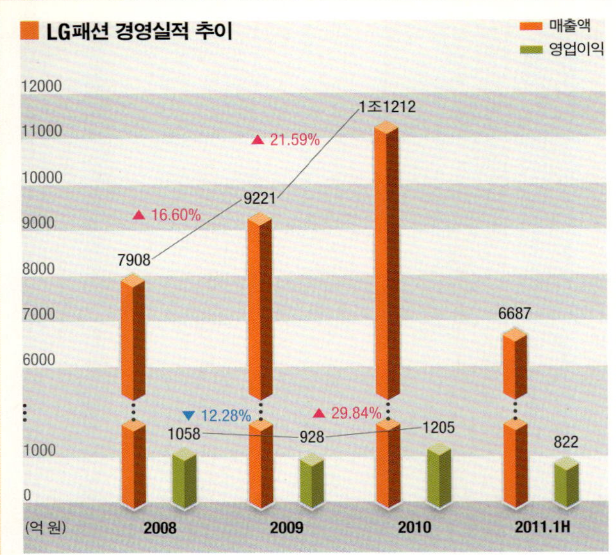

LG패션 경영실적 추이
매출액
영업이익
12000
11000
10000
9000
8000
7000
6000
1조1212
▲ 21.59%
9221
▲ 16.60%
7908
6687
▼ 12.28%
1058
928
▲ 29.84%
1205
822
1000
0
(억 원)
2008
2009
2010
2011.1H

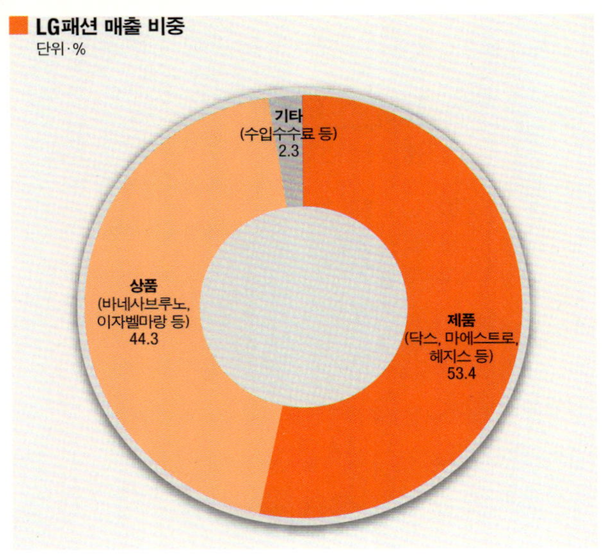

LG패션 매출 비중
단위·%
기타
(수입수수료 등)
2.3
상품
(바네사브루노,
이자벨마랑 등)
44.3
제품
(닥스, 마에스트로,
헤지스 등)
53.4

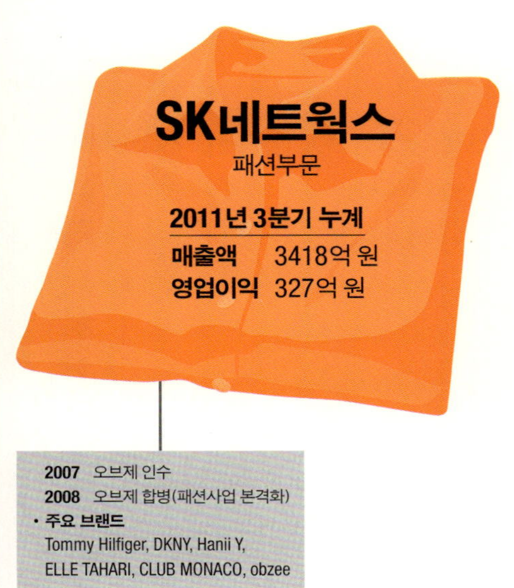

SK네트웍스
패션부문
2011년 3분기 누계
매출액   3418억 원
영업이익   327억 원
2007 오브제 인수
2008 오브제 합병(패션사업 본격화)
· 주요 브랜드
Tommy Hilfiger, DKNY, Hanii Y,
ELLE TAHARI, CLUB MONACO, obzee

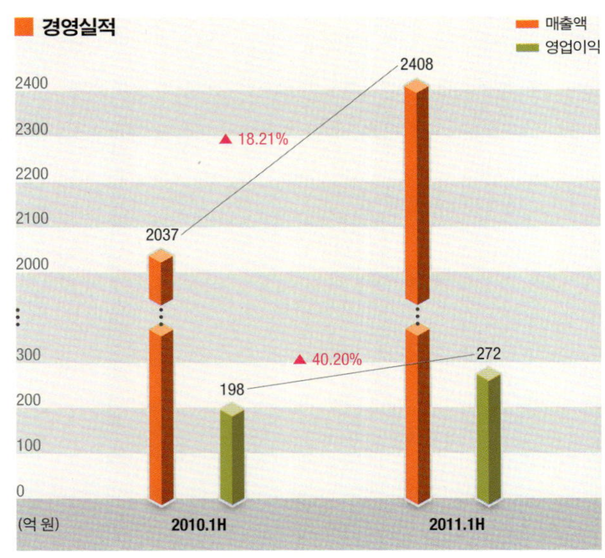

경영실적
매출액
영업이익
2400
2300
2200
2100
2000
2408
▲ 18.21%
2037
300
200
100
0
198
▲ 40.20%
272
(억 원)
2010.1H
2011.1H

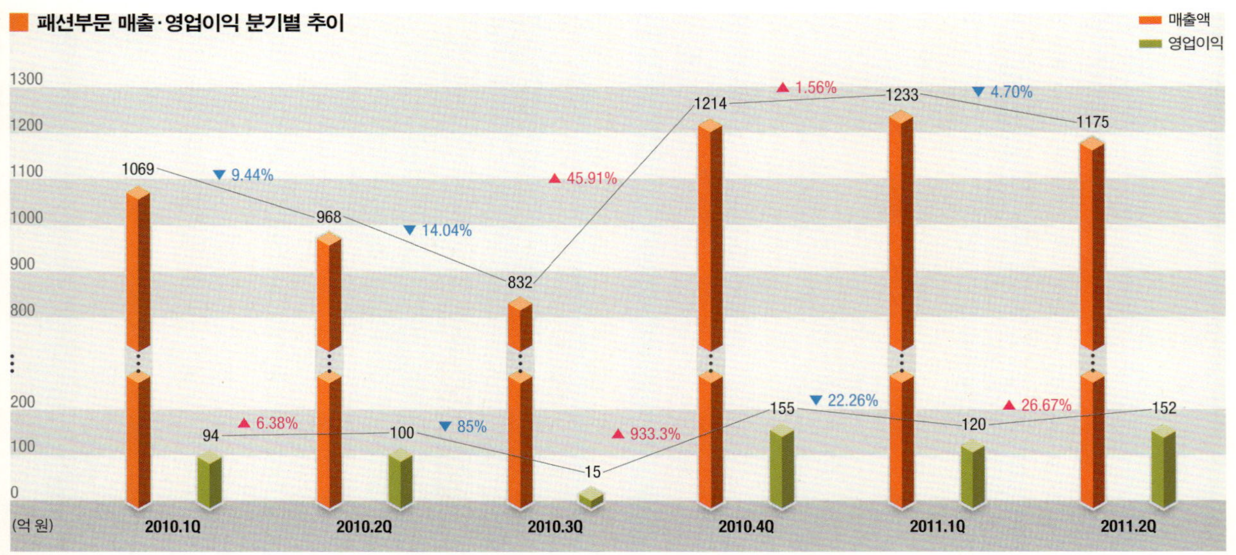

패션부문 매출·영업이익 분기별 추이
매출액
영업이익
1300
1200
1100
1000
900
800
1069
▼ 9.44%
968
▼ 14.04%
832
▲ 45.91%
1214
▲ 1.56%
1233
▼ 4.70%
1175
200
100
0
94
▲ 6.38%
100
▼ 85%
15
▲ 933.3%
155
▼ 22.26%
120
▲ 26.67%
152
(억 원)
2010.1Q
2010.2Q
2010.3Q
2010.4Q
2011.1Q
2011.2Q

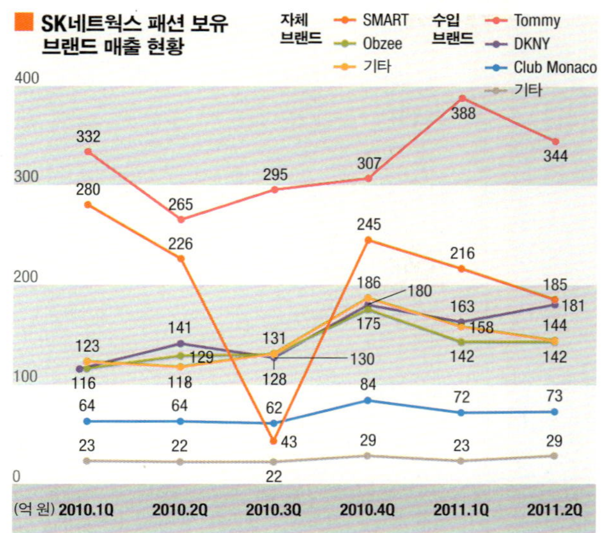
SK네트웍스 패션 보유 브랜드 매출 현황
자체 브랜드
수입 브랜드
SMART
Obzee
기타
Tommy
DKNY
Club Monaco
기타
400
300
200
100
0
332
280
265
226
295
307
388
344
245
216
185
186
180
175
163
158
181
144
142
142
141
129
131
130
128
123
116
118
62
43
84
72
73
64
64
23
22
22
29
23
29
(억 원)
2010.1Q
2010.2Q
2010.3Q
2010.4Q
2011.1Q
2011.2Q

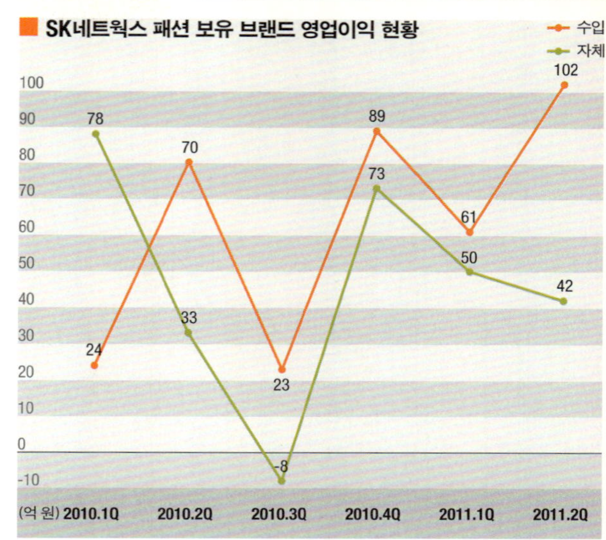
SK네트웍스 패션 보유 브랜드 영업이익 현황
수입
자체
100
90
80
70
60
50
40
30
20
10
0
-10
78
70
89
73
61
50
102
42
24
33
23
-8
(억 원)
2010.1Q
2010.2Q
2010.3Q
2010.4Q
2011.1Q
2011.2Q

신원
K-IFRS
2011년 3분기 누계
매출액   3829억 원
영업이익   -13억 원
순이익   -25억 원

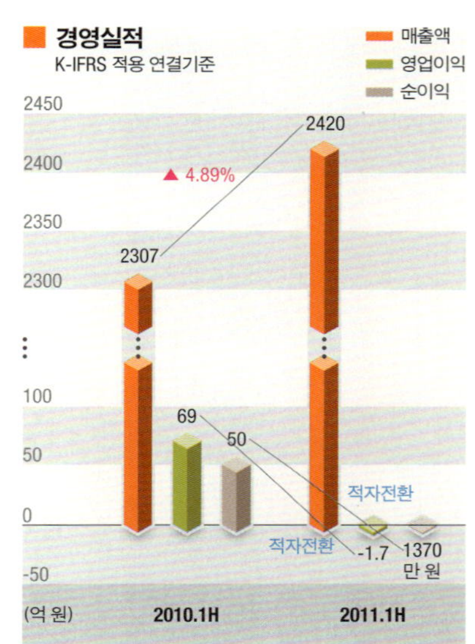
경영실적
K-IFRS 적용 연결기준
매출액
영업이익
순이익
2450
2400
2350
2300
100
50
0
-50
2307
2420
▲ 4.89%
69
50
적자전환
적자전환
-1.7
1370
만 원
(억 원)
2010.1H
2011.1H

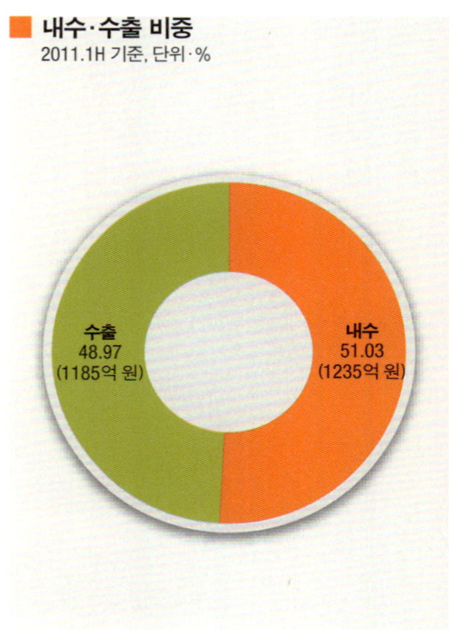
내수·수출 비중
2011.1H 기준, 단위·%
수출
48.97
(1185억 원)
내수
51.03
(1235억 원)

인디에프
K-IFRS
2011년 3분기 누계
매출액   1684억 원
영업이익   -113억 원
순이익   -162억 원
69.98%
세아상역

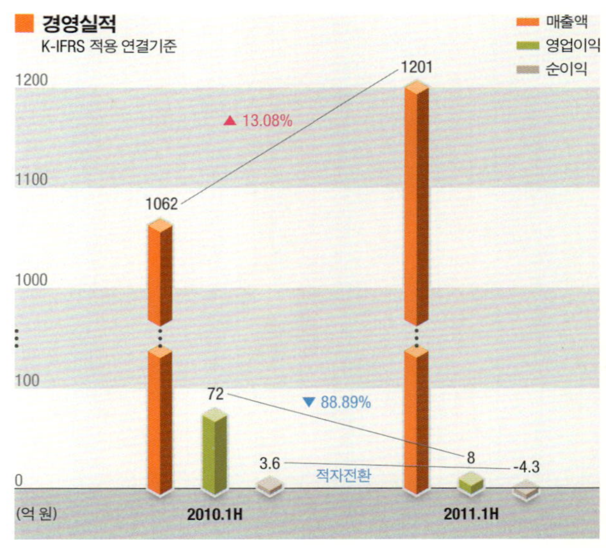
경영실적
K-IFRS 적용 연결기준
매출액
영업이익
순이익
1200
1100
1000
100
0
1062
1201
▲ 13.08%
72
3.6
적자전환
▼ 88.89%
8
-4.3
(억 원)
2010.1H
2011.1H

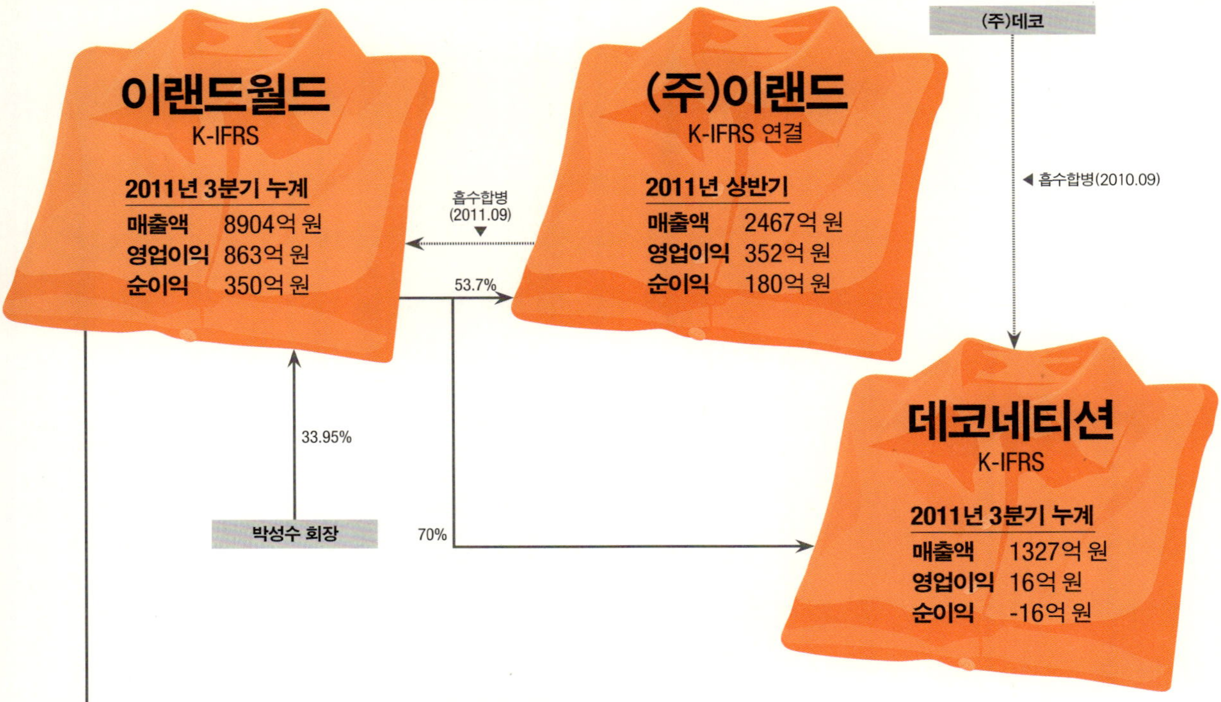

이랜드월드
K-IFRS
2011년 3분기 누계
매출액 8904억 원
영업이익 863억 원
순이익 350억 원
흡수합병
(2011.09)
53.7%
(주)이랜드
K-IFRS 연결
2011년 상반기
매출액 2467억 원
영업이익 352억 원
순이익 180억 원
(주)데코
◀ 흡수합병(2010.09)
33.95%
박성수 회장
70%
데코네티션
K-IFRS
2011년 3분기 누계
매출액 1327억 원
영업이익 16억 원
순이익 -16억 원

사업부문

패션부문
- 여성복 7개 브랜드
- 아동복 14개 브랜드
- 잡화 4개 브랜드

외식부문
- 7개 브랜드

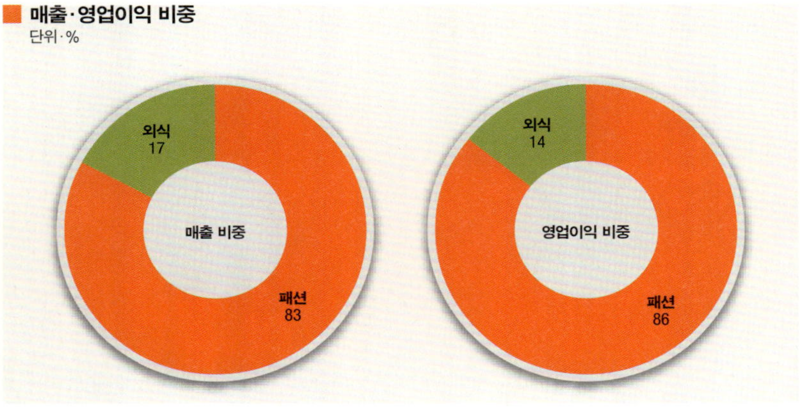

매출·영업이익 비중
단위·%
외식
17
매출 비중
패션
83
외식
14
영업이익 비중
패션
86

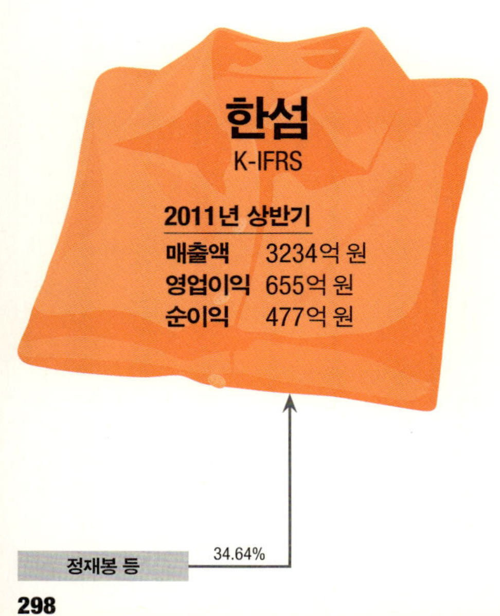

한섬
K-IFRS
2011년 상반기
매출액 3234억 원
영업이익 655억 원
순이익 477억 원
정재봉 등
34.64%

경영실적
K-IFRS 적용 연결기준
매출액
영업이익
순이익
2300
2200
2100
2000
500
400
300
200
100
0
(억 원)
2013
▲ 8.39%
2272
336
▲ 36.60%
459
298
▲ 9.06%
325
2010.1H
2011.1H

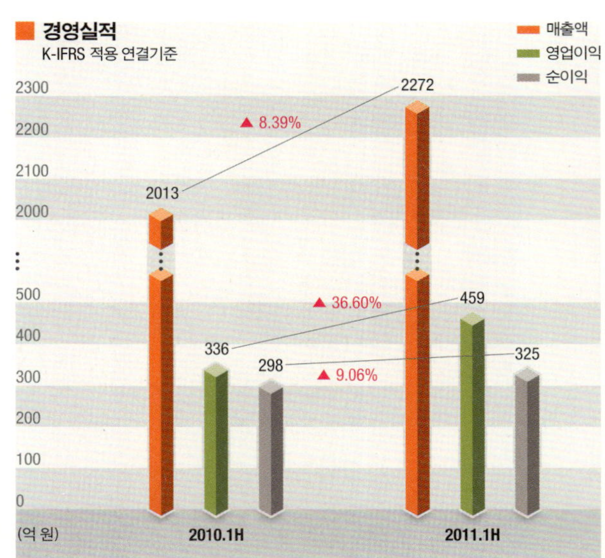

패스트 패션이 국내 패션 시장 주도
아웃도어, 스포츠웨어 등도 폭발적 성장

2011년 패션업계는 2010년에 이어 높은 성장세를 이어가고 있다. 한국섬유산업연합회와 한국패션협회에 따르면 2011년 국내 패션 시장규모는 전년 대비 7.3% 성장한 31조9000억 원을 기록할 것으로 예상됐다. 이 가운데 의류 시장은 전년 대비 7.5% 성장한 26조5788억 원을, 신발 및 가방 시장은 5조3037억 원을 차지할 것이란 관측이다. 이 같은 성장은 2010년 10월 이후부터 본격화된 시장 회복세가 2011년까지 이어질 것으로 예상되기 때문이다.

캐주얼, 스포츠웨어, 내의 등이 성장 주도

의류 시장의 성장은 전 제품에서 나타나고 있다. 특히 스포츠웨어와 내의, 외투류의 성장은 11%에 달하며 패션 시장의 성장을 주도하고 있다. 패션 품목 중에서 신발 부문은 스포츠 활동의 증가와 함께 패션 스니커즈의 새로운 수요로 7% 수준의 성장이 가능할 것으로 예상됐다. 가방 부문에서는 배낭, 일명 백팩(Back Pack)과 여행가방의 수요가 성장을 주도할 전망이다.

스포츠웨어 시장은 의류와 신발 양대 품목이 동시에 성장하는 추세다. 상호보완적 성장을 자극하면서 시장을 창출하며 성장을 이끌고 있는 것이다. 또 40대 여성 수요가 급속히 증가한 내의 부문은 하반기 남성 수요까지 나타나면서 고 성장기에 돌입하고 있다.

아울러 패스트패션이라 불리는 글로벌 SPA브랜드(Speciality retailer of Private label Apparel, 생산·제조부터 유통·판매까지 전 과정을 제조 업체가 맡는 의류 전문점)가 국내 시장에서 호조세를 이어가는 점도 패션업계로서는 고무적이다.

대기업들의 패션 사업 확장 움직임 예의주시

2012년 국내 패션업계는 ▲패션브랜드 토털화 ▲유통 환경의 대형화 ▲엔터테인먼트 요소 강화 ▲유통 채널의 다양화 등을 꾀하며 글로벌 시장 진출을 확대해 나갈 것으로 전망된다. 특히 대기업들의 패션 사업 행보가 주목을 끈다. 신세계와 롯데, LS, SK 등이 그 주인공이다.

신세계인터내셔날은 톰보이 인수를 통해 중저가 시장을 확장했다. 2011년 하반기 상장을 통해 조달한 1000억 원 가량의 자금 중 상당 부분을 패션 사업에 투자했다. 이로 인해 과거 업계 8위 규모에서 5위권까지 올라섰다.

롯데는 오는 2018년까지 e-커머스를 포함한 패션 사업 부문의 매출을 5조 원으로 키운다는 계획이다. 2010년 '나이스 클럽'을 운영하던 엔씨에프를 인수했고, '유니클로' 전개사인 일본 패스트리테일링 그룹의 여성복 '꽁뜨와데꼬또니에'를 들여왔다. 또 최근에는 기존 '유니클로·자라' 제휴를 통해 일본 최대 핸드백 브랜드인 '사만사 타바사'와 합작법인까지 설립했고, 해외 진출까지 노리고 있다.

전선과 산전이 주력사업인 LS그룹도 계열사 LS네트웍스를 통해 패션 사업을 확대하면서 2015년까지 매출 1조 원을 달성한다는 계획이다. LS그룹은 지난 2007년 계열사를 통해 스포츠브랜드 '프로스펙스'를 탄생시킨 국제상사를 인수했고, 그 이후 대규모 투자로 프로스펙스를 단기간에 회생시켰다. 현재 LS네트웍스는 패션 부문과 상사 부문으로 나뉘어 있으며, '프로스펙스'와 2008년 오디캠프를 인수하면서 확보한 일본 아웃도어 '몽벨', 독일 아웃도어 '잭 울프스킨' 등 주로 스포츠 아웃도어 브랜드를 중심으로 전개하고 있다.

SK네트웍스의 한섬 인수는 가격 조건이 맞지 않아 불발로 끝났지만 여전히 한섬의 거취가 업계 초미의 관심사다. 한섬을 인수하는 업체는 단숨에 업계 선두가 되면서 1조 원 이상의 매출로 도약할 수 있기 때문이다.

SK네트웍스는 2010년 주력 사업인 여성복 오브제와 오즈세컨, DKNY, 타미힐피거 풀 라인 등을 통해 4656억 원의 매출을 올렸으며, 한섬은 비슷한 수준인 4475억 원을 기록했다. 이 같은 매출 실적을 바탕으로 두 기업이 합병한다면 단박에 업계 4위권에 오를 수도 있다.

2012년 국내 패션업계는 특히 SPA 브랜드의 격전지가 될 전망이다. 2005년 유니클로가 국내에 입성한 이후부터 2008년에는 자라(ZARA)가, 2010년에는 H&M이 연이어 뛰어들었다. 항상 사계절에 맞춰 상품을 교체하던 국내 패션 흐름과 달리 유니클로, 자라 등 SPA 브랜드가 빠르면 일주일 단위로 신제품을 출시하기 시작하자 유행에 민감한 젊은 층 사이에서 폭발적인 반응을 얻기 시작했다.

노스페이스로 대표되는 아웃도어 의류 업체들도 가히 '폭발적'이라고 할 정도로 매출이 가파르게 상승하고 있다. 불과 5년 전만 하더라도 1조 원 규모에 불과했던 아웃도어 시장은 2011년 4조 원을 훌쩍 뛰어넘을 것으로 추산된다.

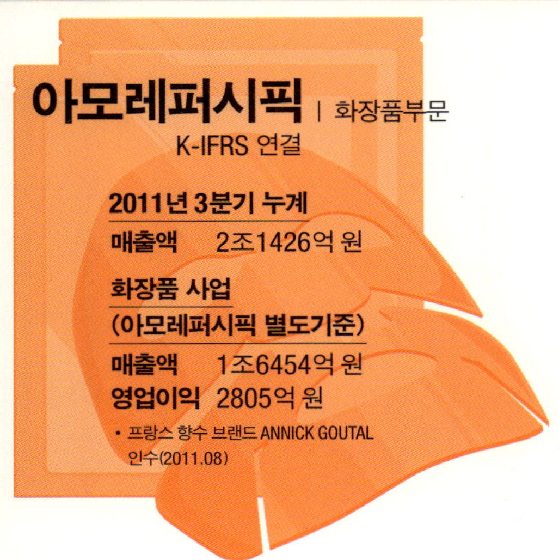
아모레퍼시픽 | 화장품부문
K-IFRS 연결
2011년 3분기 누계
매출액   2조1426억 원
화장품 사업
(아모레퍼시픽 별도기준)
매출액   1조6454억 원
영업이익   2805억 원
• 프랑스 향수 브랜드 ANNICK GOUTAL
  인수(2011.08)

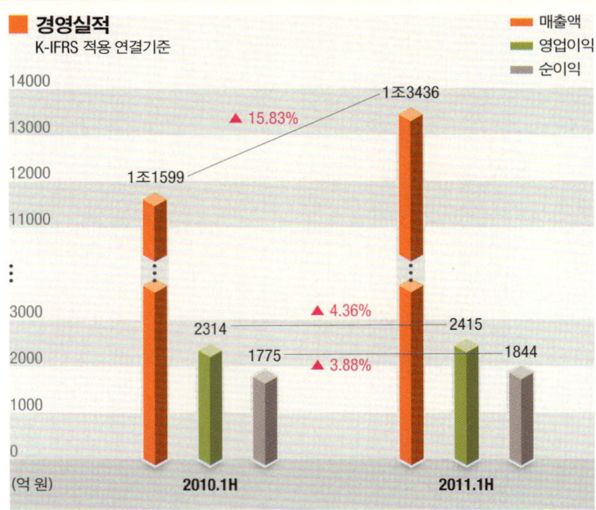
경영실적
K-IFRS 적용 연결기준
매출액
영업이익
순이익
1조3436
1조1599
▲ 15.83%
2314   ▲ 4.36%   2415
1775   ▲ 3.88%   1844
(억 원)
2010.1H   2011.1H

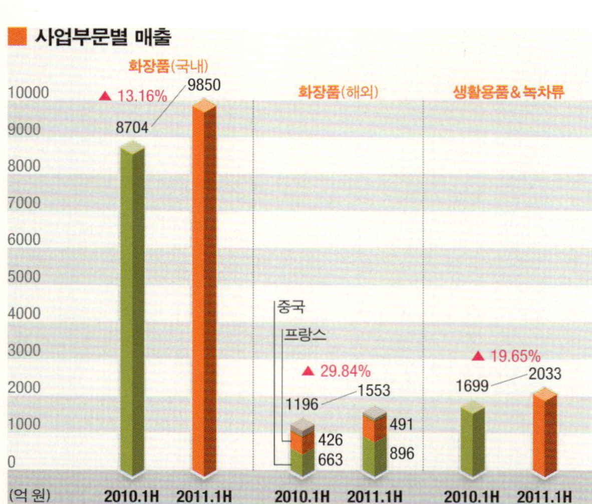
사업부문별 매출
화장품(국내)
▲ 13.16%   9850
8704
화장품(해외)
생활용품&녹차류
중국
프랑스
▲ 29.84%
1196   1553
426
663   491
896
▲ 19.65%
1699   2033
(억 원)
2010.1H   2011.1H   2010.1H   2011.1H   2010.1H   2011.1H

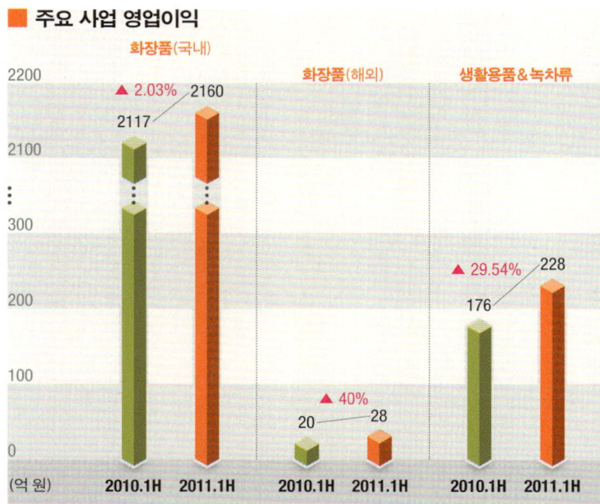
주요 사업 영업이익
화장품(국내)
▲ 2.03%   2160
2117
화장품(해외)
생활용품&녹차류
▲ 29.54%   228
176
▲ 40%
20   28
(억 원)
2010.1H   2011.1H   2010.1H   2011.1H   2010.1H   2011.1H

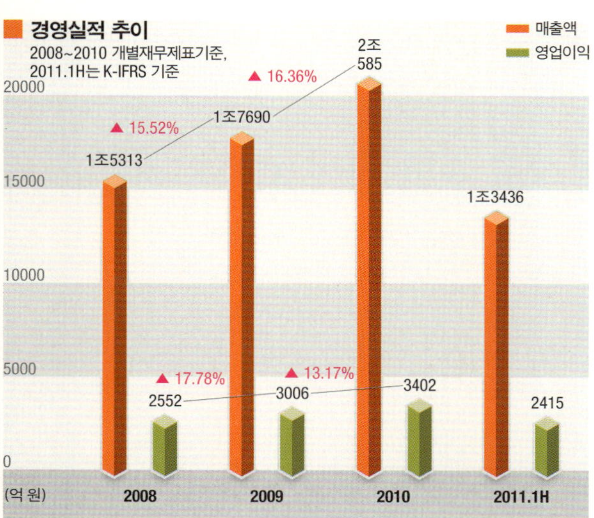
경영실적 추이
2008~2010 개별재무제표기준,
2011.1H는 K-IFRS 기준
매출액
영업이익
2조585
1조7690   ▲ 16.36%
1조5313   ▲ 15.52%
1조3436
▲ 17.78%   ▲ 13.17%   3402
2552   3006   2415
(억 원)
2008   2009   2010   2011.1H

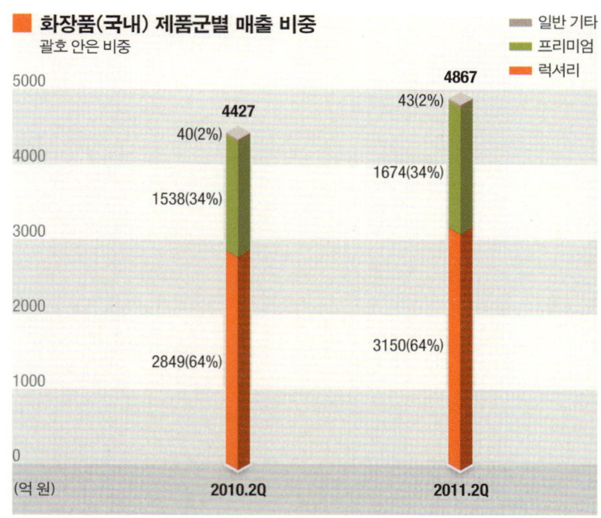
화장품(국내) 제품군별 매출 비중
괄호 안은 비중
일반 기타
프리미엄
럭셔리
4867
4427
43(2%)
40(2%)
1674(34%)
1538(34%)
3150(64%)
2849(64%)
(억 원)
2010.2Q   2011.2Q

LG생활건강

K-IFRS 연결

2011년 3분기 누계

매출액	2조 6223억 원
영업이익	3232억 원
순이익	2237억 원

화장품 사업

매출액	9111억 원
영업이익	1388억 원

- (주)보브화장품 사업부문 인수(2011.10)

■ 경영실적
K-IFRS 적용 연결기준

■ 사업부문별 매출

■ 사업부문별 영업이익

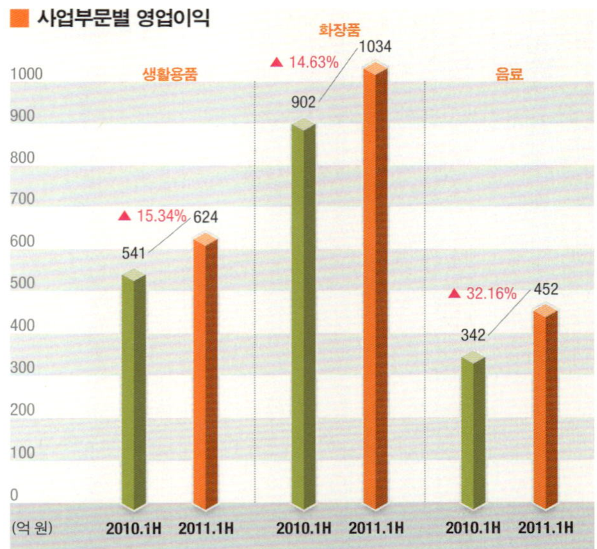

■ 경영실적 추이

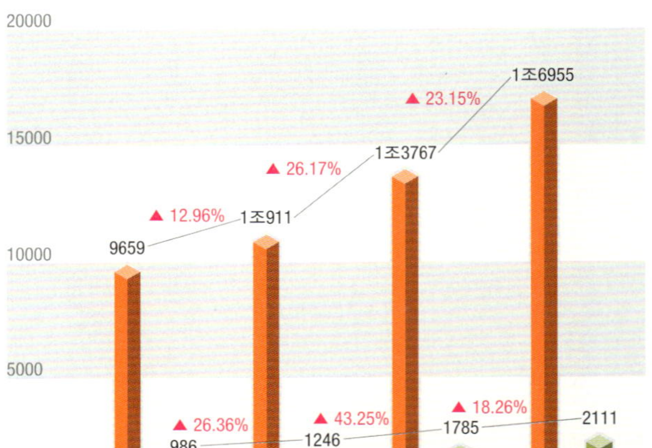

■ 더페이스샵 매장 수

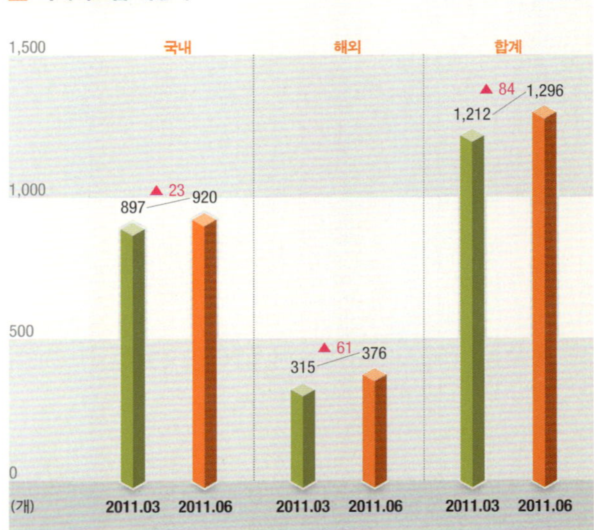

한국콜마
K-IFRS(3월 결산법인)

2011.04-09
매출액   1437억 원
영업이익   92억 원
순이익   77억 원

코스맥스
K-IFRS 연결

2011년 상반기
매출액   1184억 원
영업이익   98억 원
순이익   61억 원
• 중국 광저우공장 건설 추진(2011.11)
  연간생산능력 4천만 개 설비 구축
• 기존 상해공장, 9천만 개 생산능력

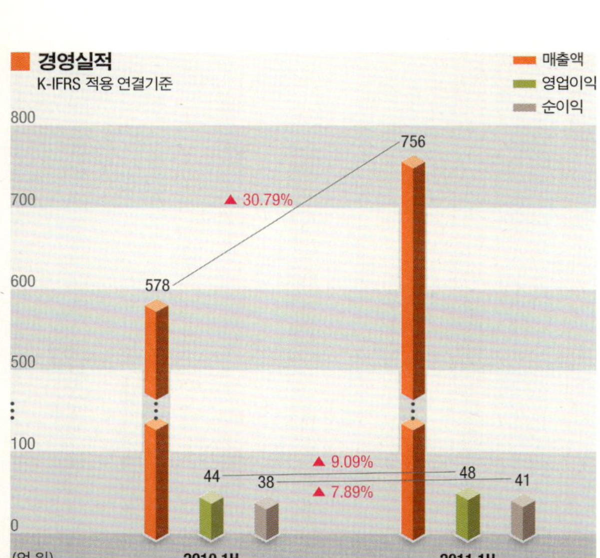

경영실적
K-IFRS 적용 연결기준
매출액
영업이익
순이익
800
700
600
500
100
0
578
756
▲ 30.79%
44
38
48
41
▲ 9.09%
▲ 7.89%
(억 원)
2010.1H
2011.1H

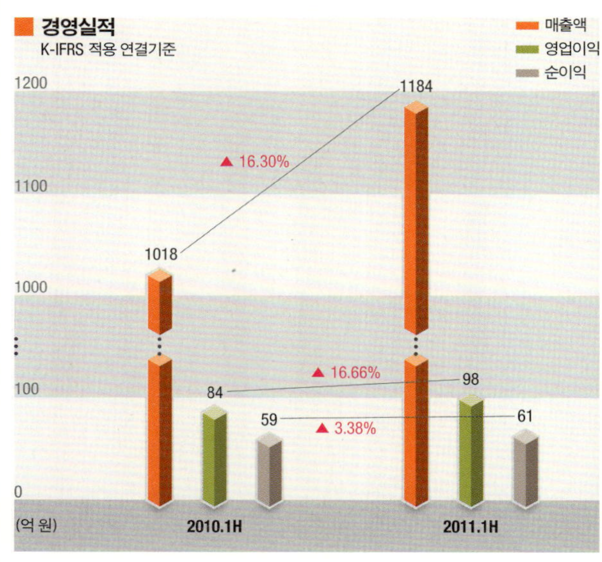

경영실적
K-IFRS 적용 연결기준
매출액
영업이익
순이익
1200
1100
1000
100
0
1018
1184
▲ 16.30%
84
59
98
61
▲ 16.66%
▲ 3.38%
(억 원)
2010.1H
2011.1H

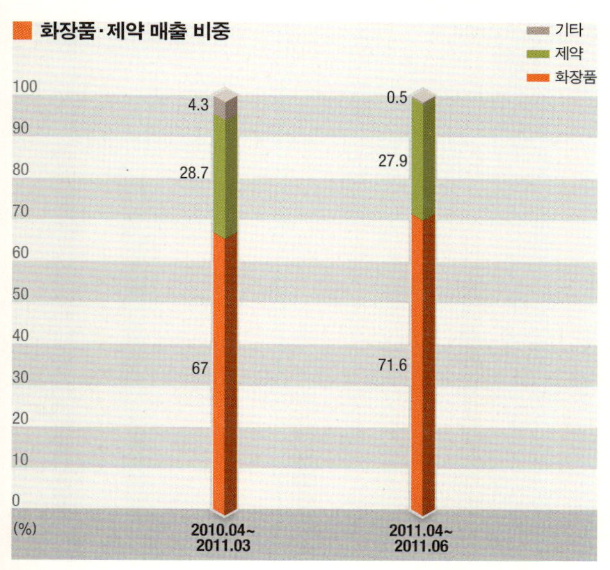

화장품·제약 매출 비중
기타
제약
화장품
100
90
80
70
60
50
40
30
20
10
0
4.3
28.7
67
0.5
27.9
71.6
(%)
2010.04~
2011.03
2011.04~
2011.06

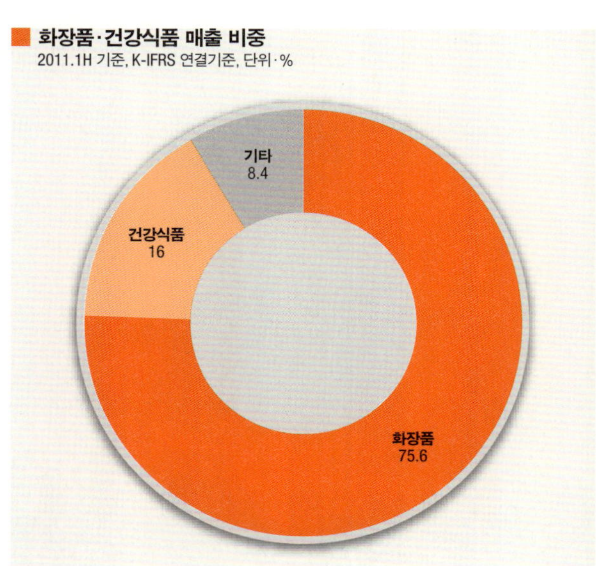

화장품·건강식품 매출 비중
2011.1H 기준, K-IFRS 연결기준, 단위·%
기타
8.4
건강식품
16
화장품
75.6

■ 경영실적
K-IFRS 적용 연결기준

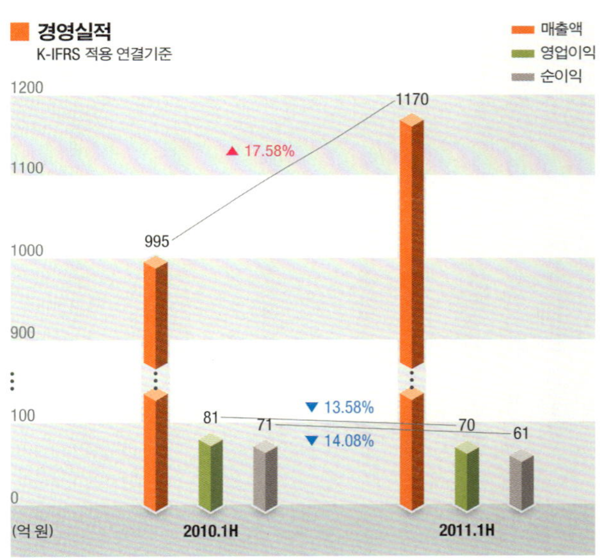

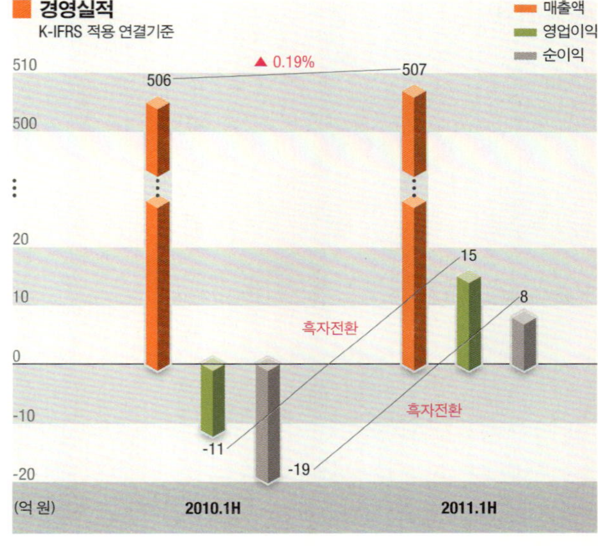

■ 경영실적 추이
2008~2010 한국회계기준, 2011.1H K-IFRS 기준

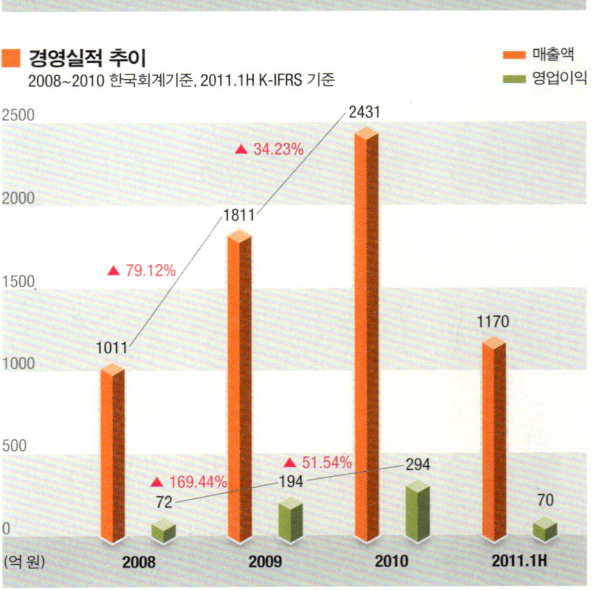

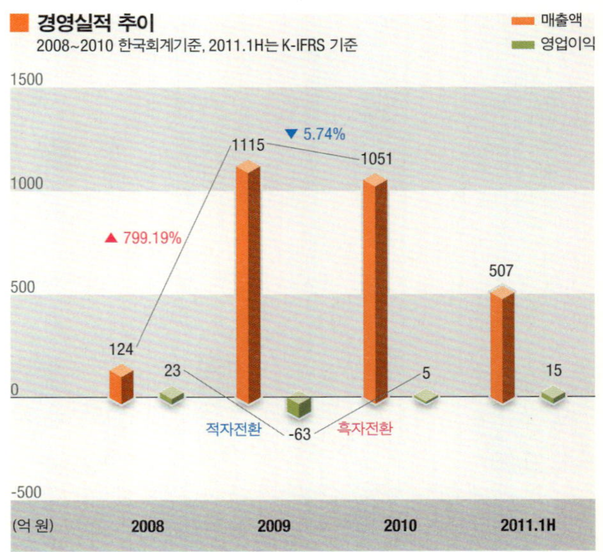

화장품 시장점유율

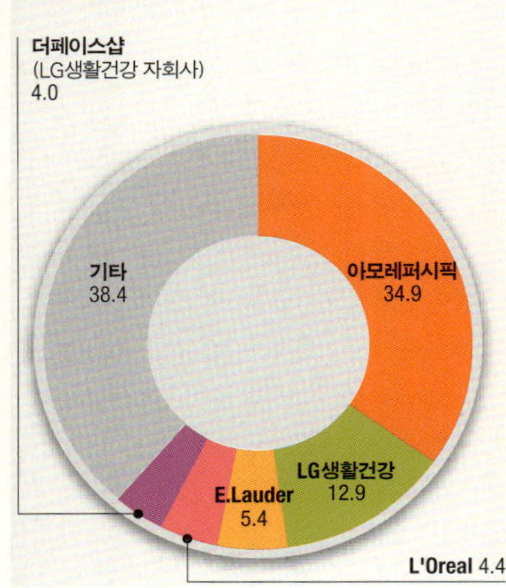

아모레퍼시픽 화장품 생산실적

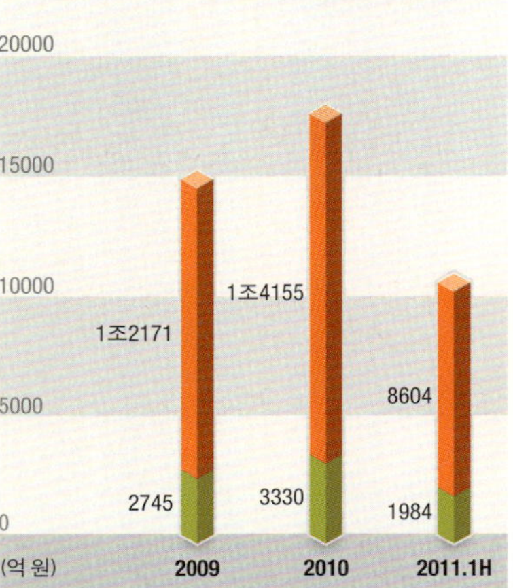

화장품 매출 경로

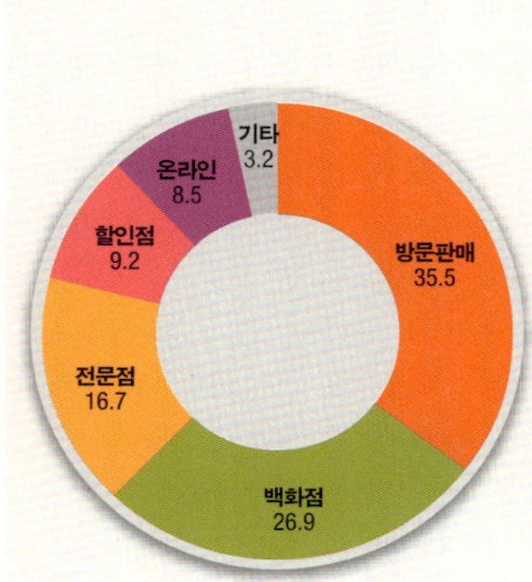

브랜드숍 점유율

중국 화장품 시장 판매 추이

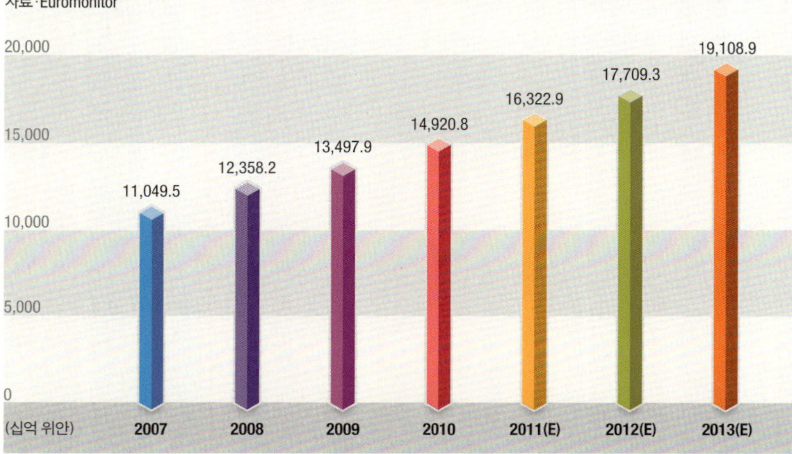

여성의 9단계 화장 순서별 대표 브랜드

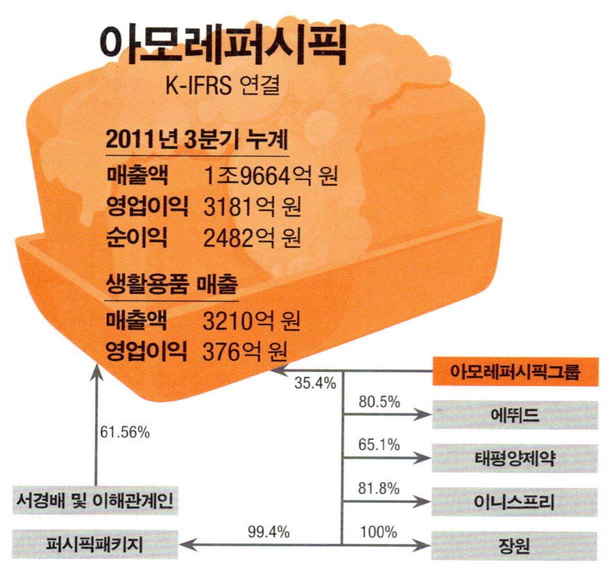
아모레퍼시픽
K-IFRS 연결

2011년 3분기 누계
매출액 1조9664억 원
영업이익 3181억 원
순이익 2482억 원

생활용품 매출
매출액 3210억 원
영업이익 376억 원

서경배 및 이해관계인
퍼시픽패키지
61.56%
35.4%
99.4%
아모레퍼시픽그룹
80.5% 에뛰드
65.1% 태평양제약
81.8% 이니스프리
100% 장원

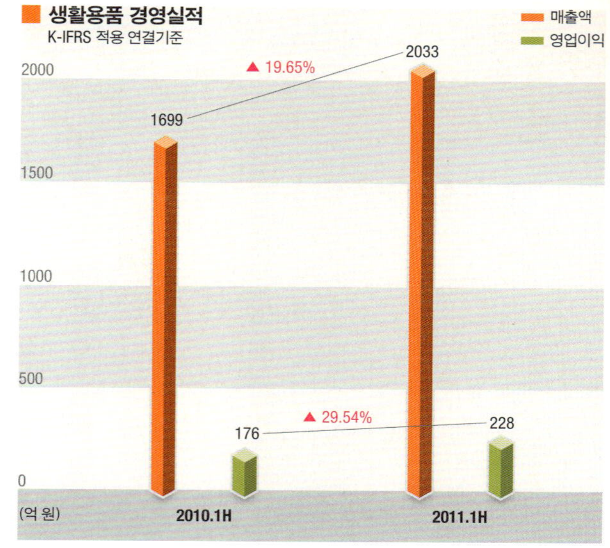
생활용품 경영실적
K-IFRS 적용 연결기준
매출액
영업이익
2033
1699
▲ 19.65%
228
176
▲ 29.54%
(억 원)
2010.1H
2011.1H

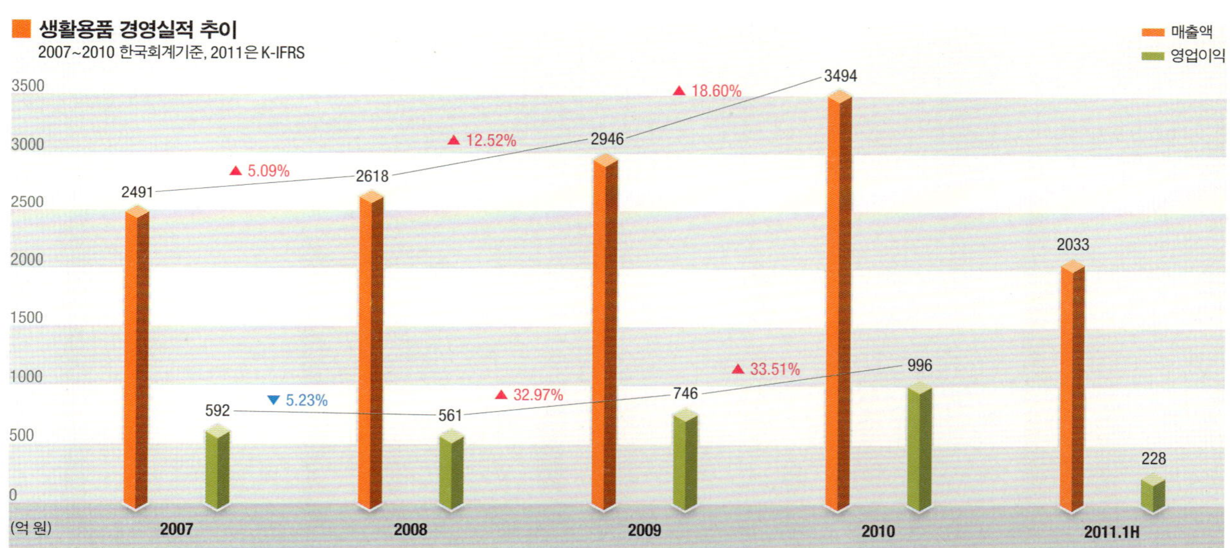
생활용품 경영실적 추이
2007~2010 한국회계기준, 2011은 K-IFRS
매출액
영업이익
2491 ▲ 5.09% 2618 ▲ 12.52% 2946 ▲ 18.60% 3494 2033
592 ▼ 5.23% 561 ▲ 32.97% 746 ▲ 33.51% 996 228
(억 원)
2007 2008 2009 2010 2011.1H

옥시
2010
매출액 2439억 원
영업이익 209억 원
순이익 176억 원

CJ라이온
2010
매출액 1380억 원
영업이익 -60억 원
순이익 -47억 원

피죤
2010
매출액 1437억 원
영업이익 58억 원
순이익 15억 원

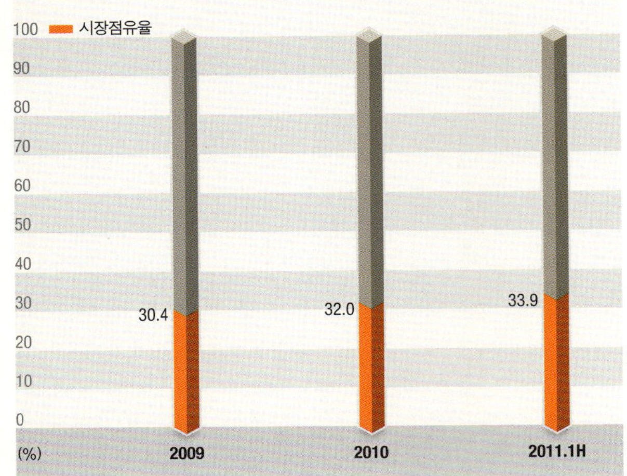

LG생활건강 주요 6개 생활용품 시장점유율 추이
주·6개 제품 : 샴푸·린스, 바디·비누, 치약·칫솔, 세탁세제, 섬유유연제, 주방세제
시장점유율
100
90
80
70
60
50
40
30
20
10
0
30.4
32.0
33.9
(%)
2009
2010
2011.1H

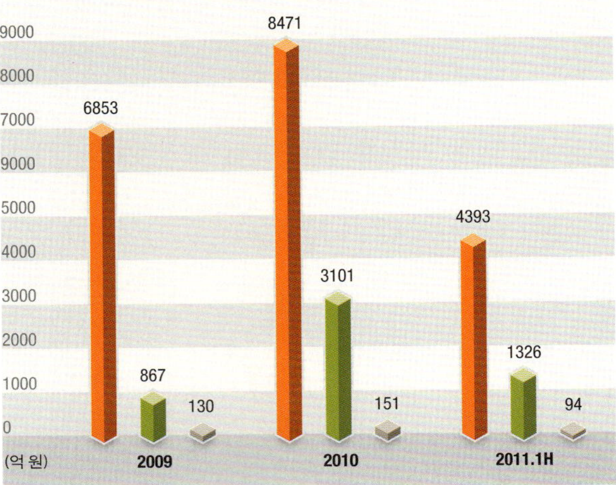

LG생활건강 주요 생활용품 생산실적
치약, 샴푸, 세제 등
피부용품, 계면활성제 등
랩, 세트
9000
8000
7000
6000
5000
4000
3000
2000
1000
0
6853
867
130
8471
3101
151
4393
1326
94
(억 원)
2009
2010
2011.1H

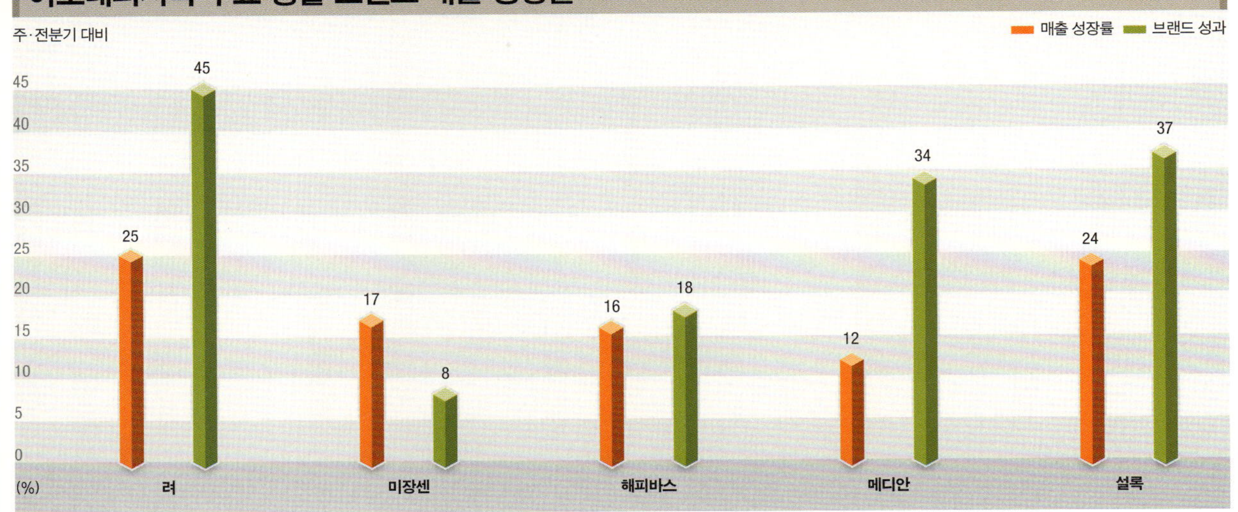

아모레퍼시픽 주요 생활 브랜드 매출 성장률
주·전분기 대비
매출 성장률
브랜드 성과
45
40
35
30
25
20
15
10
5
0
25
45
려
17
8
미장센
16
18
해피바스
12
34
메디안
24
37
설록
(%)

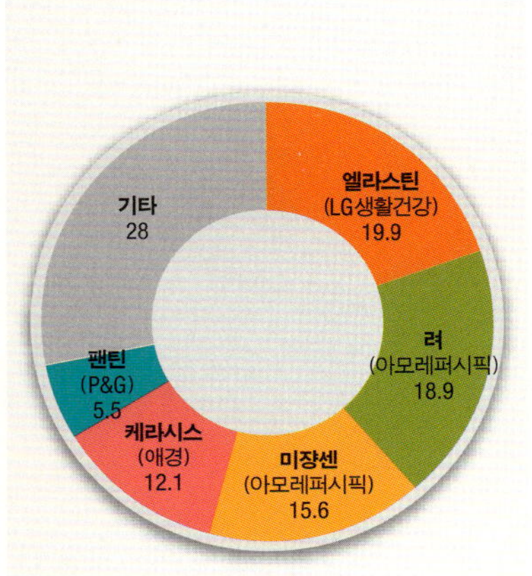

국내 샴푸 시장점유율
자료·AC Nilson 2011.01~02 기준, 단위·%
기타
28
엘라스틴
(LG생활건강)
19.9
려
(아모레퍼시픽)
18.9
미장센
(아모레퍼시픽)
15.6
케라시스
(애경)
12.1
팬틴
(P&G)
5.5

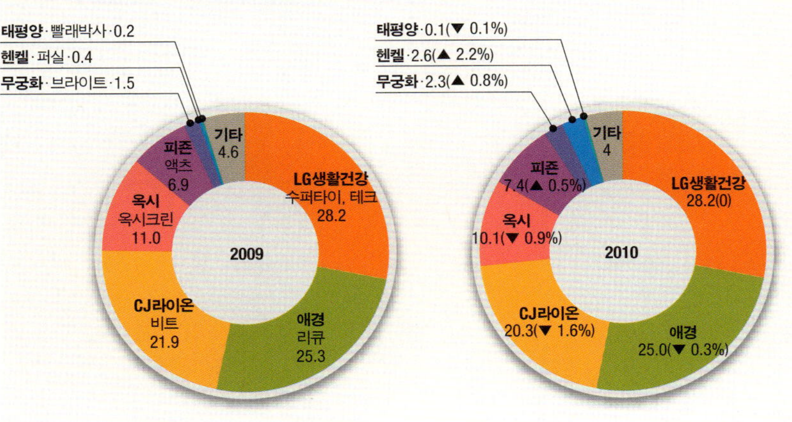

국내 세탁세제 시장점유율
자료·AC Nilson 2011.01~09 누계, 단위·%, 괄호 안은 전년 대비 증감률
태평양·빨래박사·0.2
헨켈·퍼실·0.4
무궁화·브라이트·1.5
기타
4.6
피존
액츠
6.9
옥시
옥시크린
11.0
CJ라이온
비트
21.9
LG생활건강
수퍼타이, 테크
28.2
애경
리큐
25.3
2009

태평양·0.1(▼ 0.1%)
헨켈·2.6(▲ 2.2%)
무궁화·2.3(▲ 0.8%)
기타
4
피존
7.4(▲ 0.5%)
옥시
10.1(▼ 0.9%)
CJ라이온
20.3(▼ 1.6%)
LG생활건강
28.2(0)
애경
25.0(▼ 0.3%)
2010

고전을 면치 못하는 외국계 브랜드들
국내 업체들의 활약은 계속된다

국내 생활용품업계는 크게 ▲샴푸·린스 ▲세탁·주방·주거세제 ▲섬유유연제·표백제 ▲치약·칫솔 ▲비누·바디클린저 ▲살충제·방향제 등 6개 카테고리로 나누어진다. 이들을 모두 합산하면 약 2조5000억 원에서 3조 원 정도(이하 출하가 기준)의 시장규모를 형성하는 것으로 업계는 추산한다. 여기에 기저귀, 생리대, 화장지 등 지류 제품까지 포함하면 시장규모가 약 4조5000억 원까지 늘어난다.

선두 업체의 약진 지속, 하위 업체와의 격차 심화

최근 소비자들은 점차 자신의 몸에 닿는 생활용품 제품들을 화장품처럼 인식하면서 프리미엄 브랜드를 구매하는 성향을 보이고 있다. 이러한 성향의 가장 대표적인 제품군이 헤어와 바디케어 부문인 바, 특히 헤어케어 부문의 고성장세가 눈에 띈다. 이에 따라 고가의 해외 프리미엄 바디·헤어 케어 브랜드들이 고성장하고 있으며, 국내 생활용품 업체들도 이러한 소비자의 니즈에 부합하는 고가의 프리미엄 제품들을 활발하게 출시하고 있다.

2011년 생활용품 시장은 LG생활건강의 1위권 자리 확보가 더욱 견고해진 한 해였다. 반면, 애경과 아모레퍼시픽은 여느 해와 다름없이 2위권 자리를 놓고 치열한 각축전을 벌였다. GDP 성장률과 유사한 3~4%의 성장을 보이고 있는 생활용품 시장에서 LG생활건강의 생활용품 사업은 2011년 매출과 영업이익이 10% 이상 성장했다. 2012년에도 LG생활건강의 1위권 수성은 더욱 공고해질 전망이다.

2위 업체 애경은 영업이익이 줄어들면서 공격적인 가격정책을 펼치지 못하고 있고, 유니레버와 P&G 등 외국계 업체들은 우리나라 유통채널에 대한 이해도가 낮아 국내시장에서의 경쟁력을 점차 잃어가고 있다. CJ라이온의 매출도 정체상태에 놓였다. 다만 아모레퍼시픽은 헤어케어 시장에서의 선전으로 시장점유율을 점차 높이며 애경의 2위 자리를 넘보고 있어 앞으로 귀추가 주목된다.

총 7개의 생활용품(오랄케어, 바디케어, 헤어케어, 세탁세제, 주방세제, 섬유유연제, 생리대) 카테고리 가운데 LG생활건강은 5개(오랄케어, 바디케어, 세탁세제, 주방세제, 섬유유연제)의 카테고리에서 시장점유율 1위를 차지하고 있다. 헤어케어 시장에서는 아모레가 근소한 차이로 1위 자리를 지키고 있고, 생리대 시장에서는 유한킴벌리가 앞서나가고 있다.

탈모 방지 및 두피 케어 시장 급성장

약 4000억 원 규모의 세탁세제 시장에서는 기존 분말세제 이외에 액체세제와 중성세제 등으로 시장이 다변화하는 추세다. 액체 세제는 가루 날림 없이 깔끔하게 사용할 수 있고, 찬물에서도 잘 녹아 세제가 옷에 남아 의류가 변색되거나 손상될 염려가 없다는 장점을 내세워 전년 대비 연간 30%의 고성장세를 이어가고 있다. 2011년에도 약 1000억 원 규모가 넘어설 것으로 업계는 예상하고 있다. 또한 해마다 약 6% 가량 성장세를 이어가는 160억 원 규모의 중성세제 시장에도 관심을 가져볼만하다. 고급 의류, 아웃도어 관리에 대한 니즈가 늘어나면서 중성세제 시장도 자연스럽게 커지고 있는 것이다.

섬유유연제 시장은 농축 기술 및 새로운 제형으로 시장이 다변화하고 있다. 기존 섬유유연제의 무겁고 흘리기 쉬우며 계량하기 어려운 단점을 획기적으로 개선한 초간편, 초경량 섬유유연제가 특히 소비자들에게 관심을 끌고 있다.

한편, 섬유유연제 시장에서는 LG생활건강이 섬유유연제 사업 진출 32년 만에 처음으로 피죤을 추월하며 1위에 오르기도 했다. 2011년 7~8월경 LG생활건강의 '샤프란'은 43.5%까지 점유율이 상승한 반면, 피죤은 27.1%까지 떨어졌다. LG생활건강은 간편 티슈 형태의 아로마시트, 샤프란 10배 농축 제품 등이 연달아 히트하면서 시장 판도를 바꿔나가고 있다.

한편, 중장년층 세대에서 외모 가꾸기 열풍이 불면서 탈모 관리를 위한 한방 샴푸 시장이 급성장하고 있다. 이에 따라 전체 샴푸 시장에서 한방 샴푸의 점유율 비중이 23.6%까지 증가한 것이다. 여기에 과도한 다이어트, 스트레스, 임신과 출산 등으로 인한 여성들의 탈모 증세가 늘어나면서, 여성 소비자를 겨냥한 탈모 방지 및 두피케어 샴푸 시장도 급성장하고 있다. 이에 따라 LG생활건강, 아모레퍼시픽에 이어 애경까지 가세해 국내 기업들의 시장지배력이 대폭 상승하는 성과를 거두고 있다.

치약 시장은 구취 제거 등 차별화된 브랜드들이 젊은 층을 적극 공략해 인기를 끌었다. LG생활건강 '페리오' 브랜드는 경쟁이 치열한 치약 시장에서 최초로 마(魔)의 시장점유율 30% 고지를 뚫으며 2위 그룹과의 압도적인 격차로 1위의 아성을 굳게 지켰다. **B**

- 한솔제지, 자회사 한솔건설 리스크 없을 듯
- 국제 펄프 가격 추이 예의주시

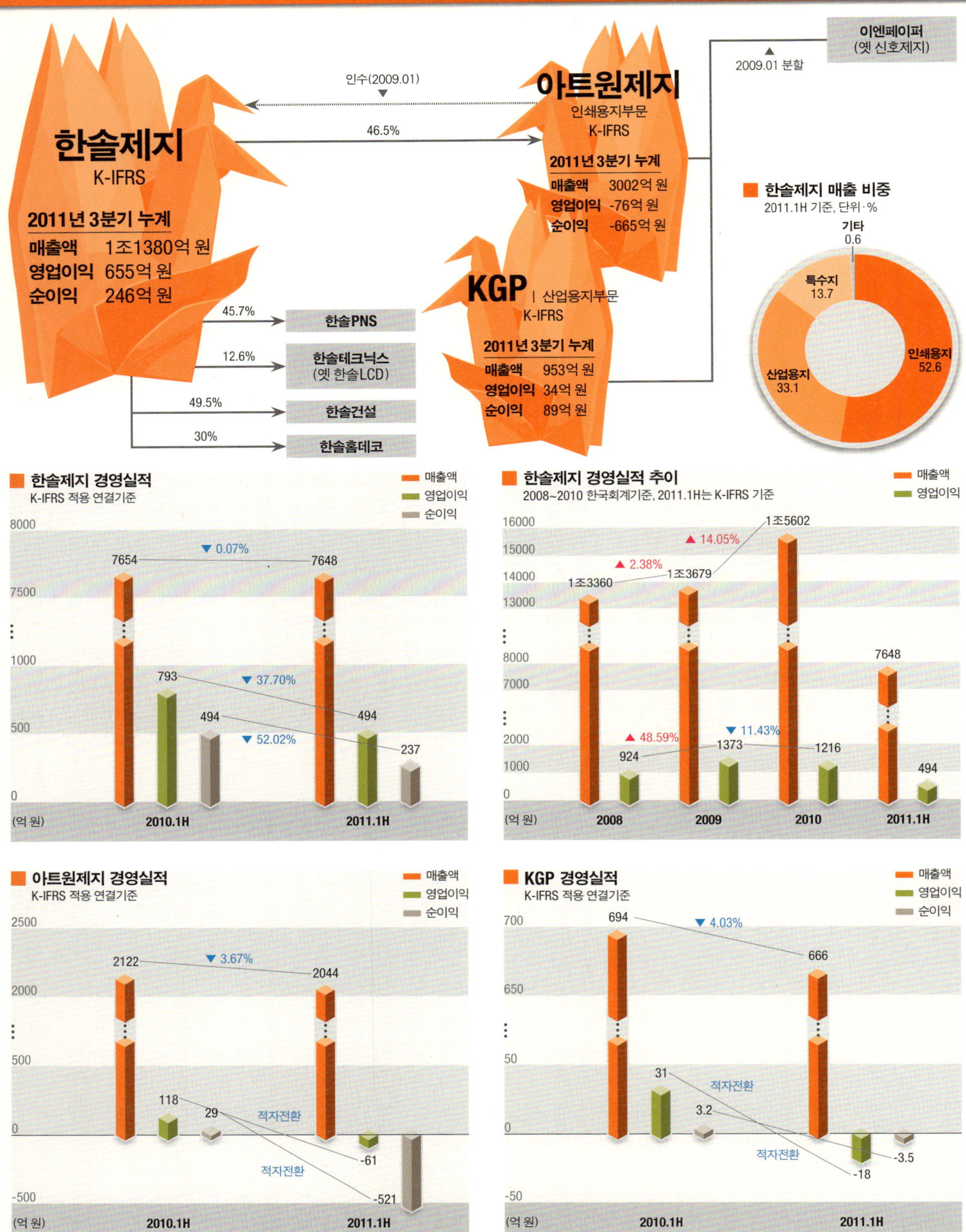

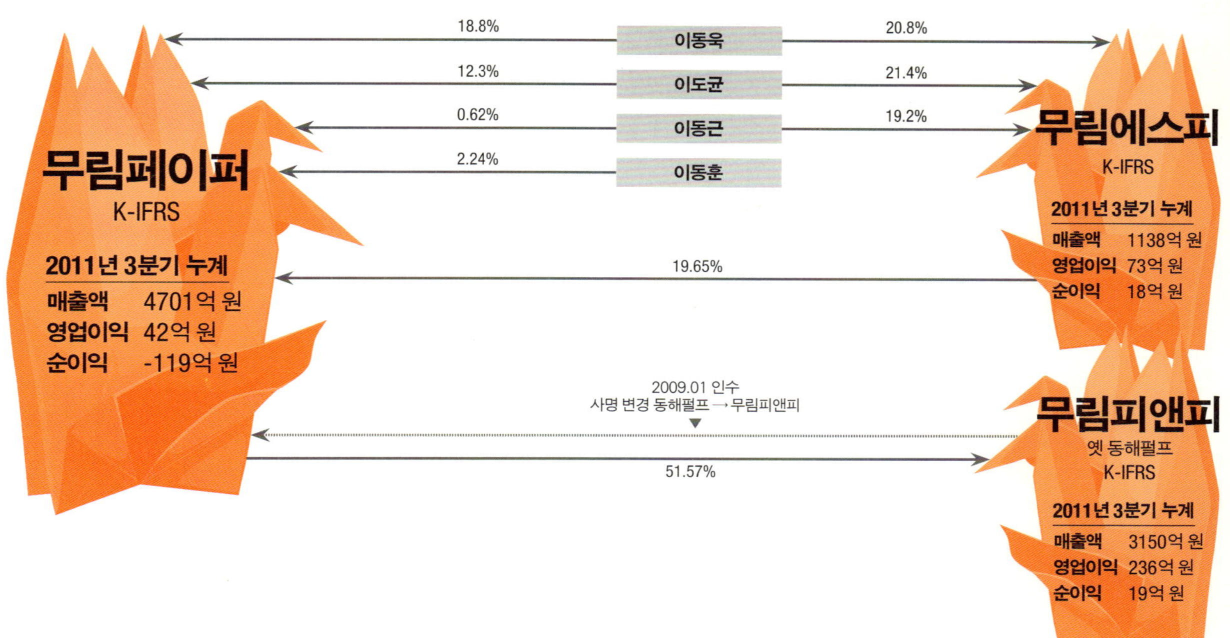
무림페이퍼
K-IFRS
2011년 3분기 누계
매출액 4701억 원
영업이익 42억 원
순이익 -119억 원
이동욱
이도균
이동근
이동훈
18.8%
12.3%
0.62%
2.24%
20.8%
21.4%
19.2%
무림에스피
K-IFRS
2011년 3분기 누계
매출액 1138억 원
영업이익 73억 원
순이익 18억 원
19.65%
2009.01 인수
사명 변경 동해펄프 → 무림피앤피
51.57%
무림피앤피
옛 동해펄프
K-IFRS
2011년 3분기 누계
매출액 3150억 원
영업이익 236억 원
순이익 19억 원

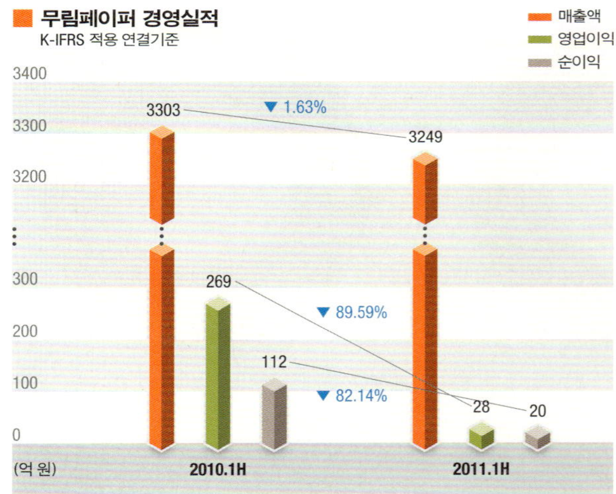
무림페이퍼 경영실적
K-IFRS 적용 연결기준
매출액
영업이익
순이익
3400
3300
3200
300
200
100
0
3303
▼ 1.63%
3249
269
▼ 89.59%
112
▼ 82.14%
28
20
(억 원)
2010.1H
2011.1H

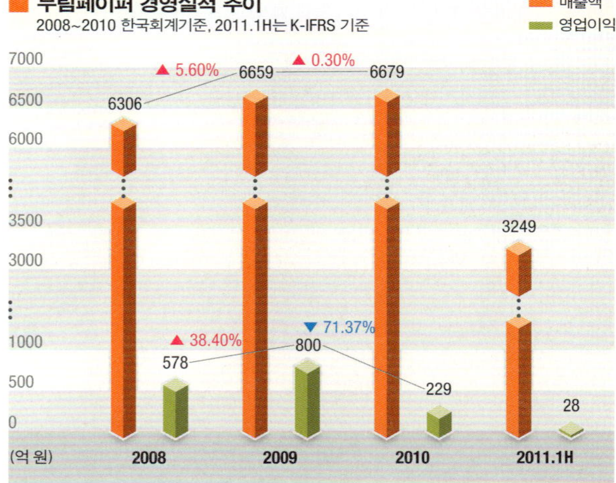
무림페이퍼 경영실적 추이
2008~2010 한국회계기준, 2011.1H는 K-IFRS 기준
매출액
영업이익
7000
6500
6000
3500
3000
1000
500
0
6306
▲ 5.60%
6659
▲ 0.30%
6679
3249
▲ 38.40%
578
▼ 71.37%
800
229
28
(억 원)
2008
2009
2010
2011.1H

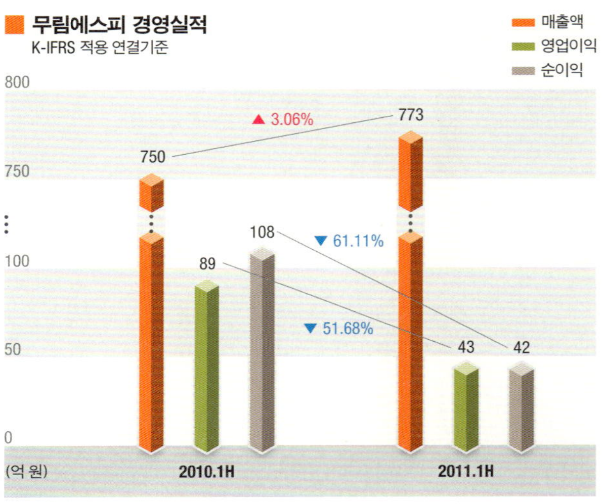
무림에스피 경영실적
K-IFRS 적용 연결기준
매출액
영업이익
순이익
800
750
100
50
0
750
▲ 3.06%
773
89
108
▼ 61.11%
▼ 51.68%
43
42
(억 원)
2010.1H
2011.1H

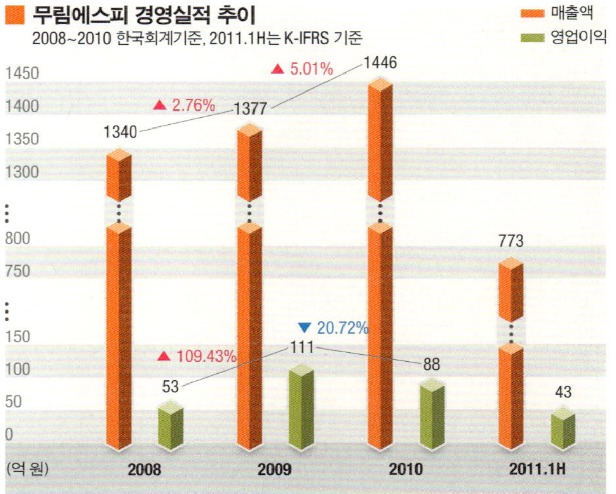
무림에스피 경영실적 추이
2008~2010 한국회계기준, 2011.1H는 K-IFRS 기준
매출액
영업이익
1450
1400
1350
1300
800
750
150
100
50
0
1340
▲ 2.76%
1377
▲ 5.01%
1446
773
53
▲ 109.43%
111
▼ 20.72%
88
43
(억 원)
2008
2009
2010
2011.1H

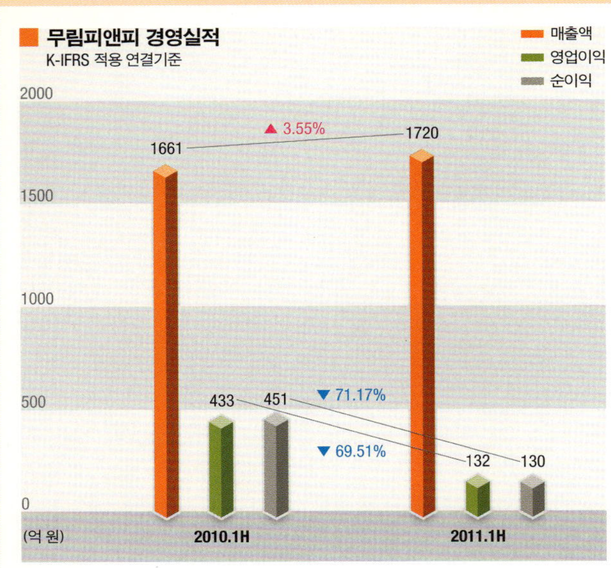

무림피앤피 경영실적
K-IFRS 적용 연결기준
매출액
영업이익
순이익
2000
1500
1000
500
0
(억 원)
1661
▲ 3.55%
1720
433
451
▼ 71.17%
▼ 69.51%
132
130
2010.1H
2011.1H

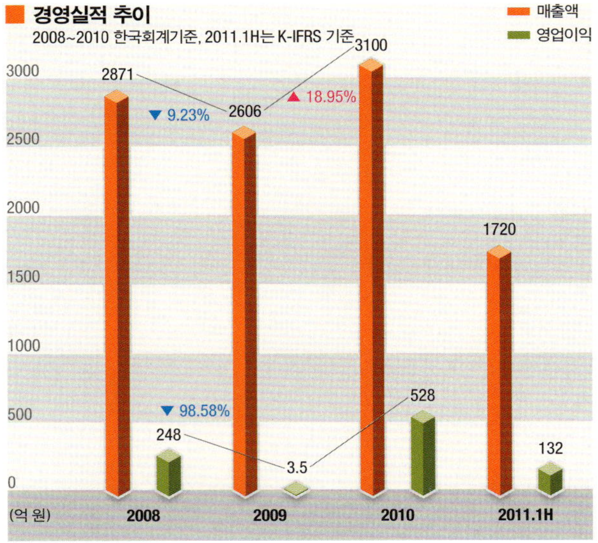

경영실적 추이
2008~2010 한국회계기준, 2011.1H는 K-IFRS 기준
매출액
영업이익
3000
2500
2000
1500
1000
500
0
(억 원)
2871
▼ 9.23%
2606
▲ 18.95%
3100
1720
248
▼ 98.58%
3.5
528
132
2008
2009
2010
2011.1H

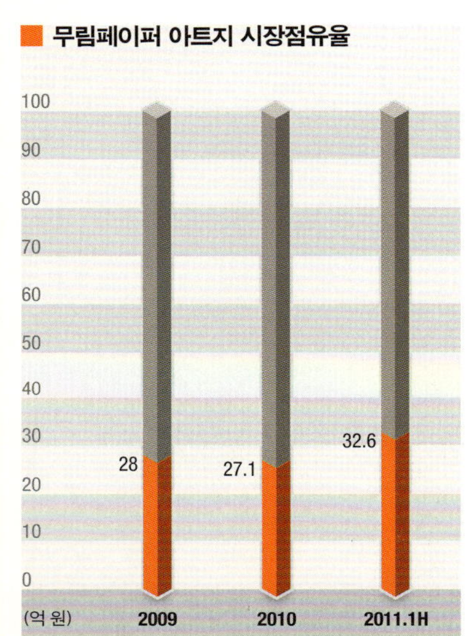

무림페이퍼 아트지 시장점유율
100
90
80
70
60
50
40
30
20
10
0
(억 원)
28
27.1
32.6
2009
2010
2011.1H

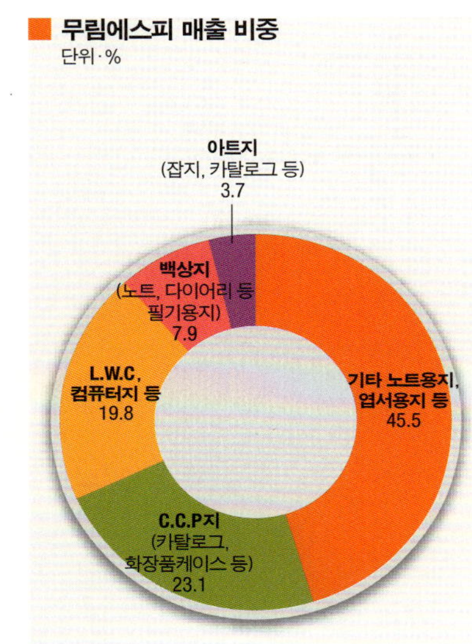

무림에스피 매출 비중
단위·%
아트지
(잡지, 카탈로그 등)
3.7
백상지
(노트, 다이어리 등
필기용지)
7.9
L.W.C,
컴퓨터지 등
19.8
기타 노트용지,
엽서용지 등
45.5
C.C.P지
(카탈로그,
화장품케이스 등)
23.1

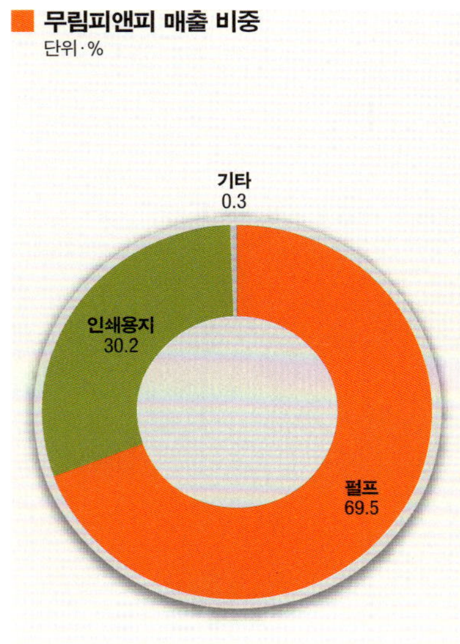

무림피앤피 매출 비중
단위·%
기타
0.3
인쇄용지
30.2
펄프
69.5

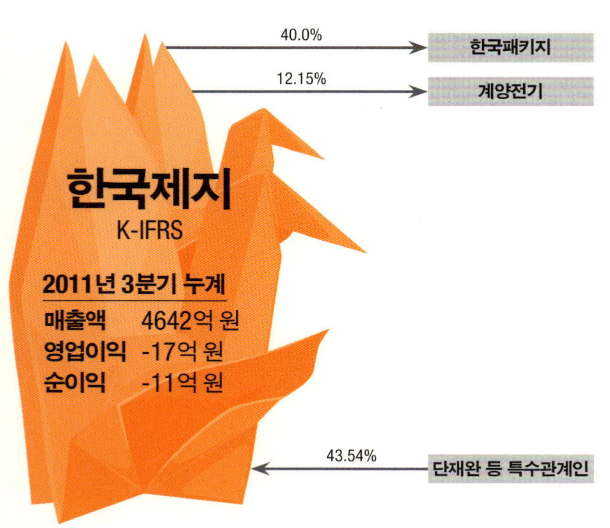

40.0%
한국패키지
12.15%
계양전기
한국제지
K-IFRS
2011년 3분기 누계
매출액   4642억 원
영업이익 -17억 원
순이익   -11억 원
43.54%
단재완 등 특수관계인

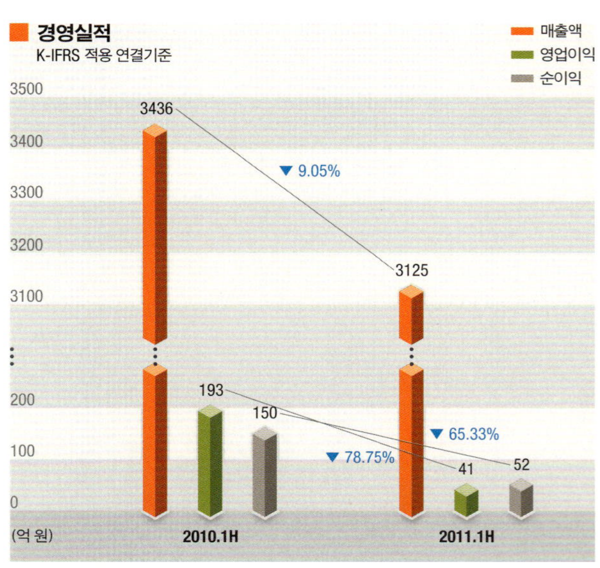

경영실적
K-IFRS 적용 연결기준
매출액
영업이익
순이익
3500
3400
3300
3200
3100
200
100
0
(억 원)
3436
▼ 9.05%
3125
193
150
▼ 78.75%
▼ 65.33%
41
52
2010.1H
2011.1H

■ 인쇄용지 시장점유율

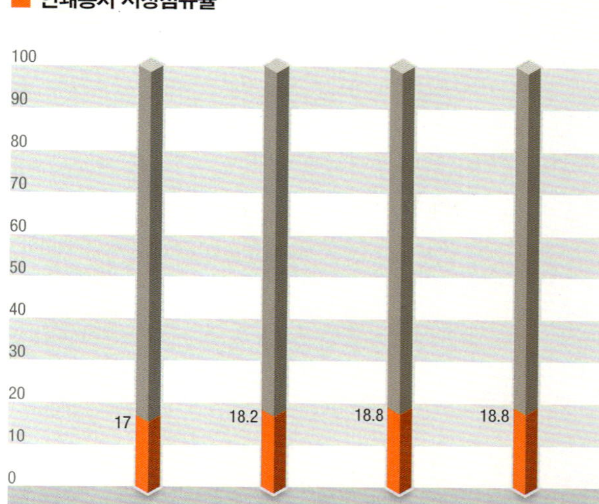

■ 경영실적 추이
2008~2010 한국회계기준, 2011.1H는 K-IFRS 기준

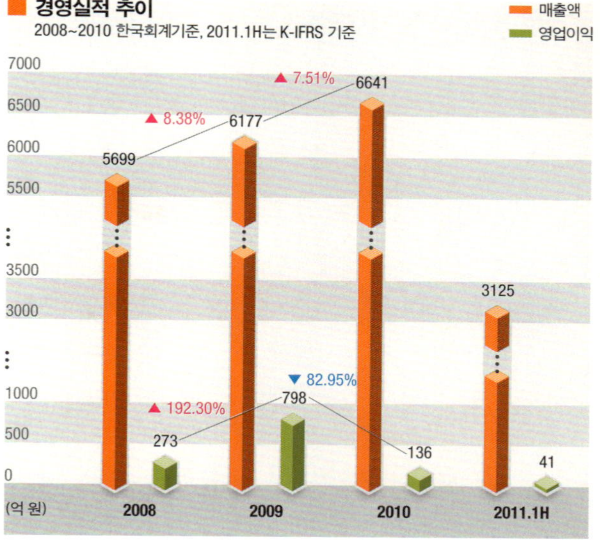

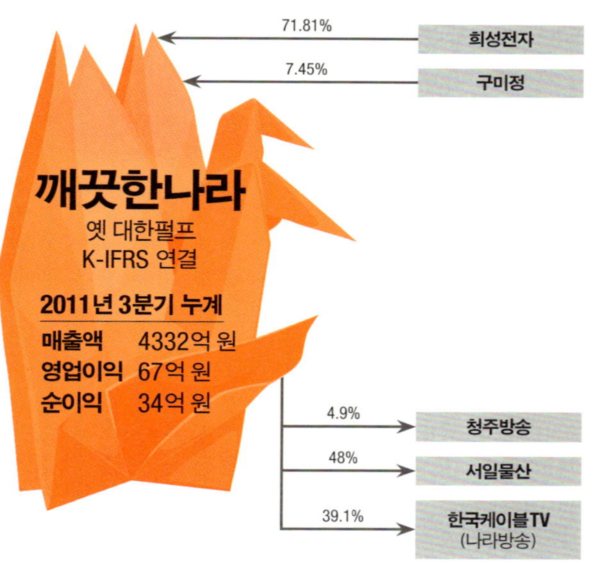

■ 경영실적
K-IFRS 적용 연결기준

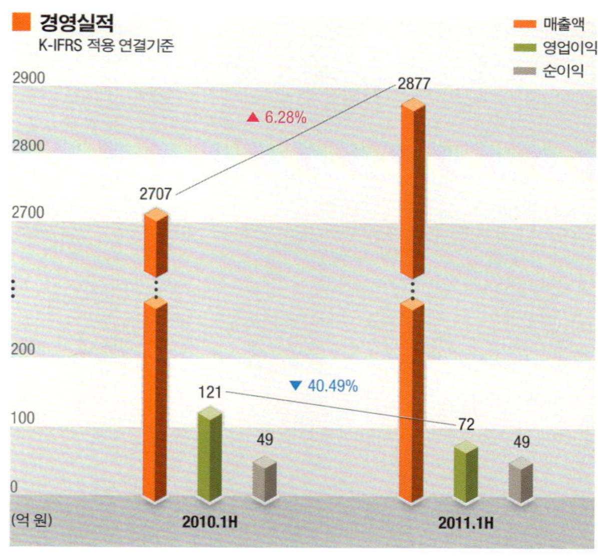

■ 매출 비중
단위 · %

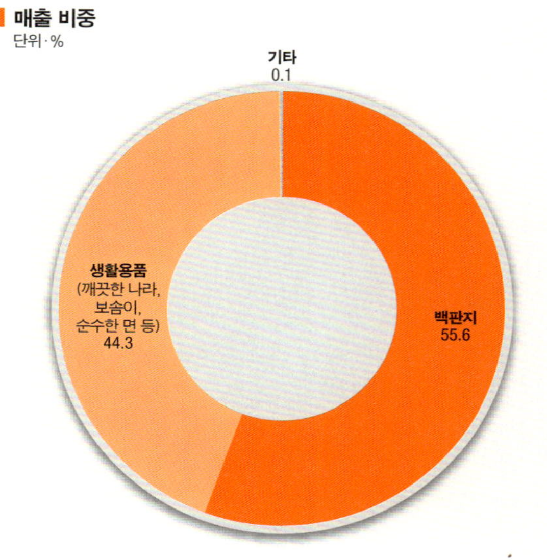

■ 경영실적 추이
2008~2010 한국회계기준, 2011.1H는 K-IFRS 기준

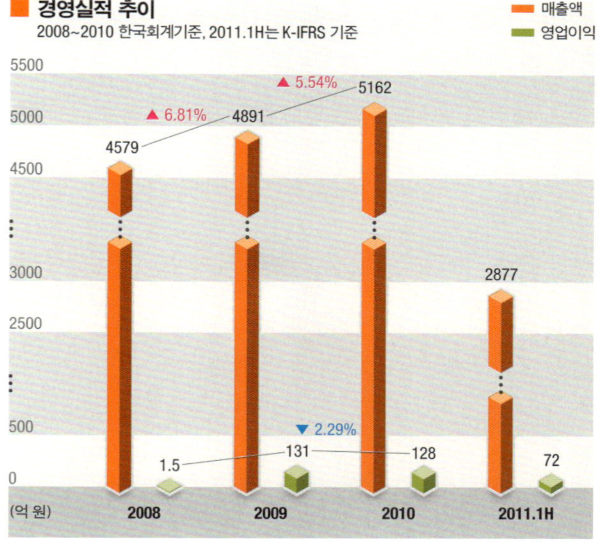

인쇄용지 시장점유율

2010 기준, 단위·%

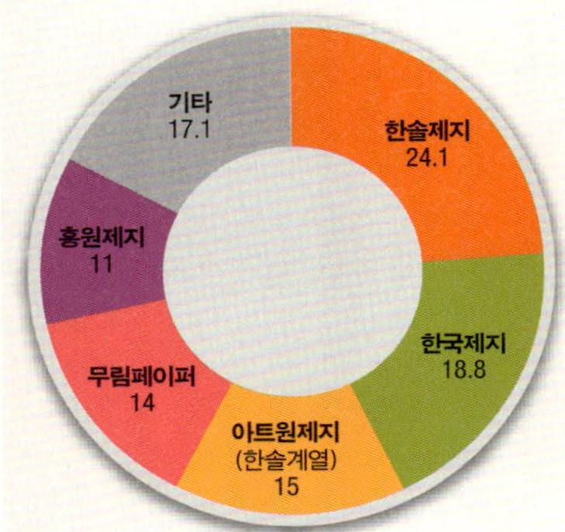

산업용지 시장점유율

2010 기준, 단위·%

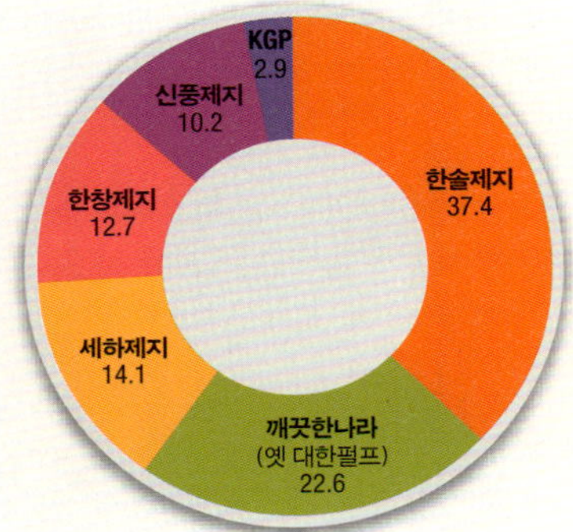

아트지 시장점유율

2011.1H 기준, 단위·%

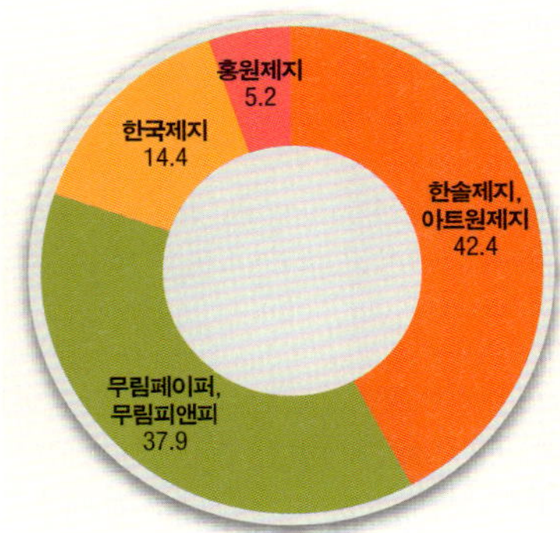

C.C.P지 시장점유율

2011.1H 기준, 단위·%

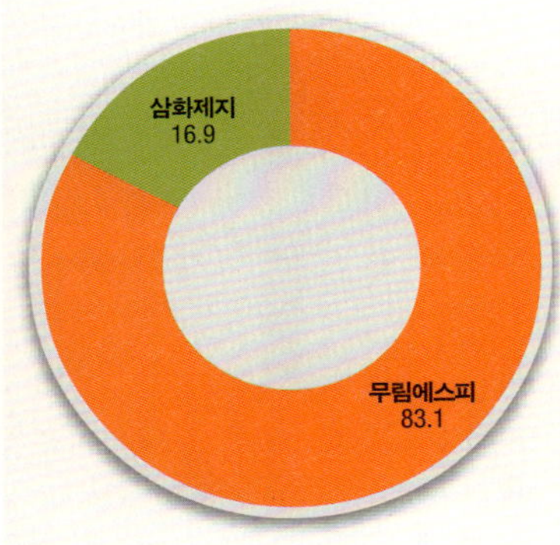

펄프 시장점유율

활엽수 표백화학펄프 기준, 단위·%

주요 제지 관련 생활용품 점유율

2011.1H 기준, 단위·%

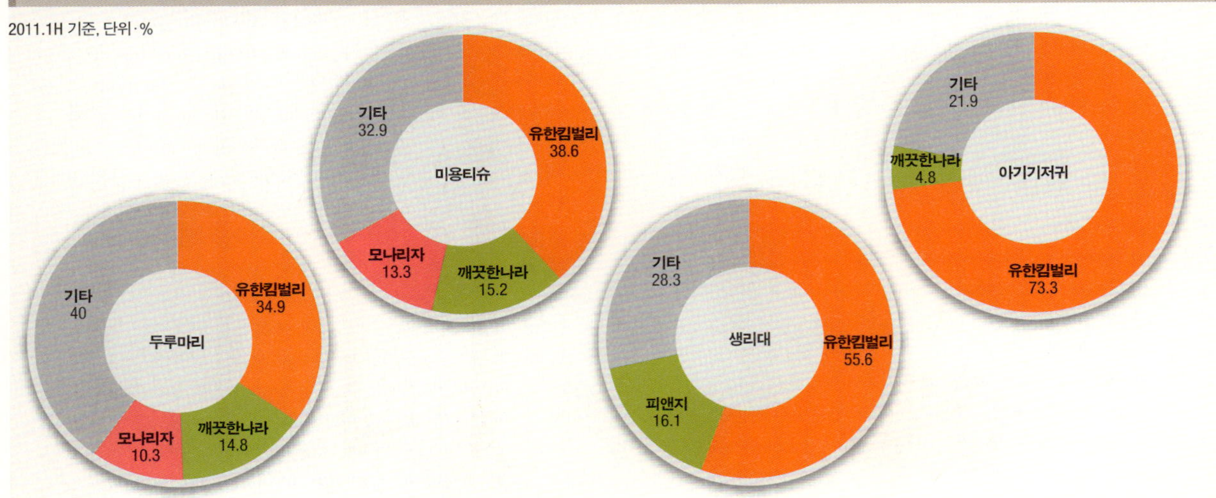

생산량 대비 내수 비중 55% 수준
수출과 구조조정도 한계 봉착

1990년대 들어 국내에서는 인쇄용지업계의 집중적인 설비 증설 경쟁이 일어났지만 내수시장 성장이 이에 크게 못 미침에 따라 지금까지도 생산량 대비 내수 비중이 55% 수준에 그치고 있다. 초과분은 수출을 하는 구조다. 산업용지 역시 공급 과잉 시장이다. 인쇄용지업계보다 더 많은 비중(50% 이상)을 수출해야 하는 구조였으나, 국내 주요 업체들의 노후 설비 폐기 등의 구조조정을 통해 수출 비중을 낮추고 있다.

특수용지는 소량 다품종의 종이류 산업으로, 종이 전체 시장 대비 규모가 10% 미만이다. 특수용지의 경우 다수의 수입 업체와 소수의 국내 생산 업체로 구성되어 있다.

국내 제지업계, 업계재편 일단락되나

국내 대표적 제지 업체로는 한솔제지와 그 자회사인 아트원제지, 무림페이퍼와 무림피앤피, 무림에스피, 한국제지, 대한펄프, 전주페이퍼 등이 있다. 한솔제지는 이엔페이퍼(옛 신호제지)의 인쇄용지 사업부문을 인수해, 아트원제지로 사명을 바꿨다. 이엔페이퍼의 남은 산업용지 부문은 KGP로 이름을 바꿔 달았다.

무림페이퍼는 국내 유일의 펄프생산 업체인 동해펄프를 인수해(지분 49%), 무림피앤피로 이름을 바꿨다. 무림에스피는 무림페이퍼 지분 19%를 보유하고 있다.

대한펄프는 순수제지산업(백판지)과 두루마리화장지, 생리대, 아기기저귀 등 생활용품 제조를 병행하고 있다.

한솔제지의 사업부문은 크게 인쇄용지와 산업용지 및 특수지로 나뉘어 있다. 매출 구성을 보면 인쇄용지가 54%, 백판지가 33%, 특수지가 13% 정도의 비중을 차지하고 있다. 백판지의 영업이익 기여도는 지난 2010년 35% 안팎에서 50% 수준까지 늘어났다. 한솔제지는 연간 135만 톤의 생산능력을 바탕으로 인쇄용지부문과 산업용지부문에서 점유율 1위를 유지하고 있다.

한솔제지는 최근 자회사 리스크가 크게 부각됐었다. 지난 2010년 법정관리 신청에 들어간 자회사 한솔건설의 회생계획안이 최근 부결되면서 한솔건설 파산 가능성이 높아졌기 때문이다. 그러나 한솔제지는 2010년 4분기 한솔건설 관련 지분 및 미실현 손실을 모두 상각했기 때문에 한솔건설로 인해 추가로 영향을 받을 부분은 없을 전망이다.

아울러 2011년 하반기 이후 펄프 가격 하락과 자회사 아트원제지 진주공장 가동 중단에 따른 지분법손실 마무리 등으로 실적 개선이 기대되고 있다. 펄프 가격은 2011년 7월 톤당 760달러의 고점에서 하락해 10월 현재 당시보다 17% 하락한 630 달러를 기록 중이다. 계절적으로 제지 산업이 4분기가 성수기라는 점을 고려하고, 2011년 3분기에 급락한 펄프 가격이 4분기 제지 업체의 원재료 가격으로 반영이 된다는 점을 감안하면 앞으로 실적 개선이 기대된다.

표백화학펄프, 수입의존도 여전히 85%대

무림페이퍼는 백상지와 아트지 전문 업체다. 백상지는 노트 등 필기용지에 사용되며 아트지는 잡지와 카탈로그용지다. 무림피앤피는 펄프회사다. 인쇄용지 및 백판지의 원료인 표백화학펄프를 만드는 국내 유일의 업체다. 국내 펄프 제조 업체는 모두 5개 업체가 있으나 4개 업체는 신문용지의 원료인 쇄목펄프를 생산하고 있다. 무림피앤피가 공급하는 표백화학펄프는 국내 총 수요의 약 15%를 차지하고 있으며, 나머지 85%는 수입에 의존하고 있다.

깨끗한나라(주)는 대한펄프가 이름을 바꾼 회사다. 대한펄프는 백판지를 제조하는 제지 사업부문과 두루마리화장지, 미용티슈, 생리대, 아기기저귀 등을 생산하는 생활용품 사업부문으로 나뉘어있다. 제지사업 매출은 약 55.7%를 차지하고 있으며 주로 포장재로 사용되고 있다. 생활용품 사업부는 전체 매출의 약 44.3%를 차지하고 있으며, 내수 중심이다. 생활용품 사업부문에서 생산하는 제품은 '깨끗한나라', '보솜이', '순수한면' 등의 브랜드로 판매되고 있다.

전주페이퍼는 신문용지 전문 업체로 국내 신문용지 시장 점유율 1위를 기록하고 있다. 2011년 상반기 국내 신문용지 수요는 2010년 대비 약 2.9%의 감소를 보였다. 전주페이퍼는 국내 신문용지 총 생산능력의 약 55%를 점유하고 있다. 2011년 상반기 내수시장 점유율은 43.7% 정도로, 2010년 상반기 41.9% 대비 점유율 향상을 보였다. 글로벌 공급자들의 주력 시장인 아시아 지역에서의 수출 시장점유율은 약 17% 선을 유지하고 있다. ᕀ

유통·상사

45 · TV홈쇼핑·인터넷쇼핑몰 업계

46 · 백화점업계

47 · 할인마트·편의점 업계

48 · 외식업계

49 · 상사업계

● 디지털 방송, TV홈쇼핑업계의 또 다른 기회
● GS홈쇼핑과 CJ오쇼핑의 1위 쟁탈전 최종 승자
● 인터넷쇼핑몰 시장을 통합한 대규모
  인수·합병의 속내

GS홈쇼핑 | GS샵
K-IFRS
2011년 3분기 누계
매출액   6426억 원
영업이익 792억 원
순이익   2030억 원
취급액   1조8061억 원
흡수합병
(2011.12)
디앤샵
인터넷쇼핑몰
2011년 3분기 누계
매출액   118억 원
영업이익 -31억 원

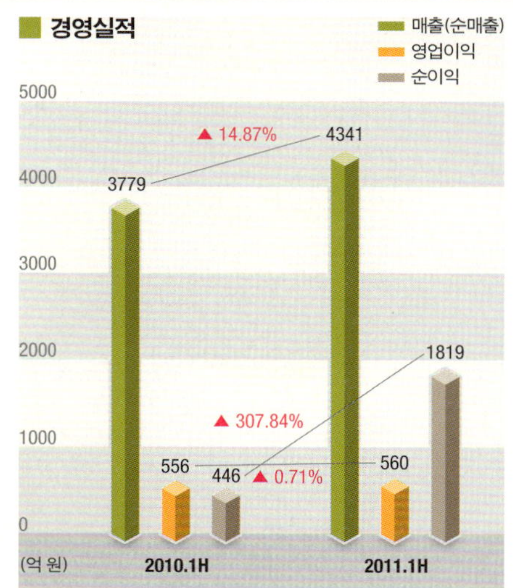

경영실적
매출(순매출)
영업이익
순이익
5000
4000
3000
2000
1000
0
▲ 14.87%
3779   4341
▲ 307.84%
1819
556   446   ▲ 0.71%   560
(억 원)   2010.1H   2011.1H

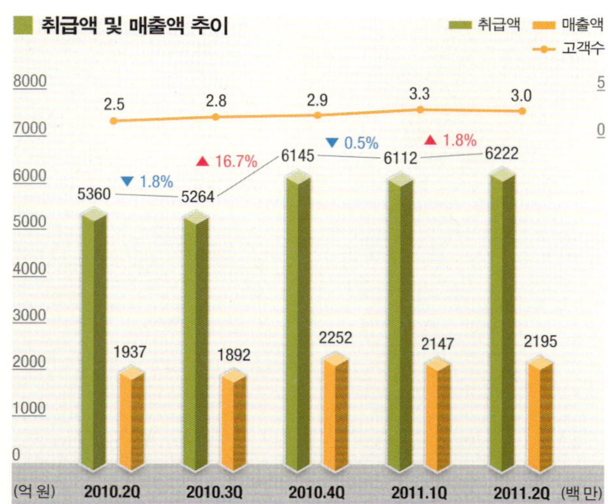

취급액 및 매출액 추이
취급액   매출액   고객수
8000
7000
6000
5000
4000
3000
2000
1000
0
2.5   2.8   2.9   3.3   3.0
5360   ▼ 1.8%   5264   ▲ 16.7%   6145   ▼ 0.5%   6112   ▲ 1.8%   6222
1937   1892   2252   2147   2195
(억 원)   2010.2Q   2010.3Q   2010.4Q   2011.1Q   2011.2Q   (백 만)

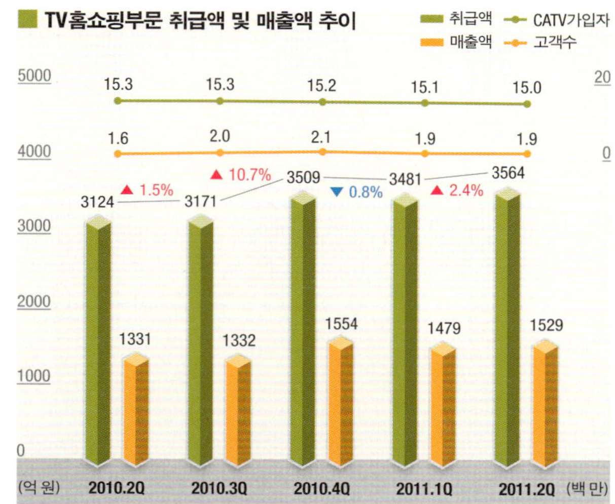

TV홈쇼핑부문 취급액 및 매출액 추이
취급액   CATV가입자   매출액   고객수
5000
4000
3000
2000
1000
0
15.3   15.3   15.2   15.1   15.0
1.6   2.0   2.1   1.9   1.9
3124   ▲ 1.5%   3171   ▲ 10.7%   3509   ▼ 0.8%   3481   ▲ 2.4%   3564
1331   1332   1554   1479   1529
(억 원)   2010.2Q   2010.3Q   2010.4Q   2011.1Q   2011.2Q   (백 만)

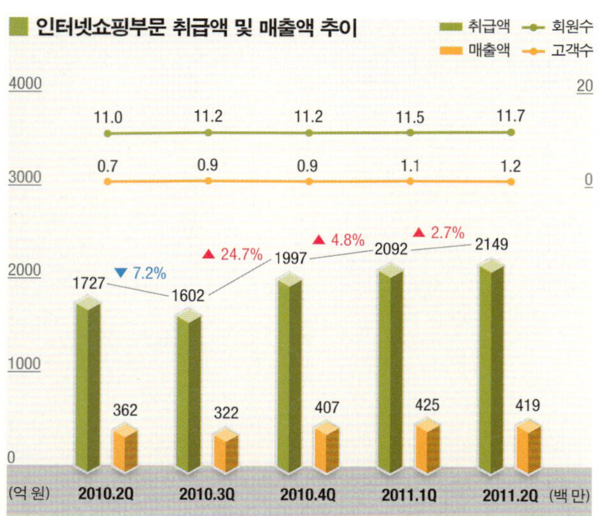

인터넷쇼핑부문 취급액 및 매출액 추이
취급액   회원수   매출액   고객수
4000
3000
2000
1000
0
11.0   11.2   11.2   11.5   11.7
0.7   0.9   0.9   1.1   1.2
1727   ▼ 7.2%   1602   ▲ 24.7%   1997   ▲ 4.8%   2092   ▲ 2.7%   2149
362   322   407   425   419
(억 원)   2010.2Q   2010.3Q   2010.4Q   2011.1Q   2011.2Q   (백 만)

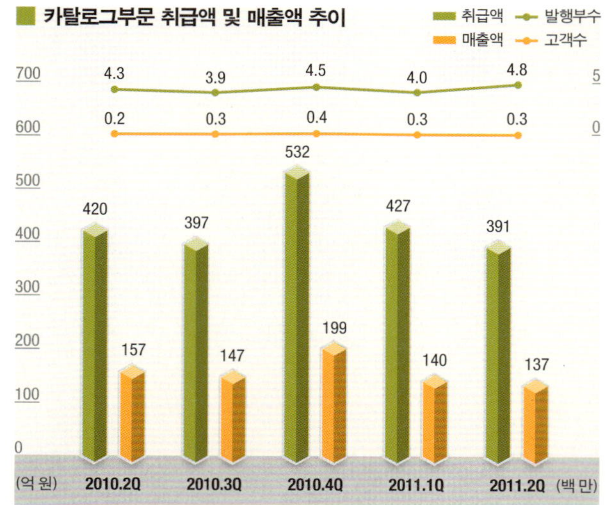

카탈로그부문 취급액 및 매출액 추이
취급액   발행부수   매출액   고객수
700
600
500
400
300
200
100
0
4.3   3.9   4.5   4.0   4.8
0.2   0.3   0.4   0.3   0.3
420   397   532   427   391
157   147   199   140   137
(억 원)   2010.2Q   2010.3Q   2010.4Q   2011.1Q   2011.2Q   (백 만)

■ 경영실적

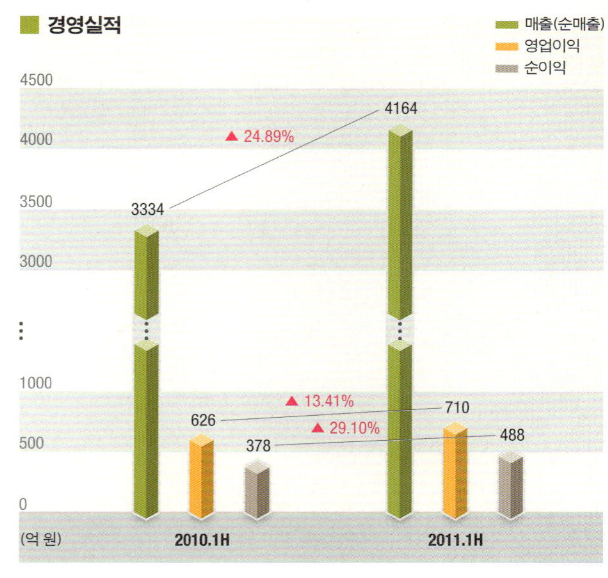

■ 취급액 및 매출액 추이

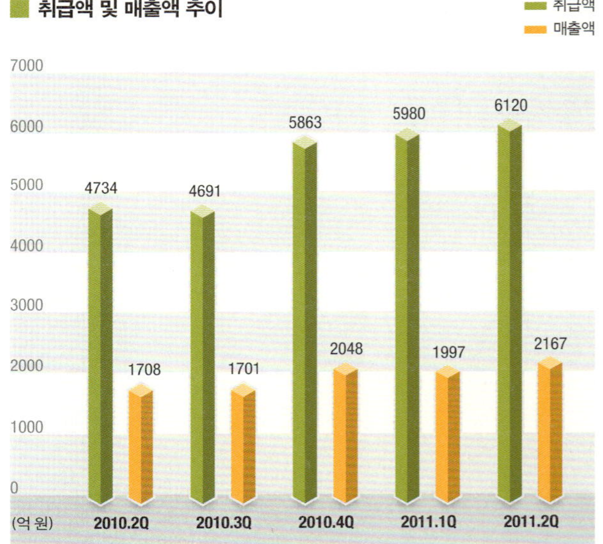

■ TV홈쇼핑부문 취급액 및 매출액 추이

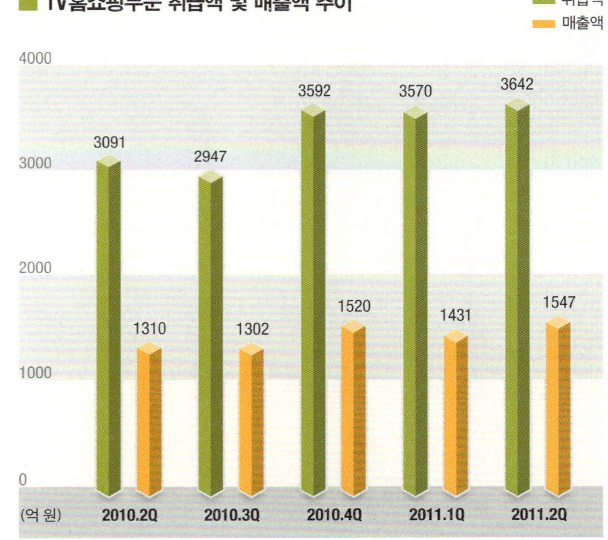

■ 인터넷쇼핑부문 취급액 및 매출액 추이

■ 카탈로그부문 취급액 및 매출액 추이

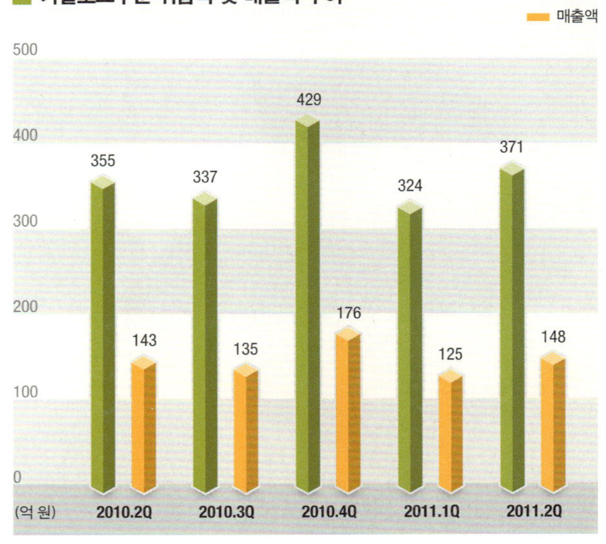

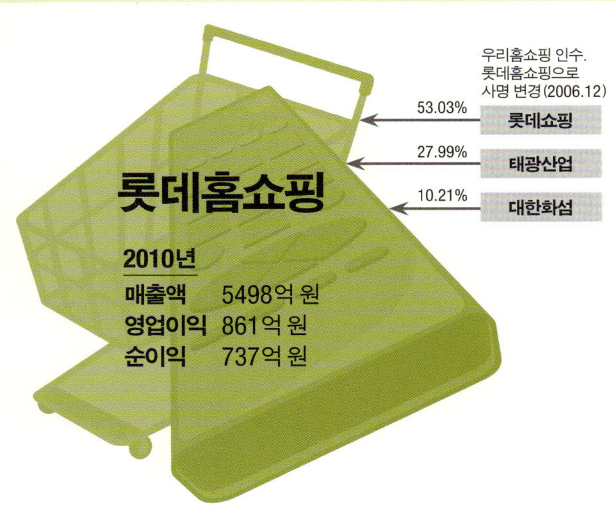

우리홈쇼핑 인수.
롯데홈쇼핑으로
사명 변경 (2006.12)
53.03% 롯데쇼핑
27.99% 태광산업
10.21% 대한화섬
롯데홈쇼핑
2010년
매출액   5498억 원
영업이익   861억 원
순이익   737억 원

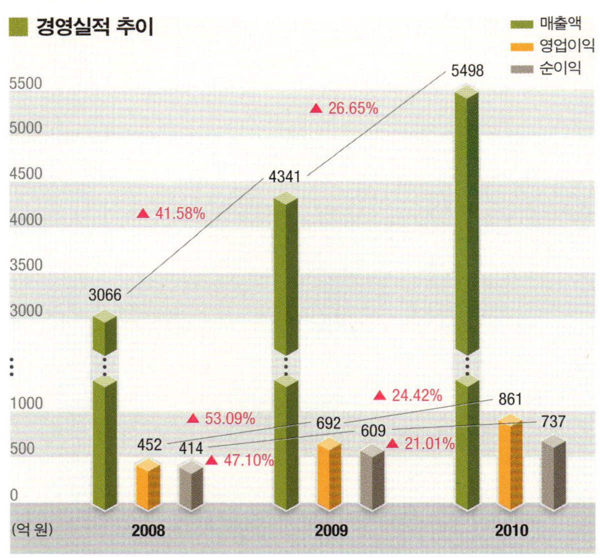

■ 경영실적 추이
■ 매출액
■ 영업이익
■ 순이익
5500
5000
4500
4000
3500
3000
1000
500
0
5498
4341
3066
▲ 26.65%
▲ 41.58%
▲ 24.42%
861
▲ 53.09%
692 609 737
452 414
▲ 21.01%
▲ 47.10%
(억 원)
2008   2009   2010

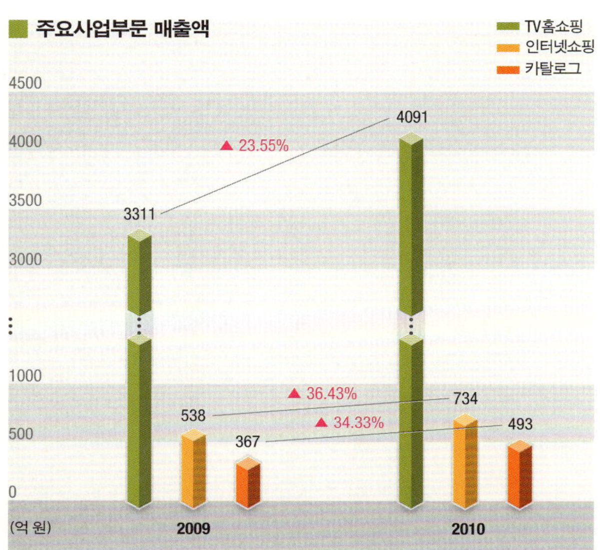

■ 주요사업부문 매출액
■ TV홈쇼핑
■ 인터넷쇼핑
■ 카탈로그
4500
4000
3500
3000
1000
500
0
3311
4091
▲ 23.55%
538 367
734 493
▲ 36.43%
▲ 34.33%
(억 원)
2009   2010

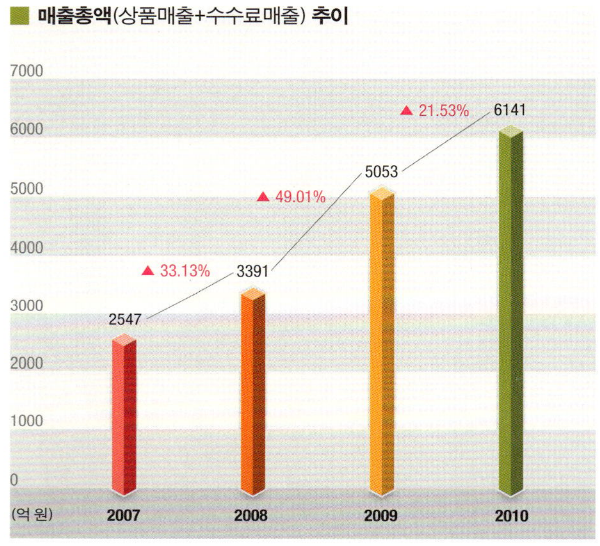

■ 매출총액(상품매출+수수료매출) 추이
7000
6000
5000
4000
3000
2000
1000
0
2547
3391
5053
6141
▲ 33.13%
▲ 49.01%
▲ 21.53%
(억 원)
2007   2008   2009   2010

NS 홈쇼핑
옛 농수산홈쇼핑
2010년
매출액   2854억 원
영업이익   516억 원
순이익   527억 원
· 2009.03 미국 로스앤젤레스에
LA홈쇼핑 방송 송출
(국내 홈쇼핑 업계 최초)

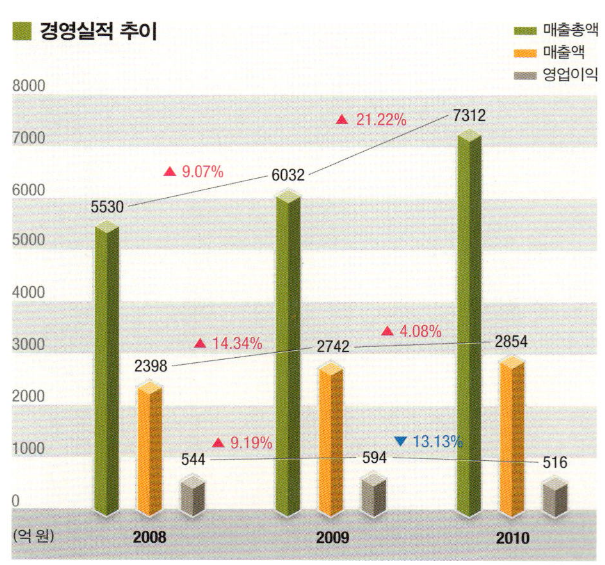

■ 경영실적 추이
■ 매출총액
■ 매출액
■ 영업이익
8000
7000
6000
5000
4000
3000
2000
1000
0
5530
6032
7312
2398 2742 2854
▲ 9.07%
▲ 21.22%
▲ 14.34%
▲ 4.08%
544 594 516
▲ 9.19%
▼ 13.13%
(억 원)
2008   2009   2010

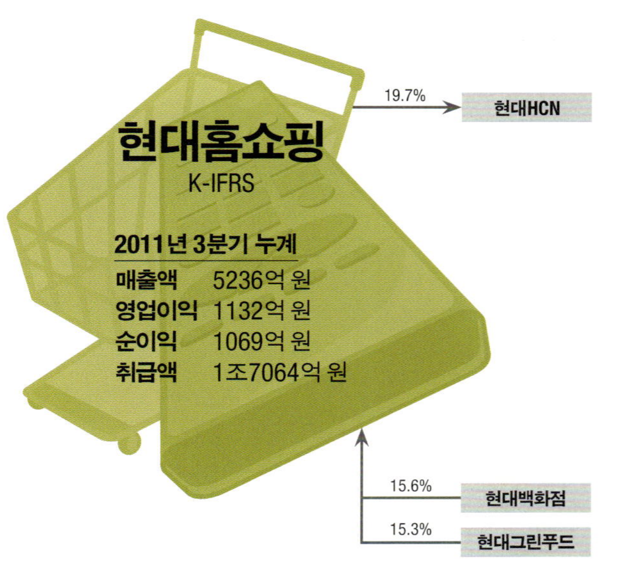
19.7%
현대HCN
현대홈쇼핑
K-IFRS
2011년 3분기 누계
매출액   5236억 원
영업이익   1132억 원
순이익   1069억 원
취급액   1조7064억 원
15.6%
현대백화점
15.3%
현대그린푸드

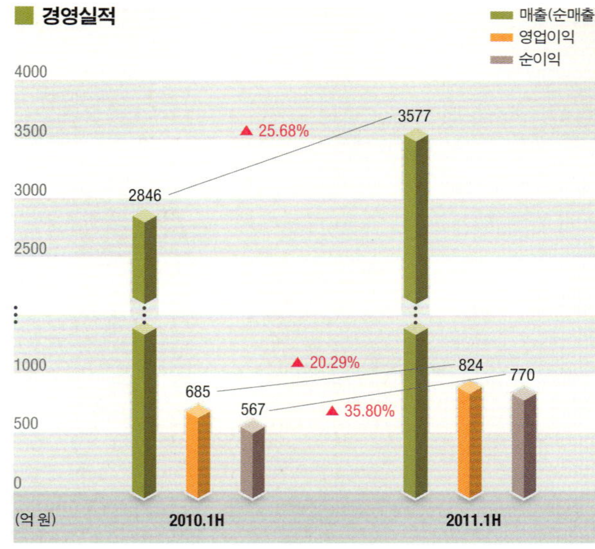
■ 경영실적
매출(순매출)
영업이익
순이익
4000
3500
3000
2500
2000
1500
1000
500
0
2846
▲ 25.68%
3577
685
567
▲ 20.29%
824
770
▲ 35.80%
(억 원)
2010.1H
2011.1H

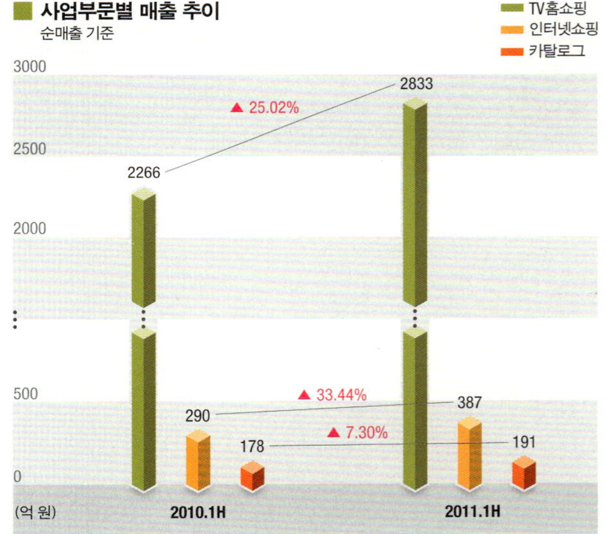
■ 사업부문별 매출 추이
순매출 기준
TV홈쇼핑
인터넷쇼핑
카탈로그
3000
2500
2000
500
0
2266
▲ 25.02%
2833
290
178
▲ 33.44%
387
191
▲ 7.30%
(억 원)
2010.1H
2011.1H

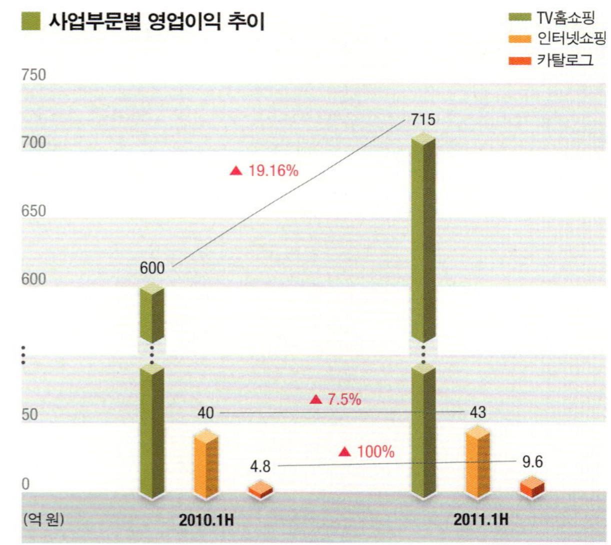
■ 사업부문별 영업이익 추이
TV홈쇼핑
인터넷쇼핑
카탈로그
750
700
650
600
50
0
600
▲ 19.16%
715
40
4.8
▲ 7.5%
43
9.6
▲ 100%
(억 원)
2010.1H
2011.1H

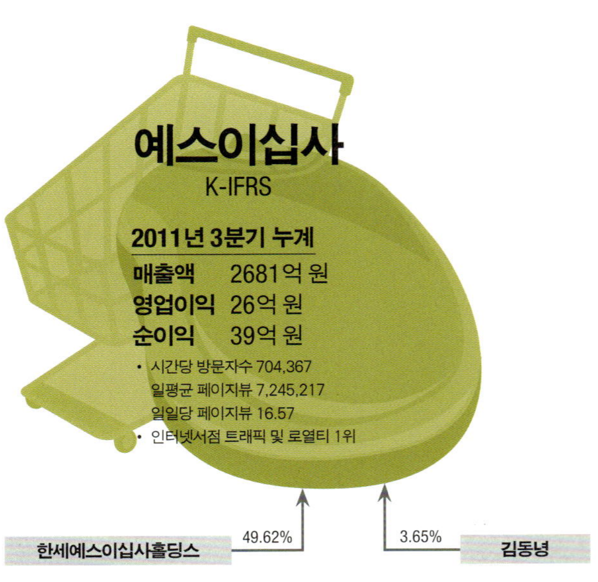
예스이십사
K-IFRS
2011년 3분기 누계
매출액   2681억 원
영업이익   26억 원
순이익   39억 원
• 시간당 방문자수 704,367
  일평균 페이지뷰 7,245,217
  일일당 페이지뷰 16.57
• 인터넷서점 트래픽 및 로열티 1위
한세예스이십사홀딩스
49.62%
3.65%
김동녕

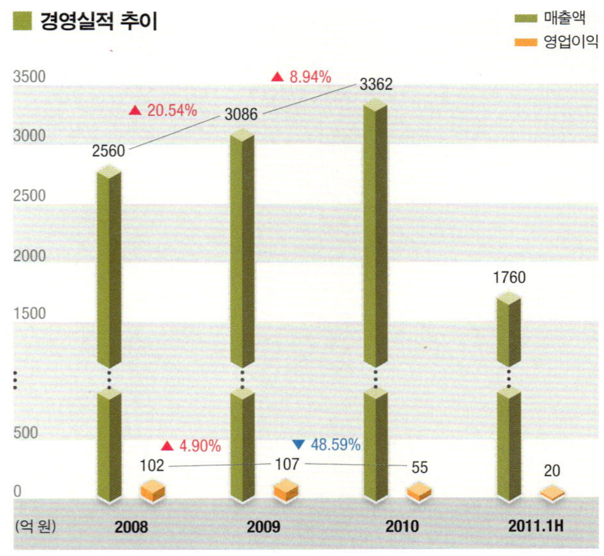
■ 경영실적 추이
매출액
영업이익
3500
3000
2500
2000
1500
500
0
2560
▲ 20.54%
3086
▲ 8.94%
3362
1760
102
▲ 4.90%
107
▼ 48.59%
55
20
(억 원)
2008
2009
2010
2011.1H

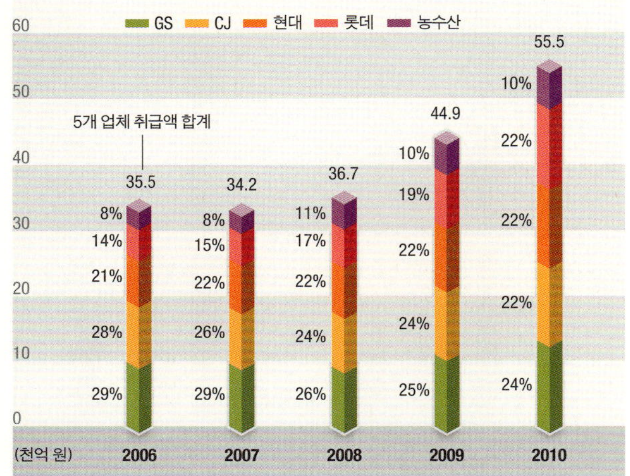

TV홈쇼핑 시장점유율
GS CJ 현대 롯데 농수산
60
50
40
30
20
10
0
5개 업체 취급액 합계
(천억 원)
35.5
8%
14%
21%
28%
29%
2006
34.2
8%
15%
22%
26%
29%
2007
36.7
11%
17%
22%
24%
26%
2008
44.9
10%
19%
22%
24%
25%
2009
55.5
10%
22%
22%
22%
24%
2010

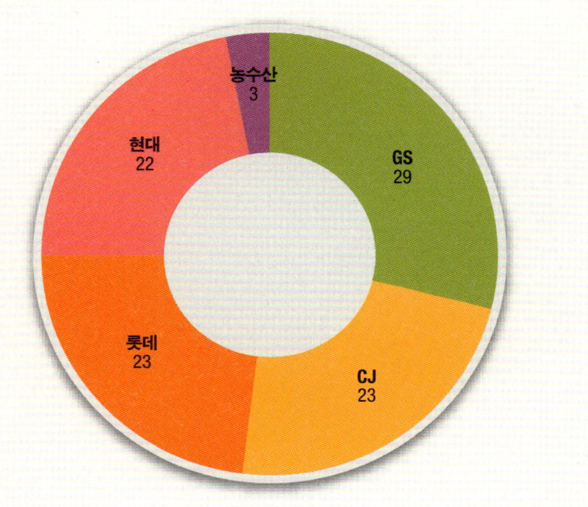

인터넷몰쇼핑 시장점유율
2010년 기준, 단위·%
농수산
3
현대
22
GS
29
롯데
23
CJ
23

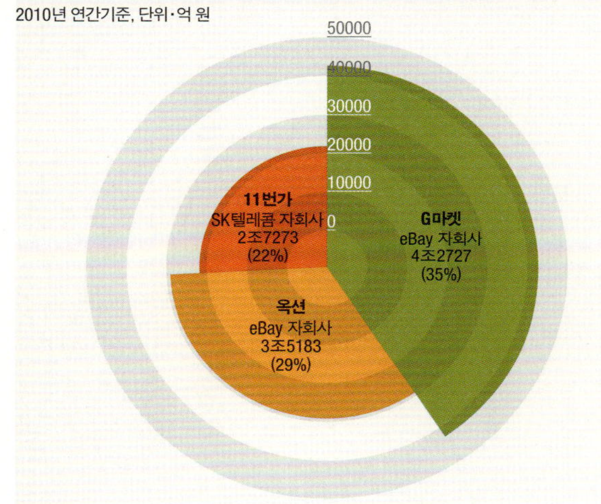

마켓플레이스 시장점유율
2010년 연간기준, 단위·억 원
50000
40000
30000
20000
10000
0
11번가
SK텔레콤 자회사
2조7273
(22%)
G마켓
eBay 자회사
4조2727
(35%)
옥션
eBay 자회사
3조5183
(29%)

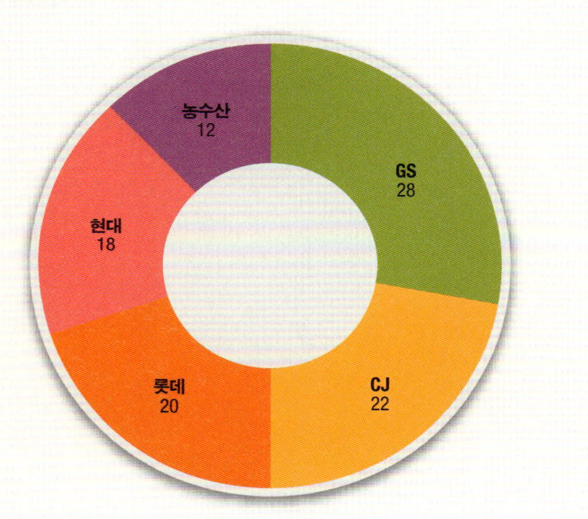

카탈로그 시장점유율
2010년 기준, 단위·%
농수산
12
현대
18
GS
28
롯데
20
CJ
22

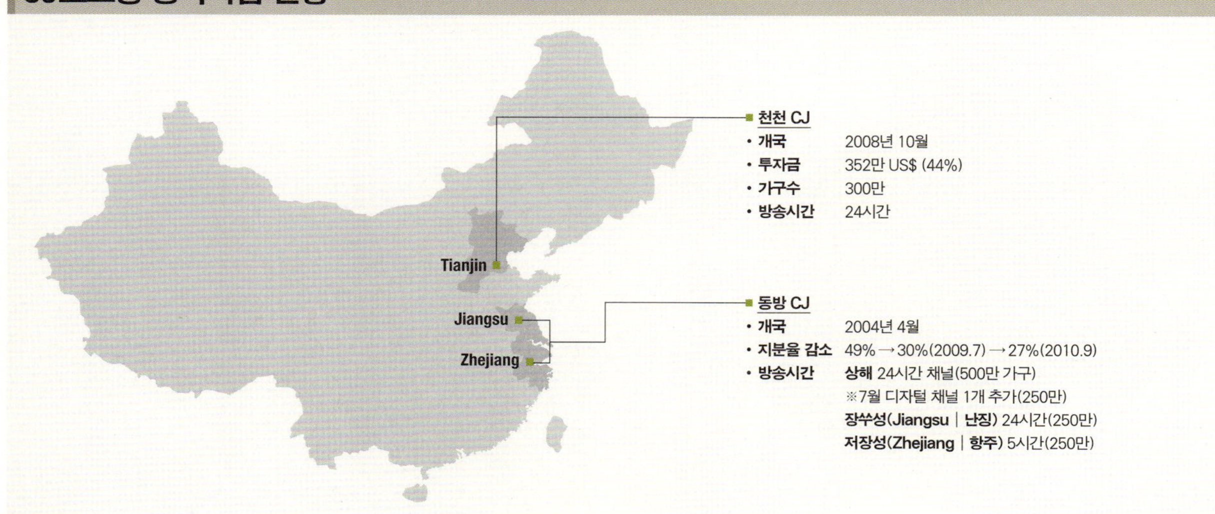

CJ오쇼핑 중국사업 현황
Tianjin
Jiangsu
Zhejiang
천천 CJ
· 개국   2008년 10월
· 투자금   352만 US$ (44%)
· 가구수   300만
· 방송시간   24시간
동방 CJ
· 개국   2004년 4월
· 지분율 감소 49% → 30%(2009.7) → 27%(2010.9)
· 방송시간   상해 24시간 채널(500만 가구)
            ※7월 디지털 채널 1개 추가(250만)
            장쑤성(Jiangsu | 난징) 24시간(250만)
            저장성(Zhejiang | 항주) 5시간(250만)

시청가능인구 2000만 명, 취급액 수조 원 대 '황금알을 낳는 거위'의 드라마는 계속된다

중국과 동남아, 새로운 엘도라도

2011년 들어 TV홈쇼핑 프로그램의 시청 가능 인구가 무려 2000만 명을 넘어섰다. 초기 TV홈쇼핑 시장은 비대면 거래라는 한계에도 불구하고 비약적인 성장을 이뤘다.

GS샵은 2011년 상반기 매출 4341억 원, 영업이익 560억 원, 당기순이익 1819억 원을 기록해 업계 1위 자리를 지켰다. 하지만, 내용은 다소 불안한 편이라는 지적이다. 2010년 같은 기간과 비교해 매출은 14.9%, 당기순이익은 307.9% 성장했지만, 영업이익은 0.6% 증가하는데 그쳤기 때문이다. 사업부문별 매출로는 TV와 인터넷이 전년 동기 대비 각각 17.8%, 17.4%로 고른 성장을 보인 반면, 카탈로그는 면수 감소와 경쟁 심화로 16.6% 감소했다. 2011년 2분기 매출액은 전년 동기 대비 13.3% 증가한 2195억 원, 영업이익은 11.3% 감소한 274억 원을 기록했다.

CJ오쇼핑은 GS샵을 바짝 추격하는 모양새다. 2011년 상반기 매출은 4161억 원으로 전년 대비 24.8%, 영업이익은 710억 원으로 14.2%, 순이익은 488억 원으로 29.1% 각각 증가했다. 특히, 2011년 2분기 TV홈쇼핑 부문에서는 유형상품군의 호조와 보험 매출의 회복에 힘입어 매출이 2010년보다 16% 증가해 GS샵을 능가한 실적을 보였다.

현대홈쇼핑은 선발 업체들을 맹추격하고 있다. 2011년 상반기 매출액이 3576억 원으로 지난해 보다 25.7%, 영업이익은 824억 원으로 20.3% 성장했다.

한편, 국내 TV홈쇼핑업계는 2010년에 이어 2011년에도 해외시장 개척에 힘을 쏟고 있다. 중국, 인도에 이어 지난해 태국시장 진출을 선언한 GS샵은 10월부터 '트루GS(채널명 트루셀렉트)'의 방송을 본격 시작했다. 방송은 방콕을 포함한 수도권과 북부 치앙마이, 동북부 우돈타니, 남부 수랏타니 등 주요 도시를 포함해 태국 전역 800만 가구에 송출된다.

CJ오쇼핑은 10월 15일 중국 광동에서 홈쇼핑 채널 '남방CJ'를 정식 개국하고 24시간 방송을 시작했다. 이번 개국은 지난 2004년 4월 상하이 '동방CJ'와 2008년 10월 천진 '천천CJ'에 이어 중국 내 세 번째 홈쇼핑 사업이다. CJ오쇼핑은 이번 남방CJ의 개국으로 2012년 1.5조 원의 중국 매출을 예상하고 있다.

2003년에 중국 진출을 시도했다 실패한 현대홈쇼핑은 상하이에서 TV홈쇼핑 사업을 다시 시작했다. 현지 파트너는 상하이시가 출자한 케이블 회사인 동방유선의 관계사 동

방이푸와 전국 홈쇼핑 라이선스 사업자인 가유홈쇼핑이다. 2011년 6월에 합자법인 설립이 완료됐으며, 7월부터 TV홈쇼핑 방송을 개국해 24시간 전용채널을 운영하고 있다.

롯데홈쇼핑은 2011년 6월 베트남 현지 파트너사와 조인트 벤처를 설립하고 베트남 유통 시장 진출을 본격화하고 있다. 베트남 외에 인도네시아와 인도 시장 진출에도 무게를 두고 있으며, 장기적으로는 일본시장 진출도 모색하고 있다.

국내 방송 환경이 아날로그에서 디지털로 전환되면서 TV홈쇼핑 시장도 새로운 국면을 맞게 될 전망이다. 디지털 케이블TV 보급이 확대됨에 따라 양방향성을 활용한 T-Commerce가 활성화되고 있는 것이다. 현재 선발 업체인 GS샵(GS홈쇼핑)과 CJ오쇼핑, 후발업체인 현대홈쇼핑, 롯데홈쇼핑, 농수산홈쇼핑에 더해 2012년 초에 신규 사업자인 '쇼핑원'이 개국을 준비하고 있다.

인터넷쇼핑몰 시장에 나타난 거대 공룡

1990년대 중반부터 형성되기 시작한 인터넷쇼핑몰 시장은 그간 꾸준한 성장세를 이어왔다. 2010년 통계청 자료(「전자상거래 및 사이버쇼핑 동향」)에 따르면, 인터넷쇼핑몰을 통한 연간 거래액은 2002년 6조 원에서, 2004년 7.8조 원, 2006년 13.5조 원, 2008년 18.1조 원, 2009년 20.6조 원, 2010년 24.8조 원으로 매년 성장세를 이어왔다. 2011년 거래액도 29.6조 원으로 전년 대비 17.3%의 높은 성장세가 예상된다.

인터넷쇼핑몰 시장은 가격경쟁력을 앞세운 옥션, G마켓, 11번가와 같은 오픈마켓 회사들의 성장세가 지속되고 있다. 여기에 예스24, 인터파크와 같은 순수 온라인쇼핑 전문기업은 물론, 백화점과 할인점 등 오프라인 유통업체, GS샵을 필두로 한 홈쇼핑 업체 등이 B2C 분야에서 함께 경쟁하고 있다.

한편, 인터넷쇼핑몰 시장에서는 인수·합병의 거대한 바람이 불었다. 국내 오픈마켓 업계 1위인 이베이지마켓(G마켓)과 업계 2위인 이베이옥션(옥션)이 2011년 7월 공정거래위원회의 최종 합병 승인을 받아 '이베이 코리아'로 재탄생했다. 공정위에 따르면 2010년 오픈마켓 업체의 총 거래액 중 G마켓이 4조9608억 원을, 옥션이 3조5984억 원을 기록한 것으로 나타났다. 양사를 합친 시장점유율은 2010년 말 기준 72%로 집계돼 인터넷쇼핑몰 시장의 거대 공룡이 탄생하게 된 것이다. ⓑ

- 유통종목 가운데 투자자들로부터 가장 큰 관심
- 업계 내 M&A로 대형화 가속화
- 대규모 복합쇼핑몰 개발에 따른 지역 부동산 시장 주목

■ 경영실적
K-IFRS 적용 연결기준

■ 백화점 부문 소유 구조

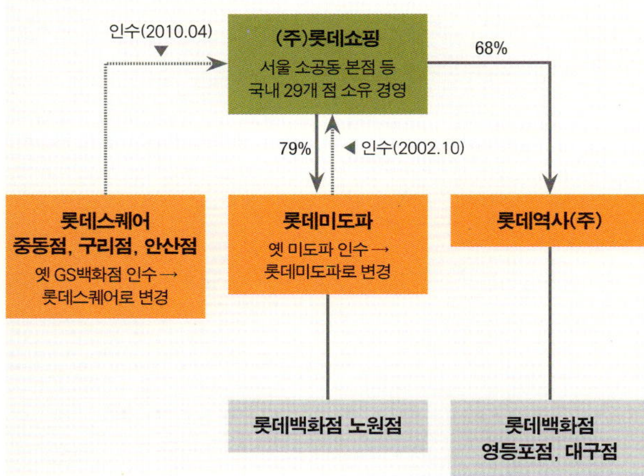

■ 2008년 이후 롯데그룹 M&A 현황
자료·롯데그룹

일자	인수 주체	인수 대상	인수액
2008.08	롯데제과	길리안(네덜란드계 초콜릿 회사)	1700억 원
2008.10	롯데쇼핑	인도네시아 마크로 점포 19개 인수	3900억 원
2009.01	롯데칠성음료	두산주류BG(현 롯데주류)	5030억 원
2009.12	롯데쇼핑	중국 타임스	7300억 원
	롯데면세점	AK면세점	800억 원(부채 포함)
2010.01	코리아세븐	바이더웨이	2740억 원
2010.02	롯데쇼핑	GS리테일 백화점·마트 부문	1조3000억 원
2010.07	호남석유화학	말레이시아 '타이탄' 인수	1조5000억 원
2010.09	롯데칠성음료	필리핀 펩시 인수	1180억 원
2010.10	롯데삼강	파스퇴르유업	600억 원

■ 백화점 부문 매출 추이

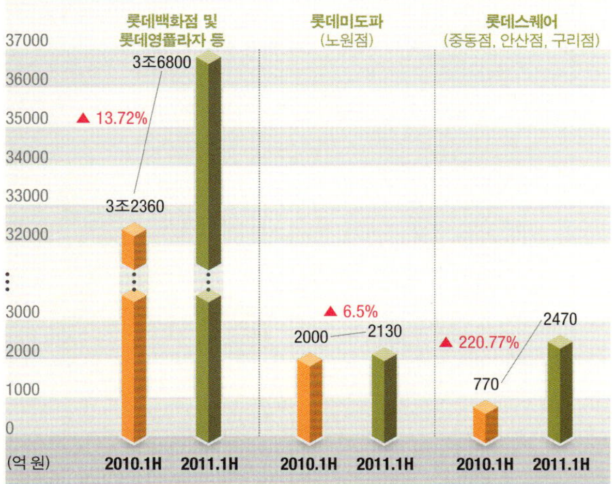

■ 백화점 부문 영업이익 추이

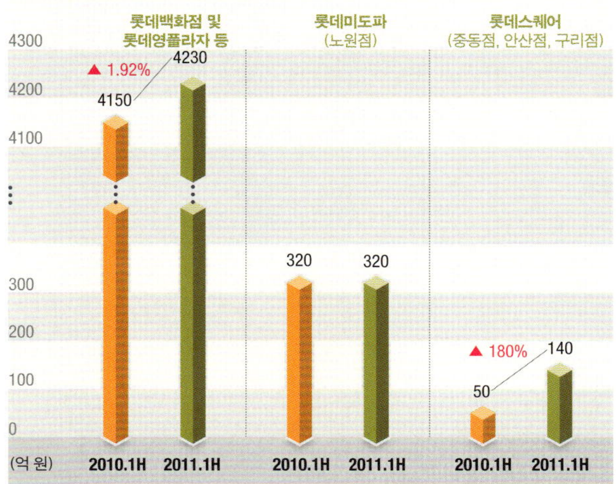

롯데쇼핑 해외 점포 현황

자료·롯데쇼핑 2010년 연차보고서

러시아
모스크바
- 백화점 1

중국
북경, 천진,
칭다오, 상하이
- 백화점 1
- 할인점 82
- 홈쇼핑 1

베트남
호찌민
- 할인점 2

인도네시아
자카르타, 슬라웨시,
칼리만탄, 자바, 발리
- 할인점 22

합계
- 백화점 2
- 할인점 106
- 홈쇼핑 1

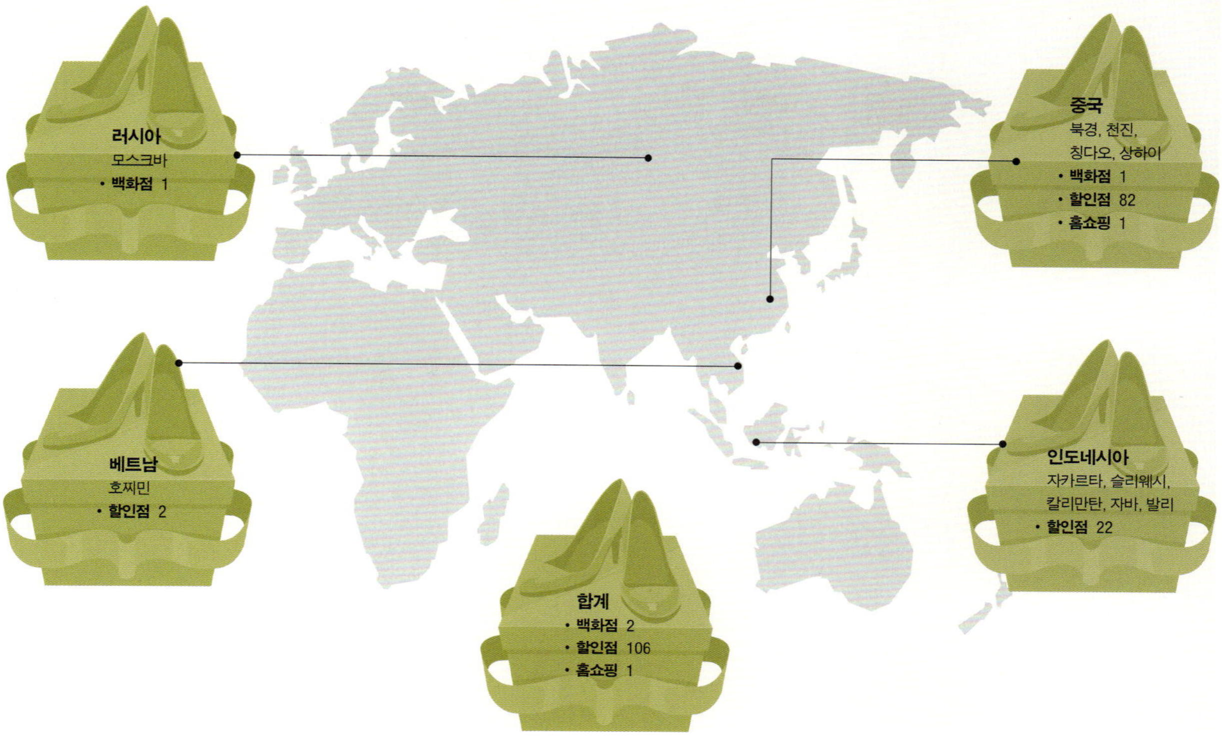

롯데쇼핑 국내 점포 현황

자료·롯데쇼핑 2010년 연차보고서

인천
- 백화점 2
- 할인점 6
- 수퍼마켓 10

서울
- 백화점 9
- 할인점 12
- 수퍼마켓 95

강원도
- 할인점 2
- 수퍼마켓 6

합계
- 백화점 29
- 아울렛몰 4
- 할인점 90
- 수퍼마켓 277

경기도
- 백화점 6
- 할인점 24
- 수퍼마켓 78

경상북도
- 백화점 1
- 할인점 3
- 수퍼마켓 12

충청남도
- 할인점 5
- 수퍼마켓 11

충청북도
- 할인점 4
- 수퍼마켓 5

대전
- 백화점 1
- 할인점 4
- 수퍼마켓 10

전라북도
- 백화점 1
- 할인점 5
- 수퍼마켓 10

광주
- 백화점 1
- 아울렛몰 2
- 할인점 4
- 수퍼마켓 13

울산
- 백화점 1
- 할인점 2

대구
- 백화점 2
- 아울렛몰 1
- 할인점 1
- 수퍼마켓 18

전라남도
- 할인점 4
- 수퍼마켓 6

제주도
- 할인점 1

경상남도
- 백화점 1
- 아울렛몰 1
- 할인점 7
- 수퍼마켓 9

부산
- 백화점 4
- 할인점 6
- 수퍼마켓 17

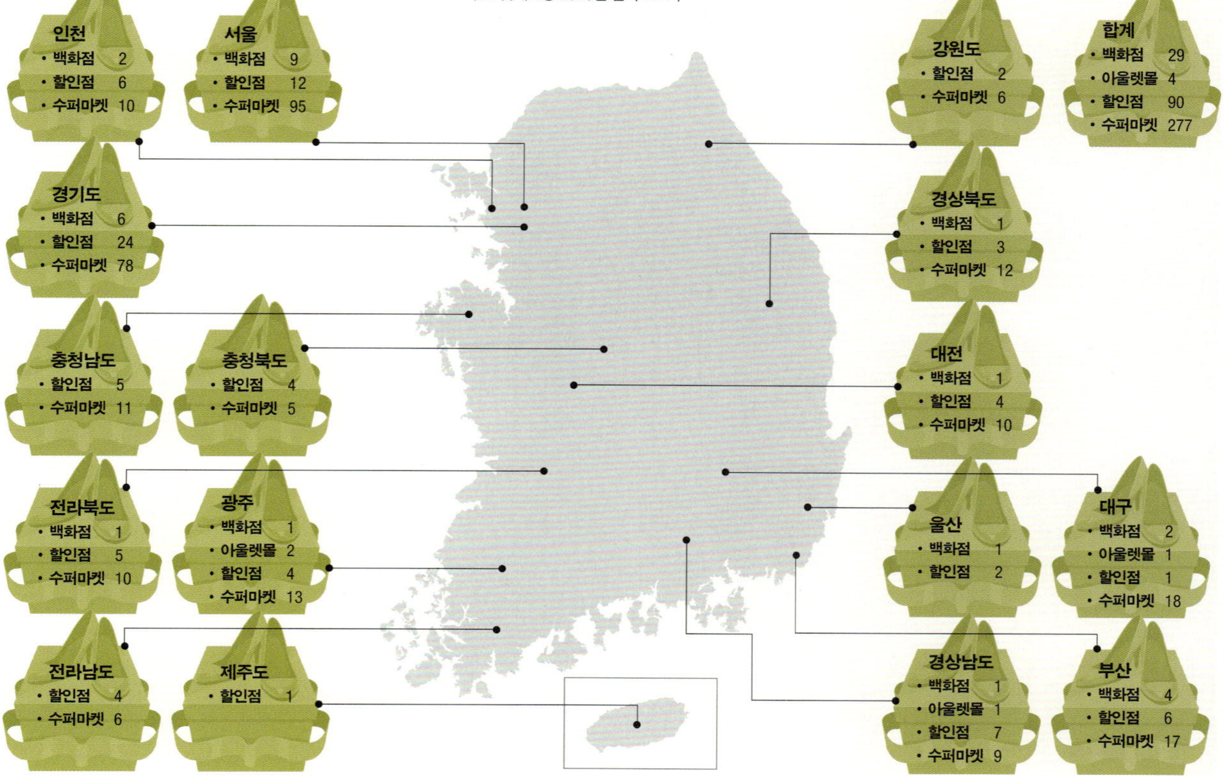

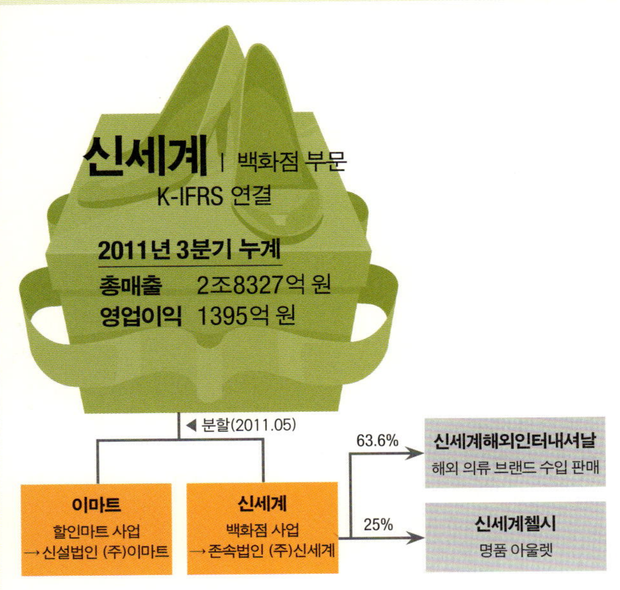

신세계 | 백화점 부문
K-IFRS 연결
2011년 3분기 누계
총매출 2조8327억 원
영업이익 1395억 원
◀ 분할(2011.05)
이마트
할인마트 사업
→신설법인 (주)이마트
신세계
백화점 사업
→존속법인 (주)신세계
63.6%
신세계해외인터내셔날
해외 의류 브랜드 수입 판매
25%
신세계첼시
명품 아울렛

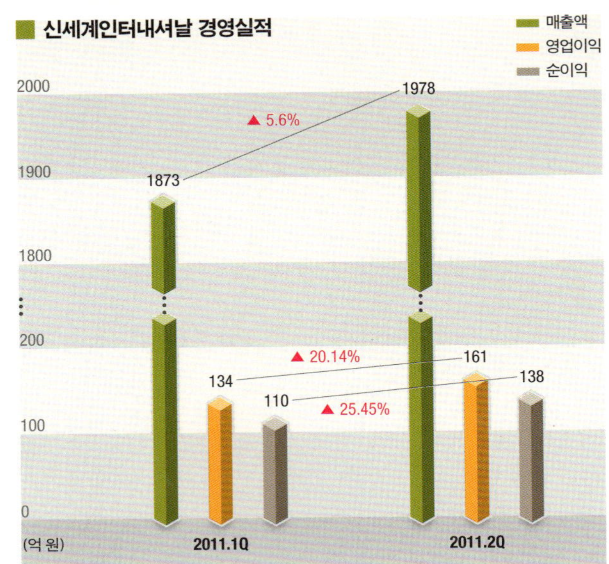

■ 신세계인터내셔날 경영실적
매출액
영업이익
순이익
2000
1900
200
100
0
1873
1978
▲ 5.6%
134
110
161
138
▲ 20.14%
▲ 25.45%
(억 원)
2011.1Q
2011.2Q

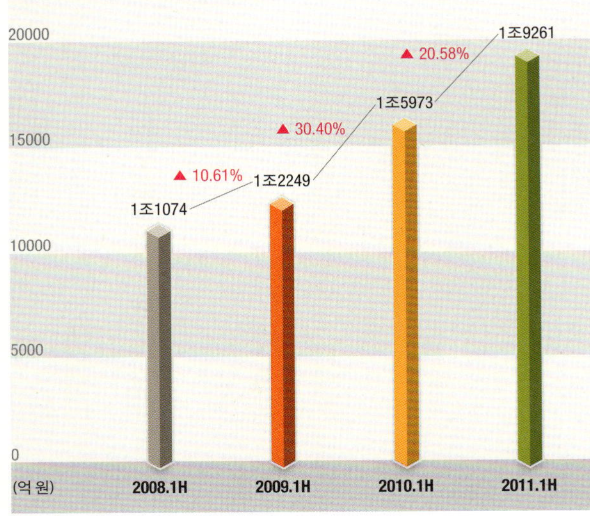

■ 백화점사업 총매출 추이
20000
15000
10000
5000
0
1조1074
1조2249
1조5973
1조9261
▲ 10.61%
▲ 30.40%
▲ 20.58%
(억 원)
2008.1H
2009.1H
2010.1H
2011.1H

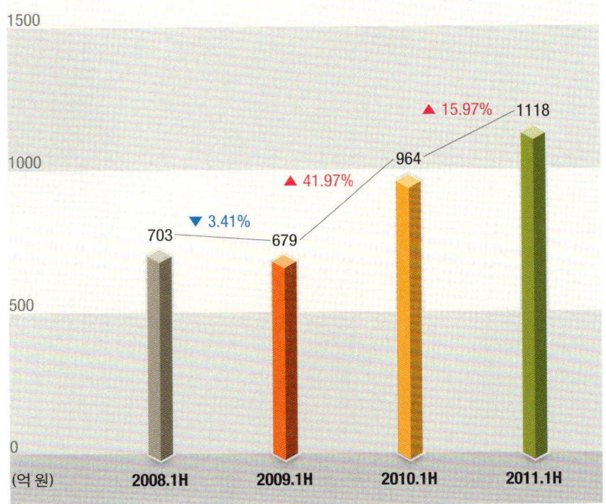

■ 백화점사업 영업이익 추이
1500
1000
500
0
703
679
964
1118
▼ 3.41%
▲ 41.97%
▲ 15.97%
(억 원)
2008.1H
2009.1H
2010.1H
2011.1H

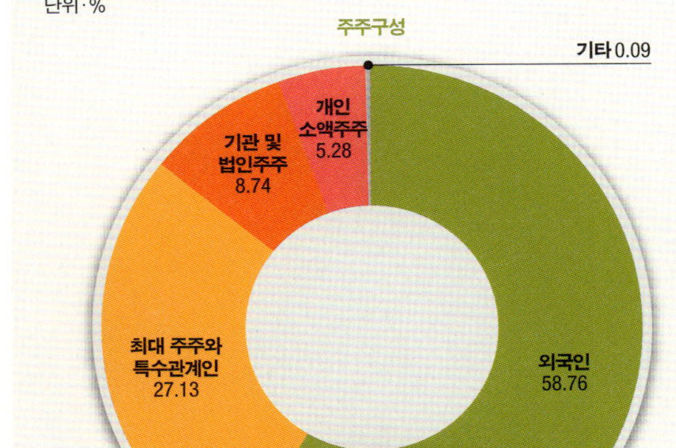

■ 신세계 지분분포도
단위·%
주주구성
기타 0.09
개인
소액주주
5.28
기관 및
법인주주
8.74
최대 주주와
특수관계인
27.13
외국인
58.76

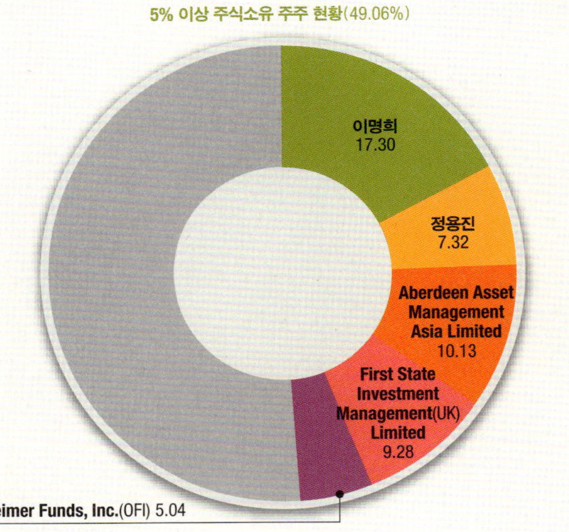

5% 이상 주식소유 주주 현황(49.06%)
이명희
17.30
정용진
7.32
Aberdeen Asset
Management
Asia Limited
10.13
First State
Investment
Management(UK)
Limited
9.28
Oppenheimer Funds, Inc.(OFI) 5.04

현대백화점

K-IFRS 연결

2011년 3분기 누계

총매출	2조 9348억 원
영업이익	3312억 원
순이익	3249억 원

◀ 흡수합병(2011.07)

현대DSF

옛 주리원백화점

2011년 1분기

총매출	235억 원
영업이익	74억 원
순이익	60억 원

2010년

총매출	892억 원
영업이익	239억 원
순이익	196억 원

갤러리아백화점

2010년

총매출	8640억 원
영업이익	306억 원
순이익	308억 원

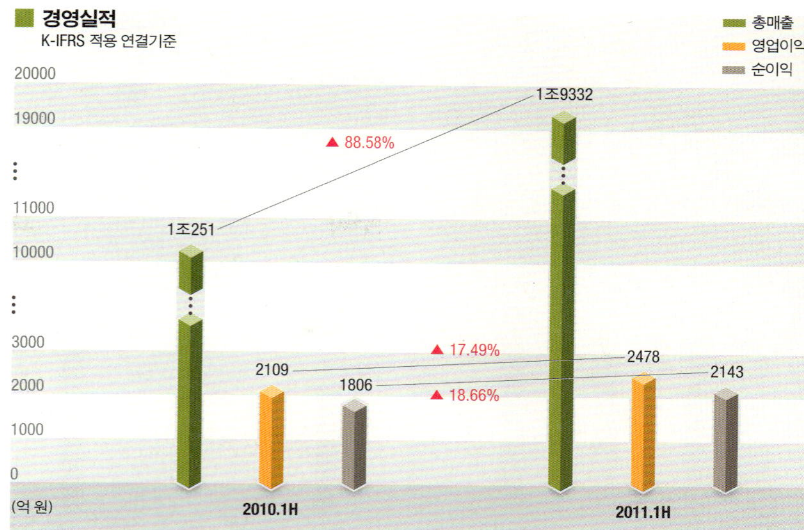

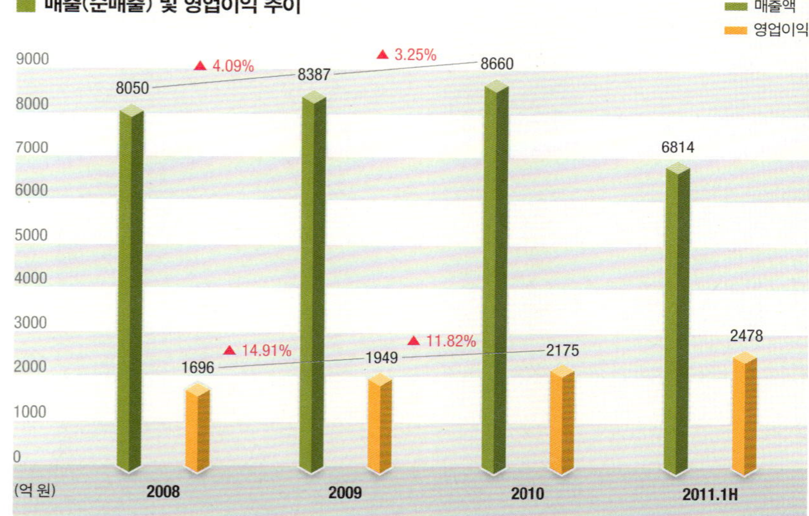

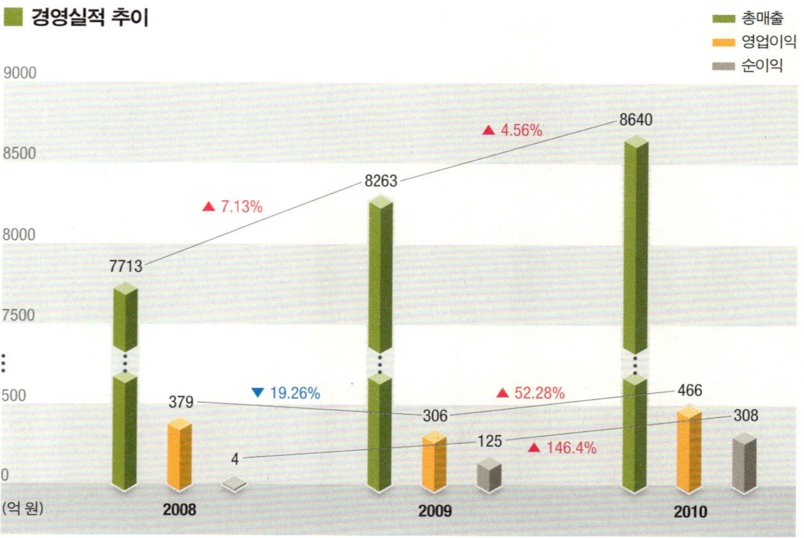

백화점 시장규모 추이

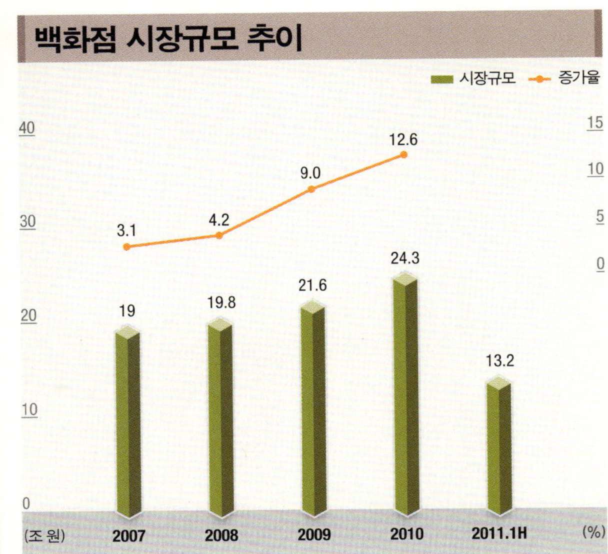

백화점 성장 전망

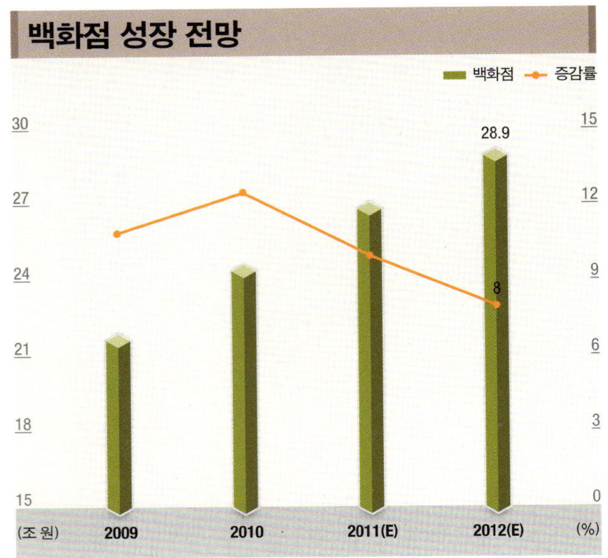

백화점 시장점유율

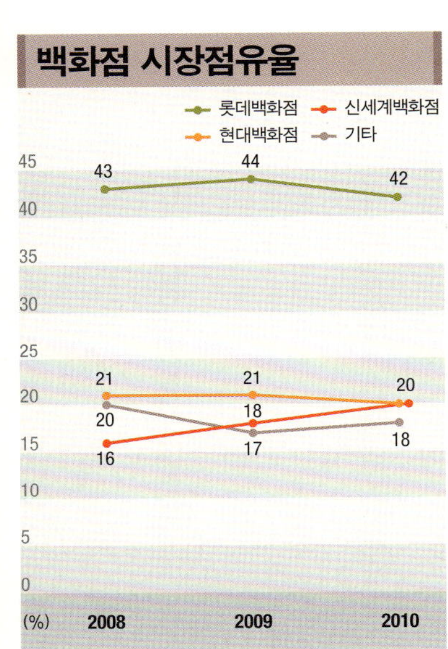

백화점 빅3 출점 계획

자료·NICE신용평가

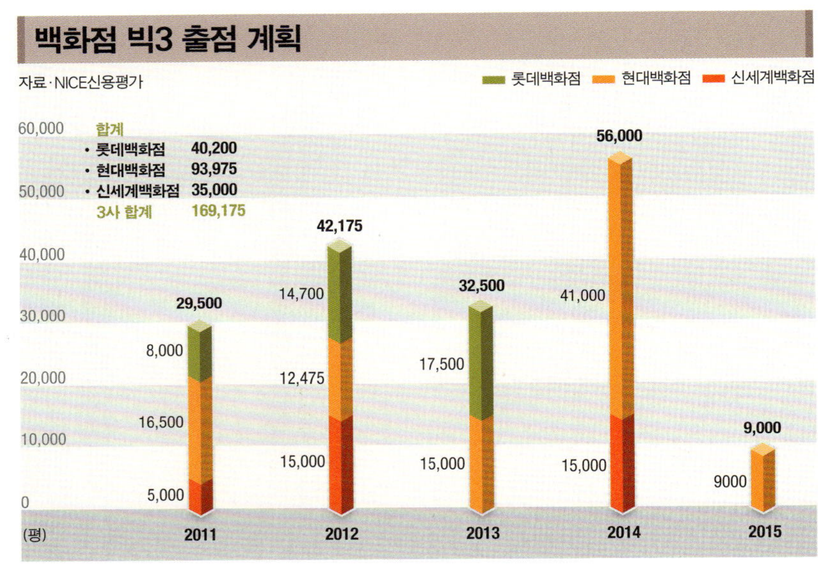

백화점·대형마트·온라인쇼핑몰 시장규모 추이

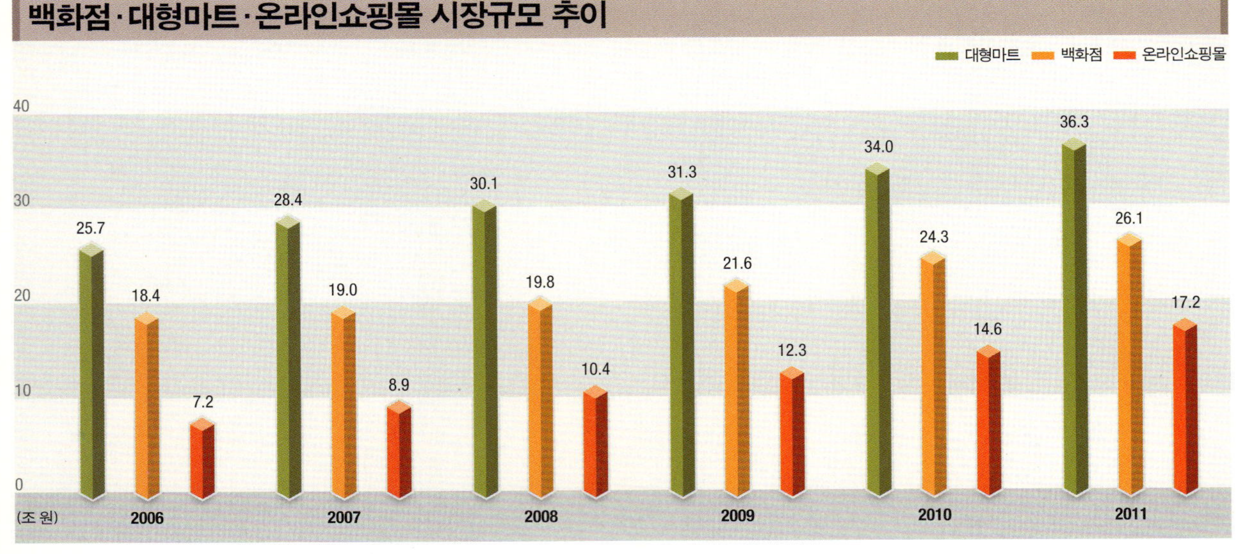

백화점업계에 위기란 없다!
VIP 마케팅 전략으로 차별화 성공

글로벌 경제위기가 심화되고 있는 가운데 미국, 일본과 같은 선진국 백화점업계는 성장률이 둔화되고 있다. 고용 둔화를 시작으로 실질소득이 감소하고 소비 심리가 위축되면 소매 유통업의 부침은 두드러지기 마련이다.

하지만, 매년 10%가 넘는 성장세를 보이는 업종이 국내 백화점 산업이다. 2009년 9.0%에 이어 2010년 12.6%라는 높은 신장률을 기록했다. 2011년 6월말에도 지난해 같은 기간에 비해 13.8% 신장한 13조2000억 원의 시장규모를 유지하며 여전히 높은 성장세를 이어가고 있다.

백화점의 경우 경기 변동에 탄력적인 패션상품 및 고가 내구소비재 위주의 상품 구성으로 경기에 영향을 받아왔다. 하지만 최근 다른 유통 업태와의 차별화를 위한 고급화 전략과 고소득층에 대한 마케팅 활동을 강화하면서 경기 변동에 따른 영향이 줄어드는 추세다. 실제로, 현대백화점의 경우 VIP 고객 비중이 2005년 2.6%에서 2010년 10.1%로 높아졌고, 이들의 매출 기여도 역시 28.5%에서 50.7%로 늘었다. 여기다 실용보다 가치를 외치는 일부 젊은 소비층도 명품 소비에 나서며 백화점 매출에 일조했다.

중국인 관광객 증가도 백화점업계의 가장 큰 호재로 꼽힌다. 롯데백화점의 경우 중국 국경절 연휴와 겹친 가을 정기 세일 기간 첫 4일 동안 해외 명품 30.9%, 가전 22.3%, 건강 15.4% 등 고른 부문에 걸쳐 고신장률을 기록했다.

백화점업계의 성장세는 앞으로도 당분간 유지될 전망이다. 2011년 하반기 중소입점업체에 대한 판매수수료 인하문제로 공정거래위원회와 대립하는 모습을 보이면서 업계 전반에 악영향을 미치지 않겠냐는 분석도 있었지만 지금까지는 잘 수습되는 분위기다.

복합쇼핑센터로 성장세 이어간다

최근 백화점들은 다른 유통 업체들과 차별성을 강조하는 방향으로 운영 전략을 짜고 있다. 직매입, 편집매장 등의 차별화 전략 및 라이프스타일몰과 같은 복합쇼핑몰 개발 등을 통해 경쟁력을 높이고 있다. 또한, 복합쇼핑몰, 프리미엄 아울렛, 온라인 부문 투자 확대 등이 백화점업계의 성장을 유지시켜주는 밑거름이 될 것이라는 전망이다.

백화점들은 국내시장에서 다양한 형태의 유통 업태를 추진하고 있다. 롯데백화점(롯데쇼핑)은 2011년 4월 대구시에 'LSC(Lifestyle Center)'의 한국 모델인 '롯데몰 이시아폴리스' 1호점을 오픈했다. 'LSC'란 전통적인 쇼핑몰의 판매기능에 여가 시설이 복합된 상업 시설 또는 쇼핑센터를 뜻한다. 이미 미국과 일본 등 선진국에서 흔히 볼 수 있는 유통 업태의 하나로, 대표적인 교외형 쇼핑몰인 아울렛보다도 성장속도가 빠르다.

2011년 11월에는 김포공항 부지에 대형 복합쇼핑몰인 '롯데 스카이파크'가 입점한다. 연면적 31만m^2의 대형 복합쇼핑몰로 롯데백화점, 마트, 호텔 등이 입점하는 것은 물론 녹지공원(13만 2000m^2)과 테마파크(6만6000m^2)를 마련해 국내 최대 규모의 교외 쇼핑타운으로 조성된다.

신세계도 복합쇼핑타운을 늘려나가는데 여념이 없다. 신세계는 2015년 개장을 목표로 하남유니온스퀘어 조성 사업을 추진하고 있다. 총 8000억 원이 투입될 예정인 이곳에는 부지 16만5290m^2(5만 평) 규모에 쇼핑과 엔터테인먼트, 문화, 레저 시설 등이 결합된 교외형 복합쇼핑몰이 들어선다.

한편, 해외시장 개척에는 여전히 롯데백화점의 행보만 이어지고 있다. 롯데백화점은 2011년 6월 중국 톈진시에 '톈진 1호점'을 오픈했다. 베이징점 이후 3년 만에 오픈하는 톈진 1호점은 롯데백화점의 해외 3호점이자 중국 내 두 번째 점포가 된다. 아울러 롯데백화점은 인도네시아에도 진출한다. 2011년 5월 인도네시아 부동산 개발 업체인 '찌푸트라 아디그라(Ciputra Adigraha)'와 백화점 및 쇼핑몰 출점을 위한 계약을 체결하고, 본격적으로 인도네시아 사업을 시작했다. 이어서 오는 2018년까지 VRICs(베트남·러시아·인도네시아·중국) 지역에 40여 개 해외 점포를 운영할 예정이다.

수익성 측면에서 백화점은 소매 업태 중 가장 우수한 업태로 각광받을 전망이다. 유통주에 관심 있는 투자자들이 유독 국내 백화점업계의 행보를 주시하는 이유가 여기에 있다. 아울러 향후 백화점 산업은 신규 경쟁자의 시장 진입에 대한 장벽이 높아지고, 수도권 신도시와 지방 상권 등 신흥 상권이 계속해서 생겨나고 있어, 경쟁력이 열위한 업체들에 대한 M&A가 지속적으로 이어질 가능성이 높다는 게 업계의 관측이다. 🅱

이마트
2011년 3분기 누계
매출액   6조3171억 원
영업이익   4654억 원
• 옛 이마트(신세계 할인마트사업부)가
신세계에서 분할 → (주)이마트로
출범(2011.05)

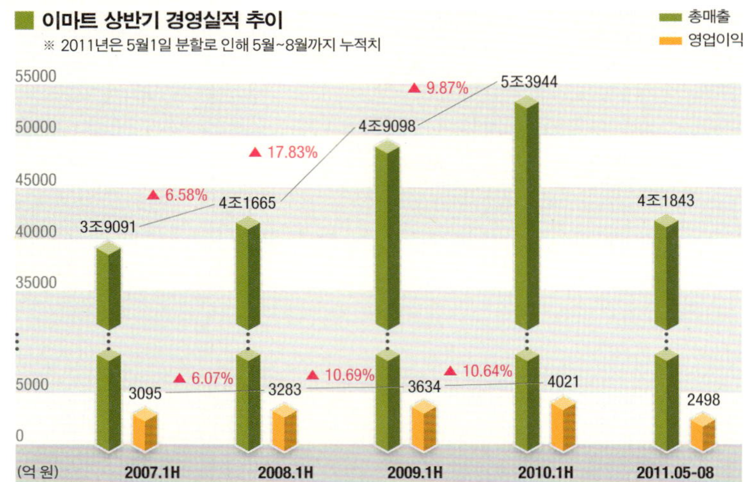

이마트 상반기 경영실적 추이
※ 2011년은 5월1일 분할로 인해 5월~8월까지 누적치
총매출
영업이익
▲ 9.87%
▲ 17.83%
▲ 6.58%
5조3944
4조9098
4조1665
3조9091
4조1843
▲ 6.07%
▲ 10.69%
▲ 10.64%
3095
3283
3634
4021
2498
(억 원)
2007.1H   2008.1H   2009.1H   2010.1H   2011.05-08

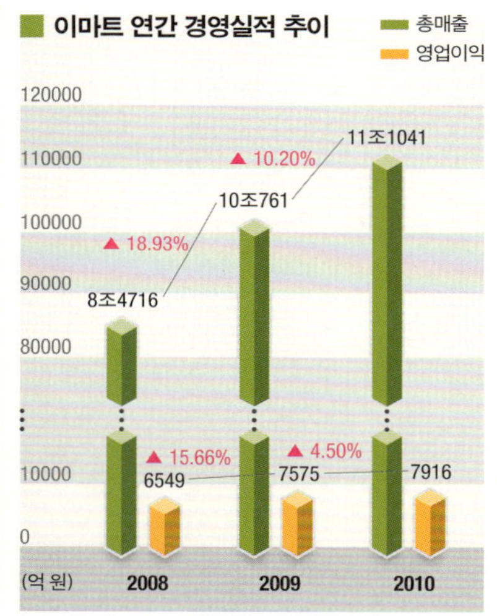

이마트 연간 경영실적 추이
총매출
영업이익
120000
110000
100000
90000
80000
▲ 10.20%
11조1041
10조761
▲ 18.93%
8조4716
▲ 15.66%
▲ 4.50%
6549
7575
7916
10000
0
(억 원)   2008   2009   2010

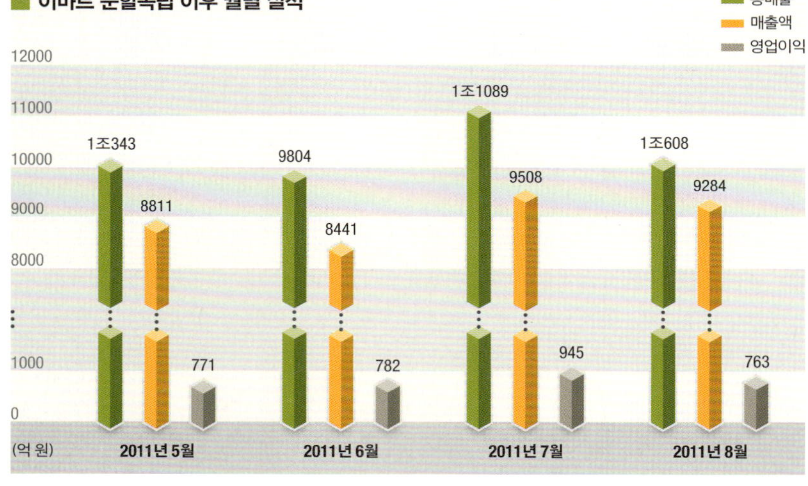

이마트 분할독립 이후 월별 실적
총매출
매출액
영업이익
12000
11000
10000
9000
8000
1조1089
1조343
9804
1조608
8811
8441
9508
9284
1000
771
782
945
763
0
(억 원)   2011년 5월   2011년 6월   2011년 7월   2011년 8월

롯데마트
롯데쇼핑 할인마트 사업부문
2011년 3분기 누계
매출액   6조4390억 원
영업이익   2740억 원
인수
(2010.4)
GS마트 14개점

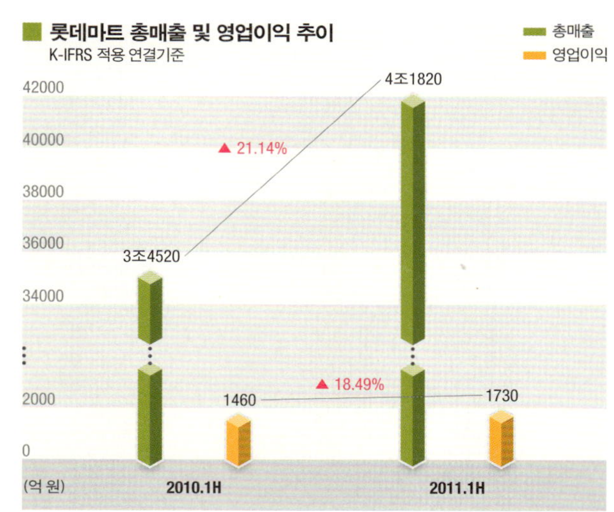

롯데마트 총매출 및 영업이익 추이
K-IFRS 적용 연결기준
총매출
영업이익
42000
40000
38000
36000
34000
4조1820
▲ 21.14%
3조4520
2000
1460
▲ 18.49%
1730
0
(억 원)   2010.1H   2011.1H

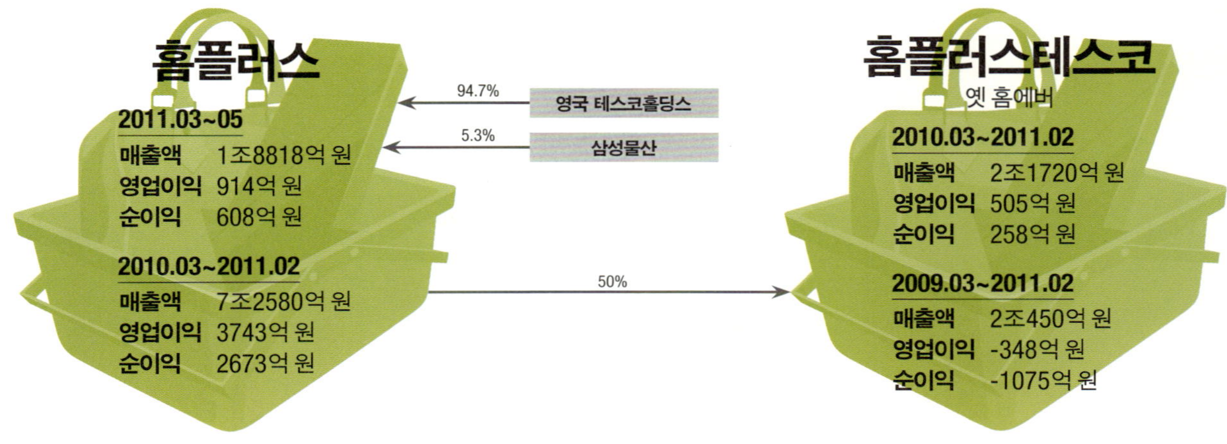

■ 홈플러스 경영실적 추이

■ 롯데마트 총 매출 국내·해외 비중

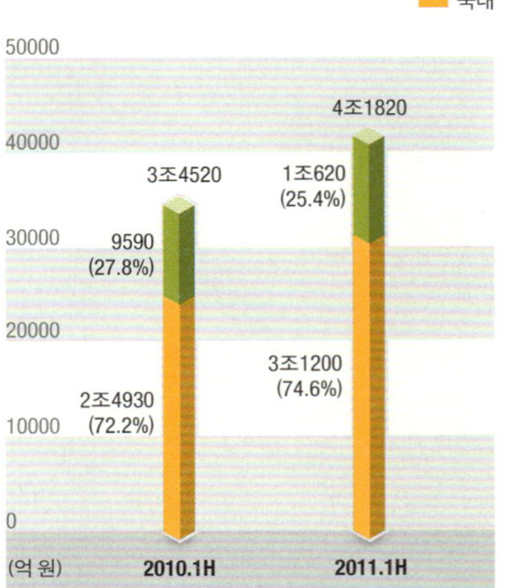

롯데마트 해외 사업 현황

2011년 2분기 기준

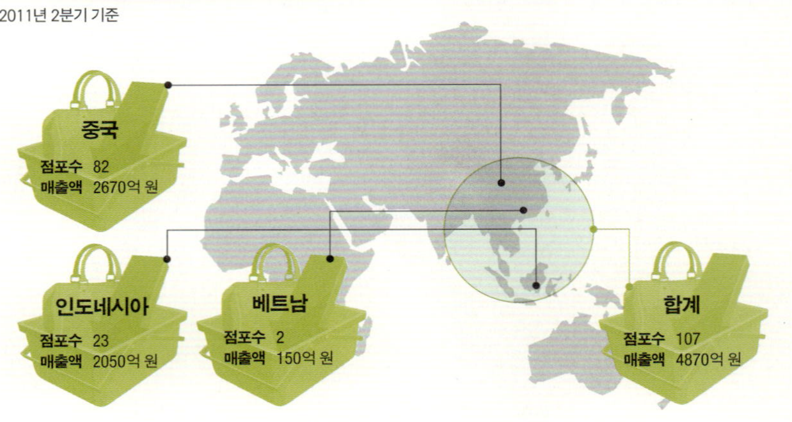

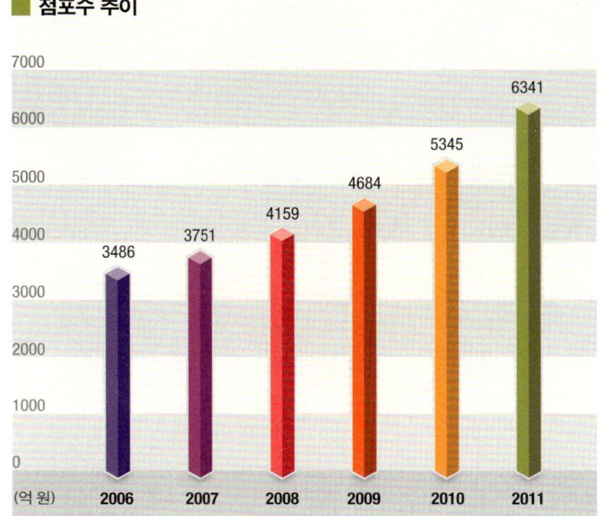
훼미리마트
편의점

2010년
매출액   2조2896억 원
영업이익   748억 원
순이익   658억 원

• 전체 프랜차이즈 점포수 1위 업체.
• 가맹점 평균 매출액 편의점 부문
  1위 업체.(2011년 7월 21일자
  공정위 등록 정보공개서 기준)

점포수 추이
7000
6000
5000
4000
3000
2000
1000
0
3486   3751   4159   4684   5345   6341
(억 원) 2006   2007   2008   2009   2010   2011

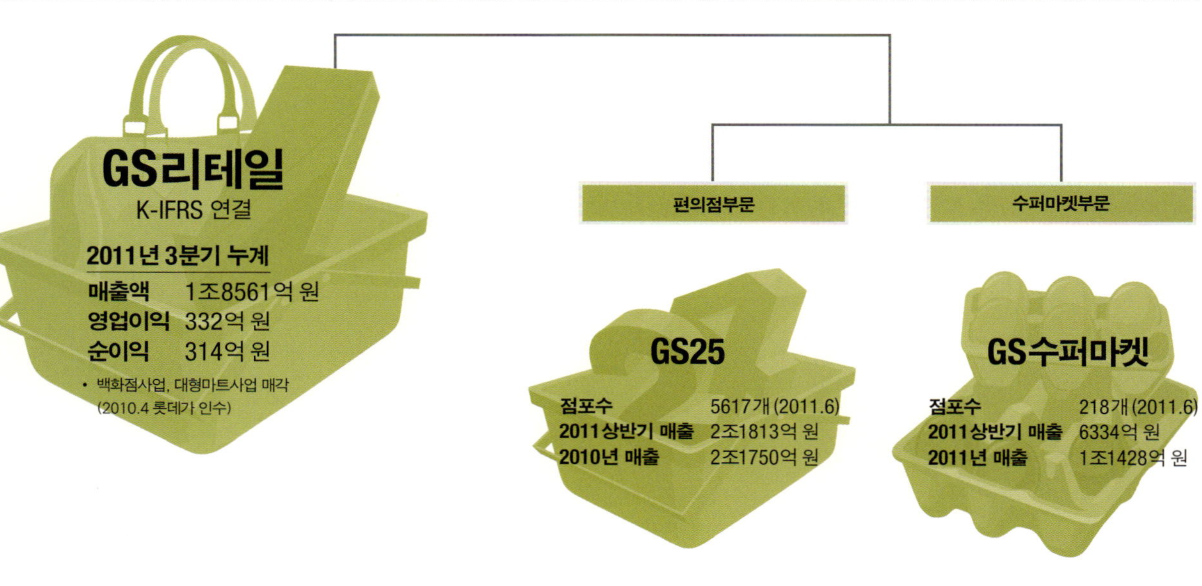
GS리테일
K-IFRS 연결

2011년 3분기 누계
매출액   1조8561억 원
영업이익   332억 원
순이익   314억 원

• 백화점사업, 대형마트사업 매각
  (2010.4 롯데가 인수)

편의점부문

수퍼마켓부문

GS25
점포수   5617개 (2011.6)
2011상반기 매출   2조1813억 원
2010년 매출   2조1750억 원

GS수퍼마켓
점포수   218개 (2011.6)
2011상반기 매출   6334억 원
2011년 매출   1조1428억 원

롯데쇼핑 수퍼사업부

롯데계열

롯데수퍼
2011년 3분기 누계
매출액   1조550억 원
영업이익   340억 원

바이더웨이(편의점)

세븐일레븐
편의점

인수
(2010.4)

지분
100%

2011년 상반기 통합
매출액   9020억 원
영업이익   340억 원

하이마트
K-IFRS

2011년 3분기 누계
매출액   2조5284억 원
영업이익   2068억 원
순이익   1141억 원
• 한국거래소 상장(2011.06)

31.3%   유진기업
17.37%   선종구

■ 경영실적
매출액
영업이익
순이익

16500
16000
14500
14000
2000
1500
1000
500
0
(억 원)

1조4211
1조6117
▲ 13.41%
▲ 38.30%
932
1289
▲ 58.07%
427
675

2010.1H
2011.1H

■ 경영실적 추이

매출액
영업이익

32000
30000
28000
26000
18000
16000
14000
4000
2000
0
(억 원)

3조467
▲ 14.36%
2조6639
▲ 78.54%
1조4920
1조6117
▲ 274.43%
489
1831
▲ 17.36%
2149
1289

2008
2009
2010
2011.1H

■ 전자제품 전문유통업체 시장점유율
하이마트   삼성리빙프라자   LG하이프라자   전자랜드   기타

50
40
30
20
10
0
(%)

40.0
34.9
28.9
21.0
20.0
14.8
12.6
10.8
9.3
7.8

2004
2010

전자랜드

2010년
매출액   5447억 원
영업이익   -63억 원
순이익   -38억 원
※ 직영점: 전국 106개
(DS샵/인샵 포함)

계열사
▼
서울전자유통(주)
랜드시네마8
앨리펀츠 프로농구단

■ 생활가전제품 주요 유통 채널
자료·유로모니터, 단위·%

기타
3.1
백화점
6.1
비 전통적
유통업체
13.7
할인점
21.4
전문 유통업체
55.7

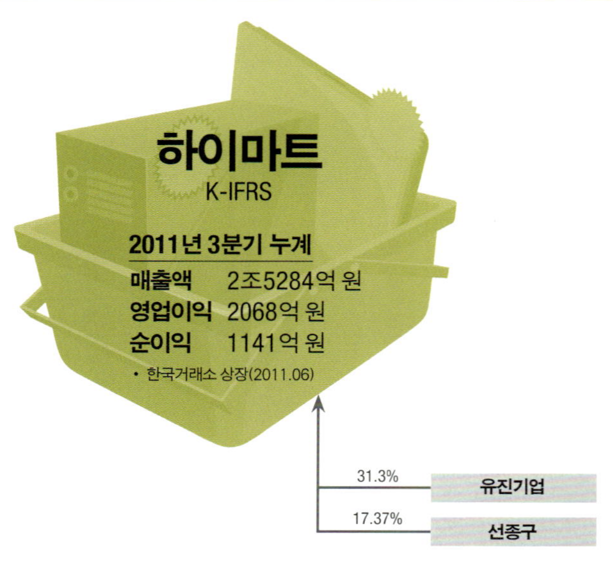

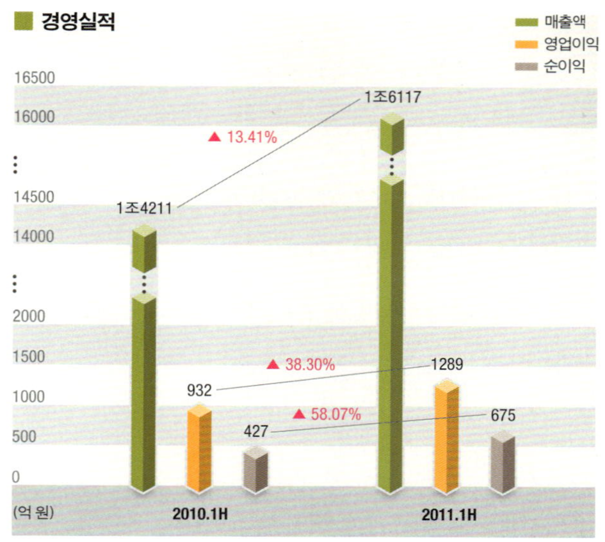

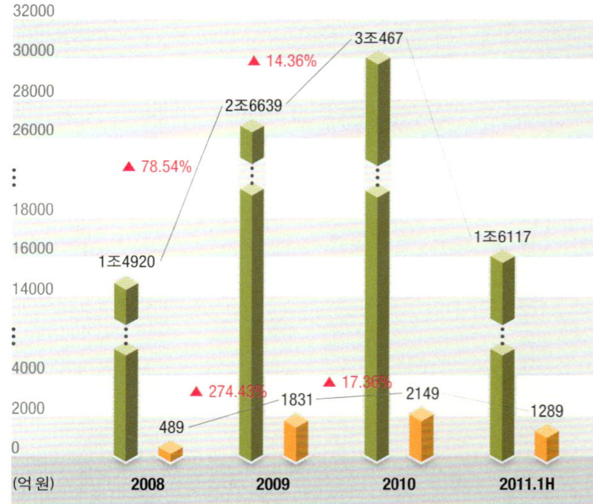

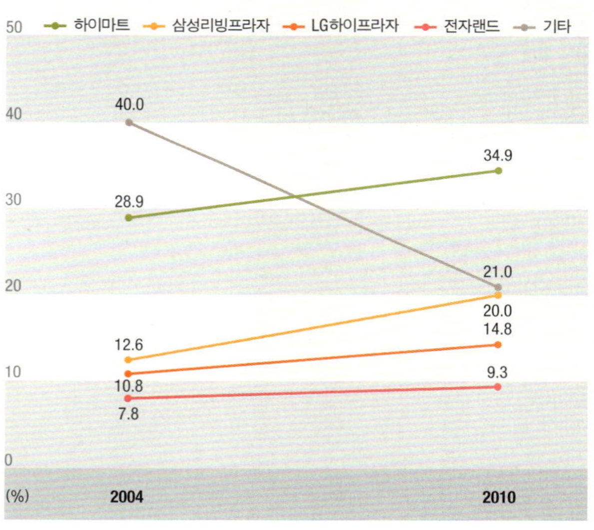

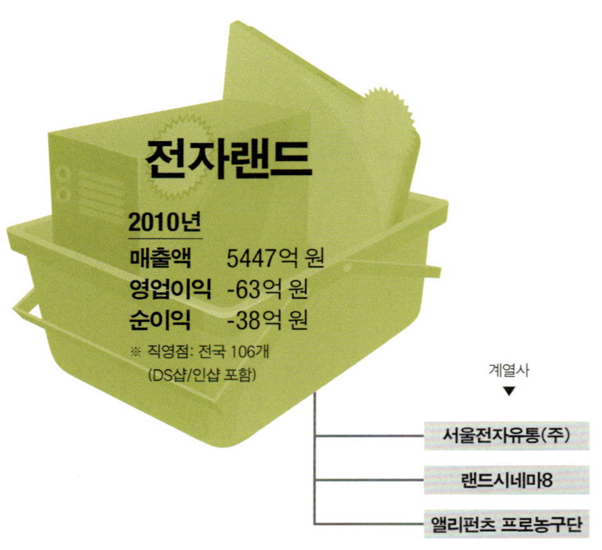

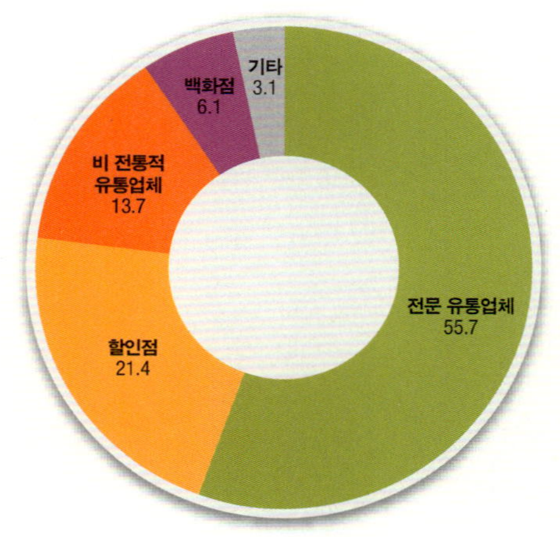

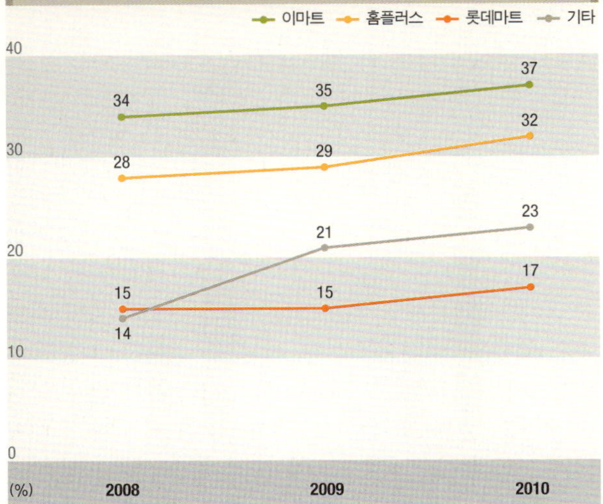

대형할인점 시장점유율
이마트 홈플러스 롯데마트 기타
40
30
20
10
0
34
35
37
28
29
32
21
23
15
15
17
14
(%)
2008 2009 2010

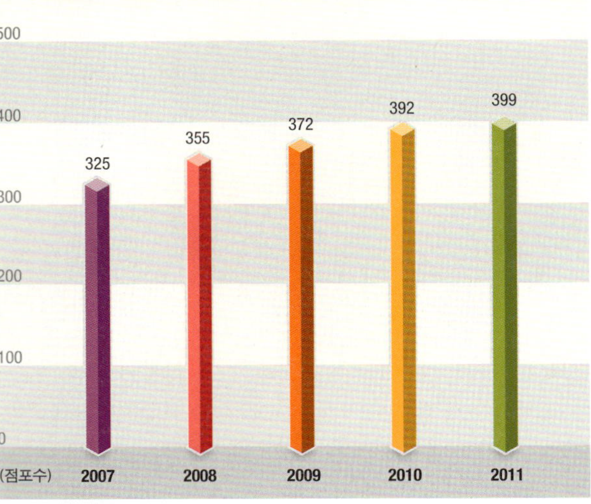

대형할인점 점포수
500
400
300
200
100
0
325
355
372
392
399
(점포수)
2007 2008 2009 2010 2011

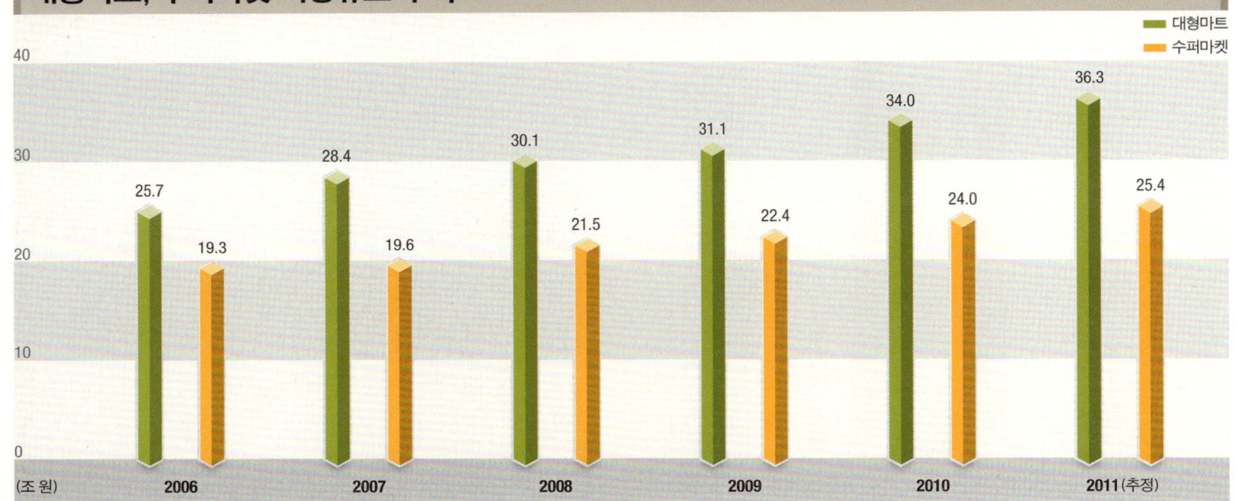

대형마트, 수퍼마켓 시장규모 추이
대형마트 수퍼마켓
40
30
20
10
0
25.7 19.3
28.4 19.6
30.1 21.5
31.1 22.4
34.0 24.0
36.3 25.4
(조 원)
2006 2007 2008 2009 2010 2011(추정)

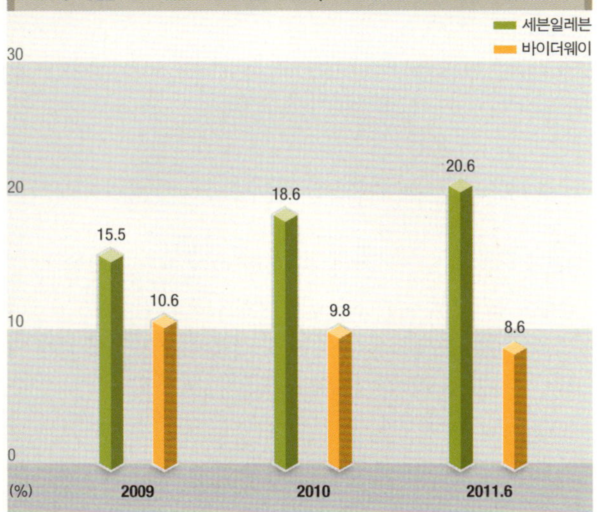

롯데계열 편의점 세븐일레븐, 바이더웨이 점유율
세븐일레븐 바이더웨이
30
20
10
0
15.5 10.6
18.6 9.8
20.6 8.6
(%)
2009 2010 2011.6

GS계열 편의점 GS25, 수퍼마켓 GS수퍼 점유율
GS25 GS수퍼
40
30
20
10
0
31.3 3.9
31.6 4.5
30.7 5.4
(%)
2008 2009 2010

신규 매장 출점 경쟁 심화
시장 포화보다는 특화와 확장에 무게감

'빅3' 할인마트, 성장세 멈추지 않는다

할인마트업계는 내수시장 포화를 극복하고 안정적인 성장세를 유지하기 위해 다양한 정책을 펼치고 있다. 저성장을 극복하기 위한 가격 정책, 새로운 상품 공급, 해외직소싱 확대 및 온라인 쇼핑몰 활성화 등의 노력은 지속적인 할인마트 성장의 밑거름이 되고 있다.

이런 노력에 힘입어 2011년 상반기에 할인마트업계 매출은 총 18조456억 원으로 지난해 같은 기간에 비해 10.3% 증가하는 높은 성장률을 기록했다. 향후 물가 상승과 금리 인상 등으로 인한 가처분 소득 감소의 위험 요소가 존재하긴 하지만, 지속적인 신규 점포 출점 등을 통해 이를 극복하고 높은 성장세를 유지할 수 있을 것으로 업계는 내다보고 있다.

2011년 5월 1일자로 신세계백화점과 분할된 이마트는 연착륙중이다. 8월에는 매출총이익과 영업이익이 각각 2596억 원과 763억 원으로 전년 동기 대비 12.3%와 11.7%씩 상승했다. 9월에는 각각 2784억 원과 749억 원으로 영업이익이 소폭 하락하기는 했지만, 일시적인 현상이라는 분석이다.

5월에 인수한 킴스클럽마트는 이마트의 애를 태우는 요인으로 꼽힌다. 고용 승계는 물론 전산시스템, 로고 등도 마무리 지은 상태이지만, 공정거래위원회의 인수 승인이 떨어지지 않아 새로운 간판을 내걸지 못하고 있다. 킴스클럽마트의 전국 지점은 54개로, 이마트가 이들 지점을 계열로 편입하게 되면 시장점유율이 더욱 높아지게 되는데, 이에 따른 독과점 논란이 예상되고 있는 점 또한 부담이다.

국내 할인마트업계 2위인 홈플러스는 2011년 8월에 희소식을 전해 들었다. 장기신용등급이 'AA-', 단기신용등급은 'A1'로 한 단계씩 뛰어 오른 것이다. 모기업인 테스코(Tesco)의 우수한 신용도와 지원 의지, 2008년 인수한 홈플러스 테스코의 영업 정상화로 M&A를 통한 긍정적 효과가 주요하게 평가됐다. 적극적인 확장 전략이 수익성 개선으로 이어지고 있기 때문이란 분석이다.

해외사업 분야에서는 롯데마트가 앞선 모습을 보여주고 있다. 롯데마트는 2011년 9월에만 해외에서 5개점을 오픈하면서 해외사업에 집중하고 있다. 인도네시아 자카르타 남부 땅끄랑시에 글로벌 204호점이자 해외 112호점인 '빈따로자야(Bintaro Jaya)점'을, 중국 장쑤성 난통시에 글로벌 205호점이자 해외 113호점인 '루둥점'을 각각 오픈하며 글로벌 시장 개척을 꾸준히 확대해나가고 있다.

최근 할인마트업계는 상품의 효율적 배송을 통한 비용 절감 및 가격경쟁력 확보를 위한 물류시스템 개선과 공급망 관리(SCM)에 대한 투자를 확대해나가고 있다. 이는 다점포 구축에 따른 경쟁이 어느 정도 마무리되면서 비용 우위를 확보하기 위한 포석이다.

할인마트업계는 특히 생필품 뿐 아니라 패션, 의류 등 상품 구색을 강화하고 매장 리뉴얼과 편의 시설 입점 등 대형화, 고급화, 복합화의 추세를 이어가고 있다. 이로 인해 백화점과의 경쟁 영역이 중복되면서 백화점 고객층을 일부 흡수하고 있는 것으로 업계는 파악하고 있다. 아울러 할인마트의 핵심 경쟁력인 비용 구조의 효율화 노력이 강화됨에 따라 자체상표(PB) 브랜드 확대, 물류센터 설립과 광고 판촉비 축소 등을 통한 비용 절감 효과가 어느 정도 나타나고 있는 점 또한 긍정적으로 평가된다.

2012년 '특화형 편의점'으로 승부

2010년 전체 소매 시장은 뚜렷한 경기 회복세에 따른 소비심리 회복으로 전년 대비 8.4% 정도 성장했다. 이에 따라 2011년에도 소매경기 호조가 계속될 것으로 예상된다. 업체별로 성장률의 차이가 있을 것으로 보이는바, 편의점업계는 15.1% 이상의 고도성장을 기대하고 있다.

성장의 근거는 점포수의 비약적인 확대에서 찾을 수 있다. 훼미리마트는 2011년 7월 6000번째 매장인 서울 삼성점을 열었다. 국내에서 6000개 매장을 낸 편의점은 훼미리마트가 처음이다. 2011년 안에 6300곳 이상의 매장을 오픈할 계획이다. 현재 GS25는 5600여 개의 매장을, 세븐일레븐(바이더웨이 포함)도 5000개가 넘는 매장을 운영하고 있다. 일각에서는 시장 포화에 대한 우려의 목소리가 나오고 있지만, 편의점 1곳당 인구수가 2000명 수준으로 줄어드는 2015년까지 매장 오픈이 계속 늘어날 것으로 업계는 전망하고 있다.

편의점업계는 경쟁 우위를 확보하기 위해 상권 재분석을 통한 맞춤형 상품 구색 및 특화 상품 개발을 중점 추진하고 있다. 이에 따라 각 업체마다 베이커리형, 즉석조리형, 미니슈퍼형 등 '특화형' 점포를 앞 다퉈 도입하고 있다. 또한 고객 중심의 대응 전략을 통해 상품 및 점포 운영의 차별성을 제고하고 있다. 특히, 편의점업계는 금융·엔터테인먼트 등 다른 업태와의 제휴를 통해 다양한 상품과 서비스를 확대해 나간다는 계획이다. B

- 대형 프랜차이즈 업체들, M&A 재시동
- 수제버거 업체들, 패스트푸드 시장 공략
- 카페베네, 패밀리 레스토랑 시장 진출

외식 관련 그룹사

SPC그룹

2011년
총매출　3조3000억 원

삼립식품

2011년 3분기 누계
매출액　4099억 원
영업이익　42억 원
순이익　29억 원

2010년
매출액　2693억 원
영업이익　64억 원
순이익　64억 원

샤니

2010년
매출액　3938억 원
영업이익　109억 원
순이익　55억 원

■ SPC그룹계열 매출 추이

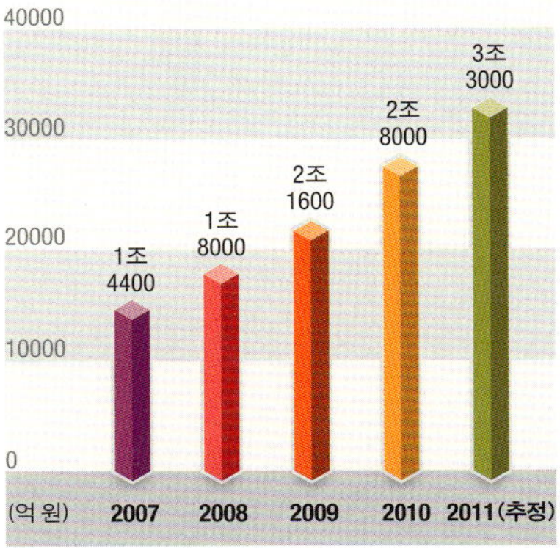

2007	2008	2009	2010	2011(추정)
1조4400	1조8000	2조1600	2조8000	3조3000

(억 원)

파리크라상

2010년
매출액　1조3126억 원
영업이익　489억 원
순이익　442억 원
- 직영점:122개, 가맹점:2734개
- 브랜드:파리바게뜨 등 9개

비알코리아

2010년
매출액　4261억 원
영업이익　387억 원
순이익　334억 원
- 브랜드:베스킨라빈스, 던킨도너츠 등

CJ푸드빌

2010년
매출액　7381억 원
영업이익　97억 원
순이익　52억 원

브랜드

뚜레쥬르, 투썸플레이스, 빕스,
더 스테이크하우스, 씨푸드 오션, 로코커리 등

■ CJ 푸드빌 경영실적

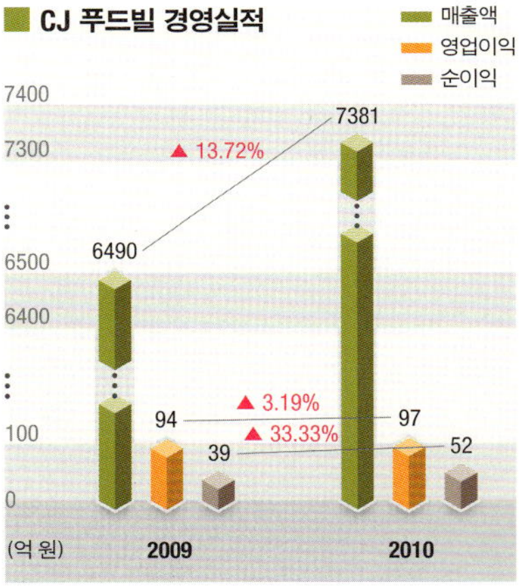

범례: 매출액, 영업이익, 순이익

	2009	2010
매출액	6490	7381 (▲ 13.72%)
영업이익	94 (▲ 3.19%)	97
순이익	39 (▲ 33.33%)	52

(억 원)

베스킨라빈스

2010년 매출
2093억 원

던킨도너츠

2010년 매출
2167억 원

피자

미스터피자

1위

2011년 상반기
매출액　777억 원
영업이익　50억 원
순이익　33억 원

2010년
매출액　1510억 원
영업이익　90억 원
순이익　47억 원

연도	매장수	점유율
2008	341	30%
2009	373	32%
2010	382	34%

피자헛

2위

매장수　340개
※ 미국 얌 브랜드(Yum Brands)
한국법인

도미노피자

2010년
매출액　1087억 원
영업이익　98억 원
순이익　64억 원
※ 매장수 350개

패밀리 레스토랑

아웃백 스테이크 하우스
매장수　100개
· 1997년 도입

T.G.I 프라이데이
롯데리아 사업부
매장수　40개

빕스
CJ푸드빌 외식사업부
2010년
매출액　3526억 원
영업이익　105억 원

베니건스
바른손 외식사업부
2010.04~2011.03
매출액　175억 원
· 바른손, 2010년 12월 라이즈온(주) 합병
(라이즈온은 베니건스 운영업체)

패스트푸드

롯데리아
2010년
매출액　5674억 원
영업이익　265억 원
순이익　139억 원

- 롯데리아
- 엔젤리너스커피
- T.G.I.F

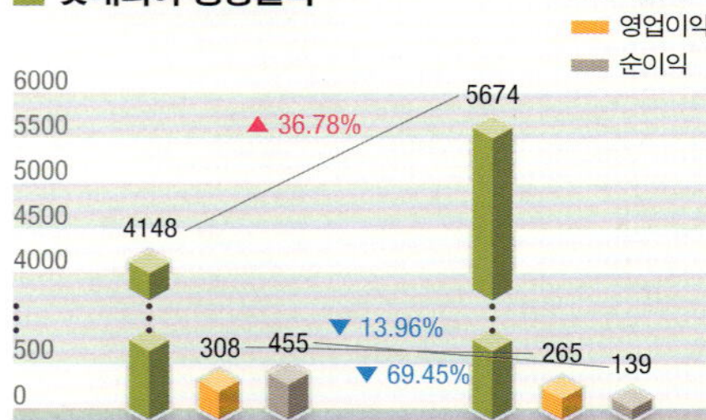

SRS코리아
2010년
매출액　2615억 원
영업이익　211억 원
순이익　144억 원

KFC
2010년
매출액　1200억 원
영업이익　98억 원

맥도날드
매장수　243개
· 2015년 까지 매장수 500개 목표

버거킹
2010년
매출액　1221억 원
영업이익　107억 원

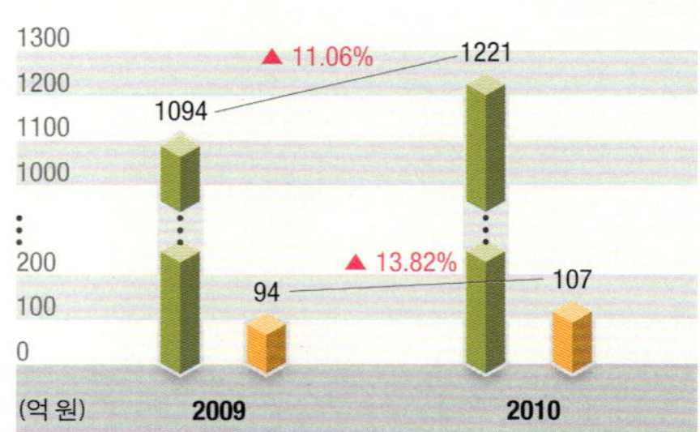

- 한·미 FTA에 따른 영업 환경 변화 주목
- 상사와 건설사 합병이 업계 트렌드
- 현대상사 경영실적 약진 기대

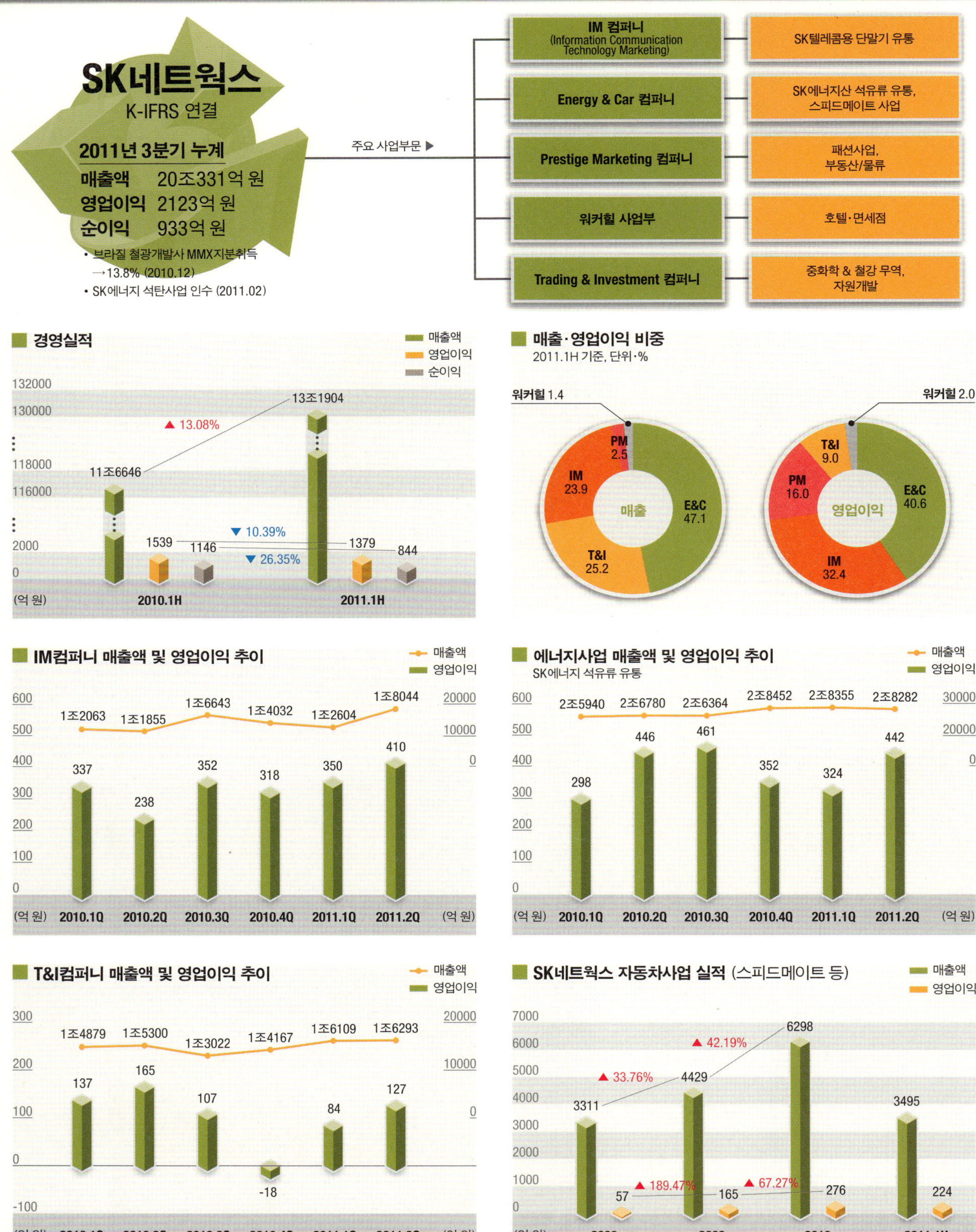

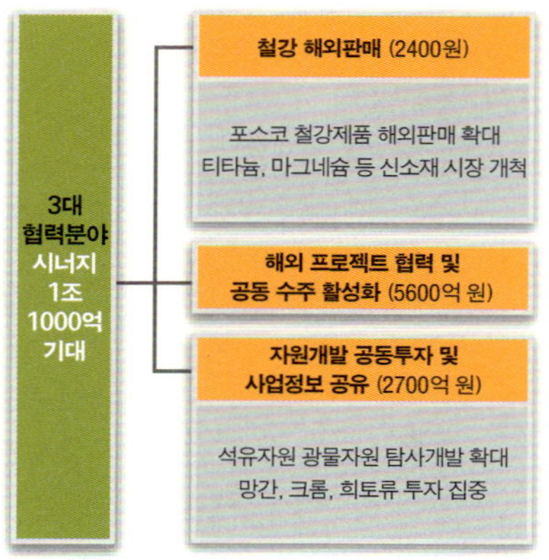

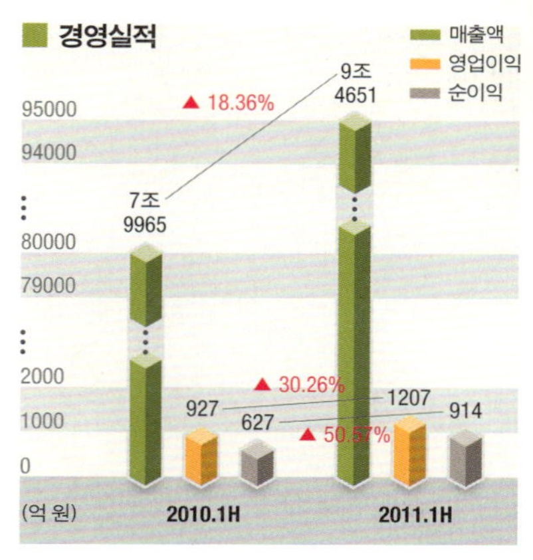

품목별 매출액 추이

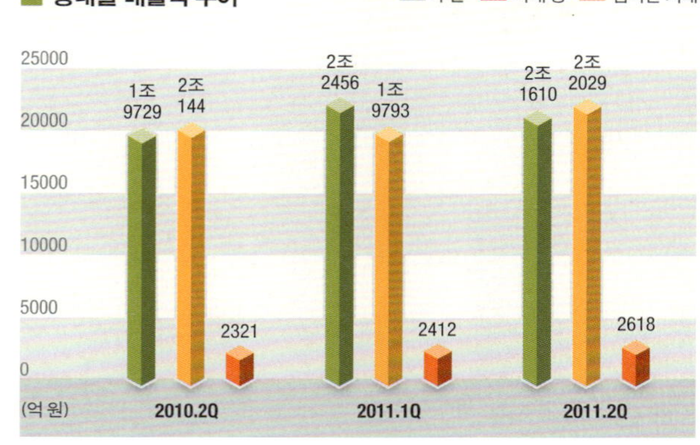

형태별 매출액 추이

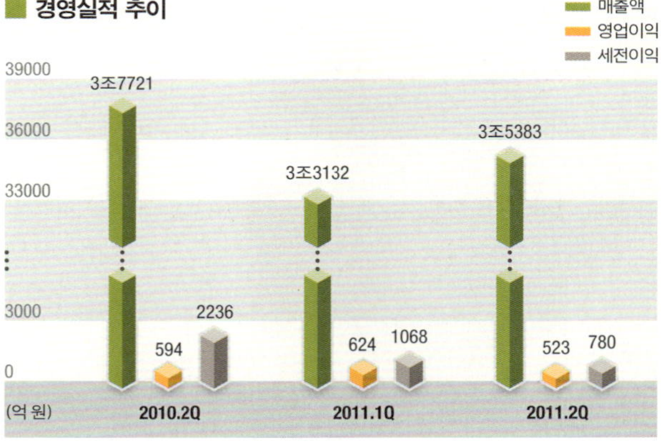

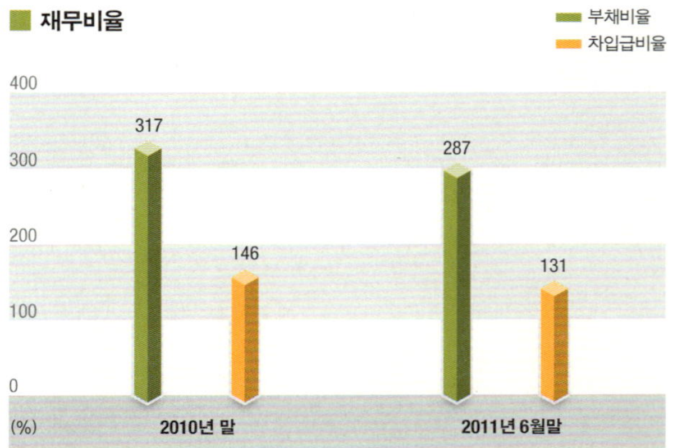

경영실적 추이

재무비율

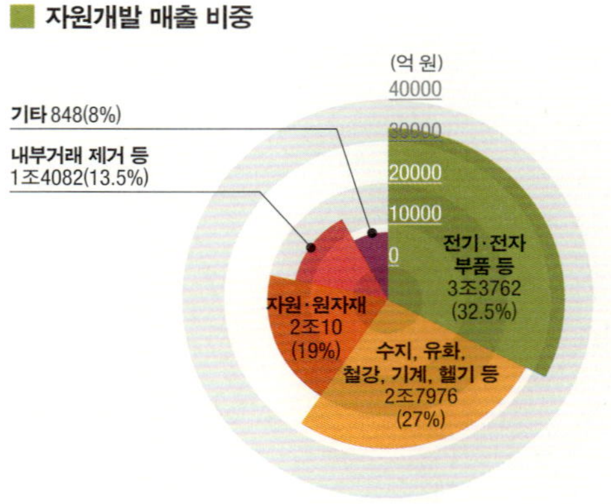

자원개발 매출 비중

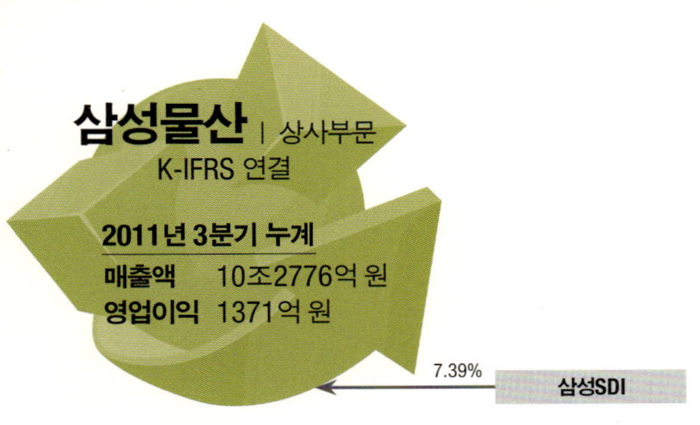
삼성물산 | 상사부문
K-IFRS 연결
2011년 3분기 누계
매출액   10조2776억 원
영업이익 1371억 원
7.39%
삼성SDI

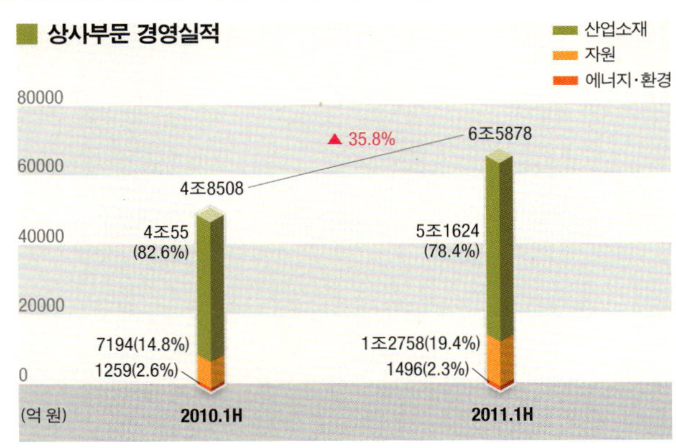
상사부문 경영실적
산업소재
자원
에너지·환경
80000
60000
40000
20000
0
▲ 35.8%
6조5878
4조8508
4조55
(82.6%)
5조1624
(78.4%)
7194(14.8%)
1259(2.6%)
1조2758(19.4%)
1496(2.3%)
(억 원)
2010.1H
2011.1H

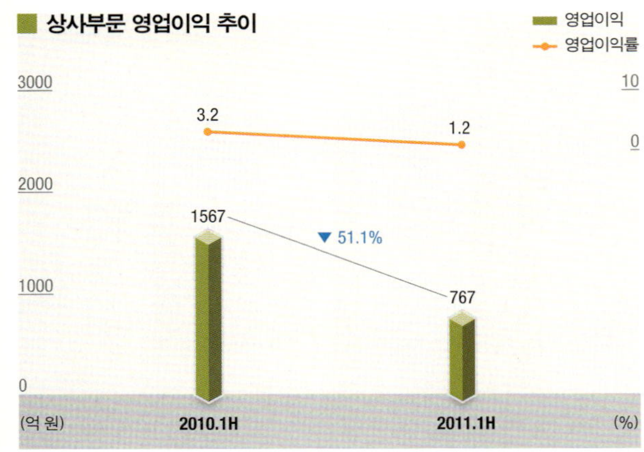
상사부문 영업이익 추이
영업이익
영업이익률
3000
2000
1000
0
10
0
3.2
1.2
1567
▼ 51.1%
767
(억 원)
2010.1H
2011.1H
(%)

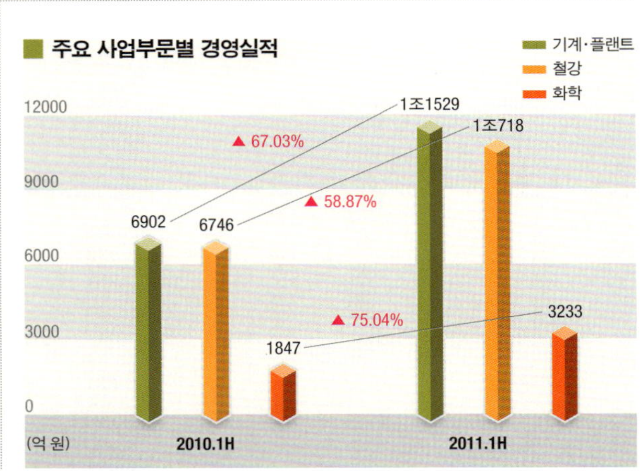
주요 사업부문별 경영실적
기계·플랜트
철강
화학
12000
9000
6000
3000
0
▲ 67.03%
1조1529
1조718
6902
6746
▲ 58.87%
▲ 75.04%
1847
3233
(억 원)
2010.1H
2011.1H

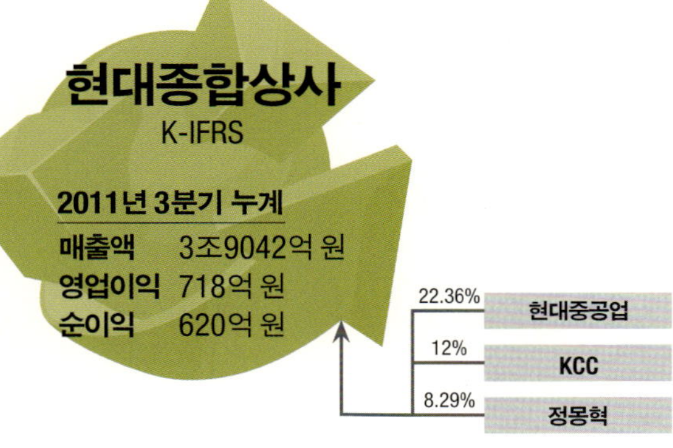
현대종합상사
K-IFRS
2011년 3분기 누계
매출액   3조9042억 원
영업이익 718억 원
순이익   620억 원
22.36%
현대중공업
12%
KCC
8.29%
정몽혁

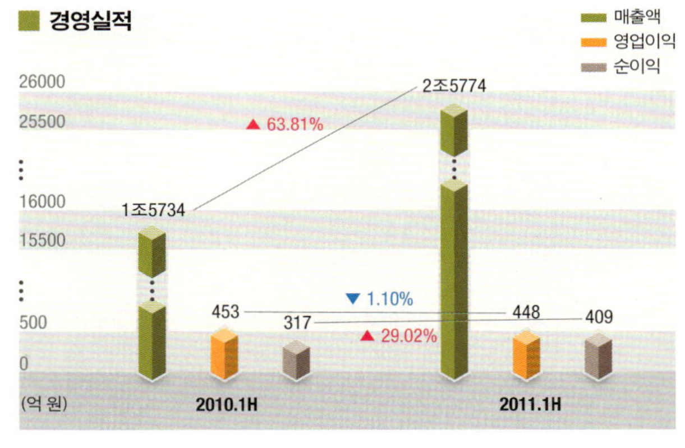
경영실적
매출액
영업이익
순이익
26000
25500
16000
15500
500
0
▲ 63.81%
2조5774
1조5734
▼ 1.10%
453
317
448
409
▲ 29.02%
(억 원)
2010.1H
2011.1H

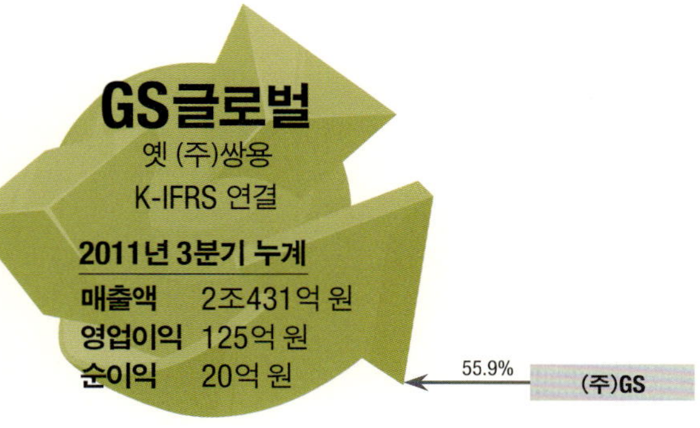
GS글로벌
옛 (주)쌍용
K-IFRS 연결
2011년 3분기 누계
매출액   2조431억 원
영업이익 125억 원
순이익   20억 원
55.9%
(주)GS

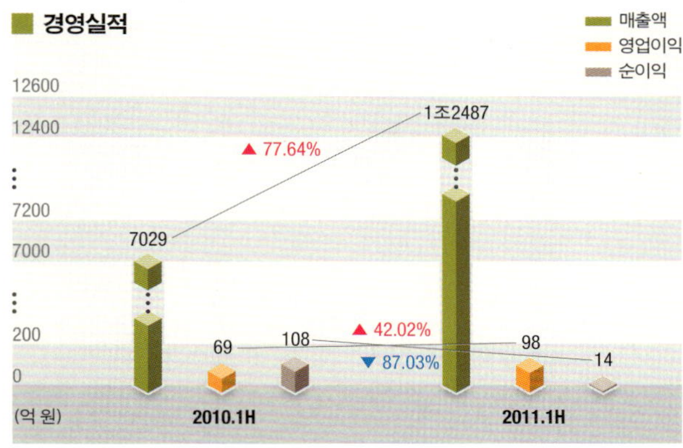
경영실적
매출액
영업이익
순이익
12600
12400
7200
7000
200
0
▲ 77.64%
1조2487
7029
▲ 42.02%
69
108
98
14
▼ 87.03%
(억 원)
2010.1H
2011.1H

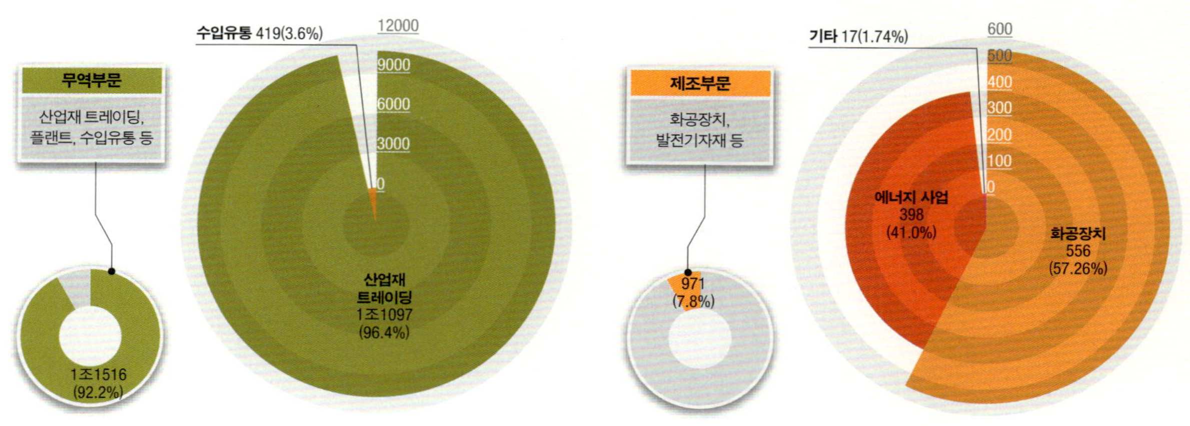

SK네트워스 자원개발사업 전략

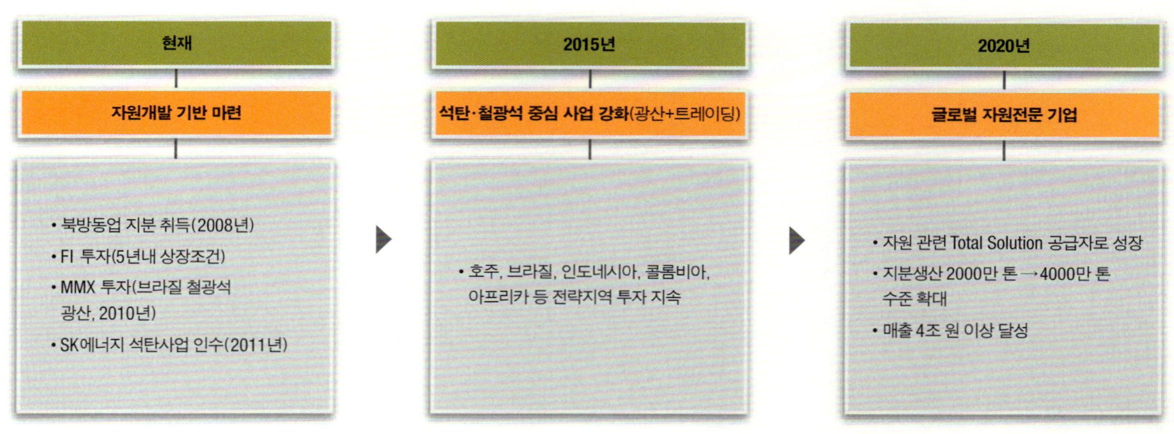

대우 인터내셔널 해외자원개발 글로벌 현황

자료·우리투자증권 리서치센터

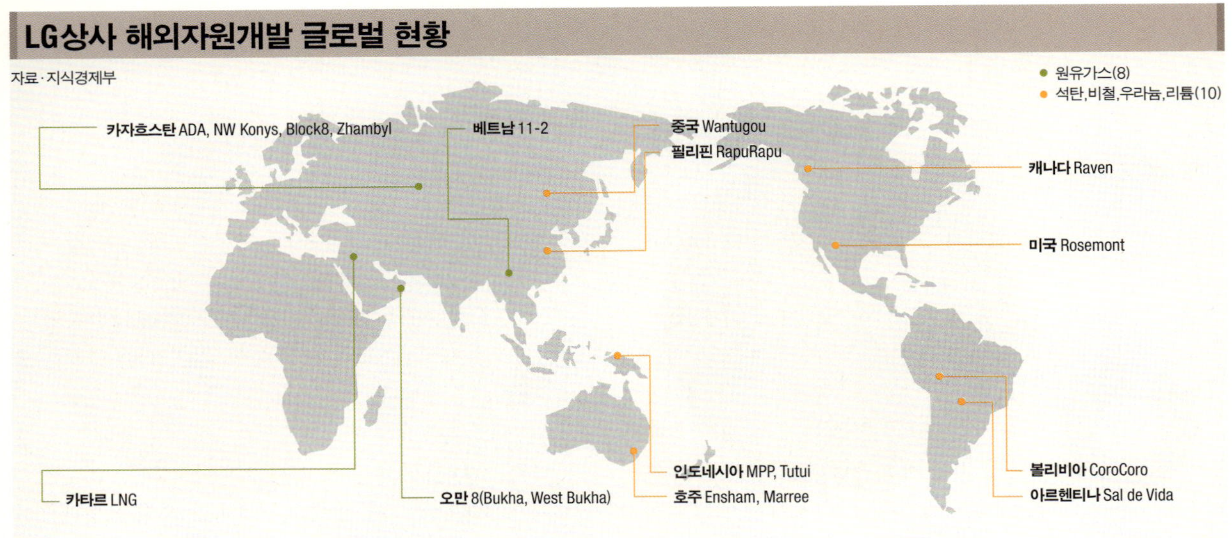

LG상사 해외자원개발 글로벌 현황

삼성물산 해외자원개발 글로벌 현황

국내 상사 수출실적

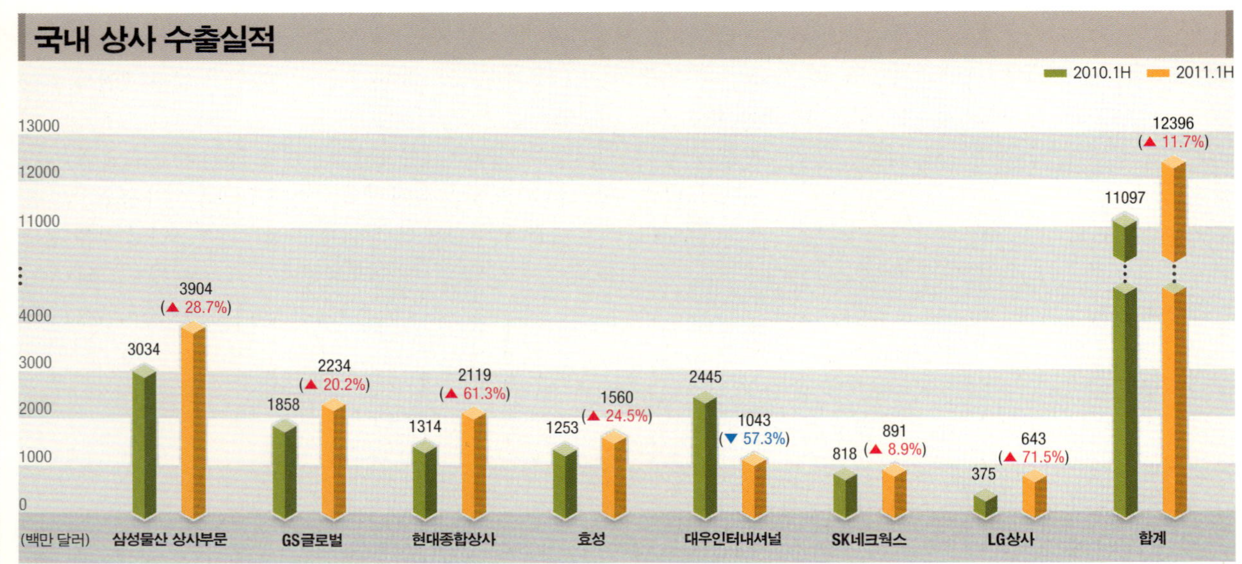

종합 트레이더에서 자원역군으로 탈바꿈
2012년 변화와 성장에 기대 영근다

본래 종합상사는 다양한 상품을 수출입, 유통하는 기업체를 뜻한다. 삼성그룹이 삼성물산에서 시작한 것처럼 한국의 재벌 가운데 상당수는 수출입을 담당하는 상사가 근간을 키웠다. 산업의 토양이 약했기 때문에 상사가 차지하는 비중이 컸다.

하지만 지금은 다르다. 상사 대부분은 새로운 성장 모멘텀이 없다. 그래서 뛰어든 것이 자원 개발 사업이다. 철강, 석탄 등을 트레이딩하는 수준을 넘어 직접 확보하는 사업에 뛰어든 것이다. 삼성물산은 유전과 리튬, 니켈 등 희소금속 자원 개발에 주력하고 있고, SK네트웍스는 철광석에 집중한다. LG상사는 석탄, 대우인터내셔널은 유연탄과 가스 개발에 치중하고 있다.

자원세 부과 잇따라, 각국 정부 견제는 숙제

2012년 국내 상사 업체들의 실적은 양호할 것으로 추정된다. 자원 가격이 천정부지로 치솟고 있기 때문이다. 삼성물산의 경우 2012년부터 캐나다 온타리오 풍력·태양광 개발 프로젝트, 마다가스카르 니켈광산이 성과를 낼 것으로 기대된다. SK네트웍스는 2011년 10월 브라질 MMX 철광석 사업 가치가 2조2000억 원에 달한다는 분석이 나와 고무됐다. 대우인터내셔널 역시 2012년부터 자원 개발 사업 가치가 부각될 것이란 전망이 나온다. 2011년 자원 분야에서 가장 높은 실적을 올린 LG상사 또한 2012년에도 양호한 성장세가 예상된다.

다만, 문제는 자원세 부과다. 국내 상사 업체가 제일 많이 진출해 있는 호주는 2012년 7월부터 광물자원에 세금을 부과하기로 했다. 호주에서 자원 개발을 하는 기업은 이익률이 12%를 넘을 경우 순이익의 30%를 세금으로 내야 한다. 한국 기업 상당수는 아직 이 기준에 맞추지 못하지만 장기적으로 영향이 있을 수밖에 없다. 호주 현지의 사업 파트너들이 부담을 느끼고 있는 탓이다. 이익률이 떨어지는 것을 감수해야 한다는 게 현지의 분위기다.

호주 이외에도 중국이 2010년 11월부터 자원세 부과 요건을 까다롭게 바꿨고 중남미 국가들도 이에 동참할 조짐을 보이고 있다. 자원세 부과 여부가 하루아침에 결정되는 사안은 아니지만 상사업종에 대한 투자 심리에 큰 영향을 미칠 것으로 보인다.

자원세 부과만 문제가 되는 것은 아니다. 한국 기업들의 수익성이 높아질수록 경쟁사들의 견제가 심해지는 것은 당연지사다. 앞서 이라크 중앙정부가 한국 기업의 쿠르드지역 바지안 광구 개발에 부정적 영향을 끼쳤던 사례가 반복될 수 있다. 개발도상국의 경우 인프라 투자, 자원 개발 선진 기술만 노리는 점도 부담 요인이다.

FTA와 모기업 효과에 주목

현대상사는 2011년 가장 높은 성장률을 달성했다. 현대중공업에 피인수된 뒤 범 현대가의 일감을 끌어온 덕이다. 대신증권은 현대상사의 2012년, 2013년 매출 및 이익 신장률이 각각 20.8%, 41.4%에 달할 것이라고 예측했다.

대우인터내셔널 또한 현대상사와 비슷한 상황이다. 대우인터내셔널은 최대 주주로 올라선 포스코 효과를 기대하고 있다. 쿼터제로 운영되긴 하지만 포스코의 철강 트레이딩 업무가 대우인터내셔널에 집중된다면 지금보다 한 단계 더 도약이 가능하다. 자원 개발 사업에 있어서 포스코의 자금력도 장점이다. GS그룹에 피인수된 GS글로벌(옛 쌍용) 역시 모기업 효과를 기대하고 있는 중이다.

정부의 FTA 체결 움직임에도 촉각을 곤두세우고 있다. 호주, 중국 등 자원부국과 FTA를 체결하면 영업 환경이 다소 나아질 것이란 분석이다. 보통 FTA 체결 국가와의 사업은 정부 승인 절차가 대폭 간소화된다.

2011년 11월 코오롱그룹의 상사 업체 코오롱아이넷과 건설사 코오롱건설이 합병 절차를 밟고 있다. 글로벌화를 위한 전략이라고 설명했지만 실상은 코오롱아이넷을 통해 코오롱건설의 재무구조를 개선시키려는 목적이다. 코오롱그룹은 삼성물산처럼 상사-건설이 합체된 기업을 계열사로 갖게 된다.

이 같은 경향은 앞으로도 지속될 조짐이다. 글로벌 경기 악화로 계열사의 실적 악화를 막기 위해 상사가 동원될 가능성이 있는 것이다. 상사가 어느 정도 안정적인 수익을 창출하는 탓이다. 이로써 상사와 이종 업체가 시너지 효과를 일으킬 수 있을 지를 지켜보는 2012년이 될 전망이다. B

CHAPTER 9

부록

삼성	동부
현대자동차	현대
SK	대림
LG	신세계
포스코	효성
GS	동국제강
롯데	KCC
한진	한진중공업
현대중공업	대한전선
두산	코오롱
한화	OCI
금호	농심
STX	현대백화점
LS	동원
CJ	동양메이저

- 금융감독원에 공시된 2010년 말 기준 각 회사별 지분율을 기준으로 작성함.
- 기업가치에 영향을 미치지 않는다고 판단되는 일부 기업은 지면상 생략함.
- 여기에 수록된 30대 기업은 집필진의 주관적 관점에서 투자자들에게 지분관계가 중요하다고 판단되는 기업을 뽑아 수록한 것임.
- 지분율은 보통주 기준으로 작성하였고, 대우증권에서 발행한 「한국 주요 그룹 지배구조」를 참고함.
- ▮ 상장기업, ▮ 상장기업 중 중복 등장하는 기업
  ▮ 비상장기업, ▮ 비상장기업 중 중복 등장하는 기업

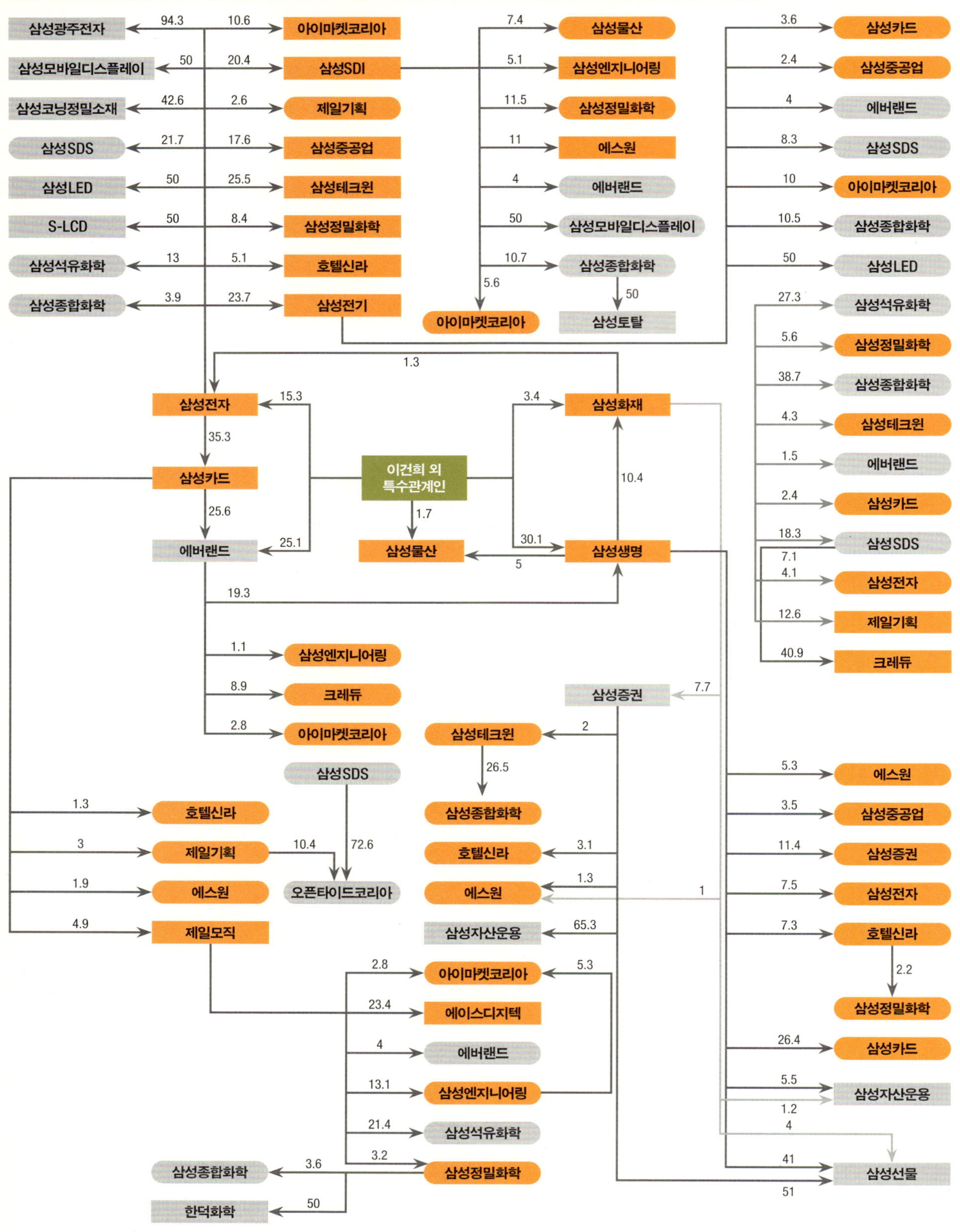
삼성광주전자
삼성모바일디스플레이
삼성코닝정밀소재
삼성SDS
삼성LED
S-LCD
삼성석유화학
삼성종합화학
94.3
50
42.6
21.7
50
50
13
3.9
10.6
20.4
2.6
17.6
25.5
8.4
5.1
23.7
아이마켓코리아
삼성SDI
제일기획
삼성중공업
삼성테크윈
삼성정밀화학
호텔신라
삼성전기
7.4
5.1
11.5
11
4
50
10.7
5.6
삼성물산
삼성엔지니어링
삼성정밀화학
에스원
에버랜드
삼성모바일디스플레이
삼성종합화학
아이마켓코리아
50
삼성토탈
3.6
2.4
4
8.3
10
10.5
50
삼성카드
삼성중공업
에버랜드
삼성SDS
아이마켓코리아
삼성종합화학
삼성LED
1.3
삼성전자
15.3
35.3
삼성카드
25.6
에버랜드
25.1
이건희 외
특수관계인
3.4
삼성화재
10.4
1.7
삼성물산
30.1
5
삼성생명
27.3
5.6
38.7
4.3
1.5
2.4
18.3
7.1
4.1
12.6
40.9
삼성석유화학
삼성정밀화학
삼성종합화학
삼성테크윈
에버랜드
삼성카드
삼성SDS
삼성전자
제일기획
크레듀
19.3
1.1
삼성엔지니어링
8.9
크레듀
2.8
아이마켓코리아
삼성SDS
삼성증권
7.7
삼성테크윈
2
26.5
삼성종합화학
호텔신라
3.1
에스원
1.3
1
5.3
3.5
11.4
7.5
7.3
에스원
삼성중공업
삼성증권
삼성전자
호텔신라
2.2
삼성정밀화학
1.3
호텔신라
3
제일기획
1.9
에스원
4.9
제일모직
10.4
72.6
오픈타이드코리아
삼성자산운용
65.3
2.8
아이마켓코리아
5.3
23.4
에이스디지텍
4
에버랜드
13.1
삼성엔지니어링
21.4
삼성석유화학
3.2
삼성정밀화학
26.4
삼성카드
5.5
삼성자산운용
1.2
4
삼성종합화학
3.6
41
삼성선물
51
한덕화학
50

현대자동차

현대하이스코
BNG스틸
정몽구 및 특수관계인
10
5
41.1
53.5
35.1
1.7
12.6
7
5.2
글로비스
기아자동차
현대제철
현대모비스
현대자동차
21.3
5.7
20.8
2.7
25
엠코
20
90
아이에이치엘
20
3.7
25
서울시메트로구호선
15.8
HMC투자증권
3.7
51
그린 에어
현대위아
39.3
80
메인트란스
현대모비스
16.9
0.7
다이모스
45.4
로템
57.6
엔지비
24.4
기아자동차
33.8
24.8
현대파워텍
37.6
13.9
현대카드
11.5
현대하이스코
26.1
5.5
오토에버시스템즈
20
HMC투자증권
26.3
29.9
현대파워텍
37.6
에이치엘그린파워
51
현대캐피탈
56.5
5.23
현대건설
20.93
8.72
현대제철
5.4
현대카드
31.5
엔지비
53.7
캐피코
50
엠시트
99.8
다이모스
47.3
48.5
5.1
메티아
50.9
현대위아
39.5
38.6
50
위스코
위아 마그나 트레인
아이아
100
현대커머셜
50
25.7
앰엔소프트
31.8
13
파텍스
56
31
카네스
100

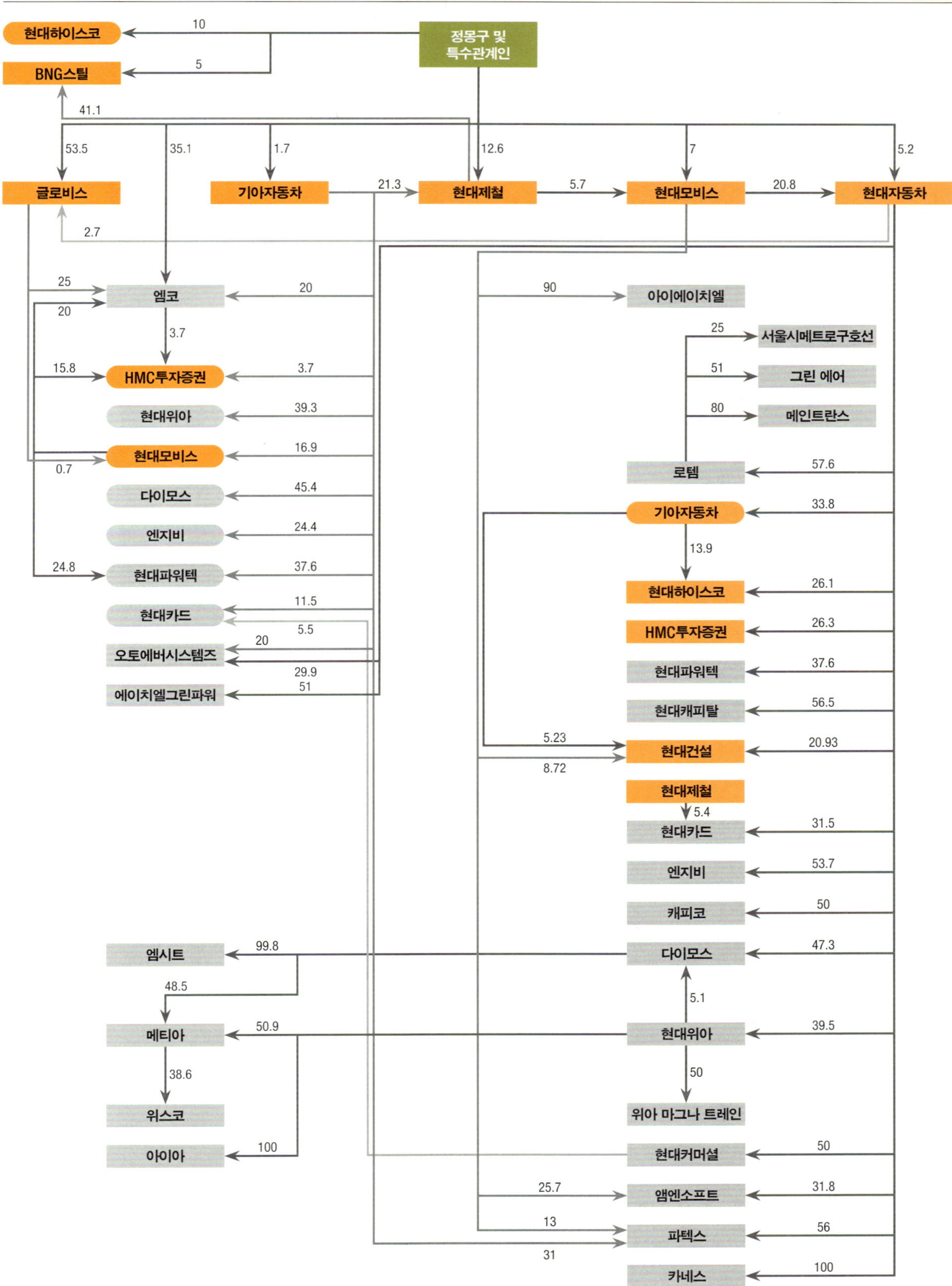

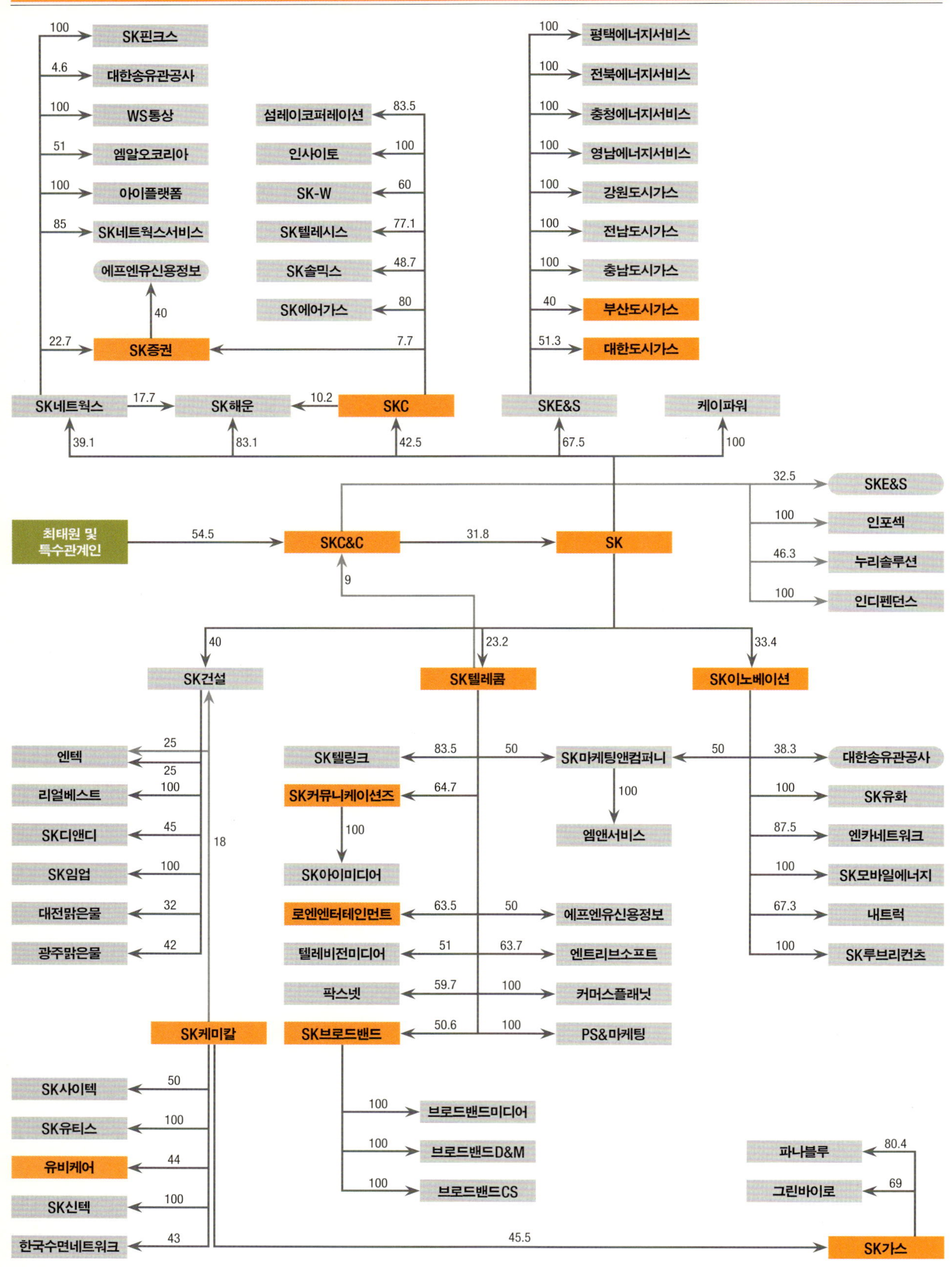
SK핀크스
100
대한송유관공사
4.6
WS통상
100
엠알오코리아
51
아이플랫폼
100
SK네트웍스서비스
85
에프엔유신용정보
섬레이코퍼레이션
83.5
인사이토
100
SK-W
60
SK텔레시스
77.1
SK솔믹스
48.7
SK에어가스
80
7.7
SK증권
40
22.7
평택에너지서비스
100
전북에너지서비스
100
충청에너지서비스
100
영남에너지서비스
100
강원도시가스
100
전남도시가스
100
충남도시가스
100
부산도시가스
40
대한도시가스
51.3
SK네트웍스
17.7
SK해운
10.2
SKC
SKE&S
케이파워
39.1
83.1
42.5
67.5
100
최태원 및
특수관계인
54.5
SKC&C
31.8
SK
9
SKE&S
32.5
인포섹
100
누리솔루션
46.3
인디펜던스
100
40
23.2
33.4
SK건설
SK텔레콤
SK이노베이션
엔텍
25
25
리얼베스트
100
SK디앤디
45
SK임업
100
대전맑은물
32
광주맑은물
42
18
SK텔링크
83.5
50
SK마케팅앤컴퍼니
50
38.3
대한송유관공사
SK커뮤니케이션즈
64.7
100
SK유화
100
엠앤서비스
100
SK아이미디어
87.5
엔카네트워크
로엔엔터테인먼트
63.5
50
에프엔유신용정보
100
SK모바일에너지
텔레비전미디어
51
63.7
엔트리브소프트
67.3
내트럭
팍스넷
59.7
100
커머스플래닛
100
SK루브리컨츠
SK브로드밴드
50.6
100
PS&마케팅
SK케미칼
SK사이텍
50
SK유티스
100
브로드밴드미디어
100
유비케어
44
브로드밴드D&M
100
SK신텍
100
브로드밴드CS
100
파나블루
80.4
그린바이로
69
한국수면네트워크
43
45.5
SK가스

LG

구본무 및 특수관계인
지흥
90.9
28.3
LG상사
100 한국상용차
100 트윈와인
100 지오바인
100 픽스딕스
48.6
LG
33.5
34.8
30.6
35
LG화학
100 LGDOW폴리카보네이트
50 씨택
33.5 LG하우시스
51 토스템비엠
100 하우시스이엔지
34 LG생활건강
100 더페이스샵
90 코카콜라음료
100 한국음료
100 다이아몬드샘물
30.4 LG생명과학
50 LGMMA
100 LG경영개발원
LG전자
37.9 LG디스플레이
48 LG이노텍
100 하이프라자
100 하이로지스틱스
100 하이엠솔루텍
100 하이텔레서비스
LG유플러스
100 씨에스리더
88.1 D.멀티미디어인터넷
51 데이콤크로싱
100 아인텔레서비스
100 씨에스원파트너
LGCNS
85
100 서브원
100 LG스포츠
100 LG솔라에너지
100 LG실트론
64.8 루셈
100 LGN-Sys
100 브이이엔에스
51 100 유세스파트너스
61.3 BNE
지투알
100 HS애드
100 와이즈벨
51 알키미디어
100 지아웃도어
70 벅스컴애드
100 엘베스트

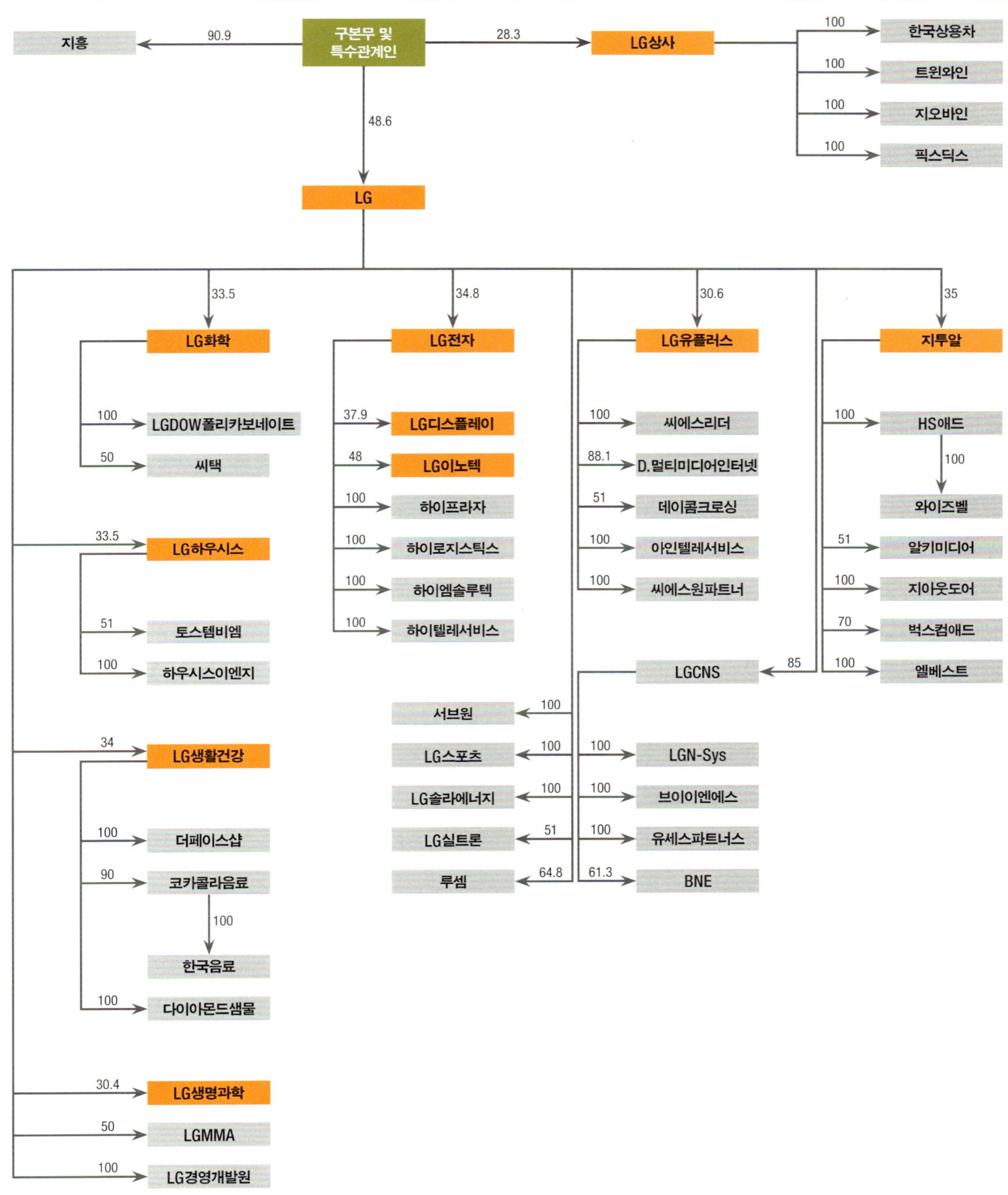

포스코

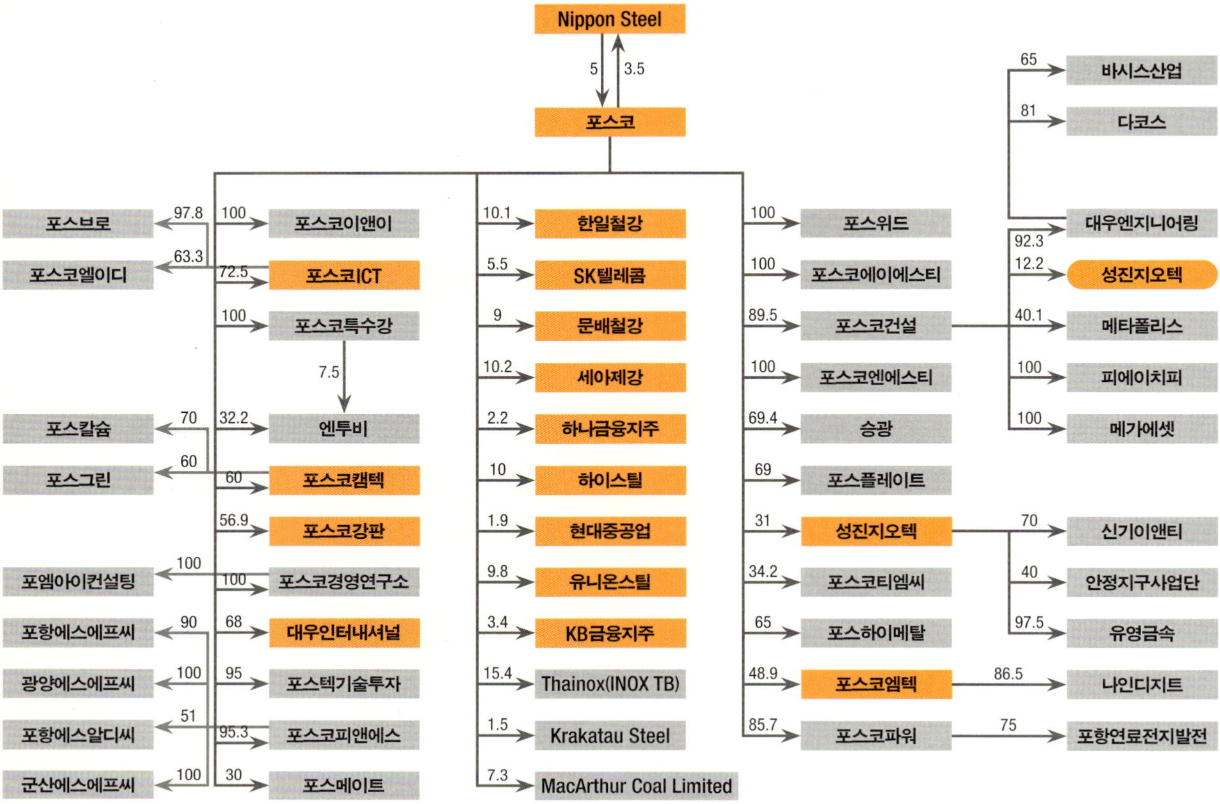

Nippon Steel
5
3.5
포스코
포스브로
97.8
100
포스코이앤이
포스코엘이디
63.3
72.5
포스코ICT
100
포스코특수강
7.5
포스칼슘
70
32.2
엔투비
포스그린
60
60
포스코캠텍
56.9
포스코강판
포엠아이컨설팅
100
100
포스코경영연구소
포항에스에프씨
90
68
대우인터내셔널
광양에스에프씨
100
95
포스텍기술투자
포항에스알디씨
51
95.3
포스코피앤에스
군산에스에프씨
100
30
포스메이트
10.1
한일철강
5.5
SK텔레콤
9
문배철강
10.2
세아제강
2.2
하나금융지주
10
하이스틸
1.9
현대중공업
9.8
유니온스틸
3.4
KB금융지주
15.4
Thainox(INOX TB)
1.5
Krakatau Steel
7.3
MacArthur Coal Limited
100
포스위드
100
포스코에이에스티
89.5
포스코건설
100
포스코엔에스티
69.4
승광
69
포스플레이트
31
성진지오텍
34.2
포스코티엠씨
65
포스하이메탈
48.9
포스코엠텍
85.7
포스코파워
65
바시스산업
81
다코스
대우엔지니어링
92.3
12.2
성진지오텍
40.1
메타폴리스
100
피에이치피
100
메가에셋
70
신기이앤티
40
안정지구사업단
97.5
유영금속
86.5
나인디지트
75
포항연료전지발전

GS

GS건설
30.5
허창수 및
특수관계인
45.5
GS
50
GS칼텍스
GS그린텍
100
100
GS파워
BNC
100
100
서라벌도시가스
PCT
50
100
해양도시가스
GS나노텍
90.1
99.7
GS넥스테이션
GS파크24
50
100
Amco
94.7
GS퓨얼셀
65.8
GS리테일
50
GS왓슨
100
후레쉬서브
100
GS넷비전
30
GS홈쇼핑
99.8
GS울산방송
100
GS텔레서비스
84.9
GS강남방송
47.8
디앤샵
55.9
GS글로벌
50
GS바이오
90
GS피엘에스
45.8
삼양통상
41.1
코스모화학
100
GS스포츠
70
GS이피에스

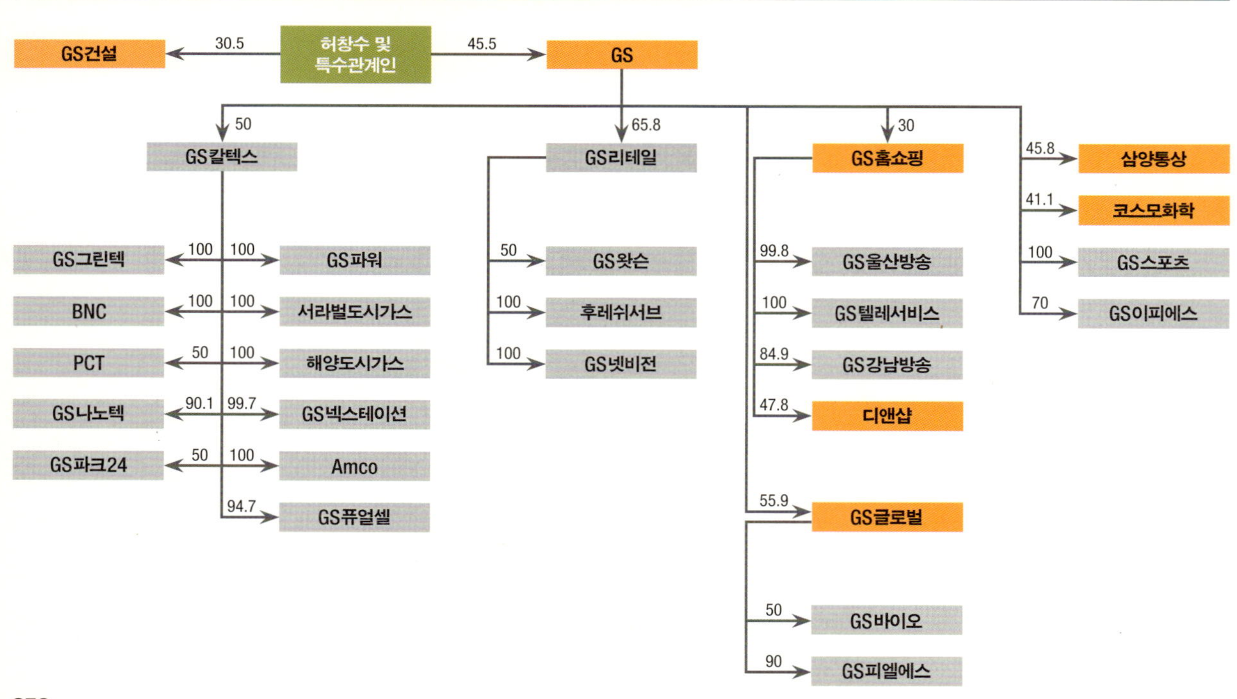

롯데

일본 패밀리
일본 롯데홀딩스
일본 주식회사 L
신격호 및 특수관계인

2.1
19.2
78.7
46.6
53.4

호텔롯데
부산롯데호텔

롯데부여리조트 22.2
한국후지필름 7.1
캐논코리아 28.9
롯데정보통신 2.9
롯데후레쉬델리카 27.1
유니버설개발 33.9
롯데DF글로벌 91.4

롯데닷컴 17.2
롯데시티호텔 100
롯데자산개발 7
롯데제주리조트 37.5
롯데상사 34.6
대홍기획 12.8
롯데DF리테일
96.1

13
31.1
13.6
27.7
1.2
19.6
8.8

롯데알미늄 57.8
롯데물산 68.9
호남석유화학 10
롯데손해보험 2
롯데카드 1
롯데리아 11.8
롯데로지스틱스 45.3

9.6
3.9
0.8
8.6
4.8
3.2
5.9
36.3
26.6
11.5
4.1
1

롯데쇼핑 31.2
롯데삼강 4.7
롯데제과 17.7
롯데칠성 11.9
롯데건설 1.2
롯데캐피탈 1.9
마이비
롯데역사

롯데쇼핑 100 롯데김해개발
79 95 롯데수원역쇼핑타운
롯데미도파 6 롯데알미늄
3.7 롯데삼강

100 롯데스퀘어
롯데제과 3 49 FRL코리아 22.7 롯데손해보험
롯데제주리조트 12.5
롯데부여리조트 12.5 15.3
11.1 6 25 롯데역사 1.2 롯데캐피탈
롯데칠성 8.9 7.5
11.1 8.2 7.5
한국후지필름 2.1 롯데리아 32.2 92.5 롯데카드 웰가
롯데정보통신 34.5 2.6 2.1 51.4 코리아세븐 100
롯데캐피탈 20.2
롯데알미늄 2 17.3 롯데로지스틱스 4.6 34.4 롯데닷컴 9
코리아세븐 20.3 12.5 대홍기획 30 53 우리홈쇼핑 롯데후레쉬델리카
한국후지필름 56.8 4.4 50 디시네마오브코리아 5
캐논코리아 1 6.2 롯데로지스틱스
롯데리아 1 롯데상사 10.6
바이더웨이 100 7 롯데자산개발 10.7 롯데건설 4.7 27.6 롯데JTB
유니버설개발 14.8 31.3 50 케이아이뱅크
유니버설자산관리 30.2 롯데브랑제리 90.5 5.6 캐논코리아 5.6 27.6 롯데정보통신
롯데수원역쇼핑타운 5 12.5 롯데알미늄 6 2.6 한국후지필름 5.2 롯데쇼핑
11.1 롯데제주리조트 12.5 1.1 롯데상사
12.5 22.2 45.1 마이비
롯데부여리조트 22.2

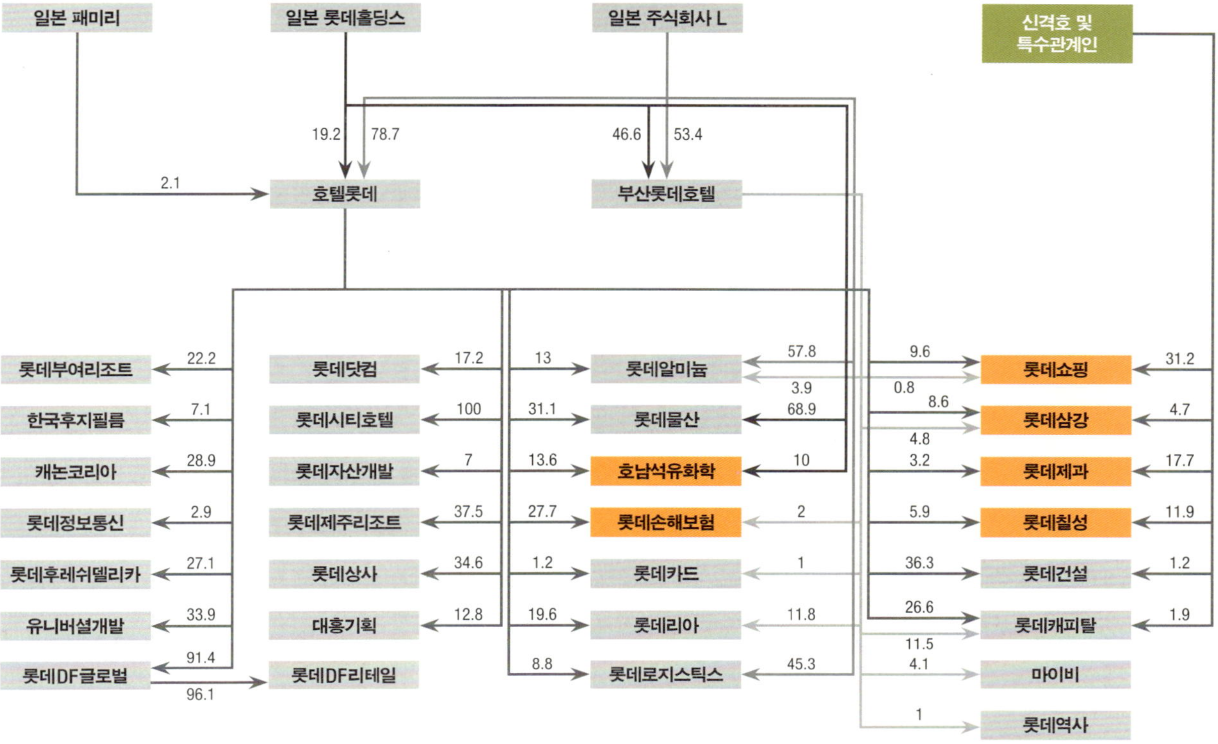

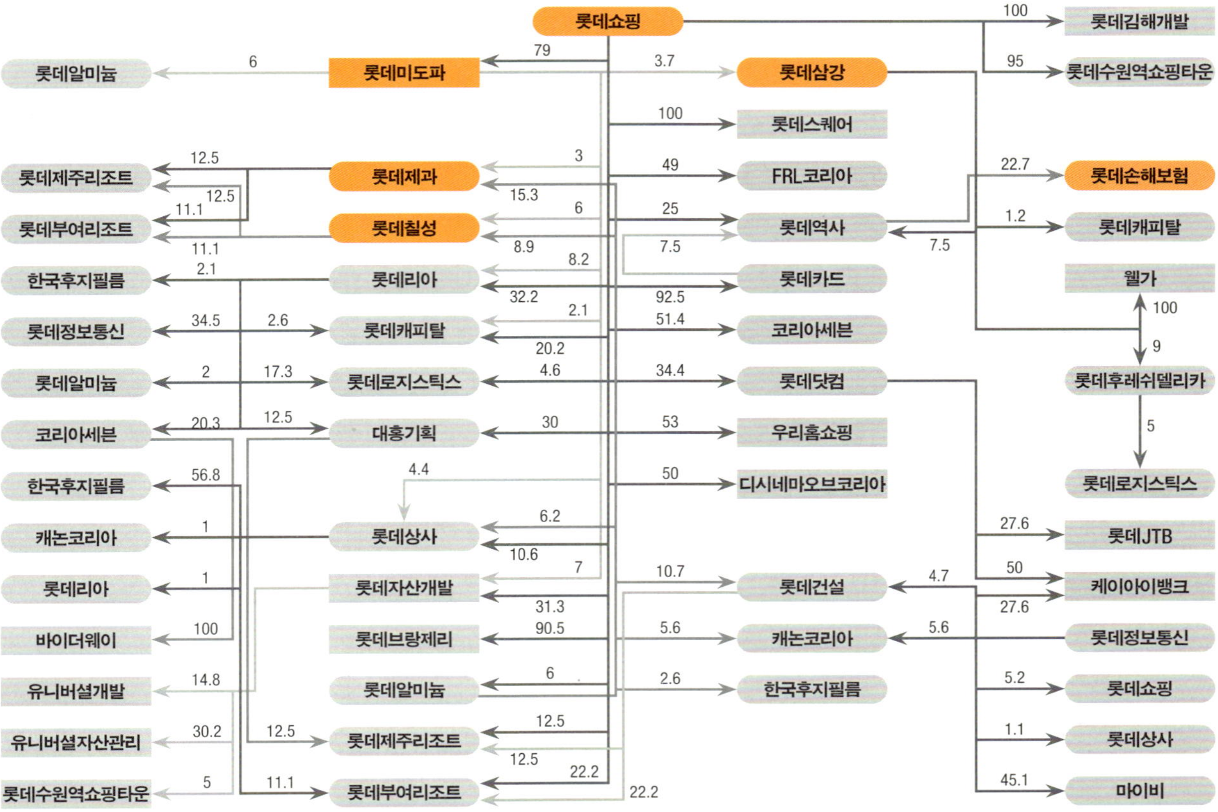

기린식품 ← 100 ← 롯데제과 → 11.7 → 롯데칠성
롯데햄
1.2
10
대홍기획
3.5
4.6
롯데손해보험
롯데알미늄
한국후지필름
롯데쇼핑
1.7
롯데캐피탈
4.6
롯데카드
롯데칠성 1.6
마이비 5
하오기술 2.9
91
롯데하나로카드 60
1.1
2.9
18.3
3.1 8.2
28.1
8.5
롯데삼강 ← 9.8 / 8.5 → 롯데쇼핑 ← 1 / 1.3 → 롯데제과
9.8 / 4.3
롯데상사 ← 1.4 / 9.8 → 롯데리아
1.9 / 1.3
롯데역사 ← 8.9 / 2.9 → 롯데건설
롯데닷컴 ← 11.3 / 16.6 → 코리아세븐 ← 13.9
7
롯데캐피탈 ← 1.5 / 5 → 한국후지필름
롯데정보통신 ← 6.1
1.5
롯데제약 ← 100
27.9
롯데물산
33.6
호남석유화학
51.9
케이피케미칼
8.1 롯데알미늄
1.2 롯데건설
100 케이피컴텍
6 롯데자산개발
4.6 / 4.6 롯데로지스틱스 → 94.1 산정음료
27.1
9 / 9 롯데후레쉬델리카
14.1
7 / 13.9 롯데자산개발
50 씨텍
50 대산MMA
78.1 삼박 ← 8.4 삼박엘에프티
66.4 삼박엘에프티
56 데크항공
롯데상사 13.7
롯데캐피탈 6 / 11.8
롯데자산개발 13.6
청라에너지 51
캐논코리아 9
롯데주류비지 100
씨에이치음료 100
롯데아사히주류 85
창대통상 100
본길로지스 100
롯데와인판매 100

한진

조양호 및 특수관계인
15.6 → 대한항공
11 / 2.6 → 한진
18 ← 한진중공업
한진해운 ← 16.7 ← 대한항공 ← 9.9 ← 한진
37.1
2.2
싸이버로지텍 ← 40 ← 한진해운홀딩스
59.5 → 한국공항
26.5 / 10.7
최은영 및 특수관계인
14
한진관광 ← 55.8 / 82.5 → 한진에너지 → 28.4 → S-Oil
14.6 / 2.9
3.5
진에어 ← 100 / 24.5 → 정석기업 ← 25.7
21 / 2.2

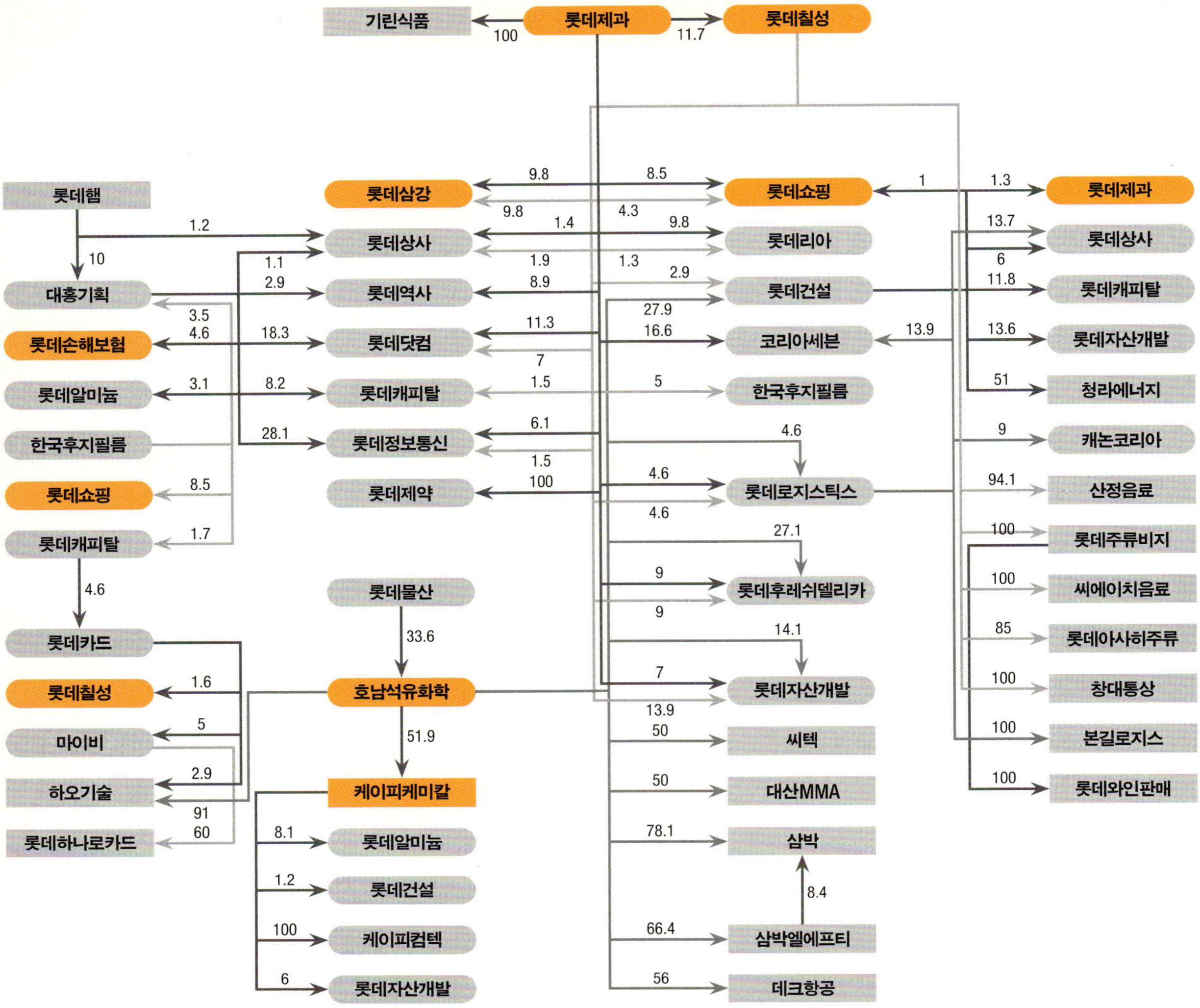

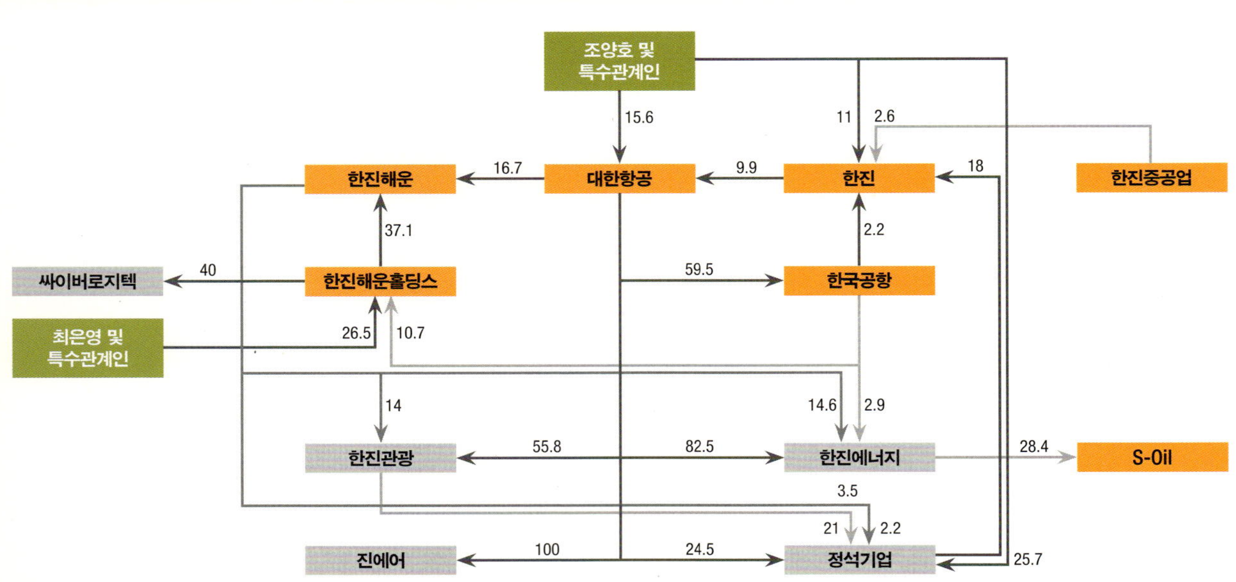

현대중공업

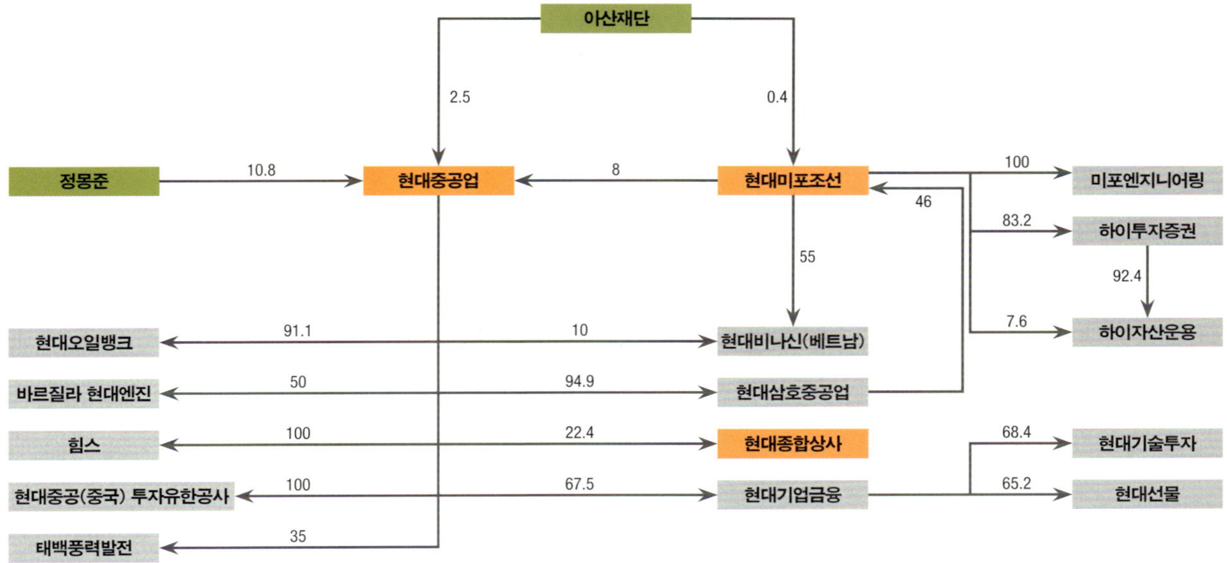

아산재단
정몽준
10.8
현대중공업
8
현대미포조선
2.5
0.4
100
미포엔지니어링
83.2
하이투자증권
92.4
46
7.6
하이자산운용
55
현대비나신(베트남)
현대오일뱅크
91.1
10
바르질라 현대엔진
50
94.9
현대삼호중공업
힘스
100
22.4
현대종합상사
68.4
현대기술투자
현대중공(중국) 투자유한공사
100
67.5
현대기업금융
65.2
현대선물
태백풍력발전
35

박용곤 및
특수관계인
36.4
두산
Doosan Power Systems
100
Doosan Bobcock
100
Skoda Power
100
100
41.3
69.2
네오플럭스
66.7
디아피홀딩스
엔세이퍼
두산중공업
오리콤
두산생물자원
100
에스알에스코리아
50.9
100
두산동아
100
두산DST
50.9
두산타워
100
한국항공우주산업
10.5
44.8
72.8
두산에이엠씨
100
두산인프라코어
두산건설
20
100
두산큐벡스
비엔지증권
97.8
두산캐피탈
20
73
Doosan Infracore International(밥캣)
100
렉스콘
10
42.9
네오트랜스
10
27
두산엔진
42.7
현대중공업
14.1
현대자동차
8.1
대우조선해양
두산인터내셔널
100
삼성중공업

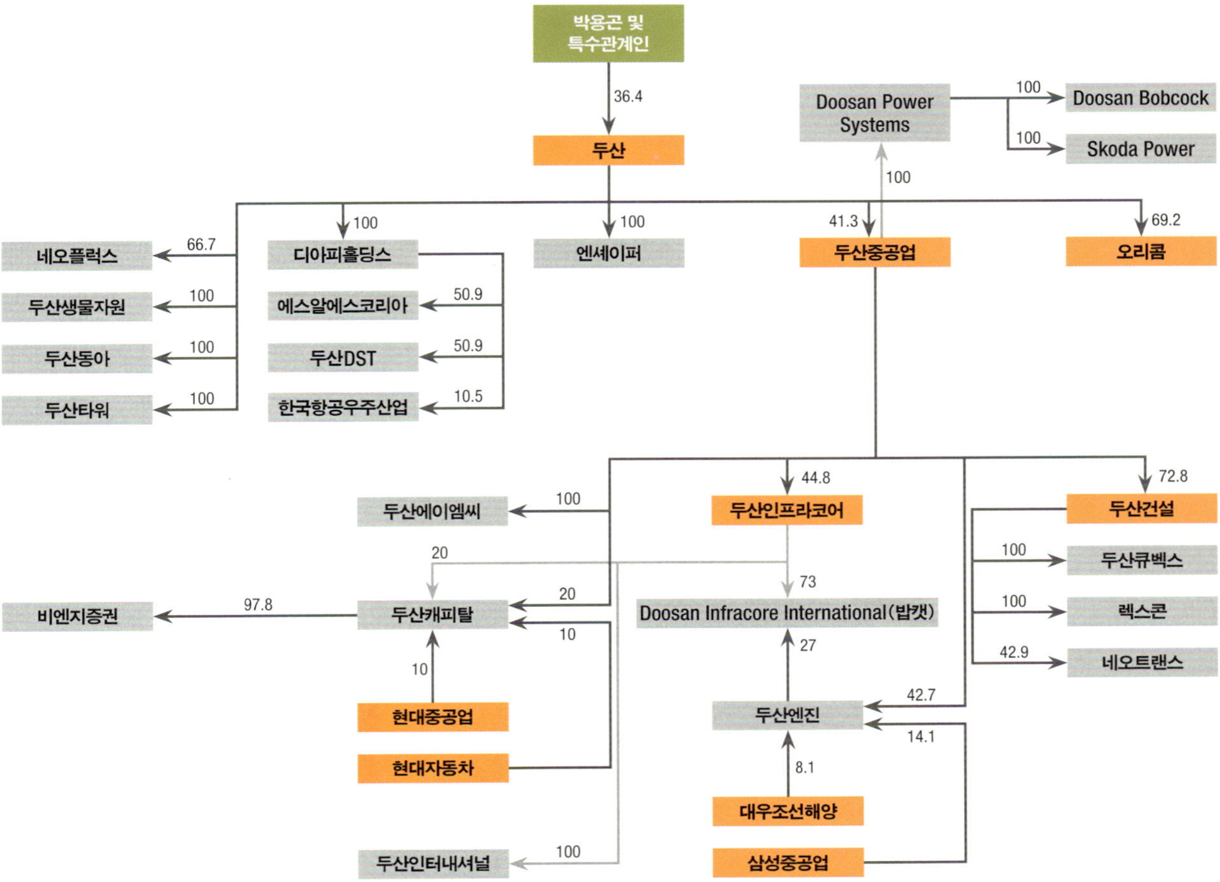

두산

한화

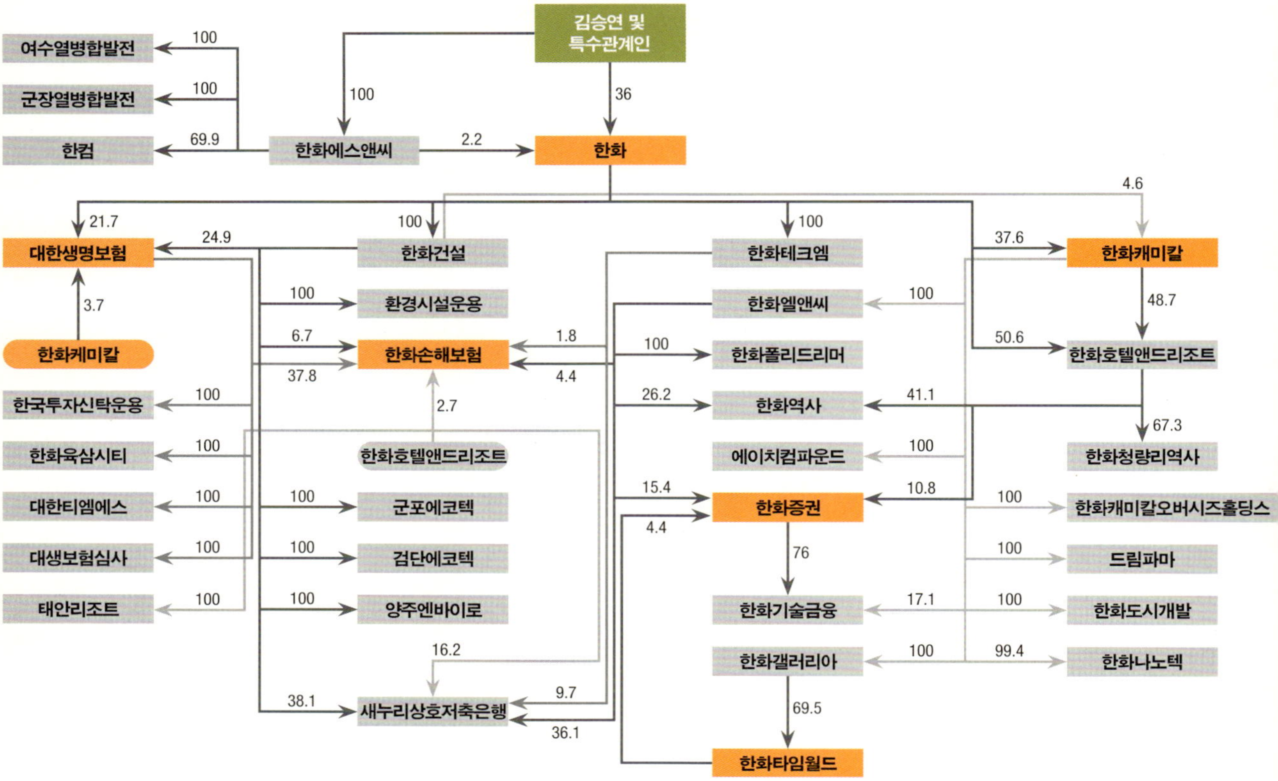

김승연 및 특수관계인

여수열병합발전 — 100
군장열병합발전 — 100
한컴 — 69.9
한화에스앤씨 — 100
한화 — 36
한화에스앤씨 → 한화 2.2

대한생명보험 — 21.7 / 24.9
한화건설 — 100
한화테크엠 — 100
한화캐미칼 — 4.6 / 37.6
한화케미칼 — 3.7
환경시설운용 — 100
한화엘앤씨 — 100
한화호텔앤드리조트 — 48.7 / 50.6
한국투자신탁운용 — 100
한화손해보험 — 6.7 / 37.8 / 1.8 / 4.4
한화폴리드리머 — 100
한화역사 — 26.2 / 41.1
한화청량리역사 — 67.3
한화육삼시티 — 100
한화호텔앤드리조트 — 2.7
에이치컴파운드 — 100
한화캐미칼오버시즈홀딩스 — 100
대한티엠에스 — 100
군포에코텍 — 100
한화증권 — 15.4 / 10.8 / 4.4
드림파마 — 100
대생보험심사 — 100
검단에코텍 — 100
한화기술금융 — 76 / 17.1
한화도시개발 — 100
태안리조트 — 100
양주엔바이로 — 100
한화갤러리아 — 100 / 99.4
한화나노텍
새누리상호저축은행 — 16.2 / 38.1 / 9.7 / 36.1
한화타임월드 — 69.5

금호

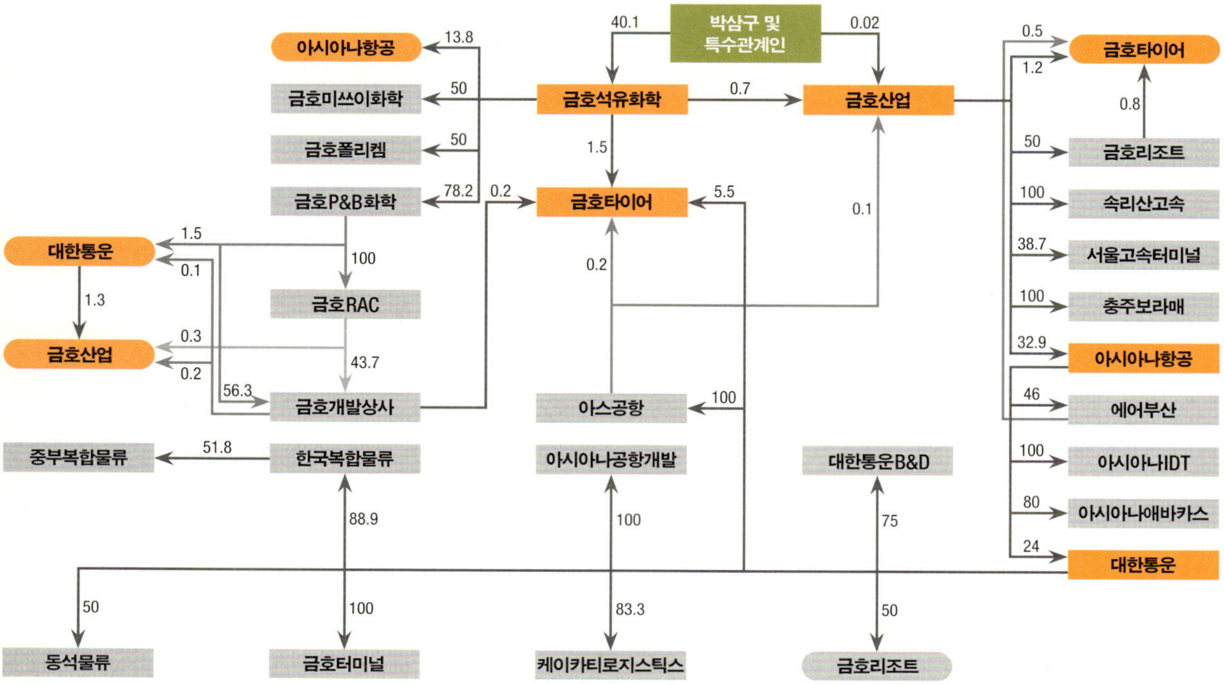

박삼구 및 특수관계인

아시아나항공 — 13.8
금호석유화학 — 40.1
금호산업 — 0.02
금호타이어 — 0.5 / 1.2 / 0.8
금호미쓰이화학 — 50
금호석유화학 → 금호산업 0.7
금호폴리켐 — 50
금호리조트 — 50
금호P&B화학 — 78.2 / 0.2
금호타이어 — 1.5 / 5.5 / 0.2
속리산고속 — 100
대한통운 — 1.5 / 1.3 / 0.1
서울고속터미널 — 38.7
금호RAC — 100
충주보라매 — 100
금호산업 — 0.3 / 0.2 / 56.3 / 0.1
아시아나항공 — 32.9
금호개발상사 — 43.7
에어부산 — 46
한국복합물류 — 51.8
아스공항 — 100
아시아나IDT — 100
중부복합물류
아시아나공항개발
대한통운B&D — 75
아시아나애바카스 — 80
대한통운 — 24
동석물류 — 50
금호터미널 — 88.9 / 100
케이카티로지스틱스 — 83.3
금호리조트 — 50

STX

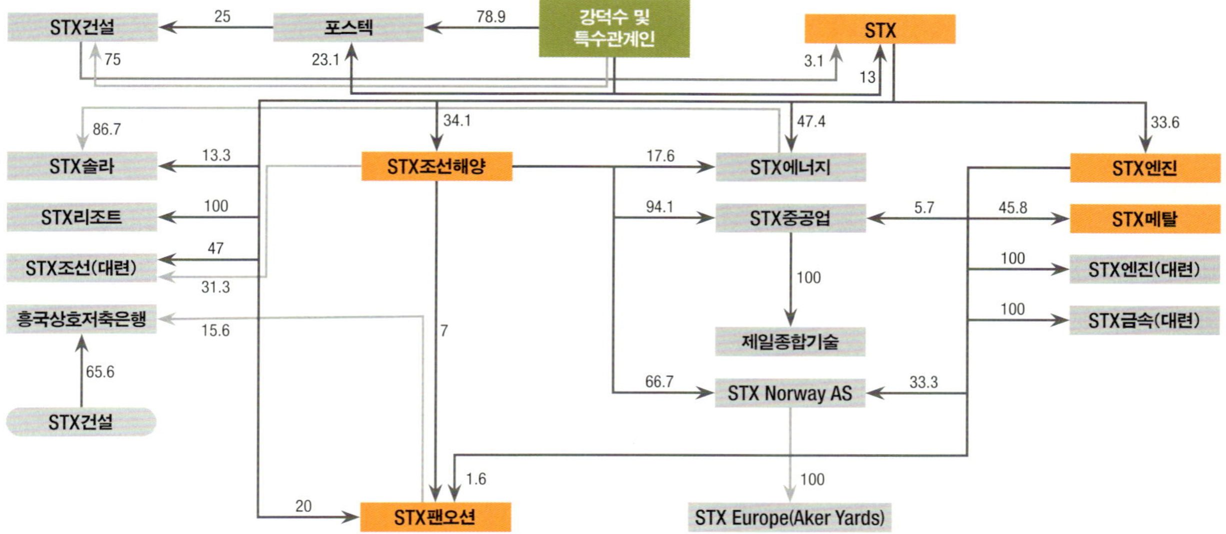

강덕수 및 특수관계인
STX건설
포스텍
STX
25
78.9
3.1
13
75
23.1
STX솔라
STX조선해양
STX에너지
STX엔진
86.7
13.3
34.1
17.6
47.4
33.6
STX리조트
100
STX조선(대련)
47
31.3
흥국상호저축은행
15.6
65.6
STX건설
STX중공업
94.1
5.7
45.8
STX메탈
100
제일종합기술
100
STX엔진(대련)
100
STX금속(대련)
STX Norway AS
66.7
33.3
7
20
1.6
STX팬오션
100
STX Europe(Aker Yards)

구자열 및 특수관계인
33.4
45.3
38.8
LS
E1
예스코
87
50.1
50.5
LS니꼬동제련
E1물류
100
100
예스코서비스
KPMC
100
E1컨테이너터미널
100
69.8
대한가스기기
LS전선
토리컴
99.4
동방도시가스산업
100
100
예스코에너지
JS전선
69.9
지알엠
100
LS네트웍스
81.8
65
한성
지씨아이
98.2
리사이텍코리아
100
케이제이모터라드
100
100
한성피씨건설
알루텍
100
화창
100
오디캠프
100
98.8
리앤에스
파운텍
51
46
온산탱크터미널
20
96.7
우성지앤티
코스페이스
99.2
LS산전
93.1
한성플랜지
LS엠트론
LS Global
51
플레넷
63.1
에이스냉동공조
100
100
한성메트
CYPRUS INVESTMENT INC.
100
LS파워세미텍
53.6
농가온평택
100
예스코
20
온산탱크터미널
LS메카피온
60
농가온경주
100
81
LS사우타
90
대성전기공업
50.5
82
LS자산운용
6.7
Superior Essex (SPSX US)
LS메탈
100
딜텍
100
37.6
가온전선
캐스코
50
35.6
캐스코Dalinan
100
위더스

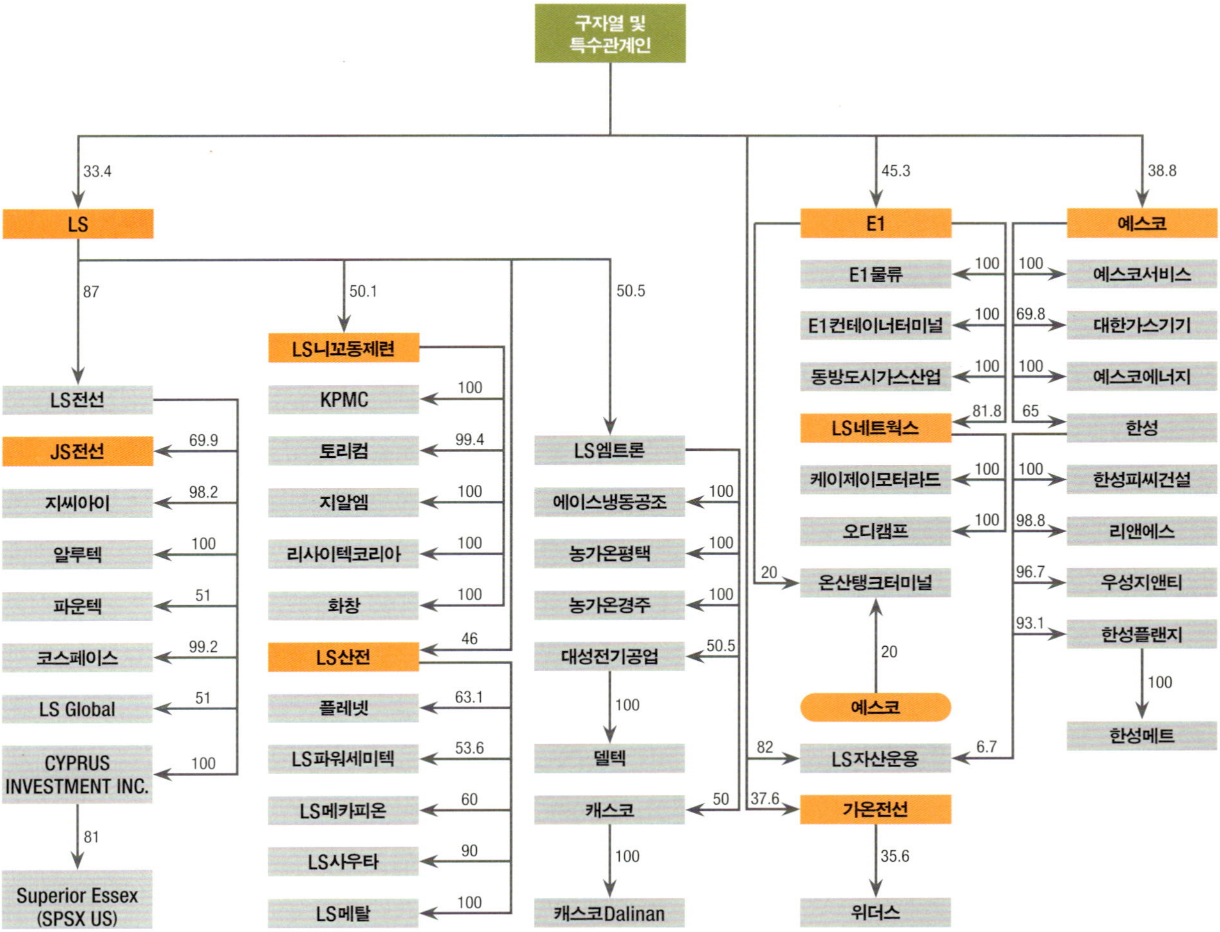

LS

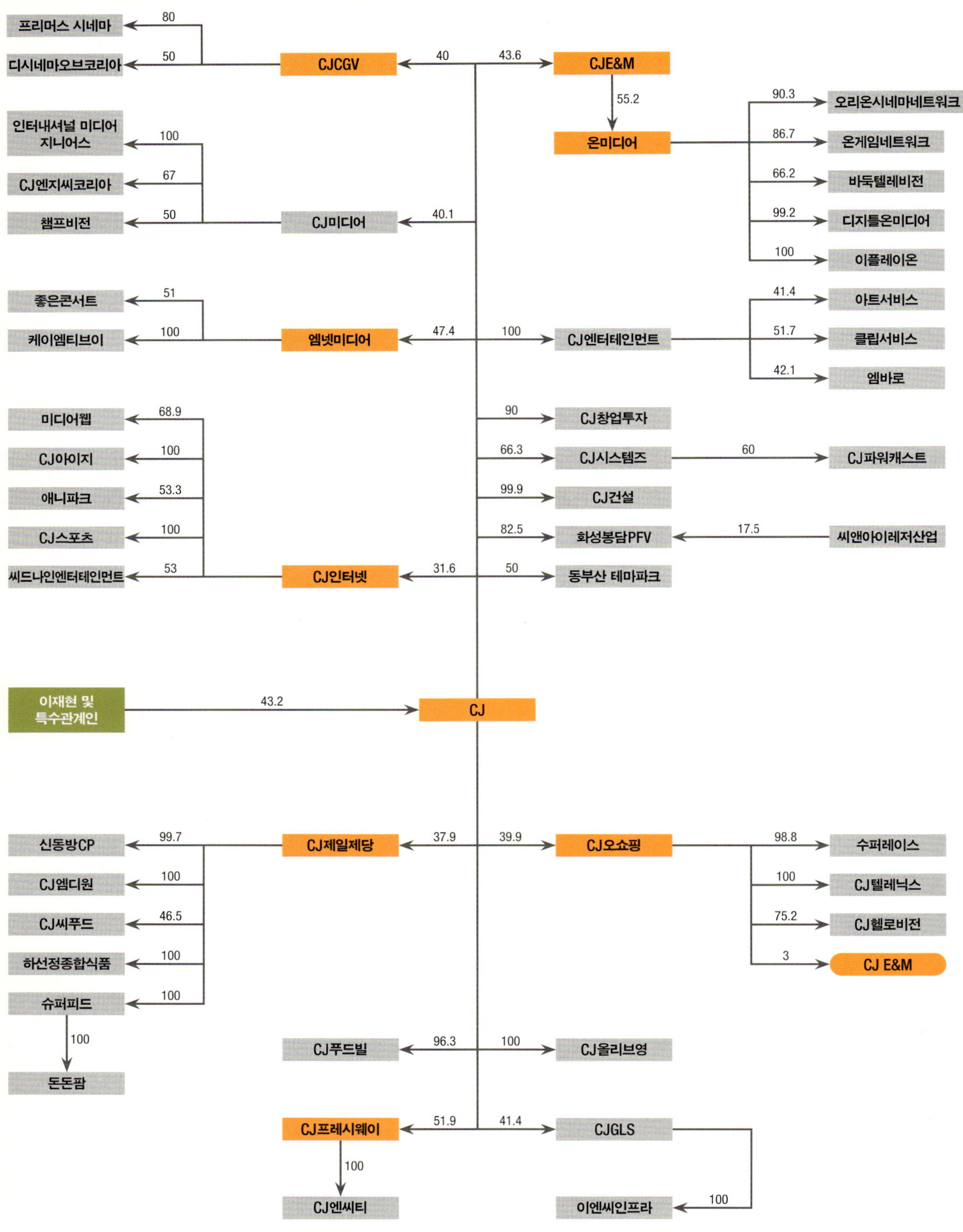
프리머스 시네마
80
디시네마오브코리아
50
CJCGV
40
43.6
CJE&M
55.2
온미디어
90.3
오리온시네마네트워크
86.7
온게임네트워크
66.2
바둑텔레비전
99.2
디지틀온미디어
100
이플레이온
인터내셔널 미디어 지니어스
100
CJ엔지씨코리아
67
챔프비전
50
CJ미디어
40.1
좋은콘서트
51
케이엠티브이
100
엠넷미디어
47.4
100
CJ엔터테인먼트
41.4
아트서비스
51.7
클립서비스
42.1
엠바로
미디어웹
68.9
CJ아이지
100
애니파크
53.3
CJ스포츠
100
씨드나인엔터테인먼트
53
CJ인터넷
31.6
50
동부산 테마파크
90
CJ창업투자
66.3
CJ시스템즈
60
CJ파워캐스트
99.9
CJ건설
82.5
화성봉담PFV
17.5
씨앤아이레저산업
이재현 및 특수관계인
43.2
CJ
신동방CP
99.7
CJ제일제당
37.9
39.9
CJ오쇼핑
98.8
수퍼레이스
100
CJ텔레닉스
75.2
CJ헬로비전
3
CJ E&M
CJ엠디원
100
CJ씨푸드
46.5
하선정종합식품
100
슈퍼피드
100
100
돈돈팜
CJ푸드빌
96.3
100
CJ올리브영
CJ프레시웨이
51.9
41.4
CJGLS
100
CJ엔씨티
이엔씨인프라
100

동부

동부화재
김준기 및 특수관계인
동부CNI
동부인베스트먼트
31.3
50.9
100
19.9
15.3
39.5
7
11.6
5.6
18.1
13.4
13.7
29.3
11.5
13
6.5
동부증권
동부생명
동부제철
동부건설
동부하이텍
19.8
11.6
8.9
10.7
50
5
49.7
31.3
39.5
동부상호저축은행
동부캐피탈
(주)동부
동부메탈
다사로봇
38
10
50
42.9
7.4
10
24.6
동부자산운용
동부하이텍
동부건설
55.3
0.3
8.5
9.5
동부증권
100
동부인천항만
5.6
동부한농
29.9
46.5
65
동부부산컨테이너터미널
8.1
23.3
(주)동부월드
22.3
100
동부엔지니어링
90
(주)새만금팜
동부익스프레스마린
70
50
부산신항다목적터미널
100
동부아그로텍
(주)동부엔티에스
80.1
33.3
(주)디씨티
(주)화인어드벤타스
100
80
동부복합물류
대성티엘에스
80.8
80
동부광양물류센터
88
동부광양스틸유통센터
19.2
100
동부익스프레스
대성냉동운수
100

현대

현대중공업
김문희 및 특수관계인
현대건설
15.1
현대엘리베이터
35.9
21.8
3.9
16.4
7.7
현대로지엠
32.7
현대상선
25.9
현대증권
5
5
9.8
10
현대아산
60.6
35.4
현대경제연구원
100
현대유엔아이
19.7
80
해영선박
25.4
동해해운
51
현대자산운용

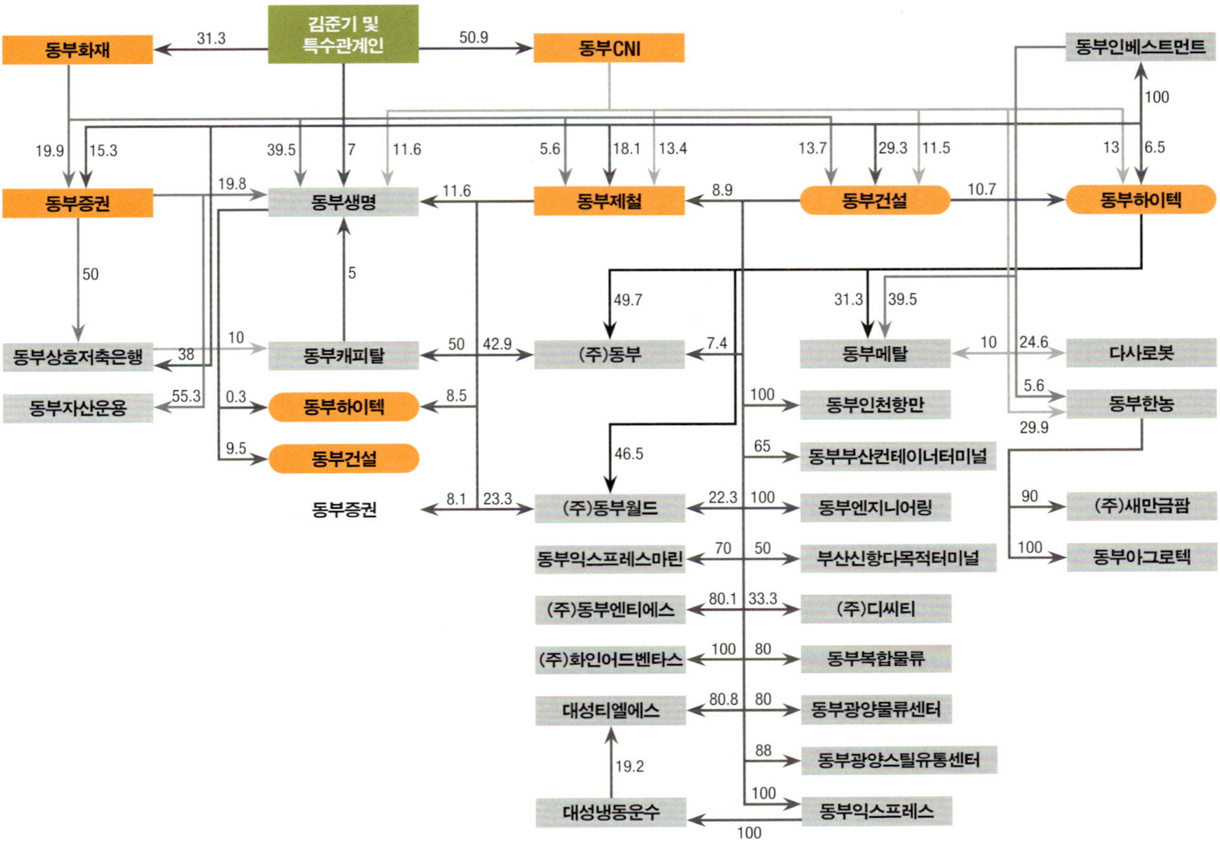

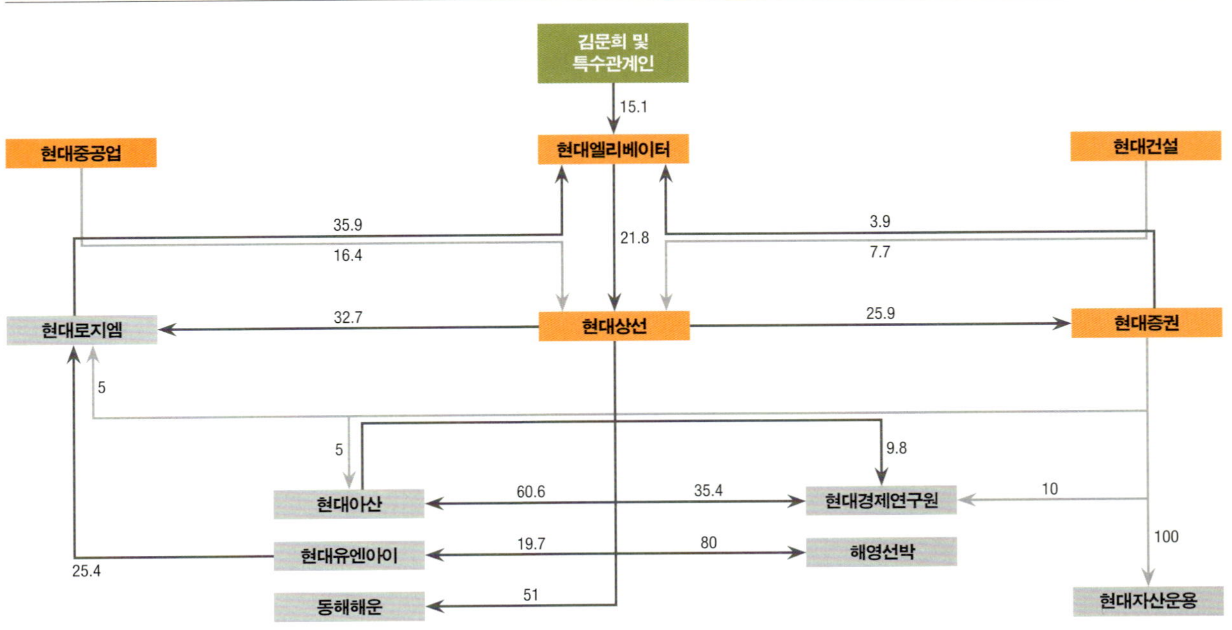

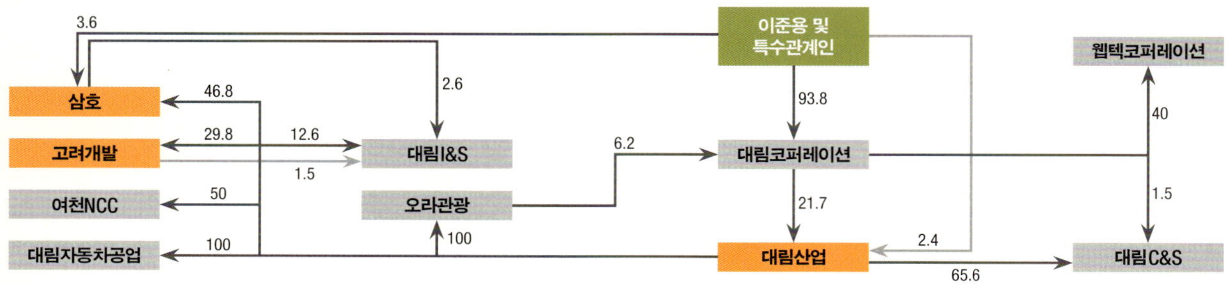

대림
이준용 및 특수관계인
웹텍코퍼레이션
삼호
고려개발
여천NCC
대림자동차공업
대림I&S
오라관광
대림코퍼레이션
대림산업
대림C&S
3.6
46.8
29.8
12.6
1.5
50
100
2.6
6.2
93.8
21.7
100
40
1.5
2.4
65.6

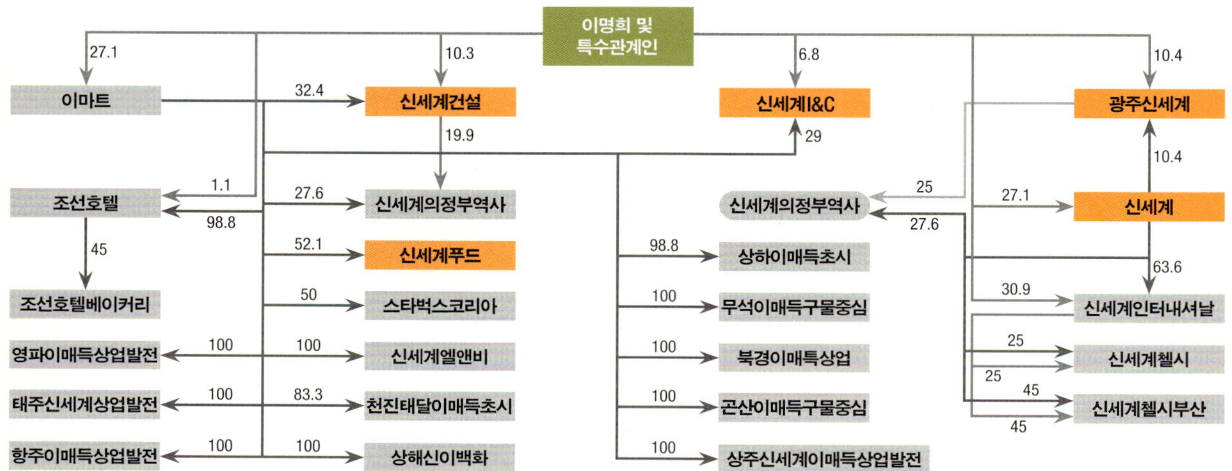

신세계
이명희 및 특수관계인
이마트
조선호텔
조선호텔베이커리
영파이매득상업발전
태주신세계상업발전
항주이매득상업발전
신세계건설
신세계의정부역사
신세계푸드
스타벅스코리아
신세계엘앤비
천진태달이매득초시
상해신이백화
신세계I&C
신세계의정부역사
상하이매득초시
무석이매득구물중심
북경이매득상업
곤산이매득구물중심
상주신세계이매득상업발전
광주신세계
신세계
신세계인터내셔날
신세계첼시
신세계첼시부산
27.1
10.3
6.8
10.4
32.4
19.9
29
1.1
98.8
27.6
52.1
50
100
100
100
83.3
100
100
45
98.8
100
100
100
100
25
27.6
27.1
10.4
63.6
30.9
25
25
45
45

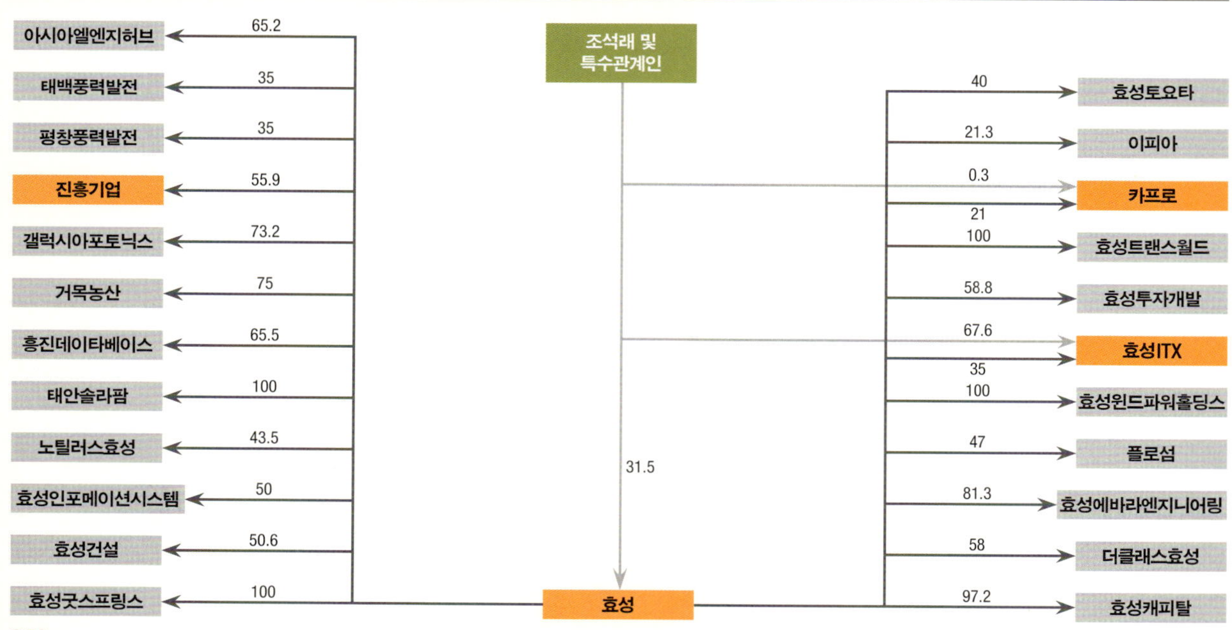

효성
조석래 및 특수관계인
아시아엘엔지허브
태백풍력발전
평창풍력발전
진흥기업
갤럭시아포토닉스
거목농산
흥진데이타베이스
태안솔라팜
노틸러스효성
효성인포메이션시스템
효성건설
효성굿스프링스
효성토요타
이피아
카프로
효성트랜스월드
효성투자개발
효성ITX
효성윈드파워홀딩스
플로섬
효성에바라엔지니어링
더클래스효성
효성캐피탈
효성
65.2
35
35
55.9
73.2
75
65.5
100
43.5
50
50.6
100
40
21.3
0.3
21
100
58.8
67.6
35
100
47
81.3
58
31.5
97.2

동국제강

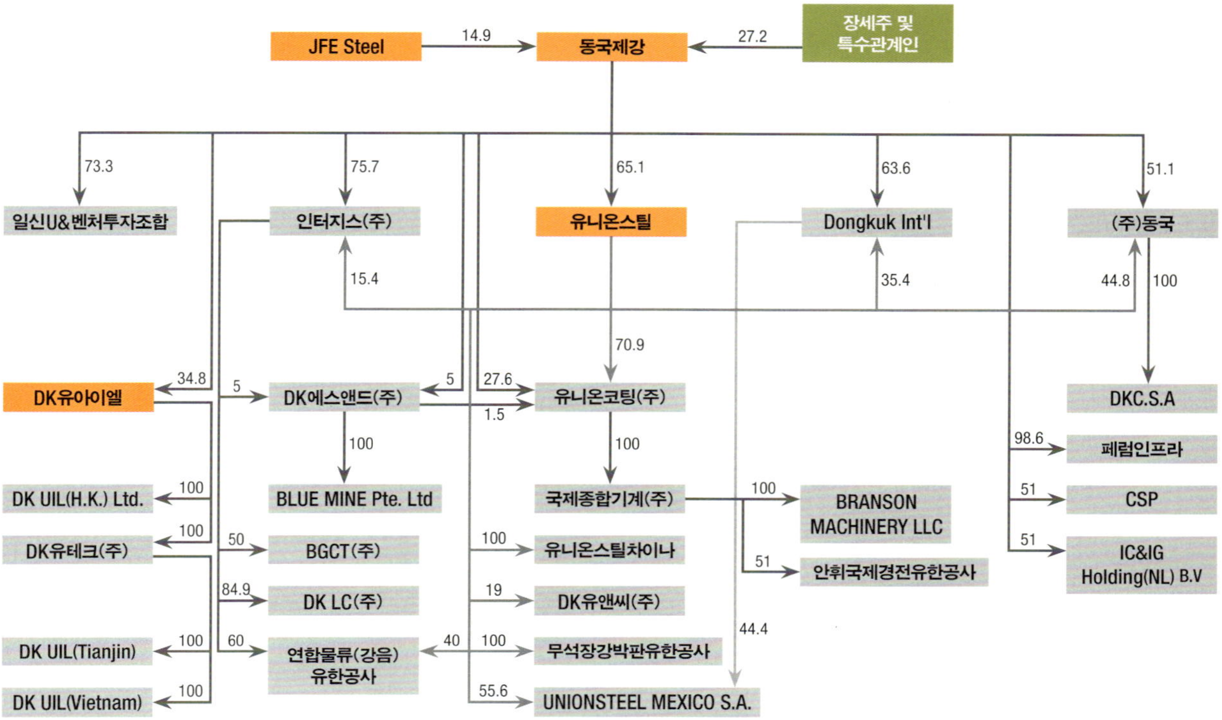

JFE Steel
14.9
동국제강
27.2
장세주 및 특수관계인
73.3
일신U&벤처투자조합
75.7
인터지스(주)
15.4
65.1
유니온스틸
63.6
Dongkuk Int'l
35.4
51.1
(주)동국
44.8
100
34.8
DK유아이엘
5
DK에스앤드(주)
5
27.6
1.5
유니온코팅(주)
70.9
DKC.S.A
100
BLUE MINE Pte. Ltd
100
국제종합기계(주)
100
100
BRANSON MACHINERY LLC
98.6
페럼인프라
DK UIL(H.K.) Ltd.
100
DK유테크(주)
100
50
BGCT(주)
100
유니온스틸차이나
51
안휘국제경전유한공사
51
CSP
51
IC&IG Holding(NL) B.V
84.9
DK LC(주)
19
DK유앤씨(주)
DK UIL(Tianjin)
100
60
연합물류(강음) 유한공사
40
100
무석장강박판유한공사
44.4
DK UIL(Vietnam)
100
55.6
UNIONSTEEL MEXICO S.A.

정몽진 및 특수관계인
100
KCC Chemical(HK)
현대종합상사
7.4
12
22.4
4.9
현대상선
16.4
KCC건설
30.5
36
8.2
현대중공업
3
금강레저
76.5
20.5
30
만도
동신포리마
27
40
고려시리카
60
케이에이엠
51
20
코리아오토글라스
40
43.5
KCC
98.3
아르케솔라

KCC

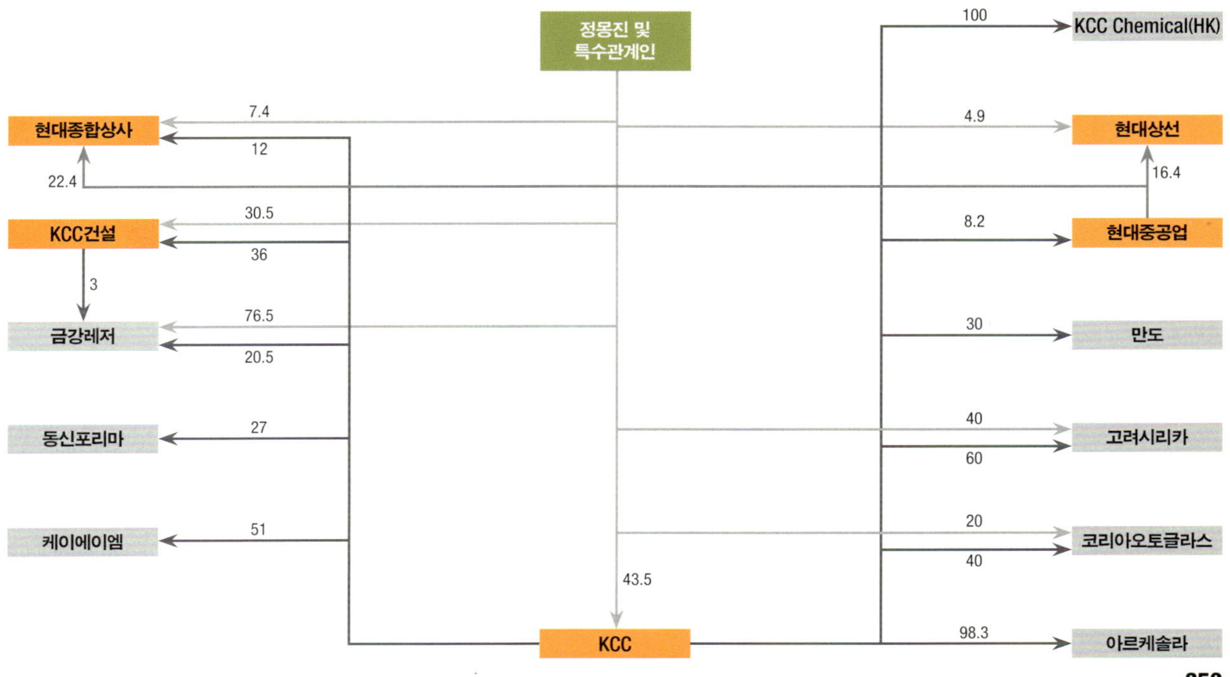

한진중공업

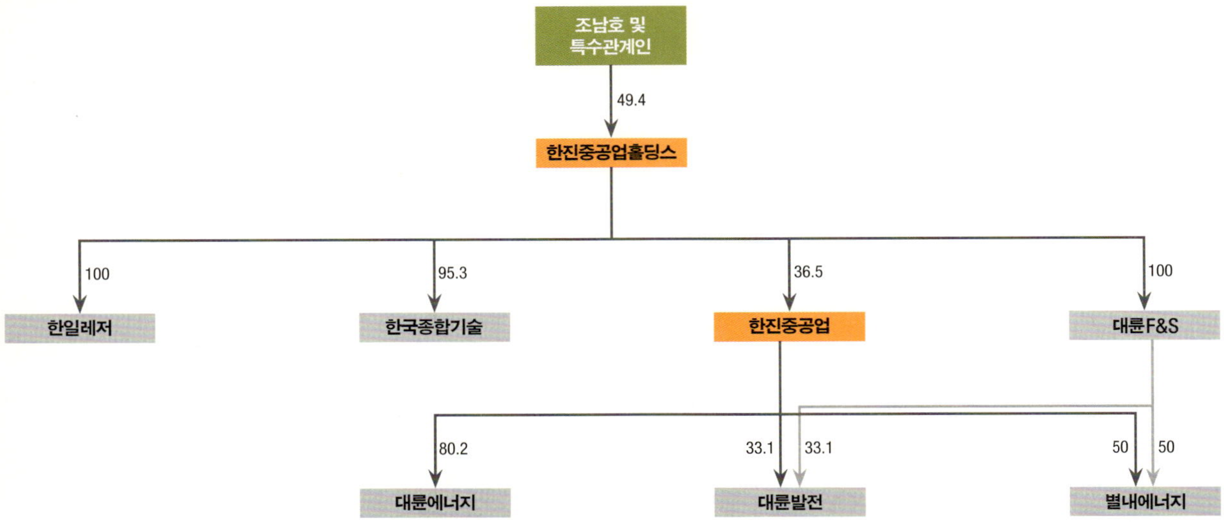

조남호 및 특수관계인
49.4
한진중공업홀딩스
100
95.3
36.5
100
한일레저
한국종합기술
한진중공업
대륜F&S
80.2
33.1
33.1
50
50
대륜에너지
대륜발전
별내에너지

대청기업
100
설윤석 및 특수관계인
34
독산복합시설개발 제일차PEV
60
20
판교생활대책용지 제일차PEV
40
100
티이씨리딩스
12.8
70
100
한국산업투자
5.8
대한전선
30
선운레이크밸리
22
앤티개발제일차피에프브이
95
남광토건
티이씨미디어
100
74.5
무주리조트
대한테크렌
66
28.5
옵토매직
31.1
100
케미존(베이징)
32.5
Bulace Investment
50
무주기업도시
96.1
51
C.K.T
2.5
티이씨앤알
T.G.L.I.
50
100
대한리치
51
56.1
티이씨앤코
6.8
67.5
25
TEC
42.6
Sakroad Telecom
100
TGH
100
35.8
대경기계기술
T.S.C
70
90
봉화솔라테크
제이피아이엔씨
100
8.9
남광토건
0.9
35.2
괴산그린환경
T.E.USA
100
13.6
PHIP.BXT
59.9
64.6
알덱스
Aldex Canada, Inc
50
31.2
Onse net America, Inc
50
100
온세텔레콤
4.1
옵토매직

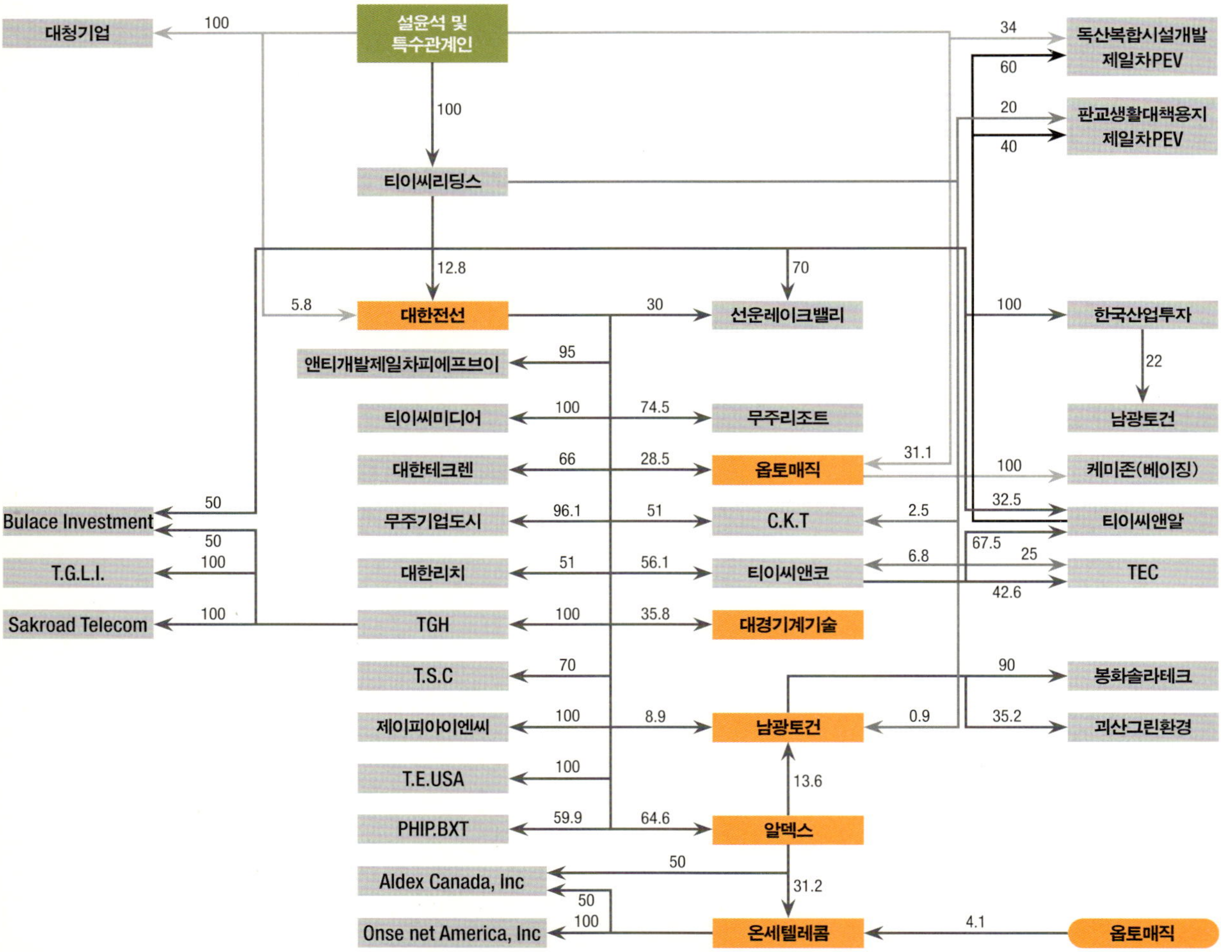

대한전선

코오롱

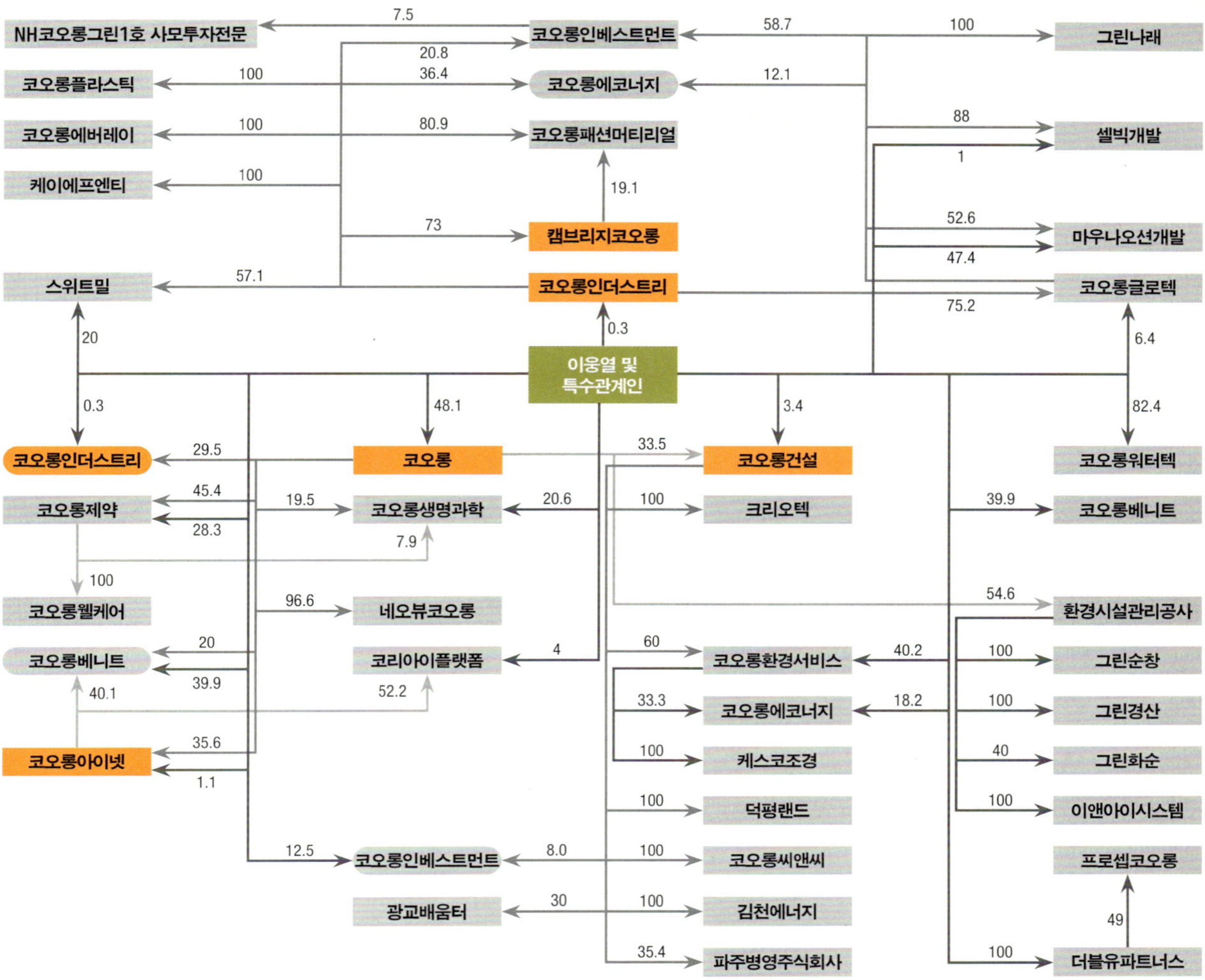

NH코오롱그린1호 사모투자전문
코오롱인베스트먼트
그린나래
7.5
58.7
100
코오롱플라스틱
100
20.8
36.4
코오롱에코너지
12.1
코오롱에버레이
100
80.9
코오롱패션머티리얼
88
셀빅개발
1
케이에프엔티
100
73
캠브리지코오롱
19.1
52.6
마우나오션개발
47.4
스위트밀
57.1
코오롱인더스트리
코오롱글로텍
75.2
20
0.3
6.4
이웅열 및 특수관계인
0.3
48.1
3.4
82.4
코오롱인더스트리
29.5
코오롱
33.5
코오롱건설
코오롱워터텍
코오롱제약
45.4
28.3
19.5
코오롱생명과학
20.6
100
크리오텍
39.9
코오롱베니트
7.9
100
코오롱웰케어
96.6
네오뷰코오롱
54.6
환경시설관리공사
코오롱베니트
20
39.9
코리아이플랫폼
4
60
코오롱환경서비스
40.2
100
그린순창
코오롱아이넷
35.6
1.1
40.1
52.2
33.3
코오롱에코너지
18.2
100
그린경산
100
케스코조경
40
그린화순
100
덕평랜드
100
이앤아이시스템
프로셉코오롱
12.5
코오롱인베스트먼트
8.0
100
코오롱씨앤씨
49
광교배움터
30
100
김천에너지
35.4
파주병영주식회사
100
더블유파트너스

이수영 및 특수관계인
52
42.6
32.6
30.5
불스원
11.5
유니온
4
OCI
유니드
25.1
5.1
25.2
7.1
6
OCI머터리얼즈
49.1
이테크건설
5.7
32.1
삼광유리
100
OCI상사
엘피온
63
33.7
쿼츠테크
30.7
31.3
20
오덱
85
넥솔론
디씨알이
100
47.7
군장에너지
25
30
100
OCI정보통신
OCI-SNF
50
100
이테크인프라
50
OCI-Feroo

OCI

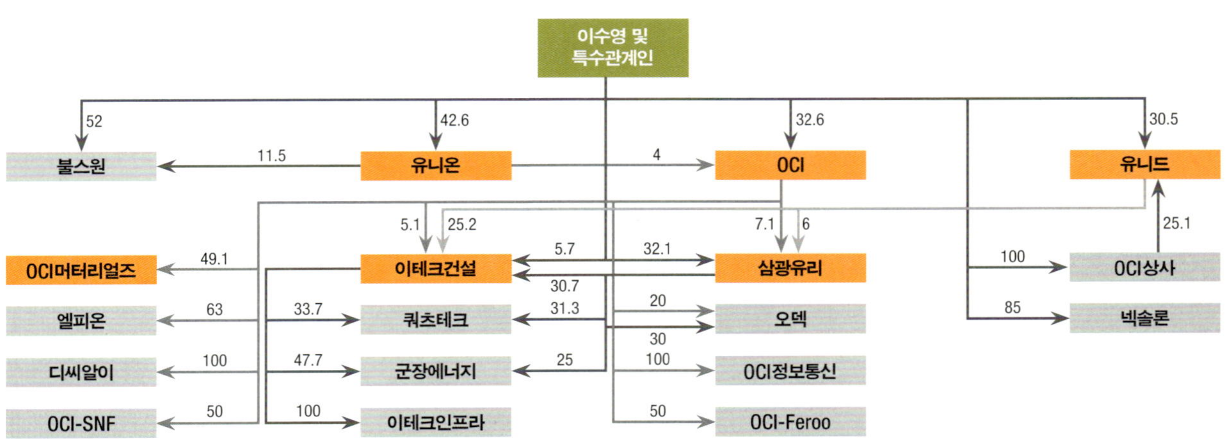

농심

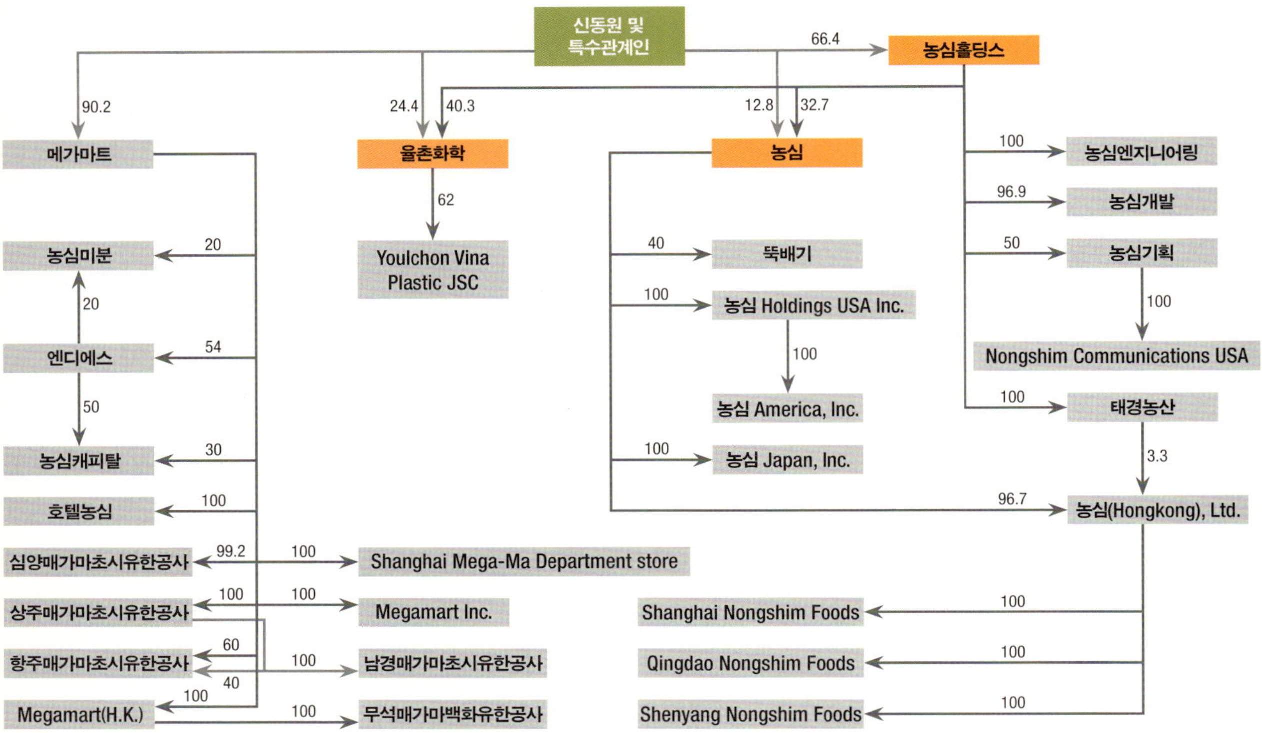

신동원 및 특수관계인
66.4
농심홀딩스
90.2
메가마트
24.4 40.3
율촌화학
12.8 32.7
농심
100 농심엔지니어링
96.9 농심개발
50 농심기획
62
Youlchon Vina Plastic JSC
40 뚝배기
100 농심 Holdings USA Inc.
100
농심 America, Inc.
100 농심 Japan, Inc.
100 Nongshim Communications USA
100 태경농산
3.3
농심미분 20
20
엔디에스 54
50
농심캐피탈 30
호텔농심 100
심양매가마초시유한공사 99.2 100 Shanghai Mega-Ma Department store
상주매가마초시유한공사 100 100 Megamart Inc.
항주매가마초시유한공사 60 100 남경매가마초시유한공사
40
Megamart(H.K.) 100 100 무석매가마백화유한공사
96.7 농심(Hongkong), Ltd.
Shanghai Nongshim Foods 100
Qingdao Nongshim Foods 100
Shenyang Nongshim Foods 100

현대백화점

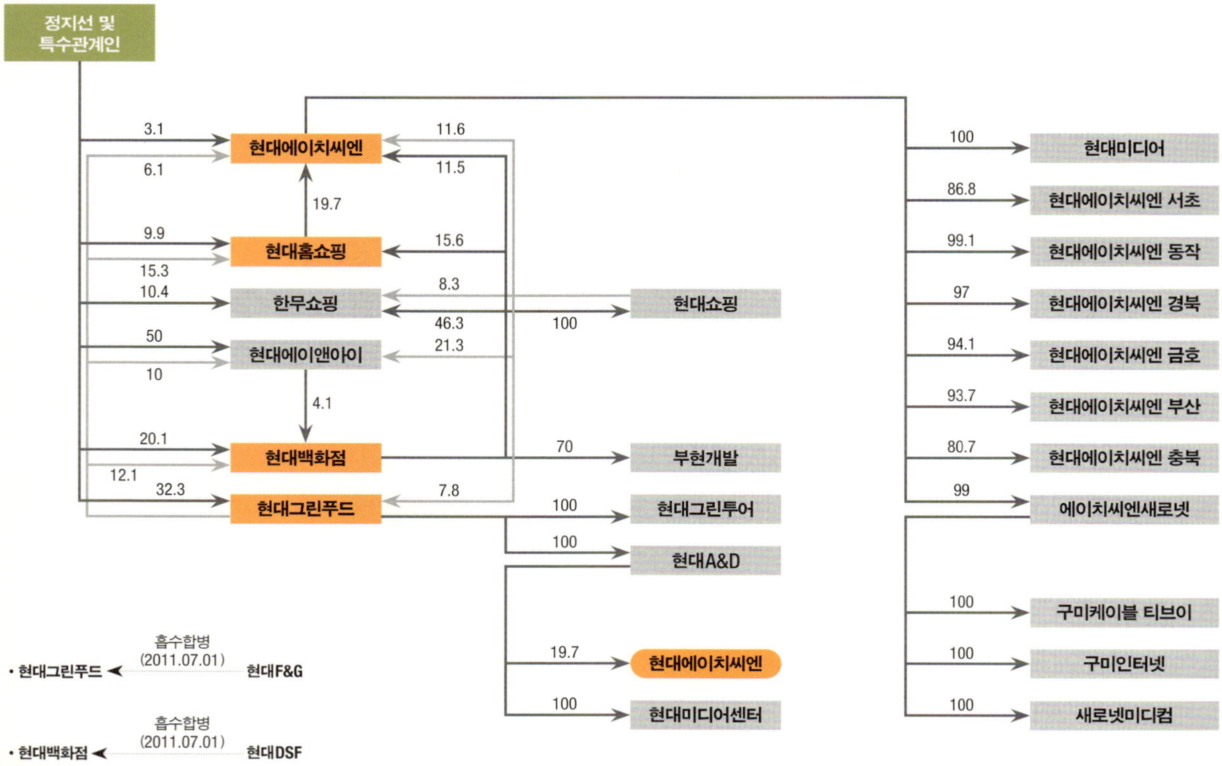

정지선 및 특수관계인
3.1 현대에이치씨엔 11.6
6.1 11.5
19.7
9.9 현대홈쇼핑 15.6
15.3
10.4 한무쇼핑 8.3
46.3 100 현대쇼핑
50 현대에이앤아이 21.3
10
4.1
20.1 현대백화점 70 부현개발
12.1
32.3 현대그린푸드 7.8
100 현대그린투어
100 현대A&D
19.7 현대에이치씨엔
100 현대미디어센터
100 현대미디어
86.8 현대에이치씨엔 서초
99.1 현대에이치씨엔 동작
97 현대에이치씨엔 경북
94.1 현대에이치씨엔 금호
93.7 현대에이치씨엔 부산
80.7 현대에이치씨엔 충북
99 에이치씨엔새로넷
100 구미케이블 티브이
100 구미인터넷
100 새로넷미디컴

흡수합병 (2011.07.01)
• 현대그린푸드 ← 현대F&G
흡수합병 (2011.07.01)
• 현대백화점 ← 현대DSF

동원

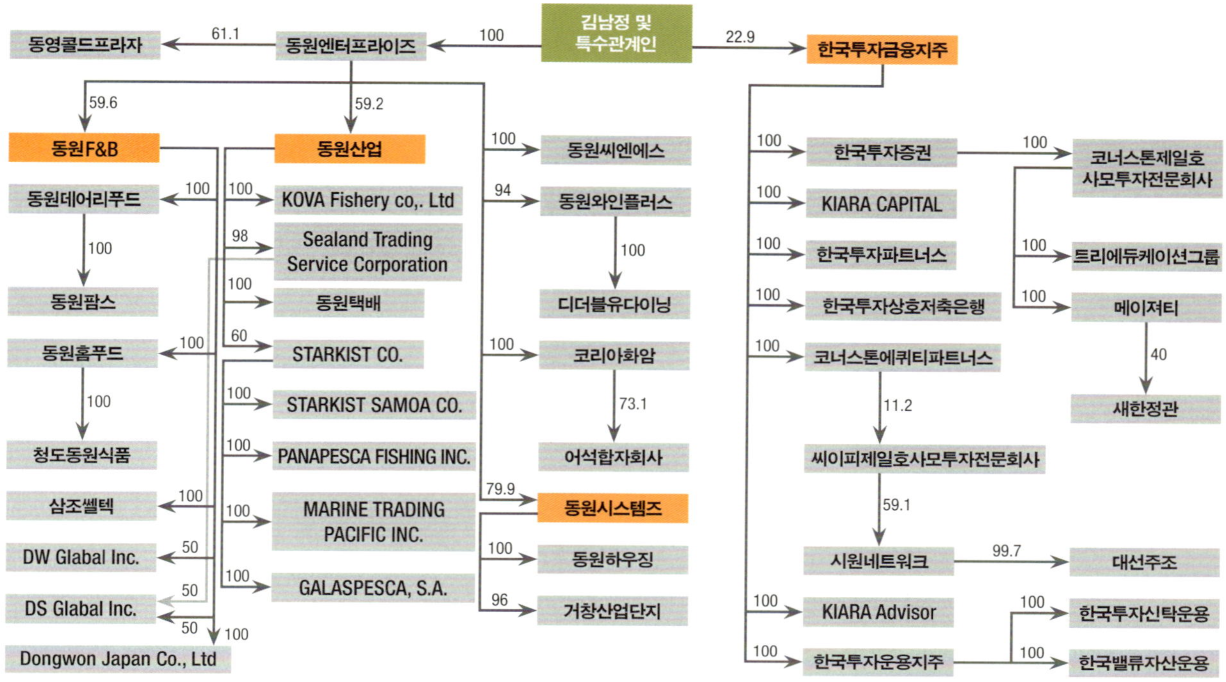

김남정 및 특수관계인
한국투자금융지주
동원엔터프라이즈
동영콜드프라자
61.1
100
22.9
59.6
59.2
동원F&B
동원산업
100
동원씨엔에스
100
한국투자증권
100
코너스톤제일호 사모투자전문회사
동원데어리푸드
100
100
KOVA Fishery co,. Ltd
94
동원와인플러스
100
KIARA CAPITAL
98
Sealand Trading Service Corporation
100
디더블유다이닝
100
한국투자파트너스
100
트리에듀케이션그룹
동원팜스
100
동원택배
100
한국투자상호저축은행
100
메이져티
동원홈푸드
100
60
STARKIST CO.
100
코리아화암
100
코너스톤에쿼티파트너스
40
청도동원식품
100
STARKIST SAMOA CO.
73.1
11.2
새한정관
100
PANAPESCA FISHING INC.
어석합자회사
씨이피제일호사모투자전문회사
삼조쎌텍
100
100
MARINE TRADING PACIFIC INC.
79.9
동원시스템즈
59.1
DW Glabal Inc.
50
100
100
동원하우징
시원네트워크
99.7
대선주조
DS Glabal Inc.
50
100
GALASPESCA, S.A.
96
거창산업단지
100
KIARA Advisor
100
한국투자신탁운용
50
100
Dongwon Japan Co., Ltd
100
한국투자운용지주
100
한국밸류자산운용

동양시스템즈
21
동양A&D
동양매직
70
동양게임즈
99.9
마이클럽닷컴
22.4
10.2
5.5
11.4
20.6
동양온라인
6.7
현재현 및 특수관계인
21.7
50
동양생명보험
5
동양메이저
33.8
동양레저
100
누보쉐프
동양리조트
100
100
동양캐피탈
14.8
14.8
100
동양인베스트먼트
동양레미콘
100
22.5
동양A&D
21
1.4
14.2
동양시스템즈
한일합섬
100
동양종금증권
2.3
0.4
동양밸류오션 기업인수목적
핀튜브텍
100
46.4
동양매직
2.3
21
13.3
27
동양자산운용
동양홀딩스
100
20.9
동양온라인
11.4
동양생명보험
28.7
73
동양파이낸셜
한성레미콘
100
100
동양티와이
7.5
100
다물제이호
100
29.4
동양시멘트
19.5
동양캐피탈
10
동양시멘트E&C
100
4.5
30
동양레저
10
티와이머니대부
10
10
동양파이낸셜

동양메이저

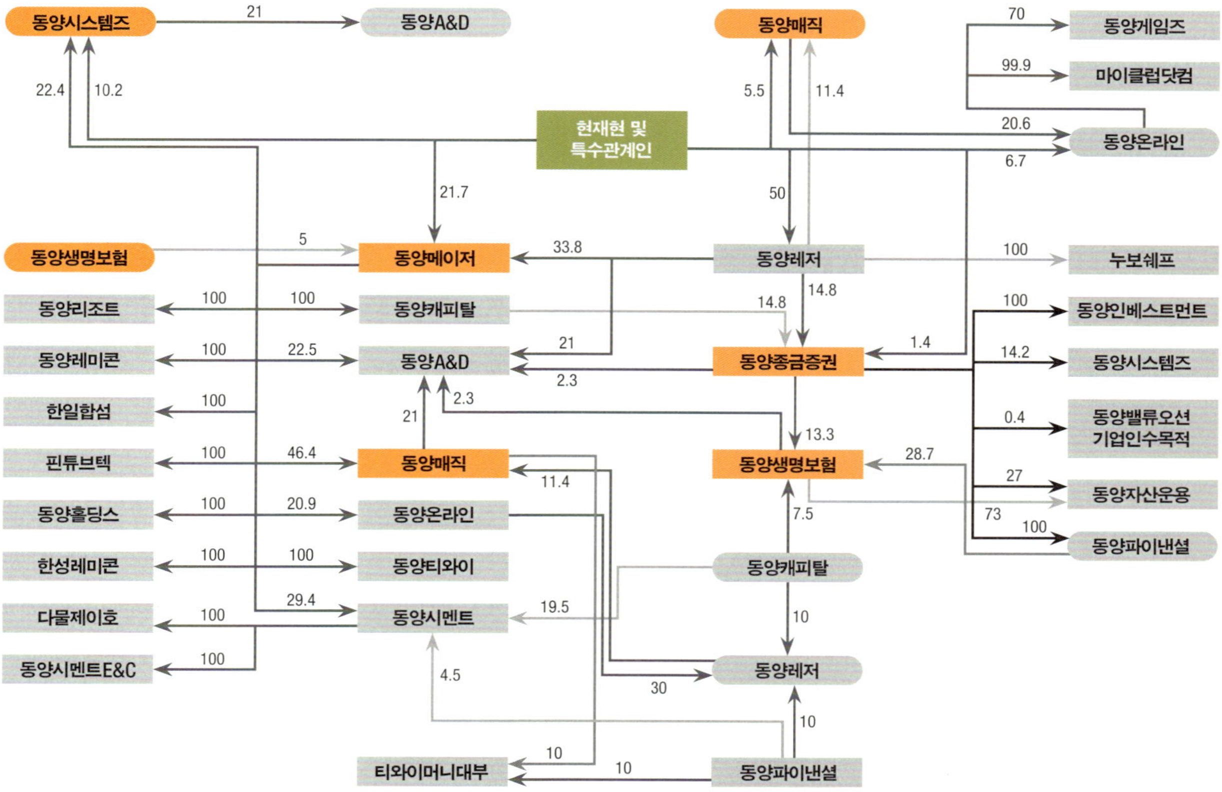

시장이 한눈에 보이는
투자지도의 原典

2012 업계지도

초판 1쇄 발행	2011년 12월 7일
지은이	이데일리
발행인	정숙경
기획·편집	이원범
본문 디자인	신인수, 조현욱
아이콘 일러스트	성수훈
표지 디자인	강선욱
마케팅	정준영
펴낸곳	어바웃어북 about a book
출판등록	2010년 12월 24일 제313-2010-377호
주소	서울시 마포구 서교동 394-25 동양한강트레벨 1507호
전화	(편집팀) 070-4232-6071 (마케팅팀) 070-4233-6070
팩스	02-335-6078

ISBN 978-89-97382-00-2 13320

- 잘못된 책은 구입하신 서점에서 바꾸어 드립니다.
- 책값은 뒤표지에 있습니다.